作册般铜鼋

(采自《中国历史文物》2005年第1期)

柞伯簋（除锈后）

(采自《文物》1998年第9期)

教育部人文社会科学研究规划基金项目“先秦射礼文化研究”(11YJA770063)成果

黄河文明与可持续发展文库

两周射礼研究

Study on the Rite of Archery in Western and Eastern Zhou Dynasties

袁俊杰◎著

科学出版社
北 京

图书在版编目（CIP）数据

两周射礼研究/袁俊杰著．—北京：科学出版社，2013.9
（黄河文明与可持续发展文库）
ISBN 978-7-03-038639-7

Ⅰ. ①两…　Ⅱ. ①袁…　Ⅲ. ①射箭-礼仪-研究-中国-周代
Ⅳ. ①K892.98

中国版本图书馆 CIP 数据核字（2013）第 221052 号

丛书策划：胡升华　侯俊琳
责任编辑：杨婵娟　付　艳　王昌凤／责任校对：郑金红
责任印制：赵德静／封面设计：无极书装
编辑部电话：010-64035853
E-mail：houjunlin@mail.sciencep.com

科学出版社 出版
北京东黄城根北街 16 号
邮政编码：100717
http：//www.sciencep.com
骏杰印刷厂 印刷
科学出版社发行　各地新华书店经销
*
2013 年 11 月第　一　版　开本：720×1000　1/16
2013 年 11 月第一次印刷　印张：35 1/2　插页：12
字数：708 000

定价：148.00 元

丛书序

大河流域是人类文明的摇篮。在中华文明发祥、形成、发展、演化和复兴的过程中，黄河文明一直发挥着中流砥柱的作用。尽管什么是文明，学术界还有不同的看法，但文明作为人类社会进步的状态，就不仅体现在诸如文字、技术（如青铜器）、城市、礼仪等组成要素上，而且还体现在由这些要素组成的社会整体：国家的形成与发展上。正如恩格斯在《家庭、私有制和国家的起源》中所指出的："国家是文明社会的概括。"对于黄河文明的认识，无论是对中国古代文明起源持单中心论的学者，还是持多中心论的学者，都无法否认从黄河流域兴起的夏、商、周文明在中国古代文明起源与发展中的支配地位。特别是，随着考古学研究的深入和中华文明探源工程的推进，我国史前文化的地域多样性得到了进一步的确认，黄河文明在我国古代文明进程中的支配地位同样也得到了进一步的确认。由此，我们不禁要问，在灿烂发达、具有多个起源的中国史前文化中，为何只有地处黄河流域的中原地区走向了国家文明的道路，而别的地区却被中断或停滞不前？黄河文明的特质、优势及其对文明连续性发展的影响何在？黄河文明与周边地区的文明是如何互动并融合发展的？在国家文明形成之后，自秦汉至唐宋，黄河文明在中华文明进程中是如何创造一个个高峰的？她对中华文明乃至世界文明究竟产生了哪些重大影响？北宋以来，伴随着国家经济中心和政治中心的地域转移，黄河文明的演化与发展又面临着哪些前所未有的挑战？如果说农耕文明是黄河文明的核心内容，那么，是什么原因造就了这种文明的历史辉煌？又是什么原因造成其发展的路径依赖甚至锁定，以至于形成"高水平均衡陷阱"？

在国际学术界，冷战结束之后，伴随着经济全球化的快速推进，国际政治经济格局和秩序的重构，生态与可持续发展问题的凸显，有关文明冲突、共存，以及文化软实力、文化竞争力的辩论，为地域文明的研究注入了鲜明的时代性及全球化和生态环境两个重要视角。对于黄河文明而言，在全球化时代从传统农耕文明向现代农业文明、现代工业文明和现代城市文明的转型已成为历史的必然。经过一个多世纪的探索，目前黄河文明已经进入全面、快速转型的新时期，但这种转型不仅面临着传统制度和文化的约束，而且还面临着前所未有的资源与生态环境问题的挑战。作为中华文明的典型代表，黄河文明在全球化时代和全面转型时代如何实现可持续发展并实现伟大复兴，仍是我们面临的一个重大的时代性课题。

历史是一面镜子，而现在是联系过去和未来的纽带。对于文明的研究，我们需要回答几个基本问题：我们是谁？我们从哪里来？现在到了哪里？今后走向何方？为了回答黄河文明的这些问题，地处黄河之滨的河南大学以多年对黄河文明研究所形成的厚重历史积淀为基础，整合学校地理、经济、历史、文学（文化）等优势学科，并广泛联合国内外优秀研究力量，于 2002 年组建了黄河文明与可持续发展研究中心，并于 2004 年被国家教育部批准为普通高等学校人文社会科学重点研究基地。围绕黄河文明与可持续发展这一核心，中心将历史研究与现实研究有机结合起来，凝练了黄河文明的承转与发展、制度变迁与经济发展、生态与可持续发展三个主攻方向，并以此为基础，提出了创建具有中国特色、中国风格、中国气派的“黄河学”的宏伟目标。

近年来，中心科研人员承担了一批国家自然科学基金、国家社会科学基金、教育部基地重大项目等国家级和省部级课题，取得了丰硕研究成果。为繁荣黄河文明与可持续发展研究，推动“黄河学”建设与发展，河南大学黄河文明与可持续发展研究中心从 2011 年起编撰“黄河文明与可持续发展研究丛书”，分批出版中心研究人员在黄河文明与可持续发展研究领域的代表性成果。此套丛书的出版得到了科学出版社的大力支持，在此我代表黄河文明与可持续发展研究中心表示衷心的感谢。

“黄河学”的创建任重而道远，黄河文明复兴的征程伟大又艰巨。研究黄河文明形成、发展、演变的规律，探究黄河文明的精髓和可持续发展的道路，不仅对中华文明、中国道路的研究有重大贡献，而且能为世界不同文明的和谐发展提供知识和智慧源泉。我们期待着中华文明的伟大复兴，我们也期待着以黄河文明与可持续发展研究为核心的“黄河学”能够早日建成并走向世界。

苗长虹

河南大学黄河文明与可持续发展研究中心执行主任

2011 年 4 月 9 日

序　一

袁俊杰博士就学于郑州大学历史系考古专业，受到考古学的基础训练，任职于河南大学后，参与文博专业的筹建，又值河南大学同中国历史博物馆（今中国国家博物馆）联合培养博士学位研究生，成为朱凤瀚先生的弟子。朱凤瀚先生秉承南开大学王玉哲先生学风，精研古史，尤对古代青铜器及金文之学有甚深造诣。袁俊杰博士在其指导下，发表《作册般铜鼋所记史事的性质》、《柞伯鼎铭补论》等多篇论文，已引起学术界的重视。现在他完成的专著《两周射礼研究》，以金文的考释论析为核心，结合传世典籍文献，对周代的射礼及其发展变化的历史原因与社会背景以及其所反映的社会思想意识、等级结构和政治制度的演变情况，作了深入、系统的探讨，是一部内容充实而且富于创意的力作，相信在由科学出版社印行之后，一定会博得大家的欢迎。

我国的青铜器及金文的研究，萌芽于汉代而形成在北宋，当时作为收藏和研究青铜器先驱之一的著名学者刘敞，在其《先秦古器记》文中谈到金文的研究方法必须有三个方面，即“礼家明其制度，小学正其文字，谱牒次其世谥”，他首先举出的“礼家明其制度”，便是以古代礼制的研究成果移用于金文内容的诠释说明。刘敞的这种论点，可以说已经意识到古代礼制与青铜器及金文之间的密切关系，是很有启发意义的。

古代所谓“礼”，含义相当广泛。绎读《周礼》、《仪礼》、大小戴《礼记》等文献，可知那时的“礼”绝不仅指具体的行为仪式，而是综言社会的典章规范，包括种种制度所体现的思想精神。因此，我们强调从“礼”的角度去考察青铜器及金文，实际上就是将它们还原到当时当地的一定历史背景之中。况且大多数青铜器本来便属于礼器，大多数金文也是在叙述礼制下的史实。正由于如此，袁俊杰博士的这部《两周射礼研究》既是以礼制说明青铜器及金文，也是以青铜器及金文印证礼制，确有相辅相成之效。

射礼是周代十分繁缛的礼制中的一个重要组成部分，用今人的想法看，射礼似乎无关大事，但在古代，特别是在周朝，却具有突出的地位和意义。正如袁俊杰博士于这部书“绪论”中所说：“射礼为古代六艺之一，在礼书中属于嘉礼，被列为五礼、六礼或八礼之一。它是两周时代重要的礼仪制度，也是先秦礼制史、文化史、社会史以及政治史研究中的一个重要内容……随着礼学研究的发展和考古新资料的不断发现，它已成为先秦史研究领域中一个不能回避的课题，也是先秦史乃至古代社会生活史、礼制史，以及学校教育制度、人才选拔制度、分封制度等方面极有意义的课题。”这已经把研究周代射礼的学术价值说清楚了。

值得注意的是，袁俊杰博士的这部书虽以周代射礼作为主体，但事实上对我国射礼的始源及其发展演变作了相当详细的探讨。该书的第一章题为“射礼溯源”，在扼要论述有关古史传说的文献记载之后，用了相当大的篇幅介绍和讨论了商代的射礼，其间尤其引人注意的是，在殷墟甲骨文方面，着重分析了花园庄东地非王卜辞所见射礼的种种记述；在青铜器铭文方面，深入研究了近年新出现的作册般铜鼋，辨明其为真器，并就这件罕见文物的性质和意义提出自己的见解，是很值得一读的。

写到这里，我回忆起一件事。1987 年，中国社会科学院历史研究所的王宇信先生所撰《甲骨学通论》一书成稿，要我作序。其中谈到甲骨文研究迫切需要解决的课题，他以为我肯定会强调甲骨的分期研究，然而我于分期、排谱等工作之外，所想到的是一个相当重要的问题，就是甲骨文所反映的礼制的研究。我在那篇小序中说：“殷墟甲骨是商朝占卜的遗物，卜辞内涵无一不与古代礼制有关。在甲骨发现的早期，有些学者曾试探由之探讨‘殷礼’，后来从事这种研究的人逐渐减少，对于卜辞中体现的当时制度，每每脱离礼制，甚至凭想象去解释……不少人觉得，甲骨文的研究不像金文那样离不开文献知识……所以研究甲骨似乎不必有深厚的文献基础。这样看，割断了商周两朝制度和文化的连续性。”孔子早就指出，夏商周三代的礼制是相因袭的，彼此之间只是损益的关系。由周代的礼制出发，追溯商代的礼制，再由之推及更早的礼制起源，不只可行，而且是必要的。

袁俊杰博士的这部《两周射礼研究》，正是采取了自材料比较丰富的周代上溯商代以至更早时期的方法。其实即使在关于周代的论说之中，许多地方也是从多有传世文献足依的东周，进而上推到参照材料较少的西周的。因此，我们读这部书，从第一、第二章开始，由射礼的起源、殷商时期射礼的形成，读到西周、春秋、战国时期的射礼及东周礼书所见之射礼，是纵览这一礼制产生演变的轨迹；如果再倒过来看，不难了解书中对古代射礼的探究，实际是采取自后及前这样的“上溯”途径。其所以言能有据，正在于此。

总之，《两周射礼研究》的著作是成功的，有裨于古代礼制以至整个古代历史文化的研究。希望袁俊杰博士今后继续深入和拓宽有关礼制的探索，取得更新更多的成果。

李学勤

2011 年 10 月 8 日

序　二

袁俊杰博士这本专门研究两周时期射礼的著作，可以说是迄今有关射礼的论著中分量最重的。该书不仅对射礼形成、发展与变化的情况作了系统、深入的研究，更由考察射礼，透视了传统礼制及等级制度之变革与社会形态的演进。

射礼是在西周时期发展成熟的古代重要礼制之一种。过去已有不少学者对射礼作过研究，或是对东周礼书所记射礼进行解读，或将西周金文资料以及战国铜器人物画像纹饰中所见射礼与文献相印证，阐释射礼的仪式，考释铭文。这些多属于专题性的研究，且所论多集中于射礼本身。像该书这样，对射礼作历时性的通考还很少有学者作过。该书采用断代研究的方法，揭示了射礼在不同历史阶段所具有的特点，注意将其与各时段的社会历史背景紧密结合，阐述其形成这些特点的原因，而且尤其注意不是仅仅孤立地研究射礼，而是将射礼作为传统礼制活动的一个典型，在探讨其逐时段所发生变化之同时，揭示这些变化是如何具体地展现了传统等级制度的演变，又是如何在社会转型时期反映了社会思想意识与社会结构的演变。我以为这一总体上的构思和其研究角度、层面与深度，是该书最主要的成绩。此外，该书也在如下一些具体问题的研究上取得了成绩：

（1）对射礼的起源作了非常深入的考证，提出不同类型的射礼有不同的起源，认为最早的射礼为射侯礼。其中对于殷墟甲骨文与殷金文所见商后期射礼之形成的论述尤为详细，从而使射礼的渊源这一值得考证的问题取得可喜的进展。

（2）西周射礼是两周射礼研究的重点，该书依据《诗经》与西周金文资料，对西周时期的射礼作了详尽的分类，并根据这些资料，具体地考证了西周射礼举行的场所、仪式及其特点，非常细致、全面，在深度上应该说已超出前人所做的同类工作。有关射礼的西周金文资料的利用牵扯到西周青铜器断代及字句的考释，在这些问题上，书中皆有恰当的处理。作者尤其注意将西周金文资料尽可能地与东周礼书所记射礼相联系，从而使结论建立在有一定文献依据的基础上，增强了其可信性。

（3）春秋时期射礼虽仍然存在，但以往学界对其研究甚少，未尝得到过重视。然而就射礼而言，春秋时期正是其由高峰转向衰落的过渡期，这一时期的射礼对该书的系统研究来说则是相当重要的。作者搜集了现存文献中有关春秋射礼的各项史料，作了较详尽的分类，阐述其仪式，并与西周射礼相比较，努力阐明春秋射礼相对于西周射礼发生的演变与其特点。这一部分的工作亦多为前人所未做，所论自然是有弥补射礼研究中薄弱环节的意义。

（4）对战国时期射礼的研究，目前也只能是主要依据青铜器人物画像纹中的射礼图像进行，但作者在前人已有研究成果基础上，又做了更细致的工作，在对图像作细致的观察与分析的基础上，对当时射礼的种类、仪式及其器具（如射侯形制）作了考证，说明了此时期的射礼与西周以来传统礼制体系下的射礼之质的区别与其时代特征，从而使该书所作射礼的系统研究有了一个较充实的结尾。

（5）东周礼书中有关射礼的叙述，是该书写作时最重要的参考文献，但东周礼书的成书时代较晚，而且对古礼又多有所构拟，如何认识礼书中的这部分内容也是射礼研究要回答的学术问题。该书将东周礼书中所见射礼单独列出一章进行分析，指出了东周礼书使礼制“文本化”、礼仪复杂化、儒家思想化等特点，这些看法也是作者独立钻研取得的成果。

总之，该书是一部下了很大工夫、论述深刻且多有新见的著作。

当然，与研究先秦时期其他历史问题一样，史料的相对缺乏会在一定程度上影响一些结论的确凿性，这就需要作者今后时时关注相关新资料的发现，以此来检验自己的看法。此外，该书对现有的史料虽作了梳理、分析，但对其内涵与所能提供的信息再作进一步提炼也还是有必要的。诚望作者在该书出版后，注意倾听学界的意见，不断深化对这一学术专题的认识，如可能似可以此为基础进一步深入开展对两周其他重要礼制活动的考察，为先秦社会历史的研究作出新的贡献。

朱凤瀚

2012 年 7 月 18 日

目　录

表目录

图版目录

绪　论

射礼为古代六艺之一[①]，在礼书中属于嘉礼，被列为五礼、六礼或八礼之一。[②]它是两周时代重要的礼仪制度，也是先秦礼制史、文化史、社会史以及政治史研究中的一个重要内容。两周射礼种类较多，先秦文献典籍多有记载，但内容简略，许多问题难知其详。虽然这些问题自汉代以来就为经史学家所关注，但都是单纯的文献考据，且看法不一，载述各异。近代以来，射礼金文不断被发现，考古学也提供了不少新资料，随着对金文射礼文辞和射礼实物的研究不断深入，有关两周射礼的一些问题也逐渐清晰起来。但以往的研究多局限和停留在金文考释及对某些具体问题的论证上，而且论题重复，就事论事，上下左右不能融会贯通，甚至证据不足，观点互相抵牾，至今尚缺乏系统的研究成果，这就必然要影响到对该问题的更深层次的探索。因此，全面梳理古文献、古文字、考古发掘资料及相关的民族志资料，在实证基础上对两周射礼本身和相关诸问题作深入透彻的综合研究，无疑是很有必要的。

一、射礼的定义

中国古代关于"礼"的含义有一个发展演变的过程，秦汉以前，"所谓礼，不仅是社会生活中的规定和仪式，还包括国家政治的制度在内。从种种史实考察，在当时礼和法律、官制之间并没有明确的界限，许多政治、法律方面的规定都见于礼的内容。如著名学者章太炎《检论》一书所说：'礼者，法度之通名，大别则官制、刑法、仪式是也。'到了秦、汉以后，官制、法律同礼的界限逐渐分明，礼

① 如《周礼・地官・大司徒》曰："三曰六艺：礼、乐、射、御、书、数。"郑玄注曰："射，五射之法。"（(清) 阮元校刻：《十三经注疏・周礼注疏》，中华书局，1980 年，第 207 页）

② 如《周礼・春官・大宗伯》曰："以吉礼事邦国之鬼神示……以凶礼哀邦国之忧……以宾礼亲邦国……以军礼同邦国……以嘉礼亲万民：以饮食之礼，亲宗族兄弟……以宾射之礼，亲故旧朋友。以飨燕之礼，亲四方之宾客。"（(清) 阮元校刻：《十三经注疏・周礼注疏》，中华书局，1980 年，第 757~760 页）《仪礼・乡射礼》贾公彦疏曰：郑《目录》云射礼于五礼属嘉礼。"郑云射礼于五礼属嘉礼者，案《周礼・大宗伯》云：'以嘉礼亲万民'，下有'以宾射之礼亲故旧朋友'，故知属嘉礼也。"（(清) 阮元校刻：《十三经注疏・仪礼注疏》，中华书局，1980 年，第 993 页）《仪礼・大射》贾公彦疏曰：郑《目录》云"《射义》于五礼属嘉礼"（(清) 阮元校刻：《十三经注疏・仪礼注疏》，中华书局，1980 年，第 1027 页）。《礼记・王制》曰："六礼：冠、昏、丧、祭、乡、相见。"（(清) 阮元校刻：《十三经注疏・礼记正义》，中华书局，1980 年，第 1348 页）《礼记・昏义》曰："夫礼，始于冠，本于昏，重于丧、祭，尊于朝、聘，和于射、乡，此礼之大体也。"（(清) 阮元校刻：《十三经注疏・礼记正义》，中华书局，1980 年，第 1681 页）

就专指章氏所谓‘仪式’，与近现代人关于礼的概念渐趋一致了”[①]。有鉴于此，我们尝试着给射礼下了一个定义。

射礼是中国古代社会上层按照一定的仪节规程举行的弓矢竞射礼和举行仪式的象征性的射箭礼仪。本书所探讨的射礼，按其内涵与外延，具体是指两周贵族平时的射礼练习、正式举行的有一定仪节规程的射艺比赛、举行仪式的巫术性射箭和其他礼典的射箭礼仪，包括战争与田猎中的射箭礼仪，但不包括军事和田狩中的射敌、射猎等一般射箭活动。根据文献记载，两周时期的射礼有以下种类。

（1）巫射，即巫术性射礼，是一种以祝诅伤害巫术和偶像伤害巫术为手段的射箭仪式。巫术性射礼既是中国古代射礼的渊源之一，也是中国古代射礼的一个种类。它大体从五帝时代至战国时期延续数千年而不断，古史传说时代的黄帝使人射蚩尤之皮做的干侯、方相帅百隶及童子以桃弧棘矢射疫鬼、帝舜用射侯明善恶、羿射十日、甲骨文的射帝、文献记载的武乙射天、武王射商王妾自杀场所、太公望射丁侯画像、苌弘设射不来、宋王偃射天及诸侯雕像等都属此类射礼。后来这种巫术性质的射礼便与东周礼书记载的射礼和投壶礼融合在了一起，分别被射礼和投壶礼吸纳为祭侯礼和祝辞，成了二礼当中的一个仪节。

（2）射余获，亦称“余射”[②]，是在四时田猎与四时祭典之间或祭典之后，为确定与祭者祭典的班序和祭兽的分配而举行的余获竞射。这种射礼出现的时间肯定很早，至周代则规定四时田猎：天子取三十，“其余与士众以习射于射宫”[③]，或“已祭，取余获陈于泽，然后卿大夫相与射”[④]，射中者虽田不得禽也取，射不中者虽田得禽也不取，以贵仁义而贱勇力。由于射余获是揖让之取，故亦属于礼射。

（3）射牲，又称射牢，是周天子或诸侯国君在将要祭祀的时候为表示亲自获得新鲜祭品或亲杀牲牢而举行的射猎或射杀礼仪。

（4）射鱼，亦称矢鱼、乎渔，是源于水射渔猎的一种水上射礼，后成为祭祀祖先射鱼荐庙的礼仪，其事与祭祀射牲同类，矢鱼、陈鱼、观鱼、荐鱼是依次进行的仪节内容。该礼在殷商时期即已形成且相当成熟，西周时期非常盛行，并设有射鱼之职官，至春秋时期仍存行于世。射鱼礼是射礼和水上射礼的一种，过去学术界对中国古代是否存在射鱼礼是有争议的，近年来随着商作册般铜鼋等新资料的发现，持肯定观点的学者日渐增多，该问题似可定论。

（5）大射，即将祭择士之射，是周天子或诸侯国君为择士会集臣下而相与竞射的典礼。大射在郊。在西周时期它是周天子亲自主持或亲自参与的专门为竞射

① 李学勤著，李缙云编：《李学勤学术文化随笔》，中国青年出版社，1999年，第63页。
② 《礼记·射义》孔颖达疏，（清）阮元校刻：《十三经注疏·礼记正义》，中华书局，1980年，第1689页。
③ 《春秋穀梁传》昭公八年，（清）阮元校刻：《十三经注疏·春秋穀梁传注疏》，中华书局，1980年，第2435页。
④ （汉）伏生：《尚书大传》卷五，（清）陈寿祺：《尚书大传辑校》，（清）王先谦编：《清经解续编》，上海书店，1988年；又见四部丛刊初编本，上海商务印书馆，1929年影印。

而举行的射礼，战国时期则演变为诸侯、卿大夫所举行的射礼。因天子之大射是“射为诸侯”，故文献又称为“射侯”[①]，此即射靶名“射侯”的由来。

（6）宾射，也叫飨（享）射，即诸侯来朝或诸侯相朝而射，是周天子或诸侯国君飨来朝之宾而与之射，即对来朝之宾行飨（享）礼时，为招待宾客而举行的射礼。宾射在朝。

（7）燕射，即宴饮之射，是周天子或诸侯国君燕其臣下或四方之宾、大夫和士燕其宾客，因而行射，即对臣下宾客行燕礼时为乐宾而举行的射礼。燕射在寝。

（8）乡射，是乡大夫三年大比举士后，或州长每年春秋两季与其众庶在州序中举行的射礼[②]，或乡居的乡大夫、士等低级贵族行乡饮酒礼时而举行的射礼。[③]

（9）郊射，古礼名，是天子或诸侯国君所举行的一种弓矢竞射之礼，因该礼在郊学射宫中举行，故称“郊射”。由于郊射要演唱天子诸侯所射之诗，以诗歌为节，故亦为礼射。

（10）礼射，即以礼乐射，是为习礼而举行的射礼，习礼之射重在习礼而不以射中为优。因“礼射不主皮”，故与“主皮之射”[④]和“武射”相对而言，又称“礼射”和“文射”。它包括郊射，大射、宾射、燕射、乡射等，因此礼射实是各种礼乐射的总称。然大射礼、燕射礼和乡射礼第二番射的“不贯不释”即是主皮之射，可见礼射也有主皮之仪节，只是偏重礼乐而已。

（11）射侯，是周代贵族的一种射艺比赛，它由射余获、射兽皮和巫术性射仪发展而来。侯是所射实物的替代品，最初是实射动物或“张兽皮而射之”，或画不宁侯画像而射之。后用兽皮为侯，或用兽皮为中，或用兽皮饰其侧并以兽皮为鹄，称皮侯，为大射之侯。或以布为侯，其上涂彩色作装饰，称五采侯，为宾射之侯。或其上正面画兽头像，称兽侯，为燕射之侯。因此，射侯实是大射、宾射、燕射等射礼的总称，于是射侯也由某一种射礼的专称而发展为各种礼射的统称。

（12）习射，是周代贵族对射礼的演习和周天子为择士而举行的射礼演习。此处的习即“学而时习之”的习，有“温故而知新”[⑤]的意思。由于射礼是技术性很强的一门技艺，故需要经常练习之。

（13）学射，即周代贵族子弟在学校学习射礼。它与习射的区别是：学射是正在学习射礼知识，习射则是对已经学得和掌握的射礼知识的再演习。

---

① 《礼记·射义》曰：“故天子之大射，谓之射侯。射侯者，射为诸侯也。射中则得为诸侯，射不中则不得为诸侯。”((清) 阮元校刻：《十三经注疏·礼记正义》，中华书局，1980年，第1688页)

② 《周礼·地官·乡大夫》、《州长》，(清) 阮元校刻：《十三经注疏·周礼注疏》，中华书局，1980年，第716、717页。

③ 《仪礼·乡射礼》贾公彦疏引郑《目录》，(清) 阮元校刻：《十三经注疏·仪礼注疏》，中华书局，1980年，第993页。

④ 《仪礼·乡射礼记》，(清) 阮元校刻：《十三经注疏·仪礼注疏》，中华书局，1980年，第1011页。

⑤ 《论语·学而》、《为政》，杨伯峻：《论语译注》，中华书局，1980年第2版，第1、17页。

（14）射不主皮，即礼射，是以中不中为主，不以穿破皮侯为隽的演习礼乐的射礼。其射者二番不胜，仍可待三番复升射。

（15）主皮之射，是介于礼射与贯革之射之间的习武成分很大的一种武射。起初射礼无侯，“张兽皮而射之，主于获”①，后以兽皮为侯或鹄，重在射中靶心，并以穿破皮侯为主，故被称为“主皮之射”。主皮之射胜者又射，不胜者降，不复升射。它是一般贵族和武士为习武而举行的射礼。

（16）贯革之射，即张革甲而射之，为军中武射。此种弓矢竞射与“射不主皮”正好相反。与“主皮之射”相比，其习武之目的更单纯，仪节更简化，礼仪表演的成分更少，专以革甲为侯靶，并以射穿甲革为优，是一种不追求仪容风度优美好看，只注重弓矢穿透甲革力度的习武之射。

（17）军射，即军中武射，亦即军中射礼，它是一种不注重仪容风度优美好看的以提高实战水平为主旨的纯粹的习武之射。此种竞射因军中不习于容仪，又无别物，但取甲铠为侯靶，叠甲而射并以穿破多重甲革为善。文献所记的百步穿杨、射甲革椹质、蹲甲而射之、彻七札和穿七札等都属于这类竞射。而穿札之射实际上就是贯革之射，它是军中的将士为习武而举行的射礼。

（18）投壶，是春秋时期从射礼衍生出来的一种将矢投壶以角逐技艺来乐宾的新礼仪。它无论是使用场合还是仪节内容，都体现了礼的性质，整个行礼过程与礼仪内容均和射礼相似，故投壶是一种游戏，也是一种“讲论才艺之礼”，为“射之类”，“于五礼宜属嘉礼”或“宜属宾礼”②。在春秋战国时期，这种具有一定礼仪内涵的投壶礼与射礼并行，成了当时贵族燕享待宾的常见礼仪。

（19）弋射，即用矰矢缴射天鹅凫雁，它原本是一种水上射猎活动，并不是礼，但由于弋射的目标主要是水禽，而据西周金文，周王曾把在辟雍大池乘舟射大鸿作为大礼的一部分和款待宾客的礼仪之一，并且水上射礼也采用䠶射的方式，《周礼》司弓矢掌八矢之法中还有用于弋射的矰矢、茀矢，同时射侯的靶心也称之为鹄即天鹅。足见，古代弋射与射礼也有着千丝万缕的联系，故亦把它作为射礼的一个种类列于后。

二、研究两周射礼的意义

礼是商周社会贵族等级制的社会规范和道德规范。“从先秦的历史看，礼可以说是无所不包的社会生活的总规范，融习俗、道德、政治经济制度、婚姻制度、思想准则为一体。礼最初表现为不成文的习惯，到后来形成条文规定，渗透到社

① 《仪礼·乡射礼记》郑玄注，（清）阮元校刻：《十三经注疏·仪礼注疏》，中华书局，1980年，第1011页。

② 《礼记·投壶》郑玄注、孔颖达疏，（清）阮元校刻：《十三经注疏·礼记正义》，中华书局，1980年，第1665页；（宋）朱熹：《仪礼经传通解》，文渊阁四库全书本，台湾商务印书馆，1986年。

会机体的各个方面，对汉族文化的形成有过巨大的影响。”①先秦时代许多经济和政治上的典章制度，常常贯穿在各种“礼”的举行中。礼在当时社会生活与政治领域中占有非常重要的位置，是社会约束机制和社会控制模式的重要组成部分。“研究古代礼制，对探讨当时社会和文化有非常重要的意义。研究古代社会，要认识其等级和阶级的构成；研究古代典章制度，要把握其原则和精神；研究古代思想文化，要分析统治思想的基本内涵。这些，都离不开对礼的研究。”②因此必须把探索“礼”作为深入了解古代社会历史的重要途径。然“礼制最难”③，“是摆在历史学家眼前最繁难的题目”④，“关于古代礼制的研究，是一门比较困难的专门学问”⑤，繁文缛礼，枯燥乏味，艰涩难懂。“由于礼学繁难，历世学者多视为畏途，近代研究的人也不多”⑥，故学术界对礼制史的研究则相对薄弱。尽管近十几年谈论古礼的学者多了起来，但学术成果仍屈指可数，这种情况与文明古国和礼仪大邦的称誉是极不相称的。

商周时代是中国礼制的形成与发展时期，以后历朝历代的礼仪制度都或多或少地受到了商周礼制的影响，后世王朝所奉行的礼仪制度的许多方面都源于商周时代的礼仪制度。要研究中国古代礼制的起源与发展、沿革之迹与兴替之理，就必须研究商周时期的礼仪制度。

两周射礼是中国礼仪制度的重要组成部分。随着礼学研究的发展和考古新资料的不断发现，它已成为先秦史研究领域中一个不能回避的课题，也是先秦史乃至古代社会生活史、礼制史，以及学校教育制度、人才选拔制度、分封制度等方面极有意义的课题。目前学术界对两周射礼的研究还比较薄弱，故从微观角度对两周射礼进行深入细致的研究，并从宏观角度对两周射礼所反映的诸问题作综合考察，就显得特别重要。

具体而言，研究两周射礼有如下意义。

1. 对两周射礼的全面考察，将进一步推动先秦礼制史的深入研究

两周时代，射礼是非常重要的礼仪，在维护王权统治秩序的各种礼仪中，以射礼最盛，威仪最多，是朝聘宴享、祭祀大典必行之礼，也是选贤举士、封侯益土的重要途径。它与燕礼联类而行，与朝聘、祭祀等多种典礼相伴随，与祝诅伤害巫术和偶像伤害巫术相结合，并与猎礼、军礼等重要礼制之间存在着联系。两周时代，也是射礼最为盛行的时期，在上至天子下至卿大夫、士各阶层中，都是

① 刘泽华：《先秦礼论初探》，《中国文化研究集刊》第4辑，复旦大学出版社，1987年。
② 李学勤著，李缙云编：《李学勤学术文化随笔》，中国青年出版社，1999年，第65页。
③ 杨伯峻：《春秋左传注》（修订本）凡例，中华书局，1990年第2版，第2页。
④ 杨向奎：《先秦礼制研究》序言，湖南教育出版社，1991年，第1页。
⑤ 李学勤：《古代的礼制和宗法》，见王力等：《中国古代文化史讲座》，中央广播电视大学出版社，1984年。
⑥ 李学勤著，李缙云编：《李学勤学术文化随笔》，中国青年出版社，1999年，第76页。

较为常见的一种礼仪活动。而且两周射礼在中国古代礼制史上，正处于奠基和承上启下的地位。在 800 多年的两周历史中，射礼并不是一成不变的，由于社会观念和社会需要等诸多原因，它在两周时代的不同时期是有变化的。我们通过对晚商、西周、春秋、战国时期射礼的断代研究，可以勾勒出射礼的起源、形成、发展与演变的过程。对两周射礼的种类与级别、行射方式与仪节内容、功能与性质、不同时期射礼的异同与特点、兴衰原因与社会背景、历史作用与影响以及两周射礼与殷商射礼、东周礼书所记射礼、后世射礼、其他诸礼的复杂关系等问题，会有一个较为清楚的认识，从而进一步推动先秦礼制史研究的不断深入。

2. 对两周射礼文化内涵的揭示，可以推动先秦文化史的研究

礼是中国古代特有的文化现象。“从很早的时候起，礼就成为中国文化的一大表征。”[①]射礼更是一种融合了生产活动、审美意味和儒家传统思想的奇特文化现象，它集射艺、音乐、舞蹈、礼仪和仁义、道德为一礼，具有丰富而又深刻的文化内涵，反映了两周时代独具特色的礼乐文明。因此对两周射礼文化内涵的探讨，不仅有助于我们对先秦文化特别是礼仪文化的认识，并进一步理解先秦礼仪文化对汉族文化和它在中国文化中的巨大影响，从而可以推动先秦文化史的深入研究。同时，对探讨崇尚武功何以成为中国的文化传统这一问题也甚有裨益。

3. 可以深化对两周时期等级制度和社会变革的认识，从而促进先秦社会史的研究

射礼活动是中国古代社会生活中的一件大事，是贵族官僚生活中的盛事。两周时代射礼场所是都城、各级官学和贵族宅院的必备设施，当时不仅燕享要举行燕射享射、选士举贤能要举行大射乡射、祭祀要举行射牲礼、祭典班序和祭兽分配要举行射余获、生子要举行射箭礼仪、贵族相见与婚仪要弋射雁雉以为挚见礼物，而且妖孽旱灾、诸侯叛逆也要举行巫术性射礼。对射礼的学校教育以及射礼的规格、器用与衣冠等方面，都有具体的规定和要求，反映了当时人们的社会观念，如弓矢崇拜观念、尚武观念、祖先崇拜观念、神灵护佑观念、四方观念、宗主观念和巫术宗教信仰等。所有这些都是社会史的主要内容。对两周射礼进行研究，有助于对周代社会生活史的认识。尤其是对更深入地了解当时的等级制度有很重要的参考价值。两周射礼反映了严格的等级制度，通过对两周射礼等级制度的分析，不仅可以了解当时的社会等级结构和等级制度的强化，并有助于理解当时社会结构基本格局形成的内因。同时，两周射礼的发展变化又是与当时的社会历史背景密切相关的，通过对两周射礼发展演变的历史原因与社会背景的分析，可以知道社会形态和社会制度的变革，从而促进先秦社会史的研究。

---

① 杨志刚：《中国礼仪制度研究》导言，华东师范大学出版社，2001 年，第 1 页。

4. 有助于对两周强化王权统治方式的了解

礼是社会控制的重要手段。《孝经·广要道》云："移风易俗，莫善于乐。安上治民，莫善于礼。"[①]礼与法、俗、乐等相辅而行，共同构成了古代中国社会控制的模式。两周时代在王畿以外的广大地区，分布着许多大大小小相对独立的诸侯国和方国族邦，周王要维持对这些诸侯邦君的统治，除用武力镇服外，还经常在都城或巡狩的临时驻地与邦君诸侯举行射、飨、聘、问等礼仪，这在一定程度上也起着维系统一的作用。在射礼或在飨、聘、问、祭祀中例行射仪的过程中，为了政治斗争的需要，君臣之间互相施展计谋，邦君诸侯要做出忠顺的样子以取得周王的信任；周王则通过召集邦君诸侯来参加射礼，以便随时考察这些方国侯邦的动向。可见，两周射礼带有很强的政治目的，周王频繁地与邦君诸侯举行射礼，其政治用意很明确，那就是不断考察各属国的忠顺程度，进而确定安抚或镇压政策。这种与祭祀、朝聘、飨燕等相结合的政治功能很强的射礼，以及由射礼反映出来的周王与贵族、侯邦、方国之间的关系，对理解两周时代的王权统治方式是很有启发意义的。

5. 有裨于对两周教育制度和人才选拔制度的研究

射是商周学校教育的主要课程，射礼是商周贵族子弟必须学习的科目，射技是商周时代重要的人才素质。早在晚商时期，尚武习射、用来体现射技高下的弓矢竞射礼就已经流行，并成为学校教育的学习内容，是贵族子弟必须熟练掌握的基本技能。

西周时期，射是学校教育的主要课程之一。当时在国都设有国学，培养国子和贵族子弟。在地方设有乡学，培养国人子弟。国学和乡学都是由官府主办的官学。"其所习者盖亦本为射、御、礼、乐等而已。"[②]周王亲自任命教官到学宫教射，并亲自到学宫视学，通过举行射礼来考察其教学效能，对优秀教官给予赏赐。州长每年春秋季依礼会聚州民在州序举行乡射礼，三年大比，乡大夫则举贤能之士于王。诸侯岁献贡士于天子，天子试之于射宫，优秀者即可授予官职或增加封地，这就是礼书所说的"古者天子以射选诸侯、卿大夫、士"[③]。

春秋时期，旧日的王官之学逐渐失坠，"盖私人讲学之风于此时渐兴"[④]。儒家创始人孔子开办的私学，以礼、乐、射、御、书、数等"六艺"教授学生。战国时期，射御仍然是重要的军事技能，有的诸侯国君仍效仿周天子的做法，通过举行乡射礼来选拔贤士。

---

① （清）阮元校刻：《十三经注疏·孝经注疏》，中华书局，1980 年，第 2556 页。
② 童书业：《春秋左传研究》，上海人民出版社，1980 年，第 209 页。
③ 《礼记·射义》，（清）阮元校刻：《十三经注疏·礼记正义》，中华书局，1980 年，第 1687 页。
④ 童书业：《春秋左传研究》，上海人民出版社，1980 年，第 342 页。

总之，两周时代把射作为学校教育的主要课程，把射礼作为贵族子弟必须学习的内容，把射技作为重要的人才素质和官吏选拔条件，故对射礼的研究也必然有裨于两周教育制度和人才选拔制度的研究。

6. 有利于我们对甲骨金文射礼文辞和射礼画像的正确理解

殷墟甲骨文，尤其是花园庄东地甲骨文中，包含有成组的有关晚商贵族子弟习射礼的珍贵史料，但过去对此却认识不够，并没有作深入细致的研究。金文材料中与射礼相关的内容不断被发现，但学者对射礼铭文的考释则看法不一，对有些关键字辞并没有真正理解其本义。人物画像纹青铜器也时有发现，人们虽对它喜爱有加，但对其中的射礼画像图案则重视不够，它包含的许多礼仪信息往往被人们所忽略，已有的研究似乎也并没有真正理解其含义。通过对商周射礼相关的甲骨金文、射礼画像和礼制文献材料进行综合研究，将有助于我们对以上这些问题的正确理解和对新出考古资料的正确认识。

7. 有益于我们对东周礼书史料价值的新认识

过去认为，研究先秦礼制，学者们多依据东周礼书，即《仪礼》、《周礼》和《礼记》，“但除《仪礼》可反映春秋时代贵族阶层所行礼仪外，《周礼》、《礼记》与西周、春秋时期的历史事实之间是有一定差距的”①。但这只是看到了问题的差别性这一个方面，而没有看到问题的另一个方面——继承性。我们将依据甲骨金文，还有《尚书》、《逸周书》、《诗经》、《春秋》、《国语》等可靠的文献材料，以及其他晚出文献中真实可靠的史料来研究射礼，再将得出的结论与东周礼书进行比较，就可以发现它们之间的继承关系，即西周继承了晚商的射礼，春秋、战国又继承了晚商、西周的射礼而有所革替而已，从而对这些典籍的史料价值重新做出较为客观的估价。

三、两周射礼已有研究述评

过去，学者对两周射礼的研究，大体可分为三个阶段。现依次对各阶段研究成果作简要综述与评析。

（一）古代学者研究成果概述

有关两周射礼的研究，广义地说，早在古代典籍形成的先秦时代即已露其端倪。从那个时候起，一些文献就开始记述当时的射礼活动、射礼的仪节程序和规范准则。《诗经》、《春秋》、《左传》、《论语》、《仪礼》、《周礼》、《礼记》，是其中最早和最重要的几种文献。它们为两周射礼研究提供了一批较为真实可靠的资料，

① 刘源：《商周祭祖礼研究》绪论，商务印书馆，2004年，第11页。

具有很高的科研价值。由于这些文献对素材都作了一些整理加工，这虽然增强了材料的系统性，但也在一定程度上影响了它们的完整性和真实性。当然，以上这些记述还谈不上是对射礼进行的真正研究。

古代学者对两周射礼的真正研究主要局限在经学和金石学领域。自汉至清，学者们的注疏、整理经籍的工作使我们能够比较容易和准确地理解礼书中有关射礼的记载，更加全面地把握经书中的零散史料，如经学家根据散见于《周礼》、《礼记》的片段叙述，并参照《仪礼》中的《乡射礼》、《大射仪》的记载，复原了射礼的仪节。在经学家众多的成果中，汉代经学大师郑玄的《三礼目录》和对《诗经》、《仪礼》、《周礼》、《礼记》的笺注以及唐孔颖达、贾公彦的正义与义疏。西晋杜预对《春秋》、《左传》的集解，以及唐孔颖达等的正义，为研究两周射礼的学者所必读。南宋朱熹、黄干的《仪礼经传通解》①，清代学者胡培翚的《仪礼正义》、孙诒让的《周礼正义》、朱彬的《礼记训纂》②、孙希旦的《礼记集解》③、江永的《礼书纲目》④和黄以周的《礼书通故》⑤等，都是采摭浩博、持论有据的闳编巨制，为研究两周射礼的极好的参考书。郭嵩焘的《礼记质疑》⑥，就《礼记》中多年争讼不已的射礼问题有过专门的考辨，其说不乏精当之论，然亦有不妥之处，如他把宾射解释为兼谓大射、燕射有宾者，即是一例。晚清学者邵懿辰的《礼经通论》，从射箭与武备相通着眼，认为“乡射、大射亦寓军礼之意”，“十七篇中射礼即军礼”。⑦这也是一种较为片面的观点。

言及两周射礼的典籍还有西汉刘向的《说苑·善说》⑧、东汉赵晔的《吴越春秋·弹歌》⑨、三国时代魏国邯郸淳的《投壶赋》、《艺经》⑩、宋司马光的《投壶新格》⑪、高承的《事物纪原·射的》⑫、明王圻的《三才图会·器用卷》⑬、李呈芬的《射经》⑭、清张英等的《渊鉴类函·礼仪部》⑮、惠栋的《明堂大道

① （宋）朱熹、黄干：《仪礼经传通解》，文渊阁四库全书本，台湾商务印书馆，1986 年。
② （清）朱彬：《礼记训纂》，十三经清人注疏本，中华书局，1996 年。
③ （清）孙希旦：《礼记集解》，中华书局，1989 年。
④ （清）江永：《礼书纲目》，台联国风出版社，1974 年。
⑤ （清）黄以周：《礼书通故》，续修四库全书本，上海古籍出版社，2003 年。
⑥ （清）郭嵩焘著，邬锡非、陈戍国点校：《礼记质疑》，岳麓书社，1992 年。
⑦ （清）邵懿辰：《礼经通论》，（清）王先谦编：《清经解续编》，上海书店，1988 年，第 587 页。
⑧ （汉）刘向撰，向宗鲁校证：《说苑校证》，中华书局，1987 年。
⑨ （汉）赵晔撰，（元）徐天祜音注，苗麓校点：《吴越春秋》，江苏古籍出版社，1992 年第 2 版。
⑩ （清）严可均纂辑：《全上古三代秦汉三国六朝文》，中华书局，1995 年。
⑪ （宋）司马光：《投壶新格》，上海书店出版社，1994 年。
⑫ （宋）高承：《事物纪原》，中华书局，1989 年。
⑬ （明）王圻、王思义编纂：《三才图会》，上海古籍出版社，1988 年。
⑭ （明）李呈芬：《射经》，（清）陈梦雷纂辑：《古今图书集成》，中华书局、巴蜀书社，1986 年影印。
⑮ （清）张英等：《渊鉴类函》礼仪部，上海同文书局，1887 年石印；中国书店，1985 年据此本影印。

录》[①]、凌廷堪的《礼经释例》卷七《射例》附录《周官乡射五物考》[②]、张惠言的《仪礼图》[③]、顾栋高《春秋大事表》中的宾礼、军礼与嘉礼等[④]，这些有关射礼的具体篇章，或考其源流，述其史实，或绘其图像，加以说明，或寻例析辞，详加诠释，以便稽考，虽然也未摆脱经学传统注疏的窠臼，并间有不确之处和冗杂虚构之病，所示图画也未必皆合于先秦实际，但此种体例对于专题研究来说甚便于资料搜集，各条引用原书原文，皆有所本，可资互证，所本《左传》等史书，其说信而有征者，史料价值也显然高于东周礼书中所见之礼制，以图示的直观方式来表现礼书繁复的制度，简明扼要，也是研究两周射礼不可缺少的参考资料。

宋代随着金石学的兴起与发展，一批金石学的专门著述也相继问世。如北宋吕大临的《考古图》[⑤]、王黼的《宣和博古图》[⑥]，南宋薛尚功的《历代钟鼎彝器款识》。[⑦]此外，清代梁诗正等的《钦定西清古鉴》[⑧]、阮元的《积古斋钟鼎彝器款识》[⑨]、吴式芬的《攈古录金文》等[⑩]，都是当时用力颇巨的开山创制或集成冠群之作。他们对有关射礼或与射事有关的青铜器及其铭文的图形、摹写、释文和考说，不仅为我们保存了许多珍贵的资料，而且他们的考释订伪亦多有依据，对我们今天的研究仍有一定的参考价值。

（二）近代至20世纪70年代以前两周射礼研究概述

近代以降，20世纪60年代以前，涉及射礼内容的研究成果依然不多，十分重要的研究性成果更少，但专门研究射礼的论文已开始出现。如郭绍虞的《中国体育史》就专列《周代射侯之制度》一章[⑪]，比较详细地论述了周代的侯制，但其根据主要是文献资料和经学家们的注疏。陈梦家的《释底鱼》[⑫]，对宋人编辑的《宣和博古图》所收录的三篇害簋铭文进行了考释，据陈梦家先生的考证，铭中

---

① （清）惠栋：《明堂大道录》，丛书集成初编本，商务印书馆，1937年据经训堂丛书本影印。

② （清）凌廷堪：《礼经释例》，（清）阮元编：《清经解》，上海书店，1988年。

③ （清）张惠言：《仪礼图》，（清）王先谦编：《清经解续编》，上海书店，1988年。

④ （清）顾栋高辑：《春秋大事表》卷17~19，（清）王先谦编：《清经解续编》，上海书店，1988年。

⑤ （宋）吕大临：《考古图》7.7许子镈等，《四库全书》子部，上海古籍出版社，1987年影印；《考古图·续考古图·考古图释文》，中华书局，1987年影印。

⑥ （宋）王黼：《宣和博古图》2.14小臣夌鼎、16、41~46害簋等，《四库全书》子部，上海古籍出版社，1987年影印。

⑦ （宋）薛尚功：《历代钟鼎彝器款识》，《四库全书》经部，上海古籍出版社，1987年影印；《历代钟鼎彝器款识法帖》，宋人著录金文丛刊本，中华书局，1986年。

⑧ （清）梁诗正等：《钦定西清古鉴》卷八麦方尊铭等，乾隆二十年（1755年）内府刻本；上海云华居庐，1926年。

⑨ （清）阮元：《积古斋钟鼎彝器款识》5.31小臣静卣等，阮元编：《清经解》卷1057~1058，上海书店，1988年。

⑩ （清）吴式芬：《攈古录金文》，光绪二十一年（1895年）刊行，西泠印社，1913年翻刻。

⑪ 郭绍虞：《中国体育史》，上海商务印书馆，1919年，第78~83页。

⑫ 陈梦家：《释底鱼》，《考古社刊》1936年第4期。

的“底鱼”就是专司射鱼的官吏，甚为精当。其《射与郊》[①]，则对古代学校的起源和西周学制的射庐、宣廟、辟雍作了十分详尽的论证，认为序起源于陆射，辟雍起源于水射。黄盛璋的《周都丰镐与金文中的葊京》，运用大量的文献资料并结合金文材料，论证葊京与丰京的关系，并附“侵镐及方”解，认为葊也就是“方”。[②]这对确定西周金文所记水射场所辟雍大池的位置是大有助益的。陈槃的《春秋“公矢鱼于棠”说》[③]，对《左传》这一聚讼颇多的记载作了深入探讨，提出西周、春秋时期有一种古老的射鱼之礼的独到见解，并受到时人傅斯年、顾颉刚等先生的深致推许，或云“知其说之不易也”，或云“古礼灿然复明”，或赞赏之下又予以补充[④]，后得到杨树达、陈梦家、杨宽等先生的认同和进一步论证。[⑤]陈槃先生的射鱼说，可谓独具慧眼，颇有先见之明。但他将宋人俞成《萤雪丛说》杜撰的《周礼》“矢其鱼鳖而食之”视为可信史料，又把《易经》“井谷射鲋”以及类似的射鱼之举都视为礼制是不妥的。金祥恒的《甲骨文䠶牲图说》[⑥]，是根据甲骨文来研究殷商射牲礼的一篇难得之作。杨宽先生的《“射礼”新探》[⑦]，则是首篇专门研究射礼的论文，具有很重要的开拓之功。该文以新的视野和研究方法，充分运用文献和金文资料，对西周、春秋时代贵族所举行的射礼的性质、目的及其起源进行了探讨，征引丰富，论证翔实，创获颇多，所做结论即使在今天仍值得参考，而且在方法论上，也具有指导意义，堪称射礼研究史上的一个里程碑。他的《我国古代大学的特点及其起源》[⑧]、《“籍礼”新探》[⑨]、《“乡饮酒礼”与“飨礼”新探》等[⑩]，虽然不是专门探讨射礼的，但也涉及射礼的场所和西周射礼金文的考释等内容，提出了不少新观点，如他关于西周的辟雍即学宫，也就是大学，既是贵族子弟学习之处又是举行射礼和习射之处，兼有公共活动场所和学校的性质的论

---

① 陈梦家：《射与郊》，《清华学报》第13卷，1941年第1期。

② 黄盛璋：《周都丰镐与金文中的葊京》，《历史研究》1956年第10期。

③ 陈槃：《春秋“公矢鱼于棠”说》，《中央研究院历史语言研究所集刊》第7本第2分，商务印书馆，1947年。

④ 陈槃：《春秋“公矢鱼于棠”说》附录（一）《傅孟真先生跋》、附录（二）《顾颉刚先生附记》，《中央研究院历史语言研究所集刊》第7本第2分，商务印书馆，1947年。《古社会田猎与祭祀之关系》附录乙《古先生之春秋“公矢鱼”说》，《中央研究院历史语言研究所集刊》第21本第1分，商务印书馆，1948年。

⑤ 如杨树达先生说：“《遹簋》云‘渔于大池’，此铭云‘射于大池’，事正相类。《遹簋》明记穆王，此器亦在穆王时可知。《左传》昭公十二年云：‘昔穆王欲肆其心，周行天下，将皆必有车辙马跡焉。’穆王为好动之君，周行天下，动之大者也；渔射于大池，动之小者也：要之皆王性行之表现也。”（杨树达：《积微居金文说》（增订本），中华书局，1997年，第169页）陈梦家先生说：“在镐京大池行飨射之礼，其事甚有关于古礼制，而祇见于西周初期和穆王时器（麦方尊、静簋、井鼎、公姞鬲、遹簋）……由此可见周王渔于大池即渔于镐京之辟雍，往往乘舟而射，既射即以所获的鱼禽或纳于寝廟、或赏锡于其从御之人，其时间则在六月、七月、八月。”（陈梦家：《西周铜器断代》（六），《考古学报》1956年第4期；又见陈梦家：《西周铜器断代》，中华书局，2004年，第144页）杨宽先生也说遹簋铭所记为“周穆王在‘大池’射鱼后，举行‘乡酒’礼”（杨宽：《“乡饮酒礼”与“飨礼”新探》，《古史新探》，中华书局，1965年，第287页；又见《西周史》，上海人民出版社，1999年，第748页）。

⑥ 金祥恒：《甲骨文䠶牲图说》，《中国文字》，1966年第20册。

⑦ 杨宽：《“射礼”新探》，《古史新探》，中华书局，1965年，第310~337页。

⑧ 杨宽：《我国古代大学的特点及其起源》，《古史新探》，中华书局，1965年，第197~217页。

⑨ 杨宽：《“籍礼”新探》，《古史新探》，中华书局，1965年，第218~233页。

⑩ 杨宽：《“乡饮酒礼”与“飨礼”新探》，《古史新探》，中华书局，1965年，第280~309页。

断；辟雍的字义、便于习射的建筑与环境特点的分析；把麦方尊铭的“王射大龚禽”，释读为“王射大龚（鸿），禽（擒）”，并把此处的“禽”和《穀梁传》昭公八年“面伤不献，不成禽不献”的“禽”字，厘定为“擒”，均言之有理，持之有故，发前人之所未发，十分精辟，具有很高的学术价值。当然杨先生对某些问题的论述，亦有可商之处。如他认为乡饮酒礼在乡射之前举行是事实，而没有看到乡饮酒礼亦在乡射之后举行的事实就不全面。把噩侯驭方鼎铭所言礼认定为飨射礼，把在辟雍举行的射礼都归入大射礼，把《周礼·射人》所载各级贵族行射之耦数与侯数，说成是出于拼凑而成的整齐而有系统的制度，是不妥当的。对西周、春秋贵族所举行的乡射礼、大射礼的定义也不确切。对射牲礼、贽见礼与射礼的关系的解说还不够完善，也没有把“乡”与“飨”之区别完全分辨清楚。同时，关于射礼的时代背景几乎没有涉及，由于受时代限制，也没有较充分的考古资料为其佐证。杨宗荣的《战国绘画资料》，对故宫采桑宴乐射猎攻战纹铜壶上的射礼画像作了较为详细的解说。[①]马承源的《漫谈战国青铜器上的画像》，对宴舞射猎纹铜椭栝上的射礼画像作了非常全面的解析。[②]杜恒的《试论百花潭嵌错图象铜壶》，则对该壶的时代、国别以及射礼画像的内容，作了比较细致的论证，并纠正了发掘报告的一些错误，但把画像中的执矢舞蹈，即大射场合大司乐诏诸侯以弓矢舞或燕射场合乐师帅射夫以弓矢舞，解释为执矛舞[③]，显然也有失妥当。

这一时期，一些发掘报告也对考古发现的射礼资料进行了初步的研究[④]，但都很简略，而且存在着一些疏漏和错误。

这一时期，随着殷墟甲骨文的发现与研究的深入及古器物学的新发展，并伴随着近代社会科学理论与研究方法的引入，一批新的甲骨金文著作相继问世。郭沫若的《卜辞通纂》[⑤]、董作宾的《甲骨文断代研究例》[⑥]、陈梦家的《殷虚卜辞综述》等[⑦]，皆搜集了许多有关田猎的甲骨刻辞，其中有一些是射猎、抑或是射礼的记录，还搜集了不少射牲祭祀的甲骨刻辞。这对我们了解射礼的起源与形成、

---

① 杨宗荣：《战国绘画资料》图20，中国古典艺术出版社，1957年。

② 马承源：《漫谈战国青铜器上的画像》，《文物》1961年第10期。

③ 杜恒：《试论百花潭嵌错图象铜壶》，《文物》1976年第3期。

④ 如李长庆：《陕西长安斗门镇发现周代文物简报》长由盉，《文物参考资料》1955年第2期；中国科学院考古研究所：《辉县发掘报告》赵固宴乐射猎纹铜鉴，科学出版社，1956年；黄河水库考古工作队：《1957年河南陕县发掘简报》后川宴饮射侯纹铜匜，《考古通讯》1958年第11期；湖南博物馆：《长沙楚墓》黄泥坑宴饮射侯纹铜匜，《考古学报》1959年第1期；梓溪：《战国刻绘燕乐画象铜器残片》燕射狩猎纹铜鉴残片，《文物》1962年第2期；中国科学院考古研究所山东发掘队：《山东平度东岳石村新石器时代遗址与战国墓》宴饮射侯纹铜匜残片，《考古》1962年第10期；四川省博物馆：《成都百花潭中学十号墓发掘记》，《文物》1976年第3期等。

⑤ 郭沫若：《卜辞通纂》，日本东京文求堂书店，1933年初版印行，后收入《郭沫若全集》考古编第2卷，科学出版社，1983年。

⑥ 董作宾：《甲骨文断代研究例》，原刊于《庆祝蔡元培先生六十五岁论文集》，《中央研究院历史语言研究所集刊外编》第一种上册，1933年。后收入严一萍辑：《董作宾全集》，台湾艺文印书馆，1977年。

⑦ 陈梦家：《殷虚卜辞综述》，科学出版社，1956年；中华书局，1988年再版。

早期形态与特点是大有帮助的。郭沫若的《两周金文辞大系图录考释》，对传世的麦方尊、井鼎、遹簋、令鼎、静簋、十五年趞曹鼎、师汤父鼎、匡卣、噩侯驭方鼎等射礼金文和其他相关铭文的考释，特别是对行射场合、参射者身份与行射方式的考证，虽亦有可商之处（如郭老将令鼎铭的“饧”释为“场”等）[①]，但仍有很大的启发作用，无疑是我们利用金文资料研究两周射礼的重要参考。其《殷周青铜器铭文研究》[②]、《金文丛考·周官质疑》[③]，也有一些与射礼相关的内容。郭老还对考古出土的记载了西周射礼的长由盉铭作了释文[④]，李亚农先生则为之作了注解。[⑤]杨树达先生的《积微居金文说》，对传世的令鼎、麦方尊、静簋、天亡簋等铭文的考释与解说，颇多创见，如对令鼎铭所记事件之内在联系的分析、把麦方尊铭“王射大龏禽”五字断为两句等，都十分精当。但把“大豊”读为大豐，把静簋铭的“王令静司射”为句、“学宫”属下，以及对令鼎铭的“眣”的释义[⑥]，均有可商榷之处。陈梦家先生的《西周铜器断代》（一~六），对公姞鬲、长由盉、遹簋、趞曹鼎、师汤父鼎、匡卣、噩侯驭方鼎和害簋等铭文的考释与史事分析，也多有创获，大都确当可信，唯对遹簋铭的“穆王亲赐遹爵”、匡卣铭的“作象舞，匡甫象𩰫二”的隶读与解释[⑦]，似不甚妥当。容庚、张维持先生的《殷周青铜器通论》对青铜器叙事画弋射纹样的论述[⑧]，郭宝钧先生的《商周铜器群综合研究》，对西周、东周初年及春秋时期、战国铜器群特征及商周铜器群器物形制的演变、花纹的风尚、铭文的刻铸等方面的论述[⑨]，也为我们提供了一些参考。

另外，这一时期还有一些甲骨金文著录[⑩]，尤其是罗振玉的《三代吉金文存》，几乎网罗了当时所能见到的全部青铜器铭文，成为著录商周金文集大成的著作。作者对传世射礼金文井鼎、师汤父鼎、十五年趞曹鼎、令鼎、噩侯驭方鼎、遹簋

① 郭沫若：《两周金文辞大系图录考释》，日本东京文求堂书店，1932年出版《两周金文辞大系》初版本，1934~1935年出版《图录》与《考释》增订本；科学出版社，1958年出版增订合印本。

② 郭沫若：《殷周青铜器铭文研究》，人民出版社，1954年。

③ 郭沫若：《周官质疑》，《金文丛考》（修订本），人民出版社，1954年。

④ 郭沫若：《长由盉铭释文》，《文物参考资料》1955年第2期。

⑤ 李亚农：《“长由盉铭释文”注解》，《考古学报》1955年第9期。

⑥ 杨树达：《积微居金文说》（增订本），中华书局，1997年，第1、113、168、235页。

⑦ 陈梦家：《西周铜器断代》（一~六），《考古学报》1955年第9期~1956年第4期。又见陈梦家：《西周铜器断代》，中华书局，2004年，第136、141、143、155、161、177、216、225~226、455页。

⑧ 容庚、张维持：《殷周青铜器通论》，科学出版社，1958年；文物出版社，1984年新1版，第119~120页。

⑨ 郭宝钧：《商周铜器群综合研究》（1965年写讫），文物出版社，1981年。

⑩ 如罗振玉《殷虚书契前编》（1912年影印。又见叶玉森：《殷虚书契前编集释》，台湾艺文印书馆，1966年）、《殷虚书契后编》（1916年影印）、《殷虚书契菁华》（1914年影印）、《殷虚书契考释》（1915年王国维手写石印本），郭沫若《殷契粹编》（日本东京文求堂书店，1937年印行）等甲骨文著录；罗振玉《梦郼草堂吉金图》（日本京都，1917年印行）、《梦郼草堂吉金图续编》（日本京都，1918年印行）、《三代吉金文存》（日本1936年影印。中华书局，1983年再版），于省吾《双剑誃吉金图录》（1934年影印），刘体智《小校经阁金文拓本》（1935年石印）、《善斋吉金录》（1934年石印），商承祚《十二家吉金图录》（金陵大学中国文化研究所，1935年影印）等金文著录。

等铭文所作的释文[①]，也有一定的资料参考价值。

“文化大革命”期间，礼学研究受到严重困扰，涉足两周射礼研究者更少，纵有这方面的论文，亦难以发表。

（三）20世纪80年代以来两周射礼研究述评

20世纪80年代以来，随着社会史研究的深入，曾形成礼学研究的新热潮。学者有关射礼的研究成果渐多，尽管专门讨论两周射礼的论文迄今还比较少，然就其内容而言涉及面还是比较宽的。

1. 关于早期射礼的研究

要考察两周射礼的源流情况，首先需要搞清射礼的起源与形成。姜楠、陈春慧、闫小平、刘兰海等在杨宽先生60年代提出的“‘射礼’起源于借田猎来进行的军事训练”的基础上，仍继续坚持射礼起源于狩猎或战争说，而崔乐泉和日本的小南一郎等则就射礼的起源提出了各自的新看法，陈康、刘可等在射礼出现的时间上认为射礼出现于我国的西周时代，观点都很明确，但大都缺乏论说（以上详见下文“学术界对射礼起源的讨论撷要”部分）。陈成国先生的《先秦礼制研究》[②]已明确提出了“殷商的射礼”的命题，并把射礼定义为“是指平时的习射和举行仪式的比箭”，认为“殷商的射礼大概是在当时的学校（序）里进行的”。射牢礼“商已有之，而其来源当更古远。《仪礼》的乡射礼、大射仪当从殷商及其前的射礼发展而来”。但受资料的局限而极其简略，几无论证。所列举的甲骨文例[③]，有的也不一定是射礼刻辞。钟柏生先生的《释“䠶”》，从古文字学的角度对䠶字作了考释，认为：“卜辞之‘䠶’即金文之‘廟’，也就是后来的‘榭’字。”[④]这对认识商代举行射礼的场所和周代宣榭之渊源是很有帮助的。宋镇豪先生的《从花园庄东地甲骨文考述晚商射礼》，尤其值得重视，作者据近出甲骨文金文材料，指出：“逐渐脱离宗教权威支撑而用来体现贵族子弟矢射技能高下的射礼，其实并非旧说所谓‘夏殷无文，周则具矣’，也并非只盛行于西周以降，这套射礼早在商代就已经流行，周代不过是继承而有所革替而已。”“晚商甲骨文和金文揭示的晚商射礼。其行仪程序有许多方面可以与西周金文乃至古文献中记述的射礼相比照”，说明晚商射礼“与周代以降的射礼是相通的”。这“正是周代射礼的滥觞”。“周代射礼，实当源自殷礼。”[⑤]可谓是第一次真正把射礼的研究视野从相关的礼书文献

① 罗振玉：《三代吉金文存》，日本1936年影印；中华书局，1983年再版，第398、419、421、425、435、894页。

② 陈戍国：《先秦礼制研究》，湖南教育出版社，1991年第1版。2002年第2版出版时更名为《中国礼制史》先秦卷。

③ 陈戍国：《中国礼制史》先秦卷，湖南教育出版社，2002年第2版，第196~197页。

④ 钟柏生：《释“䠶”》，见王学勤总编辑：《甲骨文论文集》第2辑，台中甲骨文学会丛刊，1998年。

⑤ 宋镇豪：《从花园庄东地甲骨文考述晚商射礼》，《中国文物研究》2006年第1期；又见宋镇豪：《从新出甲骨金文考述晚商射礼》，《中国历史文物》2006年第1期。

和西周金文扩展到殷商甲骨文领域，使中国古代贵族研习射礼的时间上限由原来的西周以降实证延伸到商代晚期，开拓之功实不可没。对了解西周射礼的渊源关系具有很高的学术价值。专家学者对作册般铜鼋的认定与考释[①]，学术意义重大，这些看法对确定该器物的时代、铭文所记史事及其性质是极有帮助的。但有些意见分歧较大，仍有继续探讨的必要。笔者的《作册般铜鼋所记史事的性质》，则从商代铜鼋所反映的射礼与西周金文射礼文辞及文献所记射礼的比较出发，认为商代晚期是射礼的形成时期。“西周是射礼的成熟与盛行时期，射礼作为一种礼仪已比较烦琐复杂。”“在这种成熟的礼仪之前，理应有一个逐渐形成完善的过程。可以肯定商代应该就是中国射礼的滥觞与形成时期。”周代射礼的某些具体仪节和所喻之含义，“可能在商代晚期就已经存在了。所有这些都说明铜鼋所反映的已不是滥觞期的射礼，而应是形成期的射礼”[②]。

2. 关于西周射礼的研究

西周时期射礼最为盛行，遗留下来的资料也比较多，因此有关这一阶段射礼的研究成果也最多。其中对西周射礼金文的考释是主要方面，如唐兰先生对传世射礼金文令鼎、麦方尊、静簋、遹簋、井鼎、长由盉、噩侯驭方鼎、趞曹鼎、师汤父鼎、公姞鬲、匡卣等铭文的考释[③]，尤其是对令鼎铭“先马走”、“王驭”，麦方尊铭“彭祀”、“大豊”、“宁侯”，静簋铭“小子”、“八月初吉庚寅”，遹簋铭“遹御，亡谴”的释义很是正确，但对令鼎铭的“饧”、“敀”、麦方尊铭的“井侯出坏侯于井”、“迨王饔𦊅京”、静簋铭的“鞞剢”、遹簋铭的“易遹爵”、长由盉铭的“即井伯太祝射，穆王蔑长由以逑即井伯”的断读与解释，虽有一定道理，然就射礼来说则未必切义。或有学者据《礼记·投壶》为胜者立马之事，释令鼎铭“先马走”为“先立马”的意思[④]，则离本义相去更远；彭裕商先生则对传世射礼金文青铜器麦方尊、令鼎、静簋、井鼎、遹簋、长由盉、史趞曹鼎、匡卣、公姞鬲、噩侯驭方鼎、师汤父鼎进行了综合研究，不仅对这些器物的型式、年代作了提纲絜领的论述和考定，而且还对铭文重新作了释文，并对其中的关键性字句和问题以及器铭所涉及的史事，广征文献，详作论证，提出了不少新见解[⑤]；学者还对考古

① 李学勤：《作册般铜鼋考释》，《中国历史文物》2005年第1期；朱凤瀚：《作册般鼋探析》，《中国历史文物》2005年第1期；王冠英：《作册般铜鼋三考》，《中国历史文物》2005年第1期；董珊：《从作册般铜鼋漫说“庸器”》，《古代文明研究通讯》第24期，2005年3月；裘锡圭：《商铜鼋铭补释》，《中国历史文物》2005年第6期等。

② 袁俊杰：《作册般铜鼋所记史事的性质》，《华夏考古》2006年第4期。

③ 唐兰：《西周青铜器铭文分代史征》，中华书局，1986年，第230、249、357、363、365、377、404、423、424、438、469页。

④ 刘雨：《西周金文中的射礼》，《考古》1986年第12期。

⑤ 彭裕商：《西周青铜器年代综合研究》，巴蜀书社，2003年，第281~283、291、329、333、338、342、345、385、393、478~479、512、514、515、517页；《麦四器与周初的邢国》，《徐中舒先生百年诞辰纪念文集》，巴蜀书社，1998年。

发现的伯唐父鼎铭文[①]和柞伯簋铭文进行了考释[②]，提出了许多新看法；考古发掘报告对新出射礼铭文也都有初步的考释[③]，但远不如专文研究之深入。以上考释虽然有不少东西还在讨论中，但这些意见对弄清铭文原义之本真，无疑是大有裨益的。

在铭文考释的基础上，学者对西周射礼的内涵也作了进一步的研究，如刘雨先生的《西周金文中的射礼》，即是以传世西周金文为主体，结合文献和出土器物上的图像而首次就西周射礼作的断代研究，该文对西周举行射礼的用意、季节、地点，射礼的盛行时期、种类、参加者以及有关的仪节等，均有深入细致的独到分析。其所提出的西周“举行射礼的政治目的”、“射礼盛行于穆王前后”、有“水陆两种射礼”等，都甚为精到，一改过去对古礼研究多以文献资料为基础的做法，是继杨宽先生之后开始注意运用古文字学和考古学资料研究射礼的一篇力作。但

---

① 如张政烺先生对考古发现的伯唐父鼎铭“桒”、“舟龙”、“告备”、“白旂”、“白鹿、白狼”的考释甚是，但未备。对“𤊾”字之释义则未必是，而“辟舟”之辟字未识出、“格”隶为名（张政烺：《伯唐父鼎、孟员鼎、甗铭文释文》，《考古》1989年第6期），也显系偶误。刘雨先生对伯唐父鼎铭“辟舟”、“告备”、“用射绎、𤊾虎、貉、白鹿、白狼于辟池”的考释很对，把随葬该器的墓葬年代与饔祭相联系，并把饔祭作为铜器断代的一个辅助标准，也颇有新义，但对“舟龙”的释义和把“伯唐父告备”属上读，则不妥当。认为“伯唐父鼎的铭文很重要，它较详细地记述了一次𥜽礼的过程”，铭文首段记“事情发生于王在葊京举行饔祭之年的乙卯日”，以下记王行祭礼的过程和赏赐及作器（刘雨：《伯唐父鼎的铭文与年代》，《考古》1990年第8期），也不无问题。刘桓对伯唐父鼎铭“临舟龙”、“咸桒”的释义及认为伯唐父鼎铭首句只能释为“乙卯这天，周王在葊京举行饔祭”，“其下所述王行桒祭之活动，也当是乙卯日内发生的事”，“是同日举行的祭祀”等，都至为正确，但认为饔祭与桒祭“是一次祭祀的过程”，“饔祭与桒祭并非并列关系，而是后者从属于前者的关系”（刘桓：《也谈伯唐父鼎铭文的释读——兼谈殷代祭祀的一个问题》，《文博》1996年第6期），则未必得当。

② 如王龙正等对新发现的柞伯簋的年代、国别的考定及铭文的断读基本正确，但对“小子”、“徣易柷见”的释义和把“敬又ㄋ，获则取”隶释为“敬友友！又获则取”（王龙正、姜涛、袁俊杰：《新发现的柞伯簋及其铭文考释》，《文物》1998年第9期；王龙正、王聪敏：《应国墓地有铭铜器》，《应氏通谱论坛》2005-10-1。又载《收藏家》2001年第3期）。则欠审慎。李学勤先生对“南宫”、“小子”、“柞伯”的解释甚确，但对王讲的话系于柞伯一人的断读，以及把“敬又ㄋ”释为“敬有夬（决）”，把“徣易柷见”释为“徣易柷（柷）虎”，决是用以钩弦的板指，柷虎即柷敔，为乐器，都是大射场合之用器（李学勤：《柞伯簋铭考释》，《文物》1998年第11期）。似仍可讨论。徐锡台先生对柞伯簋铭的断读与众不同，多有可商，且把“敬又ㄋ”隶为“敬有佑”（徐锡台：《应、申、邓、柞等国铜器铭文考释》，《容庚先生百年诞辰纪念文集》（古文字研究专号），广东人民出版社，1998年），刘雨先生从其释，似亦可商。但认为柞伯簋铭说明《仪礼》所记“大射仪”确为西周曾实行过的“周礼”之一，“可能只有周王举行的射礼方可以称为‘大射仪’”（刘雨：《近出殷周金文综述》，《故宫博物院院刊》2002年第3期），则是有道理的。陈剑据郭店楚简《唐虞之道》篇相同构形的字，首先隶定出“敬又ㄋ”的最后一字，读为贤，并与下文“获则取”连读（陈剑：《柞伯簋铭补释》，《传统文化与现代化》1999年第1期）。不仅作者自感文义妥帖，而且也颇受学界赞许。葛英会先生即认为此释“使柞伯簋所载射礼铭文的通读、文义的理解畅达允洽，并与典籍射礼的习惯用语完全一致。这个精审的见解令人称道不已”。同时又进一步对该字之构形以及与音义的关联上作了探讨，以为“仪态谨敬与戴板指不可并列连言”，ㄋ，为指事字，“其本义原指中指，将指”。贤字的读音“与将指这个名称有关”，“古贤、将二字的读音近似，贤字读音可能由将指将字读音而来”（葛英会：《说甲骨、金文中的ㄋ字》，《纪念王懿荣发现甲骨文一百周年论文集》，齐鲁书社，2000年）。的确，此种解释给人启发很大，从字面上看似乎本于铭文原意，然经反复考索，则觉得不无问题，仍是可以讨论的。冯时先生则释“ㄋ”为叉，读为挟，本义是以食、将二指挟物，用为射事是指叉矢。“敬有叉”即“敬有挟”，意为敬其射（冯时：《柞伯簋铭文剩义》，《古文字研究》第24辑，中华书局，2002年）。此说也颇有道理，但稍显迂回。而且ㄋ字的指示符在将指，与《说文》篆文叉字的指示符在手指间也明显有别。

③ 中国社会科学院考古研究所沣西发掘队：《1984年沣西大原村西周墓地发掘简报》义盉盖，《考古》1986年第11期；中国社会科学院考古研究所沣西发掘队：《长安张家坡M183西周洞室墓发掘简报》伯唐父鼎，《考古》1989年第6期等。

对有些铭文的断读与释义、所记事件与次序的分析[①]，则未必全是，如把匡卣铭所记史事说成是懿王在射庐与臣下作捕兔戏，就不准确。而且，由于近年来新的考古资料不断发现，他所提出的一些观点也需要加以补充或修正。其《西周金文中的祭祖礼》也涉及射礼金文，所论祭祖礼的种类、周王室的祭祖礼仪和周人的祖神观念[②]，对理解西周射牲礼及其相关问题也是大有裨益的。王龙正、袁俊杰、廖佳行则结合文献记载，对新发现的柞伯簋及其所反映的大射礼与西周教育制度作了探讨，所提出的举行大射礼的时间、射礼的形式、举行射礼的目的、贵族子弟的义务教育、射礼的教学性质、兵学合一的学校教育体制等观点[③]，都是言之有据的。朱启新也依据传世射礼金文及其他铜器铭文对西周教育进行了探讨，所提出的国学中的小学和大学、国学教师是官师合一的、重视德育和军事技能教育、周王朝对教育非常重视、学校对学生的要求也很严格等观点[④]，亦言之有据，但未备。戴庞海的《略论西周时期的礼仪教育》，也涉及西周的大学辟雍、射礼、天子视学等问题，他关于西周礼仪教育系统化、制度化的见解[⑤]，对理解当时射礼盛行的社会背景是很有帮助的。胡新生先生的《西周时期三类不同性质的射礼及其演变》，也是一篇很有分量的力作，他旁征博引，不仅对西周军事性的射术训练、宗教性的射牲仪式、娱乐性的集体游艺活动三类不同性质的射礼有细致的分辨和至为精妙的论述，还对一些传统观点即“易滋误会的说法”和“明显的误说一并进行商榷和辨析”，提出了不少新见解，认为“西周金文所反映的射礼包括三类性质不同的活动”，“这三类射礼各自沿着不同的道路向前发展，其中与饮宴、乐舞相结合的娱乐性射礼为东周时代更加复杂规范的乡射、大射、燕射、宾射诸礼的形成奠定了基础”；“军事性的习射，就是东周礼家所谓‘主皮之射’的源头”；“宗教性的射礼特别是天子乘舟射牲的仪式，到战国时代基本湮灭”。作这种划分看上去极便于对西周射礼来龙去脉的理解，但实际上完全撇开东周礼书对射礼种类的划分则是不可取的，它将不利于追溯各种射礼的本源和流变。而且仅此三类似乎也不能完全涵盖西周射礼，射庐、学宫中的习射也不全是军事性射术训练的习武之射，既把静簋铭的“射于大池”说成是弋射，又把它与麦方尊铭的王在辟雍乘舟“射大龏禽”分列为军事性的射术训练和性质不同的另一类射礼，即与祭祀有关的射牲仪式，似乎分类标准也未能以一贯之，同时又说：“静簋记录的是典型的‘习射于泽’，但它与祭祀并无关联；伯唐父鼎记录的是典型的‘天子将祭，取余获陈于泽’的射牲之仪，但它并不属于习射，也看不出与‘择士’有关。”这就把周天子

① 刘雨：《西周金文中的射礼》，《考古》1986年第12期。
② 刘雨：《西周金文中的祭祖礼》，《考古学报》1989年第4期。
③ 王龙正、袁俊杰、廖佳行：《柞伯簋与大射礼及西周教育制度》，《文物》1998年第9期。
④ 朱启新：《从铜器铭文看西周教育》，《教育研究》1984年第3期。
⑤ 戴庞海：《略论西周时期的礼仪教育》，《郑州大学学报》2006年第3期。

的将祭择士之射、射牲、亲自视学察验射礼教学效能和卿大夫相与习射的为了祭兽分配的射余获，完全混淆在一起了。作者还认为“以往的研究者对西周射礼的性质差异未作细致分辨，有些看法如西周已没有‘贯革之射’、《仪礼》所记射礼属于军礼”等等，“都不尽符合史实，应予纠正”。所言极是，但认为西周存在“射鱼”之礼，也不符合史实，全盘否定射鱼礼的存在，以及对长由盉铭所记射礼的行射地点、令鼎铭所记射礼的娱乐性质、伯唐父鼎铭所记天子在辟池射牲之行射方式的理解[①]，则未是。陈成国的《先秦礼制研究》也专设“西周射礼”一节，据文献和相关金文对西周射礼作了论述，由于他是以“‘三礼’所记尊重天子的礼制，大都属于西周”[②]为前提的，故在资料的取舍上就难免会存在一些问题。东周礼书所记射礼，即使大家认为最有可能是西周的部分，实亦糅合了一些晚期的东西。

荞京问题牵扯到水射场所辟雍大池的位置，故此问题亦应重视。由于西周金文有丰京、荞京，却不见镐京，文献有丰京、镐京，则不见荞京，长期以来学者对其原因和它们之间的关系作了许多分析。20 世纪 80 年代以来又有更多的学者关注这一问题。[③]虽然荞京的问题还没有最终解决，但学者的研究趋向还是比较清楚的。

---

① 胡新生：《西周时期三类不同性质的射礼及其演变》，《文史哲》2003 年第 1 期。

② 陈戍国：《中国礼制史》先秦卷，湖南教育出版社，2002 年第 2 版，第 277~282 页。

③ 如陈云鸾《西周荞京新考》，从荞京的地望、荞和蒿、镐三字的音义及其历史演变着眼，提出“西周荞京的称号，是从荞（蓬）蒿得名，荞（蓬）为本名，蒿为别字”。“荞是本来字样，荞京是本来称号，此字为西周人所创，保存本来面貌；镐京为别名，镐为蒿的假借字，是东周人所创，杂有后起诗人的感想。”认为荞就是蒿、镐，镐京得名于蓬蒿，“荞京即蒿京，蒿京即镐京，而不是丰京”（陈云鸾：《西周荞京新考》，《中华文史论丛》第 1 辑，上海古籍出版社，1980 年）。此说虽不乏新见，但细审金文，却有抵牾之处。而且所引金文也有脱漏、误断和误释。显得很不谨慎。张懋镕《镐京新考》，从西周金文宗周、荞京同铭对举和宗周的地位、镐字的字源着眼，认为“宗周与荞京并非一地”，“分明是两个地方”。“宗周即是镐京”，“唯有蒿（蒚）才是镐京之本字”，并同意“荞京即是丰京”的说法（张懋镕：《镐京新考》，《中华文史论丛》第 4 辑，上海古籍出版社，1981 年）。黄盛璋先生则对陈云鸾文提出辨正，在其 20 世纪 50 年代研究的基础上，对荞京、蒿、丰、邦的有关资料和问题进行了全面的梳理、辨误和论证，认为荞京、荞隶为芳，也就是《诗》“侵镐及方”之“方”。德方鼎铭之“蒚”与镐、鄗、滈皆为一字，也就是西周首都之镐京。金文王在丰与王在邦，是一地异写。金文的荞京距宗周镐京在一日路程之内，不论地理位置、自然环境、政治地位、宫庙建筑，都和文献记载之丰京相合，但“荞”字不是“丰”。“荞京应该就是利用丰邑之外已经开辟经营之地，包括辟雍、大池等而扩展新建为王离宫别馆之处，与丰同处一个地区，彼此相近，但还不是同一地方”（黄盛璋：《关于金文中的“荞京（荞）、蒿、丰、邦”问题辨正》，《中华文史论丛》第 4 辑，上海古籍出版社，1981 年）。这就为寻找荞京的具体位置开启了新的思路。宗德生也对陈云鸾文提出质疑，认为：“金文中的宗周就是文献中的镐京，荞京就是文献中的丰邑。”“宗周与荞京、成周、周分治，互不相混。”文献记载，“丰镐两地都有辟雍、大池，而金文但言‘王才荞京’，怎么就可遽断金文的辟雍大池是镐京的而非丰邑的呢”（宗德生：《〈西周荞京新考〉质疑》，《中华文史论丛》第 4 辑，上海古籍出版社，1981 年）。刘雨先生则以金文为主要材料，从字形上荞与丰、镐绝不能通，金文中的荞京应从丰镐以外去寻找为基点和出发点，论证了“荞京不是丰京”、“荞京不是镐京”、“荞京也不是其他西周都城”、“荞京是镐京附近的地方”，“距宗周（即镐京）不足一日的路程”，认为荞京“就是文献中‘侵镐及方’的方，其地在距镐京几十里的范围内”（刘雨：《金文荞京考》，《考古与文物》1982 年第 3 期）。王玉哲先生也从方即金文中的“荞京”出发，先从《诗》镐与方的地理说起，认为：“镐方之镐既确知在泾渭之会地区，这就大有助于‘方’和‘荞京’地望问题的解决。因为《诗经》镐与方相连属，二地必相邻。”继从秦阿房宫的得名推测荞京地望，“当不出今丰水以东，滈水与皂河之间的渭河南岸”；又从镐京、荞京同建有辟雍和古都建置的形势上得到的启示，认为“镐京之辟雍，也就是荞京的辟雍，是同一个

3. 关于射鱼礼与投壶礼的研究

射鱼礼是一个颇受争议的问题。自20世纪40年代陈槃先生首倡春秋“公矢鱼于棠”为射鱼礼后，学者多赞同其说。80年代以来，学界出现了肯定与否定两说并存的局面。持肯定说者多从殷周金文作进一步论证，如杨伯峻注曰：“朱熹《语类》、俞成《萤雪丛说》、邢凯《坦斋通编》、黄仲炎《春秋通说》、叶梦得《春秋考》、王应麟《困学纪闻》卷六上以及毛奇龄《简书刊误》、赵翼《陔馀丛考》卷二据《传》‘则公不射’之文，又据他书射鱼之事，因谓矢鱼为射鱼，静簋云‘射于大池’尤可证。”①刘雨先生认为攸鼎、遹簋等西周金文中的王在辟雍大池的“乎渔”，与《春秋》隐公五年的公于棠地的“矢鱼”、《淮南子·时则训》的天子亲往“射鱼”，“大概是一回事，也是射礼的内容之一”。“‘射鱼’，是射礼的一种。”②日本学者小南一郎也赞同西周有射鱼礼的说法。③射鱼礼现已被新发现的殷商实物模型与金文资料作册般铜鼋所证实，据此笔者认为“铜鼋的铭文与器物造型所反映的史事是商代末期的一次水上射礼活动”，“西周辟雍大池的水上射礼很有可能渊源于商代晚期的洹水水上射礼”。“射鱼也是当时常见的一种射礼”，“射鼋无疑则是射鱼的一项重要射礼活动。鼋与鱼、大雁、天鹅一样可能都是当时水上射礼的射获对象”。④持否定说者多从字词训诂文献考据上驳议，如杨希枚通过对《春秋》隐公矢鱼于棠主题所涉字词的训义以及对祭牲的考据，认为：“宋代以来学者所倡

辟雍，两京处在辟雍池水周围”。“渭北的镐京发展扩大，而到达渭水南岸的‘方’（或莽），因而出现了金文中的‘莽京’，成为扩大的镐京之一部”（王玉哲：《西周莽京地望的再探讨》，《历史研究》1994年第1期）。刘雨、王玉哲先生的看法值得重视，这种思路对寻找莽京的具体位置是大有启发的。另外，邵英也从字义、相关问题及铭文记载的史实作了分析，认为：“由于灵台辟雍在太庙之中，而太庙和灵台辟雍都在丰邑，所以莽京也在丰邑。”“莽京应该是周王在宗周居住的地方，也就是王宫的所在地。”“莽京距镐京很近，地处丰邑，在丰邑的宗庙附近，是宗周的王宫、宗庙区。王室宫殿必是高大建筑，所以称为莽京。”（邵英：《莽京考》，《殷都学刊》2005年第2期）显然是文献资料未备，忽略了镐京也有辟雍的史实，而且也没有把宗周、镐京、莽京三者之关系论证明白。其另一篇文章虽对宗周、丰邑与镐京有进一步的交代，但仍坚持“‘宗周’的宗庙是在丰邑，而不是在镐京”，“宗周的宗庙与莽京在一地”（邵英：《宗周、镐京与莽京》，《考古与文物》2006年第2期）等前文之观点。

① 杨伯峻：《春秋左传注》（修订本），中华书局，1990年第2版，第39页。

② 刘雨：《西周金文中的射礼》，《考古》1986年第12期。

③ 小南一郎通过对西周金文和相关文献的比较分析后，认为：“西周的射礼是在大池举行的，在那里被射的大概主要是水鸟和鱼。”《诗·大雅·灵台》：“王在灵囿，麀鹿攸伏。麀鹿濯濯，白鸟翯翯。王在灵沼，于牣鱼跃。”“这里出现的动物，都是向诸神的奉献物，同时也应是射礼行射的目标。”“遹簋有在大池中渔捕的记载，那种场合的鱼可能是用矢射到的。关于主君举行以矢射鱼的祭祀，在《春秋左氏传》隐公五年中有‘公矢渔于棠’的记载。陈槃把这句读作‘鲁公在棠地射鱼’。关于这个‘矢渔’之句的读法也许有不同的看法，但是，用弓矢射鱼，并把射得的鱼供奉给神这一事实，应是与大牢等用牛、羊、猪来祭祀相同，都是中国古代重要的祭祀方法，这一点应是没有疑问的。”在《淮南子·时则训》中就有年终祭祀“天子亲往射鱼，先荐寝庙”的记载。“在《史记·周本纪》中，周武王面对殷王朝的讨伐，在调动军队的时候，‘渡黄河，河中白鱼跃起跳入船中，武王俯首取鱼，以此祭祀’。纬书的《洛书灵准听》中，有更详细的记载：‘武王伐纣，度孟津，中流白鱼跃入王舟，王俯取鱼，长三尺，目下有赤文成字，言纣可伐，王写以世字，鱼文消，燔鱼以告天。’这则纬书所传的故事，以鱼作为牺牲进行燔祭。燔祭在祭天手段中是重要部分，因此可以认为这是以折射的形式所继承下来的射礼的东西。”（〔日〕小南一郎：《射の仪礼化をめぐつて——その二つの段阶》，《中国古代礼制研究》，京都大学人文科学研究所，1995年；〔日〕小南一郎著，秦晓丽节译：《论射的礼仪化过程——以辟雍礼仪为中心》，见宋镇豪等主编：《西周文明论集》，朝华出版社，2004年）

④ 袁俊杰：《作册般铜鼋所记史事的性质》，《华夏考古》2006年第4期。

的隐公矢渔为射鱼说或无视训诂或误解经文，或曲解古制，故无可取信。”“综观礼书所载有关周代大射、乡射之制，也并无一语及于射鱼。”“周代射礼，无论大射、宾射、燕射或乡射，或张绘有虎熊豹鹿豕形之皮侯或布侯而射之，或即张兽皮而射之，均象征射兽牲，而无关射鱼。”“鱼非牲，尤非牢牲，应不在祭牲之列。”“鱼非兽牲，故无关乎祭典中国君的射牲及射礼中选士的习射。”[①]对陈槃的“春秋公矢鱼于棠说”和周代的射牲之制进行了辩论。今天看来，他对射鱼礼的驳议也是需要再商讨的。胡新生先生则从《淮南子·时则训》的“天子亲往射渔”系由《吕氏春秋》的“十二纪”和《礼记·月令》改编而成，原文并未出现“射渔”字样出发，认为：“不能用它说明西周礼制。西周金文屡见‘呼渔于大池’一类记载，却没有一条与‘射’相联。麦方尊、伯唐父鼎明确提到的辟雍之射，又都与射鱼无关，因此，所谓西周存在射鱼礼的假说根本不能成立。”[②]然而，作册般铜鼋的发现，证明要全盘否定射鱼礼的存在已经是不可能的了。

从射礼衍生出来的投壶礼，也受到学者的关注，如吴曾德先生结合南阳汉投壶画像石，对《礼记》等文献所记投壶礼的举行场所、器物用乐、礼数制度、尊卑等级和礼节内容作了精详论述，并据《左传》昭公十二年和《史记·滑稽列传》等记载，认为“投壶游戏出现的时间最迟在春秋末”。“春秋晚期投壶游戏已经受到人们的欢迎，并且开始流行。到了战国，投壶游戏在社会上已比较盛行，男女可同坐在一起，边喝酒边投壶。直到唐代，投壶游戏仍很受人们欢迎。”[③]郭贤坤先生则对山东长岛出土的人物画像纹提梁卣上的投壶画像所反映的战国投壶礼作了精彩解析。[④]李小成的《投壶考》从《礼记》文本和历代文献的记载，并从出土文物方面加以实证，考察了投壶之礼的性质、应用范围、竞投规则及所用器具的发展变化，从而揭示了中国礼乐文化的强大生命力[⑤]，是一篇较有分量的研究投壶礼的力作。崔乐泉的《我国最早的铜“投壶”》[⑥]根据河北中山王墓出土的实物，并结合文献记载，对战国的投壶礼作了解说与考证。只是从资料到论证都太过于简略了。

4. 关于青铜器人物画像纹射礼画像图案的研究

青铜器人物画像纹是当时贵族社会生活的真实反映，而其中的射礼画像图案则是当时举行射礼的真实场面的写照，20 世纪 80 年代以来，开始受到一些学者的关注，如王恩田先生的《辉县赵固刻纹鉴图说》，依据礼书等文献记载，并结合

① 杨希枚：《春秋隐公射鱼于棠说驳议——兼论春秋蒐狩、治兵与祭牲之制》，《文史》第 26 辑，中华书局，1986 年。
② 胡新生：《西周时期三类不同性质的射礼及其演变》，《文史哲》2003 年第 1 期。
③ 吴曾德：《汉代画像石》，文物出版社，1984 年，第 157~160 页。
④ 郭贤坤：《刻纹提梁壶与战国时代的投壶礼》，《体育文史》1995 年第 3 期。
⑤ 李小成：《投壶考》，《江汉论坛》2005 年第 4 期。
⑥ 崔乐泉：《我国最早的铜“投壶”》，《体育文史》1995 年第 2 期。

琉璃阁铜奁、长治分水岭残匜、陕县后川铜匜、平度东岳石铜匜残片、六合程桥铜器残片、长岛王沟铜鉴铜匜残片，传世的上海博物馆铜椭桮、故宫铜鉴残片、宴乐铜壶及流到国外的残铜匜等刻纹材料，对赵固铜鉴上的刻纹画像内容作了深入探讨，纠正了原发掘报告的错误解释，认为该鉴的画像图案“释为贵族的礼仪活动比较恰当；全部内容系由燕礼、射礼、蒐礼等三部分组成”。“赵固鉴‘燕礼’图中的高大建筑物应即路寝，也可称之为堂。”“赵固鉴的射礼是在郊举行的。因此，其性质似应属于大射。”①其对燕礼、射礼的器用乐舞，尤其是对射者与乘矢、射侯与侯制、取矢人与乏、获者与获旌、举行地点与场所的分析，颇为精到，此种研究方法尤为值得借鉴。侯毅的《长治潞城出土铜器图案考释》，也涉及辉县赵固铜鉴刻纹图案，但把王说燕礼图中的高大建筑解释为宗庙或社，把建筑右侧画像解释为表祭。②这种解释直接关系到对射礼图案所反映的射礼性质、种类与仪节的认识，故亦值得重视。郭贤坤的《鎏金刻纹铜鉴与周代的射侯》，根据山东长岛县出土的实物，并结合礼经，对周代的射侯作了复原与考证。③只是从资料到论证都太过于简略。曹春平的《东周青铜器上所表现的园林形象》，也是迄今涉及青铜器人物画像纹射礼画像图案较多的一篇论文，作者从图像上的苑囿构成要素及苑囿中的活动着眼，对射礼场所的建筑设施、自然环境和贵族活动的内容进行了研究，指出图像中的苑囿大体由台榭、坛台、帐幕、池沼、植物和动物构成。“可以看出，此时的园林，以台榭作为观赏宴乐的主要场所，辅以其他建筑类型，并利用自然的池沼、林木以及鸟兽群集之地作为活动游乐的场所，开始逐步加以经营治理。”“图中宴饮、乐舞、射礼等活动多以一座或几座建筑为中心。建筑是两层或三层的台榭或楼阁。”“各器中多刻画有射礼和习射的图案”，其中高王寺和百花潭出土铜壶上的刻纹，“有独立于主体台榭之外的‘射宫’一类的单层或两层小型台榭，‘射侯’置于台榭之前。台榭内两人并射，即礼书上所说的耦射”。苑囿中的活动有宴乐、祭祀、射礼、狩猎、采桑、舞蹈等。“苑囿中体现的各种不同的活动场面各有中心，并用门阙、垣墙或河流等分隔，初步形成不同的功能分区。”“周初的苑囿，记述最详者莫过于文王在丰邑之郊所经营的‘灵台’、‘灵囿’、‘灵沼’、‘辟雍’。《诗·大雅·灵台》有颂咏，极言庶民归附、鱼鹿游伏及辟雍中的鼓钟之乐。今人有考述辟雍本为周王室苑囿中的‘离宫小苑’即《周礼》之‘囿游’。从这些青铜器上的图像资料来看，列国诸侯、贵族的苑囿，其环境与诗、礼经注中的记载颇多吻合。”“许多图像的环境、建筑形制与先于此的铜器铭文以及先秦两汉文献记载的周代‘灵台’、‘灵囿’、‘辟雍’制度有一定的联系。”④这些精彩

① 王恩田：《辉县赵固刻纹鉴图说》，《文物集刊》2，文物出版社，1980 年。
② 侯毅：《长治潞城出土铜器图案考释》图二，《中原文物》1989 年第 1 期。
③ 郭贤坤：《鎏金刻纹铜鉴与周代的射侯》，《体育文史》1995 年第 4 期。
④ 曹春平：《东周青铜器上所表现的园林形象》，《中国园林》2000 年第 3 期。

分析对射礼画像图案的进一步研究是大有助益的。王厚宇先生对高庄墓的年代、国别、族属作了探讨[①]，皆论之有据，确不可易。为进一步研究该墓出土的铜盘上的宴乐囿游射侯纹以及与其他射礼画像图案的比较研究奠定了基础。徐婵菲、姚智远则对洛阳新发现的战国铜匜上的刻纹图案作了探析，认为“铜匜的年代也当在战国中期前后”，该器的图案内容分别为祭祖图、射礼图和冥府图。[②] 其对射礼的解释甚是，但对祭祖、冥府、年代的分析则未必确当。一些考古发掘报告对新发现的射礼画像图案资料也作了初步研究[③]，也都很简略，有的仅寥寥数语，甚至连射礼都没有提到。崔乐泉先生的《射侯考略》，依据文献和考古发现的青铜器人物画像纹射侯图案资料，对周代射侯的形制、礼仪及意义作了分析探讨。[④]朱凤瀚先生的《古代中国青铜器》，不仅对射礼金文作有释文，而且对两周青铜器的特征与分期断代、人物画像纹射礼图案的内容及其表现手法与艺术特点，也都有十分精要的论述。[⑤]沈从文先生的《中国古代服饰研究》，对战国青铜器人物画像纹射礼图案亦有很细致的解说。[⑥]另外，还有一些学者从青铜器装饰工艺上，对人物画像纹射礼画像图案的工艺演变与艺术特点进行了总结分析。[⑦]这些综合性论述也是我们断定人物画像纹射礼画像图案青铜器年代和流行时期的参考。

5. 关于射礼礼仪化过程的研究

系统研究两周射礼的发展变化过程，是一个很重要的问题，但迄今在这方面的研究还很薄弱。陈成国先生的《先秦礼制研究》，对射礼虽然也设有专节，分殷商、西周、春秋作断代研究，对乡射礼和大射礼的仪节有详细论述，他提出射礼也分等级、射礼的通例是在燕饮之礼中举行的、大射仪的主人是宰夫而不是国君等观点，都是很有道理的。征引资料也比较丰富[⑧]，但论证则欠充分，并没有写出两周射礼的发展变化来，而且战国时期的射礼还付之阙如。目前所能见到的有关这方面的研究，仅有日本学者小南一郎的《射の仪礼化をめぐつて——その二つの段阶》，该文以辟雍礼仪为中心，考察了射的仪礼化过程。作者认为：“与射礼相关的金文，其重要的特征之一便是可以频繁看到周王的名字，这是包括册命金

① 王厚宇：《试谈淮阴高庄墓的年代、国别、族属》，《考古》1991 年第 8 期。
② 徐婵菲、姚智远：《浅释洛阳新获战国铜匜上的刻纹图案》，《中原文物》2007 年第 1 期。
③ 如韩伟、曹明檀：《陕西凤翔高王寺战国铜器窖藏》宴饮射猎纹铜壶，《文物》1981 年第 1 期；淮阴市博物馆：《淮阴高庄战国墓》宴乐囿游射侯纹铜盘，《考古学报》1988 年第 2 期；李有成：《定襄县中霍村东周墓发掘报告》宴饮竞射纹铜匜，《文物》1997 年第 5 期等。
④ 崔乐泉：《射侯考略》，《成都体育学院学报》1995 年第 2 期。
⑤ 朱凤瀚：《古代中国青铜器》，南开大学出版社，1995 年。
⑥ 沈从文：《中国古代服饰研究》，香港商务印书馆，1981 年，上海书店出版社，2005 年再版。
⑦ 叶小燕：《我国古代青铜器上的装饰工艺》，《考古与文物》1983 年第 4 期；吴镇烽：《商周青铜器装饰艺术》，《考古与文物》1983 年第 5 期；杨泓：《战国绘画初探》，《文物》1989 年第 10 期。
⑧ 陈成国：《中国礼制史》先秦卷，湖南教育出版社，2002 年第 2 版，第 195~196、277~282、368~373 页。

文在内的其他种类的金文资料中所不常看到的现象。”“如果说礼制的本质和特定的个人无关，只在于说明一连串的仪式，则在穆王时代金文中所见的射礼，还没有完全仪礼化，可以说这是保留了礼仪固定化以前的射礼形式。”“在中国礼制形成的历史过程中，西周中期可以说是特别重要的一个时点。以这个时期为契机，以周王为中心的宗教祭祀不断政治化、仪礼化，到西周晚期，这种以周王为中心的礼制，便在相当广泛的范围内得以体系化了。”这些见解对我们深入探讨两周射礼的发展演变及其历史原因，显然都是很有启发的。但作者认为：“在循环往复的时间中所进行的宗教祭祀，质变为在直线的时间上的政治祭祀的时候，这种祭祀便作为历史事件而得以记载下来。由此，政治的祭祀也就常规化了，常规化之后又再次从历史的时间中游离出来。西周后期言及射礼的金文几乎看不到，这正是其成为政治事件的反映。究其原因，可推测是周王主宰的射礼常规化、仪礼化，因而也就没有值得特别记述的价值。”[①]此虽有古代史官常事不书之说，但也未必是其真正原因。而为使青铜器人物画像纹射礼画面射耦耦数一致或简单地迎合礼书所记射礼之耦数，竟删减凤翔高王寺宴饮射猎纹铜壶射礼画面中的人物画像（详见该文图 24），就显得随意和草率。

6. 关于射礼所用矢镞的研究

20 世纪 80 年代以来，学界对射礼使用的矢镞问题也关注起来，但看法并不一致，如宋兆麟先生认为：“弋射之矢，箭头有倒刺，箭铤中有孔槽。”[②]但问题是此种形制的青铜镞出土数量极少，且为南方所见，与弋射画像纹铜器的流行区域不合，也不能体现弋射在当时社会上层中的盛行程度，出土的墓葬中也不见缴线轴。从文俊等学人基于曾侯乙墓出土有弋射用器铜弹簧和缴线轴，而与之共出的青铜镞便是弋射用镞之考虑，认为“把曾侯乙墓那些制作精美的镞视为射出后能

---

① 小南一郎还认为：“所谓射礼，就是遵照一定的规范所进行的弓矢竞技。”“与射礼相关的金文资料基本上集中于西周前期末到中期这一时期，但是，这种现象并不是偶然的，到西周中期，西周前期所继承的殷王朝以来的祭祀礼仪体系已经崩溃，因而是周王朝新的祭祀体系的确立时期。比如，就青铜礼器来说，爵、斝、角等温酒器和方彝等酒器在这个时期消失，这暗示着使用酒器的祭祀礼仪有了较大的变化。大盂鼎的铭文强调了殷王朝失国是饮酒的结果，但事实上这一铭文并不仅仅限于惩戒饮酒之过，还可以认为是与使用这种酒器的礼仪所发生的变化相对应的发言，即它的目的是来否认殷系统的饮酒仪礼的。在这样的祭祀仪礼中，西周中期的质变，不仅仅限于与宗教礼仪相关的范围内，其根本的质变，是与西周社会基本构造的变化相对应的。西周后期，与前期的以宗教祭祀为中心的时代相比，是一个以礼仪、仪式为中心的时代。之所以这样认为，是因为从这一时期起突然出现的许多册命（策命）金文的内容中可以看到这种特征。”“古代宗教的本质，与作为信仰的心理因素相比，更重要的应在其仪礼的因素之中。因此，在从宗教到仪礼这样大的谱系变化中，要给予其明确的时期区分是非常不容易的。在中国，关于礼制的成立时期，要想明确断言在哪个时代也是很难的。但是，册命金文对册命祭祀中产生的包括周王对人的行动都进行了详细的记述，从其成立的背后，仍然可以看到从以神为中心的宗教到以人为中心的仪礼的时代变化。”（〔日〕小南一郎：《射の仪礼化をめぐつて——その二つの段阶》，《中国古代礼制研究》，京都大学人文科学研究所，1995 年；〔日〕小南一郎著，秦晓丽节译：《论射的礼仪化过程——以辟雍礼仪为中心》，见宋镇豪等主编：《西周文明论集》，朝华出版社，2004 年）

② 宋兆麟：《战国弋射图及弋射溯源》，《文物》1981 年第 6 期。

够收回的弋射所用箭镞是合理的”[①]。谭白明[②]、何驽均赞同其说，并从出土背景的角度进一步论证了这一观点。[③]陈春慧则赞同宋兆麟先生的观点，而不同意何驽的观点，认为“平首圆身镞非弋射用矰矢，而是射礼用恒矢”[④]。但此种看法与青铜器射礼画像中矢贯侯之情形则不能相合。石岩对中国北方先秦时期青铜镞的资料作了全面系统的梳理，对战争、狩猎、礼射、投壶礼、弋射等所用镞的形制提出了自己的看法。[⑤]张敏则以三晋两周地区考古所见为例，主要对东周时期非战争类用镞，即蒐礼、射礼、投壶礼、弋射所用铜镞进行了型式划分与分期，对其形制的发展演变和出土背景、墓主身份等级作了考察，并对青铜器人物画像纹中的战争、狩猎、射礼、投壶礼、弋射画像中的矢与射进行了分析，认为从文献记载和青铜器射礼画像矢于侯上的状态来看，“‘射礼’之用镞应是双翼镞、三翼镞、三棱镞等锋刃镞”，而并非平首圆身镞即所谓的恒矢。弋射之用镞也不仅限于有铤异形镞一种，“双翼镞、三翼镞、三棱镞亦有可能用于‘弋射’，‘弋射’所用的发射工具应该以弓为主”[⑥]。此种分析是颇有道理的，唯有遗憾者是对高王寺宴饮射猎纹铜壶的射礼画像中的人物职司未能通解，已解释者也不完全正确。总之，以上这些看法虽然存在着争议，但显然也是有利于两周射礼的深入研究的。

7. 关于两周射礼社会背景的研究

两周时代射礼流行的历史原因与社会背景，迄今还没有专文探讨，但已有的研究成果也涉及这一问题的某些方面。如刘志基先生从若干以弓箭形象构形的汉字着眼，并结合相关的一些文献记载和民族资料，比较详细地分析了古代先民的弓矢崇拜观念，认为灵物崇拜在古代社会是一种普遍现象，“由于某种东西对人的生存发生重大影响，人们便将其视为一种具有超自然力量的神灵之物加以敬畏和膜拜。这种现象，虽然发端并盛行于原始时代，但进入文明社会以后，也并不立即绝迹，有些仍继续以各种形式存在于人们的观念中。弓箭崇拜，就是这样一种时间延续较长的灵物崇拜现象。一些以弓箭形象构形的汉字正透露着这种消息”。周代的生男子设弧于门左、以桑弧蓬矢射天地四方、周天子赏赐功臣以弓矢之礼、贵族厅堂陈矢与悬弓以及神话传说的羿射十日等，都是弓矢有灵和弓箭崇拜观念的不同表现形式。“从对弓箭的敬畏到以弓箭为有灵，从弓箭有灵到操弓射箭的神奇功效，其间的逻辑联系是显而易见的。它们的源头与核心，便是对弓箭的崇拜。”

---

① 从文俊：《弋射考》，《青果集——吉林大学考古专业成立二十周年考古论文集》，知识出版社，1993年。

② 谭白明：《曾侯乙墓弋射用器初探——关于曾侯乙墓出土金属弹簧与“案座纺锤形器”的考释》，《文物》1993年第6期。

③ 何驽：《缴线轴与矰矢》，《考古与文物》1996年第1期。

④ 陈春慧：《矰矢、恒矢、绕缴轴——兼与何驽先生商榷》，《文博》1998年第6期。

⑤ 石岩：《中国北方先秦时期青铜镞研究》，吉林大学博士研究生学位论文，2006年；《长身异形镞考辨》，《考古与文物》2007年第2期。

⑥ 张敏：《东周时期的矢与射》，《文物世界》2008年第3期。

“弓箭崇拜乃是汉先民的一种具有悠久历史的民族心态。”[①]汉字是汉民族历史文化的载体，它蕴涵了各个时代层次的历史文化积淀。从汉字去观察先民的弓矢崇拜，的确不失为一个比较理想的视角。武普照、王忠君的《先秦两汉的习射风气》，对先秦两汉习射的类型及其在社会各阶层中的普及情况，包括习射的起源、西周的习射礼和射教、春秋战国时期习射运动的盛行以及两汉时期的习射风气等进行了探讨，认为“先秦两汉时期，上自王公贵族下至庶民百姓喜好射箭者甚多，在社会上形成了一股习射风气”。“‘羿射九日’的传说，反映了先人神奇的射技以及民众对善射者的崇拜心理。”周代的大射赏罚分明，“这一政策对推动各地的射箭运动有着不可忽视的作用”。宾射“这一礼制反映出射箭已成为睦亲宴友的娱乐活动”。“周代的燕射和乡射均带有宗法教化的色彩，但它从一个侧面表露出西周时期习射的正规化和普遍化。”“春秋战国时期，诸侯争霸，战争频仍。各国为富国强兵，救亡图存，都十分重视军事训练。”“争霸战争的需要成为当时习射风行的内在动因。统治者的倡导和奖励更是起到了推波助澜的作用”，“大大推动了习射运动的开展”[②]。这些见解对了解两周时期的尚武风尚和射礼流行的社会原因与背景都是很有助益的。

除此之外，学者对中国古代礼制的综合研究，或对古代射礼的通论性研究，也包含有两周射礼的研究内容。前者如杨志刚《中国礼仪制度研究》[③]，述及周代大射礼名称的由来和射侯之制度，但极其简略；彭林《中国古代礼仪文明》[④]，对周代射礼的种类、仪节、目的及其所反映的品德修养与人格精神等问题都有精彩论述；梅珍生《晚周礼的文质论》[⑤]，也就晚周射礼的文质思想作了探讨，使人颇有耳目一新的感觉。后者如陈春慧《论射礼兴衰与文化嬗变》[⑥]，卞晨《射的起源及在奴隶社会时期的发展和演变》[⑦]，闫小平《先秦时期礼射的功能及其演变》[⑧]，对西周、春秋、战国时期射礼兴衰与演变的研究；杨梦奎《先秦射艺描写的文化蕴涵》[⑨]、吕利平《中国先秦及秦汉时期的射术文化》[⑩]，就周代射艺的复杂内涵、射术文化在社会生活中的作用及自身发展轨迹的探讨。这些都是颇有创见的精心之作，具有较高的学术参考价值。

---

① 刘志基：《从若干以弓箭形象构形的汉字看先民的弓箭崇拜》，《华东师范大学学报》1989年第5期。
② 武普照、王忠君：《先秦两汉的习射风气》，《山东师范大学学报》1989年第6期。
③ 杨志刚：《中国礼仪制度研究》，华东师范大学出版社，2001年。
④ 彭林：《中国古代礼仪文明》，中华书局，2004年。
⑤ 梅珍生：《晚周礼的文质论》，湖北人民出版社，2004年。
⑥ 陈春慧：《论射礼兴衰与文化嬗变》，《南京理工大学学报》2002年第1期。
⑦ 卞晨：《射的起源及在奴隶社会时期的发展和演变》，《河北体育学院学报》2003年第3期。
⑧ 闫小平：《先秦时期礼射的功能及其演变》，《体育文化导刊》2005年第7期。
⑨ 杨梦奎：《先秦射艺描写的文化蕴涵》，《北华大学学报》2004年第3期。
⑩ 吕利平：《中国先秦及秦汉时期的射术文化》，《成都体育学院学报》2002年第5期。

其他学者的相关研究[①]，也多涉及两周射礼，诸如两周时代贵族的习射教育、射礼举行的地点与场所、习射尚功之风气、以射选士和以射正心的育人观、聘射之礼的身体条件和人格修养、射礼与投壶礼的用乐与鼓乐谱、天子大祀的射牲礼仪、射天矢帝的宗教意义、殷礼与周礼的一贯性等，这些问题的提出都非常值得我们重视。

体育史学界还从体育史和体育文化的角度，把两周射礼作为专题或作为中国古代体育和中国古代射礼等综合性课题的一部分进行了探讨。[②]他们的研究视角非常新颖，也应引起我们的注意。

有少数学者还把中国古代射礼与国外作了对比研究。如张岩的《古代文明的当代话题》[③]，对中国古代的射礼与古希腊的竞技会进行了比较分析，认为射礼与竞技会之间存在着许多共有的特征，二者属于同源异流，最终竞技会发展为现代体育运动会。马明达的《古代中国射箭对日本的影响》[④]、王开文的《朝鲜射技的历史成因及社会现状探析》[⑤]，则分析了中国古代射礼对日本、朝鲜的影响。很显然，这些作为商周射礼的传承与文化交流，也是必须加强研究的重要方面。

这一时期还出版了一些高质量的甲骨金文著录。[⑥]这些著录有释文、拓本、器

① 如雷敢《由“辟廱”谈到我国古代大学教育》，《湖南师院学报》1981年第1期；杨春和等《西周学校教育管窥》，《甘肃社会科学》1992年第3期；方爱龙《先秦时代学校名称辨考》，《杭州师范学院学报》1998年第1期；刘雨《西周金文中的飨与燕》，《大陆杂志》1983年第2期；王明仓《汉语字辞典应有“○”“□”的地位》，《陕西师范大学学报》1997年第2期；陶磊《“聘礼”与先秦的外交礼仪》，《寻根》1998年第5期；姚伟钧《乡饮酒礼探微》，《中国史研究》1999年第1期；张春英《论孔子“正心”的育人观》，《齐鲁学刊》2000年第3期；周斌《〈礼记〉〈周礼〉所载尊长养老礼仪与制度》，《喀什师范学院学报》2000年第4期；程二行《造士·选士·命士——先秦士人文化的发展道路（二）》，《湖北师范学院学报》2001年第1期；杨华《先秦血祭礼仪研究——中国古代用血制度研究之一》，《世界宗教研究》2003年第3期；李岩《周代的尊老尚齿制度》，《社会科学家》2003年第11期；吴士法《先秦天子大祀牺牲考》，《浙江大学学报》2004年第3期；傅道彬《周代乡里诗乐活动与世俗生活的诗化》，《学术交流》2005年第7期等。

② 前者有刘英林《西周时期礼射的裁判工作》，《西安体育学院学报》2001年第3期；唐永干《西周的“射礼”——中国人体运动制度文化通论之二》，《南京体育学院学报》2004年第1期；彭林《从〈仪礼·乡射礼〉看中国古代体育精神》，《光明日报》，2004年2月10日第三版；梁维卿《论“六艺”之一“射”的文化特征》，《山西师大体育学院学报》2004年第3期；史晓亮《“射礼”——中国竞技体育“举国体制”的文化源头》，《体育文化导刊》2005年第3期等。后者有李秀芳等《中国古代体育简编》，人民体育出版社，1984年；体育史编写组《体育史》，高等教育出版社，1987年；崔乐泉《中国古代体育文物图录》，中华书局，2000年；张承媛《古代射箭活动中的德育教化》，《体育文化导刊》2002年第5期；马明达《中国古代的射书》，《体育文化导刊》2004年第5期；马明达、马廉祯《追寻失落了的中华“射学”——读谢肃方〈Chinese Archery〉有感》，《体育文化导刊》2004年第6期；唐永干、王正伦《体育史料学简论》，《体育文化导刊》2004年第10期等。

③ 张岩：《古代文明的当代话题》，《读书》1997年第10期。

④ 马明达：《古代中国射箭对日本的影响》，《体育文化导刊》2004年第9期。

⑤ 王开文：《朝鲜射技的历史成因及社会现状探析》《北京体育大学学报》2004年第10期，又见《当代韩国》2004年第1期。

⑥ 如郭沫若主编、胡厚宣总编辑：《甲骨文合集》十三册，中华书局，1980~1983年；严一萍：《商周甲骨文总集》，台北艺文印书馆，1984年；姚孝遂主编：《殷墟甲骨刻辞摹释总集》二册，中华书局，1988年；中国社会科学院考古研究所：《殷墟花园庄东地甲骨》六册，云南人民出版社，2003年；严一萍：《金文总集》，台北艺文印书馆，1984年；马承源主编：《商周青铜器铭文选》四册，文物出版社，1988年；曹锦炎：《商周金文选》，西泠印社，1990年；中国社会科学院考古研究所：《殷周金文集成》十八册，中华书局，1984~1994年；刘雨、卢岩：《近出殷周金文集录》四册，中华书局，2002年等。尤其是《甲骨文合集》，全书共收甲骨文4万余片，将流

形图片及其说明，并附有索引，为我们利用甲骨金文资料以进行射礼研究提供了极大的方便。

外国学者对两周射礼的研究不多，而且仅有的成果又都集中在日本学者的一些通论性的研究中。这些成果除上举小南一郎的《射の仪礼化をめぐつて——その二つの段阶》和秦晓丽节译的《论射的礼仪化过程——以辟雍礼仪为中心》外[①]，还有藤川正数的《乡饮酒礼中所表现的秩序和原理》（1954 年），伊藤清司的《古代中国的射礼》[②]，赤塚忠的《关于辟雍》（1959 年），原田种成的《关于文献中所表现的辟雍》（1959 年），池田末利的《告祭考——以〈周礼〉“大祝”为中心的祈祷仪礼》（上中下）[③]，白川静的《西周史略》[④]，丰田久的《西周王朝与彤弓考》[⑤]，主要涉及周代的射具、射所、射牲、射的礼仪化过程和射礼的种类与形式。其视角与立论比较新颖，观点也颇有独到之处，也很值得我们在研究中借鉴。

（四）已有研究所取得的成绩

综观以往的学术成果，学者在两周射礼及其相关问题的研究上，已取得了多方面的成绩，其重要的几点可归纳如下。

第一，证实了商周射礼的客观存在。很长时间以来，人们对“三礼”所记之射礼是存有疑义的，对商周射礼的客观存在更是难置可否。后随着西周金文和战国铜器人物画像纹的不断发现，并结合文献记载，西周、春秋、战国时代的射礼才终于被学界确认下来而成为信史。正如刘雨先生所说，“甲骨文中有‘射’与‘多射’是主射之官。西周初期金文有‘㚒射’甗、尊、爵等出土于洛阳东郊（《考古》1959 年 4 期），可能是以官为氏，但这些射与射礼是否有关，无法确知。射礼的客观存在只是在麦方尊等若干铜器被认识后才得以证实”[⑥]。目前，随着商代甲骨文的新发现，学界对晚商射礼的客观存在也提出来了，并已有了初步的认识。

第二，基本说明了西周射礼礼仪的大致情况。西周射礼是学术界讨论较多的

传在国内外的重要资料集于一书。《殷墟甲骨刻辞摹释总集》，更是将《甲骨文合集》、《小屯南地甲骨》、《英国所藏甲骨集》、《加拿大皇家安大略博物馆藏怀特等收藏甲骨文集》四书进行全部摹释总合为一书；《殷周金文集成》把流传在国内外的 11 983 件商周时代的铜器铭文集为一书。《近出殷周金文集录》收录了《集成》以后截止到 1999 年 5 月底出土和发现的全部殷周金文资料共计 1350 件。该书有拓本及其说明、器形图片、释文、附人名、地名、官名、族名索引和时代分期、著录、出土地、现藏地等。这些著录都是近 20 多年来完成的重要项目。

① 〔日〕小南一郎：《射の仪礼化をめぐつて——その二つの段阶》，《中国古代礼制研究》，京都大学人文科学研究所，1995 年；〔日〕小南一郎著，秦晓丽节译：《论射的礼仪化过程——以辟雍礼仪为中心》，见宋镇豪等主编：《西周文明论集》，朝华出版社，2004 年。

② 〔日〕伊藤清司：《古代中国的射礼》，《民族学研究》23-3，1959 年。

③ 〔日〕池田末利：《告祭考——以〈周礼〉“大祝”为中心的祈祷仪礼》（上中下），《广岛大学文学部纪要》（哲学）21.22.23-1，1962~1964 年。

④ 〔日〕白川静著，袁林译：《西周史略》，三秦出版社，1992 年。

⑤ 〔日〕丰田久：《西周王朝与彤弓考》，《东方学》80，1990 年。

⑥ 刘雨：《西周金文中的射礼》，《考古》1986 年第 12 期。

一个课题，学者通过对文献与西周金文中有关材料的梳理研究，对西周时期举行射礼的时间与季节、地点与场所、目的与作用、射礼的种类与形式、仪节与内容、射礼盛行的时期等问题，已经有了大致了解，而且大家的认识也较为一致。

第三，指出了西周射礼与当时社会政治之间的密切关系。这就启迪我们要通过射礼来考察两周时期的王权统治，并思考与之相关的官制、祭祀制度、分封制度、人才选拔制度、等级制度和奖励赏赐制度方面的问题，从而揭示社会制度、社会形态与社会等级结构的发展变化。

第四，历史学界、考古学界、古文字学界、文化史和体育史界的许多学者，结合自己的专业学科领域，就两周射礼问题曾从不同角度进行过深入细致的探讨，提出了许多富有创见性的观点，他们的许多研究成果，持之有故，言之有理，许多观点发前人之所未发。他们的一些认识也曾引起当今学术界的重视与关注，并成为热议的焦点，尤其注意运用甲骨文、金文等古文字材料，并和文献记载相互补充，从而将两周射礼问题的研究不断引向深入，这就为以后的研究工作提供了方法上的指导。它启示我们对该课题的研究，不能以偏概全，必须采取多学科交叉研究的方法，把考古发掘资料、古文字资料和文献资料相结合进行综合研究，才能得出令人信服的结论。

（五）存在的问题与不足

上述成绩是进一步深入研究两周射礼的基础，但学术界在两周射礼的研究方面还存在着若干薄弱点与不足之处，其最主要者有以下几点。

第一，目前还没有对两周射礼进行系统研究的专门论著。以前学者对两周射礼的研究或失之于笼统，或失之于片面，多着眼于对中国古代礼制的综合性研究，或对中国古代射礼的通论性研究，或对某个朝代或某种射礼或射礼的某些方面的个案研究，而专门就两周射礼作系统探讨的论著至今还没有，致使人们无法得知两周射礼的本来面貌和全部面貌。

第二，资料的综合运用尚有欠缺。过去对两周射礼的多方面、多角度考实性研究，似乎很少有人去做。在把传世文献资料与考古发掘资料、古文字学资料、民族学资料相结合进行研究方面，做得还不够。这就使许多研究成果，要么过于简略，要么就是有阙疑，甚至相互抵牾，造成意见分歧长期争执不下和研究课题分布不均衡的局面。

第三，断代研究还亟待加强。从前的研究尚未充分利用两周铜器断代方面的新成果，并在全面占有资料的基础上，对两周时代各个不同时期的射礼进行研究总结。即使已有的研究两周射礼的专门篇章，也多局限于对“三礼”所记射礼的类型、三番射的仪节，以及射礼的性质、功能的考察与论述，但都比较笼统，并且重复研究的问题非常突出。而对商代射礼的研究几乎还是空白，对春秋、战国时期的射礼的研究也很不够，尤其是对青铜器人物画像纹射礼画像图案的研究最为薄弱，因而也不可能把商代后期至西周、春秋、战国时期射礼的发展变化及其特点给清晰地勾勒出来，致使人们无法看清两周射礼本身的发展演变过程。

第四，对两周射礼的具体问题研究得还不够细致。以往的成果，宏观研究有余，微观研究不足。目前商代与周代射礼都有许多具体问题还未很好地解决，甚至有的问题还没有研究到，有的问题则仅仅是提了出来。如射礼的起源，亦即中国古代射术是何时进入礼法的，射礼举行的时间，两周时代盛行射礼的历史原因与社会背景怎样，射礼与祭祀、飨礼、燕礼、乡饮酒礼的关系如何，西周金文反映的射礼有哪些种类，其行射方式和具体仪节如何，周人举行射礼的目的和仪式的寓意及所反映的思想观念是什么，东周礼书所记射礼与西周、春秋时期的具体情况相比有哪些差异，周代射礼与商代射礼相比有哪些变化，春秋、战国时期的射礼与西周时期的射礼相比有哪些变化，两周射礼对后世及周边国家有哪些影响，等等，这些具体问题，还需要进一步研究。

同时，在两周射礼的学术讨论中，不少问题还存在着分歧意见，而且对有些问题的看法分歧还比较大。[①]除此，还对一些资料的认识也不一致。如麦方尊铭的

① 如陈槃、杨宽、刘雨等先生都认为西周时期有一种古老的射鱼之礼（陈槃：《春秋“公矢鱼于棠”说》，《中央研究院历史语言研究所集刊》第7本第2分，1947年；杨宽：《西周史》，上海人民出版社，1999年，第748页；刘雨：《西周金文中的射礼》，《考古》1986年第12期），而胡新生先生则认为西周存在射鱼之礼的假说根本不能成立（胡新生：《西周时期三类不同性质的射礼及其演变》，《文史哲》2003年第1期）；孔颖达认为射礼有三，不计乡射（《礼记·射义》孔颖达疏，（清）阮元校刻：《十三经注疏·礼记正义》，中华书局，1980年，第1688页）。郭嵩焘认为宾射兼谓大射、燕射有宾者（（清）郭嵩焘著，邬锡非、陈成国点校：《礼记质疑》卷46，岳麓书社，1992年，第715页）。而孙希旦认为射礼有四（（清）孙希旦：《礼记集解》卷60，中华书局，1989年，第1435页），李学勤先生也认为中国古代有四种射礼，即大射、宾射、燕射和乡射，说宾射兼谓大射、燕射有宾者是不对的（李学勤：《柞伯簋铭考释》《文物》1998年第11期）；杨宽先生多次说到“大射仪的主人是国君”（杨宽：《“射礼”新探》，《古史新探》，中华书局，1965年，第317页），陈成国先生则认为大射仪的主人是宰夫（陈成国：《中国礼制史》先秦卷，湖北教育出版社，2002年第2版，第371页）；凌廷堪认为周代贯革之射已息，主皮之射与礼射是同一种射礼的两个不同环节，即主皮之射就是乡射礼中“不贯不释”的第二番射，礼射则是“不鼓不释”的第三番射（（清）凌廷堪：《礼经释例》卷七《周官乡射五物考》，（清）阮元编：《清经解》，上海书店，1988年）。而胡新生先生则赞同朱熹的看法，认为主皮之射就是贯革之射，它与礼射是两类不同性质的射箭活动（胡新生：《西周时期三类不同性质的射礼及其演变》，《文史哲》2003年第1期）；杨宽先生认为《周官·射人》记载诸侯以四耦射二侯，与《仪礼·大射仪》、《左传》襄公二十九年的诸侯三耦射三侯不合。《周礼》所载这种整齐而有系统的制度，有些不免出于拼凑而成（杨宽：《“射礼”新探》，《古史新探》，中华书局，1965年，第321页）。而陈成国先生认为《礼经》、《周官》、《左传》所说诸侯的宾射并无不合，杨宽先生认为三书在这一点上不合，是他自己偶有疏失（陈成国：《中国礼制史》先秦卷，湖南教育出版社，2002年第2版，第277~278页）。李学勤先生认为柞伯簋铭王讲的话，是专对柞伯而言，并不是讲给所有参加大射的卿大夫士听的。系柞伯应王命单射，小子是长上称他人的口吻，小臣是执事，柞伯是胙国的始封君（《李学勤：柞伯簋铭考释》，《文物》1998年第11期）。而王龙正等人则认为王讲的话是对所有参加大射的小子、小臣讲的。柞伯、小臣都是参射人员，系小子与小臣两个小组的竞射。小子是对未成年人的称谓，柞伯是胙国第一代国君的嫡长子（王龙正、袁俊杰、廖佳行：《柞伯簋与大射礼及西周教育制度》，《文物》1998年第9期；王龙正、王聪敏：《应国墓地有铭铜器》，《应氏通谱论坛》2005-10-1，又载《收藏家》2001年第3期）；郭沫若先生把麦方尊铭的“王射大龏禽”读为“王射大鸿禽”（郭沫若：《两周金文辞大系考释》，日本东京文求堂书店，1935年，第41页），唐兰先生则读为“王射，大龏（供）禽”（唐兰：《西周青铜器铭文分代史征》，中华书局，1986年，第249、252页）；刘雨先生认为令鼎铭讲的是周王在举行藉礼之后举行的一次射礼。“令眔奋先马走”、“令眔奋乃克至”两句讲的都是有关射礼的内容，即胜算

释读、井鼎与遹簋铭所记史事的性质等，诸如此类问题，都需要我们去作进一步的深入探讨。

另外，两周射礼的疑窦也比较多。学者对两周射礼虽然作了许多论述，但仍有不少疑窦。[①]这些疑窦和问题点，也都有待我们在今后的研究中认真思考并作出合理的解释。

四、本书的研究主旨

本书的研究主旨是：吸取先哲与时贤的学术成果，在前人已有研究的基础上，对两周时代的射礼作更为深入、系统的研究。具体来说，就是通过综合分析文献、甲骨文、金文史料和考古资料，对两周射礼的种类、性质、特点、功用、举行时间、行射方式、仪节内容、礼仪过程，以及两周射礼所反映的思想观念、神灵崇拜、巫术宗教意义、社会风尚、等级制度作断代的细致考察，对其中的一些重要问题作专门的探讨，并在此基础上，对殷商、西周、春秋、战国时期射礼的异同、兴衰的历史原因与社会背景、两周射礼所反映的社会等级结构和社会制度的变革，以及两周射礼的历史作用与影响作进一步的分析，进而探求两周射礼发展演变的过程和规律。通过这样的考察研究，希望能描绘出两周射礼的具体面貌，揭示出射礼在两周社会生活中的地位与影响，能从礼制史的角度帮助我们认识周代社会

立马的过程和射技的赞语（刘雨：《西周金文中的射礼》，《考古》1986年第12期）。王龙正等认为射者是站在行进中的车上向侯射箭的（王龙正等：《柞伯簋与大射礼及西周教育制度》，《文物》1998年第9期；又见王龙正：《令鼎与射礼中的车战》，《黄盛璋先生八秩华诞纪念文集》，中国教育文化出版社，2005年，第196~204页）。而崔乐泉则认为是周王在藉田礼毕返回宫中的路上，命二位王车之先导武士与王之马车竞跑的田径比赛（崔乐泉：《中国古代体育文物图录》，中华书局，2000年，第75页）。可谓相差甚远。

① 如大射礼、乡射礼、宾射、燕射之名的由来到底是什么？大射礼为何称大射仪？按贾公彦说是“射礼盛，威仪多，故以仪言之”（《仪礼·大射仪》贾公彦疏，（清）阮元校刻：《十三经注疏·仪礼注疏》，中华书局，1980年，第1027页）。难道其他礼典就不盛威仪就不多吗？既然通例是射礼都在燕饮之礼中举行（陈戍国：《中国礼制史》先秦卷，湖南教育出版社，2002年第2版，第368页），那礼书为何还把射、燕、飨、乡饮酒四礼分列？作册般铜鼋铭的“获”与文献所记田猎或射礼的“获”意义是否一样？或是另作他释？礼书上有主皮之射或贯革之射，不贯不释，那么鼋是否为实物射靶？铜鼋之造型构思是否体现的也是“贯”呢？鼋体身插四箭，此与《仪礼》所记周代射礼三番射中每人每番都射四支箭的定数相同（如《仪礼·大射》曰：“射三侯，将乘矢。”郑玄注曰“行四矢，象有事于四方。”详见（清）阮元校刻：《十三经注疏·仪礼注疏》，中华书局，1980年，第1035页），与《诗经·齐风·猗嗟》“射则贯兮、四矢反兮”（（清）阮元校刻：《十三经注疏·毛诗正义》，中华书局，1980年，第355页）的记载也完全相同，这是偶然巧合，或是有某种渊源联系和特定的寓意；柞伯簋铭既明言王大射在周，又有义盉铭为证，理当为君臣相与习射，但铭文为何未言王射的情况？难道王大射就是王主持大射礼吗？按李学勤先生的考释，王为何只对柞伯一人讲话、设奖、由他一个人单射呢？既然南宫与师𩛥父又各率一班人，那就只能是耦射，而不可能只命柞伯单射。如果真是柞伯单射，恐怕也不需要师𩛥父率一邦执事，那南宫率王多士又来干吗呢？王俾赤金十钣，柞伯十称弓无废矢，王则畀柞伯赤金十钣，这三个十是偶然巧合或是礼法的定数？《仪礼》的《乡射礼》与《大射仪》规定每人每次只能射四支箭，柞伯一次却射了十支箭。按“三番射”，每人每次四支箭，第一番不释获，剩下二番每人总共八支箭，也不合柞伯十支箭数；西周金文所记射礼胜者大都受到赏赐，为何《仪礼》只言对败者罚以饮酒，而从未言及赏赐呢？同时，《仪礼》所述释获和饮不胜者，都不以个人成绩为标准，而是把所有参射者分成左右两队，按集体成绩决定胜负，既然如此，为何还奖励个人？《礼记·射义》明确记载“古者天子以射选诸侯”，那文献中为何不见因射艺精湛而被封为诸侯的实例？按刘雨先生的研究，举行射礼的时间没有固定的月份，又大多是随时举行，规模都不很大，那为什么文献记载大射礼与乡射礼都在每年的春秋两季定期举行？静簋、麦方尊记录的射礼是事先经过周密安排并作长期准备后才举行的，而且场面气势非常宏大，这又是为什么呢？等等。

礼治的本质特征。我们把这看作是先秦历史研究的一个组成部分，同时也是从礼制史的角度来探索中国传统历史文化的一个尝试。

五、本书的研究方法

综上所述，两周射礼是先秦史、中国古代社会生活史、礼制史、体育文化史研究中的一个重要问题，这方面的研究尽管已有相当多的成果，但仍缺乏较系统的综合性的成果，在研究的深度上亦有待加强。思忖其因，方法途径不无关系。为此，本书拟在研究方法上特别注意以下几点。

（一）多学科交叉的多重证据的综合论证方法

两周射礼虽然属于古代史的范畴，但它涉及历史学、文献学、考古学、古文字学、民族学及体育学、力学等多学科的资料与知识，与许多学科都有密切的联系，当讨论涉及礼学、年代学问题时，更需要多学科知识的积累，因此，本书将运用多学科交叉的多重证据的综合论证的研究方法，充分吸收已有学术成果之善说，又不为成说所囿限，对这些学科所涉及的两周射礼问题进行梳爬，在各个学科所做工作的基础上，我们将对两周射礼及相关问题，作一次比较系统、全面的考察和研究，并就一些重要问题作深入细致的研究，对其中的一些问题点做出较为合理的论证与解释；本书将广泛利用各种资料，即以考古发掘资料、古文字资料为原始资料，以《尚书》、《诗经》、《逸周书》、古本《竹书纪年》、《春秋左传》、《国语》、《战国策》、《吕氏春秋》、《仪礼》、《周礼》、《礼记》、诸子百家书等先秦文献为基本史料，以《史记》、《汉书》、《说苑》、《淮南子》等两汉文献和汉唐以来注疏家的注解为宝贵参考，以清代以来的研究成果为重要借鉴，同时还重视民族学资料，而且在资料的取舍上，也不能忽视神话传说资料，由于射礼缘起于伤害巫术，“与极其低下的生产能力相联系，先民的思维乃是一种巫术思维”[①]。任何神话都是“通过人民的幻想用一种不自觉的艺术方式所加工过的自然和社会形态本身”[②]。“神话的内容尽管非常奇异，但还是离不开人类的现实生活。”羿射十日等巫术射仪都应当包含有若干史影。因此，要把各种文献资料与考古、甲骨金文等直接可信的第一手资料相结合，弥补文献简略之不足，填补文献记载之空白，在全面占有坚实可靠资料的基础上进行综合研究，尽量使研究结论同历史实际相接近；积极汲取各学科研究方法之精要，把跨学科研究作为多学科交叉研究的基本方法。跨学科研究就是跨越人文、社会科学和体育学、力学等相关学科的界限，

① 刘志基：《从若干以弓箭形象构形的汉字看先民的弓箭崇拜》，《华东师范大学学报》1989年第5期。

② 〔德〕马克思：《〈政治经济学批判〉导言》，中共中央马恩列斯著作编译局编译：《马克思恩格斯选集》第2卷，人民出版社，1972年。

互相借鉴和融合。如两周射礼作为先秦史的组成部分，在研究方法上就不可避免地要使用历史学和考古学常用的实证方法，即用古文献资料或考古发现的实物资料来论证或阐明射礼在当时所处背景条件下的实际情形，以揭示其发展历史的特点。又如射礼是先秦礼制史的重要内容，在具体资料的研究上，就必须从礼仪制度上多作考虑，运用礼学知识进行分析，这样才能准确把握该资料所记史事的性质、事件之间的有机联系和礼仪的仪节内容。又如甲骨文和金文作为当时射礼活动的载体，史料价值极为重要，“欲识其字”，“欲明其事”，也不可避免地要使用古文字学常用的考释方法，其“首求字形之无牾，终期文义之大安，初因字以求义，继复因义而定字。义有不合，则活用其字形，借助于文法，乞灵于声韵，以假读通之”[①]的研究方法，尤其值得本书借鉴。然综观已有的研究，有些刻辞和铭文，诸家考释似未切礼明其制度，对此需要参校礼制重新反思与检讨。有些字迹因锈蚀严重而漫漶不清，再加上文辞古奥难解，对此则必须有科学的考释方法和实事求是的治学态度，以文字为阶梯稽合故书来阐明史事，即“就形以识其字，循音以通其读，然后稽合经传以明史实”，“始能有所发明”，甚至“每下一义，泰山不移”[②]。对射礼文辞的考释，既要注意其在本篇铭文中字通义顺，上下贯通，又要注意它在整个射礼礼仪中融会贯通，榫卯纳合，只有这样才能进行比较准确的释义。再如射礼作为中国古代传统的竞技项目，一直演变到现代体育的射箭比赛，若从体育学的视角作一番探讨，必将为射礼的发展史增添新颖内容。当然，跨学科研究方法的多样性、综合性、精确性也会带来其分散、难以融合的缺陷。因此，应该由历史学来加以整合和归纳，这是因为历史学在整合社会、政治、经济、文化，在从整体上认识变化如何发生时最具优势。[③]近几年来，随着社会与经济的发展，众多学科之间的相互交叉、渗透已经成为一种普遍存在的学术发展趋势，事实证明，只有这样，才能使论证更扎实，所得结论更为准确科学。

（二）微观分析与宏观理论概括相结合的方法

射礼研究长期形成重宏观而轻微观的局面。射礼与古代其他礼制一样烦琐复杂，然文献不足，考古资料零碎，很多细节还难得其详，不明其义。而且两周射礼的许多重要问题，学术界还存在着意见分歧，甚至互相抵牾，不少问题都聚讼纷纭，悬而未决。当务之急“须是且将散失诸礼错综参考，令节文度数一一著实，方可推明其义。若错综得实，其义亦不待说而自明矣”[④]。只有把这些微观问题一

① 杨树达：《积微居金文说》（增订本）自序，中华书局，1997年，第1页。

② 杨树达：《积微居甲文说自序》，杨树达文集之五《积微居甲文说、卜辞琐记、耐林庼甲文说、卜辞求义》合订本，上海古籍出版社，1986年，第1页。

③ J. Petulla，Toward an environmental philosophy：in search of a methodology, *environmental Review*, 1977,1：36.转引自王星光：《生态环境变迁与夏代的兴起探索》，科学出版社，2004年，第12页注〔3〕。

④ （宋）朱熹：《朱子语类》卷第84，文渊阁四库全书本，台湾商务印书馆，1986年。

一解决，一个全面、系统的两周射礼体系才能建立起来。为此，本书将尽量做到微观的研究与宏观的理论概括相结合，使宏观研究的结论尽可能建立在微观研究的坚实基础之上。我们将不回避矛盾，注重对一些具体而微的小问题进行深入细致的探讨，同时也要注意礼制的系统性和规律性，力求在微观的考证分析与宏观的理论概括方面有所发展。

（三）纵横比较的方法

本书还将注意重要问题之间的有机联系和纵横比较。纵观和横观是史学研究开阔视野、逐步走向全面与深入的基本要求和有效途径。中国古代的射礼经历了一个由起源、形成到发展、完善，再到衰颓、废弃的漫长的历史沿革过程，每一个阶段都有新的时代特点。只有按照历史发展的自身法则去认识它、研究它，才能获得正确的结论。因此，我们一方面把射礼置于一定的历史时期内进行纵的考察，理出两周射礼发展演变的特点与基本线索，并在此基础上探求两周射礼发展变化的前因后果，从而不断将研究引向深入。另一方面，把射礼置于一定的空间里进行横的比较，弄清两周射礼与社会政治及其他礼仪之间的关系，探寻以礼治国和礼崩乐坏的发展轨迹与时代背景。还要把两周射礼放在文化交流的广阔背景下进行横向考察，以探明中外射礼之间的异同和交流影响。要在一个比较大的历史场景中对射礼展开探讨与论述，分析其与整个社会历史文化的紧密关系，而绝不仅仅停留在“礼仪”的层面上研究礼仪，力争在深度和广度上有所创获。

（四）多解并说的方法

本书在疑难问题尤其是关键性问题的处理上，尽量寻求一个较为合理的解释，若无确解或现有几种解释都有道理者，则不武断地做出取舍，而是实事求是，采取多解并说或多说并存的办法，一并提出供大家讨论。①既要做认真仔细的考证分析，也要把考论中存在的问题提出来，以便使问题在争鸣中获得最终解决。当然任何一个问题，正确的答案只有一个，但在先秦史和金文研究中，有不少问题在现有条件下则很难做出一是之抉择，许多问题在初期的研究中都是多说并存的，在没有得到学界公认的确解之前，这种做法比硬把多解武断为一解，也许要更有利于学术讨论。过去，老一辈史学家在学术研究中都是这样做的。②今天，史学工作者尤为需要保持这种客观、科学的研究态度。这里还需要特别指出的是，我们

---

① 如柞伯簋铭的“稅见”、伯唐父鼎铭的“临舟龙”、麦方尊铭的“大豊”、噩侯驭方鼎铭的“休阑”之释义等。

② 如郭沫若先生的《释应监甗》就是一例。他说：“作器者自称‘应监’，监可能是应侯或者应公之名，也可能是中央派往应国的监国者。周代有监国之制。故仲几父簋铭文中有‘诸侯诸监’之语。我觉得可能以后者为确，即应国之监，犹他器称应公也。”（载《考古学报》1960 年第 1 期）

在有分歧意见的问题上，也绝不回避问题、矛盾甚或反方最有利的证据和精彩论说，不以偏概全，只讲对自己观点有利的证据，而是正反两方面的材料都举证，通过比较和综合分析后，找出最具说服力的合理解释。这是贯穿全书的研究态度和基本思想。[①] 我们这样做的目的绝不是去刻意地综合众说、追求“融会贯通”，而是根据甲骨文、金文、经典文献，尤其是礼书的记载和个案分析力求得出一个较为客观的结论。

六、有关词语的说明

对本书中所使用的一些词语还需要加以说明：

（1）实用化，是指射礼注重射术训练，礼仪质朴，重在比试射技武功，其着眼点主要在竞射的结果上。

（2）礼制化，是指射礼随着周王朝的制礼作乐，已经礼仪化、程式化、系统化、规范化和制度化，亦即日本学者所谓的仪礼化。此时的射礼主于礼乐，重在礼仪展示，其着眼点则主要在竞射者的仪容体态和动作节奏上。仪节烦琐，娱乐性日益突出。

（3）社会化，是指射礼随着私学教育的兴起，已开始由贵族社会向平民社会发展。

（4）世俗化，是指射礼随着礼乐制度的崩坏，已不再是单纯的礼仪制度，也没有了严格的等级约束，而是作为一种礼仪文化在民间传播发展。

（5）文本化，是指射礼的整个行礼过程和仪节内容被文字记录下来，成为人们举行射礼的统一的固定模式和共同遵循的蓝本与经典文献依据。

至于本书研究的历史时段，主要是限定在商代后期到战国时代，但根据有关内容，其上下界限也有一定的追溯和延伸。

---

① 如伯唐父告备，按照礼书记载，在某一礼仪之前或某一礼仪之后都有告备这一仪节，那本铭到底是第一次㭬祭礼成后的告备，还是第二次㭬祭王乘舟前的告备呢？为此我们举证了《仪礼·乡射礼》合乐之后、《燕礼》间歌之后的告“正歌备”、《聘礼》的“宰执书告备具于君”、《礼记·月令》季秋之月的“告备于天子”四条材料，据此，则告备仪节似可属上，为行礼后的告成。我们又举证了《仪礼·乡射礼》的司射告“弓矢既具”、《大射仪》的“射人告具于公”、《聘礼》的“宰入告具于君”、《礼记·投壶》的司射“告矢具”、《礼记·月令》孟春之月的舟牧告舟备具于天子等五条材料，依此，则告备仪节应属下，为行礼前的告具。但属上与属下不可能并存，二者中只有一个是正确的。我们通过综合分析铭文，认为在第一次㭬祭之后，已经有了“咸㭬”这样的礼成之语，若把告备再属上读，显系重复，故理应排除。这样，就只剩属下这一种读法了，而且属下的告备、王乘舟与文献记载的告舟备具、天子始乘舟的仪节程序等情况也完全吻合。因此，把本铭的告备属下读，作为第二次㭬祭周王乘舟前的一个仪节，无疑是正确的。

第一章　射礼溯源

中华民族有个优良传统，做什么事情总爱寻根溯源，力求明晰事物的全貌。射礼溯源是射礼发展史的重要内容。要通晓射礼的发展历史，就必须要了解射礼的起源和早期发展状况。然而由于年代久远，加之史载不详，这一问题在人们的头脑中一直比较模糊。已有的研究成果又多局限在对射礼起源于何种事物的探讨，并且也不区分射礼的种类，而不同种类的射礼，其源流是不完全相同的，实不可一概而论，以一赅全。因此，这一问题实际上还没有真正弄清楚。本章将对以往的研究进行总结，并在此基础上结合文献与考古资料对射礼的起源与形成，包括起源的事物与时间、早期射礼的发展状况及其相关问题作进一步的研究分析，以祈对该问题能有一个较为清晰的认识。

第一节　射礼的起源

射礼的起源，自20世纪60年代起，就已为研究者所注意，40余年来，学者们除在各自的论著里附带论及外，作专题研究，以专文论述者亦有之，其中也不乏新的发现与创获，但有些具体问题也仍有商榷的必要和继续讨论的余地。下面先对其主要观点作综述，然后再就有关问题作些补充说明和探讨。

一、学术界对射礼起源的讨论撮要

（一）射礼起源于狩猎和借田猎来进行的军事训练

射礼起源于狩猎。这是学界最流行的观点，国内外学人持此论者最多。正如日本学者小南一郎所说的："所谓射礼，就是遵照一定的规范所进行的弓矢竞技。但是，关于这种仪礼形式的弓矢竞技的起源，至今只流行狩猎是其起源的论说。"[①]如杨宽先生在《"射礼"新探》一文中指出："古人经常借用狩猎来进行军事训练和演习。大蒐礼就是一种借狩猎来进行的军事演习……这种射礼（指《仪礼》记

① 〔日〕小南一郎：《射の仪礼化をめぐつて——その二つの段阶》，《中国古代礼制研究》，京都大学人文科学研究所，1995年；〔日〕小南一郎著，秦晓丽节译：《论射的礼仪化过程——以辟雍礼仪为中心》，见宋镇豪等主编：《西周文明论集》，朝华出版社，2004年。

载的乡射礼、大射仪。——笔者注），同样起源于借用狩猎来进行的军事训练，我们从其礼节也还能看出来。其中最显著的一点，就是射礼把射中目标称为‘获’，观察和报告射中情况的报告员就叫‘获者’，‘获者’看到有人射中‘侯’的鹄的要扬旌唱‘获’；同时计算射中次数和胜负的统计员就叫‘释获者’，‘释获者’要根据‘获者’的唱‘获’来计算射中次数叫做‘释获’。‘获’原是指狩猎中对鸟兽的擒获（不论是生擒或死擒），甲骨文中述及‘隻’（獲）得某种野兽的记录很多，在古文献上也多称狩猎所得为‘获’……狩猎的目的在‘获’，而射礼的射中目标也叫‘获’，很明显，射礼如同大蒐礼一样，是起源于借用田猎来进行的军事训练。”“大概古人最初借用田猎来进行军事演习，后来发展为大蒐礼。同时在辟雍（大学）附近设有广大园林，以便练习射猎；也有在宫中建筑射庐来习射的……更有把田猎中擒获的野兽作为习射的目标的……‘射’的算不算‘获’，主要不在看田猎时有何擒获，却要看习射时是否‘命中’。这就是射礼把射中目标称为‘获’的来历。”“乡射礼的第三番射以用乐节奏为特点，奏的是《驺虞》……乡射礼的第三番射要奏这样描写田猎获得多的诗歌（《驺虞》）作为节奏，很清楚，也是因为射礼起源于借用田猎来进行的军事训练。”

“射礼把射中目标称为‘获’，因为射礼起源于狩猎，狩猎是以射中禽兽为‘获’的。射礼把观察和报告射中情况的报告员称为‘获者’，究其原始，‘获者’就是狩猎中掌管擒获禽兽的人，也就是‘虞’……射礼中‘获者’要扬旌唱获，怕就是沿袭虞人‘植旌以属禽’的习惯。在大射仪中，‘获者’称为‘服不’……为什么这个在射礼中掌管扬旌唱获的官员，又是掌养猛兽、提供猛兽和兽皮的官员呢？怕也是由于射礼起源于狩猎的关系吧！”①据此又认为射礼起源于狩猎。

杨宽先生的分析颇有道理。尽管他是把它作为全文的一个部分来讨论的，但仍是目前所知关于射礼起源问题的最系统、深入的论述。然按类溯源还不够，其所谓的射礼之起源，正如作者在篇首所指出的“本文就想通过这两种礼的探讨，来阐明射礼的性质和作用及其起源”②那样，实仅指乡射、大射两种礼射而已。其中有一些看法，如把田猎的虞人“植旌以属禽”，与射礼的报中者扬旌唱获相比附，也似乎牵强了一点。

又如姜楠认为：“射礼来源于古代的狩猎活动。”“‘射’源于原始社会的狩猎活动。”③陈春慧认为：“射礼起源于原始狩猎文化中的射禽鸟类活动。”④闫小平则认为：“礼射源于狩猎。”⑤日本的川原寿市也指出：“在乡射礼中司马官职发挥着

① 杨宽：《“射礼”新探》，《古史新探》，中华书局，1965年，第323~325、328~329页。
② 杨宽：《“射礼”新探》，《古史新探》，中华书局，1965年，第310页。
③ 姜楠：《“射礼”源流考》，《天津师大学报》1993年第6期。
④ 陈春慧：《论射礼兴衰与文化嬗变》，《南京理工大学学报》2002年第1期。
⑤ 闫小平：《先秦时期礼射的功能及其演变》，《体育文化导刊》2005年第7期。

重要作用，暗示着这种礼与兵事具有深深的关系，并推定射礼原本的祖型在于古时出去猎狩获取大猎物，以此作菜肴设宴的古俗。”[①]他们有的虽然没有论说或论述不多，但主张射礼起源于狩猎的观点都是很明确的。

（二）礼射起源于主皮之射

杨宽先生在《“射礼”新探》中还指出：“‘礼射’和‘主皮之射’虽有区别，但是究其原始，‘礼射’该即起源于‘主皮之射’。因为从‘习射’的发展过程来看，‘主皮之射’以射兽皮为目标，比用擒获来的野兽来习射要简便得多，‘礼射’用‘侯’来代替兽皮为目标，比‘主皮之射’更为进步。”“郑玄认为‘礼射’属于贵族，庶人没有‘礼射’，因而有‘主皮之射’。其实，‘礼射’就是起源于‘主皮之射’，因为‘礼不下庶人’，庶民依然行着‘主皮之射。’”“‘礼射’起源于‘主皮之射’，从‘礼射’用‘侯’来代替‘主皮之射’所用的兽皮，也可看到。”“为什么‘礼射’用的 ‘侯’一定要用某种兽皮来装饰或者画上某种兽形呢？因为它原来就是用来代替兽皮的。”“不仅‘侯’的制作，起源于代替兽皮，而且‘侯’中设‘鹄’，其原始，就是在兽皮中心放着鸰鹄作为标的。射礼‘张皮侯而栖鹄’，就是沿此风习而来。”“‘礼射’起源于‘主皮之射’，其目的也在习射讲武，所以‘礼射’除了讲究礼节以外，也还包含有‘主皮之射’的内容。”[②]据此他认为礼射起源于主皮之射。

（三）射礼起源于宗教

日本学者小南一郎认为：在中国，“礼制是排除宗教因素而形成的”。“以这种礼制所形成的中国古代社会的规范群，的确不取决于宗教权威的直接支持，但若寻找其根源，仍然还是有很多部分来源于宗教礼仪。由此可以推测，中国独特的礼制是从原来的宗教仪礼中经过扬弃其宗教成分而形成的。”“的确，动员民众在一定的季节进行狩猎，是把军事训练作为目的的。比如，在《周礼·夏官·大司马》中，详细记载了关于这种狩猎的具体方法。但可看出那种场合的内容和在《仪礼》中被详细记述了的射礼的内容有相当的距离。”《周礼·夏官·大司马》记载的中冬大阅，“使我们看到了兼有军事训练的狩猎祭祀，如前所述，杨宽先生认为射礼是起源于这种田猎的。但是，至少《周礼》叙述的这种在野外通过狩猎的军事训练内容，和《仪礼》所详细记录的伴随饮酒之礼而在堂上所进行的射礼之间，几乎可以说具有完全不同的本质差异。因此，认为射礼完全起源于狩猎的说法，

① 〔日〕川原寿市：《仪礼释考》第三册，朋友书店，1974年；又见〔日〕小南一郎著，秦晓丽节译：《论射的礼仪化过程——以辟雍礼仪为中心》，见宋镇豪等主编：《西周文明论集》，朝华出版社，2004年。

② 杨宽：《“射礼”新探》，《古史新探》，中华书局，1965年，第325~327页。

笔者是不能完全赞同的”。“我认为在作为弓矢竞技的射礼的背景中，应该能看到其所包含的宗教意义。”“如果说在《礼记》中所看到的这种记述保留着有关射的祭祀的古老观念，即射的原本目的在于试探神的意志，并且把这作为非常神圣的仪式，那么，正如传至现在所能看到的《仪礼》的原文那样，把这种和神相关的宗教因素从表面剔除，使之只注目于人的行动的射礼制度得以成立吧。若真如此，则这种从宗教中分离出来作为礼的射礼制度，是在哪个时代、通过怎样的过程而成立的呢？”“但至少可以认为完成其宗教机能的射礼，在西周前期到中期的社会质变过程中也是带有某种政治机能的。”到西周后期周王主宰的射礼就常规化、仪式化了，从而得出射礼源于原始宗教祀仪，经扬弃其宗教成分而形成射礼，盛行于西周以降的观点。①

（四）射侯礼起源于氏族社会的诅咒仪式

崔乐泉认为：“以箭射活动而发展起来的射侯之礼，在周代是一种极繁杂的礼仪。而其起源，当来自氏族社会的一种诅咒仪式，是用以诅咒叛逆的部落首领的。”②

另外，还有人认为“射礼源于战争”③、“射礼出现于我国西周时代”等④，但均未作进一步的论证，仅仅是提出观点而已，故不再一一备列。

二、关于射礼起源的再探讨

射礼经历了一个长期的形成与发展演变过程，“它与多种祭神典礼以及猎礼和军礼等重要礼制之间存在着复杂关系”⑤。

要探讨射礼的起源，首先必须明白弓箭及射箭术的发明，与射礼的起源是两个不同的问题。弓箭产生于远古社会的狩猎活动，其原始形态为用来发射弹丸的弹弓。《吴越春秋》陈音说：“弩生于弓，弓生于弹，弹起古之孝子。”⑥“弹之状如弓，而以竹为弦。”⑦《弹歌》“断竹，续竹。飞土，逐宍（肉）”⑧这首歌谣以质朴简古的语言，记录了原始社会的先民们从弹的制作到用弹狩猎的全过程，即砍下竹子，削成竹片，制成弹弓；然后以土石作弹丸，去射击飞禽走兽。后来，先民们在弹弓的基础上又发明了弓箭。弓箭的发明和使用，具有划时代的意义。“摩

---

① 〔日〕小南一郎：《射の仪礼化をめぐつて——ぇの二つの段阶》，《中国古代礼制研究》，京都大学人文科学研究所，1995年；〔日〕小南一郎著，秦晓丽节译：《论射的礼仪化过程——以辟雍礼仪为中心》，见宋镇豪等主编：《西周文明论集》，朝华出版社，2004年。

② 崔乐泉：《“射侯”考略》，《成都体育学院学报》1995年第2期。

③ 刘兰海：《先秦〈诗〉的实用性论析》，安徽大学硕士学位论文（20040504）。

④ 陈康、刘可：《敦煌北朝壁画中射箭图像研究》，《敦煌研究》2004年第1期。

⑤ 张岩：《古代文明的当代话题》，《读书》1997年第10期。

⑥ （汉）赵晔：《吴越春秋》卷五《勾践阴谋外传》，丛书集成初编本，商务印书馆，1937年。

⑦ （汉）刘向：《说苑・善说》，向宗鲁：《说苑校证》，中华书局，1987年，第272页。

⑧ （汉）赵晔：《吴越春秋》卷五《勾践阴谋外传》，丛书集成初编本，商务印书馆，1937年。

尔根把弓箭的发明作为蒙昧时代高级阶段开始的标志。考古学上把它看成是中石器时代的特征之一。”[①]恩格斯也曾经指出：“弓箭对于蒙昧时代，正如铁剑对于野蛮时代和枪炮对于文明时代一样，乃是决定性的武器。”[②]弓箭的出现，是人类社会的巨大进步，它极大地提高了人类征服自然和抵御部族入侵的能力，在很大程度上改变了人类的生存状况。因此“弓箭的使用好像很快就布满全世界”[③]。而中国“在弓弩的制造上则似乎比其他任何地方都早”[④]。关于弓箭的发明，文献典籍中有着各种不同的记载。《山海经・海内经》说：“少皞生般，般是始为弓矢。”[⑤]《易・系辞下》曰：“神农氏没，黄帝、尧、舜氏作……弦木为弧，剡木为矢。弧矢之利，以威天下。”[⑥]《世本》中也有黄帝之臣“挥始作弓，牟夷作矢”的说法，宋忠曰：“挥、牟夷黄帝臣。”王谟曰：“弓矢一器，作者两人，于义有疑，此言般作之是。”[⑦]又云：“逢蒙作射，澍桉世本言逢蒙作射者，盖作射法也。”[⑧]《管子・形势解》：“射者，弓弦发矢也。”[⑨]而更为流行的说法是“古者羿作弓”[⑩]，“夷羿作弓”[⑪]。另外《荀子》云：“倕作弓，浮游作矢。”[⑫]《越绝书》则云：“黄帝作弓。”[⑬]文献记载说明，弓矢在古代不同地区和部族中是同时出现的，大体在黄帝时代即已发明了弓矢。而根据考古资料，我国早在近 3 万年以前就已发明了弓箭。1963 年在山西省朔县峙峪旧石器时代遗址中发现的燧石镞，系用很薄的长石片打制而成，器形周正，锋刃锐利，长约 2.8 厘米[⑭]，经放射性碳素测定，距今约 28 000 年[⑮]。到新石器时代磨制石镞、骨镞大量出土，进入铜器时代青铜镞又大量出土，表明弓箭确是古代先民普遍使用的器具。弓箭的出现为狩猎与部族间的战争提供了一种极具杀伤力的工具和武器，同时随着社会的发展，弓箭也为后来的行礼准备了射器。

其次要弄清礼的要素与起源。在中国古代，礼有广义与狭义之分：“就广义说，

---

① 宋兆麟等：《中国原始社会史》，文物出版社，1983 年，第 94 页。

② 〔德〕恩格斯著，张仲实译：《家庭、私有制和国家的起源》，人民出版社，1954 年，第 23 页。

③ 〔英〕贝尔纳著，伍况甫等译：《历史上的科学》，科学出版社，1959 年，第 46 页。

④ 〔英〕李约瑟著，袁翰青等译：《中国科学技术史》第 1 卷第 1 分册，科学出版社，1974 年，第 201 页。

⑤ 张耘点校：《山海经・穆天子传》，岳麓书社，2006 年第 2 版，第 187 页。

⑥ （清）阮元校刻：《十三经注疏・周易正义》，中华书局，1980 年，第 86~87 页。

⑦ （清）王谟辑：《世本・作篇》，《世本八种》，上海商务印书馆，1957 年，第 38 页。

⑧ （清）张澍稡集补注：《世本・作篇》，《世本八种》，上海商务印书馆，1957 年，第 18 页。

⑨ 黎翔凤撰，梁运华整理：《管子校注》，中华书局，2004 年，第 1173 页。

⑩ （战国）墨翟：《墨子・非儒》，吴毓江撰，孙啟治点校：《墨子校注》，中华书局，2006 年第 2 版，第 430 页。

⑪ （战国）吕不韦：《吕氏春秋・勿躬》，陈奇猷：《吕氏春秋新校释》，上海古籍出版社，2002 年，第 1088 页。

⑫ （战国）荀况：《荀子・解蔽》，王天海：《荀子校释》，上海古籍出版社，2005 年，第 855 页。

⑬ （清）张澍稡集补注：《世本・作篇》，《世本八种》，上海商务印书馆，1957 年，第 18 页。

⑭ 贾兰坡等：《山西峙峪旧石器时代遗址发掘报告》，《考古学报》1972 年第 1 期；贾兰坡：《什么时候开始有了弓箭》，《郑州大学学报》1984 年第 4 期。

⑮ 中国社会科学院考古研究所实验室：《放射性碳素测定年代报告（四）》，《考古》1977 年第 3 期。

凡政教刑法，朝章国典，一概称之为礼；就狭义说，则专指当时各级贵族（天子、诸侯、卿、大夫、士）经常举行的祀享、丧葬、朝觐、军旅、冠昏诸方面的典礼。”[①]关于礼的定义，常金仓先生认为“礼是人们的社会行为规范”。他说：“所谓礼，不过是人们在社会生活中所应遵行的一些行为规范，其大者表现为社会的重大制度，其小者是一部分经过选择的习惯和仪式。”[②]很显然这是广义的礼。关于狭义的礼，沈文倬先生从《荀子·礼论》“凡礼：事生，饰欢也；送死，饰哀也；祭祀，饰敬也；师旅，饰威也。是百王之所同，古今之所一也”[③]提炼出一个简明的定义：“礼是现实生活的缘饰化。”[④]礼制学所谓的礼主要是指狭义的礼，射礼即是其中的一个种类。

关于礼的构成要素，章权才先生认为：“礼是‘礼义’与‘礼仪’的统一体。”[⑤]沈文倬先生认为：“礼典由礼物和礼仪所构成。”[⑥]黄侃则有礼意、礼具、礼文之说。[⑦]杨伯峻也有关于“礼物所以表礼意”的说法。[⑧]陈戍国先生在其师沈文倬先生研究的基础上，把礼制学所谓礼的要义概括为三句话，即“礼者在于所处”[⑨]，“奉神人之事通谓之礼”[⑩]，“礼是现实生活的缘饰化”[⑪]，把礼的构成要素析分为三方面：一礼物，“就是行礼所用的宫室、舆服、器皿及其他物质的东西”，亦即沈师《略论》所说的“体现差别的器物”。“其实宫室、车服、音乐本身可视为礼制的组成部分，属于礼的要素之一的‘礼物’。”二礼仪，“是使用礼物的仪容动作”。“使用礼物的过程，就是行礼，就是礼仪。”三礼意，“礼之义，即礼意”。“它是由礼物和礼仪所表达的实实在在、明明白白的内容、旨趣或目的。”“一定质、量的礼物、礼仪表现一定的礼意”，“礼物、礼仪的数量变了，礼意随之而变”。“光有礼物，没有礼仪，也就无从表达礼意。”“只有当某项活动具备礼的三要素，即通过礼物、礼仪恰当地表示出礼意的时候，才能说合礼。”[⑫]杨志刚先生认为：“从周礼看，礼的要素包括‘礼治’‘礼制’、‘礼仪’、‘礼器’等等。可是，‘礼治’作为一种观念或治政的手段，需借助文字记录方可得到反映。因此，在史前史的范围内，我们只有将具有物质形态附属物的‘礼制’、‘礼仪’和本身就是物质形

---

① 沈文倬：《五礼是各种典礼的分类总目》，未刊稿，转引自陈戍国：《中国礼制史》先秦卷，湖南教育出版社，2002年第2版，第7页。

② 常金仓：《周代礼俗研究》，黑龙江人民出版社，2005年，第2、3页。

③ （战国）荀况著，王天海校释：《荀子校释》，上海古籍出版社，2005年，第786页。

④ 沈文倬：《艮与耤》，《考古》1977年第5期。

⑤ 章权才：《礼的起源和本质》，《学术月刊》1963年第8期。

⑥ 沈文倬：《略论礼典的实行和〈仪礼〉书本的撰作》，《文史》第15、16辑，中华书局，1982年。

⑦ 黄侃：《礼学略说》，《黄侃论学杂著》，中华书局，1964年，第444~481页。

⑧ 杨伯峻：《春秋左传注》（修订本），中华书局，1990年第2版，第89页。

⑨ （唐）杜佑：《通典·凶礼二》引郑玄语，中华书局，1984年。

⑩ 王国维：《观堂集林·释豊》，中华书局，1959年，第291页。

⑪ 沈文倬：《艮与耤》，《考古》1977年第5期。

⑫ 陈戍国：《中国礼制史》先秦卷，湖南教育出版社，2002年第2版，第8、9、56、25、20、15页。

态的‘礼器’，作为判断礼的起源的标志”，“即以礼的要素作为礼起源的标志”。“在‘礼制’、‘礼仪’、‘礼器’这三项标志中，以‘礼制’最为重要，最为根本。”所谓“礼制”，在这里“强调的是礼的等级名分制度”，“因为‘礼制’所涵摄和强调的‘等级名分’，属于礼的精神和特质。‘礼仪’、‘礼器’只有体现了‘礼制’的‘等级名分’的内涵时，才具备礼的某些特质，才能成为礼的要素。反之，它们就仅是一般的‘仪式活动’和‘仪式用品’”。同时，“‘礼制’所蕴涵的‘等级名分’，需要凭借‘礼仪’和‘礼器’才能得到落实或反映”。“作为礼起源的标志，‘礼制’、‘礼仪’、‘礼器’还必须具备一个条件：它们必须与夏、商、周三代的礼具有某种明显的、直接的关联。如果某个史前文化已出现社会分化，却又找不到与夏礼、殷礼、周礼有关联的遗迹、遗物，仍不能说已有礼的出现。”“只有既发现某社会文化已出现明显的分化并形成等级差别，又发现有与三代的礼相类似、相接近的遗迹、遗物，才能判断礼已出现。”[①]彭林先生也对礼的要素作过总结分析，他说尽管“礼的种类纷繁复杂，礼的样态千差万别，但都包含有某些基本要素。学术界对于礼的要素究竟包括哪几项，看法不尽一致，大体说来，有礼法、礼义、礼器、辞令、礼容、等差等几项”。“所谓‘礼法’是指行礼的章法、程式。”“包括行礼的时间、场所、人选、人物的服饰、站立的位置、使用的辞令、行进的路线、使用的礼器，以及行礼的顺序等等，这就是礼法。”“礼法是礼的外在形态，其特点是具有强烈的规定性，是礼的运作依据，也是判断礼与非礼的标准。”所谓“礼义”，就是“合理的思想内涵”。“如果说礼法是礼的外壳，那么礼义就是礼的内核。”所谓“礼器是指行礼的器物，礼必须借助于器物才能进行。使用何种礼器行礼，以及礼器如何组合，都传达着礼义的信息，古人说，‘藏礼于器’，就是这个道理”。所谓“辞令”就是经过文饰后的在行礼过程中所用的言词。“礼是人际交往，或者沟通人与神的仪式，因此辞令必不可少。”所谓“礼容，即行礼者的体态、容貌等，为行礼时所不可或缺”。“行礼是为了表达内心情感，如果仅有仪节而没有礼容，则礼义无从体现，称‘仪’犹可，称‘礼’则断然不可。”所谓“等差”就是“不同等级的人，行不同等级的礼……等级越高，礼数越高”。“等差是古代礼仪最重要的特性之一，也是礼与俗的主要区别之一。”[②]以上诸说均有自己的道理，而陈成国、杨志刚、彭林先生所论尤深，可谓道出了礼的真谛。综合各家观点，可知礼物、礼仪、礼义是大多数人所认同的构成礼的最基本要素。射礼作为礼的一种，自然也应由这些最基本的要素构成，同样可以把礼的要素作为射礼起源的标志。

关于礼起源于何种事物，近现代学者曾作了许多讨论，并形成了种种不同的

① 杨志刚：《中国礼仪制度研究》，华东师范大学出版社，2001 年，第 12、13 页。
② 彭林：《中国古代礼仪文明》，中华书局，2004 年，第 34、36、37、40、42、43、44 页。

说法，对此杨志刚先生有较全面的总结[①]，归纳起来有以下几种。

（1）“风俗”说，即认为礼起源于风俗习惯。如近代学者刘师培曾说：“上古之时，礼源于俗。”[②]现代学者持此说的甚多。如史学家吕思勉说：“礼原于俗。”[③]的确，“前一世之实用习惯，每为后一世之典礼，礼惟循旧，故一切生活上所废者归焉。后王之仪仗，固古之战器也；今日之明器，亦昔日之用具也”[④]。“备礼必有仪式，其与民情风俗之关系，当然亦互相衔接。”因此可以说“俗先于礼，礼基乎俗。约定俗成，称情立文，然后制定，于是始有所谓礼”[⑤]。彭林先生说：“圣人因俗以制礼。礼循理而作。”[⑥]陈成国先生也说：“民间的风俗，可以上升为民间的礼节；若得到民间普遍的赞许，终于为相当范围内的大众所普遍地遵循，而又具备礼的要素，那就成了民间的礼制。”[⑦]因此从俗到礼，可以说是中国上古文明的一次重大飞跃。

（2）“情欲”说，即认为礼缘情欲而制。荀子说：“礼起于何也？曰：人生而有欲。欲而不得，则不能无求；求而无度量分界，则不能不争。争则乱，乱则穷。先王恶其乱也，故制礼义以分之，以养人之欲，给人之求，使欲必不穷乎物，物必不屈于欲，两者相持而长，是礼之所起也。”[⑧]即认为礼起源于抑制人欲的需要。司马迁说：“缘人情而制礼，依人性而作仪，其所由来尚矣。”[⑨]宋人郑樵亦云：“礼本于人情，情生而礼随之。古者民淳事简，礼制虽未有，然斯民不能无室家之情，则冠昏之礼已萌乎其中；不能无交际之情，则乡射之礼已萌乎其中；不能无追慕之情，则丧祭之礼已萌乎其中。自是以还，日趋乎文。”[⑩]均主张礼缘人情而作，礼因人情而为之。现代学人李安宅说：“礼的起源，自于人情。”[⑪]何联奎说：“礼的来源，是出于人类一种自然的表示，如叩头跪拜，打恭作揖，对神表示崇拜及对人表示敬意。”[⑫]陈成国说：“《荀子》、《史记》所谓人生而有欲有求而起争斗，先王制礼义以分之，其实即主张礼起于人欲。”“情与欲自然相通，礼起于人欲与礼本于人情说亦相通。”“情动于中，一些礼节产生了，或者变化了。由此可以推

① 杨志刚：《中国礼仪制度研究》导论，华东师范大学出版社，2001年，第4~7页。

② 刘师培：《古政原始论》之十《礼俗原始论》，《刘师培全集》第2册，中共中央党校出版社，1997年，第54页。

③ 吕思勉：《经子解题》，华东师范大学出版社，1995年。

④ 傅孟真：《跋春秋公矢鱼于棠说》，《中央研究院历史语言研究所集刊》第7本第2分，商务印书馆，1947年。

⑤ 陈槃：《古社会田狩与祭祀之关系》，《中央研究院历史语言研究所集刊》第21本第1分，商务印书馆，1948年。

⑥ 彭林：《中国古代礼仪文明》，中华书局，2004年，第20页。

⑦ 陈成国：《中国礼制史》先秦卷，湖南教育出版社，2002年第2版，第15页。

⑧ （战国）荀况：《荀子·礼论》，王天海：《荀子校释》，上海古籍出版社，2005年，第751页。

⑨ （汉）司马迁撰，（宋）裴骃集解，（唐）司马贞索隐，张守节正义：《史记·礼书》，中华书局，1982年第2版，第1157页。

⑩ （宋）郑樵：《礼经奥旨·礼以情为本》，收入丛书集成初编本《三礼考及其他二种》，商务印书馆，1937年。

⑪ 李安宅：《〈仪礼〉与〈礼记〉之社会学的研究》第二章，《国学小丛书》，商务印书馆，1931年。

⑫ 何联奎：《中国礼俗研究》导言，台北中华书局，1973年。

断：礼以情起，应该是可信的。”[①]二者并不矛盾。

（3）“义起”说，即认为礼以义起。《左传》桓公二年师服曰：“夫名以制义，义以出礼，礼以体政，政以正民。”杜预注曰：“礼从义出。”[②]《礼记·礼运》：“故礼也者，义之实也。协诸义而协，则礼虽先王未之有，可以义起也。”郑玄注曰：“以其合于义，可以义起作。”孔颖达疏曰：“起，作也。礼既与义合，若应行礼而先王未有旧礼之制，则便可以义作之。”[③]宋代的朱熹也对该问题作过很好的分析：“《仪礼》不是古人预作一书如此。初间只是以义起，渐渐相袭，行得好，只管巧，至于情文极细密极周致处，圣人见此意思好，故录成书。”[④]陈成国说：“义者，制礼者自身之利益也。”“所谓礼以义起，也就是礼由人起。”[⑤]

（4）“祭祀”说，即认为礼起源于祭祀或祭祖。如汉许慎《说文·示部》：“‘礼’，履也，所以事神致福也。”清徐灏《说文解字注笺》曰：“‘礼’之名起于事神，引申为凡礼仪之称。”王国维也从“礼”字的字源上考释说：“奉神人之事通谓之礼。”[⑥]均说礼起源于求神赐福的宗教典仪。现代的一些著名学者都力主此说，如郭沫若说：“大概礼之起，起于祀神，故其字后来从示，其后扩展而为对人，更其后扩展而为吉、凶、军、宾、嘉的各种仪制。”[⑦]今天该说仍十分流行。还“有人进一步认为礼起源于祭祖的仪式”[⑧]。如乔伟说，礼起源于祭祀。礼原是原始人祭祀祖先的一种仪式规则，后来则逐渐发展成为调整人们关系的风俗习惯。[⑨]

（5）“宗教”说，即认为“礼源于宗教”。不少学者都这样说。如陈成国认为：“有些礼确实源于宗教。”大戴辑《礼记·礼三本》和《荀子·礼论》说：“所谓事天、事地、宗事先祖，当然出于宗教（或曰迷信）心理。”“说吉礼（祭祀之礼）出于宗教，自然符合人类社会发展史前期的实际。”“可以说：人类社会最初的礼只有祭礼，而祭礼确实源于宗教。”[⑩]杨朝明也认为：“原始社会后期，与父系氏族制度形成同时，原始信仰也在经历了自然崇拜、图腾崇拜之后，过渡到祖先崇拜阶段。”“既然死去的祖先对本氏族的发展起了极大作用，那么，定期对祖先施行祭祀，或者通过一定的音乐舞蹈形式致虔敬于鬼神，也就是理所当然的事情了。”“如果说在此以前对于自然或图腾的崇拜尚为一种‘不含欺骗成分’的‘自发的宗教’的话，那么这时对于祖先的崇拜应是一种‘人为的宗教’……应该说，正

---

① 陈成国：《中国礼制史》先秦卷，湖南教育出版社，2002年第2版，第13、14页。
② （清）阮元校刻：《十三经注疏·春秋左传正义》，中华书局，1980年，第1743页。
③ （清）阮元校刻：《十三经注疏·礼记正义》，中华书局，1980年，第1426页。
④ （宋）朱熹：《朱子语类》卷第85，文渊阁四库全书本，台湾商务印书馆，1986年。
⑤ 陈成国：《中国礼制史》先秦卷，湖南教育出版社，2002年第2版，第14页。
⑥ 王国维：《观堂集林·释礼》，中华书局，1959年，第291页。
⑦ 郭沫若：《孔墨的批判》，《十批判书》，东方出版社，1996年，第96页。
⑧ 杨志刚：《中国礼仪制度研究》，华东师范大学出版社，2001年，第5页。
⑨ 乔伟：《中国法律制度史》，吉林人民出版社，1982年，第23~24页。
⑩ 陈成国：《中国礼制史》先秦卷，湖南教育出版社，2002年第2版，第10、11页。

式意义上的礼便与这种虔诚狂热的‘人为的宗教’相伴而生。”①

（6）“礼仪”说，即认为礼起源于原始社会的种种礼仪。该说由杨宽先生创立，他说：“礼的起源很早，远在原始氏族社会中，人们已惯于把重要行动加上特殊的礼仪。原始人常以具有象征意义的物品，连同一系列的象征性动作，构成种种仪式，用来表达自己的感情和愿望。这些礼仪，不仅长期成为社会生活的传统习惯，而且常被用作维护秩序、巩固社会组织和加强部落之间联络的手段。进入阶级社会后，许多礼仪还被大家沿用着，其中部分礼仪往往被统治阶级所利用和改变，作为巩固统治阶级内部组织和统治人民的一种手段。”②后来李泽厚先生在此基础上又进一步认为，礼“是原始巫术礼仪基础上的晚期氏族统治体系的规范化和系统化”③。杨志刚也“接受杨宽的‘礼仪’说，并且将其表述为“礼起源于原始先民的仪式活动”④。

（7）交往（或交换）说，即认为礼起源于人类原始交往中的礼品交换。此说由杨向奎先生提出。他认为法国文化人类学家莫斯关于原始社会的“全面馈赠制”，“是解决中国古礼来源的关键”。“在原始社会，礼尚往来中的礼品交换实际上是货物的交易行为。”在封建社会初期，“货物的交易行为还带有浓厚的礼仪性质”。自周公、孔子始，“礼”的含义才完全摆脱了原来的意义，去掉了“礼仪”中的商业性质。⑤陈成国先生也说：“确有一些礼仪是在原始社会里礼尚往来的交易行为（交换过程）中产生的。”“由于原始的交易行为，原始社会的氏族部落之间已经发生聘礼、婚礼的萌芽。”⑥

综上所述，“先秦的许多礼仪都有其久远的发生、发展的历史”⑦，礼源于原始社会的礼仪，礼源于祭祀。“礼源于宗教，礼源于交换，礼缘情、欲而制，礼以义起，礼起于俗，都自成一说，因为它们各符合礼制史的部分实际。”⑧“夫言岂一端而已，夫各有所当也。”⑨正因为礼有各种各样的种类，礼的起源才有多种解释，绝不能一概而论。因此，把包括冠、婚、丧、祭、乡、射、燕、聘等众多内容的古礼都说成是起源于祭祀或其他某一种事物，显然是不全面的。这就提示我们在探讨射礼的起源的时候，也要充分注意这一问题。

关于礼产生于何时，通常是指各类礼中出现最早的时间，即把它作为礼产生

① 杨朝明：《鲁国礼乐传统研究》，《历史研究》1995年第3期。
② 杨宽：《“冠礼”新探》，《古史新探》，中华书局，1965年，第234页。
③ 李泽厚：《中国古代思想史论》，人民出版社，1985年，第8页。
④ 杨志刚：《中国礼仪制度研究》，华东师范大学出版社，2001年，第7页。
⑤ 杨向奎：《礼的起源》，《孔子研究》1986年创刊号。
⑥ 陈成国：《中国礼制史》先秦卷，湖南教育出版社，2002年第2版，第12页。
⑦ 杨志刚：《中国礼仪制度研究》，华东师范大学出版社，2001年，第6页。
⑧ 陈成国：《中国礼制史》先秦卷，湖南教育出版社，2002年第2版，第15页。
⑨ （清）阮元校刻：《十三经注疏·礼记正义》，中华书局，1980年，第1593页。

的时间上限。对此，现代学者也提出了种种不同的看法。杨向奎先生认为：“礼的来源应当上溯到原始社会。”[①]在《宗周社会与礼乐文明》一书中，他征引了中外民族学的丰富资料，证明并重申了礼仪起源于原始社会说。[②]金景芳先生认为，从儒家的论著中，可以明显地看得出来，礼起源于父权制。[③]常金仓认为：“只有当社会上出现稳定家庭时，礼才有产生的可能性。”“礼是从父权制家庭出现到国家产生这个历史阶段中产生的”，“是在社会的文明期到来之时才出现的”，“是在父权制确立以后通过对原始风俗、原始礼仪的加工改造得到的，从此它就被赋予了以‘亲亲’、‘尊尊’为主要内容的政教思想，抛弃了原始风俗礼仪固有的含义”[④]。李衡眉也认为“礼仪起源于父权制的说法较符合历史事实”，并进一步提出：“中国古代的礼仪起源于有虞氏时代。”“说礼仪起源于有虞氏时代，这也符合金景芳先生的礼起源于父权制的说法。”[⑤]陈戍国认为：“凡人类社会皆有礼。”“礼不是阶级社会里才有的。自从地球上有了人类社会，礼就跟着产生了。”“国家出现之前，礼就逐渐形成并且丰富起来。”“礼在阶级社会出现之前就开始产生。”[⑥]杨志刚认为：“礼与人类社会的等级差别联系在一起。在平等一体的原始氏族社会不存在礼。礼是人类社会发展到一定阶段才出现的产物。”“礼不是人类从来就有的”，它“是伴随中国阶级、国家的形成而形成的，是为了协调权力和财富分配中的矛盾关系而出现的”。“礼起源于中国先民因权力和财富的分割而引致的社会分化。”其具体年代，他认为：“中国的礼大致起源于公元前3500年至前2000年这一段时间里。这个结论是建立在大量的考古资料基础之上的。”所以他不同意“凡人类社会皆有礼”的说法，认为“这恐怕是将礼与礼仪相混了”[⑦]。以上各说的主要分歧在于礼是人类从来就有的，或是人类社会发展到一定阶段才出现的。在这个问题上我们比较同意金景芳、常金仓、李衡眉和杨志刚诸先生的说法，因为这不仅为“文献材料所证明，而且也有地下考古材料为佐证”[⑧]。因此射礼作为礼的一个种类，其上限也应在这个时间范围内。

再次要正确理解周公制礼的真正含义。周公制礼，史籍多有记载，如《左传》文公十八年有“先君周公制周礼”[⑨]。《史记·鲁周公世家》也明确说是“周公作

① 杨向奎：《西周册命制度研究》序，学林出版社，1986年。
② 杨向奎：《宗周社会与礼乐文明》，人民出版社，1992年，第230~244页。
③ 金景芳：《古史论集》，齐鲁书社，1981年，第158页。
④ 常金仓：《周代礼俗研究》，黑龙江人民出版社，2005年，第17、27~28页。
⑤ 李衡眉：《礼仪起源于有虞氏说》，《烟台大学学报》1997年第4期。
⑥ 陈戍国：《中国礼制史》秦汉卷，湖南教育出版社，2002年第2版，第1、6、9~10页。
⑦ 杨志刚：《中国礼仪制度研究》，华东师范大学出版社，2001年，第2、3、4、13、21页。
⑧ 李衡眉：《礼仪起源于有虞氏说》，《烟台大学学报》1997年第4期。
⑨ （清）阮元校刻：《十三经注疏·春秋左传正义》，中华书局，1980年，第1861页。

《周官》”[①]。“郑玄遍览群经，知《周礼》者乃周公致太平之迹。”[②]《隋书·经籍志一》亦称：“《周官》盖周公所制官政之法。”《仪礼·疏序》贾公彦则称：“《周礼》、《仪礼》……并是周公摄政太平之书。”[③]朱熹也认为：“《周礼》、《仪礼》可全信。”[④]这些记载虽然多数晚出，但从当时的历史背景来看的确是可信的。公元前1046年，武王伐纣，建立了周王朝。两年后，武王病死，周公摄政。武庚乘机勾结管、蔡叛乱，周公东征，三年而平定。周公亲自参加了武王伐纣和东征平叛的伟大斗争，亲眼目睹了强大的商王朝毁于一旦的场面，鉴于殷纣王“失德”亡国和武庚叛乱的深刻教训，他选择了以礼治国的道路，提出了施行“德政”的政治纲领。而要保证“德政”的实施，就必须要建立一套全新的政治制度，为统治者制订一套系统的行为规范，二者可以统称为“礼”，对此顾颉刚先生认为，“‘周公制礼’，这件事是应该肯定的，因为在开国的时候，哪能不订出许多的制度和仪节来，周公是那时的行政首长，就是政府部门的工作也得归功于他。即使他采用了殷礼，也必然经过一番选择，不会无条件地接受，所以孔子说：‘周因于殷礼，所损益可知也。’（《论语·为政》）既然有所损益，就必有创造的成份在内，所以未尝不可说是周公所制”[⑤]。这种分析很对。需要指出的是：肯定周公制礼应确有其事，并不是说中国古代的礼是周公首创的、中国到周公之时才开始有礼。“所谓周公制礼，不过为了维护姬族统治的需要。”[⑥]周初根据新形势和统治者自身的利益，而对前代之旧礼作了一番增损改造，使之成为适合西周王朝统治的礼制而已。并且西周的礼乐也未必都是周公一人所制订，确切地说应是西周的高级贵族们为了统治上的需要，不断在原有礼俗上增添花色，加以系统化，才逐渐制订成各种符合他们需要的礼乐，这才是事实。正如胡厚宣先生所说的：“周初之文化制度，不特非周公一人所独创，且亦非周代所特有。举凡周初之一切，苟非后世有意之附会，则皆可于殷代得其前身。”[⑦]不仅如此，根据文献记载，殷礼之前，尚有伏羲制嫁娶之礼，尧舜修行五礼，可见若把西周作为中国古礼产生的时代上限显然是错误的。因此，探讨射礼的起源，自然不能拘泥于周公制礼的时间界限。

最后，要知道不同种类的礼，其起源是不同的。不同种类的礼，不仅起源的事物不同，起源的时间也不相同。各种礼制的每一部分起源都不一样。陈戍国说：“各种各样的礼，不是同时产生的。任何礼制都不是一产生就有了完备的形式。”

---

① （汉）司马迁撰，（宋）裴骃集解，（唐）司马贞索隐，张守节正义：《史记·鲁周公世家》，中华书局，1982年第2版，第1522页。

② （唐）贾公彦：《序周礼废兴》，（清）阮元校刻：《十三经注疏·周礼注疏》，中华书局，1980年，第636页。

③ （清）阮元校刻：《十三经注疏·仪礼注疏》，中华书局，1980年，第945页。

④ （宋）朱熹：《朱子语类·周礼总论》，文渊阁四库全书本，台湾商务印书馆，1986年。

⑤ 顾颉刚：《“周公制礼”的传说和〈周官〉一书的出现》，《文史》第6辑，中华书局，1979年。

⑥ 陈戍国：《中国礼制史》先秦卷，湖南教育出版社，2002年第2版，第14页。

⑦ 转引自胡戟：《周公制礼》，《陕西师范大学学报》1997年第3期。

"说礼的起源，不应该武断为凡礼皆起于某时，而应该注意到各种礼不是同时产生的，有些礼是原始社会没有的，有些礼夏商也未必有，还有的恐怕周礼亦未见。还应该看到：礼是逐渐繁富起来的，最初仅有萌芽，后来复杂起来，仪注增多了。统治者因自身需要，往往加进某些项目。"因此"礼制的所有部分不是某一个时候一同产生的。每一部分都有自己的起源"[①]。同样道理，射礼也有若干种类，不同种类的射礼，其起源也是不同的。有些射礼也不一定只有一种来源，它也可能起源于多种事物。这就必须分别考证，逐一溯源。最后总括起来，在各种射礼中出现最早的年代即是射礼产生的时间上限。

综上所述，并根据文献记载，关于射礼起源的事物我们认为，确切地讲，射牲起源于田猎获取祭祀所用鲜牲的仪式。古代社会田猎与祭祀关系异常密切[②]，出猎以还，必献禽致祭祀于宗庙。《周礼·大司马》曰："中春……遂以蒐田……火弊。献禽以祭社……中夏……遂以苗田，如蒐之法，车弊。献禽以享礿。中秋……遂以狝田，如蒐之法，罗弊。致禽以祀祊。中冬……遂以狩田……徒乃弊。致禽馌兽于郊，入献禽以享烝。"[③]《淮南子·时则训》曰："季秋之月，天子乃厉服广饰，执弓操矢以猎，命主祠，祭禽四方。"[④]《礼记·月令》亦曰："季秋之月……天子乃厉饰，执弓挟矢以猎，命主祠祭禽于四方。"[⑤]《穀梁传》桓公四年曰："四时之田，皆为宗庙之事也……四时之田用三焉，唯其所先得，一为乾豆，二为宾客，三为充君之庖。"[⑥]乾豆者，宗庙之事也，故要"唯其所先得"者为之。《礼记·王制》曰：天子诸侯"无事而不田，曰不敬"[⑦]。殷商甲骨卜辞中也有献禽之制，并把它作为方国首领勤王事的一个重要内容。[⑧]其中有些则明言是献禽致祭于商王祖先的，如 "见致麑于上甲，二月"等（《龟》1.25.11）。这种献禽致祭礼俗的出现是非常早的。陈槃先生说："彼田渔社会，生活简单，其所祈求，所信奉，唯有鬼神。"古人"以为凡资以生活之事物，壹是皆鬼神所恩赐"，"故食必先祭"。无论是为媚鬼神而田猎以奉祀，还是为生活而田猎以报祀，"大抵已举行田狩，既以其所获得之物供祭，已祭而后食"[⑨]。云南少数民族在新中国成立前仍保留着这种礼俗。他们有一种牢固的信念：此地的一切事物，是神与宣慰土司的。故他们所得的任何事物，须先向神与宣慰土司进奉，才敢享受，尤其是渔猎所得的，须先祭

---

① 陈成国：《中国礼制史》先秦卷，湖南教育出版社，2002 年第 2 版，第 10、14、66 页。

② 详见陈槃：《古社会田狩与祭祀之关系》，《中央研究院历史语言研究所集刊》第 21 本第 1 分，商务印书馆，1948 年。

③ （清）阮元校刻：《十三经注疏·周礼注疏》，中华书局，1980 年，第 836~839 页。

④ 何宁：《淮南子集释》，中华书局，1998 年，第 419~420 页。

⑤ （清）阮元校刻：《十三经注疏·礼记正义》，中华书局，1980 年，第 1380 页。

⑥ （清）阮元校刻：《十三经注疏·春秋穀梁传注疏》，中华书局，1980 年，第 2374 页。

⑦ （清）阮元校刻：《十三经注疏·礼记正义》，中华书局，1980 年，第 1333 页。

⑧ 详见孟世凯：《商和西周时期献禽制初探》，《史学月刊》1987 年第 5 期。

⑨ 陈槃：《古社会田狩与祭祀之关系》，《中央研究院历史语言研究所集刊》第 21 本第 1 分，商务印书馆，1948 年。

神，进奉宣慰土司后才平分。[①] 由此可见，正是由于原始社会先民们面对自然界感到神秘和恐惧，认为吉凶祸福全由老天安排，神灵操纵，从而产生了自然崇拜、图腾崇拜、鬼魂崇拜、生殖崇拜和灵物崇拜，他们往往把田猎射取的新鲜肉食献祭神灵，即“山川之神，则水旱疠疫之灾，于是乎禜之。日月星辰之神，则雪霜风雨之不时，于是乎禜之”[②]，以求得各种神灵庇佑。当社会进化到人类知有先祖的阶段，随着祖先神灵思想的产生，这种仪式就成了原始宗教的自然崇拜和祖先崇拜的礼仪活动，并最终成为祭祀大典的重要组成部分。王冠英先生说：“实射猎物，通常称为‘射牲’，殆由田猎竞射发展而来。”[③]金祥恒先生也说：“殷之射牲，原于田狩。而后相沿，遂成为礼。”[④]可谓是对射牲礼仪起源问题的最好总结。

射侯起源于巫术诅咒仪式。巫能通鬼神，是人与神鬼间的使媒，是知识与文化的代表，享有一定的社会地位。巫术可以说是伴随人类社会共生的一种社会现象。中国古代的巫术有很多种[⑤]，祝诅伤害术和偶像伤害术是巫蛊的主要伤害手段。古人相信诅咒的魔力，以此来警告和阻止不希望发生的事。射侯即源于这种巫蛊伤害术，这从射侯礼辞令和祭侯礼辞令中是不难看出来的。“巫术就是这样供给原始人一些现成的仪式行为与信仰，一件具体而实用的心理工具，使人度过一切重要业务关头所有的危险缺口。巫术使人能够进行重要的事功而有自信力，使人保持平衡的态度与精神的统一。”[⑥]另外盟诅、射天、射画像偶人也都源于这种伤害巫术。李零说：“‘礼仪’和‘方术’脱胎于‘巫术’，但反过来又凌驾于‘巫术’之上，限制压迫‘巫术’，这是‘巫术’的最后结局。”[⑦]这话是有一定的道理的。

大射起源于射侯礼仪。《礼记·射义》：“故天子之大射，谓之射侯。射侯者，射为诸侯也，射中则得为诸侯，射不中则不得为诸侯。”“是故古者天子以射选诸侯、卿大夫、士。”“是故古者天子之制：诸侯岁献贡士于天子，天子试之于射宫，其容体比于礼，其节比于乐，而中多者，得与于祭；其容体不比于礼，其节不比于乐，而中少者，不得与于祭。数与于祭，而君有庆；数不与于祭，而君有让。数有庆而益地，数有让而削地。故曰‘射者，射为诸侯也’。是以诸侯君臣尽志于射，以习礼乐。”[⑧]对此有不少学者都持怀疑态度，认为“这个说法未免过分了些，哪有那么多诸侯、卿大夫、士全凭射箭得到自己的地位呢？周初大封建恐怕没有

① 士俊：《思普边地剪影》，昆明《中央日报副刊》，1940年2月24~25日。
② 《左传》昭公元年，（清）阮元校刻《十三经注疏·春秋左传正义》，中华书局，1980年，第2024页。
③ 宋镇豪：《从花园庄东地甲骨文考述晚商射礼》，《中国文物研究》2006年第1期。
④ 金祥恒：《甲骨文䠶牲图说》，《中国文字》第20册，1966年。
⑤ 李零：《中国方术续考》，中华书局，2006年，第52~57页。
⑥ 〔英〕马林诺夫斯基著，李安宅编译：《巫术科学宗教与神话》，上海文艺出版社，1987年。
⑦ 李零：《中国方术续考》，中华书局，2006年，第57页。
⑧ （清）阮元校刻：《十三经注疏·礼记正义》，中华书局，1980年，第1688、1687页。

谁是因为箭射得准而得封为诸侯的”[1]，或认为“《礼记·射义》所说‘天子以射选诸侯’，该是一种夸大的说法”[2]。其实《射义》所说“天子以射选诸侯”也不完全是凿空之言，众所周知，在殷商甲骨文中就已经有了诸侯的称呼。那么这一称呼是怎样得名的呢？这牵扯到射箭所用箭靶的侯与诸侯之侯的关系问题。杨树达先生认为诸侯之“侯”确由射箭所用箭靶之“侯”得名。他说：“盖草昧之世，禽兽逼人，又他族之人来相侵犯，其时以弓矢为武器，一群之中，如有强力善射之士能保卫其群者，则众必欣戴之以为雄长。古人质朴，能其事者即以其事或物名之，其人能发矢中侯，故谓之侯也。《礼记·射义》曰：‘故天子之大射，谓之射侯。射侯者，射为诸侯也，射中则得为诸侯，射不中则不得为诸侯。’郑康成注《周礼·司裘》曰：‘所射正谓之侯者，天子中之则能服诸侯，诸侯以下中之则得为诸侯。’此皆后世演变之说，非复初义，然诸侯之称源于射侯，则犹存古初命名之形影也。”“总括言之，善射者谓之侯。”“换言之，侯者，战斗英雄也。”[3] 而徐中舒先生则根据《逸周书》孔晁注“侯服，为王斥候也”、《周礼·职方氏》贾公彦疏“侯者，候也。为天子伺候非常”之记载，认为侯甸之“侯”起源于斥候。他说：“侯为斥候，侯候古字通用。古代斥候必在边疆，故《周语》单襄公见候不在疆而断陈之必亡。”“最外边疆为侯服，侯田在边外，故《盂鼎》称‘殷边侯田’。又甲骨所称周侯、崇侯、㠱侯、杞侯亦在边疆。”[4]这种关于诸侯之侯起源于古代斥候的说法，好像是否定了诸侯与射侯之间的关系，实际上二者并不抵牾。杨宽先生根据《曹风·候人》“彼候人兮，何戈与祋”、《左传》宣公十二年杜预注“候人谓伺候望敌者”、《国语·周语中》“故国宾至……候人为导”、《周礼·候人》“各掌其方之道治与其禁令”等记载，也认为 诸侯之“侯”应是由候人之“候”发展扩大形成的。他说：“‘候人’原是边疆上的侦察和守卫队长，带有全副武装”，“因为他们防守在边疆，也兼任国宾的接待人员”，“又因为他们负有边疆地区防守和治安的职任”，“实际上已成为边疆地区某方的统治者。很可能，周侯的‘侯’即由此发展扩大而形成。这种‘侯’原是边疆地区的侦察和守卫队长，是一种重要的武官，最初可能是通过射‘侯’的比赛而挑选出来的”[5]。这三家说法都有见解，如果把三说综合起来进行梳理更无大的矛盾。今天非洲大陆的原始部落，在进入其部落领地的道路入口处都有一个用木棍搭建的简易瞭望哨所，其上站立一位持弓矛的放哨者。其身份和职责与我国古代的候人颇为相同。[6]这就启示我们候人的

① 陈成国：《中国礼制史》先秦卷，湖南教育出版社，2002年第 2 版，第278~279页。
② 杨宽：《“射礼”新探》，《古史新探》，中华书局，1965年，第331页。
③ 杨树达：《积微居金文说》（增订本）矢令彝三跋，中华书局，1997年，第8、9页。
④ 徐中舒：《井田制度探原》，《徐中舒历史论文选辑》，中华书局，1998年，第725~726页。
⑤ 杨宽：《“射礼”新探》，《古史新探》，中华书局，1965年，第331页。
⑥ 资料来源于2008 年1月旅游卫视频道播出的系列节目《梁子非洲行》。

出现时代应该是非常早的。它可能在部落联盟或酋邦王国时期就已经出现了。从商周王畿之内不见侯爵，而侯爵多分布在边疆或华夏族与羌狄戎夷蛮交汇区来看，侯没有一定的武功实力，实不能胜任，必须以竞射比武选拔之。因此准确地说，诸侯之侯应是由候人之候演变而来并通过射“侯”竞技选拔出来的。可见作为箭靶用的“侯”与诸侯的“侯”关系确是很密切的，同时也说明大射礼就是由这种射侯选贤仪式发展过来的。

宾射、燕射起源于宴享宾客臣下之娱乐礼仪；乡射起源于交际之情。前引《礼经奥旨》“古者民淳事简，礼制虽未有”，然“不能无交际之情，则乡射之礼已萌乎其中”[①]即是其证；礼射是射礼发展到春秋时期及其以后的形态，即射不主皮。如孔子的矍相圃之射。它与大射、宾射、燕射、乡射礼不同，当是在此基础上的又一变种。《尚书·益稷》孔颖达疏曰：“礼射皆张侯射之。”[②]因此我们认为礼射应起源于礼教和主皮之射；主皮之射起源于田猎和借田猎来进行的军事训练；习射起源于选拔贤士。常金仓先生说：“射礼之设，不过是古人纯粹的狩猎经济结束以后为了保持习武传统，后来渐次仪式化，并强调观德的意义，于是成为天子诸侯选贤进能的仪式”[③]；学射起源于贵族学校的军事教育；军中射礼起源于军事训练。

关于射礼起源的时间，从有关古史传说时代的文献记载看，我们认为射礼当有一个较长的肇起过程，大约在原始社会部落和部落联盟的“英雄时代”与军事民主制时期，射礼可能即已出现。《山海经·海内经》曰：“炎帝之孙伯陵，伯陵同吴权之妻阿女缘妇。缘妇孕三年，是生鼓、延、殳。（殳）始为侯，鼓、延是始为钟，为乐风。”[④]这是现存文献中有关射礼出现时间最早的一条记载。袁珂先生说：“经文始为侯上疑脱殳字，侯，射侯也。”[⑤]文正义也说，侯即“箭靶”[⑥]。此虽神话传说，但它给我们透露出一个信息，即早在炎帝时代，就已经有了类似后来的“射侯”活动。因为射侯既被发明，射侯之礼当已出现。这从侯之初义及当时的社会背景中是可以看出来的。杨树达先生说，虽然“古事绵邈，文献无征，然以古文字之形义为阶梯，以古代社会之情状为背影，亦非无可说也”[⑦]。侯，篆文作矦，《说文·矢部》云：“矦，春飨所射侯也，从人，从厂，象张布，矢在其下。” 段玉裁注曰：“侯之张布如厓岩之状，故从厂，象矢集之也。”[⑧]古文作医，

---

① （宋）郑樵：《礼经奥旨·礼以情为本》，收入丛书集成初编本《三礼考及其他二种》，商务印书馆，1937年。

② （清）阮元校刻：《十三经注疏·尚书正义》，中华书局，1980年，第142页。

③ 常金仓：《周代礼俗研究》，黑龙江人民出版社，2005年，第11页。

④ 张耘点校：《山海经·穆天子传》，岳麓书社，2006年第2版，第186~187页。

⑤ 袁珂：《山海经校注》，上海古籍出版社，1980年，第464页。

⑥ 张耘点校：《山海经·穆天子传》前言，岳麓书社，2006年第2版，第5页。

⑦ 杨树达：《积微居金文说》（增订本）矢令彝三跋，中华书局，1997年，第8页。

⑧ （汉）许慎撰，（清）段玉裁注：《说文解字注》，上海古籍出版社，1988年第2版，第226页。

甲骨文、金文的𥎦、𥎦字与古文同，正像射侯张布著矢之形。而陈梦家先生则说，甲金文侯作厌，“象佈射侯于厂而射之形”[①]。以上诸说均有一定的道理。那么作为射箭用的箭靶为何又名“侯”呢？我们认为箭靶之“侯”，很可能是由射不来侯之“侯”得名的。《周礼·考工记·梓人》记载祭侯礼之辞曰：“惟若宁侯。毋或若女不宁侯，不属于王所，故抗而射女。”[②]《大戴礼》载投壶礼之辞曰：“嗟尔不宁侯，为尔不朝于王所，故亢而射汝。”[③]《说文·矢部》侯字下“其祝曰：毋若不宁侯，不朝于王所，故伉而射汝也”[④]。三书所引祝辞基本相同。“宁”，繁体作“寧”，《说文·丂部》：“寧，愿词也。从丂，寍声。”按“寍”，甲骨文象居所有食具，是安宁的会意字。后世假“寧”为“寍”，“寧”行而“寍”废。《广韵·青韵》：“寧，安也。”《古文尚书·大禹谟》曰：“野无遗贤，万邦咸宁。”孔安国传曰：“贤才在位，天下安宁。”[⑤]《左传》定公五年杜预注曰：“宁，安定也。”[⑥]依此，“不宁侯”，即为不安宁、不安定的诸侯。按“宁”又有探望、省亲、上下互相慰问之义，《正字通·宀部》：“宁，女嫁归省父母曰宁。”《左传》庄公二十七年：“杞伯姬来，归宁也。”杜预注曰：“宁，问父母安否。”[⑦]《尚书·洛诰》：“伻来毖殷，乃命宁予以秬鬯二卣。”王国维曰：“宁，安也。《诗》曰‘归宁父母’，盂爵曰：‘惟王初□于成周，王命盂宁邓伯。’是上下相存问，通称宁也。”[⑧]考虑到古文献有不来侯、设射不来之记载，故此处的“宁”，亦可取聘问、朝聘、朝觐之义。依此，把“不宁侯”释为不来朝觐的诸侯，应是比较符合史实的。《史记·封禅书》：“诸侯莫朝周，周力少，苌弘乃明鬼神事，设射《貍首》。《貍首》者，诸侯之不来者。”[⑨]此事《汉书·郊祀志》也有记载，唯“设射貍首”作“设射不来”[⑩]。据此汉代学者认为：“名为侯何？明诸侯有不朝者，则当射之。故礼射，祝曰：嗟尔不宁侯，尔不朝于王所，故亢而射尔。”[⑪]《论衡·乱龙》也说：“名布为侯，示射无道诸侯也。”[⑫]《楚辞·大招》王逸注曰：“侯，谓所射布也。王者当制服诸侯，故名布为侯而射之。”[⑬]《仪礼·大射仪》郑玄注说：“《貍首》，逸诗《曾

① 陈梦家：《射与郊》，《清华学报》1941 年第 1 期。
② （清）阮元校刻：《十三经注疏·周礼注疏》，中华书局，1980 年，第 926 页。
③ （汉）戴德：《大戴礼·投壶》，黄怀信主撰，孔德立、周海生参撰：《大戴礼记汇校集注》，三秦出版社，2005 年，第 1339 页。
④ （汉）许慎撰，（清）段玉裁注：《说文解字注》，上海古籍出版社，1988 年第 2 版，第 227 页。
⑤ （清）阮元校刻：《十三经注疏·尚书正义》，中华书局，1980 年，第 134 页。
⑥ （清）阮元校刻：《十三经注疏·春秋左传正义》，中华书局，1980 年，第 2140 页。
⑦ （清）阮元校刻：《十三经注疏·春秋左传正义》，中华书局，1980 年，第 1780 页。
⑧ 王国维：《观堂集林·洛诰解》，中华书局，1959 年，第 37~38 页。
⑨ （汉）司马迁撰，（宋）裴骃集解，（唐）司马贞索隐，张守节正义：《史记·封禅书》，中华书局，1982 年第 2 版，第 1364 页。
⑩ （汉）班固撰，（唐）颜师古注：《汉书》，中华书局，1962 年，第 1199 页。
⑪ （汉）班固撰，（清）陈立疏证，吴则虞点校：《白虎通疏证》，中华书局，1994 年。
⑫ （汉）王充：《论衡》，上海书店，1986 年。
⑬ （宋）洪兴祖补注，卞岐整理：《楚辞补注》，凤凰出版社，2007 年，第 201 页。

孙》也。貍之言不来也，其诗有射诸侯首不朝者之言，因以名篇，后世失之，谓之《曾孙》。”“侯，谓所射布也。尊者射之，以威不宁侯；卑者射之，以求为侯。”[①]《周礼·天官·司裘》郑玄注也说：“谓之侯者，天子中之则能服诸侯，诸侯以下中之则得为诸侯。”[②]上举诸例可谓中肯之说。而杨宽先生则认为：“许多汉代学者都认为作为箭靶用的‘侯’的得名，由于‘射之’用来表示‘射无道诸侯’，显然出于附会。”[③]这种看法是不对的。杨树达先生说得好：“古人质朴，能其事者即以其事或物名之。”[④]古人是把“不宁侯”制作成箭靶来射的，故称之为“侯”，箭靶之侯实是“不宁侯”的省称。从郑玄注来看，通过射不宁侯，既可以威慑无道诸侯，又可以求为诸侯，这是一个问题的两个方面，它清楚地说明了由不宁侯到射侯再到诸侯的发展关系。至此，我们可以把候人与诸侯、不宁侯、射侯的关系综合表述为：诸侯是由候人而得名的，最初它是通过射侯比赛选拔出来的，射侯是由射不宁侯而得名的，通过射不宁侯可以成为诸侯。它们之间的关系可图示如下：

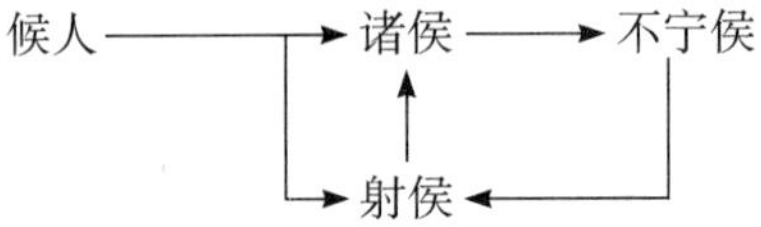

这就是最初以“射不来侯”为目的的巫术矢射礼，渐渐地所射不来侯也用专门的“射侯”来代替简称之，并定期举行，以达到威慑诸侯、强化统治的目的。由此可以看出，诅咒叛逆诸侯，的确是早期射侯之礼的一项主要职能。

我国古代不仅确有因“不宁侯”不来朝而制作“侯”以行射的，而且还确有因不来朝而射其画像或射击敌国保护神、国君雕像的。如丁侯不朝，齐太公乃画其像而射之。[⑤]宋王偃铸诸侯之像而弹射其鼻，雕木人写其名而射其面。[⑥]商王武乙以偶人血囊为天神而射之等等。[⑦]杨宽先生认为：“《史记·封禅书》等所说设射‘诸侯之不来者’，《考工记》等所载祭‘侯’之辞所说射不朝于王的‘不宁侯’，和上述射击敌国国君画像、雕像及天神的事，基本上性质是相同的。为什么古时会有这种射‘不宁侯’和射敌国国君人像的事呢？因为当时流行着一种巫术。彝族奴隶主在新中国成立前还流行着这种巫术，他们要同敌人作战时，要先请巫师来祝诅敌人，往往扎草人多个上面写着敌人姓名，一面由巫师念咒，一面由大家

① （清）阮元校刻：《十三经注疏·仪礼注疏》，中华书局，1980年，第1042、1028页。
② （清）阮元校刻：《十三经注疏·周礼注疏》，中华书局，1980年，第683页。
③ 杨宽：《“射礼”新探》，《古史新探》，中华书局，1965年，第336页。
④ 杨树达：《积微居金文说》（增订本）矢令彝三跋，中华书局，1997年，第8页。
⑤ （宋）李昉等编：《太平御览》卷七三七引《六韬》，中华书局，1960年。
⑥ 《战国策》卷三十《燕二》，李维琦点校：《国语·战国策》，岳麓书社，2006年第2版，第424、416页。
⑦ （汉）司马迁撰，（宋）裴骃集解，（唐）司马贞索隐，张守节正义：《史记·殷本纪》，中华书局，1982年第2版，第104页。

骑马执枪，绕着草人加以打击。上面所说宋王偃为木人写上秦王姓名，射其面，很显然，就是使用着同样的巫术。古时有把‘不来侯’或‘不宁侯’作为‘侯’来射的，也同样是祝诅的巫术而已。”[①]这一分析发前人所未发，是非常正确的。

根据文献记载，炎帝时代似乎就已经是诸侯林立了。《管子·地数篇》说：“葛庐之山发而出水，金从之，蚩尤受而制之，以为剑铠矛戟，是岁相兼者诸侯九。雍狐之山发而出水，金从之，蚩尤受而制之，以为雍狐之戟芮戈，是岁相兼者诸侯二十。”[②]蚩尤[③]、三苗[④]、宿沙氏[⑤]、赤松子[⑥]、祝融等皆为“炎帝时诸侯”[⑦]。《史记·五帝本纪》说：“炎帝欲侵陵诸侯，诸侯咸归轩辕。”[⑧]《史记·封禅书》也说：“黄帝时万诸侯。”[⑨]可以想见到炎帝时诸侯之数当亦不少。只是这里所说的“诸侯”，并非周秦社会分封制度下的公、侯、伯、子、男五等爵位之贵族，而是指原始社会晚期的各部落酋长。中国古代氏族及部落的名称与其酋长名称和氏族部落民名称常常是不加区别地称呼，所以“炎帝”、“蚩尤”、“黄帝”既为部落名，亦为该部落酋长与部落民之共名。所谓“诸侯咸归”、“万诸侯”，“无非是说当时在中原地区有成千上万的氏族或部落存在着。实际上，东部、西部和南部亦然”[⑩]。在禽兽逼人的威胁下和众多氏族、部落、部落联盟和酋邦王国的逐鹿争斗中，各个“部落必先有武力之防卫而后始能生存”，其善射而具有武力者，“则必为其一族所推尊而以为魁傑”酋长[⑪]，是完全可能的。至于炎黄时代是否确有“诸侯”之名称，今天已无考查的可能与必要。对于此类流传了几千年后才被记入载籍的史前传说，我们注视的焦点，应该是它形成和演变的过程以及其中所透出的史影。有学者指出，黄帝“在涿鹿与蚩尤作战中，《史记·五帝本纪》只说‘征师诸侯’，

---

① 杨宽：《“射礼”新探》，《古史新探》，中华书局，1965年，第337页。

② 黎翔凤撰，梁运华整理：《管子校注》，中华书局，2004年，第1355页。

③ 《史记·五帝本纪》司马贞索隐，（汉）司马迁撰，（宋）裴骃集解，（唐）司马贞索隐，张守节正义：《史记》，中华书局，1982年第2版，第4页注[三]。

④ 上海师范大学古籍整理组校点：《国语》卷十八《楚语下》韦昭注，上海古籍出版社，1978年；《尚书·吕刑》孔颖达疏，（清）阮元校刻：《十三经注疏·尚书正义》，中华书局，1980年，第248页；盛襄子：《湖南苗史述略》，《新亚细亚》13卷4期，1937年。

⑤ （宋）罗泌：《路史》卷十三《后纪四》罗苹注，文渊阁四库全书本，台湾商务印书馆，1986年；（宋）高承：《事物纪原》卷九《煮盐》，文渊阁四库全书本，台湾商务印书馆，1986年；（清）王谟辑：《世本·作篇》、雷学淇校辑：《世本·作篇》，均见《世本八种》，上海商务印书馆，1957年，第37、76页；（清）顾祖禹撰，贺次君、施和金点校：《读史方舆纪要》太原府引《汉志》注、卷三十九《盐池附见》，中华书局，1955年；（清）胡维藩修，卢福保纂：《续纂泰州志》卷十一，上海图书馆藏宣统抄本。

⑥ （宋）罗泌：《路史》卷十二《后纪三》、卷三十九《余论二》，文渊阁四库全书本，台湾商务印书馆，1986年。

⑦ （宋）罗泌：《路史》卷八《前纪八》及罗苹注，文渊阁四库全书本，台湾商务印书馆，1986年；（明）刘熙修，何纪纂：《衡山县志》，明弘治元年（1488）刻本。

⑧ （汉）司马迁撰，（宋）裴骃集解，（唐）司马贞索隐，张守节正义：《史记》，中华书局，1982年第2版，第3页。

⑨ （汉）司马迁撰，（宋）裴骃集解，（唐）司马贞索隐，张守节正义：《史记》，中华书局，1982年第2版，第1393页。

⑩ 白寿彝总主编：《中国通史》第三卷《上古时代》上册《甲编序说》，上海人民出版社，1994年。

⑪ 杨树达：《积微居金文说》（增订本）矢令彝三跋，中华书局，1997年，第9、8页。

没有指名那些诸侯。《正义》里说：'天遣玄女下授黄帝兵信神符，制服蚩尤。'又引《山海经》说：'黄帝令应龙攻蚩尤。'看来黄帝还是一个原始宗教领袖，是一个大巫师"①。其实从赤松子为雨师，执掌耕云播雨之事，与鬼谷子同尊为神②，"蚩尤请风伯雨师纵大风雨"③，炎帝"作斤斧"、"尝味草木，宣药疗疾"④，"制针灸，作巫方"⑤等来看，炎帝及炎帝时的一些"诸侯"，不仅是射技武功高强的大英雄，而且也是通晓巫术的大巫师。因此，炎帝时代的"射侯"，应该是一种带有浓厚的巫术色彩的射礼。

1973年考古工作者在湖南长沙马王堆三号西汉墓出土了一批帛书，在《老子》乙本卷前有四种古佚书。其中《十六经》的《正乱》篇，是专门记述黄帝战蚩尤之事的。文中有一段内容涉及射侯。其文曰："于是（黄帝）出其锵钺，奋其戎兵。黄帝身禺（遇）之（蚩）尤，因而擒之。剥其□革以为干侯，使人射之，多中者赏。翦其发而建之天，名曰之（蚩）尤之旌，充其胃以为鞫（鞠），使人执之，多中者赏。腐其骨肉，投之苦醢，使天下噍之。"⑥这个故事与先秦乃至两汉流行的关于黄帝精通养生、知晓导引术、能骑龙升天等其他传说相比，应该是较为可信的。

黄帝战胜并杀了蚩尤后，为发泄余恨，便剥了蚩尤的皮做成干侯，让士卒用弓箭射它，多次射中者有奖赏。所谓干侯，本是豻皮装饰的箭靶。贾谊《新书·礼》曰："岁凶谷不登，台扉不涂，榭彻干侯，马不食谷，驰道不除。"⑦黄宗羲说："按干侯之制，中方十尺，鹄方三尺三寸三分强。"⑧干，通"豻"。《仪礼·大射礼》："士射干"，侯道，"干五十"。郑玄注："干读为豻。豻侯者，豻鹄豻饰也。"⑨《周礼·夏官·射人》："士以三耦射豻侯。"郑玄注"豻，胡犬也"⑩，即古代北方的一种野狗。此用蚩尤的人皮来制成本是用野狗皮制作与装饰的箭靶，无疑是有羞辱之意的。显然，这也是一种巫术诅咒仪式，即用以祝咒叛逆的部落首领蚩尤的。其实，《正乱》篇记述的黄帝对蚩尤的种种所为，包括用其皮革做干侯矢射，以及用其头发做旌旗、用其胃做鞠蹴踢、用其骨肉做酱让天下人吃等，均属于胜利者

---

① 许顺谌：《黄河文明的曙光》附录一《黄帝时代是中国文明的源头》，中州古籍出版社，1993年，第583页。

② （宋）罗泌：《路史》卷十二《后纪三》、卷三十九《余论二》，文渊阁四库全书本，台湾商务印书馆，1986年。

③ 《山海经·大荒北经》，张耘点校：《山海经·穆天子传》，岳麓书社，2006年第2版，第178页。

④ （晋）皇甫谧撰，刘晓东等校点：《帝王世纪》，辽宁教育出版社，1997年；（宋）李昉等编：《太平御览》卷七二一引《帝王世纪》，中华书局，1960年。

⑤ （明）董斯张：《广博物志》卷二十二引《物原》，上海古籍出版社，1992年。

⑥ 湖南省博物馆等：《长沙马王堆二、三号汉墓发掘简报》，《文物》1974年第7期；马王堆汉墓帛书整理组：《长沙马王堆汉墓出土〈老子〉乙本卷前古佚书释文》，《文物》1974年第10期；国家文物局古文献研究室编：《马王堆汉墓帛书·老子乙本卷前古佚书释文》，文物出版社，1975年；陈鼓应：《黄帝四经今注今译——马王堆汉墓出土帛书》，商务印书馆，2007年。

⑦ （汉）贾谊：《新书》卷六，中华书局，1985年。

⑧ （清）黄宗羲：《答万充宗杂问》，沈善洪主编：《黄宗羲全集》，浙江古籍出版社，2005年。

⑨ （清）阮元校刻：《十三经注疏·仪礼注疏》，中华书局，1980年，第1034、1028页。

⑩ （清）阮元校刻：《十三经注疏·周礼注疏》，中华书局，1980年，第845页。

对战败者及其亡灵的威慑、诅咒与厌胜，这一系列的活动便共同构成了一个庆祝军事胜利的完整礼仪。《小尔雅·广器》曰“射有张皮谓之侯”，即侯是以皮革制成的。西周早期的柞伯簋，铭文有王僤赤金十钣来作为大射礼之奖品的记录。《正乱》篇有关射侯之帛书，似乎也透露出了一些这方面的信息。

总之，殳始为侯和黄帝使人射干侯，说明中国古代的射礼最早出现的是射侯之礼，就目前所知，射侯之礼最早出现的时间是尚处于军事民主制时期的炎黄时代，虽然材料不多，但也不是孤例。其职能是诅咒叛逆不宁的诸侯。其特点是祝诅巫术色彩浓厚，因此其性质应属于巫术性质的射礼。其发展阶段应是中国古代射礼的最初期，即滥觞与发端时期。

颛顼时代的射礼，文献记载有一例。《后汉书·礼仪志》注引《汉旧仪》曰：“颛顼氏有三子，生而亡去为疫鬼，一居江水是为疟鬼；一居若水为罔两蜮鬼；一居人宫室区隅，善警人小儿。方相帅百隶及童子，以桃弧、棘矢、土鼓，鼓且射之，以赤丸、五谷播洒之。”①方相为饰鬼之巫官。由于方相本身是恶鬼，它是以鬼逐鬼的，故又为职掌驱鬼之官。《周礼·夏官·方相氏》：“掌蒙熊皮，黄金四目，玄衣朱裳，执戈扬盾，帅百隶而时难（傩），以索室驱疫。大丧，先柩。及墓，入圹，以戈击四隅，驱方良。”郑玄注曰：“蒙，冒也。冒熊皮者，以警驱疫疠之鬼，如今魌头也。时难，四时作方相氏以难却凶恶也。”贾公彦疏云：“丧所多有凶邪，故使之导也。”②即模拟其凶恶可怕的形象，作为驱逐疫鬼和出丧时开道之用。古人相信疫疠不仅寄托在室内的虫物上，并且在区隅幽暗之处，因此必须索室驱除之，并以桃弧棘矢之兵器来威吓疫鬼。

桃弧棘矢，即用桃木制的弓，棘枝制的箭，古人以为可以辟邪。《左传》昭公四年：“桃弧棘矢，以除其灾。”杜预注曰：“桃弓棘箭，所以禳除凶邪将御至尊故。”孔颖达疏引服虔云：“桃所以逃凶也。棘矢者，棘赤有箴取其名也。盖出冰之时置此弓矢于凌室之户，所以禳除凶邪将御至尊故。慎其事，为比礼也。”③由此知方相帅百隶及童子以桃弧棘矢射驱疫鬼，也是一种巫术性质的射礼。据陈梦家先生研究，商甲骨金文有“夔”字，“象人操尾而舞之形，故转以名古乐师”。“案《舜典》典乐之官夔曰‘於，予击石拊石，百兽率舞’，即方相率十二兽舞之神话，而十二兽有衣毛角即卜辞金文夔字象人戴毛角而舞。”④若此则方相驱恶鬼之神话起源应是很早的。再结合马家窑文化上孙家墓地出土的舞蹈纹彩陶盆所反映的舞者形象及时代信息⑤，三组各五人均带有头饰、尾饰，面向、身姿动作一致，手拉着

① （南朝宋）范晔撰，（唐）李贤等注：《后汉书·礼仪志》，中华书局，1965年，第3128页注[二]、[三]。
② （清）阮元校刻：《十三经注疏·周礼注疏》，中华书局，1980年，第851页。
③ （清）阮元校刻：《十三经注疏·春秋左传正义》，中华书局，1980年，第2034页。
④ 陈梦家：《商代的神话与巫术》，《燕京学报》第20期，1936年。
⑤ 青海省文物管理处考古队：《青海大通县上孙家寨出土的舞蹈纹彩陶盆》，《文物》1978年第3期。

手按照一定的音乐节奏起舞，这正是原始社会先民“击石拊石，百兽率舞”的情形。因此我们说颛顼时代方相帅百隶与童子，以桃弓棘箭行射仪来驱除疫鬼，也是完全有可能的。

尧舜时代的射礼，文献记载有两例。

一是羿射十日、六怪与河伯。《管子·形势解》说：“羿，古之善射者也，调和其弓矢而坚守之，其操弓也，审其高下，有必中之道，故能多发而多中。”[1]说明羿是一个精通射道的神射手。《淮南子·本经训》曰：“逮至尧之时，十日并出，焦禾稼，杀草木，而民无所食。猰▯、凿齿、九婴、大风、封豨、修蛇皆为民害。尧乃使羿凿齿于畴华之野，杀九婴于凶水之上，缴大风于青丘之泽，上射十日而下杀猰▯，断修蛇于洞庭，禽封豨于桑林。万民皆喜，置尧以为天子，于是天下广狭险易远近始有道里。”高诱注曰：“猰▯，兽名也。状若龙首，或曰似貍，善走而食人，在西方也。凿齿，兽名，齿长三尺，其状如凿，下彻颔下，而持戈盾。九婴，水火之怪，为人害。大风，风伯也，能坏人居舍。封豨，大豕，楚人谓豕为豨也。修蛇，大蛇，吞象三年而出其骨之类。”“羿善射，尧使羿射杀之。”“十日并出，羿射去九。”何宁案曰：“《北堂书钞》百四十九引作‘命羿射十日，中九乌皆死，堕羽翼’。”“《太平御览》七百四十五引作‘尧命羿仰射十日，中其九乌’。《太平御览》三引作‘尧命羿仰射十日，其九乌皆死，堕羽翼’……三百五引作‘射十日而下其九日’……疑（《本经》）当作‘上射十日而下其九日，杀猰▯于弱水’。”[2]实际上，记载羿射十日、除民害的文献，现存最早的还有《楚辞》和《山海经》。《天问》屈原就曾发问说：“羿焉弹日？乌焉解羽？”王逸注引《淮南》云：“尧时十日并出，草木焦枯。尧命羿仰射十日，中其九日，日中九乌皆死，堕其羽翼，故留其一日也。”[3]丁山先生说：“是引《本经》也，而文则加详。验以《庄子·齐物论》云：‘昔者十日并出，万物皆照。’《海外东经》云：‘黑齿国，下有汤谷。汤谷上有扶桑，十日所浴。九日居下枝，一日居上枝。’郭注引《归藏郑母经》亦云：‘昔者羿善射，弹十日，果毕之。’是羿所射者，扶桑下枝所藏之九日，中土所不见也。”[4]《山海经·海内经》说：“帝俊赐羿彤弓素矰，以扶下国，羿是始去恤下地之百艰。”郭璞注曰：“言令羿以射道除患，扶助下国。”[5]《海外东经》郭璞又注曰：“庄周云：‘昔者十日并出，草木焦枯。’《淮南子》亦云：‘尧乃令羿射十日，中其九日，日中乌尽死。’《离骚》所谓‘羿焉毕日？乌焉落羽？’者也。《归藏郑母经》云：‘昔者羿善射，弹十日，果毕之。’《汲郡竹书》曰：‘胤甲即

① 黎翔凤撰，梁运华整理：《管子校注》，中华书局，2004年，第1173页。
② 何宁：《淮南子集释》，中华书局，1998年，第574~578页。
③ （宋）洪兴祖补注，卞岐整理：《楚辞补注》，凤凰出版社，2007年，第85页。
④ 丁山：《古代神话与民族》，商务印书馆，2005年，第242页。
⑤ 张耘点校：《山海经·穆天子传》，岳麓书社，2006年第2版，第187~188页。

位，居西河，有妖孽，十日并出。’明此自然之异有自来矣。《传》曰：‘天有十日，日之数十。’此云九日居下枝，一日居上枝。《大荒经》又云：‘一日方至，一日方出。’明天地虽有十日，自使以次第迭出运照，而今俱见，为天下妖灾，故羿禀尧之命，洞其灵诚，仰天控弦，而九日潜退也。假令器用可以激水烈火，情感可以降霜回景，然则羿之铄明离而毙阳乌，未足为难也。若搜之常情则无理矣。然推之以数，则无往不通。达观之客宜领其玄致，归之冥会，则逸义无滞，言奇不废矣。”[①]汉画像石与画像砖中有许多羿射十日的画像（彩图 1），民俗学家靳之林认为后羿射日的故事，其本质不在于射日，而在于沟通天地。“要使天地相通、万物兴盛，就要借助于射天、射阳，这就是在《礼记》中对射礼如此重视的缘故。”汉画像砖中有许多后羿射日的图像，其象征意义正在于此，甚至有的图像上方根本没有太阳，完全是人向上射箭的形象，更说明了这一点。[②]羿射河伯的故事是说，羿奉尧命去玉山和昆仑山求见西王母，走到华山相近的地方，适逢河神作妖法，祸害百姓，“羿射河伯中左目”，终被降服。[③]或说羿射伤河伯，并抢夺了河伯之妻雒嫔。《楚辞・天问》曰：“胡射夫河伯而妻彼雒嫔？”补曰：“《淮南》云：河伯溺杀人，羿射其左目。注云：尧时羿射十日，缴大风，杀窫窳，斩九婴，射河伯。”[④]诚然，天气炎热少雨、气候持续干旱，造成草木焦枯；阳光受云层的折射而形成天上同时出现几个太阳，这都是确实存在过的自然现象。但二者巧合在一起就是奇异的自然现象了，因此被古人目之为妖灾。高注所言六种妖物怪兽的形象与魔力，在现实社会与自然界中是不存在的，河伯、雒嫔是传说中的水神，毫无疑问都是古人虚幻的东西。羿能上仰射十日，下射杀虚幻的神妖怪兽，绝非人力所能为之，实是借助了祈禳厌劾之巫术，而桑林，本来就是巫觋做法施术的道场。鲁迅《中国小说史略・神话与传说》云：《山海经》“记海内外山川神祇异物及祭祀所宜，以为禹、益作者固非，而谓因《楚辞》而造者亦未是；所载祠神之物多用糈（精米），与巫术合，盖古之巫书也”[⑤]。鲁迅先生的见解十分精辟。“只有视为‘巫书’，方可解释书里包含的一切。”[⑥]因此确切地说，文献所记羿之种种射事，实际上就是帝尧曾经举行过的一系列巫术性质的射礼。

任何神话都是“通过人民的幻想用一种不自觉的艺术方式所加工过的自然和社会形态本身”[⑦]。“神话的内容尽管非常奇异，但还是离不开人类的现实生活。”

① 张耘点校：《山海经・穆天子传》，岳麓书社，2006 年第 2 版，第 131 页。
② 靳之林：《绵绵瓜瓞与中国本原哲学的诞生》，广西师范大学出版社，2002 年。
③ 钟毓龙：《上古神话演义》，浙江文艺出版社，1985 年，第 527~532 页。
④（宋）洪兴祖补注，卞岐整理：《楚辞补注》，凤凰出版社，2007 年，第 87 页。
⑤ 鲁迅：《中国小说史略》，上海古籍出版社，2004 年，第 11 页。
⑥ 张耘点校：《山海经・穆天子传》前言，岳麓书社，2006 年第 2 版，第 3 页。
⑦〔德〕马克思：《〈政治经济学批判〉导言》，中共中央马恩列斯著作编译局编译：《马克思恩格斯选集》第 2 卷，人民出版社，1972 年。

“神话虽然采取了幻想的形式，但却强烈地表现了原始人类要求征服自然、支配自然的意志和愿望。”[①]羿射十日、怪兽与河伯，是人类认识自然、征服自然能力还比较低下的产物，也是帝尧时代现实生活中这种人民意志和愿望的反映。其目的就是要通过巫术性的射礼仪式来降妖伏怪，为民除害。

二是用射侯明善恶。《古文尚书·益稷》帝舜对禹说：“庶顽馋说，若不在时，侯以明之。挞以记之，书用识哉，欲并生哉。”孔安国传曰：“众顽愚馋说之人，若所行不在于是而为非者当察之。当行射侯之礼，以明善恶之教。笞挞不是者，使记识其过……书识其非，欲使改悔与共并生。”孔颖达疏曰：“其众类顽愚馋说之人，若有所行不在于是而为非者，汝当察之。以法行射侯之礼，知其善恶，以明别之。行有不是者，又挞其身以记之。书其过者以以识。所以挞之书之者，冀其改悔，欲与并生活哉。”“礼射皆张侯射之，知侯以明之，当行射侯之礼，以明善恶之教。射礼有序宾以贤、询众择善之义，是可以明善恶也。”[②]《事物纪原·射的》也说：“《虞书》曰：‘侯以明之。’注云：‘作射侯之礼，以明善恶。’则射侯始见于尧舜矣。”[③]这说明射侯之礼在尧舜时代也有，但绝不是“始见”。“以明善恶”应是射侯之礼最初的主要职能之一。古者不贤之人不得射，射侯须内志正，外体直，而后可以言中，故用射侯之礼来教育。依此看孔疏虽有一定道理，但这样解释还是略嫌迂回，且为儒者之解说，并非初义。从长由盉铭“即邢伯、大祝射”，“邢伯氏弥不奸”[④]，以及上引祭侯之礼祝辞“毋或若女不宁侯，不属于王所，故抗而射汝”[⑤]，《史记·封禅书》“设射貍首”，即“诸侯之不来朝者”[⑥]，《汉书·郊祀志》“设射不来”[⑦]，《白虎通·乡射》“明诸侯有不朝者，则当射之”[⑧]，《论衡·乱龙》“示射无道诸侯”[⑨]，《六韬》“丁侯不朝”，射其画像[⑩]等记载来看，《益稷》篇帝舜所谓的“侯以明之”云云，实是通过射侯礼仪之巫术祝诅，看是否对诅咒有应验来判明诸侯近臣之善恶的，同时亦可起到以“小惩而大诫”[⑪]的教育作用。射侯之礼已成为最高首领驾驭诸侯臣下的重要手段。依上所述可以看出，以射道除妖灾、以射侯明善恶的射礼，在尧舜时代显然已经不再是什么新鲜事物了，它说明射礼已经兴起。

---

① 钟肇恒：《上古神话演义》后记，浙江文艺出版社，1985年，第1679页。
② （清）阮元校刻：《十三经注疏·尚书正义》，中华书局，1980年，第142~143页。
③ （宋）高承：《事物纪原》卷九，文渊阁四库全书本，台湾商务印书馆，1986年。
④ 唐兰：《西周青铜器铭文分代史征》，中华书局，1986年，第377页。
⑤ 《周礼·梓人》，（清）阮元校刻：《十三经注疏·周礼注疏》，中华书局，1980年，第926页。
⑥ （汉）司马迁撰，（宋）裴骃集解，（唐）司马贞索隐，张守节正义：《史记》，中华书局，1982年第2版，第1364页。
⑦ （汉）班固撰，（唐）颜师古注：《汉书》，中华书局，1962年，第1199页。
⑧ （汉）班固撰，（清）陈立疏证，吴则虞点校：《白虎通疏证》，中华书局，1994年。
⑨ （汉）王充：《论衡》，上海书店，1986年。
⑩ （宋）李昉等编：《太平御览》卷七三七引《六韬》，中华书局，1960年。
⑪ 《易·系辞下》，（清）阮元校刻：《十三经注疏·周易正义》，中华书局，1980年，第88页。

我们说射礼肇起于原始社会部落和部落联盟的“英雄时代”和军事民主制时期，还可以举出如下几条佐证。

其一，炎黄时代与尧舜之世出现射礼绝不是偶然的。从古文献的记载来看，伏羲氏之世即已经有了婚礼。《世本·作篇》说：“伏羲制以俪皮嫁娶之礼。”①《古史考》说：“伏羲制嫁娶，以俪皮为礼。”②《通典》亦说：“伏羲氏制嫁娶，以俪皮为礼。”③《礼记·月令》孔颖达疏亦云：“按世本及谯周古史，伏羲制以俪皮嫁娶之礼。”④既然炎帝以前就已经出现了嫁娶之礼，那么在炎帝时代及其以后出现射礼也是很自然的，这并不使人感到唐突。

其二，炎黄时代与尧舜之世出现射礼也不是孤立的。《补史记·三皇本纪》有神农“于是作蜡祭”⑤，为腊月祭祀百神之礼。《竹书纪年》说黄帝“游于洛水之上，见大鱼，杀五牲以醮之，天乃甚雨，七日七夜，鱼流于海，得图书焉。龙图出河，龟书作洛，赤文篆字以授轩辕”⑥。《山海经》也说“黄帝乃作礼以时驱之”⑦。此为祷神祭祀之礼。《商君书·画策》有“故黄帝作为君臣上下之仪，父子兄弟之礼，夫妇妃匹之合，内行刀锯，外用甲兵”⑧。此为明贵贱等级身份之礼仪。《后汉书·曹褒传》李贤注引宋均曰：“舜受禅后习尧礼。”⑨《左传》昭公二十九年记“共工氏有子曰句龙，为后土……后土为社。稷，田正也。有烈山氏之子曰柱，为稷，自夏以上祀之。周弃亦为稷，自商以来祀之”⑩。《淮南子·齐俗训》还有“有虞氏之礼，其社用土”。“夏后氏之礼，其社用松。”⑪此为社稷祭祀之礼。《礼记·祭法》有“有虞氏禘黄帝而郊喾，祖颛顼而宗尧；夏后氏亦禘黄帝而郊鲧，祖颛顼而宗禹”⑫，此为禘郊时祖宗配祭之礼。《史记·五帝本纪》与《封禅书》都说舜东巡守，到达岱宗时曾经“修五礼”⑬。《尚书·舜典》也说舜“修五礼”，即“修吉凶宾军嘉之礼”。又任用伯夷“典朕三礼”⑭。《皋陶谟》也有“天秩有礼，自

---

① （清）王谟辑本，秦嘉谟辑补本，张澍稡集补注本，雷学淇校辑本，茆泮林辑本并同之，《世本八种》，上海商务印书馆，1957年，第35、355、6、73、107页。

② （三国蜀）谯周撰，（清）章宗源辑：《古史考》，文渊阁四库全书本，台湾商务印书馆，1986年；（宋）罗泌：《路史》卷十《后纪一》罗苹注引《古史考》，文渊阁四库全书本，台湾商务印书馆，1986年；（清）张澍稡集补注：《世本·作篇》澍按，《世本八种》，上海商务印书馆，1957年，第6页。

③ （唐）杜佑：《通典》卷四十一《礼一》，中华书局，1984年。

④ （清）阮元校刻：《十三经注疏·礼记正义》，中华书局，1980年，第1361页。

⑤ （唐）司马贞：《补史记·三皇本纪》，文渊阁四库全书本，台湾商务印书馆，1986年。

⑥ 李民等：《古本竹书纪年译注》，中州古籍出版社，1990年。

⑦ （汉）王充：《论衡·订鬼》引，上海人民出版社，1974年。

⑧ 高亨：《商君书注译》，中华书局，1974年。

⑨ （南朝宋）范晔撰，（唐）李贤等注：《后汉书》，中华书局，1965年，第1204页注[三]。

⑩ （清）阮元校刻：《十三经注疏·春秋左传正义》，中华书局，1980年，第2124页。

⑪ 何宁：《淮南子集释》，中华书局，1998年，第788~789页。

⑫ （清）阮元校刻：《十三经注疏·礼记正义》，中华书局，1980年，第1587页。

⑬ （汉）司马迁撰，（宋）裴骃集解，（唐）司马贞索隐，张守节正义：《史记》，中华书局，1982年，第24、1356页。

⑭ （清）阮元校刻：《十三经注疏·尚书正义》，中华书局，1980年，第127、131页。

我五礼有庸哉”，和“天命有德，五服五章哉”的话[①]，《益稷》篇还说舜“予欲观古人之象，日、月、星、辰、山、龙、华、虫作会，宗彝、藻、火、粉、米、黼、黻、絺绣，以五采彰施于五色，作服，汝明”[②]。此为章服之礼。《孟子·万章上》有“舜既为天子矣，又帅天下诸侯以为尧三年丧”，“尧崩，三年之丧毕”，“舜崩，三年之丧毕”[③]。以成丧服之礼。《史记·五帝本纪》张守节正义曰：“《尚书·尧典》云‘类于上帝’，吉礼也；‘如丧考妣’，凶礼也；‘群后四朝’，宾礼也；《大禹谟》云‘汝徂征’，军礼也；《尧典》云‘女于时’，嘉礼也。”[④]《通典》也总结说：“伏羲以俪皮为礼，作琴瑟以为乐，可为嘉礼；神农播种，始诸饮食，致敬鬼神，禬为用祭，可为吉礼；黄帝与蚩尤大战于涿鹿，可为军礼；九牧倡教，可为宾礼；《易》称古者葬于中野，可为凶礼。”又说：“自伏羲以来，五礼始彰；尧舜之时，五礼咸备。”[⑤]是祭祀社稷、天神、地祇、人鬼、百神之礼，章服、丧服之礼，乃至于吉、凶、宾、军、嘉之礼均已经兴起，射礼只是在这时出现的许多表示社会地位等差的诸礼之一，因此，我们也并不觉得有突兀之感。

其三，炎黄时代与尧舜之世出现射礼也是与当时的社会背景分不开的。《史记·五帝本纪》说：“轩辕之时，神农氏世衰。诸侯相侵伐，暴虐百姓，而神农氏弗能征。于是轩辕乃习用干戈，以征不享，诸侯咸来宾从。而蚩尤最为暴，莫能伐。炎帝欲侵陵诸侯，诸侯咸归轩辕。轩辕乃修德振兵，治五气，艺五种，抚万民，度四方，教熊罴貔貅貙虎，以与炎帝战于阪泉之野。三战，然后得其志。蚩尤作乱，不用帝命。于是黄帝乃征师诸侯，与蚩尤战于涿鹿之野，遂禽杀蚩尤。而诸侯咸尊轩辕为天子，代神农氏，是为黄帝。天下有不顺者，黄帝从而征之。”[⑥]《吕氏春秋·荡兵》说：“兵所自来者久矣。黄、炎故用水火矣，共工氏固次作难矣，五帝固相与争矣。递兴递废，胜者用事。”[⑦]《商君书·画策》：“神农既没，以强胜弱，以众暴寡。”[⑧]可见自炎帝以来中国社会发生了巨大变革，开始进入到一个大动荡、大融合的历史时代。据考古学研究，炎帝黄帝可与仰韶文化时代相对应，尧舜时代可与龙山文化相对应。“仰韶时期已进入父系氏族社会”，婚姻形态已由对偶婚过渡为一夫一妻制的小家庭，贫富分化、阶级已经出现。“贫富分化、阶级

① （清）阮元校刻：《十三经注疏·尚书正义》，中华书局，1980年，第139页。
② （清）阮元校刻：《十三经注疏·尚书正义》，中华书局，1980年，第141页。
③ （宋）朱熹注，王浩整理：《四书集注》，凤凰出版社，2005年，第325、326、327页；（清）阮元校刻：《十三经注疏·孟子注疏》，中华书局，1980年，第2735、2737页。
④ （汉）司马迁撰，（宋）裴骃集解，（唐）司马贞索隐，张守节正义：《史记》，中华书局，1982年第2版，第26页注[十一]。
⑤ （唐）杜佑：《通典》卷四十一《礼一》，中华书局，1984年。
⑥ （汉）司马迁撰，（宋）裴骃集解，（唐）司马贞索隐，张守节正义：《史记》，中华书局，1982年第2版，第3页。
⑦ （战国）吕不韦著，陈奇猷校释：《吕氏春秋新校释》，上海古籍出版社，2002年，第338页。
⑧ 高亨：《商君书注译》，中华书局，1974年。

出现的社会是不会平安的”，社会的复杂化给传统的社会管理方式带来了极大的冲击。“氏族根据需要联合为部落，部落根据需要组成部落联盟，有些部落联盟发展为一个部族，甚至蜕变为酋邦王国。”[①]到龙山文化时期，中国社会已进入部落方国联盟时代，其形式就是以一个最强大的方国部落为中心，由许多方国、部族为成员，共同组成一个大的联合体式的国家，其中心方国或部族就是联盟的盟主，其首领就是联合体的王，作为成员的方国、部族的首领则称为“诸侯”。在这种情况下，民众大会对联盟首领的制约日益削弱，再加上激烈的征伐战争对射技武功的要求也越来越高，于是借助巫术的射礼，作为盟主帝王考察、祝诅、惩罚、驾驭诸侯和进行军事训练的一个重要手段也就应运而生了，并和其他先后出现的各种礼仪一道成为部落、部落联盟和方国联盟社会约束机制的重要组成部分。

夏代的射礼，仅见于楚辞所记后益射鞫和夷羿射牲二例。《天问·离骚》曰：“启代益作后，卒然离孽。何启惟忧，而能拘是达？皆归射鞫，而无害厥躬。何后益作革，而禹播降？”当“启代益作后”时，益干启位，即遭到益的反抗，益把启拘禁起来，使之“卒然离孽”，并对启施行射革巫术，即“皆归射鞫”、“后益作革”。其结果是“无害厥躬”，“而禹播降”，最后以启的胜利而告终。可见巫术性射仪在夏代也是诅咒伤害术的重要手段。《离骚》还曰：“帝降夷羿，革孽夏民……冯珧利决，封狶是鉃。何献蒸肉之膏，而后帝不若？”王逸注曰：“夷羿，诸侯，弑夏后相者也……冯，挟也。珧，弓名也。决，鉃韝也……蒸，祭也。后帝，天帝也。若，顺也。言羿猎射封狶，以其肉膏祭天帝，天帝犹不顺羿之所为也。”补曰：“《说文》云：韝，射臂决也。封，大也。狶，虚岂切。《方言》云：猪，南楚谓之狶……此言有穷羿亦封狶是射……冬祭曰蒸。膏，脂也。《诗》曰：皇皇后帝。谓天帝也。”[②]夷羿喜好田猎，亦见《虞人之箴》：“在帝夷羿，冒于原兽。”[③]陈槃先生说：“案《天问》中，类载神话。唯此事，富于初民社会之意识。殆其言之有本。”[④]夏时诸侯有穷羿射豕烝祭，虽仅此一例，但它说明早在夏代就已经有射牲供祭之礼仪了。

其他射礼，目前还没有见到直接的文献记载和考古资料。但这也并不能说夏代就再也没有别的射礼了。《论语·为政》孔子说：“殷因于夏礼，所损益，可知也；周因于殷礼，所损益，可知也。”[⑤]《礼记·礼器》也有“三代之礼，一也，民共由之。或素或青，夏造殷因”的记载。[⑥]既然三代礼相因，而商周又均有射礼，

① 许顺湛：《黄河文明的曙光》附录一《黄帝时代是中国文明的源头》，中州古籍出版社，1993年，第576、582~583页。

② （宋）洪兴祖补注，卞岐整理：《楚辞补注》，凤凰出版社，2002年，第86、87、88页。

③ 《左传》襄公四年引，（清）阮元校刻：《十三经注疏·春秋左传正义》，中华书局，1980年，第1933页。

④ 陈槃：《古社会田狩与祭祀之关系》，《中央研究院历史语言研究所集刊》第21本第1分，1948年。

⑤ 杨伯峻：《论语译注》，中华书局，1980年第2版，第21~22页。

⑥ （清）阮元校刻：《十三经注疏·礼记正义》，中华书局，1980年，第1435页。

那作为三代之一的夏代也应有射礼。而且从甲骨文、金文来看，商代的射礼与尧舜时代相比已非常发展，并且已经规范化，表明射礼已经形成。但商代的射礼不可能一蹴而就，在此之前、尧舜时代之后必然还要有一个阶段的孕育完善过程，而这个阶段就是夏代。因此夏代射礼目前虽不能强解之，但除射鞫和射牲之外，夏代也有其他射礼则是可以肯定的。

第二节 殷商时期射礼的形成

商代已经有了比较成熟的文字，历史的载体也发生了根本性的变化，有关射礼的资料开始增多，除传世的文献资料外，甲骨文、金文也为我们提供了第一手的原始资料，研究的基础已由原来的神话传说发展到更为坚实可信的史料。尤其是近出甲骨金文还为我们提供了一批以往所不见的极其难得的关涉商代贵族子弟及商王行射礼的珍贵史料，从而使我们对殷商时期的射礼有了一定的新认识。过去，由于没有考古材料，人们通常认为："其射之所起，起自黄帝"，"射侯见于尧舜。夏殷无文，周则具矣"[①]。射礼属于周代的礼制，盛行于西周以降。[②] 然据甲骨金文材料确知，早在商代射礼就已经流行并形成了若干种类，周代不过是因袭继承并有所变革损益而已。

一、殷商甲骨文中的射礼

根据殷商甲骨文提供的资料信息，当时有四种射礼。

（一）射侯

如前所述，射侯之礼大约产生于原始社会末期，其情形在古文字中亦有所反映。侯，古文作矦，甲骨文作：

 （《合集》3352）

 （《合集》10043）

 （《合集》3346）

 （《合集》33208）

 （《屯南》3396）

尽管有左右正反、上下颠倒之别，然字形结构则完全与古文同，"盖象射侯张

① 《礼记·射义》孔颖达疏，（清）阮元校刻：《十三经注疏·礼记正义》，中华书局，1980年，第1686页。

② 〔日〕小南一郎：《射の仪礼化をめぐつて——その二つの段阶》，《中国古代礼制研究》，京都大学人文科学研究所，1995年；〔日〕小南一郎著，秦晓丽节译：《论射的礼仪化过程——以辟雍礼仪为中心》，见宋镇豪等主编：《西周文明论集》，朝华出版社，2004年。

布著矢之形”[1]，或说“象佈射侯于厂而射之形”。厂是屋墙的象形。[2]后者因是通过对序、庠、塾等字源的分析后得出的，其说自然是有道理的。这也说明商代的射侯礼，已不再是仅仅为诅咒不来侯而举行的了。商代甲骨文虽是比较成熟的文字，但六书造字法恐怕还仍在创立完善之中。因此，尽管尚未发现“射侯”连称的刻辞，但甲骨文“矦”字之构形，无疑已经揭示了当时射侯之礼和射侯之固定场所的存在。

（二）射帝

射帝是用弓箭射虉神以除灾害的礼仪。商代甲骨文中即有一例刻辞为：

…… [illegible]㞢于……（《后》下·30·6；《合集》18476；《诂林》1087）

从造字结构来看，[illegible]象帝中矢之形，故可理解为“射帝”。丁山先生分析说：“[illegible]虽祭名，字从矢帝，帝如释为上帝，done，正是‘射天’的象征。然而，帝字见于甲骨文，却不作上帝解，风、云、巫、[illegible]之神，总谓之帝。宋王偃所筑的‘虉帝’当是恶神，非上帝也。后羿缴封狐，射河伯，《楚辞天问》称其‘革蠥夏民，’这样来看done字，当是射杀灾蠥之神，武乙射天故事，当由射杀蠥神的风俗，一再传说而误。射帝，后儒一定要拿‘射天’来解释，那就大错而特错了！”[3]丁氏所言惟把尧时羿与夏时有穷羿混误并提，殊为遗憾。以为甲骨文的帝不作上帝解，也不完全符合事实。然就其主张的观点来说，则是非常精到的，可谓不易之论。射天与射帝的确是手段相同而对象则不相同的两种巫术性射礼仪式。射天的对象是敌国的保护神，射帝的对象则是妖孽恶神。按殷代的帝是上帝，殷人尊上帝则可无疑，但和上下之“上”不同。[4]卜辞也无明显的祈求与祭祀上帝的记录。卜辞的“天”也没有作“上天”之义的。因此殷人的上帝或帝、天，与周人的“天”及天帝观念意义是不同的。

根据甲骨卜辞所记有关帝之诸事，“殷人的上帝或帝是掌管自然天象的主宰，有一个以日月风雨为其臣正使者的帝廷。上帝之令风雨、降祸福是以天象示其恩威，而天象中风雨之调顺实为农业生产的条件，所以殷人的上帝虽也保佑战争，而其主要的实质是农业生产的神”，“他的臣正也是分掌天象的诸神”。“人世不能直接向上帝求雨祈年，而是通过先公先王和神祇向上帝求雨祈年的。”“上帝对于时王可以降祸福”，对于人事可以“示诺否”，“对于邑也可以为祸”[5]。上帝神通很大，主宰了天时、人事和农事的丰歉。他常常与王一样发号施令于人间，所管

① 杨树达：《积微居金文说》（增订本）矢令彝三跋，中华书局，1997年，第8页。

② 陈梦家：《射与郊》，《清华学报》1941年第1期。

③ 丁山：《商周史料考证》，中华书局，1988年，第153页。

④ 朱凤瀚先生则认为：“商人的上帝确是居于天上的神。”（详见朱凤瀚：《商人诸神之权能与其类型》，吴荣曾主编：《尽心集——张政烺先生八十寿辰论文集》，中国社会科学出版社，1996年，第72页）

⑤ 陈梦家：《殷虚卜辞综述》，中华书局，1988年，第580、646页。

及的事项为年成、战争、作邑、王之行动。既有善义的令雨、陟，降若、食，受佑、年、若，不令风、不降堇、祸，如“帝其令雨”（《合集》14150）、“帝令雨[足年]”（《合集》14141）、“帝其及今十三月令𩂈”（《乙》3282），“帝降若”（《前》7·38·1）、“帝降食受又”（《乙》5296）、“上帝若王又又”（《甲》1164）、“[帝]受又”（《合集》14190）、“伐邛方，帝受我又”（《林》1·11·13）、“帝受我年”（《掇一》464）、“王乍邑，帝若”（《合集》14204），“帝不令风”（《乙》3094）、“帝不降大堇”（《哲庵》177）、“帝不我堇”（《铁》35·3）、“帝弗乍王祸”（《乙》4861）、“帝弗其降祸”（《佚》36）等。也有恶义的令风、雨不足年，降堇、祸、不若，不保，不受佑、不若，不佐、缶、福王，如“帝其令风”（《乙》2452）、“帝令雨弗其足年”（《前》1·50·1），“上帝降堇”（《存》1·168）、“帝其降堇”（《前》3·24·4）、“帝其降祸”（《佚》36）、“帝其乍王祸”（《乙》1707）、“帝降不若”（《粹》1113），“帝弗保”（《合集》14189），“帝不我其受又”（《合集》14191）、“[王乍]邑，帝弗若”（《合集》14200），“帝弗𠂇王”（《库》720）、“帝弗缶于王”（《合集》14188）、“帝弗其福王”（《合集》14187）等。朱凤瀚先生曾经总结说，商人的“帝有特殊的为其他神灵所未有的权能，即对风、雨、雷等自然天象有控制权与使命权，此外，帝有随意降予商王国自然灾害与人事灾害的主动权。帝对于个人人身只作咎于王，但不涉及王以外的任何其他贵族人身”。“帝有广泛的自然权能及相当多的人事权能，尤其具有其他任何神灵所未有的对人间的强大破坏力，反映了商人对帝怀有深深的畏惧心理。”“上帝在商人心目中是一种必须对之毕恭毕敬，不敢有丝毫违背的神灵。”“可以理解为是商人幻想出来的在千变万化的自然与社会现象后面，对这些现象进行操持的主宰之神，是这些现象产生与发展的本源。在缺乏进一步的理性思维的情况下，上帝只能是可敬而不可亲的。”①

既然帝的权威有善恶之分，那么帝也就自然可以分为善帝与孽帝了。盖天地之变，阴阳之化，都是上帝操纵的结果。对于变化多端的上帝，殷人不仅尊之，而且怪之、畏之，这也许就是殷人为何不祭祀上帝的原因所在。当上帝主宰的自然天象严重危及农业生产和人生存的时候，先民们便会以为是孽帝作祟。在信仰巫术的时代，人们就会用矢射的巫术仪式来诅咒孽帝，以驱除灾异。殷人对待帝的态度，就如同古人祭四方也有善恶两义一样，“恶为驱逐疫疠恶气不祥，善为报功四方”②。而且这种做法也并不是殷人的发明，早在帝尧之世即已有先例。据《尚书·尧典》记载：“分命羲仲，宅嵎夷，曰旸谷。寅宾出日，平秩东作。”“分命和

① 朱凤瀚：《商人诸神之权能与其类型》，见吴荣曾主编：《尽心集——张政烺先生八十寿辰论文集》，中国社会科学出版社，1996年，第62、71、72页。

② 陈梦家：《商代的神话与巫术》，《燕京学报》1936年第20期。

仲，宅西，曰昧谷。寅饯纳日，平秩西成。”[①]可知尧时人们对太阳充满了神圣之感，奉之为太阳神。尧曾派专人负责主持每天祭祀日出、日落的仪式。但当天上“十日并出，焦禾稼，杀草木，而民无所食”的时候，则被认为是妖孽祸害，于是尧乃使羿“上射十日”而下其九日。[②]至于十个当中哪个是真的太阳，就不管它了。

殷人对太阳神也是满怀敬意、恪守祭祀的。如卜辞云：“……出入日，岁三牛。”郭沫若指出：“殷人于日之出入均有祭，《殷契佚存》407片有卜辞云：丁巳卜又（侑）出日，丁巳卜又入日。此之‘出入日，岁三牛’为事正同。唯此出入日之祭，同卜于一辞，彼出入日之侑，同卜于一日，足见殷人于日盖朝夕礼拜之。”[③]陈梦家在《殷虚卜辞综述》中也列举了11条祭日卜辞，以为所祭者有日、出日、入日、各（落）日、出入日等，祭法有宾、御、又、衩、岁等，也都是祭先祖的祭法。[④]由此可见殷人不仅因袭了帝尧的出入日之祭，而且也继承了矢射妖孽的礼仪。因此，甲骨文所反映的射帝仪式应是羿射十日、怪兽与河伯这类巫术性射礼在商代的继承与发展。

（三）射牢

牢是指祭祀用的牺牲，射牢即射牲。祭祀中的射牲礼仪起源很早，但有文字可考又能确指的是它在殷商时代就已经有了。据文献记载，商代在国都外的远郊以及远郊以外的畿内地区设有放牧之地。如《国语·周语上》内史过曰：“商之兴也，梼杌次于丕山；其亡也，夷羊在牧。”韦昭注曰：“牧，商郊牧野也。”[⑤]即其明证。在牧地有专人负责“牧养六畜、蕃衍鸟兽，届时供给祭祀等国家所需的各种牲物”[⑥]。商王将举行祭祀礼典时，按照礼法仪制，首先要选牲。如《礼记·檀弓上》说：“殷人尚白……牲用白。”[⑦]《礼记·明堂位》亦说：“夏后氏牲尚黑，殷白牡。”[⑧]《论语·尧曰》则云：“予小子履敢用玄牡，敢昭告于皇皇后帝。”孔安国曰：“履，殷汤名。此伐桀告天之文。殷豕尚白，未变夏礼，故用玄牡。”[⑨]就牲畜的毛色而言，殷商尚白，牺牲的毛色选用白色。就牲畜的牝牡而言，则选用牡牲。“从甲骨文看，商人祭祀用牲对猪的要求特别讲究，除卜问所用数量外，也

① （清）阮元校刻：《十三经注疏·尚书正义》，中华书局，1980年，第119页。
② 何宁：《淮南子集释》，中华书局，1998年，第574、577页。
③ 郭沫若：《殷契粹编》17，日本文求堂书店，1937年初版石印本。
④ 陈梦家：《殷虚卜辞综述》，中华书局，1988年，第573~574页。
⑤ （三国吴）韦昭注：《国语》，上海古籍出版社，1990年，第30~31页。
⑥ 吴土法：《先秦天子大祀牺牲考》，《浙江大学学报》2004年第3期。
⑦ （清）阮元校刻：《十三经注疏·礼记正义》，中华书局，1980年，第1276页。
⑧ （清）阮元校刻：《十三经注疏·礼记正义》，中华书局，1980年，第1490页。
⑨ （清）阮元校刻：《十三经注疏·论语注疏》，中华书局，1980年，第2535页。

还要卜问毛色、大小、牝牡、去势与否”等。[①]如：

叀莫豕，王受有佑。（《合集》29544）

乙丑卜，𡧊白豕。（《合集》29545）

叀白豕。[叀]莫。（《合集》29546）

贞燎册百羊百牛百豕南五十。（《合集》40507）

庚寅卜，彳祭豝祖庚。（《合集》22045）

丙午卜，御方九羊，百白豭。[②]

其中“莫”指猪的颜色，即黄色；“豕”指阉割过的猪；“南”指小猪；“豝”指母猪；“豭”指公猪。[③]古代社会，“国之大事，在祀与戎”[④]。由此足见商人对牺牲选择的重视。

再后的礼法仪制之一就是杀牲。为了表现对神灵的敬意，作为主祭的王必须行杀牲礼仪，即象征性地射牲或宰牲。《白虎通·田猎》说：“王者祭宗庙，亲自取禽者何？尊重先祖，必欲自射，加功力也。”[⑤]《周礼·司弓矢》郑玄注曰：“射牲，示亲杀也。”[⑥]这种在祀典中射牲的礼仪，在殷商甲骨文里也有记载，商人称之为射牢或矢牢。如：

（1）其射二宰（牢），叀伊。（《戬》9.2；《合集》32801）（彩图2（a））

（2）癸酉贞，射𡆥以羌用自上甲，于甲申。（《粹》81；《京津》3966）

（3）于祖丁𡆥，于父己𡆥，于父甲𡆥，其射？（《粹》314）

（4）王其射，叀翌日戊，亡災？禽，吉。（《粹》928）

（5）□□卜，即贞，兄庚岁，其射？（《粹》329）

（6）丁亥卜，酒钔妣庚，矢宰。（《合集》22258）

上揭诸刻辞之“射”义，学界有识之士已作了很好的解释。对于例辞（1），杨树达先生说：“余谓此因祭伊尹而射牲也。《周礼·夏官·射人》云：‘祭祀则赞射牲。’又《司弓矢》云：‘凡祭祀，共射牲之弓矢。’《国语·楚语》云：‘观射父曰：天子禘郊之事，必自射其牲；诸侯宗庙之事，必自射其牛，刲羊，击豕。’据甲文有射牢之文，知周之射牲亦因于殷礼也。”[⑦]金祥恒先生称赞说：“惟杨树达以周礼‘射牲’释之，确为卓越前修。”但他同时又说，该卜辞之句读是否如王静安

① 王宇信、杨升南主编：《甲骨学一百年》，社会科学文献出版社，1999年，第544页。

② 〔日〕伊藤道治：《天理大学附属天理参考馆甲骨文字》300片，见王宇信、杨升南主编：《甲骨学一百年》，社会科学文献出版社，1999年，第544页。

③ 吴土法：《先秦天子大祀牺牲考》，《浙江大学学报》2004年第3期。

④ 《左传》成公十三年，（清）阮元校刻：《十三经注疏·春秋左传正义》，中华书局，1980年，第1911页。

⑤ （汉）班固撰，（清）陈立疏证，吴则虞点校：《白虎通疏证》，中华书局，1994年。

⑥ （清）阮元校刻：《十三经注疏·周礼注疏》，中华书局，1980年，第856页。

⑦ 杨树达：《卜辞琐记》，杨树达文集之五《积微居甲文说、卜辞琐记、耐林庼甲文说、卜辞求义》合订本，上海古籍出版社，1986年，第4页。

考释，“尚有可商”，“余疑‘二宰’与‘其射叀伊’为两卜辞”[①]。我们认为从摹本的文字布局看，并无明显的界段之分，所谓两卜辞之说是不存在的。即使把“二宰”强归为另一卜辞，然余辞辞义则仍为射牲。征之《大戴礼·曾子天圆》：“诸侯之祭，（牲）牛，曰太牢。大夫之祭，牲羊，曰少牢。”[②]《国语·楚语下》“天子举以大牢，祀以会”；“卿举以少牢，祀以特牛；大夫举以特牲，祀以少牢”[③]。商王祭祖用太牢牛牲；伊尹是商初大臣，因有大功于商王朝而死后受祭用少牢羊牲，也应是殷商时之礼制。况且在第四期卜辞中就有“丙寅，贞侑彳岁于伊尹，二牢”（《合集》33273）。受祭者也是伊尹，其牢数与本辞正合。故仍当以王国维、杨树达二位前贤之句读与释义最为妥当。对于例辞（2）、（3），杨先生还延及例（4）、例（5）说：“射谓射牲，《戬寿》九之二云：‘其射二牢叀伊’，与此行𡫸祭贞射正可互证。”又按《粹编》九二八片“上言射，下言禽，亦可证也”。《粹编》三二九片“义并同”[④]。对于例辞（5），饶宗颐先生也说：“此辞‘射’字解为射牲，亦无不可。”[⑤]例辞（6）的“矢牢”，即射牢。依例理推之，下列刻辞：

丁丑卜，贞，王其射，获，御。（《合集》29084）

[其]射二牛。吉　丝用（《合集》31143）

辛卯卜，即贞，甶多生射。（《合集》24140）

□子卜，即〔贞〕……祖辛……甶多生射。（《合集》24141）

[庚]寅卜，□[贞]，翌辛[卯]岁甶多生射。（《合集》24143）

甲寅贞，又彳岁乎射。（《合集》34306）

己卯卜，㱿贞，翌甲申用射𠂤以羌自上甲。八月。（《合集》277）

癸卯贞，射𠂤以羌其用□父丁。（《合集》32026）

庚午贞，射𠂤以羌用自报甲叀甲戌。于乙亥用射𠂤以羌。（《人》2265）

□寅卜，王其射𤉲白犷，湄日亡𢦏。（《屯南》86）

也都是为祭祀之用而在祭祀之前进行的射牲礼。所射之牺牲既有牛羊、野兽，也有羌人。殷人牲尚白色，凡射白狐、白狼、白兕之类，当都为祭祀所用牺牲而行射。王行射牲礼，是表示他亲自射杀禽兽。用亲自射得的禽兽，尤其是把珍贵的白色动物作为祭祀神灵的牺牲，则更能体现他对祭祀祖先的虔诚与恭敬。

还有一例射牲刻辞，是用图画文字和象形文字来表达辞意的（彩图2）。该版刻辞的中部有三个图画与象形表意文字，大体呈上、下、左下分布。日本学者赤

---

① 金祥恒：《甲骨文䠶牲图说》，《中国文字》第20册，1966年。

② 黄怀信主撰，孔德立、周海生参撰：《大戴礼记汇校集注》，三秦出版社，2005年，第633页。

③ 李维琦点校：《国语·战国策》，岳麓书社，2006年第2版，第137页。

④ 杨树达：《卜辞求义》，杨树达文集之五《积微居甲文说、卜辞琐记、耐林庼甲文说、卜辞求义》合订本，上海古籍出版社，1986年，第18~19页。

⑤ 饶宗颐：《殷代贞卜文字通考》，转引自于省吾主编：《甲骨文字诂林》第3册，中华书局，1996年，第2608页。

塚忠先生称它是祭祀之图绘。认为下方一字“表示山丘之意。其上，高宫中备陈两角多毛之野兽。左侧陈巨首大耳之野豬”[①]。金祥恒先生也同意祭祀图绘之说，但不同意山丘、野豬之说，认为甲骨文表示山丘之意的“岳”与“丘”字，其书体无一字与之相类者，“故知非丘岳之象”。而甲骨文“躲”作 ᖶ（《小屯甲编》第五五五片），则与之相似，象“矢在弓弦，以示躲意”。下方一字的↑为矢，析言之，“∧为镞，丨为杆，一为括，扣弦之处”。其余部分为弓。故该字“乃躲字无疑。象陈弓矢，正视之形”。左下一字“非野豬之象”，“殆为兕也”。“本片之躲，乃《周礼·夏官·射人》所谓‘祭祀则赞躲牲’之躲牲也”。“本片之图绘文字，真可说明‘射牲’之礼。中上之畣，宗庙之象。”宗庙门外陈以“两角之牲，抑或羊也，身被毛，首戴角”。“故本片乃象祭祀射牲之图画文字。”[②]其射牲之说尤为得当。西周穆王前期伯唐父鼎铭中就有王在辟池乘舟射𧲜、虎、貉、白鹿、白狼等牺牲以行禚祭之礼的[③]，案兕有白兕[④]，殷代末期甲骨文就有“获白兕”祭祀的记载，如“[王田]于倞录，获白兕，叙于……在二月，隹王十祀，肜日，王来正盂方白□”(《甲》3939；《合集》37398)。刻辞大意是说，王十年二月征讨盂方白，在倞山之麓开展田猎活动，捕获一头白犀牛，于是祭祀先祖，以资庆祝。殷人尚白，故用白兕为牲。羊则为三牲大牢和羊豕少牢之一。若稽合《穀梁传》昭公八年：“禽虽多，天子取三十焉，其余与士众以习射于射宫。”[⑤]《礼记·射义》：“天子将祭，必先习射于泽……已射于泽，而后射于射宫，射中者得与于祭，不中者不得与于祭。”[⑥]《吕氏春秋·季夏纪》：季夏之月，“令四监大夫，合百县之秋刍，以养牺牲。令民无不咸出其力，以供皇天上帝，名山大川，四方之神，以祀宗庙社稷之灵”。又《季冬纪》：季冬之月，“乃命太史，次诸侯之列，赋之牺牲，以供皇天上帝社稷之享。乃命同姓之国，供寝庙之刍豢。令宰历卿大夫至于庶民土田之数，而赋之牺牲，以供山林名川之祀。凡在天下九州之民者，无不咸献其力，以供皇天上帝、社稷、寝庙、山林、名川之祀”等记载[⑦]，可知射宫习射，“乃祭宗庙以先之一种仪式”。“天子祭祀，射于射宫之牲，其中有由外来之供，必不止于四时田狩之所得，可想而知之。盖唯‘后世’天子，随时取鲜以供祭祀，事势有所不可。而其礼不可废，故射之射宫，用备礼意耳。”[⑧]因此，说该图画象形文

---

① 〔日〕赤塚忠：《殷代祈年祭祀形态的复原》，日本《甲骨学》第9号，1961年8月。
② 金祥恒：《甲骨文躲牲图说》，《中国文字》第20册，1966年。
③ 中国社会科学院考古研究所沣西发掘队：《长安张家坡M183西周洞室墓发掘简报》，《考古》1989年第6期。
④ 唐兰：《获白兕考》，见燕京大学历史学会编辑：《史学年报》第4期，景山书社，1933年6月。
⑤ （清）阮元校刻：《十三经注疏·春秋穀梁传注疏》，中华书局，1980年，第2435页。
⑥ （清）阮元校刻：《十三经注疏·礼记正义》，中华书局，1980年，第1689页。
⑦ （战国）吕不韦著，陈奇猷校释：《吕氏春秋新校释》，上海古籍出版社，2002年，第314、623页。
⑧ 陈槃：《古社会田狩与祭祀之关系》，《中央研究院历史语言研究所集刊》第21本第1分，1948年。

字所表意为在辟雝、泽宫或射宫射牲亦无不可。西周有非常完善的辟雝、泽宫、射宫、射庐设施，绝不可能是无源之水，商代也应有它们的原始形态。辟雝可以单称为雝，甲骨文“雝”字作“䧢”或“雝”，〈 或《 皆象沟渎形。或作邕，象沟渎绕界田畴形，与汉儒所说的“水旋丘如璧曰辟雝”相近。[①]甲骨文中亦有“䠶”（《合集》27124）、“小䠶”（《合集》27818）。䠶从宀从射，钟柏生先生谓即后世的榭字，台上架木起屋名之榭。[②]䠶与小䠶应该是与举行射礼有关的场所。甲骨文中还有用作地点名的“射”字（《前》2·8·3），可能也与行射之场所射宫有关(详见下)。这说明商代也确有此类建筑设施。无论是在宗庙，或是在辟雝、泽宫、射宫、射庐行射，但均为射牲则决然不疑。上揭诸例辞说明射牢礼仪在商代确实是存在的。罗振玉说：“卜辞中书田猎者，虽无用鲜明文，然大率为祭祀也。”[③]如此则殷商射牲之事与所射牺牲之种类就远远不止上述所言及的了。

根据甲骨刻辞，有关武丁及其以后诸王祭祀用牢的记载很多。如：

甲申卜，贞，翌乙酉㞢于祖乙，牢又一牛。(《合集》25)

□□卜，畓祖乙牢又一牛。(《粹》244)

妣庚畓牢又一牛，[王]受又。(《佚》251)

……羌□人，卺一卣，卯牢又一牛。(《库》1898)

其牢又一牛。兹用。(《合集》35818)

乙亥贞，又彳岁于祖乙，大牢一牛。(《合集》32509)

一牢一牛。(《粹》565)

癸亥卜，又土，尞羊一，小宰〔多〕。(《戬》1.1)

其又彳祖乙，牢又一牛，王受又。一牢，王受又。(《合集》27184)

癸巳卜，贞，祖甲丁其牢。一

其牢又一牛。二(《合集》35931)

牢一牛。

二牢。(《粹》567)

妣癸岁，叀牛。

牢。

牢又一牛。

二牢。大吉。(《合集》27573)

贞，报甲事[④]五牢。(《粹》91)

---

① 《诗·大雅·灵台》毛亨传，(清）阮元校刻：《十三经注疏·毛诗正义》，中华书局，1980年，第525页。
② 钟柏生：《释“䠶”》，见王学勤总编辑：《甲骨文论文集》第2辑，台中甲骨文学会丛刊，1998年。
③ 罗振玉：《殷虚书契考释》增订本，东方学会，1927年。
④ 这里的“事”，“谓祀事也”（详见钟柏生：《释䠶》，见王学勤总编辑：《甲骨文论文集》第2辑，台中甲骨文学会丛刊，1998年)。

对于祭祀所用的牲牢，有占卜一问的，也有依次递增占卜多问的。

关于牢的具体实指，过去旧注或以为“三牲牛羊豕具为一牢”①，或以为“牢，羊豕也”②，或以为“三牲具曰大牢”③，或以为“凡牲一为特，二为牢”④。王国维也认为牛羊豕为大牢。“宰即牢，小牢即少牢矣。”杨树达先生进一步解释说：“古以牛羊豕为太牢，羊豕为少牢，卜辞牢字从牛者谓大牢，从羊者为少牢。”⑤胡厚宣先生则认为旧注“皆秦汉以来之礼制，非朔义也。”他指出：“盖卜辞通例：牛称‘牢’，又称‘大牢’；羊称‘宰’，又称‘小宰’……与《大戴记》‘牛曰大牢，羊曰少牢’之说合。”“以二牲为‘牢’，于卜辞最可通。”⑥

其牲数，据胡厚宣先生统计：“卜辞中以牛祭者，十牛以上，或十五牛，或廿牛，或卅牛，或卌牛。或五十牛，或百牛，或三百牛，或四百牛。最多者或至五百牛。以牢祭者，十牢以上，或十五牢，或廿牢，或卅牢，或五十牢，或五十五牢，或百牢，最多者或至三百牢。以‘二为牢’之例推之，则‘三百牢’者当为六百牛。殷人祭祖，至于用牛六百，此其规模，已良可观矣。”⑦仅据《甲骨文合集》统计，殷商甲骨文第一期有100余片（《合集》11275~11394），第二期有近百片（《合集》24508~24607），第三期有200余片（《合集》29426~29684），第四期有百余片（《合集》33577~33689），第五期有近400片(《合集》36984~ 37361)，共计900余片，均为祭祀用牲用牢卜辞，“皆记牲牢之数，或卜几牢几牛，或仅记‘牢又一牛’，事多关乎祭祀”⑧。如此频繁的祭祀和如此多的牺牲，说明射牢礼仪在商代应该是十分常见的。

（四）贵族子弟的弓矢竞射礼——子射

晚商时期，已经脱离田猎并逐渐脱离巫术、祭祀等宗教权威支撑的，用来体现参射者矢射技能高低的弓矢竞射礼也流行起来。由于商朝统治者非常重视王子小臣的教育，弓矢竞射礼已成为贵族子弟必须熟练掌握的基本技能。他们所进行的射礼，甲骨刻辞称之为子射。而人们通常则称之为习射，然《穀梁传》昭公八

---

① 《周礼·天官·宰夫》郑玄注，（清）阮元校刻：《十三经注疏·周礼注疏》，中华书局，1980年，第656页。

② 《仪礼·少牢馈食礼》郑玄注，（清）阮元校刻：《十三经注疏·仪礼注疏 》，中华书局，1980年，第1198、1201页。

③ （战国）吕不韦：《吕氏春秋》卷第二《仲春纪》高诱注，陈奇猷：《吕氏春秋新校释》，上海古籍出版社，2002年，第68页注[一二]。

④ 《国语》卷八《晋语二》韦昭注，（三国吴）韦昭注：《国语》，上海古籍出版社，1990年。

⑤ 杨树达：《卜辞求义》，杨树达文集之五《积微居甲文说、卜辞琐记、耐林庼甲文说、卜辞求义》合订本，上海古籍出版社，1986年，第46~47页。

⑥ 胡厚宣：《释牢》，《中央研究院历史语言研究所集刊》第8本第2分，1939年。

⑦ 胡厚宣：《释牢》，《中央研究院历史语言研究所集刊》第8本第2分，1939年。

⑧ 陈炜湛：《甲骨文田猎刻辞研究》，广西教育出版社，1995年，第4页。

年所云“其余与士众习射于射宫”[①]和《礼记·射义》所云“天子将祭，必先习射于泽”之习射[②]，性质显然与此不同。为有所区分，参照静簋铭文：“王令静司射学宫，小子眔服、眔小臣、眔夷仆学射”（《集成》4273），《礼记·内则》：“成童舞象，学射御”[③]，可把贵族子弟的射礼练习，称之为学射。同时，为别于巫术性的射礼和祭祀中的射牲礼仪，又可把贵族子弟的射礼练习称之为弓矢竞射礼。

文献记载商代已有学校，但学校之名称则各书所说不一。《孟子·滕文公上》云：“设为庠序学校以教之：庠者，养也，校者，教也，序者，射也。夏曰校，殷曰序，周曰庠。”[④]《礼记·王制》篇说：“有虞氏养国老于上庠，养庶老于下庠。夏后氏养国老于东序，养庶老于西序。殷人养国老于右学，养庶老于左学。周人养国老于东胶，养庶老于虞庠。”又《明堂位》云：“米廪，有虞氏之庠也。序，夏后氏之序也。瞽宗，殷学也。頖宫，周学也。”[⑤]《说文·广部》庠下曰：“礼官养老，夏曰校，殷曰庠，周曰序。”《通典·礼十三》注曰：“有虞氏大学为上庠，小学为下庠。夏后氏大学为东序，小学为西序。殷制大学为右学，小学为左学，又曰瞽宗。”[⑥]仅此便知商代的学校就有序、右学、左学、瞽宗、庠、大学、小学等称谓。而甲骨文中目前见有教字，象教训孩子形。[⑦]宰字（《后》下·13），从该片刻辞看，“宰与寝并言，似乎很有庠的可能”。从字形演变来看，“寓后来作廙，可以推证卜辞的宰即后来的庠”[⑧]。学字（《合集》32、138、3249、3250、3397、20098、28008），或认为是学校名，即学宫。[⑨]“右学”（《合集》20101），“大学”（《屯南》60），仅一例（详见下）。“半”（《前》1·18·1；《粹》337、330）、“袢”（《前》1·5·1、1·4·8、1·16·7），均当释读为頖宫。[⑩]比较完整的有关商代学校的卜辞尽管很少，然亦说明了一些问题。如：

丁酉卜，其呼多方小子，小臣，其教戒。（《粹》1162）

乍学于〔入〕，若。（《合集》16406）

丁卯卜，子其入学，若，侃，用。（《花东》450）

丁酉卜，今日丁不其学？吉。于来丁迺学？于来宷学？若丙学？（《屯南》662）

丙子卜，贞，多子其徃学，版不冓大雨？（《龟》2·25·9；《合集》3250）

甲寅卜，乙卯子学商，丁侃，用。

① （清）阮元校刻：《十三经注疏·春秋穀梁传注疏》，中华书局，1980年，第2435页。
② （清）阮元校刻：《十三经注疏·礼记正义》，中华书局，1980年，第1689页。
③ （清）阮元校刻：《十三经注疏·礼记正义》，中华书局，1980年，第1471页。
④ （宋）朱熹：《四书章句集注》，中华书局，1983年，第255页。
⑤ （清）阮元校刻：《十三经注疏·礼记正义》，中华书局，1980年，第1346、1491页。
⑥ （唐）杜佑：《通典》，中华书局，1984年。
⑦ 陈梦家：《射与郊》，《清华学报》1941年第1期。
⑧ 陈梦家：《射与郊》，《清华学报》1941年第1期。
⑨ 丁山：《商周史料考证》，中华书局，1988年新1版，第124页。
⑩ 丁山：《商周史料考证》，中华书局，1988年新1版，第125页。

甲寅卜，乙卯子其学商，丁侃。（《花东》487）

弜師？入叀癸師？于……師？于祖丁旦師？于宙旦師？于大学師？（《屯南》60）

对于首例刻辞，郭沫若说："据此可知，殷时邻国多遣子弟游学于殷也。"①"多子其征学"，即贞问上学之事。陈邦怀先生释"征"为"徙"的或体，"徙学"就是"往学"，"版"借为"反"，与"返"相通。②多数人则释"征学"为"延学"，即连续上学的意思。③"多子其征学"，与甲骨文"食多子"（《英》153反）、"飨多子"（《合集》27649），使多子在具体的礼仪场合习礼观政，以便今后能"上以事宗庙，下以继后世"的礼政教诲的政治用意是一致的。本例辞及其余例辞，从卜问建校地点是否吉利、上学日期是否合适、上学会不会遇到雨、祭祀选在宗庙或是大学比较适宜等事，知商代确已设立学校。受教育者主要是贵族子弟，教学内容主要是习武和学习礼乐歌舞。末例卜辞明确提出把祭祀选择在大学里举行，这正是贵族子弟学礼的最好见习活动，反映了早期学校重在观摩实践的教学特点。

殷商时期，方国众多，征战频繁，军事教学是当时教育的重要方面，射礼是贵族子弟必须掌握的基本技能。最早关注商代贵族子弟学射礼的学者是丁山先生。他曾经指出："我想：

贞，㞢不其勹射。（《林》2·3·10）

贞，不其勹射，八月。（《续》3·46·4）

贞，射衛从阳。（《前》5·42·5）

贞，翌己卯，令多射。二月。（《后》上·30·15）

贞，多射不至众。（《铁》233·1）

这类卜辞，可能即王令多子学射于学宫。"④在当时能有这样的眼光是十分难得的。遗憾的是，由于受当时典型资料缺乏的局限，所举刻辞比较零碎，再加上射者身份并不十分明确，自然亦不能确指为是子或多子。因而，以此作为贵族子弟学射的立论基点进行推论，似有颇多可商之处。

如果说丁文所举辞例都是零散资料的话，那么1991年发现2003年公布的殷墟花园庄东地H3坑甲骨，则为我们提供了比较明确、系统的武丁时期贵族子弟行射礼的资料。如：

戊子卜，在麗，子其射，若。

戊子卜，在麗，子弜射于之，若。（《花东》2）

① 郭沫若：《殷契粹编》，科学出版社，1965年。
② 陈邦怀：《殷代社会史料征存》卷下，天津人民出版社，1959年。
③ 方爱龙：《先秦时代学校名称辨考》，《杭州师范学院学报》1998年第1期。
④ 丁山：《商周史料考证》，中华书局，1988年新1版，第124页。

戊卜，子入二弓。

戊卜，二弓以子田，若。

戊卜，丙又二羊。

丙又。

弜又。

叀小豭一。(《花东》124)

癸亥卜，子[illegible]用丙吉弓射，若。(《花东》149)

乙未卜，子其入三弓，若，永用。一

乙未卜，子其往于阺，获，不鼄。获三鹿。一

乙未卜，子其往于阺，获。子占曰：其获，用。获三鹿。二(《花东》288)

这一组卜辞由宋镇豪先生所举出，认为“麗”、“阺”两地，当在水泽原野处，是子习射的两个地点。子入弓与子入学同属，入有纳入、参与、进入之义。征之《仪礼·乡射礼》：“命弟子纳射器。”郑玄注：“弟子，宾党之年少者也；纳，内也；射器，弓、矢、决、拾、旌、中、筹、楅、丰也。”[①]《周礼·夏官·司弓矢》：“中春献弓弩，中秋献矢箙。”[②]子入弓即子献纳射器，指子参与弓矢习射竞技而言。《花东》124三辞同卜，“子入二弓”、“二弓以子田”与“丙又二羊”，是谓子以二弓参加田猎竞射否，能丙弓射获二羊否。“丙又”犹言“用丙吉弓射”。丙吉弓可能专指一种皮弓或丙族制的善弓。“丙又”与“弜又”正反对卜，后者是对意愿的否定。“叀小豭一”，是问能射获一小公猪否。《花东》288三辞同卜，“获”在此指射中。“不鼄”意思可能是说无废矢。“获三鹿”是验辞，谓三弓射中三鹿。[③]但把“不鼄”释为“无废矢”则颇牵强。按鼄当假为诛，意思是惩罚、指责、责备。《礼记·曲礼上》：“以足蹙路马刍有诛，齿路马有诛。”郑玄注：“诛，罚也。”[④]《广雅·释诂》：“诛，责也。”《周礼·天官·大宰》云：“八曰诛，以驭其过。”郑玄注：“诛，责让也。”贾公彦疏：“臣有过失非故为之者，诛，责也，则以言语责让之。”[⑤]《论语·公冶长》：“于予与何诛？”朱熹集注曰：“诛，责也。”[⑥]《后汉书·朱浮传》：“其人或失而其礼稍薄，至有诛斥诘辱之累。”[⑦]此处的诛为责备之意甚明。古代凡举行大型活动都要由大司马负责责罚失礼有过错者。如中冬教大阅礼或王出征，“诛后至者”，“若大役，与虑事，属其植，受其要，以待考

① （清）阮元校刻：《十三经注疏·仪礼注疏》，中华书局，1980年，第997页。
② （清）阮元校刻：《十三经注疏·周礼注疏》，中华书局，1980年，第855页。
③ 宋镇豪：《从花园庄东地甲骨文考述晚商射礼》，《中国文物研究》2006年第1期。
④ （清）阮元校刻：《十三经注疏·礼记正义》，中华书局，1980年，第1253页。
⑤ （清）阮元校刻：《十三经注疏·周礼注疏》，中华书局，1980年，第646页。
⑥ （宋）朱熹：《四书章句集注》，中华书局，1983年，第78页。
⑦ （南朝宋）范晔撰，（唐）李贤等注：《后汉书》，中华书局，1965年，第1146页。

而赏诛”[①]。商晚期的宰丰雕骨有王田猎赏赐宰丰的刻辞（《佚》518），西周早期的柞伯簋有王举行大射礼而赏赐柞伯的铭文（《集录》486）。可见大型活动都要制定一些为大家所共同遵守的行为规范，赏诛正是对参与者成绩好坏的两种截然相反的考核结果。“不诛”即谓无责罚、不受责罚。殷商时期以弓矢竞技为目的的射礼刚刚从借田猎来进行的军事训练中分离出来不久，在许多方面还带有田猎军事训练的习惯做法，“获，不诛”，就是这种传统习惯的遗留。

又如：

戊戌卜，在澪，子射，若，不用。

戊戌卜，在澪，子弜射于之，若。

己亥卜，在𣻍，子其射，若，不用。

弜射于之，若。

戊申卜，叀𩣡乎匄马，用。在麗。

叀𩣡乎匄，不用。（《花东》467）

己亥卜，在𣻍，子……

弜射于之，若。（《花东》7）

甲午卜，在麗，子其射，若。

甲午，弜射于之，若。

己亥卜，在𣻍，子其射，若，不用。

乙巳卜，在麗，子其射，若，不用。

乙巳卜，在麗，子弜迟彝弓，出日。

叀丙弓用射。

叀丙弓用，不用。

丙午卜，子其射，疾弓于之，若。

戊申卜，叀疾弓用射萑，用。

叀三人。

癸丑卜，岁食牝于祖甲，用。

乙卯卜，叀白豕祖乙，不用。

乙卯岁祖乙豭衩鬯一。（《花东》37）（彩图3）

癸丑卜，岁食牝于祖甲，用。

乙卯岁祖乙豭一衩鬯一。

乙卯卜，叀白豕祖甲，不用。（《花东》63）

乙卯岁豭衩鬯祖乙，用。（《花东》195）

① 《周礼·夏官·大司马》，（清）阮元校刻：《十三经注疏·周礼注疏》，中华书局，1980年，第838、839页。

这一组例辞应是商代射礼较为完整的记录。该例辞也由宋镇豪先生所举出，认为《花东》467、7、37是同事异日习卜三龟。射礼的仪程自甲午经戊戌、己亥、乙巳、丙午、戊申、癸丑至乙卯，历时20余天，先后在麗—澭—潍—麗三个地点行射，末了又返回到起始地麗。其中澭、潍两地点在近水泽处。射礼的高潮是甲午后第12日乙巳日出之时的“丙弓”、“迟彝弓”和第13日丙午“疾弓于之”，以及第15日戊申的“乎匄马”、“疾弓用射萑”，地点都在麗地。“丙弓用射”义同前引卜辞“用丙吉弓射”。“丙弓”、“迟弓”、“疾弓”，可能指常规射、慢射、快射三种不同的射仪，或三种不同弓的习射竞技。“叀疾弓用射萑”，意指疾弓射飞禽泽鸟。“叀三人”，谓三人竞射得中。射礼连天累日，最后还要祭祀。《花东》37末三辞与《花东》63、195癸丑、乙卯日问祭祖甲祖乙之事，可组成同套卜辞，属同事异日习卜三龟，盖涉及的就是射后举行的祭祀先祖之仪式。[①]

《花东》7、37、467也是魏慈德先生举出的“子射”组同事异卜的同文例，认为这一类的卜射卜辞通常卜问要在何地举行射礼。《花东》467卜问戊戌在澭射，己亥在潍射，知澭和潍两地的距离在一日行程内。潍为花东甲骨卜辞中常见的祭祀地点，子经常在此处祭祀妣庚（《花东》276、401）。但《花东》37辞部分和《花东》36辞为同事异日习卜，两版相袭之处在于辛亥日占问启妇好之事与癸丑、乙卯日问祭祖甲祖乙之事，故“癸丑卜，岁食牝于祖甲，用”辞可能与射礼之事无关。[②]祖甲是花东卜辞中祭祀次数仅次于祖乙的先祖，二者曾被合称为“二祖”(《花东》7)，射后受到祭祀，也确是于史有征的。前引罗振玉语：卜辞中的田猎“大率为祭祀”[③]，《周礼·大司马》所记春蒐、夏苗、秋狝、冬狩的献禽致祭宗庙[④]，以及《穀梁传》桓公四年所云“四时之田，皆为宗庙之事”[⑤]，说明献禽祭祀是田猎之后必须举行的一个仪式。殷商时期，刚从田猎中分离出来的仍以动物实体为矢射目标的弓矢竞射礼，仍保持着献禽祭祀的习俗，自然也是可以理解的。而前引《礼记·射义》“天子将祭，必先习射于泽”，“而后射于射宫，射中者得与于祭”[⑥]，则又说明祭祀宗庙之前必先行射，宋文所举例辞射与祭祀之先后仪程正与之相同。因此《花东》37、63、195有关癸丑、乙卯日问祭祖甲祖乙之辞确与射礼之事密切相关。射后的祭祀应是本次射礼的最后一个仪程，子所举行的射礼是先射后祭的全过程。至于《花东》37与63两版辛亥日占问启妇好之事与癸丑、乙卯日问祭祖甲祖乙之事相袭，只能说明这次射礼的日程是经过精心选择后安排

① 宋镇豪：《从花园庄东地甲骨文考述晚商射礼》，《中国文物研究》2006年第1期；又见宋镇豪：《从新出甲骨金文考述晚商射礼》，《中国历史文物》2006年第1期。

② 魏慈德：《花园庄东地甲骨卜辞的几组同文例》，《东华人文学报》2004年第7期。

③ 罗振玉：《殷虚书契考释》增订本，东方学会，1927年。

④ （清）阮元校刻：《十三经注疏·周礼注疏》，中华书局，1980年，第836~839页。

⑤ （清）阮元校刻：《十三经注疏·春秋穀梁传注疏》，中华书局，1980年，第2374页。

⑥ （清）阮元校刻：《十三经注疏·礼记正义》，中华书局，1980年，第1689页。

的。丁山先生在分析有关频宫的卜辞时说："这样看来，武丁教育'多子'学习礼乐，也该在宗庙会同之时。所谓'大甲半'，'小辛半'，'武祖乙半'……诸先王的频宫，碻是王子辈的大学。"①这次射礼的仪程安排，可能也是基于这种考虑的。

那么，为什么要在水泽原野处举行射礼呢？因为殷商时期的弓矢竞射礼，仍是以实射动物为主要形式的。而近水泽的原野处，良好的生存环境，正是各种野兽、飞鸟聚集的地方。《礼记·射义》郑玄注云："泽，宫名也。"孔颖达疏曰："泽者所以择士也者。泽是宫名，于此宫中射而择士，故谓此宫为泽。泽所在无文，盖于宽闲之处近水泽而为之也……选士于泽，不射侯也，但试武而已。"②《仪礼·乡射礼》贾公彦疏云："天子有泽宫，又有射宫，二处皆行射礼者。泽宫之内有班余获射，又有试弓习武之射，若西郊学中射者，行大射之礼，张皮侯者是也。泽宫中射，将欲向射宫，先向泽宫中试弓习武之射，此习武之射无侯，直射甲革椹质。"③ 宋镇豪先生认为："泽是宽闲近水泽之处，与其说泽是宫名，泽宫和射宫是两个单独的行射礼之宫，不如说泽宫和射宫为泽的一个去处，可能是泽畔所建与习射相关的建筑设施。"④因此，为便于行射，殷商时期可能也在水泽畔建有与射礼相关的建筑设施。

那又为什么要在三个地点举行弓矢竞射礼呢？我们认为这可能与西周射礼的"三番射"存在着某种联系。二者都以三为礼数之限，只是由于商代是以田猎地的野兽飞鸟为竞射目标的，经过一番竞射后，各种鸟兽必然要逃走，因此一个地方只能举行一番射，要完成三番射必定要选在三个地点。三个地点行射后，又回到始射地再射，则类似于周代大射礼的"复射"。贵族子弟的弓矢竞射，实际上就是学射。一方面，经过三个地点的竞射，其技能需要全面展示检阅一下；另一方面，经过十来天的间隔，飞鸟野兽也恢复了往日的平静，正可以继续行射。如果把该组例辞按日期进行整合后，即为：

甲午：在麗，子其射，若。弜射于之，若。

戊戌：在濘，子射，若，不用。子弜射于之，若。

己亥：在瀍，子其射，若，不用。弜射于之，若；子……。弜射于之，若；子其射，若，不用。

乙巳：在麗，子其射，若，不用。子弜迟彝弓，出日。叀丙弓用射。叀丙弓用，不用。

丙午：[在麗]，子其射，疾弓于之，若。

---

① 丁山：《商周史料考证》，中华书局，1988年新1版，第126页。

② （清）阮元校刻：《十三经注疏·礼记正义》，中华书局，1980年，第1689页。

③ （清）阮元校刻：《十三经注疏·仪礼注疏》，中华书局，1980年，第1011页。

④ 宋镇豪：《从花园庄东地甲骨文考述晚商射礼》，《中国文物研究》2006年第1期；又见宋镇豪：《从新出甲骨金文考述晚商射礼》，《中国历史文物》2006年第1期。

戊申：在麗，叀𩧊乎㫃马，用。叀鞌乎㫃，不用；叀疾弓用射
　　萑，用。叀三人。

癸丑：岁食牝于祖甲，用；岁食牝于祖甲，用。

乙卯：叀白豕祖乙，不用。岁祖乙𤚍衩鬯一；岁祖乙𤚍一衩鬯
　　一。叀白豕祖甲，不用；岁𤚍衩鬯祖乙，用。

不难发现，先后在麗、濘、灕进行的前三番射，卜辞只说是“子其射”或“子射”，而在始射地再次进行的复射，卜辞不仅说到“子其射”，而且还说到竞射所用的迟彝弓、丙弓、疾弓以及所射中的人数。三种弓及其慢射、常规射、快射三种射法，均在复射中展示出来，可能就是要进行全面检阅的缘故。从时间安排来看，整个射礼共用了22天。其中前三番射各用了一天，加上行程时间共6天。复射用了3天，加上返程时间与间隔时间共9天。祭祀用了2天，加上行程时间共7天。三地的距离也可大体推定为从麗到濘，大约有三四天的行程。从濘到灕，不足一天的行程，这与从灕返回到麗大约有5天的行程，也基本相符。从麗到祭祀祖甲地，大约有四五天的行程，从祭祀祖甲地到祭祀祖乙地，有一两天的行程。

关于《花东》“子其射”的“子”的身份地位学术界有不同意见，或认为是武丁的儿子孝己，或认为是阳甲的儿子，或认为“子”是泛指。对此，我们认为《花东》“子其射”的“子”，应是王子身份。理由除学界所指出的子与妇好的关系十分密切，以及此坑甲骨中反映出的子的经济实力与妇好墓中反映出的武丁的儿子的经济实力是一致的之外，从射礼的角度也可补充两条理由：一是此次射礼的举行地在商王传统的田猎区内，由于此时射礼还带有一些田猎的传统习惯，往往以实射动物为目标，故此时射礼的举行地与田猎举行地应为同地。而一般贵族是不可能在商王的田猎区内举行射礼的。二是此次射礼先后在麗、濘、灕三个地点行射，末了又返回到起始地麗。其射礼仪程自甲午经戊戌、己亥、乙巳、丙午、戊申、癸丑至乙卯，历时20多天。其规模、气势也绝非一般贵族所能达到的。

贵族子弟学射的执教者有商王及其武官。如卜辞云：

丙寅卜，允贞，翌丁卯王其教，不[冓]雨。(《合集》12570)

庚寅卜，争贞，王其教，不冓 [雨]。(《合集》39822)

辛亥[卜]，□贞，王其□衣，不□雨。

之日[王]教，允□不冓雨。(《合集》12741)

即是商王执教之明证。也有人把此处的教释为学的。按其字分别作爻、⿵冂爻形。甲骨文的教字有作⿰爻攵形的（《合集》28008），即斆字。周初金文的学字，或写作斆，正与甲骨文的教字同形。陈梦家说：“周初沈子它簋的学字从效，就是金文的教字。

学和教不但声音相近，构形相类，意义也相通的。”[①]在上古语言文字中，学字既用作“学”，也可用作“教”。西周中期静簋铭有“静学无尤”句（《集成》4273），杨树达认为，郭沫若“读学为教，是也。古人言语施受不分，如买与卖，受与授，籴与粜，本皆一辞，后乃分化耳，教与学亦然”。《礼记·学记》有“学学半”一语，“上学谓教，下学谓学，教与学同以学字为之，与铭文正同也”[②]。既然学与教相通，故把爻、斈释为教是可以的。例辞是说商王执教，要选择晴天无雨的天气。从商末作册般铜鼋的造型构思及其铭文所反映的史事与器物性质看，该件器物不仅是铭功的庸器[③]、展现商王精湛射艺的实物模型[④]，而且也实是贵族子弟学射的一件教学模型。这说明商王的确是贵族子弟学射的执教者之一。

卜辞又云：

甲　癸巳卜，㱿贞，令𠦪𢀛射。一

　　贞，㠯異令𢀛射。三

乙　癸巳卜，㱿贞，㠯異令𢀛射。三

丙　贞，令𠦪𢀛三百射。

丁　勿隹異令𢀛。

戊　贞，令[𠦪] 𢀛三百射。(《合集》5770 甲乙丙丁戊)

甲　□□[卜]，㱿 [贞，令] 𠦪……

　　贞，㠯異令𢀛三百射。四

　　贞，令𠦪𢀛三百射。四

乙　癸巳卜，㱿贞，令異𢀛三百射。

丙　贞，[令]□[𢀛]三百[射]。

丁　贞，令異[𢀛三百射]。(《合集》5771 甲乙丙丁)

癸巳卜，㱿贞，令𠦪𢀛射。一

癸巳卜，㱿贞，㠯異𢀛射。一

贞，㠯異令𢀛射。一

贞，勿[㠯]異令。六月。

贞，令𠦪𢀛三百射。

贞，勿令𠦪𢀛三[百射]。(《合集》5772)

这一组例辞都是有关教授射箭技术的，卜问的是命𠦪或是命異去教下级武官射箭之事。反复贞问，表明当时对执教者的选定非常重视。射、三百射是武官，

① 陈梦家：《射与郊》，《清华学报》1941 年第 1 期。
② 杨树达：《积微居金文说》（增订本），中华书局，1997 年，第 169~170 页。
③ 朱凤瀚：《作册般鼋探析》，《中国历史文物》2005 年第 1 期。
④ 袁俊杰：《作册般铜鼋所记史事的性质》，《华夏考古》2006 年第 4 期。

𠂤，異是殷时大将的名字。𡿺是动词，此假作养或庠，其意近于“殷曰庠”（《说文·广部》）、“周曰庠”、“庠者养也”的庠（《孟子·滕文公上》）。“令𠂤𡿺三百射”，即谓令𠂤教三百射以射。[1]西周前期执教王宫小学的师氏和保氏，就是担任王宫警卫的高级军官。穆王也曾“令静司射学宫”（静簋，《集成》4273）。商代的射礼属于武事，故贵族子弟学射亦应由射技武功高强的将帅官执教。

（五）其他贵族成员的弓矢竞射礼

在殷商甲骨文中，还有一些关涉商王暨多方贵族阶层成员参与的弓矢竞射礼。如（彩图4）：

癸未卜，雀不其来射。

癸未卜，今一月雀亡其至。一　二

告。（《合集》5793）

[癸]未卜，王乎雀[来]射。（《合集》5794）

来射。一　二（《合集》5795）

这四条卜辞应为一组，卜问雀是否来参加商王举行的射礼之事。雀是殷国的邦侯，其地之所在，当近今豫西、晋南，大体在河内附近太行山的区域。与而、羌等方国相近，与弜邦相当邻近。[2]武丁时期，雀邦非常强胜，不断征伐他方。据初步统计，被雀征伐的方国邦族就有𠬝、戉、缶、夒、基方、目、马羌（《乙》4380、4693、6702、4718、5582、5311、4718）、羌（《甲》2326；《乙》865；《粹》1167）、祭（《乙》5317；《诚明》30）、亘（《乙》4693、5116、5303、5311；《粹》1553）、犮医（《甲》183；《佚》604）、教（《甲》206）、犬（《铁》181.3）、旨（《掇一》250）等。征伐的结果，一方面因频繁用兵而树敌，自己也受到缶（《铁》1·2）、亘（《库》1117、1151）、串（《掇一》171）、旨（《乙》4869）等方国的侵伐报复和南土方国的怨恨。另一方面这些征伐大多是出自商王之命，尤其是伐羌方，更是武丁时代及其以后的重大军事决策与部署，武丁所用的兵力，较之同时代伐土、邛等方国更为雄厚，雀邦因充当爪牙而受到殷王朝的重视，故商王才有卜问“雀受年”（《前》3·1·2）、“雀亡祸南土祸”、“雀亡祸祸”（《甲》2902）的特别关切。同时，雀邦军事实力的壮大，也引起了商王朝的警戒与担忧。不仅仅是雀邦，对其他举足轻重的同盟或降服诸侯也同样具有戒备之心，所以才有“缶不其来见王”（《合集》1027）、“缶不其来王”（《乙》5393）、“方其来”（《粹》1145）、“方不其来”（《前》7·29·1）、“于河告方来”（《上》6·5）、“郭亡其来”（《燕》681）、“雀不其来射”、“雀亡其至”（《合集》5793）之卜问，以便采取相应的措施，使

① 陈梦家：《殷虚卜辞综述》，中华书局，1988年，第513页。
② 陈梦家：《殷虚卜辞综述》，中华书局，1988年，第281、284、289、298页。

它们继续保持对商王国的从属臣服关系。另外，卜辞还记有“某其臣商”、“某其来王”、“小臣某王”、“小臣某觐”。“凡此臣、王、觐等字都是动词，表示外邦方国之来王与称臣，证实了《商颂》所说‘莫敢不来享，莫敢不来王，曰商是常’”[①]的时代背景。上举例辞，可能就是在这种心理因素与社会背景下，商王对雀邦所采取的一种笼络人心、巩固同盟关系的做法。当然，从西周中期长甶盉铭：穆王“即邢伯太祝射”，“邢伯氏彌不奸”（《集成》9455），《大戴礼》投壶之辞：“为尔不朝于王所，故亢而射汝”[②]，《汉书·郊祀志》所云“设射不来”[③]等记载分析，“王乎雀来射”也应是商王即雀邦首领射，其中之深意，肯定也有震慑“弥不奸”的作用。

除此以外，还有一些甲骨刻辞，如：

癸巳卜，在长贞，王逘于射，往来亡災。殴十六。（《前》2·8·3）

癸巳卜，王，大氏射。（《合集》5765）

贞，翌己卯令多射。二月。（《合集》46）

癸卯卜，争贞，王令三百射，弗告〔于〕示。（《合集》5775）

乎多射雄。（《合集》5739）

□□[卜]，[宙]贞，乎多射雄隻。（《合集》5740）

贞，取新射。（《合集》5784）

贞，乎子妻氏𠂇新射。（《合集》5785）

……[新]射于斳。（《合集》5787）

丁卯卜，穷贞，翌己未令多射眔𠂇于□。（《合集》5735）

乎取射。（《合集》5756）

……[令]取射，子太……取射。（《合集》5758）

戊辰卜，内贞，戎凷（倒书旁字）射。

贞，戎凷射三百。（《合集》5776）

癸丑卜，争贞，吴氏射。（《合集》5761）

贞，吴不其氏射。（《合集》5764）

辛卯卜，即贞，甶多生射。（《合集》24140）

叀宔射。（《合集》34349）

[贞]，甶戍射。在□。（《合集》24220）

这些辞例也都与弓矢竞射礼有关。其中首例刻辞，丁山先生曾把它列入帝乙

① 陈梦家：《殷虚卜辞综述》，中华书局，1988年，第639页。

② （汉）戴德：《大戴礼·投壶》，黄怀信主撰，孔德立、周海生参撰：《大戴礼记汇校集注》，三秦出版社，2005年，第1339页。

③ （汉）班固撰，（唐）颜师古注：《汉书》，中华书局，1962年，第1199页。

帝辛游田所至之地。[①]恐不确。据黄然伟先生所列田、省、兽、𢦏、步、逐、射、焚及其他9类田猎卜辞和焚、射、阱、罝、逐、网、罗、罿、畢、䍙、昏、微12种田猎之方法中[②]，并不见殴，殴之义也与田猎手段相去甚远。故该辞可能与田猎无关，而射、殴也当必有另解。案射，应为射宫。《周礼·诸子》："春令诸学，秋合诸射。"郑玄注曰："学，大学也；射，射宫也。"[③]射和学都是学校名，射是廟，也就是西周金文的宣廟，或作"宣射"，"省作射"。[④]古人质朴，多以其事命名，此即以射这件事名所行射之场所。殴，意为用捶杖击打。《说文·殳部》："殴，捶毄物也。"段玉裁注曰："谓用杖击中人物也。"[⑤]本辞可能是商王到射宫视学的卜辞记录。在学射的小子小臣中，有16人因过错而受到杖击的罚戒。这也正是《花东》288辞卜问"不诛"的原因所在。此处因学射礼表现不好而受罚，柞伯簋铭则因参加射礼成绩优秀而受赐，有赏有罚，乃事之常情。

其余例辞，不难看出参射者的身份各不相同，既有王及其武官，也有多方贵族成员。此类射礼还远不及后世文献所说的大射、宾射、燕射那样规范，前者应是后者的滥觞，只是由于刻辞过于简略、零散，无法作进一步的深入研究而已。

二、殷商金文中的射礼

殷商金文中的射礼铭文，发现不多。所反映的射礼也只有射牲与王射两种。

（一）射牲

殷商时期有两件青铜器，其铭文涉及射牲之礼。其中彘觚，有单字铭文，为图画象形文字，作一矢贯穿豕身形（《集成》6654）。彘爵，亦为单字铭文、图画象形文字，作矢中豕身形（《集成》7530）。甲骨文里也有这一图画象形文字。如"贞井方于唐宗，彘"（《后》上）。"贞叀矢彘"（《前》四卷五一叶之三）。"贞𡟧矢彘"（《前》四卷五一叶之四）。杨树达先生指出："甲文彘字作豕著矢之形，知彘必以矢射得之，故辞云矢彘，犹言射彘也。以矢射，因谓射为矢，犹人以手持，因谓持为手，亦文法通例也。"[⑥]把豕著矢之形释为彘，矢彘解为射彘，均甚精当。但彘商代已多为家畜，并不一定"必以矢射得之"。射彘应是射牲牢。豕是古代祭祀所用的三牲之一，牛、羊、豕三牲全备为"太牢"，亦作"大牢"。《公羊传》桓

① 丁山：《商周史料考证》，中华书局，1988年新1版，第186页。
② 黄然伟：《殷王田猎考》，《中国文字》第14~15册，1964~1965年；又见陈炜湛：《甲骨文田猎刻辞研究》，广西教育出版社，1995年，第19、17页。
③ （清）阮元校刻：《十三经注疏·周礼注疏》，中华书局，1980年，第850页。
④ 陈梦家：《射与郊》，《清华学报》1941年第1期。
⑤ （汉）许慎撰，（清）段玉裁注：《说文解字注》，上海古籍出版社，1988年第2版，第119页。
⑥ 杨树达：《卜辞求义》，杨树达文集之五《积微居甲文说、卜辞琐记、耐林庼甲文说、卜辞求义》合订本，上海古籍出版社，1986年，第72页。

公八年："冬曰烝。"何休注："礼，天子诸侯卿大夫，牛、羊、豕凡三牲曰太牢"。[①]只具豕、羊凡二牲为"少牢"。《仪礼·少牢馈食礼》曰："少牢馈食之礼。"郑玄注："羊、豕曰少牢，诸侯之卿大夫祭宗庙之牲。"[②]《礼记·王制》曰："天子社稷皆大牢，诸侯社稷皆少牢。"[③]可见无论大牢或少牢，豕都是必备的牺牲。祭祀时主祭者要亲自射牲以示亲杀。《周礼·夏官·射人》曰："祭祀，则赞射牲。"郑玄注云："烝尝之礼有射豕者。《国语》曰：禘郊之事，天子必自射其牲。"[④]据此可以肯定，这两个图画象形文字，所反映的也应该是射牲之礼。

（二）王射

王射铭文，目前仅发现作册般铜鼋铭一篇（彩图5）。该器曾引起史学界的热切关注，先后有多篇研究文章见诸报刊。[⑤]专家时彦在审慎考释的同时也提出了一些疑惑，究其原因当是对铭文所记史事性质的理解偶有失误所致。同时有些字漫漶不清，必须稽合甲骨金文和经传辞例来推定。为此笔者亦曾撰文陈述意见，认定铜鼋铭文与器物造型构思所反映的史事性质是射礼，并对铭文中的几个关键字句作了释读[⑥]，详见附录1-1"作册般铜鼋所记史事的性质"。文章发表后又有一些新的思考，尽管自感拙文对全铭的解释字通意顺，前后连贯，但本着科学求实的态度与精神，现谨对诸家说进行疏解，对自己的观点进行检讨，并着重从语法文辞和行射方法的角度再作探讨。

1. 作册般铜鼋铭文诸家考释之分歧与疑窦疏解

作册般铜鼋是商代末期青铜器，背甲有铭文4行32字（一说33字）。为便于讨论，现综合各家意见，释文如下：

丙申，王迖(弋)于洹，隻（获）。

王射，叙射四，率亡（无）灋（废）矢。

王令（命）寝（寝）馗兄（贶）于乍（作）册

般，曰："奏于庸，乍（作）女（汝）宝。"

---

① （清）阮元校刻：《十三经注疏·春秋公羊传注疏》，中华书局，1980年，第2218页。

② （清）阮元校刻：《十三经注疏·仪礼注疏》，中华书局，1980年，第1196页。

③ （清）阮元校刻：《十三经注疏·礼记正义》，中华书局，1980年，第1337页。

④ （清）阮元校刻：《十三经注疏·周礼注疏》，中华书局，1980年，第846页。

⑤ 李学勤：《作册般铜鼋考释》，《中国历史文物》2005年第1期，简称李文；朱凤瀚：《作册般鼋探析》，《中国历史文物》2005年第1期，简称朱文；王冠英：《作册般铜鼋三考》，《中国历史文物》2005年第1期，简称王文；杨小林：《作册般鼋的分析与保护》，《中国历史文物》2005年第1期；董珊：《从作册般铜鼋漫说"庸器"》，《古代文明研究通讯》2005年3月第24期；裘锡圭：《商铜鼋铭补释》，《中国历史文物》2005年第6期，简称裘文；宋镇豪：《从新出甲骨金文考述晚商射礼》，《中国历史文物》2006年第1期，简称宋文；求实：《作册般铜鼋献疑》，《中国文物报》，2006年2月15日第7版；王冠英：《谈〈作册般铜鼋献疑〉》，《中国文物报》，2006年3月22日第7版；求正：《析〈作册般铜鼋献疑〉》，《中国文物报》，2006年4月19日第7版。

⑥ 袁俊杰：《作册般铜鼋所记史事的性质》，《华夏考古》2006年第4期。

第一行第四字，李文释为“𢦏”。“从‘辵’，‘戈’声，但‘戈’少了一笔。此字甲骨文习见，也常有少这笔的构形……考虑到其涵义有时与狩猎无关……最好从杨树达、陈炜湛等先生说，读为‘过’，意思是至。”王文同其释，并指出：“𢦏字晚期甲骨文不少见，多是叙述‘王’往来某地的行动，学者隶为𢦏或䢎，释‘过’、‘𢦔’、‘逑’、‘弋’等。依文例，此字应为‘巡视’‘巡察’等义”；朱文释“𨑩”。“从必从辵。此字与此种句式习见于年代相同的商晚期晚叶的黄组卜辞。𨑩字后世已无，确切字谊不详。但从卜辞辞例看，显然应是出行之意。必、比上古音近，比有及、至之意……表明‘𨑩’实际上含有往于某地还要回归于出发地的意思。”“至于黄组卜辞中 （𨑩）偶亦写作 （𢦏），不排除是讹变所致。裘锡圭先生《释‘柲’》一文已指出，甲骨文中的 字有是 字异体的可能，并指出从‘戈’是笔误”。裘文从其释；宋文释“迧”。“读为陈，指陈列之义”；拙文基于𢦏、𨑩均有甲骨文辞例为据，且𢦏又由𨑩讹变而来，故从李文释。现今看来亦不妥，应释“䢎”，读为“弋”，①意即弋射。《说文・厂部》：“弋，橜也。”段玉裁注曰：“俗用杙为弋，顾用弋为隿射字，其误久矣。杙者，刘刘杙也，不为橜弋字。弋，象形，故不从木也。”《玉篇・隹部》：“隿，缴射飞鸟也。今作弋。”又《弋部》：“弋，缴射也。”即用带绳子的箭射猎禽鸟。若按裘文全句之句读，该字亦可释意为取。《古今韵会举要・职韵》：“弋，取也。”《尚书・多士》：“非我小国，敢弋殷命。”孔安国传曰：“弋，取也。”孔颖达疏曰：“弋，射也，射而后取之，故弋为取也。”②此与《淮南子・时则训》所载的“登龟取鼋”③亦正相吻合。但综合起来分析，还是释弋射为妥。

第一行第六字，各家均释为“洹”。但李文指出：“按甲骨文田猎地名甚众，然而未见有洹。”拙文亦说：“文献与甲骨文等材料说明商代确实非常重视田猎，商王行猎地名甚众，但无一处提到洹水。而且这些田猎地都不在商都所在地。从田猎皆要贞问其是否‘往来亡災’的卜辞看，商代的田猎地距都城也应有一定距离。”实际上也必须有一定的距离，商王乃至历代王朝是不可能在都城所在地举行田猎的，相反，如果是举行礼仪活动则是完全可以的。此疑窦已说明该铭不是田猎记录。“王弋于洹”，与文献记载的“弋凫与雁”④和金文记载的“射于大池”、“在辟雍…王射大奔”⑤以及战国青铜器人物画像纹的弋射图⑥所反映的水泽环境也完全一致。

---

① 参见裘锡圭：《释柲》，《古文字论集》，中华书局，1992年，第20页。
② （清）阮元校刻：《十三经注疏・尚书正义》，《中华书局》，1980年，第219页。
③ 何宁：《淮南子集释》，中华书局，1998年，第407页。
④ 《诗・郑风・女曰鸡鸣》，（清）阮元校刻：《十三经注疏・毛诗正义》，中华书局，1980年，第340页。
⑤ 郭沫若：《两周金文辞大系图录考释》麦方尊，科学出版社，1957年，第40页；《集成》6015。
⑥ 故宫采桑宴乐射猎攻战纹铜壶，杨宗荣：《战国绘画资料》图20，中国古典艺术出版社，1957年。

第一行最末一字，诸家均释“获”。李文认为“‘获’，即获得此器所像的鼋”。朱文亦曰：“‘王逊于洹’后言‘隻（获）’，是指获此鼋。”但王文已发现它与狩猎卜辞相比，“所不同的是所引辞条说明捕获了一只麇鹿，而本铭只说‘隻（获）’”。裘文更从语法上指出这一问题，他说：“各家释文皆于‘洹’字后加逗。窃以为‘获’应连上读。‘丙申王逊于洹获’，意即‘丙申王逊于洹之获’。‘获’用为名词，当‘所获’讲……铭文以此语开端，是为了说明铜鼋所象之物，是商王在丙申日逊于洹时所捕获的。如在‘洹’字后加逗，‘获’只能视为动词，其后似不应不出现由‘鳖’、‘鼋’一类字充当的宾语。”拙文亦认识到：田猎卜辞“一般都要说明王田于某地、是否往返无灾，并必言猎获的动物与数量……而作册般铜鼋则是‘王逘于洹’，不见‘田’字，‘获’字后面亦无田猎卜辞所惯用的猎获物名称和数量，与甲骨文的田猎卜辞文体颇为不合”。“此处若释‘隻’,不仅与实际不符，也与田猎卜辞的用法确实不合。”同时与射礼先射后唱获之次序也正相颠倒。再加上该字下部有锈蚀，字迹漫漶不清。于是依金文文辞和甲骨卜辞有把隻与隹误混例，如《殷虚文字甲编》3914：“戊午卜，犾贞：隹兕，于大乙隹示？大吉。”屈万里云：“隹兕之隹，当是获字之省假。”又3918：“贞：五叀。”陈炜湛说：“当是隹字而假为获，‘五叀隹’，意谓‘叀获五’也。”[①]认为该字当连下读，“应释为‘隹’，同‘惟’。助词，用于语首，表示发端”。“惟王射”，即王射。而今若第四字释“弋”，则该字亦可释为“隻”，即獲之本字。仍单字为句。与柞伯簋铭“隻则取”的隻字的用法与意思应完全相同。在射礼中用箭射中侯称获。作为射礼专门术语的获，虽然渊源于田猎所得的“擒获”、“获得”、“猎获”之获，但意思已经不同。它既不需要连上读，其后也不需要宾语，独自成句，与射礼“唱获”、“释获 ”、“不获不释、”《乡射礼》郑玄注“射者中则大言获”[②]之获同，意即射得。

第二行首句，李文句读为“王射”，王文同之；朱文隶读为“王一射”，裘文、宋文皆从之。这就是33字说的来历。并且裘文还发现：“‘一’、‘三’二字都特别小，大概是制铭文之模时后添的字。”拙文则从李文释，其原因是：若隶为“王一射”，则与下句“奴射三”的语言习惯不同，要么数字都在前为一射、三射；要么都在后为射一、射三。在同一篇铭文中，尤其是紧连的两个句子中不可能出现前后不一致的表述习惯。进而发现一字字体确实很小，且一端与射字连接。按甲骨文、金文、石鼓文弓、射二字，均为象形字，在弓张之形的上端往往有一斜横与弓末梢的箫弭相连，如（《前》5•7•2）、（弓父庚卣）、（《菁》7•1）、（《佚》930）、（柞伯簋）、（静簋）、（石鼓）等，所谓“王一射”之“一”

① 陈炜湛：《甲骨文田猎刻辞研究》，广西教育出版社，1995年，第175、177、213页。
② （清）阮元校刻：《十三经注疏•仪礼注疏》，中华书局，1980年，第1000页。

字，当可能是由此斜横误读而来。而“王射”之句式，又见于麦方尊[①]、令鼎[②]等金文射礼文辞。与静簋“小子眔服、眔小臣、眔尸仆学射”[③]，长由盉“穆王飨醴，即邢伯、大祝射”[④]，义盉盖“王在鲁，卿即邦君、诸侯、正、有司大射”[⑤]，噩侯驭方鼎“王休匽，乃射，驭方卿王射”[⑥]等金文射礼文辞也有近同之处。可见，这种与甲骨文田猎刻辞相比缺少介宾或宾语的句式，在西周金文射礼文辞中则习见，说明“王射”与“获 ”、“贯射四”、“无废矢”一样，在当时都是记录射礼的专门术语或句式，也是射礼文辞不同于田猎文辞的主要方面，从而成为区别射礼文辞与田猎文辞的显著标志。

第二行第三字，李文释“奴”，“读为‘赞’，意思是佐、助。铭文先说‘王射’，‘赞射’即佐助王射”；朱文释“𣧑（歼）”，“即从歹，丑声，在本铭中可读作‘狃’字”。“狃有复义，即再也，又也。”宋文从其释字，但又综合了李文的释意，认为“𣧑字从歺从丑，有赞佐、佐助之义”；王文隶为“般”，“此‘般’即作器者作册般之‘般’”；裘文认为“那个字很难确释，李、朱、王三文所释似皆难从，所以改用空框表示。李文释此字为‘奴’，读为‘赞’。从字形上看，根据似嫌不足。不过从上下文看，这个字的意义是有可能属于‘赞助’、‘佐助’这一类的。也有可能这个字是商王巡于洹时所带随从中的一种人的名称”；我们根据《淮南子·时则训》的记载及何宁的集释[⑦]，知鼋的性情并不凶猛，人们比较容易捕获。再参照古今中外捕捉鼋龟类动物，并不采取射捕方法的事实，认为“赞射”、“佐助”之说实际上是不成立的。史官参与武射似不符合其身份与职责。鼋体共中四箭，而史官射了三箭，也与该模型是用“来显示商王射箭百发百中的神威”相矛盾。从事理上讲，如果是王射一箭，赞射者或般射三箭，王很高兴，依柞伯簋等器铭例，当有丰厚的物质奖赏，而本铭则没有。显然，“赞”与“般”之说都是不妥当的。以上各家都说商王只射了一箭，后三箭是随员佐助商王射的。唯有朱先生认为这四箭都是商王射的。这一看法是较为合理的。正因为四箭均为王所射，并获得了优异成绩，王本人不可能奖赏自己，所以才命人做了件庸器。既然如此，铭文为何不直说“王射四”呢？“王先对此鼋射了一箭，接着又连射三箭。”如果说这是仪节，一番射一箭，二番射三箭，则与周礼三番射中每番都是相同的定数颇为不合。如果此只能说明也许是中间有停顿，这就使铜鼋造型与铭文主旨所体现的孔武有力和精湛射技打了一点折扣。看来“狃”说也多少有些缺陷。故拙文虽亦释

① 中国社会科学院考古研究所编：《殷周金文集成》6015，中华书局，1992 年，第 196 页。
② 中国社会科学院考古研究所编：《殷周金文集成》2803，中华书局，1985 年，第 198 页。
③ 中国社会科学院考古研究所编：《殷周金文集成》4273，中华书局，1987 年，第 210 页。
④ 中国社会科学院考古研究所编：《殷周金文集成》9455，中华书局，1993 年，第 133 页。
⑤ 中国社会科学院考古研究所沣西发掘队：《1984 年沣西大原村西周墓地发掘简报》，《考古》1986 年第 11 期。
⑥ 中国社会科学院考古研究所编：《殷周金文集成》2180，中华书局，1985 年，第 205 页。
⑦ 何宁：《淮南子集释》，中华书局，1998 年，第 407 页。

“𠬸”，但“读为‘残’，是残穿的意思……按古代有‘角弓’‘杀矢’、‘主皮之射’、‘贯革之射’、‘穿札之射’，又有‘射则贯兮，四矢反兮’，‘不贯不释’之说，皆崇尚弓矢劲疾中深，反复贯穿侯的。故此处的‘𠬸’，可引申为‘贯’，作穿透讲，𠬸射，即贯射、穿射”。考虑到贯穿侯的既是古代射礼所追求的理想的完美射艺效果，也与铜鼋所展示的情形相吻合，故此解亦比较合适。另外，从字形上看，此字又似“𣦵”字，与大盂鼎（《集成》2837）、麦方尊（《集成》6015）、望簋[1]、卯簋[2]等器铭中的该字近同。𣦵同“死”，读为尸，即尸体。清人饶炯《说文部首订》：“𣦵（死）即尸之或体。”若此，该字连上句读，则为“王射（鼋）尸”；或训“主”，《尔雅·释诂上》：“尸，主也。”古代有“主皮之射”，“主射”是否为“主皮之射”的省称呢；或通“司”，《广雅·释诂三》：“司，主也。”静簋铭有“司射”（《集成》4273），意为“主持教习射箭事”[3]。那本铭的王射是否也有教习示范之性质呢；或通“嗣”，作副词。表示事情跟着发生。犹“接着”、“随后”，即王弋射后，接着又射鼋。所有这些也都应该提出来作进一步的思考。

第二行第五字，各家皆释为“三”，唯王文于“射”字后加逗，单字为句，并指出：“射三”也可能是“三射”合文；我们通过变换底色和复印的深浅度，仔细比对铭文拓本、照片和X光片等图片资料，最终确认其为四条横道的“四”字，从而也使“王一射，𣦼射三”之缺陷迎刃而解。拙文认为“‘𠬸射四’，即穿射了四箭，与铜鼋上的箭数及情形相吻合”。“此与《仪礼》所记周代射礼‘三番射’中每番都是发射四支箭的定数也完全相同，这绝不可能是偶然巧合，而应该有某种渊源联系和特定的寓意。”为什么要射四矢呢？这与当时人们的天地四方观念有关。我们知道周人对数字四可谓情有独钟，曾赋予它极为美好的含义。“乘车，必驾四马，因即谓四马为乘。大射，乡射，皆以四矢为乘矢。”“必用四矢者，象其能御四方之乱”[4]，“象有事于四方”。[5]“也许‘三番射’中的某些具体仪节和射四矢所喻之含义，可能在商代晚期就已经存在了。所有这些都说明铜鼋所反映的已不是滥觞期的射礼，而应是形成期的射礼。”李学勤先生曾经指出：殷墟花园庄东地甲骨卜辞中有关该贵族劳王的礼仪，“证明当时已存在比较成熟固定的礼制，即孔子说的‘殷礼’，中国的传统礼制并非到周代才开始形成”。[6]这一论断，再次被殷商金文所证实。

第二行第六字，朱文、王文、裘文、宋文均释为“率”，但句读稍有不同。朱

① 唐兰：《西周青铜器铭文分代史征》，中华书局，1986年，第425页。
② 唐兰：《西周青铜器铭文分代史征》，中华书局，1986年，第433~434页。
③ 王辉：《商周金文》，文物出版社，2006年，第98页注解[2]。
④ 《诗·齐风·猗嗟》孔颖达疏，（清）阮元校刻：《十三经注疏·毛诗正义》，中华书局，1980年，第355页。
⑤ 《仪礼·大射》郑玄注，（清）阮元校刻：《十三经注疏·仪礼注疏》，中华书局，1980年，第1035页。
⑥ 李学勤：《从两条〈花东〉卜辞看殷礼》，《吉林师范大学学报》2004年第3期。

文、王文、裘文皆连下读为“率亡（无）灋（废）矢”。朱先生认为：亡通“无”，灋读作“废”。依据《汉书·宣帝纪》“率常在下杜”颜师古注：“率者，总计之言也”，朱骏声《说文通训定声》：“按，犹均也。”《尔雅·释诂》：“废，舍也。”“本器‘率亡废矢’直译即总言之无有未命中的矢”，意译即“皆命中而无有废矢”。“类似语句亦见于1993年在平顶山应国墓地发掘的M242中出土的柞伯簋，其铭文中有句曰：‘柞伯十称弓，无灋（废）矢。’‘无废矢’语意与本铭同。”王先生认为：“‘率亡’，是‘完全没有……’的意思。这可能是金文的一个固定句式，应连读或前后呼应来读。”“‘率亡灋（废）矢’：完全没有浪费一箭。”宋文于“率”字后加逗，单字为句，读作“率，亡（无）灋（废）矢”，释意为“皆中的，无废矢”，认为“‘无废矢’，为班评竞射优胜的赞语，形容射技精湛，箭无空射皆中目标，是个射礼场合的常见用语”；而李文则释为“衠”，且连上句读，指出：“三衠”的“衠”，通“率”字，《诗·假乐》笺：“循也。”“赞射”者三次接续“王射”，故称“三率”即三循。“亡废矢”，同于周初柞（胙）伯簋的“无废矢”。“废”，《左传》定公三年注：“堕也。”“亡废矢”是说没有一箭不射中目标，就是洹水的鼋；拙文认为该字释为“率”，其后不加逗，亦不连上句读，“率亡废矢”释意为“皆射中鼋体，没有废矢”，最为通顺，故从朱先生说。并指出：“从作册般铜鼋铭的文体看，它与西周早期记录大射礼的柞伯簋铭的文体相同。二铭都有‘亡（无）废矢’等字句，似已形成固定的专门术语和句式。”现在看来，“无废矢”的确是射礼文辞区别于田猎文辞的一个最显著的语言标识。作为商周金文射礼文辞中称赞竞射优胜的专门术语，过去在缺乏实物资料的情况下，多就字面作解，其确切含义似乎并没有真正弄明白。现随着作册般铜鼋的发现与研究，其含义应该说是比较清楚了。从柞伯簋铭文看，既然已言“获则取”，而柞伯十称弓后不说“获”，而说“无废矢”，除兑现事先设定的奖品外，还临时增加了其他赏赐，显然把“亡废矢”仅仅理解为“无有未命中的矢”、“没有一箭不射中目标”或“没有浪费一箭”等都是不够的，“亡废矢”的射技要远远高于一般意义的“获”，亦即“射中”。文献记载有“射则贯兮”①，“贯谓穿侯”②，“不贯不释”③。再参照铜鼋所中四箭之情形，可知所谓“亡废矢”，不仅射中了目标，而且还深入鼋体几乎贯穿了过去。因此，“率亡废矢”应释意为皆贯穿靶的，没有作废不释的箭。

第三行第五字，李文、朱文、王文、宋文均释为“兄”，读如“贶”，为赏赐、赠予之意；裘文释为“㒸”，其义近于“告”。我们认为既然王命寝馗把鼋给了作册般，而作册般又承王意作了处理，那么，该字读“贶”还是比较妥当的。

① 《诗·齐风·猗嗟》，（清）阮元校刻：《十三经注疏·毛诗正义》，中华书局，1980年，第355页。
② 《诗·齐风·猗嗟》孔颖达疏，（清）阮元校刻：《十三经注疏·毛诗正义》，中华书局，1980年，第355页。
③ 《礼仪·大射仪》，（清）阮元校刻：《十三经注疏·仪礼注疏》，中华书局，1980年，第1002页。

最后一行“曰”字以下，句读、释意均有较大分歧。李文、王文断读为：“曰：‘奏于庸。’乍（作）母宝。”李文认为：“‘奏于庸’，是商王命寑馗把黿贶赐给作册般时传达的指示。”王命寝馗将黿赐给作册般，同时传达王的指示，“这是一件事，不是两件事”。据《逸周书·世俘篇》及孔晁等注，“奏庸”即击大钟。“甲骨文屡见‘奏庸’，但和文献一样，没有‘奏于庸’。”“我曾想过‘奏于庸’的‘于’能否读为意思是大笙的‘竽’，不过竽、镛连称不很合适，命作册即史官奏乐也远于情理。按古代史官与乐人有一定联系……由此推想，商王可能是命作册般咏诗，记述获黿的事迹，将之谱入以镛为主的音乐演奏。”若依照李先生的思路，似乎亦可断读为：“曰：‘奏于（竽）。’庸（用）乍（作）母宝。”《说文·用部》：“庸，用也。”这样理解，单就这两句而言，文字也比较通顺。但综合器物造型构思，则不如释庸器确切。王文认为：“甲骨文‘奏庸’的‘庸’读‘镛’，《尔雅·释乐》：‘大钟谓之镛。’‘奏镛’，是按照节拍敲钟奏乐的意思。不过，本铭‘奏于庸’与‘奏庸’却不完全相同。从语法结构上看，‘奏庸’是动宾结构，而‘奏于庸’是动词加介宾结构，二者有一定距离。愚意此处的‘奏于庸’是‘奏之于镛’的意思，其义是说商王要作册般把射获大黿的事创作成音乐用钟乐演奏出来，以显示自己的神武和权威。”“从《诗·商颂》和卜辞的记载看……把一些值得纪念的人和事创造成音乐保存下来，乃是当时的一个制度。”“为纪念此事(即商王贶赐)，作册般做了这个宝器献给母亲。”宋文句读与前二文相比，所不同者是去掉了引号，但亦认为是王“命寝馗贶赐乍册般，谱咏其事于镛钟演奏”，同时又说：“辞云‘奏于庸’，当是射后举行享礼的行仪之一。”以上把“奏于庸”，理解为把射黿的事迹谱之于镛来演奏，无疑是有一定道理的。然而从王的指示看，奏于庸实是作册般的职事，其个人并没有什么值得特别荣耀的，更不可能因此而为其母亲作纪念物，二者之间似没有必然的因果联系。所以作母宝之释读显然是有问题的。朱文断读为：“曰：‘奏于庸，乍（作）女（汝）宝。’”认为“‘曰’下应皆是王对作册般所说的话。”“庸读为镛，作为乐器，言‘奏庸’自然是合适的。但如像本铭这样言‘奏于庸’，还将‘庸’读为镛，从语法上似乎就不大讲得通。比较合适的训解是《周礼·春官》中‘典庸器’之‘庸器’。”“林尹《周礼今注今译》以为庸器‘谓有大功而可作纪念之器物’，比较有道理。”“在商晚期，也可能这种记功之‘庸器’可径称为‘庸’，有如东周典籍或称为‘彝器’者，在商、西周时代则可以单称作‘彝’，如商周金文中习见之‘宝障彝’的彝的用法。如果‘庸’在这里可以做这种解释，则铭文中‘奏于庸’之‘奏’即当读如《广雅·释诂四》所言‘奏,书也’。王命作册般‘奏于庸’，即命其将王四射皆中的精湛射术铭记于庸器上。作册般作为作册即史官，自然有此职责。”“女字在殷墟卜辞中虽也可读作‘母’，但在这里如读成‘作母宝’便很费解。所以‘女’在这里还是读为‘汝’较为妥帖。‘作汝宝’乃承上句‘奏于庸’而言，是王命作册般作此铭功之庸器后嘱其永宝之。”直译即“作为你的宝物”。相对而言，这样的诠释较为符合铭文主旨和铜鼋造型，可谓把握住了问题的本质，确是不易之论。裘文则句读为：“……曰：‘奏于庸作，𢆶宝。’”而且“曰”字前不加逗，与上句连读。尽管也认为“曰”下皆是商王命令寝馗告诉作册般的话，但标点和解释均与各家不同。裘先生认为“奏”可训为“进”。“庸”，与见于西周金文的“仆庸”之“庸”基本同义。“庸作”犹言“庸之所作”，指庸徒们工作的地方。“‘奏于庸作’的意思就是送进庸徒工作之所，可能指将捕获的身中四矢的鼋送进铸铜作坊，以仿铸铜鼋。”“因为铜鼋有铭文，需要史官撰写。”“铜鼋铸成后，原鼋的甲壳仍可送进骨角器作坊当原料。”“𢆶不应释为‘母’或读为‘汝’，而应该为‘毋’。”“‘毋宝’的意思就是不用当做宝物，应指不用把鼋的甲壳保存下来当做宝物。”作如此解虽然也有一定的道理，但颇为迂回。综合起来看，我们认为朱先生之说较为合理，应为精当解释。

据上所述，铭文大意是说，丙申日这一天，商王行射礼，王弋射于洹水，射得。商王射鼋，连续穿射了四支箭，皆贯穿鼋体，没有作废的箭。王命寝馗将此鼋赐予史官作册般，王说：“（将四射皆贯的射艺）铭记于庸器，作为你的宝物。”可见，铭文清楚地记述了商王在同一日所行的弋射和射鼋两种射礼。

2. 作册般铜鼋的年代与定名

作册般铜鼋的年代，学界的看法比较一致，推断根据主要有三个。其一是“铭文字体完全是商晚期作风”（王文）。李文认为：“字体风格与过去著录的一些商末铭文酷似，如‘王’字、‘令’字类于二祀𠨘其卣，‘获’字类于《怀特氏等收藏甲骨文集》1915虎骨。由此知道，铜鼋的年代也应属于商末。”朱文也认为：“本器铭的字形具商晚期晚叶的金文特征，这也指示器物铸成年代当在商晚期晚叶，约在帝乙、帝辛时代。”其二是其他金文说明作册般为商末王朝史官。本器器主人作册般之名亦见于另两件商晚期晚叶金文：“王宜人方，无敄（侮），咸，王赏作册般贝，用作父己障。来册”（作册般甗，《集成》944）。“癸亥，王迖于作册般新宗。王赏作册丰贝，大子赐东大贝，用作父己宝𩰫”（作册丰鼎，《集成》2711）。王文认为：“作册般甗记载的‘征人方’是殷末帝乙、帝辛征伐夷人的战争。”李文认为：“甗铭当与征人方有关，征人方一事已证明在帝辛（纣）时，所以作册般是纣的史官，铜鼋的时期也可由此确定。”其三是铭文与殷纣王已不常居洹上都城的文献记载相合。李文认为：“文献多称纣都朝歌，武王伐纣牧野之战的地理也符合其说。”“（《古本竹书纪年》）也说：‘纣时稍大其邑，南距朝歌，北据邯郸及沙丘，皆为离宫别馆。’是否射获洹水之鼋的时候，纣王以离宫为常居？这是我们应该考虑的问题。”王文对此则作了肯定，说“‘王迖于洹’也点明了商末的地域特点”。我们认为，根据西周时期周王多在都城辟雍举行射礼的情况分析，即使纣王以离宫为常居，但举行射礼时再回到洹上都城也没什么奇怪的。因此把铜鼋的年代定在商末帝乙、帝辛之时是可以信服的。

铭文记录了器主作器的因由，多数学者都认为是贶赐，“作册般是受赐者”，“也是本器之制作者”（朱文）。故缘青铜器的命名原则名之为“作册般铜鼋”。裘先生则提出了不同意见，他说，鼋铭“可能为作册般承王意而撰；并不是作册般因为被商王赐以死鼋，感到荣幸而作的。所以我们没有采用‘作册般铜鼋’这一器名”，而是取名为“商铜鼋”。裘先生的意见有一定的道理。既然作册般是承王意而撰作，且王又嘱其永宝之，这就如同井侯簋的定名一样，在没有更恰当的定名之前，可暂称为“作册般铜鼋”。

3. 作册般铜鼋及其铭文所反映的史事性质

作册般铜鼋造型构思奇特，“在迄今已见到的众多商代青铜器中，虽不乏鸟兽形器，即所谓鸟兽尊与兕觥，但其形象由于多经艺术加工，比较庄重、神奇，像本器这样整体仿生、写实性极强，甚至连射入鼋体的箭均如实表现出来的现实主义风格的工艺品似乎还未发现过”（朱文）。正是因为“此类像生而带铭文的铜器罕见，不易归类”（王文），再加上“铜鼋铭非常简略，不易理解”（裘文），学者对铜鼋及铭文所反映的史事的性质也存在着分歧。

关于作册般铜鼋的性质主要有三说。

（1）纪念物。李文认为：“铜鼋不属于礼器，在祭祀中无所用之。”“铜鼋只是对商王贶赐的纪念物。这就和西周的貉子卣因王赏鹿而铸饰鹿纹，盠驹尊因赏驹而模仿驹形一样。前面引及的宰丰雕骨也是纪念物，由于商王赐予大牛，于是保存其肋骨，雕刻纹饰铭文。鼋没有适用的部分可以留藏，于是造铜鼋以为纪念，是很自然的，与貉子卣等不同的是，所造的铜鼋不具有实用性，作册般只是作一件珍贵的纪念物奉献给母亲而已。”把铜鼋定性为因受商王贶赐而制作的献给母亲的纪念物。

（2）模型。王文认为：“此像生铜鼋的形体并不一定是原大，而仅仅是做一个模型来显示商王射箭百发百中的神威”，以及发力的异常猛烈。把铜鼋定性为彰显商王射箭神威的模型。

（3）庸器。朱文认为，铜鼋是铭功之庸器。商王四射“由于均中的，非常准确，故而才值得铭于器而颂扬”。“本器作册般受赐的是鼋，而鼋体易腐坏，故只能仿其真形制成青铜器以为纪念。”“而其也自然会想到，做一般形式的青铜礼器，不能具体生动地展现王之武功，故以写实手法做了此件非常形象的青铜鼋，与其所中的四箭。”“铸成此形当是用来显示射箭者（即商王）的孔武有力。”董珊同其说，并对古代庸器及其功用作了进一步的论述。[①]从而把铜鼋定性为铭记和展示商王射技的庸器。

① 董珊：《从作册般铜鼋漫说“庸器”》，《古代文明研究通讯》2005年第24期。

纪念物、模型、庸器三者本身并非截然分开或对立的，问题在于各家的阐释不同，所赋予之含义是否正确而已。

关于铭文所记史事的性质，主要有两说。李文、朱文、王文认为铭文是记录商王行猎之武功与受王赏赐之荣耀的，因此所记史事的性质是田猎与贶赐。裘文认为："鼋铭记载了商王射获并处理此鼋的情况"，只同意所记史事是田猎，而不同意有贶赐；宋文认为"此铭记商王帝乙陈列于洹水举行竟射"，把鼋铭所记史事的性质认定为射礼。实际上王先生在考释"奏于庸"时也曾联系到射礼，他说："商王要作册般把射获大鼋的事创作成钟乐演奏出来，一方面是为了宣传自己的神武，另一方面可能也跟射礼有关"，"商王百发百中射获大鼋的音乐故事，无疑会给当时的射礼增加新的舞乐"。但总的来看，宋文、王文在铭文的考释上，都没有完全摆脱田猎的窠臼与束缚。

拙文亦认为："这件作册般铜鼋背上的铭文说明其作器的缘起并不是因为'（商）王令寝馗兄于作册般'，作册般十分荣耀，为此'作母宝'，即为其母作了这件礼器。而是因为'率亡废矢'，射技武功高强，射者十分高兴，为此让人做了一个特别强调外部形态逼真的写实性的实物模型以作纪念。因而其性质很明确，就是纪念物。""不难看出，整个铜鼋模型，重点突出的是贯穿鼋体，仅露尾羽的四支箭，所显示的无疑是惊人的臂力。正因为发力威猛，连发连中，超乎人们的想象，常人无法做到，而商王却取得了这样的效果，所以才值得模型铭功以志纪念。""作册般铜鼋铭文所记史事和器物造型所展现的史实是射礼，如果把它与田猎挂钩，则有许多疑窦。""与此相反，如果把作册般铜鼋与射礼相联系，则颇能印证文献和西周金文的有关记载。"通过与甲骨文田猎刻辞、西周金文射礼文辞，以及文献记载的乡射礼、大射仪的比较分析，发现鼋铭与田猎文辞有明显区别，而与射礼文辞则多能印合。"整篇铭文主要记述王射的时间、地点、过程、结果与作器缘由，着眼处在射而不在鼋，重点强调的是'率亡废矢'"，而不是射获物，中心思想非常明确。若按田猎去理解，各家提出的疑窦确实存在，但若按射礼去理解，则霍然冰释，从而认定作册般铜鼋"是铭功的庸器，而不是庄重神奇又具有实用性的礼器；是颂扬商王射技武功的纪念物，而不是对商王贶赐的纪念物；是整体仿生的写实性极强的再现商王射艺的实物模型，而不是田猎物模型；其铭文是记载射礼的，而不是记载田猎的。一句话，铜鼋的铭文与器物造型所反映的史事是商代末期的一次水上射礼活动"。按照我们现在的理解，鼋铭确是继柞伯簋之后所发现的又一篇较为全面的射礼铭文。它记载了同一日的两件事，即王所行的两种射礼：弋射和射鼋。

4. 作册般铜鼋所展示的射礼行射方法

作册般铜鼋背甲左部斜插二箭，右后部斜插一箭，颈部左侧斜上方插一箭，皆深入鼋体，仅露箭尾，向头部方向倾斜。朱先生曾经指出："此四箭在鳖体外仅剩尾部，箭杆尾羽前大部分已射入鳖体，事实上穿透程度是否如此不可确知。"因此铜鼋所展示的射礼的射法也是一个不能回避的问题。

根据鼋的生活习性推测，行射的时候，鼋活动的状态可能有三种情况：一是伏于水底；二是由水下向上浮游；三是向岸上爬行。观察箭在鼋体上的位置与特点并从箭飞行轨道的角度考虑，鼋中箭的方向，证明了它是头朝着射箭者的。参照河北藁城台西村商代遗址 F10 文化层内发现的铜镞木杆箭长 85 厘米。[①]如果是向伏于水底的鼋行射，鼋与水底沉泥连为一体，再加上河水的阻力，要把 85 厘米长的箭射入鼋体至箭尾处显然是不可能的，更不可能射出颈部左侧那一箭的角度和效果来。即使射了第一箭，也会因为鼋的挣扎导致河水浑浊而无法继续行射。因此，如果是向洹水中行射，那么该鼋一定是在水中呈向上游行状态，四支箭的射入方向才能是这个样子，否则就无法解释颈部左侧那支箭的射行轨道。但对四支箭均射入鼋体至箭尾就不好解释了，因为鼋呈上浮状态用箭射是完全有可能把箭射至箭尾的，而射一箭后鼋即会沉入水底，另三支箭也就难以穿过鼋体再穿入泥土而均至箭尾处了。看来向水中行射是不可能有这种效果的。如果鼋向岸上作爬行状态时行射，虽然四支箭的射入方向也能达到铜鼋所展现的样子，但鼋腹贴地，几为一体，要把四支箭均射入至箭尾则同样也是不可能的。

我们分析，鉴于周代尚有射牲和竞射余获的礼仪，如《周礼·夏官·射人》："祭祀，则赞射牲。"郑玄注曰："烝尝之礼有射豕者。《国语》曰：'禘郊之事，天子必自射其牲。'"[②]《仪礼·乡射礼记》郑玄注引《尚书传》曰："凡祭，取余获陈于泽，然后卿大夫相与射也。"贾公彦疏云："已祭，乃以余获陈于泽宫中，卿大夫士共以主皮之礼射取之。"[③]当时很可能是把从洹水中捕获的鼋，用绳子绑住四条腿，头向下，悬挂在两根立杆之间做成箭靶的（彩图 5）。并且鼋体悬挂的还比较高，两根立杆又稍向后倾斜，而鼋首颈肩部即可上扬。这样四支箭的射行轨道则均可以解释通，同时作为单一的鼋体，四支箭皆射入鼋体至箭尾也就成为可能。《周礼·天官·司裘》记述周代以来的射侯曰："王大射，则共虎侯、熊侯、豹侯，设其鹄。诸侯则共熊侯、豹侯，卿大夫则共麋侯，皆设其鹄。""侯"即箭靶，"鹄"指靶心。郑司农云："方十尺曰侯，四尺曰鹄，二尺曰正，四寸曰质。"[④]乡射礼则张布侯，《仪礼·乡射礼记》曰："乡侯上个五寻，中十尺。侯道五十弓，弓二寸以为侯中。倍中以为躬。倍躬以为左、右舌。下舌半上舌。"杨天宇先生说：

---

① 河北省博物馆、河北省文管处台西发掘小组：《河北藁城县台西村商代遗址 1973 年的重要发现》，《文物》1974 年第 8 期。

② （清）阮元校刻：《十三经注疏·周礼注疏》，中华书局，1980 年，第 846 页。

③ （清）阮元校刻：《十三经注疏·仪礼注疏》，中华书局，1980 年，第 1011 页。

④ （清）阮元校刻：《十三经注疏·周礼注疏》，中华书局，1980 年，第 683 页。

"案侯之制，其当中部分称为中，中用布五幅，每幅长一丈，宽二尺二寸，每幅各以二寸为缝，则中正好一丈见方；中的上下各接一幅长二丈的布，叫做躬；上躬之上、下躬之下又各接一幅布，叫做舌，又叫个。上舌长四丈，两头各伸出一丈；下舌长三丈，两头各伸出五尺。纲即缀于上下舌端，而系于东西两柱，即所谓'植'上。"[①]据此可复原乡射礼所用之侯的形制，这也是射礼箭靶演变的最后形态（彩图5）。就鼋本身来说，四条腿极便张挂，圆形躯体亦非常适宜做靶心，且圆形比方形更难中，躯体甲骨比兽皮更难贯穿，可谓天然而成的侯靶。在战国青铜器人物画像纹射礼画像中也确有圆形箭靶的图案。[②]又据《周礼·考工记·梓人》：大射"张皮侯而棲鹄"[③]。《周礼·天官·司裘》郑玄注说："谓之鹄者，取名于鳱鹄，鳱鹄小鸟而难中，是以中之为隽。"[④]杨宽先生认为："'棲'原是鸟息止的意思，'鹄'而称'棲'，其原始本为小鸟可知……'侯'中设'鹄'，其原始，就是在兽皮中心放着鳱鹄作为标的。"[⑤]这个解释很对。由此也说明，一直到周代还仍然延续着以动物为侯的风习。鹄以"小鸟而难中"作为侯的，鼋以圆形而难中穿作为侯的，二者可谓有异曲同工之妙。以鼋为箭靶行射，类似于主皮之射、贯革之射和穿札之射。如果这一说法能够成立的话，它不仅再次证明鼋铭所记史事的性质是射礼，而且还证明商周时代的射礼确曾经历了一个从田猎竞射到行礼实射动物即射牲亦即射牢，再到张兽皮而射即"主皮之射"或"贯革之射"，再到用兽皮做侯或用布为侯或用兽皮饰其侧而为箭靶即射侯的发展历程，而铜鼋所提供的信息正是由射动物实体向射侯过渡的形态。

总之，通过对诸家说进行疏解和对自己的观点进行检讨后，我们认为从语法、文辞与射法的角度来看，鼋铭与射礼的关系密不可分。原释"戋"者，应释"弍"，读为"弋"，意即弋射。原释"隹"者，则因此而亦可释为"隻"，意即射得；"率亡废矢"，应释意为皆贯穿靶的，没有作废不释的箭；"王射"，与"获"、"贯射四"、"无废矢"一样，在当时都是记录射礼的专门术语或固定句式，也是射礼文辞有别于田猎文辞的显著标识；铜鼋既是铭功的庸器、展示商王射艺的实物模型，也是颂扬商王射技武功的纪念物，三者并不矛盾；鼋铭记载了同一日王所举行的两种射礼即弋射和射鼋；根据鼋的习性与活动状态、箭在鼋体上的位置与形态以及箭的长度与飞行轨道综合考虑，当时可能是把鼋悬挂在两个立杆之间作侯靶的，这说明商周时代的射礼确曾经历了一个从田猎竞射到射牲，再到射侯的发展历程，而铜鼋所反映的正是由实射动物到射侯的过渡形态。

---

① 杨天宇：《仪礼译注》，上海古籍出版社，2004年新1版，第134页、第90页注[5]。
② 故宫博物院燕射狩猎纹铜鉴残片，梓溪：《战国刻绘燕乐画像铜器残片》，《文物》1962年第3期。
③ （清）阮元校刻：《十三经注疏·周礼注疏》，中华书局，1980年，第926页。
④ （清）阮元校刻：《十三经注疏·周礼注疏》，中华书局，1980年，第683页。
⑤ 杨宽：《"射礼"新探》，《古史新探》，中华书局，1965年，第327页。

三、文献中的殷商射礼

传世文献有关殷商射礼的资料很少，仅可归纳出射礼场所与射天两个小问题。但从中已可以看出，在政治生活领域，统治者赋予了弓矢以多重象征意义，在一些军事、宗教巫术礼典中都有射仪。

（一）文献所见殷商射礼之场所

殷商甲骨文中已有䠶字，从此字来看，当时可能已有举行射礼的建筑场所，如卜辞云："大乙事王乡于䠶？"（《合集》27124）钟柏生先生认为："卜辞中'史''事'字形不分。""事"，"指祀事"。"乡"，读为"飨"，即古书中的"享"，"当释为'祭献'之义，较为恰当"。"䠶"，"即是后来的'榭'字。《尔雅·释宫》：'阇，谓之台。有木谓之榭。'《尔雅注》释'榭'云：'台上起屋。'郝疏云：'榭者，谓台上架木为屋名之为榭。古无榭字，借谢为之……书泰誓正义引李巡曰……台上有屋谓之榭……又云：无室曰榭。'""秦以前古文字中，'宀'与'广'偏旁往往可以互换……卜辞之'䠶'即金文之'廚'，也就是后来的'榭'字。"全句是卜问："为了进行大乙祭祀之事，王在䠶举行飨祭是否合适？"[①]参校传世文献记载，这种包含有台的建筑"䠶"，不仅是举行祭祀的场所，也是举行射礼的场所。

文献记载殷商时期的学校有序和庠，二者也是当时举行射礼的场所。前引《说文》说："殷曰庠。"《孟子》说："殷曰序"，"序者，射也"[②]。《说文·广部》云："序，东西墙也。"《尔雅·释宫》云："东西墙谓之序。"《乡饮酒礼》、《大射仪》、《士丧礼》郑玄注也皆云："东西墙谓之序。"[③]是知序原本是东西墙学射的地方。

序在甲骨文里无考，金文有廚无序。丁山先生以为"序当为廚，即射宫"[④]，但无说。容庚《金文编》也以廚为序，共举出三条证据。一是《礼记·乡饮酒义》孔颖达疏说"无室谓之序"，而《尔雅·释宫》说"无室曰榭"。二是廚和序古音相近。三是《唐韵》说"古者序榭同"。所以序就是榭，金文作廚，或省广作射。[⑤]陈梦家赞同其说，并又作了进一步的补充。按金文廚从广从矢从又，是一个象形字，象持矢发于弓而射于广。广是屋墙的象形，故金文廚字正是射于墙的象形。古时象形字到后来往往易为形声字，榭易广为木，以木为形符，射为声符。序易射为予，以广为形符，予为声符。《仪礼·乡射礼》"豫则鉤楹内"郑玄注曰："今言豫者谓州学也，读如成周宣榭灾之榭，《周礼》作序。"[⑥]"榭本又作谢，音同。"[⑦]《周

① 钟柏生：《释䠶》，见王学勤总编辑：《甲骨文论文集》第2辑，台中甲骨文学会丛刊，1998年。
② 《孟子·滕文公上》，（宋）朱熹：《四书章句集注》，中华书局，1983年，第255页。
③ （清）阮元校刻：《十三经注疏·仪礼注疏》，中华书局，1980年，第984、1032、1131页。
④ 丁山：《商周史料考证》，中华书局，1988年，第124页。
⑤ 容庚：《金文编》，中华书局，1985年，第660页。
⑥ （清）阮元校刻：《十三经注疏·仪礼注疏》，中华书局，1980年，第999页。
⑦ 《春秋》宣公十六年杜预注，（清）阮元校刻：《十三经注疏·春秋左传正义》，中华书局，1980年，第1888页。

礼·地官·州长》曰："以礼会民而射于州序。"故知豫榭音近，序廟古音亦近。《左传》宣公十六年云："成周宣榭火。"[①]西周金文有"宣廟"（如虢季子白盘，《集成》10173），知榭当作廟。杜预注说"宣榭讲武屋"[②]，讲武屋便是学射之处。《周礼·诸子》和《礼记·燕义》都说："春令诸学，秋合诸射。"郑玄注云："射，射宫也。"[③]射就是廟，也就是西周金文的宣廟，或作"宣射"（如𨛜簋，《集成》4297）。《春秋》文公十三年"大室屋坏"范甯注曰："屋者主于覆盖。"[④]《春秋》宣公十六年杜预注曰："无室曰榭，谓屋，歇前。"孔颖达正义曰："歇前者，无壁也。"[⑤]所谓榭无室者指其仅有墙、有屋顶，而无垣壁，其形状结构即是廊庑。《说文》新附："廊，东西序也。"可见序最早是靠着墙的，是有屋盖的，但无室无壁，如同廊庑，或谓游廊。由于它位于正室左右两旁的东西墙下，故又称东西序。

墙廂古音同，廂即序。《尚书·顾命》孔安国传曰："东西廂谓之序。"孔颖达正义引《尔雅》亦曰："东西廂谓之序。"[⑥]《汉书·诸侯王表》："不降阶序。"颜师古注曰："序谓东西廂。"[⑦]《后汉书·虞诩传》注引《埤苍》曰："箱，序也，字或作廂。"[⑧]《玉篇》也说："廂，东西序也。"《说文》新附则说："廂，廊也。"可证廂墙互通，廂即谓序、廊。庠廂古音也相同，故廂亦即庠。正室东西墙下的无室建筑，在礼制中称为序庠，在日常的居住名称上叫做榭、廂、廊庑。

序是行射的地方，《孟子·藤文公上》说得很明白。按《礼记·王制》云："耆老皆朝于庠，元日习射上攻，习乡上齿。"[⑨]知庠也是习射的地方。"序和庠同是学射的地方，但是它们也是有分别的：庠就是廂或墙，但指那个学射所在的墙而言；序就是廟，省作射，是指那个所以射的墙和射这件事，即以射这件事名所射的墙。""序庠塾堂是陆上习射的地方。"[⑩]以上说明殷商时期的射礼是在当时的学校里进行的，弓矢竞射已经有了比较固定的场所。

（二）射天

射天一事发生在殷商晚期的武乙和帝辛之世。《史记·殷本纪》说："帝庚丁崩，子帝武乙立。殷复去亳，徙河北。帝武乙无道，为偶人，谓之天神。与之博，令人为行。天神不胜，乃僇辱之。为革囊，盛血，仰而射之，命曰'射天'。武乙猎于河渭之间，暴雷，武乙震死。"正义曰："偶，对也。以土木为人，对象于人

① （清）阮元校刻：《十三经注疏·春秋左传正义》，中华书局，1980 年，第 1888 页。
② 《春秋》宣公十六年杜预注，（清）阮元校刻：《十三经注疏·春秋左传正义》，中华书局，1980 年，第 1888 页。
③ （清）阮元校刻：《十三经注疏》，中华书局，1980 年，第 850、1690 页。
④ （清）阮元校刻：《十三经注疏·春秋穀梁传注疏》，中华书局，1980 年，第 2409 页。
⑤ （清）阮元校刻：《十三经注疏·春秋左传正义》，中华书局，1980 年，第 1888 页。
⑥ （清）阮元校刻：《十三经注疏·尚书正义》，中华书局，1980 年，第 239 页。
⑦ （汉）班固撰，（唐）颜师古注：《汉书》，中华书局，1962 年，第 397 页注[四]。
⑧ （南朝宋）范晔撰，（唐）李贤等注：《后汉书》，中华书局，1965 年，第 1872 页注[五]。
⑨ （清）阮元校刻：《十三经注疏·礼记正义》，中华书局，1980 年，第 1342 页。
⑩ 陈梦家：《射与郊》，《清华学报》1941 年第 1 期。

形也。”索隐述赞曰：“武乙无道，祸因射天。”[①]《史记·封禅书》也说：“帝武乙慢神而震死。”索隐曰：“谓武乙射天，后猎于河渭而震死也。”[②]《史记·龟策列传》还说，纣“杀人六畜，以韦为囊。囊盛其血，与人县而射之，与天帝争彊……以是观之，安得久长！虽无汤武，时固当亡”[③]。武乙“射天”和殷纣射天帝、与“天帝争彊”，基本上是一样的，当都源于古代射杀蠻神的风俗，显然也是借用巫术魔法而举行的射礼。但自汉代的司马迁以来至唐代的司马贞、张守节等史家，都把它看成是武乙暴死和殷纣亡国的一个重要原因。按《史记》及索隐所说，武乙诟天侮神，当然要死于非命了！殷纣“慢于鬼神”[④]，与天帝争彊，当然也要身死国亡了！其实武乙猎于河渭，为暴雷所击杀，也不一定是事实。“试看甲骨文关于田游的记载，总是先问雨，不雨，然后出猎，难道武乙田猎，就不问晴雨，也不躲避疾雷暴雨吗？这才是怪事！然一细味古本《纪年》云：‘武乙即位，居殷。’（《御览》83引）‘卅四年，周王季来朝，王赐地三十里，玉十瑴，马八匹。’（《御览》83引）‘卅五年，周王季伐西落鬼戎，俘二十翟王。’（《后汉书·西羌传》注引）武乙之死于河渭，似乎不是田猎，可能是去征伐周王季，兵败被杀，殷商史官乃讳言‘暴雷震死’而已。”甲骨卜辞有：“丁酉卜，亚皀以众涉于冒，若。”（《粹》1178）“辛未卜，王夲徝。”（《粹》1192）“甲辰贞，皀以众𠂤伐旨方，受又。”（《粹》1124）“王登……往伐旨，受又。”（《粹》1126）前一辞正是“武乙猎于河渭之间”的纪事。知武乙晚年确曾用兵于渭水流域，“其死于战争，或为周人所杀，自是意中之事”。武乙之伐旨方，也是要剪灭周王季的与国。“由敦徝，伐旨方的地望测之，商周两大民族的对立，到了武乙时代，碻很严重。”“所以断定武乙死于河渭之间，绝不是‘暴雷震死’，而是死于兵败。”[⑤]

至于武乙为什么射天，历代史家与注疏家则没有涉及。司马迁也只是以“帝武乙无道”而一语带过。现代学者杨宽先生说 “这里所谓‘天神’，实际上是指敌国的‘天神’”[⑥]，但未深论。有学者指出，商、周分属于不同的宗教神系，商人崇拜的最高神称“帝”不称“天”，而周人称“天”不称“帝”。“帝”是商族的保护神，导源于商部落的祖先崇拜，是商人图腾“玄鸟”的影子，也是中原文化的产物。“天”是周族的保护神，导源于周人对自然的崇拜，是西部高原文化的产

---

① （汉）司马迁撰，（宋）裴骃集解，（唐）司马贞索隐，张守节正义：《史记·殷本纪》，中华书局，1982年第2版，第104页及注[二]、第110页。

② （汉）司马迁撰，（宋）裴骃集解，（唐）司马贞索隐，张守节正义：《史记·封禅书》，中华书局，1982年第2版，第1356页及注[五]。

③ （汉）司马迁撰，（宋）裴骃集解，（唐）司马贞索隐，张守节正义：《史记·龟策列传》，中华书局，1982年第2版，第3235页。

④ （汉）司马迁撰，（宋）裴骃集解，（唐）司马贞索隐，张守节正义：《史记·殷本纪》，中华书局，1982年第2版，第105页。

⑤ 丁山：《商周史料考证》，中华书局，1988年新1版，第153、154、156页。

⑥ 杨宽：《“射礼”新探》，《古史新探》，中华书局，1965年，第337页。

物。[①]商周至上神信仰的不同，从双方对天命的态度上也可以反映出来。当殷纣失权重、西伯伐灭飢国时，贤臣祖伊奔告纣曰："今我民罔不欲丧，曰'天曷不降威，大命胡不至？'今王其柰何？纣曰：'我生不有命在天乎？'"当周武王东伐至盟津，诸侯叛殷会周者八百。诸侯皆曰："纣可伐矣。"武王曰："尔未知天命。"乃复归。[②]由是知"天"确是周人的至上保护神。按武乙之世，正是周王季历大有作为、国家意识非常强烈的时候。从考古发现来看，大约到武乙、文丁之后，商文化分布的西界就已退至西安以东，先周文化陡然在关中兴盛起来，并向东面扩张，将商文化排挤出关中。周族国家的形成与势力的逐步东渐，便构成了对商政权的严重威胁，从而也引起了商朝统治者的警觉与担忧，认为周的壮大都是周族保护神"天"护佑的结果。在宗教信仰领域则被视为是"天"向"帝"挑战，企图争得"帝"的地位，以达到周统治天下之目的，这当然是商族人所不能允许的。武乙"射天"，就是射周族的保护神天神。它既不是一个偶然事件，也不是武乙无道，而是武乙除军事制裁之外在宗教领域所采取的一项巫术诅咒措施。"在信仰时代，信仰冲突与巫咒施术是部族之间冲突的重要表现形式。""在古人看来，巫术可以起到巨大的神秘作用。"[③]武乙射天正是试图用射天的模拟巫术方式来达到制服敌方主神、扼制周人东扩、以求得胜利之目的，折射出商周两个族群之间在宗教领域曾发生过天、帝信仰的激烈冲突，这种冲突与考古学所反映的文化冲突和甲骨文所反映的军事冲突都是一致的。帝辛之世，商周冲突日益加剧，因此帝辛仿效其先辈武乙之做法，再度向天行射，施以诅咒巫术，也就不难理解了。这说明商周之间的严重冲突决然不仅仅是在殷纣之时，而实是在武乙之时就已经开始了。纣王没有在施行射天诅咒的同时而对周采取积极的军事措施，所以武王克商，其亡必速矣。

四、殷商射礼的性质与功能

甲骨文、金文及文献所见殷商时期的射礼，不仅有射牢、射帝、射天，而且还有射侯、贵族子弟的弓矢竞射、其他贵族成员的弓矢竞射和王射等。这些不同种类的射礼，其性质与功能也是不一样的。归纳起来可总结为以下几点。

（1）殷商射礼的宗教性质。射牢就是带有这种性质的射礼，它包括祭祀前的射猎和祭祀时的射牢。尤其是前者甲骨刻辞记录得比较多，其目的是供给祭祀，即《左传》襄公三十年所谓："唯君用鲜，众给而已。"杜预注："鲜，野兽。"[④]《榖

① 蔡先金：《试论商周之际的宗教变革》，《中国文化研究》冬之卷，2001年12月，第54~59页；朱凤瀚先生认为周人也有帝（详见朱凤瀚：《商周时期的天神崇拜》，《中国社会科学》1993年第4期），如㝬钟铭"隹皇上帝百神"（《集成》260）等，但这种观念似乎出现较晚。周人早期确是称"天"不称"帝"的。

② （汉）司马迁撰，（宋）裴骃集解，（唐）司马贞索隐，张守节正义：《史记·殷本纪》，中华书局，1982年第2版，第107、108页。

③ 蔡先金：《"刑天"神话的历史解读》，《东岳论丛》2008年第1期。

④ （清）阮元校刻：《十三经注疏·春秋左传正义》，中华书局，1980年，第2014页。

梁传》桓公四年所谓“四时之田，皆为宗庙之事也”[①]，均说射猎是为了获取祭祀所用的牺牲。而祭祀时王射牢的用意则是以示亲杀，表现王对祭祀祖先神灵的虔诚与崇敬。其目的是祈求祖先神灵保佑，攘祸致福。“对于祖先、神明的崇拜及其崇拜的仪式，便构成了所谓宗教。”[②]恩格斯曾经说过：“任何宗教都不是别的，而是人们日常生活中支配着人们的那种外界力量在人们头脑中之幻想的反映，在这反映中，人间的力量采取了非人间力量的形式。在历史的初期，这样被反映的，首先是自然的力量，在往后的演变中，自然的力量在各国人民中获得各种不同的复杂的人格化。”[③]祭祀祖先神灵，是出于宗教心理，当为宗教性质的内容。射牲牢则是整个祭祀之礼中的一项射仪，因此也应属于宗教性质的范畴。

（2）殷商射礼的巫术性质。像射帝、射天等都是具有这种性质的射礼。虽然它们的矢射对象不同，但所采取的矢射的礼仪形式则是一样的，即都用射箭巫术来降服孽帝和敌方保护神。这种射仪把当时最灵验的精神“法宝”——巫术，与当时最先进的杀伤兵器弓箭及射术结合起来，从而就形成了人们头脑中所幻想的超人的力量。其目的是为了厌胜、避邪，驱除妖孽祸害，祝诅对自己不利的神灵与人鬼。

（3）殷商射礼的教学与军事教练性质。射侯、贵族子弟的弓矢竞射即是这种性质的射礼。射礼是古代贵族子弟必须掌握的技艺。《礼记·内则》篇云：“成童，舞《象》，学射御。二十而冠，始学礼。”郑玄注曰：“成童，十五以上。”孔颖达疏曰：“舞《象》，谓武舞也。”[④]今据甲骨文及《孟子·滕文公上》等文献，可知，尚武习射早在商代就已经成为贵族子弟受教育的教学内容。商王及其武官亲自执教，其他邦国也多派遣子弟前来游学。贵族子弟在野外以动物为目标的弓矢竞射，主要是熟悉各种弓的性质，以掌握弓法。在学校建筑物内以射侯为目标的弓矢竞射，主要是熟悉视准与各种矢镞的性能，以掌握箭法。其目的是为了提高贵族子弟军事作战的矢射技术水平。另外，王射在客观上，也有教学示范、倡导贵族子弟学射习武的作用。祭祀前的射猎，也具有军事演习、检阅军队或部署战斗的性质。所谓“已有三牲必田狩者……所以共承宗庙，示不忘武备，又因以为田除害。”“习斗也者，男子之事也……故于蒐狩闲之也。”“乡之取也，于囿中，勇力之取也。”[⑤]“因蒐狩以习用武事，礼之大者也。”[⑥]这些都说明祭祀前的射猎也有练习武艺的目的。

（4）殷商射礼还具有考察、笼络邦国首领的性质。像王射及王与其他贵族成员的弓矢竞射即为这种性质的射礼。它是由殷商国家结构的客观因素所造就的。

---

① （清）阮元校刻：《十三经注疏·春秋穀梁传注疏》，中华书局，1980年，第2374页。

② 陈梦家：《殷虚卜辞综述》，中华书局，1988年，第561页。

③ 〔德〕恩格斯著，吴黎平译：《反杜林论》，生活·读书·新知三联书店，1954年，第104页。

④ （清）阮元校刻：《十三经注疏·礼记正义》，中华书局，1980年，第1471页。

⑤ （汉）伏生：《尚书大传》卷五，（清）陈寿祺：《尚书大传辑校》，（清）王先谦编：《清经解续编》，上海书店，1988年；又见四部丛刊初编本，上海商务印书馆，1929年影印。

⑥ 《穀梁传》昭公八年，（清）阮元校刻：《十三经注疏·春秋穀梁传注疏》，中华书局，1980年，第2435页。

当时所谓商的邦国范围很大，其中还间杂着一些较小的方国。大体情形是：以王都为中心，王都之外为“四土”，四土的边地为“四戈”，即四域，又称邦边，亦即西周金文所说的“殷边”，其首领为“侯甸”与“多甸”。殷边以内的四土又称邦内，亦即西周金文的“殷邦”，其中有不少是族邦，殷邦的统治者为“多伯”与“多君”。殷边以外是“四方”、“多方”，大都是商所征伐的敌国，其统治者为“邦伯”。三者都可称为诸侯。商王国以王为最高统治者，多方及其他邦国与商王国是臣服关系，有贡纳、代王征伐的义务，邦国受到敌国侵扰时商王有助征的责任。由于这种天下格局与邦国关系，商王最担心的就是邦国叛离。为维护其统治，商王除通过占卜由神明来决策方国臣服与否和采取征伐以降服不来侯外，还经常举行射礼，以威镇服邦内外侯伯，以其心态与表现考察邦国首领是否有奸心。同时，通过举行射礼还可以起到笼络人心、融洽邦国关系的作用，这就在一定程度上避免了邦国不来王和不臣商事情的发生。

五、殷商射礼的特点与发展阶段

殷商时期射礼活动非常频繁，无论是专门举行的射礼，还是其他礼典中的射仪，均比较多。归纳起来，殷商射礼与其前的射礼及其后的周代射礼相比，有以下几个显著特点。

（1）种类开始增多，以弓矢竞射为目的的射礼已经出现并流行起来。殷商时期的射礼已不再是单一的一种射礼，而是多种射礼共存。按其性质大体可分为三类。一是以射取祭祀所用牺牲为目的的宗教类射礼，如射牢、射牲等。二是以降妖祝诅为目的的巫术类射礼，如射帝、射天等。三是以弓矢竞射为目的的竞技类射礼，如贵族子弟的包括射侯在内的弓矢竞射、王射、王暨多方贵族成员的弓矢竞射等。其中弓矢竞射礼的出现，是射礼摆脱宗教、巫术、田猎束缚的一个重要标志。也正是因为弓矢竞射礼的出现，才决定了射礼的发展方向，射礼也最终发展成为一种真正独立的重要礼制。

（2）行射者的身份发生了重要变化。殷商时期的射礼，尽管与巫术、祭祀、田猎尚存在着种种联系，但脱离了巫术、祭礼与田猎束缚的弓矢竞射礼已经出现。它的出现使行射者的身份由原来的巫师、部族首领、国王等少数人，推广到殷商贵族子弟、邦国首领及其子弟等较多的群体。因此有学者说，晚商射礼“社会化功能取向的世俗因素已明显偏重，成为贵族子弟必须谙习的基本技能”[①]，可能就是从这个角度来讲的。

（3）殷商时期的弓矢竞射礼还带有田猎的一些传统习惯。弓矢竞射礼起源于

---

① 宋镇豪：《从花园庄东地甲骨文考述晚商射礼》，《中国文物研究》2006年第1期。

田猎，殷商时期由贵族子弟或商王或商王暨其他贵族成员参与的弓矢竞射礼，刚从田猎中分离出来不久，因此还保留有许多田猎的传统习惯与做法。最能说明这一问题的有四点：一是弓矢竞射礼通常在水泽原野处或泽畔建筑设施内进行。商代尽管已经有了举行射礼的建筑场所，如庠、序、射等，但仍有一些弓矢竞射礼是在野外举行的，如麗（《花东》2、37）、阸（《花东》288）、濘（《花东》467）、滩（《花东》467、7、37）、洹（《作册般铜鼋铭》）等，都是当时贵族子弟和商王行射礼的地点。洹，即洹水，又名安阳河。[1]麗、阸、濘、滩，宋镇豪先生认为“当在水泽原野处”[2]。据王国维、郭沫若、董作宾、陈梦家、王然伟、陈炜湛等学者考证，雝，即雍，在怀庆府修武县西沁阳东北[3]；地“近吴泽大陆之处，与甯相近”[4]。罞、寧、濘，在今河南获嘉修武境[5]，“此地是大陆吴泽所在。”[6]阸、寧、雍都属于殷王的“沁阳田猎区”，“所田之处，多在泽薮与山麓”[7]。商王和贵族子弟行射礼的地点也选在近水泽处，其中阸、濘、滩同时也是殷王的田猎地。二是以动物实体为弓矢竞射的目标。举行射礼的地点在非常适合禽兽聚集生存的水泽原野处，其矢射的目标自然是飞禽野兽，这与甲骨刻辞所提到的羊、豿、鹿、萑等动物泽鸟也正相一致。而作册般铜鼋所展示的情形，更无可争议地说明当时是以鼋体作为侯靶来竞射的。三是弓矢竞射礼的最后还要举行祭祀先祖的仪式。古代田猎归来必有献禽致祭宗庙之仪式，因此殷商射礼用牛豕牺牲及鬯酒祭祀先祖，当由田猎的献禽致祭之礼俗发展而来。四是对举行射礼地点的选择十分重视。商代重占卜，凡生活之中一切重要之事，大到征战、小到求医等，均要先求问于“神明”，以卜吉凶。殷人田猎总是要先问雨不雨，田于某地有没有灾祸，然后才出猎，可知田猎是有一定危险的。射礼也在田猎地举行，持续的时间也比较长，这种关系到贵族子弟行射是否顺利的事，自然也要先行占卜了。“子射”卜辞中，对于举行射礼的地点的选择十分重视，可能就是基于同样的考虑。以上表明，殷商时期的弓矢竞射礼确实带有田猎的不少传统习惯与做法。

（4）殷商时期的弓矢竞射礼已开始规范化。殷商时期的弓矢竞射礼，虽然射的成分多一些，礼的成分少一些，也不及文献记述的大射、宾射、燕射礼那样完善，但已开始向规范化方向发展。贵族子弟的弓矢竞射礼，前后持续20多天，先后在三个地点行射，三番射之后又返回到起始地复射，射后有享祭先祖之仪式，

---

① （北魏）郦道元：《水经注·洹水注》，中华书局，1988年。
② 宋镇豪：《从花园庄东地甲骨文考述晚商射礼》，《中国文物研究》2006年第1期。
③ 王国维：《殷虚卜辞中所见地名考》，《观堂集林》附《观堂别集》卷一，中华书局，1959年，第1154页。
④ 陈梦家：《殷虚卜辞综述》，中华书局，1988年，第260页。
⑤ 陈炜湛：《甲骨文田猎刻辞研究》，广西教育出版社，1995年，第61页。
⑥ 陈梦家：《殷虚卜辞综述》，中华书局，1988年，第261页。
⑦ 陈炜湛：《甲骨文田猎刻辞研究》，广西教育出版社，1995年，第42~69页；陈梦家：《殷虚卜辞综述》，中华书局，1988年，第261~262页。

整个议程安排得非常周密。贵族子弟分别用丙弓、迟彝弓、疾弓进行常规射、慢射、快射三种不同的弓法训练，特别注重弓的性能暨弓的用法。商王进行的弓矢竞射礼，也是三番射，每番射四矢，特别讲究箭贯穿目标的力度与箭法。殷商贵族子弟随着年龄由成童到成人的增长，可能有一个从熟悉弓的性能到熟悉箭的性能的发展过程，因此其射礼也有一个从弓法到箭法的转变过程。另外，殷商甲骨金文还出现了记录射礼的专门术语，如子射、子其射、王射、获、亡废矢等。所有这些都说明殷商时期的弓矢竞射礼已开始逐渐规范化了。

（5）殷商时期的射礼有许多方面都可与周代的射礼相比照。如殷商时期商王及贵族子弟通常习射于水泽原野处，泽畔建有与习射相关的建筑设施。周代也有“习射于泽……而后射于射宫”①。周金文也说王经常在辟雍大池行射（麦方尊，《集成》6015；井鼎，《集成》122；遹簋，《集成》4207；静簋，《集成》4273；伯唐父鼎，《集录》356）。文献所言射于泽和金文所言射于大池，与商甲骨金文所说的在滆、滩、洹等水泽处行射礼颇为相似。殷商时期射礼的最后有祭祀先祖的礼仪，这种祭祀先祖的礼俗，到周代乡射礼与大射礼末了的饮酒礼仪中还保留有它的影子。②二者也可相互对照领会；殷商时期射礼已被列为贵族子弟学校的教学内容，并有专门为贵族子弟举行的弓矢竞射礼。周代也规定贵族子弟成童必须“学射御”，二十“始学礼”③，射是学校的六门课程之一。周王还派专人“司射学宫”，教小子小臣学射，并定期举行射礼进行检阅（静簋，《集成》4273）。商周在这方面也是相通的；商铜鼋铭文有王射，周麦方尊、令鼎、十五年趞曹鼎铭文也有王射（《集成》6015；2803；2784），这种由王进行的弓矢竞射礼似乎在商代晚期就已经成型了；殷商时期的弓矢竞射礼有三番射、复射、贯射，并以四矢为礼限。周代的射礼也有三番射、复射、将乘矢（《仪礼・乡射礼》、《大射仪》），“射则贯兮，四矢反兮”④，“不贯不释”之规则⑤，可互为补苴；商铜鼋铭文有“王命作册般‘奏于庸’，即命其将王四射皆中的精湛射术铭记于庸器上。作册般作为作册即史官，自然有此职责”⑥。在周代礼典上不仅设有监即司正督察礼仪，而且还设有记事记言的史官，以记载礼典进行的情况。前者通设于各种射礼，而后者则仅见于周王参加的射礼，如大射⑦、燕射等。⑧西周射礼中的史官与作册般在射礼中的

① 《礼记・射义》，（清）阮元校刻：《十三经注疏・礼记正义》，中华书局，1980年，第1689页。

② （清）阮元校刻：《十三经注疏・仪礼注疏》，中华书局，1980年，第1008、1042、1043页。

③ 《礼记・内则》，（清）阮元校刻：《十三经注疏・礼记正义》，中华书局，1980年，第1471页。

④ 《诗・齐风・猗嗟》，（清）阮元校刻：《十三经注疏・毛诗正义》，中华书局，1980年，第355页。

⑤ 《仪礼・大射仪》，（清）阮元校刻：《十三经注疏・仪礼注疏》，中华书局，1980年，第1002页。

⑥ 朱凤瀚：《作册般鼋探析》，《中国历史文物》2005年第1期。

⑦ 《仪礼・大射仪》中有大史、小史：“大史在干侯之东北”，“大史俟于所设中之西，东面以听政”，“小史命获者”。（（清）阮元校刻：《十三经注疏・仪礼注疏》，中华书局，1980年，第1029、1034、1037页）

⑧ 《诗・小雅・宾之初筵》中有监史：“既立之监，或佐之史。”（（清）阮元校刻：《十三经注疏・毛诗正义》，中华书局，1980年，第487页）《仪礼・燕礼》中有祝史：“祝史立于门东。”（（清）阮元校刻：《十三经注疏・仪礼注疏》，中华书局，1980年，第1015页）

角色相同，这说明二者也是有继承关系的；殷商甲金文已有专门的射礼术语，如王射、获、亡废矢等。西周射礼金文及东周礼书中也有这些专门术语；殷商甲骨金文有射牢之礼。周代天子禘郊也“必自射其牲”，诸侯祭祀宗庙也“必自射牛”[①]。这种在祀典中天子和诸侯亲自射牲的礼仪，在殷商时代也已经有了；据甲骨文与传世文献，殷商时代有巫术矢射礼仪，周代也有这种射仪。这些说明殷商时期射礼的行仪构成要素与行礼程序与仪节等方面，都与金文乃至古文献记述的周代射礼有许多共同点，显然，周代以降的射礼实当源自殷礼。孔子说“殷因于夏礼”，但于射礼无考。“周因于殷礼”[②]，则于射礼最能说明之。因此，谓“《仪礼》中‘乡射’、‘大射’诸礼，可能是由商代的教育逐渐演成的”[③]。其说确是有征有据的。

综上所述，殷商时期射礼已有了不同的种类。不仅有巫术色彩浓厚的射天、射帝之礼仪和宗教性质的射牲牢之礼，而且以弓矢竞技为目的的射礼也已经出现并迅速流行起来。弓矢竞射礼既有子射、王射，也有王暨多方贵族成员的弓矢竞射。其形式既实射动物，也有射侯。其行射地点与场所，既有水泽原野处及泽畔的建筑设施，也有比较固定的庠、序、射等建筑场所。殷商时期射礼已开始规范化，并有了专门的术语。殷商射礼的构成要素、竞射规则、行礼程序及仪节，与周代的射礼也有许多共同之处。周代以降的一些射礼种类，早在殷商时代就已经有了。凡此等等，都毫无疑问地表明射礼在商代晚期已经形成。因此，殷商射礼在中国古代射礼发展史上所处的阶段，应为射礼的形成时期。

六、商代射礼形成的历史原因与社会背景

商代是一个集神权与王权统治于一体的社会，射礼的形成有诸多历史原因，其中社会观念是很重要的一个方面。一定的社会观念是一定的社会存在的反映，并随着社会存在的变化，必然或迟或早地发生变化。但它又具有相对的独立性，对社会的发展起着很大的能动作用，即促进或阻碍作用。在特定的社会经济基础改变后，反映该基础的社会观念在相当长的时间内还会存在，并产生一定的影响。我们透过商代射礼所反映的弓矢崇拜观念、尚武观念、祖先崇拜观念、四方观念等发现，正是这些社会观念直接影响了商代射礼的类型、构成要素与内涵。商代射礼的形成，又是与当时的巫风盛行、田猎射术军事训练功能的缺失、战争频繁、弓箭射术军事作用的提高、学校教育制度的确立等诸多社会背景分不开的，由它们构成的社会环境正是孕育商代射礼的土壤。

---

① 《国语》卷十八《楚语下》，李维琦点校：《国语·战国策》，岳麓书社，2006年第2版，第138页。
② 《论语·为政》，杨伯峻：《论语译注》，中华书局，1980年第2版，第21~22页。
③ 丁山：《商周史料考证》，中华书局，1988年，第124页。

（一）殷商射礼所反映的社会观念

1. 弓箭崇拜观念

灵物崇拜是原始社会的一种普遍现象。由于某种东西对人类的生存产生过重大影响，人们便会产生敬畏心理，将它视为一种具有超自然力量的神灵之物加以膜拜。进入文明社会以后，这种现象仍然以各种形式继续存在于人们的观念中。弓箭崇拜就是这样的灵物崇拜现象，其产生尽管很早，但商周时期依然牢固，尤其是商代更为牢固。古人认为弓箭可以驱除灾祸，能给人们带来财富与吉祥，往往把它作为镇物悬挂在居室，以示吉庆。如“吉”字，甲骨文写作“[illegible]”（《京津》3146），就是以家中有箭的形象来表示吉之字意的。“凵”，刘志基以为是上古先民居室穴居之象形[①]，“凵”中之物，叶玉森以为是矢锋（《甲骨文字集释》卷三），其说甚为精当，皆可信从。以弓箭祈求吉庆的心态，在以后历代都存在。如成都百花潭中学十号墓出土的战国铜壶第二层画像中，有一座正在举行宴饮的室堂内就悬挂了一张弓。[②]《礼记·内侧》篇记有：“子生，男子设弧于门左。”设弧，即设弓，“示有事于武也”[③]。《风俗通·怪神》所记“杯弩蛇影”[④]和《晋书·乐广传》所记“杯弓蛇影”[⑤]的故事，也均反映了室壁上悬挂弓弩的习俗。这种习俗在现代一些少数民族中仍有存留，如永宁纳西族则多在家中供奉几支箭，认为这些箭能避邪驱鬼，保佑家庭吉祥安宁。[⑥]辽宁满族地区“生男孩则在家门口悬挂小弓和箭”[⑦]，珞巴族 “不管谁家生了男孩，邻居和亲友都要登门祝贺，送来弓箭作为礼物”[⑧]。悬弓、陈矢、赠弓箭，都是出自同一种心态的弓箭崇拜的古老习俗。

在生产力极其低下的原始社会，先民们的思维乃是一种巫术思维。由于这种思维的作用，当时最具杀伤力的弓箭便又与最具魔力的巫术结合在了一起，弓箭被赋予了巫术的意义，有了巫术上的更为巨大的御蛊驱灾能力，可以祓禳邪气不祥，从而使弓箭由人们喜爱的工具与兵器，变成了令先民们敬畏的具有非凡神威的灵物。弓矢不仅可以“威天下”[⑨]，还可以射“妖怪”、“救日月”，并有了专门的救日弓、救月弓和救日月之矢。[⑩]弓矢崇拜已达到了极点。尧时的羿射十日，按常理，“夫令射也，不过百步，矢力尽矣……天之去人，以万里数，尧（使羿）上

---

① 刘志基：《从若干以弓箭形象构形的汉字看先民的弓箭崇拜》，《华东师范大学学报》1989 年第 5 期。

② 四川省博物馆：《成都百花潭中学十号墓发掘记》，《文物》1976 年第 3 期。

③ （清）阮元校刻：《十三经注疏·礼记正义》，中华书局，1980 年，第 1469 页。

④ （汉）应劭撰，王利器校注：《风俗通义校注》，中华书局，1981 年。

⑤ （唐）房玄龄等：《晋书》，中华书局，1974 年。

⑥ 宋兆麟等：《中国原始社会史》，文物出版社，1983 年，第 467 页。

⑦ 郑传寅、张健主编：《中国民俗辞典》，湖北辞书出版社，1987 年，第 13 页。

⑧ 唐祈，彭维金主编：《中华民族风俗辞典》，江西教育出版社，1988 年，第 382 页。

⑨ 《易·系辞下》，（清）阮元校刻：《十三经注疏·周易正义》，中华书局，1980 年，第 87 页。

⑩ 《周礼·秋官·庭氏》，（清）阮元校刻：《十三经注疏·周礼注疏》，中华书局，1980 年，第 889 页。

射之，安能得日？”[①]然从巫术之思维而言则又是可能的，即以为“射”具有超越其自然力的神秘能力。既然如此，那弓箭自然也不是等闲之物了。商代的射帝、射天等，也都是这种巫术思维的产物。所有这些都反映了人们对弓箭的喜爱、敬畏，认为弓箭有灵，射有神奇功效的弓箭崇拜观念。

2. 尚武观念

商代是一个崇尚武功的社会。《盐铁论·大论》说：“虞、夏以文，殷、周以武，异时各有所施。”[②]即是对上古社会崇尚风气的总结。其实尚武观念出现很早，伏羲氏时代的以俪皮为嫁娶之礼，所反映的亦当是崇尚男子勇武的观念。周代婚礼中的“用雁”或“委禽”[③]，田猎中的献禽制度，所体现的也都是尚武观念。社会环境与生活条件不同，崇尚风气必然有异。虞夏商周所异者，只是崇尚程度不同而已。商代不断征伐外族邦国、开拓疆域的战争环境，使行止勇武而有威仪逐渐成为评介一个人体魄和才能的标准，商代诸王也大都以勇武为美誉。甲骨刻辞与传世古文献中就每每以“武”来作为商王的美称，如武唐、武丁、武乙、文武丁等。武唐，文献又称“武汤”，即商开国之君成汤，史称其勇武有为，他本人也以甚武而自号为武王。《史记·殷本纪》说：“汤自把钺以伐昆吾，遂伐桀”，革孽夏命，“作《汤誓》。于是汤曰：‘吾甚武’，号曰武王”[④]。《诗·商颂·长发》云：“武王载旆，有虔秉钺，如火烈烈，则莫我敢曷。”毛亨传曰：“武王，汤也。”《玄鸟》又云：“古帝命武汤，正域彼四方。”郑玄笺曰：“天帝命有威武之德者成汤，使之长有邦域，为政于天下。”[⑤]武丁是殷道中兴之主，又称“大京武丁”（《屯南》4343），大京即高大壮武之意。他曾南征荆楚，所向披靡。《诗·商颂·殷武》称云：“挞彼殷武，奋伐荆楚。罙入其阻，裒荆之旅，有截其所。”毛亨传曰：“殷武，殷王武丁也。”[⑥]武乙也是一位勇武有胆量的商王，他曾向天神挑战，征伐周、丹淅与羌方，丁山先生曾评论说：“武乙虽身死渭汭，他尝远伐丹淅，四征不庭，颇有乃祖武丁之风，庙号为武，当之无愧。”[⑦]有些商王及其祖先，其名前虽未冠武字，但也以勇武著称，如《诗·商颂·长发》称“相土烈烈，海外有截”。毛亨传曰：“烈烈，威也。”郑玄笺曰：“其威武之盛烈烈然。”[⑧]末代商王帝辛，“资辨捷

① （汉）王充：《论衡·感虚篇》，上海人民出版社，1974年。
② （汉）桓宽：《盐铁论》，上海人民出版社，1974年。
③ 李衡眉：《试论婚礼形成的时间和原因》，《云南社会科学》1991年第1期；《古代婚礼执雁新解》，《河南大学学报》1990年第1期。两文均收入其《先秦史论集》，齐鲁书社，1999年，第125~139、208~219页。
④ （汉）司马迁撰，（宋）裴骃集解，（唐）司马贞索隐，张守节正义：《史记》，中华书局，1982年第2版，第95页。
⑤ （清）阮元校刻：《十三经注疏·毛诗正义》，中华书局，1980年，第627、623页。
⑥ （清）阮元校刻：《十三经注疏·毛诗正义》，中华书局，1980年，第627页。
⑦ 丁山：《商周史料考证》，中华书局，1988年新1版，第157页。
⑧ （清）阮元校刻：《十三经注疏·毛诗正义》，中华书局，1980年，第626页。

疾，闻见甚敏，材力过人，手格猛兽”，“倒曳九牛，抚梁易柱”[①]，孔武有力，以武功自负。历代商王还非常重田猎、好田游，不仅行猎地名甚众，而且行猎活动频繁。据日本松丸道雄《殷虚卜辞中的田猎地》统计，共列田猎地名148个，黄然伟《殷王田猎考》共列141地，钟柏生《殷商卜辞地理论丛》共列田游地名374个。沈建华《甲骨文通检》共收录商代地名1027个，陈炜湛先生认为其中“约有三分之一是商王曾经举行田猎的地方”，“商代田猎地总数当在270个以上”[②]。武丁时田无定期，祖庚祖甲时大体定在十干日的乙、戊、辛三天中田猎，廪辛至文武丁时大多在乙、戊、辛、壬四天中进行，帝乙帝辛时则一般放在乙、丁、戊、辛、壬五天中进行。[③]一旬之内竟多达三次田猎活动。另外，据甲骨卜辞记载，商代的田猎活动中已经有了“献禽”制度。[④]这些都反映了商代崇尚武功、耀武扬威的社会风气和行为观念。社会观念支配社会实践，影响着礼仪制度的构成要素与内涵。商代的王射、商王暨贵族成员的弓矢竞射、贵族子弟的学射，以及以动物实体为侯靶，以残穿贯透靶的“亡废矢”作为竞射规则等，所体现的都是惊人的臂力、精湛的射技以及武的精神与追求。因此，商代的弓矢竞射也反映了当时社会的尚武观念。

3. 祖先崇拜观念

早在原始社会初期，人类限于对世界的认识水平，相信人死以后灵魂依然存在，只是到了另外一个与现实社会类似的鬼魂世界，认为灵魂有超人的能力，生者既畏惧它，又要依赖它，于是便产生了鬼魂信仰。[⑤]以血缘关系为基础的祖先崇拜是鬼神信仰的进一步升华。商人祭祀祖先，是商人有灵魂不灭观念之力证。商人相信祖先的灵魂对本族成员具有降福及庇佑子孙后代的超人能力，同时对于时王及商国也有作祟的神秘力量[⑥]，不仅能降病祸于王、妇、子等贵族，还能影响天气、年成，作祟的范围很广。[⑦]人们只能恭顺地表达敬畏，因而受到生者的供奉与祭祀，以祈求风调雨顺年丰，或禳祓不祥，驱灾致福。[⑧]敬畏是商人上帝崇拜、自然崇拜、祖先崇拜所共有的心理观念，无论是降福或是为祸，祭祀则是愉悦自然神和祖先神的共同做法。据《礼记·祭法》记载，祭祀的原则是“法施于民则祀

---

① （汉）司马迁撰，（宋）裴骃集解，（唐）司马贞索隐，张守节正义：《史记·殷本纪》，中华书局，1982年第2版，第105页及注[一]。

② 陈炜湛：《甲骨文田猎刻辞研究》，广西教育出版社，1995年，第38~39页。

③ 〔日〕松丸道雄：《殷虚卜辞中の田猎地について》，《东洋文化研究所纪要》第31册，1963年，第70页。

④ 孟世凯：《商和西周时期献禽制初探》，《史学月刊》1987年第5期。

⑤ 详见朱天顺：《中国古代宗教初探》，上海人民出版社，1982年，第181页。

⑥ 详见朱凤瀚：《商人诸神之权能与其类型》，见吴荣曾主编：《尽心集——张政烺先生八十寿辰论文集》，中国社会科学出版社，1996年。

⑦ 详见刘源：《商周祭祖礼研究》，商务印书馆，2004年，第243~249页。

⑧ 详见陈梦家：《殷虚卜辞综述》，中华书局，1988年，第345~352页。

之，以死勤事则祀之，以劳定国则祀之，能御大菑则祀之，能捍大患则祀之”。“商人禘喾而郊冥，祖契而宗汤。”①《国语·鲁语上》还云：“上甲微，能帅契者也，商人报焉……凡禘、郊、祖、宗、报，此五者国之典祀也。”②其中喾是超越氏族的远世共祖，即始祖所出的祖先。冥和契是始祖，上甲微和汤是有功德的先公先王，即近祖。按甲骨文之记载，受祭祀的祖先远比文献所说的要多，计有夒、亥、河、岳、季、王恒、王吴、兕父、岁等高祖远公，上甲以下的近祖先公，大乙汤以下的先王妣和多祖、多妣、多父、多母、多兄、多子及若干旧臣等。在安阳殷墟王陵区还发现有成排成片的众多祭祀坑。③祭祀所用的牲品既有田猎获得的野兽，还有圈养的牲牢，王陵区祭祀坑则是以人为牺牲的。祭祀前有关职司要选牲、养牲、省牲，这些礼事的目的都是为了将最完美的牺牲奉献给祖先神灵。正祭之初，商王要亲自迎牲、牵牲，以示“敬之至也”，还要亲自射牲、宰牲，以示亲杀，这些礼事的目的都是为了展示主祭者的真心诚意。以上种种做法均是祖先崇拜的具体表现，由此可见商代的射牲牢之礼，与其他礼事一样，所反映的就是人们对祖先神的担忧、惧怕、敬畏、不敢怠慢的心理观念，以及对祖先必须尊敬、祭祀祖先必须虔诚恭敬才能得到祖灵福佑的祖先崇拜观念。

4. 四方观念

作册般铜鼋铭文所记和器物造型所展示的是王射四矢。那么商王为什么要射四矢？其含义是什么呢？《诗·齐风·猗嗟》：“射则贯兮，四矢反兮。以御乱兮！”郑玄笺云：“每射四矢，皆得其故处，此之谓复射。必射四矢者，象其能御四方之乱也。”孔颖达疏曰：“每番重射四矢，皆反复其故处兮，善射如此，足以捍御四方之乱兮。”“乘车，必驾四马，因即谓四马为乘。大射、乡射，皆以四矢为乘矢。”④《仪礼·大射》：“射三侯，将乘矢。”郑玄注曰：“将，行也。行四矢，象有事于四方。”⑤又《礼记·射义》曰：“故男子生，桑弧蓬矢六，以射天地四方。天地四方者，男子之所有事也。故必先有志于其所有事。”⑥我们认为周礼射四矢之寓意，早在商代就已经存在了。这些含义的产生，应与商人的四方观念有关。

四方观念是商代人们的疆域概念。商人的总体国土意识是以都城为中心的王畿之外，是四土与四方。卜辞“戊寅卜，王贞，受中商年。十月”（《合集》20650）中的“中商”即商居天下之中的称谓。在文献与甲骨文中常常是“商”或“商邑”、

① （清）阮元校刻：《十三经注疏·礼记正义》，中华书局，1980年，第1590、1587页。
② 李维琦点校：《国语·战国策》，岳麓书社，2006年第2版，第35页。
③ 中国社会科学院考古研究所编著：《殷墟的发现与研究》，科学出版社，1994年，第100~101页。
④ （清）阮元校刻：《十三经注疏·毛诗正义》，中华书局，1980年，第355页。
⑤ （清）阮元校刻：《十三经注疏·仪礼注疏》，中华书局，1980年，第1035页。
⑥ （清）阮元校刻：《十三经注疏·礼记正义》，中华书局，1980年，第1689页。

“大邑”与“四土”或“四方”相对言，如《诗·商颂·殷武》云：“商邑翼翼，四方之极。”[①]《尚书·周书·立政》云：“其在商邑，用协于厥邑；其在四方，用丕式见德。”[②]甲骨文曰：

癸卯卜，今日雨。一　二

其自东来雨。一　二

其自西来雨。一　二　三

其自北来雨。一　二（《合集》12870甲）

其自南来雨。（《合集》12870乙）

癸亥卜，帝东。

癸亥卜，帝西。

癸亥卜，帝南。三

癸亥卜，帝北。三　（《合集》34154）

己巳王卜，贞，[今]岁商受[年]。王占曰：吉。一

东土受年。

南土受年。吉。

西土受年。吉。

北土受年。吉。（《合集》36975）

商，东方，北方，西方，南方。（《屯南》1126）

辛酉卜，贞，今岁受禾。

叀东方受禾。

[叀]北[方受]禾。（《屯南》423）

癸卯贞，东受禾。

北方受禾。

西方受禾。

[南]方[受]禾。（《合集》33244）

大邑受禾。

东方[受禾]。

□方受禾。（《佚》653）

显然，四方观念是商本之于以商邑为中心的交通地理和政治疆域地理概念的平面展示，有着王权统治和经济制衡的深刻内涵。[③]

四方观念也是商王朝的立国之本。《诗·商颂·玄鸟》曰：“古帝命武汤，正

① （清）阮元校刻：《十三经注疏·毛诗正义》，中华书局，1980年，第628页。
② （清）阮元校刻：《十三经注疏·尚书正义》，中华书局，1980年，第231页。
③ 宋镇豪：《夏商社会生活史》，中国社会科学出版社，1994年，第23~27页。

域彼四方。”[①]《尚书·周书·多士》曰：“成汤革夏，俊民甸四方。”[②]商汤见野张网四面，也祝曰：“自天下四方皆入吾网。”[③]《孟子·滕文公下》说，商汤“东面而征，西夷怨。南面而征，北狄怨，曰‘奚为后我？民之望之，若大旱之望雨也’。”[④]《墨子·非攻下》也说汤“通于四方，而天下诸侯莫敢不宾服”[⑤]。《尚书·盘庚上》还记载盘庚迁都是为了“绍复先王之大业，厎绥四方”[⑥]。《说命》说武丁自谓“以台正于四方，惟恐德弗类，兹故弗言”[⑦]。《说命》虽是伪古文尚书，但四方观念当大致不误。微子云：“殷其弗或乱正四方？我祖厎遂陈于上。”[⑧]《牧誓》也说纣王“乃惟四方之多罪逋逃，是崇是长，是信是使，是以为大夫卿士，俾暴虐于百姓，以奸宄于商邑”[⑨]。可见有商一代都是以商族邦国为中心向四外扩张，致力于四方异姓邦国的拥持归附，以开拓疆域、扩大势力范围的，四土与四方观念无不与商王的文韬武略紧相联系，这是男子“有事于四方”[⑩]的一个重要方面。

同时，四方也是战火兵灾的来源地，多方邦国时常入侵商国族邦与属国。如武丁时期的宾组卜辞云：

方夅井方。(《燕》624)

方其敦大邑。(《前》8·12·2)

方其𢦏我吏。(《乙》2287)

四日庚申亦㞢来嬉自北，子媚告曰：昔甲辰方𢓊（征）于蚁，俘人十㞢五人；五日戊申方亦𢓊（征）俘人十㞢六人，六月才（在）𦎫。[⑪]

五日丁酉允㞢来[嬉自]西，沚戜告曰：土方𢓊（征）于我东鄙，[𢦏]二邑，吕方亦侵我西鄙田。(《菁》2;《珠》186;《合集》6057正)

九日辛卯允㞢来嬉自北，蚁妻妛告曰：土方侵我田十人。(《菁6;《合集》6057反)

七日己巳允㞢来嬉自西，长友角告曰：吕方出侵我示𥻆田七十五人。(《通》

① (清)阮元校刻:《十三经注疏·毛诗正义》，中华书局，1980年，第623页。
② (清)阮元校刻:《十三经注疏·尚书正义》，中华书局，1980年，第219页。
③ (汉)司马迁撰，(宋)裴骃集解，(唐)司马贞索隐，张守节正义:《史记·殷本纪》，中华书局，1982年第2版，第95页。
④ (清)阮元校刻:《十三经注疏·孟子注疏》，中华书局，1980年，第2712页。
⑤ 吴毓江撰，孙啟治点校:《墨子校注》，中华书局，2006年第2版，第217页。
⑥ (清)阮元校刻:《十三经注疏·尚书正义》，中华书局，1980年，第168页。
⑦ (清)阮元校刻:《十三经注疏·尚书正义》，中华书局，1980年，第174页；又见《国语》卷十七《楚语上》，李维琦点校:《国语·战国策》，岳麓书社，2006年第2版，第134页。
⑧ 《尚书·商书·微子》，(清)阮元校刻:《十三经注疏·尚书正义》，中华书局，1980年，第177页。
⑨ (清)阮元校刻:《十三经注疏·尚书正义》，中华书局，1980年，第183页；又见(汉)司马迁撰，(宋)裴骃集解，(唐)司马贞索隐，张守节正义:《史记·周本纪》，中华书局，1982年第2版，第122页。
⑩ 《仪礼·大射仪》郑玄注，(清)阮元校刻:《十三经注疏·仪礼注疏》，中华书局，1980年，第1035页。
⑪ 《菁》5；郭沫若:《卜辞通纂》513，《郭沫若全集》考古编第2卷，科学出版社，1982年。

512；《合集》6057 正）

壬辰亦㞢来婧自西，畓乎告曰：[吕方] 𡉚 (征)我奠，𢦏四邑，亦焚廪三。(《缀》117）

允㞢来婧自西，畓告曰：[吕方]𢦏魁、夹、方、相四邑。(《通》498；《合集》6063）

王占曰，有祟，丙其有来婧。三日丙申，允㞢来婧自东。[①]

贞，亡来婧自南。(《通》549；《合集》7093）

西吏旨其㞢祸。(《乙》4536）

己酉卜，鬼方祸。(《乙》6684）

龙方□降莫。(《河》628）

戊午卜，贞，弜不丧才南土祸，告史。

戊午卜，弜克贝、䨩南邦方。

己未卜，隹䨩方其克贝、弜，才南土。(《甲》2902）

大方伐□啚廿邑。(《粹》810）

来告：大方出伐我𠂤，叀马小臣。(《粹》1152）

文献也记载有“及武乙暴虐，犬戎寇边”[②]，“帝乙二年，周人伐商”[③]，大王王季，“实始翦商”等[④]，足见外族邦国对商及其与国的侵扰也非常多。这是男子“有事于四方”的又一个重要方面。

四方还是恶鬼作祟的来源地。商人不仅认为某物某事有鬼祟，更认为其祟在时间与空间。四方也有鬼神存在，而且有好恶两种观念：一种以为四方神道有功于农事，故设祭以报之。如甲骨文云：

癸未贞，甲申酚出入日，岁三牛。兹用。

癸未贞，其卯出入日，岁三牛。兹用。(《屯南》890）

癸酉贞，侑出[日]。

[癸]酉贞，辛□酚四方。(《合集》41640）

辛卯卜，𡆥，彡酚其又（祐）于四方。[⑤]

以上均为报功、求福佑之祭。后世则更为制度化，如《淮南子·天文训》：“凉风至则报地德，祀四郊。”高诱注曰：“祀四方神也。”[⑥]《吕氏春秋·季秋》：“命

① 郭沫若：《卜辞通纂》550，《郭沫若全集》考古编第 2 卷，科学出版社，1982 年。
② （南朝宋）范晔撰，（唐）李贤等注：《后汉书·西羌传》，中华书局，1965 年，第 2870 页。
③ （宋）李昉等编：《太平御览》八十三引《竹书纪年》，中华书局，1960 年。
④ 《诗·鲁颂·閟宫》，（清）阮元校刻：《十三经注疏·毛诗正义》，中华书局，1980 年，第 615 页。
⑤ 陈梦家：《商代的神话与巫术》图版 9，《燕京学报》1936 年第 20 期。
⑥ 何宁：《淮南子集释》，中华书局，1998 年，第 198 页。

主祠，祭禽于四方。”高诱注曰：“报其功也。不知其神所在，故博求于四方。”[①]另一种以为四方有恶祟，陈气、疫气、恶气等不祥寄生于四方，故设祭以祓禳之。卜辞：“庚戌卜，𡗗于四方，其五犬。”[②]即为祓禳之祭。𡗗，即甹字，《说文》：“甹，定息也……读若亭。”是祓禳四方及风雨之专祭。商人认为血有巫术上的御蛊能力，以犬血祓禳四方，便能驱鬼逐疫送恶气去不祥。这种做法到后世依然存在，如《左传》昭公十八年记曰：“郑子产为火故，大为社，祓禳于四方，振除火灾。”[③]《礼记·月令》季春“命国难，九门磔攘，以毕春气”。郑氏注云“磔牲以攘于四方之神，所以毕止其灾也”；季冬“命有司大难，旁磔”。郑氏注云：“旁磔于四方之门。”[④]《淮南子·时则训》高诱注曰：“旁磔，四面皆磔犬羊，以攘四方之疾疫也。”[⑤]商人还认为弓箭也有巫术上的御蛊驱灾能力，可以祓禳恶气不祥。当灾祸深重，以为是妖孽作祟时，则用弓箭射之，这也是男子“有事于四方”的一个重要方面。

征伐、守御、报功、求福佑、祓禳灾祸等，都是男子“有事于四方”的大事，也是男子“捍御四方”的重要内容。由于多方的侵扰来自四方，只有必射四矢，一个方向射一箭，才能真正象征其有志于四方、能捍御四方之乱。商人对于妖孽作祟，凡知之所在、来自何方者，则径直射之，如射帝、射天等。然由于恶鬼妖孽神通广大，人们大多不知其所在，当不能确指灾祸来自何方时，也只有行射四矢，博及于四方，才能真正镇服妖怪恶鬼，祓禳祸祟。受上述四方观念，包括四土观念、四方神观念的影响，于是乎行射四矢便成了射礼的定数。概言之，四方观念是商人的世界观，四矢观念则可能是商人的人生观，由世界观到人生观，这就是射礼必射四矢之由来。

（二）殷商时期射礼形成的社会背景

1. 巫风盛行

商代是一个信奉巫术的时代。巫是具有超常智能的人，是与祝宗卜史类似的神媒。《国语·楚语下》云：“民之精爽不携贰者，而又能齐肃衷正，其智能上下比义，其圣能光远宣朗，其明能光照之，其聪能听彻之，如是则明神降之，在男曰觋，在女曰巫。”[⑥]《说文·巫部》曰：“巫，祝也，女能事无形，以舞降神者也。”

① （战国）吕不韦著，陈奇猷校释：《吕氏春秋新校释》，上海古籍出版社，2002年，第474页及注[二七]。
② 陈梦家：《商代的神话与巫术》图版8，《燕京学报》1936年第20期。
③ （清）阮元校刻：《十三经注疏·春秋左传正义》，中华书局，1980年，第2086页。
④ （清）阮元校刻：《十三经注疏·礼记正义》，中华书局，1980年，第1364、1383页。
⑤ 何宁：《淮南子集释》，中华书局，1998年，第430页。
⑥ 李维琦点校：《国语·战国策》，岳麓书社，2006年第2版，第136页。

“觋，能齐肃事神明者。”[①]“巫也者，处乎人神之间，而求以人之道通于神明者也。人耆饮食，故巫以牺牲奉神；人乐男女，故巫以容色媚神；人好声色，故巫以歌舞娱神；人富言语，故巫以词令歆神。有圣人者起，为之礼文，严其闲约，制其放佚，去其泰甚，于是事神之道超然于人生日用之外。”[②]其职事大致有五项，即祝史、预卜、医病、占梦、舞雩。[③]殷人尊事鬼神，笃信神明。《礼记·表记》孔子曰：“夏道尊命，事鬼敬神而远之，近人而忠焉，先禄而后威，先赏而后罚，亲而不尊……殷人尊神，率民以事神，先鬼而后礼，先罚而后赏，尊而不亲……周人尊礼尚施，事鬼敬神而远之，近人而忠焉，其赏罚用爵列，亲而不尊。”[④]虽然三代礼有异同，但礼乐的巫术性质当无大的改变。

商代巫者众多，巫术甚为风行。中国早期的巫，《山海经·海内西经》记载有“六巫”：巫彭、巫抵、巫阳、巫履、巫凡、巫相。《大荒西经》记载有“十巫”：巫咸、巫即、巫朌、巫彭、巫姑、巫真、巫礼、巫抵、巫谢、巫罗。郭璞称他们“皆神医也”[⑤]。其中最有名者，当为推知天道、明吉凶的巫咸和巫彭，他们的年代都在殷商时期。《尚书·君奭》记周公告诫召公时所提到的商代六大贤臣中就有太戊时的巫咸[⑥]，《大戴礼·虞戴德》则有“昔商老彭及仲傀”之记载[⑦]，均可证二人生活在商代。《世本·作篇》说：“巫彭作医”，“巫咸作筮”[⑧]，分别为医术的发明者和筮法的发明者。《太平御览》卷七二一引《世本》佚文，又以巫咸为医术的发明者。[⑨]《史记·天官书》还说殷商巫咸是传“天数者”[⑩]。汉唐人以为巫咸初作巫，是“巫之先有灵者”、“巫之最先者也”。故又称之为“巫先”[⑪]。《尚书·君奭》周公所说的商代六大名臣中还有祖乙时的巫贤，相传为巫咸之子。甲骨卜辞中有“巫”字[⑫]，有作为人名的“巫先”（《合集》21880），“咸戊”，地位很高，罗振玉、王国维以为即巫咸。[⑬]“戊尽”，陈梦家疑即古书中的巫贤。[⑭]卜辞中还

① （汉）许慎撰，（清）段玉裁注：《说文解字注》，上海古籍出版社，1988年第2版，第201页。
② 瞿兑之：《释巫》，《燕京学报》1930年第7期。
③ 详见陈梦家：《商代的神话与巫术》，《燕京学报》1936年第20期。
④ （清）阮元校刻：《十三经注疏·礼记正义》，中华书局，1980年，第1641~1642页。
⑤ 张耘点校：《山海经·穆天子传》，岳麓书社，2006年第2版，第140、167页。
⑥ （清）阮元校刻：《十三经注疏·尚书正义》，中华书局，1980年，第223页。
⑦ 黄怀信主撰，孔德立、周海生参撰：《大戴礼记汇校集注》，三秦出版社，2005年，第1049页。
⑧ （清）王谟辑本，《世本八种》，上海商务印书馆，1957年，第40页。
⑨ （宋）李昉等编：《太平御览》，中华书局，1960年。
⑩ （汉）司马迁撰，（宋）裴骃集解，（唐）司马贞索隐，张守节正义：《史记》，中华书局，1982年第2版，第1343页。
⑪ （汉）司马迁撰，（宋）裴骃集解，（唐）司马贞索隐，张守节正义：《史记·封禅书》，中华书局，1982年第2版，第1379页及注[六]；（汉）班固撰，（唐）颜师古注：《汉书·郊祀志》，中华书局，1962年，第1211页及注[三]。
⑫ 唐兰：《古文字学导论》，齐鲁书社，1981年，第166~167页。
⑬ 罗振玉：《殷虚书契考释》卷上，东方学会石印增订本，1927年，第13页；王国维：《古史新证》，清华大学出版社，1994年，第51~52页。
⑭ 陈梦家：《殷虚卜辞综述》，中华书局，1988年，第365页。

常有王卜、王贞、王𠧩之辞，乃是王亲自卜问祭祀、征伐、田游或边鄙、祸疾及风雨啓霾熚等天时之事。而“王祝”（《铁》75·4）、“王舞又雨”（《续》4·24·11）、“王贞多畏梦”（《库》1213）之辞，则是王亲自祝、亲舞求雨、亲占所梦。“凡此王兼为巫之所事，是王亦巫也。”因此商王虽为政治领袖，但同时也是群巫之长。[①]于是信巫鬼，好歌舞，察往来，卜休咎，乃成商代社会之风气。从国家政治、礼仪到农业生产、日常生活等各个领域的活动中都附行了许多巫术行为。

殷代在政治上由于保留了较多的氏族制残余，殷室直接治理的王畿范围很小，整个国家则是有赖于众多异姓、外族诸侯的朝贡与盟诅来维持控制的。[②]“盟”是明誓于天，“诅”是诅其背誓者，很显然它属于巫蛊伤害术。巫蛊是以巫术作为伤害手段的。它主要包括两种：一种是祝诅伤害术，一种是偶像伤害术。祝诅就是以咒骂来警告和阻止不希望发生的事。偶像伤害就是以伤害偶人画像来诅咒已经背叛了自己的叛逆者。古人相信诅咒的巫术魔力，故用之为伤害术。

在求得贤臣行告庙、沐浴之礼时，也要附行爟火与衅的仪式。《吕氏春秋·本味》记载说：“汤得伊尹，祓之于庙，爝以爟火，衅以牺猳。”高诱注曰：“火者所以祓除其不祥……以牲血涂之曰衅。”[③]《赞能》还说管仲至齐境，桓公“祓以爟火，衅以牺猳焉”[④]。《淮南子·氾论训》也记有伊尹、百里奚、太公望、宁戚之事，皆谓“洗之以汤沐，祓以爟火”[⑤]。杜笃《祓禊赋》也说：“巫咸之徒，秉火祈福。”[⑥]时人认为以苇束烧火可以祓除不祥。还认为“血为一种生命力，以血涂于物即赋生命力于此物，则此物必神灵而大有力矣”[⑦]，故用血来涂兵器、乐器、仪仗器等。或以为血最具有巫术能力，可以御蛊、驱除疫疾、祓除恶祟不祥，故用血涂抹人的身体。这就使沐浴洗尘的清洁行为转到爟火、涂血的巫术行为上了。

呼风唤雨是巫者的一大特长，当天气严重干旱的时候，女巫们要舞雩祈雨。卜辞中的求雨以“舞”[⑧]，应即古书中的“舞雩”。或暴巫求雨，这是商代的重要习俗，即在烈日下曝晒裸巫，以求得神的怜悯而降雨。或焚巫求雨，《墨子·兼爱下》、《吕氏春秋·顺民》、《淮南子·主术训》均记载说商汤就曾以身为牺牲祷于

---

① 陈梦家：《商代的神话与巫术》，《燕京学报》1936年第20期。
② 参见张国硕：《试论商代的会盟誓诅制度》，《殷都学刊》1988年第4期；赵瑞民、郭一峰：《盟、诅之关系及其巫术因素》，《大同高专学报》1996年第1期。
③ （战国）吕不韦著，陈奇猷校释：《吕氏春秋新校释》，上海古籍出版社，2002年，第745页及注[二九]。
④ （战国）吕不韦著，陈奇猷校释：《吕氏春秋新校释》，上海古籍出版社，2002年，第1601页。
⑤ 何宁：《淮南子集释》，中华书局，1998年，第968页。
⑥ 转引自陈梦家：《商代的神话与巫术》，《燕京学报》1936年第20期。
⑦ 陈梦家：《商代的神话与巫术》，《燕京学报》1936年第20期。
⑧ 姚孝遂：《殷墟甲骨刻辞类纂》上册，中华书局，1989年，第97~98页。

桑林，打算自焚求雨。[1]卜辞求雨也每每提到“焚尪”和“作龙”。[2]其中舞雩还掀起了商代歌舞的盛大与疯狂之风气，《墨子·非乐》引《汤之官刑》曰：“其恒舞于宫，是谓巫风。”[3]《尚书·伊训》曰：“敢有恒舞于宫，酣歌于室，时谓巫风。”[4]即是其证。当时已把酣歌狂舞视为必须用刑法禁止的“巫风”，可见巫不仅能歌善舞，而且非常疯狂。当风雨为患时，则要行“巫宁风”、“宁雨”之祭。其中卜辞所述的“宁风巫，若干犬”[5]与汉晋磔狗止风的习俗类同。[6]

祈福禳灾、厌劾妖祥是巫的主要职能。在日常生活中，宫室的清洁，不仅要水寝、社与庠（《佚》921；《铁》14.2），还要殴寝（《前》6·16·1；《下》3·13），行祓除之祭，这就使原本的清洁行为转变成了巫术行为。人有疾病，巫医之道，则为其移病祝由，即用祷告鬼神的方法为病人治病，它是祝诅之术在医学上的应用。殷人相信疾疠是恶鬼作祟，所以驱疫就是驱鬼，这些鬼是无形的，存在于大气之中，所以恶气、陈气、疫气就是鬼，驱鬼就是送气。对于这些不祥的恶气，必须行祓禳之祭，才能驱除鬼疫、送走恶气、去掉不祥。祓禳也是一种巫术行为。为招神致福止祸、消灾除病，卜辞还有“巫帝”、“帝巫”之祭[7]，这是与禘祭有关的一种方向之祭。另外，卜辞中还有“以巫”、[8]“豊巫”、“伐巫”、“取巫”和“用巫”（《合集》5647正、32234、8115、19907），这些都与用巫为牲有关。

李零先生说：“研究中国宗教，巫术和巫教很重要。”“研究早期宗教，巫是普遍背景。”[9]中国古代的射礼起源于宗教，早期的射礼带有较多的宗教巫术色彩，这都已经说明中国古代的射礼与巫术有着很密切的关系。上述殷商时期的种种巫术行为，充分反映了殷人诚笃的巫术信仰和空前盛行的巫风。殷商时期巫术性质的射礼及其他射礼中的巫术成分，就是在这样的巫术观念和巫术风行的背景下产生、形成的。

2. 田猎射术军事训练功能的缺失

田猎属于武事，具有军事教练的性质，这在东周礼书及其他古文献中说得很清楚。然商代田猎的军事训练功能则有许多缺失，其具体表现有三。

---

① 吴毓江撰，孙啟治点校：《墨子校注》，中华书局，2006年第2版，第175~176页及注[92]~[96]；（战国）吕不韦著，陈奇猷校释：《吕氏春秋新校释》，上海古籍出版社，2002年，第485页及注[八]~[一三]；何宁：《淮南子集释》，中华书局，1998年，第620页。

② 裘锡圭：《说卜辞的焚巫尪与作土龙》，收其所著《古文字论集》，中华书局，1962年，第216~226页。

③ 吴毓江撰，孙啟治点校：《墨子校注》，中华书局，2006年第2版，第376页。

④ （清）阮元校刻：《十三经注疏·尚书正义》，中华书局，1980年，第163页。

⑤ 姚孝遂：《殷墟甲骨刻辞类纂》中册，中华书局，1989年，第1032页。

⑥ 陈梦家：《殷虚卜辞综述》，中华书局，1988年，第575~576页。

⑦ 姚孝遂：《殷墟甲骨刻辞类纂》上册，中华书局，1989年，第421~423页。

⑧ 姚孝遂：《殷墟甲骨刻辞类纂》上册，中华书局，1989年，第24页。

⑨ 李零：《中国方术续考》新版前言，中华书局，2006年，第9页。

一是田猎的目的与性质发生了变化，逸乐的田游活动比较多。关于殷商田猎的目的与性质，学界的看法不一。罗振玉说："卜辞中书田猎者，虽无用鲜明文，然大率为祭祀也。"[①]认为商代的田猎是为了获取祭祀所用的牺牲。陈槃先生亦秉承此说，以为"古人田狩与祭祀，有连带之关系"[②]。陈梦家则说："卜辞中所有关于田猎的记载，都是时王为逸乐而行的遊田，并无关乎生产。当然也利用猎获的兽类的肉、毛、骨、角作为王室享用品：肉可以食，皮毛可以御寒，骨和角可制为器物。利用这些部分，正是田猎的目的之一。""卜辞中用为祭祀的牲品者多是家畜，如牛（牢）、羊（宰）、豕、豖、豚、犬等。只有豕同时也是野生的。"[③]认为商王的田猎是为了逸乐。董作宾又说："殷代士兵的教练，主要的方法就是打猎，以野兽为假想敌人，使弓矢戈矛，车马将士，一齐发挥出最大威力，因而也能对于野兽，多所擒获。"[④]认为商代的田猎是为了军事教练。在前人研究的基础上，陈炜湛先生总结说：田猎是历代商王经常性的活动之一，虽然不像"祀与戎"那么重要，"但同'祀与戎'有着密切的关系，同样是商王十分关心的问题"[⑤]。认为商代的田猎具有获取祭祀所用牲品和军事训练双重作用。前三种观点各执一端，后一种观点为调停之说。按古代田猎，即使是为生产而行猎，出猎以还，也都有献祭祖先神灵的礼俗，故商代也概莫能外。但也必须承认，商王为逸乐而行的游田确实存在，而且这种活动还比较多，这就使田猎远离了军事训练的功能。

二是商代各个时期的田猎活动不平衡。根据文献记载，商王好田猎者唯武乙与帝辛二人。如《史记·殷本纪》说："武乙猎于河渭之间，暴雷，武乙震死。"帝辛"材力过人，手格猛兽"，"益广沙丘苑台，多取野兽蜚鸟置其中"[⑥]。二人以外其他诸王的田猎活动则未见文献提及，反映了商代各个时期田猎活动的严重不平衡。若从甲骨文的田猎刻辞的片数着眼，数量最多、田猎活动最频繁的主要是属廪辛康丁时期的无名组卜辞。其次是武丁时期的宾组卜辞，再次是属文丁、帝乙时期的黄组卜辞。历组卜辞较少，祖庚祖甲时期的出组卜辞最少。这也反映了商代各个时期田猎活动的不平衡，大体呈多—少—多—少—多的分布状态。无论

① 罗振玉：《殷虚书契考释》（增订本），东方学会，1927年。

② 陈槃：《古社会田狩与祭祀之关系》，《中央研究院历史语言研究所集刊》第21本第1分，1948年。

③ 陈梦家：《殷虚卜辞综述》，中华书局，1988年，第552、555页。

④ 董作宾：《武丁狩敏卜辞浅说》，《大陆杂志》第八卷第十二期；转引自陈炜湛：《甲骨文田猎刻辞研究》，广西教育出版社，1995年，第24页。

⑤ 陈炜湛：《甲骨文田猎刻辞研究》，广西教育出版社，1995年，第1页。

⑥（汉）司马迁撰，（宋）裴骃集解，（唐）司马贞索隐，张守节正义：《史记》，中华书局，1982年第2版，第104、105页；今本《竹书纪年》也说，武乙三十五年"周公季历伐西落鬼戎，俘二十翟王。王畋于河渭，大雷震死"。帝辛"四年，大蒐于黎，作炮烙之刑"，"十年夏六月，王畋于西郊"，"二十二年冬大蒐于渭"（王国维撰，黄永年校点：《古本竹书纪年辑校·今本竹书纪年疏证》，辽宁教育出版社，1997年），与《史记·殷本纪》所记大体相同，当亦可作为参考。两书均仅言商王武乙与帝辛田猎之事。

田猎是为了获取祭祀所用的牺牲还是为了军事训练，在“国之大事，在祀与戎”[①]的社会里，这种不平衡都是不应该出现的。有学者认为这种不平衡性，一方面与商王对田猎活动的爱好程度不同有关，另一方面恐怕是前一时期狂捕滥杀，竭泽焚林，致使后一时期因受自然条件与客观规律制约不得不减少田猎活动的缘故。[②]这就更表明商代田猎的军事训练功能并不是始终都能保持的。

三是田猎方法中射术军事训练的缺失。殷商时期田猎的方法，文献资料几无记载，而甲骨文本身则多有记述。对此，有些学者已作了很好的总结。陈梦家先生根据田猎手段与工具，将卜辞所记商王的田猎方法，归纳为逐、射、з、罠、焚五种，认为“当时打猎的方式是车攻、犬逐、焚山、矢射、布网、设阱等”[③]。黄然伟先生将田猎卜辞分为田、省、兽、後、步、逐、射、焚及其他九类，把“殷王田猎所用之方法，见于卜辞者”归纳为焚、射、阱、罘、逐、网、罗、臿、羿、𦉫、昏、微十二种。[④]姚孝遂先生把商代甲骨文中的狩猎手段，划分为“设陷阱以猎”、“设网罟以猎、“利用弓箭以猎”、“围猎”及“其他”五类。[⑤]尽管都把射列入其中，但它的规模与历时则是无法与其他田猎方法相比拟的。在这方面，陈炜湛先生曾作了进一步的分析：商代田猎采取的方法，“与出动人数之多寡，规模之大小很有关系。一般而论，田猎方法主要有射、逐、阱、焚四种，它们的区别不仅在于所使用的工具，采取的手段，而且还在于行动的规模。射即以弓矢射杀禽兽，较为简单，是小规模田猎时用的方法，遇有禽兽即张弓注矢而射之”[⑥]。我们还发现射也没有逐、阱等方法运用得多，射猎的动物种类也比较少，大多为鹿、麋、兕等，而验辞所记捕获的数量亦较少，有时只能获得一两头，如“射鹿，获一”(《下》30·13)。可见射确是小规模、小范围的田猎活动。这不仅与《礼记·月令》所记季秋之月“天子乃教于田猎，以习五戎……执弓挟矢以猎”，孟冬之月“天子乃命将帅讲武，习射御，角力”[⑦]，《诗·小雅·吉日》所记“既张我弓、既挟我矢。发彼小豝，殪此大兕”[⑧]等周代射猎习武的规模气势相比，显然要逊色得多，而且与卜辞所记“自东西北逐杏麋”(《合集》28789)，“王阱，允毕三百又四十又八”(《屯南》663)，“癸卯允焚，获兕十一、豕十五，虎口，麑二十”(《合集》10408)，“贞，翌辛亥王出……毕？翌戊午焚，毕？戊午卜，㱿贞，我兽敏，毕？之日兽。允毕，获虎一，鹿四十，狐百六十四，麑百五十九，蔺赤㞢双，二赤小□四□”

① 《左传》成公十三年，(清) 阮元校刻：《十三经注疏·春秋左传正义》，中华书局，1980 年，第 1911 页。
② 陈炜湛：《甲骨文田猎刻辞研究》，广西教育出版社，1995 年，第 3~4 页。
③ 陈梦家：《殷虚卜辞综述》，中华书局，1988 年，第 554、637 页。
④ 黄然伟：《殷王田猎考》，《中国文字》第 14~15 册，1964~1965 年。
⑤ 姚孝遂：《甲骨刻辞狩猎考》，《古文字研究》第 6 辑，1981 年。
⑥ 陈炜湛：《甲骨文田猎刻辞研究》，广西教育出版社，1995 年，第 17 页。
⑦ (清) 阮元校刻：《十三经注疏·礼记正义》，中华书局，1980 年，第 1379~1380、1382 页。
⑧ (清) 阮元校刻：《十三经注疏·毛诗正义》，中华书局，1980 年，第 430 页。

（《合集》10198）等同时代的逐、阱、焚猎的地面范围、参加人数、历时天数及猎获数量相比，显然也相差甚远。考古发现的箭镞、动物骨骼等遗物和岩画资料说明，新石器时代以来，先民们的田猎主要是持弓箭射猎和围猎，而此时射则退居到了小规模的田猎上，这种情况从武丁至帝辛基本上没有变化。因此，殷商时期射术在田猎中并没有得到充分的应用，也不可能起到军事训练之效果。商代田猎中军事训练功能的削弱，尤其是射术训练功能的缺失，势必要由新的方法途径来弥补，于是射便从田猎的军事训练中分离出来，最终成为射术军事训练的射礼。

3. 战争频繁，弓箭射术已成为决定胜负的重要条件

殷商时期，邦国林立，在殷邦之内分布着许多族邦，这些族邦时常受到外族方国的侵扰，有时族邦之间也有冲突，为此商王要助征讨伐。殷邦之外则分布着众多的方国，这些方国时服时叛，经常入侵殷邦，它们大都是商征伐的敌国，也是商王用兵最多的地方，仅甲骨卜辞记载就有武丁征多方，乙辛征人方、盂方、三邦方，廪辛、康丁、武乙伐羌方，帝辛蒐于黎、克东夷，即征伐西北、东南等。其中尤以武丁卜辞所记征伐的方国最多，计有征土方、邛方，伐方、鬼方、亘方、羌方、龙方、御方、马方、印方、尸方、黎方、基方、井方等。[①]不仅战争的规模大，如伐羌，就有“妇好（之族）三千人，旅万人，共万三千人”（《库》310），伐邛，“三千人”（《合集》6168、6169、6172），伐土，“五千人”（《上》31·5），动辄用兵即成千上万。而且战争持续的时间长，如《易·既济》九三云：“高宗伐鬼方，三年克之。”[②]《未济》九四亦云武丁曾用三年之力命震用克鬼方而赏之：“震用伐鬼方，三年有赏于大国。”[③]商代战车已经兴起，骑士也开始出现，《墨子·明鬼下》说：“汤以车九两（辆），鸟阵雁行，汤乘大赞，犯遂（逐）下（夏）众，人（入）之螭（郊）遂。”[④]《吕氏春秋·简选》说：“殷汤良车七十乘，必死六千人，以戊子战于郕，遂禽推移、大牺，登自鸣条，乃入巢门，遂有夏。”[⑤]《淮南子·主术训》说：“汤革车三百乘，困之鸣条，擒之焦门。”[⑥]《帝王世纪》则谓汤“革车三万，伐桀于鸣条。”[⑦]商末武王伐纣，“虎贲三千人，简车三百乘，以要甲子之事于牧野而纣为禽”[⑧]。《史记·周本纪》则云，武王伐纣，“诸侯兵会者车

① 详见陈梦家：《殷虚卜辞综述》，中华书局，1988年，第256~310页。
② （清）阮元校刻：《十三经注疏·周易正义》，中华书局，1980年，第72页。
③ （清）阮元校刻：《十三经注疏·周易正义》，中华书局，1980年，第73页。
④ 吴毓江撰，孙啟治点校：《墨子校注》，中华书局，2006年第2版，第336页。
⑤ （战国）吕不韦著，陈奇猷校释：《吕氏春秋新校释》，上海古籍出版社，2002年，第445~446页。
⑥ 何宁：《淮南子集释》，中华书局，1998年，第627页。
⑦ （隋）虞世南辑录：《北堂书钞》卷十三引，文渊阁四库全书本，台湾商务印书馆，1986年。
⑧ （战国）吕不韦著，陈奇猷校释：《吕氏春秋新校释》，上海古籍出版社，2002年，第446页。

四千乘，陈师牧野”①。有些记载虽有夸大之嫌，但车战是殷商时期的重要战术则是不可否认的，甲骨刻辞中还有帝乙征伐危方，缴获其“车二两”的记载（《合集》36481）。战前第十三次发掘，小屯C区M20出土的车子，一车四马三人，并配备成套的兵器②，可证它是兵车。古代一乘四马，被甲之士三人，这种车马之制商代就已经有了。在安阳武官村大墓墓道内③、白家庄西北地150号墓内④、王陵区110号及40个马坑内⑤发现的马，大多数都有马镳、马辔饰。这种不见车子，只有带羁饰的马，当初应是供人役使的单骑或战马。这表明殷商时期用战车战马冲锋陷阵的确是事实。

商代射术也是战车甲士与骑士必须掌握的技能，《尚书·甘誓》曰：“左不攻于左，汝不恭命。右不攻于右，汝不恭命。御非其马之正，汝不恭命。用命赏于祖，弗用命戮于社。”申令战车上左、右、御三人各司其职，否则将受到杀戮于社的严惩。孔安国传曰：“左，车左，左方主射，绝之也，治其职。”孔颖达疏曰：“此谓凡常兵车甲士三人。”⑥《左传》宣公十二年乐伯曰：“吾闻致师者，左射以菆。”杜预注曰：“左，车左也。菆，矢之善者也。”⑦根据殷商甲骨文和金文中有关弓的象形文字，可知商代弓的形制是：张弓时，弓臂弣部向弦侧显著凹入。弛弓时，弓体反向拘曲成圆弧形。这种弓体是用多种复合材料制成的，能产生更强的弹力，杀伤力更大，是骑士车战的重要兵器。在安阳殷墟车马坑中，就曾发现有两张弛弓的遗痕，分别装有玉质和铜质的弓弭。同时还出土有弓的附件，即青铜弓形器，可缚在弓臂的中部以保护弓体。⑧1936年第十二次发掘小屯C区，在M164墓内发现一人一马一犬，其墓主装备有铜刀、弓形器、镞、砺石等。其马头部有当卢、额饰等。这种现象显然“供骑射的成分多，而供驾车用的成分少”，当为“战马猎犬”。⑨1991年安阳后冈发现的M33小型贵族墓，随葬品除青铜觚、爵外，还配备有铜戈、石戚、铜镞、骨镞、石刀、铜马衔⑩，墓主生前也应为骑马武士。在殷墟西区发现的M43车马坑，车舆内有一箭函，圆筒形，平底，似皮革

① （汉）司马迁撰，（宋）裴骃集解，（唐）司马贞索隐，张守节正义：《史记》，中华书局，1982年第2版，第123页。

② 陈梦家：《殷虚卜辞综述》，中华书局，1988年，第558页。

③ 郭宝钧：《一九五零年春殷墟发掘报告》，《中国考古学报》第五册，1951年；中国科学院考古研究所安阳发掘队：《武官大墓南墓道的发掘》，《考古》1977年第1期。

④ 中国社会科学院考古研究所安阳工作队：《1969~1977年殷墟西区墓葬发掘报告》，《考古学报》1979年第1期。

⑤ 中国社会科学院考古研究所安阳发掘队等：《安阳殷墟奴隶祭祀坑的发掘》，《考古》1977年第1期；中国社会科学院考古研究所安阳工作队：《安阳武官村北地商代祭祀坑的发掘》，《考古》1987年第12期。

⑥ （清）阮元校刻：《十三经注疏·尚书正义》，中华书局，1980年，第155~156页。

⑦ （清）阮元校刻：《十三经注疏·春秋左传正义》，中华书局，1980年，第1881页。

⑧ 杨泓：《中国古兵器论丛》，文物出版社，1985年第2版，第199页。

⑨ 石璋如：《殷墟最近之重要发现附论小屯地层》，《中国考古学报》第2册，1947年，第24页。

⑩ 中国社会科学院考古研究所安阳队：《1991年安阳后冈殷墓的发掘》，《考古》1993年第10期。

制成，残长 56 厘米、直径 7 厘米、厚 0.5 厘米，内装铜镞 10 枚，镞锋向下，箭杆已朽，箭铤部留有绳索痕。①这表明商代弓箭射术确实已经用到了车战与骑士战中。频繁的旷日持久的大规模的战争，以弓箭射击为主要战术的车战骑士战的兴起，需要大量的具有战斗力的士卒。统治者一方面驱使奴隶和平民充当戍卒，另一方面统治者及贵族子弟也有从王征伐的义务，他们也要习武，以便统兵率将出征或守御。射是习武的主要内容，这是因为古代作战，弓箭是杀伤力较强的兵器，进攻、防卫都能发挥巨大威力，尤其在车战中，强弓利箭往往能起到决定胜负的作用。为了加强射术训练，提高士卒的射技武功，以弓矢竞技为目的的射礼便应运而生了。

另外，商王朝与国家机构的建立，王权统治的加强与巩固，社会经济与文化的发展，礼仪制度的完善，商王对贵族子弟教育的重视，学校教育制度的确立，射被列为教学习武的科目内容，等等，也都是殷商射礼形成的重要原因与条件。

本章小结

射礼包括射牲、射余获、射侯、大射礼、宾射礼、燕射礼、乡射礼、学射、军中射礼、巫术性射礼和由射礼演变而来的投壶礼等。

不同种类的射礼其起源是不同的，射牲起源于田猎获取祭祀所用鲜牲的仪式；射余获起源于田猎的禽兽分配仪式；射侯起源于巫术诅咒仪式；大射起源于射侯选贤进能仪式；宾射、燕射起源于宴享宾客臣下之娱乐礼仪；乡射起源于交际之情；主皮之射起源于田猎和借田猎来进行的军事训练；礼射起源于礼教和主皮之射，它是射礼发展到春秋时期及其以后的形态，即射不主皮，它与大射、宾射、燕射、乡射礼并不完全相同，当是在此基础上的又一变种；习射起源于以射选择与祭者；学射起源于贵族学校的军事教育；军中射礼起源于军事训练；巫术性射礼起源于巫术诅咒仪式；投壶礼衍生于燕射礼和宾射礼。

从有关古史传说时代的文献记载看，射礼有一个较长的肇起过程，大约在原始社会部落和部落联盟的“英雄时代”和军事民主制时期，射礼可能即已出现。最早出现的射礼是射侯之礼，其性质属于巫术性射礼。炎黄时代与尧舜之世出现射礼绝不是偶然的、孤立的，它与当时的社会背景是分不开的。按文献记载伏羲氏之时即已经有了俪皮嫁娶之礼，炎黄尧舜之时又有了祭祀天地社稷百神之礼，章服丧服之礼，君臣上下之仪，父子兄弟之礼，更有三礼、五礼之说，射礼只是

① 中国社会科学院考古研究所安阳工作队：《1969~1977 年殷墟西区墓葬发掘报告》，《考古学报》1979 年第 1 期。

当时所出现的诸礼之一，它借助巫术的力量，成了联盟盟主帝王考察、诅咒、惩罚、驾驭方国、部族首领和进行军事训练的重要手段，并和其他礼仪一道成为部落、部落联盟和方国联盟社会约束机制的重要组成部分。

根据甲骨金文记载，射礼形成于殷商时代。当时射礼的种类开始增多，不仅有巫术性质的射天、射帝和宗教性质的射牲、射牢之礼仪，而且以弓矢竞技为目的的射礼也已经出现并流行起来。弓矢竞射礼既有子射、王射，也有王暨多方贵族成员的竞射。其形式既实射动物，也射射侯。其行射地点与场所，既有水泽原野处及泽畔的建筑设施，也有比较固定的庠、序、射等建筑场所。殷商射礼的构成要素、竞射规则、行礼程序及仪节，与周代的射礼也有许多共同之处。周代的一些射礼种类，在殷商时代就已经有了。所有这些都说明射礼在商代晚期已经形成，并且当时的射礼已相当发展。虽然它还带有田猎的一些传统习惯，但其仪节程序已开始规范化，并出现了子射、子其射、王射、获、亡废矢等记录射礼的专门术语。

在具体材料的分析上，我们认为殷墟甲骨文资料表明，贵族子弟在野外近泽处举行的弓矢竞射礼，有用丙弓、迟彝弓、疾弓进行常规射、慢射、快射三种不同的弓法训练，特别注重弓的性能暨弓的用法，已初步具备了三番射、复射的原始雏形；商王也经常与其臣下和附属邦国首领举行弓矢竞射礼，以驾驭和威服之。商王还经常举行大规模的祭祀和射牲礼仪，以示亲杀与虔敬。殷商金文也有射牲、王射之记载。作册般铜鼋铭文所记史事和器物造型所展示的史实是射礼，如果把它与田猎挂钩，则有许多疑窦，如果把它与射礼相联系，则颇能印证文献和西周金文的有关记载。该器实是铭功的庸器、再现商王射艺的实物模型。铜鼋的铭文与造型构思所反映的史事是商代末期王在洹水进行的一次水上射礼活动。可以说西周辟雍大池的水上射礼，很有可能渊源于商代晚期的洹水水上射礼。铜鼋器铭，尤其是呈现在世人面前的这件射礼模型，更是射鱼礼的铁证。如果说西周金文所记射鱼礼还不够明白的话，该器则以无可争辩的事实，证明射鱼礼早在商代就已经存在，而且殷商时期的射鱼礼已经相当成熟了。同时铜鼋器铭还为《诗·齐风·猗嗟》的“射则贯兮，四矢反兮”和《仪礼》所记乡射礼、大射礼三番射的“不贯不释”、“将乘矢”提供了实物依据，可见商王进行的弓矢竞射礼，也是三番射，每番射四矢，特别讲究箭贯穿目标的力度与箭法。这说明殷商贵族从成童到成人其射礼也有一个从弓法到箭法的转变过程，周礼“三番射”中的某些仪节和必射四矢之寓意，在商代晚期就已经存在了。

商代射礼的形成，有其特定的历史原因与社会背景，当时巫风的盛行、田猎射术军事训练功能的缺失、战争频繁、弓箭射术军事作用的提高、学校教育制度的确立、射礼被列入学校教学课程等诸多社会背景，以及弓矢崇拜观念、尚武观念、祖先崇拜观念、四方观念等社会观念，都直接影响了商代射礼的类型、构成要素与内涵。由它们构成的社会环境正是商代射礼形成的重要原因与条件。

附录 1-1　作册般铜鼋所记史事的性质[①]

关键词：铜鼋；史事；射礼；铭文；造型

摘　要：作册般铜鼋是一件珍贵的商代末期青铜器。其铭文所记史事和器物造型所展现的史实是射礼，如果把它与田猎挂钩，则有许多疑窦；如果把它与射礼相联系，则颇能印证文献和西周金文的有关记载。可以说西周辟雍大池的水上射礼很有可能源于商代晚期的洹水水上射礼。周礼“三番射”中的某些仪节和必射四矢之寓意，在商代晚期就已经存在。射鱼也是当时常见的一种射礼，射鼋则是射鱼的一项重要射礼内容。本文还对鼋铭作了考释，并认定该器是铭功的庸器、再现商王射艺的实物模型。铜鼋的铭文与造型构思所反映的史事是商代末期王在洹水进行的一次水上射礼活动。

中国国家博物馆 2003 年收藏了一件造型构思奇特的作册般铜鼋，器作身中四箭的鳖形。通长 21.4 厘米，通宽 16 厘米，通高 10 厘米，重 1605.6 克。背甲左部斜插 2 箭，右后部斜插 1 箭，颈部左侧斜插 1 箭，皆深入鼋体，仅露箭尾。背甲中部有铭文 4 行 32 字（一说 33 字）（彩图 5）。《中国历史文物》2005 年第 1 期同时发表李学勤先生的《作册般铜鼋考释》、朱凤瀚先生的《作册般鼋探析》、王冠英先生的《作册般铜鼋三考》，分别对作册般铜鼋进行了考释，均认定它是商代末期青铜器。三位先生都是我十分崇敬的史学大家，他们的精辟探析使我颇受启发。2006 年 2 月 15 日《中国文物报》又发表求实的《作册般铜鼋献疑》，对作册般铜鼋的真实性提出质疑，并认定它是现代所作之伪品。综观这些论作虽然看法不尽相同，甚至观点完全相反，但有一点则是相同的，那就是都认为该器铭所反映的史实的性质是田猎，而不是射礼。这就在一定程度上束缚了人们的思维，对关键字句的理解分析难免会失之偏颇。为此，笔者不揣冒昧，略谈拙见，以请教于师长专家。

一

商周时期除用青铜制作生产工具、兵器和大量的礼器之外，还制作生活用具、车马器、度量衡器、货币、玺印符节、媵器、弄器、冥器、纪念物等。社会上发现一件非礼器的青铜制品是很自然的。

---

① 初稿于 2005 年 6 月，定稿于 2006 年 2 月，发表于《华夏考古》2006 年第 4 期。

这件作册般铜鼋背上的铭文说明其作器的缘起并不是因为“（商）王令寝馗兄于作册般”，作册般十分荣耀，为此“作母宝”，即为其母作了这件礼器。而是因为“率亡废矢”，射技武功高强，射者十分高兴，为此让人做了一个特别强调外部形态逼真的写实性的实物模型以作纪念。因而其性质很明确，就是纪念物。那种认为铭文标明的是礼器，“礼器形制的特点是容器”，而作册般铜鼋只是没有腹底的空外壳，即“作册般铜鼋其铭文所标明的性质却与其形制互相矛盾”的说法[1]，是站不住脚的，实际上也是根本不存在的。正因为它不是礼器、容器，所以“宝”字后面才无常见的“㷭”、“彝”之类的礼器名称。又因为它是用来陈设的纪念物，器物本身并不需要多大的硬度，因此比青铜礼器的含铅量高、手感很沉，也是符合当时青铜成分的配比原则和铜质特点的。

作册般铜鼋的造型构思十分别致，若非确有其事、亲自经历目睹，古人是很难凭空想象出来的。早已远离古代社会历史文化背景的现代人更难凭空想象出来，也绝不可能会与商周时代的某些史实如此吻合。况且，现代人所作的伪器多为仿造品，而作册般铜鼋这种造型，以前则从没有见过。从铭文看，叙述事件过程的次序不乱，语句比较通畅，意思较为清楚，且与器物造型构思相一致，所记内容也与古代历史情况相符合，并可以从商代晚期甲骨文、金文和西周金文中找到相同的固定句法和事例，绝不像水平低劣的作伪者杂凑杜撰而成。因此，作册般铜鼋不是赝品。

二

作册般铜鼋铭文所记史事和器物造型所展现的史实是射礼，如果把它与田猎挂钩，则有许多疑窦。文献与甲骨文等材料说明商代确实非常重视田猎，商王行猎地名甚众，但无一处提到洹水。而且这些田猎地都不在商都所在地。从田猎皆要贞问其是否“往来亡災”的卜辞看，商代的田猎地距都城也应有一定距离。商代甲骨文有关田猎的卜辞较为常见，但猎获物却罕见龟鳖类动物。按其文例，一般都要说明王田于某地、是否往返无灾，并必言猎获的动物与数量。如：“壬子卜，贞，王田于斿，往来亡災？兹御。隻鹿十一。”[2]“丁亥卜，贞，王田喜，往来亡災？禽？隻鹿八，兔二，雉五。”[3]“辛酉，王田于鸡录，隻大𩁹虎。在十月，隹王三祀𬇙日。”[4]重点强调的是田猎成果，绝不记录捕获猎物的具体过程，即使捕到像狼、鹿、兕、虎这样的动物，也不记录是如何猎获的。而作册般铜鼋则是“王𨑓于洹”，不见“田”字，“获”字后面亦无田猎卜辞所惯用的猎获物名称和数量，与甲骨文的田猎卜辞文体颇为不合。整篇铭文主要记述王射的时间、地点、过程、结果与作器缘由，着眼处在射而不在鼋，重点强调的是“率亡废矢”，内容与甲骨文的田猎卜辞也相去甚远。正因为它记录的是射礼，所以才只言射的箭数与结果，而不言射获物。若是田猎，那还有必要去记述射了几支箭、有无废矢吗？为什么田猎卜辞中没有这些细节？又为什么鼋铭只字不提猎获物呢？况且既已先言获，后再言射，也不合乎事理与叙事次序。鼋，是体型较大的水生动物，但性情并不凶猛，人们比较容易捕获。《淮南子·时则训》：季夏之月，“乃命渔人，伐蛟取鼍，登龟取鼋”。何宁集释曰：“渔人，掌渔官……鼍可作鼓……鼋可作羹……皆不害人，易得，故言取。蛟有鳞甲，能害人，难得，故言伐。龟神可决吉凶，入宗廟，尊之，故言登。”[5]伐、取对言，足见获鼋之易，完全没有必要强弓射取。其实，古今中外捕捉鼋龟类动物，并不采取射捕的方法。如果不是举行射礼，为什么要在一个鼋上射入四只箭？假若是田猎，又仅仅是为了射获它，那么，一箭即可获得，还有必要连射四箭吗？而且鼋虽可做美味佳肴，但在当时并不是稀有之物。即使商王获得了一只鼋，也不一定就值得铸器勒铭纪念。同时，作册般铜鼋别具匠心的构思和寓意深刻的造型，所反映的也绝不可能是商王田猎射获一鼋这样简单的事情。不难看出，整个铜鼋模型，重点突出的是贯穿鼋体、仅露尾羽的四支箭，所显示的无疑是惊人的臂力。正因为发力威猛，连发连中，超乎人们的想象，常人无法做到，而商王却取得了这样的效果，所以才值得模型铭功以志纪念。它再现的是精湛的射艺与箭法，其目的是为了纪念和宣扬商王的射技武功。因此，作册般铜鼋的造型构思与田猎活动之史实亦差之甚远。

与此相反，如果把作册般铜鼋与射礼相联系，则颇能印证文献和西周金文的有关记载。西周金文中有水陆两种射礼。柞伯簋、令鼎、长由盉、义盉盖、十五年趞曹鼎、噩侯驭方鼎所记的射礼是在陆上举行的。具体地点是宗周、周新宫的射庐，或周王征、巡途中的临时驻地；麦方尊、静簋、遹簋、井鼎所记的射礼则是在周都莽京辟雍大池中举行的，因在水上举行，参加射礼的人员需要乘舟泛游。“水中的射礼应该与陆上的射礼有区别，这一点文献很少具体的记载，金文给了我们许多新的认识。西周的射礼，分水陆两种。作为射礼，它们有相同之处，但也有许多不同的地方。”[6]《礼记·射义》曰：“天子将祭，必先习射于泽。”文献记载表明，周王在举行大的祭奠之前还必须先在泽中习射，可知水上射礼在西周时期的确是很盛行的。以后以例前，商代晚期，在环绕都城的洹水举行射礼活动也是可能的，并且商代在都城的洹水举行射礼，与西周在都城的辟雍大池举行射礼的水文地理环境也十分相似。可以说，西周辟雍大池的水上射礼也很有可能渊源于商代晚期的洹水水上射礼。

根据西周金文与先秦文献，射礼的射的形式，亦可大致分为射侯和射牲两种，其射中者可称为“获”。射侯是一种射艺比赛，起初“张兽皮而射之”，被称之为“主皮之射”或“贯革之射”[7]。后来用兽皮做侯或者用兽皮饰侯，被称之为大侯、参侯和干侯[8]。在陆上举行的射礼大多为射“侯”；射牲又称射牢[9]。凡在大池水泽中举行的射礼大都为射牲，实际上射牲也就是射动物，即把射获物作为牲品进献于祖庙。如《麦方尊铭》曰："迨王窨莽京，酌祀。雩若翌日，在辟雍，王乘于舟，为大豊。王射大龚，禽。侯乘于赤旂舟从。"[10]"酌祀"是周人祭祀祖先的大典，"大豊"即"大礼"。这里的"大礼"应是"酌祀"的一部分，指向祖先贡献牺牲的大典[11]。正是因为周王要举行祭典，所以在"为大豊（礼）"之前要先在辟雍大池里乘船射大龚以荐牲。大龚就是大雁。

西周金文还有在辟雍大池中举行射鱼的记载。《井鼎铭》："隹七月，王在莽京，辛卯，王渔于□池，乎□从鱼。"[12]《遹簋铭》："隹六月既生霸，穆王在莽京，乎渔于大池。"[13]文献中也有射鱼荐庙的记载。《淮南子·时则训》："季冬之月，命渔师始渔，天子亲往射鱼，先荐寝庙。"[14]《春秋》隐公五年："春，公矢鱼于棠。"杨伯峻注："朱熹《语类》、俞成《萤雪丛说》、邢凯《坦斋通编》、黄仲炎《春秋通说》、叶梦得《春秋考》、王应麟《困学纪闻》卷六上以及毛奇龄《简书刊误》、赵翼《陔馀丛考》卷二据《传》'则公不射'之文，又据他书射鱼之事，因谓矢鱼为射鱼，静簋云'射于大池'尤可证。"[15]刘雨先生亦认为上述引文中的"'矢鱼'、'射鱼'、'乎渔'大概是一回事，也是射礼的内容之一"。"'射鱼'，是射礼的一种。"[16]《害簋铭》中还设有专司射鱼的官吏"底鱼"[17]。这说明射鱼也是当时常见的一种射礼。鼋属于鱼类动物，《楚辞·河伯》："乘白鼋兮逐文鱼。"注曰："大鳖为鼋，鱼属也。"[18]《淮南子·时则训》何宁集释曰："蛟、鼍、鼋皆鱼属也。"[19]射鼋无疑则是射鱼的一项重要射礼活动。鼋与鱼、大雁、天鹅一样可能都是当时水上射礼的射获对象。

西周是射礼的成熟盛行时期，射礼作为一种礼仪已比较烦琐复杂，且要求"进退周还必中礼"[20]。参加射礼的一般人员都需要经过专门的训练才能登场较射[21]，一举一动才能合乎礼仪规范。在这种成熟的礼仪之前，理应有一个逐渐形成完善的过程。可以肯定，商代应该就是中国射礼的滥觞与形成时期。从作册般铜鼋铭的文体看，它与西周早期记录大射礼的柞伯簋铭的文体相同。二铭都有"亡（无）废矢"等字句[22]，似已形成固定的专门术语和句式。更有甚者，铜鼋身插四箭，此与《仪礼》所记周代射礼"三番射"中每番都是发射四支箭的定数也完全相同，这绝不可能是偶然巧合，而应该有某种渊源联系和特定的寓意。《诗经·齐风·猗嗟》："清扬婉兮，舞则选兮。射则贯兮，四矢反兮。以御乱兮！"笺云："反，复也。礼射三而止。每射四矢，皆得其故处，此之谓复射。必四矢者，象其能御四方之乱也。"疏曰："其射则中于正鹄兮，非徒能中而已。每番重射四矢，皆反复其故处兮，善射如此，足以捍御四方之乱兮。"正义曰："贯谓穿侯，故为中也。""乘车，必驾四马，因即谓四马为乘。大射、乡射，皆以四矢为乘矢。"[23]《仪礼·大射第七》："射三侯，将乘矢，始射干，又射参，大侯再发。"注曰："将，行也。行四矢，象有事于四方。"[24]又《礼记·射义》："故男子生，桑弧蓬矢六，以射天地四方。天地四方者，男子之所有事也。故必先有志于其所有事。”[25]也许“三番射”中的某些具体仪节和射四矢所喻之含义，可能在商代晚期就已经存在了。所有这些都说明铜鼋所反映的已不是滥觞期的射礼，而应是形成期的射礼。

三

基于上述认识，经仔细比对图片资料，并本着有新释者释之、有疑因故暂不能释者存之、已有精当解释者择其善而从之的原则，现在诸位先生研究的基础上试释为

丙申，王这于洹，隹（惟）

王射，奴射四，率亡（无）灋（废）矢。

王令（命）寝（寝）馗兄（贶）于乍（作）册

般，曰：“奏于庸，乍（作）女（汝）宝。”

第一行最末一字，下部无“又”，应释为“隹”，同“惟”，助词，用于语首，表示发端。例同殷墟甲骨刻辞“隹王来”[26]，“隹王来征盂方伯炎”[27]，《小臣艅犀尊》“隹王来征夷方”[28]，《戍嗣子鼎》“隹王饏管大室”[29]，《短尊》“隹武王既克大邑商”[30]，《周宗钟》“隹皇上帝百神，保余小子”[31]。此处若释“隻”，不仅与实际不符，也与田猎卜辞的用法确实不合。

第二行第三字“奴”，读为“残”，是残穿的意思。《说文·奴部》：“奴，残穿也。从又，从歺。读若残。”徐锴系传：“又所以穿也。”段玉裁注：“残穿之，去其穢䄂，故从又、歺，会意。”按古代有“角弓”“杀矢”[32]、“主皮之射”[33]、“贯革之射”[34]、“穿札之射”，[35]又有“射则贯兮，四矢反兮”[36]，“不贯不释”之说[37]，皆崇尚弓矢劲疾中深，反复贯穿侯的。故此处的“奴”，可引申为“贯”，作穿透讲，奴射，即贯射、穿射。

第二行第五字“四”，确为四条横道，上边的三横道比较清楚，最末一横道，与“率”字的起笔一画平齐，虽有锈蚀，但字槽尚存，依稀可辨，此字系“四”字无疑。“奴射四”，即穿射了四箭，与铜鼋上的箭数及情形相吻合。四箭均为王所射。按柞伯簋等器铭，臣僚在射礼中表现突出，王都要给予丰厚的物质奖赏，而鼋铭，则是王在射礼中获得了优异成绩，从事理上讲，正因为王本人不可能奖赏自己，所以才命人做了件庸器。

本铭文大意是说，丙申日这一天，商王到洹水上举行射礼，商王连续穿射了四支箭，皆射中鼋体，没有废矢。王命寝馗将此鼋赐予史官作册般，王说：“（将四射皆贯的射艺）铭记于庸器，作为你的宝物。”铭文清楚地表明这是一种在水里举行的射礼。

总之，作册般铜鼋是一件珍贵的商代末期青铜器，而不是现代所作的伪器；

是铭功的庸器，而不是庄重神奇又具有实用性的礼器；是颂扬商王射技武功的纪念物，而不是对商王贶赐的纪念物；是整体仿生的写实性极强的再现商王射艺的实物模型，而不是田猎物模型；其铭文是记载射礼的，而不是记载田猎的。一句话，铜鼋的铭文与器物造型所反映的史事是商代末期的一次水上射礼活动。如果此说不妄，这将是继柞伯簋之后的又一重要发现。是目前所知商代有关射礼的唯一一件青铜器，也是我国时代最早的一件有关射礼的青铜器，弥足珍贵，具有重要的研究价值。

参考文献

[1] 求实. 作册般铜鼋献疑. 中国文物报，2006-02-15（7）.

[2] 叶玉森. 殷虚书契前编集释. 卷二. 第二十六之七. 台北：艺文印书馆，1967：49；杨树达. 积微居小学述林. 卷五. 北京：中华书局，1983：188.

[3] 郭沫若. 卜辞通纂. 第六四一片. 北京：科学出版社，1983：498；杨树达. 积微居小学述林. 卷五. 北京：中华书局，1983：188.

[4] 郭沫若. 甲骨文合集. 第十二册. 37848 • 雕纹虎骨. 北京：中华书局，1983：4699.

[5] 何宁. 淮南子集释. 上册. 北京：中华书局，1998：407.

[6] 刘雨. 西周金文中的射礼. 考古，1986，（12）：1117.

[7] 杨宽. “射礼”新探. 古史新探. 北京：中华书局，1965：325~326；王龙正. 袁俊杰. 廖佳行. 柞伯簋与大射礼及西周教育制度. 文物，1998，（9）：59.

[8] 详见仪礼 • 大射仪. 仪礼注疏. 卷十六. 十三经注疏. 上册. 北京：中华书局，1980：1028.

[9] 详见杨树达. 卜辞琐记 • 射牢、卜辞求义 • 射. 杨树达文集编辑委员会. 杨树达文集之五. 积微居甲文说、卜辞琐记、耐林庼甲文说、卜辞求义. 合订本. 上海：上海古籍出版社，1986：4，18.

[10]（清）梁诗正等. 钦定西清古鉴. 卷八. 上海雲华居庐出版，1926：33；刘雨. 西周金文中的射礼. 考古，1986，（12）：1112.

[11] 刘雨. 西周金文中的射礼. 考古，1986，（12）：1112.

[12] 罗振玉. 三代吉金文存. 上册. 卷四. 十三. 2. 北京：中华书局，1983：398.

[13] 罗振玉. 三代吉金文存. 中册. 卷八. 五十二. 2. 北京：中华书局，1983：984；郭沫若. 两周金文辞大系图录考释 • 通篇考释. 第二册、第六册. 北京：科学出版社，1958：27、55；陈梦家. 西周铜器断代（六）. 考古学报，1956，（4）：85.

[14] 何宁. 淮南子集释. 上册. 北京：中华书局，1998：431.

[15] 杨伯峻. 春秋左传注（修订本）. 一册. 北京：中华书局，1990. 第2版：39.

[16] 刘雨. 西周金文中的射礼. 考古，1986，（12）：1113、1117.

[17] 陈梦家. 释底鱼. 考古社刊. 1936，（4）：40.

[18]（宋）洪兴祖. 楚辞补注. 南京：凤凰出版社，2007：69.

[19] 何宁. 淮南子集释. 上册. 北京：中华书局，1998：407.

[20] 礼记·射义. 礼记正义. 卷六十二. 十三经注疏. 下册. 北京：中华书局，1980：1866.

[21] 详见罗振玉. 三代吉金文存. 上册. 卷六. 五十五. 2. 静簋铭. 北京：中华书局，1983：678.

[22] 王龙正，姜涛，袁俊杰. 新发现的柞伯簋及其铭文考释. 文物，1998，(9)：53.

[23] 毛诗正义. 卷五之二. 十三经注疏. 上册. 北京：中华书局，1980：355.

[24] 仪礼注疏. 卷十七. 十三经注疏. 上册. 北京：中华书局，1980：1035.

[25] 礼记正义. 卷六十二. 十三经注疏. 下册. 北京：中华书局，1980：1689.

[26] 董作宾. 小屯·殷虚文字甲编. 3941. 1948.

[27] 罗振玉. 殷虚书契后编. 上卷. 18、6. 1916.

[28] 中国社会科学院考古研究所. 殷周金文集成（修订增补本）. 05990. 北京：中华书局. 2007：3684.

[29] 中国社会科学院考古研究所. 殷周金文集成（修订增补本）. 02708. 北京：中华书局. 2007：1388.

[30] 唐兰. 㺃尊铭文解释. 文物. 1976，(1)：60.

[31] 郭沫若. 两周金文辞大系图录考释. 第二册、第六册. 北京：科学出版社，1958：25，51；唐兰. 西周青铜器铭文分代史征. 北京：中华书局，1986：503.

[32] 诗·鲁颂·泮水. 毛诗正义. 卷二十之一. 十三经注疏. 上册. 北京：中华书局，1980：612；周礼·夏官·司弓矢. 周礼注疏. 卷三十二. 十三经注疏. 上册. 北京：中华书局，1980：856.

[33] 仪礼·乡射第五. 仪礼注疏. 卷十三. 十三经注疏. 上册. 北京：中华书局，1980：1011.

[34] 礼记·乐记第十九. 礼记正义. 卷三十九. 十三经注疏. 下册. 北京：中华书局，1980：1543.

[35]（汉）韩婴. 韩诗外传. 卷八. 湖南艺文书局刊，1894：12.

[36] 诗·齐风·猗嗟. 毛诗正义. 卷五之二. 十三经注疏. 上册. 北京：中华书局，1980：355.

[37] 仪礼·大射第七. 仪礼注疏. 十三经注疏. 上册. 北京：中华书局. 1980：1002.

第二章　西周时期的射礼

西周是中国古代射礼的盛行时期。武王克商后，以殷亡为鉴，选择了以礼治国的道路，强调明德保民，尊礼尚施，制礼乐，行仁政，意在构建一个和谐稳定的社会秩序。通过武王修行文教①、周公全面系统地制礼作乐②、成王作《周官》③等高级贵族及其同僚的增损改造，西周时期的射礼在殷商射礼的基础上，又进一步发展演变成郊射、大射、燕射、宾射等种类，成为适合西周王朝统治各种需要的重要礼制，也为后世历代统治者所继承，成为两千多年来几无大变的类型模式。西周金文和传世文献保存了不少这方面的史料，使我们今天能够探讨西周射礼的许多问题。

第一节　西周金文射礼考

西周金文里有一批射礼铭文。其中记载射礼比较完整、又比较长的专篇铭文有九篇，提到射礼有关内容但比较零星的铭文有十余篇。这些铭文涉及当时的大射、燕射、宾射、习射、射牲、射鱼等礼仪和举行射礼的时间、地点与场所等问题，大都是传世文献所失载的，具有重要的史料研究价值。

一、西周金文中的大射礼

大射始见于西周金文，目前已发现有两篇，为了解大射礼名称的由来、早期

---

① 详见《礼记·乐记》孔子答宾牟贾问及郑玄注与孔颖达疏，（清）阮元校刻：《十三经注疏·礼记正义》，中华书局，1980年，第1543页。

② 《礼记·明堂位》说，周公居摄"六年，朝诸侯于明堂，制礼作乐，颁度量，而天下大服"；胡戟：《周公制礼》，《陕西师范大学学报》1997年第3期。

③ 《周官》即《周礼》。关于《周官》的作者学界有三说。一种说法是《周礼》和《仪礼》，均传为周公制礼遗篇。《左传》文公十八年，周公后人就明确地说："先君周公制《周官》。"《史记·鲁周公世家》因袭此说："周公作《周官》。"《周礼正义序·序周礼废兴》贾公彦称："郑玄遍览群经，知《周礼》者乃周公致太平之迹。"《隋书·经籍志一》也说："《周官》盖周公所制官政之法。"《朱子语类》卷83朱熹也执信："《周礼》是周公遗典。"《仪礼·疏序》贾公彦还称："《周礼》、《仪礼》……并是周公摄政太平之书。《周礼》为末，《仪礼》为本。"另一种说法是成王作《周官》。《尚书·周官》说："成王既黜殷命，灭淮夷，还归在丰，作《周官》。"《史记·周本纪》亦承其说："成王自奄归，在宗周，作《多方》；既绌殷命，袭淮夷，归在丰，作《周官》。兴正礼乐，度制于是改，而民和睦，颂声兴。"第三种说法是周公与成王各作有《周官》。李民、王健《尚书译注·周官》题注认为："司马迁所说的《周官》，是周公所作，早佚。《书序》所云《周官》是周成王所作。"此说较为客观公允，可以信从。

大射礼的具体仪节与比射规则等提供了可靠的一手材料。

（一）大射礼及其名称的由来

根据文献记载，大射是将祭择士之射。《诗·小雅·宾之初筵》郑玄笺曰："将祭而射，谓之大射。"[①]《周礼·夏官·大司马》郑玄注曰："大射，王将祭，射于射宫，以选贤也。"[②]又《周礼·天官·司裘》郑玄注曰："大射者，为祭祀射。王将有郊庙之事，以射择诸侯及群臣与邦国所贡之士可以与祭者。射者可以观德行，其容体比于礼，其节比于乐，而中多者得与于祭。诸侯，谓三公及王子弟封于畿内者，卿大夫亦皆有采地焉。其将祀其先祖，亦与群臣射以择之。""士不大射，士无臣，祭无所择。"故只书王与诸侯。贾公彦疏曰："言王大射者，王将祭祀，选助祭之人，故于西郊小学之中，王与诸侯及群臣等行大射之法，故云王大射也。"知大射为祭祀射者，"既云天子将祭，必先习射，故知大射是将祭而射也"[③]。《礼记·射义》云："古者天子之制：诸侯岁献贡士于天子，天子试之于射宫，其容体比于礼，其节比于乐，而中多者，得与于祭；其容体不比于礼，其节不比于乐，而中少者，不得与于祭。"郑玄注曰："三岁而贡士，旧说云：大国三人，次国二人，小国一人。"孔颖达疏曰："而中多者得与于祭者，此谓大射也。"又云："古者天子以射选诸侯、卿大夫、士。"郑玄注曰："选士者，先考德行，乃后决之于射。"又云："天子之大射，谓之射侯。射侯者，射为诸侯也，射中则得为诸侯，射不中则不得为诸侯。"郑玄注曰："大射，将祭择士之射也。"孔颖达正义亦曰："大射是将祭择士之射。"此即下文所云："天子将祭，必先习射于泽。泽者，所以择士也。已射于泽，而后射于射宫，射中者得与于祭，不中者不得与于祭。不得与于祭者有让，削以地；得与于祭者有庆，益以地；进爵，绌地是也。"郑玄注曰："泽，宫名也。士，谓诸侯朝者、诸臣及所贡士也。皆先令习射于泽，已乃射于射宫，课中否也。"孔颖达疏曰："前经明诸侯贡士之制，故赏罚所贡之君。此经论人君将祭择士，赏罚其士之身，故于此又重言也。"[④]《仪礼·大射》贾公彦疏引郑玄《三礼目录》云："名曰'大射'者，诸侯将有祭祀之事，与其群臣射，以观其礼，数中者得与于祭，不数中者不得与于祭。"[⑤]现代学者也多持此说。如彭林先生说："大射礼，是天子在重大祭祀之前，为了挑选助祭者而举行的射礼。"[⑥]杨志刚先生也说："周代时候，天子、诸侯将有祭祀之事，

① （清）阮元校刻：《十三经注疏·毛诗正义》，中华书局，1980年，第484页。
② （清）阮元校刻：《十三经注疏·周礼注疏》，中华书局，1980年，第839页。
③ （清）阮元校刻：《十三经注疏·周礼注疏》，中华书局，1980年，第683页。
④ （清）阮元校刻：《十三经注疏·礼记正义》，中华书局，1980年，第1687、1688、1689页。
⑤ （清）阮元校刻：《十三经注疏·仪礼注疏》，中华书局，1980年，第1027页。
⑥ 彭林：《中国古代礼仪文明》，中华书局，2004年，第150页。

便举行大射，以选择助祭者。”[①]以上众言正可说明其所说为一事，且都一致认为大射是天子诸侯祭前为选择参加祭祀的人而举行的射礼。既然当时之社会，国之大事，在祀与戎，那么，为祭祀而举行的射礼称为大射，似乎也是很自然的。然而明言“大射”的柞伯簋和义盉盖铭文则均无祭祀之事。当然，也可能柞伯簋、义盉盖铭只是记录了大射的结果，未记祭祀但并不意味着与祭祀无关。李学勤先生说：“古代有四种礼射：第一种是大射，即君臣相与习射。”[②]此也只符合义盉盖铭的情况，而柞伯簋铭则是王主持的王多士、小子与小臣们的竞射。这就不能不使我们要重新思考大射礼的含义了。

关于大射名称的由来，学界的疏解则颇有分歧。《周礼·天官·司裘》“王大射”郑玄注曰：“射者，大礼，故取义众也。”[③]《礼记·聘义》也说：“聘、射之礼，至大礼也。质明而始行事，日几中而后礼成。”[④]大射礼，《仪礼》又称为“大射之仪”。据说大射不称之为礼而称为仪，是因为射礼盛，威仪多之故。贾公彦疏曰：“不言礼言仪者，以射礼盛，威仪多，故以仪言之。”[⑤]这种思维也及于其他与大字连言的解释，如大战。《尚书·甘誓》曰：夏启与有扈氏“大战于甘，乃召六卿”。孔颖达疏云：“经言大战者，郑玄云：天子之兵，故曰大。孔无明说，盖以六军并行，威震多大，故称大战。”[⑥]现代学者杨宽先生认为大射仪为高级的乡射礼。他说：“礼书上把飨礼或者称为‘大飨’，就是因为这是一种高级的乡饮酒礼，犹如礼书把高级的乡射礼称为‘大射’一样。”[⑦]“实际上，大射仪就是一种高级的乡射礼。”[⑧]杨志刚以为：“因其礼大于宾射、燕射、乡射，所以叫大射。”[⑨]还有学者认为各种射礼是因举行地点和对象而得礼名的，说“‘乡射’是由乡大夫和士在乡学中行乡饮酒礼之后举行的，‘大射’是天子或诸侯会集臣下在大学举行的，‘燕射’是大夫以上贵族在行燕礼之后举行的，‘宾射’是特为招待贵宾而举行的”[⑩]。这就很容易使人形成这样的印象：乡射在乡学举行，故名乡射。大射在大学举行，故名大射。在礼乐书中，礼名前冠以大字者，也并非大射一礼，除此还有大飨[⑪]、大阅[⑫]等。更有以大小而对言者，如《周礼·夏官·大司马》：“若大射，则合诸

① 杨志刚：《中国礼仪制度研究》，华东师范大学出版社，2001年，第450页。
② 李学勤：《柞伯簋铭考释》，《文物》1998年第11期。
③ （清）阮元校刻：《十三经注疏·周礼注疏》，中华书局，1980年，第683页。
④ （清）阮元校刻：《十三经注疏·礼记正义》，中华书局，1980年，第1693页。
⑤ （清）阮元校刻：《十三经注疏·仪礼注疏》，中华书局，1980年，第1027页。
⑥ （清）阮元校刻：《十三经注疏·尚书正义》，中华书局，1980年，第156页。
⑦ 杨宽：《“乡饮酒礼”与“飨礼”新探》，《古史新探》，中华书局，1965年，第305页。
⑧ 杨宽：《“射礼”新探》，《古史新探》，中华书局，1980年，第320页。
⑨ 杨志刚：《中国礼仪制度研究》，华东师范大学出版社，2001年，第450页。
⑩ 杨宽：《“射礼”新探》，《古史新探》，中华书局，1965年，第310页。
⑪ 如《礼记·郊特牲》曰：“大飨，君三重席而酢焉。”（（清）阮元校刻：《十三经注疏·礼记正义》，中华书局，1980年，第1446页）
⑫ 如《周礼·夏官·大司马》：“中冬，教大阅。”（（清）阮元校刻：《十三经注疏·周礼注疏》，中华书局，1980年，第837页）

侯之六耦。大祭祀、飨、食，羞牲、鱼，授其祭。”[①]《小司马》：“凡小祭祀、会同、飨、射、师、田、丧纪，掌其事，如大司马之法。”贾公彦疏曰：“‘小祭祀’已下至‘丧纪’，皆蒙此‘小’字，对大司马大祭祀之等。”[②]“案凡言小者，皆谓王不参加。”[③]依此释之，似乎大射礼就是王参加的射礼了。然从商晚期和西周时期的铜器铭文来看，凡是王自射即独自进行的射礼，并不叫大射，而叫王射。如商晚期的作册般铜鼋铭文、西周时期的十五年趞曹鼎等。凡是王参加的其他礼典中的射礼，亦叫王射，如西周时期的麦方尊、令鼎等铭文。凡专门为竞射而举行的由王主持或参加的射礼，则叫大射，如西周时期的柞伯簋、义盉盖铭文等。而麦方尊铭的“大豊”、“王射”和令鼎铭的“大藉”、“王射”，即专门举行的其他礼典称大，在该礼典之中或之后王参加的射礼称王射，也说明在西周金文中确实有这样一个规律可循：凡是专门举行的由王主持或参加的藉田礼、始乘舟与桒祭礼(详见后)、射礼等，均可贯以“大”字。因此，有学者指出：“可能只有周王举行的射礼方可以称为‘大射仪.’”[④]若此则又说明西周时期的大射礼，与传统文献记载的大射礼，其内涵及其名称的由来是不尽相同的。如果是在祭祀前举行射礼，那自然是为了选拔助祭者。若不行祭祀，仅仅是单纯的射礼，那自然是另有目的，不能一概而论。

（二）柞伯簋与大射礼

柞伯簋是继义盉盖铭之后发现的又一件明言记录大射礼的青铜器（彩图 6）。该器 1993 年春出土于河南省平顶山应国墓地 M242[⑤]，簋内底铸有长篇铭文 8 行 74 字（《集录 486》）。释文如下：

隹（惟）八月辰才（在）庚申，王大射
才（在）周。王令（命）南宫逵（率）王多
士，师醬父逵（率）小臣。王徲（迟）
赤金十反（钣）。王曰：“小子、小臣，
敬又ㄋ（臤），隻（获）则取。”柞（胙）白（伯）十
爯（称）弓，无灋（废）矢。王则畀柞（胙）
白（伯）赤金十反（钣），诰（诞）易（赐）柷见。
柞（胙）白（伯）用乍（作）周公宝尊彝。

① （清）阮元校刻：《十三经注疏・周礼注疏》，中华书局，1980 年，第 839 页。
② （清）阮元校刻：《十三经注疏・周礼注疏》，中华书局，1980 年，第 841 页。
③ 杨天宇：《周礼译注》，上海古籍出版社，2004 年新 1 版，第 426 页注[2]。
④ 刘雨：《近出殷周金文综述》，《故宫博物院院刊》2002 年第 3 期。
⑤ 王龙正、姜涛、袁俊杰：《新发现的柞伯簋及其铭文考释》，《文物》1998 年第 9 期。

1. 柞伯簋铭文考释

柞伯簋铭文的内容经学者考释已基本弄清，但有几处关键字句及铭文所反映的某些问题仍需要作进一步的研究。目前学界对柞伯簋铭文的考释存在分歧者，有以下四处。

“王徲赤金十钣。”“徲”，发掘者亦包括笔者最初认为：“当从彳，尸（夷）声，可与遗字相通，训为赠予、给予。”[①]刘雨先生直释为“夷”[②]。李学勤先生隶定为“迟”，“训为待，句子的意思是王悬赏十块饼金以待”[③]。冯时先生释为“遲”，读为“迟”[④]。陈剑认为“迟”似当读为“尸”或“矢”，训为陈。“尸、矢和陈列的‘陈’音近义通”，“把迟直接读为‘陈’也未尝不可。不管认为迟具体和哪个字相同，‘王迟赤金十钣’都可以理解为‘王陈列赤金十钣’”[⑤]。周宝宏也认为“王迟赤金十钣”之迟应读作尸，训为陈列。[⑥]今按“徲”，尸声。中爯父簋、南申伯簋铭中的“徲王”之徲，即读作“夷”。[⑦]又因迟常与夷、尸相通，皆有陈设、安放之义。故“徲”读为迟、尸、夷均可，但只有训为陈列、陈放，于本铭才是最为确切的。西周时期，赤金当属于较为贵重的物品，故周王常常用来赏赐臣下。仅据唐兰《西周青铜器铭文分代史征》所收铜器统计，有关赐金、俘金的铭文就有利簋、禽鼎与簋、卿鼎与簋、员卣、麦方彝与方盉、方鼎、师俞尊与鼎、过伯簋、相侯簋、竞卣、䮅鼎、遹甗、爰尊、录簋、九年卫鼎、公臣簋等 20 余器。[⑧]周王用赤金作为射礼竞射的悬赏奖品，也是符合当时之历史情况的。

“王曰：‘小子、小臣，敬又㕛，获则取。’”周王这句命辞，学界的断句与释意分歧最大。发掘者释读为“小子、小臣，敬友！又隻（获）则取”。“‘敬友’原是兄弟之间互相尊敬友爱的礼仪”，“同时也是贵族子弟乃至贵族阶层遵守的行为规范”。“‘又’有重复与再的意思，与上文‘又（友）’的写法有别。‘隻’即获本字。在射礼中用箭射中侯称获。‘又获’即连续重复射中侯。”徐锡台先生释读

---

① 王龙正、姜涛、袁俊杰：《新发现的柞伯簋及其铭文考释》，《文物》1998 年第 9 期。本小题以下凡引发掘者之看法，均出自该篇，不再作注。

② 刘雨：《近出殷周金文综述》，《故宫博物院院刊》2002 年第 3 期。本小题以下凡引刘雨先生者，均出自该篇，不再作注。

③ 李学勤：《柞伯簋铭考释》，《文物》1998 年第 11 期。本小题以下凡引李学勤先生者，均出自该篇，不再作注。

④ 冯时：《柞伯簋铭文剩义》，《古文字研究》第 24 辑，中华书局，2002 年。本小题以下凡引冯时先生者，均出自该篇，不再作注。

⑤ 陈剑：《柞伯簋铭补释》注释[3]，《传统文化与现代化》1999 年第 1 期。本小题以下凡引陈剑先生者，均出自该文，不再作注。

⑥ 周宝宏：《西周金文词义研究（六则）》，《古文字研究》第 25 辑，中华书局，2004 年。

⑦ 崔庆明：《南阳市北郊出土的一批申国青铜器》，《中原文物》1984 年第 4 期；又见徐锡台：《应、申、邓、柞等国铜器铭文考释》，《容庚先生百年诞辰纪念文集》（古文字研究专号），广东人民出版社，1998 年。

⑧ 详见唐兰：《西周青铜器铭文分代史征》，中华书局，1986 年，第 7、37、68、221、254、255、256、265、271、296、390、392、393、394、396、439、465、507 页。

为“小子小臣，敬有佑”[①]。宋镇豪先生同之。[②]李学勤先生释为“小子，小臣敬有夬，获则取”，认为“‘小子小臣’在此不可连读”。“‘夬’本义即射箭时用以钩弦的扳指，古书多作‘决’。句意是说执事的小臣已准备好扳指，可以开始射箭。”“‘获’即射箭中侯（靶），故得取王所悬赏赤金十钣。”刘雨先生释读为“小子、小臣，敬有佑，获则取”。陈剑释读为“小子、小臣，敬有ㄋ获则取”，认为“ㄋ”读为贤，“在古代有‘多于’、‘胜过’一类的意思”。“获”即射礼中射中目标，把“有贤获”解释为“射中目标的次数比别人多”，或直解为“有比别人多的算筹”。“‘敬有贤获则取’即恭敬而又射中次数多的人可以取得这赤金十钣”。葛英会也从陈剑释读为“小子、小臣敬又贤获则取”。其语义是“仪态谦恭又射中目标多的则取得奖赏”，并认为ㄋ字的构形和音义与将指这个名称有关联。贤字的读音由将指的将字读音而来。[③]但问题是就射礼而言，敬与贤获并不是同一时间状态下的同等概念，敬是指行射过程中的心态，贤获是行射的结果，在《仪礼·大射仪》、《乡射礼》中有释获者告贤获之仪节，是指一耦多于另一耦的筭获。心态（态度）加技巧（技能）等于结果，故敬与贤获二者不可能并列作为获奖的条件。冯时释读为“小子、小臣，敬有叉，获则取”，认为“叉”读为“挟”，“有”训为其。“敬有叉”即“敬有挟”，意即敬其射。“获”，中侯也。簋铭之“获”似已兼有贤获之义。“‘敬有叉，获则取’实为周王劝勉参射者认真行射，胜者得赏。”此说也颇有道理，但稍显迂回。况且ㄋ字的指示符在将指，《说文·又部》篆文叉字的指示符在手指间，两字在形构上的差异是一目了然的，其不宜释叉，则显然无疑。

以上诸家之考释，尤其是ㄋ字，发掘者释叉，李学勤先生释夬，徐锡台、刘雨释佑，陈剑、葛英会释贤，冯时释叉。虽然文意尚通，但似乎均未切的。如把“ㄋ”释读为“又”或“佑”，显然是因形近而误，而且又又连文也的确不符合金文重文绝不重书的习惯做法。释夬亦不妥当，有学者指出：“如释为‘敬又夬，获则取’则滞涩不通，语义也觉得格格不入，因为仪态谨敬与戴扳指不可并列连言。”[④]若作此解，“小臣敬又夬”，这话似乎也不像是王的口吻，而只能是司射之语。同时该字与十五年趞曹鼎铭文和楚简夬字象戴决于巨指之形构也有别。按射礼执事的小臣需要准备的射器可谓不少，扳指乃其小者，周王何以单言决？又何以舍大而言小呢？况且扳指是用骨或玉等硬料做成的，每个人的拇指大小粗细不一，即

① 徐锡台先生对柞伯簋铭文的断句和释意，与众不同，失误较多，几乎无法与他人的观点作比较研究。详见其《应、申、邓、柞等国铜器铭文考释》，《容庚先生百年诞辰纪念文集》（古文字研究专号），广东人民出版社，1998年。

② 宋镇豪：《从花园庄东地甲骨文考述晚商射礼》，《中国文物研究》2006年第1期；又见宋镇豪：《从新出甲骨金文考述晚商射礼》，《中国历史文物》2006年第1期。

③ 葛英会：《说甲骨、金文中的ㄋ字》，《纪念王懿荣发现甲骨文一百周年论文集》，齐鲁书社，2000年。

④ 葛英会：《说甲骨、金文中的ㄋ字》，《纪念王懿荣发现甲骨文一百周年论文集》，齐鲁书社，2000年。

使小臣准备有扳指，也不一定适用，因此除君王的扳指需要小臣准备外，其他参射人员应均自备扳指。这从《仪礼·大射仪》所记小射正“取公之决、拾于东坫上”[①]，而其他人则均自行脱戴决、遂，也可以看得出来。释贤者虽然注意到了《仪礼》中射礼的“贤获”，但二者又不完全同义。按郑玄注，《仪礼》的“贤获”是指胜方多出负方的筭筹。[②]虽然注意到了射礼的要求与获胜的条件以及该句与无废矢的关系，但所作的解释并不十分妥帖。由其所释字义，审其所释句义，还是比较勉强的。并且与王强调的敬，既不协调，也不相称。释叉者，所解虽胜，但以叉指代射，周王舍射而言叉恐亦为不可能之事。

我们认为周王的命辞应断读为“小子、小臣，敬又（臤），获则取”。“敬”是古代贵族行礼乃至日常生活的行为规范与准则，违者要加以责问和惩罚。古文献对此多有记载，现择录于下。

《孝经·广要道》：“礼者，敬而已矣。”邢昺注曰：“敬者，礼之本也。”[③]

《群书治要》郑玄注言：“敬，礼之本，有何加焉。”[④]

《左传》僖公十一年：“敬，礼之舆也。不敬则礼不行，礼不行则上下昏，何以长世？”[⑤]

《礼记·哀公问》孔子对曰：“所以治礼，敬为大。”[⑥]

《论语·子张》曰：“祭思敬，丧思哀。”[⑦]

《礼记·祭统》：“祭则观其敬而时也……祭敬，则竟内之子孙，莫敢不敬矣……祭而不敬，何以为民父母矣。”[⑧]

《礼记·表记》孔子曰：“祭极敬不继之以乐，朝极辨不继之以倦。”[⑨]

《礼记·檀公上》子路闻诸夫子曰：“祭礼，与其敬不足而礼有余也，不若礼不足而敬有余也。”郑玄注曰：“祭主敬。”[⑩]

《荀子·礼论》：“祭祀，饰敬也；师旅，饰威也。是百王之所同，古今之所一也。”[⑪]

---

① （清）阮元校刻：《十三经注疏·仪礼注疏》，中华书局，1980年，第1039页。

② 《仪礼·乡射礼》郑玄注曰：“贤获，胜党之筭也，齐之而取其余。”（（清）阮元校刻：《十三经注疏·仪礼注疏》，中华书局，1980年，第1003页）

③ （清）阮元校刻：《十三经注疏·孝经注疏》，中华书局，1980年，第2556页。

④ （唐）魏征等纂辑：《群书治要》卷十一《孝经》引，四部丛刊初编本，上海商务印书馆，1929年影印；又见汪受宽：《孝经译注》，上海古籍出版社，2004年新1版，第63页注[5]引。

⑤ （清）阮元校刻：《十三经注疏·春秋左传正义》，中华书局，1980年，第1802页。

⑥ （清）阮元校刻：《十三经注疏·礼记正义》，中华书局，1980年，第1611页。

⑦ （清）阮元校刻：《十三经注疏·论语注疏》，中华书局，1980年，第2531页。

⑧ （清）阮元校刻：《十三经注疏·礼记正义》，中华书局，1980年，第1603、1606页。

⑨ （清）阮元校刻：《十三经注疏·礼记正义》，中华书局，1980年，第1638页。

⑩ （清）阮元校刻：《十三经注疏·礼记正义》，中华书局，1980年，第1285页。

⑪ （战国）荀况著，王天海校释：《荀子校释》，上海古籍出版社，2005年，第786页。

《左传》襄公三十一年，北宫文子曰：“《诗》云‘敬慎威仪，惟民之则’。”①

《礼记·曲礼》曰：“毋不敬，俨若思，安、定辞，安民哉。”郑玄注曰：“礼主于敬。”②

《礼记·文王世子》：“膳宰之馔，必敬视之；疾之药，必亲尝之。”③

《礼记·聘义》：“敬让也者，君子之所以相接也。故诸侯相接以敬让，则不相侵陵。”④

《礼记·表记》孔子曰：“敬让以行，此虽有过，其不甚矣。”⑤

《论语·子路》子曰：“居处恭，执事敬，与人忠。虽之夷狄，不可弃也。”⑥

《周礼·夏官·射人》之职云：“不敬者，苛罚之。”⑦

《礼记·王制》：“山川神祇有不举者为不敬，不敬者君削以地。”⑧

可见，敬之为言，谨慎也，严肃认真也，仪态谨敬谦恭也。在礼仪场合具有十分重要的地位。于射礼“其人敬于礼则射多中”⑨，更是把敬提到了无以复加的地步。

“ㄋ”是一个出现很早的表意字。殷墟卜辞写作ㄋ⑩，也有写作ㄋ的。⑪在甲骨金文中，填实与勾廓无别，二者应是同一字，为族名或贞人名。按郭店楚简⑫，“ㄋ”释为“臤”，读为贤，此乃假借。本铭应释读为“臤”或“掔”，训为牢固。“ㄋ”即“掔”字的初文，读音与“臤”相近。“掔”应该是以“臤”为声符为“ㄋ”字造的后起字。《说文·臤部》：“臤，坚也。”“古文以为贤字。”段玉裁注：“谓握之固也，故从又。”“凡言古文以为者，皆言古文之假借也。”朱骏声定声：“持之固也，与掔略同。”《尔雅·释诂》：“掔，固也。”郝懿行义疏：“掔之为言坚也。”《说文·手部》：“掔，固也。”段玉裁注：“掔之言坚也，紧也。谓手持之固也。”于本铭即为持弓矢审固。《列女传》、《韩诗外传》弓人之妻所说的射之道。⑬实际上就是执弓的技巧，强调的也就是持弓矢审固。古者不贤之人不得射，射的须心正体直，故用射侯之礼来教育贵族子弟。《礼记·射义》曰：射者“内志正，外体

---

① （清）阮元校刻：《十三经注疏·春秋左传正义》，中华书局，1980年，第2016页。

② （清）阮元校刻：《十三经注疏·礼记正义》，中华书局，1980年，第1229页。

③ （清）阮元校刻：《十三经注疏·礼记正义》，中华书局，1980年，第1411页。

④ （清）阮元校刻：《十三经注疏·礼记正义》，中华书局，1980年，第1692页。

⑤ （清）阮元校刻：《十三经注疏·礼记正义》，中华书局，1980年，第1640页。

⑥ （清）阮元校刻：《十三经注疏·论语注疏》，中华书局，1980年，第2507页。

⑦ （清）阮元校刻：《十三经注疏·周礼注疏》，中华书局，1980年，第846页。

⑧ （清）阮元校刻：《十三经注疏·礼记正义》，中华书局，1980年，第1328页。

⑨ 《诗·大雅·行苇》郑玄笺，（清）阮元校刻：《十三经注疏·毛诗正义》，中华书局，1980年，第535页。

⑩ 〔美〕方法歛、白瑞华：《库方二氏所藏甲骨卜辞》1931片，商务印书馆，1935年印；丁山：《甲骨文所见氏族及其制度》，中华书局，1988年新1版，第131~132页；罗振玉：《殷虚书契前编》4·1·2，《国学丛刊》第3期第3卷，1911年石印；中国社会科学院考古研究所编：《甲骨文编》，中华书局，1996年，第926页；姚孝遂：《殷虚甲骨刻辞类纂》，中华书局，1989年，第358页。

⑪ 董作宾：《殷虚文字乙编》6570，中央研究院历史语言研究所，1949年。

⑫ 荆门市博物馆：《郭店楚墓竹简·唐虞之道》简6等，文物出版社，1998年。

⑬ （汉）刘向：《列女传》卷六之三《晋弓工妻》，上海古籍出版社，1986年；（汉）韩婴撰，许维遹校释：《韩诗外传集释》卷八，中华书局，1980年。

直，然后持弓矢审固；持弓矢审固，然后可以言中”。又曰：“射之为言者，绎也，或曰舍也。绎者，各绎己之志也，故心平体正，持弓矢审固；持弓矢审固，则射中矣。”所以又引孔子曰：“射者何以射？何以听？循声而发，发而不失正鹄者，其唯贤者乎。若夫不肖之人，则彼将安能以中？”[①]可见“敬又臤”是射礼的基本要求，也是竞射者应具备的基本素质，更是获胜的基本条件。要获得竞射的胜利，需要具备的条件无外乎两个方面：一是心态；二是技能。敬和臤不仅正好与此相对应，十分匹配，而且与文献记载也完全吻合。《诗·大雅·行苇》大射择宾章里面重点强调的就是这两个方面，即“序宾以贤”，郑玄笺曰：“谓以射中多少为次第。”孔颖达正义曰，《投壶》“谓中多者为贤，此射择之为宾而云贤，明以射中多少为次”。所择之为宾者，“皆是恭敬之贤人”[②]。“贤者，多才也。”[③]贤字的字义，《说文》各本均作“多才也”，才即才能，故人称贤能，于射礼则指射箭的技能；“序宾以不侮”，郑玄笺曰：“不侮者，敬也。其人敬于礼，则射多中。”[④]这就明确指出了心态与技能发挥即敬与中亦即敬与臤的关系。

“获”即射得，获得（详见附录2-1)。《仪礼·乡射礼》：“获者坐而获。”郑玄注曰：“射者中则大言获。获，得也。射讲武，田之类，是以中为获也。”[⑤]得是获之本义，中是其引申义，即把猎得引申到射箭中侯的。射礼获之为名，源自田猎有得。古代田猎往往禽（擒）、隻（获）并称。陈梦家先生指出：禽与隻的用法相同。禽“有猎得之义”，“获是获得”[⑥]。《诗·秦风·驷驖》：“舍拔则获。”孔颖达疏曰：“舍放矢括则获得其兽。”[⑦]田猎之获是猎得，那射礼之获自然可说是射得。射礼以筭筹来计算成绩，射者中则大言获，即射得一筭。簋铭射前王即“迟赤金十钣”，射时它自然已代替筭筹，故言“获则取”，意即射得者就取走（这十钣红铜）。

“柞伯十称弓，无废矢。”“柞”，即文献中的胙国，“伯”，为爵称。发掘者认为“柞、胙皆从乍声，可通”。杨树达先生曾释郳友父鬲铭“䏬嫞”之“䏬”为“胙之或字也”[⑧]。李学勤先生认为“是否准确不能证明，但古国名有时有不同写法”，“胙有异作也是可能的”。我们认为杨树达先生对此字的隶释是很有见地的。《殷周金文集成》又在此基础上把它隶为“䏬”[⑨]。本器和近年发现的另一件西周时期

① （清）阮元校刻：《十三经注疏·礼记正义》，中华书局，1980年，第1686、1688、1689页。
② （清）阮元校刻：《十三经注疏·毛诗正义》，中华书局，1980年，第534、535页。
③ 《穀梁传》文公六年范宁集解，（清）阮元校刻：《十三经注疏·春秋穀梁传注疏》，中华书局，1980年，第2406页。
④ （清）阮元校刻：《十三经注疏·毛诗正义》，中华书局，1980年，第535页。
⑤ （清）阮元校刻：《十三经注疏·仪礼注疏》，中华书局，1980年，第1000页。
⑥ 陈梦家：《殷虚卜辞综述》，中华书局，1988年，第554页。
⑦ （清）阮元校刻：《十三经注疏·毛诗正义》，中华书局，1980年，第369页。
⑧ 杨树达：《积微居金文说》（增订本），中华书局，1997年，第166页。
⑨ 中国社会科学院考古研究所编：《殷周金文集成》（修订增补本），中华书局，2007年，第669页。

的胙国器[①]，国名均作“柞”，而传世文献则作“胙”。很可能鬲铭之该字应是由“柞”演变为“胙”的过渡形态。“爯”，发掘者隶为偁，李学勤先生隶为爯。虽均训作称，意为举。然据《说文・冓部》段玉裁注：“凡手举，字当做爯。凡偁扬，当作偁。凡铨衡，当作称（稱）。今字通用称。”按铨衡之称，今作秤。并结合本铭拓片，正本溯源，该字应隶定为爯。“废”，发掘者认为“可释为坏的，没有用处的”。“‘废矢’即没有射中侯的箭。”李学勤先生认为“废”即“堕也”。“‘无废矢’即没有脱靶落地的箭。”我们认为“中”、“获”、“无废矢”都是射礼场合的专门术语，“中”是对每次射箭是否著侯的的评判；“获”是对每次射中侯的而是否有效并计算成绩的评定；“无废矢”是对整个竞射结果的综合评定，即总评价。古代射礼有严密的仪节程序与规则要求，如果没有按照歌节或等级身份的要求行射，即使射中也不计算成绩。或者射出的箭没有贯穿侯的，也不计算成绩。如果是君王只要箭触到任何一侯，即使堕落地上，也算射中并计算成绩。因此不能仅仅把“无废矢”理解为没有未射中侯的箭和脱靶落地的箭。正确的释义应该是没有作废不计算成绩的箭（详见附录 2-1）。

“徣赐柷见。”发掘者最初认为：“‘徣’即诞，训为信。”“在铭中读为申，是重、又的意思。”“‘柷’即柷，柷亦作椌，为乐器”。“见”音榈，“而间又与柬、官等字相通”，故见“亦可释为管或�（训小鼓），均为乐器”。本句刘雨先生所释相同。而宋镇豪先生则隶释为“出易（锡）柷（贶）见”[②]。李学勤先生则释为“遂锡柷虎”，认为“‘柷虎’就是柷敔”。“王在赐柞伯赤金十钣之外，又以现场的乐器赏赐给他。”无论把柷见释为柷鞕或是柷敔,全都由假借而来，且从音韵上看，见也不能释为鞕。这就大大降低了它的可信度。不可否认，关于天子诸侯赐乐文献确是有记载的。如《史记・鲁周公世家》：“于是成王乃命鲁得郊祭文王。鲁有天子礼乐者，以褒周公之德也。”[③]《礼记・王制》：“天子赐诸侯乐，则以柷将之；赐伯、子、男乐，则以鼗将之。”郑玄注曰：“将，谓执以致命。柷、鼗，皆所以节乐。”孔颖达正义曰：“凡与人之物，置其所与大者于地，执其小者以致命于人。将，行也，谓执以行命……柷之节乐，节一曲之始，其事宽，故以将诸侯之命。鼗所以节一唱之终，其事狭，故以将伯、子、男之命。”[④]《左传》襄公十一年：郑人赂晋侯以师悝、师觸、师蠲，“歌钟二肆，及其镈磬，女乐二八。晋侯以乐之半赐魏绛……魏绛于是乎始有金石之乐，礼也”。杜预注曰：“礼，大夫有功则赐

① 朱凤瀚：《柞伯鼎与周公南征》，《文物》2006 第 5 期。

② 宋镇豪：《从花园庄东地甲骨文考述晚商射礼》，《中国文物研究》2006 年第 1 期；又见宋镇豪：《从新出甲骨金文考述晚商射礼》，《中国历史文物》2006 年第 1 期。

③ （汉）司马迁撰，（宋）裴骃集解，（唐）司马贞索隐，张守节正义：《史记》，中华书局，1982 年第 2 版，第 1523 页。

④ （清）阮元校刻：《十三经注疏・礼记正义》，中华书局，1980 年，第 1332 页。

乐。”[①]再加上《仪礼》明记大射礼用乐，而秜又与柷字形相近，学者把“秜见”释为乐器是可以理解的，但毕竟此二字与学界所释之乐器还是有较大距离的。在我们看来目前对“见”字的考释都不甚妥当。文献中有把𫐀误作“田”的。《诗·周颂·有瞽》：“应田县（悬）鼓。”郑玄笺曰：“田当作𫐀。𫐀，小鼓，在大鼓之旁，应鞞之属也。声转字误，变而作田。”[②]但未发现有把“𫐀”写作“见”的。𫐀，音引。《周礼·春官·大师》：“令奏鼓𫐀。”郑玄注引郑司农曰：“𫐀，小鼓也。先击小鼓，乃击大鼓。小鼓为大鼓先引，故曰𫐀。𫐀读为道（導）引之引”[③]，与“见”音相去较远。若释虎，则与甲骨、金文之虎字的形构也相去较远。故把“见”释为𫐀或虎都颇为勉强。“秜”是禾字旁，“柷”是木字旁，二者之形构也明显不同。总之，“秜见”似乎还难以确解。文献虽有赐乐器的记载，但受赐者非特有大功者不可。否则，礼乐器是不能随便赐人的。古人对此有很严格的要求，宁愿多赐采地也不愿赐予礼乐器。《史记·鲁周公世家》曰：“民不知君，何以得国！是以为君慎器与名，不可以假人。”[④]《左传》成公二年记有这样一件事：“新筑人仲叔于奚救孙桓子，桓子是以免。既，卫人赏之以邑，辞。请曲县（悬）、繁缨以朝，许之。仲尼闻之，曰：‘惜也！不如多与之邑，唯器（礼乐器）与名（名义名分）不可以假人，君之所司也。’”[⑤]“器者，所以藏礼。”[⑥]曲县即轩县，诸侯礼也，故孔子有是言也。参加射礼竞射获胜虽有功，但不能算作大功，是不足以受赐礼乐器的。要知道天子赐鲁乐，这是极其特殊的事例，周公本来就是代理王政的。柞伯自然不能与鲁周公之功相比。《礼记·王制》郑玄注曰：“得其器乃敢为其事。”[⑦]况且，柷为众乐之统，孙希旦集解曰：“是乐之重者乃有柷，故以将诸侯之乐。”[⑧]孔颖达正义曰：“将作乐，先击之。”[⑨]足见其为器之重，更不能轻易假人。故“秜见”当必有另释。

“秜”，可能为地名。《字汇补·禾部》：“秜，音竹。义未详。”殷墟甲骨文有秜字，是商王的田猎地名，在陈炜湛“甲骨文各期田猎地名表”中被列为第152号田猎地点[⑩]，辞例有《屯南》2739、《合集》37409、37416、37541（即《前》2·32·3、《通》663）等，分别属于廪辛康丁时期的无名组卜辞和帝乙帝辛时期的黄组卜辞。

① （清）阮元校刻：《十三经注疏·春秋左传正义》，中华书局，1980年，第1951页。
② （清）阮元校刻：《十三经注疏·毛诗正义》，中华书局，1980年，第594页。
③ （清）阮元校刻：《十三经注疏·周礼注疏》，中华书局，1980年，第796页。
④ （汉）司马迁撰，（宋）裴骃集解，（唐）司马贞索隐，张守节正义：《史记》，中华书局，1982年第2版，第1543页。
⑤ （清）阮元校刻：《十三经注疏·春秋左传正义》，中华书局，1980年，第1893~1894页。
⑥ （清）阮元：《商周铜器说》上篇，见《积古斋钟鼎彝器款识》，转引自容庚：《殷周青铜器通论》，文物出版社，1983年，第4页。
⑦ （清）阮元校刻：《十三经注疏·礼记正义》，中华书局，1980年，第1332页。
⑧ （清）孙希旦：《礼记集解》，万有文库本，商务印书馆，1930年。
⑨ （清）阮元校刻：《十三经注疏·礼记正义》，中华书局，1980年，第1332页。
⑩ 陈炜湛：《甲骨文田猎刻辞研究》，广西教育出版社，1995年，第50页。

由于稂字早期典籍不见，因而也无法将卜辞中的该字与传世古籍相稽合印证。郭沫若先生根据同版卜辞所见之地名，通过系连法推断，稂等地名“均与衣（殷城）接壤，可知均当在沁阳附近也”[①]。陈梦家先生更进一步发挥了郭沫若关于沁阳田猎区的见解，运用同版地名系连的办法，提出稂等13个地名，皆在衣即沁阳附近，并具体描绘了这一以沁阳为中心的田猎区的大致范围是：“西不过垣曲县东之邵源镇，东及于原武，北界为获嘉、修武、济源，南以大河为界。是在太行山沁水与黄河之间，东西150公里，南北50公里，地处山麓与薮泽之间。”[②]殷商晚期商王经常到这一田猎区狩猎，说明这里盛产王所需要的各种野生动物。在此区域内的稂地，距离周初所封的胙国应当不会太远。

“见”，可能与监同义。《说文·见部》、《玉篇·见部》、《广韵·霰韵》均云：“见，视也。”《尔雅·释诂》云：“监，视也。”知“见”有监察之意。有学者认为应侯见工钟铭的“见工”是应侯的官名。“侯”属于受封的爵位。在金文中将爵位与官名连在一起的例子很多，如作册魖卣铭文中有“隹公大史见服宗周年”，“公大史咸见服辟王”、“王遣公大史”，长由盉铭文中有“邢伯大祝”，史兽鼎铭文中有“尹令史兽献工于成周”等。这里的“公”、“邢伯”与“应侯”都属于受封的爵位，至于“大史”、“大祝”、“献工”与“见工”皆属于官名。故疑“见工”可能系监工官职。[③]裘锡圭先生即读“见工”为“视工”。[④]按周人灭商后，常常在商及其属国设监。如《史记·周本纪》有武王设三监之事。《孟子·公孙丑下》，《逸周书·作雒解》与《大匡解》，《尚书大传》、《金縢》等皆提到置监之事。《周礼·天官·太宰》之职云，邦国“立其监”[⑤]。《礼记·王制》云：“天子使其大夫为三监，于方伯之国。”[⑥]西周金文也有“应监”、“诸侯诸监”之语（见应监甗、仲几父簋，《合集》00883、03954）。郭沫若先生认为，应监甗铭的“应监”“即应国之监”，“可能是中央派往应国的监国者”[⑦]。可知西周时期周王对属国或直属地以及诸侯国所属各部门，都有一套严密的监视督察制度。循“应监”之句例，并参照“见工”之释义，“稂见”连文，当为官名，意即周王派往稂地的监管者。至于“稂见”只所以称“见”而不称“监”者，大概是属国与属地、监国与监某一个地方的区别。

---

① 郭沫若：《卜辞通纂》，《郭沫若全集》考古编第2卷，科学出版社，1983年，第504页。

② 陈梦家：《殷虚卜辞综述》，中华书局，1988年，第259~262页。

③ 参见徐锡台：《应、申、邓、柞等国铜器铭文考释》，《容庚先生百年诞辰纪念文集》（古文字研究专号），广东人民出版社，1998年。

④ 裘锡圭：《甲骨文中的见与视》，见王宇信、宋镇豪主编：《纪念殷墟甲骨文发现一百周年国际学术研讨会论文集》，文史哲出版社，1999年。

⑤ （清）阮元校刻：《十三经注疏·周礼注疏》，中华书局，1980年，第649页。

⑥ （清）阮元校刻：《十三经注疏·礼记正义》，中华书局，1980年，第1325~1326页。

⑦ 郭沫若：《释应监甗》，《考古学报》1960年第1期。

“见”亦可能假为“献”，古训为“进”、“贡”，意谓臣下对君上致物贡纳。《广雅·释诂二》、《礼记·坊记》郑玄注并训：“献，进也。”[①]《仪礼·乡射礼》郑玄注：“凡进物曰献。”[②]《国语·楚语》韦昭注：“献，贡也。”[③]《礼记·曲礼下》“五官致贡曰享”郑玄注：“致其岁终之功（贡）于王谓之献也。”[④]杨天宇先生注曰：“五官：在此指公、侯、伯、子、男五等诸侯。”[⑤]《周礼·天官·玉府》郑玄注：“古者致物于人，尊之则曰献，通行曰馈。”贾公彦疏云：“上于下曰馈，下于上曰献。”[⑥]知“献”当为臣下对君上的致物贡纳之意，每年年终诸侯国君都要向天子进献方物。“见”读为“献”典籍中虽然未见例证，但殷墟卜辞称“贡纳”为“见”者，却屡见不鲜，如“缶不其来见”(《合集》1027)，“𠂤见百牛”(《前》7·32·4)，“妇好见”(《戬》35·3)等。据此王慎行先生把乙卯尊铭“子见才大室”的“见”释为献[⑦]，十分精当，本铭亦可从。“诞赐䄠见”之句式，颇类似《礼记·月令》孟春之月“躬耕帝藉”[⑧]。又鉴于贤簋铭“公命吏畮（畝）贤百畮粸”之句例，唐兰先生意译为“公命令官吏给贤一百亩的土地用来做菜羹的菜地”[⑨]。依此例，“诞赐䄠见”，似乎也完全可以解释为周王又赐予柞伯䄠地用作向周王贡纳山珍野味的田猎地。这也许就是其国名由柞向䜴(胙)再向胙演化转变的内在原因吧。无论是把䄠地赐予柞伯管理或是使用，其实质都是赐土益地。柞伯善射，䄠是商王廪辛以来的传统田猎地，与胙国相距较近，又盛产野生动物，故周王把此田猎地赐予柞伯监管或用来作为贡纳野物的行猎地也是有可能的。西周时期天子赏赐臣下土地乃是很平常之事，仅据唐兰《西周青铜器铭文分代史征》所收铜器统计，有关赏赐田土采地的铭文就有贤簋、亳鼎、旟鼎、中乍父乙方鼎、趞尊与卣、作册旂觥与尊、方彝、永盂、卯簋、穸鼎、敔簋、不嬰簋盖等十余器。[⑩]而且《礼记·射义》又明记：古者天子之制，诸侯岁献贡士于天子，天子试之于射宫，而多中者，得与于祭。数与于祭而君有庆，“数有庆而益地”；天子将祭，必先射以择士，射中者则得与于祭，“得与于祭者有庆，益以地”[⑪]。因此周王把䄠地赐予获得竞射胜利的柞伯是没有什么奇怪的。需要指出的是本书对“䄠见”的考释有多解，我们觉得可能以后者为确。其他作为存疑，在这里一并提出供大家讨论。

---

① （清）阮元校刻：《十三经注疏·礼记正义》，中华书局，1980年，第1622页。
② （清）阮元校刻：《十三经注疏·仪礼注疏》，中华书局，1980年，第994页。
③ 徐元诰撰，王树民、沈长云点校：《国语集解》（修订本），中华书局，2002年。
④ （清）阮元校刻：《十三经注疏·礼记正义》，中华书局，1980年，第1261页。
⑤ 杨天宇：《礼记译注》，上海古籍出版社，2004年新1版，第44页注[1]。
⑥ （清）阮元校刻：《十三经注疏·周礼注疏》，中华书局，1980年，第678页。
⑦ 王慎行：《乙卯尊铭文通释译论》，《古文字研究》第13辑，中华书局，1986年。
⑧ （清）阮元校刻：《十三经注疏·礼记正义》，中华书局，1980年，第1356页。
⑨ 唐兰：《西周青铜器铭文分代史征》，中华书局，1986年，第118、119页。
⑩ 详见唐兰：《西周青铜器铭文分代史征》，中华书局，1986年，第118、121、225、290、292、294~295、420、433~434、442、480、499页。
⑪ （清）阮元校刻：《十三经注疏·礼记正义》，中华书局，1980年，第1687、1689页。

根据以上考释，柞伯簋铭文可意译如下：

在八月庚申这一天，周王在都城镐京举行大射礼。周王命南宫率领王子弟中得爵之士，师𩵦父率领王臣。周王陈放了十钣红铜作为奖品，周王说："小子、小臣，你们要谨慎谦恭，持弓矢审固，若能射得，就取走这十钣红铜。"柞伯十次举弓，十发十获，没有作废一箭。周王于是便把十钣红铜奖给了柞伯，并且又把柷地赐予柞伯用作向王贡纳野物的田猎地。柞伯因此铸造铜簋以为纪念，并用来祭祀周公，以感谢周公在天之灵的保佑。

2. 关于学术争论的几个问题

柞伯簋资料公布后，学界争论的问题主要有四个方面。

（1）柞伯簋的年代。发掘者认为"将柞伯簋的制作年代定在康王时期比较合适"[①]。李学勤先生认为"中器时在昭王，可证柞伯簋的年代"[②]。裘锡圭先生认为柞伯簋是"西周早期铜器"[③]，但未指明是何王之时。朱凤瀚先生认为"簋年代约在康、昭之时"[④]。从铭文末句"用作周公宝尊彝"看，铜簋的制作年代应在周公去世之后。按该器所饰兽面纹确为商末周初铜器上的常见纹饰，铭文字体也属西周早期金文习见的波磔体，器体形制与沣西大原村西周墓地出土的作宝䵼彝簋（M315：1）的器体非常近似[⑤]，也为西周早期铜器的常见形式，但双重足的做法则常见于西周早期至穆王时期，我们注意到李学勤先生把这种借以举高簋体的类似设计，已由原说的"年代均为昭穆时期"[⑥]，重审为"年代大都为康王至穆王时"[⑦]。如果再综合考虑柞伯参加此次射礼的年龄因素，笔者认为簋的年代定在康王之时较为妥当，同时也说明该器的一些特征在康王时即已出现，并延续到昭穆王时期。

（2）周王的命辞是对谁说的。发掘者认为是对小子、小臣等所有参加竞射的人讲的。[⑧]李学勤先生认为"是专对柞伯而言，并不是讲给所有参加大射的卿大夫士听的"。铭文所记"系柞伯应王命单射"[⑨]。按《仪礼·大射仪》、《礼记·射义》之记载，大射礼的确是由众人参加的耦射竞技活动，周王不可能只让柞伯一个人射箭，因此，周王的话也不可能只对柞伯一个人讲。学界对柞伯簋铭的某些字虽然存在分歧，但在断句上大都以小子、小臣为王的训诰对象，可能就是基于这种

① 王龙正、姜涛、袁俊杰：《新发现的柞伯簋及其铭文考释》，《文物》1998年第9期。

② 李学勤：《柞伯簋铭考释》，《文物》1998年第11期。

③ 裘锡圭：《商铜鼋补释》，《中国历史文物》2005年第6期。

④ 朱凤瀚：《柞伯鼎与周公南征》，《文物》2006年第5期。

⑤ 中国社会科学院考古研究所沣西发掘队：《1984年沣西大原村西周墓地发掘简报》图版贰3图，《考古》1986年第11期；又见中国社会科学院考古研究所编：《殷周金文集成》（修订增补本）03408，中华书局，2007年。

⑥ 李学勤：《柞伯簋铭考释》，《文物》1998年第11期。

⑦ 李学勤：《论觏簋的年代》，《中国历史文物》2006年第3期。

⑧ 王龙正、姜涛、袁俊杰：《新发现的柞伯簋及其铭文考释》，《文物》1998年第9期。

⑨ 李学勤：《柞伯簋铭考释》，《文物》1998年第11期。

考虑。

（3）簋铭的柞伯为第几代。发掘者认为“簋铭中的柞伯应是第一代胙国国君的嫡长子”①。李学勤先生认为“柞伯也应是胙国的始封君”②，又说“平顶山发现的柞伯簋，作器者乃周公之子、胙国的第一代国君”③。现在看来，应以李学勤先生所说的第一代胙伯为是。这不仅有周公另一子祭公为昭王重臣可作佐证，而且在周公诸子封国所铸铜器之铭文中还有这样一个规律：凡是“用作周公宝器”者，作器者都是该国的始封君、周公之子，如邢侯簋、▯盘等。凡不是“用作周公宝器”，而是用作文考、烈祖、皇考等宝器者，作器者都是该国的继任者、周公的孙辈后代，亦即周公儿子的子孙后代，如鲁侯熙鬲、鲁伯愈盨、柞伯鼎等。据《左传》僖公二十四年、襄公十二年，及《史记·鲁周公世家》、《管蔡世家》、《汉书·王莽传》、《尚书序》记载，并参校杜预、颜师古、杨伯峻注、司马贞索隐、《世本·氏姓篇》、《居篇》、《世家》、《王侯大夫谱》、《潜夫论·五德志》、《志氏姓》以及柞伯鼎铭文，笔者还进一步推定胙国是周公庶子即第七子的封国，本铭的柞伯即为胙国的始封君，亦即柞伯鼎铭的幽叔。总言之，柞伯是生称，幽叔为谥称。析言之，则伯为其爵，幽为其谥，叔是其行字。④李伯谦先生也说，柞伯簋铭的“柞即文献中的胙，是周公庶子的封国之一，地在今河南延津县。作为周公庶子被封于柞后称柞伯，‘伯’自然是爵称，而不是指排行”⑤。按古代“男子二十加冠”而成人⑥，“与戎事”⑦。根据夏商周断代工程年表，从成王四年（公元前1039年）到昭王终年即昭王十九年（公元前977年），积62年。昭王在位19年⑧，当然，柞伯也不可能与昭王同年死。假如柞伯死于昭王十年之前，时年应为六七十岁。因此，第一代柞伯活到昭王之年是有可能的。既然第一代胙伯在昭王之时还活着，那成器于康王之时并已称“伯”的柞伯簋铭的“柞伯”，就不可能是第二代柞伯，也不可能是第一代柞伯的嫡长子了。同时，还必须指出的是第一代柞伯能活到昭王之年，并不是说他参加大射礼也一定在昭王之年。柞伯参加大射礼的年代，无疑应与簋的制作年代相近同。据夏商周断代工程年表，从成王四年到康

---

① 王龙正、姜涛、袁俊杰：《新发现的柞伯簋及其铭文考释》，《文物》1998年第9期。

② 李学勤：《柞伯簋铭考释》，《文物》1998年第11期。

③ 李学勤：《中国青铜器及其最新发现》，《烟台师范学院学报》1995年第3期。

④ 详见袁俊杰：《柞伯鼎铭补论》，《中原文物》2008年第1期；袁俊杰：《胙国史事探析》，《河南大学学报》2008年第3期；袁俊杰：《周公诸子考》，《补编版明清胙城县志》，中州古籍出版社，2012年，第292~330页。

⑤ 李伯谦：《㚤公簋与晋国早期历史若干问题的再认识》，《古代文明研究通讯》总第33期，北京大学古代文明研究中心，2007年6月。

⑥ 宗福邦、陈世铙、萧海波主编：《故训汇纂》，商务印书馆，2003年，第204、841页。

⑦ （汉）桓宽：《盐铁论·未通》，王利器：《盐铁论校注》，中华书局，1992年。

⑧ 夏商周断代工程专家组：《夏商周断代工程1996~2000年阶段成果报告》（简本），世界图书出版公司，2000年，第88页。

王终年，即康王二十五年（公元前 996），积 43 年[①]，加上冠礼之年龄，柞伯为 63 岁，而参加大射礼则必在康王前期，其年龄应为 50 多岁。况且，“古者五十而后爵”[②]，柞伯既已称伯爵，自然也应在 50 岁以上。如果把该器的年代定在昭王之时，而柞伯必以六七十岁的高龄参加大射礼并获得“十称弓无废矢”的成绩，就有些不可思议了。

那么，此铭的伯是否有行辈或尊称的可能呢？按《仪礼·士冠礼》男子二十加冠取字曰：“伯某甫，仲、叔、季，唯其所当。”[③]《礼记·檀弓上》说：“幼名，冠字，五十以伯仲，死谥，周道也。”孔颖达疏曰：“人年二十有为人父之道，朋友等类不可复呼其名，故冠而加字。年至五十耆艾，转尊，又捨其二十之字，直以伯仲别之……《士冠礼》二十已有伯某甫、仲叔季，此云五十以伯仲者，二十之时虽云伯仲，皆配其甫而言，五十之时直呼伯仲耳。”[④]就是说男子 20 岁冠字，长幼行辈后加某甫（父）。“到 50 岁后，可以单称伯仲，带有敬老的意思。”[⑤]我们已推定柞伯簋为康王时器，柞伯此时已 50 多岁，若伯是行辈尊称，则第一代柞伯应称柞叔，而不应称柞伯；若柞伯是第二代或其后世继任者，此时则不应有 50 多岁。再者，柞伯簋是自作器，并非王作器，这从王的畀赐物和末句“柞伯用作周公宝尊彝”可以看得很明白。既然是自作器，何来周天子尊诸侯之称！故本铭的柞伯只能是始封君，伯也只能是爵称。

（4）参加本次大射礼的都是哪些人。柞伯簋铭文提到参加大射礼的人员有周王、南宫、师𩰫父、王多士、小子和小臣。除周王、师𩰫父之外，其余之身份和职事学界的看法并不完全一致。其一，论南宫。南宫是率领王多士参加大射礼的人。关于其身份，发掘者认为南宫“为官职名，相当于《周礼》中的宫官”，“且可能与《周礼·天官》的宫伯相当”。“由于宫伯所掌‘王宫之士庶子’是王朝内诸侯卿大夫贵族子弟，所以宫伯也可能是贵族学校的行政长官或教官之一。”作为人称的南宫见于保侃母簋、中方鼎、中觯等铭文。这些“器铭上的南宫与《尚书·顾命》中康王即位时的南宫毛应当是同一个人”。[⑥]徐锡台认为“‘南宫’，属于姓氏名”。“此簋铭中的‘南宫’与中方鼎铭中的‘南宫’，可能属于一个人。”[⑦]李学勤先生认为：“南宫不称名，应系周朝王子，不是像南宫适那样的南宫氏。”在本次大射礼

① 夏商周断代工程专家组：《夏商周断代工程 1996~2000 年阶段成果报告》（简本），世界图书出版公司，2000 年，第 88 页。

② 《仪礼·士冠礼》，（清）阮元校刻：《十三经注疏 ·仪礼注疏》，中华书局，1980 年，第 958 页。

③ （清）阮元校刻：《十三经注疏 ·仪礼注疏》，中华书局，1980 年，第 957 页。

④ （清）阮元校刻：《十三经注疏 ·礼记正义》，中华书局，1980 年，第 1286 页。

⑤ 杨宽：《“冠礼”新探》，《古史新探》，中华书局，1965 年，第 241 页注 [1]。

⑥ 王龙正、姜涛、袁俊杰：《新发现的柞伯簋及其铭文考释》，《文物》1998 年第 9 期。本小题以下凡引发掘者之看法，均出自该文，不再作注。

⑦ 徐锡台：《应、申、邓、柞等国铜器铭文考释》，《容庚先生百年诞辰纪念文集》（古文字研究专号），广东人民出版社，1998 年。本小题以下凡引徐锡台先生者，均出自该文，不再作注。

中“南宫可能任大司马”[①]。冯时也从“周朝王子”说。[②]今案李先生之说确然可信。

其二，王多士为何又称小子。发掘者认为“士”是举行过冠礼的贵族成年男子的称谓。“多士”习见于《尚书》、《诗经》，“王多士”则是指周王属下众多的武士。他们“应是贵族大学的学生”。“在本铭文中，前面称‘王多士’，后面又改称‘小子’。这种混用两种称谓的现象，可能是在这些人中间还有不能称士者。”李学勤先生认为《尚书·多士篇》的“‘多士’指殷大夫、士”。“铭文‘多士’也包括卿、大夫、士等王朝众臣。《诗》雅颂的‘多士’也是如此。”冯时认为南宫所率“王多士当为周王子弟”。“周之王士乃王族宗室之受爵者，犹《尚书》及《诗》雅颂之多士乃殷王胄嗣为职于周者。”“知金文王士身份不同于后世卿大夫士之士”，其“必为爵高之士”。今案冯说为是。这不仅有本铭可与叔夨方鼎铭文互证，而且也可与文献典籍相印证。王宗族子弟有爵者为王多士，但无论其爵多高，对于周王来说都是小子，故王可如是称之。本铭“王多士”是柞伯记述包括他本人在内参射的周王子弟的称谓，“小子”是柞伯记述周王发表命辞时对参射的宗族子弟的称谓，二者所指对象相同。

其三，师䲨父为何职。师䲨父是率领小臣参加大射礼的人。关于其身份，发掘者认为“‘师䲨父’，官职为师氏，字䲨父。既为武官，又兼大学教官”。徐锡台认为：“师䲨父，属于西周康、昭时期人。官为师，字䲨父，任周王朝师职。其与小臣传卣铭中‘师田父’可能是父子关系，系周公姬旦孙子。”李学勤先生认为：“‘师’，官长之称。”在本次大射礼中“师䲨父当即为大仆或射人”。徐说是否正确不能证明，其余之说并不矛盾，可互为补充。我们认为师䲨父之身份当与令鼎铭文中参加王射的“师氏”差不多。刘雨先生认为“师氏”是“师”的尊称，“西周金文中‘师’出现百余次，多数指带兵打仗的武官”[③]。从“射，讲武，田之类”[④]，以及殷商时期贵族子弟由武官将领任教来看，师䲨父确应为武官。

其四，“小子”为哪些人的称谓。发掘者认为：“士”是举行过冠礼的贵族成年男子的称谓，“成年的多士与小子对举，这说明小子是对未成年人的称谓”。“小子有年轻人的意思”，成人与小子对举，“说明小子的本义原是指尚未行冠礼的未成年人”。“非自称小子，是其实际身份，即指同族的年轻人或晚辈。”“本铭的小子，又称王多士，是周王的警卫队成员，同时也是贵族大学的国子。”“柞伯是周公的后裔，当属铭文中周王所称的‘小子’之列。他在胙国为大子，称柞伯，因

---

① 李学勤：《柞伯簋铭考释》，《文物》1998 年第 11 期。本小题以下凡引李学勤先生者，均出自该文，不再作注。

② 冯时：《柞伯簋铭文剩义》，《古文字研究》第 24 辑，中华书局，2002 年。本小题以下凡引冯时先生者，均出自该文，不再作注。

③ 刘雨：《西周金文中的射礼》，《考古》1986 年第 12 期。

④ 《仪礼·乡射礼》郑玄注，（清）阮元校刻：《十三经注疏·仪礼注疏》，中华书局，1980 年，第 1000 页。

年少而游学于京城，故可称为小子。”“柞伯应是首任胙国君主的嫡长子，是康王的堂弟，所以康王称之为小子是合乎情理的。”[1]李学勤先生认为：“当时‘小子’等词如系自称，是表示谦卑；如称他人，则是长上的口吻，并不意味被称呼者年纪幼小。”[2]今案发掘者当初之说确未谛审，斟酌不够严密，以致前后所论矛盾。相比之下，李说则较为近是，可以信从。目前学界关于“小子”含义与身份的讨论至少有六七种意见，但在商周金文中，“小子”往往是与“子”相对而言的，“子”是大宗之长，小子是从本家分出去的从属于大宗的分族族长，即小宗之长。[3]在西周社会，按照宗法制度和贵族宗族的组织结构，周天子是当时天下同姓诸侯的大宗，各同姓诸侯在其封国内也是其同姓卿大夫的大宗，但对于周天子来说则是小宗。柞伯作为周公的后裔，自然被视为周天子的小宗。因此，康王称自己的堂叔、第一代柞伯为小子也是合乎宗法的，完全没有必要遵循《尚书·康诰》“王若曰：孟侯，朕其弟，小子封”之例[4]，非得把柞伯说成是康王的堂弟、第二代柞伯。相反，西周宗法制度恰恰是《康诰》“王”为成王的确解。按伯叔之叔，金文常写作弔，古文弔与弟字形相近，“朕其弟”之弟，或有可能是叔字之讹误。其后文“寡兄”之寡，早已有学者指出：“读为嘏，大也。”[5]如是解则字通意顺，也不存在学界所说的那些矛盾了。况且，簋铭的“小子”也不是王针对柞伯一个人的称呼，而是对所有参加竞射的宗小子的称谓，其中也一定有与康王平辈的堂弟或差辈的堂叔、堂侄。再者，簋铭柞伯除获得射前即已设定的奖品“赤金十钣”外，又受到周王赏赐的秖地。既然周王能把秖地赐予他监管或用作向王贡纳野物的田猎地，说明此时的柞伯也不应是未成年人，而且非第一代柞伯莫属。

其五，“小臣”指哪些人。发掘者认为：“小臣是相对于臣而言的，小臣是年轻的臣，在本铭文中小臣指众多的年轻的奴隶。”李学勤先生认为：“《周礼·大司马》、《射人》及《仪礼·大射》记载，王行大射，由司马主管射政，射人佐之，小臣、仆人为具体执事人员。”“《周礼》小臣属于大仆，也可看出小臣和仆的关联。铭文小臣则包括小臣、仆人在内。”冯时释小臣为王臣，认为“铭文讲周王子弟中得爵之士与王臣两队较射”。此说极是。奴隶说、执事人员说均不妥。本铭的小子、小臣俱为竞射人员，其身份应与静簋铭文中在学宫学射的小子、小臣之身份基本相同。稍异者，静簋铭的小子可能包括有未受爵的王宗族子弟。既然小子、小臣这些人已经学射，那参加大射礼之竞射也是很自然的。哪有光学射而不参加竞射的道理呢？

---

① 王龙正、姜涛、袁俊杰：《新发现的柞伯簋及其铭文考释》，《文物》1998年第9期。
② 李学勤：《柞伯簋铭考释》，《文物》1998年第11期。
③ 朱凤瀚：《商周家族形态研究》（增订本），天津古籍出版社，2004年。
④ （清）阮元校刻：《十三经注疏·尚书正义》，中华书局，1980年，第203页。
⑤ 李民、王健：《尚书译注》，上海古籍出版社，2004年新1版，第259页。

3. 柞伯簋铭文所反映的大射礼

柞伯簋铭文是一篇关于柞伯参加大射礼的竞射记录。它所反映的大射礼可总结为以下几点。

（1）本次大射礼是西周早期在周王主持下举行的，周王本人并没有参与比射，也就是说本次大射礼是周王亲自主持而不是亲自参与比射的大射礼。这与义盉盖铭所记录的由王直接参与比射的大射礼，以及李学勤先生所总结的“君臣相与习射”的大射礼①是不同的。

（2）本次大射礼举行的时间是八月，与静簋铭所记相同，但与明言大射的义盉盖铭所记之十一月则不同。《周礼·夏官·诸子》：“春合诸学，秋合诸射，以考其艺而进退之。”郑玄注曰：“学，大学也。射，射宫也。”②这说明八月可能是周天子每年定期举行大射礼的时间，即“秋射”。义盉盖铭的十一月，可能是临时举行的大射礼。那为什么要在八月举行大射礼呢？我们认为这可能与九月份的大祭祀有关。《礼记·月令》说，孟秋之月，“天子乃命将帅，选士厉兵，简练桀俊，专任有功”。仲秋之月，“是月也，乃命宰、祝循行牺牲：视全具，案刍豢，瞻肥瘠，察物色；必比类；量小大，视长短，皆中度。五者备当，上帝其飨”。季秋之月，“上丁，命乐正入学习吹。是月也，大飨帝，尝牺牲，告备于天子”。“是月也，天子乃教于田猎，以习五戎，班马政。命仆及七驺咸驾，载旌旐，授车以级，整设于屏外。司徒搢扑，北面誓之。天子乃厉饰，执弓挟矢以猎。命主祠祭禽于四方。”③按《月令》记载，七月、八月虽无大祭祀，但却为大祭祀做着准备，而九月则有两个大礼，即大飨礼和田礼。再结合文献关于天子将祭必先习射于泽、射于射宫来选择助祭者的记载，可以推知，簋铭所记的这次大射礼，可能就是为九月的大飨帝挑选助祭者，抑或也包括为田礼挑选从猎人员而举行的。柞伯簋与义盉盖铭所记大射礼均属将祭之射，这说明大射礼确有选拔人才的目的。文献所谓射以择士，实大射礼和乡射礼有此功能。

（3）本次大射礼考察臣下的目的也非常明显。《礼记·射义》曰：“是故古者天子，以射选诸侯、卿大夫、士。”④对于这一记载，不少人都持怀疑态度，认为这句话“就是说天子在举行射礼时，用‘射’来选拔贵族，上至诸侯、卿大夫，下至士……所说‘天子以射选诸侯’，该是一种夸大的说法”⑤。“射礼竟然成了天子选定诸侯、卿大夫、士的一项根据……这个说法未免过分了些，哪有那么多诸侯、卿大夫、士全凭射箭得到自己的地位呢？周初大封建恐怕没有谁是因为箭射

① 李学勤：《柞伯簋铭考释》，《文物》1998 年第 11 期。
② （清）阮元校刻：《十三经注疏·周礼注疏》，中华书局，1980 年，第 850 页。
③ （清）阮元校刻：《十三经注疏·礼记正义》，中华书局，1980 年，第 1373、1374、1379~1380 页。
④ （清）阮元校刻：《十三经注疏·礼记正义》，中华书局，1980 年，第 1687 页。
⑤ 杨宽：《“射礼”新探》，《古史新探》，中华书局，1965 年，第 330~331 页。

得准而得封为诸侯的。”[①]质疑者都把该句的“选”字理解错了，这里的“选”并不是选择、挑选之义，而是铨选、简选之义。《增修礼部韵略·线韵》：“选，铨官也。”《攷正字汇·辵部》：“选，铨选也。”特指量才授官，引申为经检查衡量而合格，故“选”有考察之义。正如孔颖达疏所说的：“此一节明天子以射礼简选诸侯以下德行能否，故圣王所以务。以射选诸侯、卿大夫者，诸侯虽继世而立，卿大夫有功乃升，非专以射而选，但既为诸侯卿大夫，又考其德行，更以射辨其才艺高下，非谓直以射选补始用之也。”[②]依此则上引《射义》之句意应为古代的天子用射礼来考察诸侯、卿大夫、士的德行和才艺是否合格。本次大射礼的参射者为王多士和小臣，即周王子弟中得爵之士与王臣，且参射的柞伯既已称伯，其自当已受封。是知本次大射礼并非以射选定始封诸侯，而是以射来考察已获爵职的同姓诸侯和王臣的德行才艺甚明。因此，二者互为补苴，正可领会“以射选诸侯、卿大夫、士”之本义。

（4）本次大射礼的举行地点在周，周即宗周，亦即西周都城镐京。[③]至于在镐京的什么地方或场所，铭文未言。《周礼·夏官·大司马》郑玄注曰：“大射，王将祭，射于射宫。”[④]杨天宇先生说：“射宫，当在都城中，近于公宫，为君与群臣、国子习射之处。”[⑤]簋铭既然已明言“在周”，故知本次大射礼亦应在射宫举行。静簋铭不仅所记射礼的时间与柞伯簋铭相同，而且也是周王主持，学射者也有小子、小臣。但只有吴、吕等四位邦君比射于辟雍大池，规模较小，可能属于《礼记·射义》所说的“天子将祭，必先习射于泽……而后射于射宫”[⑥]的泽宫之射，相当于预选赛。柞伯簋则属于射宫之射，相当于决赛。《诗·小雅·宾之初筵》孔颖达疏曰：“先于泽宫，后于射宫，是将祭再为射礼。泽宫言习射，则未是正射。射于射宫，乃行大射。”[⑦]这也许就是柞伯簋明言大射，而静簋只言射、不言大射的区别所在。也是段玉裁《说文解字注》引《王制》“王亲视学”曰“谓习射、习乡以化之。习射即大射”[⑧]的原因所在。就时间、仪程与目的而言，把泽宫之射归入大射礼的范围之中也是可以说得通的。

（5）参加本次大射礼的竞射者，是周王子弟中得爵之士（亦称王士、王多士或小子）与王臣（即小臣）两队较射。文献记载，胙国为周公之后的封国，簋铭

① 陈戍国：《中国礼制史》先秦卷，湖南教育出版社，2002年第2版，第278~279页。
② （清）阮元校刻：《十三经注疏·礼记正义》，中华书局，1980年，第1687页。
③ 李学勤：《王盂与镐京》、《再说镐京》，《传统文化研究》第6辑，古吴轩出版社，1998年。
④ （清）阮元校刻：《十三经注疏·周礼注疏》，中华书局，1980年，第839页。
⑤ 《礼记·射义》杨天宇注，杨天宇：《礼记译注》，上海古籍出版社，2004年新1版，第838页注[2]。
⑥ （清）阮元校刻：《十三经注疏·礼记正义》，中华书局，1980年，第1689页。
⑦ （清）阮元校刻：《十三经注疏·毛诗正义》，中华书局，1980年，第484页。
⑧ （汉）许慎撰，（清）段玉裁注：《说文解字注》，上海古籍出版社，1988年第2版，第226页。

柞伯为周公第七子[①]，故当属王多士亦即小子之列。王多士与小臣在比射之前即被分为两组，分别由南宫负责王多士这一组的有关事宜，师𩛥父负责小臣这一组的有关事宜。根据文献记载，大射礼为比耦而射，每耦要分上射、下射。我们分析本次大射礼行射时，当是由王多士、小臣两组各出一人作为上、下射匹配成耦来比射的，因此这两组也可分别叫做上射组、下射组。这与文献记载的不分组、只按能力相当统一匹合射耦的情况略有不同。南宫、师𩛥父之职虽俱为射政射事，但其权力似乎仅限于自己所率领的队组，这与《周礼·大司马》、《射人》及《仪礼·大射》记载的“王行大射，由司马主管射政，射人佐之，小臣、仆人为具体执事人员”[②]的一体通管的情况也略有不同。

（6）《仪礼》所记乡射礼与大射礼，均有“三番射”的仪节，规定每人每番必射四矢，三番共射十二矢。商末作册般铜鼋铭文及模型上贯穿的也是四支箭。本铭柞伯则射了十支箭，与《仪礼》、商铜鼋所记显然不合，而与《续日本纪》所载遣唐使吉备真备带回日本的不同工艺的角弓三张，射甲箭二十支，平射箭十支[③]，则有着某些相似之处。是总共射了十支箭全部无废矢呢？或是总共射了十二支箭，有十支射好了呢？或是三番正射之后“复射”时的“射唯欲”呢？[④]不能确知。但从无废矢是总评语及柞伯十称弓与射前既已设定的奖品赤金十钣之数正相吻合的对应关系来看，应以前者为是。我们揣测射十支箭当是周礼规范之前的礼制。

（7）周王在射前即陈列赤金作为竞射优胜者的奖品，此虽与当时周王及诸侯国君经常用金赏赐臣下的做法相一致，但就射礼场合来说，文献典籍则没有记载，《仪礼》的乡射礼与大射仪只对败者罚以饮酒，并无奖品之事。铭文所记显然不同，不仅有奖品，还有赏赐。而且《仪礼》所记乡射礼、大射仪的“释获”和“饮不胜者”，都不是以个人成绩为标准的，而是将所有射者分成两队，按集体成绩决定胜负的。而铭文所记显然是以个人成绩为奖赏标准的。足见西周大射不尽同于传世东周礼书的规定。

（8）周王把䄸地赐予柞伯监管或用作向王贡纳野生动物的田猎地，此虽然也与当时周王用田土采地赏赐臣下的做法相一致，但就射礼金文资料来说则仅此一例，它印证了《礼记·射义》关于射以挑选诸侯、群臣、邦国所贡之士可以助祭者和增加封地的记载，说明以射择士和益地在古代确是实行过的。

（9）本铭反映的大射礼的组织形式都是程序化的，其行礼过程是：竞射队员

---

① 参见袁俊杰：《胙国历史征微》、《周公诸子考》，见《补编版明清胙城县志》，中州古籍出版社，2012年，第261~330页。

② 详见李学勤：《柞伯簋铭考释》，《文物》1998年第11期。

③ 转引自马明达：《古代中国射箭对日本的影响》，《体育文化导刊》2004年第9期。

④ （清）阮元校刻：《十三经注疏·仪礼注疏》，中华书局，1980年，第1043页。

入场、陈列奖品、周王致命辞、比射、颁奖与赏赐，与今天体育运动会的程序差不多。它以“敬又叡”为竞射准则，以“无废矢”为总评比射优胜的赞语，这一总评语显然是从商末作册般铜鼋铭文所记射礼术语“亡废矢”延续过来的，说明西周时期的射礼对商代射礼虽有革替，但也确是有所继承的。西周中期及其以后射礼金文多有发现，但“无废矢”一语则不再见到。这可能与西周早期射礼礼仪质朴、重在比试射技武功，西周中期射礼仪节烦琐，主于礼乐、娱乐性质明显加重有关。它从一个方面也反映了西周射礼在不同时期的发展变化。

（三）义盉盖与大射礼

义盉盖也是一件明确记录大射礼的青铜器（彩图 7）。1984 年出土于陕西省长安县沣西大原村西周墓地 M304①，器身缺失。盖为圆穹形，沿内折作子口。顶部有半环钮，一侧有半环鼻，其上附一节残链。周缘饰云雷纹填底的鸟纹带，上下各有一道弦纹。盖内有铭文 5 行 51 字，其中合文一，重文一（《集成》09453）。

1. 义盉盖的年代

义盉盖的年代，学界一般定在西周中期。②从器物形制、纹饰及铭文特征看，子口、圆穹形盖，半环钮，侧钮与鋬链套铸，流行于西周早期，中期也存在。在鸟纹的空隙处，填以云雷纹，也是西周早期常见的纹饰特征。铭文字体呈长方形，笔道还保留有肥笔和首尾出锋的现象，运笔舒展，间架亦较自然，则显示出西周中期铭文的特点。铭文行列横平竖直，这种既重竖贯又兼顾横平的做法，也是从穆王以来开始的。字体结构方面，“王”字下部仍显肥硕；“贝”字的下两划在内部，一划相对向上，另一划近右侧划的顶头；“其”字上两划作平笔，与两侧划垂直；“宝”字所从的“宀”头两边斜行方折，作四笔书写，形如侧视的屋顶。这些都是西周早期、中期前段，特别是穆王之世铜器铭文的字形特征。另外，“于”字也为干勾于，从康王之世开始“于”有作“于”形的，穆王之世“于”字不再有繁体“亐”；“障”字所从的双手奉酉形，酉上部两竖划出头，昭王之世该字酉上部两竖划就有出头现象，但为数不多，穆王之世“障”字所从的酉上部两竖划多出头。就总体而言，穆王时期铭文字形小，规整而清秀。综合以上因素，义盉盖的年代宜定在西周中期前段。如果考虑上述铭文字体特征，当以西周中期穆王之时为妥。

2. 义盉盖铭文考释

义盉盖的重要价值是其铭文内容。铭文记王在鲁行大射之礼，作器者蔑历于王，并受王所赐之贝。这对研究西周时期的大射礼和奖赏制度都有所参考。但该

① 中国社会科学院考古研究所沣西发掘队：《1984 年沣西大原村西周墓地发掘简报》，《考古》1986 年第 11 期。
② 中国社会科学院考古研究所编：《殷周金文集成》（修订增补本），中华书局，2007 年，第 5346 页。

铭发掘简报只有释文，而未作断句和考释。刘雨先生对铭文的主要部分作了断读，并对其中的几处词语作有简略的释意。[①]《殷周金文集成》出版时才对全铭作了释文与句读。[②]之后其他学者的研究对此铭文虽也偶有涉及[③]，但学界至今还没有通篇细致之考释。现综合各家意见，释文如下：

隹（惟）十又一月既生霸甲申，

王才（在）鲁，𠨍（佮）即（饮）邦君、者医（诸侯）、正、

有𤔲（司）大射，义蔑曆（历），眔于王

逑（仇），义易（赐）贝十朋，对扬王休，用

乍（作）宝障（尊）盉，子子孙其永宝。

“王在鲁。”此种句子亦见于王在鲁尊、又名蔡尊铭：“王在鲁，蔡赐贝十朋，对扬王休，用作宗彝。”（《集成》05974）顾颉刚先生认为尊铭中的“王”指周公，并说“列代周王，无论在西周或东周，都没有到过鲁国”，又说：“除了《古本纪年》商王南庚、阳甲居奄（鲁）之外，绝没有一个王到鲁的。”[④]其说似可再斟酌，有学者认为尊铭“所记即周成王在鲁事”[⑤]，本铭的“王”可能为穆王，这说明确是有周王到过鲁的。蔡尊的时代《集成》定在西周早期或中期，与义盉盖的时代比较接近，二铭之鲁，当为一地。按周之鲁有二，即初为鲁山之鲁，后为曲阜之鲁。此时鲁即鲁国。

“𠨍即邦君、诸侯、正、有司大射。”“𠨍”，原简报释为乡，显系𠨍、鄉形近而误。刘雨、《集成》均释𠨍，甚是。𠨍，李学勤先生读为会[⑥]，《集成》读为佮，该字在另三篇射礼铭文静簋、鄂侯驭方鼎、令鼎铭中亦见，唐兰先生均读为合[⑦]，是已经注意到了射礼中的一些仪节。又知该字也是射礼场合常用的文辞术语。我们认为应读为佮，训为合。其义当与《周礼·夏官·大司马》之职“及师，大合军，以行禁令”.“若大射，则合诸侯之六耦”[⑧]之合相同，用以专指会合、匹合射耦。按佮有聚合之意，《说文·人部》：“佮，合也。从人，合声。”王筠释例：“是合佮义同音异。通力合作，合药及俗语合伙，皆佮之音义也。今无复用佮者。”《玉篇·人部》：“佮，合取也。”《广韵·合韵》：“佮，併佮，聚也。”按合有会合之意，

① 刘雨：《西周金文中的射礼》，《考古》1986 年第 12 期。本小题以下凡引此文，不再作注。

② 中国社会科学院考古研究所编：《殷周金文集成》（修订增补本）09453，中华书局，2007 年。本小题以下引本书，均为此铭，不再作注。

③ 如陈剑：《据郭店简释读西周金文一例》，《北京大学中国古文献研究中心集刊（2）》，北京燕山出版社，2001 年，第 378~396 页；陈英杰：《金文中“君”字之意义及其相关问题探析》，《中国文字》新 33 期，台湾艺文印书馆，2007 年等。本小题以下凡引此二文，不再作注。

④ 顾颉刚：《周公执政称王》，《文史》第 23 辑，中华书局，1984 年。

⑤ 杨朝明：《周公东征史实诠说》，《史学月刊》2000 年第 6 期。

⑥ 李学勤：《柞伯簋铭考释》，《文物》1998 年第 11 期。

⑦ 唐兰：《西周青铜器铭文分代史征》，中华书局，1986 年，第 357、395、231 页。

⑧ （清）阮元校刻：《十三经注疏·周礼注疏》，中华书局，1980 年，第 839 页。

《说文·亼部》：“合，亼口也。”段玉裁注曰：“引伸为凡会合之称。《释诂》曰：‘敆、郃、盍、翕、仇、偶、妃、匹、会，合也。’”合亦有会集之意，如《商君书·赏刑》：“晋文公将欲明刑以亲百姓，于是合诸侯大夫于侍千宫。”①合还有匹配之意，《诗·大雅·大明》：“天作之合。”毛亨传曰：“合，配也。”孔颖达正义曰：“《释诂》云：‘妃、匹，合也。妃、合，对也。’转以相训，是合为妃义也。”②同理，合、仇亦可转以相训。若取聚合、会集之意，本铭及静簋铭该字所在句均可通，然对于令鼎铭该字所在句就有些窒碍难解，对于鄂侯驭方鼎铭的“驭方卿王”两个人的射礼就更不适用了。射礼讲究耦射，而合、匹、仇又可互训，故该字取匹合之义，于本铭及上述相关各铭均字通意顺，比较畅达。《尔雅·释诂》：“偶，合也。”《周礼·地官·媒氏》郑玄注云：“得耦为合。”③《礼记·曲礼下》孔颖达正义云：“射法，每两人相对，以决胜负，名之曰耦。”④《左传》襄公二十九年“射者三耦”杜预注云：“二人为耦。”⑤《周礼·天官·掌次》：“射，则张耦次。”郑玄注云：“耦，俱升射者。”⑥知耦是比射时的对手，匹配射耦称之为合。

“合耦而射”之情形，与文献记载的“耦耕”有相通之处。《广雅·释诂》：“耦，两，二也。”《四书直解》注释《论语·微子》曰：“耦，并耕也，耦同偶。”⑦知耦耕就是“合耦共耕”。耦耕的编组又叫“比耦”或“合耦”，《左传》昭公十六年子产说：“昔我先君桓公与商人皆出自周，庸次比耦，以艾杀此地，斩之蓬蒿藜藋而共处之。”⑧这说明耦耕的原则就是“比力”，即耦耕伙伴体力要相当。《周礼·地官·里宰》曰：“以岁时合耦于耡，以治稼穑，趋其耕耨。”⑨《耦耕义述》解释说：“合耦者，察其体裁，齐其年力，比而选之，使能彼此佐助而耦耕也。”⑩可见耦耕必然要合耦，合耦就必须齐其材力体貌，此与匹耦而射的做法完全相同。因此，把有关耦射与耦耕的解说相互参校，对理解射礼金文卿字的真正含义，显然也是很有帮助的。

“即”，读为“饮”，合饮，当同于另一射礼铭文长由盉铭的“仇饮”，陈剑说仇饮为辅助义。王辉从其说⑪，本书亦从之。

“邦君”，金文习见，如静簋（《集成》04273）、豆闭簋（《集成》04276）、五

① 高亨：《商君书注译》，中华书局，1974年。
② （清）阮元校刻：《十三经注疏·毛诗正义》，中华书局，1980年，第507页。
③ （清）阮元校刻：《十三经注疏·周礼注疏》，中华书局，1980年，第732页。
④ （清）阮元校刻：《十三经注疏·礼记正义》，中华书局，1980年，第1257页。
⑤ （清）阮元校刻：《十三经注疏·春秋左传正义》，中华书局，1980年，第2005页。
⑥ （清）阮元校刻：《十三经注疏·周礼注疏》，中华书局，1980年，第677页。
⑦ （明）张居正撰，王岚、英巍整理：《四书直解》卷之十二《论语·微子》，九州出版社，2010年。
⑧ （清）阮元校刻：《十三经注疏·春秋左传正义》，中华书局，1980年，第2080页。
⑨ （清）阮元校刻：《十三经注疏·周礼注疏》，中华书局，1980年，第743页。
⑩ （清）程瑶田：《沟洫疆理小记·耦耕义述》，（清）阮元编：《清经解》卷541，上海书店，1988年。
⑪ 王辉：《商周金文》，文物出版社，2006年，第108页注[5]。

祀卫鼎铭（《集成》02832）等。文献中见于《尚书》的《伊训》、《大诰》、《酒诰》、《梓材》、《顾命》，《诗·小雅·雨无正》，《论语》的《八佾》、《季氏》等。故训均以为诸侯，然“由金文来看，《雨无正》：‘三事大夫，莫肯夙夜；邦君诸侯，莫肯朝夕’之‘邦君’，大概跟‘诸侯’并非同指”[①]。郭沫若先生考释豆闭簋铭文“司窫俞邦君司马”时，以为“邦君司马当即《周礼》之都司马”[②]。唐兰先生考释五祀卫鼎铭文时认为“邦君当是王畿里面的小国国君”[③]。李零先生在唐兰说和“都司马”之说的启发下，指出“邦君很可能就是管理王畿采地之官”[④]。任伟认为“邦君”在周立国时是周人对天下所有众邦国之君的泛称，异姓盟邦之君则称为“友邦君”；周王朝大规模分封之后，用来指未被周王“授民授土”的邦国之君；西周晚期，诸侯与“邦君”的概念逐渐混在一起。[⑤]陈英杰认为由邦君、诸侯连言看，邦君可能跟“诸侯”地位相近。综合诸家意见，“邦君”应是王畿内采邑之君主。西周初期周王朝在王畿之外大规模地分封诸侯的同时，在王畿之内也大批地分封采邑，畿外设立诸侯，畿内则设邦君。[⑥]对于本铭之“邦君”，刘雨先生以为“铭中邦君与诸侯分叙，其区别可能是以是否接受了周王封建为准”。我们认为刘雨、任伟二位的解说值得参考。按殷商卜辞所载，商四域之外是邦方；西周金文及《尚书》追述殷代的疆土地理是商邑之外为殷邦，殷邦国的边境称殷边，殷边之外为小大邦。[⑦]中甗铭也有“王命中先省南国贯行”，在鄫地又收到王“命汝使小大邦”的命令（《集成》00949）。知商周时期边疆地区确有许多邦国，如鲁国周围在当时就分布着一些异族小邦。因此，考虑到这次大射礼的举行地点和目的，邦君是应指这些小大邦国之君为宜，也就是未受周王分封的邦国之君。

“正”，刘雨认为“正即正长，是官员的泛称”。可从。《诗·小雅·节南山》“覆怨其正”毛亨传曰：“正，长也。”[⑧]《周礼·天官·大宰》“而建其正”郑玄注云：“正谓冢宰、司徒、宗伯、司马、司寇、司空也。”[⑨]散氏盘铭：“厥左执缨史正仲农。”王辉注解曰：“史正，史官之长。”大盂鼎铭：“雩殷正百辟”、五祀卫鼎铭：“正廼讯厉”、毛公鼎铭：“善效乃友正”之正，王辉俱注解曰：“正、长官。”[⑩]卫

---

① 陈英杰：《金文中“君”字之意义及其相关问题探析》，《中国文字》新33期，台湾艺文印书馆，2007年。
② 郭沫若：《两周金文辞大系图录考释》，科学出版社，1957年，第78页。
③ 唐兰：《西周青铜器铭文分代史征》，中华书局，1986年，第463页注1。
④ 转引自陈英杰：《金文中“君”字之意义及其相关问题探析》，《中国文字》新33期，台湾艺文印书馆，2007年。
⑤ 任伟：《西周金文与文献中的“邦君”及相关问题》，《中原文物》1999年第4期。
⑥ 陈英杰：《金文中“君”字之意义及其相关问题探析》，《中国文字》新33期，台湾艺文印书馆，2007年。
⑦ 陈梦家：《殷虚卜辞综述》，中华书局，1988年，第325页。
⑧ （清）阮元校刻：《十三经注疏·毛诗正义》，中华书局，1980年，第441页。
⑨ （清）阮元校刻：《十三经注疏·周礼注疏》，中华书局，1980年，第649页。
⑩ 王辉：《商周金文》，文物出版社，2006年，第235页注解[39]、68页注解[14]、142页注解[6]、267页注解[47]。

簋铭："懋父赏御正卫马匹。"唐兰注释曰："御正应是御官中最高的。"①《周礼·夏官·大司马》、《射人》及《仪礼·大射》记载，王行大射，小臣之长为小臣正，仆人之长为仆人正。可知正确是长帅的统称。

"有司"，刘雨认为"有司在这里是比'正'低一级的官吏。正和有司都是周王的下属官员"。按"司"，训为主、掌事。《礼记·典礼下》"司徒"等五官孔颖达疏曰："司，主也。"②《左氏春秋序》"鲁史记之名也"孔颖达疏曰："掌事曰司。"③也训为总其领，《礼记·曲礼下》孔颖达疏引干宝云："凡言司者总其领也。"④古设官分职，各有专司，因称职官为有司。《尚书·立政》："惟有司之牧夫。"⑤《仪礼·士冠礼》"有司如主人服"郑玄注曰："有司，群吏有事者。"⑥西周金文"师汤父有司"就是师汤父的管事人员，"荣有司"就是荣的管事人员，"颜有司"就是颜的管事人员⑦，"厉有司"就是"邦君厉的办事官员"⑧。是知有司就是掌事人员的统称。

"大射"，即大射礼。全句的意思是辅助匹合未受周王分封的邦国之君、受周王分封的诸侯国君、周王下属的正长、掌事官员行大射礼。

"义蔑历"，"义"，为本器的制作者，他在这次大射礼中所起的作用应该与长由盉铭的长由在射礼中起的作用大致一样，负责把邦君、诸侯等匹配成耦以行射礼，因此受到周王的奖赏。

"蔑历"，近似于现代成语之"勉励"，有嘉奖功劳、赞美业绩、表彰功绩之意（详见附录 2-2）。义因辅佐王行大射礼，故得王之称赞与嘉奖。

"眔于王逨。""眔"，本义为目相及，《说文·目部》："眔，目相及也。从目，从隶省。"此处用作连词，相当于及、与、并，阮元《积古斋钟鼎彝器欵识·吴彝》卷五："眔，及也。"⑨《臣辰盉铭》："王令士上眔史寅殷于成周。"郭沫若考释曰："眔字卜辞及彝铭习见，均用为接续词，其义如'及'，如'与'。"⑩"于"为介词，表示被动，相当于被、由。

"逨"，发掘简报、刘雨、《集成》均误释为逨，此字常见于金文，如交鼎（《集成》02459）、䭾尊（《集成》06014）、长由盉（《集成》09455）、史墙盘（《集成》

① 唐兰：《西周青铜器铭文分代史征》，中华书局，1986 年，第 247 页注 1。
② （清）阮元校刻：《十三经注疏·礼记正义》，中华书局，1980 年，第 1261 页。
③ （清）阮元校刻：《十三经注疏·春秋左传正义》，中华书局，1980 年，第 1703 页。
④ （清）阮元校刻：《十三经注疏·礼记正义》，中华书局，1980 年，第 1262 页。
⑤ （清）阮元校刻：《十三经注疏·尚书正义》，中华书局，1980 年，第 232 页。
⑥ （清）阮元校刻：《十三经注疏·仪礼注疏》，中华书局，1980 年，第 946 页。
⑦ 张亚初、刘雨：《西周金文官制研究》，中华书局，1986 年，第 57~58 页。
⑧ 王辉：《商周金文》，文物出版社，2006 年，第 143 页注解[1]。
⑨ （清）阮元：《积古斋钟鼎彝器欵识》卷五《吴彝》，丛书集成初编本，商务印书馆，1937 年。
⑩ 郭沫若：《臣辰盉铭考释》，《金文丛考》，人民出版社，1954 年。

10175）、单伯昊生钟（《集成》00082）等铭，或释逨，读为弼。[①]刘雨认为本铭中“逨”即“召来”的意思。陈剑据郭店简《缁衣》释为“逑”，读为“仇”，训为匹，并引裘锡圭说：“古人于臣对君的关系，也用‘仇’‘匹’‘妃’‘配’‘耦（偶）’等语。”陈剑这个观点灼然可信，宜视为定论。按逑、匹互训，如此改释，则金文所见的“逑饮”、“逑匹”等文例则畅达无碍。本铭之该字的写法跟陈剑先生所论“逑”的写法完全相同，故今从其说亦释为“逑”，读为仇。《说文·辵部》：“逑，敛聚也。从辵，求声。”段玉裁注曰：“逑仇古多通用。”《诗·周南·关雎》“君子好逑”毛亨传曰：“逑，匹也。”[②]又《兔罝》“公侯好仇”程俊英注曰：“好仇：好助手。仇，同‘逑’，匹偶的意思。”[③]《尔雅·释诂》：“仇、匹，合也。”金文所见“逑匹”、“逑饮”、“逑”某人的意思就是与某人为伍。本铭可理解为助手，《仪礼·大射》：公射，小射正“赞设决，朱极三”及“赞设拾”。“小臣正赞袒。”“小臣师以巾内拂矢，而授矢于公。稍属。大射正立于公后，以矢行告于公：下曰留，上曰扬，左右曰方。公既发，大射正受弓而俟。拾发以将乘矢。”[④]义在王射时可能就是充当的这类角色。

据上所释，本铭可意译为：那是十一月的既生霸甲申日，周王在鲁国，义辅助匹合异邦国君、诸侯国君、正长及掌事官员为耦以行大射礼。义受到王的褒奖，并被王用为助手，王赏赐给义十朋贝。为对答和称扬王的休美，义用来做了宝器盉，子子孙孙要永以为宝。

3. 义盉盖铭所反映的大射礼

义盉盖铭文是一篇关于义参与协助大射礼之职事而受奖赏的铭功记。它所反映的大射礼信息可归纳为六点。

（1）义盉盖铭在金文中第一次提出了“大射”的名称，柞伯簋是继义盉盖之后发现的第二次明言“大射”名称的铭文，《仪礼》把古代射礼分为“乡射”和“大射”两种。[⑤]义盉盖和柞伯簋的出土证明这种区分确实是有根据的，而且在西周早期就有这种区分了。

（2）本次大射礼是周王亲自参与比射的大射礼。有学者认为由此“可知大射确是君臣相与习射的典礼”[⑥]。实际上它与柞伯簋铭所记的由周王主持的大射礼还是略有不同的。除周王之外，参加比射的还有未受周王分封的异族邦国国君、受周王分封的诸侯国国君、周王属官正长和掌事官员等四种身份的人，比柞伯簋铭

① 张政烺：《何尊铭文解释补遗》，《文物》1976年第1期；又见王辉：《商周金文》，文物出版社，2006年，第42页注[4]。
② （清）阮元校刻：《十三经注疏·毛诗正义》，中华书局，1980年，第273页。
③ 程俊英：《诗经译注》，上海古籍出版社，2004年新1版，第12页注（6）。
④ （清）阮元校刻：《十三经注疏·仪礼注疏》，中华书局，1980年，第1039页。
⑤ 详见（清）阮元校刻：《十三经注疏·仪礼注疏》，中华书局，1980年，第993~1012、1027~1044页。
⑥ 李学勤：《柞伯簋铭考释》，《文物》1998年第11期。

所记参加大射礼的竞射者范围更广。

（3）本次大射礼举行的时间是十一月。这与柞伯簋等铭所记大射礼举行的时间不同，与《周礼·冬官·梓人》“张皮侯而栖鹄，则春以功”[①]以及前引《周礼·夏官·诸子》所记“春学”、“秋射”的季节也不相同，应是因事而作出的临时性安排，故与常射异。

（4）本次大射礼的举行地是鲁。此与柞伯簋铭所记大射礼的举办地周不同，与文献记载的大射礼射于泽宫、射宫亦不同。

为什么要选在十一月又在鲁国举行呢？这可能与周王东巡或封禅泰山有关。古代有天子巡狩之制，“五岁一巡狩，群后四朝”[②]。《史记·鲁周公世家》曰：“于是成王乃命鲁得郊祭文王。鲁有天子礼乐者，以褒周公之德也。”宋裴骃集解说：“《礼记》曰：‘鲁君祀帝于郊，配以后稷，天子之礼。’”又说：“《礼记》曰：‘诸侯不得祖天子。’郑玄曰：‘鲁以周公之故，立文王之庙也。’”[③]鲁国既然立有文王庙，周王东巡到鲁，依礼须到文王庙祭祀。又按文献记载，三代至秦汉时期，天子还有祭祀名山大川之礼。如舜就曾“遂类于上帝，禋于六宗，望于山川，辩于群神。揖五端，择吉月日，见四岳诸牲，班瑞。岁二月，东巡狩，至于岱宗，柴，望秩于山川。遂见东方君长”[④]。“古者封泰山禅梁父者七十二家”，其中“周成王封泰山，禅社首。皆受命然后得封禅”[⑤]。《礼记·月令》说，孟冬之月，“天子乃命将帅讲武，习射御，角力”。仲冬之月，“天子命有司祈祀四海、大川、名源、渊泽、井泉”[⑥]。《史记·封禅书》也说，《周官》曰：“天子祭天下名山大川，五岳视三公，四渎视诸侯，诸侯祭其疆内名山大川。四渎者，江、河、淮、济也。”“自五帝以至秦，轶兴轶衰，名山大川或在诸侯，或在天子，其礼损益世殊，不可胜记。及秦并天下，令祠官所常奉天地名山大川鬼神可得而序也。于是自殽以东，名山五，大川祠二。曰太室。太室，嵩高也。恒山，泰山，会稽，湘山。水曰济，曰淮。春以脯酒为岁祠，因泮冻，秋涸冻，冬塞祷祠。其牲用牛犊各一，牢具珪币各异。”“诸此祠皆太祝常主，以岁时奉祠之。至如他名山川诸鬼及八神

① 杨天宇注曰：“春以功：谓春天行大射礼，以比较群臣的射功，而选拔可以参加祭祀者。金鹗曰：‘春以功，盖谓大射在春。’”（杨天宇：《周礼译注》，上海古籍出版社，2004年，第659页及注[2]）

② （汉）司马迁撰，（宋）裴骃集解，（唐）司马贞索隐，张守节正义：《史记·五帝本纪》，中华书局，1982年第2版，第24页。

③ （汉）司马迁撰，（宋）裴骃集解，（唐）司马贞索隐，张守节正义：《史记·鲁周公世家》，中华书局，1982年第2版，第1523页及注[九]、[一0]。

④ （汉）司马迁撰，（宋）裴骃集解，（唐）司马贞索隐，张守节正义：《史记·五帝本纪》，中华书局，1982年第2版，第24页。

⑤ （汉）司马迁撰，（宋）裴骃集解，（唐）司马贞索隐，张守节正义：《史记·封禅书》，中华书局，1982年第2版，第1361页。

⑥ （清）阮元校刻：《十三经注疏·礼记正义》，中华书局，1980年，第1382、1383页。

之属，上过则祠，去则已。”[①]根据文献记载，周王还有巡守诸侯、会于方岳的会同之礼。《古文尚书·周官》说：“王乃时巡，考制度于四岳。诸侯各朝于方岳，大明黜陟。”孔安国传曰：“周制，十二年一巡守。春东、夏南、秋西、冬北，故曰时巡。考正制度、礼法于四岳之下，如虞帝巡守然。”[②]前有古人，后有来者。既有文王庙，又有泰山济淮。故盉铭中的周王十一月东巡至鲁祭祀泰山、济水、淮水等山川，或按季节巡视天下四方而在东岳所在地鲁考察诸侯的礼法制度并公开进行升降赏罚也是可能的。既然周王要祭祀文王庙或名山大川，那就需要通过射礼来挑选助祭的人。既然要考察诸侯的礼法制度，那就需要通过射礼以观德来决定赏罚。所以这次大射礼很可能就是为此而举行的。

（5）对执事人员实行奖赏。大射礼由司马主管射政，射人佐之，小臣、小臣师、小臣正、仆人、仆人师、仆人正、大史、赞者、有司均为具体执事人员和服务人员。对于他们所担任的职事，只有献酒、荐脯醢之礼仪，以示对其任职表现的肯定，并无奖赏之记载。本铭在这方面无疑是有所补充的。

（6）本铭反映的大射礼的行礼过程是：召集邦君、诸侯、正、有司到鲁地、匹合射耦、比射、奖赏执事人员。

综上所述，西周金文所记大射礼的共同特点是：准备时间长，参加人数多、范围广，规模比较大；都与祭祀择士有关；都是王举行的，无论是王主持，或是王参射，都可归为王举行；对竞射的优胜者或善于其所担任之职事、表现优秀的执事人员实行奖赏，以勉励之。

二、西周金文中的射牲礼仪——伯唐父鼎与辟池射牲礼

射牲是由田猎获取新鲜野牲演变而来的祭祀中的一个重要礼仪。上古时代“四时之田，皆为宗庙之事也”[③]。中春蒐田，“献禽以祭社”，中夏苗田，“献禽以享礿”，中秋狝田，“致禽以祀祊”，中冬狩田，“入献禽以享烝”。[④]由于祭祀关乎国家福祉，为表示郑重其事和对神灵的虔敬，不仅要捕获四时之新鲜牺牲，而且最高首领还必须亲自参加田猎获取野兽。如果不是王所猎得，用牲前则必须由王亲手射杀之，以象征王履行了亲为神灵捕获牺牲的职责，于是便形成了凡祭祀“唯君用鲜”[⑤]，司弓矢“共射牲之弓矢”，王亲射牲，射人“则赞

① （汉）司马迁撰，（宋）裴骃集解，（唐）司马贞索隐，张守节正义：《史记·封禅书》，中华书局，1982年第2版，第1357、1371、1377页。

② （清）阮元校刻：《十三经注疏·尚书正义》，中华书局，1980年，第235页。

③ 《春秋穀梁传》桓公四年，（清）阮元校刻：《十三经注疏·春秋穀梁传注疏》，中华书局，1980年，第2374页。

④ 《周礼·夏官·大司马》，（清）阮元校刻：《十三经注疏·周礼注疏》，中华书局，1980年，第836、837、838~839页。

⑤ 《左传》襄公三十年，（清）阮元校刻：《十三经注疏·春秋左传正义》，中华书局，1980年，第2014页。

射牲”[①]的一套射牲礼仪制度。因此，周天子祭天帝宗庙，必自射其牲以示隆重与亲杀。《国语·楚语下》曰：“天子禘郊之事，必自射其牲。”“诸侯宗庙之事，必自射牛、刲羊、击豕。”[②]有关射牲礼仪的长篇西周铭文只有伯唐父鼎铭所记辟池射牲礼一篇。

伯唐父鼎（彩图8），1986年在陕西长安张家坡西周墓地M183洞室墓出土[③]，折沿、方唇，口微敛、呈桃圆形，两长方形附耳高出口沿之上，腹部较深，腹壁下垂外胀，三足为圆柱状实足。口沿下有一周弦纹。腹底有烟炱。腹内壁有铭文9行含合文67字（《集录》356）。

（一）伯唐父鼎的年代

伯唐父鼎的年代可由墓葬年代和该器自身的形制、铭文特征来判定。最接近墓葬年代的随葬品是陶器，M183 出土的陶鬲为卷沿，联裆，器身宽而矮，发掘简报认为这种型式的陶鬲在丰镐地区较为常见，年代也比较明确，大体相当于西周早、中期之间。同出青铜礼器，除爵时代略早外，其他如鼎、簋、甗，年代也相当。孟员鼎与扶风庄白出土的𢦏鼎、长安普渡村长由墓所出的003号鼎、宝鸡茹家庄出土的井姬鼎相类。孟员甗则与扶风庄白出土的𢦏甗形制相近。孟狴父簋则和岐山董家出土的卫簋、长安普渡村出土的长由簋、宝鸡茹家庄強伯墓所出10号簋形制相近。这几件鼎、甗、簋的形制都是西周昭穆之际最常见的。根据上述分析，墓葬的年代可能在西周穆王前期，墓主人当是昭穆时人。[④]这就是说伯唐父鼎的年代最晚当不晚于穆王前期。其实这个年代还是保守了一点。按该墓随葬的联裆鬲，器体宽矮，实应是西周早期陶鬲的典型特征。[⑤]孟员鼎器口呈桃圆形，两耳立于折沿上，腹呈横长方形，腹壁下垂外胀较重，三柱足较粗壮。这种桃形口、浅腹、下腹外鼓、底近平、柱足的盆形鼎，在武王至康王时期就是最流行且有新的时代特征的型式。到康王晚期至昭王时期，盆形鼎最重要的变化，是出现了明显的垂腹形制，即腹的最大径极近于腹底，呈现倾垂状。孟员甗通体变矮，体形略显宽扁。孟狴父簋的最大径也由腹中部向下偏移，稍显现垂腹状态，圈足较矮，足跟作坡状。这些都是康王晚期至昭王时期的形制特征。鼎、簋、甗的口沿下或

---

① 《周礼·夏官·司弓矢》，《射人》，（清）阮元校刻：《十三经注疏·周礼注疏》，中华书局，1980年，第856、846页。

② 李维琦点校：《国语·战国策》，岳麓书社，2006年第2版，第138页。

③ 中国社会科学院考古研究所沣西发掘队：《长安张家坡M183西周洞室墓发掘简报》，《考古》1989年第6期。

④ 中国社会科学院考古研究所沣西发掘队：《长安张家坡M183西周洞室墓发掘简报》，《考古》1989年第6期。

⑤ 北京大学历史系考古教研室商周组编著：《商周考古》图一一九：陕西长安沣西西周陶器分期图表，文物出版社，1979年，第150页。

上腹部饰一道或两道弦纹，也是康王晚期至昭王时期所形成的一种新的崇尚素朴简明的修饰风格。盂员鼎、甗铭文布局整洁，不仅竖成行，而且横也成排，字体结构舒朗，多数字笔画均匀，但仍有一些字点画上作粗肥笔，右边捺笔有波磔，如父字的起笔、捺笔，合文十朋的十字、彝字下部的左右两斜笔等。此种形式的铭文大致出现于昭王时期。因此，朱凤瀚师把张家坡 M183 出土的青铜器归入西周青铜器的第二期，亦即康王晚期至昭王时期是非常正确的。[①]伯唐父鼎也是桃形口、垂腹、柱足盆形鼎，虽然附耳是前所未见的形制，该鼎为这一形制中时代较早的一件器物，但并不是孤例，附耳也是康王晚期至昭王时期新出现的器耳形制。如扶风刘家村丰姬墓出土的铜簋、云唐 M10 出土的铜方鼎、传世铜器小臣谏簋等，亦均为附耳。相比而言，该鼎腹较深，垂腹没有盂员鼎明显，铭文布局也不齐整，竖虽基本上成行，但横却不成排。有些字如乙、王、父等字用肥笔，捺笔有波磔。这些又说明伯唐父鼎应略早于盂员鼎。综合各方面的因素，我们认为伯唐父鼎的成器年代应在昭王时期。刘雨先生定伯唐父鼎为西周穆王时器[②]，是不妥的。

（二）伯唐父鼎铭文考释

伯唐父鼎铭文，发掘简报只有释文，未作断句与考证。张政烺先生首先断句并作了简要考释。[③]此后刘雨[④]、刘桓[⑤]等先生对铭文及其所反映的有关问题也作了释读与考论。铭文虽短，但由于器体锈蚀严重，字迹漫漶不清，又加文辞古奥，诸家所释可商之处实为不少。为便于讨论，现参考各家意见，先作释文如下：

乙卯，王餮莽京。[王]
桒辟舟，临舟龙，咸
桒。白（伯）唐父告备，王各（格），

① 朱凤瀚：《古代中国青铜器》，南开大学出版社，1995 年，第 763~766 页。

② 刘雨先生认为原简报称此墓时代“可能在西周穆王前期”，这个分析是正确的，而且还可以在伯唐父鼎铭文中找到内证。本铭以“餮祭”记年，餮祭“必行于其父考新死之际，王室之餮祭则必行于父王去世，新王初继位之时。伯唐父鼎的形制一般不会早到昭王初年，而该鼎却以餮礼纪年，故应作于昭王新死，穆王初继位时，铭中之王应指穆王，这说明伯唐父鼎的时代与墓葬时代是一致的”。王室餮礼可用为纪年的标志，凡金文记王室餮礼者等于记某王元年，这样就又找到了一个铜器断代的标准。“用这个新标准来衡量伯唐父鼎所得出的结论，却与考古发掘得出的结论相吻合，说明它是有一定科学性的。”（刘雨：《近出殷周金文综述》，《故宫博物院院刊》2002 年第 3 期；《伯唐父鼎的铭文与时代》，《考古》1990 年第 8 期；《西周金文中的祭祖礼》，《考古学报》1989 年第 4 期）该说假设成分似太多。首先是把餮礼作为铜器断代的标准还有待进一步的证明，正像其本人所说的：“现在还只能算是一个假设，因为可资证明的材料还太少。”（刘雨：《伯唐父鼎的铭文与时代》，《考古》1990 年第 8 期）在这个假说下，又假设了一个伯唐父鼎的形制一般不会早到昭王初年。其二铜器的时代是指成器年代，无论是铭文内容或是墓主人获得该器的方式，都说明该器不可能与墓葬的时代完全一致。其三金文中确实有以餮礼纪年的，而且是仅臣辰盉铭“惟王大禴于宗周，出餮莽京年”一例（《集成》09454），但就本铭来看，似与这种纪年文辞无涉，并且相去甚远。因此在这种前提下去推定年代，其说服力是可想而知的。

③ 张政烺：《伯唐父鼎、孟员鼎、甗铭文释文》，《考古》1989 年第 6 期。

④ 刘雨：《伯唐父鼎的铭文与时代》，《考古》1990 年第 8 期；《近出殷周金文综述》，《故宫博物院院刊》2002 年第 3 期。

⑤ 刘桓：《也谈伯唐父鼎铭文的释读》，《文博》1996 年第 6 期。

乘辟舟，临𣏟白旂，
用射绨、𢦏虎、貉、白
鹿、白狼于辟池，咸
𣏟。[王]蔑历，易（赐）鬯（秬鬯）一卣、
贝廿朋。对扬王休，用
乍（作）□公宝障彝。

“乙卯，王餈葊京。”该句或释为记时，指“事情发生于王在葊京举行餈祭之年的乙卯日”[①]，即认为餈祭并非乙卯日举行的。或认为该句于记事中首先冠以纪日，是干支纪日述事的常用语，与金文纪年之语不同。西周金文纪年之语虽然也见于铭文的首句，但从未见铭文首句先出现干支纪日这种形式。依照西周金文惯例，既然书以某日干支，再记述某事，则某事必系该日内所发生。我国古代编年体史书记事亦莫不如此。故本铭“乙卯，王餈葊京”，决为乙卯日之事。非仅如此，其下所述王行𣏟祭之活动，也当是乙卯日内发生的事。因此该句只能释为“乙卯这天，周王在葊京举行餈祭”[②]。“餈”，金文数见，读为祼，祼祭即灌祭。在这里餈祭的对象是宗庙。“葊京”，即邻近都城的一个地方。详见麦方尊铭文考释及附录2-3，此不再赘述。

“王𣏟辟舟。”此为多数人的断读，依“王餈葊京”、“临𣏟白旂”、“成王大𣏟在宗周”、“王𣏟于宗周”、“王𣏟于成周”、“弗（祓）无子”、“祓社釁鼓”（详见下举诸例）等金文与文献句例，这样断句无疑是正确的。亦有学者在𣏟字后加逗，辟舟连下读。[③]这种断句显然是不符合金文与文献之句型惯例的。“𣏟”，祭名，或作𥙊，亦见于献侯鼎（《集成》02626、02627）、䜌𠃨方鼎（《集成》02725、02726）、夨令方尊（《集成》06016）、夨令方彝（《集成》09901）、盂爵（《集成》09104）、圉卣（《集成》05374）、叔卣（《录遗》161）等器铭，学者多读为祓。认为《诗·甘棠》“勿翦勿拜”郑玄笺：“拜之言拔也”，拜本作𢷎，𢷎通拔，则𥙊通祓。[④]《说文·示部》：“祓，除恶祭也。”从文献记载看，祓祭的种类很多，如祓除不育之疾[⑤]、祓除邪恶灾害[⑥]、

① 刘雨：《伯唐父鼎的铭文与时代》，《考古》1990年第8期。

② 刘桓：《也谈伯唐父鼎铭文的释读》，《文博》1996年第6期。

③ 刘雨：《伯唐父鼎的铭文与时代》，《考古》1990年第8期；《近出殷周金文综述》，《故宫博物院院刊》2002年第3期。

④ 张政烺：《伯唐父鼎、孟员鼎、甗铭文释文》，《考古》1989年第6期；唐兰：《西周青铜器铭文分代史征》献侯鼎，中华书局，1986年，第86页注释2。

⑤ 《诗·大雅·生民》：“以弗无子。”毛亨传：“弗，去也。去无子，求有子。”郑玄笺：“弗之言祓也……乃禋祀上帝于郊禖以祓除其无子之疾而得其福也。”（（清）阮元校刻：《十三经注疏·毛诗正义》，中华书局，1980年，第528页）程俊英亦注曰：“弗，祓的假借字，用祭祀来除去灾难。祓无子，即祈求除去不育之灾。”（程俊英：《诗经译注》，上海古籍出版社，2004年新1版，第439页注[3]）

⑥ 《周礼·春官·女巫》：“掌岁时祓除衅浴。”郑玄注：“岁时祓除，如今三月上巳如水上之类。衅浴，谓以香薰草药沐浴。”（（清）阮元校刻：《十三经注疏·周礼注疏》，中华书局，1980年，第816页）杨天宇亦注曰：“祓除，祭名，谓通过祓祭以除去邪疾。”（杨天宇：《周礼译注》，上海古籍出版社，2004年，第373页注释[1]）

祓除路途之不祥[①]、祓除火灾[②]、祓除人身秽气[③]等，是知其为祓除不祥之祭礼。近时学者或读为祷。《说文》："告事，求福也。"伯梡簋："唯用祈桒万年。"[④]或说桒、𥛱其意为祈求。𤸫钟铭："用𥛱寿，匃永命"(《集成》00246)。𥛱寿就是祈求长寿。[⑤]其实读祷或表祈求义，这与把它读为祓的意义并不矛盾。《玉篇》说得很明白："祓，除灾求福也。"祓除不育之疾，即祈求生育也；祓除邪恶灾害，即祈求平安幸福也；祓除路途之不祥，即祈求行道无艰险也。有祓除，就会有所祷告、有所祈求。这是一个问题的两个方面，不能只取其一面来释义。祓祭出现很早，在殷墟卜辞中即已有之，如桒年、桒雨、桒生等[⑥]，意为祓除灾害、干旱、疾病，祈求丰收、雨水、生育。被祈求的对象多是先王先公先妣，也有河、社、东方等自然神。周初卜骨中也有祓祭，如"贞，王其桒又大甲"(凤雏 H11：84)。[⑦]"彝文武，□贞，王翌日乙酉，其桒。"(凤雏 H11：112)[⑧]说明周人早在此时也已有了祓祭。上举金文例都是昭王以前的，说明祓祭盛行于西周早期。西周金文中的祓祭多行于宗周、成周或𦸶京，大多数都不指明祓祭的对象和祈求的具体内容，且往往以此祭作为纪年的标志。这说明祓祭在进入西周以后，比殷商与先周又有了较大的发展，已成为周人祭祀的重要礼仪。

"辟舟"，本铭两见，辟字皆从口，下文"辟池"之辟字则从〇，或认为与此有别。辟舟疑是舟之特殊形状或特殊用途者，抑或即鹢舟[⑨]。或认为从口与从〇，是书写者随意所致，并无深意，金文中口与〇每混用不别。辟是辟雍之辟，舟行辟雍池水中，故称辟舟。[⑩]或认为"辟舟"之义，据《尔雅·释

① 《左传》定公四年："君以军行，祓社衅鼓。"杜预注："师出先事祓祷于社，谓之宜社。"又《左传》襄公二十五年："祝祓社。"杜预注："祓，除也。"孔颖达正义："知此祓社是祓除也，其祓除之事当如郑之言也。"((清)阮元校刻：《十三经注疏·春秋左传正义》，中华书局，1980 年，第 2134、1984 页)即祭祀社神，向社神祝告祓除不祥。《说文·车部》："軷，出将有事于道，必先告其神，立坛四通，树茅以依神为軷；既祭犯軷，轹牲而行为范軷。"段玉裁注："既祭之，以车轹之而去，喻无险难也……诗家说曰将出祖道犯軷之祭也……礼家说亦谓道祭。"

② 《左传》昭公十八年："郑子产为火故，大为社，祓禳于四方，振除火灾，礼也。"((清)阮元校刻《十三经注疏·春秋左传正义》，中华书局，1980 年，第 2086 页)

③ 《管子·小匡》："鲍叔祓而浴之三。"原注曰："祓，谓除其凶邪之气。"(黎翔凤撰，梁运华整理：《管子校注》，中华书局，2004 年，第 391 页)

④ 王辉：《商周金文》叔夨方鼎，文物出版社，2006 年，第 45 页注解[2]。

⑤ 刘雨：《西周金文中的祭祖礼》，《考古学报》1989 年第 4 期。

⑥ "桒年于河，燎，三牢，沉。"(《簠》帝系 222)

"贞，桒年于土，九牛。"(《铁》216·1)

"癸卯卜，桒雨于示壬。"(《邺》1·33·6)

"甲子卜，其桒雨于东方。"(《邺》3·38·4)

"乙未卜，于妣壬桒生。"(《乙》46·78)

"庚辰贞，其桒生于妣庚、妣丙，在祖乙宗。"(《拾》1·10)

"甲辰卜，王宾桒祖乙、祖丁、祖甲、康祖丁、武乙衣，亡尤。"(《后》上 20·5)

⑦ 陕西周原考古队：《陕西岐山凤雏村发现周初甲骨文》，《文物》1979 年第 10 期。

⑧ 陕西周原考古队、岐山周原文管所：《岐山凤雏村两次发现周初甲骨文》，《考古与文物》1982 年第 3 期。

⑨ 张政烺：《伯唐父鼎、孟员鼎、甗铭文释文》，《考古》1989 年第 6 期。

⑩ 刘雨：《伯唐父鼎的铭文与时代》，《考古》1990 年第 8 期。

诂》，“辟，君也”，可能是指“君舟”，也可能是“辟池之舟”、“辟雍之舟”的省称，但无论如何都可以肯定它是周王专用的舟。[①]此君舟之说较为新颖，是否跟从口与从〇辟义不同有联系，还可以作进一步的思考。但无论是君舟还是辟雍之舟，它都在辟雍大池中行驶则是可以肯定的，因此把辟舟释为辟池之舟当不失本义，是比较确切的。“王桒辟舟”，就是周王祓祭辟池之舟，祭祀舟神，祓除不祥，祈求航行平安。因此时铭文尚未言王乘舟之事，故该仪节之桒祭不“应是在舟中行祭”[②]，而应是在岸上进行的，即面对停靠在辟池水面的辟舟告祷祈福的。又因本鼎器成于昭王时，故此王即指周昭王，联想到后世王朝欲用兵于南方，都要凿池操练，以使北人习于水战，如汉武帝凿昆明池、宋太祖凿金明池等。周昭王也曾有志于南巡，这次祓祭辟舟也许就是为他南巡走水路所做的准备，但遗憾的是他最终还是南巡而不返，船沉溺亡于汉水了。

“临舟龙。”“临”，义为至，到。“舟龙”，当是刻画为龙形的舟。“龙”，亦有高大之义，如龙马等即此义。“舟龙”也可能是指王所乘的大舟、龙舟。《穆天子传》卷五：“癸亥，天子乘鸟舟龙，卒浮于大沼。”郭璞注：“沼，池。龙下有舟字，舟皆以龙、鸟为形制，今吴之青雀舫，此其遗制者。”[③]《淮南子·本经训》：“龙舟鹢首，浮吹以娱。”高诱注：“龙舟，大舟也，刻为龙文。鹢，大鸟也，画其像著船头，故曰‘鹢首’。舟中吹籁与竽以为乐，故曰‘浮吹以娱。’”[④]司马相如《子虚赋》：“浮文鹢，扬旌栧。”张揖曰：“鹢，水鸟也，画其象于船首也。”[⑤]《方言》第九：“（舟）首谓之阁闾，或谓之艗艏。”郭璞注：“鹢，鸟名也，今江东贵人船前作青雀，是其像也。”[⑥]沈佺期《三日梨园侍宴》诗：“画鹢中流动，青龙上苑来。”[⑦]知鸟舟龙即龙鸟形舟，也就是后世的青雀舫、龙舟，故本铭的“舟龙”亦即龙舟。“临舟龙”，依下文“临桒白旂”例，当为“临桒舟龙”之省，意为周王亲临舟龙祓祭。[⑧]

“咸桒。”本铭两见，皆为礼成之言。咸，既，已经，指祭祀仪式已经完成结

---

① 胡新生：《“周人尚赤”说的历史考察》，《文史哲》2005年第2 期。

② 刘桓：《也谈伯唐父鼎铭文的释读》，《文博》1996年第 6期。

③ 张耘点校：《山海经·穆天子传》，岳麓书社，2006年第2版，第232页及注[18]。

④ 何宁：《淮南子集释》，中华书局，1998年，第592页。

⑤ （梁）萧统编，（唐）李善注：《文选》，中华书局，1977年影印，第121页。

⑥ （汉）扬雄著，（晋）郭璞注：《方言》第九，四部丛刊初编本，上海商务印书馆，1929年。

⑦ （清）彭定求等编：《全唐诗》卷96·4，中州古籍出版社，1996年，第561页。

⑧ “临舟龙”，也可能全句都是某种舟的名称。因为古代车、船都有以“临”为名的。《诗·大雅·皇矣》：“以尔钩援，与尔临、冲，以伐崇墉。”毛亨传曰：“临，临车也。冲，冲车也。”孔颖达疏曰：“乃以汝钩援之梯与汝临、冲之车，以往伐彼崇城……临者，在上临下之名；冲者，从傍冲突之称；故知二车不同。兵书有作临车、冲车之法，《墨子》有《备冲》之篇，知临、冲俱是车也。”（（清）阮元校刻：《十三经注疏·毛诗正义》，中华书局，1980年，第522页）古称两船相连为临，凡水陆攻守以高临下之诸械皆可通称临。《墨子·备水》曰：“并船以为十临，临三十人，人擅弩，计四有方，必善以船为轒辒……视水可决，以临轒辒，决外隄。城上为射杋，疾佐之。”岑仲勉注云“两船为一临”（岑仲勉：《墨子城守各篇简注》，中华书局，1958年，第49~50页）。毕沅注云：“言方舟以为临高之具。”“《通典·守拒法》云：‘城中速造船一二十只，简募解舟楫者，载以弓弩锹镬，每船

束。“咸桒”，二见均可释为桒祭完毕。但具体仪节与祭祀对象则不同。这里的第一个“咸桒”是说第一次桒祭礼成结束了，即王桒祭辟舟、临舟龙的礼仪完毕。第二个“咸桒”则是说第二次桒祭礼成结束，即王桒祭白旗、射牲的礼仪完成。

“伯唐父告备。”此为告具之仪节。“伯唐父”①，为本器的器主人。“告备”，告，报，下告上之辞，犹言上报、禀告。备，《说文》：“具也。”告备即告具，《礼记·投壶》：“左、右告矢具，请拾投。”②即司射向主人和宾报告矢已经齐备，请他们轮流投壶。《仪礼·聘礼》：“宰入告具于君。”③即宰进入路寝向君报告礼物已经陈列完毕。《燕礼》：“射人告具。”郑玄注曰：“告事具于君。”④即射人向君报告一切准备就绪。《乡射礼》：司射“阶上北面告于宾曰：‘弓矢既具，有司请射’。”⑤即司射向宾报告说：弓矢都已准备齐全，有司们向您请求开始射箭比赛。又《大射》：“射人告具于公。公升即位于席。”⑥就是射人向君报告一切都已陈设完毕。于是君升堂就席。本铭即伯唐父向周王报告船体完好，船只已准备完毕。

学界都认为该句属上读，笔者则与各位的看法不同。既然已经“咸桒”了，伯唐父怎么还要告备？此时即使要告，也只能是告成，而且告备不仅在某一礼仪前有这一仪节，在某一礼仪后也确有这一仪节。如《礼记·月令》言季秋之月：“是月也，大飨帝，尝牺牲，告备于天子。”⑦意思是说这个月用大飨礼祭祀上帝，并用牲肉向群神行尝祭礼，祭后官吏向天子报告祭事已完备。又如《仪礼·聘礼》：

载三十人，自暗门衔枚而出，潜往斫营决隄堰。觉即急走，城上鼓噪，急出兵助之，’即其遗法。”又《备城门》曰：“今之世常所以攻者，临、钩、冲、梯、堙、水、穴、突、空洞、蚁傅、轒辒、轩车。”孙诒让注曰：“后有《备高临》篇，云‘积土为高，以临吾城’，又《备水》篇‘并船为临’，《备蛾傅》篇有‘行临’，然则‘临’乃水陆攻守诸械以高临下之通名，不必临车也。”（吴毓江撰，孙啟治点校：《墨子校注》，中华书局，2006年第2版，第835~836页及注[8]、[21]，第759页及注[5]）既然以高临下之诸械均可以称临，不一定都是临车。临下之战车可以称为临车，并船也可以称为临、临轒辒，那临舟龙为舟名，自然也是容易理解的。如此，则临字前改为顿号，与上连属为“王桒辟舟、临舟龙”，语意也颇顺达。但作这种理解，有一个问题必须指出，那就是这里的临与下文复见的“临桒白旂”之临，意义就完全不同了。

也有学者把上句的辟舟属下读，与该句连为一句。认为龙即垄，指高出水面以便登舟之地。句意为“辟雍之舟靠临船坞”（刘雨：《伯唐父鼎的铭文与时代》，《考古》1990年第8期；《近出殷周金文综述》，《故宫博物院院刊》2002年第3期）。不妥。因为这样断读与释义，不仅上句不符合金文与文献中相关句型之惯例，而且本句也只是说辟舟靠临舟龙，无论是准备工作或是行礼仪节都不是重要程序，铭文何以舍要而记其次呢？

① 此类称谓甚多，如鼎铭中就有伯遟父（《集成》02195）、伯咸父（《集成》02197）、伯卫父（《集成》02489）、伯考父（《集成》02508）、伯夏父（《集成》02584）、伯吉父（《集成》02656）等，古时男子之字多称某父，为男子之美称。《春秋》隐公元年：“公及邾仪父盟于蔑。”（（清）阮元校刻：《十三经注疏·春秋左传正义》，中华书局，1980年，第1713页）《穀梁传》隐公元年：“仪，字也，父，犹傅也。男子之美称也。”（（清）阮元校刻：《十三经注疏·春秋穀梁传注疏》，中华书局，1980年，第2365页）典籍或作甫。《诗·大雅·烝民》：“衮职有阙，维仲山甫补之。”（（清）阮元校刻：《十三经注疏·毛诗正义》，中华书局，1980年，第569页）

② （清）阮元校刻：《十三经注疏·礼记正义》，中华书局，1980年，第1666页。

③ （清）阮元校刻：《十三经注疏·仪礼注疏》，中华书局，1980年，第1046页。

④ （清）阮元校刻：《十三经注疏·仪礼注疏》，中华书局，1980年，第1015页。

⑤ （清）阮元校刻：《十三经注疏·仪礼注疏》，中华书局，1980年，第996页。

⑥ （清）阮元校刻：《十三经注疏·仪礼注疏》，中华书局，1980年，第1029页。

⑦ （清）阮元校刻：《十三经注疏·礼记正义》，中华书局，1980年，第1379页。

"宰执书告备具于君。"①即核查毕，由宰拿着清单向君报告礼物已齐备。《乡射礼》合乐之后也有告备之仪节："工不兴，告于乐正曰：'正歌备'"。《燕礼》间歌后亦有："大师告于乐正曰：'正歌备。'"郑玄注曰："备，亦成也。"贾公彦疏曰："案《周礼·乐师》职云：'凡乐成则告备'，故云亦成也。"②即某向某报告说：规定的乐歌都已演奏完毕。仅单凭此，本铭告备似亦可属上。但是，"咸桒"已经是礼成之言，此又告成，岂不重复！况且此"咸桒"之后若有告备的话，那为什么下一个"咸桒"之后则没有告备呢？把该句之前诸句都看作准备工作，说成是"王将举行桒祭礼，辟雍之舟靠临船坞。桒祭礼准备好后，伯唐父向周王报告准备完毕"③，是不恰当的。"王桒"，明明是说王已经开始行礼了，至"咸桒"，分明又是说第一次桒祭已经结束了，可见这段话的意思无论如何，都绝不可能是桒礼准备好了。因此，属上读显然是不对的。我们认为该句应属下，为第二次桒祭的第一个仪节。征诸文献，告备也确是行礼的第一个仪节。如上引《仪礼·乡射礼》、《大射》、《聘礼》、《燕礼》、《礼记·投壶》之司射、宰或射人告具。又《礼记·月令》中说，季春之月，"命舟牧覆舟，五覆，五反，乃告舟备具于天子焉，天子始乘舟"④。所记告备、乘舟等情况及先后仪节与本铭可谓密合。伯唐父之角色或即舟牧。有学者据《周礼·春官·小宗伯》"掌四时祭祀之序事与其礼……祭之日，逆齍，省镬，告时于王，告备于王"、贾公彦疏云"其告时告备是其专职耳"，认为："伯唐父于禚祭时向王告备，可能其职务即小宗伯之类。"⑤亦通。古时礼官之名称往往随礼仪进程而有变化，如《仪礼·乡射礼》的"作相为司正"，"司正为司马"，就是命相改做司正，又让司正兼任司马。"司正本为饮酒礼之旅酬而设，现在未旅酬而先行射礼，故即以司正充任司马，以主持射礼。"射毕"司马反为司正"，又回任他原来的司正之职。《大射仪》的司射也是由准备阶段的射人充任的。⑥又如《仪礼·燕礼》于旅酬之后云："若射，则大射正为司射。"⑦由是推之伯唐父身兼小宗伯、舟牧之职也是可能的。

"王各，乘辟舟。""各"，典籍多作格，义为来到，至。《尔雅·释诂》："格，至也。"徐灏《说文解字注笺》亦曰："格，训为至。"或有学者释名，读为命。⑧当为字形相近且字迹漫患不清所致误。"乘"，坐；登。句意是：王到达，登上辟舟。

---

① （清）阮元校刻：《十三经注疏·仪礼注疏》，中华书局，1980年，第1046页。
② （清）阮元校刻：《十三经注疏·仪礼注疏》，中华书局，1980年，第996、1021页。
③ 刘雨：《近出殷周金文综述》，《故宫博物院院刊》2002年第3期。
④ （清）阮元校刻：《十三经注疏·礼记正义》，中华书局，1980年，第1363页。
⑤ 刘雨：《伯唐父鼎的铭文与时代》，《考古》1990年第8期。
⑥ 杨天宇：《仪礼译注》，上海古籍出版社，2004年新1版，第100页、102页及注[1]、126页、186页注[1]。
⑦ （清）阮元校刻：《十三经注疏·仪礼注疏》，中华书局，1980年，第1022页。
⑧ 张政烺：《伯唐父鼎、孟员鼎、甗铭文释文》，《考古》1989年第6期。

“临桒白旂。”临、桒字义同上。句意是：王亲临袚祭白旗。因此前铭文已言王乘辟舟，故这次桒祭应是在舟上行祭的。同时也说明，辟舟上建有白旂，周王在射牲前要向白旂致祭。

“用射绎、𤔲虎、貉、白鹿、白狼于辟池。”由下句“咸桒”，便可确知该句为桒祭中的射牲礼仪。“用射”，可能是一种古文句式，殷商甲骨文有“子叀用丙吉弓射”（《花东》149）、“叀丙弓用射”、“叀疾弓用射萑”（《花东》37）。《周礼·夏官·司弓矢》：“掌六弓、四弩、八矢之法，辨其名物，而掌其守藏，与其出入……凡祭祀，共射牲之弓矢。”杨天宇注曰：“谓凡内外大祭祀，天子都要亲自射牲，故需供弓矢。”[①]知行射的对象与行射者不同，所使用的弓矢也不一样。因此本铭的“用射”当为“王用射牲之弓矢射”之省。“用”，也可能作连词，意为“因而”。子黄尊铭“用王赏子黄瓒一、贝百朋”，大盂鼎铭“盂用对王休”，𫹉簋铭“用配皇天”，王辉先生俱注曰：“用，连词，因而。”[②]由于袚祭白旗，因而王亲射牺牲。以上两种解释似乎都可通。

“绎”，本指牵牛绳，《周礼·地官·封人》：“凡祭祀饰其牛牲，设其楅衡，置其绎。”郑玄注曰：“绎，著牛鼻绳，所以牵牛者。”[③]此为牛牲的代称。按西周金文中桒祭也确有用牛作牺牲的，如矢令方彝铭：“明公易亢师鬯、金、小牛，曰：用禖。易令鬯、金、小牛，曰：用禖。”（《集成》09901）该字最初释兕，认为即白兕[④]，后来学者多释为绎[⑤]，此从后者说。

“𤔲虎”，指带有斑纹的虎。有学者把𤔲字析出，并据《说文·攴部》“𤔲，坼也”认为该字在此有分置之义。[⑥]不确。商甲骨卜辞有“王田于鸡录，隻大𩁹虎”（雕纹虎骨，《合集》37848），知商周时代人们对虎确有进一步的分类。

“白鹿、白狼。”古人多谓殷人尚白，牲用白；周人尚赤，牲用骍。但本铭说明周人也继承了商人用白牲祭祀的传统。《国语·周语》和《史记·周本纪》都有穆王征犬戎，“得四白狼四白鹿以归”的记载。[⑦]有学者据此认为：“盖彼时白狼白鹿为名贵的野牲，为穆王所钟爱。伯唐父鼎是穆王早期器，果然也有王射白狼白鹿的记载，这也许并非巧合。”[⑧]我们认为由于白色牺牲，在商人心目中是珍贵的

① 杨天宇：《周礼译注》，上海古籍出版社，2004年，第461~463页及注[1]。

② 王辉：《商周金文》子黄尊，大盂鼎，𫹉簋，文物出版社，2006年，第26页及注[5]、66页及注[35]、206页及注[4]。

③（清）阮元校刻：《十三经注疏·周礼注疏》，中华书局，1980年，第720页。

④ 中国社会科学院考古研究所沣西发掘队：《长安张家坡M183西周洞室墓发掘简报》，张政烺：《伯唐父鼎、孟员鼎、甗铭文释文》，均载《考古》1989年第6期。

⑤ 刘雨：《伯唐父鼎的铭文与时代》，《考古》1990年第8期，《近出殷周金文综述》，《故宫博物院院刊》2002年第3期；刘桓：《也谈伯唐父鼎铭文的释读》，《文博》1996年第 6期。

⑥ 张政烺：《伯唐父鼎、孟员鼎、甗铭文释文》，《考古》1989年第6期。

⑦ 李维琦点校：《国语·战国策》，岳麓书社，2006年第2版，第4页；（汉）司马迁撰，（宋）裴骃集解，（唐）司马贞索隐，张守节正义：《史记》，中华书局，1982年第2 版，第136页。

⑧ 刘雨：《近出殷周金文综述》，《故宫博物院院刊》2002年第3期。

野牲，周王把这些珍贵的野牲也用来祭祀神灵，只是表示虔敬而已。这种巧合并没有时代上的意义与必然联系，本铭是昭王时事，与文献所记不是同时事。

“辟池”，即“辟雍之池”的省称，《史记·封禅书》：“沣、滈有昭明、天子辟池。”司马贞索隐云：“今谓天子辟池，即周天子辟雍之地。”[①]是司马迁时尚知有“辟池”之称。由于辟雍是建在高丘上的，其周雍之以水，这个环旋辟雍的水池就称辟池。金文亦称“大池”（静簋，《集成》04273；遹簋，《集成》04207），文献则称为“泽”。[②]由射牲于辟池的记述，说明射牲祭祀的对象是辟池。司马贞索隐又云：“顾氏以为璧池即滈池，所谓‘华阴平舒道逢使者，持璧以遗滈池君’，故曰璧池。”[③]对辟池之由来作如是解释虽然荒唐，但持璧以遗滈池君，即用玉璧祭祀滈池当应可信。本铭射牲祭祀的神灵则是辟池的水神。此种水路祓祭与陆地祓除路途之不祥的祭祀礼仪相类，其性质与目的都是一样的。

“王蔑历。”“蔑历”，近似于“勉励”一语，有嘉奖功劳、赞美业绩之意。句意为王勉励伯唐父。伯唐父因在王行祓祭之礼中履行职责有功，故受到王的称赞与嘉奖。

“赐秬一卣。”“秬”，今字作秬。《说文·鬯部》云：“秬，黑黍也。一稃二米以酿。从鬯，矩声。”段玉裁注：“《生民》曰：‘诞降嘉谷，维秬维秠。’毛曰：‘秬，黑黍也。秠，一稃二米也。’《禾部》：‘稃，穡也。秠，一稃二米，天赐后稷之嘉谷也。’是则黑黍名秬，自其一稃二米言之则谓之秠，以酿酒是曰秬酿，经典曰秬鬯，故其字从鬯也。”又云：“秬，秬或从禾。”段玉裁注：“今经典字皆如此作。” 秬在这里当是“秬鬯”之借笔合文，即秬字所从的鬯旁，借用了下文的鬯字。这种相邻两字借笔偏旁、部首或笔画的情况在金文中并不乏其例。[④]秬鬯，

① （汉）司马迁撰，（宋）裴骃集解，（唐）司马贞索隐，张守节正义：《史记》，中华书局，1982年第2版，第1375页及注[八]。

② 如《礼记·射义》“习射于泽”（（清）阮元校刻：《十三经注疏·礼记正义》，中华书局，1980年，第1689页）；《仪礼·乡射礼》郑玄注引伏生《尚书大传》“取余获陈于泽”（（清）阮元校刻：《十三经注疏·仪礼注疏》，中华书局，1980年，第1011页）。

③ （汉）司马迁撰，（宋）裴骃集解，（唐）司马贞索隐，张守节正义：《史记》，中华书局，1982年第2版，第1376页注[八]。

④ 如噩侯驭方鼎铭“马四匹”之“四匹”（《集成》02810），即为上头三横，其下与匹字互相借用一横画。吴镇烽先生就曾指出：史密簋铭的“二月二字系借笔合文……西周金文中此类合文很多，麦鼎、乖伯簋的二月均与此同……这些合文中的百、月、匹、朋等字的首笔均作一横，和数字的末一笔互相借用”（吴振烽：《史密簋铭文考释》，《考古与文物》1989年第3期；又见王辉：《商周金文》史密簋，文物出版社，2006年，第197页注解[1]引）。当然，该字在这里也可以理解为秬鬯之省。虢季子白盘铭“赐用弓，彤矢其央”即是其旁证。杨树达先生说：“余按《书·文侯之命》云：‘用赉尔秬鬯一卣、彤弓一、彤矢百。’僖公二十八年《左传》云：‘内史叔兴父策命晋侯为侯伯，赐之大辂之服、戎辂之服、彤弓一，彤矢百。’皆以彤弓彤矢并赐。金文伯晨鼎所记赐物亦云彤弓彤矢，独此铭记彤矢，而弓则但言弓，不言彤弓者，疑彤弓之彤，因下彤矢而省也。”（杨树达：《积微居金文说》（增订本），中华书局，1997年，第129页）同理，《诗·大雅·江汉》云“釐尔圭瓒，秬鬯一卣”（（清）阮元校刻：《十三经注疏·毛诗正义》，中华书局，1980年，第574页），《尚书·洛诰》云：“予以秬鬯二卣”，又《文侯之命》云“用赉尔秬鬯一卣”（（清）阮元校刻：《十三经注疏·尚书正义》，中华书局，1980年，第216、254页），金文录伯䟒簋铭“余易女秬鬯卣”（《集成》04302），师訇簋铭“赐女秬鬯一卣”（《集成》04342），皆秬（秬）鬯连言，而本铭则但言秬，不言秬鬯者，盖因秬字从鬯旁而省之故。有学者把秬字一分为矩鬯二字（刘雨：《伯唐父鼎的铭文与时代》，《考古》1990年第8期；刘桓：《也谈伯唐父鼎铭文的释读》，《文博》1996年第6期）。似亦非铭文原意，按矩字有矩尺、法度、刻识诸义，于本句皆不适宜，扞格不入，故此释不确甚明，当未区分古今字所致。

亦可单称鬯，是用黑黍酿造的酒，用于祭祀。《说文·鬯部》："鬯，以鬰酿鬱草，芬芳攸服，以降神也。""卣"，专用于盛秬鬯之酒器，铭中用为量词，鬰一卣，即一卣秬鬯酒。

综上考释，本铭大意是说：乙卯这天，周王在莽京举行祼祭。周王祓祭辟池之舟，亲临祓祭舟龙，祓祭辟舟、舟龙的礼仪完毕。伯唐父向周王报告船体完好，船只准备就绪，周王到达，登上辟池之舟，王亲临祓祭白旗，在辟雍大池行射牲礼，用射牲之弓矢射牛牲和斑纹虎、貉、白鹿、白狼等野牲，祓祭白旗、射牲的礼仪完成。周王称赞并嘉奖伯唐父，赐给他一卣秬鬯酒、二十朋贝。伯唐父答扬周王的休美，因而用来作了这件祭奠先辈某公的宝器。

（三）伯唐父鼎有关问题的探讨与总结

桒祭之礼虽屡见于殷墟卜辞、周原卜骨和西周金文，但皆语焉不详。伯唐父鼎铭文的可贵之处就在于它除了记录周王在莽京举行䨻祭礼外，还比较详细地记述了周王在辟池举行桒祭礼的过程与仪节，同时也记述了耐人寻味的桒祭对象和射牲地点，很有必要作进一步的思考与总结。

1. 伯唐父鼎铭文所记祭祀事件与过程

伯唐父鼎铭文所记史事是祭礼，学界并无歧义，但对周王举行了几项祭祀、过程怎样，却有不同看法。而对伯唐父鼎铭文所记祭祀的不同理解，则直接影响着对该铭文的断读、层次划分与释义。如何理解铭文所记的祭祀与过程才不悖于铭文原意，这是该篇铭文中最值得探讨的一个问题。

从句读情况看，张政烺先生把铭文分成了两段，首段记乙卯日王䨻莽京的活动过程：桒辟舟，告备，桒白旂，分置动物。后段记赏赐和作器。[1]所释多有可商榷之处。刘雨先生把"铭文分三段，首段记时，指明事情发生于王在莽京举行䨻祭之年的乙卯日。次段记王行禬祭礼的过程：王将举行禬祭礼，辟舟靠临舟龙。禬祭都准备完毕后，由伯唐父报告准备就绪。王到达，乘上辟舟，于白旗下亲临禬祭。于辟池中射牲，射牛牲及虎、貉、鹿、狼等野牲。末段记赏赐和作器：禬礼完毕之后，王勉励作器者伯唐父，赏赐他浸了香草的醴酒一卣、货贝二十朋。伯唐父答扬周王的美意，作了这件祭奠其先人某公的礼器"。在他看来，䨻祭与乙卯日并无关联，与桒祭也是各不相涉的两件事。铭文主要记述了王行桒祭礼的过程，"告备"、"乘舟"、"临禬白旗"、"射牲于辟池"等仪节则是第一次揭示出此一祭礼的大致过程。[2]史事失之更多。铭文明明是先记乙卯日王䨻莽京，以下则述王行桒祭之事。然此释不仅䨻祭、桒辟舟均化为乌有，而且在具体的程序仪节上，

① 详见张政烺：《伯唐父鼎、孟员鼎、甗铭文释文》，《考古》1989年第6期。
② 刘雨：《伯唐父鼎的铭文与时代》，《考古》1990年第8期。

把伯唐父告备之前的铭文内容都视为准备工作，也差之甚远，全然不顾上一“咸桒”与下文“咸桒”之义完全相同，以及王乘舟之前有告备礼仪之事实。刘桓先生也把铭文分为两段，首段记餈祭的过程：桒辟舟，桒白旗，射牲。后段记赏赐与作器。他认为餈祭与下文的桒祭乃是同日举行的祭祀，是一次祭祀的过程。如若将二者断然分割开来，餈祭是餈祭，桒祭是桒祭，则何以铭文于餈祭只记一句便再也不提，祭祀情况全无交代，就记另一祭祀过程，如此上下不连属的行文，不合常理。不要把餈祭过程想得过于简单，周王所行的餈祭作为一次大型的祭祀，自应包括丰富的内涵，“在具体行祭中往往因时因地而设一些节目，以表达祭祀的目的或愿望，不同的‘祭名’因之出现，这并不影响其总祭名称为餈祭”。“伯唐父鼎的餈祭与桒祭并非并列关系，而应是后者从属于前者的关系。”“桒祭的这两个步骤，实为餈祭的主要过程。”[①]这实际上就是说餈是具有广泛意义的祭祀名称，而不是具体的某一种祭祀的专名。若此则麦方尊的肜祭就不好解释，铭文中只有餈而无其他祭名的小臣静簋铭“惟十又三月王餈葊京”[②]和高卣铭“王初餈旁”（《集成》05431）也不好解释了。这就把不同的事件给混在了一起，而且无论是大的过程或是具体的仪节都有混淆。至于何以铭文于餈祭只记一句便再也不提了，殆因作器者伯唐父只参加了桒祭，而未参加餈祭。

以上所述，或说是餈祭，或说是祼祭，但都认为是一件祭事。我们既然觉得各家之断读于事件仪程上都有或多或少的误失，那就需要对此作进一步的斟酌。从前边我们的断读与考释可以看出，全铭大体可分为两段，首段记乙卯日这一天王行祭礼的过程：餈祭，具体程序与仪节铭文未说；桒祭，其程序是桒辟舟，具体仪节是桒辟舟、亲临桒舟龙。桒白旂，具体仪节是告备、王乘舟、桒白旂。射牲，先射牛牲，次射虎、貉、鹿、狼等野牲。后段记赏赐与作器。铭文记录了餈祭与桒祭两件祭事。餈祭的地点在葊京，祭祀的对象是宗庙。桒祭的地点在辟池，第一次桒祭的对象为辟舟、舟龙，应是在岸上面对辟池里的舟船行祭的。第二次桒祭的对象为白旂，则是在所乘的舟上行祭的。射牲的地点在辟池，当为桒祭辟池的水神而射。我们认为这样理解，似更符合铭文原意。

2. 伯唐父鼎铭文所记之射牲礼及行射方法

从伯唐父鼎铭文及上述考释来看，周王射牛、虎、貉、鹿、狼为桒祭中的射牲礼，是比较明确的。《左传》襄公三十年曰：“丰卷将祭，请田焉。（子产）弗许，曰：‘唯君用鲜，众给而已。’”[③]本铭说明周代祭祀仍保留着用田猎而获得祭品的

① 刘桓：《也谈伯唐父鼎铭文的释读》，《文博》1996年第6期。
② 唐兰：《西周青铜器铭文分代史征》，中华书局，1986年，第362页。
③ （清）阮元校刻：《十三经注疏·春秋左传正义》，中华书局，1980年，第2014页。

习惯做法。《国语·楚语下》观射父说："天子禘郊之事，必自射其牲。"①本铭表明周天子行桒祭之礼也亲射牛牲与野牲。周王所射的𤝔虎、白鹿、白狼都是珍稀动物，不可能是当时田猎所获得，也不一定是周王亲手猎获，而应是四方贡献后畜养在辟雍苑囿里的。按照礼法与传统，这些野兽在被供献给神灵之前必须由周王亲手射杀之。其射牲数量就铭文自身无法确知，但从用牲种类可知数量一定不少，桒祭礼的规模应是比较大的。

伯唐父鼎铭的射牲礼与《礼记·射义》"天子将祭，必先习射于泽"②，《周礼·夏官·司弓矢》"泽，共射椹质之弓矢"③，《尚书大传》"已祭，取余获陈于泽，然后卿大夫相与射"④之"泽射"的性质不同，前者是将祭之习射，中者是择士之射，后者是已祭之射余获，王并不参加。而本铭则是桒祭正在进行时，它既不属于习射，也看不出它与择士或射余获有关。况且白色野兽向来被视为珍贵牺牲，也不可能轻易作为余获来让卿大夫相与射的。因此把伯唐父鼎铭记录的射牲礼说成"是典型的'天子将祭，取余获陈于泽'的射牲之仪"⑤是不确切的。这种说法不仅把《礼记·射义》和《尚书大传》两种文献的记载混在了一起，而且不符合伯唐父鼎铭文的实际情况。伯唐父鼎铭的射牲礼与静簋铭（《集成》04273）的"泽射"也不同，因为簋铭之泽射与祭祀无关，它记录的是典型的"习射于泽"的习武之射。本铭的王乘辟舟行桒祭礼，与麦方尊铭的王乘于舟为大礼的情况颇为相同，说明二者的行礼过程都离不开乘舟。射牛牲和野牲虽然也与麦方尊铭的王射大䶮之礼仪有类似的地方，但其性质则未必相同，因为射大䶮不一定是射牲。可见，在辟雍大池举行的泽射，有习武之射、待宾之射、射牲之礼与射余获，西周金文所记之泽射与文献记载的泽射也有着较大的差别，所以不能一概而论，混为一谈。

关于伯唐父鼎铭文所记射牲礼的行射方法，颇令人费解。有学者认为："文献中所谓'泽射'，与伯唐父鼎之射牲于辟池不必为一事，但说明古代确有这种礼仪，即将牲物置于泽或池中而射之。"⑥还有的学者沿着这一思路又作了进一步的推测，认为在辟雍大池举行射牲礼，是把拟用作祭祀牺牲的动物捆绑在船上，以保证王能射中。如胡新生先生说："周天子射击禽兽都带有象征意义。伯唐父鼎所记射礼，是将兕、虎、貉、白鹿、白狐等野兽置于辟池以供周王射击。这些事前捕获的野

① 李维琦点校：《国语·战国策》，岳麓书社，2006年第2版，第138页。

② （清）阮元校刻：《十三经注疏·礼记正义》，中华书局，1980年，第1689页。

③ （清）阮元校刻：《十三经注疏·周礼注疏》，中华书局，1980年，第856页；刘雨先生认为原文恐有误，依"大射"、"燕射"之例改为"泽射共椹质之弓矢"（详见刘雨：《伯唐父鼎的铭文与时代》，《考古》1990年第8期）。不妥。这不仅有上句的"凡祭祀，共射牲之弓矢"可为佐证，而且若改此则"共椹质之弓矢"就无法解释通顺，故这里仍从原文。

④ （汉）伏生：《尚书大传》卷五，（清）陈寿祺：《尚书大传辑校》，（清）王先谦编：《清经解续编》，上海书店，1988年。

⑤ 胡新生：《西周时期三类不同性质的射礼及其演变》，《文史哲》2003年第1期。

⑥ 刘雨：《伯唐父鼎的铭文与时代》，《考古》1990年第8期。

兽似乎是被固定在另外的船只上，周王乘辟舟射击这些目标能保证箭无虚发，全部擒获。这种射击既不是真正的狩猎，也不像是射术训练，因为练习射术没有必要将那些凶猛、珍稀的野兽一一摆在辟池中当靶子。”①然作此种推测应该首先明白，由射牲的性质可知周王所射的这些动物都是活体，尽管王亲射牲“带有象征意义”，但要把它们固定在船上，或“将牲物置于泽或池中而射之”，确是一件困难的事情，而且我们也很难找出这样做的一个合适理由。西周时期莽京一带为皇家的百里苑囿区，是“域养禽兽”②尤其是珍稀动物的地方。动物离不开池水沼泽，辟雍是莽京苑囿区的一部分，有大池，大池之中有丘地，也是适宜鸟兽生存的栖息地，所以西周时期也把学宫贵族子弟的一些习射活动安排在大池中进行（详见静簋，《集成》04273），以提高他们的实射技能。我们认为西周时期辟雍建筑是很简单的，其周围应是大面积的空地。本铭可能是把牛、虎、貉、鹿、狼等动物放生到辟雍大池之中的丘地上的，举行射牲礼时，王乘船在大池中围绕丘地划行，寻找目标，伺机行射。《史记·封禅书》集解韦昭曰：“水外四周圆如辟雍，盖以节观者也。”③这样行射也确实能起到节观者的效果。当然，也可能是把这些动物驱赶到岸边坡地上，行射时，王乘船在大池中航行，寻找目标，向岸上的动物行射。因为人在池中一般是不会惊扰岸上的动物，同时亦可环池向周围岸上的目标发射。但后者只是在“节观者”上不如前者更具有实际效果而已。

3. 伯唐父鼎随葬于他人墓葬的原因

张家坡 M183 西周洞室墓出土有铭铜器五件，其中两件为孟员作器，一件为孟狌父作器，一件为伯唐父作器。还有一件有“父己”二字，作器者不能确指，其时代也略早于上述诸器。张政烺先生指出，孟是氏名，孟狌父是孟氏一族之长，孟员则是其子弟。④孟员鼎与甗同铭，记述孟狌父赏赐给孟员贝十朋。依此，发掘者认为“墓主人当为孟员。目前，还没有确实的资料来说明孟狌父、孟员家族与伯唐父之间的关系”⑤。西周早期铸有大射礼铭文的柞伯簋是随葬在同姓应国墓地 M242 墓中的，我们曾认为胙应关系密切，当是柞伯作为礼物赠送给 M242 墓主人的。铸有射牲礼铭文的伯唐父鼎和柞伯簋一样也是随葬到了别人的墓中，这一情况到底是由赠送、征伐缴获或是其他原因造成的，也应作进一步的分析。按古代贵族死后，其他贵族有赙赗丧葬用品的礼俗，如曾侯乙墓就有鲁阳君、宋司城赙赠的车马⑥。但伯唐父鼎的时代不仅早于墓葬年代，也略早于孟员鼎，而且从腹底

① 胡新生：《西周时期三类不同性质的射礼及其演变》，《文史哲》2003 年第 1 期。

② 《诗·大雅·灵台》毛亨传，（清）阮元校刻：《十三经注疏·毛诗正义》，中华书局，1980 年，第 525 页。

③ （汉）司马迁撰，（宋）裴骃集解，（唐）司马贞索隐，张守节正义：《史记》，中华书局，1980 年第 2 版，第 1357 页注[一]。

④ 张政烺：《伯唐父鼎、孟员鼎、甗铭文释文》，《考古》1989 年第 6 期。

⑤ 中国社会科学院考古研究所沣西发掘队：《长安张家坡 M183 西周洞室墓发掘简报》，《考古》1989 年第 6 期。

⑥ 随县擂鼓墩一号墓考古发掘队：《湖北随县曾侯乙墓发掘简报》，《文物》1979 年第 7 期；裘锡圭：《谈谈随县曾侯乙墓的文字资料》，《文物》1979 年第 7 期。

有烟炱看，此当为实用器，作为礼品赠送的可能性不大。这就需要对礼品之外的可能性进行思考了。M183 墓主人骨架保存较好，经鉴定为 25~30 岁的男性青年。从随葬的二鼎一簋，一甗一爵等铜器和放在棺盖上的漆盾、戈、矛等兵器和大量车马饰物看，该男子生前应是一位武士。张家坡出土的窖藏青铜器群中有三件孟簋[①]，铭文记述孟的父亲曾跟随毛公、遣仲东征，有功而阵亡，孟代替亡父受赐。孟簋诸器时代和孟狴父簋、孟员鼎、甗时代相近，一为墓葬、一为窖藏，二者相距咫尺，应该都是孟氏家族的铜器。若此则说明孟员出身于行伍家族。传世的员组铜器有卣、尊、鼎、壶、盉、觯等，其中员卣铭文记述员曾跟随史旟征伐东夷郐国并俘金，员鼎铭文记述员曾随从周王巡狩。唐兰先生将员组铜器定在昭王时期。[②]二者的生活年代与身份事迹相同，当为一人。由此推测，伯唐父鼎很有可能是 M183 的墓主人孟员生前在征战中得到的。

三、西周金文中的燕射礼

燕射礼是天子、诸侯、卿大夫、士在行燕礼之后举行的射礼，它包括天子在与诸侯、群臣行燕礼的燕息之射，诸侯闲暇时与其卿大夫们的燕息之射，卿大夫、士平时行燕礼的宴饮之射。《礼记·射义》孔颖达正义曰：“燕射，谓息燕而与之射。”[③]陈梦家先生也说：“息燕或燕射乃是与群臣饮酒而射。”[④]李学勤先生更详解说：“燕射，天子、诸侯燕其臣子或四方之宾，大夫、士燕其宾客，因而行射。”[⑤]记载燕射礼的西周金文有令鼎、鄂侯驭方鼎两篇铭文。

（一）令鼎与燕射礼

1. 令鼎的年代

令鼎，又名大蒐鼎、耤田鼎、谌田鼎（彩图 9）。关于它的年代，唐兰先生定为昭王之世[⑥]，《集成》定为西周早期。[⑦]从铭文来看，布局排列较为规整，不仅竖成行，而且横也成排。但仍有个别行因某个字笔画较多而字数与字的大小未能一律，如奋字侵到了下一排，学字分上下两部分各占一排，这就在总体较齐整的情况下显出个别的不齐整。字体结构方面，如家字所从的“宀”头两边斜行方折，斜行较平，无锐顶与耸肩。于字作“于”形，而不再作繁体。这些都是康、昭王时期铜器铭文的特点。字形规整、拘谨，多数字笔画均匀，右边捺笔波磔不明显，

① 中国科学院考古研究所：《长安张家坡西周铜器群》，文物出版社，1965 年。
② 唐兰：《论周昭王时代的青铜器铭刻》，《古文字研究》第 2 辑，中华书局，1981 年。
③ （清）阮元校刻：《十三经注疏·礼记正义》，中华书局，1980 年，第 1688 页。
④ 陈梦家：《西周铜器断代》鄂侯驭方鼎，中华书局，2004 年，第 218 页。
⑤ 李学勤：《柞伯簋铭考释》，《文物》1998 年第 11 期。
⑥ 唐兰：《西周青铜器铭文分代史征》令鼎，中华书局，1986 年，第 230 页。
⑦ 中国社会科学院考古研究所编：《殷周金文集成》（修订增补本），中华书局，2007 年，第 1678 页。

但仍有一些字点画上作粗肥笔，如王字下一横。部分笔画仍作中间粗两头尖形，如十字、氏字的下一笔。表现人体的偏旁如令、卿、頒字的卩、页旁等，腿部向下延伸而不再作跪跽状。这种铭文形式则是昭王时期出现的。而其字顶上的两笔向两边斜杀，则为西周中期字体结构的常见特点。因此综合各方面的因素，把令鼎的年代定在昭王时期是比较合适的。

2. 令鼎铭文考释

令鼎铭文共8行70字（《集成》02803），释文如下：

王大耤（藉）农于諆田，饧（觞），王

射，有嗣（司）眔师氏、小子卿（佮）

射。王归自諆田，王驭，溓（濂）

中（仲）廙（仆），令眔奋先马走。王

曰："令眔奋，乃克至，余

其舍（捨）女（汝）臣十家。"王至于

溓（濂）宫，䧹（拒）。令捧（拜）頴（稽）首，曰："小

子廼学。"令对扬王休。

"王大耤农于諆田。""耤"，古藉字，经典多作藉，而古籍中藉、籍两字则互通用。其本义为耕，即躬亲耕作的意思。甲骨文中就有"耤"字（《合集》8；9506），正像一个人执耒蹈着耕作的样子。《后汉书·明帝纪》四年二月诏曰："朕亲耕藉田，以祈农事。"李贤注引《五经要义》说："藉，蹈也。言亲自蹈履于田而耕之。"又《礼仪志》刘昭注引《月令》卢植注说："藉，耕也。"①《汉书·文帝纪》颜师古注引臣瓒说："本以躬亲为义，不得以假借为称也。藉谓蹈藉也。"②演变义为借，即借民力耕作的意思。《说文·耒部》："耤，帝耤千亩也。古者使民如借，故谓之耤。"《诗·周颂·载芟序》："春籍田而祈社稷也。"毛亨传曰："籍之言借也，借民力治之，故谓之籍田。"③《周礼·天官·甸师》："掌帅其属而耕耨王耤。"郑玄也注曰："藉之言借也。"④《汉书·文帝纪》前二年诏："夫农，天下之本也，其开藉田，朕亲率耕，以给宗庙粢盛。"颜师古注引韦昭曰："藉，借也，借民力以治之，以奉宗庙，且以劝率天下，使务农也。"⑤"农"，义为耕种，《国语·周语上》"夫民之大事在农"即此义。⑥《说文·晨部》："农，耕也。"段玉裁注曰："《食货志》、《四民·有业》：'辟土植谷曰农。'"句意直言之则为周王亲率耕种于諆田。

① （南朝宋）范晔撰，（唐）李贤等注：《后汉书》，中华书局，1965年，第107页及注[一]、3106页注[一]。
② （汉）班固撰，（唐）颜师古注：《汉书》，中华书局，1962年，第117页注[一]。
③ （清）阮元校刻：《十三经注疏·毛诗正义》，中华书局，1980年，第601页。
④ （清）阮元校刻：《十三经注疏·周礼注疏》，中华书局，1980年，第663页。
⑤ （汉）班固撰，（唐）颜师古注：《汉书》，中华书局，1962年，第117页及注[一]。
⑥ 李维琦点校：《国语·战国策》，岳麓书社，2006年第2版，第5页。

王亲耕农田，以奉祀宗庙，也寓有劝农之意。这种由周王带领臣下亲率耕种并由官员监督庶人集体耕作的藉农大典就是藉礼，本句实即周王在諆田举行藉田礼。藉农之言大者，是因为它是这次礼仪活动的正礼，以下的王射、先马走则都是在行藉礼的过程中因时因地而设的一些临时性节目。西周时期凡专门筹备举行的由王亲自参加或主持的礼典则往往称之为大，而隶属于其下的各种礼仪则盖不冠以大字。本铭又是一例证。

"饧。"单字为句。过去学者多连上句，读为场，把"諆田场"一并作为王行藉礼的地点。[①]唐兰先生读为饧，指日西而食的昼食中午饭，意为午后，把它作为王射的时间。[②]似皆有不妥，均是未仔细斟酌有关礼仪所致。杨树达先生读为觞，并与噩侯驭方鼎铭相比较，认为"此铭之饧即彼铭之宴也"，都是射前之觞宴，即把觞宴作为射礼的第一个仪节。[③]马承源先生同其说[④]，王龙正先生也从其说，并明言"首句与射礼无关"[⑤]。杨宽先生虽赞同杨树达之字释，但认为觞"就是指'籍礼'完毕后的宴会"[⑥]，即把宴饮作为藉礼的最后一个仪节，但无说解。我们认为该字读觞是正确的，其实觞既是藉礼末了的最后一个仪节，同时它又是射礼行射前的第一个仪节，这从觞字字义及文献所记藉礼与射礼之仪节即可明白。按觞，本为饮酒器，《玉篇•角部》："觞，饮器也。"《韩非子•十过》："平公提觞而起为师旷寿。"[⑦]引申为向人敬酒或自饮，《左传》襄公二十三年："（胥午）许诺，伏之而觞曲沃人。"[⑧]《礼记•投壶》："请行觞。"[⑨]《仪礼•聘礼》："释币于门，乃至于祢，筵几于室，荐脯醢，觞酒陈。"杨天宇注曰："觞，是爵一类的饮酒器，在此是酌酒的意思。这是主人（即使者）向祢神一献酒；总凡三献酒。"[⑩]范成大《九月三日宿胥口始闻雁》诗："把酒不能觞。"[⑪]又指用酒食款待人，《吕氏春秋•达郁》："管仲觞桓公。"高诱注云："觞，飨也。"[⑫]本铭即为飨义，亦即举行宴飨礼，用酒食款待人。

关于西周时期藉礼的仪式与礼节，史籍记载最为详细的是《国语•周语上》虢文公劝谏周宣王"不籍千亩"时所讲的一段话，他说："先时九日，太史告稷曰：

---

① 郭沫若：《两周金文辞大系图录考释》，科学出版社，1957年，第30~31页。
② 唐兰：《西周青铜器铭文分代史征》令鼎，中华书局，1986年，第231页意译及233页注3。
③ 杨树达：《积微居金文说》（增订本）令鼎跋，中华书局，1997年，第1页。
④ 马承源主编：《商周青铜器铭文选》令鼎，文物出版社，1986年。
⑤ 王龙正：《令鼎与射礼中的车战》，《黄盛璋先生八秩华诞纪念文集》，中国教育文化出版社，2005年，第196~204页。
⑥ 杨宽：《"籍礼"新探》，《古史新探》，中华书局，1965年，第220页。
⑦ （战国）韩非著，（清）王先慎集解：《韩非子集解》，中华书局，2003年。
⑧ （清）阮元校刻：《十三经注疏•春秋左传正义》，中华书局，1980年，第1976页。
⑨ （清）阮元校刻：《十三经注疏•礼记正义》，中华书局，1980年，第1666页。
⑩ 杨天宇：《仪礼译注》，上海古籍出版社，2004年新1版，第253页及注②。
⑪ （宋）范成大：《范石湖集》，上海古籍出版社，1981年新1版。
⑫ （战国）吕不韦著，陈奇猷校释：《吕氏春秋新校释》，上海古籍出版社，2002年，第1383页及注[三一]。

'自今至于初吉，阳气俱蒸，土膏其动。弗震弗渝，脉其满眚，谷乃不殖。'稷以告王曰：'史帅阳官以命我司事曰：距今九日，土其俱动，王其祇祓，监农不易。'王乃使司徒咸戒公卿、百吏、庶民，司空除坛于籍，命农大夫咸戒农用。先时五日，瞽告有协风至，王即斋宫，百官御事，各即其斋三日。王乃淳濯飨醴。及期，郁人荐鬯，牺人荐醴，王祼鬯飨醴，乃行，百吏、庶民毕从。及籍，后稷监之，膳夫、农正陈籍礼，太史赞王，王敬从之。王耕一坺，班三之，庶民终于千亩。其后稷省功，太史监之；司徒省民，太师监之；毕，宰夫陈飨，膳宰监之。膳夫赞王，王歆大牢，班尝之，庶人终食。"①由这段话可归纳出西周藉礼的五个仪节：①行藉礼前的准备。从立春前九天的告稷、告王、戒百官庶民、除坛、戒农用，到立春前五天的告协风至、斋戒三日、淳濯飨醴。②行祼祭飨献礼。到举行藉礼的日期，职官要先荐鬯醴，接着王行祭，然后百吏庶民从行。杨宽先生认为此节为举行"飨礼"，并把原文的"王祼鬯飨醴，乃行，百吏、庶民毕从"标点为"王祼鬯，飨醴乃行，百吏庶民毕从"②。恐有误，故未苟同其说。③行藉礼。到举行藉礼时，礼官各掌其职事，主要仪节是"王耕一坺，班三之，庶民终于千亩"。④职官督查耕种情况。当终于千亩时，有关职官要进行监督和检查，即省功、省民，监之。⑤行飨礼。藉礼礼毕后，要陈飨，举行飨礼。杨宽先生认为"飨礼"是一种高级的乡饮酒礼。③本铭与文献记载的这种"飨礼"之礼仪似不尽相同，其主要仪节是"王歆大牢，班尝之，庶人终食"。

关于春秋战国时期的藉礼，《礼记·月令》云，孟春之月，"天子乃以元日祈谷于上帝，乃择元辰，天子亲载耒耜，措之于参、保介之御间，帅三公九卿诸侯大夫躬耕帝籍。天子三推，三公五推，卿诸侯九推。反，执爵于大寝，三公九卿诸侯大夫皆御，命曰'劳酒'"。郑玄注曰："既耕而宴饮以劳群臣也。大寝，路寝。御，侍也。"④《吕氏春秋·孟春纪》所记略同："是月也，天子乃以元日祈谷于上帝。乃择元辰，天子亲载耒耜，措之参于保介之御间，率三公九卿诸侯大夫躬耕帝籍田，天子三推，三公五推，卿诸侯大夫九推。反，执爵于太寝，三公九卿诸侯大夫皆御，命曰'劳酒'。"高诱注曰："爵，饮爵。太寝，祖庙也。示归功于先祖，故于庙饮酒也。"又注曰："御致天子之命，劳群臣于太庙，饮之以酒。"⑤与《月令》稍异者，唯"帝籍"作"帝籍田"，"于参"作"参于"，"卿诸侯九推"作"卿诸侯大夫九推"。《月令》、《孟春纪》与《周语上》所记藉礼不同的是：

① 李维琦点校：《国语·战国策》，岳麓书社，2006年第2版，第5~6页。
② 杨宽：《"籍礼"新探》，《古史新探》，中华书局，1965年，第219页。
③ 杨宽：《"乡饮酒礼"与"飨礼"新探》，《古史新探》，中华书局，1965年，第294页。
④ （清）阮元校刻：《十三经注疏·礼记正义》，中华书局，1980年，第1356页。
⑤ （战国）吕不韦著，陈奇猷校释：《吕氏春秋新校释》，上海古籍出版社，2002年，第2页及注[三〇]、[三一]。

这里不是“王耕一坺，班三之”，而是“天子三推，三公五推，卿诸侯大夫九推”。藉礼礼毕的宴饮酒礼的地点，也不再是当场举行，而是回到太寝举行了。可见，西周、春秋、战国时期的藉礼，尽管参加藉礼者的身份与行礼礼数及宴饮地点有变化，但藉礼终了都有宴饮之礼的仪节次序则一直未变，只是举行地点由西周时的藉田现场变为春秋战国年间的太寝，名称由西周时的觞、飨食变为春秋战国年间的“劳洒”而已。因此，把本铭的觞作为藉礼的最后一个仪节是于史有征的。

当然，我们同时也要看到古人飨射二事往往相因，射礼在行射前也必有燕饮之仪节，文献对此记载得也很明确。《礼记・射义》曰：“古者诸侯之射也，必先行燕礼。卿大夫士之射也，必先行乡饮酒之礼。”[①]不仅“大射之初，先行燕礼”[②]，而且古之将行燕射，也要先为燕礼，“是燕射之法先行燕礼而后射也”[③]。“先行燕礼而射，即所谓燕射也。”[④]按礼书，《仪礼・燕礼》旅酬之后，“若射……如乡射之礼”[⑤]。此射以乐宾，因燕而有射也。又《乡射礼》、《大射仪》皆于宾主献酬之后行射，射后乡射、大射并有坐燕，而大射坐燕时或有复射。[⑥]此因射而有燕，燕时复有射也。个案，如《诗・小雅・宾之初筵》所记燕射礼[⑦]，正是“上文谓燕，此下说射”、“先行燕礼，后为燕射”的。[⑧]《诗・大雅・行苇》所记大射礼[⑨]，也是以周王与族人燕、而后行射为先后次序的。金文例有噩侯驭方鼎铭：“记王休宴而射，驭方与王会射。此铭记觞后王射，有司与师氏小子会射。两文情事相同。”“二铭少异者，此铭王觞群下，为君享其臣，彼铭噩侯纳醴于王，为臣宴其君而已。”“两铭所记，先觞宴而后射，与礼经次序符同。其事殆与《燕礼》射以为乐相近也。”[⑩]另外，还有长由盉铭记穆王飨醴后即邢伯、大祝射（《集成》09455）。这些个案与礼书所记相同，说明先行燕礼而后射乃是古代人们的通行做法。因此，把本铭的觞作为射礼的第一个仪节，于礼也是确有实据的。

我们既把觞作为藉礼的最后一个仪节，同时又把它作为射礼的第一个仪节。这种观点与旧说相比有什么不同呢？若把觞仅仅作为藉礼的最后一个仪节，或把

---

① （清）阮元校刻：《十三经注疏・礼记正义》，中华书局，1980 年，第 1686 页。
② 《诗・小雅・宾之初筵序》孔颖达疏述郑玄笺语，（清）阮元校刻：《十三经注疏・毛诗正义》，中华书局，1980 年，第 484 页。
③ 《诗・小雅・宾之初筵序》孔颖达疏述毛亨传语，（清）阮元校刻：《十三经注疏・毛诗正义》，中华书局，1980 年，第 484 页。
④ 杨天宇：《周礼译注》，上海古籍出版社，2004 年，第 660 页注[6]引孙诒让语。
⑤ （清）阮元校刻：《十三经注疏・仪礼注疏》，中华书局，1980 年，第 1022 页。
⑥ 详见（清）阮元校刻：《十三经注疏・仪礼注疏》，中华书局，1980 年，第 993~997、1027~1030 页。
⑦ 详见（清）阮元校刻：《十三经注疏・毛诗正义》，中华书局，1980 年，第 484~487 页。
⑧ 《诗・小雅・宾之初筵序》孔颖达疏述毛亨传语，（清）阮元校刻：《十三经注疏・毛诗正义》，中华书局，1980 年，第 484~485 页。
⑨ 详见（清）阮元校刻：《十三经注疏・毛诗正义》，中华书局，1980 年，第 534~535 页。
⑩ 杨树达：《积微居金文说》（增订本）令鼎跋，中华书局，1997 年，第 1 页。

它仅仅作为射礼的第一个仪节，这就把藉礼与射礼完全分开，成了毫不相关的两件事。而笔者的观点则把藉礼与射礼二者有机地结合了起来，觞在两个礼节之间起着承上启下的作用。王在諆田举行藉礼，藉毕依礼行觞宴之礼，宴后依礼又行射礼。在从諆田返回溓宫的路上又进行了竞走比赛。这样，整篇铭文所记事件就有机地结合在一起了。

“王射”，即王举行射礼。而不是“周王首先试射，以宣告射礼开始”，因而它也不是“举行射礼的一种仪式或程序”[①]。按《仪礼・乡射礼》、《大射仪》三番射前，都是先由司射诱射，然后三耦射，之后才是君射。而且《乡射礼记》、《燕礼记》也都说，君射或君与射，“则为下射”[②]，下射是在上射射后才行射的。若以王射才宣告射礼开始，岂不是射礼进行到中途又宣告射礼开始了吗？若是仪节，那噩侯驭方鼎铭的“王休宴，乃射，驭方卿王射”（《集成》02810），又该作何解释呢？显然这种理解于礼无据，是不妥当的。

“有司眔师氏、小子卿射。”“有司”，亦见于射礼金文义盉盖铭，是掌事职官的统称，指一般有所司掌的官员。有学者怀疑此处的有司“为司射，是主持射礼比赛的官员。但在《仪礼・大射仪》中，有司是指主管弓、矢等射器的人，为司射的下属”[③]。杨天宇先生注解说：“有司，是指为射礼服务而不参加射箭比赛的士。”[④]陈梦家先生也认为“《大射》开始说‘射人戒诸公卿大夫射，司士戒士射与赞者’注云‘赞者谓士佐执事不射者’。士佐执事不射者当指‘有司’”[⑤]。按礼书记载，不仅大射礼中有司的职掌的确如是，而且乡射礼中有司的职司也是掌授弓矢。然本铭及义盉盖铭的有司则看不出是司射或服务人员，好像都是射礼的竞射者。盖因《仪礼》成书较晚，反映的是春秋、战国时期的射礼。也许西周时期的射礼与春秋、战国时期的射礼参射者的身份有所不同吧。

“师氏”，亦见于"或"簋铭“或率有司、师氏奔追袭戎于棫林”，王辉先生注曰：“师氏，官名，职司教育公卿子弟及保卫王室安全。”[⑥]郭沫若指出：“师氏之见于彝铭者乃武职，在王之侧近。是则师氏之名盖取诸师戍也。”[⑦]张亚初、刘雨先生认为：“郭先生的说法是带有一定的片面性的。”“师氏之称在金文中有不同的含义。一种是指师的上司”；“一种是泛指军队的各级负责人及其所属士兵”，令鼎的师氏

① 王龙正：《令鼎与射礼中的车战》，《黄盛璋先生八秩华诞纪念文集》，中国教育文化出版社，2005年，第196~204页。
② （清）阮元校刻：《十三经注疏・仪礼注疏》，中华书局，1980年，第1012、1025页。
③ 王龙正：《令鼎与射礼中的车战》，《黄盛璋先生八秩华诞纪念文集》，中国教育文化出版社，2005年，第196~204页。
④ 杨天宇：《仪礼译注》，上海古籍出版社，2004年新1版，第186页注[4]。
⑤ 陈梦家：《西周铜器断代》，中华书局，2004年，第455页。
⑥ 王辉：《商周金文》"或"簋，文物出版社，2006年，第109页及注解[3]。
⑦ 郭沫若：《周官质疑》，《金文丛考》，人民出版社，1954年。

即属于这一种情况。[①]《周礼·地官·师氏》："掌以媺诏王，以三德教国子……教三行……居虎门之左，司王朝，掌国中失之事，以教国子弟，凡国之贵遊子弟学焉。凡祭祀、宾客、会同、丧纪、军旅，王举则从，听治亦如之。使其属帅四夷之隶，各以其兵服守王之门外，且跸，朝在野外则守内列。"[②]可见师氏不仅是军事长官，也是教育长官，负责宫廷守卫的长官。本铭师氏的职守应是负责王行藉田礼的保卫与安全工作。

"小子"，在西周金文中有谦称、年轻人、职官等情况，本铭即为职官名。杨树达云："余熟思之，窃疑小子之称盖谓官属也。"[③]《周礼·夏官·司马》叙官郑玄注云："小子，主祭祀之小事。"[④]此职司似与本铭无涉。张亚初、刘雨认为令鼎铭的小子"似主武事"。其地位在有司之下，与师氏的地位大体相当。"《周礼·夏官·司马》序官说是下大夫，这与铭文中小子的身份大体相当。"[⑤]有的学者认为主武之小子可能就是《周礼·夏官·司马》上所说的诸子、庶子，也就是《地官·司徒》中的"余子"，"凡国之大事致民，大故致余子"注云："余子，卿大夫之子当守王宫者也。"[⑥]此说可从。唐兰先生把本铭的"师氏、小子"释为"老师们、贵族子弟的学生们"[⑦]。王龙正先生认为"此一说法确不可易"，并断言"凡与师氏同时出现于铜器铭文中的小子均应是贵族学生，他们在学校学习'礼、乐、射、御、书、数'等六艺课程。而师氏则是指学校的老师，平时在贵族学校任教官，战时出征为将帅。柞伯簋与令鼎铭文中的射礼正是对贵族学生'射'、'御'两门功课学习成绩的考核，文献或称之为'天子视学'"[⑧]。我们认为若射礼在学宫举行，作是解当然是可以的。但就本铭来说，若把小子释为贵族学生，恐有不妥。因为射礼是在举行藉田礼的现场进行的，学生之身份似不大可能出现在藉田礼上的。凡与师氏同时见于铭文的小子都是贵族学生的说法，恐怕也是不能定论的。本铭的小子是贵族子弟，但不是学生。所行射礼是为了燕乐助兴，而看不出是对贵族学生射御功课的考核。尤其是本铭为王驭，就更与学生无关了。另外，静簋铭中不见师氏，但小子为贵族学生、静是学宫教官，却是非常明白的。因此我们认为本铭的小子能出入在王的左右，其职守亦应是保卫王在藉田礼上的安全的。

---

① 张亚初、刘雨：《西周金文官制研究》，中华书局，1986年，第6~7页。
② （清）阮元校刻：《十三经注疏·周礼注疏》，中华书局，1980年，第730~731页。
③ 杨树达：《积微居金文说》（增订本）师望鼎跋，中华书局，1997年，第84页。
④ （清）阮元校刻：《十三经注疏·周礼注疏》，中华书局，1980年，第830页。
⑤ 张亚初、刘雨：《西周金文官制研究》，中华书局，1986年，第46~47页。
⑥ 斯维至：《两周金文所见职官考》，《中国文化研究汇刊》第7卷，1947年，第12页。
⑦ 唐兰：《西周青铜器铭文分代史征》令鼎，中华书局，1986年，第231页。
⑧ 王龙正：《令鼎与射礼中的车战》，《黄盛璋先生八秩华诞纪念文集》，中国教育文化出版社，2005年，第196~204页。

“𠨍”，与另外三件射礼铭文义盉盖铭、静簋铭、鄂侯驭方鼎铭的“𠨍”及该字所在句的句式相同。《集成》读为佮，吴闿生读为迨，认为迨即古文会字，杨树达先生从之。[①]马承源先生也读为会[②]，唐兰先生读为合[③]，四者义同可互训，为匹合之义，即指匹合射耦。𠨍射，即匹合射耦以射。盖礼书中的耦射当源于这种𠨍射。句意为王行射礼，掌事官员及负责周王安全的军事长官、守卫周王安全的贵族子弟匹合耦射。

“王归自諆田。”这种倒装句式金文与经典文献中常见，如商代的宰甫卣铭“王来兽自豆麓”（《集成》05395），《尚书·多方》“王来自奄，至于宗周”[④]等。正过来实应为王自諆田归，即王从諆田回来。

“王驭，濂仲仆。”“驭”，文献或以御假之，义为驾御马匹或车子，亦指御者，《荀子·王霸》：“王良、造父者，善服驭者也。”杨倞注曰：“王良，赵简子之御，《韩子》曰‘字伯乐’；造父，周穆王之御。皆善御者。驭与御同也。”[⑤]《论语·子罕》孔子曰：“吾何执？执御乎？执射乎？吾执御矣。”[⑥]《诗·小雅·车攻》：“徒御不惊。”毛亨传曰：“徒，辇也。御，御马也。”[⑦]程俊英注曰：“徒御，驭手。”[⑧]本铭驭用为动词。王驭，句式与“王射”同，义为周王亲自驾御车马。“濂仲”，郭沫若先生认为“当即䨻鼎、厚趠鼎之溓公”[⑨]。或是。“仆”，亦为驾车或御车者之义，《左传》哀公二年：“初卫侯遊于郊，子南仆。”杜预注云：“仆，御也。”[⑩]《论语·子路》：“子适卫，冉有仆。”何晏集解引孔安国曰：“孔子之卫，冉有御。”[⑪]杨伯峻注曰：“仆，动词，驾御马车。其人则谓之仆夫，《诗·小雅·出车》‘仆夫况瘁’可证。仆亦作名词，驾车者，《诗·小雅·正月》‘屡顾尔仆’是也。”[⑫]《诗·小雅·出车》：“召彼仆夫。”毛亨传曰：“仆夫，御夫也。”[⑬]《礼记·曲礼上》：“君车将驾，则仆执策立于马前。已驾，仆展轸，效驾。奋衣，由右上，取贰绥，跪乘，执策分辔，驱之五步而立。君出就车，则仆并辔授绥。”杨天宇注曰，“仆，御车者”[⑭]，《经籍籑诂》也分别以“仆，御也”、“御者也”、“御车者也”，纂辑

---

① 杨树达：《积微居金文说》（增订本）令鼎跋，中华书局，1997年，第1页。
② 马承源主编：《商周青铜器铭文选》令鼎，文物出版社，1986年。
③ 唐兰：《西周青铜器铭文分代史征》令鼎，中华书局，1986年，第231页。
④ （清）阮元校刻：《十三经注疏·尚书正义》，中华书局，1980年，第227页。
⑤ （战国）荀况著，王天海校释：《荀子校释》，上海古籍出版社，2005年，第500页及注[二]。
⑥ （清）阮元校刻：《十三经注疏·论语注疏》中华书局，1980年，第2489页。
⑦ （清）阮元校刻：《十三经注疏·毛诗正义》中华书局，1980年，第429页。
⑧ 程俊英：《诗经译注》，上海古籍出版社，2004年新1版，第285页注[26]。
⑨ 郭沫若：《两周金文辞大系图录考释》令鼎，科学出版社，1957年。
⑩ （清）阮元校刻：《十三经注疏·春秋左传正义》，中华书局，1980年，第2155页。
⑪ （清）阮元校刻：《十三经注疏·论语注疏》，中华书局，1980年，第2507页。
⑫ 杨伯峻：《论语译注》，中华书局，1980年第2版，第137页。
⑬ （清）阮元校刻：《十三经注疏·毛诗正义》中华书局，1980年，第415页。
⑭ 杨天宇：《仪礼译注》，上海古籍出版社，2004年新1版，第32页及注释[1]。

用仆为御之例。[①]余不再一一备列。本铭仆与驭一样，都是动词。濂仲仆，句式同于“王射”、“王驭”。义即濂仲驾车。或有学者认为周王贵为天子，怎么会亲自驾车呢？其实，在我国古代，“御”是贵族学生必修的“六艺”之一，不仅为贵族出行的必备技术，也是战争中的实用技术，贵族阶层里无论是谁都必须掌握。因此，周王亲自驾车是可能的事。

按前引《礼记·月令》、《吕氏春秋·孟春纪》都有“天子亲载耒耜”之记载，说明周王举行藉礼时当有不少车子出动。又按《周礼·春官·车仆》：“掌戎路之萃，广车之萃，阙车之萃，苹车之萃，轻车之萃。凡师，共革车，各以其萃。会同亦如之。”郑玄注曰：“萃，犹副也。此五者皆兵车所谓五戎也。……五戎者，共其一以为王优尊者所乘也，萃各从其元焉。”[②]杨天宇注曰：“元即正车。”[③]《周礼·夏官·大仆》：“王出入，则自左驭而前驱。”郑玄注曰：“前驱，如今道引也。”[④]“据黄以周《通故·御乱通故》说，大仆自左驭的车，是王车的副车；副车从王车在后，此则在前，以为王车导引。”[⑤]又《御夫》：“掌驭贰车、从车、使车。分公马而驾治之。”郑玄注曰：“贰车，象路之副也。从车，戎路、田路之副也。使车，驱逆之车。”[⑥]杨天宇注曰：“掌，《注疏》本原文误刻作‘尝’。贰车即王所乘五路的副车。从车，诸臣所乘以从王之车。使车，王安石曰：‘使者所乘之车。’”[⑦]既然周代王车有正车副车之分，与驾车有关的仆官又以驾驭王的副车为职司，故本铭之句意当是周王亲自驾驭正车，濂仲驾驭副车或从车随行或为前导。有学者已经注意到驭、仆在驾车时都是御者，“此铭周王自御，而溓仲为仆，则御与仆有区别，仆当是佐助御者”[⑧]。虽能勉强讲通，但无文献支持。今据周官职掌释之，可谓泾渭分明，义通字顺。也有学者中间不加逗，把仆字连下读，并受郭沫若、李学勤先生对令鼎、厚趠方鼎铭文“溓公”的考释，及唐兰、马承源先生对令鼎断代的启发，把本铭的濂字释为彗，认为彗仲即是彗公，也就是穆王时期著名的大臣祭公谋父。“昭王为其叔父驾车也是合乎情理的。”又依据《左传》成公二年“邴夏御齐侯”，“晋解张御郤克”，以及韩厥代御者“中御而从齐侯”的句式与事例，并把它们与本铭的“王驭彗仲”相比照，认为“周王亲自为彗仲驾车，是可能的事”[⑨]。然而这一解释与其下文关于周王、彗仲、令三人同乘一辆车的解

---

① （清）阮元编：《经籍籑诂》入声一屋，成都古籍书店，1982 年影印，第 878 页。
② （清）阮元校刻：《十三经注疏·周礼注疏》，中华书局，1980 年，第 825~826 页。
③ 杨天宇：《周礼译注》，上海古籍出版社，2004 年新 1 版，第 392 页注释[2]。
④ （清）阮元校刻：《十三经注疏·周礼注疏》，中华书局，1980 年，第 851 页。
⑤ 杨天宇：《周礼译注》，上海古籍出版社，2004 年新 1 版，第 453 页注释 [1]。
⑥ （清）阮元校刻：《十三经注疏·周礼注疏》，中华书局，1980 年，第 858 页。
⑦ 杨天宇：《周礼译注》，上海古籍出版社，2004 年新 1 版，第 472 页注释 [1]。
⑧ 唐兰：《西周青铜器铭文分代史征》令鼎，中华书局，1986 年，第 233 页注 4。
⑨ 王龙正：《令鼎与射礼中的战车》，《黄盛璋先生八秩华诞纪念文集》，中国教育文化出版社，2005 年，第 196~204 页。

释则自相矛盾，既然令也与王、彗仲同乘一辆车，为何只言王驭彗仲呢？而且由下文的令自称“小子”，知仆令也不得连读，即仆不当连下，而应连上读。从舍臣十家看，令亦不当为仆。因此周王为彗仲亲自驾车之事也就随之而不存在了。有学者该句中间也不加逗，认为“王驭”即《周礼·夏官》所记之大驭，“王驭溓中仆”即大驭溓仲为王御车。[①]意亦通，但王驭即大驭则比较勉强。如果溓仲即厚趠鼎之溓公、溓公应为彗公、彗公即祭公谋父的话，那就更不可能为周王的御者了。相反，如果再考虑溓宫是溓仲的家庙，它又是王回来的必经之地的话，王有事则溓仲亲自驾车从王随行也是礼中之事。刘雨[②]、《集成》中间也均不加逗。这样释读起来，不仅很费解，而且也容易造成误会，故今从唐兰先生中间加逗，断读为二句。

“令眔奋先马走。”“令眔奋”，即令与奋二人。有学者释奋为获，并把上句的“仆”连下读，认为：“‘仆’，即御者，是令的职官名。”周王、彗仲、令三人同乘一车，其中王驾车，彗仲为车右，“令虽原官职为‘仆’（御者），此处暂时为射手”。“‘仆令眔奋’即仆令眔获，是说令在射箭比赛中连续不断地射中靶的（即侯）。”[③]既然仆是令的官职，乃为御者，又何以为射者？既然是同一车上的左持弓、右持矛、中人御组合，又何以一车出现二人御呢？再者，若此组合，则周王驾车，而铭文又为何言王射呢？况且，彗仲为车右，在射礼中也形同虚设。很显然，仆连下读无论如何都不能自圆其说。

“先马”，殷墟甲骨文中即已有之，孙海波“疑先马为职官之名”[④]。文献典籍中亦有“先马”，如《荀子·正论》篇：“诸侯持轮挟舆先马。”杨倞注曰：“先马，导马也。”久保爱曰：“先马，《道右职》‘王式，则下先马’，是也。”王天海案：“先马，马前为导者。”[⑤]郭沫若释令鼎“先马”即从杨倞注。依照郭沫若先生的意思，“先马走”就是在王的车前的导马。[⑥]于省吾先生认为先马于卜辞并非职官之名，“然实后世先马、洗马之滥觞”，并据杨倞注认为“令眔奋先马走”“是说令导马者先行而王速从之也”[⑦]。杨树达先生则说是“令与奋二人为王车之先导”[⑧]。唐兰先生也据杨注释“先马”为导马，句意是说“令和奋走在马的前面”[⑨]。刘雨先生认为在射礼或投壶时，胜算曰马。鼎铭的“马走”疑即《礼记·投壶》中

① 杨树达：《积微居金文说》（增订本）令鼎跋，中华书局，1997年，第1页。

② 刘雨：《西周金文中的射礼》，《考古》1986年第12期。

③ 王龙正：《令鼎与射礼中的车战》，《黄盛璋先生八秩华诞纪念文集》，中国教育文化出版社，2005年，第196~204页。

④ 孙海波：《诚斋殷虚文字》492，北京修文堂书局，1940年。

⑤ （战国）荀况著，王天海校释：《荀子校释》，上海古籍出版社，2005年，第723页及注[三七]。

⑥ 郭沫若：《两周金文辞大系图录考释》令鼎，科学出版社，1957年，第30页。

⑦ 于省吾：《甲骨文字释林·释先马》，中华书局，1979年，第63~64页。

⑧ 杨树达：《积微居金文说》（增订本）令鼎跋，中华书局，1997年，第2页。

⑨ 唐兰：《西周青铜器铭文分代史征》令鼎，中华书局，1986年，第233页注释5及231页意译。

的“立马”，即一马、二马、三马相从而立的过程。“先马走”是“先立马”的意思。[①]王龙正先生认为：“先，犹如《尚书·召诰》中‘惟太保先周公相宅’的先，是一个时间名词。”先马走“是‘先马走而射’的省略语。此句的意思是说，令站在由周王驾驭的行进中的马车上，在马走过射侯以前就开始瞄准，继而射出箭矢”。又解释先立马说：“因为需要考虑车速的因素，必须给出一个提前量才能准确地射中‘侯’，发得过早或过迟都不能成功……推测只有当马车稍作站立时射手才容易射中目标，故为胜者计算筹码而称为‘立马’。”“在射箭比赛中，令之所以多次射中侯，是由于他在马走过射侯之前就开始准备发射。”[②]在他看来，先马走就是先立马，也就是先有一个提前量和马车稍作站立的意思。以上诸说似乎都没有对先字和走字作出准确的解释。按先，《说文·先部》曰：“前进也。”段玉裁注曰：“凡言先者，急词也。”引申之，则有“先导”、“前导”、“前驱”之意。《汉书·百官公卿表》“先马”，颜师古注引如淳曰：“前驱也。《国语》曰‘句践亲为夫差先马。’先或作洗也。”[③]《国语·越语上》勾践“其身亲为夫差前马”韦昭注曰：“前马，前驱在马前也。”[④]按走，古指疾趋，即跑。也就是说古时称跑为“走”。《释名·释姿容》：“徐行曰步，疾行曰趋，疾趋曰走。”《左传》昭公七年：“三命而俯，循墙而走。”杜预注：“言不敢安行。”[⑤]《周礼·夏官·大司马》：“中冬教大阅……乃鼓，车驰徒走，及表乃止。”[⑥]《汉书·樊哙传》：“既出，沛公留车骑，独骑马，哙等四人步从，从山下走归霸上军。”[⑦]这里的“走”字均为急速奔跑。《史记·秦本纪》：“恶来有力，蜚廉善走，父子俱以材力事殷纣。”[⑧]善走即善于奔跑。《汉书·项籍传》：“汉军皆南走山。”颜师古注：“走，趣也。”[⑨]“先马走”一词文献中亦有，指古代君王出入时健卒在御马前奔跑开路。《淮南子·道应训》越王勾践“亲执戈为吴兵先马走”。高诱注曰：“先马走，先马前而走也。”[⑩]《文选·司马迁〈报任少卿书〉》：“太史公牛马走司马迁再拜言。”李善注曰：“走，犹仆也，言己为太史公掌牛马之仆，自谦之辞也。”[⑪]朱珔集释引宋吴仁傑云：“‘牛’当作‘先’，字之误也；《淮南书》曰：‘越王勾践亲执戈为吴王先马走。’”是也。钱钟书认为：“‘先马走’犹后世所谓‘马前走卒’，即同书札中自谦之称‘下走’、

① 刘雨：《西周金文中的射礼》，《考古》1986 年第 12 期。
② 王龙正：《令鼎与射礼中的车战》，《黄盛璋先生八秩华诞纪念文集》，中国教育文化出版社，2005 年，第 196~204 页。
③ （汉）班固撰，（唐）颜师古注：《汉书》，中华书局，1962 年，第 733 页注[三]。
④ 徐元诰撰，王树民、沈长云点校：《国语集解》（修订本），中华书局，2002 年。
⑤ （清）阮元校刻：《十三经注疏·春秋左传正义》，中华书局，1980 年，第 2051 页。
⑥ （清）阮元校刻：《十三经注疏·周礼注疏》，中华书局，1980 年，第 837~838 页。
⑦ （汉）班固撰，（唐）颜师古注：《汉书》，中华书局，1962 年，第 2069 页。
⑧ （汉）司马迁撰，（宋）裴骃集解，（唐）司马贞索隐，张守节正义：《史记》，中华书局，1982 年第 2 版，第 174 页。
⑨ （汉）班固撰，（唐）颜师古注：《汉书》，中华书局，1962 年，第 1812 页及注[四]。
⑩ 何宁：《淮南子集释》，中华书局，1998 年，第 858 页。
⑪ （梁）萧统编，（唐）李善注：《文选》卷 41，中华书局，1977 年。

‘仆’耳。古罗马贵者出门，亦有役使为之开道，名曰‘先走’（anteambulo），浸假而成詈人语，诗文中数见之。‘太史公’为马迁官衔，‘先马走’为马迁谦称，俞正燮《癸巳类稿》卷一一谓以官衔置谦称前，如泰山刻石之‘丞相臣斯’，殊为得间，足正李善注之曲解。”[①]唐兰先生亦认为：“牛马走应即先马走，注解为掌牛马之仆，误。”[②]钱、唐之释甚是。因此，综合诸家意见，并结合铭文的语言环境，我们认为本铭的“先马走”一语，与后世的“先导”、“前驱”及现代语的“马前卒”等词都有着一定的渊源关系，但此时它还不是一个词。先马走是“先马而走”的意思，也就是在马的前面奔跑，与马车竞赛。它要求先马而走的武士须具有很强的奔跑能力，包括奔跑的速度和长途奔跑的耐力。令与奋就是这种在王的马车前奔跑做护卫的武士，因此体育史工作者把令鼎铭文归入到田径部分，认为铭文“主要记述了周王在亲耕藉田礼毕后返回宫中的路上，命二位王车之先导武士，与王之马车竞跑，最后获胜而得到奖赏之事”[③]，就是从竞跑角度考虑的。其身份与职责类似于礼书记载的虎贲氏，《周礼·夏官》：“虎贲氏，掌先后王而趋以卒伍。”郑玄注曰：“王出，将虎贲士居前后，虽群行，亦有局分。”[④]也类似于汉代始设的、在出行队列前以长跑为天职的“伍伯”。其形象在湖北荆门市包山大冢出土的战国漆奁彩绘出行图和四川德阳、新津、彭县、成都出土的汉代画像砖与画像石上[⑤]，就有很生动的反映。

“乃克至，余其舍汝臣十家。”“乃”，应训为若，假设之词。《经传释词》曰：“乃犹若也。”[⑥]“克”，即能够，胜任。“至”，到。句意为假若能够跑到。有学者认为“至有‘尽’、‘极’的含义”，“‘乃克至’是周王对令及奋射技的赞语，夸赞二人的射技能达到‘尽善尽美’的程度”[⑦]。不确，此乃王命之辞甚明。若是赞语，令听罢周王夸赞即应拜稽首，何以到溓宫之后再拜谢呢？既然夸赞的是令与奋两个人，为何只有令一人拜谢稽首呢？反之亦然，既然是令拜稽首，为何夸赞的是令与奋二个人呢？即使把奋释为获，变二人为令一人，前者之疑问依然存在。很显然这里是不能作为赞语来理解的。“舍”，孙诒让说是赐予之予字的假借[⑧]，杨树达从之。[⑨]唐兰认为：“舍与余为一字，余通予。《尔雅·释诂》：‘予赐也。’”[⑩]按舍即捨，《说文·手部》段玉裁注云：捨，“按经传多叚舍为之”。其本身就有施舍、

① 钱钟书：《管锥编·〈史记〉会注考证五八则》，中华书局，1979年，第394~395页。
② 唐兰：《西周青铜器铭文分代史征》令鼎，中华书局，1986年，第233页注释5。
③ 崔乐泉编著：《中国古代体育文物图录》，中华书局，2000年，第75页。
④ （清）阮元校刻：《十三经注疏·周礼注疏》，中华书局，1980年，第850页。
⑤ 详见崔乐泉编著：《中国古代体育文物图录》，中华书局，2000年，第75~76页。
⑥ （清）王引之：《经传释词》卷6，岳麓书社，1985年。
⑦ 刘雨《西周金文中的射礼》，《考古》1986年第12期。
⑧ （清）孙诒让：《古籀拾遗》下拾伍，光绪十四年（1888）雕版，《古籀拾遗、古籀余论》合订本，中华书局，1989年影印。
⑨ 杨树达：《积微居金文说》（增订本）令鼎跋，中华书局，1997年，第1页。
⑩ 唐兰：《西周青铜器铭文分代史征》令鼎，中华书局，1986年，第233页注6。

施予、布施之义，《玉篇·手部》："捨，施也。"

"䟦。"单字为句，是本铭文字考释的一个难点，从上下文看，此单字句应是承接王命并引发令拜稽首对扬王休的。目前学界对此字尚没有令人信服的解释。郭沫若先生隶作畋，读为陈，言敷也，文也。并认为与令字连读。令字下有重文，上令为命，下令作器者名。[①]经仔细比对拓片，畋与铭文差别较大，令下也无重文，故郭释不足取也。杨树达先生隶作䟦,读为娶，认为经传通作熙，义为欢乐。[②]唐兰先生隶作殁，读为外，认为与月字通，与夗同义，是时间名词，谓其时月出已是晚上了。[③]王龙正先生直接隶作夙，认为是周昭王"进入彗宫内进行祭祀，并举行夙礼"。"周王在彗宫举行告庙仪式之时，可能顺便要把当天发生的事情告知周公在天之灵，或许会重述自己答应赐给令'臣十家'的诺言，以示其诚信，而请神灵作证。只有这样，令才会叩首拜谢，而'对扬王休'。"即把告庙之言作为令拜稽首的前提。同时他又说，"王至于彗宫，夙"，"此句当置于令的对白'小子迺学'之后"[④]。如果确应置于此处，则告庙必在令拜稽首之后，这怎能说是令拜稽首的前提原因呢？只取一点，不融会贯通作综合分析，只能造成顾此失彼，前后矛盾。《集成》隶作䟦，读为攈。按唐隶殁，该字久废，已无法从字义上进一步作探究。若从杨树达、《集成》之隶字，似又可通作饎，但读字则不能苟如其说。饎同饎，《周礼·地官·饎人》："饎人掌凡祭祀共盛。共王及后之六食。凡宾客共其簠簋之食。飧、食亦如之。"杨天宇先生注曰："饎，同'饎'。"[⑤]饎亦作糦，义即酒食。《诗·小雅·天保》："吉蠲为饎。"毛亨传曰："饎，酒食也。"[⑥]作是解就单句来讲，亦无不可，与情理亦可通。但对周王令辞之是否兑现全无交代，则令人费解。我们认为此字书写当有讹误，根据铭文前后文意，并参校金文字例，其与禽簋铭的"㪟"字和叔䟦簋铭的"䟦"字之构形也颇为近似(《集成》04041，03487)，故该字当释䟦通"抿"或释㪟通"振"为妥。按䟦，即䟦，同"踬"。《集韻·震韻》："踬，动也。或作䟦。"《说文·足部》："踬，动也。从足，辰声。"其字义在此不适，但字音即震韵辰声，在本铭中可读作抿字。《说文·手部》："抿，给也。从手，臣声。"段玉裁注曰："给者，相足也。"王筠句读云："抿盖与振通。《大司徒》曰：'振穷士.'《士丧礼》注：古文抿，皆作振，足也。俗作赈。"王筠校录又云："'给也'云者，《汉书》用'振，'今人用'赈，'而'抿'其正字也。"知䟦、抿音同可相通，且抿有振给、如数发放以相足之义。与上文的"捨"义近同，都是给予的意思。按铭文王至于溓宫，即到达目的地，此时也该是兑现王命承诺的时候，

---

① 郭沫若：《两周金文辞大系图录考释》，科学出版社，1957年，第30~31页。

② 杨树达：《积微居金文说》（增订本）令鼎跋，中华书局，1997年，第1页。

③ 唐兰：《西周青铜器铭文分代史征》令鼎，中华书局，1986年，第233页注8。

④ 王龙正：《令鼎与射礼中的车战》，《黄盛璋先生八秩华诞纪念文集》，中国教育文化出版社，2005年，第196~204页。

⑤ 杨天宇：《周礼译注》，上海古籍出版社，2004年，第256页及注[1]。

⑥ （清）阮元校刻：《十三经注疏·毛诗正义》，中华书局，1980年，第412页。

此处的铭文也应该是行赏的意思，而�字之义在这里可谓是正相吻合。很可能是只有令如约跑到了溓宫，所以受到“臣十家”的奖赏。这就是王命的是令与奋两个人，而拜谢稽首的则只有令一个人的原因所在。杨树达先生说：“铭文不记王赏之文，然文末对扬王休，休本赐予之义，是王已践其诺言矣。又不记奋之至否者，此为令作之器，不记他人事也。”[①]刘雨先生说：“因为二人射技表现突出，因此受到‘臣十家’的赏赐。”[②]王龙正先生说：“以往学者皆以为令与奋是两个人，两人皆导马而行，并因而受赏。但让人难以理解的是，在周王许诺赏赐之后，稽首拜谢‘对扬王休’者只有令一个人。因此，我们认为所谓奋这个人是不存在的。”[③]实皆未细审而偶误又为之强解也。依我们看来，“�”即是王赏之文。不记奋之至否，是因为奋未至之故，或可能令只是从自身的角度作记，他人之事则从略而已。并不是二人射技都很突出，都受到了赏赐，也不能把奋这个人给强行抹掉。

“小子廼学。”“小子”，是令的自称，上文言小子佁射，此自称小子，知令亦当参加了飨宴后的射礼。“学”，孙诒让依《尚书大传》“学，效也”读为效，并连下令字为文，读为效命。[④]杨树达认为孙读效是也，但连下读为效命则非是。依《荀子·议兵》杨倞注“效，验也”，则释效为验。[⑤]唐兰、王龙正先生均释为学习。[⑥]我们认为当以释验为是，但句意为小子只是为了检验一下自己的足力。

综上所释，全篇铭文的大意是：周王在諆田举行藉田礼，礼毕，飨宴其臣下，飨讫，周王举行射礼，掌事官员与负责守卫周王安全的军事长官、贵族子弟匹合耦射。周王从諆田回来，王亲自驾驭正车，溓仲驾驭副车或从车随行，令与奋在马车前奔跑，周王说：“令与奋，假若你能够跑到（溓宫），我给你臣属十家。”周王来到溓宫，如约兑现承诺，进行赏赐，令叩头拜谢，说：“小子我只是验证一下自己的足力。”令对答王的休美。

3. 令鼎铭文所记射礼问题的再探讨

过去，学者对令鼎铭文的考释，或以为铭文次序颠倒，或把铭文所记史事截然割断，从而导致各事件之间缺乏内在的有机联系，这就严重影响了人们对铭文本意的正确理解，故有必要就相关问题再作反思和进一步的探讨。

1）令鼎铭文的次序与所记事项

令鼎铭文次序及其记载有几项史事，学界分歧较大。王龙正先生认为“王归

---

① 杨树达：《积微居金文说》（增订本）令鼎跋，中华书局，1997年，第2页。

② 刘雨：《西周金文中的射礼》，《考古》1986年第12期。

③ 王龙正：《令鼎与射礼中的车战》，《黄盛璋先生八秩华诞纪念文集》，中国教育文化出版社，2005年，第196~204页。

④ （清）孙诒让：《古籀拾遗》下拾陆，光绪十四年（1888）雕版，《古籀拾遗、古籀余论》合订本，中华书局，1989年影印。

⑤ 杨树达：《积微居金文说》（增订本）令鼎跋，中华书局，1997年，第1页。

⑥ 唐兰：《西周青铜器铭文分代史征》令鼎，中华书局，1986年，第231页意译；王龙正：《令鼎与射礼中的车战》，《黄盛璋先生八秩华诞纪念文集》，中国教育文化出版社，2005年，第196~204页。

自谌田”，“此句穿插于铭文中间，是记叙文中的一种倒叙形式。这种情况类似于五祀卫鼎铭文中记述年份的‘唯王五祀’置于句末的情形”。依其意该句应置于饧之前。“王至于彗宫，夙”，当置于“小子迺学”之后。“今穿插于此，当与前者‘王归自谌田’的穿插位序一样，是本铭文叙事的一个特点。”并认为令鼎铭文记载的只有行射礼一件事，“整篇铭文较为详细地记述了射礼举行的全过程”。“在射礼之前举行宴飨礼是一种惯例。”[①]刘雨先生认为：“金文叙事前后次序每不固定，‘王归自谌田’、‘王至于濂宫’是讲周王举行藉礼之后，由谌田到达濂宫这一件事，铭文却分作两处写，而且中间夹杂了一段射礼的内容。”依其意思，要么“王归自谌田”置于“王至于濂宫”之前，要么二者均置于“王射”之前；并认为“此鼎铭讲的是周王在举行藉礼之后举行的一次射礼”[②]，即铭文通篇记载的只有行藉礼与射礼两件事。其他学者则均未提出铭文次序问题，但在铭文所记事件上则仍有分歧。按唐兰先生考释，铭文记载了周王举行的藉农大典、射礼、竞走三件事。[③]杨树达先生认为本铭记载了周王举行的藉田礼、飨礼、射礼、竞足力四件事。[④]我们认为前二说皆因事件混误，无法贯通全文，只好作叙事次序颠倒例处理。金文叙事确有这种前后次序不固定的情况，但本铭通篇次序则未颠倒。五祀卫鼎把记述年份的“唯王五祀”置于句末，严格讲也不算是倒叙形式，现在人们仍流行这种叙事方式。今按以上诸说，唯杨树达先生所释事件最为确当，但他的考释向以短小精炼、言简意赅为特点，其内在联系一般人是绝不容易悟明白的。再加上事件虽然弄明白了，但仪节程序则有分歧。如觞，杨树达先生说是射前之觞宴，杨宽先生则说是藉礼行毕后的宴会。各执一端，互不相容，铭文所记事件也因而无法贯通一体。对此正确的做法是既不偏袒一方，也不简单地择取一方的观点，而是双方的材料都举证，作综合分析。在这种思想的支配下，我们分别举证了《国语·周语上》虢文公所讲的藉礼飨食，《礼记·月令》孟春之月、《吕氏春秋·孟春纪》的藉礼劳酒；《礼记·射义》、古今学者之注疏、《仪礼·燕礼》、《乡射礼》、《大射仪》、《诗·小雅·宾之初筵》、《大雅·行苇》、金文鄂侯驭方鼎、长由盉及本铭所记燕飨、射之次序。认为射前之觞宴与藉礼毕后之宴会二说，都于史有征、于礼有据。但问题是不能因此而把它们截然分开。觞既是藉礼的最后一个仪节，同时也是射礼的第一个仪节，它在藉礼与射礼两个礼节中间起着承上启下的作用。笔者虽然也认为铭文所记有四件事，但对仪节程序的理解则与旧说是不同的。由藉礼引发飨礼，又由飨礼引发射礼，返回的路上又引发竞跑比赛。藉农、飨宴、

① 王龙正：《令鼎与射礼中的车战》，《黄盛璋先生八秩华诞纪念文集》，中国教育文化出版社，2005年，第196~204页。

② 刘雨：《西周金文中的射礼》，《考古》1986年第12期。

③ 详见唐兰：《西周青铜器铭文分代史征》令鼎，中华书局，1986年，第231页。

④ 详见杨树达：《积微居金文说》（增订本）令鼎跋，中华书局，1997年，第1~2页。

比射、竞跑是一个连续不断的有机整体。而且原铭文叙述事件井然有序，根本用不着调整铭文位次。这种解释应该要比旧说更为合理一些。

2）令鼎铭文所记射礼举行的时间与地点

令鼎铭文所记射礼举行的时间，学界大都认为是在藉礼举行之后，而作具体探讨者不多。关于这次射礼举行的地点，学界也大都属于推测，而能肯定某一地者也不多，并且大多都是一语带过。如杨树达、杨宽先生说令鼎铭文记载的射礼是在藉礼完毕后的飨宴之后举行的[①]，唐兰先生说射礼是在举行藉农大典的午后举行的。[②]他们对射礼举行的地点则均未明言说及，依其意思虽可知，但毕竟有推测成分在内。刘雨先生也说鼎铭讲的射礼是周王在举行藉礼之后举行的。“射礼举行的地点可能是在諆田，也可能在溓仲之宫溓宫。”[③]唯王龙正先生对这一问题作了较为深入的分析，他说，“王大籍农于諆田”，“之所以冠于整篇铭文之首，是为点明射礼举行的时间和籍田礼为同一天。本铭文不是以大事记年而只是以大事（籍田礼）记日而已。按一般惯例，西周金文在记事之前往往都要先记述月相和日期，本篇铭文由于采用以大事记日的方式，所以省却了射礼举行的年月日的记载。据《礼记·月令》可知，孟春之月，天子行籍田礼。这表明本次射礼举行的时间是在春天”。又说：“‘王归自諆田’，是一种记时方式，表明射礼举行的时间是在周王自諆田归来之后。”“举行射礼的地点，铭文没有明确指出，但据下文令受赏于彗宫的情况，估计在距离彗宫不远处。”[④]概括起来，即王龙正先生认为这次射礼举行的时间是在春天，与藉田礼为同一天，具体时间是在周王自諆田归来之后，地点在彗宫不远处。但细斟之，其说也有不严谨的地方。如“王大藉农于諆田”、“王归自諆田”，就未必是记时，记时语有两句，并分置于两处，更为金文中所未见。从令受赏臣十家的情况看，估计王行射的地点距离彗宫也肯定不会太近。而且既然说射礼举行的时间是在周王自諆田归来之后，那就是溓（或说彗）宫了，何以又说举行射礼的地点是在离彗宫不远处呢？

我们认为令鼎铭文所记射礼举行的时间，的确可以藉礼举行的时间为参照，以确定其相对时间。根据《礼记·月令》孟春之月、《吕氏春秋·孟春纪》、《国语·周语上》虢文公讲，藉礼不但在正月开始春耕时要举行，而且在耨耘、收获时也要举行，即“耨获亦如之”。仲山父也说：“王治农于籍……耨获亦于籍。”[⑤]就本铭来说，由于文辞简略，着实看不出是何季节举行的藉礼，因而也无法确知射礼举

① 杨树达：《积微居金文说》（增订本）令鼎跋，中华书局，1997年，第2页；杨宽：《“藉礼”新探》，《古史新探》，中华书局，1965年，第220页。

② 唐兰：《西周青铜器铭文分代史征》令鼎，中华书局，1986年，第231页意译及233页注释3。

③ 刘雨：《西周金文中的射礼》，《考古》1986年第12期。

④ 王龙正：《令鼎与射礼中的车战》，《黄盛璋先生八秩华诞纪念文集》，中国教育文化出版社，2005年，第196~204页。

⑤ 李维琦点校：《国语·战国策》，岳麓书社，2006年第2版，第6、7页。

行的具体季节，只能作出相对时间的判断，即这次射礼是周王在某一季节举行的藉礼礼毕的飨宴之后举行的。举行的地点就在举行藉田礼的諆田，这不仅铭文说得很明白，而且也有传世文献资料的支持。《国语·周语上》所记西周时期的藉礼，礼毕后的飨食就是在藉礼举行地当场举行的。本铭因觞而有射的射礼，当然也是在藉礼举行现场举行的，它与文献记载的西周礼仪制度也是完全一致的。只是到《礼记·月令》孟春之月、《吕氏春秋·孟春纪》所记春秋、战国年间的藉礼时，才把礼毕后的当场飨宴，改为礼毕后回到太寝行“劳酒”礼仪。西周时期的藉礼与春秋、战国时期的藉礼，差别非常明显。这也反证本次射礼是不可能在溓宫举行的。

3）令鼎铭文所记射礼的种类与行射方式

我国古代有四种射礼，即大射、宾射、燕射和乡射。令鼎铭文记载的射礼应属于这四种射礼中的哪一种呢？学界对此问题涉及不多，唯杨宽先生说，令鼎铭文的觞，“就是指‘籍礼’完毕后的宴会。‘王射’云云，又是在宴会之后举行‘大射礼’”①，即认为令鼎铭文所记射礼是大射礼。这种说法是不对的，盖受“大射是天子或诸侯会集臣下”而射②、或“君臣相与习射”③等晚期大射礼的传统观点的影响，并由“王射，有司眔师氏、小子卿射”一语误会所致。前边我们已经说过，西周时期的大射是专门为竞射而举行的由王主持或参加的射礼。凡是王自射即独自进行的射礼、或王参加的其他礼典中的射礼，并不叫大射，而叫王射。但王射本身并不是射礼的一个种类，它到底属于何种射礼，还需要根据其上下铭文的内容来确定。我们认为本铭是觞后王射，有司与师氏小子卿射。尽管王觞享群下是由藉礼引发的，但王射卿射则是由觞宴引发的。此因藉礼而有觞，又因觞宴而有射，射以为乐也，因此，本铭所记的射礼无疑应是燕射礼。按礼书记载，大射礼礼仪相当烦琐，有射前燕、三番射、射后坐燕、复射等仪节。本铭是在藉礼礼毕的觞宴之后行射的，射讫又要返回溓宫，路上还要竞跑，一天之内接连进行了四件事，毕竟礼事太稠，从时间上也不太可能是大射礼，而燕射礼与大射礼相比则仪节相对简单一些，仅为宴饮助兴而已，所以，燕射则是完全可能的。

关于令鼎铭文所记射礼的行射方式，学界几无涉及，唯王龙正先生将令鼎铭文与车战相联系，提出令鼎铭文记载的射礼是在奔驰的马车上行射的。他说：“参加本次射礼的人员都是驾着马车进行比赛。王、𧊒仲、令等三人分在同一个小组中，其中王为御者，居车之中，𧊒仲居右，令为射者居左。射礼最初应当是一种实战演习，其中射者和御者同乘一辆车，射者是站在被马牵引着快速奔驰的车上，并在运动中瞄准预先设在空旷地上的‘侯’（靶）而发射箭矢的。”“射、御这两门

① 杨宽：《“籍礼”新探》，《古史新探》，中华书局，1965年，第220页。
② 杨宽：《“射礼”新探》，《古史新探》，中华书局，1965年，第310页。
③ 李学勤：《柞伯簋铭考释》，《文物》1998年第11期。

技术是相辅相成的，二者缺一不可。它要求御者和射者必须相互协调配合，射者才能有效地命中目标，取得胜利。”“我们推想，在射礼之初，为追求作战演习的逼真性，射侯或许也是安装在用马拉着奔驰的另一辆车上也未可知。”①不可否认，令鼎铭文之研究长期以来没有新成果问世，王龙正先生的新作，作了许多创新性探讨，但他关于行射方式的解说想象成分似太多。

首先，这种行射方式从铭文上是根本看不出来的，即缺乏内证。

其次，所引证的资料都不是直接证据。该文引用的文献依据有四：一是“《周礼·夏官·大司马》云：‘中冬教大阅。前期，群吏戒众庶修战法……乃鼓，车驰徒走。及表乃止。鼓戒三阙，车三发，徒三刺。’这表明在作战演习中，弓箭手是在车上发射，因而推测早期射礼作为车战演习当与此基本相同”。二是《逸周书·克殷解》云：“（周武王）先入适王所，乃尅射之，三发而后下车。”《左传》成公十六年云：“叔山冉谓养由基曰：‘虽君有命，为国故，子必射。’乃射，再发，尽殪。”杨伯峻注曰：“射两次，死两人。”《国语·晋语》韦昭注曰：“一发而死曰殪。”据此他说：“可见上文所谓‘三发’是指三次发射。”三是“《左传·襄公三十一年》子产说：‘譬如田猎，射御贯则能获禽……若未尝登车射御，则败绩压覆是惧，何暇思获？’由此可以看出，在早期的射礼中，竞射双方是在车上而不是仅仅在平地上进行比赛。”四是“《诗经·鲁颂》郑笺：‘兵车之法：左人持弓，右人持矛，中人御。’显然三人同乘一车，相互协调配合作战，是古代车战的基本组合，反映了古代以兵车为主体的作战方式，在这次射礼比赛中，周王与彗仲、令等三人小组便是这样的一种单元组合”②。第一条例证是演习战法的大阅礼，本与射礼无关，只是用“推测”的方法把它与作为车战演习的早期射礼相联系。第二条例证的确与射礼有关，对发字的释义也完全正确，但这种表示征服敌方的巫术性军中射仪，无论是行射环境，或是行射方式与目的，都与本铭不同，是不能相提并论的。第三条例证是田猎，将其与射礼扯在一起，即显得武断。第四条例证是车战之法，要知道这是把奋抹掉之后才得以迎合车战三人一车之组合的。可见这些外证材料，无一能直接说明本铭之射礼是在急速奔驰的车上行射的。

其三，如是解则前后存在多处矛盾。这就是上述考释中已分别指出的，现在此再集中作一复述：王龙正先生说周王、彗仲、令三人同乘一车，王驾车、彗仲为车右，令为射者。显然令亦在车上，那铭文为何只言王驭彗仲一人呢？既然仆是令的职官名，令为何又成为射手呢？王、令之职司均有明言，而彗仲之职掌则为何不言呢？即使为车右，就射礼而言不也是形同虚设吗？既然周王是驭者，又

① 王龙正：《令鼎与射礼中的车战》，《黄盛璋先生八秩华诞纪念文集》，中国教育文化出版社，2005年，第196~204页。

② 王龙正：《令鼎与射礼中的车战》，《黄盛璋先生八秩华诞纪念文集》，中国教育文化出版社，2005年，第196~204页。

何以行射？不能行射，那铭文又为何言“王射”呢？显然王射与王驭是两件事，不能混为一事。诸多矛盾的涌现说明驰车行射的方式是不适于本铭的。至于到底是什么样的行射方式，虽然铭中没有说及，但据《周礼·考工记·梓人》“张兽侯，则王以息燕”[①]，知燕射乃是与群臣饮酒而射。从息燕张兽侯，息燕之后继以射分析，酒后是不太可能在飞驰的马车上行射的，故本铭应该是在地上射侯的正常行射方式。

4）令鼎铭文所反映的两个基本事实

令鼎铭文所记藉农之礼、飨礼、射礼，毫无疑问，可有助于考见当时的礼制。除此之外，还有两个基本事实是可以肯定的。一个是王射、卿射及王驭，说明射、御的确是西周贵族阶层必须掌握的技艺，同时也说明当时贵族的教育，“确是以礼、乐、射、御、书、数六者即所谓六艺为主的，而以易、诗、书、礼、乐、春秋为六艺，则是孔丘以后儒家所倡的”[②]。第二个是藉田礼举行的似乎有些草率。周礼繁复冗长，行礼是一件很耗精力的苦差事。然从令鼎铭文来看，当天的主要活动应是举行藉礼，结果一天之内先后举行了藉礼、飨礼、射礼、竞跑比赛四项礼仪、考核或娱乐活动。如果把这一天的活动比喻成一台文艺演出的话，那简直就是一台简短的节目汇演，这不能不说是流于形式的轻率行事。史载周公制礼，藉礼也为周公所制。《国语·鲁语下》孔子说：“若子季孙欲其法也，则有周公之籍矣。”韦昭注曰：“籍田之法，周公所制也。”[③]令鼎是昭王时器，说明从昭王时期开始周公制定的礼仪制度就已经向草率方向发展了。这与《左传》、《楚辞》、《吕氏春秋》和《竹书纪年》等其他文献记载的昭王时期滥用武力[④]、不修文德以礼服人的情况，也是一致的。

（二）噩侯驭方鼎与燕射礼

1. 噩侯驭方鼎的年代

噩侯驭方鼎，亦曾称噩侯鼎、駿方鼎、王南征鼎、噩侯騕方鼎、鄂侯御方鼎（彩图 10）。陈梦家先生定为孝王时器[⑤]，唐兰先生定为穆王时器[⑥]，李学勤、朱凤瀚两位先生则认为是厉王时器。[⑦]按该器立耳微外侈，腹部为半球形，比较深，

① （清）阮元校刻：《十三经注疏·周礼注疏》，中华书局，1980 年，第 926 页。

② 唐兰：《西周青铜器铭文分代史征》令鼎，中华书局，1986 年，第 234 页说明。

③ 徐元诰撰，王树民、沈长云点校：《国语集解》（修订本），中华书局，2002 年。

④ 如《初学记》卷七汉水下引《竹书纪年》曰：“周昭王十六年，伐荊，涉汉，遇大兕。”又曰：“周昭王十九年，天大曀，雉兔皆震，丧六师于汉。”（（唐）徐坚等撰：《初学记》，中华书局，2004 年第 2 版，第 143、144 页）《左传》僖公四年云：“昭王南征而不复。”（（清）阮元校刻：《十三经注疏·春秋左传正义》，中华书局，1980 年，第 1793 页）

⑤ 陈梦家：《西周青铜器断代》，中华书局，2004 年，第 216 页。

⑥ 唐兰：《西周青铜器铭文分代史征》，中华书局，1986 年，第 404 页。

⑦ 李学勤：《谈西周厉王时器伯𢦏父簋》，《安作璋先生史学研究六十周年纪念文集》，齐鲁书社，2007 年；朱凤瀚：《由伯𢦏父簋铭再论周厉王征淮夷》，《古文字研究》第 27 辑，中华书局，2008 年，第 192~199 页。

兽足，内面平直。颈下饰顾龙纹带，以突棱为中轴，两两相背，对称分布为一组。顾龙通体作“S”形，长冠下垂，末端上卷，无足，尾后有三角形连缀。其下饰一周弦纹，足根部饰兽面纹与扉棱。从形制来说，该鼎则有着西周晚期的特征，但从纹饰来说，该鼎则有着西周中、晚期的特征。本铭文为玉箸体，书写草率，字体结构较为开朗，间架有些松散，显示出西周中期金文的特征，“拜手稽首”也是懿王时期开始有的词语①，但布局比较整齐规范，基本上横成排，竖成列，铭文末尾有“其万年，子孙永宝用”之祈福语等，这些则都是西周晚期金文的特征。“隩”字所从的酉字上两笔为八字形，“僪”、“卿”等以人、卩为偏旁的人体形，腿部不再作跪跽状而是下肢向下伸展，这些都是西周中期开始出现的书写特点，而“王”字三平划粗细均匀，则是西周晚期金文的书写特点。可见，由上我们只能知道噩侯驭方鼎大致是西周中后期的器物。而更为具体的年代则可以通过器物系连法来确定。如果能把它和已知年代的器物联系起来，问题就解决了。尽管缺憾的是限于资料，目前我们还不能与有明确纪年的铭文联系起来，但通过器物系连法还是可以进一步确定出该器更为具体的王世的。

首先，从铭文字体的书写来看，噩侯驭方鼎铭文的字体与㦰父簋铭文的字体十分相近，而伯㦰父簋的形制、纹饰都有着西周晚期的特征，李学勤、朱凤瀚两位先生都认为它是厉王时器。②

其次，从名称事迹来看，噩侯驭方鼎铭文所记“王南征”蛮夷方国之事，亦见于伯㦰父簋、翏生盨、宗周钟（㝬钟）。而且噩侯驭方鼎与伯㦰父簋铭都有征讨方国名遹，噩侯驭方鼎与翏生盨铭都有征伐方国名角、遹，伯㦰父簋与翏生盨铭都有征伐方国名桐、遹，只是鼎铭写作“僪”、簋铭写作“潏”而已。僪即遹，《说文·走部》：“趫，狂走也。”《广雅·释诂四》：“僪，狂也。”知僪是趫字，因而可与遹相通用。潏亦即遹，李学勤先生说：“‘潏’与‘遹’相通假，写法不一。合观各器，知道此次南征，所伐除英、桐两国，还有文献不见的角、津和潏等，不同器铭举出的，只是其间的一部分。”③陈梦家先生也认为翏生盨铭所记“此役与噩侯御方鼎乃同时之事”④。伯㦰父簋与宗周钟铭还都有被王军征伐的蛮夷附庸国之统称的“服子”，唐兰先生曾论定㝬钟器主便是周厉王胡。⑤近年出土的㝬簋、五祀㝬钟也印证了这一点。李学勤先生指出：“宗周钟铭说的，显然同伯㦰父簋是一回事，只是簋铭写出了‘服子’中三国的名字，就是麋、桐和潏。”“我们可以

① 陈梦家：《西周铜器断代》卯簋盖，中华书局，2004年，第224页。
② 李学勤：《谈西周厉王时器伯㦰父簋》，《安作璋先生史学研究六十周年纪念文集》，齐鲁书社，2007年；朱凤瀚《由伯㦰父簋铭再论周厉王征淮夷》，《古文字研究》第27辑，中华书局，2008年，第192~199页。
③ 李学勤：《谈西周厉王时器伯㦰父簋》，《安作璋先生史学研究六十周年纪念文集》，齐鲁书社，2007年。
④ 陈梦家：《西周铜器断代》翏生盨，中华书局，2004年，第216页。
⑤ 故宫博物院编：《唐兰先生金文论集》，紫禁城出版社，1995年，第34~42页。

确定，这次南征是在厉王之世。”[①]此言甚是，这些方国国名相同，绝非偶然巧合，它说明噩侯驭方鼎、伯𢦏父簋、翏生盨、宗周钟所记王南征为同一件事。噩侯驭方又见于禹鼎铭文，但此时这个曾与周王宴饮、表面听命于周的噩侯已公开背叛了周，率领南淮夷、东夷内犯，侵扰南国、东国。王朝军队受命讨伐，却因故受阻，后来大臣武公又派禹率百乘之师会合王师，才擒获了噩侯驭方。[②]武公其人也见于敔簋铭，该铭记南淮夷竟北上入侵到河洛地区，王命敔抗击之事。[③]敔簋铭文又有荣伯，荣伯“应即史书所载厉王宠信的荣夷公”。弭伯簋也有荣伯。弭伯之弟是弭叔，也有簋、盨、鬲传世。[④]

再次，从器物的形制特征来看，与伯𢦏父簋形制最接近的是弭伯簋[⑤]，同时翏生盨又酷似弭叔盨，李学勤先生说：“这些都是厉王时器。”[⑥]可见，综合器形、纹饰、铭文及其所记内容和系连诸器年代来看，足证该器为厉王时器物。

另外，文献对厉王南征之事也有记载，如《后汉书·东夷传》据古本《竹书纪年》说：“厉王无道，淮夷入寇，王命虢仲征之，不克。”[⑦]今本《竹书纪年》说，厉王“三年，淮夷侵洛，王命虢公长父征之，不克”[⑧]。这同前举诸器及晋侯铜人铭文所记南淮夷入侵是吻合的[⑨]，均明言是在厉王之世，只是今本《竹书纪年》所据材料晚出，故三年之说并不一定可信。因此，鉴于上述情况，我们认为把噩侯驭方鼎定为厉王时器是比较合适的。

2. 噩侯驭方鼎铭文考释

噩侯驭方鼎铭文共 11 行含重文、合文 86 字（《集成》2810）。现综合各家意见，释文如下：

王南征，伐角、僪（遹）。唯还
自征，才（在）坏（坯）。噩（鄂）侯驭方
内（纳）壶于王，乃祼之，驭
方咨（侑）王，王休匽（宴），乃射，驭
方卿（佮）王射，驭方休阑，
王寡，咸酓（饮）。王寴（亲）易（赐）驭
方玉五瑴、马四匹、矢五

① 李学勤：《谈西周厉王时器伯𢦏父簋》，《安作璋先生史学研究六十周年纪念文集》，齐鲁书社，2007 年。
② 陕西省博物馆、陕西省文管会：《陕西出土商周青铜器（三）》，文物出版社，1980 年。
③ 李学勤：《中国古代文明研究》，华东师范大学出版社，2005 年，第 121~122 页。
④ 李学勤：《谈西周厉王时器伯𢦏父簋》，《安作璋先生史学研究六十周年纪念文集》，齐鲁书社，2007 年。
⑤ 详见王世民、陈公柔、张长寿：《西周青铜器分期断代研究》簋 66，文物出版社，1999 年。
⑥ 李学勤：《禹鼎与张家坡井叔墓地》，《文史新澜》，浙江古籍出版社，2003 年。
⑦ （南朝宋）范晔撰，（唐）李贤等注：《汉书》，中华书局，1965 年，第 2808 页。
⑧ 王国维：《今本竹书纪年疏证》，方诗铭、王修龄：《古本竹书纪年辑证》附录，上海古籍出版社，1981 年，第 251 页。
⑨ 李学勤：《中国古代文明研究》，华东师范大学出版社，2005 年，第 120~122 页。

束。驭方拜手䭫(稽)首，敢
对扬天子不(丕)显休賚(赉)，
用乍(作)㔾(尊)鼎，其迈(万)年，
子孙永宝用。

"伐角、遹。"从翏生盨、伯𢦚父簋铭知角遹之间确应加顿，有学者连读[①]，显然是不对的。角，是"邻于楚的小国"[②]，遹，"应在更远的长江一带"[③]，皆为蛮夷方国，被征服后成为周朝的附庸，履行纳贡义务，与周保持着宗主隶属关系，故伯𢦚父簋、宗周钟铭又称他们为"服子"[④]。本铭南征的角、僪与翏生盨南征南淮夷的角、津、桐 、遹当是同时事。

"在坏。""坏"，即坯。按古代汉语不通"丕"，《诗・周颂・清庙》："不显不承。"[⑤]《孟子・滕文公下》引《书・君牙》作："丕显哉，文王谟！丕承哉，武王烈！"[⑥]坏与坯、伾同，《尚书・禹贡》："至于大伾。"孔安国传："山再成曰伾。"[⑦]《尔雅・释山》："山一成，伾。"而《说文・土部》作："伾，丘一成者也。"段玉裁注："一，各本作再，今正。"《说文》又说，坏"一曰瓦未烧，从土，不声"。段玉裁注："今俗谓土坏，古语也。瓦者，土器已烧之总名。然则坏者，凡土器未烧之总名也。"土坏即土坯。知坏、坯、伾互通义同。坯，亦见于麦方尊铭，王国维说该字与竞卣铭"隹伯屖父以成𠂤即东命伐南夷……在䣽"之䣽，为同一字、同一地，即大伾。[⑧]郭沫若以为本铭之坏当即河南汜水县之大伾山，他说："大伾乃山名……二器均言南征事，一言往，一言还，而均经过此坏，则当说以汜水之大伾为是。"[⑨]按大伾之位置有三说，一说在修武武德之界；一说在河南汜水县或成皋县，即今河南荥阳汜水镇西北成皋故城所在之山；一说在河南浚县或黎阳县，即今河南浚县城东黎阳东山，宋人所镌摩崖石刻"大伾伟观"四字，今犹见在。[⑩]三说中修武武德说已被前人否定，剩余二说中的浚县说，因地在成周东北，其方位与竞卣铭文所记自成𠂤而东过大伾及伐南夷颇为不合，唯汜水成皋说之方位于

① 杨树达：《积微居金文说》（增订本）令鼎跋引，中华书局，1997年，第1页；唐兰：《西周青铜器铭文分代史征》噩侯驭方鼎，中华书局，1986年，第404页；刘雨：《西周金文中的射礼》，《考古》1986年第12期。

② 陈梦家：《西周铜器断代》翏生盨，中华书局，2004年，第216页。

③ 李学勤：《谈西周厉王时器伯𢦚父簋》，《安作璋先生史学研究六十周年纪念文集》，齐鲁书社，2007年。

④ 朱凤瀚：《由伯𢦚父簋铭再论周厉王征淮夷》，《古文字研究》第27辑，中华书局，2008年，第192~199页。

⑤ （清）阮元校刻：《十三经注疏・毛诗正义》，中华书局，1980年，第583页。

⑥ （清）阮元校刻：《十三经注疏・孟子注疏》，中华书局，1980年，第2714页。

⑦ （清）阮元校刻：《十三经注疏・尚书正义》，中华书局，1980年，第151页。

⑧ 王国维：《观堂集林・附别集》噩侯驭方鼎跋，中华书局，1959年，第1195页。

⑨ 郭沫若：《两周金文辞大系图录考释》噩侯驭方鼎，科学出版社，1957年，第107页。

⑩ 《尚书・禹贡》："东过洛汭，至于大伾。"孔安国传："洛纳，洛入河处……伾本或作岯，音丕。"孔颖达正义曰："洛汭，洛入河处，河南巩县东也……郑玄云：大岯在修武武德之界。张揖云：成皋县山也。《汉书》音义有臣瓚者，以为修武武德无此山也，成皋县山又不一成，今黎阳县山临河，岂不是大岯乎。瓚言当然。"（(清)阮元校刻：《十三经注疏・尚书正义》，中华书局，1980年，第151页）另参见《水经・河水注》、《济水注》及所引汉晋资料；《括地志・黎州》黎阳县条。

成自东及伐南淮夷均相一致，故确应以汜水成皋说为是。

“噩侯驭方内壶于王。”“噩”同鄂，《尔雅义疏·释天》陆德明释文曰：“噩，本或作咢”。咢，有邑无邑无别。《广韵·铎韵》：“噩，通作咢、鄂。”噩侯即鄂侯。“驭方”，为鄂侯名。古地名鄂者有四：一在今河南南阳北的邓县，《括地志》曰：“邓州向城县南二十里西鄂故城，是楚西鄂。”[①]《史记·楚世家》张守节正义引刘伯庄云：鄂“地名，在楚之西，后徙楚，今东鄂州是也”[②]。二在今湖北鄂城，《史记·楚世家》曰：“当周夷王之时，王室微，诸侯或不朝，相伐。熊渠甚得江汉民和，乃兴兵伐庸、杨粤，至于鄂……乃立其长子康为句亶王，中子红为鄂王，少子执疵为越章王，皆在江上楚蛮之地。及周厉王之时，暴虐，熊渠畏其伐楚，亦去其王。”集解云：“《九州记》曰：‘鄂，今武昌。’”正义引《括地志》曰：“武昌县，鄂王旧都。今鄂王神即熊渠子之神也。”[③]三在今山西乡宁县，县南里许有鄂侯故垒，《左传》隐公六年：“顷父之子嘉父逆晋侯于随，纳诸鄂，晋人谓之鄂侯。”杜预注：“鄂晋别邑……前年桓王立此侯之子于翼，故不得复入翼，别居鄂。”[④]四在今河南沁阳县西北邗台镇，《史记·殷本纪》：“（纣）以西伯昌、九侯、鄂侯为三公。”集解引徐广曰：鄂“一作邗，音于，野王县有邗城”。[⑤]《左传》僖公二十四年：“邗晋应韩武之穆也。”杜预注亦曰：“河内野王县西北有邗城。”[⑥]

而本铭鄂侯之鄂地则有三说，王国维以为竞卣“自成𠂤而东过大伾，此敦记王还在坏，而鄂侯驭方觐王，则鄂之国境，亦可推测矣”[⑦]。郭沫若先生也谓：“邗乃鄂之子邑，周人灭殷，以邗地分封，故复号邗也。沁阳与汜水邻接，本铭之噩侯当即殷末鄂侯之后裔矣。此噩乃姞姓之国，与周室通婚姻，别有《噩侯簋》云‘噩侯乍王姞媵簋，王姞其万年子子孙孙永宝用’，可证。”[⑧]《中国通史》也说，噩侯驭方鼎的鄂应“以在今之河南沁阳县西北的说法为是”[⑨]。我们认为本铭之鄂地，是不能仅仅以坯地为线索来推测的。由本铭再结合禹鼎铭文，知鄂侯于周朝时服时叛。若其地是在沁阳，沁阳离成周即今洛阳近在咫尺，周王岂能容忍其叛服无常。虽然沁阳之方位在成周东北，周王征南淮夷，即使鄂

---

① （唐）李泰等著，贺次君辑校：《括地志辑校》，中华书局，1980年，第194页。

② （汉）司马迁撰，（宋）裴骃集解，（唐）司马贞索隐，张守节正义：《史记》，中华书局，1982年第2版，第1692页注[三]。

③ （汉）司马迁撰，（宋）裴骃集解，（唐）司马贞索隐，张守节正义：《史记》，中华书局，1982年第2版，第1692页及注[五]。

④ （清）阮元校刻：《十三经注疏·春秋左传正义》，中华书局，1980年，第1731页。

⑤ （汉）司马迁撰，（宋）裴骃集解，（唐）司马贞索隐，张守节正义：《史记》，中华书局，1982年第2版，第106页及注[三]。

⑥ （清）阮元校刻：《十三经注疏·春秋左传正义》，中华书局，1980年，第1817页。

⑦ 王国维：《观堂集林·附别集》噩侯驭方鼎跋，中华书局，1959年，第1195页。

⑧ 郭沫若：《两周金文辞大系图录考释》噩侯驭方鼎，科学出版社，1957，第108页。

⑨ 白寿彝总主编：《中国通史》第三卷《上古时代》，上海人民出版社，1994年。

侯勤王出征或凯旋经过坯能讲得通，但从禹鼎铭文来看，鄂地近淮夷，而且左右着淮夷则甚明。同时，随州安居亦有鄂，并出土有鄂国青铜器，鄂之地望也可能在湖北境内的随州一带。若把本铭的鄂与坯或沁阳联系在一起，无论如何都是讲不通的。

徐中舒先生以为“西周时代，鄂尚在楚西”，即邓县的西鄂。[①]唐兰先生也说：“鄂侯驭方的鄂，应该是现在河南邓县的鄂。”[②]但这一说法的问题是，据前引《史记·楚世家》记载，早在周夷王时，楚王熊渠攻伐杨粤到鄂即今湖北鄂城，便封其中子红为鄂王，鄂已由楚之西鄂即今河南南阳北的邓县迁徙到楚境即今湖北鄂城了。噩侯驭方鼎是厉王时器，故此时的鄂侯都居之地当然也就不可能在河南南阳的邓县了。可见以上两说，或于记录同事的铭文，或于相关文献，都有扞格之处。故有些学者，如陈梦家先生则“不采用此二说，以为鄂在武昌”。由于这次王南征的角、遹都是“邻于楚的小国，所以楚之鄂侯从王征伐”[③]。李学勤先生也认为这次南征是“王由成周即今河南洛阳出发，伐英伐桐，是向东南行进，遹等方国应在更远的长江一带。其归途则沿江而上，鄂侯之都在今湖北鄂城”[④]。我们认为这一说法最为合理，它不仅与宗周钟、翏生盨、竞卣、伯𢦚父簋、禹簋等铭文所记鄂之地域环境和其他各地名之方位，以及王南征与班师凯旋之路线等情况均相一致，而且与《史记·楚世家》等相关文献所记“周夷王之时王室微”，由楚西鄂东迁之后的鄂为“江上楚蛮之地”，以及“周厉王之时暴虐，熊渠畏其伐楚”所透露的周与楚蛮淮夷关系吃紧的历史背景也凿枘正合。故湖北鄂城说确不可易。既然我们赞成鄂为湖北鄂城，又认为不能把坯与鄂联系在一起，那么本铭的坯与鄂之关系应作何解释呢？我们是这样分析的，即周王南征，楚之鄂侯也从王征伐，班师归来时，鄂侯又亲自护送周王北上，一直送到将入王畿之地的坯地，大概是鄂侯可能已完成护送任务就要返回了，所以才有了接下来的燕射赏赐之礼。

“内壶”，或释为“内豊”，读作“纳醴”[⑤]。按铭文之该字，其形构与豊字相去较远，而实为壶之象形，故有学者释为壶字，读“内壶”为“纳壶”[⑥]，是非常正确的。纳即致送，有进献之义。壶为器皿。纳壶，单言之，于射礼可有二解。一是投壶礼有“进度壶”、竞技双方“咸饮”，即负方饮罚酒、胜方饮庆酒之仪节。[⑦]按古代“投壶，是一种游戏，也是一种礼。以矢投壶，投中多者为胜方，而饮负

① 徐中舒：《禹鼎的年代及其相关问题》，《考古学报》1959年第3期。
② 唐兰：《陕西省博物馆、陕西省文物管理委员会藏青铜器图释》序，文物出版社，1960年。
③ 陈梦家：《西周铜器断代》噩侯驭方鼎、禹鼎、翏生盨，中华书局，2004年，第217、271、216页。
④ 李学勤：《谈西周厉王时器伯𢦚父簋》，《安作璋先生史学研究六十周年纪念文集》，齐鲁书社，2007年。
⑤ 郭沫若：《两周金文辞大系图录考释》噩侯驭方鼎，科学出版社，1957年，第107页；陈梦家：《西周铜器断代》噩侯驭方鼎，中华书局，2004年，第217页。
⑥ 《集成》2810；刘雨：《西周金文中的射礼》，《考古》1986年第12期。
⑦ 《礼记·投壶》，（清）阮元校刻：《十三经注疏·礼记正义》，中华书局，1980年，第1665、1666页。

方以罚酒，类似于射礼。燕饮有射箭比赛以乐宾，但如果庭的长宽不足以张射侯，宾客的人数亦不足以排比射耦，则用投壶礼”[①]。噩侯驭方鼎铭所反映的情况，无论是行礼环境与条件，还是参与人数都非常适合举行投壶礼，竞技双方“咸饮”也符合投壶礼之规则。然而其下文的行射方式却是“射”而非投，“寡”也与射礼的比赛规则术语吻合，若此则以投壶礼解之就有些勉强了，故可暂且排除纳壶为进度壶之可能。二是射礼前有燕饮献酬之仪节。在这里，壶本为饮酒器，引申为盛满酒的壶，纳壶即纳酒。此如同《书·禹贡》“二百里纳铚”之句例一样，铚本是“农具短镰，割下的庄稼要用短镰削下穗头，故以铚来代表穗。纳铚即入贡穗头”。意思是相距 200 里范围的，缴纳穗头作为赋税。[②]古代以壶指代酒者也不乏其例，如陶潜《游斜川》诗：“提壶接宾侣，引满更献酬。”[③]全句是说噩侯驭方献酒于周王。

“乃祼之，驭方侑王。”“乃”，于是。“祼”，原字亦见于毛公鼎铭（《集成》2841）。祼有二义，一为灌祭，《尚书·洛诰》“王入太室祼”者是也，孔颖达疏曰：“王以圭瓒酌郁鬯之酒以献尸，尸受祭而灌于地，因奠不饮，谓之祼。”[④]二是灌饮，即对朝觐的诸侯行祼礼，以爵酌郁鬯酒以敬客。《周礼·春官·典瑞》“以祼宾客”者是也，郑玄注曰：“爵行曰祼。”贾公彦疏曰：“至于生人饮酒亦曰祼，故投壶礼云：奉觞赐灌，是生人饮酒爵行亦曰灌也。”[⑤]本铭显系后者之义。祼文献或作灌，亦即饮。《礼记·投壶》：“当饮者皆跪奉觞，曰：‘赐灌。’胜者跪曰：‘敬养。’”郑玄注曰：“灌，犹饮也。言赐灌者，服而为尊敬辞也。《周礼》曰：‘以灌宾客’，赐灌敬养各与其偶于西阶上，如饮射爵。”孔颖达疏曰：“此《周礼·典瑞》文引之者，证灌为饮也。”[⑥]“之”，指代驭方。祼之即饮之，亦即灌饮驭方。“侑”，报答，指以酒回敬答谢，古代燕射有酬酢之仪节，此实为酢。《尔雅·释诂》：“酬、酢、侑，报也。”郭璞注：“此通谓相报答，不主于饮酒。”《左传》僖公二十八年：“己酉，王享醴，命晋侯宥。”[⑦]又庄公十八年：“虢公、晋侯朝王。王飨醴，命之宥。”王引之谓宥与侑通，“侑与酬酢同义，命之宥者，其命虢公、晋侯与王相酬酢与？或献或酢，有施报之义，故谓之侑。命之侑者，所以亲之也。僖二十五年《传》‘晋侯朝王，王飨醴，命之宥，’《晋语》作‘王飨醴，命公胙侑。’胙即酢之借字，盖如宾酢主人之礼以劝侑于王，故谓之酢侑与？”[⑧]王国维以为王君之说《左传》，其理长于旧注，但证据未详，其义亦未备，故为补之云：“王乃祼之者，

---

① 杨天宇：《礼记译注》，上海古籍出版社，2004 年新 1 版，第 784 页注[1]。
② 李民、王健：《尚书译注》，上海古籍出版社，2004 年新 1 版，第 83 页及注[15]。
③ 龚斌校笺：《陶渊明集校笺》卷二《游斜川并序》，上海古籍出版社，1996 年。
④ （清）阮元校刻：《十三经注疏·尚书正义》，中华书局，1980 年，第 217 页。
⑤ （清）阮元校刻：《十三经注疏·周礼注疏》，中华书局，1980 年，第 777 页。
⑥ （清）阮元校刻：《十三经注疏·礼记正义》，中华书局，1980 年，第 1666 页。
⑦ （清）阮元校刻：《十三经注疏·春秋左传正义》，中华书局，1980 年，第 1825 页。
⑧ （清）王引之：《经义述闻》，（清）阮元编：《清经解》卷 1180~1207，上海书店，1988 年；又见杨伯峻：《春秋左传注》（修订本），中华书局，1990 年第 2 版，第 207 页。

谓王祼驭方也。驭方侑王者，谓驭方酢王也。《周礼·大行人》侯伯之礼，‘王礼一祼而酢’即此事也。故侑之义与酢同。”①今案王说至确，所以学者多从其说。②实际上，不独《大行人》的“一祼而酢”即本铭之事，其下文的“飨礼七献”，亦是本铭之事也。详见后。驭方酢王，就是驭方报饮周王。至于本铭为何称酢为侑？王国维先生也作了分析，他说：“此不云酢而云侑者，以诸侯之于天子，不敢居主宾献酢之名，故虽酢天子，而其辞若曰侑之云尔。且侑者有配偶之义，侑之为言友也……古者诸侯燕射之礼，皆宰夫为献主，故其臣不嫌有宾名。若天子飨诸侯，则不设献主，受献者嫌与天子亢礼也，若曰天子自饮酒而诸侯副之，如侑之于尸云尔。鄂侯鼎始云驭方侑王，又云驭方卿王射，盖祼则副王，而射则与王为耦，事亦相同也。”③这一说法也是很有道理的。

“王休厦，乃射。”“休”，《尔雅·释诂》曰：“息也。”“厦”，即宴，此字与下文的“王寡”之寡，字形结构殊异甚明，故有学者将二者均释作宴④，或均释作厦⑤，都是不妥的。休宴即息燕，《周礼·考工记·梓人》曰：“张兽侯，则王以息燕。”郑玄注曰：“息者，休农息老物也。燕谓劳使臣，若与群臣闲暇饮酒而射。”⑥陈梦家先生认为：“《考工记》郑注对于‘息’的注释，不甚恰当。《仪礼·乡饮酒》‘乃息司正’，郑玄注云：‘息犹劳也，劳司正谓宾之与之饮酒。’是息亦为饮宴。”息燕当指有乐舞的宴饮，鄂侯侑王，王遂与之息燕。“据《考工记》息燕张兽侯，则息燕之后继以射，故此铭曰‘王休宴，乃射’。”⑦杨天宇先生注曰：“孙诒让引敖继公曰：‘息，疑饮燕之别名。’又曰：‘燕者，先行燕礼（即燕饮酒礼）而射，即所谓燕射也。’是此处所谓息，当指燕射前的燕饮，而息燕即燕射也。”⑧我们认为本铭的休宴，即《周礼·秋官·大行人》所云侯伯之礼“王礼一祼而酢，飨礼七献”之飨礼，郑玄注：“飨，设盛礼以饮宾也。”⑨“乃”，然后。先飨宴而后射，此同于令鼎、长由盉铭，与《礼记·射义》之记载也正相吻合。前引王国维认为“王乃祼之，驭方侑王”，《周礼·大行人》“王礼一祼而酢”即此事。其实《周礼·大行人》的“王礼一祼而酢，飨礼七献”，皆即本铭所记“乃祼之，驭方侑王，王休宴”之事。祼、酢、飨是大宾客之礼的一套仪节，三者是不能分割开

① 王国维：《观堂集林·附别集·释宥》，中华书局，1959年，第1130页。

② 郭沫若：《两周金文辞大系图录考释》噩侯驭方鼎，科学出版社，1957年，第108页；陈梦家：《西周铜器断代》噩侯驭方鼎，中华书局，2004年，第218页。

③ 王国维：《观堂集林·附别集·释宥》，中华书局，1959年，第1131页。

④ 刘心源：《奇觚室吉金文述》2·9，1902年；郭沫若《两周金文辞大系图录考释》噩侯驭方鼎，科学出版社，1957年，第107页。

⑤ 唐兰：《西周青铜器铭文分代史征》噩侯驭方鼎，中华书局，1986年，第404页。

⑥ （清）阮元校刻：《十三经注疏·周礼注疏》，中华书局，1980年，第926页。

⑦ 陈梦家：《西周铜器断代》噩侯驭方鼎，中华书局，2004年，第218页。

⑧ 杨天宇：《周礼译注》，上海古籍出版社，2004年，第660页注[6]。

⑨ （清）阮元校刻：《十三经注疏·周礼注疏》，中华书局，1980年，第891页。

的。而射则又因飨而起，先燕后射乃是燕射的两部分。因此祼、酢、飨、射实是待宾礼中节节相因的一个完整体。

另外，还有一种解释也在这里提出来以供讨论。既然燕射是先燕后射，《仪礼》中的燕礼、乡射礼、大射礼也都是献酬之后行射的，说明射礼必在燕讫后行之。按息，有停止、休息之义，与《礼记·乐记》“而贯革之射息也”[①]之息义同。《说文·心部》：“息，喘也。”段玉裁注：“人之气急曰喘，舒曰息。引申为休息之偁。”“引申之义行而鼻息之义废矣。”息燕即燕饮停息。况且本铭此处的“休”，与下文“休阑”之休所在的句式相同，其义也应该一样。《说文·木部》：“休，息止也。”《尔雅·释言》：“休，戾也。”郭璞注：“戾，止也。”《诗·大雅·民劳》郑玄笺：“休，止息也。”[②]知休有停止义。休宴即停止饮宴，此义与息燕相同。宴饮停息而行射，似亦可通。

“驭方䢔王射”。“䢔”，读为佮，经典作合，义为匹合，即匹配射耦。该字亦见于令鼎、静簋、义盉盖等射礼铭文。“合王射”，即为王之耦，与王匹合对射。句意为驭方匹合周王耦射。

“驭方休阑，王扬，咸酓。”该句说的是驭方与周王比射的结果。“酓”，唐兰先生释“酉”。[③]但细审拓本，酉上之今依稀可辨，刘心源、郭沫若都以为是饮字之省[④]，学者皆从之。“扬”，即扬，金文“扬王休”即扬王休可证。[⑤]《仪礼·大射仪》大射正立于公后以矢行告于公说：“下曰留，上曰扬，左右曰方。”郑玄注云：“留，不至也。扬，过去也。方，出旁也。”[⑥]本铭所记“王扬”就是矢行高于侯、越侯而去的意思，即谓王所射之矢过去不中。[⑦]

“休阑”一语，礼书不见，学者的理解分歧较大。陈梦家先生认为：金文人名的休中又称中与休，即一名一字。“‘休阑’疑是中侯。《广雅·释诂二》曰：‘阑，遮也。’《小尔雅·广器》曰‘射有张布谓之侯’，阑疑指射布，休于阑即止于阑，谓中侯。既射之后，胜与不胜俱饮，故曰‘咸饮’。”[⑧]刘雨先生则依“《说文》‘休，止息也’‘阑，门遮也’”认为“‘休阑’就是射矢于侯框的意思”。在这次射礼中，鄂侯御方曲意奉承周王，故意将矢射在“侯”的框架上。御方的用意是想使周王获胜，取得周王的欢心。然而不巧，周王也没能射中，射得偏高了。

---

① （清）阮元校刻：《十三经注疏·礼记正义》，中华书局，1980年，第1543页。

② （清）阮元校刻：《十三经注疏·毛诗正义》，中华书局，1980年，第548页。

③ 唐兰：《西周青铜器铭文分代史征》噩侯驭方鼎，中华书局，1986年，第404页。

④ 刘心源：《奇觚室吉金文述》2·9，1902年；郭沫若：《两周金文辞大系图录考释》噩侯驭方鼎，科学出版社，1957年，第107页。

⑤ 罗振玉：《三代吉金文存》11·33·2，1937年影印。

⑥ （清）阮元校刻：《十三经注疏·仪礼注疏》，中华书局，1980年，第1039页。

⑦ 参见陈梦家：《西周铜器断代》噩侯驭方鼎，中华书局，2004年，第219页；刘雨：《西周金文中的射礼》，《考古》1986年第12期。

⑧ 陈梦家：《西周铜器断代》噩侯驭方鼎，中华书局，2004年，第219页。

既然两人都没射中，按礼都得罚饮酒，所以铭文接下去有“咸饮”一句。[①]我们认为刘雨先生的解释较陈说为合理，因为《仪礼·大射仪》说得很明白：“三耦及众射者皆升，饮射爵于西阶上……若诸公卿大夫之耦不胜，则亦执弛弓，特升饮。众皆继饮射爵如三耦。”郑玄注云：“不胜之党无不饮。”[②]知射礼规则是胜方饮负方以罚酒，不当以胜负皆饮也。“阑”，应通栏，《墨子·天志下》：“与踰人之栏牢，窃人之牛马者乎？”孙诒让间诂：“栏，吴钞本作阑。”[③]《故训汇纂》云：“栏、阑、兰，并字异而义同。”杜牧《初冬夜饮》：“明年谁此凭阑干。”冯集梧注引《名义考》云：“阶际木勾栏曰栏杆，亦作阑干。”[④]知阑即栏杆。在本铭应指张侯系纲的左右两立柱，也就是植。休阑即止于立柱，也就是射矢于张侯的立杆上。另外还有一解：“休”，懈怠，《左传》昭公五年：“滋敝邑休殆。”杜预注曰：“休，解（懈）也。”[⑤]“阑”，衰落，《古今韵会举要·寒韵》引《增韵》曰：“阑，衰也。”休阑应是射矢发力不足而坠落的意思，也就是射而不至侯。似亦可通。

“玉五瑴、马四匹”，犹尹姞鬲铭“玉五品，马四匹”（《集成》00754、00755）。《左传》庄公十八年：“虢公、晋侯朝王，王飨醴，命之宥，皆赐玉五瑴，马四匹。”[⑥]所赐与此同。“瑴”，本作“玨”、“珏”，白玉一双。《左传》僖公三十年：“公为之请纳玉于王与晋侯，皆十瑴。”杨伯峻注曰：“双玉曰瑴。《说文》作‘玨’。”[⑦]“《仓颉篇》瑴作珏，双玉为瑴，故字从两玉。”[⑧]

“束”，《诗·鲁颂·泮水》“束矢其搜”毛亨传曰：“五十矢为束。”[⑨]《淮南子·汜论训》“讼而不胜者出一束箭”高诱注曰：“箭十二为束也。”[⑩]

“丕显”，显赫。《小尔雅·广训》：“丕显，显也。”

“賚”，刘心源说：“从贝当是釐，《诗·江汉》‘釐尔圭瓒’，《传》：‘釐，赐也。’”[⑪]《集成》读作“赉”，按赉义为赏赐，赠送。《尚书·汤誓》：“予其大赉汝。”孔安国传曰：“赉，与也。汝庶几辅成我，我大与汝爵赏。”[⑫]读釐、读赉虽有异，但其义则基本相同。

根据以上考释，噩侯驭方鼎铭文的大意是：周王南征，讨伐南淮夷角、遹等

---

① 刘雨：《西周金文中的射礼》，《考古》1986年第12期。
② （清）阮元校刻：《十三经注疏·仪礼注疏》，中华书局，1980年，第1040页。
③ （清）孙诒让著，孙以楷点校：《墨子间诂》，中华书局，1986年。
④ 宗福邦、陈世铙、萧海波主编：《故训汇纂》阑字条，商务印书馆，2003年，第2407页[30]、[37]。
⑤ （清）阮元校刻：《十三经注疏·春秋左传正义》，中华书局，1980年，第2043页。
⑥ （清）阮元校刻：《十三经注疏·春秋左传正义》，中华书局，1980年，第1772~1773页。
⑦ 杨伯峻：《春秋左传注》（修订本），中华书局，1990年第2版，第478页。
⑧《左传》庄公十八年孔颖达正义，（清）阮元校刻：《十三经注疏· 春秋左传正义》，中华书局，1980年，第1773页。
⑨ （清）阮元校刻：《十三经注疏·毛诗正义》，中华书局，1980年，第612页。
⑩ 何宁：《淮南子集释》，中华书局，1998年，第975页。
⑪ 刘心源：《奇觚室吉金文述》2·9，1902年。
⑫ （清）阮元校刻：《十三经注疏·尚书正义》，中华书局，1980年，第160页。

部族方国。周王从征地回来途中，在坯的地方，鄂侯驭方献酒于周王，于是周王祼驭方，驭方酢周王，周王举行飨宴，然后行射礼，驭方匹合周王耦射，结果驭方把矢射到了张侯的立杆上，周王也射高了，矢越侯而去，二人都未射中，依礼均饮罚酒。燕射毕，周王亲自赐给驭方白玉五双、马四匹、箭矢五束。驭方拜揖叩头，称扬天子的显赫休美与赏赐，用来做祭器的鼎，祈求留传万年，子子孙孙永远宝用之。

3. 噩侯驭方鼎铭文所记载的燕射礼

噩侯驭方鼎铭文所反映的燕射礼信息有以下几个方面。

1）噩侯驭方鼎铭文所记燕射礼举行的时间与地点

噩侯驭方鼎铭文本身没有纪时语，但该铭所记周王南征角、遹等蛮夷方国之事，是一次大规模的军事行动，伯㦰父簋、翏生盨、宗周钟（㝬钟）等铭文也有记载。由于各器所记是同一件事，不同器铭举出的受伐方国只是其间的一部分，因此可由其有明确记时的器铭来推定本铭所记事件的时间。其中的伯㦰父簋铭说："惟王九月初吉庚午，王出自成周，南征，伐服子麇、桐、潏。"[①]从昭王十八年隹叔从王南征的行程看，"该年八月十八日王在成周，九月已率隹叔等征楚荊"[②]。知从成周到征伐地楚荊至少需要半月的时间。"初吉"之义虽然历来看法不同，但都不出每月的上旬则是共同的认识。如《诗・小雅・小明》："二月初吉，载离寒暑。"毛亨传曰："初吉，朔日也。"[③]一说自朔日至上弦即自初一至初八日为"初吉"。[④]一说初吉是泛指上旬的吉日。[⑤]"夏商周断代工程"的研究结果也认为："初吉，出现在初一至初十。"[⑥]伯㦰父簋铭的"九月初吉庚午"虽不能确指为哪一天，但在九月上旬之内则是无疑的。厉王的这次南征是九月上旬从成周出发，到达征伐地最快也在该月的二十日以后，由于讨伐的方国多，再加上返回时间，在坯地举行燕射礼的时间至少也要在十一月。

本次燕射礼应是在坯地的别馆或客馆里举行的。麦方尊铭曰："王令辟邢侯出坏（坯），侯于邢"（《集成》6015）。竞卣铭曰："惟伯犀父以成师即东，命伐南尸（夷）。正月既生霸辛丑，在鄀（坯），伯犀父皇竞各于官（馆）。竞蔑历，赏竞璋，对扬伯休"（《集成》5425）。从本铭及麦方尊、竞卣铭所记情况的综合分析来看，

① 朱凤瀚：《由伯㦰父簋铭再论周厉王征淮夷》，《古文字研究》第27辑，中华书局，2008年。

② 李学勤：《静方鼎与周昭王历日》，见朱凤瀚、张荣明编：《西周诸王年代研究》，贵州人民出版社，1998年，第354页。

③ （清）阮元校刻：《十三经注疏・毛诗正义》，中华书局，1980年，第464页。

④ 王国维：《观堂集林・生霸死霸考》，中华书局，1959年，第21页。

⑤ （清）王引之：《经义述闻》，（清）阮元编：《清经解》卷1180~1207，上海书店，1988年；程俊英、蒋见元：《诗经注析・小明》认为王引之之说"较他说为长"（中华书局，1991年，第649页）；程俊英《诗经译注》即直解"初吉：初旬的吉日"（上海古籍出版社，2004年，第354页注[3]）。

⑥ 夏商周断代工程专家组：《夏商周断代工程1996~2000年阶段成果报告》（简本），世界图书出版公司，2000年，第35页。

坯在周代应是一个军事重镇或军事据点，平时驻扎有军队，邢侯很可能就是从驻守地坯而受封于邢地做诸侯的。坯也是师旅往返所经之地，而且在坯地还建有供王及王师停留住宿的别馆或客馆。与军事有关的一些赏赐、飨宴往往在这里进行，本铭就是周王自南征地角、遹回来，在坯地的别馆里进行宴射的。

2）鄂侯驭方鼎铭文所记燕射礼的参射者、礼仪过程与仪节

鄂侯驭方鼎铭从王南征，记到自征地还至坯地鄂侯覲王、王祼、燕射与赏赐，虽然场面大、过程长，但全铭所牵扯的人物则只有周王与鄂侯驭方。从铭文“驭方䢼王射”和王与驭方“咸饮”来看，这次燕射也是只有驭方与王对射的。由于“此役是王伐南淮夷而鄂侯助平定南国，故归途中王灌饮之，与之宴射，并有所赏赐”。“此鼎述周王还自南征，中途劳其从行的鄂侯，行息燕或燕射之礼，毕致酬币。”[①]因此，既然王灌饮酬劳的对象是鄂侯，那么因燕而对射的射耦自然也应该是周王与鄂侯了。《礼记・射义》孔颖达疏曰：“凡天子诸侯及卿大夫礼射有三：一为大射，是将祭择士之射。二为宾射，诸侯来朝，天子入而与之射也；或诸侯相朝而与之射也。三为燕射，谓息燕而与之射。”[②]可见，无论是诸侯来朝，还是王燕诸侯，依礼都是要举行射礼的。因此鄂侯覲王、王宴鄂侯，并与之对射，也确是合乎礼制的。

金文记事大都简略，本铭文的礼学价值就在于它记录了鄂侯驭方与周王行覲礼、燕礼、射礼的礼仪过程与仪节，并印证了礼书中的有关记载。其中射前的礼仪过程与仪节是鄂侯纳壶于王、王乃祼之即周王灌饮鄂侯、鄂侯酢侑王、王与鄂侯息燕。燕射的礼仪过程与仪节是王与鄂侯宴饮、鄂侯佮王射、宣布比射结果、饮射爵。行赏的礼仪过程与仪节是赏赐、鄂侯拜谢。能够与礼书记载相印证的礼仪仪节主要有五点，其中有的已在考释中指出，作为一个问题在这里再集中作一叙述。①铭文“乃祼之，驭方侑王，王休宴”，与《周礼・秋官・大行人》所云侯伯之礼“王礼一祼而酢，飨礼七献”[③]之事相同。②铭文“驭方䢼王射”与《仪礼・大射仪》、《乡射礼》、《燕礼记》等所说的对耦比射符同。③《礼记・射义》曰：“古者诸侯之射也，必先行燕礼；卿大夫、士之射也，必先行乡饮酒之礼。”[④]《周礼・考工记・梓人》曰：“张兽侯，则王以息燕。”[⑤]铭文“王休宴，乃射”与《射仪》、《梓人》所云的先燕后射之次序吻合。④《仪礼・乡射礼记》曰：“君射则为下射，上射退于物一笴，既发则答君而俟。”[⑥]《燕礼记》亦曰：“君与射，则为下射。”[⑦]

① 陈梦家：《西周铜器断代》噩侯驭方鼎，中华书局，2004年，第218页。
② （清）阮元校刻：《十三经注疏・礼记正义》，中华书局，1980年，第1688页。
③ （清）阮元校刻：《十三经注疏・周礼注疏》，中华书局，1980年，第891页。
④ （清）阮元校刻：《十三经注疏・礼记正义》，中华书局，1980年，第1686页。
⑤ （清）阮元校刻：《十三经注疏・周礼注疏》，中华书局，1980年，第926页。
⑥ （清）阮元校刻：《十三经注疏・仪礼注疏》，中华书局，1980年，第1012页。
⑦ （清）阮元校刻：《十三经注疏・仪礼注疏》，中华书局，1980年，第1025页。

从铭文“驭方休阑，王寡”的记述顺序看，驭方确应即为《仪礼》所说的上射、周王为下射。⑤《仪礼·大射仪》曰：“三耦及众射者皆升，饮射爵于西阶上。”“若诸公卿大夫之耦不胜，则亦执弛弓，特升饮。众皆继饮射爵如三耦。”[①]《燕礼记》亦曰：“君与射……若饮君，燕则夹爵。”[②]铭文“驭方休阑，王寡，咸饮”，与《仪礼》所云无论是三耦、众射者或是诸公卿大夫与君王，射不胜皆饮罚酒的情况也是一致的。金文与传世礼书的相印证，说明西周时期的一些礼仪仪节，到春秋战国时代及其以后还一直被人们所传承着，同时也说明礼书所记载的诸礼尽管十分规范化，但其中的一些仪节还是确实可信的。

3）噩侯驭方鼎铭所记燕射礼反映的鄂周关系

噩侯驭方鼎铭文主要是记周王南征班师归来途中在坯地与鄂侯宴射并赏赐之事，因而学者多认为：“就铭文内容，可知此时鄂侯臣服于周。”[③]“噩侯与厉王饮酒，厉王赏他很多东西，说明此时他还听命于周”[④]，而且“双方关系很好”，但不久噩侯就率领南方部族叛变了。[⑤]其实，所谓的“臣服”或“听命于周”只是表面现象，而“双方关系很好”则更是一种误解。“鄂侯是周南方一强大部族首领，周王此次南征虽主要目标不是针对他，但对他的震动自然是会有的。”[⑥]从噩侯驭方鼎铭文来看，鄂侯覲王，并与周王宴饮，又陪同周王行射礼，受赐后鄂侯叩头拜谢周王，等等，这些都是鄂侯迫于周王帅师压境不得不这样做的。其故意将矢射到张侯的立柱上，实际上就已暗藏杀机，透露出他必然叛乱的野心。这就如同一个人把飞镖投过另一个人的耳旁一样，虽未伤及人，但其潜藏的杀机是不言而喻的。否则，就难以理解此后很快便出现的鄂周关系大逆转和鄂侯为何一下子便成了南方部族叛乱的总头领。

当然，周王也深知鄂侯在南方部族方国中的影响力和燕射、赏赐的作用。燕射与赏赐本身也可以起到明君臣之义与和睦诸侯的效果，同时，赏赐物还可以使权力合法化。《礼记·射义》孔颖达疏曰：“此经明将射之时，天子诸侯先行燕礼，所以明君臣之义……燕礼者所以明君臣之义也者，谓臣于堂下再拜稽首，升成拜，君答拜，似若臣尽竭其力致敬于君，君施惠以报之也。”[⑦]《礼记·王制》郑玄注曰：“得其器乃敢为其事。”[⑧]噩侯有了周王亲赐的宝玉、马匹和箭矢，在蛮夷部族方国中自然就会获得某些相应的权力。周王试图通过这种燕射礼与赏赐来笼络噩

① （清）阮元校刻：《十三经注疏·仪礼注疏》，中华书局，1980年，第1040页。
② （清）阮元校刻：《十三经注疏·仪礼注疏》，中华书局，1980年，第1025页。
③ 陈梦家：《西周铜器断代》噩侯驭方鼎，中华书局，2004年，第219页。
④ 白寿彝总主编：《中国通史》第三卷《上古时代》，上海人民出版社，1994年。
⑤ 许倬云：《西周史》（增订本），生活·读书·新知三联书店，1994年，第289~290页。
⑥ 刘雨：《西周金文中的射礼》，《考古》1986年第12期。
⑦ （清）阮元校刻：《十三经注疏·礼记正义》，中华书局，1980年，第1686页。
⑧ （清）阮元校刻：《十三经注疏·礼记正义》，中华书局，1980年，第1332页。

侯，但鄂侯并不买账，不久后他便公开反周，率领南淮夷、东夷从东、南两个方向侵扰南国、东国。这次叛乱声势很大，并一度取胜，引起周王室朝野的极度恐慌，惊呼："乌乎哀哉！天降大丧于下国。"周王动用了西六师和殷八师等主力军队前往征讨，虽然最终平息了叛乱，但战争打得相当艰苦（详见禹鼎铭文，《集成》2833）。试想，如果之前鄂侯与周王的关系确实很好的话，那么在这样短的时间内鄂侯在蛮夷中会有这么大的号召力？而南淮夷、东夷的部族方国会如此听命于鄂侯吗？显然这是一个积虑已久、经过精心策划的阴谋。冰冻三尺非一日之寒，从作战命令"勿遗寿幼"的残酷程度来看，也说明鄂周之积怨应该是很久了。因此客观地说，从噩侯驭方鼎铭所记之时开始鄂周关系即已经很微妙了，只是藏而不露罢了。

四、西周金文中的宾射礼

宾射是诸侯朝觐天子或诸侯相会时举行的射礼。《礼记·射义》孔颖达疏曰，宾射，"诸侯来朝，天子入而与之射也，或诸侯相朝而与之射也"①。由于"天子诸侯宾射于朝"②，据《仪礼·聘礼》记载，宾客与主君所行正聘礼、享礼、醴礼、客礼等礼仪是在朝中举行的，而馈礼、食礼、飨礼、燕礼等礼仪则是在馆中举行的③，故言天子入而与之射也。杨天宇先生也说："所谓宾射，谓天子与来朝的诸侯（即所谓宾）举行的射礼。"④ 李学勤先生说得更为具体：宾射是"天子、诸侯飨来朝之宾而与之射，也叫做飨射"⑤。李先生之说甚是，也最能与西周射礼金文相印证，正如《仪礼·燕礼》所云因燕而有射的"燕射"一样⑥，此则是因飨而有射，所以依例亦可称为飨射。飨，文献中作"享"，即飨礼。古代不同身份的人待宾，其飨礼是有固定礼数的，《仪礼·聘礼》："公于宾壹食，再飨。燕与羞俶，献无常数……上介壹食，壹飨……大夫于宾壹飨，壹食。上介若食若飨。"这里的"食谓食礼，飨谓飨礼。食礼主饭，有牲无酒。飨则牲酒皆有。食、飨所用牲皆大牢"。"燕，谓燕礼。"⑦大概飨礼与燕礼均有酒以饮宾，饮酒必有助兴者，故有射以乐宾之仪节。从周代职官之司掌来看，宾射也多与飨、食连言，如《周礼·春官·镈师》："凡祭祀，鼓其金奏之乐。飨、食、宾射亦如之。"又《典庸器》："掌藏乐器、庸器。及祭祀，帅其属而设笱虡，陈庸器。飨、食、宾射亦

① （清）阮元校刻：《十三经注疏·礼记正义》，中华书局，1980年，第1688页。
② （汉）许慎撰，（清）段玉裁注：《说文解字注》，上海古籍出版社，1988年第2版，第226页。
③ 参见（清）阮元校刻：《十三经注疏·仪礼注疏》，中华书局，1980年，第1046~1076页。
④ 《周礼·考工记·梓人》杨天宇注，杨天宇：《周礼译注》，上海古籍出版社，2004年，第660页注[3]。
⑤ 李学勤：《柞伯簋铭考释》，《文物》1998年第11期。
⑥ 《仪礼·燕礼》："若射，则大射正为司射，如乡射之礼。"（（清）阮元校刻：《十三经注疏·仪礼注疏》，中华书局，1980年，第1022页）
⑦ 杨天宇：《仪礼译注》，上海古籍出版社，2004年新1版，第248页注[1]、[2]。

如之。”《夏官·小臣》：“小祭祀、宾客飨、食、宾射，掌事如大仆之法。”[①]飨、食、宾射连言，这是因为它们都是朝聘礼中主国接待宾客所行之礼仪。宾射应是飨礼的一个仪节。

或有学者以为宾射兼谓大射、燕射有宾者[②]，的确是不对的。《周礼·考工记·梓人》：“张皮侯而栖鹄，则春以功。张五彩之侯，则远国属。张兽侯，则王以息燕。”“春以功：谓春天行大射礼，以比较群臣的射功，而选拔可以参加祭祀者。金鹗曰：‘春以功，盖谓大射在春。’”“张五采之侯：这是为举行宾射所张之侯。”郑玄注云：“张此侯与之射所谓宾射也。”“远国，即指来朝的诸侯国。贾《疏》曰：‘对畿内诸侯为远国。’属，据下节郑《注》，犹朝会。”远国属即远方来朝的诸侯。“张兽侯：这是为举行燕射或乡射所张设的侯。”贾公彦疏曰：“此燕射之侯也。”“息燕：孙诒让引敖继公曰：‘息，疑饮燕之别名。’又曰：‘燕者，先行燕礼（即燕饮酒礼）而射，即所谓燕射也。’是此处所谓息，当指燕射前的燕饮，而息燕即燕射也。”[③]此大射、宾射、燕射并举，知宾射不当兼谓大射、燕射有宾者甚明。

据目前所知与宾射礼相关的西周金文，仅有麦方尊、长甶盉铭两篇，史料价值非常重要，然诸家考释似未切礼明其制度。笔者拟在铭文考释的基础上，对器铭所记宾射礼及其他相关问题再作探讨。

（一）麦方尊与宾射礼

麦方尊为传世器，旧亦称周邢侯尊，器今不知所在，仅存图像与铭文（彩图11）。[④]因摹绘甚精，足可窥知其形制，该器口部和颈部呈圆形，腹部和圈足呈方形，大侈口，腹微鼓。器表以云雷纹铺地，饰蕉叶纹、对鸟纹和龙纹。颈部有四道扉棱，腹和圈足的四角与中线均有扉棱，造型十分华美。腹内壁一侧有铭文共8行，含重文167字（《集成》06015）。

1. 麦方尊的年代

关于麦方尊的作器年代，学者们曾进行过多次广泛的讨论。郭沫若先生定其为康王时器[⑤]，学者多从之。唐兰先生定为昭王前期器，疑此尊铭中之邢侯是第二代；邢侯簋铭中之邢侯是第一代，封于康王时。[⑥]王辉先生指出：“按铭文言‘出

① （清）阮元校刻：《十三经注疏·周礼注疏》，中华书局，1980年，第801、802、852页。
② （清）郭嵩焘著，邬锡非、陈戍国点校：《礼记质疑》卷46，岳麓书社，1992年，第715页。
③ （清）阮元校刻：《十三经注疏·周礼注疏》，中华书局，1980年，第926页；杨天宇：《周礼译注》，上海古籍出版社，2004年，第660页注[2]、[3]、[4]、[5]、[6]。
④ 见（清）梁诗正等编：《钦定西清古鉴》8·33，上海云华居庐，1926年，第13页。
⑤ 郭沫若：《两周金文辞大系图录考释》199，科学出版社，1957年，第20、40页。
⑥ 唐兰：《西周青铜器铭文分代史征》，中华书局，1986年，第250~251页注3、254页说明。

矿，侯于井’，明是封于邢，唐说理由不足。”[①]但多数学者认为麦方尊，包括麦方彝、麦方鼎、麦方盉等器，略早于邢侯簋，但具体为何王之时，则看法不一。陈梦家先生认为：“此类方尊的出现，仅限于殷末与周初成、康之际。”[②]李学勤先生也认为该器应定为成康之际。朱凤瀚师认为，麦方尊“通体饰扉棱，特征近于属成王时期的何尊，惟腰、足作方形”[③]。王冠英先生说：“从纹饰上看，蕉叶纹和有冠垂尾的小鸟纹，与周初的癸古方尊、鄂叔簋的鸟纹很相象；腹、颈、足部的垂冠顾首龙纹，则跟成王时的燕国器匽侯盂腹部的纹饰如出一辙。”[④]按该器之纹饰与西周早期的小子生尊[⑤]基本上完全一样，其形制则与西周早期的令方尊[⑥]相同。陈梦家先生就有同样的看法，他说：“它（小子生尊）和麦方尊花纹全同而后者形制同于令方尊。”“所以小子生尊应与麦器同时，即约当成王之末，或成末康初。”在器目表中，作者将此器和伐荆三器列为成王器。[⑦]其铭文的字体结构如“宗”、“宛”、“家”、“宁”、“宝”等字所从的“宀”头两边斜行方折，形如侧视的屋顶；“隮”字所从的双手奉酉形，酉字上两竖划不出头；“于”字作繁体“亐”。这些都是西周早期康、昭之前的特点。但“其”字顶上的两笔向两边斜杀，“王”字三平划粗细均匀，则为西周中期后段和西周晚期的特点，当系摹写所失。总的来看铭文显示出较多的西周早期字体结构的特点。不过这种单纯从造型、纹饰、铭文上的推断还是不够的，文献、考古及其他金文资料，多管齐下，才能真正还原历史的真相。

根据文献记载[⑧]，邢国始封于周成王四年，始封君为周公旦的第五子姬苴，又名靖渊。邢国初都于今河南温县东之邢丘[⑨]，后迁封至河北邢台，这与当时其他封国一样，都是从内向外发展的。考古工作者在邢丘发现了不少“邢”、“邢公”陶文，在河北元氏县西张村也出土了包括臣谏簋在内的一组青铜器，另外在南小汪

① 王辉：《商周金文》，文物出版社，2006 年，第 78 页。

② 陈梦家：《西周铜器断代》，中华书局，2004 年，第 86 页。

③ 朱凤瀚：《古代中国青铜器》，南开大学出版社，1995 年，第 766 页。

④ 无名氏：《〈刑侯簋〉锡臣三品与其它》，国学论坛，2004 年 8 月 26 日，http://bbs.guoxue.com /viewthread.php?tid=59427。

⑤ （清）梁诗正等编：《钦定西清古鉴》8・43，上海云华居庐，1926 年。

⑥ 容庚：《商周彝器通考》554，哈佛燕京学社，1941 年铅印本；又见容庚、张维持：《殷周青铜器通论》图版陆玖・134，文物出版社，1984 年新 1 版。

⑦ 陈梦家：《西周青铜器断代》，中华书局，2004 年，第 86 页、85 页注。

⑧ （汉）许慎撰，（清）段玉裁注：《说文解字注》，上海古籍出版社，1981 年；（汉）司马迁撰，（宋）裴骃集解，（唐）司马贞索隐，张守节正义：《史记・秦本纪》集解，中华书局，1982 年第 2 版，第 217 页注[三六]；（晋）司马彪撰，（梁）刘昭注补：《后汉书・郡国志》，中华书局，1965 年，第 3395 页；（北魏）阚骃撰，（清）张澍辑录：《十三州志》，王晶波校点：《二酉堂丛书史地六种》，甘肃人民出版社，1992 年；（唐）李泰等著，贺次君辑校：《括地志辑校》，中华书局，1980 年，第 91 页；（清）梁玉绳：《古今人表考》，中华书局，1982 年；（清）陈梦雷编纂，蒋廷锡校订：《古今图书集成》明伦汇编《氏族典》，中华书局，巴蜀书社，1985 年。

⑨ 唐兰：《西周青铜器铭文分代史征》，中华书局，1986 年，第 163 页。

还发现有西周遗址，在邢台葛庄发现有邢国墓地，说明邢丘、邢台均曾是邢国的都居之地。[①]邢侯簋是康王前期青铜器，铭言“䔧井侯服”（《集成》04241），既已称井侯，故当非初封。据唐兰先生考证，铭中的州、重、鄘和麦方尊铭中的坯等地名也都在温县一带。[②]臣谏簋是西周中期青铜器，铭言“戎大出于軝，井侯搏戎”（《集成》04237），说明臣谏簋的年代晚于邢侯簋，此时戎对邢国的侵扰已达到非常严重的地步。而本铭的“王令辟井侯出坯，侯于井”，即从邢丘迁封到邢台，显然与惩治戎人的骚扰有关。因此，通过对麦方尊器物铭文特征的分析，并综合邢侯簋、臣谏簋铭文、文献记载及邢丘、邢台的考古发现，把麦方尊的年代定为成王时期是可信的。

2. 麦方尊铭文考释

麦方尊铭文，不少学者都作过考释或注解，现综合诸家意见，先对铭文作释文，然后再对有关射礼的几处存有分歧的词句作简略考释与辨析。释文如下：

王令（命）辟井（邢）侯出坏（坯），侯于井（邢）。雩（粤）若二月，侯见于宗周，亡迷（尤）。迨（会）王

饗（祼）葊京，酌（肜）祀。雩若竭（翌）日，才（在）璧（辟）雝（雍），王乘于舟，为大豊（礼）。王射

大弇（鸿），禽。侯乘于赤旂舟从，死（尸）咸。之日，王以侯内（入）于寝，侯易（赐）玄周（琱）

戈。雩王才（在）废（斥），已夕，侯易（赐）者（赭）刵臣二百家。劑（齎）用王乘车马、金勒、冂（裼）

衣、市、舄。唯归，遅（扬）天子休，告亡尤。用弇（恭）义宁侯，覭（景）孝于井（邢）

侯。乍（作）册麦易（赐）金于辟侯，麦扬，用乍（作）宝尊彝。用䨻侯逆造，遅明令（命）。唯天子休于麦辟侯之年铸，孙孙子子其

永亡冬（终），冬（终）用造德，妥（绥）多友，享旋走令（命）。

“雩若二月。”“雩若”一词亦见于小盂鼎铭文（《集成》02839）。雩典籍通作粤，《说文·亏部》：“粤，于也，审慎之词也。”古作语助，无义，与“聿”、“越”、“曰”通用，用于句首或句中。用为句首语气词者，如《史记·周本纪》：“粤詹雒伊，毋远天室。”《经传释词》七：“若，犹及也。《尚书·召诰》：‘越五日甲寅，位成，若翼日乙卯。’言及翼日乙卯也。”或说，“雩若为两虚词连用，无实际意

① 详见袁俊杰：《周公诸子考》，《补编版明清胙城县志》，中州古籍出版社，2012 年，第 292~330 页。
② 唐兰：《西周青铜器铭文分代史征》，中华书局，1986 年，第 161 页注 6~9。

义”[①]。雩若即粤若[②]，又作曰若、越若，“是西周以来追叙历史往事的发端词，为当时文章的惯例”[③]。或说雩若有连延、连续不断的意思，《逸周书·世俘解》“越若来二月”潘振云：“越若来，古语辞，言迤逦而来也。”[④]“二月”，各本所释俱同。唯唐兰先生释为“元”，训为始，并与下句连读。[⑤]经反复比对铭文图片，唐释与断读有误，应释“二月”为是。

“迨王𩛥莽京。”“迨”，读为会。[⑥]这是说邢侯二月到宗周去朝见，此时正值周王在莽京举行祼祭和彭祀。或读为合，义为会合。容庚曰：“《说文》古文作佮，从彳与从辵同义。”是说邢侯随王一起在莽京举行祼礼，参与了彭祀和大礼。[⑦]会、合虽可互训，但此处则不适宜。前者强调的是时机，后者强调的是行为，二者的着眼点不同，意思也大不一样。我们认为铭文中𩛥、彭祀之后，由于无邢侯佑王之类的记载，说明邢侯并没有参加𩛥和彭祀，只是第二天参加了周王在莽京第三天举行的大礼和射礼。因此“迨王𩛥莽京，彭祀”一句，实是对“侯见于宗周”的时间背景的交代，这里的“迨”确应读为会，是适逢的意思。凡认为“本铭记述了邢侯参与周王‘彭祀’和‘大丰’的过程”[⑧]，或“邢侯协助周王在莽京举行祼祭和肜祭”等[⑨]，都是偶有所失而造成的误解。“𩛥”，读为祼[⑩]，或读为馆[⑪]，或把𩛥释为客[⑫]，当是字形相近而误，并附会其义。文献中三代时期王到某地去住，一般都直称“居”，如“夏居河南，初在阳城，后居阳翟”[⑬]，“禹居阳城，太康居斟鄩，后相居商丘，又居斟灌，帝宁居原”，“胤甲居西河，桀居斟鄩”[⑭]，“汤始居亳”[⑮]，“帝太甲居桐宫”，“河亶甲

---

① 王辉：《商周金文》，文物出版社，2006年，第75页注解[3]。
② 唐兰：《西周青铜器铭文分代史征》，中华书局，1986年，第188页注55、251页注4。
③ 李民、王健：《尚书译注》，上海古籍出版社，2004年，第2页注[1]。
④ 黄怀信、张懋镕、田旭东撰，黄怀信修订，李学勤审定：《逸周书汇校集注》（修订本），上海古籍出版社，2007年，第414~415页。
⑤ 唐兰：《西周青铜器铭文分代史征》，中华书局，1986年，第249页及注5。
⑥ 郭沫若：《两周金文辞大系图录考释》，科学出版社，1957年，第40页；《集成》06015。
⑦ 唐兰：《西周青铜器铭文分代史征》，中华书局，1986年，第249页及注6；王辉：《商周金文》，文物出版社，2006年，第75页及注[5]。
⑧ 刘雨：《西周金文中的射礼》，《考古》1986年第12期。
⑨ 王玉哲：《西周莽京地望的再探讨》，《历史研究》1994年第1期。
⑩ 唐兰：《西周青铜器铭文分代史征》，中华书局，1986年，第249页及注6。
⑪ 黄盛璋：《周都丰镐与金文中的莽京》，《历史研究》1956年第10期。
⑫ 郭沫若：《两周金文辞大系图录考释》，科学出版社，1957年，第40页；刘雨：《西周金文中的射礼》，《考古》1986年第12期；刘雨：《西周金文中的祭祖礼》，《考古学报》1989年第4期。
⑬ （汉）司马迁撰，（宋）裴骃集解，（唐）司马贞索隐，张守节正义：《史记·周本纪》集解引徐广语，中华书局，1982年第2版，第130页注[十一]。
⑭ 王国维：《古本竹书纪年辑校》，周锡山编校：《王国维集》第四册，中国社会科学出版社，2008年，第361~364页。
⑮ 《书序》，（清）阮元校刻：《十三经注疏·尚书正义》，中华书局，1980年，第158页；（汉）司马迁撰，（宋）裴骃集解，（唐）司马贞索隐，张守节正义：《史记·殷本纪》，中华书局，1982年第2版，第93页。

居相”[①]，“武王自酆居镐”等。[②]绝无用“馆”或“客”来称之者。而且本铭王去葊京的目的很明确，那就是行礼，如此而把周王说成是馆、客葊京，显然也是不妥的。或认为𩞁是一种调整宗庙次序的祭礼，即新死者的神主要按昭穆祔入宗庙，其先的神主也要按昭穆递升一级，为此而举行的祭奠仪式。“《公羊传》文公二年：‘毁庙之主陈于大祖，未毁庙之主皆升，合食于大祖。’因为是合食之祭，故其祭名又可以写作从食之𩞁。”[③]因有沈子它簋铭文（《三代》9.38.1）为证，可备一说，以待新的资料证明。𩞁礼屡见于金文，虽然人们对𩞁礼的理解不完全相同，但都认为金文“𩞁”从“宀”，而且在金文里该礼常常在葊京或大室进行，其实“京”就是“大室”，表明它是一种室内祭祀活动。𩞁即祼，亦即用酒祭祀。《说文·示部》：“祼，灌祭也。”《尚书·洛诰》：“王入太室祼。”孔颖达疏曰：“祼者，灌也。王以圭瓒酌郁鬯之酒以献尸，尸受祭而灌于地，因奠不饮，谓之祼。”[④]此与《礼记·月令》所记：仲春之月，“祀不用牺牲，用圭璧，更皮币”[⑤]亦正相同。或说金文“𩞁”字下不从“食”，它是一种祀礼而不是祭礼，尽管祭与祀都属于礼的范畴，但祭礼是要提供食物的，而祀礼只是动作的仪式。或说它是为先王的迁升而举行的有超度意义的礼典，亦通。但也有人认为臣辰盉铭“徃𩞁葊京”的“徃𩞁为就宴之意”[⑥]。或依《周礼·春官·典瑞》“祼圭有瓒，以祀先王，以祼宾客”及贾公彦疏“祼皆具祭而言，至于生人饮酒亦曰祼”认为：“祼既可以表示用酒祭祀，也可以表示用酒招待客人。根据麦方尊的‘王祼葊京’与臣辰盉的‘出祼葊京’的前后文义，祼均是指周王在旁京以酒燕飨诸侯。”[⑦]这种说法大有可商，按周礼，一般来说祭祀之后才有燕饮飨食之仪。臣辰盉祼在禴祭之后，作上解自然是可以的。若麦方尊亦作是解，则祼必在肜祀之前，显然有悖周礼先祭后燕之仪程，而且没有了祼祭这一根基，也就不好解释下文祭之明日又祭之肜祀了。故麦方尊之祼应释灌祭为宜。

“葊京”，即旁京，因其地理位置而得名，义为临近都城的地方，也就是都城丰镐的旁边，相当于今天都城远郊的某一个相对独立的地方（详见附录2-3）。

“彭祀。”“彭”，或作彡，祭名。阮元说是酎字，罗振玉释为酒字，有学者已经指出都是错的。[⑧]甲骨卜辞和金文都有彭祭，彭即肜，《尚书》中有《高宗肜日》，

---

① （汉）司马迁撰，（宋）裴骃集解，（唐）司马贞索隐，张守节正义：《史记·殷本纪》，中华书局，1982年第2版，第99、100页；《书序》，（清）阮元校刻：《十三经注疏·尚书正义》，中华书局，1980年，第167页。

② （宋）宋敏求：《长安志》卷三《宫室》一周引《括地志》所引皇甫谧《帝王世纪》，中华书局，1990年。

③ 刘雨：《西周金文中的祭祖礼》，《考古学报》1989年第4期。

④ （清）阮元校刻：《十三经注疏·尚书正义》，中华书局，1980年，第217页。

⑤ （清）阮元校刻：《十三经注疏·礼记正义》，中华书局，1980年，第1362页。

⑥ 陈云鸾：《西周葊京新考》，《中华文史论丛》第1辑，上海古籍出版社，1980年。

⑦ 邵英：《葊京考》，《殷都学刊》2005年第2期。

⑧ 唐兰：《西周青铜器铭文分代史征》作册麦方尊，中华书局，1986年，第251页注7。

其序孔安国传曰："祭之明日又祭，殷曰肜，周曰绎。"孔颖达正义曰："肜者，相寻不绝之意。"[①]《尔雅·释天》："绎，又祭也。周曰绎，商曰肜，夏曰复胙。"《春秋》宣公八年："辛巳，有事于太庙……壬午，犹绎。"[②]《书序》孔颖达正义援引此例后说："是肜者祭之明日又祭也。"[③]朱凤瀚先生的《论彡祭》[④]，说之甚详，兹不再重复。彡祀应连上读。前已祼祭，此又祭，故称彡祀，亦称绎祭、肜祭、复胙，即在某祭祖礼的次日重祭一次。在卜辞里，彡祭分为彡日和翌日两种，彡在前翌在后。但本铭则看不出这种区分，说明周初大概还沿袭这种祭礼，而仪程可能有所损益。

"雩若翌日。""翌日"，即第二天。唐兰先生则说"翌日就是绎祭，翌绎音近"，认为"翌日本是当第二天讲，因此，第二天的祭就叫作翌日，但在早上祭完后，就接着行别的礼了"[⑤]。可见唐先生是把上句的"彡祀"连下读了。他的解释有三个矛盾：其一是他前已释彡为肜，按《尔雅》肜祭即绎祭，此处又释翌日为绎祭，一礼二见，显然重叠。并且与甲骨卜辞所记彡祭、彡日和翌日之概念也相悖。其二是又把第二天的祭祀叫作翌日，显然是对卜辞关于彡祭、彡日和翌日的附会。其三是肜祀本身就是祭之明日又祭的意思，这是全面完整的理解，不能单取又祭之意，如此则肜祀就不太好与下文的翌日连属。若强作连属，其义就扞格不通。因此，很明显本铭的翌日上只能与上文的侯见于宗周连属，下应与下文的在辟雍王乘舟为大礼连读，这样才能顺达文意。实际上唐先生也看到了这一点，所以他才在最后作补充说："在早上祭完后，就接着行别的礼了。"第二天的确是行别的礼了，而他所说的"在早上祭完"的"翌日"之祭则是不存在的。

"才璧雝。""璧"，本是正中有孔的圆饼形玉器。《说文·玉部》："璧，瑞玉圜也。""雝"，本义是雍积之水，引申为城邑四周的护城河。璧雝典籍多作辟雍，是圆形的水池。古时王室大学有辟雍，故又引申为大学之代名词。《礼记·王制》："天子命之教，然后为学，小学在公宫南之左，大学在郊，天子曰辟雍，诸侯曰頖宫。"[⑥]《三辅黄图》："文王辟雍在长安西北四十里，亦曰璧雍，如璧之圆，雍之以水。"[⑦]或说："水旋丘如璧曰辟雍。"[⑧]《白虎通·辟雍》亦曰："辟雍，环之以水，圆而如璧也。"[⑨]知辟雍有水，水形如璧，故因而得名。金文亦称大池。学

① （清）阮元校刻：《十三经注疏·尚书正义》，中华书局，1980年，第176页。
② （清）阮元校刻：《十三经注疏·春秋左传正义》，中华书局，1980年，第1873页。
③ （清）阮元校刻：《十三经注疏·尚书正义》，中华书局，1980年，第176页。
④ 朱凤瀚：《论彡祭》，《古文字研究》第24辑，中华书局，2002年7月，第87~94页。
⑤ 唐兰：《西周青铜器铭文分代史征》作册麦方尊，中华书局，1986年，第251页注8。
⑥ （清）阮元校刻：《十三经注疏·礼记正义》，中华书局，1980年，第1332页。
⑦ （清）毕沅校刻：《三辅黄图》卷之五，丛书集成初编本，商务印书馆，1937年；又见陈直：《三辅黄图校证》卷之五，陕西人民出版社，1980年。
⑧ 《诗·大雅·灵台》毛亨传，（清）阮元校刻：《十三经注疏·毛诗正义》，中华书局，1980年，第525页。
⑨ （汉）班固撰，（清）陈立疏证，吴则虞点校：《白虎通疏证》，中华书局，1994年。

者根据文献记载，一般都认为《诗·大雅·灵台》说“於乐辟廱”[①]，《水经注》“自丰水北迳灵台西，文王又引水为辟雍、灵沼”[②]，是周文王建丰邑时有辟雍。又《诗·大雅·文王有声》说“镐京辟廱”[③]，《史记·周本纪》集解引徐广说：“丰在京兆鄠县东，有灵台；镐在上林昆明北，有镐池，去丰二十五里。皆在长安南数十里。”[④]《续汉书·郡国志》京兆尹下“镐在上林苑中”刘昭注引谯周《古史考》曰：“武王迁镐，长安丰亭镐池也。”[⑤]是武王建镐京时也有辟雍。《史记·封禅书》：“沣、滈有昭明、天子辟池。”索隐曰：“乐产云：未闻。顾氏以为璧池即滈池，所谓‘华阴平舒道逢使者，持璧以遗滈池君’，故曰璧池。今谓天子辟池，即周天子辟雍之地。故周文王都酆，武王都滈，既立灵台，则亦有辟雍耳。张衡亦以辟池为雍。”[⑥]也明言丰、镐都有天子辟雍。

学界对辟雍的形制结构及丰京、镐京均有辟雍并无争议，所争论者是本铭的辟雍为何都之辟雍。有学者说是丰京之辟雍，认为：“丰地有辟雍，自来皆无异辞，古今也找不到第二个人把它跟镐京之辟雍混为一谈。”“《麦尊》记莾京有辟雍，《遹簋》记莾京有大池，不正与文献中之丰情形符合？辟雍既可称为辟池，则此大池即辟雍之池，无须附会到滈池上去。”[⑦]有学者认为本铭“所说的辟雍是镐京的辟雍”[⑧]，或说西周金文的莾京辟雍即《诗经》中的“镐京辟雍”[⑨]。亦有学者提出质疑，认为：“丰镐两地都有辟雍、大池，而金文但言‘王才莾京’，怎么就可遽断金文的辟雍大池是镐京的而非丰邑的呢？”[⑩]这些观点都各执一端，以蔽众说。盖未能融洽经传、参验金文、揆诸当时情势之所致。唯王玉哲先生独具慧眼，在“丰镐相去又只有二十五里，首都虽移动，灵囿则无烦更筑”[⑪]，莾京之地风景佳丽，设施完善，仍继续被利用“为王往来娱乐休养”之处和贵族子弟“学习、教育之所”[⑫]这一观点的基础上，又有所发现。他说：“从文献中的反映，除丰邑外，只有镐京有辟雍建筑。从铜器铭文中又知，只有莾京一地有辟雍。我们又确

---

① （清）阮元校刻：《十三经注疏·毛诗正义》，中华书局，1980年，第525页。
② （南宋）王应麟辑：《玉海》卷一百六十二《周灵台》条引，江苏古籍出版社，1987年。
③ （清）阮元校刻：《十三经注疏·毛诗正义》，中华书局，1980年，第527页。
④ （汉）司马迁撰，（宋）裴骃集解，（唐）司马贞索隐，张守节正义：《史记》，中华书局，1982年第2版，第118页注[六]。
⑤ （晋）司马彪撰，（梁）刘昭注补：《后汉书志》，中华书局，1965年，第3403页及注[二]。
⑥ （汉）司马迁撰，（宋）裴骃集解，（唐）司马贞索隐，张守节正义：《史记》，中华书局，1982年第2版，第1375页及注[八]。
⑦ 黄盛璋：《周都丰镐与金文中的莾京》，《历史研究》1956年第10期。
⑧ 唐兰：《西周青铜器铭文分代史征》作册麦方尊，中华书局，1986年，第251页注释9。王辉：《商周金文》作册麦方尊，文物出版社，2006年，第76页注解[6]亦持此说。
⑨ 陈云鸾：《西周莾京新考》，《中华文史论丛》第1辑，上海古籍出版社，1980年。
⑩ 宗德生：《〈西周莾京新考〉质疑》，《中华文史论丛》第4辑，上海古籍出版社，1981年。
⑪ 黄盛璋：《周都丰镐与金文中的莾京》，《历史研究》1956年第10期。
⑫ 黄盛璋：《关于金文中的“莾京（莾）、蒿、丰、邦”问题辨证》，《中华文史论丛》第4辑，上海古籍出版社，1981年。

实知道镐京虽与鎬京临近，又不是一地。最合理的解释就只能是：镐京之辟雍，也就是蒼京的辟雍，是同一个辟雍，两京（镐京、蒼京——笔者注）处在辟雍池水周围。”[①] 这绝不是调停之说。王先生的观点与思路非常好，受此启示，我们认为还不独惟镐京、蒼京二京处在辟雍池水周围，基于前述丰、镐共一蒼京之同样的情形与理由，而是丰京、镐京、蒼京三京处在辟雍池水的周围。依据文献与金文记载，三京的确是都有辟雍，但不是各建有辟雍，而是丰京、镐京、蒼京共一辟雍。那么如此说来，怎么解释《诗・大雅・文王有声》的“镐京辟雍”呢？众所周知，这首诗是歌颂文王、武王迁都丰、镐的。镐京是武王营建的，而丰京、辟雍则是文王营建的。由于镐京是诸侯朝见的地方，金文称为宗周，皇甫谧《帝王世纪》说：“武王自酆居镐，诸侯宗之，是为宗周。”[②]辟雍是学宫，是行礼乐、兴教化的场所，百家贵族子弟都游学于此。其地又有太庙，王举行祭礼时，诸侯要前来助祭。因此所谓“镐京辟雍”，可有两种解释。其一是说镐京如果有辟雍，四方之人没有不归服的。其二是说镐京、辟雍令人向往，天下没有人不归服的。并不是说镐京内有辟雍，也不是说武王迁都镐京也像丰京那样又建了一个辟雍。这里所说的辟雍仍是指文王营建的辟雍。其具体位置，郑玄曾正确地指出：“《大雅・灵台》一篇之诗，有灵台，有灵囿，有灵沼，有辟雍，其如是也，则辟雍及三灵皆同处在郊矣。”[③]唐兰先生也指出：“《五经异义》：‘左氏说：天子灵台在太庙之中，雍之灵沼谓之辟雍。’郑玄《驳异义》认为：‘辟雍及三灵皆同处在郊……于郊差近之耳，在庙则远矣。’今据此铭说：‘迨王餈莽京彭礼，粤若翌日在辟雍’，可见辟雍确和太庙在一起。”[④]案左氏与郑氏之说并无大的矛盾，蒼京本在丰京之旁，犹如今人所说的远郊，故文王之辟雍亦即蒼京之辟雍。

“为大豊。”与天亡簋铭的“有大豊”同（《集成》04261）。“豊”，因“古豊字常与丰字相乱”[⑤]，故旧或释为丰，如称天亡簋为大丰簋。或释为豊[⑥]，或释丰读为豊，如《金文编》即隶作丰，云：“金文醴之偏旁形与此同，与豊为一字。豆之丰满者所以为豊也。”或把豊读为礼，认为长由盉铭“穆王飨豊”即飨礼，金文“中䀹父作豊鬲”可证[⑦]。也有学者认为“金文中‘丰’和‘礼’是一个字（在汉隶中还是一个字，丰和礼分为两个字是很晚的事情）”，而直接把“大丰”释读作

① 王玉哲：《西周蒼京地望的再探讨》，《历史研究》1994年第1期。
② （宋）宋敏求：《长安志》卷三《宫室》一周引《括地志》所引，中华书局，1990年。
③ 《诗・大雅・灵台》孔颖达疏引，（清）阮元校刻：《十三经注疏・毛诗正义》，中华书局，1980年，第524页。
④ 唐兰：《西周青铜器铭文分代史征》，中华书局，1986年，第252页注9。
⑤ 唐兰：《西周青铜器铭文分代史征》朕簋，中华书局，1986年，第12页注释[1]。
⑥ 刘心源：《奇觚室吉金文述》4・11，1902年。
⑦ 唐兰：《西周青铜器铭文分代史征》长由盉，中华书局，1986年，第377页及注[2]。

“大礼”的。[①]关于豊、丰形体之区别，林沄先生的《豊丰辨》，论之甚详，学界多信从其说。林先生既用字形嬗变的方法来论证豊、丰两字虽在汉代已形体相混，但实有不同起源；又用传世文献、出土文献、考古实物等多方面证据来对这两字的造字本意作了新的解释，指出：“豊”字从珏从壴，因为古代行礼常用玉器和鼓，“这至少反映古代礼仪活动正是以玉帛、钟鼓为代表的”，从而纠正了以往某些被释为“丰”的字应为“豊”字。[②]由于过去人们对该字持丰、礼二说，因而也就有大丰与大礼二解。“大丰”是学界最初之看法，由郭沫若等人首倡。陈梦家先生说：“金文《大丰簋》‘乙亥王又大丰，王凡三方’。大丰郭沫若谓即《周礼·大宗伯》‘大封之礼合众也’；梦案大丰者《大宗伯》‘王大封，则先告后土’之大封，封为封建诸侯，凡读如讽（从郭释），讽即告也，凡三方即告三方，犹《大宗伯》之告后土，亦犹卜辞云‘贞方告于东西’（《前》1.48.4）也。金文《麦尊》亦为大丰（封）之礼，铭曰‘王命辟邢侯出坏侯于邢’，于省吾释为‘王命我君邢侯适坏就国于邢也’，梦案铭谓王封邢侯于邢，出坏疑谓去坏而就封于邢也；铭又曰‘王以侯内于寝，侯锡玄周戈’，与《周颂·赉序》‘赉，大封于庙也；赉，予也，言所以锡予善人也’事同。”[③]但问题是大丰簋通篇铭文则无封赏之事，既无封赏，何言大封之有！麦方尊铭虽有分封之事，但与“大丰”不相及，似为二事，与“大丰”之具体行事也不相符合。因此闻一多先生在《大丰簋考释》中指出：“《麦尊》言王在辟雍为大丰，射大鸿，明是飨射之类，与大封不侔也。因疑《麦尊》及此器之‘大丰’仍当从孙诒让读为大礼。”[④]杨树达先生也释作“大丰”，认为据麦方尊文观之，“似大丰乃遊娱之事，不关典礼也。或疑此铭所记为祭享之事，不得涉及娱遊，此自是后人见解。《麦尊》记莽京酌祀之次日为大丰，此文（指大丰簋铭）记衣祀天室之前有大丰，事正相同，不得以此为疑也。惜书阙有间，无由以载籍证明耳”[⑤]。但从下文较为丰厚的赏赐情况看，似乎“大丰”也不像是游娱之事。

“大礼”是学界后来之看法，也是今天大多数人所认同的观点，但具体的阐释则各不相同。笔者认为本铭的大礼应是一年一度的天子始乘舟的典礼，有点类似今天的通航典礼和龙舟节。王射则是本次大礼的一部分（详见附录2-4）。至于邢侯参加这次行射的缘由，大概有三种情况、两种可能。一是按《尚书大传》记载：“已祭，取余获陈于泽，然后卿大夫相与射，命中者虽不中也取，命不中者虽中也不取。”[⑥]知古代祭祀之后常有射余获之礼，本铭祼祭与酌祀之后亦当有之。

---

① 刘雨：《西周金文中的射礼》，《考古》1986年第12期；孙诒让《古籀余论》3.12~14，1903年；唐兰：《西周青铜器铭文分代史征》朕簋、作册麦方尊，中华书局，1986年，第11页及注释1、252页注释10。

② 林沄：《豊丰辨》，《古文字研究》第12辑，中华书局，1985年。

③ 陈梦家：《商代的神话与巫术》，《燕京学报》1936年第20期。

④ 闻一多：《古典新义》，《闻一多全集》，里仁书局，1996年，第603~604页。

⑤ 杨树达：《积微居金文说》（增订本）大丰簋再跋，中华书局，1997年，第235页。

⑥ （汉）伏生：《尚书大传》卷五，（清）陈寿祺：《尚书大传辑校》，（清）王先谦编：《清经解续编》，上海书店，1988年。

然参射者为卿大夫，而本铭则有王射，故射余获之礼尽可排除。二是按前引《天官·外饔》贾公彦疏馈饔饩中有酒有米兼燕与食。《仪礼·聘礼》："公于宾壹食，再飨。燕与羞俶，献无常数。"①这是诸侯之礼，王礼当更为崇隆。因此邢侯到宗周朝见期间，燕飨之余，天子款待他到风景佳丽的葊京辟雍大池游宴行射也是可能的。三是本来聘礼中的许多礼仪都是在庙中进行的，而且《聘礼记》也明言："归大礼之日，既受饔饩，请观。"杨天宇说："请观：谓欲参观主国的宗庙宫室。"②西周金文已经证明葊京有宗庙大室，既然饔礼之后可以请观宗庙，那么天子款待他到葊京的辟雍大池游览行射也是可能的。考虑到邢侯到宗周朝见之身份，并按照通行的射礼分类，此次行射实应属于宾射礼。

"王射大弆，禽。"此句释读与断句均有分歧。或断句为"王射大弆禽"，读为"王射大鸿禽，但典籍未见弆（龚）、鸿相通之例"，认为"'大弆禽'当是禽名，以声类求之，疑即是鸿"③。有的学者则直言大弆禽就是大雁。④或断句为"王射，大弆禽"，认为弆读如拱，执也。"大弆禽是说大量捕执鸟兽。"⑤或连读中间不加逗，弆读为供，祭也。"大供禽即大祭祀所用之禽。"⑥我们认为"王射大鸿禽"尽管字通意顺，但对所射之结果没有交待，有悖西周金文之惯例。"王射大祭祀所用之禽"虽然也字通意顺，但铭文射禽之后并没有祭祀之事。"大量捕执鸟兽"似乎也不是行礼场合所用的语言，听起来倒是像田猎。再者辟雍大池之水鸟，一旦行射，必惊恐而逃，所能中者自然为少数，故亦不可能是大量捕执。较合理的断读应该是："王射大弆，禽。"弆即鸿，鸿即大雁。《诗·小雅·鸿雁》"鸿雁于飞"毛亨传曰："大曰鸿，小曰雁。"⑦《楚辞·九思·悼乱》"鸿颃兮振翅"王逸注曰："雁之大者曰鸿。"⑧《诗·邶风·新台》"鸿则离之"朱熹集传、《孟子·梁惠王上》"顾鸿雁麋鹿"朱熹集注也俱云："鸿，雁之大者。"《易·渐》"鸿渐于干"李鼎祚集解引虞翻注："鸿，大雁也。"⑨是鸿、雁各字，为物有别。大鸿疑即天鹅，《容斋四笔·久而俱化》记载说："雁之最大者曰天鹅。"⑩该书虽成书较晚，但天鹅之称谓必当渊源有自。析言之，小称雁，大雁称鸿，大鸿称天鹅。总言之则均属于雁类。古代雁与鹅也有互称的，如《庄子·山木》曰："夫子出于山，舍于故

---

① （清）阮元校刻：《十三经注疏·仪礼注疏》，中华书局，1980年，第1064~1065页。
② 杨天宇：《仪礼译注》，上海古籍出版社，2004年新1版，第265页及注[2]。
③ 郭沫若：《两周金文辞大系图录考释》麦尊，科学出版社，1957年，第41页。
④ 刘雨：《西周金文中的射礼》，《考古》1986年第12期。
⑤ 唐兰：《西周青铜器铭文分代史征》作册麦方尊，中华书局，1986年，第252页注释11。但该书释文则读为供，前后不一。
⑥ 王辉：《商周金文》作册麦方尊，文物出版社，2006年，第75页及注解[7]。
⑦ （清）阮元校刻：《十三经注疏·毛诗正义》，中华书局，1980年，第431页。
⑧ （宋）洪兴祖补注，卞岐整理：《楚辞补注》，凤凰出版社，2007年，第290页。
⑨ 宗福邦、陈世铙、萧海波主编：《故训汇纂》鸿字条，商务印书馆，2003年，第2598页。
⑩ （宋）洪迈：《容斋四笔》卷7，上海古籍出版社，1987年。

人之家，故人喜，命竖子杀雁而烹之。”[①]这里的雁显然是鹅。《史记·管蔡世家》曰：“曹野人公孙彊亦好田弋，获白雁而献之。”[②]雁的羽毛为淡紫褐色，此白雁疑即白天鹅。大雁、天鹅都为候鸟，每年八月，大雁从北方飞来，在中原停留至九月，然后飞往南方越冬。十二月大雁开始从南方向北飞，在中原停留至二三月份，然后飞往北方。《礼记·月令》：季冬之月，“雁北乡”。孔颖达正义曰：“雁北乡有早有晚，早者则此月北乡，晚者二月乃北乡。故《易说》云：‘二月惊蛰，候雁北乡。’”孟春之月，“鸿雁来”。郑玄注曰：“雁自南方来，将北反其居。”孔颖达疏曰：按“季冬雁北乡，据其从南始北，正月来至中国，故此云鸿雁来。但来有先后，后者二月始来”[③]。天鹅与大雁相同，也是每年的二三月间从南方飞向北方。本铭所记为二月，正是大雁、天鹅在中原的停留时间，而且大雁、天鹅又往往混杂在一起，喜欢群栖在湖泊和沼泽地带，主要以水生动植物为食。而莾京的灵沼、灵囿、辟雍大池正为其生存的理想之地。故释大犇为大雁或天鹅，与其迁徙时间和生活习性也完全吻合。

“禽”，在这里既不是走兽之通名，也不是鸟类的总称，而是擒获之擒的古字。《左传》襄公二十四年“收禽挟囚”杜预注曰：“禽，获也。”[④]《易·井·象传》“旧井无禽”李鼎祚集解引崔憬、《大戴礼记·保傅》“夫差以见禽于越”王聘珍解诂皆云：“禽，古擒字。禽犹获也。”[⑤]殷墟卜辞禽字写作“毕”，陈梦家认为：该字乃是动词擒，象捕鸟之网。“鸟是生擒的，所以‘禽’字引申为鸟类。卜辞‘禽’除作为田猎方法以外尚有猎得之义（亦为动词），它与‘隻’（即获）的用法相同，但禽指生擒，获是获得（生的或死的）。”[⑥] 所说信然可从。《左传》哀公二十三年：“齐师败绩，知伯亲禽颜庚。”[⑦]《史记·五帝本纪》：“于是黄帝乃征师诸侯，与蚩尤战于涿鹿之野，遂禽杀蚩尤。”又《春申君列传》：“秦昭王使白起攻韩、魏，败之于华阳，禽魏将芒卯。”[⑧]亦均写作禽，知禽即“擒”甚明。本铭句意为王射大鸿，擒获之。

弋射鸿雁是古代男子乐行之事。《诗·郑风·女曰鸡鸣》：“将翱将翔，弋凫与雁。”毛亨传曰：“闲于政事则翱翔习射。”郑玄笺云：“弋，缴射也，言无事则往弋射凫雁，以待宾客为燕具。”孔颖达正义曰：“闲暇无事，将翱翔以学习射事，

---

① （清）郭庆藩撰，王孝鱼点校：《庄子集释》，中华书局，2004年第2版，第667页。

② （汉）司马迁撰，（宋）裴骃集解，（唐）司马贞索隐，张守节正义：《史记》，中华书局，1982年第2版，第1573页。

③ （清）阮元校刻：《十三经注疏·礼记正义》，中华书局，1980年，第1383、1355页。

④ （清）阮元校刻：《十三经注疏·春秋左传正义》，中华书局，1980年，第1980页。

⑤ 宗福邦、陈世铙、萧海波主编：《故训汇纂》禽字条，商务印书馆，2003年，第1617页。

⑥ 陈梦家：《殷虚卜辞综述》，中华书局，1988年，第554页。

⑦ （清）阮元校刻：《十三经注疏·春秋左传正义》，中华书局，1980年，第2181页。

⑧ （汉）司马迁撰，（宋）裴骃集解，（唐）司马贞索隐，张守节正义：《史记》，中华书局，1982年第2版，第3、2387页。

弋射凫之与雁，以待宾客为饮酒之羞。”[①]《左传》襄公十四年：“（卫）献公戒孙文子、甯惠子食。皆服而朝。日旰不召，而射鸿于囿。二子从之，不释皮冠而与之言，二子怒。”[②]《史记·卫康叔世家》也有相同的记载[③]，周王射大鸿也是情理之中的事。因擒得的是活体，故很有可能也是弋射。从故宫博物院所藏采桑宴乐射猎攻战纹铜壶画像看，弋射鸿雁的方法是：一人乘船在池中弋射，四人埋伏在他前方的围堰土坝外、待鸿雁飞到头顶时弋射。[④]本铭所记当采取的也是这种弋射方式。周王与邢侯乘船在辟雍大池弋射，并成功地驱使大鸿朝着土坝外埋伏有射手的方向飞去，从而顺利地弋射并擒获了大鸿。

“侯乘于赤旂舟从。”“赤旂舟”，即悬挂有红色旗帜的船。《礼记·檀弓上》云：“周人尚赤，大事敛用日出，戎事乘騵，牲用骍。”[⑤]《明堂位》又云：“有虞氏之旂，夏后氏之绥，殷之大白，周之大赤。”[⑥]不仅金文、《诗》、《书》、《论语》中的有关记述说明“牲用骍”基本可信，周人确实看重红色牺牲，“牲用白”与“牲用骍”确有可能是殷周两族不同的风俗。[⑦]而且毛公鼎（《集成》02841）、番生簋（《集成》04326）等器铭也有王赐“朱旂”、“朱旂旜”的记载，这些受赐人的身份都很高，说明朱旂在诸色旗帜中较被看重，“周旗尚赤”说也有一定的依据。这也许就是周人尚赤观念产生的基础与根源。有人认为“周人尚赤”确是周人固有的文化特征。[⑧]也有人认为“只凭这一现象还不足以断定崇尚‘大赤’是周代旗制通例”，“‘牲尚赤’与‘周人尚赤’毕竟是两个不同的命题，它们的涵盖范围有广狭之别，彼此不可置换”。“战国时代儒家提出的‘周人尚赤’说，是通过夸大周人习用红色牺牲等个别事实的意义构拟的一种假说，它与西周春秋时代战旗尚白、礼服尚黑的历史实际相抵牾，故难以成立。”[⑨]其说是中肯的，全面审视有关资料，“周人尚赤”说的确存在与史实枘凿不合之处，是以偏概全的夸大做法。分类总结周人之时尚，显然要比旧说合理。“从”，跟随、追随、随从。《说文·从部》：“从，随行也。”段玉裁注曰：“《齐风》‘并驱从两肩兮’传曰：‘从，逐也。’逐，亦随也。”句意为邢侯坐在挂有红色旗帜的船上，随从周王航行。

---

① （清）阮元校刻：《十三经注疏·毛诗正义》，中华书局，1980年，第340页。
② （清）阮元校刻：《十三经注疏·春秋左传正义》，中华书局，1980年，第1957页。
③ 详见（汉）司马迁撰，（宋）裴骃集解，（唐）司马贞索隐，张守节正义：《史记》，中华书局，1982年第2版，第1596页。
④ 故宫博物院编：《故宫青铜器》图版281燕乐渔猎攻战图壶，紫禁城出版社，1999年。
⑤ （清）阮元校刻：《十三经注疏·礼记正义》，中华书局，1980年，第1276页。
⑥ （清）阮元校刻：《十三经注疏·礼记正义》，中华书局，1980年，第1490页。
⑦ 裘锡圭：《古文字论集》，中华书局，1992年，第232页。
⑧ 王晖：《商周文化比较研究》，人民出版社，2001年，第448~450页。
⑨ 胡新生：《“周人尚赤”说的历史考察》，《文史哲》2005年第2期。

“死咸。”“死”，读为尸，训为主。或说死“与司同”[①]。亦通。《小尔雅·广言》：“司，主也。”“咸”，皆。金文习见用语，意为完成。主皆，指邢侯主管各事都已完成。

“之日。”郭沫若先生说：“‘之日’二字原刻连为一字，余旧释旹（时），义亦可通，唯金文未见此例，故今分之。日者，与下‘巳夕’为对，当表时刻，疑指正午。”[②]对言之说值得思考，因为二者之下都是专讲赏赐的。但正午之说则不能苟同。“之”，此。此日，这一日。按《郑风·女曰鸡鸣》所记，弋射鸿雁当在黎明时分，本铭周王射大鸿亦当不会太晚，因而大礼、射礼之礼成时间肯定要早，故“之日”实应为大礼结束的这一天。若从对言考虑，“之日”似又可理解为至日，《玉篇·之部》：“之，至也。”至日即到达宗周的那一天。

“王以侯入于寝”，即“周王召侯入于寝也”[③]。“寝”，周王之寝宫。有学者认为此宫室即王作馈盂铭的“葊京中寝”[④]。似有不妥，果真如是，则不得用“入于”寝。我们认为此寝当为宗周之寝宫。入者，进入也，是由外到内之言。《说文·入部》：“内，入也。自外而入也。”“入，内也。”段玉裁注曰：“自外而中也。”《仪礼·大射》：“公入，《骜》。”郑玄注曰：“此公出而言入者，射宫在郊，以将还为入。燕不《骜》者，于路寝无出入也。”[⑤]杨天宇亦注曰：“入，谓将入，也就是将要返回都城。案射宫在国都之郊，现在君将从射宫返回国都，所以说君入。”[⑥]同理，周王由宗周到葊京行礼，现礼毕返回宗周寝宫，故云入耳。大礼结束的当天即回到宗周，亦说明葊京离宗周不足一日路程。

“巳夕。”截至目前学界没有很恰当的解释。唐兰先生读为祀月，并依据《周礼·大宗伯》“以实柴祀日月星辰”，《礼记·祭义》“祭日于坛，祭月于坎，以别幽明，以制上下，祭日于东，祭月于西，以别外内，以端于位”等记载，认为：“祀月就是祭月。”“祀月之地应在宗周之西。”[⑦]学者多从之。《国语·周语上》：“古者先王既有天下，又崇立上帝、明神而敬事之，于是乎有朝日、夕月，以教民事君。”[⑧]可见祀月之说也有一定的根据。但《周礼·天官·掌次》“朝日，祀五帝，则张大次小次”郑玄则注曰：“朝日，春分拜日于东门之外。”[⑨]又《汉书·贾谊传》也明言：“三代之礼，春朝朝日，秋暮夕月，所以明有敬也。”师古曰：“朝

---

① 唐兰：《西周青铜器铭文分代史征》，中华书局，1986年，第252页注释13。
② 郭沫若：《两周金文辞大系图录考释》麦尊，科学出版社，1957年。
③ 陈直：《读金日札》，西北大学出版社，2000年，第163页。
④ 王辉：《商周金文》作册麦方尊，文物出版社，2006年，第76页注解[10]。
⑤ （清）阮元校刻：《十三经注疏·仪礼注疏》，中华书局，1980年，第1044页。
⑥ 杨天宇：《仪礼译注》，上海古籍出版社，2004年新1版，第216页注释[1]。
⑦ 唐兰：《西周青铜器铭文分代史征》作册麦方尊，中华书局，1986年，第253页注释18。
⑧ 李维奇点校：《国语·战国策》，岳麓书社，2006年第2版，第10页。
⑨ （清）阮元校刻：《十三经注疏·周礼注疏》，中华书局，1980年，第676页。

日以朝，夕月以暮，皆迎其初出也。”[①]本铭邢侯是二月到宗周朝见的，即使再逗留一个月，也与“秋暮夕月”的秋分祭月不符。因此祀月说也有缺陷。《殷周金文集成》修订增补本释为“己夕”，但无解说。若从与“之日”对言考虑，“巳”似指巳日，即上巳节的省称。“夕”是古代傍晚见君之称，与“朝”相对。《左传》成公十二年“朝而不夕”孔颖达正义曰：“旦见君，谓之朝。莫（暮）见君，谓之夕。”[②]巳夕，即巳日傍晚见周王。“巳”又可读为已，《释名·释天》：“巳，已也。”《韵补·纸韵》：“古巳午之巳，亦读如已矣之已。”已，有完毕之义，《国语·齐语》：“有司已于事而竣。”[③]已夕，也许是朝见结束的那天傍晚见周王，本次朝见公事办完、将要返回封国而见王，故有拜谢辞别的意思。再结合下文之“唯归”，似以后者为是。

“告亡尤。”“告”，即上报。《说文通训定声·告部》：“告者，下告上之辞。”《广韵·号韵》：“告，报也。”又《沃韵》：“告，告上曰告。”此为告庙，王及诸侯外出或遇大事，须向祖庙祭告。《礼记·曾子问》孔子曰：“天子诸侯将出，必以币帛皮圭告于祖祢，遂奉以出，载于齐车以行。每舍奠焉，而后就舍。反必告，设奠。”孔颖达疏曰：“行还反后，必陈此币帛皮圭于祖祢主前以告神，又设奠祭。”[④]《左传》桓公二年：“冬，公至自唐，告于庙也。凡公行告于宗庙，反行饮至。”孔颖达正义曰：“凡公行者，或朝或会或盟或伐皆是也。孝子之事亲也，出必告，反必面，事死如事生，故出必告庙，反必告至。”[⑤]邢侯去镐京朝见周王，返回封国后依礼举行告庙之祭。“告亡尤”，就是把朝见周王一路顺利，没有出现差错，并顺利返回封国之事告于祖祢神主。文献与铭文所记吻合。

“用弃义宁侯。”此句省略主语作册麦。“弃”，读为恭，即敬也。“义”，即宜也，指行为适宜。《易·坤·文言》：“君子敬以直内，义以方外。敬义立而德不孤。”孔颖达正义曰：“义者宜也，故事得宜，故曰义。”“内，谓心也。用此恭敬以直内理”，“用此义事以方正外物”，即谓君子以敬使内心正直，以义使外形端方。正义又曰：“身有敬、义以接于人，则人亦敬、义以应之，是‘德不孤’也。”[⑥]知敬义亦即恭敬不苟、行为适宜是臣下侍奉君主所必须具备的素质修养，本铭文与文献记载正相吻合。“义”，《集成》读为仪，亦通。“宁侯”，即安宁邢侯。此正是“不宁侯”一语的反背语，有助于对《周礼·考工记·梓人》[⑦]、《大戴礼》[⑧]、《白虎

① （汉）班固撰，（唐）颜师古注：《汉书》，中华书局，1962年，第2249页及注[二五]。
② （清）阮元校刻：《十三经注疏·春秋左传正义》，中华书局，1980年，第1910页。
③ 李维琦点校：《国语·战国策》，岳麓书社，2006年第2版，第50页。
④ （清）阮元校刻：《十三经注疏·礼记正义》，中华书局，1980年，第1393页。
⑤ （清）阮元校刻：《十三经注疏·春秋左传正义》，中华书局，1980年，第1743页。
⑥ （清）阮元校刻：《十三经注疏·周易正义》，中华书局，1980年，第19页。
⑦ （清）阮元校刻：《十三经注疏·周礼注疏》，中华书局，1980年，第926页。
⑧ （汉）戴德：《大戴礼·投壶》，黄怀信主撰，孔德立、周海生参撰：《大戴礼记汇校集注》，三秦出版社，2005年，第1339页。

通》[①]、《说文·矢部》等文献所记“宁侯”与“不宁侯”的正确理解。

根据以上考释，本铭文大意是：周王命令我的君主邢侯出坯，到邢地做诸侯。在二月邢侯到镐京朝见周王，朝见过程没有过错。此时正值周王在葊京举行祼祭和肜祭。第二天，在辟雍，周王坐在船上，举行大礼。周王射大鸿，擒获之。邢侯坐在挂有红色旗帜的船上跟随周王，所主管的各事都全部完成了。这一天，王和侯回到镐京寝宫，王赏赐给邢侯黑色的雕戈。周王在斥，办完公事、朝见结束的那天傍晚，周王赏赐邢侯赭衣踝跣之臣二百家，并赠送了王所乘坐的车马、铜勒、禖衣、蔽膝、鞋。邢侯朝见受赐后返回封国，称扬天子的休美，告无过失。麦用敬义安宁侯，大孝邢侯。作册麦被君主邢侯赏赐了铜，麦对扬，用来做宝器。用来献享侯的来往使者，称美明命。这是天子休美于麦的君主邢侯这一年铸的，子子孙孙永远没有终尽，终用有造就品德好的人，安和众友，奉事于天子并奔走操劳以效王命。

3. 关于麦方尊铭文的几点认识

综上所述，我们对麦方尊铭文所记内容可归纳为如下几点：

（1）葊京是都城旁边的一个地方，它距丰、镐都比较近。最初葊京是丰京的一部分，周都从丰迁到镐后，则又成为镐京的一部分，丰、镐二京共一葊京。

（2）葊京建有辟雍，辟雍有池有水，是周王举行大礼和射礼的重要场所，这说明天亡簋的“大礼”也是在辟雍大池中举行的。“王凡三方”确是王泛舟于辟雍大池的三方，而不是王视察“西、南、北三方”或“四方山川”；“天室”也应在辟雍，而不是指嵩山。[②]这同时也说明西周时期确实已有明堂辟雍这类建筑。丰京、镐京、葊京共一辟雍，而不是三地各有辟雍。

（3）本铭之井侯为第一代邢侯，始封于成王时。[③]邢侯簋之井侯，虽非初封，但亦为第一代邢侯。本铭有周王赏赐邢侯臣属二百家，簋铭亦有王令官员并赏赐臣三族给邢侯做事，二者一致，都反映了邢国迁封初建时期急需人手的情形。麦方尊所记周王对邢侯的两次赏赐，先是赏给邢侯雕戈，以象征意义鼓励邢侯征伐，后又赐予臣属二百家，并使用王之车马服饰，这种礼遇可以说是空前的，在金文所见册命赏赐中也是仅有的。西周初期，礼制初备，更不可僭越，作为西周封国的邢侯能受到这样的待遇，反映了周王与邢侯之间的关系非同一般，这也预示着邢侯是第一代邢侯。

（4）本铭虽然开头一大段都是在说邢侯和周王之间的事，铭文并没有说明麦受邢侯赏赐的原因，但我们可以推知这次邢侯和周王之间的活动，麦肯定是也参与了，并且有出色的表现，所以才受到邢侯的赏赐。

---

① （汉）班固撰，（清）陈立疏证，吴则虞点校：《白虎通疏证》，中华书局，1994年。
② 王辉：《商周金文》天亡簋，文物出版社，2006年，第35页注解[2]、[3]。
③ 袁俊杰：《周公诸子考》，《补编版明清胙城县志》，中州古籍出版社，2012年，第292~330页。

（5）本铭所记事件共四项，即邢侯于镐京朝见周王、周王到荞京举行祼祭与彭祭、在辟雍举行大礼与射礼、周王在寝宫与庥赏赐邢侯。其中周王在荞京的行礼活动共用了三天时间，具体仪程是：第一天祼祭，第二天肜祭，说明彭祀确是祼后之“明日又祭”。第三天大礼与射大鸿。邢侯去镐京朝见周王之时，正适逢周王在荞京举行祼祭和肜祭，但邢侯并没有参加这两项祭礼，只是在到达宗周的翌日参加了第三天周王在辟雍举行的大礼和射礼。这从祼、肜祭事略，无邢侯之职事与大礼、射大鸿事详，有邢侯之职事的鲜明对比上也可以看得出来。大礼和射礼结束后，邢侯与周王便回到宗周寝宫论功行赏了。

（6）根据文献、金文记载和大礼称谓的特点，本铭所记之大礼应是一年一度的天子始乘舟的典礼，射礼则是这次大礼的一部分。

（7）就麦方尊射礼本身而言，它是周王在辟雍大池举行的以大鸿为射获目标的水上弋射礼，与田猎的弋射活动有着根本的不同。由于它是周王举行的大礼的一部分，又是周王款待来朝邢侯的一项礼仪活动，故其为射礼当是无疑的。麦方尊辟雍大池的水上射礼，与商作册般铜鼋的洹水水上射礼应有一定的渊源关系①，只是所射目标不同而已，而它与战国时期的乘船弋射则有着直接的传承关系。

（8）《礼记·王制》云：“诸侯之于天子也，比年一小聘，三年一大聘，五年一朝。”②从西周铜器铭文看，诸侯嗣位后也要到京师朝觐天子，如匽侯旨鼎铭“匽（燕）侯旨初见事于宗周”（《集成》2628）、召圜器铭“召启进事，旋走事皇辟君”等，“启进事”犹“初见事”③，与本铭“王命辟邢侯出坯，侯于邢。粤若二月，侯见于宗周”一样，都是诸侯即位后初次朝觐周天子。此次射礼的行射时间是二月，行射地点在辟雍大池。参加射礼者就铭文看有周王、邢侯，可能还有麦，但从战国时期的采桑宴乐射猎攻战纹铜壶上的画像看，参加此次射礼的人员肯定不止这三人。行射的目标是大鸿抑或是天鹅，这类候鸟的迁徙时间和生活习性与铭文所记月份和地理环境正相吻合。其礼仪过程是先朝见，后为大礼，接着是行射，最后是班功行赏。尽管行射的方式是乘船弋射，时间、场所也与文献记载的春飨④、春射⑤之季节和地点相符，但因是邢侯朝见期间周王款待宾客的一项礼仪活动，故此次射礼的性质当应属于宾射礼。

总之，麦方尊铭文记载了邢侯于镐京朝见周王、周王到荞京举行祼祭与肜祭、在辟雍举行大礼与射礼、在寝宫与庥赏赐邢侯等事件。邢侯在到达宗周的翌日有

① 袁俊杰：《作册般铜鼋所记史事的性质》，《华夏考古》2006年第4期；袁俊杰：《作册般铜鼋铭文新释补论》，《中原文物》2011年第1期。

② （清）阮元校刻：《十三经注疏·礼记正义》，中华书局，1980年，第1327页。

③ 陈梦家：《西周铜器断代》，中华书局，2004年，第51~52页。

④ 《说文·矢部》：“矦，春飨所射侯也。”（（汉）许慎撰，（清）段玉裁注：《说文解字注》，上海古籍出版社，1988年第2版，第226页）

⑤ 《诗·大雅·灵台》正义引《五经异义》所引《韩诗说》云：“辟雍者，天子之学……所以教天下春射秋飨。”（（清）阮元校刻：《十三经注疏·毛诗正义》，中华书局，1980年，第524页）

幸参加了周王在辟雍举行的大礼和射礼。此铭之大礼即天子始乘舟之典礼，辟雍大池的水上射礼既是本次大礼的一部分，也是周王款待邢侯的一项礼仪活动，它不仅与商代的洹水水上射礼有一定的渊源，而且与战国时期的乘船弋射也有着直接的传承关系。宾射是诸侯朝觐天子或诸侯相会时举行的射礼，它常与飨、食连言，是朝聘礼中主国接待宾客所行之礼仪或飨礼的一个重要仪节，又多与大射、燕射并举，是中国古代非常重要的一项礼仪制度。

（二）长甶盉与飨射（宾射）礼

长甶盉 1954 年 10 月出土于陕西长安县斗门镇普渡村一座西周墓[①]，现藏中国国家博物馆，是学界公认的西周中期穆王时标准器（彩图 13）。[②]其铭文具有重要的史料价值。

1. 长甶盉铭文考释

长甶盉盖内有铭文 6 行含重文 56 字（《集成》09455），释文如下：

隹（唯）三月初吉丁亥，穆王

才（在）下淢应（居）。穆王乡（飨）豊（醴），即（佽）

井（邢）白（伯）、大祝射。穆王蔑长

甶，以逨（仇）即（佽）井（邢）白（伯），井（邢）白（伯）氏彌（夤）不

奸。长甶蔑历，敢对扬天

子不（丕）丕（显）休，用肇乍（作）障彝。

“穆王在下淢应。”“穆王”，即周昭王子穆王满，郭沫若先生认为：“穆乃生号，非死谥，此生称‘穆王’，与遹簋同。”[③]唐兰先生也认为：“生称穆王仅遹簋与此两器。”[④]王辉先生则认为，“此为死谥，是长甶追述往事”，“作器时间当已在恭王时”[⑤]，而目录中却仍定其为穆王时器，前后不一。“下淢”，地名，又见于元年师旋簋铭“在淢应”（《集成》04279~04282）。卢连成、王辉皆谓淢地在今凤翔县南，殆即《汉书·地理志》、《郊祀志》所见之棫阳。[⑥]《诗·大雅·文王有声》：“筑城伊淢，作丰伊匹。”毛亨传曰：“淢，成沟也。”[⑦]《说文·水部》：“淢，疾流也。”《川部》：“邕，四方有水自邕成池者是也。”《广部》：“天子飨饮辟雍。”又

① 李长庆：《陕西长安斗门镇发现周代文物简报》，《文物参考资料》1955 年第 2 期；陕西省文管会：《长安普渡村西周墓发掘报告》，《考古学报》1957 年第 1 期。

② 郭沫若：《长甶盉铭释文》，《文物参考资料》1955 年第 2 期；陈梦家：《西周铜器断代》，中华书局，2004 年，第 141 页；唐兰：《西周青铜器铭文分代史征》，中华书局，1986 年，第 377 页。

③ 郭沫若：《长甶盉铭释文》，《文物参考资料》1955 年第 2 期。

④ 唐兰：《西周青铜器铭文分代史征》长甶盉，中华书局，1986 年，第 378 页说明。

⑤ 王辉：《商周金文》长甶盉，文物出版社，2006 年，第 108 页注解[1]、第 109 页断代。

⑥ 卢连成：《周都淢郑考》，《考古与文物》丛刊第 2 号《古文字论集》（一），1983 年；王辉：《西周畿内地名小记》，《考古与文物》1985 年第 3 期。

⑦ （清）阮元校刻：《十三经注疏·毛诗正义》，中华书局，1980 年，第 526 页。

《水部》："泮，诸侯飨射之宫。"再结合本铭下句，可见减与雍、辟雍、泮意义接近，地理环境是相同的。黄盛璋先生认为："长由盉之'减'即'囿'字，古'囿'、'域'互假，毛传：'囿所以域养禽兽也。'孔疏云：'囿者筑墙为界域，而禽兽在其中，故云囿所以域养禽兽也。'囿必有界域，灵囿范围既大，孔谓筑墙，恐非古代能力所及，最合理当是以水域之。下减即下囿（当与上囿相对）。"①此解是有道理的。"应"，唐兰②、《集成》均释读为位，不确。郭沫若③、王辉④皆释读为居，可从。"穆王在下减居"，与金文"王在雍居"（蔡簋，《集成》04340）、"王在杜居"（师虎簋，《集成》04316）之句式相同。居有都城之义，如"禹居阳城"⑤、《国语·周语》韦昭注作"禹都阳城"⑥、"汤始居亳"⑦、"营周居于雒邑而后去"⑧，可证。考虑到下减居的地理环境，它应是周穆王的一处离宫别馆。陈梦家先生认为金文之"应"即《说文》之"廙，行屋也"，屋假作幄。⑨朱骏声《说文通训定声·颐部》曰："今蒙古包类是。"在成都白花潭中学十号墓所出铜壶的射礼燕乐图像中，就有这种行屋的形象。⑩从小臣夌鼎铭文"王𢓊于楚麓，令小臣夌先省楚居"（《集成》02775）看，居似乎还有临时驻地之义。因此陈先生之说也是有道理的。

"穆王乡豊。""乡"，即飨。王辉先生释作卿，以为："象两人相向就食之形，为飨之初文，本义为飨食，引申为向。陈初生说《说文》乡字本从㲋，与卿有别。但后出之飨、向均以乡为声，以致混淆。公卿之卿乃假借字。"⑪可见释乡与释卿其意义并不矛盾。"乡豊"，唐兰先生读为飨礼，盖受金文"中皕父作豊鬲"，"鬲非盛醴酒之器"的误导所致。同时，他在意译时又把"飨礼"译作饮醴酒的宴会，似亦前后不一，并没有坚持注释中的观点。⑫笔者以为，此处的"乡豊"确应读作飨醴，飨谓以酒食待人，《诗·豳风·七月》"朋酒斯飨，曰杀羔羊"是也。⑬醴谓以醴酒饮宾，《玉篇》："醴，甜酒也。"《说文·酉部》："醴，酒一宿孰也。"段玉裁注曰："礼经以醴敬宾曰醴宾，注多改为礼宾。"⑭飨醴即用甜酒肉食款待宾客。《左传》

---

① 黄盛璋：《周都丰镐与金文中的莾京》，《历史研究》1956年第10期。

② 唐兰：《西周青铜器铭文分代史征》长由盉，中华书局，1986年，第377页。

③ 郭沫若：《长由盉铭释文》，《文物参考资料》1955年第2期。

④ 王辉：《商周金文》长由盉，文物出版社，2006年，第107页。

⑤ 王国维：《古本竹书纪年辑校》，《王国维遗书》，上海古籍出版社，1983年影印；王国维撰，黄永年校点：《古本竹书纪年辑校》，辽宁教育出版社，1997年。

⑥ 徐元诰撰，王树民、沈长云点校：《国语集解》（修订本），中华书局，2002年；《史记·封禅书》正义引《世本》，（汉）司马迁撰，（宋）裴骃集解，（唐）司马贞索隐，张守节正义：《史记》，中华书局，1982年第2版，第1371页注[一]。

⑦ 《书序》，（清）阮元校刻：《十三经注疏·尚书正义》，中华书局，1980年，第158页。

⑧ （汉）司马迁撰，（宋）裴骃集解，（唐）司马贞索隐，张守节正义：《史记·周本纪》，中华书局，1982年第2版，第129页。

⑨ 陈梦家：《西周铜器断代》长由盉，中华书局，2004年，第142页。

⑩ 四川省博物馆：《成都百花潭中学十号墓发掘记》，《文物》1976年第3期。

⑪ 王辉：《商周金文》长由盉，文物出版社，2006年，第108页注解[2]。

⑫ 唐兰：《西周青铜器铭文分代史征》长由盉，中华书局，1986年，第378页注2、377页意译。

⑬ （清）阮元校刻：《十三经注疏·毛诗正义》，中华书局，1980年，第392页。

⑭ （汉）许慎撰，（清）段玉裁注：《说文解字注》，上海古籍出版社，1988年第2版，第747页。

庄公十八年“虢公、晋侯朝王，王飨醴，命之宥”，杜预注“王之觐群后，始则行飨礼，先置醴酒，示不忘故”之飨礼[①]，《周礼·秋官·掌客》王待诸侯之礼，上公“三飨、三食、三燕”，侯伯“三飨、再食、再燕”，子男“壹飨、壹食、壹燕”[②]，《仪礼·聘礼》“公于宾壹食再飨”之飨礼，“请礼（醴）宾”之醴礼[③]，当是由此发展演变而来的。句意为穆王举行飨醴宴会。《左传》宣公十六年周定王曰：“王享有体荐，宴有折俎。公当享，卿当宴，王室之礼也。”[④]即诸侯朝觐天子，天子以飨（享）礼款待之，由下文知此应是记邢伯到下淢居觐见穆王时，穆王飨邢伯等人。

“即井伯、大祝射。”属无主语句，结合下文此主语当为长由。该句学者多不加顿，唐兰先生以为是“到太祝邢伯那里去行射礼”，“邢伯太祝当是邢伯时为太祝”[⑤]。作是解则句式似应为“太祝邢伯”，如“司马井伯”（走簋，《集成》04244）之类，而不当为“邢伯太祝”。况且，据考证从穆王到共王时期邢伯的职爵是“司马邢伯”[⑥]，因此同是穆王时器的长由盉铭中的邢伯是不可能再任太祝之职司的。或以为太祝是邢伯的属官，“穆王先举行饮醴宴会，后到邢伯处与太祝射”[⑦]。虽然依金文“大师小子”例（师望鼎，《集成》02812），句式上没有问题，但作是解则意味着邢伯没有参加竞射，这显然与下句是无法接续的。基于此我们认为井伯、大祝之间加顿号是较为妥当的。

“即”，与另一射礼铭文义盉盖铭的“即”及该字所在句的句式相同。过去学者多根据《诗·郑风·东门之墠》“子不我即”毛亨传、《左传》定公四年“用即命于周”杜预注、《方言》十二、《玉篇》释“即”义为就，认为是穆王就井伯与大祝同射。[⑧]今从陈剑引金美京说读“即”为“佽”[⑨]，王辉也认为“即读为佽”[⑩]意为帮助、侑助。《广韵》：“佽，助也。”由此可知即井伯、大祝射者，应当是陪射、侑射、助射。“井伯”，即邢伯，亦见于七年趞曹鼎、利鼎、师奎父鼎、五祀卫鼎、永盂、师瘨簋、走簋、敔簋、豆闭簋、师毛父簋、师虎簋（《集成》02783、2804、2813、2832、10322、4283~4284、4244、4243、4276、4196、4316），除师虎簋“夏商周断代工程”定为懿王元年器[⑪]、铭中的邢伯是否为又一代邢伯尚存

① （清）阮元校刻：《十三经注疏·春秋左传正义》，中华书局，1980年，第1772页。

② （清）阮元校刻：《十三经注疏·周礼注疏》，中华书局，1980年，第900页。

③ 杨天宇：《仪礼译注》，上海古籍出版社，2004年新1版，第247、231页及注[3]。

④ （清）阮元校刻：《十三经注疏·春秋左传正义》，中华书局，1980年，第1889页。

⑤ 唐兰：《西周青铜器铭文分代史征》长由盉，中华书局，1986年，第377页意译、378页注3。

⑥ 王冠英：《親簋考释》，《中国历史文物》2006年第3期。

⑦ 王辉：《商周金文》长由盉，文物出版社，2006年，第108页注解[3]。

⑧ 陈梦家：《西周铜器断代》长由盉，中华书局，2004年，第142页；李亚农：《“长由盉铭释文”注解》，《考古学报》1955年第9期。

⑨ 陈剑：《据郭店简释读西周金文一例》，《北京大学中国古典文献研究中心集刊（2）》，北京燕山出版社，2001年，第378~396页。

⑩ 王辉：《商周金文》长由盉，文物出版社，2006年，第108页注解[3]。

⑪ 夏商周断代工程专家组：《夏商周断代工程1996~2000年阶段成果报告》（简本），世界图书出版公司，2000年，第31页。

有分歧外，其余大都属于穆王共王时器、铭中的邢伯可能都是指司马邢伯，其中痶簋铭的“司马井伯亲”，在穆王时器亲簋铭中被周王初命“作冢司马”，一说是家司马。[①]本铭的井伯当与司马井伯亲是同一人。“大祝”，官名，是随从周王的重要官员，职司祝告祈祷之事。《周礼·春官·大祝》：“掌六祝之辞，以事鬼神示，祈福祥，求永贞。”[②]据周初金文，周公子伯禽就曾官为大祝（大祝禽方鼎，《集成》1937~1938），地位很显要。句意为长由侑助邢伯、大祝竞射，或说是长由陪邢伯、大祝竞射亦可。

“穆王蔑长由。”“蔑”，即蔑历之省，义为勉励。“由”，《说文·由部》：“鬼头也，象形。”唐兰先生旧读为囟，后隶作鬼，以为“鬼本大头人形”[③]。“长由”，人名，乃本器的制作者。疑其人当是以巫、傩为职司者。在这次射礼中因有所执事，即辅助邢伯参加射礼，而且邢伯表现良好，故受到周王的“蔑历”，是以有此被夸奖之词。

“以逑即邢伯。”“以”，李亚农先生据《诗·邶风·旄丘》“必有以也”郑玄笺，解作因或由。[④]但细审郑笺孔疏实应作原因、因由、缘故讲。“逑”，过去多释为逨，读为徕、来，以为是“王与作器者同来于井白之所”，或以为是长由受命“把邢伯召来参加射礼”[⑤]，不确。今从陈剑说“逑即”应读为仇欥，义为辅助。[⑥]由于王与邢伯、太祝射，是为三人，故穆王勉励长由作邢伯的助射，以成四人耦射。

“邢伯氏彊不奸。”“邢伯氏”，即邢伯。诸侯后边附加“氏”字有几种情况：《礼记·典礼下》孔颖达疏引郑玄注《考工记》云：“其曰某氏者，官有世功，若族有世业者也。”引干宝云：“凡言氏者，世其官也。”[⑦]《礼记·射义》：“故《诗》曰：‘曾孙侯氏，四正具举……’”孔颖达正义曰：“曾孙侯氏者，谓诸侯也，此诸侯出于王，是王之曾孙也。故云曾孙侯氏矣。若《左传》云曾孙蒯聩之类是也。”[⑧]《仪礼·觐礼》：“至于郊，王使人皮弁用璧劳。侯氏亦皮弁迎于帷门之外，再拜。”郑玄注曰：“不言诸侯言侯氏者，明国殊舍异，礼不凡之也。”贾公彦疏曰：“言诸侯则凡之总称，言侯氏则指一身，不凡之也。”[⑨]《诗·大雅·韩奕》：“笾

① 李学勤：《论亲簋的年代》；王冠英：《亲簋考释》；〔美〕夏含夷：《从亲簋看周穆王在位年数及年代问题》，均载《中国历史文物》2006年第3期。

② （清）阮元校刻：《十三经注疏·周礼注疏》，中华书局，1980年，第808页。

③ 唐兰：《西周青铜器铭文分代史征》长由盉，中华书局，1986年，第377页及注4。

④ 李亚农：《“长由盉铭释文”注解》，《考古学报》1955年第9期。

⑤ 陈梦家：《西周铜器断代》长由盉，中华书局，2004年，第141、142页；唐兰：《西周青铜器铭文分代史征》长由盉，中华书局，1986年，第377页；刘雨：《西周金文中的射礼》，《考古》1986年第12期；《集成》09455。

⑥ 陈剑：《据郭店简释读西周金文一例》，《北京大学中国古典文献研究中心集刊（2）》，北京燕山出版社，2001年，第378~396页；又见王辉：《商周金文》长由盉，文物出版社，2006年，第108页注解[5]。

⑦ （清）阮元校刻：《十三经注疏·礼记正义》，中华书局，1980年，第1261~1262页。

⑧ （清）阮元校刻：《十三经注疏·礼记正义》，中华书局，1980年，第1687页。

⑨ （清）阮元校刻：《十三经注疏·仪礼注疏》，中华书局，1980年，第1087~1088页。

豆有且，侯氏燕胥。”这里的“侯氏”即指韩侯，陈奂疏曰：“凡诸侯觐王曰侯氏。”[①]尽管诸侯后边附加氏有多种情况，但无论是世功世官、王之曾孙，还是诸侯觐王，这里的邢伯氏即指邢伯则是可以肯定的。“氏”或读为是[②]，亦通。“彊”，读作夤，通寅，义为敬。《说文·夕部》：“夤，敬惕也。”段玉裁注曰：“《释诂》云：‘寅，敬也。’凡《尚书》寅字皆叚寅为夤也。”《古文尚书·尧典》：“寅宾出日。”孔安国传曰：“寅，敬。”[③]《史记·五帝本纪》作“敬道日出”[④]。《皋陶谟》：“同寅协恭，和衷哉。”孔颖达疏曰：“使同敬合恭而和善也。”[⑤]《汉书·叙传下》：“中宗明明，夤用刑名。”颜师古注引邓展曰：“夤，敬也。”[⑥]“奸”，《广雅·释言》：“伪也。”《逸周书·宝典》孔晁注云：“不诚之行故曰奸。”朱右曾注云：“奸，乱也。”[⑦]不奸即不伪、不不诚、不乱，也就是诚信，心平志正。或说氏彊读为祇寅，《尔雅·释诂》“祇，敬也”，金文省示。《说文》：“寅，居敬也。”“氏寅不奸”指邢伯的诚敬不伪。[⑧]或说氏彊读为祇夤，义为大敬。或说氏应读祇，为敬义。彊即古引字，义为开弓。[⑨]亦甚恰当。一说氏读为视，《说文》视之古文一作眡，古氐、氏同字，眡即眂。《广雅·释诂》：“眂，视也。”“彊”，从弓，寅声，殆引字异体，《说文》：“引，开弓也。”[⑩]一说该字释为弥，《方言》十三：“弥，缝也。”[⑪]或据《诗经·大雅·生民》“诞弥厥月”毛亨传：“弥，终也”，金文嘏辞每言“弥生”、“弥厥生”，即“终其生”、“得善终”，认为“弥不奸”就是“始终很诚恳”的意思。[⑫]后二说虽然亦通，但没有敬、诚更符合礼的要求与宗旨。清人褚寅亮指出，“待客之礼有三：飨也，食也，燕也。飨重于食，食重于燕。飨主于敬，燕主于欢，而食以明养贤之礼。飨则体荐而不食，爵盈而不饮，设几而不倚，致肃敬也；食以饭为主，虽设酒浆，以漱不以饮，故无献仪；燕以饮为主，有折俎而无饭，行一献之礼，说（脱）履升坐以尽欢，此三者之别也。飨、食于庙，燕则于寝，其处亦不同矣”。[⑬]从飨礼的功能及其与食礼、燕礼的差别来看，敬更符合飨礼的要义。本铭所记为飨射礼，故以敬释之无疑是最恰当的。

---

① （清）陈奂：《诗毛氏传疏》，中国书店，1984年。

② 郭沫若：《长由盉铭释文》，《文物参考资料》1955年第2期；《集成》09455。

③ （清）阮元校刻：《十三经注疏·尚书正义》，中华书局，1980年，第119页。

④ （汉）司马迁撰，（宋）裴骃集解，（唐）司马贞索隐，张守节正义：《史记》，中华书局，1982年第2版，第16页。

⑤ （清）阮元校刻：《十三经注疏·尚书正义》，中华书局，1980年，第139页。

⑥ （汉）班固撰，（唐）颜师古注：《汉书》，中华书局，1962年，第4238页注[一]。

⑦ 黄怀信、张懋镕、田旭东撰，黄怀信修订，李学勤审定：《逸周书汇校集注》（修订本），上海古籍出版社，2007年，第287、280页。

⑧ 陈梦家：《西周铜器断代》长由盉，中华书局，2004年，第142页。

⑨ 李亚农：《“长由盉铭释文”注解》，《考古学报》1955年第9期。

⑩ 王辉：《商周金文》长由盉，文物出版社，2006年，第108页注解[6]。

⑪ 唐兰：《西周青铜器铭文分代史征》长由盉，中华书局，1986年，第377页及注5。

⑫ 刘雨：《西周金文中的射礼》，《考古》1986年第12期。

⑬ （清）褚寅亮：《仪礼管见》卷六，（清）王先谦编：《清经解续编》，上海书店，1988年，第898页。

“长由蔑历。”此为被动句，古被动句与主动句不分，即长由被周穆王称赞嘉勉。

“敢对扬天子不杯休。”“敢”，表敬副词，无意。“对扬”，奉答称扬。“天子”，《礼记·曲礼下》：“君天下曰天子。”[①]此处专指穆王。“不”，读为丕。“不杯”，即丕显，丕，大；显，明。“休”，美好。《尔雅·释诂下》：“休，美也。”《诗·商颂·长发》“何天之休”郑玄笺亦曰：“休，美也。”[②]或说此用名词，义为夸奖、褒奖[③]，亦通。

“用肇作障彝。”“用”，因，由。“肇”，初始，创建，《尔雅·释诂》：“肇，始也。”朱凤瀚先生认为金文中“肇”字并非句首虚词，而是用以表示语言中“始”的意义。[④]

由上考释可知本篇铭文的大意是：三月上旬丁亥日这一天，周穆王在下淢的行宫。穆王举行飨醴宴会，飨毕又行射礼，长由侑助邢伯、大祝竞射。穆王勉励长由，原因是他辅助邢伯竞射，邢伯在比射过程中恭敬不伪。长由受到穆王的嘉勉，为奉答并称扬穆王正大光明的褒奖，因而制作了这件尊彝以为纪念。

译文是考释结论的最终体现，也最能反映作者对铭文所记史事的理解。前人对长由盉铭文作详细考释并进行翻译者，唯有李亚农、唐兰二位先生。

其中李先生的译文是：“惟三月初吉丁亥，穆王在下淢应,举行燕礼。又跟邢伯大祝举行射礼。穆王鼓励长由依照规矩去跟邢伯比射。邢伯祗敬开弓而不违犯礼节，长由亦黾勉从事。长由为了奉答并称扬周天子的隆重的褒奖，才制作尊彝以为纪念。”[⑤]

唐兰先生的意译是：这是三月初旬的好日子丁亥，穆王在下淢的行宫。穆王举行饮醴酒的宴会，到太祝邢伯那里去行射礼。穆王赞许长由一起到邢伯那里，邢伯氏合射，不乱。长由被称赞功绩，敢对扬天子的大大的休美，用开始做祭器。[⑥]

总体感觉，唐先生的意译似乎说明本铭文只是记述了穆王在下淢的行宫举行饮酒宴会并到邢伯那里行射，邢伯氏合射，不乱，有上佳表现。而在整个过程中长由并没有什么执事，却被周王称赞功绩，并为此而作器纪念。这在逻辑和情理上都是讲不通的，作为作器者更应该关注自己在事件中的表现，纪念的也应该是自己值得称道并引以为豪的事情，而不是他人所荣耀的事情。一句话，铭文应该

---

① （清）阮元校刻：《十三经注疏·礼记正义》，中华书局，1980年，第1260页。
② （清）阮元校刻：《十三经注疏·毛诗正义》，中华书局，1980年，第626页。
③ 李亚农：《“长甶盉释文”注解》，《考古学报》1955年第9期。
④ 朱凤瀚：《论周金文中“肇”字的意义》，《北京师范大学学报》2000年第2期。
⑤ 李亚农：《“长甶盉释文”注解》，《考古学报》1955年第9期。
⑥ 唐兰：《西周青铜器铭文分代史征》长甶盉，中华书局，1986年，第377~378页。

载明的是作器者被称赞的事情经过，亦即自作器的原因，此乃常理！在李先生的译文中，虽然长由是邢伯的比射对手，但却只记录了邢伯的竞射表现，而没有记录长由的竞射评价，也无周王对长由表现的赞语，最后长由却要为对扬天子的褒奖而制器以作纪念，这不仅不符合铭文事实，而且在逻辑与情理上也是讲不通的。在这种情况下，二位先生都说长由被周王夸奖而制器，颇给人以突兀之感。相比之下，我们的译文共分为四节：第一节记事件发生的时间与地点，第二节记长由在飨射礼中所扮演的角色，第三节记穆王嘉勉长由的因由，第四节记长由对周王褒奖的奉答颂扬与制器。显然这样的考释与翻译，无论在逻辑上或是情理上都要通达一些。

2. 长由盉铭文所记之飨射礼

1）本次飨射礼举行的时间、地点与参加者

长由盉铭所记周穆王举行飨射礼的时间是三月上旬。地点在下减居，我们认为穆王举行飨礼和射礼的地点都在下減居，而不是像以往学者所说的那样，飨礼在下減居举行，射礼是在邢伯那里举行的。[①]本次飨射礼的参加者，按照唐兰先生的理解似乎只有穆王、邢伯、长由三人。[②]按王辉先生的解释参加射礼者似乎也只有穆王、太祝、长由三人。[③]三人是无法进行合耦比射的。长由盉铭文涉及的人员共有穆王、邢伯、大祝和长由四人，依《仪礼》所记大射礼与乡射礼，正合耦射之人数。因此我们主张穆王、邢伯、大祝和长由四人都参加了竞射。他们之间的人事关系比较清楚，大祝是周王的随从官员；长由可能是穆王飨醴邢伯时的陪侍大夫，也许还只是邢伯的臣属，其职责一方面是参加陪射，一方面与周王共同考察邢伯，所以才有此被穆王嘉勉之事。

2）本铭文所记之事件

我们认为本铭尽管涉及西周时期的飨礼与射礼等内容，但通篇铭文记载的实只有飨射礼一件事，这从上述铭文考释中看的是很清楚的。大多数学者也都持这样的看法，唯有陈梦家先生以两“即井白”和两次“蔑历”为界标，认为本铭记载了作器者两次参预王役，即参与了飨射之礼和随穆王至于邢伯之所两件事。[④]按唐兰先生的意思，铭文则记录了穆王在下減举行飨礼和到邢伯处举行射礼两件事。[⑤]这两种说法显然都是有误的。如前所说，长由盉铭文依礼仪顺序共分为四节，这四节是一个有机的整体。飨醴与射都是飨射礼的仪节，二者是不能截然分开的。

① 唐兰：《西周青铜器铭文分代史征》长由盉，中华书局，1986 年，第 377 页意译；王辉：《商周金文》长由盉，文物出版社，2006 年，第 108 页注[3]。
② 唐兰：《西周青铜器铭文分代史征》长由盉，中华书局，1986 年，第 377 页意译。
③ 王辉：《商周金文》长由盉，文物出版社，2006 年，第 108 页注[3]。
④ 陈梦家：《西周铜器断代》长由盉，中华书局，2004 年，第 142~143 页。
⑤ 唐兰：《西周青铜器铭文分代史征》长由盉，中华书局，1986 年，第 377 页意译、378 页注释 2。

由于《仪礼》亡飨礼，其具体仪节今天虽已不能尽详。但从目前所得到的资料中，我们尚可窥见其一斑，金文中有关飨礼的内容，除本铭外，还有两篇。师遽方彝铭："隹正月即生霸丁酉，王在周康寝，乡（飨）醴，师遽蔑历，吝（侑）王。王乎宰利赐师遽琿圭一、環（篆）章（璋）四。师遽拜稽首，敢对扬天子丕显休，用作文祖它公宝尊彝，用匄万年无疆，百世孙子永宝。"（《集成》09897）大鼎铭："隹十又五年三月既霸丁亥，王在𩰬侲宫，大以厥友守。王乡（飨）醴，王乎善（膳）大（夫）駽召大，以厥友（侑），入攼。王召走（趣）马膺，令取谁駉（骍犅）卅二匹赐大。大拜稽首，对扬天子丕显休，用作朕剌（烈）考己伯盂鼎，大其子子孙孙迈（万）年永宝用。"（《集成》02807~02808）这两篇铭文所记之飨礼都没有射礼，唯长由盉铭有飨有射，这说明飨礼和燕礼一样，在飨礼之后有时也会举行射礼，其史料价值弥足珍贵。

3）本铭文再次证实古代射礼确是先燕后射的

《礼记·射义》曰："古者诸侯之射也，必先行燕礼；卿大夫、士之射也，必先行乡饮酒之礼。"又引《诗》曰："以燕以射，则燕则誉。"郑玄注云："先行燕礼乃射也。"孔颖达正义云："以燕以射者，谓先行燕礼而后射也。"[①]铭文"穆王乡醴，即井伯、大祝射"，虽然学者的理解还不尽一致，但无论是"穆王飨醴并就井白与大祝同射"[②]，还是"穆王先举行饮醴宴会，后到邢伯处与太祝射"[③]，或认为是穆王举行飨醴，飨醴毕，又行射礼，长由侑助邢伯、大祝竞射。此礼的仪节次序为先飨后射，则是共同的看法。它与鄂侯驭方鼎铭"鄂侯驭方内壶于王……王休宴，乃射"的先燕后射之礼仪次序完全一致。《射义》的记载与长由盉铭文恰相吻合，这就再一次证实了《礼记》关于在行射礼之前必先举行燕礼的记载是有根据的，同时我们也应看到，西周时期款待宾客的飨礼、食礼、燕礼三种礼仪是先后依次分开举行的，后来则逐渐以飨食、飨燕即享宴指代这三种礼仪。从本铭所记之飨射礼看，只有飨醴与比射两个仪节，可谓是纯正的飨射礼。而"案《仪礼·大射》在未旅之前，燕初似飨，即是先行飨礼"[④]。其次序则是先飨礼，次燕礼，最后是射礼。这说明飨射礼在西周之后与燕射礼确实是有逐渐合并之趋势的。

4）本铭文还证明古代射礼确是可以用来观德行的

从长由盉铭文看，这次飨射礼是专门为邢伯而举行的，其用意是考察他的诚敬忠顺程度。在整个飨射礼的过程中，邢伯给周王留下了"強不奸"的好印象。这一事件对我们深入理解礼书中关于射以观德、射以选士之记载是大有帮助的。

---

① （清）阮元校刻：《十三经注疏·礼记正义》，中华书局，1980年，第1686、1687页。
② 陈梦家：《西周铜器断代》长由盉，中华书局，2004年，第142页。
③ 王辉：《商周金文》长由盉，文物出版社，2006年，第108页注[3]。
④ 《礼记·射义》孔颖达疏，（清）阮元校刻：《十三经注疏·礼记正义》，中华书局，1980年，第1686页。

射礼讲究身体与心志相和协，只有内心端正，外体正直，或心气平和，身体端正，才能持弓矢稳固瞄准无差而射中目标，由此便可以通过射礼来观察一个人的德行。

《淮南子·泰族》曰：“夫矢之所以射远贯牢者，弩力也。其所以中的剖微者，正心也。”①

《礼记·射义》曰：“射者，仁之道也。”

“以立德行者，莫若射。”

“射之为言者，绎也，或曰舍也。绎者，各绎己之志也，故心平体正，持弓矢审固；持弓矢审固，则射中矣。”

“故射者，进退周还必中礼，内志正，外体直，然后持弓矢审固；持弓矢审固，然后可以言中。此可以观德行矣。”郑玄注云：“内正外直，习于礼乐，有德行者也。”孔颖达疏云：“言内志审正则射能中，故见其外射则可以观其内德，故云可以观德行矣。”

“是故天子以备官为节，诸侯以时会天子为节，卿大夫以循法为节，士以不失职为节。故明乎其节之志，以不失其事，则功成而德行立。德行立则无暴乱之祸矣，功成则国安。故曰‘射者所以观盛德也’。”②

《周礼·地官·乡大夫》曰：“退而以乡射之礼五物询众庶：一曰和，二曰容，三曰主皮，四曰和容，五曰兴舞。”郑玄注引郑司农云：“射，所以观士也。”③

用射礼考察人的德行，其机理虽不能完全明白，也不能完全按照后儒之解释去理解，但本铭通过射礼来对邢伯进行考察则是不争的事实。“弜不奸”就是通过射礼而对邢伯作的考察结论，这说明《周礼》、《礼记》等文献有关射以观德与选士的记载，也是基本可信的，从而也证实了《礼记》史料的可靠性。《周礼》、《仪礼》和《礼记》尽管著作年代有早晚，有的成书年代至今还没有定论，但是它们都保存着丰富的上古史料。过去有人曾怀疑和贬低三礼的史料价值，长由盉的发现，使三礼的史料价值又进一步引起了人们的重视。

五、西周金文中的学射——静簋与学宫贵族子弟学射及西周教育制度

西周时期学术官守、学在官府，对此章学诚、黄绍箕均有很精要的论述。章氏说：“理大物博，不可殚也。圣人为之立官分守，而文字亦从而纪焉。有官斯有法，故法具于官。有法斯有书，故官守其书。有书斯有学，故师传其学。有学斯

① 何宁：《淮南子集释》，中华书局，1998年，第1384页。
② （清）阮元校刻：《十三经注疏·礼记正义》，中华书局，1980年，第1689、1687、1688、1686、1687页。
③ （清）阮元校刻：《十三经注疏·周礼注疏》，中华书局，1980年，第716页。

有业，故弟子习其也。官守学业，皆出于一，而天下以同文为治，故私门无著述文字。”[①]究其原因，黄绍箕说：“古代惟官有学，而民无学。其原：一则惟官有书，而民无书也。典、谟、训、诰、礼制、乐章，皆朝廷之制作，本非专为教民之用。故金縢玉册，藏之秘府，悉以官司典之。士之欲学者，不知本朝之家法及历代之典制，则就典书之官而读之。二则官有其器，而民无其器也。古代学术如礼、乐、舞、射诸科，皆有器具，以资实习，如今之学校试验，格致器具，非一人一家所能毕备。学术既专为官有，故教育亦非官莫属。”[②]周朝统治者非常重视贵族子弟的道德、品行、技能教育，如大司徒在乡学中教万民以六德[③]，师氏在国学中以三德、三行教国子。[④]“及太子少长，知妃色，则入于小学。小者，所学之宫也……古者年八岁而出就外舍，学小艺焉，履小节焉；束发而就大学，学大艺焉，履大节焉。”[⑤]当时学校的教学内容包括德、行、艺、仪等四个方面，而以礼、乐、射、御、书、数等六艺为基本内容。[⑥]射是西周国学与乡学的重要科目，不仅有专门的教练场所，而且周王还亲自派人教射。对此西周金文也有记载，尤以静簋铭文最具代表性（彩图 14）。

（一）静簋的年代

关于静簋的年代，我们可以从三个方面进行分析。首先，从器物特征上看，静簋为侈口束颈，下腹明显向外鼓胀倾垂，呈垂腹状，兽首双半环耳，下有方垂珥，圈足较矮，足沿外侈，足跟作坡状，整个体形略显矮宽。颈饰垂冠回首夔纹和浮雕牺首，腹饰垂冠回首大鸟纹，均以云雷纹填地。[⑦]其形制与纹饰都显示出西周中期前段的特征。大鸟纹亦称大凤纹，凤纹是西周中期具有特征性的纹饰，在西周早期就已经有了一定的数量，在穆王、恭王时代似乎达到了高峰，故人称西周早期至穆王、恭王之时为凤纹时代。但大凤纹则是西周中期最为流行的纹饰，通常都呈对称回顾形排列，有长而华丽的垂冠或分冠，喙大部作卷曲形。此类大凤纹到懿、孝王时期的青铜器上，已不易见到。因此朱凤瀚先生把静簋划归西周青铜器的第三期，亦即穆王前后。[⑧]其次，从铭文书体与句式文例来看，虽然铭文还保留有前期铭文的一些古拙特点，但章法的秩序感已经增强，结构与线条排列的规则已出现新的气象。通篇铭文布局疏朗而规则，字距行距清晰，竖成行横成

① 章学诚：《校雠通义》卷一《原道第一》四部备要本，中华书局，1936 年，第 3 页。

② 黄绍箕：《中国教育史》卷四，商务印书馆，1902 年，第 2~4 页。

③ 《周礼·地官·大司徒》，（清）阮元校刻：《十三经注疏·周礼注疏》，中华书局，1980 年，第 707 页。

④ 《周礼·地官·师氏》，（清）阮元校刻：《十三经注疏·周礼注疏》，中华书局，1980 年，第 730 页。

⑤ （汉）戴德：《大戴礼记·保傅》，黄怀信主撰，孔德立、周海生参撰：《大戴礼记汇校集注》，三秦出版社，2005 年，第 337~407 页。

⑥ 《周礼·地官·大司徒》，（清）阮元校刻：《十三经注疏·周礼注疏》，中华书局，1980 年，第 707 页。

⑦ 容庚：《商周彝器通论》图版二七一，哈佛燕京学社，1941 年铅印本。

⑧ 朱凤瀚：《古代中国青铜器》，南开大学出版社，1995 年，第 754、769 页。

排，章法秩序井然，此正是周人礼法秩序完善和确立的反映，但字形大小仍不均匀。字体结构方整，间架自然，运笔舒展，字迹端正，特别强调每个个体单字的形象美，用笔清丽而不沉雄，劲健而不丰润，淳朴典雅，有“笔短趣长”之势。这些都是西周中期铭文的书写风格。“子子孙孙其万年用”之类文辞，也是西周中期开始流行的习用语。“唯六月初吉，王在葊京。丁卯……”此与班簋铭文在初吉与日辰之间插入王“在宗周”之语类同，这种纪日法则在穆王前后颇为流行。[①]本篇铭文大部分字字形都已简化和线条化，笔画均匀，笔道粗细一致，但仍有一些字点画上作粗肥笔，如小字上下三画，天字上一笔，王字下一横，才（在）字横画与竖笔交接处等，这些都是昭王之时至西周中期的铭文特点。宫字的宀头作锐顶耸肩，王字的末笔肥硕作斧钺形，这些则是西周中期前段，尤其是穆王之世的特点。到西周恭王时代的墙盘铭文（《集成》10175），最大的变化就是从商代一直延续到周穆王时代的王字的末笔，开始与其他三画一样，用匀称的线条书写。障字所从的酉字上两笔呈八字形，且与酉字分离；其字顶上的两笔向两边斜杀，这些则是恭王之世的典型特点。再次，从铭文所涉及的人物及相关器物来看，过去学者多以为周宣王名静，这段铭文记载了周宣王还是太子的时候，在丁卯这一天，周王命他在学宫率领其他小臣、侍众学习射箭的事。如郭沫若先生说，“本铭殆宣王为太子时习艺于学宫时事”，“遂拟为宣王为太子时器”。此说实与器形及铭文特征所反映的时代相违。故后来他又作了更正，以为“宣王尚为太子，不得遽言子孙也。字体与《遹簋》如出一人手笔。器制全身施雷风纹，与《庚赢卣》同，绝非厉宣时所有器，故今改隶于此”[②]。杨树达先生的《静簋跋》一文便明确指出该簋是穆王时器。他说：“毛班见《穆天子传》，乃穆王时人，《毛班簋铭》记王命吴白吕白左右毛父，吕白即《书·吕刑》之吕侯，与吴白皆穆王之重臣也。此簋虽不记年代，然其字体与《遹簋》同。《遹簋》云：‘渔于大池’，此铭云‘射于大池’，事正相类。《遹簋》明记穆王，此器亦在穆王时可知。”[③] 唐兰先生在考证静簋的年代时也说：“此与遹簋相似，定是穆王时无疑，然吴䧹、吕犅与班簋相联系，极重要。”[④]在考证班簋的年代时又说：“静簋为穆王时器是无疑的，所说吴䧹、吕刚，正与此铭吴伯、吕伯相符，可以作为穆王时代的重要证据。”[⑤]王辉先生认为：“静簋与静方鼎之静当是一人，方鼎为昭王末年器。昭王十九年南征不复，卒于汉。簋铭言王在葊京，令静司射学宫，吴䧹、吕犅又见于班簋，宜为穆王早年器。”[⑥]“夏

① 王辉：《商周金文》班簋，文物出版社，2006 年，第 102 页注解[1]。
② 郭沫若：《两周金文辞大系图录考释》静簋，科学出版社，1957 年，第 55 页。
③ 杨树达：《积微居金文说》（增订本）静簋跋，中华书局，1997 年，第 169 页。
④ 唐兰：《西周青铜器铭文分代史征》静簋，中华书局，1986 年，第 361 页说明。
⑤ 唐兰：《西周青铜器铭文分代史征》班簋，中华书局，1986 年，第 355 页说明。
⑥ 王辉：《商周金文》静簋，文物出版社，2006 年，第 99 页断代。

商周断代工程”也把静方鼎定在西周早期偏晚的昭王之年。[①] 王占奎先生也主张静方鼎为昭王时器，并“假设静在昭王世与师中巡省南国时刚刚入仕，年龄可估计在15岁，到《静簋》之年静为65岁”[②]。而王长丰先生则通过系联相关古籍与出土文物，对静方鼎进行了考证、断代，认为：“将此器定为昭王时器，不妥。此器为静作父丁器，与《小臣静簋》作父丁器同,《小臣静簋》之静与《静簋》之静是同一人，故此静应即《静簋》之静，为小臣之职。”《静方鼎》：“王在成周大室，令静曰：俾汝□司在曾、鄂师。”“此种命辞在西周昭王时不见，在穆王及其后期多见。”“从字形结体、书法艺术特征上看与《小臣静簋》时代较近，其铭文书法风格亦是穆王初期风格，时代略晚于《小臣静簋》，应属穆王初期器”，绝不可能以假设为前提，“而定此器为昭王时期。15岁、65岁对于古人来说一个偏小，一个则偏大。如果是这样，《静簋》之静在65岁教射箭，近两月余，对于古人则不可想象”[③]。可见，《静簋》之静，与《静方鼎》、《小臣静簋》之静为一人，学界已趋于认同。而相关诸器如小臣静簋、遹簋、庚赢卣、班簋，学界也都认为是穆王时器。[④]唯静方鼎学界存有昭王与穆王时器之分歧，我们赞成穆王说，尽管静簋铭文记录的不是周王命辞的原话，但从“王令静司射学宫”看，原命辞亦应与静方鼎、免簋、免簠、师虎簋、牧簋（《集成》04240、04626、02316、04343）等铭文所记“司……”同。既然这种命辞始见于穆王之时，那么静方鼎与静簋当都不会早于穆王时代，静应是活跃在穆王之世的臣属。鉴于上述几个方面，所以目前学术界大都认为静簋应是西周中期穆王时代的器物。

（二）静簋铭文考释

静簋现藏美国华盛顿史密斯学院赛克勒艺术博物馆，器内有铭文8行含重文90字（《集成》04273）。现综合各家考释，释文如下：

隹（唯）六月初吉，王才（在）莽京。丁卯，
王令（命）静嗣（司）射学宫，小子眔服、
眔小臣、眔尸（夷）仆学射。雩（越）八月
初吉庚寅，王以吴来、吕犅（犅）卿（佮）
㪤（豳）葢师、邦君射于大池。静学（教）
无斁（尤），王易（赐）静鞞刻（璲）。静敢拜稽

① 夏商周断代工程专家组：《夏商周断代工程1996~2000年阶段成果报告》(简本)，世界图书出版公司，2000年，第27、30页。
② 王占奎：《关于静方鼎的几点看法》，《文物》1998年第5期。
③ 王长丰：《〈静方鼎〉的时代、铭文书写者及其相关联的地理、历史》，《华夏考古》2006年第1期。
④ 唐兰：《西周青铜器铭文分代史征》，中华书局，1986年，第362、365、387、355页；王辉：《商周金文》班簋，文物出版社，2006年，第106页断代。

首，对扬天子不（丕）显休，用乍（作）文
母外姞障（尊）簋，子子孙孙其万年用。

“丁卯”，郭沫若先生以八月初吉有庚寅推定在七月。[①]依文例实应为六月初吉丁卯，此与班簋“唯八月初吉，在宗周。甲戌……”句式相同。

“王命静司射学宫。”“静”，与小臣静卣、静方鼎铭中的静为同一人，其身份是小臣。“司”，义为掌管，古代射为六艺之一，有职官专司其事。“司射”，是静的职务，即主持教习射箭，掌管射箭的教学事务。平时他担任学宫射箭科目的教官，举行射礼时则充当司射。射礼中的司射之职官当是由此而来的。据《仪礼·乡射礼》、《大射仪》记载，司射是整个射礼的主持人，在射礼进行的过程中他腰插扑，对不按礼仪行事、有严重违反规则者给予“扑刑”，以示罚戒。在耦射之前他还要先行“诱射”[②]，即开始教射，作射的示范动作，可见在射礼中司射也是教官。“学宫”，即王室贵族大学，直解即后来的学堂，亦即西周的京师大学堂。西周时期已经有了较为完善的教育制度，当时的学校有小学、大学之分[③]，学宫应即天子之大学。再结合下文“射于大池”分析，此学宫实即辟雍。“古代建都城，在国之阳位，要设一取象天地而上圆下方、四周圜水的建筑。为布政之宫，四户八牖，以便声教四达，称明堂。《考工记·匠人》周人明堂条郑氏注：‘明堂者，明政教之堂。’蔡邕《明堂月令章句》记其多种功能：‘明堂者，天子大庙，所以祭祀。夏后氏世室，殷人重屋，周人明堂，飨功、养老、教学、选士皆在其中。故言取正室之貌则曰大庙，取其正室则曰大室，取其堂则曰明堂，取其四时之学则曰大学，取其圜水则曰辟廱，虽名别而实同。’”[④]《诗·大雅·灵台》孔颖达疏引《韩诗说》：“辟雍者天子之学……所以教天下春射秋飨。”[⑤]《白虎通·辟雍》：“小学者，经艺之宫；大学者，辟雍乡射之宫。”[⑥]杨树达先生也说：“学宫者，所谓天子之大学曰辟雍者是也。”其说最详，共列出了三条证据：“《周礼·春官·大司乐》云：‘凡有道者有德者使教焉，死则以为乐祖，祭于瞽宗。’司农注云：‘《明堂位》曰：瞽宗，殷学也；泮宫，周学也。以此观之，祭于学宫中。’按瞽宗泮宫皆大学也，司农称之曰学宫，是汉人尚称大学曰学宫，此一证也。”《麦方尊》云：王“在璧雝”，“璧雝即辟雍，本大学之称。《王制》云：‘大学在郊，天子曰辟雍，诸侯

① 郭沫若：《两周金文辞大系图录考释》静簋，科学出版社，1957年，第55~56页。

② （清）阮元校刻：《十三经注疏·仪礼注疏》，中华书局，1980年，第993~1012、1027~1044页。

③ 《大盂鼎》：“汝昧辰有大服，余唯即朕小学。”（《集成》02837）《师嫠簋》：“在昔先王小学。”（《集成》04324~04325）《大戴礼记·保傅》：“及太子少长，知妃色，则入于小学。”卢辨注：“古者太子八岁入小学，十五入大学也。”（（汉）戴德编纂，（北周）卢辨注，（清）孔广森补注：《大戴礼记补注》，（清）阮元编：《清经解》卷698~710，上海书店，1988年）

④ 胡戟：《周公制礼》，《陕西师范大学学报》1997年第3期。

⑤ （清）阮元校刻：《十三经注疏·毛诗正义》，中华书局，1980年，第524页。

⑥ （汉）班固：《白虎通》，中华书局，1994年。

曰頖宫。’是其说也。然则两铭彼云辟雍，此云学宫，名异而实同。”其证二也。《周礼·地官·师氏》云：“以三德教国子。”郑玄注云：“国子，公卿大夫之子弟。”又云：“凡国之贵遊子弟学焉。”郑玄注云：“贵遊子弟，王公之子弟。”此铭的吴桒、吕犅即《周礼》之国子与贵遊子弟也。“乃以国子与贵遊子弟之身份入大学者也。其证三也。”①金文与礼书上所说的正合。句意为王命令静教射于学宫，即在学宫里教习射箭。有学者依据《礼记·射义》“射于射宫”②，认为所谓“学”者即射，学宫也就是射宫，即习射之地耳。③其说虽通但不确，文献中的射宫在金文中则称为射庐（匡卣，《集成》05423）。还有学者依“大师小子”（师望鼎，《集成》02812）、“参有司小子”（毛公鼎，《集成》02841）金文例，把“王令静司射”断为一句，“学宫”二字属下读，与“小子”连文，谓在学宫之小子。④亦通，但属下读与属上读，总体意思无别。

“小子眔服、眔小臣、眔尸仆学射。”郭沫若先生以为“小子、服、小臣、尸仆，均官职名”⑤。似不尽然。“小子”，此处非职官，唐兰先生认为是“贵族子弟在学者”⑥。甚确。《诗·大雅·思齐》：“肆成人有德，小子有造。”郑玄笺曰：“成人谓大夫士也，小子其弟子也。”⑦《周礼·夏官·诸子》：“掌国子之倅。”郑玄注曰：“国子为诸侯卿大夫士之子也。”⑧上引《周礼·地官·师氏》：“以三德教国子……凡国之贵遊子弟学焉。”杨天宇先生注曰：“国子，谓贵族子弟。”贵遊子弟，“据孙诒让说，即上文之国子。之所以曰‘遊’者，郑《注》曰：‘无官司也。’是贵遊子弟泛指未仕的贵族子弟”⑨。这些子弟在国家有军事时是后备部队，所以平时就要练习射艺。“眔”，及、与、和。“服”，《诗·大雅·荡》毛亨传曰：“服政事也。”⑩据此有学者认为此处的“服”是动词作名词，指从事政事的人。⑪或说服“指有司吏人”⑫。我们认为服于射礼当为司射以下的职官们，而不应是从事政事之人。已经从事政事的人习射当自有去处，如射宫、射庐等，并不是非要到学宫与小子们一起学射。“小臣”，唐兰先生认为“应是年轻的高级奴隶”，“而作为

① 杨树达：《积微居金文说》（增订本）静簋跋，中华书局，1997年，第168~169页。
② （清）阮元校刻：《十三经注疏·礼记正义》，中华书局，1980年，第1689页。
③ 顾颉刚：《武士与文士之蜕化》，《史林杂识初编》，中华书局，1963年。
④ 杨树达：《积微居金文说》（增订本）静簋跋，中华书局，1997年，第168页；李学勤：《柞伯簋铭考释》，《文物》1998年第11期。
⑤ 郭沫若：《两周金文辞大系图录考释》静簋，科学出版社，1957年，第56页。
⑥ 唐兰：《西周青铜器铭文分代史征》静簋，中华书局，1986年，第359页注4。
⑦ （清）阮元校刻：《十三经注疏·毛诗正义》，中华书局，1980年，第517页。
⑧ （清）阮元校刻：《十三经注疏·周礼注疏》，中华书局，1980年，第850页。
⑨ 杨天宇：《周礼译注》，上海古籍出版社，2004年新1版，第198页注[1]、199页注[3]。
⑩ （清）阮元校刻：《十三经注疏·毛诗正义》，中华书局，1980年，第553页。
⑪ 唐兰：《西周青铜器铭文分代史征》静簋，中华书局，1986年，第359页注5；王辉：《商周金文》静簋，文物出版社，2006年，第98页注解[1]。
⑫ 杨筠如：《尚书覈诂》卷三，陕西人民出版社，1959年，第190页；李学勤：《柞伯簋铭考释》，《文物》1998年第11期。

官名的小臣，则是管理这些小奴隶的”[①]。刘雨则认为是“王左右近幸之臣”[②]，王辉先生以为是“低级官吏”[③]。其实三位学者的解说并不矛盾，总括起来说，小臣确是出身奴隶的低级官吏。《周礼·夏官·小臣》：“掌王之小命，诏相王之小法仪。”[④]“尸”，读为夷。“仆”，是地位比小臣更低的高级奴隶，《尚书·微子》：“商其沦丧，我罔为臣仆。”[⑤]《诗·小雅·正月》：“民之无辜，并其臣仆。”[⑥]“夷仆”，亦见害簋（《集成》04258~04260），当是夷人之为仆者。一说尸仆是官名，郭沫若以为：“殆《周礼》隶仆之类。”[⑦]“学射”，即学习射艺及其与射有关的礼仪制度。射是周代贵族子弟即小子必须掌握的技艺，奴隶主贵族把射作为学宫的主要功课，因此有许多关于射的礼制。贵族子弟对射礼的练习称“学射”，这从本铭及《左传》等文献记载中看得很清楚。但有学者则称它为“习射”，这是用今天的语义来解释古人之事，显然是不妥的。据《礼记·射义》和《尚书大传》等文献记载，周代的“习射”，是特指将祭之时于射宫行射之前在辟雍大池举行的泽射。从全句来看，参加学射者有小子、服、小臣、夷仆，实际上学宫真正的学生是小子，他们不仅是学射的主体，也是这次䠶射的竞射者，其他都是参与射礼的具体执事人员，由于服、小臣、仆人在射礼中都有其职事，平时也要进行有关射的训练，当然也不排除在小子学射的过程中充当陪射的角色，也就是说服、小臣、夷仆都是因陪射或服务于射礼而学射的，故铭文有与小子们一起在学宫学射之事。

“雩八月初吉庚寅。”此言八月庚寅，上言六月与丁卯，庚寅晚于丁卯 23 天或 28 天。若 23 天、丁卯为六月，则 23 天不可能为八月。若丁卯为七月，则不合金文通例。若 83 天，又远远大于六月、七月的总和。若依月相定点说六月初吉丁卯可为初一，而八月庚寅则在下旬又自相矛盾。若八月初吉庚寅为次年八月，而不明确指出次年事似亦不合金文通例。目前最合理的解释是唐兰先生的观点，即六月以后必有闰六月或七月方能经 83 天而为八月庚寅。[⑧]

“王以吴﨣、吕犅䠶豳蓋师、邦君射于大池。”“以”，与。例有《左传》昭公十二年“晋侯以齐侯宴”，杨伯峻注曰：“以犹与。”[⑨]李梦生亦注曰：“以，与。”[⑩]

① 唐兰：《西周青铜器铭文分代史征》静簋，中华书局，1986 年，第 359 页注 6。
② 刘雨：《西周金文中的射礼》，《考古》1986 年第 12 期。
③ 王辉：《商周金文》静簋，文物出版社，2006 年，第 98 页注解[4]。
④ （清）阮元校刻：《十三经注疏·周礼注疏》，中华书局，1980 年，第 852 页。
⑤ （清）阮元校刻：《十三经注疏·尚书正义》，中华书局，1980 年，第 178 页。
⑥ （清）阮元校刻：《十三经注疏·毛诗正义》，中华书局，1980 年，第 442 页。
⑦ 郭沫若：《两周金文辞大系图录考释》静簋，科学出版社，1957 年，第 56 页。
⑧ 参见唐兰：《西周青铜器铭文分代史征》静簋，中华书局，1986 年，第 359 页注 8。
⑨ 杨伯峻：《春秋左传注》（修订本），中华书局，1990 年第 2 版，第 1332 页。
⑩ 李梦生：《左传译注》，上海古籍出版社，2004 年新 1 版，第 1028 页及注[4]。

“吴𡘋、吕犅”，一说即班簋铭的吴伯、吕伯，𡘋、犅应分别是吴伯、吕伯之名。[①]与《穆天子传》所说“毛班”即毛伯班之例同。[②]一说吴𡘋、吕犅盖《班簋》吴伯、吕伯之子弟，“皆本铭所谓学宫小子”[③]。以上两说各说对了一部分。我们认为静簋与班簋虽同为穆王时器，但从铭文字体及所记人名事迹看，静簋应略早于班簋。吴𡘋、吕犅分别与班簋的吴伯、吕伯确是同一个人，但此时则是“无官司”的贵游子弟[④]，所以才与其他小子一道在学宫学射。也许正是由于周王的栽培以及二人在八月周王视学的礼射中有上佳表现，所以到班簋之时吴𡘋、吕犅继任国君后便受到了周王的重用而成为“穆王之重臣也”[⑤]。再者，周代有策命之制度，诸侯邦国继任为国君者都要由周王策命认可。《左传》庄公“五年秋，郳犁来来朝，名，未王命也”杜预注：郳“附庸国也”，“未受爵命为诸侯，传发附庸称名例也。其后数从齐桓以尊周室，王命以为小邾子”。所以孔颖达疏曰：到“僖七年《经》书‘小邾子来朝’，知齐桓请王命命之”[⑥]。当然举这个例子并不是说班簋的吴伯、吕伯是始封，但由此可以推知静簋铭称吴𡘋、吕犅而不称吴伯、吕伯，有可能就是此时尚未继任国君之故。“𢍜”，读为佮，义为匹合，与令鼎铭文该字之义及其所在句之用法和句式相同。“𩞁”，金文或只作𩞁，杨树达先生释为㸒，疑即豳字。《汉书·地理志》说，右扶风栒邑县“有豳乡，《诗》豳国，公刘所都”[⑦]。唐兰先生认为其地当在今陕西省栒邑县一带。[⑧]“𩞁”即𩞁师之省，人名，趞鼎铭“命汝作𩞁师冢司马”（《集成》04266）可证。“莁”，师旂鼎作莽（《集成》02809），疑即徵，《汉书·地理志》：左冯翊有徵县，其地在今陕西省澄城县西南。[⑨]唐兰先生认为此地与豳东西遥遥相对，宗周之与豳、莁二师，与汉代京兆尹之与左冯翊右扶风相类。此二师可能是西六师之二。[⑩]“莁师”，实亦为人名，吴虎鼎铭“取吴莁旧疆付吴虎”[⑪]可证。王辉先生说：“吴虎鼎为宣王时器，静簋为穆王时器，时代相差约百年，则𩞁莁师家族必为西周大族。”[⑫]“邦君”，与义盉盖铭的“邦君”和班簋的“邦冢君”（《集成》09453、04341）同，指未受周王分封但隶属于

① 唐兰：《西周青铜器铭文分代史征》静簋，中华书局，1986年，第359页注10；王辉：《商周金文》静簋，文物出版社，2006年，第99页注解[7]。

② 张耘点校：《山海经·穆天子传》，岳麓书社，2006年第2版，第227页及注[68]。

③ 杨树达：《积微居金文说》（增订本）静簋跋，中华书局，1997年，第169页。

④ 《周礼·地官·师氏》郑玄注，（清）阮元校刻：《十三经注疏·周礼注疏》，中华书局，1980年，第731页。

⑤ 杨树达：《积微居金文说》（增订本）静簋跋，中华书局，1997年，第169页。

⑥ （清）阮元校刻：《十三经注疏·春秋左传正义》，中华书局，1980年，第1764页。

⑦ （汉）班固撰，（唐）颜师古注：《汉书》，中华书局，1962年，第1546~1547页。

⑧ 唐兰：《西周青铜器铭文分代史征》静簋，中华书局，1986年，第360页注11。

⑨ （汉）班固撰，（唐）颜师古注：《汉书》，中华书局，1962年，第1545页及注[一三]。

⑩ 唐兰：《西周青铜器铭文分代史征》静簋，中华书局，1986年，第360页注12。

⑪ 穆晓军：《陕西长安县出土西周吴虎鼎》，《考古与文物》1998年第3期。

⑫ 王辉：《商周金文》静簋，文物出版社，2006年，第99页注解[7]。

周王朝的邦国之君。旧释君为周[①]，当因该字上半部范损中多一直笔所误。由其下句的“静学无眈”可以推知，吴˙、吕犅、𠭰师、𥁕师、邦君当都是本铭所谓学宫的学员。

“大池”，亦见于遹簋铭（《集成》04207），即辟雍大池，亦称辟池，也就是礼书中所说的泽。《礼记·射义》：“天子将祭，必先习射于泽。泽者，所以择士也。”郑玄注曰：“泽、宫名也。”《礼记·郊特牲》郑玄注又曰：“泽，泽宫也，所以择贤之宫也。”[②]《周礼·夏官·司弓矢》郑玄注引郑司农亦云：“泽，泽宫也，所以习射选士之处也。”[③]可见郑司农与郑玄都说泽是泽宫，实际上泽就是大池。天子视学期间，抽选几位学宫的小子到这里举行射礼，以检查学生的射艺和教官的效能，此正符合《礼记·射义》之本义。唐兰先生以为大池“当即镐池”[④]。郭沫若先生考释遹簋铭文时说：“‘大池’亦见《静簋》，当即辟雍之灵沼，《麦尊》‘王乘于舟为大丰’之处。”[⑤]杨树达先生认为：“郭君以《麦尊》之文证《静遹二簋》，其说是矣，而未尽也。此铭与《麦尊》同记王在葊京，是其地同也。此云‘王射于大池’，彼云‘王射大龚’，龚假为鸿，鸿为水鸟，彼文所射乃水中之鸿，然则彼文虽不云射于大池，实射于大池也。是其事同也。”[⑥]同理，彼文云“在辟雍，王乘于舟”，然本铭虽不云辟雍，实为辟雍之大池也。《史记·封禅书》云：“沣、滈有昭明、天子辟池。”司马贞索隐云：“今谓天子辟池，即周天子辟雍之地。故周文王都酆，武王都滈，既立灵台，则亦有辟雍耳。张衡亦以辟池为雍。”[⑦]是葊京有辟雍，辟雍有大池，省称大池或简称辟池甚明。句意为周王和吴˙、吕犅匹合𠭰师、𥁕师、邦君耦射于辟雍大池。

“静学无眈。”“学”，古作斅，与教字通用，郭沫若读为教。[⑧]《尔雅·释诂》：“学，教也。”《说文·教部》曰：“教、上所施，下所效也。”又曰：“斅，觉悟也。”段玉裁注云：“《学记》曰：‘学，然后知不足，知不足然后能自反也。’按：‘知不足’，所谓觉悟也。《记》又曰：‘教，然后知困，知困然后能自强也，故曰教学相长也。’《兑命》曰：‘学学半’，其此之谓乎。按《兑命》上学字谓教，言教人乃益己之学半。教人谓之学者，学所以自觉，下之效也；教人所以觉人，上之施也。

---

① 郭沫若：《两周金文辞大系图录考释》静簋，科学出版社，1957年，第55页；刘雨：《西周金文中的射礼》，《考古》1986年第12期。
② （清）阮元校刻：《十三经注疏·礼记正义》，中华书局，1980年，第1689、1453页。
③ （清）阮元校刻：《十三经注疏·周礼注疏》，中华书局，1980年，第856页。
④ 唐兰：《西周青铜器铭文分代史征》静簋，中华书局，1986年，第360页注14。
⑤ 郭沫若：《两周金文辞大系图录考释》静簋，科学出版社，1957年，第55页。
⑥ 杨树达：《积微居金文说》（增订本）静簋跋，中华书局，1997年，第169页。
⑦ （汉）司马迁撰，（宋）裴骃集解，（唐）司马贞索隐，张守节正义：《史记》，中华书局，1982年第2版，第1375页及注[八]。
⑧ 郭沫若：《两周金文辞大系图录考释》静簋，科学出版社，1957年，第56页。

故古统谓之学也。枚颐伪《尚书·说命》上字作斆，下字作学，乃已下同《玉篇》之分别也。”[①]可见学与教是一种双向活动，举学可包括教，举教也可包括学，二者确为一事之两面，古人常相混用。杨树达先生说：“古人言语施受不分，如买与卖，受与授，籴与粜，本皆一辞，后乃分化耳，教与学亦然。铭文上言‘学宫小子眔服眔小臣眔夷仆学射’，学也；下言‘静学无斁’，教也。《礼记·学记》曰：‘学学半’，上学谓教，下学谓学，教与学同以学字为之，与铭文正同也。”[②]文献与金文的用法吻合，证明古代教与学确实是通用的。

“眈”，读为尤，义为过失、错误。《论语·为政》“则寡尤”何晏集解：“包曰：尤，过也。”[③]献簋铭有“亡尤”(《集成》04205)，意为没有过失。“静学无尤”即静教无尤，意为静教射没有过错。另外，尤又有责怪之义，《左传》昭公二十一年：“公饮之酒，厚酬之；赐及从者。司马亦如之。张匄尤之。”杜预注曰：“尤，怪赐之厚。”[④]“无尤”，即没有可责怪的。似亦可通。一说眈应释罢，无罢即无斁，“犹无厌也”[⑤]，“表示不懈怠、不厌倦的意思”[⑥]。《孟子·公孙丑上》：“我学不厌，而教不倦也。”[⑦]这里的厌即厌倦、厌恶义。“无厌”即没有厌倦。句意为静教习射箭不懈怠。亦通。静因司射有功受赏，因而作器纪念。该句承上启下，即承上文之卿射而言其果，启下文之赐物而言其因。[⑧]

“王赐静鞞剢。”“鞞”，《说文·革部》曰：“刀室也。”《小尔雅·广器》：“刀之削谓之室，室谓之鞞鞛。”《方言》九：“剑削自关而西谓之鞞。”《逸周书·王会解》引《伊尹朝献》曰：“请令以鱼皮之鞞。”[⑨] 可见鞞是用皮革做的刀剑的鞘。“剢”，读为璲，瑞玉名，可以为佩。《诗·小雅·大东》：“鞙鞙佩璲，不以其长。”郑玄笺曰：“佩璲者，以瑞玉为佩。”[⑩]剢或读作鞢，但具体解释不同，郭沫若先生释为鞞璏，以为是剑鞘上端之玉饰。[⑪]而唐兰先生认为：“鞞剢番生簋作鞞鞢，从革，可见剢与刀有关而又是革制的。鞞是刀鞘，剢当是刀鞘的系带，所以赏赐时

① （汉）许慎撰，（清）段玉裁注：《说文解字注》，上海古籍出版社，1988年第2版，第127页。
② 杨树达：《积微居金文说》（增订本）静簋跋，中华书局，1997年，第169~170页。
③ （清）阮元校刻：《十三经注疏·论语注疏》，中华书局，1980年，第2462页。
④ （清）阮元校刻：《十三经注疏·春秋左传正义》，中华书局，1980年，第2097页。
⑤ 郭沫若：《两周金文辞大系图录考释》静簋，科学出版社，1957年，第56页。
⑥ 鹏宇、汪冰冰：《释〈上博·庄王既成〉“斁”字》，武汉大学简帛研究中心，http: //www. bsm.org.cn/show_article.php?id=836，2008年6月3日。
⑦ （清）阮元校刻：《十三经注疏·孟子注疏》，中华书局，1980年，第2686页。
⑧ 杨树达：《积微居金文说》（增订本）静簋跋，中华书局，1997年，第170页。
⑨ 黄怀信、张懋镕、田旭东撰，黄怀信修订，李学勤审定：《逸周书汇校集注》（修订本），上海古籍出版社，2007年，第912页。
⑩ （清）阮元校刻：《十三经注疏·毛诗正义》，中华书局，1980年，第461页。
⑪ 郭沫若：《两周金文辞大系图录考释》静簋，科学出版社，1957年，第56页。

常联在一起。”“‘鞞鞢’就是革制的刀鞘和系刀的皮带。”“与玉饰无涉。”[①]吴大澂释剢为遂，杨树达赞同其说，认为：“王喜静之善教而赐以射韝，犹《静卣》之赐静以弓，射韝与弓皆射事之用具也。”[②]王辉先生说鞞剢是连鞘带璲的刀。[③]我们认为剢释为璲与遂，即玉佩饰和射韝，都是有道理的。唯释剢为鞢即刀鞘的系带，似有可商，系带是鞘的附连物，于刀和鞘可谓小者，实不足与鞘并提。静因教射有功而受赏，赏赐物本来就仅一件或两件而已，其质量理应高一些。因此把鞞剢理解为一件物品即带有玉佩饰的刀鞘或带有玉饰鞘的刀，或者理解为二件物品即刀鞘和玉佩，或刀鞘和射韝，都是比较合乎情理的。

“用作文母外姞尊簋。”“文母”，仅见于本铭及帅隹鼎铭（《集成》02774），与《尚书·舜典》、《洛诰》之“文祖”、《康诰》之“文考”、《文侯之命》[④]及《诗·大雅·江汉》之“文人”[⑤]，金文《旚叔樊鼎》之“文祖”（《集成》02679）、《君夫簋》、《旂鼎》之“文父”（《集成》04178、02670）、《庚嬴卣》之“文姑”（《集成》05426）等诸例同，《诗·周颂·雝》：“既右烈考，亦右文母。”郑玄笺曰：文母“文德之母”。[⑥]清儒王引之亦谓文当如郑说为有文德，乃美大之称，犹《礼记·曲礼》及《齐侯钟铭》之称皇妣皇母。[⑦]“外”，应为封邑名，外叔鼎铭（《集成》02186）可证。外姞是姞姓女子，姞姓女子嫁与外邑封君者，故称外姞。

根据上述考释，本篇铭文的大意是：六月上旬，周王在莽京。丁卯这天，周王命令静做学宫的司射，管理学宫的射箭事宜，贵族子弟们和服、小臣、夷仆等职官与执事人员师从静学习射艺。到八月上旬庚寅这一天，周王和吴来、吕犅匹合豳师、莁师、邦国之君在大池举行射礼。静教得没有过错，周王赏赐给静刀鞘、玉佩。静拜谢叩头，对扬天子显赫的休美，用来做文母外姞的祭祀用簋，子子孙孙一万年用。

（三）静簋铭文记载的学宫贵族子弟所学之射礼

1. 静簋铭文所记之事件

关于静簋铭文所记之事件，学者或认为：“静簋讲了两件事，一件是在六月初吉丁卯这天，王下令静作学宫的司射，负责教导小子、服、小臣和夷仆学射。另一件是在八月初吉庚寅这天，王、吴来、吕犅与𡙇自、蓝自、邦周卿射于莽京大池。静因司射有功受赏，因而作器纪念。”“簋铭的第二件事叙述的是周王与邦君

① 唐兰：《西周青铜器铭文分代史征》静簋，中华书局，1986年，第360~361页注17。
② 杨树达：《积微居金文说》（增订本）静簋跋，中华书局，1997年，第170页。
③ 王辉：《商周金文》静簋，文物出版社，2006年，第99页注解[9]。
④ （清）阮元校刻：《十三经注疏·尚书正义》，中华书局，1980年，第126、216、203、574页。
⑤ （清）阮元校刻：《十三经注疏·毛诗正义》，中华书局，1980年，第254页。
⑥ （清）阮元校刻：《十三经注疏·毛诗正义》，中华书局，1980年，第596页。
⑦ （清）王引之：《经义述闻》卷7，（清）阮元编：《清经解》卷1180~1207，上海书店，1988年。

在莾京辟雍大池中举行的一次射礼。”[①]我们认为这种理解似不甚妥当，实际上通篇铭文记载的只有一件事。其一，由于静簋铭文是分六月初吉丁卯和八月初吉庚寅两个时间段来叙事的，给人的感觉似乎为两件事。其实这是一种错觉。其二，从“静司射学宫，小子眔服眔小臣眔夷仆学射”和“王以吴㚖、吕犅卿豳莶师、邦君射于大池，静教无尤，王赐静”来看，与王卿射于大池的吴㚖、吕犅、豳师、莶师、邦君也都应是静的学生，亦即在静执教的学宫学射的学员。司射的对象、学射及卿射的主体一直未变，这正是事件本身没有变化的缘故。其三，尽管铭文分了两个时间段记述，但从六月初吉的王命司射、小子执事人员学射，到八月初吉的卿射，事态的发展一脉相承，史事性质始终未变。从六月初吉到八月初吉之前是静与其学生的教射与学射，庚寅日的卿射是王对两个多月来学宫教与学成绩的抽检考核，正如杨树达先生所言：“盖王于六月令静司射事，历月余，至八月，会射于大池。会射者，所以考验静射之效能也。及既射而王知静教射有功，故以鞞刻锡之。”[②]以上就是静司射学宫、教授贵族子弟学射这一事件的完整过程。“静教无尤，王赐静”即是这次考核的结果。如此则本铭所记六月与八月之事则为一件事。

或有学者认为静簋铭“记载了静在周王的督教下同近侍小臣在学宫学射的情况”，即“周王在学宫（即辟雍）亲自要求静（有学者认为即太子静）学射，以后，还教给静学射。静在周王的督促下，勤学不倦（无畀即无厌）”。“静学射术，先在学宫学射，以后再射于大池。”[③]这种理解也是不正确的。首先是对“司射”和“静学无眈”的释义不确切。静是司射学宫，而不是学射于学宫。静学无眈即静教无尤，而不是静学无尤。若理解成静学无尤，则前言静司射，后言静学射，岂不矛盾？其次是学射与卿射的人群中并没有提到静。因此静不是学射，而是教射。正确的理解应是本铭文记载了周王命静执教学宫的教授对象和对其执教效能的考查结果。

2. 静簋铭文贵族子弟所学之射的性质

静簋铭文记载的学宫贵族子弟学射与卿射之射，不是一般的射术竞技，而是射礼。理由有三。

其一，通过对静簋铭文和礼书所记相关人员身份职司的比较分析后发现，二者多能相印证或相联系。簋铭中静的身份是小臣，在学宫及射礼中的职务是司射。李学勤先生说：“静相当射人。”[④]《周礼》一书中没有司射，只有射人，是掌朝位与射礼等事的官，其设置为“下大夫二人，上士四人，下士八人，府二人，史四

① 刘雨：《西周金文中的射礼》，《考古》1986 年第 12 期。
② 杨树达：《积微居金文说》（增订本）静簋跋，中华书局，1997 年，第 170 页。
③ 朱启新：《从铜器铭文看西周教育》，《教育研究》1984 年第 3 期。
④ 李学勤：《柞伯簋铭考释》，《文物》1998 年第 11 期。

人，胥二人，徒二十人”①。其于射礼的职掌是：“以射法治射仪。王以六耦射三侯，三获，三容，乐以《驺虞》，九节，五正。诸侯以四耦射二侯……若王大射，则以貍步张三侯。王射，则令去侯，立于后，以矢行告，卒，令取矢。祭侯，则为位。与大史数射中。佐司马治射正。祭祀，则赞射牲。”②《仪礼·乡射礼》中没有射人，只有司射，是为主人掌射事之吏，其职掌可概括为请射、匹耦、诱射、命射。③《大射仪》中既有射人，也有司射、大射正、小射正。其中司射之职掌与乡射礼的司射基本相同。大射正，为射人之长，其职司是公将射，执弓“以授公”，公射“立于公后，以矢行告于公：下曰留，上曰扬，左右曰方。”④小射正，为大射正之佐，其职司是公将射，“奉决、拾以笥”，“赞设拾”⑤。杨天宇先生说：“司射，即射人。”“案此篇中的大射正、司射、小射正、摈者、司正，都是射人，特因事异名，以别尊卑。射人都由士充任，其中以上士二人为长，谓之大射正。这两位大射正，一为司正，一为司射。大射正之下，有中士、下士，统谓之小射正。”⑥可见司射、大射正、小射正都是射人，按其隶属则大射正是射人之分职，司射是大射正之分职。《仪礼·乡射礼》、《大射仪》所记司射、大射正之职掌与《周礼·夏官·射人》之职掌吻合，与铭文司射之职责也能相联系。唯有不同者，簋铭的司射既不是大夫，也不是士，而是以小臣之身份充任的。考虑到射人之设官分职和后世射礼对司射之职官的传承延用，以及簋铭之明言，我们认为静的职务为司射是比较恰当的。西周时，由于“学在官府”，在这种情况下，教师均由官员兼任。如“国学中的教师由大司乐、乐师、师氏、保氏、大胥、小胥、大师、小师、籥师等官吏担任”⑦。《周礼·地官·师氏》称“师氏掌以美诏王”，同时又称“以三德教国子”⑧。本铭以司射之职官来担任学宫的射礼教师，自然是符合“学在官府”之制度的。静簋铭文说明穆王时学宫的射礼课是由司射来教习的，《仪礼·乡射礼》、《大射仪》则是由司射主持射仪和诱射的，因此我们说礼书所记射礼的司射之职官，当是由西周学宫中的司射一职演变而来的。

静簋铭的服是司射以下的职官。《周礼》中不见服这一官名，但有服不氏，是掌驯兽及射箭比赛时充任唱获者的官，其组成是“下士一人，徒四人”。其于射礼的职司是“射则赞张侯，以旌居乏而待获”⑨。《仪礼·大射仪》之职官中亦不见

---

① 《周礼·夏官·叙官》，（清）阮元校刻：《十三经注疏·周礼注疏》，中华书局，1980年，第831页。
② （清）阮元校刻：《十三经注疏·周礼注疏》，中华书局，1980年，第845~846页。
③ （清）阮元校刻：《十三经注疏·仪礼注疏》，中华书局，1980年，第997、1000页。
④ （清）阮元校刻：《十三经注疏·仪礼注疏》，中华书局，1980年，第1039页。
⑤ （清）阮元校刻：《十三经注疏·仪礼注疏》，中华书局，1980年，第1039页。
⑥ 杨天宇：《仪礼译注》，上海古籍出版社，2004年新1版，第186页注[1]、197页注[2]。
⑦ 张岂之：《文化的摇篮——育才》，《中国传统文化》，高等教育出版社，1994年，第139页。
⑧ （清）阮元校刻：《十三经注疏·周礼注疏》，中华书局，1980年，第730页。
⑨ （清）阮元校刻：《十三经注疏·周礼注疏》，中华书局，1980年，第831、846页。

服，但有服不，其在射礼中的职掌是行射前，“执旌负侯而俟”，将射时，去侯以待唱。[①]杨天宇先生注曰：“服不，官名，即服不氏，为天子掌驯养猛兽者。诸侯亦有服不氏之官，举行大射礼则用以充任大侯的获者，以别于其他两侯。”[②]《周礼》与《仪礼》所载服不氏之职一致。簋铭中的服作为司射之下的职官，其职掌亦应与服不氏相类同。我们知道，射礼的有些职官和仪节是从狩猎演变过来的，考虑到西周金文中有关在辟雍大池举行的射礼，射获的目标不仅有大鸿（麦方尊，《集成》06015）、鱼（遹簋，《集成》04207），而且有纟易、虎、貉、鹿、狼等动物（伯唐父鼎，《集录》356）。本铭亦学射于辟雍、𠨘射于大池，有服不氏之类的职官参与射礼也是不足为奇的。

静簋铭的小臣是出身奴隶的低级官吏。《周礼》中的小臣，属于大仆，其职司是：“小祭祀、宾客飨、食、宾射，掌事如大仆之法。”[③]《仪礼·乡射礼》中也有小臣，其职司是“君袒朱襦以射，小臣以巾执矢以授”[④]。《大射仪》中不仅有小臣，其职司是“纳工”，“委矢于楅”等，而且有小臣正，为小臣之长，其职司是代君辞宾，“赞袒”，“赞袭”。还有小臣师，为小臣正之副，其职司是“纳诸公卿大夫”，“设楅”，“执中”，“授矢于公”，“退楅”。[⑤]可见小臣的数目比较多，他们都是射礼的参与者。簋铭中的小臣亦当同于《仪礼·乡射礼》、《大射仪》中小臣的职司。

静簋铭文的夷仆是出身于夷人的仆。《周礼·春官》有车仆，其职司是：“大射，共三乏。”[⑥]《夏官》有大仆，其职司是：“王燕饮，则相其法。王射，则赞弓矢。”[⑦]《仪礼·大射仪》有仆人正，为仆人之长，其职司是“徒相大师”；仆人师，为仆人正之佐，其职司是“相少师”，“酌射爵”；仆人士，为仆人正之属吏，其职司是“相上工”；隶仆人，其职司是：公将射，“埽侯道”[⑧]。簋铭的夷仆也应同于礼书所记仆人之职司。以上说明簋铭所涉及的相关人员与礼书所记参与射礼的执事人员是相符的，这就从一个方面证明簋铭所说的射是射礼，而不是一般意义上的射术。

其二，静簋铭文所记射礼举行的地点与场所和其他金文及文献记载的射礼行射地点与场所吻合。本铭记王在𦾔京大池举行射礼，麦方尊、遹簋、伯唐父鼎等

① （清）阮元校刻：《十三经注疏·仪礼注疏》，中华书局，1980年，第1035、1041、1039页。
② 杨天宇：《仪礼译注》，上海古籍出版社，2004年新1版，第205页注[1]。
③ （清）阮元校刻：《十三经注疏·周礼注疏》，中华书局，1980年，第852页。
④ （清）阮元校刻：《十三经注疏·仪礼注疏》，中华书局，1980年，第1012页。
⑤ （清）阮元校刻：《十三经注疏·仪礼注疏》，中华书局，1980年，第1029~1042页。
⑥ （清）阮元校刻：《十三经注疏·周礼注疏》，中华书局，1980年，第826页。
⑦ （清）阮元校刻：《十三经注疏·周礼注疏》，中华书局，1980年，第852页。
⑧ （清）阮元校刻：《十三经注疏·仪礼注疏》，中华书局，1980年，第1033、1040、1039页。

铭文也都有王在葊京辟雍大池或称辟池举行射礼之事。[①]金文中的大池、辟池也就是文献中所说的“天子辟池”[②]，或统称为“教天下春射秋飨”的天子之学辟雍[③]，亦即文献所说的“习射于泽”[④]、“取余获陈于泽”[⑤]之“泽”，是习射和射余获的场所。这说明大池是周人举行射礼的经常之地。

其三，静簋铭文之𠨘射与文献所记射礼之耦射相同。静簋铭文“王以吴桒、吕犅𠨘豳蒞师、邦君射于大池”一语非常重要，它不仅讲明了本次射礼的参加者和行射地点与场所，而且还反映了本次射礼的竞射形式是耦射。“某与某某𠨘某某射于某地”（本铭），与“某在某地𠨘某某射”（义盉盖铭）句式相同，“某与某某𠨘射”（令鼎铭），与“某𠨘某射”（噩侯驭方鼎）句式相同。这两种句式的核心是𠨘射，𠨘射也就是𠨘耦而射的省称，《礼记·曲礼下》孔颖达正义曰：“射法，每两人相对，以决胜负，名之曰耦。耦贵贱必对，故卿与卿耦，大夫与大夫耦，或奇余不足，则使士备耦。”[⑥]因此，簋铭的𠨘射说明本次举行的射礼就是文献所说的“比耦而射”[⑦]的耦射。“王以吴桒、吕犅”为三人比较清楚，而“豳蒞师、邦君”是西六师名或是地名？是几个人或是几个群体呢？我们认为无论是地名还是西六师名，“豳蒞师”都应是豳师、蒞师某人的代称，即用两个地名代表这两个地方诸侯君长的人名。金文中以地名代人名者尚有同师簋“同师作旅簋”（同师簋，《集成》03703）、许子镈“许子盥师择其吉金”（许子镈，《集成》00153~00154），这里的“同师”、“盥师”都是地名。[⑧]“邦君”也应是某一邦国之君的代称。这样，“豳蒞师、邦君”也为三人，全句共六人。三人对三人竞射，显然为三耦射，也就是文献上所说的“射比三耦”[⑨]。不独唯此，我们把西周金文中有关𠨘射者罗列起来，如：

“王在鲁𠨘即邦君、诸侯、正、有司大射，义蔑历，眔于王”（义盉盖，《集成》09453），共6人。

“穆王飨醴，即井伯、大祝射。穆王蔑长甶，以逑即井伯”（长甶盉，《集成》09455），共4人。

---

① 麦方尊铭：“王饔葊京……在辟雍，王乘于舟，为大豊，王射大鸿。”遹簋铭：“穆王在葊京，乎渔于大池。”伯唐父鼎铭：“王饔葊京……王格，乘辟舟……用射絼、𤞷虎、貉、白鹿、白狼于辟池。”

② （汉）司马迁撰，（宋）裴骃集解，（唐）司马贞索隐，张守节正义：《史记·封禅书》，中华书局，1982年第2版，第1375页。

③ 《诗·大雅·灵台》孔颖达疏引《韩诗说》，（清）阮元校刻：《十三经注疏·毛诗正义》，中华书局，1980年，第524页。

④ 《礼记·射义》，（清）阮元校刻：《十三经注疏·礼记正义》中华书局，1980年，第1689页。

⑤ 《仪礼·乡射礼》郑玄注引伏生《尚书大传》语，（清）阮元校刻：《十三经注疏·仪礼注疏》；中华书局，1980年，第1011页。

⑥ （清）阮元校刻：《十三经注疏·礼记正义》，中华书局，1980年，第1257页。

⑦ 刘雨：《西周金文中的射礼》，《考古》1986年第12期。

⑧ 此处参考了刘雨先生的思路，但具体分析则未完全苟同。详见刘雨：《西周金文中的射礼》，《考古》1986年第12期。

⑨ 《仪礼·大射仪》，（清）阮元校刻：《十三经注疏·仪礼注疏》，中华书局，1980年，第1034页。

“王射，有司眔师氏、小子𨏈射”（令鼎，《集成》02803），共4人。

“驭方𨏈王射”（噩侯驭方鼎，《集成》02810），共2人。

不难发现，参加𨏈射者无论是群体名还是个人名，其总数都是偶数。由此我们怀疑，参加𨏈射的爵称官名也应是该官爵的某一个人的代称，而不一定是一个群体的称谓。二人、四人、六人，可分别匹配成一耦、二耦、三耦，这些第一手材料说明西周时期的射礼确实是比耦而射的。但文献中所说的“王射六耦”[①]则金文中未见，这也许是西周射礼不同于春秋以后更为复杂的射礼吧。总之，静簋铭文的司射、服、小臣、夷仆，能与文献所记射礼中的司射、服不氏、小臣、仆人一一相印证或相联系；举行地点和场所，与其他金文及文献记载的射礼行射地点和场所吻合；比射形式也与文献记载的耦射相同。所有这些都足以说明簋铭之射的确是射礼，而绝不可能都是巧合。

3. 静簋铭文贵族子弟所射之靶的

从静簋铭文看，贵族子弟行射有两个场所，即学射于学宫与𨏈射于辟雍大池。有人指出这是“先在学宫学射，以后再射于大池。也就是说，先在陆地上学，然后再到水上学。根据文献记载，陆上学射，一般都用固定的靶子，而在水中学射，靶子往往是禽鸟，是活动的靶子”，难度更大。[②]按“陆射”与“水射”之说由陈梦家先生首倡，他认为：“序庠塾堂是陆上习射的地方，而水上习射的地方是辟廱。”[③]如前所述，大池是辟雍外围的水域，学宫是指大池中心岛上的建筑。西周金文就有在辟雍大池以鸟兽为靶的来行射礼的，如麦方尊“在辟雍，王乘于舟，为大礼。王射大鸿，禽”（《集成》06015），伯唐父鼎“王格，乘辟舟，临桒白旗，用射绛、𤜵虎、貉、白鹿、白狼于辟池”（《集录》356）等铭文，均是其证。据此我们认为，本铭在学宫学射，应该就是射侯，即以侯为射击的靶子。而在大池中行射，则应该是射飞禽野兽，即以活体动物为射击靶子的。

4. 静簋铭文所反映的射礼礼仪之烦琐程度

静簋铭文说明，在周穆王时代射礼之礼仪已经比较复杂，参加射礼的一般人员都需要经过专门的训练才行。《仪礼·乡射礼》和《大射仪》集中记述了春秋战国间儒家所了解的射礼的全过程，其仪节十分繁复琐碎，经归纳统计，乡射礼和大射礼各有50个左右的仪节，[④]射前要做一系列的准备工作，射礼进行中，参射者要揖让上下、献享酬酢，比射时还要节乐歌舞。在射前、射中及射后，还需要一些身份较低的隶仆之类的人员做纳陈或彻除器具等服务性工作，有时也要求这

---

① 《周礼·夏官·射人》，（清）阮元校刻：《十三经注疏·周礼注疏》，中华书局，1980年，第845页；《仪礼·大射仪》贾公彦疏，（清）阮元校刻：《十三经注疏·仪礼注疏》，中华书局，1980年，第1034页。

② 朱启新：《从铜器铭文看西周教育》，《教育研究》1984年第3期。

③ 陈梦家：《射与郊》，《清华学报》1941年第13卷第1期。

④ 刘雨：《西周金文中的射礼》，《考古》1986年第12期。

些人员匹耦较射，充当射礼中的配角，同时还要求参射者“进退周还必中礼”[①]。学界一般认为这种烦琐的射礼可能是春秋以后经过儒家加工改造后才有的事，但从静簋铭文来看，司射、服、小臣、夷仆与礼书所说射礼之执事人员相符，说明《仪礼》所记射礼的一些仪节可能在西周时期就已经出现了。贵族子弟及执事官员都需要到学宫中由专门设立的教官来教射，这本身即说明西周穆王之时射礼就已经变得很复杂了，当时的射礼也绝不单纯是会射箭的人就能胜任的。

（四）静簋铭文与西周教育制度

周灭商后，由于国家权力机构的建立，需要更多的政府管理人员。统治者为了治国平天下，除任用“与共开国之人及其子孙”外，就是“取诸乡贤与能”。[②]为了更好地培养选拔贤能，即选士，周人对教育极为重视，在商代的基础上逐渐建立了一套比较完善的教育制度。就静簋铭文并结合其他金文及文献记载来看，至少有以下五个方面具体体现了西周的教育制度。

1. 西周贵族学校有小学与大学之分

文献记载，三代时已经有了学校，“夏曰校，殷曰序，周曰庠”[③]。《史记·儒林列传》说：“三代之道，乡里有教，夏曰校，殷曰序，周曰庠。”[④]《礼记·学记》也说：“古之教育，家有塾，党有庠，术（遂）有序，国有学。”[⑤]又知校、序、庠、塾都是地方学校，除此还有贵族学校国学。夏代的学校，尚未得到出土实物的证实。商代的学校，不仅有传世文献记载的庠、校、序、瞽宗等名称，而且殷墟甲骨卜辞中还出现了“学”、“大学”等称谓。[⑥]西周的学校又有进一步的发展，并形成了一定的体系，当时的学校分为乡学和国学。其中乡学有多种说法，较普遍的一种说法是乡有庠，州有序，党有校，闾有塾。国学根据不同的年龄又划分为小学和大学两个阶段进行训练和学习。其中小学有两种，一种是设在郊区的一般小学，另一种是设在宫廷附近的贵胄小学。大学也有两种情况，一种是周天子都城所设的大学，称为辟雍，其周围壅积的环形水域叫大池，大池中心岛上的建筑叫学宫，学宫东面的建筑叫东序，亦即射庐，这些建筑工程都是辟雍的组成部分。有人把周天子都城所设的大学，称为“辟雍”，又叫“学宫”、“射庐”、“西

① 《礼记·射义》，（清）阮元校刻：《十三经注疏·礼记正义》，中华书局，1980年，第1686页。
② （清）俞正燮：《癸巳类稿》卷三《乡兴贤能论》，辽宁教育出版社，2001年。
③ 《孟子·滕文公上》，（清）阮元校刻：《十三经注疏·孟子注疏》，中华书局，1980年，第2702页。
④ （汉）司马迁撰，（宋）裴骃集解，（唐）司马贞索隐，张守节正义：《史记》，中华书局，1982年第2版，第3119页。
⑤ （清）阮元校刻：《十三经注疏·礼记正义》，中华书局，1980年，第1521页。
⑥ 张岂之：《文化的摇篮——育才》，《中国传统文化》，高等教育出版社，1994年；戴庞海：《略论西周时期的礼仪教育》，《郑州大学学报》2006年第3期。

雍”等[①]，就是以此为根据的。另一种是诸侯国都城中所设的大学，称为泮宫，形制与辟雍相同而略有等差。《诗·大雅·灵台》孔颖达正义引《五经异义》所引《韩诗说》：“辟廱者，天子之学。圆如璧，壅之以水，示圆言辟，取辟有德。不言辟水言辟、水言辟廱者，取其廱和也，所以教天下春射秋飨。”[②]杨宽先生说：“西周大学不仅是贵族子弟学习之处，同时又是贵族成员集体行礼、集会、聚餐、练武、奏乐之处，兼有礼堂、会议室、俱乐部、运动场和学校的性质，实际上就是当时贵族公共活动的场所。”[③]此说可谓指明了早期学校的特点。《礼记·王制》云：“天子命之教，然后为学。小学在公宫南之左，大学在郊，天子曰辟雍，诸侯曰頖宫。”[④]是知西周时期在天子、诸侯国都和郊区都设有各级学校。受教育者主要是贵族子弟，包括周天子、诸侯国的太子和公卿大夫之子弟，亦即世子与国子，也有部分平民子弟。《周礼·春官·乐师》：“掌国学之政，以教国子小舞。”郑玄注曰：“谓以年幼少时教之舞。”又《地官·师氏》：“掌国中失之事，以教国子弟。凡国之贵游子弟皆学焉。”郑玄注曰：“中，中礼者也。失，失礼者也。”《春官·大司乐》郑玄注曰：“国之子弟，公卿大夫之子弟当学者，谓之国子。”[⑤]这里的“学”即指大学。孙诒让正义曰：“大司乐通掌大小学之政法，而专教大学，与师氏、保氏、乐师教小学，职掌互相备。”“周制，大学所教有三，一为国子，即王太子以下至元士之子，由小学而升者也。二为乡遂大夫所兴贤能者，司徒论其秀者入大学……三为侯国所贡士。此三者，皆大司乐教之。”[⑥] 关于入学的年龄，《大戴礼记·保傅》记载曰：“及太子少长，知妃色，则入于小学。小者，所学之宫也……古者年八岁而出就外舍，学小艺焉，履小节焉；束发而就大学，学大艺焉，履大节焉。”卢辨注曰：“古者太子八岁入小学，十五入大学也。”[⑦]《春秋公羊传》宣公十五年何休注曰：“十月事讫，父老教于校室，八岁者学小学，十五者学大学。其有秀者，移于乡学，乡学之秀者，移于庠。庠之秀者，移于国学，学于小学。诸侯岁贡小学之秀者于天子，学于大学。其有秀者命曰进士，行同而能，偶别之以射，然后爵之。士以才能进取，君以考功授官。”[⑧]《尚书大传》曰：“使王太子、王子、群后之子，以至公卿大夫、元士之嫡子，十有三年始入小学。”[⑨]虽然文献记载的入学年龄不尽相同，但学校分为小学与大学两个阶段，分别为蒙昧的儿童

---

① 戴庞海：《略论西周时期的礼仪教育》，《郑州大学学报》，2006年第3期。
② （清）阮元校刻：《十三经注疏·毛诗正义》，中华书局，1980年，第524页。
③ 杨宽：《我国古代大学的特点及其起源》，《学术月刊》1962年第8期。
④ （清）阮元校刻：《十三经注疏·礼记正义》，中华书局，1980年，第1332页。
⑤ （清）阮元校刻：《十三经注疏·周礼注疏》，中华书局，1980年，第793、730~731、787页。
⑥ （清）孙诒让：《周礼正义》卷42，中华书局，1987年。
⑦ （清）王聘珍撰，王文锦点校：《大戴礼记解诂》卷三《保傅》，中华书局，1983年，第51~60页；又见王辉：《商周金文》大盂鼎，文物出版社，2006年，第69页注解[17]引。
⑧ （清）阮元校刻：《十三经注疏·春秋公羊传注疏》，中华书局，1980年，第2287页。
⑨ （清）陈寿祺：《尚书大传辑校》，（清）王先谦编：《清经解续编》，上海书店，1988年，第416页。

学习之处和青年学习之处，则甚为明确。西周金文也有关于贵族小学的记载，其中大盂鼎铭文曰："女（汝）妹（昧）辰有大服，余隹（惟）即朕小学。"（《集成》02837）郭沫若先生说："今案妹与昧通，昧辰谓童蒙知识未开之时也。盂父殆早逝，故盂幼年即承继显职，康王曾命其入贵胄小学，有所深造。"[①]师嫠簋铭文曰："才（在）昔先王小学，女（汝）敏可事（使），既令女（汝）更乃祖考司小辅。"（《集成》04324、04325）本铭则言："王令静司射学宫，小子眔服、眔小臣、眔夷仆学射……静教无尤。"由此可见，上述文献记载不无道理。金文与传世文献上说的幼年入小学学小艺、成童入大学学大艺之说正合，这说明西周时期的学校确是有小学与大学之分的。

2. 西周时期实行的是官师合一的学校教育体制

西周时期，统治者为了加强贵族专政，根据其所建立的国家机构立官分职，在政治、经济、军事、宗教、文化等方面都有专设机构和专设人员来从事管理。为了管理的需要所制定的法纪规章等文字记录与书籍，也都由当官者来掌握。唯官有书而民无书，唯官有学而民无学，唯官有其器而民无其器，这就形成了"学术官守"、"学在官府"的特有历史现象。要掌握专门知识与各种礼仪，要知道本朝家法及历代典制，只有到官府去学习。国学中所传授的礼、乐、舞、射诸科目内容，几乎都是朝廷活动的仪礼，其典章文物、礼乐器具，或藏秘府，或藏宗庙，只有官吏们才能掌握使用，也只有依靠他们才能传授这方面的知识和技能。"学术既然专为官有，故教育亦非官莫属。"[②]因此，自三代有了学校之后，一直是"学在官府"，民间没有学校。在这种情况下，教师均由官员兼任，官学中官、师不分，也就是说，西周时期官学教师是官师合一的，而且是世代相传的。如乡学的教师，主要由大司徒、乡师、乡大夫、州长、党正、父师、少师等各级行政长官兼任。"国学中的教师由大司乐、乐师、师氏、保氏、大胥、小胥、大师、小师、龠师等官吏担任。"[③]《周礼·地官·师氏》称"师氏掌以媺诏王"，同时又称"以三德教国子"[④]。本铭以司射之职官来担任学宫的射礼课教师，换句话说，司射既是官员，又是教师，自然是符合"学在官府"之制度的，同时，这也说明西周实行的确实是官师合一的学校教育体制。

3. 西周贵族子弟以六艺为教学内容

西周时期学校的教学内容文献多有涉及，《周礼·地官·大司徒》记载说，大司徒在乡学中"以乡三物教万民，而宾兴之。一曰六德：知、仁、圣、义、忠、

---

① 郭沫若：《两周金文辞大系图录考释》大盂鼎，科学出版社，1957年。
② 黄绍箕：《中国教育史》卷4，商务印书馆，1902年，第2~4页。
③ 张岂之：《文化的摇篮——育才》，《中国传统文化》，高等教育出版社，1994年，第139页。
④ （清）阮元校刻：《十三经注疏·周礼注疏》，中华书局，1980年，第730页。

和。二曰六行：孝、友、睦、姻、任、恤。三曰六艺：礼、乐、射、御、书、数”。《保氏》说：“保氏掌谏王恶，而养国子以道。乃教之六艺，一曰五礼，二曰六乐，三曰五射，四曰五驭，五曰六书，六曰九数。乃教之六仪，一曰祭祀之容，二曰宾客之容，三曰朝廷之容，四曰丧纪之容，五曰军旅之容，六曰车马之容。”① 《礼记·内则》说：“六年，教之数与方名。七年，男女不同席，不共食。八年，出入门户，及即席饮食，必后长者，始教之让。九年，教之数日。十年，出就外傅，居宿于外，学书记，衣不帛襦袴，礼帅初，朝夕学幼仪，请肄简谅。十有三年，学乐，诵《诗》，舞《勺》。成童，舞《象》，学射御。二十而冠，始学礼。”②成童即15岁。由此可知，西周乡学的教学内容包括德、行、艺等三个方面，国学的教学内容包括德、行、艺、仪等四个方面，但都以六艺为基本教育内容。所谓六艺即礼、乐、射、御、书、数。礼乐重在培养道德情操，射御是军事训练，书数是治民从政所需要的技能。西周的“六艺教育”“是居于当时世界先进水平的课程体系”③。一直到春秋时期私学兴起，才出现了以学习文化典籍为主、以从事政治活动为目标的文士集团，于是六艺也才转变为《诗》、《书》、《礼》、《乐》、《易》、《春秋》等古典文献。西周时期作为六艺之一的射是国子必修的军事训练课程，因为古代作战，弓箭是一项重要武器，掌握射箭的技能是统治者不可缺少的。因此，在国学中很重视射术训练。同时，射也是一种礼仪，在射的教学中，除了传授和培养有关射的知识、技能外，还着重与礼、乐之教相配合。本铭既明言王命静司射学宫，贵族子弟及执事官吏学射，经比射考查，静教无尤。这说明西周时期的学校教育，尤其是国学中的贵族子弟，确是以六艺为主要教学内容的。

4. 西周贵族学校有天子视学制度

由于西周统治者对教育十分重视，因此学校教育管理也逐渐严格起来，“视学”就是我国古代教育督导的最初形态。“视学”一词最早出现于《礼记》一书中，根据该书及其注疏记载，周代的天子视学有三种情况与含义。一是天子亲临国学行春秋祭奠及养老之礼。《礼记·文王世子》曰：“天子视学，大昕鼓征，所以警众也。众至，然后天子至。乃命有司行事，兴秩节，祭先师、先圣焉。有司卒事反命，始之养也……反，登歌《清庙》，既歌而语，以成之也：言父子、君臣、长幼之道，合德音之致，礼之大者也。”孔颖达疏曰：“天子视学，必遂养老之法，则养老既毕，乃命诸侯群吏令养老之事。天子视学者，谓仲春合舞，季春合乐，仲秋合声，于此之时，天子亲往视学也。”祭先师先圣者，“云视学观礼耳……所以

① （清）阮元校刻：《十三经注疏·周礼注疏》，中华书局，1980年，第707、731页。
② （清）阮元校刻：《十三经注疏·礼记正义》，中华书局，1980年，第1471页。
③ 夏昭炎：《中国文化概论》，南方出版社，1999年。

视学者，观看有司行礼耳”。“始立学则之养老，而寻常视学，则不养老。”[①]显然这是周代的一种仪礼。一年之中周天子必视学四次，每次视学前都要举行隆重的典礼，祭祖卜吉凶。天子视学那天，天刚亮学校就击鼓集合所有人，准备接受视察。天子由三公、九卿、诸侯、大夫陪同，先行设奠祭先圣先师之礼，天子在旁观礼，意在检阅。然后盛宴群老，由主人献酢致酒，作乐歌诗，弄文舞武，向耆老祝福献寿，以示尊年敬德；同时即席举行“乞言”“合席”之礼，向耆老乞求治国治教的建议。后代帝王也大都沿用这一制度。二是天子亲往或派有司到国学对学生进行考试，以检查贵族子弟的学习成绩。《礼记·学记》曰：“未卜禘，不视学。”孔颖达疏曰：“此视学谓考试学者经业。或君亲往，或使有司为之，非天子大礼视学也。”[②]可见，这不是隆重的礼俗仪式，而是一种公事行为，考查学生经业是其主要内容。三是天子亲往大学对不听教诲的学生进行督导。《礼记·王制》曰：“司徒论选士之秀者而升之学，曰俊士……凡入学以齿。将出学，小胥、大胥、小乐正简不帅教者，以告于大乐正、大乐正以告于王。王命三公、九卿、大夫、元士皆入学；不变，王亲视学；不变，王三日不举，屏之远方：西方曰棘，东方曰寄，终身不齿。”[③]意思是说，将毕业的时候，国学中的学生如果有不受管教者，要层层上报，经过教育感化无效的，周天子再亲自去学宫视察以示警告，要是再不改变，便要遣逐到远方，终身不再录用他们。不难看出，这也不是仪礼，而是对不符合毕业条件的学生所采取的一种训诫警告行为。由此可知，周代的视学制度就已经十分严密了，而且非常严格。本铭记载周王亲临学宫，并亲自与学宫中的贵族子弟卿射于辟雍大池，通过比射来考查教练者的教学效果。这种对贵族大学学生所学射艺的检阅与考核，实即上述文献记载的第二种含义的视学。所不同者是铭文中天子既考查学生的学业成绩，也考查教官的执教水平。因为从上引传世文献资料来看，天子视学似乎是针对学生来考查的，而本铭说明天子视学，并不单单是对学生进行考查，其真实目的则似乎是通过对学生的比射考查来验证教官的教射效能的，颇有点考查学政的意思。因此，我国古代的视学制度是完全可以追溯到西周时代的。

5. 西周时期对优秀教官实行奖励制度

西周时期，学校教育管理相当严格。无论是乡学还是国学，对不服管教的学生实行训诫处罚多有文献记述，而对教学成绩优秀的教官实行奖励则罕有记载。本铭记周王于六月任命静司射学宫，至八月即亲临学宫视学，并与学生卿射于辟雍大池，既射而王知静教射学宫很称职，周王感到很高兴，故赏给静鞞刻等物以作为嘉奖。天子亲自任命教官，又亲自视学考察检验，并奖励负责教射有功的教

① （清）阮元校刻：《十三经注疏·礼记正义》，中华书局，1980年，第1410页。
② （清）阮元校刻：《十三经注疏·礼记正义》，中华书局，1980年，第1522页。
③ （清）阮元校刻：《十三经注疏·礼记正义》，中华书局，1980年，第1342页。

官。这既从一个方面反映了周王对学校教育的重视程度，同时也说明在西周时期的教育制度中，不仅有天子视学制度，而且对优秀教师还实行奖励制度。这无疑弥补了传世文献记载的欠缺。

六、西周金文中的周王习射

西周时期已形成严密的学校教育体系和完善的教育制度，贵族子弟随着年龄的增长都要接受小学、大学等一系列的学校教育。周天子不仅在做太子时要入小学学礼，卒业，入大学承师问道，而且就是在继承了王位以后有时也要到大学承师问道。《抱朴子外篇·崇教》曰："盖闻帝之元储，必入太学，承师问道。齿于国子者，以知为臣，然后可以为君；知为子，然后可以为父也。故学立而仕，不以政学。"[①]《大戴礼记·保傅》则曰："帝入太学，承师问道，退习而端于太傅，太傅罚其不则而达其不及，则德智长而理道得矣。"[②]《新书卷第五·保傅》云："《学礼》曰：'帝入东学，上亲而贵仁，则亲疏有序而恩相及矣。帝入南学，上齿而贵信，则长幼有差而民不诬矣。帝入西学，上贤而贵德，则圣智在位而功不遗矣。帝入北学，上贵而尊爵，则贵贱有等而下不逾矣。帝入太学，承师问道，退习而考于太傅，太傅罚其不则而匡其不及，则德智长而治道得矣。此五学者，既成于上，则百姓黎民化辑于下矣。'学成治就，是殷周所以长有道也。"[③]《汉书·贾谊传》的上疏中也引有《学礼》之文，颜师古注曰："则，法也。匡，正也。"[④]可见太学是古代太子和帝王承师问道的地方。帝王也要在行为举止上请太傅指正，如果没有按照要求去做，太傅就要用责打的方法加以惩戒。如果太子按照要求做了，但做得不到位，太傅就要指导他去做到。根据文献与金文记载，西周设在王都的大学，分辟雍、上庠、东序、瞽宗与成均五学，五学之中，以辟雍为尊，确是天子行礼乐、宣教化、举行飨射及承师问道之所。像射这样带有军事训练性质的科目，尤其需要时常到相关的场所练习。为此周王不仅到大学请教，还在王宫附近修建了射庐以便随时习射。对此西周金文亦有记载，这就像后世的帝王实录、起居注一样，真实地记录了西周天子在射庐习射的情况，由于这方面的金文都比较简短易解，故在此一并考释之。

（一）十五年趞曹鼎铭文考释

十五年趞曹鼎（彩图15）是西周中期共王时器，腹内有铭文8行57字（《集

① （晋）葛洪撰，杨明照校笺：《抱朴子外篇校笺》，中华书局，1996年。
② （清）王聘珍撰，王文锦点校：《大戴礼记解诂》卷三《保傅》，中华书局，1983年，第52页。
③ （汉）贾谊撰，阎振益等校注：《新书校注》，中华书局，2000年。
④ （汉）班固撰，（唐）颜师古注：《汉书》，中华书局，1962年，第2249页及注[一六]。

成》02784），现释文如下：

隹（唯）十又五年五月
既生霸壬午，龚（共）
王才（在）周新宫。王射
于射卢（庐），史趞曹
易（赐）弓矢、虎卢、九（厹）、冑、
毌（干）、殳。趞曹敢对“曹
拜韻（稽）首，敢对扬天子休。”
用乍（作）宝鼎，用乡（飨）倗沓（朋友）。

“隹十又五年五月既生霸壬午。”由下文知此为共王纪年。“既生霸”为月相，“既”表已经，“霸”指月球的发光面，“既生霸”指从新月初见到满月。据“夏商周断代工程”推排的夏商周年表与西周金文历谱，共王在位 23 年，本铭言十又五年，正在 23 年范围之内。共王十五年为公元前 908 年，五月己卯朔，壬午四日。[①]句意为共王十五年五月四日。

“龚王在周新宫。”“龚王”亦见于大克鼎铭（《集成》02836），即穆王之子共王。“周”，为周都之一，陈梦家先生以为即洛阳。[②]甚是。周王朝先都宗周镐京，后又建成周，二者都可以简称周。本铭周即指成周，这从作册令方彝铭“明公朝至于成周，㳄令舍三事令……既咸令，甲申明公用牲于京宫，乙酉用牲于康宫”（《集成》09901）及康宫与新宫的关系便可推知。“新宫”，亦见于师遽簋盖（《集成》04214）、虎簋盖（《集录》491）、望簋（《集成》04272）和师汤父鼎铭（《集成》02780），“新宫者，盖新建之宫”[③]。由作册令方彝铭知康宫在成周即洛阳王城，由望簋铭“王在周康宫新宫”则知新宫是康宫的新建部分。[④]从各器年代看，周新宫出现在西周中期。

“王射于射卢。”“射卢”亦见于师汤父鼎（《集成》02780）和匡卣铭（《集成》05423），“卢”，师汤父鼎铭作庐，知本铭乃庐之省文，可假为庐。据上文知此射庐当在周新宫内，属于周新宫的一处建筑设施，是周王专门用来较射与习射礼的场所。陈梦家先生还进一步考证说，该“射庐乃是新宫中习射之序，是在宫中东西厢的廊庑。序在宫中，故或曰射宫。《礼记·射义》曰‘天子试之于射宫’，《穀梁传》昭八曰：‘其余与士众习射于射宫。’”[⑤]认为宫中的东西序即射庐，

① 夏商周断代工程专家组：《夏商周断代工程 1996~2000 年阶段成果报告》（简本），世界图书出版公司，2000 年，第 36、88、31 页。
② 陈梦家：《西周铜器断代》，中华书局，2004 年，第 147 页。
③ 郭沫若：《两周金文辞大系图录考释》师汤父鼎，科学出版社，1957 年，第 70 页。
④ 陈梦家：《西周铜器断代》，中华书局，2004 年，第 155 页。
⑤ 陈梦家：《西周铜器断代》，中华书局，2004 年，第 156 页。

或称射宫。

“史趞曹赐弓矢、虎卢、九、胄、毌、殳。”古代主动句与被动句无别，此即趞曹被赐。“史”是官职。“趞曹”亦见于七年趞曹鼎（《集成》02783），“趞”是氏名，“曹”是私名。趞曹是共王的史官，但似乎又兼有武职，因侍御王射有功而受赏，所受之物皆为武备之器。“虎卢”之卢，即《周礼·考工记》庐人所为之庐器[①]，指戈、戟等长兵器的柄。《考工记·总序》“秦无庐”郑玄注曰：“庐……谓矛戟柄。”[②]庐本或作笍，《说文·竹部》：“笍，积竹矛、戟矜也。”段玉裁注曰：“矜，柄也。”即指竹制的长兵器的柄。郭沫若先生认为：“盖‘虎卢’即殳之古称，以为庐器之属故称卢，其曰‘虎卢’者，盖殳为虎贲所持，故又冠之以虎也。”[③]下文已有殳，故把虎卢解为殳之古称显然不妥。我们认为“虎卢”应是用带有虎纹的斑竹做的庐器。“九”即厹的省文，三棱矛。《诗·秦风·小戎》：“厹矛鋈錞，蒙伐有苑。”毛亨传曰：“厹，三隅矛也。”孔颖达疏曰：“厹矛，三隅矛，刃有三角。”[④]“胄”，即古代战士作战时所戴的头盔。“毌”，假为干，即盾。“殳”，是一种撞击兵器，竹制，长一丈二尺，头上不用金属为刃。《周礼·考工记·庐人》曰：“殳长寻有四尺。”郑玄注曰：“八尺曰寻。”[⑤]《诗·卫风·伯兮》：“伯也执殳，为王前驱。”毛亨传曰：“殳，长丈二而无刃。”[⑥]《说文·殳部》：“殳，以积竹，八觚，长丈二尺，建于兵车，旅贲以先驱。”段玉裁注曰：“以积竹者，用积竹为之。”《释名·释兵》曰：“殳，殊也，长丈二尺而无刃，有所撞挃于车上，使殊离也。”

“趞曹敢对‘曹拜稽首，敢对扬天子休’。”“敢”，自言冒昧之辞。《仪礼·士虞礼》：“敢用絜牲刚鬣。”郑玄注曰：“敢，昧冒之辞。”[⑦]“对”，常与扬连用，义为报答，称颂。《诗·大雅·江汉》：“对扬王休。”郑玄笺曰：“对答休美作为也。”[⑧]“扬”，颂扬，称扬。“休”，美。郭沫若先生以为“敢对曹”三字为衍文。[⑨]陈梦家先生则以为“趞曹敢对”以下为作器者受赐之后所致的答扬之辞。相比而言，后者之说较有道理。趞曹既拜而答王赏赐之时称扬王之德美，此正是“君臣之言宜相成也”[⑩]。

根据以上考释，本铭大意是：共王十五年五月新月初见的壬午日，共王在成

---

① 详见（清）阮元校刻：《十三经注疏·周礼注疏》，中华书局，1980年，第926页。
② （清）阮元校刻：《十三经注疏·周礼注疏》，中华书局，1980年，第905页。
③ 郭沫若：《两周金文辞大系图录考释》趞曹鼎其二，科学出版社，1957年，第69页。
④ （清）阮元校刻：《十三经注疏·毛诗正义》，中华书局，1980年，第370、371页。
⑤ （清）阮元校刻：《十三经注疏·周礼注疏》，中华书局，1980年，第726页。
⑥ （清）阮元校刻：《十三经注疏·毛诗正义》，中华书局，1980年，第327页。
⑦ （清）阮元校刻：《十三经注疏·仪礼注疏》，中华书局，1980年，第1174页。
⑧ （清）阮元校刻：《十三经注疏·毛诗正义》，中华书局，1980年，第574页。
⑨ 郭沫若：《两周金文辞大系图录考释》趞曹鼎其二，科学出版社，1957年，第69页。
⑩ 《诗·大雅·江汉》郑玄笺，（清）阮元校刻：《十三经注疏·毛诗正义》，中华书局，1980年，第574页。

周新宫。共王在射庐习射，史官趞曹因侍御王射有功而被王赏赐弓矢、虎纹斑竹做的长兵器柄、三棱矛、头盔、盾和殳。趞曹答对说“曹拜揖叩头，敢答扬天子的休美”，因而做了这件宝鼎，用来宴飨朋友。很显然这是一篇有关共王在射庐习射礼、趞曹侍御王射而受赏赐的铭文。

（二）师汤父鼎铭文考释

师汤父鼎（彩图 16）铭文字体、文辞款式均与十五年趞曹鼎铭类同，且二铭都有“王在周新宫”，而十五年趞曹鼎铭文中又明确提到了“共王”，故也是学界公认的西周中期共王时器。该器腹内有铭文 8 行含重文 54 字（《集成》02780），其释文如下：

隹（唯）十又二月初吉
丙午，王才（在）周新宫，
才（在）射庐。王乎（呼）宰雁（膺）
易（赐）盛弓、象弭、矢
臸、彤欮。师汤父拜
䭫（稽）首，乍（作）朕文考
毛弔（叔）鬻彝。其迈（万）
年，孙孙子子永宝用。

“王在周新宫”，所指其地与十五年趞曹鼎同。

“在射庐”，此虽未明言王在射庐行射事，但依十五年趞曹鼎铭，知其肯定与习射有关则不言而喻。

“王乎（呼）宰雁赐盛弓、象弭、矢臸、彤欮。”此为王在射庐赐师汤父。“宰”，官名，其职掌主要是“管理王家内外，传达宫中之命”，或“在赐命礼中作傧右或代王赏赐臣下”①。“雁”通膺，人名。宰是膺的官职。本铭属宰膺代王赏赐臣下。

“盛弓”，“盛”有盛大之意，与唐字之义近同。唐本义为大言，《说文·口部》：“唐，大言也。”段玉裁注曰：“引伸为大也。”“盛弓”，当即《周礼》所说的唐弓。《夏官·司弓矢》云：“唐弓、大弓以授学射者、使者、劳者。”②唐弓也就是文献中所说的彤弓，《尚书·文侯之命》：“彤弓一，彤矢百。卢弓一，弓矢百。”孔安国传曰：“彤，赤；卢，黑也。诸侯有大功赐弓矢，然后专征伐。彤弓以讲德习射，藏示子孙。”孔颖达疏曰：“郑玄以此彤弓、旅弓为《周礼》唐弓、大弓。唐、大

① 张亚初、刘雨：《西周金文官制研究》，中华书局，1986 年，第 40、41 页。
② （清）阮元校刻：《十三经注疏·周礼注疏》，中华书局，1980 年，第 855 页。

是弓强弱之名，彤、旅是弓赤、黑之色。”[①]可见早在东汉时期郑玄就已经把唐弓与彤弓联系在一起了，从唐弓、彤弓都专用于习射来看，二者也确应是指同一种弓的。另按“盛”又读音为成，本指以器受物，引申为受物之器。《说文·皿部》：“盛，黍稷在器中以礼者也。”段玉裁注曰：“盛者，实于器中之名也。故亦评器为盛。”《汉书·东方朔传》：“壶者，所以盛也。”颜师古注曰：“盛，受物也。”[②]《礼记·丧大记》：“食粥于盛”。郑玄注曰：“盛，谓今时杯杅也。”[③]《左传》哀公十三年：“旨酒一盛兮。”杜预注曰：“一盛，一器也。”[④]可见凡盛物之器均可称之为盛。又按盛在祭器中以供祭祀的黍稷称粢盛，如《礼记·表记》曰：“天子亲耕，粢盛、秬鬯，以事上帝。”[⑤]《孟子·滕文公下》曰：“诸侯耕助，以供粢盛。”又《尽心下》孟子曰：“粢盛既絜，祭祀以时。”[⑥]《古文尚书·泰誓上》：“牺牲粢盛，既于凶盗。”孔安国传曰：“盛音成。”[⑦]《公羊传》桓公十四年：“御廪者何？粢盛委之所藏也。”何休注曰：“黍稷曰粢，在器曰盛。”[⑧]既然盛在祭器里的黍稷可以称粢盛，那么盛在弓箙中的弓自然也可以称盛弓。《周礼·夏官·司弓矢》曰：“其（指唐弓大弓）矢箙皆从其弓。”郑玄注曰：“从弓数也。每弓者一箙、百矢。”[⑨]这说明弓、箙、矢也常常是相互配套的成组器物。弓箙多由鱼皮制作，故又称鱼箙。依此把本铭的“盛弓”理解为带弓箙即装在鱼箙里的弓，似亦可通。

“象弭”，《诗·小雅·采薇》“象弭鱼箙”毛亨传曰：“象弭，弓反末也，所以解紒也。”郑玄笺曰：“弭，弓反末彆者，以象骨为之。”[⑩]“㲃”，孙诒让说：“此与矢连文，疑当为簮之省，《说文》日部簮亦从㲃声也。古音簮箭相近，可通用。”“《仪礼·大射仪》‘缀诸箭’注云：‘古文箭作晉。’《吴越春秋》‘晉竹十度’，晉竹即箭竹。是矢㲃即矢箭，故与弓弭并锡矣。”又说“欮”，“以声类求之，疑当为栝之借字。栝正字作桰”。“彤桰承上矢言之，谓以彤漆饰矢桰，即《尚书》及《左传》之彤矢也。上文先云弓而后云象弭，此先云矢而后云彤栝，文例正同。”[⑪]郭沫若先生多从孙说，唯认为㲃字当假为翦，翦箭同从前声，㲃可叚为箭，亦可叚为翦，知必为翦而非箭者，以矢箭一事，既言矢不得又言箭也。“矢㲃”即《尔雅·释器》所说的“金镞翦羽”，其栝则彤。“王之所赐者乃二事，既有象弭之弓，

① （清）阮元校刻：《十三经注疏·尚书正义》，中华书局，1980年，第254页。
② （汉）班固撰，（唐）颜师古注：《汉书》，中华书局，1962年，第2844~2845页及注[一三]。
③ （清）阮元校刻：《十三经注疏·礼记正义》，中华书局，1980年，第1576页。
④ （清）阮元校刻：《十三经注疏·春秋左传正义》，中华书局，1980年，第2172页。
⑤ （清）阮元校刻：《十三经注疏·礼记正义》，中华书局，1980年，第1640页。
⑥ （清）阮元校刻：《十三经注疏·孟子注疏》，中华书局，1980年，第2711、2774页。
⑦ （清）阮元校刻：《十三经注疏·尚书正义》，中华书局，1980年，第180页.
⑧ （清）阮元校刻：《十三经注疏·春秋公羊传注疏》，中华书局，1980年，第2221页。
⑨ （清）阮元校刻：《十三经注疏·周礼注疏》，中华书局，1980年，第856页。
⑩ （清）阮元校刻：《十三经注疏·毛诗正义》，中华书局，1980年，第414页。
⑪ （清）孙诒让：《古籀余论》三·十，燕京大学，1929年印。

有翦羽彤栝之矢。”[①] 陈梦家先生也认为：“所赐凡二事，即有象弭的盛弓和彤干的矢箭。”“欮是《说文》瘚的或体，《说文》曰‘橜弋也’。”“䂞音与驿相同，疑是《尔雅・释器》‘骨镞不翦羽谓之志’之志。《既夕礼》‘志矢一乘’郑注云：‘志犹拟也，习射之矢。’《般庚》上‘若射之有志’今文射作矢，是矢䂞为射志，即习射的骨矢。”[②]我们认为郭先生对孙氏矢箭一事不能并言之指误是对的，但其所作的更正则不如陈梦家先生之说为胜，彤矢也绝不会仅限于栝部着彤色。综合起来看，盛弓、志矢之说最能与文献相联系。盛弓即唐弓，亦即彤弓，是学射者讲德习射所用的弓。矢䂞即射志，亦即志矢，是习射所用之矢。二者在功用上正相配套。志矢加上红色的箭杆，实即彤矢。彤弓、彤矢，在文献中也正相配套矣。

“师汤父拜稽首。”“师汤父”为作器者，“师”是其官职。“从殷墟卜辞看，师是武官。”从西周金文看，师的职掌范围相当宽，可归纳成三大方面，即师是军事长官，师是行政长官，师也是教育长官。[③]本铭从师汤父所受赏赐之物看，其职掌亦应为武事。由于常在王之左右，周王习射时或作陪射或侍御王射。王对其所尽职责很满意，因而受到王的奖赏，也因而才有师汤父拜稽首之事。这一点很重要，它是师汤父受赏赐的前提条件。

“作朕文考毛叔䰞彝。”“朕”，古人自称之词，《尔雅・释诂》：“朕，身也。”郭璞注曰：“今人亦自呼为身。”专用为皇帝的自称，则是从秦始皇开始的。“文考”，指死去的父亲。“䰞”，《玉篇》曰：“䰞，式羊切，煮也。”

整篇铭文的大意是：十二月上旬丙午日，周王在成周新宫射庐，师汤父陪射。周王呼叫宰官膺代王赏赐给师汤父唐弓、象弭、志矢、彤箭杆。师汤父拜揖叩头，因而作祭祀先考毛叔烹煮用的铜鼎。一万年，子子孙孙永远宝用。

关于本篇铭文所记之史事，应该特别指出的是，我们必须认识到本铭与十五年趞曹鼎一样，也是一篇与共王在射庐习射礼有关的铭文，切不能把本铭仅仅理解为“此器记王才射庐锡师汤父以弓矢”[④]，或“师汤父鼎中记周王在射庐颁赏臣下”[⑤]。似乎王在射庐仅仅是为了颁奖而已。殊不知射庐是专门设施，既然王来到射庐，行射自不需多言。不然的话，颁奖不也就成了无源之水吗？

（三）匡卣铭文考释

匡卣是西周中期懿王时器，器内有铭文5行51字（彩图17）（《集成》05423）。

① 郭沫若：《两周金文辞大系图录考释》师汤父鼎，科学出版社，1957年，第71页。
② 陈梦家：《西周铜器断代》师汤父鼎，中华书局，2004年，第162页。
③ 张亚初、刘雨：《西周金文官制研究》，中华书局，1986年，第4~5页。
④ 陈梦家：《西周铜器断代》，中华书局，2004年，第162页。
⑤ 刘雨：《西周金文中的射礼》，《考古》1986年第12期。

其释文是：

隹（唯）四月初吉甲午，懿王才（在）

射卢（庐），乍（作）象舞。匡甫（抚）象䜌二，

王曰："休"。匡拜手韻（稽）首，对扬天

子不（丕）显休，用乍（作）文考日丁

宝彝。其子子孙孙永宝用。

"懿王在射庐。""懿王"，即共王之子周懿王。"射庐"，与十五年趞曹鼎、师汤父鼎铭之射庐同，即指成周新宫的射庐。

"乍象舞。""乍"，即"作"之古字，商周金文"作"都作"乍"。"象舞"，唐兰先生隶为象叕[①]，叕义为张网貌。陈梦家先生隶作兔罘，释为兔罝[②]。刘雨先生也隶为兔𠬪[③]，都把它理解成捕象或捕兔的网具。究其原因，盖受金文"用乍……宝尊彝"之例句的影响所致，按一般惯例，这类句子都被释为作什么器，故有斯解，认为本铭的"乍……"句，一定就是作什么器具。然经仔细比对铭文，则与叕、兔、罘诸字所从不类。与殷墟卜辞之兔字（《甲》270）及商周金文如司䍃母罍（《集成》09222~09223）、克罍铭之兔字的头部构形[④]也相去甚远。按本铭"象"字与师汤父鼎铭之象字的构形相近，本铭"舞"字与殷墟卜辞之舞字（《粹》334、744，《前》6.21.1）的主体构形相似，且"象舞"又有文献上的支持，故此从郭沫若先生说："象舞者，《礼记·内则》云'成童舞象，学射御。'"[⑤]郑玄注曰："先学勺，后学象，文武之次也。"孔颖达疏曰："成童谓十五以上，舞象谓舞武也。熊氏云谓用干戈之小舞也。"[⑥]知象舞是一种执干戈而舞的武舞，它和射御都是 15 岁以上的贵族子弟必须学习掌握的技艺。"作象舞"就是兴象舞、起象舞，也就是《周礼·乡大夫》所说的"兴舞"。王引之曰："兴者，作也，起也。"[⑦]

"匡甫象䜌二。"陈梦家先生认为"甫即捕字"，把"象䜌"隶作兎䜌，以为䜌"乃是'兎子'之称"[⑧]。若此，兎䜌则不当连言。故此亦从郭沫若先生之隶释："甫"叚为抚，"象䜌者，《吕氏·仲夏纪·古乐篇》'商人服象，为虐于东夷，周公遂以师逐之，至于江南，乃为三象以嘉其德'，韦注云'三象，周公所作乐名'。

① 唐兰：《西周青铜器铭文分代史征》匡卣，中华书局，1986 年，第 469 页。
② 陈梦家：《西周铜器断代》匡卣，中华书局，2004 年，第 177 页。
③ 刘雨：《西周金文中的射礼》，《考古》1986 年第 12 期。
④ 殷玮璋：《新出土的太保铜器及其相关问题》，《考古》1990 年第 1 期。
⑤ 郭沫若：《两周金文辞大系图录考释》匡卣，科学出版社，1957 年，第 82 页。
⑥ （清）阮元校刻：《十三经注疏·礼记正义》，中华书局，1980 年，第 1471 页。
⑦ （清）王引之：《经传释词》兴舞，（清）阮元编：《清经解》卷 1218~1226，上海书店，1988 年；亦见杨天宇：《周礼译注》，上海古籍出版社，2004 年新 1 版，第 172 页注[9]援引。
⑧ 陈梦家；《西周铜器断代》匡卣，中华书局，2004 年，第 177 页。

𬙊即乐之繇文，犹文王、武王乃先王，而文武字或从王作玟珷也。言‘甫象𬙊二’者，盖三象本有三章，此抚其二章也。‘在射庐作象舞’与《内则》言相应，而作象舞须抚象乐，则为古礼所阙佚者矣。”[①]司马相如《上林赋》李善注引张揖亦曰：“象，周公乐也，南人服象，为虐于夷，成王命周公以兵追之，至于海南，迺为三象乐也。”[②]可见郭沫若先生关于象𬙊的解释是有理、有文献依据的，可备一说。此外，本铭的象舞、象𬙊也有可能是周武王所作的乐舞。《墨子·三辩》曰：“武王胜殷杀纣，环天下自立以为王，事成功立，无大后患，因先王之乐，又自作乐，命曰象。”[③]《诗·周颂序》：“维清，奏象舞也。”郑玄笺曰：“象舞，象用兵时刺伐之舞，武王制焉。”孔颖达正义曰：“维清诗者，奏象舞之歌乐也。谓文王时有击刺之法，武王作乐象而为舞，号其乐曰象舞。至周公成王之时用而奏之于庙。”[④]《礼记·文王世子》：“下管象，舞大武。”郑玄注曰：“象，武王伐纣之乐也。”[⑤]《春秋繁露·三代改制质文》曰：“武王受命……作象乐继文以奉天。”[⑥]《淮南子·氾论训》：“尧大章，舜九韶，禹大夏，汤大濩，周武象，此乐之不同者也。”高诱注曰：武象，“武王乐也”[⑦]。《白虎通·礼乐篇》：武王之乐曰象，“武王曰象者，象太平而作乐示已太平也”[⑧]。以上记载说明象舞、象乐为武王伐纣之乐舞，也是很有可能的。在射庐中起象舞抚象乐为古籍所未见，由此可了解周礼内容的烦琐和复杂程度，并可弥补史籍记载之缺佚。

“匡拜手稽首。”“拜手”，古代跪拜礼的一种。既跪，两手拱合，俯头至手与心平，而不至地，故称“拜手”，亦叫“空首”。“稽首”，也是古时的一种跪拜礼，即叩头至地。《周礼·春官·大祝》有“九㩥（拜），一曰稽首，二曰顿首，三曰空首，四曰振动，五曰吉㩥，六曰凶㩥，七曰奇㩥，八曰褒㩥，九曰肃㩥”[⑨]。稽首是九拜礼中最恭敬者。

匡卣铭文的大意是：四月上旬甲午日，周懿王在成周新宫射庐习射礼，起象舞。匡抚象乐二章伴奏，懿王说：“美善。”匡拜揖叩头，称扬天子光明正大的休美，因而作祭祀先父日丁的宝卣。子子孙孙要永远宝用此器。

关于匡卣铭文所记之史事，学界现有的看法是不正确的。该问题主要取决于对“象舞”、“甫象𬙊”两个难点的考释，由于理解不同，所认定的史事也不一样。

---

① 郭沫若：《两周金文辞大系图录考释》匡卣，科学出版社，1957年，第82~83页。
② （梁）萧统编，（唐）李善注：《文选》卷8，中华书局，1977年。
③ 吴毓江撰，孙啟治点校：《墨子校注》，中华书局，2006年第2版，第60页。
④ （清）阮元校刻：《十三经注疏·毛诗正义》，中华书局，1980年，第584页。
⑤ （清）阮元校刻：《十三经注疏·礼记正义》，中华书局，1980年，第1410页。
⑥ （汉）董仲舒著，（清）苏舆校证，钟哲点校：《春秋繁露义证》第23，中华书局，1992年。
⑦ 何宁：《淮南子集释》卷十三，中华书局，1998年，第918页。
⑧ （汉）班固撰，（清）陈立疏证，吴则虞点校：《白虎通疏证》卷三，中华书局，1994。
⑨ （清）阮元校刻：《十三经注疏·周礼注疏》，中华书局，1980年，第810页。

如陈梦家先生指出："此铭上言作兎网，下言匡甫兎二。""此铭记在射庐张兎网而习捕猎之事。"[①]我们认为本铭所记史事也应与射礼有关，十五年趞曹鼎铭文中就有"王射于射庐"之明言，正如刘雨先生所说的，射庐"是专门较射的场所，师汤父鼎铭也有射庐……又匡卣铭也记有射庐……两器铭所记当亦与射礼有关"。这个推断本来是正确的，但遗憾的是作者并没有把这一观点坚持到底，而在同一篇文章中他同时又说："匡卣记懿王在射庐与臣下作捕兔戏。"[②]最终还是没能摆脱捕猎的思维窠臼。我们只要把其他相关资料综合起来分析，就不难发现本铭记载的实际情况，应该是懿王在射庐习射、舞象，匡抚象乐伴奏，并受到懿王的赞美。显然这是一篇有关懿王在射庐习射礼乐舞的铭文。要知道音乐和舞也是古代射礼的重要内容，《周礼・地官・乡大夫》记载说："三年则大比，考其德行、道艺，而兴贤者、能者。乡老及乡大夫帅其吏与其众寡，以礼礼宾之。厥明，乡老及乡大夫群吏献贤能之书于王，王再拜受之，登于天府，内史贰之。退而以乡射之礼五物询众庶：一曰和，二曰容，三曰主皮，四曰和容，五曰兴舞。此谓使民兴贤，出使长之；使民兴能，入使治之。"[③] 所谓"以乡射之礼五物询众庶"，就是通过举行乡射礼，用有关乡射礼的五个方面观察参加射箭比赛者，并征询众人的意见，看是否还有贤能者，即郑司农所说的"射，所以观士也"。所谓"和容"，《论语・八佾》何晏集解引马融则曰："四曰和颂，合《雅》、《颂》。"主要看参射者的动作容体是否符合音乐的节奏。所谓"兴舞"，就是"作舞，起舞"，主要看参射者的舞姿怎样。[④]可见射礼不仅配有音乐，而且兴舞本身也是射礼的一个重要仪节。由此我们也就不难理解懿王为什么要在射庐作象舞了，可以说二者的记载是完全吻合的。20 世纪 70 年代在成都百花潭中学十号墓出土的铜壶上，就嵌错有在射庐行射礼、饮酒、奏乐、舞象、采桑、弋射等场景之图像，其中有些图像如射侯、饮酒、奏乐、舞象等，应是射礼的一个个连续不断的仪节画面。与文献记载稍有不同者，是舞者手中执拿的并不是干戈，而是带有尾羽的长箭。[⑤]但所体现的武舞之性质，则依然是非常突出的。由于兴舞在《仪礼》一书所保存的乡射礼和大射礼中，已经没有了这一仪节，今赖《周礼》、匡卣铭之记载和成都百花潭中学十号墓出土的铜壶上的嵌错图像，得以还原西周射礼仪节的本来面目，这对于研究我国古代射礼的演变，无疑是很有价值的。

---

① 陈梦家：《西周铜器断代》匡卣，中华书局，2004 年，第 177 页。
② 刘雨：《西周金文中的射礼》，《考古》1986 年第 12 期。
③ （清）阮元校刻：《十三经注疏・周礼注疏》，中华书局，1980 年，第 716~717 页。
④ 参见杨天宇：《周礼译注》，上海古籍出版社，2004 年，第 171 页注[6]、[8]，172 页及注[9]。
⑤ 四川省博物馆：《成都百花潭中学十号墓发掘记》，杜恒：《试论百花潭嵌错图象铜壶》，均载《文物》1976 年第 3 期。

七、西周金文中的射鱼礼

射鱼礼是射礼的一种。过去，学术界对中国古代是否存在射鱼礼是有争议的，近年来随着商代作册般铜鼋等新资料的发现，持肯定观点的学者日渐增多，该问题似可定论无疑。关于西周时期的射鱼礼铭文主要有三篇，其内容也都比较简单，现一并作一考释。

（一）井鼎铭文考释

井鼎是西周时期昭穆王时器，器内有铭文6行30字（彩图18）（《集成》02720），释文如下：

隹（唯）七月，王才（在）
䓈京，辛卯，王
渔于𤃼池，乎（呼）
井从渔。攸易（赐）
渔（鱼），对扬王休，
用乍（作）宝尊鼎。

“王渔于𤃼池。”“渔”，本铭三见，均写为上下结构。《玉篇·水部》：“渔，捕鱼也。”《说文·䲆部》：“瀺，搏鱼也。”段玉裁注曰：“搏，旧作捕，今正。”又《手部》云：“捕，取也。”段玉裁注曰：“此与搏义别。”又云：“搏，索持也。”段玉裁注曰：“索，各本作索，今正。入室挍曰索。索持，谓摸索而持之。”《宀部》：“索，入家挍也。”段玉裁注曰：“挍，求也。《颜氏家训》曰：‘《通俗文》云，入室求曰搜。’按当作入室求曰索。今俗语云搜索是也。索，经典多假索为之。”挍同“搜”，《正字通·手部》：“挍，今作搜。”知渔之本义当是摸索鱼，后泛指一切方法之捕鱼。本铭所说的渔则是当时的一种渔礼。①“𤃼”，字义未详。“池”，笔画虽有剥蚀，但字形可辨。“𤃼池”，亦见于公姞鬲铭（《集成》00753）。金文麦方尊铭有辟雍（《集成》06015），伯唐父鼎铭有辟池（《集录》356），遹簋、静簋铭有大池（《集成》04207、04273），均为一地，且都是在䓈京。本铭也在䓈京，“𤃼池”则有可能是辟雍大池之异称，也有可能是䓈京地区辟雍大池之外的又一池。但从公姞鬲铭看，𤃼池似乎又是尹姞宗室所在地繇林的一处池泽，其到底为何地之池，实尚不能确指。

“乎井从渔。”“乎”读为呼，即召呼、呼唤、召唤之义。“井”，为人名。“从”，跟随，随从。句义为叫井随从周王往渔。井之角色，即为王渔的侍从。

“攸赐渔。”“攸”，作语助，无义。过去或释人名，为作器者，把本器称为攸

① 详见〔日〕白川静著，袁林译：《西周史略》，三秦出版社，1992年，第67~68页。

鼎。[①]或读为修或脩，义为善也，治也，并把该字属上句。[②]皆误。“渔”，读为鱼，本铭渔鱼二字无别。此句是说井被王赐鱼。

本篇铭文的大意是：七月的辛卯日，周王在莽京，周王在𩃊池举行渔礼，召唤井侍从周王捕鱼。周王赏赐井鱼，井称颂王的休美，因而作宝尊鼎以为纪念。

（二）遹簋铭文考释

遹簋（彩图19）是西周中期穆王时器，器内有铭文6行含重文58字（《集成》04207），其释文如下：

隹（唯）六月既生霸，穆穆王才（在）
莽京，乎（呼）渔于大池。王乡（飨）
酉（酒），遹御，亡（无）遣（谴）。穆穆王窺（亲）易（赐）
遹爵，遹拜首（手）韻（稽）首，敢对
扬穆穆王休，用乍（作）文考父
乙尊彝。其孙孙子子永宝。

“穆穆王”，本铭三见，因穆下是重文符号，故不当以衍字论。唐兰先生“疑当读穆、穆王”[③]。或是。“穆”，单字与重文分别不大，均为严肃、美好之义，《诗·周颂·清庙》：“于穆清庙。”毛亨传曰：“穆，美。”又《雝》：“天子穆穆。”孔颖达疏曰：“于是时天子之容则穆穆然而美。”[④]程俊英注曰：“穆穆，容止端庄肃穆的样子。”[⑤]《大雅·文王》：“穆穆文王。”毛亨传亦曰：“穆穆，美也。”[⑥]程俊英注曰：“穆穆，仪表美好，态度端庄恭敬的样子。”[⑦]《论语·八佾》：“天子穆穆。”何晏集解曰：“穆穆，天子之容貌。”[⑧]金良年注曰：“穆穆，庄严肃穆。”[⑨]“穆”，又有淳和之义，引申为使和悦，《管子·君臣下》：“穆君之色。”俞樾云：“尹训‘穆’为‘悦’。”[⑩]即使君之色和悦。知君之神色仪表也是时人关注的一个重要方面，而且二义于本铭均可通，但考虑到本铭为行礼场合，故当取毛亨、孔颖达、程俊英、金良年所释之义为宜。

“呼渔于大池。”“呼渔”，犹井鼎铭的“呼井从渔”。“大池”，亦见于静簋，即辟雍大池，或称辟池。郭沫若先生说：“当即辟雝之灵沼，《麦尊》‘王乘于舟为

① 刘雨：《西周金文中的射礼》，《考古》1986年第12期。
② 唐兰：《西周青铜器铭文分代史征》井鼎，中华书局，1986年，第365页。
③ 唐兰：《西周青铜器铭文分代史征》遹簋，中华书局，1986年，第364页注释1。
④ （清）阮元校刻：《十三经注疏·毛诗正义》，中华书局，1980年，第583、596页。
⑤ 程俊英：《诗经译注》，上海古籍出版社，2004年新1版，第529页注[4]。
⑥ （清）阮元校刻：《十三经注疏·毛诗正义》，中华书局，1980年，第504页。
⑦ 程俊英：《诗经译注》，上海古籍出版社，2004年新1版，第407页注[20]。
⑧ （清）阮元校刻：《十三经注疏·论语注疏》，中华书局，1980年，第2465页。
⑨ 金良年：《论语译注》，上海古籍出版社，2004年新1版，第20页注[2]。
⑩ 黎翔凤撰，梁运华整理：《管子校注》，中华书局，2004年，第576页及注[三]。

大丰’之处。”[①]陈梦家先生说：“古有射鱼之法，而大池即辟雍，所以渔于大池、射于大池和王乘于舟为大丰而射于辟雍，应是同类之事。”[②]

“王乡酉。”“乡”，读为飨，本义为飨食，即相向取食。又指饮食，引申为飨饮，即相向饮酒。此即《诗·豳风·七月》“朋酒斯飨”之飨，孔颖达正义曰：“笺以斯飨为国君大饮之礼。”[③]“酉”，读为酒。飨酒应是“呼渔于大池”的一项仪节，这与文献记载的射礼在行射之前或之后必行宴饮之通例亦合，因而本铭所记为一件事即呼渔于大池，不能理解为呼渔与飨酒两件事。

“遹御。”句义与噩侯驭方鼎铭“驭方侑王”同。“遹”，人名，本器的制作者。“御”，侑助，陪侍。《广雅·释言》：“御，侍也。”《国语·郑语》：“侏儒戚施，实御在侧。”韦昭注曰：“御，侍也。”[④]《战国策·齐策》、《吕氏春秋·知士》俱云：“于是舍之上舍，令长子御，旦暮进食。”高诱注曰：“御，侍也。”[⑤]《礼记·月令》：“反执爵于大寝，三公、九卿、诸侯、大夫，皆御，命之曰劳酒。”郑玄注曰：“御，侍也。”[⑥]又《射义》：故《诗》曰“大小莫处，御于君所。”《仪礼·大射仪》：“大夫与大夫，士御于大夫。”郑玄俱注曰：“御，犹侍也。”[⑦]“遹御”，即遹侑助、陪侍穆王行飨酒礼。

“亡（无）遣”，亦见于大保簋（《集成》04140）、小臣夌鼎铭（《集成》02775）。“亡”，通无。“遣”，读为谴，义为责备、罪责、罪过。《广雅·释诂》：“谴，责也。”《史记·秦始皇本纪》云：“方士徐市等入海求神药，数岁不得，费多，恐谴。”[⑧]即此义。“无谴”即无过错，无可谴责，没有因过错而受责备。此句是说遹陪侍穆王飨酒，处处都得体合于礼，无差错，没有受谴责。

“穆王亲赐遹爵。”“亲”，亲自。“爵”，唐兰先生则隶为雗字，即雗雉。认为“此铭遹在王举行飨酒礼时，侍王饮食，所以穆王亲自赏给他雗雉，这是王赐的膳食”[⑨]，似有可商。本书从《集成》之隶释。爵本为饮酒器，在此指代酒。《仪礼·大射》：“三耦及众射者皆升，饮射爵于西阶上。”杨天宇先生注曰：“射爵，谓罚爵。”又《乡射礼》：“众宾继饮射爵者辩，乃彻丰与觯。”杨天宇先生注

---

① 郭沫若：《两周金文辞大系图录考释》通篇，科学出版社，1957年，第55页。

② 陈梦家：《西周铜器断代》天亡簋，中华书局，2004年，第4页。

③ （清）阮元校刻：《十三经注疏·毛诗正义》，中华书局，1980年，第392页。

④ （三国吴）韦昭注：《国语》，上海古籍出版社，1988年。

⑤ （汉）刘向集录，高诱注：《战国策》，上海古籍出版社，1978年；（战国）吕不韦著，陈奇猷校释：《吕氏春秋新校释》卷第9，上海古籍出版社，2002年，第496页及注[一三]。

⑥ （清）阮元校刻：《十三经注疏·礼记正义》，中华书局，1980年，第1356页。

⑦ （清）阮元校刻：《十三经注疏·礼记正义》，中华书局，1980年，第1687页；（清）阮元校刻：《十三经注疏·仪礼注疏》，中华书局，1980年，第1034页。

⑧ （汉）司马迁撰，（宋）裴骃集解，（唐）司马贞索隐，张守节正义：《史记》，中华书局，1982年第2版，第263页。

⑨ 唐兰：《西周青铜器铭文分代史征》通篇，中华书局，1986年，第364页注释4。

曰："射爵，即不胜者所饮之罚酒。"[①]均以爵指代酒甚明。《礼记·曲礼上》说："御食于君，君赐余。"郑玄注曰："劝侑曰御。"又说："御同于长者。"郑玄注曰："谓侍食于长者，馔具与之同也。"[②]劝侑国君吃饭，国君要把吃剩下的食物赐给劝侑者，即所谓的"君赐余"。本铭是遹侑助周王飨酒，故周王把饮剩余的酒赏赐给遹一爵，也是合情合理、符合礼俗的。

遹簋铭文的大意是：六月的既生霸，端庄恭敬的周穆王在葊京，召唤在辟雍大池举行渔礼。渔礼之后，穆王又举行飨酒礼，遹陪侍、侑助穆王，没有受到谴责。仪表美好的穆王亲自赏给遹一爵酒，遹拜揖叩头，颂扬淳厚和悦的穆王的休美，因而作文考父乙的祭器。子子孙孙要永远以它为宝。

（三）公姞鬲铭文考释

公姞鬲（彩图 20）是西周中期昭王时器，器内有铭文 6 行含合文共计 38 字（《集成》00753），其释文是：

隹（唯）十又二月既生
霸，子中（仲）渔󠄀𡚸池，
天君蔑公姞历，
事（使）易（赐）公姞鱼三百，
拜䭫（稽）首，对扬天
君休，用乍（作）䵼鼎。

"子中渔𡚸池。""中"，读为仲。"渔"后省介词"于"，依文法当作"渔于𡚸池"。"𡚸池"，为池名，锈蚀掩盖严重，但部分字迹依稀可辨。此从《集成》所隶定，与井鼎铭之"𤰈池"当为同字同一地点。由下文知该句应是天君呼子仲往渔于𤰈池。

"天君蔑公姞历。""天君"，本铭二见，为王后之称，此指周王之后。"公姞"，与乍册睘卣铭之"王姜"（《集成》05407）、尹姞鬲铭之"尹姞"（《集成》00754~00755）同例，都是身份称号与姓的合称。公是其夫的称号，姞是其姓。陈梦家先生认为本器与尹姞鬲"乃是一家所作"，"尹姞当是公姞"[③]。

"事赐公姞鱼三百。""事"通使。句意为王后使子仲以所渔之鱼三百尾赐予公姞。王后蔑历并使人赏赐公姞的缘由，我们分析，在尹姞鬲铭中，穆公曾为其妻尹姞在𩱛林之地作宗室，𡚸池可能也是𩱛林之地的一处池泽，附属于尹姞宗室。因尹姞善于管理，池里鱼多肥美，王后使子仲往渔，收获颇丰，故受到天君的夸

① 杨天宇：《仪礼译注》，上海古籍出版社，2004 年新 1 版，第 202 页及注[3]、118 页及注[9]。
② （清）阮元校刻：《十三经注疏·礼记正义》，中华书局，1980 年，第 1243 页。
③ 陈梦家：《西周铜器断代》公姞鬲，中华书局，2004 年，第 135、136 页。

奖与赏赐，尤其是赏鱼数量如此之多，也更说明了这一点。若此，则由井鼎铭知繇林必在莽京之地内。然陈梦家先生以为“繇、桃音同字通”，“繇林疑即桃林”[①]。《史记·周本纪》：“牧牛于桃林之虚。”集解孔安国曰：“桃林在华山东。”正义曰：“《括地志》云‘桃林在陕州桃林县西。’”[②]《山海经·中山经第五》：夸父之山，“其北有林焉，名曰桃林，是广员三百里，其中多马。湖水出焉，而北流注于河”。郭璞注曰：“桃林，今宏农湖县阌乡南谷中是也。”[③]显然桃林不在莽京之地，而且相距甚远，故繇林不当为桃林甚明。另据《礼记·昏义》记载：“是以古者，妇人先嫁三月，祖庙未毁，教于公宫；祖庙既毁，教于宗室。教以妇德、妇言、妇容、妇功。教成祭之，牲用鱼，芼之以蘋藻，所以成妇顺也。”郑玄注曰：“谓与天子诸侯同姓者也，嫁女者，必就尊者教成之。教成之者，女师也。祖庙，女所出之祖也。公，君也。宗室，宗子之家也……祭之，祭其所出之祖也。鱼蘋藻皆水物，阴类也。鱼为俎实，蘋藻为羹菜，祭无牲牢，告事耳，非正祭也。”孔颖达疏曰：“所以能成妇德者，以未嫁之前先教以四德……教成祭之者，谓三月教之，其教已成，祭女所出祖庙，告以教成也。”[④]本铭是否也是由于公姞教育成功后举行祭礼向祖先报告，要用鱼做祭祀用牲而先行渔礼并受赐鱼呢？这的确也是一种有史可循的思考。

“䵼”，陈梦家先生“疑假借为鬳”[⑤]。或是。

公姞鬲铭文的大意是：十二月的既生霸，王后呼唤子仲在公姞宗室之叓池举行渔礼，因捕获甚多，公姞被王后夸奖，并使子仲赏给公姞鱼三百条，公姞拜揖叩头，称颂王后的休美，因而作鬳鼎纪念。

（四）井鼎等三器与射鱼礼

“在镐京大池行飨射之礼，其事甚有关于古礼制。”[⑥]以上所释井鼎、遹簋、公姞鬲三篇渔于某池的铭文，都应与射鱼礼有关，其理由辩论如下。

（1）从渔字之构形上看，古代捕鱼应有弋射之法。按商周甲骨金文，渔字为象形字。卜辞多从水，从鱼（《前》7.133，《合集》2972、10475、10476、40125），与篆体合，其余或从又持竿取鱼（《佚》926），或象两手举网网鱼之形（《合集》28428、28429），或象手在水中取鱼形，前引《说文》所说的“搏鱼”，即属于这种捕鱼方法。金文渔字，除作手在水中取鱼形（遹簋，《集成》04207）、双手捧

---

① 陈梦家：《西周铜器断代》尹姞鬲，中华书局，2004 年，第 135、136 页。
② （汉）司马迁撰，（宋）裴骃集解，（唐）司马贞索隐，张守节正义：《史记》，中华书局，1982 年第 2 版，第 129 页及注[一六]。
③ 张耘点校：《山海经·穆天子传》，岳麓书社，2006 年第 2 版，第 86 页及注[1]。
④ （清）阮元校刻：《十三经注疏·礼记正义》，中华书局，1980 年，第 1681 页。
⑤ 陈梦家：《西周铜器断代》尹姞鬲，中华书局，2004 年，第 136 页。
⑥ 陈梦家：《西周铜器断代》，中华书局，2004 年，第 144 页。

鱼形（彝卣，《集成》04741）外，还有从弓，从鱼者（弜伯簋，《集成》03616~03618）。依我们看来，所谓的弓字旁，实际上就是《周礼·夏官·司弓矢》郑玄注所说的“结缴于矢谓之矰”[①]的矰矢形，它与故宫采桑宴乐射猎攻战纹铜壶、成都百花潭采桑宴饮乐舞射猎攻战纹铜壶以及湖北曾侯乙墓漆匫上的弋射图画中的矰缴形象完全相同，由此可知古代捕鱼当有射鱼之法。正如沈从文先生通过对《周礼》与战国青铜器人物画像研究之后所总结的那样：“矰缴是把一条长而细的丝绳缚于箭镞小孔上，用来射高空的飞鸟和深水中游鱼，如汉人辞赋所说的，上可以干青云，而下及深渊。”[②]井鼎铭渔字为鱼下从三点，三点当是鱼被射中提出水面后流出的血滴，在垂钓、网捞、手摸、弋射诸法中，唯有弋射能够造成创伤。因此，其构形本身虽不能明显地反映捕鱼之方法，但推测其用矢射鱼也是很有可能的。

（2）西周金文就记有周王在辟雍大池弋射鱼禽之事。其中麦方尊铭说，王在辟雍，乘于舟为大豊，王射大鸿，并擒之。此显然是弋射鸿雁。静簋铭说，八月初吉庚寅，王以吴𣏒、吕犅卿豳䒼师、邦君射于大池。此所射者既有可能是禽鸟，也有可能是池中的鱼。

（3）考古与民族学资料证明自原始社会以来生活在沼泽湖泊附近的居民就有用弓箭捕鱼的。如河姆渡遗址出土了大量的鱼骨，却未见鱼钩、鱼叉、网坠之类的捕鱼工具，相反，倒出土了窄长锋柳叶形无铤式、长锋或短锋斜铤式、长锥形圆铤式等形制的骨镞千余件。学界普遍认为“有的骨镞可能是用来射鱼的”[③]。有的学者还进一步推测道“有一种柳叶形箭头，锋端特别尖细，突出如针状，可能是射鱼的工具”[④]，认为“这便是远古居民确曾使用弓箭捕鱼的证据”[⑤]。在山东两城出土的东汉画像石上亦有射鱼画像[⑥]，而且“《春秋》‘矢鱼’之处，与两城出射鱼画石之处，固甚近也”[⑦]。韩愈《祭鳄鱼文》亦有“操强弓毒矢，与鳄鱼从事”句。[⑧]根据民族志材料，在近代一些水滨地区的居民中，仍很流行用弓箭射鱼的传统做法，而且在水浅鱼多的地方，弓箭捕鱼的效率也很高。如我国东北黑龙江等地即有射鱼风俗，乾隆《钦定满洲源流考》卷十九《鳇鱼诗》曰：“蹲岸钓难投美饵，凿冰射要系长缗。”注曰：“鱼出黑龙等江，非钓所能得。捕之者，以网围

① （清）阮元校刻：《十三经注疏·周礼注疏》，中华书局，1980年，第856页。

② 沈从文：《中国古代服饰研究》，上海书店出版社，2005年，第79~80页；又张衡：《南都赋》曰“附贯鲂鲔，仰落双鸧”（详见（梁）萧统编，（唐）李善注：《文选》卷第4，上海古籍出版社，1986年）。

③ 中国社会科学院考古研究所编著：《新中国的考古发现和研究》，文物出版社，1984年，第147页。

④ 张之恒：《中国新石器时代文化》，南京大学出版社，1988年，第203页。

⑤ 姜楠：《“射礼”源流考》，《天津师大学报》1993年第6期。

⑥ 陈槃：《古社会田狩与祭祀之关系》，《中央研究院历史语言研究所集刊》第21本第1分，商务印书馆，1948年。

⑦ 陈槃：《古社会田狩与祭祀之关系》（重定本）附录，《中央研究院历史语言研究所集刊》第36册上册，1965年，第329页；又见陈锦城：《鲁隐公研究》，台湾中山大学中国文学系硕士学位论文，2004年，第158页。

⑧ （清）吴楚材、吴调侯编选，葛兆光、戴燕注解：《古文观止》卷七《六朝唐文》，中华书局，2008年。

至岸边，伺鱼首向岸，挽强射之；鱼负痛，一跃而上至陆地，即易于掩取。”[①]“缗”，本即钓丝，《诗·召南·何彼襛矣》：“其钓维何？维丝伊缗。”[②]此当为结缴于矢的丝绳。可见其不仅用强弓射鱼，也用矰矢弋射的方法捕鱼。又如我国东北地区的鄂温克人、鄂伦春人在每年5月下旬鱼成群聚集交尾期间，便用弓箭射获之。甚至在“月明之夜，当鱼浮出水面时，人们则举弓射杀”[③]。国外也不乏其例，如在北美洲西部和东部则流行夜晚用火诱射的方法，即“捕鱼者往往借船头的火炬或者篝火吸引鱼儿”，然后用弓箭射捕之。[④]印度的民大威族（Mentaway）、沙盖族（Sakai）则用弓矢或毒矢射鱼[⑤]。据报道，现在的美国伊利诺伊河，一有船只经过，水中的亚洲鲤鱼就会成群跃起，所以这里很早就有用弓箭射鱼的做法。有一名美国女子乘船在伊利诺伊河水库射鱼，结果反遭到大鱼的报复，一条大鱼跃出水面径直撞向该女子的面部。[⑥]可见，考古资料及民族志材料说明用弓箭射鱼又是古今中外水滨居民常用的一种捕鱼方法。

（4）传世文献中也有射鱼之记载。如《易·剥》六五“贯鱼”，《井》九二“井谷射鲋”[⑦]。贯鱼犹如射礼中的贯侯。《说苑·正谏》伍子胥谏吴王曰：“昔白龙下清泠之渊，化为鱼，渔者豫且，射中其目，白龙上诉天帝，天帝曰‘当是之时，若安置而形？’白龙对曰：“‘我下清泠之渊，化为鱼。’天帝曰：‘鱼固人之所射也，若是豫且何罪？’夫白龙，天帝贵畜也，豫且，宋国贱臣也，白龙不化，豫且不射。”[⑧]《史记·秦始皇本纪》云：始皇出游，“北至琅邪。方士徐市等入海求神药，数岁不得，费多，恐谴，乃诈曰：‘蓬莱药可得，然常为大鲛鱼所苦，故不得至，愿请善射与俱，见则以连弩射之。’始皇梦与海神战，如人状。问占梦，博士曰：‘水神不可见，以大鱼蛟龙为候。今上祷祠备谨，而有此恶神，当除去，而善神可致。’乃令入海齎捕巨鱼具，而自以连弩候大鱼出射之。自琅邪北至荣成山，弗见。至之罘，见巨鱼，射杀一鱼。遂并海西”[⑨]。这两个故事虽属荒诞，但“鱼固人之所射”则是古代人们早已固有的观念。另据前人记载，酷爱渔猎的契丹主，“按季节出行狩猎，君臣依次放海东青击白天鹅，后又在海泺子射牛头鱼”[⑩]。这

① 转引自陈槃：《古社会田狩与祭祀之关系》附录丙《‘矢鱼’续记》，《中央研究院历史语言研究所集刊》第21本第1分，商务印书馆，1948年。
② （清）阮元校刻：《十三经注疏·毛诗正义》，中华书局，1980年，第293页。
③ 姜楠：《“射礼”源流考》，《天津师大学报》1993年第6期。
④ 陈星灿：《古代的捕鱼业》，《中国文物报》2006年7月28日第7版。
⑤ 陈槃：《古社会田狩与祭祀之关系》，《中央研究院历史语言研究所集刊》第21本第1分，商务印书馆，1948年。
⑥ 天一：《大鱼跳出水面痛击射鱼者脸部》，中国网国际在线专稿2010年4月3日报道。
⑦ （清）阮元校刻：《十三经注疏·周易正义》，中华书局，1980年，第38、60页。
⑧ （汉）刘向撰，向宗鲁校证：《说苑校证》，中华书局，1987年，第237~238页。
⑨ （汉）司马迁撰，（宋）裴骃集解，（唐）司马贞索隐，张守节正义：《史记》，中华书局，1982年第2版，第263页。
⑩ 沈从文：《中国古代服饰研究》，上海书店出版社，2005年，第468页。

说明用弓箭射鱼乃是古代社会自平民到权贵都比较常用的一种捕鱼方法。

（5）传世文献中有以鱼为牲、天子乘舟射鱼进献寝庙之记载。《诗·周颂·潜》曰："猗与漆沮，潜有多鱼：有鳣有鲔，鲦鲿鰋鲤。以享以祀，以介景福。"[①]这是周王在宗庙用鱼献祭祖先的。观射父论祀牲时也提到了鱼牲，他说："士食鱼炙，祀以特牲；庶人食菜，祀以鱼。"[②]这是士与庶人死后用鱼牲祭祀的。《周礼·天官·渔人》："春献王鲔……凡祭祀、宾客、丧纪，共其鱼之鲜薨。"[③]《诗·周颂·潜序》孔颖达疏曰："言王鲔，谓鲔之大者也。"[④]又《夏官·大司马》："大祭祀，飨食，羞牲鱼，授其祭。"郑玄注云："牲鱼，鱼牲也……郑司农云大司马主进鱼牲。"[⑤]《大戴礼记·礼三本》和《荀子·礼论篇》并曰："大飨，尚玄尊，俎生鱼。"杨倞注云："大飨，祫祭先王也。"[⑥]《管子·禁藏篇》："举春，祭塞久祷，以鱼为牲。"又《轻重己篇》："冬尽而春始，天子东出其国四十六里而坛，服青而绕青，搢玉揔，带玉监，朝诸侯卿大夫列士，循于百姓，号曰祭日，牺牲以鱼。"[⑦]《左传》隐公五年孔颖达疏曰："特牲，少牢、祭祀之礼，皆有鱼为俎实。"[⑧]可知鱼确是古代祭祀所用牺牲之一。

《国语·鲁语上》："古者大寒降、土蛰发，水虞于是乎讲罛罶，取名鱼，登川禽，而尝之寝庙，行诸国。"[⑨]《吕氏春秋·季春纪》："天子焉始乘舟，荐鲔于寝庙。"[⑩]又《季冬纪》："命渔师始渔，天子亲往，乃尝鱼，先荐寝庙。"[⑪]《春秋》隐公五年："春，公矢鱼于棠。"[⑫]《淮南子·时则训》：季冬之月，"命渔师始渔，天子亲往射鱼，先荐寝庙"[⑬]。是知渔及献鱼之祭的时间在每年的季冬、季春，即十二月和三月。《吕氏春秋》所谓的"乘舟"即乘舟于辟雍大池射鱼，《春秋经》所谓的"矢鱼"即《淮南子》所说的"射鱼"，而射鱼则是为了祭祀荐寝庙。由此我们也就便于从"择士"之外的另一个角度，去理解《礼记·射义》"天子将祭，

---

① （清）阮元校刻：《十三经注疏·毛诗正义》，中华书局，1980年，第595页。

② 徐元诰撰，王树民、沈长云点校：《国语集解》（修订本）卷十八，中华书局，2002年。

③ （清）阮元校刻：《十三经注疏·周礼注疏》，中华书局，1980年，第644页。

④ （清）阮元校刻：《十三经注疏·毛诗正义》，中华书局，1980年，第595页。

⑤ （清）阮元校刻：《十三经注疏·周礼注疏》，中华书局，1980年，第839页。

⑥ 黄怀信主撰，孔德立、周海生参撰：《大戴礼记汇校集注》，三秦出版社，2005年，第107页；（战国）荀况著，王天海校释：《荀子校释》，上海古籍出版社，2005年，第758页及注[一九]。

⑦ 黎翔凤撰，梁运华整理：《管子校注》，中华书局，2004年，第1017、1529页。

⑧ （清）阮元校刻：《十三经注疏·春秋左传注疏》，中华书局，1980年，第1727页。

⑨ 李维琦点校：《国语·战国策》，岳麓书社，2006年第2版，第37页。

⑩ （战国）吕不韦著，陈奇猷校释：《吕氏春秋新校释》，上海古籍出版社，2002年，第123页；又见《礼记·月令》季春之月，（清）阮元校刻：《十三经注疏·礼记正义》，中华书局，1980年，第1363页；《淮南子·时则训》季春之月，何宁：《淮南子集释》，中华书局，1998年，第390页。

⑪ （战国）吕不韦著，陈奇猷校释：《吕氏春秋新校释》，上海古籍出版社，2002年，第622页；又见《礼记·月令》季冬之月，（清）阮元校刻：《十三经注疏·礼记正义》，中华书局，1980年，第1384页。

⑫ （清）阮元校刻：《十三经注疏·春秋左传正义》，中华书局，1980年，第1726页。

⑬ 何宁：《淮南子集释》，中华书局，1998年，第431页。

必先习射于泽”[1]的缘故与完整内涵了。

（6）西周金文中有射鱼之职官。害簋铭曰：“官司夷仆、小射、底鱼。”（《集成》04258~04260）“底鱼”为官职名，陈梦家先生以为“乃射鱼之官”，“底”假作抵。《方言》十二和《广雅·释诂》并曰：“抵、柲，刺也。”底鱼即刺鱼、叉鱼。《周礼·鳖人》曰：“以时簎鱼鳖龟蜃”，注引“郑司农云簎以杈刺泥中搏取之”。《说文》曰：“簎，刺也。”《鲁语》上说，兽虞“矠鱼鳖”，韦注云“矠，簇也”，《说文》以为矛属，《西京赋》谓之叉簇。“簎、矠、簇、簇等字音同相通，从竹从矛从族皆谓叉鱼之具。”[2]是以底鱼为簎鱼、簎鱼为簇鱼甚明，而簇鱼即矢鱼亦即射鱼。此底鱼之官即《左传》襄公二十五年“申蒯侍渔者”之侍渔，杜预注曰：“侍渔，监取鱼之官。”[3]西周晚期以来的侍渔之官，当是由西周早中期的从渔之人发展而来的。“其职与仆、射同列，盖既为侍从而又司射鱼之事。”“都是司射以下有关射事的官职。”[4]

总之，上述几个方面足以说明射鱼的确是我国古代捕鱼的一种方法。所以陈梦家先生说：“王渔于大池，其方法是渔（网、钓）或射（射、弋），其所获是水中之鱼或水上之禽。”[5]不仅在行渔之前有一定的仪式，即“命舟牧覆舟，五覆，五反，乃告舟备具于天子焉，天子始乘舟”[6]。而且在献鱼祭祀于宗庙时还奏有乐歌，《诗·周颂·潜序》曰：“《潜》，季冬荐鱼、春献鲔也。”郑玄笺曰：“潜，在廉反，《尔雅》作涔，郭音潜，又音岑。《韩诗》云涔，鱼池。”孔颖达正义曰：“《潜》诗者，季冬荐鱼、春献鲔之乐歌也。谓周公成王太平时，季冬荐鱼于宗庙，至春又献鲔，泽及潜逃，鱼皆肥美，献之先祖，神明降福，作者述其事而为此歌焉。”[7]盖王者命渔师捕鱼，用以献祭宗庙，奏此乐歌。因此我们说，这种渔于某池的捕鱼活动，在周代已形成一种礼仪制度，即渔礼。日本学者白川静认为，辟雍大池既是射禽和竞射的地方，也是举行渔礼的地方。上引《国语·鲁语》、《吕氏春秋·季春纪》、《季冬纪》、《淮南子·时则训》等，“皆为此礼（即渔礼）之遗存”[8]。白川静先生关于渔于辟雍大池之事为渔礼的看法极为正确，只是在渔礼中行渔的方法有多种，故把其中的用弋射之法而渔称为射鱼礼自然也是可以的。刘雨先生说：“‘矢鱼’、‘射鱼’、‘乎渔’大概是一回事，也是射礼的内容之一。”[9]从荐牲之功

① （清）阮元校刻：《十三经注疏·礼记正义》，中华书局，1980年，第1689页。
② 陈梦家：《西周铜器断代》，中华书局，2004年，第455页。
③ （清）阮元校刻：《十三经注疏·春秋左传正义》，中华书局，1980年，第1983页。
④ 陈梦家：《西周铜器断代》，中华书局，2004年，第144、455页。
⑤ 陈梦家：《西周铜器断代》通篇，中华书局，2004年，第145页。
⑥ 《礼记·月令》季春之月，（清）阮元校刻：《十三经注疏·礼记正义》，中华书局，1980年，第1363页。
⑦ （清）阮元校刻：《十三经注疏·毛诗正义》，中华书局，1980年，第595页。
⑧ 〔日〕白川静著，袁林译：《西周史略》，三秦出版社，1992年，第68页。
⑨ 刘雨：《西周金文中的射礼》，《考古》1986年第12期。

用上来讲，射鱼礼也是一种射牲礼仪。所不同者，射鱼礼以鱼等水生动物为获取目标，射获的鱼不一定完全都用作牺牲。今内蒙古赤峰市达里诺尔湖、吉林松原市查干淖尔湖、黑龙江镜泊湖和呼伦湖每年一度的冬季捕鱼，选择的则是头鱼。而文献记载的射牲礼仪则以牛等陆地动物为射获目标，所射之牛则是专人牧养的、此时已被牵到祭祀场所的动物，因而也一定是要用作牺牲的。有鉴于此，我们把前者称为射鱼礼，并把它作为射礼的一种，应该是比较合适的。

（五）西周射鱼礼盛行于昭穆王时期

《诗·周颂·潜》是周王用鱼献祭于宗庙时所唱的乐歌。关于其写作时代，马银琴“根据静簋等周穆王时代铜器铭文记载的射礼发展轨迹，判断《周颂·潜》不应产生于荐鱼之祭被废弃的穆王之后，而应作于穆王时代”[①]。这一说法基本可信，它与射鱼礼金文井鼎、遹簋、公姞鬲铭所反映的时代为昭穆王时期，也大体一致。这说明昭穆王之时是射鱼礼最为盛行的时期。

第二节　传世文献中的西周射礼

传世文献记载西周射礼比较集中的应是东周礼书“三礼”，但因其本身成书早晚杂糅而设有专章，故凡明言或能确指是某时期之射礼者，本书相应诸章节则用之，其余，西周、春秋、战国诸章节均不取材于东周礼书。除“三礼”之外，还有《诗经》、《逸周书》、《史记·殷本纪》、《六韬》等。从这些文献记载来看，西周初年巫术性射礼依然存在，到武王克商后军中的贯革之射便向礼射转变，周公制礼后射礼就全面礼制化，规范人的行为和调整人际关系的功能更为凸显，成了待宾的燕射、宾射礼仪。这样，以弓矢竞技即习武为目的的射礼就发展为以习礼为目的的射礼了。

一、巫术性射礼

1. 射王妾自杀场所

武王伐纣，殷纣兵败自焚后，周师为武王举行了一个盛大的进入商都朝歌的入城仪式，共包括诸侯拜贺、百姓郊迎、武王射三发、斩头、悬首白旗等五项议程。对此《逸周书·克殷解》有很清楚的记载：“周车三百五十乘陈于牧野，帝辛从……商师大败。商辛奔内，登于廪台之上，屏遮而自燔于火。武王乃手太白以麾诸侯，诸侯毕拜，遂揖之。商庶百姓，咸俟于郊。群宾佥进曰：‘上天降休！’

① 龙文玲：《读马银琴〈两周诗史〉》，《文学评论》2007年第6期。

再拜稽首。武王答拜，先入，适王所，乃尅射之三发而后下车，而击之以轻吕，斩之以黄钺。折悬诸太白。适二女之所，乃既缢。王又射之三发，乃右击之以轻吕，斩之以玄钺，悬诸小白。乃出场于厥军。”按汇校：尅射，各本或作“自射”、“亲射”、“身射”，虽字有不同，但都认为是武王射。集注潘振云：“先诸侯入朝歌城。往商受自焚之处，乃急射之，防奸也。”丁宗洛云：“王所，即下文所云社太卒之左也。盖是时商之臣民已知纣自焚而死，特设此所以迎武王。武王初入亦未识应往何所，祇得随商众而适于其所。”[①]《史记·周本纪》也据此书作了基本相同的记载：“帝纣闻武王来，亦发兵七十万人距武王……纣兵皆崩畔纣。纣走，反入登于鹿台之上，蒙衣其殊玉，自燔于火而死。武王持大白旗以麾诸侯，诸侯毕拜武王，武王乃揖诸侯，诸侯毕从。武王至商国，商国百姓咸得于郊。于是武王使群臣告语商百姓曰：‘上天降休！’商人皆再拜稽首，武王亦答拜。遂入，至纣死所。武王自射之，三发而后下车，以轻剑击之，以黄钺斩纣头，县大白旗。已而至纣之嬖妾二女，二女皆经自杀。武王又射三发，击以剑，斩以玄钺，县其头小白之旗。武王已乃出复军。”[②]其中的武王射三发是战争胜利庆典中很重要的一项射仪。从射“三发而后下车”与二女亦“射三发”分析，武王射的目标肯定不是死者的尸体，也不是商臣民特设的迎王之处，而是死者所在的处所，即纣自焚的鹿台和二女自缢之处。每个处所均射三发，东周礼书所记大射礼与乡射礼则有三番射，均以三为礼数，二者是否存在发展演变关系尚不可知，但射三发应有其特定的含义则是无疑的。在古人看来，人死后肉体虽灭，但其鬼魂犹存于天地之间。《礼记·郊特牲》云：“魂气归于天，形魄归于地。”[③]鬼魂又有善恶之分，一般认为正常死亡或生前有益于人者会变为善鬼，非正常死亡或有恶行者则变为恶鬼。这就是《礼记·檀弓上》所说的“生有益于人，死不害于人”[④]，反之亦然的社会宗教意识。我们分析，周人当以为殷纣和二女皆因不得已而自尽，其鬼魂更恶，又加上新死阴魂未散，必定作祟。这三支箭可能是象征分别射向商人的至上神、地神和人鬼的。目的在于诅咒、厌胜、辟邪，彻底威服助纣为虐的各路神魔，驱除纣及嬖妾之恶魂邪气。当然，如果把悬首白旗理解为祭旗的话，那武王自射与斩头，亦可能以示武王亲杀牺牲。“在古代战争中，‘断首’不仅表示杀死对方，而且还在于标示胜利者的自豪与威严，是胜利者庆祝胜利的一种重要仪式。”“其巫术性的仪式作用大抵是相通的。”[⑤]武王在殷纣及其嬖妾死后仍要射三发与

---

① 黄怀信、张懋镕、田旭东撰，黄怀信修订，李学勤审定：《逸周书汇校集注》（修订本），上海古籍出版社，2007年，第339~349页。

② （汉）司马迁撰，（宋）裴骃集解，（唐）司马贞索隐，张守节正义：《史记·周本纪》，中华书局，1982年第2版，第124~125页。

③ （清）阮元校刻：《十三经注疏·礼记正义》，中华书局，1980年，第1457页。

④ （清）阮元校刻：《十三经注疏·礼记正义》，中华书局，1980年，第1292页。

⑤ 蔡先金：《“刑天”神话的历史解读》，《东岳论丛》2008年第1期。

斩头，也应该就是王者的象征，代表战胜敌国首领巫术的力量。

2. 射叛逆诸侯画像

传为姜太公吕望所作，实成书于战国时代的《六韬》有一有趣记载："武王代殷，丁侯不朝。太公乃画丁侯于策，三箭射之。丁侯病困，卜者占云：'祟在国。'恐惧，乃请举国为臣。太公使人甲乙日拔丁侯着头箭，丙丁日拔着口箭，戊己日拔着腹箭，丁侯病稍愈。四夷闻（之），各以来贡。"[①]这是太公望对不忠顺周朝的丁侯，画其像而射之，用诅咒巫术逼其就范，与商王武乙的射天和帝纣的射天帝的做法一脉相承，与宋王偃射诸侯雕像[②]之法术类同，都属于已知叛逆诸侯是谁而直射其画像或雕像。与《考工记·梓人》、《大戴记·投壶》、《说文·矢部》所记的设射"不宁侯"[③]，《史记·封禅书》所记的"设射貍首"[④]，《汉书·郊祀志》所说的"设射不来"[⑤]，《论衡·乱龙》所说的"射无道诸侯"[⑥]等这些并不能确指叛逆诸侯是谁，而通过设射他们以惩罚不朝之诸侯，使其归顺周王的性质也完全相同。

作册般铜鼋及其铭文所载记的是王射四矢，而武王至商邑王所及二女之所则射三发，太公射丁侯画像也是三箭射之，前者与后二者所射箭数明显不同。我们认为射四矢与原始的三番射应是商人所固有的观念，射三发则是商末周初周人所固有的观念。古人常以"三"表示多数，行礼也有礼不过三之说，如《周礼·夏官·大司马》曰："中冬教大阅。前期，群吏戒众庶，修战法……乃鼓，车驰，徒走，及表乃止。鼓戒三阕，车三发，徒三刺。"[⑦]甚至君臣宴饮也有以三爵为度之礼。[⑧]商周两族的这一不同礼数，到后来都被西周时期经过损益改造后的射礼所吸纳，即射四矢继承为每番必射箭矢之定数，射三发则演变为三番射，继续保持"礼射三而止"[⑨]的传统。这也再次证明周确是"因于殷礼"，只是有所损益变革而已。

二、贯革之射与郊射

贯革之射是习武之射，郊射是习礼之射。《礼记·乐记》孔子答宾牟贾请问《武》

---

① （宋）李昉等编：《太平御览》卷七三七，中华书局，1960年。

② 《战国策》卷三十《燕二》，李维琦点校：《国语·战国策》，岳麓书社，2006年第2版，第424页。

③ （清）阮元校刻：《十三经注疏·周礼注疏》，中华书局，1980年，第926页；（汉）戴德：《大戴礼·投壶》，黄怀信主撰，孔德立、周海生参撰：《大戴礼记汇校集注》，三秦出版社，2005年，第1339页；（汉）许慎撰，（清）段玉裁注：《说文解字注》，上海古籍出版社，1988年第2版，第227页。

④ （汉）司马迁撰，（宋）裴骃集解，（唐）司马贞索隐，张守节正义：《史记》，中华书局，1982年第2版，第1364页。

⑤ （汉）班固撰，（唐）颜师古注：《汉书》，中华书局，1962年，第1199页。

⑥ （汉）王充：《论衡》，上海书店，1986年。

⑦ （清）阮元校刻：《十三经注疏·周礼注疏》，中华书局，1980年，第837、838页。

⑧ 《诗·小雅·宾之初筵》："三爵不识，矧敢多又。"程俊英注曰："三爵：古代君臣小宴的礼节，以三爵为度。不识：指不知三爵之礼。"（程俊英：《诗经译注》，上海古籍出版社，2004年新1版，第382页及注[54]）

⑨ 《诗·齐风·猗嗟》郑玄笺，（清）阮元校刻：《十三经注疏·毛诗正义》，中华书局，1980年，第355页。

乐为何迟久时说："武王克殷……济河而西，马散之华山之阳而弗复乘；牛散之桃林之野而弗复服；车甲衅而藏之府库而弗复用；倒载干戈，包之以虎皮；将帅之士，使为诸侯，名之曰'建櫜'：然后天下知武王之不复用兵也。散军而郊射，左射《貍首》，右射《驺虞》，而贯革之射息也；裨冕搢笏，而虎贲之士说剑也；祀乎明堂，而民知孝；朝觐，然后诸侯知所以臣；耕藉，然后诸侯知所以敬：五者，天下之大教也。食三老五更于大学，天子袒而割牲，执酱而馈，执爵而酳，冕而摠干，所以教诸侯之弟也。若此，则周道四达，礼乐交通。则夫《武》之迟久，不亦宜乎。"①这段记载至少说明了三个问题。

首先，说明由贯革之射转变为郊射是周武王教化天下所采取的五项重大措施之一。孔颖达疏曰："散军至弟也，此一经论克商之后修文教也。散军而郊射者，还镐京止武而习文也。"②武王克商后，除分封古帝王和夏殷之后外，还做出了散放马牛、库藏车甲、皮包干戈、封侯将帅等诸多不复用兵的姿态，又解散军队而行郊射礼，让大臣们都衣裨服而戴冕插笏板，在明堂祭祀祖先，诸侯定期朝见天子，天子亲耕藉田，"此五者大益于天下，并使诸侯还其本国而为教，故云大教也"③。天子还要在大学里用食礼款待三老五更，亲自为他们割牲、拿酱、执爵、舞蹈，以教导诸侯懂得尊敬长上，这样，就使周的教化传播四方，礼乐通行天下。郊射正是在这一系列止武修文的礼乐教化背景下产生的。

其次，说明在周武王克商之前军队中存在着一种习武的贯革之射，实际上贯革之射就是军中射礼。郑玄注曰："贯革，射穿甲革也。"④孔颖达疏曰："贯，穿也。革，甲铠也。所谓军射也，言军中不习于容仪，又无别物，但取甲铠张之而射，唯穿多重为善，谓为贯革也。春秋养由基射七札是也。"⑤杨天宇先生注曰："贯，穿。革，即皮侯（用皮革做的射箭的靶子）。贯革之射，即习武之射。案古代的射箭比赛有两种：一为习礼之射，如此处所谓郊射，以及《仪礼》所记之乡射礼、大射礼等皆是；一为习武之射。习礼之射所张的射侯是布侯或兽侯（布做的靶子上画有兽头），习武之射则以皮革为射侯；习礼之射重在习礼而不以射中为优，习武之射则以射中而且矢贯皮革为优。"⑥ 杨天宇先生对革的解释不同于过去的经学家。我们认为应以甲铠为是。这不仅有春秋养由基的"穿札之射"为证，而且古籍中凡与军事有关的革也均指革制的甲胄盾而言。如《诗·郑风·出其东门序》："兵革不息，男女相弃。"孔颖达疏："革，谓甲胄之属，以皮革为之。"⑦《礼

① （清）阮元校刻：《十三经注疏·礼记正义》，中华书局，1980年，第1542~1543页。
② （清）阮元校刻：《十三经注疏·礼记正义》，中华书局，1980年，第1543页。
③ 《礼记·乐记》孔颖达疏，（清）阮元校刻：《十三经注疏·礼记正义》，中华书局，1980年，第1543页。
④ （清）阮元校刻：《十三经注疏·礼记正义》，中华书局，1980年，第1543页。
⑤ （清）阮元校刻：《十三经注疏·礼记正义》，中华书局，1980年，第1543页。
⑥ 杨天宇：《礼记译注》，上海古籍出版社，2004年新1版，第501页注[3]。
⑦ （清）阮元校刻：《十三经注疏·毛诗正义》，中华书局，1980年，第345页。

记·中庸》：“衽金革，死而不厌。”孔颖达疏：“衽，卧席也。金革，谓军戎器械也。北方沙漠之地，其地多阴，阴气坚急，故人性刚猛，恒好斗争，故以甲铠为席，寝宿于中，至死不厌。”[①]《战国策·秦策一》：“兵革大强，诸侯畏惧。”[②]《史记·礼书》：“故坚革利兵不足以为胜，高城深池不足以为固，严令繁刑不足以为威。”[③]此处及《秦策》的革均谓甲胄盾。由是可知孔颖达释贯革之射为张甲铠而射确是有所本的。古籍中与音乐有关的革则指鼓等革类乐器。如《周礼·大师》：“皆播之以八音：金、石、土、革、丝、木、匏、竹。”郑玄注：“革，鼓、鼗也。”[④]晋左思《魏都赋》：“金、石、丝、竹之恒韵，匏、土、革、木之常调。”[⑤]这里的革也指鼓类乐器。此亦可佐证《乐记》所说贯革之革为甲铠。张甲铠而射，也就是模拟实战中的甲士而射，如是则更能有针对性地提高射技武功。杨天宇先生所释之皮侯应为郊射之射侯。贯革之射刚刚转轨为郊射，射箭的靶子由甲铠而变为皮侯是比较自然的，若一下子变为布侯则显得有些唐突。

最后，说明郊射属于礼射，它是周初的射礼。关于郊射与左右射，历代经学家都作了解说。如郑玄注曰：“郊射，为射宫于郊也。左，东学也。右，西学也。《貍首》、《驺虞》，所以歌为节也。”[⑥]孔颖达疏曰：“郊射，射于射宫，在郊学之中也。天子于郊学而射，所以择士简德也。左射《貍首》者，左，东学也，亦在于东郊。《貍首》，诸侯之所射诗也，周立虞庠之学于西郊，故知使诸侯习射于东学，歌《貍首》诗也……右射《驺虞》者，右是西学，在西郊也。《驺虞》，天子于西学中习射也。驺虞，白虎黑文义应之兽也，故知唯天子射歌之诗。”“正义曰：郊射为射宫于郊者也，皇氏云于东郊，熊氏云《王制》篇云：殷礼小学在公宫南之左，大学在郊，武王伐纣之后，犹用殷制，故小学射《貍首》，大学射《驺虞》也。言为射宫于郊者，据大学也……云周名大学曰东胶者，按《王制》云：周人养国老于东胶。以养国老，故知大学也。此经云：食三老五更于大学，亦谓殷礼，周则右射《驺虞》之处矣。”[⑦]知郊射在东、西郊学中举行。杨天宇先生说得更明白：“郊射：古礼名，是天子或诸侯国君所举行的一种射箭比赛之礼，其详今已不可知。该礼因在国都郊外的射宫举行，故名郊射。所谓射宫，即大学，以射于此，故名。”“左射《貍首》，右射《驺虞》：左，谓东学。右，谓西学。《貍首》，古逸诗名。《驺虞》，《国风·召南》中的一篇。演唱诗歌的目的，在于射箭时‘以歌为

① （清）阮元校刻：《十三经注疏·礼记正义》，中华书局，1980年，第1626页。
② 李维琦点校：《国语·战国策》，岳麓书社，2006年第2版，第180页。
③ （汉）司马迁撰，（宋）裴骃集解，（唐）司马贞索隐，张守节正义：《史记》，中华书局，1982年第2版，第1164页。
④ （清）阮元校刻：《十三经注疏·周礼注疏》，中华书局，1980年，第795页。
⑤ （梁）萧统编，（唐）李善注：《文选》卷6，中华书局，1977年。
⑥ （清）阮元校刻：《十三经注疏·礼记正义》，中华书局，1980年，第1543页。
⑦ （清）阮元校刻：《十三经注疏·礼记正义》，中华书局，1980年，第1543页。

节。’”[①]郊射，既然要奏《貍首》和《驺虞》，当即“礼射”。《仪礼·乡射礼》曰“礼射不主皮”，郑玄注曰：“礼射谓以礼乐射也。大射、宾射、燕射是矣。不主皮者，贵其容体比于礼，其节比于乐，不待中为备也。”[②]“贯革之射”是否即为“主皮之射”，过去经学家还有不同意见，但都是纯粹的习武之射，则是无疑的。

周武王克商后，因推行“礼射”，以习武为目的的射箭就停止了。“礼射”不一定是从周武王开始的，但是，由于“礼射”的推行，从而代替了纯粹的习武之射，应该是事实。《周礼·春官·乐师》说：“凡射，王以《驺虞》为节，诸侯以《貍首》为节，大夫以《采蘋》为节，士以《采蘩》为节。”[③]知《貍首》是诸侯射歌之诗，《驺虞》是天子射歌之诗，进而又可推知诸侯习射于东学，天子于西学中习射。按《仪礼》大射，以《貍首》为节，燕射、乡射礼，以《驺虞》为节。[④]由是观之，则周初以习礼为目的的郊射，与后世以习礼乐宾为目的的大射、宾射、燕射、乡射礼还是不完全相同的。《乐记》、《乐师》所说应是周初礼射以歌为节的情况，《仪礼》所说当是周公制礼以后的礼射以歌为节的情况。如果再考虑上述郊射之侯为皮侯等因素，我们说郊射实是由习武的贯革之射到习礼的大射、宾射、燕射等类射礼定型之前的过渡形态，大体在周公制礼作乐后，前者就被后者所取代了。

三、《诗经》中所见之西周射礼

《诗经》中的《行苇》和《宾之初筵》涉及大射礼与燕射礼，尽管诗词十分概略，再加“以作者句有所局”[⑤]，不得彼此并言而史事仪程不完整，但仍从一个方面反映了西周贵族行射礼的某些情况与信息。现今传世文献仅大射礼、乡射礼有完整的单篇存世，而宾射之说仅见于《周礼》，燕射的礼法文献早已失载，故赖此可复原燕射礼的部分仪节内容。案《仪礼·大射》为诸侯之礼，天子之大射礼虽当亦然，但早期与晚期也应有所发展变化。周灭商之前为蕞尔小邦，国是未定，礼仪未备，仪节自然简朴。周朝建立之初有了制礼议政的条件，武王、周公、成王都是周王朝的当权者和礼仪制度的修订者与推行者。从郊射奏乐来看，礼射在武王时就已初具规范。周公居摄六年之末制礼作乐以后，礼射便逐渐完善起来。今依《行苇》篇能得以对西周初期及其以前的大射礼有所了解，并使晚期的大射礼能有所比较，无疑是很有意义的。《行苇》与《宾之初筵》实可谓姊妹篇，把二者结合起来还可以看到西周射礼发展演变的一些特点。因此，其史料价值

① 杨天宇：《礼记译注·乐记》，上海古籍出版社，2004年新1版，第501页注[1]、[2]。
② （清）阮元校刻：《十三经注疏·仪礼注疏》，中华书局，1980年，第1011页。
③ （清）阮元校刻：《十三经注疏·周礼注疏》，中华书局，1980年，第793页。
④ 详见（清）阮元校刻：《十三经注疏·仪礼注疏》，中华书局，1980年，第1042、1022、1005页。
⑤ 《诗·大雅·行苇》孔颖达疏，（清）阮元校刻：《十三经注疏·毛诗正义》，中华书局，1980年，第534页。

是不能忽视的。

（一）《行苇》与大射礼

《诗·大雅·行苇》共八章，每章4句。实亦可大体归为四章，每章8句。全诗如下：

敦彼行苇，牛羊勿践履。方苞方体，维叶泥泥。戚戚兄弟，莫远具尔。或肆之筵，或授之几。

肆筵设席，授几有缉御。或献或酢，洗爵奠斝。醓醢以荐，或燔或炙。嘉殽脾臄，或歌或咢。

敦弓既坚，四鍭既钧；舍矢既均，序宾以贤。敦弓既句，既挟四鍭。四鍭如树，序宾以不侮。

曾孙维主，酒醴维醹；酌以大斗，以祈黄耇。黄耇台背，以引以翼。"寿考维祺，以介景福。"①

该诗毛亨作传，郑玄作笺，孔颖达还作了详尽的疏解，有些具体问题也不是没有商榷的余地，但总的来说，有关射礼的问题，传、笺、疏互为补充，基本上是讲清楚了。这里只是在前人注疏的基础上，再就有关问题作些梳理、说明和探讨。为便于讨论，我们仍按八章每章4句行文。

1.《行苇》的内容与时代

关于《行苇》的内容，《诗序》说是歌颂周室"忠厚，仁及草木，故能内睦九族，外尊事黄耇"的。孔颖达疏曰："经八章，仁及草木，首章是也。内睦九族，二章尽四章是也。尊事黄耇，五章尽卒章上二句皆是也。以成其福禄，卒章下二句是也。"②《诗集传》疑此为周王于祭祀毕后宴请"父兄耆老"时所歌之诗。③或谓诗中并无祭祀之事。《说文解字注》也直说"《行苇》为养老之诗"④。以上皆为偏执之见，孔疏虽分章总结，然也漏掉了射礼这一重要内容。而程俊英题解说："这是写周统治者和族人宴会、比射的诗。"⑤则是比较接近于事实的看法，但还不确切。所谓的周统治者，实际上就是周王，根据主要有三：一是"敦弓，即雕弓。用五彩画在弓上作装饰，是周代天子用的弓"⑥。《荀子·大略》曰："天子彫弓，诸侯彤弓，大夫黑弓，礼也。"⑦二是曾孙为"周王对祖神的自称。王家祭神时由周王主祭，故曾孙又是主祭者的代称，与《楚茨》的'孝孙'同义"，"都是

① （清）阮元校刻：《十三经注疏·毛诗正义》，中华书局，1980年，第534~535页。
② （清）阮元校刻：《十三经注疏·毛诗正义》，中华书局，1980年，第534页。
③ （宋）朱熹注：《诗集传》，上海古籍出版社，1980年新1版。
④ （汉）许慎撰，（清）段玉裁注：《说文解字注》，上海古籍出版社，1988年第2版，第226页。
⑤ 程俊英：《诗经译注》，上海古籍出版社，2004年新1版，第440页。
⑥ 程俊英：《诗经译注》，上海古籍出版社，2004年新1版，P442注[17]。
⑦ （战国）荀况著，王天海校释：《荀子校释》，上海古籍出版社，2005年，第1035页。

指周王”[①]。三是行射礼时使人授矢是周王所特有的尊优。《仪礼·乡射记》曰：“君袒朱襦以射，小臣以巾执矢以授。”郑玄注曰：“君尊，不搢矢，不挟矢，授之，稍属。”[②]杨天宇也案曰：“这是因为君尊，故君腰间不插矢，右手指间也不挟矢，射时则由小臣授之。”[③]《燕礼记》曰：君与射，“小臣以巾授矢，稍属”。《大射仪》亦曰：公将射，“小臣师以巾内拂矢，而授矢于公。稍属”。郑玄注曰：“内拂，恐尘及君也。稍属，不搢矢。”[④]以上乡射、燕射、大射三礼均说到君射小臣授矢，以体现优君之事。而《行苇》也只有挟矢，孔颖达正义曰：“射礼搢三挟一个，大射礼然也。搢者，插也，挟，谓手挟之。射用四矢，故插三于带间，挟一以扣弦而射也。射礼每挟一个，今言挟四镞，故知已徧释之也。案大射礼，搢三挟一个，谓卿大夫。若其君，则使人属矢，不亲挟也。”[⑤]这是诸侯之礼，周王亦当如此。《行苇》只挟不搢，故知亦是王射。所谓族人，即周王同姓。其根据有二：一是《行苇》有“戚戚兄弟，莫远具尔”诗句。毛亨传曰：“戚戚，内相亲也。”郑玄笺云：“王与族人燕，兄弟之亲，无远无近，俱揖而进之。”《诗序》孔颖达疏曰：“《文王世子》云：‘族食，世降一等。’则天子所燕及者，非独五服之内。此唯言王族者，言其亲亲以及远。举九族，以见同姓皆亲之。”[⑥]实际上，与燕者除族人外，还有异性。“九族是王近亲，黄耇，则及他姓，故言内外以别之。”[⑦]二是《行苇》里有宾与主人。毛亨以为此篇是“王与族燕，以异姓为宾，使宰夫为主人，行此献酢之礼也”。孔颖达正义亦曰：“《燕礼》：‘诸侯燕其臣子，宰夫为主人’，则天子亦然。《文王世子》云：‘公与族人燕，则异姓为宾’，则宾主皆非兄弟。言尊兄弟者，宾主为兄弟行礼而有之，其器之设主为兄弟故也。”[⑧]因此确切地说，《行苇》应是周王与族人燕、射、养老的诗。从内容来看，射礼是在宴会进行了若干节目之后举行的，射礼之后又与宴享养老连接。先燕后射，以贤序宾，以宴享敬老亲兄弟，与《礼记·射义》所说的射“必先行燕礼”[⑨]，以及《仪礼·大射仪》所记之程序相同。

关于《行苇》所反映的历史时代，一说为公刘时。该诗开首即言“敦彼行苇，牛羊勿践履”。孔颖达正义曰：“苇之初生，其名为葭，稍大为芦，长成乃

---

① 《诗·小雅·信南山》,《楚辞》程俊英注与题解，程俊英:《诗经译注》，上海古籍出版社，2004 年新 1 版，第 362 页注[4]，360 页注[19]、356 页题解。

② （清）阮元校刻:《十三经注疏·仪礼注疏》，中华书局，1980 年，第 1012 页。

③ 杨天宇:《仪礼译注》，上海古籍出版社，2004 年新 1 版，第 139 页注[2]。

④ （清）阮元校刻:《十三经注疏·仪礼注疏》，中华书局，1980 年，第 1025、1039 页。

⑤ （清）阮元校刻:《十三经注疏·毛诗正义》，中华书局，1980 年，第 535 页。

⑥ （清）阮元校刻:《十三经注疏·毛诗正义》，中华书局，1980 年，第 534 页。

⑦ 《诗·大雅·行苇书序》孔颖达疏，（清）阮元校刻:《十三经注疏·毛诗正义》，中华书局，1980 年，第 534 页。

⑧ （清）阮元校刻:《十三经注疏·毛诗正义》，中华书局，1980 年，第 534 页。

⑨ （清）阮元校刻:《十三经注疏·礼记正义》，中华书局，1980 年，第 1686 页。

名为苇。”[①]《吴越春秋》有公刘“运车以避葭苇”的故事[②]，故一说为咏公刘。如《说文解字注》即说：“《七月》、《行苇》皆诶公刘之诗。”笺言之先王，“即谓公刘”[③]。一说为先王与成王时。郑玄笺曰：“草物方茂盛，以其终将为人用，故周之先王为此爱之。”[④]《行苇》：“曾孙维主。”毛亨传曰：“曾孙，成王也。”郑玄笺曰：“今我成王承先王之法度为主人，亦既序宾矣。”孔颖达正义曰：“以《信南山》经序准之，知曾孙为成王也。”“此篇所陈周之先王与今王皆能亲亲而敬老也……至于此章指言曾孙，则是主言成王，故云今成王承先王之法度为主人，明先王亦然矣。此先王指文王、武王，以其行天子礼故也。若太王王季，追王耳，未能用天子法。上言先王射以择宾，则成王亦然矣，故知即以文王之事接之。”[⑤]《诗序》正义尤详：“作《行苇》诗者，言忠诚而笃厚也。言周家积世能为忠诚笃厚之行，其仁恩及于草木，以草木之微尚加爱惜，况在于人爱之必甚，以此仁爱之深，故能内则亲睦九族之亲，外则尊事其黄发之耇以礼，恭敬养此老人，就乞善言所以为政以成其周之王室之福禄焉。此是成王之时，则美成王之忠厚矣。不言成王者，欲见先世皆然，非独成王，故即言周家以广之。”[⑥]我们认为，《吴越春秋》与《行苇》的记载相吻合，故咏公刘之说是有据可信的。周先王正处于和戎狄及大邑商抗争的历史时期，仁爱、亲亲、敬老乃时势使然。比射用镞矢也是周先王时之礼，以镞矢为射，重在比试武功，此与周公制礼后的射礼主于礼乐自然是不同的。再结合《诗·鲁颂·閟宫》、《史记·周本纪》、《鲁周公世家》等记载，成王忠厚、尊事黄耇，亦是不争的事实。因此，《行苇》当写成于成王初年，所反映的历史时代是公刘以来的周先王（包括追王）及今王成王之时。具体而言，六章以前言周先王忠厚有仁恩、与族人燕飨能敬老、射以择士能以贤序宾；七章以下言成王养老之事。

2.《行苇》所记射礼的种类

关于《行苇》所言射礼是何种礼射，主要有两说。王肃说是燕射礼，即“以此为养老燕射”[⑦]。孔颖达等人则说是大射礼。《行苇》郑玄笺云：“周之先王将养老，先与群臣行射礼，以择其可与者以为宾。”孔颖达正义曰：“此养老即是礼射。”“以下章言老之事，而此论射，则知射为养老。”“礼称将祭而射谓之大射，养老与祭相类，而亦射以择宾。则亦为大射何？则礼射有三：宾射在朝而射以娱宾。

① （清）阮元校刻：《十三经注疏·毛诗正义》，中华书局，1980年，第534页。
② （汉）赵晔撰，（元）徐天祜音注，苗麓校点：《吴越春秋》卷一《吴太伯传》，江苏古籍出版社，1999年。
③ （汉）许慎撰，（清）段玉裁注：《说文解字注》，上海古籍出版社，1988年第2版，第226页。
④ （清）阮元校刻：《十三经注疏·毛诗正义》，中华书局，1980年，第534页。
⑤ （清）阮元校刻：《十三经注疏·毛诗正义》，中华书局，1980年，第535页。
⑥ （清）阮元校刻：《十三经注疏·毛诗正义》，中华书局，1980年，第534页。
⑦ 《诗·大雅·行苇》孔颖达疏，（清）阮元校刻：《十三经注疏·毛诗正义》，中华书局，1980年，第535页。

燕射因燕而射以为乐，皆无择士之义。《乐记》云：‘祀于明堂，以教诸侯之孝；食三老五更于大学，以教诸侯之悌。’是祭与养老为相类之事，故知此射必大射也。王肃以此为养老燕射。案燕射于燕旅酬之后乃为之，不当设文于‘曾孙维主’之上，岂先为燕射而后酌酒也！以此知为毛射之意，亦为大射也。”[①] 孔疏唯把成王事与先王事混二为一，故以此反问王肃之语是不成立的，其余则比较通达合理。段玉裁也力主大射礼，他说，古者“天子诸侯则先大射，后养老”。“《王制》曰：‘王亲视学。’注云：‘谓习射、习乡以化之。’习射即大射，习乡即养老。此天子大射而养老之证也……《行苇》笺言：‘先王将养老先与群臣行射礼。先王即谓公刘。’此诸侯大射而养老之证也。”[②]那么，到底是燕射或是大射礼呢？要解决这一问题，必须从该射礼所用之射器及其功能以及行射之目的等方面的线索入手，并结合其他文献记载来作考察。

先说弓。《行苇》：“敦弓既坚。”毛亨传曰：“敦弓，画弓也。天子敦弓。”郑玄笺云：“敦，音彫。”孔颖达正义曰：“敦与彫古今之异。彫是画饰之义，故云敦弓，画弓也。”“此述天子择士，宜是天子之弓，故言天子敦弓，此择士之射与群臣共之。”“则此敦弓，即彼王、弧也。”[③]《公羊传》定公四年何休注曰：“礼，天子雕弓，诸侯彤弓，大夫婴弓，士卢弓。”[④]可知周天子所用的敦弓，又称画弓、彫弓，亦即王弓、弧弓。《周礼・冬官・弓人》云：“往体多，来体寡，谓之夹、臾之属，利射侯与弋。往体寡，来体多，谓之王弓之属，利射革与质。往体、来体若一，谓之唐弓之属，利射深。”郑玄注曰：“射深者，用直。此又直焉，于射坚宜也。王弓合九而成规，弧弓亦然。革，谓干盾。质，木椹。天子射侯亦用此弓。”贾公彦疏云：“言王弓之属，则之属中弧弓及王、弧之辈类也。云利射革与质，此即《司弓矢》职云：‘王弓、弧弓以授射甲革、椹质者’亦一也。”[⑤]知王弓、弧弓是专门用来射甲革与椹板的弓。案《周礼・夏官・司弓矢》：“及其颁之，王弓、弧弓以授射甲革、椹质者，夹弓、庾弓以授射豻侯、鸟兽者，唐弓、大弓以授学射者、使者、劳者。”郑玄注曰：“王、弧、夹、庾、唐、大六者，弓异体之名也。往体寡，来体多，曰王、弧。往体多，来体寡，曰夹、庾。往体、来体若一，曰唐、大。甲革，革甲也。《春秋》传曰：‘蹲甲而射之质正也。’树椹以为射正。射甲与椹，试弓习武也。豻侯五十步及射鸟兽皆近射也，近射用弱弓，则射大侯者用王、弧，射参侯者用唐、大矣。学射者弓用中，后习强弱则易也。使者、

① （清）阮元校刻：《十三经注疏・毛诗正义》，中华书局，1980年，第534、535页。
② （汉）许慎撰，（清）段玉裁注：《说文解字注》，上海古籍出版社，1988年第2版，第226页。
③ （清）阮元校刻：《十三经注疏・毛诗正义》，中华书局，1980年，第534、535页。
④ （清）阮元校刻：《十三经注疏・春秋公羊传注疏》，中华书局，1980年，第2337页。
⑤ （清）阮元校刻：《十三经注疏・周礼注疏》，中华书局，1980年，第937页。

劳者弓亦用中，远近可也。”此亦“言射椹质自有弓，谓王、弧弓也”①。射大侯亦用此弓，当是因为“大侯即熊侯”。“其中制皮为鹄”②即“以熊皮为鹄（即靶心）”③。大侯之皮鹄如同甲革，故用王弓、弧弓射之。贾公彦疏曰：“此经六弓强弱相对而言，王、弧直，往体寡。夹、庾曲，往体多。”“此据体而言，若以色而言，即《春秋》、《尚书》所云彤弓、施弓之等是也。云甲革，革甲也者，欲见甲以革为之，其实一物也。”“树椹以为射正者，谓若宾射之正然也。”④知椹正与宾射之正是一样的，即“其中采画为正，正大如鹄，居侯中三分之一”⑤。《司弓矢》又云：“凡祭祀，共射牲之弓矢。泽，共射椹质之弓矢。大射、燕射共弓矢如数、并夹。”郑司农云：“泽，泽宫也，所以习射选士之处也。”贾公彦疏曰：“此所共弓矢，据王、弧，故上云王弓、弧弓以射甲革、椹质。”⑥《周礼·夏官·圉师》：“射则充椹质。”郑玄注曰：“杜子春读椹为齐人言‘铁椹’之椹，椹质所射者习射处。”贾公彦疏曰：“按《司弓矢》云：‘泽则共椹质之弓矢’，此云射则充椹质，皆谓泽宫中试弓习武时所充也。”⑦《礼记·射义》曰：“天子将祭，必先习射于泽。泽者，所以择士也。已射于泽，而后射于射宫，射中者得与于祭。”孔颖达疏曰：“泽是宫名，于此宫中射而择士，故谓此宫为泽（择）。”“选士于泽，不射侯也，但试武而已。”“是知于泽中射椹质而已。”⑧又知射椹质是在泽宫中试弓习武择士的。郑玄说：“将祭而射，谓之大射。”⑨孔颖达也说：“大射，是将祭择士之射。”⑩段玉裁说，天子诸侯“大射于泽、于射宫”⑪。《行苇》虽无祭祀之事，但于泽宫射以择士则甚明，故亦应为大射。以上是对敦弓及其相关组合器具的考察结果，即《行苇》之礼射为大射礼。

次说矢。《行苇》：“四鍭既钧，舍矢既均。”毛亨传曰：“鍭，矢，参亭。已均，中蓺。”郑玄笺云：“舍之言释也。蓺，质也。”孔颖达正义曰：“言鍭是矢参亭者也。参亭谓三分矢，一在前，二在后，轻重钧亭。四矢皆然，故言四鍭既钧。《冬官》：‘矢人为鍭矢参分，一在前，二在后。’注云：‘三订之而平者，前有铁，重

---

① （清）阮元校刻：《十三经注疏·周礼注疏》，中华书局，1980年，第855页。
② 《诗·小雅·宾之初筵》孔颖达疏，（清）阮元校刻：《十三经注疏·毛诗正义》，中华书局，1980年，第485页。
③ 《仪礼·大射》杨天宇注，杨天宇：《仪礼译注》，上海古籍出版社，2004年新1版，第170页注[5]。
④ （清）阮元校刻：《十三经注疏·周礼注疏》，中华书局，1980年，第855页。
⑤ 《诗·小雅·宾之初筵》孔颖达疏，（清）阮元校刻：《十三经注疏·毛诗正义》，中华书局，1980年，第485页。
⑥ （清）阮元校刻：《十三经注疏·周礼注疏》，中华书局，1980年，第856页。
⑦ （清）阮元校刻：《十三经注疏·周礼注疏》，中华书局，1980年，第861页。
⑧ （清）阮元校刻：《十三经注疏·礼记正义》，中华书局，1980年，第1689页。
⑨ 《诗·小雅·宾之初筵》郑玄笺，（清）阮元校刻：《十三经注疏·毛诗正义》，中华书局，1980年，第484页。
⑩ （清）阮元校刻：《十三经注疏·礼记正义》，中华书局，1980年，第1688页。
⑪ （汉）许慎撰，（清）段玉裁注：《说文解字注》，上海古籍出版社，1988年第2版，第266页。

也。’矢而谓之镞者，《释器》云：‘金镞，翦羽谓之鍭。’孙炎曰：‘金镝，断羽使前重也。’”[①]《周礼·夏官·司弓矢》：“杀矢、鍭矢，用诸近射、田猎。矰矢、茀矢，用诸弋射。恒矢、痺矢，用诸散射。”郑玄注曰：“杀矢，言中则死，鍭矢象焉。鍭之言候也，二者皆可以司候射敌之近者及禽兽。前尤重，中深而不可远也。”“恒矢，安居之矢也，痺矢象焉。二者皆可以散射也，谓礼射及习射也。前后订其行平也。”凡矢之制，“杀矢之属，参分一在前，二在后……恒矢之属，轩辋中，所谓志也”。贾公彦疏曰：“解称杀矢之名，以其最重，中则死故也。云鍭矢象焉者，亦尤重者也。”“以其三分一在前，二在后，故云尤重，中深，故杀名不可远，故用之近射也。”“谓礼射及习射者，已上六矢皆用之攻守及弋射，惟此矢云散射，明散射是礼射也。其礼射者，即大射、宾射、燕射之等皆是。其习亦于此三射中为之，故并言之也。”[②]知鍭矢并不用之于礼射。然《行苇》的挟四矢、序宾、以射中多者为贤等均与《仪礼》记载的大射礼、乡射礼相吻合，说明它是礼射当必定无疑。对于《行苇》的礼射用鍭矢问题，孔颖达正义曾作了这样的分析：“案《周礼·司弓矢》：‘鍭矢、杀矢，用诸近射、田猎。恒矢、痺矢，用诸散射。’郑注云：‘散射，谓礼乐之射。’此养老即是礼射，而用鍭矢者，此与宾客私宴，不与常射同。或云先王用先代法，不用周礼。”[③]或云之言甚是。甲革、椹质坚固，只有用强弓利矢射之，方能著之而不坠落。鍭矢较重，中深。敦弓最强，宜射坚。二者也只有以甲革椹质为侯靶，才能射出“四鍭如树”即像竖立在靶子上一样的效果来。布侯质软，无论如何都不会使箭竖立在靶子上的。因此，竞射比武应是成王初年以前周先王射以择士的一个特点。

再说行射的目的。《行苇》：“序宾以贤。”毛亨传曰：“言宾客次第皆贤。”郑玄笺云：“谓以射中多少为次第。”孔颖达疏曰：毛以为“王既射以择宾，莫非贤者、宾次序而为宾客者，以此择之，故而皆是贤人也”。郑唯以此句为异，“谓次序群臣为宾，以射之贤者为次，言以射中多少为差等”。“《投壶》数筭云：‘某党贤于某若干纯。’谓中多者为贤，此射择之为宾而云贤，明以射中多少为次，故易传也。”[④]按此处的“贤”，与《仪礼·乡射礼》、《大射仪》所说的“若右胜，则曰右贤于左。若左胜，则曰左贤于右”[⑤]之“贤”同义。古人所谓的“贤”，原是指有勇力、有武艺和善于擒获的人。如《国语·齐语》曰：“于子之乡，有拳勇股肱之力秀出于众者，有则以告。有而不以告，谓之蔽贤。”[⑥]《石鼓文》丁鼓曰：

① （清）阮元校刻：《十三经注疏·毛诗正义》，中华书局，1980年，第534页。
② （清）阮元校刻：《十三经注疏·周礼注疏》，中华书局，1980年，第856页。
③ （清）阮元校刻：《十三经注疏·毛诗正义》，中华书局，1980年，第535页。
④ （清）阮元校刻：《十三经注疏·毛诗正义》，中华书局，1980年，第534、535页。
⑤ （清）阮元校刻：《十三经注疏·仪礼注疏》，中华书局，1980年，第1003、1040页。
⑥ 李维琦点校：《国语·战国策》，岳麓书社，2006年第2版，第51页。

“□□□虎，兽（狩）鹿如□，□□多贤，迪禽（擒）□□，□□允異。”王绍兰《说文段注订补》释“多贤”之“贤”曰：“寻其上下文，理当为获兽众多之义。”[①]贤，古文作臤，《说文·臤部》曰：“臤，古文以为贤字。”臤，从臣从又，臣即是俘虏，从又象用手擒获俘虏。与“获”字之初文“隻”的构形相同。可见射礼中把射中多者称为贤，还是沿袭古代狩猎和战争中把擒获多称为贤的习惯。又诗云：“序宾以不侮。”毛亨传曰：“言其皆有贤才也。”郑玄笺云：“不侮者，敬也。其人敬于礼，则射多中。”孔颖达疏曰：“毛以为又说择士为射之事，言王之敦画之弓既挽，其弦而句然。既挟此四镞之矢，徧释之矣。其四镞皆中于质如乎就树之然。王既为此善射以择贤者为宾，故其次序为宾者，以此择之，故皆不有侮慢者也。言为宾者，皆是恭敬之贤人。”郑唯此句为异，“言其次序宾，以不侮慢多少为次第”[②]。可见传、笺虽有小异，但都认为“周之先王将欲养老，亲自射以择士”[③]。此与敦弓、镞矢及其功能的考察结果也正相一致，因此《行苇》诗篇中所举行的射礼的目的应是为了择士。在大射、宾射、燕射、乡射诸礼中，只有大射、乡射礼有择士和以贤序宾之仪节，而《行苇》又是天子亲自射以择士，故此篇只能是大射礼。

总之，《行苇》是周王与族人燕、射、养老的诗，它写成于成王初年，所反映的历史时代应是公刘以来的周先王及成王之时，这一时期的周王贵族都非常敬于礼。通过对该射礼所用射器及其功能以及举行射礼的主人与行射目的等方面的考察分析，《行苇》篇所记之礼射当为西周初期及其以前的大射礼。它以敦弓、镞矢、甲革、椹质为礼射器具，以张弓如满月、发矢即中、射必四矢、四镞如树、序宾以贤和以不侮为比射原则，以泽宫为竞射处所，以比武择士为目的，礼仪质朴，重在竞射比试技能武功，此与殷商射礼颇多相似，而与周公制礼以后的射礼，仪节烦琐，主于礼乐，娱乐性质明显加重则有所不同。这既反映了周人早期射礼与晚期射礼的不同之处和特点，也反映了周人早期射礼与周公制礼以后射礼的延续与继承，在周人射礼发展史上具有根脉文化的地位与作用。

（二）《宾之初筵》与燕射礼

《诗·小雅·宾之初筵》共五章，每章14句。为便于讨论，全文录于次：

宾之初筵，左右秩秩。笾豆有楚，殽核维旅。酒既和旨，饮酒孔偕。钟鼓既设，举酬逸逸。大侯既抗，弓矢斯张。射夫既同，献尔发功。发彼有的，以祈尔爵。

籥舞笙鼓，乐既和奏。烝衎烈祖，以洽百礼。百礼既至，有壬有林。锡尔纯嘏，子孙其湛。其湛曰乐，各奏尔能。宾载手仇，室人入又。酌彼康爵，以奏尔时。

① 转引自杨宽：《“射礼”新探》，《古史新探》，中华书局，1965年，第334页。
② （清）阮元校刻：《十三经注疏·毛诗正义》，中华书局，1980年，第535页。
③ （清）阮元校刻：《十三经注疏·毛诗正义》，中华书局，1980年，第534页。

宾之初筵，温温其恭。其未醉止，威仪反反；曰既醉止，威仪幡幡。舍其坐迁，屡舞仙仙。其未醉止，威仪抑抑；曰既醉止，威仪怭怭。是曰既醉，不知其秩。

宾既醉止，载号载呶。乱我笾豆，屡舞僛僛。是曰既醉，不知其邮。侧弁之俄，屡舞傞傞。既醉而出，并受其福；醉而不出，是谓伐德。饮酒孔嘉，维其令仪。

凡此饮酒，或醉或否。既立之监，或佐之史。彼醉不臧，不醉反耻。式勿从谓，无俾大怠。匪言勿言，匪由勿语，由醉之言，俾出童羖。三爵不识，矧敢多又。①

历代经学家对《宾之初筵》所记射礼的种类一直存有不同看法，毛亨以为燕射，郑玄以为大射，孔颖达只是辨明其说，古今从之者各有之，遂使其成为悬而未决之问题。今对旧说进行梳理与比较分析，并补充新的证据，以祈对该问题能有一个较为清楚的认识。

1.《宾之初筵》毛郑异说撷要

关于诗的时代与性质，过去的题解一般谓卫武公作，刺周幽王荒废政事，狎近小人，君臣上下沉湎于酒；一说是武公饮酒悔过之作。②不过两者都认为“这是讽刺统治者饮酒无度失礼败德的诗”，它“描绘了贵族的宴饮生活”③。该诗所记史事是射礼，对此学界没有争论，但是何种射礼，则自汉代起就存有分歧。毛亨认为是燕射，故以燕射礼解之。郑玄则认为是大射，故以大射礼解之。唐孔颖达对毛亨传与郑玄笺也作了疏解。他说：“宾之至尔爵。毛以为古之将行燕射，先为燕礼。燕礼之时，其宾之初入门以至于升筵，其折旋揖让，随其左右趍翔，威仪甚肃敬而秩秩然而不失礼也。其升筵之时，则王之笾豆有楚然而陈列之矣，又菹醢之殽与有核桃梅维旅而陈之于笾豆之上矣。其王之酒既又和调旨美时，众宾之饮酒者，威仪甚偕，言其齐一而顺礼也。及其将射，钟鼓既已改设，举相酬之爵，逸逸然往来而有次序也。既旅之后止饮而行射事，君之所射大侯既举而张之，其众射之弓矢于斯举侯之时又亦张之矣。弓矢既张，众射之夫既同登于堂而在射位，遂各呈奏尔之射者发矢中的之功。此射者发矢射彼有射与其耦拾发之时，则各心竞云：‘我发必使中，以求不饮汝养病之爵。’今不能然，故举以刺之。郑唯行燕至安宾之后而行大射为异，其文义则同……言宾之初筵，左右秩秩，则从为宾以至于即筵，皆秩秩也。以其言广，故云大射之礼。宾初入门、登堂、即席，其趍翔威仪甚审智，言其不失礼也……毛以此篇为燕射，郑则为大射，因辨礼射之数，言己不同之意也……燕礼，旅酬之后乃云‘若射’，此将射而言举酬，行旅也。旅者，以长幼次序之言，故知逸逸往来有次序也……上文谓燕，此下说射，故言礼有燕射之礼……（郑）既言大射之礼，而毛以此为燕射，故破之云：‘将祭而射谓

① （清）阮元校刻：《十三经注疏·毛诗正义》，中华书局，1980 年，第 484~487 页。
② 《诗·小雅·宾之初筵序》，（清）阮元校刻：《十三经注疏·毛诗正义》，中华书局，1980 年，第 484 页。
③ 程俊英：《诗经译注》，上海古籍出版社，2004 年，第 379、244 页。

之大射，下章言烝衎烈祖，其非祭乎？’既烝衎烈祖是为祭事，则此时祭为大射明矣，故难之也，郑异于毛多矣。”[①]是知毛传以为燕射，郑笺以为大射，孔疏只是为了表明毛郑之意、记识其事而对毛郑之传注作了详尽的解说，而对到底是大射或是燕射则并没有综合起来作出评判抉择，颇给人以公说公有理、婆说婆有理，使人无所适从的感觉。后世学者虽各有主张，但均未摆脱毛郑传笺之窠臼，从而使该问题长期处于两说并存的境地。

2.《宾之初筵》为燕射之礼辨析

我们认为《宾之初筵》所记射礼是周王与族人在宗庙举行的燕射。现综合诸家意见，辨析如下。

其一，从总的来看，诸家分歧的纠结点比较清楚。“毛以上二章陈古燕射之礼，次二章言今王燕之失；郑以上二章陈古大射行祭之事，次二章言今王祭末之燕。俱以上二章陈古以较今，次二章刺当时之荒废，卒章乃言天下化之。”以各章言之：“毛于首章传曰：‘有燕射之礼’，二章传曰：‘主人请射于宾。’则毛以上二章皆陈古者，先行燕礼，后为燕射，无祭祀之事也。”“首章举酬逸逸以上八句，皆说燕事，举酬即旅酬也。燕礼旅后乃射，故举酬之下说‘大侯既抗’以下六句为射事也。燕必有乐，故二章又重说燕事，籥舞笙鼓，是燕时之乐。”“三章四章言今王燕饮，初虽重慎，后则失仪，至于音声号呶，舞不休息。卒章言下民化之，亦荒于酒，皆刺当时沈湎之事；郑以将祭而射，谓之大射，大射之初，先行燕礼。首章上八句言射初饮燕之事，下六句言大射之事。二章言作乐以祭，尽章皆说祭时之事。三章四章言今王祭末与族人私燕，小人为宾，威仪昏乱。唯卒章与毛同耳。”[②]二者的纠葛主要在于籥舞笙鼓是燕时之乐或是祭时之乐，这是他们各自立论的基础与支柱，虽然都有所依据，但依据的充分程度和基础的坚实程度是不一样的。因此，通过多方面的比较分析，这个问题还是可以解决的。

其二，从射礼的目的与环境上来看，此篇为大射的可能性不大。按古代射礼有三：“有大射，有宾射，有燕射。大射者，将祭择士于射宫。宾射者，谓诸侯来朝与之射于朝。燕射者，因燕宾客即与射于寝。”[③]《礼记·射义》曰：“天子将祭，必先习射于泽。泽者，所以择士也。已射于泽，而后射于射宫，射中者得与于祭，不中者不得与于祭。”[④]“是先王将祭必射以择士也。先于泽宫，后于射宫，是将祭再为射礼。泽宫，言习射，则未是正射。射于射宫，乃行大射。”[⑤]《周礼·天

① （清）阮元校刻：《十三经注疏·毛诗正义》，中华书局，1980年，第484~485页。

② 《诗·小雅·宾之初筵序》孔颖达疏，（清） 阮元校刻：《十三经注疏·毛诗正义》，中华书局，1980年，第484页。

③ 《诗·小雅·宾之初筵》孔颖达疏，（清） 阮元校刻：《十三经注疏·毛诗正义》，中华书局，1980 年，第484页。

④ （清）阮元校刻：《十三经注疏·礼记正义》，中华书局，1980年，第1689页。

⑤ （清）阮元校刻：《十三经注疏·毛诗正义》，中华书局，1980年，第484页。

官·司裘》郑玄注也说："大射者，为祭祀射。王将有郊庙之事，以射择诸侯及群臣与邦国所贡之士可以与祭者。"[①]既然大射是为择士，即为选拔参与祭祀的人而射，当不应该有如此失态的局面发生。泽宫之所在，则无明文，而射宫在郊学中则可无疑。《仪礼·大射》："公入，《骜》。"郑玄注云："此公出而言入者，射宫在郊，以将还为入。"[②]《乡射记》曰："于郊，则闾中。"郑玄注云："于郊，谓大射也，大射于大学。《王制》曰：'小学在公宫之左，大学在郊。'"[③]"则射宫者，西郊之学也。"[④]《说文解字注》亦说："天子诸侯宾射于朝，燕射于寝，大射于泽、于射宫。射宫者，大学也。"[⑤]大学是贵族子弟学校，在这里举行大射礼自然是带有观摩性质的，因此参射者也不会如此放肆，监史官也不应如此纵容。相反，燕射则是为了娱乐。闲暇时，相与射箭宴饮为乐，显然有别于大射。且《仪礼·燕礼》有君命"无不醉"和皆兴对"敢不醉"、献酬"无筭爵"、"无筭乐"以及"宾醉"之词。[⑥]正是燕礼的这些宽容仪节，才导致了燕射者酣饮狂舞之事的发生。也许有人会问大射礼的"复射"不也有"无筭爵"、"无筭乐"、"宾醉"之词吗？[⑦]杨天宇先生注曰："复射：案此射即所谓燕射，别于前三番正射，其目的在于乐宾和诸公卿大夫。"[⑧]可见大射礼的复射与前三番正射相比，已有很大不同，其性质严格说则已经是燕射了。因此，从燕礼、燕射的角度来看，醉酒失态也都是礼法所许可的行动范围。而且如果是大射，则在将祭前举行，而在祭祀中或祭祀后则不得有来宾、室人再射之事。故大射之说非也。

其三，《宾之初筵》记述的次序与燕射礼的仪节程序相契合。《礼记·射义》曰："古者诸侯之射也，必先行燕礼。卿大夫士之射也，必先行乡饮酒之礼。故燕礼者，所以明君臣之义也。乡饮酒之礼者，所以明长幼之序也。"[⑨]《仪礼·燕礼》于旅酬之后云："若射，则大射正为司射，如乡射之礼。"[⑩]"是燕射之法先行燕礼而后射也。"[⑪]《周礼·冬官·梓人》"王以息燕"杨天宇注曰："息燕：孙诒让引敖继公曰：'息，疑饮燕之别名。'又曰：'燕者，先行燕礼（即燕饮酒礼）而射，

① （清）阮元校刻：《十三经注疏·周礼注疏》，中华书局，1980年，第683页。
② （清）阮元校刻：《十三经注疏·仪礼注疏》，中华书局，1980年，第1044页。
③ （清）阮元校刻：《十三经注疏·仪礼注疏》，中华书局，1980年，第1012页。
④ 《诗·小雅·宾之初筵》孔颖达疏，（清）阮元校刻：《十三经注疏·毛诗正义》，中华书局，1980年，第484页。
⑤ （汉）许慎撰，（清）段玉裁注：《说文解字注》，上海古籍出版社，1988年第2版，第226页。
⑥ 详见（清）阮元校刻：《十三经注疏·仪礼注疏》，中华书局，1980年，第1022、1023、1024页。
⑦ 详见（清）阮元校刻：《十三经注疏·仪礼注疏》，中华书局，1980年，第1043、1044页。
⑧ 杨天宇：《仪礼译注》，上海古籍出版社，2004年新1版，第215页注[1]。
⑨ （清）阮元校刻：《十三经注疏·礼记正义》，中华书局，1980年，第1686页。
⑩ （清）阮元校刻：《十三经注疏·仪礼注疏》，中华书局，1980年，第1022页。
⑪ 《诗·小雅·宾之初筵序》孔颖达疏，（清）阮元校刻：《十三经注疏·毛诗正义》，中华书局，1980年，第484页。

即所谓燕射也。’是此处所谓息，当指燕射前的燕饮，而息燕即燕射也。”①《宾之初筵》第一章前八句，“故此言升筵荐酒行燕礼也”②。后六句所言即射事，正与《射义》、《燕礼》同。所以毛亨曰：“言有燕射之礼者，以上文谓燕，此下说射，故言礼有燕射之礼，故此诗得言之若然《燕礼》言若射如乡射之礼。”③

其四，关于燕射的参加者与举行地点。《宾之初筵》中的大侯、钟鼓皆王射所用之物，史也为王官。《乡射礼》郑玄注曰：“天子诸侯以钟鼓，大夫士鼓而已。”④西周时期，作为督察礼仪的监即司正通设于各种射礼，但作为记事记言的史官则仅设于周王参加的射礼，以记载礼典进行的情况。按烈祖，是古时对“开基创业的帝王”或“始祖”的敬称⑤，只有周王才有资格祭祀。这说明王应是此次燕射的主人。“子孙其湛”，则说明王与其他参射者是同宗族的人。弁是古代贵族的一种帽子，有皮弁、爵弁之分。皮弁是武冠，为射事所必戴。三爵是“古代君臣小宴的礼节，以三爵为度”⑥。综此说明这是王与族人举行的一次小范围的燕射。燕射之地点，前引《宾之初筵》孔颖达疏与《说文解字注》以及王应麟《小学绀珠》⑦均说“燕射于寝”。古代天子、诸侯所居息的宫室都叫寝。在中央的叫路寝、燕寝。在东西两旁的叫小寝，与路寝之称大寝相对而言。《春秋公羊传》庄公三十二年：“路寝者何？正寝也。”何休注云：“公之正居也。天子、诸侯皆有三寝，一曰高寝，二曰路寝，三曰小寝。”⑧《周礼·天官·宫人》：“掌王之六寝之脩。”郑玄注：“六寝者，路寝一，小寝五……是路寝以治事，小寝以时燕息焉。”⑨然结合《宾之初筵》“烝衎烈祖”考虑，此处的寝应释为祖庙。案寝本亦可指寝庙，《诗·商颂·殷武》：“寝成孔安。”朱熹注曰：“寝，庙中之寝也。安，所以安高宗之神也。”⑩程俊英注曰：“寝，寝庙，祭祖先的庙。”⑪ 寝又泛指宗庙，《五经文字·宀部》：“寝，庙也。”⑫《吕氏春秋·孟春》：“执爵于太寝。”高诱注曰：“太寝，祖庙也。”⑬而且周

① 杨天宇：《周礼译注》，上海古籍出版社，2004年，第659页及注[6]。

② 《诗·小雅·宾之初筵》孔颖达疏，（清）阮元校刻：《十三经注疏·毛诗正义》，中华书局，1980年，第484页。

③ 《诗·小雅·宾之初筵》孔颖达疏，（清）阮元校刻：《十三经注疏·毛诗正义》，中华书局，1980年，第485页。

④ （清）阮元校刻：《十三经注疏·仪礼注疏》，中华书局，1980年，第1009页。

⑤ 夏征农主编：《辞海》（合订本），上海辞书出版社，1980年，第1566页；吴泽炎、黄秋耘、刘叶秋编纂：《辞源》，商务印书馆，1980年，第1920页；宗福邦、陈世铙、萧海波主编：《故训汇纂》，商务印书馆，2003年，第1353页。

⑥ 程俊英：《诗经译注》，上海古籍出版社，2004年新1版，第383页注[54]。

⑦ （宋）王应麟：《小学绀珠》九《三射》，中华书局，1987年影印，第227页。

⑧ （清）阮元校刻：《十三经注疏·春秋公羊传注疏》，中华书局，1980年，第2243页。

⑨ （清）阮元校刻：《十三经注疏·周礼注疏》，中华书局，1980年，第675页。

⑩ （宋）朱熹：《诗集传》卷二十，上海古籍出版社，1980年新1版，第247页。

⑪ 程俊英：《诗经译注》，上海古籍出版社，2004年新1版，第571页注[35]。

⑫ （唐）张参：《五经文字》卷上，（清）李元春《青照堂丛书三编》本，道光十五年（1835）石印，第19页。

⑬ （战国）吕不韦著，陈奇猷校释：《吕氏春秋新校释》，上海古籍出版社，2002年，第2页及注[30]。

王也确有在祖庙举行燕礼的，如《诗·大雅·凫鹥》："既燕于宗。"程俊英注曰："宗：宗庙。"[①]由燕礼而为燕射则是很自然的事情。因此《宾之初筵》之燕射当是在祖庙举行的。

其五，燕射有改悬之事，而大射则无。《宾之初筵》"钟鼓既设"孔颖达疏曰："《燕礼》初则云：'乐人宿悬。'注云：'悬钟磬也，国君无故不彻悬，言悬者，为燕新之。'然则于此言钟鼓既设者，亦为将射改悬也。以天子宫悬阶间妨射位，故改悬以避射也。《乡射礼》将射乃云：'乐正命弟子赞工迁乐于下。'注云：'当避射位。'彼琴瑟之乐尚迁之，明钟鼓之悬改之矣……大射，诸侯之礼，云'乐人宿悬，厥明乃射。'明天子亦然。今至于举酬始言钟鼓既设，故知将射改悬也。大射不言改悬者，国君与臣行礼，略三面而已，不具轩悬。东西悬在两阶之外，两阶之间有二建鼓耳。东近东阶，西近西阶，又无钟，鼓不足以妨射，不须改也。《大射》注云：'国君于其群臣备三面耳，无钟磬，有鼓而已，其为诸侯则轩悬。'是由阶间无悬，故不改也。郑言诸侯为诸侯则轩悬，明天子于其臣备宫悬，将射而改之，故于此言既设也。"[②]孔疏所言极是，不仅如此，而且大射是在举行的前一天，乐人宿悬，故在将射之时则无改悬之事。由于在大射与燕射中，只有燕射的乐器需要改悬，所以《宾之初筵》只能是燕射。

其六，大射别侯，而燕射则共侯，《宾之初筵》也只有大侯一侯，大侯即熊侯，亦称兽侯，它正是燕射所用之侯。不同种类的射礼，其射侯是不同的，这原本在文献里记载得很清楚，古代学人对此也无疑义。如《周礼·冬官·梓人》云："张皮侯而棲鹄，则春以功。张五采之侯，则远国属。张兽侯，则王以息燕。"[③]汉郑玄于《周礼》上下检之，"以为大射之侯，其中制皮为鹄，宾射之侯，其中采画为正，正大如鹄，皆居侯中三分之一。其燕射则射兽侯，侯中画为兽形，即《乡射记》所谓熊侯白质之类矣。三射之侯皆不同也"[④]。唐孔颖达以为："皮侯，即大射也。五采之侯，宾射也。兽侯，燕射也。"[⑤]又曰："凡射者，大射则皮侯，宾射则正侯，燕射则兽侯。唯大射有鹄，此据《大射》而知然。"[⑥]宋人王应麟说："燕射于寝，兽侯用质；宾射于朝，麇侯用正；大射于射宫，皮侯用鹄。"[⑦]清段玉裁也说："大射张皮侯而棲鹄，其礼大，故得专侯名。"[⑧]然由于注疏家们对《宾之初

① 程俊英：《诗经译注》，上海古籍出版社，2004年新1版，第446页及注[15]。
② （清） 阮元校刻：《十三经注疏·毛诗正义》，中华书局，1980年，第485页。
③ （清） 阮元校刻：《十三经注疏·周礼注疏》，中华书局，1980年，第920页。
④ 《诗·小雅·宾之初筵》孔颖达疏，（清） 阮元校刻：《十三经注疏·毛诗正义》，中华书局，1980年，第485页。
⑤ 《诗·小雅·宾之初筵》孔颖达疏，（清） 阮元校刻：《十三经注疏·毛诗正义》，中华书局，1980年，第484页。
⑥ 《礼记·射义》孔颖达疏，（清） 阮元校刻：《十三经注疏·礼记正义》，中华书局，1980年，第1688页。
⑦ （宋）王应麟：《小学绀珠》九《三射》，中华书局，1987年影印，第227页。
⑧ （汉）许慎撰，（清）段玉裁注：《说文解字注》，上海古籍出版社，1988年第2版，第226页。

筵》有燕射与大射二说并存，因而对该诗之射侯的理解也出现了分歧。

《宾之初筵》："大侯既抗，弓矢斯张。"毛亨传曰："大侯，君侯也，抗，举也，有燕射之礼。"郑玄笺云："举者，举鹄而棲之于侯也，《周礼·梓人》：'张皮侯而棲鹄。'天子诸侯之射，皆张三侯，故君侯谓之大侯。大侯张，而弓矢亦张，节也。将祭而射，谓之大射。下章言'烝衎烈祖'，其非祭与（欤）？"孔颖达疏曰："传唯言大侯，君侯，不言侯之所用。《梓人》云：'张兽侯，则王以息燕'，是燕射射兽侯，则毛意亦当然矣。燕射之礼，自天子至士皆一侯，上下其射之，无三侯二侯，故《乡射记》云：'天子熊侯，白质；诸侯麋侯，赤质；大夫布侯，画以虎豹；士布侯，画以鹿豕。'注云：'此所谓兽侯也，燕射则张之。乡射及宾射当张采侯二正。而记此者，天子诸侯之燕射，各以其乡射之礼而张此侯，是以云焉。白质赤质者，皆谓采其地。不采者，曰布也。熊麋虎豹鹿豕，皆正面画其头象于正鹄之处，君画一，臣画二，阳奇阴耦之数也。燕射，射熊虎豹，不忘上下相犯。射麋鹿豕，志在君臣相养也。其画之者，皆毛物也。'""又曰：'乡侯中十尺，侯道五十弓，弓二寸以为侯中。'如此则天子燕射，唯射一侯耳。侯身一丈，其中三分居一，以白地画熊于外，则丹地画以云气，唯此一侯，君臣其射。而云大侯君侯者，以君所射，故谓之大。《传》解言大之意，故以君侯释之，非谓与君臣别侯也。《大射仪》云：'大侯九十弓。'彼张三侯，其九十弓者最高大，故云。名大侯，亦以君之所射故也……毛以此为燕射则的者，谓熊侯白质者也。"[①]

对于郑笺孔颖达疏曰："案《大射》：前射三日，司马命量人、巾车张三侯。《夏官·射人》云：'若王大射，则以貍步张三侯，'则天子亦前射三日其侯射人张之矣。此将射而言大侯既抗，明非始张侯体，言举鹄而棲之于侯中也。"又疏曰：《周礼·梓人》郑"注云：'皮侯，以皮所饰之侯也。'""唯大射以皮饰侯，故言张皮侯而棲鹄也。《天官·司裘》注亦云：'以虎熊豹麋之皮饰其侧，又方制之为质，谓之鹄，著于侯中，所谓皮侯也。'又解名曰：'大侯之意，天子诸侯之射皆张三侯，故云君侯谓之大侯。'郑以此为大射，故云张三侯。若燕射则张一侯而已，无三侯也。《射人》云：'王大射，张三侯。'《司裘》：'王大射，供虎侯、熊侯、豹侯，设鹄。'天子之射张三侯也。《大射》：'巾车张三侯。'是诸侯之射张三侯也。《司裘》又曰：'诸侯供熊侯、豹侯。'不三侯者，注云：'诸侯谓三公及王子弟封于畿内者，是畿内诸侯，屈于天子，故二侯也。'"[②]今人仍有秉承郑玄之说者，如程俊英即释《宾之初筵》之大侯为"周王大射时用的箭靶，用虎、熊、豹三种皮制成"[③]。

从上揭注疏来看，凡主张此篇是燕射礼者，则依据《梓人》、《乡射礼记》而

① （清）阮元校刻：《十三经注疏·毛诗正义》，中华书局，1980年，第484~485页。
② （清）阮元校刻：《十三经注疏·毛诗正义》，中华书局，1980年，第485页。
③ 程俊英：《诗经译注》，上海古籍出版社，2004年新1版，第382页注[8]。

认定其射侯为熊侯白质，上下共一侯。凡主张此篇是大射礼者，则依据《梓人》、《司裘》、《射人》而认定其射侯为皮侯，张三侯，君臣别侯。我们认为郑玄笺的某些解释虽能自圆其说，但有一个不能回避的客观事实是：《仪礼·大射》、《周礼·射人》、《司裘》均说大射必张三侯，而《宾之初筵》只有大侯一侯，并不是大侯、参侯、干侯三侯，与大射之侯数显然不符，这是郑氏大射说所无法解决的一个重要结症。相反，按孔颖达疏："若燕射则张一侯而已"[①]，按《燕礼》：若射"如乡射之礼"[②]，乡射也是共射一侯，此与《宾之初筵》只有大侯一侯则正相符合。按《乡射礼》初则张侯，《宾之初筵》举酬之下始言大侯既抗，二者并不矛盾。孔颖达疏曰："乡射之初虽言张侯，而以事未至，经云：'不系左下纲，中掩束之。'至于将射，以司正为司马。乃云：'司马命张侯，弟子脱束，遂系左下纲。'是将射始张之，故于此言既抗也。"[③]按《梓人》：燕射"张兽侯"。[④]那么《宾之初筵》为何说是大侯呢？郑玄注曰："兽侯，画兽之侯也。《乡射记》曰：'凡侯，天子熊侯，白质；诸侯麋侯，赤质；大夫布侯，画以虎豹；士布侯，画以鹿豕。凡画者丹质。'是兽侯之差也。"[⑤]杨天宇注曰："张兽侯：这是为举行燕射或乡射所张设的侯：王用熊侯，诸侯用麋侯，就是用熊皮或麋皮饰侯中的两侧，鹄则是布的，王染其质（靶心）为白色，诸侯染其质为赤色；大夫、士的兽侯则全用布而不饰皮，但画兽形于侯中的两侧边，大夫画虎豹，士画鹿豕；不论大夫、士，射侯中央的质都染为丹色。"[⑥]《仪礼·大射》："大侯九十。"郑玄注曰："大侯，熊侯。谓之大者，与天子熊侯同。"[⑦]杨天宇注曰："大侯，即熊侯，因与天子之熊侯同，故称大侯。所谓熊侯，是以布为侯而以熊皮为鹄（即靶心），故名为熊侯。"[⑧]虽然杨注对鹄的材质前后解释不一，但郑注与杨注都说明大侯即熊侯，因是兽侯的一种而又称兽侯。这就是《宾之初筵》称周王燕射的熊侯为大侯的由来。既然大射非一侯而必张三侯，而燕射如乡射之礼则上下共射一侯，《宾之初筵》也只有大侯一侯；燕射射兽侯，而大侯即熊侯，又称兽侯。此与《梓人》"张兽侯则王以息燕"亦正相吻合。所以《宾之初筵》为燕射当不会有误。

其七，燕射礼的参射者称射夫，仪程中有舞，而大射礼则无此称谓与仪节。按《仪礼》大射礼称竞射者，大凡有"三耦"、"众耦"、"众射者"，唯独不见射夫之称；有磬、钟、镈、鼓、鼙、鼗、瑟、簜等敲击、弹吹乐器，但不见籥；有燕

---

① （清）阮元校刻：《十三经注疏·毛诗正义》，中华书局，1980年，第485页。
② （清）阮元校刻：《十三经注疏·仪礼注疏》，中华书局，1980年，第1022页。
③ （清）阮元校刻：《十三经注疏·毛诗正义》，中华书局，1980年，第485页。
④ （清）阮元校刻：《十三经注疏·周礼注疏》，中华书局，1980年，第926页。
⑤ （清）阮元校刻：《十三经注疏·周礼注疏》，中华书局，1980年，第926页。
⑥ 杨天宇：《周礼译注》，上海古籍出版社，2004年，第660页注[5]。
⑦ （清）阮元校刻：《十三经注疏·仪礼注疏》，中华书局，1980年，第1028页。
⑧ 杨天宇：《仪礼译注》，上海古籍出版社，2004年，第170页注[5]。

乐、节射乐，而无舞。按《周礼·春官·大师》："大射，帅瞽而歌射节"①，也无舞。然大射礼所无者，燕礼、燕射则俱有之。《仪礼·燕礼记》曰："若舞则《勺》。"郑玄注曰："《勺》，颂篇。告成大武之乐歌也。"贾公彦疏曰："言云舞则《勺》者，谓为之舞，则歌《勺》诗以为曲。"②"《勺》，即《诗·周颂》之《酌》。"③《周礼·春官·乐师》："燕射，帅射夫以弓矢舞。"郑玄注曰："射夫，众耦也。"④以上皆文献记载之明言也。此明言燕礼、燕射所有射夫之称谓与舞蹈之仪节，《宾之初筵》亦有之。如该诗曰："射夫既同，献尔发功。"郑玄笺云："射夫，众射者也。献，犹奏也。既比众耦，乃诱射，射者乃登射，各奏其发矢中的之功。"⑤又如该诗曰："籥舞笙鼓。"毛亨传曰："秉籥而舞，与笙鼓相应。"郑玄笺云："籥，管也。"孔颖达疏曰："《简兮》云：'左手执籥，右手秉翟，'是执籥以舞也。舞在笙鼓之上，明其与之相应。乐器多矣，燕之所用不止于此，作者举鼓舞而言耳，此皆燕时之乐也。"⑥《周礼·春官·籥师》："掌教国子舞羽龡籥。祭祀则鼓羽籥之舞，宾客飨食则亦如之。"郑玄注曰："文舞有持羽吹籥者，所谓籥舞也。"⑦《宾之初筵》与《仪礼》、《周礼》所记燕礼、燕射的称谓与仪节正同，绝不是偶然的巧合，它至少说明两点：一是射夫是燕射礼对射手的称谓；二是舞也是燕射礼所特有的仪节内容，即周王举行燕射时，乐师率领乐工执籥与射夫手持弓矢而共舞。这是《宾之初筵》为燕射的一个重要力证。

其八，《宾之初筵》中的乐确应为燕时之乐，其目的是为了乐宾娱神。关于《宾之初筵》中的舞乐，古人有三种看法："毛（亨）以为古之行燕礼也，作乐以助欢心，使人秉籥而舞，与吹笙击鼓音节相应，乐既和奏之音声甚得其所。既宾主有礼，八音和乐，如是则德当神明，可以进乐其先有功烈之祖，以合其酒食百众之礼以献之也。"即"毛以此诗正论燕乐之和，其言遂及先祖，皆非实祭之事"⑧。郑玄以为"祭祀先奏乐，涤荡其声也"。"为祭之初，先秉籥而舞，吹笙击鼓，声音涤荡，节度相应。其乐既和而俱奏，诏告天地之间，进乐功烈之祖，以合百国所献之礼而荐之宗庙。百国所献之礼既至，陈于庭，又有卿大夫矣，有诸侯君矣，是天下徧至得万国之欢心，所以事其先祖也。"⑨即郑以此为作乐以实祭，认定"烝

① （清）阮元校刻：《十三经注疏·周礼注疏》，中华书局，1980年，第796页。
② （清）阮元校刻：《十三经注疏·仪礼注疏》，中华书局，1980年，第1025页。
③ 杨天宇：《仪礼译注》，上海古籍出版社，2004年新1版，第166页注[14]。
④ （清）阮元校刻：《十三经注疏·周礼注疏》，中华书局，1980年，第794页。
⑤ （清）阮元校刻：《十三经注疏·毛诗正义》，中华书局，1980年，第484页。
⑥ （清）阮元校刻：《十三经注疏·毛诗正义》，中华书局，1980年，第485、486页。
⑦ （清）阮元校刻：《十三经注疏·周礼注疏》，中华书局，1980年，第801页。
⑧ 《诗·小雅·宾之初筵》孔颖达疏，（清）阮元校刻：《十三经注疏·毛诗正义》，中华书局，1980年，第486页。
⑨ 《诗·小雅·宾之初筵》郑玄笺、孔颖达疏，（清）阮元校刻：《十三经注疏·毛诗正义》，中华书局，1980年，第485、486页。

衎烈祖”就是大射后的祭祀。王肃认为：“幽王饮酒无度，故言燕礼之义，其奏云言燕乐之义，得则能进乐其先祖，犹《孝经》说大夫士之行曰：‘然后能守其宗庙而保其祭祀。’非唯祭之日然后能保而行之，以此故言烝衎非实祭也。”而孙毓则以为“燕礼轻，祭事重，幽王无度，无不慢也，举重可以明轻，轻不足以明重。又‘锡尔纯嘏，子孙其湛’。非燕饮之文所得及也。一篇之旨，笺义为长”[①]。或以此为节射之乐。我们认为大射礼与乡射礼均以击鼓作歌为射节，绝不可能广及为众乐。正象孔颖达疏所说的：“案射礼主于射而略于乐也。《大射》云：司射命曰：‘不鼓不释。’言射不与鼓节相应不释筭也。乐正命大师曰：‘请奏《貍首》，间若一。’言调其疏数以节射也。然则射之乐者，击鼓作歌与射者为节而已，不必大作诸乐。此云鼓舞相应，非射乐矣。且传意以此乐和奏可以进乐先祖，安得捨燕初之盛，作而指节射之略者乎？以此知不然矣。”[②]既然酒食声乐均可以歆神，而燕射礼又是在宗庙里举行的，那么，参加燕射礼者必然会进乐其先祖。因此籥舞众乐既有乐宾又有娱神之意，燕乐之和自然是可使神明降福子孙的。

其九，《宾之初筵》第二章子孙、宾、室人所行之事皆应为燕射之仪节。关于子孙“各奏尔能，宾载手仇，室人入又。酌彼康爵，以奏尔时”诸句，古人也有两种解释：毛亨传曰：“室人，主人也。主人请射于宾，宾许诺，自取其匹而射。主人亦入于次，又射以耦宾也。酒，所以安体也。时，中者也。”孔颖达疏曰：“故燕末将射，宾则自取其匹耦以共发，而居室之主人亦入于次，故取弓矢又射以耦宾也。宾主射毕而有胜否，乃酌彼安体之养爵以奏进于汝之射中者，令以饮其不中而行罚也。此皆燕射之正礼。”[③]即毛亨谓此皆为射礼之事；郑玄笺云：“子孙各奏尔能者，谓既湛之后，各酌献尸，尸酢而卒爵也。士之祭礼，上嗣举奠，因而酌尸。天子则有子孙献尸之礼。”“室人，有室中之事者，谓佐食也。又，复也。宾手挹酒，室人复酌为加爵。”“仇，毛音求，匹也。郑读为𣂪，音俱，谓挹取酒。”“康，虚也。时，谓心所尊者也。加爵之间，宾与兄弟交错相酬卒爵者，酌之以其所尊，亦交错而已，又无次也。”孔颖达疏曰：“则王之子孙蒙神之福，其皆耽而喜乐矣。”“是子孙亦当敬事神明，于嘏之后，乃各奏见尔子孙奉进之能，酌酒而献尸，以事神也。子孙既献，于是宾则手自𣂪挹其酒，室中佐食之人又入而酌，为加爵以献尸也。既加爵之后，欲使神惠徧行，而宾之弟子及己弟子酌彼空虚之爵，以进汝之此时心中所尊敬者。此皆先王祭祀之礼。”[④]即郑玄谓此皆为祭祀献

① 《诗·小雅·宾之初筵》孔颖达疏，（清）阮元校刻：《十三经注疏·毛诗正义》，中华书局，1980年，第485页。
② 《诗·小雅·宾之初筵》孔颖达疏，（清）阮元校刻：《十三经注疏·毛诗正义》，中华书局，1980年，第486页。
③ （清）阮元校刻：《十三经注疏·毛诗正义》，中华书局，1980年，第485、486页。
④ （清）阮元校刻：《十三经注疏·毛诗正义》，中华书局，1980年，第485、486页。

尸酬酢之事。我们以为郑玄之说非也。若是祭祀献酬之仪节，《宾之初筵》定会明言子孙献尸、宾主酬酢，而不该如此像隐语一般，以隐伏的手法来表达所要说的话。能为贤能、技能，仇为匹配，室人为主人，此皆直解之语。只要不过分迂回作解，无论如何，“各奏尔能，宾载手仇，室人入又”，都是竞射场合的语言，而绝非祭祀之文所得及也。“在射礼中，即使有天子参与，也必须立宾主”[①]。按《仪礼》大射礼中有宰夫、主人，但无室人之称。孔颖达也说：“今大射礼，诸侯与其臣行礼，使宰夫为主人。”[②]《宾之初筵》中有宾、有室人，室人即主人，正符合古代射礼的一般原则。与前文同样的道理，室人可能也应是燕射礼对主人的称谓。因此，该章所言子孙、宾、室人历行诸事，也都是燕射礼的仪节内容。

另外，该诗所反映的射礼信息，除上述参射的众宾要匹耦而射，主人亦入于次与耦宾射，未射中的人要罚饮酒者外，中者还要饮庆胜酒，这也是今天所知其他射礼所不见的，故王肃指出：“谓此‘以奏尔中’为庆胜之爵，知不然者，大射、乡射，皆射讫即行饮酒之礼，以至于终，无庆胜之事故也。”[③]实际上，“燕射因燕而射以为乐”[④]，即燕射礼主于燕乐欢心而略于射，射为燕助兴。不中者饮罚酒，中者饮庆胜酒，此也许正是燕射不同于其他射礼的一个特点。

综上所言，通过全面梳理与综合论证对比分析，不难发现《宾之初筵》与文献记载的燕射礼吻合者最多，而与大射礼相合者甚少。尽管郑笺对毛传一一作了破解，某些解释也有一定的道理，但仍存在着许多无法解决的问题，有些地方虽然也能自圆其说，但颇为迂回周折。而以燕射礼解之，则全诗皆通畅顺达，豁然明白。即上二章陈古燕射之礼，其仪节有燕礼、燕射、舞乐、复射、庆胜。次二章言今王燕礼之失，刺当时之荒废。卒章言天下化之。因此，《宾之初筵》的确应该是记述燕射礼的诗篇。

最后，我们再把《行苇》所记的大射礼与《宾之初筵》所记的燕射礼联系起来，也可以看到西周射礼发展演变的一些特点，即从《行苇》到《宾之初筵》，亦即从周初到西周末期，至少可以发现有两点是非常突出的：一是周人早期的射礼，礼仪质朴，重在竞射、比试技能武功，此与商人射礼颇为相似；周公制礼以后的射礼，仪节烦琐，主于礼乐，娱乐性质明显加重。二是从周之先王到成王之时，都非常敬于礼；而到幽王之时则出现了严重的侮慢礼的现象。这说明以礼仪制度为标志的周朝统治已经开始动摇了。

---

① 彭林：《中国古代礼仪文明》，中华书局，2004年，第32页。

② 《诗·小雅·宾之初筵》孔颖达疏，（清）阮元校刻：《十三经注疏·毛诗正义》，中华书局，1980年，第484页。

③ 《诗·小雅·宾之初筵》孔颖达疏，（清）阮元校刻：《十三经注疏·毛诗正义》，中华书局，1980年，第486页。

④ 《诗·大雅·行苇》孔颖达疏，（清）阮元校刻：《十三经注疏·毛诗正义》，中华书局，1980年，第535页。

第三节　西周射礼举行的地点与场所

西周时期举行射礼的地点与场所，除上述射礼金文与射礼诗篇的有关记载外，其他金文与文献也有涉及，现在此一并作一总结。

一、西周射礼金文与诗篇所记射礼举行的地点与场所

根据上文关于射礼金文与射礼诗篇的论述，西周大射礼举行的地点与场所，柞伯簋所记在周即都城镐京的射宫，义盉盖所记在鲁即鲁国的文王庙，《行苇》所反映的是在周都镐京的泽宫。西周射牲礼仪举行的地点与场所，伯唐父鼎所记在葊京辟池即旁京辟雍大池。西周燕射礼举行的地点与场所，令鼎所记在諆田即行藉田礼的现场，噩侯驭方鼎所记在周王南征返回途中的坯地，即汜水成皋，《宾之初筵》所记在周都镐京的祖庙。西周宾射礼举行的地点与场所，麦方尊所记在宗周葊京辟雍大池即与镐京比邻的旁京辟雍大池，长甶盉所记在下淢的行宫。贵族子弟学射、竞射的地点与场所，静簋所记在葊京即旁京学宫、辟雍大池。周王习射的地点与场所，十五年趞曹鼎、师汤父鼎、匡卣所记均在成周新宫的射庐。西周射鱼礼举行的地点与场所，遹簋所记在葊京大池即旁京辟雍大池，井鼎所记在葊京𤔲池，公姞鬲所记在𡨦池。后二者当为同一地点，因井鼎明言在葊京，𤔲池有可能是辟雍大池的异称，也有可能是葊京之地的又一池，或者就是附属于公姞宗室之池。

二、其他金文所见射礼举行的地点与场所

除射礼金文与射礼诗篇的记载外，见诸金文的射礼举行地点与场所还有王宫和周庙中的宣榭、射圃与射日宫等。

（一）宣榭

西周金文作宣射、宣廟。鄦簋铭曰：“隹（唯）二年正月初吉，王才（在）周邵宫，丁亥，王各（格）于宣射（榭）。”[①]知宣榭在周邵宫内。周邵宫即周昭宫，趞鼎（《集成》02815）、颂鼎（《集成》02827~02829）、颂壶（《集成》09731、09732）等铭又作“周康邵宫”。杨树达先生考证说：“按《山海经·西次三经》及《穆天子传注》并引《竹书纪年》云：‘穆王十七年，西王母来见，宾于昭宫。’此铭文之邵宫，即《纪年》之昭宫也。《纪年》字作昭而器铭作邵，犹经传之周昭王，《宗周钟》作邵王也。”[②]杨先生所言甚是，剌鼎铭“王禘，用牡于大室，禘邵王”（《集成》02776），昭王亦作邵王。知邵宫确为昭宫。十五年趞曹鼎、师汤父鼎铭言周

① （南宋）薛尚功：《历代钟鼎彝器款识》卷十四郁敦，辽沈书社，1985年，第268页；《集成》04296、04297。
② 杨树达：《积微居金文说》（增订本），中华书局，1997年，第105页。

新宫中有射庐，此铭言周昭宫中有宣射，二者功用完全一样，盖宣射也叫射庐。刘正先生说：“师汤父鼎铭文中说到‘王才周新宫才射庐’一语，可见‘周新宫’中专有‘射庐’之屋。可能就是宣射，即宣榭。”[①]虢季子白盘铭曰：“王各（格）周庙宣廚（榭）。”（《集成》10173）《礼记·射义》孔颖达疏云：“其射宫，天子则在庙也。”[②]又知宣榭在周庙之中，宣榭亦即射宫。

关于宣榭名称的由来，《尔雅·释宫》曰：“无室曰榭。”宋人吕大临认为：“榭，射堂也。”“宣榭者，宣王之庙也。榭，射堂之制也……古射字执弓矢以射之象。因名其堂曰射。其堂无室以便射事。故凡无室者皆曰榭。宣王之庙制如榭，故谓之宣榭。”[③]薛尚功也说：“宣榭，盖宣王之庙也。榭，射堂之制也。其文作，古射字，执弓矢以射之象，因名其室曰射，音谢，后从木，其堂无室，以便射事，故凡无室者谓之榭。《尔雅》云宣王之庙制如榭，故谓之宣榭。《春秋》记成周宣榭火，以宗庙之重而书之。”[④]十五年趞曹鼎、师汤父鼎、虢季子白盘铭正说明当时的宫庙在建筑构成上都有宣榭。宣王庙中也可能有宣榭建筑，但这并不是说宣榭就是宣王之庙，其名称的由来也与宣王之庙没有必然的联系。《春秋》宣公十六年孔颖达正义说，宣榭“名之曰宣，则其义未闻，服虔云：‘宣扬威武之处。’义或当然也”[⑤]。吴式芬对宣榭、宣宫、宣室之考训亦从其说。吴氏云：“《春秋》宣公十六年：‘夏，成周宣榭火。’杜预曰：‘宣榭，讲武屋。’孔颖达曰：《楚语》云‘先王之为台榭也。榭不过讲军实，台不过望氛祥。’知榭是讲武屋也。《公羊传》：‘宣榭者何？宣宫之榭也。何言乎成周宣榭灾，乐器藏焉尔？’注遂以宣宫为宣王之庙藏，宣王中兴所作乐器。《汉书·五行志》亦曰：‘榭者，所以藏乐器，宣其名也。’案：《说文》：‘宣，天子宣室也。’《史记·贾谊传》：‘孝文帝方受釐坐宣室。’苏林曰：‘宣室，未央前正室也。’《汉书·刑法志》：‘上帝幸宣室斋居而决事。’《东方朔传》：‘夫宣室者，先帝之正处也。非法度之政不得入焉。’宣榭、宣宫、宣室、其训当同。《月令·仲夏》：‘可以居高明处台榭。’榭之名宣，盖取明扬。可证服虔‘宣扬威武’之说。而《公羊》只言‘宣宫’，未言‘宣庙’，不知《注》何以遽定为宣王之庙，并以所藏乐器为宣王中兴所作也。榭，杜预曰：‘无室曰榭。’谓屋歇前。李巡曰：‘台上有屋谓之榭。’则榭是台上之屋，居台而观临讲武，故无室而歇前。歇前者，无壁也。夫以无壁之榭而为乐器所藏，则《公》《谷》所云未可尽信也。”[⑥]今人亦有学者指出：“‘宣’字的动词意义更大，而不

① 刘正：《金文庙制研究》，中国社会科学出版社，2004年，第86页。
② （清）阮元校刻：《十三经注疏·礼记正义》，中华书局，1980年，第1689页。
③ （宋）吕大临：《考古图》，中华书局，1987年影印。
④ （南宋）薛尚功：《历代钟鼎彝器款识》，辽沈书社，1985年，第267~273页。
⑤ （清）阮元校刻：《十三经注疏·春秋左传正义》，中华书局，1980年，第1888页。
⑥ （清）吴式芬：《攈古录金文》卷三·二，北京图书馆出版社，2004年影印。

是名词的宣王之‘宣’。”[①]可见榭是建在高台上的建筑，宣榭最初名为宣射，其含义是讲武屋，亦即宣扬射功的地方。

关于宣榭与序、射庐、射宫、学宫、辟雍的关系，吴式芬考证说：“《尔雅》：‘榭亦谓之序。’《唐韵》：‘古者，序榭同，古从广从射。’”陈梦家先生也认为：“古音序和射是相同的。《尔雅·释宫》‘无室曰榭，’而《乡饮酒 》正义云‘无室谓之序，’是序与榭是一。”“序、射、廟、榭乃是一字一义所分衍。”“西周金文成周有宣廟，或作宣射，是廟从射声与序相通。《金文编》释廟为序，是正确的。”“射庐乃是新宫中习射之序，是在宫中东西厢的廊庑。序在宫中，故或曰射宫。”[②]或说：“‘射宫’即是‘宣射之宫’的省称。”“所谓宣榭，其本名为‘宣射，’是‘讲武屋’，而不是台榭之‘榭’。又名为‘射宫’，‘宣射宫’，‘射庙’，‘射圃’，‘射庐’，‘射’等”[③]。宋镇豪先生说：“学宫一称‘射庐’，相当文献的‘射宫’、‘辟雍’；‘射于大池’，大池为泽名，也称‘辟池’，可能是学宫或所谓辟雍所在的一个池泽处。”[④]我们认为榭即序，宣榭即射庐，亦即射宫，又称学宫或辟雍，在前文举证及引述中已经说明白了。

西周金文中的宣榭与序、射庐、射宫及学宫、辟雍的关系，已如上述。但是要弄清这些射礼场所彼此的相对位置与关系，首先还要弄清楚天子之大学辟雍的建筑布局。戴庞海说，辟雍“建于京城南郊（一说西郊）的开阔地上，四面环水，在中间岛形陆地上建学宫。学宫的四面还有 4 座教学建筑：东为东序，西为瞽宗，北为上庠，南为成均。这些建筑都在辟雍的四门，所以又叫四门学，是辟雍的组成部分。大学同时是养老、祭祀和举行各种典礼的场所。天子有时也来这里射箭或泛舟，所以又叫‘射庐’或‘大池’”[⑤]。这段关于辟雍建筑布局的表述是正确的，唯最后一句所说之因果关系则是不确切的。辟雍是该组建筑群的总名。学宫是大池中心岛上的建筑，也是整个辟雍的中心建筑，由于其地位突显，所以也往往由学宫来指代整个大学。《礼记·射义》孔颖达疏曰：“郑玄注‘大射于大学’。《仪礼》所陈多据畿外诸侯，即畿内诸侯或亦然也。其服无文，故用皮弁，以射在学宫。”[⑥]大学与学宫互换，说明直到汉唐时代人们仍然以学宫来指代大学。大池是岛周围的环形水域，天子常在这里泛舟行射。大池也就是文献上所说的泽，但《礼记·射义》郑玄注与《仪礼·乡射礼记》贾公彦疏均说泽为泽宫[⑦]，而这在

① 刘正：《金文庙制研究》，中国社会科学出版社，2004 年，第 106 页。
② 陈梦家：《西周铜器断代》，中华书局，2004 年，第 156 页。
③ 刘正：《金文庙制研究》，中国社会科学出版社，2004 年，第 106 页。
④ 宋镇豪：《从花园庄东地甲骨文考述晚商射礼》，《中国文物研究》2006 年第 1 期。
⑤ 戴庞海：《略论西周时期的礼仪教育》，《郑州大学学报》2006 年第 3 期；中国人民大学书报资料中心，《先秦、秦汉史》2006 年第 5 期。
⑥ （清）阮元校刻：《十三经注疏·礼记正义》，中华书局，1980 年，第 1689 页。
⑦ 参见（清）阮元校刻：《十三经注疏·礼记正义》、《仪礼注疏》，中华书局，1980 年，第 1689、1011 页。

金文上则是反映不出来的，金文所说都是在大池里直接行射的，故郑贾之释当属后起义。若从水域环境看，学宫倒是可以称为泽宫，而且与静簋铭“司射学宫”之记载也相吻合。

《孟子·滕文公上》曰：“设为庠、序、学、校以教之……序者，射也。”[①]因此作为教育机构与设施的射庐应是辟雍五学之一的东序的别称。《白虎通·辟雍》曰：“小学经艺之宫，大学者辟雍乡射之宫。”[②]由于学校可以称学宫、称宫，那么，行射的场所东序自然也可以称射宫，《仪礼·大射》郑玄注曰：“射宫在郊，以将还为入。”贾公彦疏曰：“案《乡射记》‘于郊则闾中’，郑玄云‘诸侯大学在郊’是诸侯大射所，故言入者射宫在郊，以将还为入也。”[③]《礼记·射义》孔颖达疏亦曰：“谓从郊入国也。”[④]说明射宫也确是在大学之中的。并不一定是说射庐建在宫中，才又称为射宫的，“周之小学在西郊”，“大学在郊”[⑤]，学宫建在郊外不也都可以称宫吗？

但射庐亦即射宫的确不止一个，而是有多个。辟雍有射宫，凡宫庙也皆有射宫。辟雍即天子之学中的射宫是贵族子弟学射和周王行射礼、选人才的专门地方，王宫中的射宫是周王习射礼或举行宾射和燕射礼的地方。各诸侯国亦有射宫，《周礼·天官·司裘》：“王大射则共虎侯，熊侯、豹侯，设其鹄。诸侯，则共熊侯，豹侯。卿大夫，则共麋侯。皆设其鹄。”郑玄注曰：“大射者，为祭祀射。王将有郊庙之事，以射择诸侯及群臣与邦国所贡之士可以与祭者。射者可以观德行，其容体比于礼，其节比于乐，而中多者得与于祭。诸侯，谓三公及王子弟封于畿内者，卿大夫亦皆有采地焉。其将祀其先祖，亦与群臣射以择之。凡大射，各于其射宫。”[⑥]此为诸侯之射宫，是诸侯国君习射和举行射礼的地方。

文献所述习射礼，还有行之州乡者。《周礼·地官·州长》：“春秋以礼会民，而射于州序。”郑玄注曰：“序，州党之学也。”[⑦]这说明乡学中也有射宫，是举行乡射礼的地方。

（二）射圃

金文还有射圃。南宫中鼎铭曰：“王应（居），才（在）射圃。”[⑧]翁祖庚考证

---

① （清）阮元校刻：《十三经注疏·孟子注疏》，中华书局，1980年，第2702页。
② （汉）班固撰，（清）陈立疏证，吴则虞点校：《白虎通疏证》，中华书局，1994年。
③ （清）阮元校刻：《十三经注疏·仪礼注疏》，中华书局，1980年，第1044页。
④ （清）阮元校刻：《十三经注疏·礼记正义》，中华书局，1980年，第1689页。
⑤ 《仪礼·大射》贾公彦疏，（清）阮元校刻：《十三经注疏·仪礼注疏》，中华书局，1980年，第1044页。
⑥ （清）阮元校刻：《十三经注疏·周礼注疏》，中华书局，1980年，第683页。
⑦ （清）阮元校刻：《十三经注疏·周礼注疏》，中华书局，1980年，第717页。
⑧ （南宋）薛尚功：《历代钟鼎彝器款识》南宫中鼎二、三，辽沈书社，1985年，第179、180页；（清）吴式芬：《攈古录金文》卷三·一南宫鼎，北京图书馆出版社，2004年影印。

癸未尊铭文时说："读此文者皆曰'王才圃'，予独谓是'王才庙'。庿，古庙字，见《仪礼·士冠礼注》：'《诗·清庙序》，《释文》本作庿。'古艸字亦作中。中从苗而外围四周之象，非庙而何？"[①]再参照宫庙建筑之构成皆有宣榭之建筑，知"射圃"即射庙，亦即宣榭、射庐。

（三）射日宫

金文还有射日宫。訇簋铭文曰："唯王十又七祀，王才（在）射日宫，旦，王各（格），益公入右訇。"（《集成》04321）"射日宫"，王辉先生认为是"周宫名，所在不详"[②]。唐兰先生认为射日宫即指射宫。[③]刘正先生说："金文中有所谓'射庐'一词，疑即是'射日宫'的简称。有'射'字说明了此宫的职能和'射'有关系。但是，它和'宣射'有何不同，存疑待考。在殷周时代，'射'可能并非男子专职，女子也会参加此活动。在射女壶铭文中，有'射女'一语可以为证。殷周时代女人习武习射参加战争和祭祀是常例。"[④]即怀疑射庐是射日宫的简称，又怀疑射日宫是女子习射的场所。然"射女"之射应是氏名，不是职业之称，故此当与女子行射无关。笔者认为射日宫应是举行与日月有关的巫术性射仪的场所。举行这种射仪的起因可能有两个。一是中国古代有关于后羿射日的传说，讲的是尧时妖孽作祟，十日并出，稼禾枯死，羿射去九日，为民除害。射日宫可能就是专门为降服妖孽、驱除烈日干旱天气而举行巫术性射箭仪式的场所，它是这一源自五帝时代的巫术性射礼在西周时期继续存在并有所发展的一个例证。二是古人对日食月食极为恐惧与重视，也有举行巫术性射箭仪式以救日月的做法。《周礼·秋官·庭氏》："则以救日之弓与救月之矢射之。"郑玄注曰："郑司农云'救日之弓，救月之矢，谓日月食所作弓矢。'玄谓日月之食，阴阳相胜之变也，于日食则射大阴，月食则射大阳与？"贾公彦疏曰："日食是阴胜阳，月食是阳胜阴，未至为灾，故云阴阳相胜之变也。所以救日月用弓矢射之者，郑以意推量。'日食则射大阴'者，以阴侵阳，臣侵君之象，故射大阴是其常，不足可疑。月食是阳侵阴，君侵臣之象，阳侵阴非逆，既用弓，不得不射，若射当射大阳，以是为疑，故云'月食则射大阳与'以疑之。"[⑤]《礼记·曾子问》有救日月用兵。[⑥]《穀梁传》庄公二十五年亦云："天子救日，置五麾，陈五兵五鼓。"范甯注曰："五兵，矛、戟、钺、楯、弓矢。"[⑦]由此分析，日食是阴侵阳，月食是阳侵阴。月食时则用弓箭射

① （清）吴式芬：《攈古录金文》卷22引，北京图书馆出版社，2004年影印。
② 王辉：《商周金文》，文物出版社，2006年，第167页注[10]。
③ 唐兰：《西周青铜器铭文分代史征》，中华书局，1986年，第426页。
④ 刘正：《金文庙制研究》，中国社会科学出版社，2004年，第154页。
⑤ （清）阮元校刻：《十三经注疏·周礼注疏》，中华书局，1980年，第889页。
⑥ （清）阮元校刻：《十三经注疏·礼记正义》，中华书局，1980年，第1394页。
⑦ （清）阮元校刻：《十三经注疏·春秋穀梁传注疏》，中华书局，1980年，第2387页。

太阳以使其不失衡，即画太阳以为侯靶而射之。射日宫也可能就是专门为月食时救月而举行巫术性射日仪式的场所，它是射日救月这一巫术性射仪在西周时期继续存在的一个例证。而《曾子问》、《穀梁传》所云，则是这一巫术性射仪的再演变形式。可见，由上述两种起因所举行的射日礼仪都是巫术性射礼。

三、其他文献所见射礼举行的地点与场所

在前述射礼诗篇之外，见诸其他文献的射礼举行地点与场所还有泽、射宫、郊、寝、朝等。

（1）泽、射宫、郊。泽又称泽宫，射宫又简称射，但金文中则不见这些名称。《礼记·射义》曰："是故古者天子之制：诸侯岁献贡士于天子，天子试之于射宫。"又曰："天子将祭，必先习射于泽。泽者，所以择士也。已射于泽，而后射于射宫。"郑玄注曰："泽，宫名也。"①《仪礼·乡射礼记》贾公彦疏云："天子有泽宫，又有射宫，二处皆行射礼者。"②从西周金文看，射礼就是在大池中举行的，并没有说到宫。泽实即辟雍大池，这与其字义也是一致的。《广雅·释地》："泽，池也。"《诗·周颂·振鹭》毛亨传曰："雝，泽也。"③《左传》宣公十二年曰："川雝为泽。"④可见泽是池是雝甚明。因此《礼记》原文所说的"泽"是对的，而郑玄把泽注释为"泽宫"，恐有不确。《礼记·燕义》曰："春合诸学，秋合诸射，以考其艺而进退之。"郑玄注曰："学，大学也。射，射宫也。"孔颖达疏曰："择士习射之宫也。"⑤知大学可简称学，射宫又可简称射。由于射宫在大学之中，而大学又在京城之郊，故学者也往往用郊学来指代射礼的举行地点与场所。《仪礼·大射》："公入骜。"郑玄注曰："此公出而言入者，射宫在郊。"贾公彦疏曰："天子射在虞庠，周之小学在西郊。⑥《礼记·射义》孔颖达疏曰："'公入骜'，射毕而云入……谓射在郊学也。"⑦《诗·小雅·宾之初筵》孔颖达又疏曰："《大射》云'公入骜'，注云'此公出而言入者，大射于郊。'《乡射记》曰'于郊则闾中'，注云'于郊谓大射于学'，则射宫者西郊之学也。"⑧《周礼·天官·掌次》贾公彦疏曰："天子大射六耦在西郊。"《春官·司服》贾公彦又疏曰："大射在西郊虞庠中。"⑨《说文·矢部》段玉裁也注曰："大射于泽、于射宫。射宫者，大学也。"⑩由此可见，虞庠、

① （清）阮元校刻：《十三经注疏·礼记正义》，中华书局，1980年，第1687、1689页。
② （清）阮元校刻：《十三经注疏·仪礼注疏》，中华书局，1980年，第1011页。
③ （清）阮元校刻：《十三经注疏·毛诗正义》，中华书局，1980年，第594页。
④ （清）阮元校刻：《十三经注疏·春秋左传正义》，中华书局，1980年，第1880页。
⑤ （清）阮元校刻：《十三经注疏·礼记正义》，中华书局，1980年，第1690页。
⑥ （清）阮元校刻：《十三经注疏·仪礼注疏》，中华书局，1980年，第1044页。
⑦ （清）阮元校刻：《十三经注疏·礼记正义》，中华书局，1980年，第1688页。
⑧ （清）阮元校刻：《十三经注疏·毛诗正义》，中华书局，1980年，第484页。
⑨ （清）阮元校刻：《十三经注疏·周礼注疏》，中华书局，1980年，第677、781页。
⑩ （汉）许慎撰，（清）段玉裁注：《说文解字注》，上海古籍出版社，1988年第2版，第226页。

学、大学、郊学、郊、西郊也已经成为举行射礼的地点与场所的代名词。

（2）文献中与射礼有关的还有寝。寝的起源可追溯到商代，在甲骨卜辞和金文中即屡有所见，如卜辞云："王去乍寝"（《珠》107），"乍王寝于口"（《前》4.15.5），"今二月宅东寝"（《燕》595），"于西寝，于东寝"（《京津》4345）。铜盂铭曰"寝小室"（《集成》10302），姛瓦爵铭曰"王赏姛瓦才寝"（《集成》09098），父乙鼎铭曰"庚午，王令寝庙"（《集成》02710）等。在西周金文中亦见于麦方尊铭"王以侯内（入）于寝"（《集成》06015），师遽方彝铭"王才周康寝，飨醴"（《集成》09897）等。西周初期天子的寝有六寝说和三寝说，其功用是"路寝以治事，小寝以时燕息焉"[①]。实际上，寝的作用除了燕息之外，还有一个作用就是燕射，所谓燕射就是在燕息时的习射活动。《仪礼·大射》"公入骜"郑玄注曰："燕不骜者，于路寝无出入也。"[②]《周礼·春官·大史》贾公彦疏曰："《乡射记》文云'君国中射皮竖中'者，谓燕礼在寝，则以皮竖兽形为中。"[③]《乐府诗集》综述《周礼·春官·大行人》说："凡正飨，食则在庙，燕则在寝，所以仁宾客也。"[④]因燕礼在寝中举行，而燕射也必在寝中举行，故《周礼·春官·司服》贾公彦疏曰："若燕射在寝。"《天官·掌次》贾公彦又疏曰："燕射三耦，在寝。"[⑤]《礼记·射义》孔颖达疏云："天子燕射则在寝，以诸侯燕于小寝。天子路寝之朝，谓之燕朝者，故知天子诸侯燕射在寝。"[⑥]清人段玉裁也说："燕射于寝。"[⑦]这些记载都说明寝是周王与诸侯国君举行燕射的地方。这可能是当初在王宫没有正式出现宣榭、射宫之前，射礼活动是在寝中进行的，到王宫有了举行射礼的专门场所之后，人们在燕射礼中仍还保留着这种习惯做法。

（3）文献中的射礼举行场所还有朝。《周礼·春官·司服》贾公彦疏曰："若宾射在朝。"《天官·掌次》贾公彦又疏曰："宾射亦六耦在朝。"[⑧]《说文·矢部》段玉裁注曰："天子诸侯宾射于朝。"[⑨]"朝"，即朝廷，是周王诸侯国君举行宾射礼的地方。

综上所述，举行射礼的地点在都城镐京、𦺇京、成周、下減居，以及周王行藉田礼的諆田、出巡的鲁、南征返回途中的坯。从地域来看，除个别的是周王外出的临时驻地外，大都是在京城地区的大学、王宫和行宫。其具体场所为辟雍的

① 《周礼·天官·宫人》郑玄注，（清）阮元校刻：《十三经注疏·周礼注疏》，中华书局，1980年，第675页。
② （清）阮元校刻：《十三经注疏·仪礼注疏》，中华书局，1980年，第1044页。
③ （清）阮元校刻：《十三经注疏·周礼注疏》，中华书局，1980年，第818页。
④ （宋）郭茂倩编：《乐府诗集》卷第十三《燕射歌辞一》，中华书局，1979年，第181页。
⑤ （清）阮元校刻：《十三经注疏·周礼注疏》，中华书局，1980年，第781、677页。
⑥ （清）阮元校刻：《十三经注疏·礼记正义》，中华书局，1980年，第1689页。
⑦ （汉）许慎撰，（清）段玉裁注：《说文解字注》，上海古籍出版社，1988年第2版，第226页。
⑧ （清）阮元校刻：《十三经注疏·周礼注疏》，中华书局，1980年，第781、677页。
⑨ （汉）许慎撰，（清）段玉裁注：《说文解字注》，上海古籍出版社，1988年第2版，第226页。

大池、𣶃池、𤙭池、学宫、东序，藉礼举行现场，下減的行宫，成周周新宫的射庐，周邵宫、周庙的宣榭，以及射庙、射日宫、泽、射宫、寝、朝。其中大池即泽，宣榭亦称射庐、射宫、射庙、东序。除个别是临时张设的外，其余大都是学校、宫庙建筑结构所必有的设施（表 2-1）。这也说明在西周时期射礼主要是风行于社会上层的。

表 2-1　西周射礼举行地点与场所一览表

射礼种类	举行地点与场所	资料出处
大射礼	周即镐京	柞伯簋
	鲁	义盉盖
	周都镐京的泽	《诗·行苇》、《礼记·射义》
	周都的射宫	《礼记·射义》
	郊	《周礼·掌次》与《司服》贾公彦疏、《仪礼·大射》郑玄注、《诗·宾之初筵》孔颖达疏、段玉裁《说文解字注》
射牲礼	𦟝京的辟池	伯唐父鼎
燕射礼	藉田礼的现场諆田	令鼎
	南征返回途中的坯地	噩侯驭方鼎
	周都镐京的祖庙	《宾之初筵》
	寝	《周礼·大行人》、《司服》与《掌次》贾公彦疏、《仪礼·乡射记》、《大射》郑玄注、《礼记·射义》孔颖达疏、段玉裁《说文解字注》
宾射礼	𦟝京的辟雍大池	麦方尊
	穆王行宫下減居	长由盉
	朝	《周礼·司服》与《掌次》贾公彦疏、段玉裁《说文解字注》
学射	𦟝京学宫与辟雍大池	静簋
周王习射	周新宫的射庐	十五年趞曹鼎、师汤父鼎、匡卣
	周邵宫中的宣射（宣榭）	䣄簋
	周庙中的宣廟（宣榭）	虢季子白盘
	周庙中的射宫	《礼记·射义》孔颖达疏
	射圃（射庙）	南宫中鼎
射鱼礼	𦟝京大池	通簋
	𦟝京𣶃池	井鼎
	𤙭池	公姞鬲
巫术性射礼	射日宫	匍簋

第四节 西周射礼的盛行时期与仪式内容

通过对上述金文和文献资料的考释论证，使我们了解到西周射礼的一些基本情况，一方面后世文献的有些记载与金文相合，另一方面金文资料也记录了一些不同于后世文献的内容，从而使我们获得了不少新的认识。

一、西周射礼的盛行时期

综上所述，有关西周射礼的金文资料共 14 例，其中属于成康时期的两例，昭穆王时期的八例，共懿王时期的三例，厉王时期的一例。文献材料共五例，其中属于武王时期的有三例，成王时期的一例，幽王时期的一例。由此可见，射礼在整个西周时期都非常流行，尤以昭穆王时期最为盛行。

二、西周射礼举行的季节

西周大射礼举行的时间，柞伯簋记为八月，义盉盖记为十一月，《行苇》记为芦苇“方苞方体，维叶泥泥”，即刚发芽的时候。按季节分别属于秋季、冬季和春季。《周礼·地官·州长》：“春秋，以礼会民而射于州序。”①知所谓州党之乡射礼是在每年的春秋两季举行的。又《冬官·梓人》：“张皮侯而栖鹄，则春以功。”金鹗曰：“春以功，盖谓大射在春。”②《诗·大雅·灵台》孔颖达正义引《五经异义》：《韩诗说》云“辟雍者……所以教天下春射秋飨”③。《全后汉文》、《初学记》亦均曰：“喜喜济济，春射秋飨。”④《说文·矢部》：“矦，春乡所射侯也。”段玉裁注曰，“廱下曰‘天子飨饮辟廱也’，泮下曰‘诸侯飨射泮宫也’，飨皆谓养老也。古者乡饮、乡射必联类而行……不言祭但言飨，举飨以赅祭也。不言秋但言春，何也？举春以赅秋也。廱下但言飨不言射，举飨以赅射也。”《广部》：“廱，天子飨饮辟廱。”段玉裁注曰：“《韩诗说》‘辟廱，所以教天下春射秋飨，尊事三老五更。’许但云飨饮者，举乡饮以该乡射也。”《水部》：“泮，诸侯飨射之宫。”段玉裁注曰：“廱篆下曰‘天子飨饮辟廱’，亦谓乡饮酒，不言射者，言飨以关射。”知飨为飨射之省，飨包含射。既然乡饮酒礼之后必将举行乡射礼，文献中又有射

① （清）阮元校刻：《十三经注疏·周礼注疏》，中华书局，1980 年，第 717 页。
② 杨天宇：《周礼译注》，上海古籍出版社，2004 年，第 659 页及注[2]。
③ （清）阮元校刻：《十三经注疏·毛诗正义》，中华书局，1980 年，第 524 页。
④ （清）严可均辑：《全后汉文》卷第五十李尤《辟雍赋》，见严可均编：《全上古三代秦汉三国六朝文》，中华书局，1995 年；（唐）徐坚等撰：《初学记》第十三卷礼部上《明堂六》，中华书局，2004 年第 2 版，第 329 页。

前必燕之说，金文长由盉、令鼎、鄂侯驭方鼎铭也都是飨醴、觞饮、飨宴之后行射的，故推测秋飨之后也要举行射礼。《后汉书·循吏传》曰：秦彭“迁山阳太守，以礼训人，不任刑罚。崇好儒雅，敦明庠序。每春秋飨射，辄修升降揖让之仪”[①]。知自汉代以来人们就认为“春射秋飨”即春射秋射，亦即春秋飨射。前引《诗·行苇》与柞伯簋铭所记大射之季节正与此相合，这说明大射礼与乡射礼一样，都是每年定期在春秋两季举行的。《周礼·夏官·司弓矢》：“仲春献弓弩，仲秋献矢箙。”[②]又《夏官·诸子》、《礼记·燕义》皆云：“春合诸学，秋合诸射，以考其艺而进退之。”[③]都应与春秋两季的射事有关。据此我们认为柞伯簋记录的大射礼是周天子每年定期于秋季举行的射礼，即“秋射”。《行苇》记载的大射礼是每年定期于春季举行的射礼，即“春射”。静簋铭所记六月命司射，八月𠨘射于大池，亦当与秋季之大射有关，可能是秋季大射前的预选拔赛。而义盉盖铭所记之大射礼则是周王巡狩东方时根据政治形势的需要而在鲁临时举行的，故不合于春秋季节之常例。而西周周王习射的时间，因是射礼前的准备，故也有一定的规律。匡卣记为四月、十五年趞曹鼎记为五月，师汤父鼎铭记为十二月，可能也与准备春秋两季的春射、秋射有关。

西周燕射礼举行的时间，令鼎记为春耕或耨耘或收获时的藉礼觞饮之后，鄂侯驭方鼎记为周王南征返回之时，《宾之初筵》记为“殽核维旅”即干果收获的季节。可见燕射没有固定的时间，主要视燕礼之需要而定。西周射牲礼举行的时间，伯唐父鼎铭虽无记录，但可以肯定也是因祭祀而举行的。

西周宾射礼举行的时间，麦方尊记为二月，长由盉记为三月。《礼记·王制》曰：“诸侯之于天子也，比年一小聘，三年一大聘，五年一朝。”郑玄注曰：“比年，每岁也。小聘，使大夫；大聘，使卿；朝，则君自行。然此大聘与朝，晋文霸时所制也。虞夏之制，诸侯岁朝。周之制，侯、甸、男、采、卫、要服六者各以其服数来朝。”谓周制侯服一年一朝，甸服二年，余递加一年。[④]此制亦见于《周礼·秋官·大行人》，其文曰：“春朝诸侯而图天下之事，秋觐以比邦国之功，夏宗以陈天下之谟，冬遇以协诸侯之虑，时会以发四方之禁，殷同以施天下之政。”“邦畿方千里。其外方五百里谓之侯服，岁壹见，其贡祀物。又其外方五百里谓之甸服，二岁壹见，其贡嫔物。又其外方五百里谓之男服，三岁壹见，其贡器物。又其外方五百里谓之采服，四岁壹见，其贡服物。又其外方五百里谓之卫服，五岁壹见，其贡材物。又其外方五百里谓之要服，六岁壹见，其贡货物。九州之外

① （南朝宋）范晔撰，（唐）李贤等注：《后汉书·循吏传·秦彭》，中华书局，1965年，第2467页。
② （清）阮元校刻：《十三经注疏·周礼注疏》，中华书局，1980年，第855页。
③ （清）阮元校刻：《十三经注疏·周礼注疏》，《礼记正义》，中华书局，1980年，第850、1690页。
④ （清）阮元校刻：《十三经注疏·礼记正义》，中华书局，1980年，第1327页。

谓之蕃国，世壹见，各以其所贵宝为挚。”郑玄注曰：“其朝贡之岁，各方各四分趋四时而来，或朝春、或宗夏、或觐秋、或遇冬。”[①]《左传》文公四年宁武子曰：“昔诸侯朝正于王，王宴乐之。”杜预注曰：“朝而受政教也。”[②]杨伯峻注曰：“谓以正月朝贺京师也。”[③]李梦生亦注曰：“朝正：正月朝贺。”[④]即谓周代诸侯正月去京师朝见天子。麦方尊、长由盉铭所记之射礼，可能就是邢侯、邢伯春季朝见周王期间举行的。

西周射鱼礼举行的时间，遹簋记为六月，井鼎记为七月，公姞鬲铭记为十二月，其季节分别为夏季、秋季和冬季。这与《春秋》隐公五年、《周礼・天官・渔人》、《管子・禁藏篇》与《轻重己篇》所说的春矢鱼献牲，以及《吕氏春秋・季春纪》及《季冬纪》、《礼记・月令》、《淮南子・时则训》所说的季春之月天子始乘舟荐鲔于寝庙、季冬之月天子射鱼荐寝庙是不完全相同的。贾公彦为《渔人》作疏曰：“取鱼之法，岁有五：案《月令・孟春》云‘獭祭雨’，此时得取矣。一也。《季春》云‘荐鲔于寝庙’，即此所引者。二也。又案《鳖人》云‘秋献龟鱼也’（三也）。《王制》云‘獭祭鱼，然后虞人入泽梁’，与《孝经纬・援神契》云‘阴用事，木叶落，獭祭鱼’同时，是十月取鱼。四也。獭则春冬二时祭鱼也，案《潜》诗云‘季冬荐鱼’，与《月令》‘季冬渔人始鱼’同。五也。是一岁三时五取鱼，唯夏不取。”[⑤]即一年之中的春、秋、冬三时，孟春、季春、秋、十月（孟冬）、季冬五取，只有夏季不取。这说明西周时期人们对鱼夏季产卵的重要性认识还不够，季春之月射鱼的观念还没有形成。

过去，由于文献中有“春射秋飨”等记载，学者多主张射礼在春天举行。后来有学者虽指出“金文所反映的情况与此不同”，所记举行射礼的时间没有固定的月份，“这些月份几乎贯串一年，是无论哪个季度也不可能全包括进去的”。但也只是认为“文献中所说的‘春射’可能是指王室每年例行的宫中射礼，这种射礼有可能固定在一年的某个季节进行”[⑥]。而对秋飨并未作进一步的思考。现通过对西周各种射礼举行时间的对比分析，不仅使“春射秋飨”有了一个完整的解释，而且还认识到西周时期的射礼，有些是在每年固定的季节举行的，有些则是因事而随时随地举行的。后世文献中的有些记载在西周时期已经形成，有些在西周时期则是不存在的，这也从一个方面反映了西周时期的射礼与其以后的射礼的不同。

---

① （清）阮元校刻：《十三经注疏・周礼注疏》，中华书局，1980年，第890、892页。
② （清）阮元校刻：《十三经注疏・春秋左传正义》，中华书局，1980年，第1841页。
③ 杨伯峻：《春秋左传注》（修订本），中华书局，1990年第2版，第535页。
④ 李梦生：《左传译注》，上海古籍出版社，2004年新1版，第353页注[4]。
⑤ （清）阮元校刻：《十三经注疏・周礼注疏》，中华书局，1980年，第664页。
⑥ 刘雨：《西周金文中的射礼》，《考古》1986年第12期。

三、西周射礼的参加人员及其身份

如表2-2所示，西周大射礼的参加者，柞伯簋记录的是周王主持，南宫、师醬父分别率王多士即王子弟中得爵之士、王臣竞射，义盉盖记录的是义辅助周王佮异邦国君、诸侯国君、正长、掌事官员行大射礼，《行苇》记录的是周王和族人比射。西周射牲礼仪的参加者，伯唐父鼎记录的是周王乘舟行射，伯唐父兼任小宗伯、舟牧之职。西周燕射礼的参加者，令鼎记录的是周王、掌事官员、负责守卫周王安全的军事长官、贵族子弟佮射，噩侯驭方鼎记录的是噩侯驭方匹合周王耦射，《宾之初筵》描绘的是周王与族人进行的燕射。西周宾射礼的参加者，麦方尊记录的是周王、邢侯及其臣属麦乘舟行射，长由盉记录的是长由佑助邢伯、大祝、穆王竞射。在学宫学射者，静簋记录的是贵族子弟、服、小臣、夷仆等职官与执事人员，教官是小臣静，与周王佮射者有吴桒、吕犅、豳师、葢师、邦国之君。陪侍周王习射乐舞者，金文记录的有周王的史官趞曹、师汤父、匡。西周射鱼礼的参加者，井鼎记录的是井侍从周王渔，遹簋记录的是遹侍御穆王行渔礼，公姞鬲记录的是王后命子仲行渔礼。与后世礼书记载的射礼相比照，以上射礼大都有周王参加或主持，是为“主”。与其相对的“宾”多是邦君、诸侯和族人，如柞伯、邢侯、邢伯、吴桒、吕犅、噩侯等。参与陪射的多为周王的正长和有司，如大祝、师氏、史、作册、小子、小臣、服等。有时也由夷仆等匹耦比射。射礼一般由小臣作司射。[①]可见能够参加射礼的人员，身份地位都比较高，上至周王、封国诸侯、归附邦国首领，下至贵族子弟、臣僚执事人员。从参加射礼的人员的成分看，虽然会有一些社会下层的贤能之人，被选拔出来作为贡士参加射礼，但就总体而言，其主体是统治者贵族。这说明西周时期的射礼只是在统治者贵族阶层，即在以他们为代表的社会上层广为流行，并没有社会化。同时，这也从一个方面说明西周时期确实是“礼不下庶人”的。

四、西周射礼的行射方式

西周射礼的举行场所，除大池、㝱池、泽为水泽处外，其余都是陆地上的建筑设施，据此可把西周时期的射礼分成陆射和水射两种行射方式。西周时期的射礼大多数都是在陆上举行的，如柞伯簋、令鼎、长由盉、义盉盖、十五年趞曹鼎、匡卣、师汤父鼎、噩侯驭方鼎等铭文及《行苇》和《宾之初筵》所记射礼就是在陆地上举行的。麦方尊、静簋、遹簋、井鼎、公姞鬲、伯唐父鼎等铭文所记射礼则是在水上举行的，而且从麦方尊铭看，水射的行礼者是乘舟行射的。楚簋铭“内史尹氏册命楚……司莽啚官内师舟”（《集成》04246~04249），也说明当时莽京辟

① 刘雨：《西周金文中的射礼》，《考古》1986年第12期。

表 2-2 西周射礼参加者及其身份一览表

射礼种类	主持者	参射者	身份	资料出处
大射礼	周王主持； 南宫、师曶父率队	小子（王多士）、小臣	王子弟中得爵之士、王臣	柞伯簋
		周王、邦君、诸侯、正、有司、义	异邦国君、诸侯国君、正长、掌事官员	义盉盖
		周王、族人		行苇
射牲礼		周王、伯唐父	伯唐父兼小宗伯、舟牧	伯唐父鼎
燕射礼		周王、有司、师氏、小子	掌事官员、负责王安全的军事长官、贵族子弟	令鼎
		周王、噩侯驭方	驭方为归服周朝的异邦国君	噩侯驭方鼎
		周王、族人		宾之初筵
宾射礼		周王、邢侯、麦	麦为史官作册	麦方尊
		穆王、邢伯、大祝、长甶	大祝为周王属官，长甶为陪射	长甶盉
学射	王令静司射学宫	小子、服、小臣、夷仆学射； 周王、吴𣚴、吕犅、豳师、莁师、邦君射	贵族子弟、职官、执事人员、异邦国君； 静为小臣	静簋
习射		周王、趞曹	趞曹为史官	十五年趞曹鼎
		周王、师汤父	师汤父为陪射	师汤父鼎
		懿王、匡	匡为乐师	匡卣
射鱼礼		周王、井	井为侍从	井鼎
		穆王、遹	遹为陪侍	遹簋
	天君指使	子仲		公姞鬲

雍大池确有数量不少的舟船，并设有专门的官员来管理的。早在20世纪40年代，陈梦家先生就曾从字源上对商周射礼的行射场所作了探讨，并把商周射礼分为陆射、水射，认为“序庠塾堂是陆上习射的地方，而水上习射的地方是辟雍”。“前者是田的准备，后者是渔的准备，所以也可以说学校起于古人对于田渔的技术的

准备或练习。”[①]刘雨先生也承其说，认为西周时期有“水陆两种射礼”[②]。今天看来，这种说法是不无道理的。作为射礼，陆射与水射有相同之处，也有不同的地方。由噩侯驭方鼎铭、《行苇》、《宾之初筵》可知陆射多为射“侯”，而水射则为实射动物，如大鸿、鱼、绂、虎、貉、鹿、狼等。这是二者最大的不同。由静簋铭知水射也是“䠶射”，此则与陆射相同。传世文献认为水射是习射而不是正射，如《礼记·射义》：“天子将祭，必先习射于泽……而后射于射宫。”[③]《诗·小雅·宾之初筵》孔颖达疏曰：“泽宫言习射，则未是正射，射于射宫，乃行大射。”[④]到清代段玉裁给《说文解字》作注时才提出：“大射于泽、于射宫……《王制》曰‘王亲视学’，注云‘谓习射、习乡以化之’。习射即大射，习乡即养老。此天子大射而养老之证也。”[⑤]不仅把泽与射宫一样作为举行大射礼的场所，而且还明确指出习射就是大射。刘雨先生也指出：“一般文献认为‘水射’不是正式的射礼，而是‘习射’……从金文的情况看，周天子与邦君诸侯隆重地在葊京辟雍大池中射鱼射雁，其射并不像是习射，而是射礼的一种。”[⑥]的确这样，无论如何，麦方尊、静簋、伯唐父鼎铭所反映的都不是习射，而是正式举行的射礼活动。总之，陆上射礼与水上射礼既有区别，又有相同之处，二者都是正射。尤其是水上射礼，后世礼书无载，其他文献也很少有具体的记载，今赖金文才使我们对这一射礼有了一些新的认识。

五、西周射礼的仪节内容

西周射礼的具体仪节，金文与传世文献记载的都不全面，而且已记者也都非常简略。但这些却是当时行礼情况的真实记录，故有必要分类作一归纳总结。

西周时期大射礼的仪节内容，柞伯簋铭记为六项，即周王命有司率队即射手亦即上下耦入场；陈放奖品；周王致辞训话，内容主要是向竞射者宣布获得奖品的条件与要求；比耦而射；宣布竞射的最终结果；周王向优胜者颁发奖品，包括颁发射前设立的奖品和新增加的奖励。义盉盖铭记为四项，即召集参射人员，包括参加大射礼的竞射者和参与大射礼的执事人员；匹合射耦；比射；赏赐，即奖赏执事人员。《行苇》记为六项，即先行燕飨之礼，包括肆筵、授几；献酢；歌咢；次行射礼，包括比射；序宾，而序宾又包括序宾以贤和序宾以不侮；再行燕饮，以敬事养老。西周时期的射牲礼，因祭祀对象和方法不同，其具体仪节也不一样。

① 陈梦家：《射与郊》，《清华学报》1941年第1期。
② 刘雨：《西周金文中的射礼》，《考古》1986年第12期。
③ （清）阮元校刻：《十三经注疏·礼记正义》，中华书局，1980年，第1689页。
④ （清）阮元校刻：《十三经注疏·毛诗正义》，中华书局，1980年，第484页。
⑤ （汉）许慎撰，（清）段玉裁注：《说文解字注》，上海古籍出版社，1988年第2版，第226页。
⑥ 刘雨：《西周金文中的射礼》，《考古》1986年第12期。

按伯唐父鼎铭的记载，其仪节内容是周王在莾京行祼祭礼；周王在辟雍行桒祭礼，即祓祭辟雍大池之舟；临舟龙；告备；王乘辟舟；桒祭白旗；在大池里射牲，包括射牛牲、虎牲、貉牲、鹿牲、狼牲；勉励、赏赐执事人员。共八项仪节内容。西周时期燕射礼的仪节内容，令鼎铭文记为五项，即周王先行藉田礼；王飨宴臣下；王举行射礼，掌事官员与军事长官、贵族子弟匹耦卿射；王令人与马车竞跑，包括周王宣布竞跑奖励；兑奖。噩侯驭方鼎铭记为七项，即先行觐见礼，噩侯驭方献酒于周王；次行燕礼，王祼驭方；驭方酢王；再行射礼，驭方卿王射；宣布上下耦的比射结果；饮罚酒；最后是赏赐，王亲赐驭方。《宾之初筵》前二章陈古燕射之礼，其仪节内容有十项，即先行燕礼，举酬饮酒；燕射，包括张侯；众耦竞射；饮罚酒；奏乐起舞，以娱神乐宾；复射，包括众耦射；来宾自由匹耦而射；主人与宾客耦射；饮罚酒；饮庆胜酒。次二章及最后一章虽然主要是言时王燕礼之废失，但也涉及一些仪节，如燕饮，饮酒以三爵为度；舞蹈；立监即司正，以督察礼仪；立史，以记载宴会进展情况等。西周时期宾射礼的仪节内容，麦方尊铭记为九项，即邢侯到镐京朝见周王；王在莾京行祼祭礼；行肜祭礼；王在辟雍乘舟为大礼——王乘舟；王射，即王射大鸿并擒获之，邢侯乘赤旗舟跟随；赏赐，包括王在寝宫赏赐侯；在庣赏赐侯；邢侯从镐京返回封国后举行告庙之祭；邢侯赏赐从者。长由盉铭记为四项，即邢伯到下減居觐见穆王；穆王举行飨醴宴会；又举行射礼，通过比射以考察邢伯是否恭敬不伪；周王夸赞属下。西周时期贵族子弟学射的仪节内容，静簋铭记载的是周王任命学宫的司射，贵族子弟及有关职官与执事人员学射；周王抽选学生在辟雍大池卿射，以考核其教学效能；对教官的教射水平进行评价并给予赏赐。西周时期射鱼礼的仪节内容，井鼎铭文记为两项，即周王在㵄池举行渔礼，包括王渔，呼井从渔；赏赐侍从鱼。遹簋铭文记为三项，即周王在辟雍大池举行渔礼；周王又举行飨酒礼，遹侍御周王；周王赏赐侍御者酒。公姞鬲铭记为三项，即子仲在㵄池行渔礼；王后夸赞公姞；使人赏赐公姞鱼。另外，从周王习射的情况看，西周时期的射礼还应有起象舞象乐之仪节内容。以上各种射礼的仪节从两项到十项不等，与《仪礼》所记乡射礼和大射仪各有五十个左右的仪节相比，显然要少许多，当然其实际情况也许并不止这些。即使如此，也足以说明西周时期射礼的仪节内容已经相当复杂了。

第五节 西周射礼的性质与特点

西周时期各种射礼的性质较为明确，特点也比较突出。其中有些是商代就已经形成而西周仍在延续的，有些则是西周时期才形成的，反映了西周射礼对商代射礼的继承与发展。

一、西周射礼的性质与目的

西周时期不同种类的射礼，其性质与目的是不一样的，现择其要者归纳为以下几个方面。

（一）西周射礼与巫术诅咒

西周时期，巫术之风仍然存在。武王克商时的亲射商王妾自杀场所、西周初年的太公望射叛逆丁侯画像等，都带有非常明显的巫术性质。考虑到我国古代射礼原本就是起源于原始社会的巫术，在后来的发展演变中又被各种礼射所吸纳融合，并最终改造成射礼的一个组成部分，故我们把这一类的射事活动称之为巫术性质的射礼。举行巫术性射礼的目的，潘振注《克殷解》说，武王“往商受自焚之处，乃急射之，防奸也”[①]。《玉篇·女部》：“奸，奸邪也。”按“奸”有奸诈、邪恶之意。殷纣自焚而死，时人皆知，不当有诈。此应作邪恶讲。射乃是武王所作的一系列巫术仪式之一，由于殷纣荒淫无度，生有恶行，周人认为其死后则会变成恶鬼而害于人，故武王射之三发，企图借助巫术之法力，以厌胜辟邪，驱除纣及二妾之阴魂恶气。太公望射丁侯画像的做法，也是借助巫术诅咒的力量，逼迫不朝的丁侯举国称臣，并以此来惩罚叛逆诸侯，威慑镇服四夷，使他们老老实实地服从周王朝的统治。

（二）西周射礼与军事训练

西周时期弓箭是最重要的武器之一，《周礼·夏官·司弓矢》曰：“凡矢，枉矢、絜矢利火射，用诸守城、车战。杀矢、镞矢用诸近射、田猎。矰矢、茀矢用诸弋射。恒矢、痹矢用诸散射。”郑玄注曰：散射，“谓礼射及习射也”[②]。《尚书·费誓》鲁公曰：“徂兹，淮夷、徐戎并兴。善敹乃甲胄，敿乃干，无敢不吊！备乃弓矢，锻乃戈矛，砺乃锋刃，无敢不善……甲戌，我惟征徐戎。”[③]《诗·鲁颂》的《泮水》、《閟宫》记鲁僖公战淮夷、击北狄和西戎的情景时也说：“角弓其觩，束矢其搜。戎车孔博，徒御无斁。既克淮夷，孔淑不逆。”“公车千乘，朱英绿縢，二矛重弓。”郑玄笺曰：“兵车之法，左人持弓，右人持矛，中人御。”[④]可见弓箭在进攻、防守与车战中都是不可或缺的兵器，弓箭手是古代车战的基本组合。尤

① 黄怀信、张懋镕、田旭东撰，黄怀信修订，李学勤审定：《逸周书汇校集注》（修订本），上海古籍出版社，2007年，第346页。

② （清）阮元校刻：《十三经注疏·周礼注疏》，中华书局，1980年，第856页。

③ （清）阮元校刻：《十三经注疏·尚书正义》，中华书局，1980年，第255页。

④ （清）阮元校刻：《十三经注疏·毛诗正义》，中华书局，1980年，第612、616页。

其是兵车在古代是很有威力的作战工具，其数量的多少一直都是衡量一个诸侯国强盛与否的标志。《左传》襄公三十一年子产说：“譬如田猎，射御贯，则能获禽。”[①]经常不断地举行田猎无疑是一种军事演习，而除田猎之外，举行射礼也是一种军事训练。柞伯簋铭说柞伯在大射礼上的竞射结果是“十称弓，无废矢”。其矢射中之状态，单就本铭则无法知晓，但可从商代射礼模型作册般铜鼋推知。该模型所展示的矢射中的状态是四支箭皆贯入鼋体，仅露尾羽，显示出商王惊人的臂力和精湛的射技。鼋铭也有“亡废矢 ”之评语，因此柞伯簋的矢射状态，应该与铜鼋模型所展示的状态差不多。《诗·大雅·行苇》所记大射礼的情景是“敦弓既坚，四鍭既钧；舍矢既均，序宾以贤。敦弓既句，既挟四鍭。四鍭如树，序宾以不侮”[②]。敦弓即雕弓，是周天子用的弓。据《司弓矢》所讲，“王弓、弧弓以授射甲革、椹质者”，即王弓、弧弓与甲革、椹质是一套组合的射器。王弓、弧弓是六弓中最强的两种弓。郑玄注曰：“甲革，革甲也。”即以皮革为甲，用作射箭的靶子。椹质即砧板，是以椹板来作射箭的靶子。郑玄注曰：“质，正也。树椹以为射正。”之所以用甲革和椹质做射箭的靶子，郑玄注说是“射甲与椹，试弓习武也”[③]。鍭矢，据《司弓矢》及郑玄注，知这一类矢镞的分量较重，重心在前，利于中深，“用诸近射”，即“可以司候射敌之近者及禽兽”[④]。比射用鍭矢是周初及周先王时之礼，以鍭矢为射，当重在比武功。此与周公制礼后的射礼主于礼乐自然是不同的。“四鍭如树”是指每次射出的四支箭都能竖立在靶子上，所显示的也是惊人的臂力和射艺。上举两例均为西周早期以前的大射礼，这种以宣扬射技武功为目的的竞射比赛显然应是军事训练。另外，从与周王一同在射庐参加射礼并有上好表现的趞曹、师汤父受赐弓矢的情况看，它与西周金文中周王以弓矢奖励军功的情况比较接近。“‘射庐’中的习射者表现优异者即可得到与实战时‘折首执讯’相类同的奖赏，意味着习射的成绩可以套用军功标准来衡量。这种习射无疑也是纯粹的军事训练。”[⑤]

射也是西周学校的军事训练课。西周时期无论国学或是乡学，都以六艺为基本教学内容。《周礼·地官·大司徒》：“以乡三物教万民，而宾兴之。一曰六德：知、仁、圣、义、忠、和。二曰六行：孝、友、睦、姻、任、恤。三曰六艺：礼、乐、射 、御、书、数。”郑玄注曰：“礼，五礼之义。乐，六乐之歌舞。射，五射之法。御，五御之节。书，六书之品。数，九数之计。”又《保氏》述其职曰：“……养国子以道。乃教之六艺：一曰五礼，二曰六乐，三曰五射，四曰五驭，五曰六

① （清）阮元校刻：《十三经注疏·春秋左传正义》，中华书局，1980 年，第 2016 页。
② （清）阮元校刻：《十三经注疏·毛诗正义》，中华书局，1980 年，第 534~535 页。
③ （清）阮元校刻：《十三经注疏·周礼注疏》，中华书局，1980 年，第 855 页。
④ （清）阮元校刻：《十三经注疏·周礼注疏》，中华书局，1980 年，第 856 页。
⑤ 胡新生：《西周时期三类不同性质的射礼及其演变》，《文史哲》2003 年第 1 期。

书，六曰九数。乃教之六仪：一曰祭祀之容，二曰宾客之容，三曰朝廷之容，四曰丧纪之容，五曰军旅之容，六曰车马之容。”郑玄注引郑司农云：“五射，白矢、参连、剡注、襄尺、井仪也。”贾公彦疏曰：“云白矢者，矢在侯而贯侯过，见其镞白；云参连者，前放一矢，后三矢连续而去也；云剡注者，谓羽头高镞低而去，剡剡然；云襄尺者，臣与君射，不与君并立，襄（让）君一尺而退；云井仪者，四矢贯侯，如井之容仪也。”[①]惠士奇亦引《列子·仲尼篇》以申贾义曰：“善射者，能令后镞中前括，发发相及，矢矢相属，前矢造准而无绝落，后矢之括犹衔弦，视之若一焉，是为参连。”[②]可见射与御都是当时学校的军事训练课程，在五种射法中，白矢，重在训练拉弓的臂力；参连，重在训练发射的速度；剡注，重在训练发力猛锐，使箭能贯物而过；襄尺，重在培养谦让之品德；井仪，重在训练箭法之准确。这些都是古代将士所必须具备的素质。其中虽有表演的成分，但训练武功则是主要的，也是非常明确的。除了传授和培养有关的知识、技能外，还着重与礼、乐之教相配合。西周金文如令鼎铭文的“王射”、“王驭”，静簋铭文的“王命静司射学宫，小子眔服、眔小臣、眔夷仆学射……静教无尤”，也证明射、御是贵族子弟所必修的军事训练科目。虽然铭文本身还看不出学射的是否为五种射法，但射为学校的教学内容则甚为明确。而且，若从作册般铜鼋的四矢皆贯穿鼋体并呈井字形分布、《行苇》的“四鍭如树”、《仪礼·乡射礼记》的“君射则为下射，上射退于物一笴（三尺），既发则答君而俟”、《大射仪》的司射“由下物少退”、“公将射，则宾……升自西阶，先待于物北一笴，东面立”[③] 等情况来看，《周礼》所载的五种射技，在射礼中也大都是可以反映出来的。同时，从西周金文还可以看出，当时对贵族子弟的射箭训练非常严格，周王对射箭的教练也十分重视，不仅亲自任命教官，还亲自考验教学效果。而考验比射的场所又选在辟雍大池，这种难度更高、实战性更强的水射，也更能达到军事训练的目的。

（三）西周射礼与人才选拔

西周射礼有选拔人才的性质。《周礼·地官·乡大夫》之职曰：“三年则大比，考其德行、道艺，而兴贤者、能者。乡老及乡大夫帅其吏与其众寡，以礼礼宾之。厥明，乡老及乡大夫群吏献贤能之书于王，王再拜受之，登于天府，内史贰之。退而以乡射之礼五物询众庶：一曰和，二曰容，三曰主皮，四曰和容，五曰兴舞。此谓使民兴贤，出使长之；使民兴能，入使治之。”郑玄注云：郑司农谓“射，所

① （清）阮元校刻：《十三经注疏·周礼注疏》，中华书局，1980 年，第 707、731 页。
② 转引自杨天宇：《周礼译注》，上海古籍出版社，2004 年新 1 版，第 200 页注[3]。
③ （清）阮元校刻：《十三经注疏·仪礼注疏》，中华书局，1980 年，第 1012、1035、1039 页。

以观士也。”[①]这是把乡中选出的贤能者当作宾客来礼敬，以示尚贤，然后进献于诸侯国君或天子，并通过举行乡射礼，从五个方面观察、征询众人的意见。《礼记·射义》曰：“是故古者天子之制：诸侯岁献贡士于天子，天子试之于射宫，其容体比于礼，其节比于乐，而中多者，得与于祭；其容体不比于礼，其节不比于乐，而中少者，不得与于祭。”郑玄注云：“岁献，献国事之书及计偕物也。三岁而贡士，旧说云：大国三人，次国二人，小国一人。”贾公彦疏云：“诸侯三年一贡士于天子也。”《射义》又曰：“天子将祭，必先习射于泽。泽者，所以择士也。已射于泽，而后射于射宫，射中者得与于祭，不中者不得与于祭。不得与于祭者有让，削以地；得与于祭者有庆，益以地；进爵，绌地是也。”郑玄注云：“士，谓诸侯朝者、诸臣及所贡士也。皆先令习射于泽，已，乃射于射宫，课中否也。诸侯有庆者，先进爵。”孔颖达疏云：“此经又重言者，前经明诸侯贡士之制，故赏罚所贡之君。此经论人君将祭择士，赏罚其士之身，故于此又重言也。”这是将祭择士之射，即周天子在大祭之前都要举行射礼，对诸侯国所献贡士进行射礼考试，以选择参加祭祀的贤士，而且是通过两次射礼考试来选择参加祭祀之士的。祭祀是权力和地位的象征，能参加王族的祭祀大典，是周王给予臣下的最大荣誉与奖励。《射义》还曰：“是故古者天子以射选诸侯、卿大夫、士。”郑玄注云：“选士者，先考德行，乃后决之于射。”[②]《春秋》宣公十五年何休注曰：古者“十月事讫，父老教于校室。八岁者，学小学。十五者，学大学，其有秀者，移于乡学。乡学之秀者，移于庠。庠之秀者，移于国学。学于小学，诸侯岁贡小学之秀者于天子。学于大学，其有秀者，命曰进士，行同而能偶，别之以射，然后爵之。士以才能进取，君以考功授官”[③]。这是当贤能在德行和其他技能相同的情况下，则以射箭技术高低来区别，授予优胜者一定爵禄。《礼记·燕义》曰：“古者周天子之官有庶子官，庶子官职诸侯、卿、大夫、士之庶子之卒，掌其戒令，与其教治……凡国之政事，国子存游卒，使之修德学道，春合诸学，秋合诸射，以考其艺而进退之。”[④]这是通过考察国子的射艺来决定对他们的进升或斥退。以上有关射以选士之文献记载，在西周射礼金文中也有所反映，如柞伯簋铭周王对竞射优胜者给予赤金奖励并赏赐田猎地，其实质就是以考功选士。义盉盖铭所记射礼则是周天子将祭择士之射。静簋铭虽然是周天子视学时与学生𨙶射于大池，但也包含有以考察贵族学生与教官为目的的择士之意图，即选拔人才的性质。《行苇》所记大射礼的“序宾以贤”，体现的也是以射功来选拔贤才的。由此可见，西周时期以射礼选拔人才的性质是非常明确的。

---

① （清）阮元校刻：《十三经注疏·周礼注疏》，中华书局，1980年，第716~717页。
② （清）阮元校刻：《十三经注疏·礼记正义》，中华书局，1980年，第1687、1689、1687页。
③ （清）阮元校刻：《十三经注疏·春秋公羊传注疏》，中华书局，1980年，第2287页。
④ （清）阮元校刻：《十三经注疏·礼记正义》，中华书局，1980年，第1690页。

（四）西周射礼与德行考察

通过举行射礼可以考察竞射者的德行，因为射礼讲究内志端正。《墨子·经说上》曰："矢至侯中，志、功正也。臧之为，宜也。非彼必不有，必也。"[①]"志"为心之动机，"功"为事之结果。进行射箭比赛，射者希望箭射中靶心，结果正好射中了，这是动机与效果一致"正合"，也是人们所刻意追求的理想状况。《孟子·告子上》讲了一个动机与效果完全相反的例子：下棋能手奕秋教两个徒弟，"其一人专心致志，惟弈秋之为听；一人虽听之，一心以为有鸿鹄将至，思援弓缴而射之。虽与之俱学，弗若之矣"[②]。同样道理，一个射手如果老是想着与人如何下棋，那无论如何也是射不中侯靶的。古人深知这一道理，在射礼中特别强调内志与射中的关系。《礼记·射义》曰："故射者，进退周还必中礼，内志正，外体直，然后持弓矢审固；持弓矢审固，然后可以言中。此可以观德行矣。其节，天子以《驺虞》为节，诸侯以《貍首》为节，卿大夫以《采蘋》为节，士以《采蘩》为节。《驺虞》者，乐官备也。《貍首》者，乐会时也。《采蘋》者，乐循法也。《采蘩》者，乐不失职也。是故天子以备官为节，诸侯以时会天子为节，卿大夫以循法为节，士以不失职为节。故明乎其节之志，以不失其事，则功成而德行立。德行立则无暴乱之祸矣，功成则国安。故曰'射者所以观盛德也'……射者男子之事也，因而饰之以礼乐也。故事之尽礼乐而可数为，以立德行者，莫若射，故圣王务焉。"又曰："射之为言者，绎也，或曰舍也。绎者，各绎己之志也，故心平体正，持弓矢审固；持弓矢审固，则射中矣。"[③]熟知射道的孔子也认为无德无才的人是射不中靶心的，他说："射者何以射？何以听？循声而发，发而不失正鹄者，其唯贤者乎。若夫不肖之人，则彼将安能以中？"[④]由于射箭的结果可以反映内志，只有有德行的贤能之士才能射中侯靶，故射可以观德。《礼记·曲礼下》郑玄注曰："射者所以观德"，孔颖达疏曰 "夫射以表德"[⑤]，即此谓也。关于具体考察之事例，长由盉铭文就有记载，穆王通过进行射礼对邢伯进行考察，最终认定邢伯䞣不奸，即恭敬不伪。这不仅证明西周时期确实存在着以射观德的做法，而且还说明举行射礼也确实是可以观察一个人的德行的。

（五）西周射礼与感情笼络和王朝统治

西周王朝实行的是分封政治，周王把土地连同土地上的人民一块封给诸侯去

---

① 吴毓江撰，孙啟治点校：《墨子校注》，中华书局，2006 年第 2 版，第 472 页。
② （清）阮元校刻：《十三经注疏·孟子注疏》，中华书局，1980 年，第 2751 页。
③ （清）阮元校刻：《十三经注疏·礼记正义》，中华书局，1980 年，第 1686~1688 页。
④ （清）阮元校刻：《十三经注疏·礼记正义》，中华书局，1980 年，第 1689 页。
⑤ （清）阮元校刻：《十三经注疏·礼记正义》，中华书局，1980 年，第 1257 页。

管理，并以武力镇服着周围众多大大小小的邦国。其中有些邦君和方国首领变化无常，自周朝建立以来就时服时叛，扰乱国家安宁。因此，周王要维护对这些诸侯国和附属邦国的统治，除以武力相威胁外，还经常举行燕、飨、聘、问、射等礼仪来笼络诸侯邦君的情感。就射礼而言，除举行巫术性射礼以降服外，还举行大射礼、燕射礼、宾射礼，这些射礼既有增强武功和武力威慑的作用，同时也有娱乐亲睦的作用。其具体做法有三种：一种是周王与族人举行的大射礼和燕射礼，如《行苇》、《宾之初筵》所记者是也。通过这些射礼可以使周家“内睦九族，外尊事黄耇”[①]，加强族人内部的团结。这样，当周边方国首领叛乱时，族人就会率众从王平叛。“兄弟阋于墙，外御其务（侮）。”[②]这种观念在周人那里尤为根深蒂固。第二种是周王与自家臣工举行的燕射礼、射鱼礼和习射，如令鼎、井鼎、师汤父鼎、十五年趞曹鼎铭所记者是也。作为臣下能与周王一起竞射是非常荣幸的，因而也就很自然的要为王尽职尽责的奔走效劳。第三种是周王与诸侯邦君举行的大射礼、宾射礼和燕射礼，如义盉盖、麦方尊、长由盉、静簋、噩侯驭方鼎铭所记者是也。尽管有学者指出这些射礼都是为了考察诸侯邦君是否忠顺有野心的，但我们也不可否认，周王频繁不断地与诸侯邦君举行的这些射礼，在一定程度上还是起到了笼络感情、维系统一的作用。正如《礼记·射义》对射礼的政治目的所概括的：“此天子之所以养诸侯而兵不用，诸侯自为正之具也。”[③]总之，西周时期的射礼，已经成为内和睦族人臣下，外安抚诸侯邦君、镇服叛逆不庭，以达到制驭天下、维护周王朝统治的工具和手段。

二、西周射礼的特点

西周时期的射礼，与商代射礼和东周礼书所记射礼相比，有以下特点。

（一）西周射礼种类多、规格高、场面宏大

西周时期的射礼，可区分为贯革之射、效射、大射、燕射、宾射（亦称飨射或享射）、学射、习射、射牲、射鱼礼和巫术性射礼等。这不仅比目前已知的商代射礼的种类要多，而且比东周礼书所保存的射礼种类也多，并由此证明东周礼书所说的大射仪、燕射礼、宾射礼在西周时期已经形成，礼书所记者当为西周礼制之遗存。西周金文与《诗经》的《行苇》、《宾之初筵》所记射礼的举行者大都是周王，而“《仪礼》等书中所述及的射礼多为春秋以后的情况，其时周天子已名存

① 《诗序》，（清）阮元校刻：《十三经注疏·毛诗正义》，中华书局，1980年，第534页。
② 《诗·小雅·常棣》，（清）阮元校刻：《十三经注疏·毛诗正义》，中华书局，1980年，第408页；《左传》僖公二十四年富辰语，（清）阮元校刻：《十三经注疏·春秋左传正义》，中华书局，1980年，第1817页。
③ （清）阮元校刻：《十三经注疏·礼记正义》，中华书局，1980年，第1687页。

实亡。所以在那里射礼的最高形式——大射仪，也只是诸侯君长为‘主’的射礼，这在规格上就不如西周金文反映的高”①，也不如《诗经》的有关篇章反映的射礼规格高。柞伯簋铭记录的大射礼，由周王主持并设重奖，射手分两队分别由南宫、师魯父率领入场。义盉盖铭记录的大射礼，由周王召集了大批的邦君、诸侯来，又由周王抽调许多正长和有司匹耦而射。令鼎铭文记录的燕射礼，先由周王行藉田礼、燕饮礼，再行射礼，之后又举行竞跑比赛。麦方尊铭记录的宾射礼，由王乘舟在浩瀚的辟雍大池里举行，邢侯等宾客乘舟跟随，舟船穿梭，彩旗飘扬。静簋铭文记录的射礼，从六月开始在学宫学射，到八月王在辟雍大池与诸侯邦君射。伯唐父鼎铭记录的射牲礼，也由周王乘舟在辟雍大池里进行，所射牲物除牛牲外，还有包括虎、狼等猛兽在内的四种野牲。遹簋铭文记录的射鱼礼，穆王在辟雍大池行射礼后，又行飨酒礼。《行苇》记述的大射礼，或献或酢，或燔或炙，或歌或咢，敦弓既句，舍矢既均，四鍭如树，序宾以贤。《宾之初筵》记述的燕射礼，笾豆有楚，钟鼓既设，饮酒孔偕，籥舞笙鼓，乐既和奏，百孔既至，有壬有林，射夫既同，室人入又，献尔发功，各奏尔能。其规模、场面、气势远非《仪礼》等书中记述的射礼情景所能比拟的。这种大气象的射礼，也只有统一的多民族国家的太平盛世才会有的，它反映了天下共主的封建制国家王权的巩固与加强。

（二）西周射礼已经完全礼制化

西周时期的射礼已经完全礼制化，即礼仪化与制度化，或者说程式化与制度化，从而形成了自己的一套礼仪制度，其表现主要有以下三个方面。

首先是田猎的成分大为减少。西周射礼，除水射还保留着渔猎的一些习惯外，陆射则几乎看不到田猎的习惯。举行射礼的地点和场所，已由殷商时的原野水泽处、洹水，发展为西周时期的在都城地区人工建造的辟雍大池、射庐。竞射的靶的也由殷商时的以动物实体为主，发展为西周时的实体与侯并存。

其次是礼仪化，亦即程式化。西周射礼的仪节明显增多，整个行礼过程完全礼仪化、程式化。像柞伯簋、伯唐父鼎、噩侯驭方鼎、麦方尊等器铭和《行苇》、《宾之初筵》所记都有 6~10 个仪节。这些记录肯定不全面，实际情况当更多。其中有些仪节还是东周礼书所失载的，如西周射礼中的起象舞、奏象乐、射后颁奖等仪节，在《仪礼》保存的大射仪、乡射礼中就没有。随着仪节的增多，仪式内容也更加丰富起来，随之而来的便是射礼礼仪的复杂化。因而有学者曾感叹道："在射庐中行象舞的记载为古籍所未见，可见周礼内容的烦琐和复杂超出了我们的想象之外。而今本《周礼》中记录有时居然不能全部穷尽西周礼制的诸多

① 刘雨：《西周金文中的射礼》，《考古》1986 年第 12 期。

方面。”[①]的确，西周射礼的这种复杂程度，已经远远超出了一般意义上的射术范围，以至于射者必须经过学宫学射的专门教练才能胜任。西周射礼的礼仪化过程，也可从射礼教官身份及其职掌的变化上看得出来。殷商时期教授贵游子弟学射的教官，都是武功高强的商王和高级将领。西周早期可能还保持着这种做法，当时的武官师氏[②]，战时出征为将帅，平时则教贵族子弟学射。这从柞伯簋铭中还能看到师氏之职与射礼的关系。到西周中期的静簋之时，学宫中负责教授贵族子弟学射的教官就改由小臣之职来担任了。“静簋之静即小臣静卣上的静，是教人以射箭的，相当于后世的射人那样的官。”[③]关于小臣之职责《周礼・夏官・小臣》说：“掌王之小命，诏相王之小法仪。”郑玄注曰：“小法仪，趋行拱揖之容。”即告教和协助王有关行走、拱手行揖礼等的小礼仪，又说：“小祭祀、宾客飨、食、宾射，掌事如大仆之法。”郑玄注曰：“宾射，与诸侯来朝者射。”[④]“宾客”，杨天宇先生注曰：“亦谓小宾客，是指诸侯所遣聘问天子之臣。”[⑤]“如大仆之法”，案《大仆》曰：“祭祀、宾客、丧纪，正王之服位，诏法仪。”郑玄注曰：“诏，告也。”贾公彦疏曰：“经三事皆有法度、威仪，故须大仆告之。”[⑥]此小臣亦如之，即举行小祭祀、用飨礼和食礼招待小宾客、举行宾射礼时，如同大仆掌事之法告教有关礼仪。既然小臣是掌事宾客飨、食、宾射及趋行拱揖等礼仪之职官，那么，其司射学宫所教射的内容，自然应与殷商时期的将领及西周早期的武官所教射的有所不同，即西周早期以前偏重射术，以后开始逐渐偏重礼仪。陈梦家先生指出：“学校于最初期中，是以习射为主的。自商以迄西周之中叶，似皆如此。射到后来化为礼仪的，因此和礼乐相结合，成为大学的四种学科。”[⑦]实际上这种变化从西周中期就开始了。西周早期的柞伯簋铭“无废矢”，麦方尊铭“王射大鸿，擒”，《行苇》诗“四镞如树”等，其着眼点均在矢射的结果上，而西周中期的长由盉铭“邢伯氏彊不奸”，其着眼点则在射者的仪容上，西周晚期的噩侯驭方鼎铭“驭方休阑，王寡,咸酓，”虽也说到了矢射的结果，但真正的着眼点则是在咸酓这一礼仪上。所有这些也都说明了西周早期射礼重射术，西周中晚期射礼重礼仪的变化。由此可见，射礼教官身份及其职事的变化，也正是射礼由以射术为主演变为射术与礼仪并重的这一变化的直接反映。另外，西周早期及穆王早期射礼有奖励制度，不仅重奖竞射的优胜者，还奖励教官，反映了周王对射术及射礼转型的重视。穆王以

---

① 刘正：《金文庙制研究》，中国社会科学出版社，2004 年，第 228 页。

② 《尚书・顾命》：“师氏”，注曰：“武官名”（李民、王健：《尚书译注》，上海古籍出版社，2004 年新 1 版，第 372 页注[7]）。

③ 张亚初，刘雨：《西周金文官制研究》，中华书局，1986 年，第 44 页。

④ （清）阮元校刻：《十三经注疏・周礼注疏》，中华书局，1980 年，第 852 页。

⑤ 杨天宇：《周礼译注》，上海古籍出版社，2004 年新 1 版，第 455 页注[2]。

⑥ （清）阮元校刻：《十三经注疏・周礼注疏》，中华书局，1980 年，第 851 页。

⑦ 陈梦家：《射与郊》，《清华学报》1941 年第 1 期。

后乃至东周礼书上则均不见有奖励制度。这也说明自西周中期以来，射礼已经逐渐开始礼仪化、程式化、娱乐化了。

最后是制度化。“一种制度可以下定义为：就是群体信念为了满足群体的某种需要而以比较固定的形式组织在一起的群体行动的结合物。制度通常包括一套习惯和传统，一系列法规和准则，以及物质的延伸，如建筑、惩罚手段、沟通和训诫机构。”[①]这里所说的制度就是中国史书上所说的礼制。任何一种礼也都是由简单到复杂，由不定型到逐渐完善并形成规范化的制度的。柞伯簋铭的“无废矢”，长由盉铭的“邢伯氏弥不奸”，静簋铭的“静教无尤”，噩侯驭方鼎铭的“驭方休阑，王寡”，以及前引《礼记·射义》诸文：“是故古者天子之制：诸侯岁献贡士于天子，天子试之于射宫，其容体比于礼，其节比于乐，而中多者，得与于祭；其容体不比于礼，其节不比于乐，而中少者，不得与于祭。”“天子将祭，必先习射于泽。”“已射于泽，而后射于射宫。”《燕义》：“春合诸学，秋合诸射，以考其艺而进退之。”等等[②]，均说明西周时期的射礼不仅有一定的技术标准，而且在举行程序与时间上也都有一套严格的规定与制度。从历史的角度来说，制度化是西周射礼的重要特点。

（三）西周射礼的政治目的非常强

礼制是古代国家机器正常运行的法则，是人们言行的标准和伦理道德规范。射礼作为中国古代礼制的一部分，其为国家政治服务、维护宗法等级秩序的目的，是非常强烈和明确的。

其一，西周射礼体现了亲亲尊尊、贵贱有别的思想。如柞伯簋铭，参加大射礼竞射的贵族子弟小子，亦称王多士，与小臣分别队列，并由专人率领入场，显示出贵族子弟的身份地位不同于一般人。周王用赤金赏赐臣下，这在金文中并不少见，但把赤金作为竞射奖品并颁给柞伯，则是目前所知射礼资料中仅有的一例，同时又赏赐田猎地也仅此一见。柞伯是周公庶子，可见其身份地位非同一般。麦方尊铭，周王不仅让前来朝见的邢侯与自己一起乘舟在辟雍大池射大鸿，而且行射之后又一同回到寝宫，并赐予臣属二百家和象征征伐之权的雕戈、王所乘坐的车马、铜勒、禖衣、蔽膝、鞋等物品，可谓宠爱有加，赏赐丰厚。邢侯也是周公的庶子，可见其身份地位也非同一般。当时，柞伯、邢侯之封国正处于东夷北狄之交汇处，周王这样做的目的，就是希望这些与自己有着血缘关系的柞伯、邢侯能做好周王室的藩屏。而参加射礼的其他诸侯邦君，即使有上佳表现，如邢伯氏等，也不见周王赏赐。或有赏赐，如噩侯驭方，但并不丰厚。至于有司、臣属在射礼中均属于陪射，所受之赐更少，显示出身份地位差别。周王就是通过这种亲

① 〔美〕伯恩斯、拉尔夫著，罗经国等译：《世界文明史》第1卷，商务印书馆，1988年，第22页。
② （清）阮元校刻：《十三经注疏·礼记正义》，中华书局，1980年，第1687、1689、1690页。

亲尊尊、贵贱有别的做法，来维护周家王朝一统天下的。

其二，西周射礼体现了安抚与威服并重的统治思想。一方面，周天子对来京朝见的诸侯邦君待之以礼，通过飨、食、燕、射、赏赐等手段进行拉拢安抚。另一方面，周天子也在都城以外的临时驻地举行射礼，通过飨、饮、射等礼仪对诸侯邦君进行考察。如长由盉铭即是穆王在下淢居对前来觐见的邢伯通过举行飨射礼进行观察，其结果是邢伯给周王留下了恭敬不伪的好印象。噩侯驭方鼎铭是周王在南征返回途中对前来觐见的噩侯驭方举行的燕射礼，从不久以后噩侯即反叛的情况来看，显然在这次燕射中噩侯伪装得很好，竟骗得周王以赏赐安抚之。义盉盖铭是周王在巡视的鲁地举行的大射礼，一般来讲，大射礼都是在都城郊外的大学里举行的，而这次则在鲁举行，且规模宏大，气势磅礴，自然是有深意的。鲁国地处夷蛮交汇区，周王在这里召集邦君、诸侯、正长、有司前来参加大射礼，既可以考察诸侯邦君的忠顺程度，又可以宣扬武功，显示周王的号召力，镇服东方诸邦国。真可谓是威武何雄哉！之前商王就有到方国打猎的做法，对此陈炜湛先生指出："饶有趣味的是，商王之田猎地中有一些即是方国名，如先、沚、杞、攸、卢、羌等等，这说明商王可在诸侯国内打猎，既为游乐，亦借以显示武力，一举而两得。"[①]西周时期周王在都城以外的临时驻地举行射礼，也具有同样的目的与作用。正如日本学者小南一郎所说的："完成其宗教机能的射礼，在西周前期到中期的社会质变过程中也是带有某种政治机能的。在噩侯驭方鼎中，周王和噩侯驭方的关系通过宴射之礼得到巩固，可以说是这种机能的典型化表现。"[②]刘雨先生也说："在射礼过程中，互相施展计谋，鄂侯御方在反叛前有意麻痹周王，邢伯则装出一付'弥不奸'的忠顺样子取得周王的信任，这都是政治斗争的需要。而周王也经常在京城之外的临时住地召来邦君诸侯举行射礼，目的也是为了考察这些小国的动向。""可以想见，周王频繁地与诸侯邦君举行射礼，打鱼射雁，其用意是很明确的，就是不断考察各属国的忠顺程度，进而决定或安抚或镇压的政策。"[③]要知道西周统治者的统治术，从来都是软硬兼施的。

（四）西周射礼的娱乐性日益突显

西周时期，随着王朝政权的加强、社会秩序的稳定、经济文化的发展，大一统的太平盛世逐渐形成，周天子与诸侯邦君的交往增多，诸侯之间、卿大夫、士

① 陈炜湛：《甲骨文田猎刻辞研究》，广西教育出版社，1995年，第60页；详可参阅杨升南：《卜辞中所见诸侯对商王室的臣属关系》，《甲骨文与殷商史》，上海古籍出版社，1983年。

② 〔日〕小南一郎：《射の仪礼化をめぐつて—ぇの二つの段阶》，《中国古代礼制研究》，京都大学人文科学研究所，1995年；〔日〕小南一郎著，秦晓丽节译：《论射的礼仪化过程——以辟雍礼仪为中心》，见宋镇豪等主编：《西周文明论集》，朝华出版社，2004年。

③ 刘雨：《西周金文中的射礼》，《考古》1986年第12期。

之间以及族人之间的宴会也频繁起来。主人待宾，在行飨、食、燕礼之后，为了乐宾往往还要举行宾射礼和燕射礼，即《礼记·射义》所谓“古者诸侯之射也，必先行燕礼；卿大夫、士之射也，必先行乡饮酒之礼”①。由于宾射因飨宾而射以娱宾，燕射因燕而射以为乐，故这类射礼都带有很大的娱乐性。麦方尊铭所记宾射礼，王与邢侯等乘舟在辟雍大池里射大鸿。《宾之初筵》前两章所记燕射礼，王与族人燕饮、奏乐、起舞、竞射，都属于这类射礼，娱乐的性质非常明显。《仪礼·大射仪》的“复射”，实际上也是燕射，而且是在“众无不醉”、“敢不醉”的情况下，“射唯欲”、“无筭爵”、“无筭乐”的②，其娱乐性质十分突出。宾射礼、燕射礼的娱乐性既笼络了人们的感情，起到了一定的安抚人心的作用，但过分追求其娱乐性，则又使它成了燕射礼的破坏者。本来《仪礼·燕礼》规定“若射，则大射正为司射，如乡射之礼”③，并且燕礼上还“立之监”，“佐之史”，负责督察礼仪、记录宴会进行情况，还规定君臣小宴以三爵为度。④然而，毕竟“燕射主于饮酒”⑤，“尚欢乐也”⑥，与“大射主于射”⑦不同，在酒精的作用和燕射礼本身的放纵宽容下，到西周晚期《宾之初筵》次二章所记燕射礼之时，参见燕礼者已是“三爵不识”，监、史形同虚设，失礼败德，几近疯狂。⑧于是，燕射礼的娱乐性达到了顶峰，并逐渐走向燕射礼的反背，成为射礼自身的破坏者与分化者。 而燕射礼的严肃性已经丧失殆尽，终于走到了尽头。春秋时期投壶礼的出现，应该就是燕射礼分化的结果。商人因酗酒而亡国，西周晚期周人过度燕饮，而使燕射礼受到极大的扭曲与破坏，自然也是不难理解的。

三、西周射礼与其他时期射礼的异同

西周时期的射礼，与殷商时期的射礼和东周礼书等文献所记载的射礼相比，既有许多相同的地方，也有一些不同之处：①殷商时期有射牢之礼，亦称射牲礼，西周、春秋、战国亦有此礼。②殷商时期有巫术性射礼，西周、春秋、战国时期亦有。③殷商时期有射鱼礼，西周、春秋亦有，但东周礼书则失载。④殷商时期射已被列入贵族子弟学习的内容，西周、春秋、战国时期也一直都是贵族学校的教学内容。⑤商王及贵族子弟常射于郊外或原野的水泽处，西周天子与贵族子弟常射于辟雍大池，《礼记·射义》则说天子将祭必先习射于泽，三者所言一也，都

---

① （清）阮元校刻：《十三经注疏·礼记正义》，中华书局，1980 年，第 1686 页。
② 参见（清）阮元校刻：《十三经注疏·仪礼注疏》，中华书局，1980 年，第 1043~1044 页。
③ （清）阮元校刻：《十三经注疏·仪礼注疏》，中华书局，1980 年，第 1022 页。
④ 参看《诗·小雅·宾之初筵》，（清）阮元校刻：《十三经注疏·毛诗正义》，中华书局，1980 年，第 487 页。
⑤ 《仪礼·燕礼》郑玄注，（清）阮元校刻：《十三经注疏·仪礼注疏》，中华书局，1980 年，第 1022 页。
⑥ 《仪礼·大射》郑玄注，（清）阮元校刻：《十三经注疏·仪礼注疏》，中华书局，1980 年，第 1043 页。
⑦ 《仪礼·燕礼》贾公彦疏，（清）阮元校刻：《十三经注疏·仪礼注疏》，中华书局，1980 年，第 1023 页。
⑧ （清）阮元校刻：《十三经注疏·毛诗正义》，中华书局，1980 年，第 486~487 页。

属于水射。⑥殷商时期已有三番射的雏形，东周礼书则更加完善与复杂，而西周金文及《行苇》、《宾之初筵》则看不出有三番射。⑦殷商时期竞射以四矢为礼数，且呈井字形贯穿靶体，《行苇》也有四鍭如树，《仪礼·大射仪》、《乡射礼》有将乘矢，不贯不释，《周礼·保氏》郑玄注则称为井仪。但西周早期金文柞伯簋铭的十称弓即射十支箭，则不见于殷商甲金文和东周礼书。⑧殷商金文有王射、亡废矢等射礼术语，西周金文亦有，但西周中期以后金文则不见无废矢一语，东周礼书也不见此语。⑨殷商时期作册参与射礼以记言记事，西周金文亦然，但又称史，《宾之初筵》及东周礼书也称为史。西周金文所见射礼职官还有一些，但有关射事之职官的铭文主要有三篇。其中静簋铭曰："王令静司射学宫，小子眔服、眔小臣、眔夷仆学射。"（《集成》04273）趩簋铭曰："命汝作豳师冢司马，啻（嫡）官仆、射、士。"（《集成》04266）害簋铭曰："官司夷仆、小射、底鱼。"（《集成》04258~04260）陈梦家先生认为凡此皆司马之属司射所管理的射官，并以此三器所述射官与《仪礼·大射》所述者相校。[①]实际上商作册般铜鼋铭的"作册"，与西周麦方尊铭的"作册"、十五年趞曹鼎铭的"史"以及《宾之初筵》、《仪礼·大射仪》的"史"一脉相承，也都是射礼职官。另外，令鼎铭的"有司"、"小子"，义盉盖铭的"正、有司"，师汤父鼎铭的"宰"，也可与礼书所记者相校。为便于对比，现在陈梦家先生的基础上再综合列表，如表 2-3 所示。

表 2-3　商周射官一览表

资料出处	射礼职官															
殷商甲骨金文												作册				
西周金文	宰	司马	司射	小子	士	服	小臣	夷仆 仆	小射 射 正	底鱼	有司	作册 史				
《宾之初筵》												史				监 ［司正］
《大射仪》	宰 宰夫	司马 司马正 司马师	司射 射人	庶子	士 司士 赞者 众耦	服不 负侯者 获者 释获者	小臣 小臣正 小臣师	隶仆人 仆人正 仆人师 仆人士	小射正 大射正 射正		有司	大史 小史	量人	巾车	矢人	摈者 ［司正］
《乡射礼》		司马	司射	弟子	众宾	获者 释获者	小臣				有司					司正
《周礼》	大宰 小宰 宰夫	大司马 小司马	射人	诸子 小子	士庶子 故士 虎士	服不氏 射鸟氏	小臣	大仆 隶仆				大史 小史			矢人	
《燕礼》			司射 射人				小臣		大射正						弓人	

① 详见陈梦家：《西周铜器时代》，中华书局，2004 年，第 455 页。

由表 2-3 可见金文的“底鱼”之官，不见于《大射》，而《大射》的矢人、量人、巾车以及摈者为司正等射官，则不见于金文；金文司射为司马之属，《周礼》无司射之官，但有射人，亦为司马之属，金文与《周礼》所记之隶属关系相同；西周金文以司射为教射之官，《大射》则以司射为主持射礼之官，而《周礼》则以保氏为教射之官；礼书记小子为守卫王宫者，西周金文则为竞射者；礼书记有司、正、小臣、仆为射礼的具体执事人员，西周金文则俱为竞射者；殷商、西周金文的作册、史在射礼上是负责记言行的史官，而《大射》、《周礼》的大史、小史在射礼中则是负责饰中释筭等工作的执事人员；西周金文的宰是奉王命赏赐射礼有功人员的，而《大射》的宰则是向有关人员宣告君举行射礼之命令的，二者掌事相同，都是传达王命的。

西周早期金文大射礼是周王主持的，《仪礼》所记大射仪则是由司射主持的；西周金文有𠨘射，东周礼书称为耦射，二者所说相同，都指匹耦而射；西周金文有王与吴𠦪、吕犅𠨘豳师、莶师、邦君三人对三人为三耦射，《周礼·夏官·射人》则说“王以六耦”，《天官·掌次》贾公彦疏也说 “天子大射六耦在西郊”[①]；西周早期金文竞胜者获奖品并受赏赐，《宾之初筵》记射中者饮庆胜酒，不中者饮罚酒，西周晚期金文射不中者也饮罚酒，《仪礼》乡射礼、大射仪则只饮罚酒，并无奖赏之事；西周金文中的飨射礼、燕射礼，都是射前先燕饮，《行苇》、《宾之初筵》所记大射礼、燕射礼，射前射后都燕饮，而西周金文所记射鱼礼则是先射后飨饮，《礼记·射义》也说“古者诸侯之射必先行燕礼”，贾公彦则疏曰：“《仪礼·大射》在未旅之前，燕初似飨，即是先行飨礼。”[②]其次序为先飨礼、次燕礼，然后是射礼；西周金文燕射礼周王与邦君射，王为下射，《仪礼·乡射礼记》、《燕礼记》也明言若君与射则为下射；西周金文有王射后飨酒，侍者无过错，王赐其一爵酒，此与《礼记·曲礼下》所说的侍者御食于君，君赐余的礼节相同；西周金文及《行苇》所记射礼有歌舞，《仪礼》大射仪、乡射礼则只有歌乐而无舞，《周礼·地官·乡大夫》所言乡射礼则只有乐舞而无歌这一仪节；西周金文有射侯专门术语休阑、寡，《仪礼·大射》记矢中情况有中离维纲，扬触捆复。矢行情况有下曰留，上曰扬，左右曰方；西周金文记贵族子弟六月学射于学宫，八月𠨘射于大池，《礼记·燕义》则说国子春合诸学，秋合诸射，以考其艺。而《射义》又说是必先习射于泽，而后射于射宫，次序与金文正好相反；《诗·小雅·宾之初筵》孔颖达疏说习射于泽未是正射，从静簋铭文看，在大池举行的竞射当亦为正式的射礼，不像是演练射技的习射；西周金文记在大池举行射礼的时间是二月、六月、七月、八月、十二月，与《礼记·月令》、《吕氏春秋·季春纪》、《季冬纪》、《淮南子·时则训》

① （清）阮元校刻：《十三经注疏·周礼注疏》，中华书局，1980 年，第 845、677 页。
② （清）阮元校刻：《十三经注疏·礼记正义》，中华书局，1980 年，第 1686 页。

所记时间在季春、季冬不尽相同；西周金文射鱼礼的时间是六月、七月和十二月，而《周礼·天官·渔人》说“春献王鲔”，《鳖人》说“春献鳖蜃，秋献龟鱼”[①]，《管子·轻重己篇》说冬尽而春始，“牺牲以鱼”[②]，《国语·鲁语上》说大寒降，“取名鱼”[③]，《吕氏春秋·季春纪》说“天子始乘舟，荐鲔于寝庙”[④]，《礼记·月令》季春之月、《淮南子·时则训》季春之月同，《吕氏春秋·季冬纪》说“天子亲往，乃尝鱼，先荐寝庙”[⑤]，《礼记·月令》季冬之月同，《春秋》隐公五年说“春，公矢鱼”[⑥]，《淮南子·时则训》季冬之月说“天子亲往射鱼”等[⑦]，知举行射鱼礼及献鱼之祭的时间在每年的冬、春或季春、季秋、季冬，西周金文所记射鱼礼的时间与传世文献所记射鱼礼的时间也不相同。以上这些异同，反映了西周射礼对殷商射礼的继承与发展和对后世射礼的影响。

西周射礼自身作纵横向比较也有一些差异，如同是穆王之时的遹簋铭记先渔而后飨，即先射而后飨，而长由盉铭则是先飨而后射，厉王时的噩侯驭方鼎铭也是先饮后射，次序正相颠倒。遹簋铭所飨者是酒，而长由盉铭所飨者是醴，此又一不同。麦方尊铭记在辟雍大池所射者是大鸿，而伯唐父鼎铭记在辟雍大池所射者是牛、虎、貉、鹿、狼，遹簋铭记在辟雍大池所射者为鱼。同是宴饮，令鼎铭称饧即觞，长由盉、遹簋铭则称飨，噩侯驭方鼎铭称祼称饮。同是周王与人竞射，麦方尊铭是王射某从，井鼎铭是王渔呼某从渔，遹簋铭是王呼渔，长由盉铭则是王即某，义盉盖铭则是王卿某，静簋铭是王与某卿某，令鼎是王射某卿射，噩侯驭方鼎铭是王射、某卿王射，伯唐父鼎铭则是用射。西周金文穆王以前多记西都辟雍水射之事，共王及其以后多记东都射庐陆射之事。西周早期金文为竞射优胜者设有奖品并另有赏赐，西周中期及其以后则只有赏赐而不见奖品。西周早期金文王对参加射礼的有功者有赏给臣属奴隶的，西周中期及其以后就不见这种赏赐了。以上这些不同之处，有的是同一时期的，有的则是不同时期的。同属于一个王世的器铭所记之不同，说明不同种类的射礼，其礼制可能有不同者，或有其不同的礼仪与规定。不属于一个王世的器铭所记之不同，说明该礼的仪节内容与程序正在完善之中，或说明其性质已经发生变化。而共王前后水陆射礼之变化，则可能说明当时的政治中心发生转移了。

---

① （清）阮元校刻：《十三经注疏·周礼注疏》，中华书局，1980 年，第 664 页。
② 黎翔凤撰，梁运华整理：《管子校注》，中华书局，2004 年，第 1529 页。
③ 李维琦点校：《国语·战国策》，岳麓书社，2006 年第 2 版，第 37 页。
④ （战国）吕不韦著，陈奇猷校释：《吕氏春秋新校释》，上海古籍出版社，2002 年，第 123 页。
⑤ （战国）吕不韦著，陈奇猷校释：《吕氏春秋新校释》，上海古籍出版社，2002 年，第 622 页。
⑥ （清）阮元校刻：《十三经注疏·春秋左传正义》，中华书局，1980 年，第 1726 页。
⑦ 何宁：《淮南子集释》，中华书局，1998 年，第 431 页。

四、西周射礼的发展与演变

总而言之，西周时期的射礼无论是种类、规模，或是仪节内容，都较商代有了很大的发展。从上述西周射礼的性质与特点来看，当时的射礼大体经过了三个阶段的发展演变。西周早期的射礼重射术，即重在宣扬射技武功，这从西周早期金文柞伯簋铭、写于成王初年的《行苇》诗和《周礼·地官·保氏》所记的五种射法上，可以明显看出来。西周中期的射礼开始礼制化，即礼仪化和制度化，或说是程式化与制度化，这从西周金文所揭示的仪节增多、礼仪复杂、射礼重点的转变和评判标准与规定的形成上即可看出来。刘雨先生在对西周金文中的20种祭祖礼分析后指出，有“十七种殷周同名的祭祖礼，大多盛行于穆王以前，这反映出僻居西隅的周人入主中原后，面对在文化上大大高出于自己的殷遗民，在很长一段时间内采取大量袭用殷礼的政策，并利用殷遗民中的知识阶层为其服务。穆王以后，周政权稳定下来，才逐步形成自己的礼仪系统，这正如《白虎通》所云：‘王者始起，何用正民？以为且用先王之礼乐。天下太平，乃更制作焉’。”[①]我们对西周射礼的梳理结果，也与刘雨先生所分析的一致，即柞伯簋铭的“无废矢”和《行苇》的“四鍭如树”，说明西周早期及其以前直接袭用了殷代的射礼，穆王以后，随着射礼的程式化与制度化，才逐渐形成自己的射礼种类和礼仪。西周晚期的射礼开始娱乐化，即因飨燕而射以为乐，这从《宾之初筵》次二章及末章所记射礼之情形，即可看得很清楚。到春秋及以后，射礼就开始继续向着社会化、世俗化的方向发展演变了，失礼败德以及投壶礼的出现即是明显的标志。从西周射礼自身的比较以及与其前后射礼比照的异同情况来看，西周射礼种类较多，最为盛行，在射礼发展史上处于承上启下的地位，尤其对后世射礼具有开拓奠基之作用，因此，西周时期是中国古代射礼的一个最为重要的发展时期。

第六节　西周射礼盛行的原因与时代背景

周人是一个历史悠久的民族，也是一个顽强勇敢的民族，在与外族艰苦的生存竞争中形成了文武兼用、刚柔并济的社会风气。武王灭商后，周人以撮尔小邦取代了“大邑商”，建立了在中国古代历史上具有重大影响的西周王朝，统治者为了巩固新政权，加强周王朝的统治，又及时转变观念，在政治、经济、文化上采取了一系列的措施，西周射礼就是在这样的社会背景下盛行起来的。

---

① 刘雨：《西周金文中的祭祖礼》，《考古学报》1989年第4期。

一、西周射礼盛行的历史原因与社会背景

（一）西周射礼所反映的社会观念

礼制属于上层建筑，它是意识形态上的最高体现。射礼是中国古代礼制的组成部分，因此，通过射礼可以观察到当时的一些社会观念，而这些社会观念在一定程度上又对射礼的形式与内容起着支配作用，从而成为射礼发展演变的重要因素。

1. 尚武观念

西周王朝是在商周两大民族长期的积怨、深刻的仇恨、严重的对立、尖锐的矛盾冲突和激烈的决战中建立起来的。据丁山先生研究，其过程大体是“商周两大民族的对立，到了武乙时代，碻很严重”，自“武乙死于河渭之间”，商周民族间的冲突就已尖锐化了。再加上“文丁杀季历”，帝纣囚西伯、烹伯邑考，“两大民族的仇恨，遂愈见深刻”。“帝乙二年，周人伐商”，周文王即开始积极复仇、四征不庭了。“黎之蒐”，即说明商周两大民族的决战开始了，此时周人已经是雄踞于西，虎视于东。牧野之战，周人终于灭掉了商王朝。[①]而后周王朝又是在与夷、狄、戎、玁狁、荆蛮的长期战争中生存发展的（其战况，详见下文“西周射礼盛行的社会原因与背景”），因此周人与商人一样，也有着很强的复仇尚武观念。柞伯簋铭的“无废矢”以及周王重奖并厚赐竞射优胜者，《诗·大雅·行苇》的敦弓既坚，四鍭既钧，敦弓既句，舍矢既均，四鍭如树，序宾以贤，皆崇尚强弓利箭，劲射中深，精准无差，所体现的就是崇尚武功的社会观念。这与当时的弓箭赏赐、猎人射手崇拜和武士崇拜也是一致的。西周时期，周王往往把弓箭赏赐给有功人员，如西周早期器宜侯夨簋铭王赐宜“彤弓一、彤矢百、旅弓十、旅矢千”（《集成》04320），小盂鼎铭“王令赏盂，□□□□□，弓一、矢百、画皋一、贝胄一、金毌（干）一、㦰戈二、矢箙八”（《集成》（02839），西周中期穆王时器静卣铭“王赐静弓”（《集成》05408），共王时器十五年趞曹鼎铭“赐弓矢”（《集成》02784），师汤父鼎铭“王乎宰膺赐盛弓、象弭、矢箙、彤欮”（《集成》02780），应侯见工钟铭王“赐（应侯见工）彤弓一、彤矢百、马四”（《集成》00107），西周中晚期器伯晨鼎铭“王命垣侯伯晨曰：‘嗣乃祖考侯于垣，赐汝秬鬯一卣……彤弓、旅矢’”（《集成》02816），西周晚期器虢季子白盘铭“王赐乘马，是用佐王，赐用弓，彤矢其央，赐用钺，用征蛮方”（《集成》10173），不嬰簋铭“赐汝弓一、矢束、臣五家、田十田”（《集成》04328~04329）等。《尚书》中也常有周王赏赐弓矢之事例，如《文侯之命》王曰：“父义和，其归视尔师，宁尔邦。用赉尔秬鬯一卣，彤弓一，彤矢百，卢弓一，卢矢百，马四匹。”[②]受赐者都把王赏赐弓箭引以为自豪

① 丁山：《商周史料考证》，中华书局，1988年新1版，第156~199页。
② （清）阮元校刻：《十三经注疏·尚书正义》，中华书局，1980年，第254页。

并铭功纪念。《诗·小雅·彤弓》曰："彤弓弨兮，受言藏之。载有嘉宾，中心贶之。""彤弓弨兮，受言载之。""彤弓弨兮，受言櫜之。"[①]这是周王举行宴会赏赐有功诸侯时君臣合唱的诗，王赐诸侯彤弓以表恩宠，而受赐诸侯则藏家中以示荣耀。赏赐弓矢也有奖励军功和获得征伐权的象征意义，如《史记·周本纪》曰：纣"赐之(西伯)弓矢斧钺，使西伯得征伐"。[②]《左传》定公四年所记周公赐伯禽以"繁弱"之弓[③]，则有授权诸侯镇靖边陲、藩屏宗周之意。这种做法一直到春秋时期仍颇流行，如《左传》僖公二十八年曰：王赐晋侯"彤弓一，彤矢百，玈弓矢千"[④]。程俊英先生说："据《左传》记载，周王曾多次将弓矢等物赐有功诸侯，这可能是周代的一种制度。"[⑤]另外，周代还有陈列弓矢等宝器的制度，如《尚书·周书·顾命》记载在成王的丧礼上陈列的国家宝器中就有"兑之戈，和之弓，垂之竹矢在东房"[⑥]，实际上这些制度所体现的就是自原始社会以来弓矢崇拜观念的延续。

在《诗经》里面有许多赞美猎人射手的诗，不仅赞叹猎人射手的身材英姿与技能本领，而且还认为这些猎人的才力是可以选拔为保卫国家的武士的。如《诗·召南·驺虞》："彼茁者葭，壹发五豝。于嗟乎驺虞！彼茁者蓬，壹发五豵。于嗟乎驺虞！"[⑦]《周南·兎罝》："肃肃兎罝，椓之丁丁。赳赳武夫，公侯干城。""赳赳武夫，公侯好仇。""赳赳武夫，公侯腹心。"[⑧]皆崇拜猎人射手威武神勇、射技高超，在人们心目中的英雄都是善射的射手。有的猎人还由此而获得了少女的爱情，如《诗·召南·野有死麕 》："野有死麕，白茅包之。有女怀春，吉士诱之。林有朴樕，野有死鹿。白茅纯束，有女如玉。'舒而脱脱兮！无感我帨兮！无使尨也吠！'"[⑨]《诗经》中有些诗是赞美周王田猎的，如《诗·小雅·车攻》："田车既好，四牡孔阜。东有甫草，驾言行狩。之子于苗，选徒嚣嚣。建旐设旄，薄狩于敖。驾彼四牡，四牡奕奕。赤芾金舄，会同有绎。决拾既佽，弓矢既调。射夫既同。助我举柴。四黄既驾，两骖不猗。不失其驰，舍矢如破。萧萧马鸣，悠悠旆旌。徒御不惊，大庖不盈。之子于征，有闻无声。允矣君子，展也大成。"[⑩]《小雅·吉日》："吉日庚午，既差我马。兽之所同，麀鹿麌麌。漆沮之从，夫子之所。瞻彼中原，其祁孔有。儦儦俟俟，或群或友。悉率左右，以燕天子。既张我弓，

① （清）阮元校刻：《十三经注疏·毛诗正义》，中华书局，1980年，第421~422页。
② （汉）司马迁撰，（宋）裴骃集解，（唐）司马贞索隐，张守节正义：《史记》，中华书局，1982年第2版，第116页。
③ （清）阮元校刻：《十三经注疏·春秋左传正义》，中华书局，1980年，第2134页。
④ （清）阮元校刻：《十三经注疏·春秋左传正义》，中华书局，1980年，第1825页。
⑤ 程俊英：《诗经译注》，上海古籍出版社，2004年新1版，第274页题解。
⑥ （清）阮元校刻：《十三经注疏·尚书正义》，中华书局，1980年，第239页
⑦ （清）阮元校刻：《十三经注疏·毛诗正义》，中华书局，1980年，第294页。
⑧ （清）阮元校刻：《十三经注疏·毛诗正义》，中华书局，1980年，第281页。
⑨ （清）阮元校刻：《十三经注疏·毛诗正义》，中华书局，1980年，第292~293页。
⑩ （清）阮元校刻：《十三经注疏·毛诗正义》，中华书局，1980年，第428~429页。

既挟我矢。发彼小豝，殪此大兕。”[①]猎手云集，车马奔驰，场面宏大。其中《车攻》是写周宣王会同诸侯田猎的诗，据前人分析，“宣王会猎诸侯含有示威慑服的意义”[②]。当然田猎本身也有练武的意义，《诗·豳风·七月》就有“二之日其同，载缵武功”之诗句[③]，打猎练武之目的甚明。

《诗经》中还有一些赞美君王、将帅、武士征伐的诗，如《诗·豳风·破斧》：“既破我斧，又缺我斨。周公东征，四国是皇。”“周公东征，四国是吪。”“周公东征，四国是遒。”[④]这是赞美武士从周公东征的。《诗·大雅·常武》：“如雷如霆，徐方震惊。王奋厥武，如震如怒。进厥虎臣，阚如虓虎。铺敦淮濆，仍执丑虏。截彼淮浦，王师之所。王旅啴啴，如飞如翰。如江如汉，如山之苞，如川之流，绵绵翼翼，不测不克，濯征徐国。”[⑤]这是赞美周宣王平定徐国叛乱的。《诗·召南·甘棠》：“蔽芾甘棠，勿翦勿伐，召伯所茇。蔽芾甘棠，勿翦勿败，召伯所憩。蔽芾甘棠，勿翦勿拜，召伯所说。”[⑥]由于召伯辅助周宣王征伐南方淮夷颇有功劳，故人民作此诗怀念之。《诗·大雅·江汉》：“江汉浮浮，武夫滔滔。匪安匪游，淮夷来求。既出我车，既设我旟。匪安匪舒，淮夷来铺。江汉汤汤，武夫洸洸。经营四方，告成于王。”“江汉之浒，王命召虎：‘式辟四方，彻我疆土。’”[⑦]这是赞美周宣王命令召虎带兵讨伐淮夷的。《诗·小雅·六月》：“猃狁匪茹，整居焦穫。侵镐及方，至于泾阳。织文鸟章，白旆央央。元戎十乘，以先启行。戎车既安，如轾如轩。四牡既佶，既佶且闲。薄伐猃狁，至于太原。文武吉甫，万邦为宪。”[⑧]这是赞美宣王时代尹吉甫北伐猃狁获得胜利的。《诗·小雅·采芑》：“蠢尔蛮荆，大邦为雠。方叔元老，克壮其犹。方叔率止，执讯获丑。戎车啴啴，啴啴焞焞,如霆如雷。显允方叔，征伐猃狁，蛮荆来威。”[⑨]这是盛赞宣王时代方叔南征荆蛮取得胜利的。《诗·小雅·出车》：“我出我车，于彼郊矣。设此旐矣，建彼旄矣。彼旟旐斯，胡不旆旆？忧心悄悄，仆夫况瘁。王命南仲，往城于方。出车彭彭，旂旐央央。天子命我，城彼朔方。赫赫南仲，猃狁于襄。”“赫赫南仲，薄伐西戎。”“执讯获丑，薄言还归。赫赫南仲，猃狁于夷。”[⑩]这是赞美武士从南仲出征猃狁西戎凯旋归来的，等等。以上诸多溢美之词显然也体现了人们对武士的崇拜。总之，西周时期竞射者推崇强弓利矢、劲射中深、精准无差，周王用弓矢作赏

① （清）阮元校刻：《十三经注疏·毛诗正义》，中华书局，1980年，第429~430页。
② 程俊英：《诗经译注》，上海古籍出版社，2004年新1版，第283页题解。
③ （清）阮元校刻：《十三经注疏·毛诗正义》，中华书局，1980年，第391页。
④ （清）阮元校刻：《十三经注疏·毛诗正义》，中华书局，1980年，第398页。
⑤ （清）阮元校刻：《十三经注疏·毛诗正义》，中华书局，1980年，第576~577页。
⑥ （清）阮元校刻：《十三经注疏·毛诗正义》，中华书局，1980年，第287~288页。
⑦ （清）阮元校刻：《十三经注疏·毛诗正义》，中华书局，1980年，第573页。
⑧ （清）阮元校刻：《十三经注疏·毛诗正义》，中华书局，1980年，第424~425页。
⑨ （清）阮元校刻：《十三经注疏·毛诗正义》，中华书局，1980年，第426页。
⑩ （清）阮元校刻：《十三经注疏·毛诗正义》，中华书局，1980年，第416页。

赐，以及人们对猎人射手和武士的崇拜，这些都反映了当时的社会风气和尚武观念，而且西周的尚武观念也不比商代逊色。在这种社会风气与尚武观念的作用和支配下，具有武术训练功能的射礼，在西周时期能够得以盛行，就不足为奇了。

2. 宗主观念

西周时期国人有很强的宗主观念和共主观念，这是与西周王朝在政治上实行宗法制和分封制分不开的。周室“为天下所宗”①，都城镐京被称为“宗周”，②周王为同姓之宗主，异姓邦国之盟主，在政治上居于天下共主的地位。《书·周官》：“惟周王扶万邦，巡侯甸，四征弗庭，绥厥兆民，六服群辟，罔不承德。归于宗周，董正治官。”孔颖达疏曰：“自灭淮夷，而归于宗周丰邑，乃督正治理职司之百官。”③受封者和归服者对周王须尽一定的义务，《礼记·王制》规定：“诸侯之于天子也，比年一小聘，三年一大聘，五年一朝。”④《周礼·秋官·大行人》规定诸侯要春朝、秋觐、夏宗、冬遇周王，同时还规定侯服岁壹见，甸服二岁壹见，男服三岁壹见，采服四岁壹见，卫服五岁壹见，要服六岁壹见，藩国世壹见。《春官·大宗伯》也规定诸侯除四时朝见王外，还有一些无常期的朝见，即所谓的“春见曰朝，夏见曰宗，秋见曰觐，冬见曰遇，时见曰会，殷见曰同，时聘曰问，殷覜曰视”⑤。周穆王时的祭公某父也说：“夫先王之制，邦内甸服，邦外侯服，侯卫宾服，夷蛮要服，戎翟荒服。甸服者祭，侯服者祀，宾服者享，要服者贡，荒服者王。日祭，月祀，时享，岁贡，终王。”⑥若届时不去朝见王，即谓之不庭、不朝，周王就要兴师问罪，所以诸侯邦君“莫敢不来王”⑦，都会各“以其职来王”⑧，按规定时间来朝觐纳贡以表示忠顺与臣服。而周王在依礼举行飨、食、燕礼时，为了乐宾，如麦方尊、长甶盉、鄂侯驭方鼎铭所记还要举行宾射礼与燕射礼。另外，周人的同祖、同族、同宗观念也很强，认为“凡今之人，莫如兄弟”，“兄弟阋于墙，外御其务（侮）”⑨。《左传》僖公二十四年也说：“周之有懿德也，犹曰‘莫如兄弟’，故封建之。其怀柔天下也，犹具有外侮；扞御侮者，莫如亲亲，故

① 《诗·小雅·雨无正》毛亨传、孔颖达疏，（清）阮元校刻：《十三经注疏·毛诗正义》，中华书局，1980年，第447页；《左传》昭公十六年杜预注，（清）阮元校刻：《十三经注疏·春秋左传正义》，中华书局，1980年，第2079页。

② 唐兰：《何尊铭文解释》，《文物》1976年第1期。

③ （清）阮元校刻：《十三经注疏·尚书正义》，中华书局，1980年，第234页。

④ （清）阮元校刻：《十三经注疏·礼记正义》，中华书局，1980年，第1327页。

⑤ （清）阮元校刻：《十三经注疏·周礼注疏》，中华书局，1980年，第890、892、759~760页。

⑥ （汉）司马迁撰，（宋）裴骃集解，（唐）司马贞索隐，张守节正义：《史记·周本纪》，中华书局，1982年第2版，第136页。

⑦ 《诗·商颂·殷武》，（清）阮元校刻：《十三经注疏·毛诗正义》，中华书局，1980年，第627页。

⑧ （汉）司马迁撰，（宋）裴骃集解，（唐）司马贞索隐，张守节正义：《史记·周本纪》，中华书局，1982年第2版，第137页及注[二八]。

⑨ 《诗·小雅·常棣》，（清）阮元校刻：《十三经注疏·毛诗正义》，中华书局，1980年，第408页。

以亲屏周。”[①]为和睦兄弟，族人经常燕饮于宗庙即祖庙中，如《诗·大雅·凫鹥》曰：“既燕于宗。”《诗·召南·采蘋》曰：“于以奠之，宗室牖下。”毛亨传曰：“宗室，大宗之庙，大夫、士祭于宗庙，奠于牖下。”[②]燕饮中如《诗·小雅·宾之初筵》所记也要举行燕射礼。因此，西周时期宾射礼、燕射礼的盛行，我们不仅要看到宗法制所起的法律作用，还要看到周人宗族观念、宗主观念和共主观念所起的支配作用。

3. 神灵观念

神灵观念包括神的观念和灵魂观念，二者均产生于原始社会。随着父权制的确立，逐渐萌生了自然神和父家长的灵魂似可庇佑本族成员的观念，并形成各种崇拜仪式。这种观念与习俗长期留存于阶级社会中，尤其是在封建宗法制度下，它成为维系家族集团和巩固王权统治的有力因素。西周时期神灵观念已有所发展，周人提出的天和天命就是一个全新的观念，敬天祭祖的天神与祖神就是周人神灵观念的具体体现。周初，人们把天视为心目中的至上神，周王则自称为受天之命而继正统王天下的天子。据有的学者统计，在周初12篇周诰中，命字共出现104处，其中有73处是指天命或上帝之命。把天用作崇拜对象的神祇义者，《周易》中有八次，《诗经》中有104次，《尚书》12篇周诰中有116次。[③]如《诗·小雅·巷伯》曰：“苍天，苍天，视彼骄人，矜此劳人。”即仰告神明的苍天。《诗·小雅·小明》曰：“明明上天，照临下土。”即天为照临监督下土的主宰。《诗·周颂·敬之》曰：“敬之敬之，天维显思，命不易哉！无曰高高在上，陟降厥士，日监在兹。”[④]即人类须加敬的天也就是高高在上的天。西周金文也记录有周人的天和天命观念，如𣄰尊铭：“王诰宗小子于京室，曰：‘昔在尔考公氏克逨文王，肆文王受兹大命。隹武王既克大邑商，则廷告于天，曰：余其宅兹中国，自之辥民。呜乎！尔有唯小子亡识。视于公氏，有爵于天，彻命，敬享哉。’”（《集成》06014）大盂鼎铭：“丕显文王受天有大命，在武王嗣文王作邦。”（《集成》02837）㝬钟铭：“唯上帝百神保余小子。”（《集成》00260）反映了天命观念在周初的重要程度和人们对天神的崇敬心情与祈求。周人还崇拜祖先，尤其崇拜近祖，认为祖先功德可以配天，故往往与天帝连文，如《诗·大雅·文王》：“文王在上，於昭于天。”“文王陟降，在帝左右。”[⑤]㝬钟铭：“先王其严在上……降余多福。”（《集成》00260）对祖灵的祭祀更为规则化并常与天神同祀，祖灵对于子孙的护佑观念更加强烈。大地山川乃物之所由生，人们也需要向这些神灵报功。《礼记·王制》曰：“天子五年一巡

① （清）阮元校刻：《十三经注疏·春秋左传正义》，中华书局，1980年，第1818页。
② （清）阮元校刻：《十三经注疏·毛诗正义》，中华书局，1980年，第538、286页。
③ 许倬云：《西周史》（增订本），生活·读书·新知三联书店，1994年，第102、106页。
④ （清）阮元校刻：《十三经注疏·毛诗正义》，中华书局，1980年，第456、464、598页。
⑤ （清）阮元校刻：《十三经注疏·毛诗正义》，中华书局，1980年，第503、504页。

守，岁二月东巡守，至于岱宗，柴而望祀山川……山川神祇，有不举者为不敬，不敬者君削以地。宗庙有不顺者为不孝，不孝者君绌以爵。”郑玄注曰：“柴，祭天告至也。”“举，犹祭也。”[①]周武王也曾把“侮蔑神祇不祀”[②]列为诛杀殷纣的一条罪状。因此，西周时期周王对天地山川之自然神灵和先公先王之祖先神灵，尤其是对天神祖神的祭祀甚为重视。如《逸周书·世俘解》说周武王在甲子日“咸刘商王纣”之后，戊辰，武王迎祀文王；辛亥“告天宗上帝”，“王不革服，格于庙”，又对太王、太伯、王季、虞公、文王、邑考，“以列升，维告殷罪”[③]。《史记·周本纪》祭公谋父说：“至于文王、武王，昭前之光明而加之以慈和，事神保民，无不欣喜。”“先王之顺祀也，有不祭则脩意，有不祀则脩言，有不享则脩文，有不贡则脩名，有不王则脩德，序成而有不至则脩刑。于是有刑不祭，伐不祀，征不享，让不贡，告不王。”[④]《史记·封禅书》“《周官》曰：冬日至，祀天于南郊，迎长日之至；夏日至，祭地祇。皆用乐舞，而神乃可得而礼也。天子祭天下名山大川，五嶽视三公，四渎视诸侯，诸侯祭其疆内名山大川。四渎者，江、河、淮、济也。天子曰明堂、辟雍，诸侯曰泮宫。周公既相成王，郊祀后稷以配天，宗祀文王于明堂以配上帝”。集解郑玄曰：“上帝者，天之别名也。神无二主，故异其处，避后稷也。”又管仲曰：“周成王封泰山，禅社首。”[⑤]所有这些都表明西周早期周人对天神的信仰，同时也表明天属于周人固有的信仰。《诗经》中还有许多西周祭祀祈福的诗、乐歌和舞诗，如郊祀后稷以配天的《思文》，祭祀上帝配祭文王的《我将》，成王遭武王之丧告于祖庙的《闵予小子》，祭祖祈福的《清庙》、《维天之命》、《执意》、《旱麓》、《既醉》、《维清》、《烈文》、《昊天有成命》、《丰年》、《有瞽》、《潜》、《雝》、《楚茨》、《信南山》，武王巡视各诸侯国和祭祀山川的《时迈》，周王巡狩祭祀山川的《般》，祭祀岐山的《天作》，祭祀土地神、四方神、农神、谷神、田祖以祈年祈雨的《甫田》、《良耜》、《大田》、《云汉》、《载芟》、《丝衣》，藉田祭祀、祈谷祭祀上帝时告诫农官的《臣工》、《噫嘻》，甚至还有女子祭祖的《采蘋》，等等。这些祭祀祈福的诗歌，也反映了周人对天地自然神和祖先神的虔诚崇拜与信仰。西周金文也有许多周王祭祀的内容，如㝨尊铭：“唯武王既克大邑商，则廷告于天。”（《集成》06014）这是武王克商后告祭于天的。天亡簋铭：

---

① （清）阮元校刻：《十三经注疏·礼记正义》，中华书局，1980年，第1327~1328页。

② （汉）司马迁撰，（宋）裴骃集解，（唐）司马贞索隐，张守节正义：《史记·周本纪》中华书局，1982年第2版，第126页。

③ 黄怀信、张懋镕、田旭东撰，黄怀信修订，李学勤审定：《逸周书汇校集注》（修订本），上海古籍出版社，2007年，第415~424页。

④ （汉）司马迁撰，（宋）裴骃集解，（唐）司马贞索隐，张守节正义：《史记》，中华书局，1982年第2版，第135页。

⑤ （汉）司马迁撰，（宋）裴骃集解，（唐）司马贞索隐，张守节正义：《史记》，中华书局，1982年第2版，第1357页及注[二]、1361页。

“王祀于天室，降。天亡佑王，衣祀于王丕显考文王，事喜上帝。文王监在上……丕克讫衣王祀。”（《集成》04261）王辉先生说：“上帝，天帝。”[①]这是武王祭祀文王的，由于文王的保佑，武王继承其遗志，才推翻了殷王朝，故有此衣祀，即文王与天帝亦即祖神与天神同祀。小盂鼎铭：“王各周庙……用牲，啻周王、武王、成王。”（《集成》02839）这是康王禘祭三位近祖的。据刘雨先生研究，西周金文中仅祭祖礼就有禘、衣、彭、禶、餈、告、御、馭、报、翟、禋、燎、屮、牢、饎、蠚、禴、尝、烝、闳等 20 种。[②]另据近年在山西曲沃北赵晋侯墓地 M114 号墓出土的叔夨方鼎，其铭文有“王彭大褶𠦪才成周”[③]，彭、褶、𠦪皆祭名。褶祭亦见于殷墟甲骨文，如“叀丝褶用，尞岳卯一牛”（《后上》24·2），“叀小乙褶用”（《掇》1·38·6），“祖丁褶五牢”（《甲》814）等。李伯谦先生认为：“《说文》：‘册，符命也。’‘冊，告也。’余意册加‘示’旁，乃以简册告神也。”[④]是知在上述 20 种之外还应有褶祭，实际情况当更多，足见西周确是古礼盛行的时代，同时也反映了周人对祖先的崇拜和对祭祀的重视。要祭祀就要有牺牲，为表示亲杀，周王还要亲自射牲，于是射牲礼仪与射鱼礼便兴盛起来。从伯唐父鼎铭所记射牲礼的规模场面比较大，用牲种类既有牛牲又有虎狼猛兽等情况来看，其虔敬程度也足以说明周人的神灵观念是非常强烈的。

（二）西周射礼盛行的社会原因与背景

西周时期射礼的盛行，有诸多方面的社会原因与背景。

其一，西周统治者对学校教育，尤其是对礼仪教育和射艺教育极为重视。学校教育在西周时期得到空前发展，当时已形成了比较完善的学校教育制度与体系，周王在都城设有国学，分为小学和大学两级。大盂鼎铭曰：“余隹令汝即朕小学。”（《集成》02837）《礼记·文王世子》亦曰：“凡学，世子及学士必时。春夏学干戈，秋冬学羽籥，皆于东序。小乐正学干，大胥赞之；籥师学戈，籥师丞赞之。胥鼓《南》。春诵，夏弦，大师诏之。瞽宗秋学礼，执礼者诏之。冬读《书》，典《书》者诏之。礼在瞽宗，《书》在上庠。”郑玄注曰：“四时各有宜。学士，谓司徒论俊选所升于学者也。”[⑤]说明贵族受教育在西周已成为一种制度。周人对礼仪教育尤为重视，并逐渐形成制度。西周的礼仪教育早在灭商之前就开始了，灭商后又进一步系统化、制度化，其形式主要有家庭教育、学校教育和社会教育。周王室对教育高度重视，从娃娃抓起，家庭、学校与全社会共同参与，特别重视情

---

① 王辉：《商周金文》天亡簋，文物出版社，2006 年，第 37 页注[6]。
② 刘雨：《西周金文中的祭祖礼》，《考古学报》1989 年第 4 期。
③ 李学勤：《谈叔夨方鼎及其他》，《文物》2001 年第 10 期。
④ 王辉：《商周金文》叔夨方鼎，文物出版社，2006 年，第 44 页及注[2]。
⑤ （清）阮元校刻：《十三经注疏·礼记正义》，中华书局，1980 年，第 1404~1405 页。

景教育与实践教育。其学校礼仪教育的内容，据《周礼·师氏》、《保氏》、《大司乐》、《乐师》和《礼记·王制》记载，为三德、三行、六艺、乐德、乐舞和六礼等。其社会礼仪教育的内容，据《周礼·大宰》和《大司徒》记载，为六典和六德、六行、六艺三物以及敬、让、亲、和、辨等、安、中、恤、节、能、制爵、制禄十二教等，并频繁举行各种典礼[①]，礼仪之邦与礼仪之风已蔚然形成。具有礼仪和军事技能双重性质的射礼更是备受周人重视，静簋铭文记载曰："王令静司射学宫，小子眔服、眔小臣、眔夷仆学射。"（《集成》04273）学宫在辟雍即大学，是西周时代培养贵族子弟和官员学习的学府。在地方还设有乡学，国学与乡学均以六艺为主要教学内容。其中射是学生必须掌握的一门技艺，也是最受重视的一门课程，训练十分严格。对其教学效能，周王还要亲自考核检验，优秀者给予奖励。乡学则由乡大夫以乡射之礼五物进行考察，优秀者荐举给国学继续深造。由于学校教育的引领与导向，即射被列入学校的必修课程，再加上统治者的重视，这就使射礼在知识技能上和人群范围上得到了切实有效的传播。

其二，射礼是贵族统治者在社会生活中必须掌握的礼仪。西周时期上至周天子，下至一般统治者贵族都经常用到这一礼仪，如诸侯朝见天子、诸侯相朝、卿大夫出使聘问要行宾射礼，天子与群臣宴饮、诸侯与卿大夫士宴饮、卿大夫与其宾客宴饮、统治者贵族之族人宴饮要行燕射礼，乡大夫和士在乡学举行乡饮酒礼之后要行乡射礼等。即使身份地位很低的官吏仆人，有时也要作陪射。这些射礼不仅使其自身的价值作用得以充分的体现，而且也使射礼在使用场合上得以广泛推行、在地域范围上得以扩大。在这些射礼场合，凡不能射者，匹合射耦时须以谦卑之言婉辞，如《礼记·曲礼下》曰："君使士射，不能，则辞以疾，言曰：'某有负薪之忧。'"郑玄注曰："射者所以观德，唯有疾可以辞也。使士射，谓以备耦也。"孔颖达疏曰："不能则辞以疾者，士若不能，不得云不能，但当自称有疾也。所以然者，夫射以表德，士既升朝，必宜有德。若不能则是素餐之辱，兼辱君不知人误用己也。言曰某有负薪之忧者，此称疾之辞也……言己有担樵之余劳不堪射也。不直云疾而云负薪者，若直云疾，则似傲慢。"[②]显然不会射礼的人是要低人一等，被人小视的。即使已经学过射艺并知晓射礼的人，由于射礼是技术性很强的礼仪，只有经常练习，才能持弓矢审固而中的，进退周还必中礼，这就必然在西周贵族阶层及一般官吏与执事人员中形成习射的风气。

其三，奖赏制度与择士制度的激励。西周早期周王对参加射礼的竞射优胜者，实行重奖与赏赐。西周中期及其以后，虽然不再对优胜者赐予奖品，但对射礼有功者实行赏赐的制度则一直未变。西周时期还有以射艺选拔人才的制度，大体有

① 戴庞海：《略论西周时期的礼仪教育》，《郑州大学学报》2006年第3期。
② （清）阮元校刻：《十三经注疏·礼记正义》，中华书局，1980年，第1257页。

三种情况，即诸侯岁献贡士于天子，天子试之于射宫，盖即《礼记·燕义》所谓的“春合诸学，秋合诸射，以考其艺而进退之”[①]；天子将祭必先习射于泽以择士，已射于泽，而后射于射宫，中多者得与于祭并益地，中少者不得与于祭并绌爵削地，即经过二次竞射选拔参加王族祭典的人。《诗经》中就有周王戒勉助祭诸侯的诗和诸侯来周助祭时所唱的乐歌，如《烈文》、《振鹭》、《载见》等。可见所谓“得与于祭”就是助祭；乡大夫对其所掌管的乡的民众，每三年进行一次大校比，以考察乡民的德行和道艺，并以乡射礼之五物征询众人意见，荐举有德行、有才能的人，使他们做长官，治理人民。同时在大校比期间，州长还要对州里官吏进行一次总考核，以协助乡大夫决定对州里官吏的罢免或提升。其升免当然也与射艺有关。通过举行射礼竞射者能获得周王的奖赏，或被举为贡士或被周王选定参加王族祭祀大典，或被乡大夫荐为贤者能者而长民治民、官吏与教官或为此而得以提升与赏赐，等等，这在当时都是无上光荣的事情。而与此相对者，则是不得参加祭祀，甚至绌爵、削地或免职。在这些利益的诱惑刺激下，习射之风就必然要兴起，而习射之风的兴起，奖赏与择士制度实是起了推波助澜的作用。

其四，受战争环境的影响。西周时期，战争不断。尽管文献记载周公摄政三年而天下太平，成王也自认为王业已经告成，但周公、成王之时战事也不少。自昭王开始，周与夷狄戎蛮的战争更是接连不断。据不完全统计，《诗经》中描写西周战争的诗篇，就有《甘棠》、《采薇》、《东山》、《破斧》、《出车》、《杕杜》、《六月》、《采芑》、《祈父》、《渐渐之石》、《江汉》、《常武》等。西周金文也有大量记载征伐之事者，如记牧野之战的利簋，剿灭武庚叛乱及相为叛乱之东国的小臣单觯、塱方鼎、禽簋、刚劫尊，征伐东夷反叛的小臣谜簋、旅鼎、雪鼎、鲁侯尊、疐鼎，征伐东国的班簋，征伐楚的令簋、过伯簋、䟭駿簋、鼒簋，伐郐的员卣，伐虎方反叛的中方鼎，征伐淮夷的录𢦚卣、𢦚方鼎、𢦚簋、遇甗、𤼈鼎、稽卣、臤尊、竞卣、虢仲盨、翏生盨、师寰簋，淮夷入侵的敔簋，攻灭鄂国的禹鼎，伐南国𠬝子的厉王㝬钟，围攻昏邑的柞伯鼎，伐鬼方的小盂鼎、多友鼎、虢季子白盘等铭文。古代作战，弓箭是最重要的武器，射箭是古代将士必须掌握的技能。西周时期频繁的战争，也需要人们习射以提高射术。虽然射礼不完全等同于军事上的弓矢射击，也没有田猎中的矢射更接近于实战，但视准张弓等技艺则是相通的。

其五，受田猎环境的影响。周人也喜好田猎，虽不像商人那样滥捕滥猎，但也时有举行。文献中有“天子诸侯无事，则岁三田”之说[②]，又有中春蒐田、中夏苗田、中秋狝田、中冬狩田以习战[③]，或“春蒐、夏苗、秋狝、冬狩，皆于农隙以

① （清）阮元校刻：《十三经注疏·礼记正义》，中华书局，1980年，第1690页。
② 《礼记·王制》，（清）阮元校刻：《十三经注疏·礼记正义》，中华书局，1980年，第1333页。
③ 《周礼·夏官·大司马》，（清）阮元校刻：《十三经注疏·周礼注疏》，中华书局，1980年，第834~839页。

讲事也”之说[①]，如果国家征调民众参加田猎，地方官员就率所属民众而致送上司那里。[②]《诗经》中的《野有死麇》、《驺虞》、《七月》、《车攻》、《吉日》等，都是有关西周田猎的诗。其中《车攻》、《吉日》两篇是描写周王田猎的，尤其是《车攻》为周宣王会同诸侯举行的田猎场面，规模尤为宏大。西周金文中也有周王田猎的记载，如记员执犬从王狩于眂敝的员方鼎，记启从王出狩于南山、寏遡山谷、上侯滰川上的启卣等铭文，这说明西周时期田猎也确为寻常之事。要进行田猎，无论是百姓田猎，还是周王、诸侯、公卿大夫之常田，也都需要经常习射以掌握射术、提高射技水平。而古时田猎必以时[③]，因此，射侯习射就成了田猎前的必要准备。

二、西周射礼盛行的政治原因与背景

西周时期射礼的盛行，也有多方面的政治原因与背景，但最主要者有两个方面。

（一）西周射礼的盛行是周人长期推行德政的结果

周人是一个推崇德行的民族，早在克商之前其先公先王之时即多有德名传世，如《史记·周本纪》曰："后稷之兴，在陶唐、虞、夏之际，皆有令德。"不窋立，"不敢怠业，时序其德，送脩其绪，脩其训典，朝夕恪勤，守以敦笃，奉以忠信。奕世载德，不忝前人"。公刘立，复修后稷之业，"周道之兴自此始，故诗人歌乐思其德"。"古公亶父修后稷、公刘之业，积德行义，国人皆戴之。薰育戎狄攻之，欲得财物，予之。已复攻，欲得地与民。民皆怒，欲战。古公曰：'有民立君，将以利之。今戎狄所为攻战，以吾地与民。民之在我，与其在彼，何异。民欲以我故战，杀人父子而君之，予不忍为。'乃与私属遂去豳，度漆、沮，踰梁山，止于岐下。豳人举国扶老攜弱，尽复归古公于岐下。及他旁国闻古公仁，亦多归之。于是古公乃贬戎狄之俗，而营筑城郭室屋，而邑别居之。作五官有司。民皆歌乐之，颂其德。""季历立，是为公季。公季修古公遗道，笃于行义，诸侯顺之。""子昌立，是为西伯。西伯曰文王，遵后稷、公刘之业，则古公、公季之法，笃仁，敬老，慈少。礼下贤者，日中不暇食以待士，士以此多归之。""西伯乃献洛西之地，以请纣去炮格之刑，纣许之。"西伯之时，"耕者皆让畔，民俗皆让长。""西

① 《左传》隐公五年，（清）阮元校刻：《十三经注疏·春秋左传正义》，中华书局，1980年，第1726~1727页。

② 《周礼·地官·州长》，（清）阮元校刻：《十三经注疏·周礼注疏》，中华书局，1980年，第717页。

③ 《周礼·天官·兽人》、《渔人》、《鳖人》，（清）阮元校刻：《十三经注疏·周礼注疏》，中华书局，1980年，第663~664页。

伯阴行善，诸侯皆来决平。”《宋微子世家》也说：“周西伯昌之修德。”[①]《左传》襄公三十一年北宫文子也说：“《周书》数文王之德，曰：‘大国畏其力，小国怀其德。’言畏而爱之也。”[②] 从崇侯虎谮西伯于殷纣之言“西伯积善累德，诸侯皆向之，将不利于帝”来看，也反证文王确是重修德行的。而且从祭公谋父谏穆王之言“先王燿德不观兵，夫兵戢而时动，动则威，观则玩，玩则无震……先王之于民也，茂正其德而厚其性，阜其财求而利其器用，明利害之乡，以文脩之，使之务利而辟害，怀德而畏威，故能保世以滋大”[③]来看，周先王修德行的政治目的也是很明确的。

武王克商后，也继承了这一传统，“营周居于雒邑而后去。纵马于华山之阳，放牛于桃林之虚；偃干戈，振兵释旅：示天下不复用也”[④]。其目的就是要化干戈为玉帛。周公更是明确提出了明德的思想。尽管周人相信武王克商是天命，但其前有商之代夏，今又周之代商，都相继变革了天命，即汤、武革命。尤其是商纣因“殄废先王明德，侮蔑神祇不祀，昏暴商邑百姓”[⑤]，即失德暴政而亡国，西周以小邦周而取代了大邦殷，这样的深痛教训与历史事实，不得不使周统治者重新思考天命。周公认为“天不可信”，不要盲目地依恃天命，但也不要违背天命，要顺乎天而应乎人，“念天威越我民”，“敬德”，延德，“恭明德”，“敬用治”，才能维持天命[⑥]，并时时以“天命靡常”自诫。[⑦]这就使周人的受命观念，最终演变为天命靡常、惟德是依、敬天保民的政治思想。正如许倬云先生所说：周人以撮尔小邦，人力物力及文化水平都远逊商，而能克商，“这一意料不到的历史发展，刺激周人追寻历史性的解释，遂结合可能确曾有过的事实以及商人中知识分子已萌生的若干新观念，合而发展为一套天命靡常惟德是亲的历史观及政治观”[⑧]。彭林先生也说：“周公亲身参加了伐纣的伟大斗争，目睹了强大的殷王朝一朝覆亡的场面。作为杰出的政治家，他不能不思考：在这一重大历史事件的背后，是不是天命在冥冥中起着作用？周人怎样才能长治久安？周公分析了殷代列王的为政之道，得出了殷亡于‘失德’的结论。有鉴于此，周公提出了施行‘德政’的政治

---

① （汉）司马迁撰，（宋）裴骃集解，（唐）司马贞索隐，张守节正义：《史记》，中华书局，1982年第2版，第112、135、113~114、116、117、1607页。

② （清）阮元校刻：《十三经注疏·春秋左传正义》，中华书局，1980年，第2016页。

③ （汉）司马迁撰，（宋）裴骃集解，（唐）司马贞索隐，张守节正义：《史记·周本纪》，中华书局，1982年第2版，第116、135页。

④ （汉）司马迁撰，（宋）裴骃集解，（唐）司马贞索隐，张守节正义：《史记·周本纪》，中华书局，1982年第2版，第129页。

⑤ （汉）司马迁撰，（宋）裴骃集解，（唐）司马贞索隐，张守节正义：《史记·周本纪》，中华书局，1982年第2版，第126页。

⑥ 详见《尚书·君奭》，（清）阮元校刻：《十三经注疏·尚书正义》，中华书局，1980年，第223~225页。

⑦ 详见《诗·大雅·文王》，（清）阮元校刻：《十三经注疏·毛诗正义》，中华书局，1980年，第505页。

⑧ 许倬云：《西周史》（增订本），生活·读书·新知三联书店，1994年，第109页。

纲领。”[①]成王之时慎守先王周公遗制，恪勤秉德，“民和睦，颂声兴”。“康王即位，徧告诸侯，宣告以文武之业以申之，作《康诰》。故成康之际，天下安宁，刑错四十余年不用。”以后或有王德衰微，如昭王、懿王、厉王、幽王等，但也总有复兴之主复行之，如“穆王闵文武之道缺，乃命伯冏申诫太仆国之政，作《冏命》。复宁”。宣王即位“脩政、法文、武、成、康之遗风，诸侯复宗周”[②]。宣王也认为天神最重德。周之所以能取殷而代之，就是因为周先王德盛于殷王。如毛公鼎铭中王若曰：“丕显文、武，皇天引厌厥德，配我有周，膺受大命。”（《集成》02841）由于西周统治者极力推行德治，所以在国学中，不论大学还是小学都十分强调德行教育，仅《周礼》所列的科目就有三德、六德，如《地官·师氏》之职曰：“以三德教国子：一曰至德，以为道本；二曰敏德，以为行本；三曰孝德，以知逆恶。教三行：一曰孝行，以亲父母；二曰友行，以尊贤良；三曰顺行，以事师长。”《大司徒》之职曰：“以乡三物教万民，而宾兴之。一曰六德：知、仁、圣、义、忠、和。二曰六行：孝、友、睦、姻、任、恤。三曰六艺：礼、乐、射、御、书、数。”[③]并把德行列为选拔贤者的考核内容，如《周礼·地官·乡大夫》之职曰：“正月之吉，受教法于司徒，退而颁之于其乡吏，使各以教其所治，以考其德行，察其道艺……三年则大比，考其德行、道艺，而兴贤者能者。”又《州长》之职曰：“正月之吉，各属其州之民而读法，以考其德行、道艺而劝之，以纠其过恶而戒之。”又《司谏》之职曰：“掌纠万民之德而劝之朋友，正其行而强之道艺，巡问而观察之，以时书其德行道艺，辨其能而可任于国事者。”[④]西周铜器铭文中也有许多有关德政的字眼，如龏（恭）德、敬德、秉德、正德、雍德、孔德、安德、懿德、明德、元德等，施行德政，已是盛行于西周的政治口号。可见德行是周人的立足之基石，德政是周人的立国之本，以德治国是周先公以来统治者一贯奉行的纲领。在周人眼里，礼也是一种德行，通过礼可以来表现德；乐也是一种德行，通过乐也可以表现德。这就把学校的一些教学科目与德紧密联系起来了，即乐中有乐德，射中有射礼。礼德、乐德都是当时社会做人的标准，《礼记·曲礼下》郑玄注曰：“射者所以观德”[⑤]，而西周金文长由盉铭证明通过举行射礼也确是可以观德的。既然射礼可以观德，西周统治者又推行德治，因此，在这种情况下，射礼就必然要盛行起来。

① 彭林：《中国古代礼仪文明》自序，中华书局，2004年，第11页。
② （汉）司马迁撰，（宋）裴骃集解，（唐）司马贞索隐，张守节正义：《史记·周本纪》，中华书局，1982年第2版，第133、134~135、144页。
③ （清）阮元校刻：《十三经注疏·周礼注疏》，中华书局，1980年，第730、707页。
④ （清）阮元校刻：《十三经注疏·周礼注疏》，中华书局，1980年，第716、717、731页。
⑤ （清）阮元校刻：《十三经注疏·礼记正义》，中华书局，1980年，第1257页。

（二）西周射礼的盛行是统治者实行以礼治国的结果

礼是“周人为政之精髓”，“文武周公所以治天下之精义大法”。[①]据《史记·周本纪》记载，早在古公亶父之时就曾“作五官有司”，文王也曾“改法度，制正朔矣。追尊古公为太王，公季为王季”[②]。虽已初露礼治之端倪，但其时毕竟国是未定，推行礼治的时机还未成熟。武王灭商后，随着时机的成熟，便很快从对武功暴力的崇尚转入对文治的尊崇。《古文尚书·武成》曰：武王伐商归来，“至于丰，乃偃武修文，归马于华山之阳，放牛于桃林之野，示天下弗服”。孔安国传曰：“倒载干戈，包以虎皮示不用。行礼射，设庠序，修文教。山南曰阳，桃林在华山东，皆非长养牛马之地，欲使自生自死，示天下不复乘用。”[③]《史记·乐书》也记载说：武王“济河而西，马散华山之阳而弗复乘；牛散桃林之野而不复服；车甲弢而藏之府库而弗复用；倒载干戈，苞之以虎皮；将率之士，使为诸侯，名之曰‘建櫜’：然后天下知武王之不复用兵也。散军而郊射，左射《貍首》，右射《驺虞》，而贯革之射息也；裨冕搢笏，而虎贲之士税剑也；祀乎明堂，而民知孝；朝觐，然后诸侯知所以臣；耕藉，然后诸侯知所以敬：五者天下之大教也。食三老五更于太学，天子袒而割牲，执酱而馈，执爵而酳，冕而总干，所以教诸侯之悌也”。索隐王肃云：“将帅能櫜弓矢而不用，故建以为诸侯，因谓建櫜也。”集解王肃曰：“郊有学宫，可以习礼也。”郑玄曰：“郊射，为射宫于郊也。”“左，东学；右，西学也。《貍首》、《驺虞》，所歌为节也。”“贯革，射穿甲革也。”“耕藉，藉田也。”[④]这是西周王朝建立后，统治者对郊射、服制、祭祀、朝觐、藉田等五种礼仪所做的第一次建构。所谓“郊射”要奏《貍首》和《驺虞》，自然当是“礼射”。由于“礼射”的推行，便逐渐代替了纯粹的习武之射。

文献记载周公也崇尚文德，为保证“德政”的实施，他在天下太平后便制礼作乐，建立并制订了一套全新的政治制度和系统的行为规范，提出了以礼治国的纲领。如《礼记·明堂位》说：“武王崩，成王幼弱，周公践天子之位，以治天下。六年，朝诸侯于明堂，制礼作乐，颁度量，而天下大服。七年，致政于成王，成王以周公为有勳劳于天下。”孔颖达疏曰：“周公摄政三年天下太平，六年而始制礼作乐者，《书传》云：周公将制礼作乐，优游三年而不能作，将大作恐天下莫我知也，将小作则为人子不能扬父之功烈德泽。然后营洛邑以期天下之心，于是四

---

① 王国维：《观堂集林》卷十《殷周制度论》，中华书局，1959年，第475、477页。

② （汉）司马迁撰，（宋）裴骃集解，（唐）司马贞索隐，张守节正义：《史记》，中华书局，1982年，第114、119页。

③ （清）阮元校刻：《十三经注疏·尚书正义》，中华书局，1980年，第184页。

④ （汉）司马迁撰，（宋）裴骃集解，（唐）司马贞索隐，张守节正义：《史记》，中华书局，1982年第2版，第1229~1230页及注[三二]~[三五]、[三八]。

方民大和会。周公曰：示之以力役且犹至，而况导之以礼乐乎。”①《左传》文公十八年，季文子使大史克对宣公说：“先君周公制《周礼》，曰：‘则以观德，德以处事，事以度功，功以食民。’”②《史记·鲁周公世家》说：“成王在丰，天下已安，周之官政未次序，于是周公作《周官》，官别其宜。”③《尚书大传》也有相同的记载。《诗·周颂》的《武》，是叙述武王克商的《大武》乐歌，《大武》是描述武王伐纣战斗景象的舞蹈，所以《史记·乐书》集解引郑玄曰：“《武》，谓周舞也。”④据《吕氏春秋》载，其为周公所作。对该乐歌的进程孔子曾作过详细的分解，他说：“且夫《武》，始而北出，再成而灭商，三成而南，四成而南国是疆，五成而分陕，周公左，召公右，六成复缀，以崇天子，夹振之而四伐，盛（振）威于中国也。分夹而进，事蚤济也。久立于缀，以待诸侯之至也……若此，则周道四达，礼乐交通，则夫《武》之迟久，不亦宜乎？”集解郑玄曰：“言《武》迟久，为重礼乐也。”⑤由此一乐舞便足见其礼乐之盛。从历史的角度来看，周公制礼作乐实是一场比武王克商意义还要深远而重大的革命。

成王也是周礼的建构者，如《史记·周本纪》曰：成王“既黜殷命，袭淮夷，归在丰，作《周官》。兴正礼乐，度制于是改”⑥。《古文尚书·周官序》也说：“成王既黜殷命，灭淮夷，还归在丰，作《周官》。”孔安国传曰：“言周家设官分职用人之法。”⑦由于周公是摄政六年制礼作乐，七年归政于成王，所以成王还是周礼的推行者，故《礼记·明堂位》孔颖达疏曰：“其度量六年则颁，故郑注《尚书·康王之诰》云：‘摄政六年颁度量，制其礼乐，成王即位乃始用之。’故《洛诰》云：‘王肇称殷礼祀于新邑，’是摄政七年冬也。郑云：‘犹用殷礼者，至成王即位乃用周礼是也。’”⑧康王之时，从上引《史记·周本纪》所载其徧告诸侯以遵文武之业、成康之际天下安宁、刑错四十余年不用来看，康王肯定是下了一番礼治工夫的。《尚书·诰命》说成王将崩，顾念康王，乃命召公、毕公等人曰：“思夫人自乱于威仪，尔无以钊冒贡于非几兹。”⑨威仪，即礼法；几，通机，非机，即非理，亦即非礼。句意是成王希望众人的自我整饬要靠礼法的约束，千万不要使太子钊

---

① （清）阮元校刻：《十三经注疏·礼记正义》，中华书局，1980年，第1488页。
② （清）阮元校刻：《十三经注疏·春秋左传正义》，中华书局，1980年，第1861页。
③ （汉）司马迁撰，（宋）裴骃集解，（唐）司马贞索隐，张守节正义：《史记》，中华书局，1982年第2版，第1522页。
④ （汉）司马迁撰，（宋）裴骃集解，（唐）司马贞索隐，张守节正义：《史记》，中华书局，1982年第2版，第1226页注[二]。
⑤ （汉）司马迁撰，（宋）裴骃集解，（唐）司马贞索隐，张守节正义：《史记·乐书》，中华书局，1982年第2版，第1229~1230页及注[四一]。
⑥ （汉）司马迁撰，（宋）裴骃集解，（唐）司马贞索隐，张守节正义：《史记》，中华书局，1982年第2版，第133页。
⑦ （清）阮元校刻：《十三经注疏·尚书正义》，中华书局，1980年，第234页。
⑧ （清）阮元校刻：《十三经注疏·礼记正义》，中华书局，1980年，第1488页。
⑨ （清）阮元校刻：《十三经注疏·尚书正义》，中华书局，1980年，第238页。

陷于非礼。从《康王之诰》来看，康王在登基大礼之后，与群臣之间也确是以文武之王业相互勉励的。《毕命》更是命毕公使世禄之家遵守礼法，慎行政事，恭顺先王大业。从成康之时的铜器铭文如麦方尊铭所记朝觐、𩛥祭、酌祀、射礼、告庙之礼仪，以及宜侯夨簋、大盂鼎、井侯簋铭所记册命制度来看，当时的礼仪制度已开始逐渐健全起来。

昭王穆王于礼乐，虽然传世文献也无明文记载，但二王都是好动之主，昭王南巡，穆王西游，所到之处为宣示王权与国威，肯定是要行一系列礼仪的。从《尚书》的《君牙》、《冏命》、《吕刑》三篇策命来看，穆王主要是命令君牙宣扬五常之教，用作和谐民众的准则。命令伯冏要用德行和常法辅助君王，告诫执法官要勤政慎罚，注重德政，实际上所反映的就是当时以礼、法治国的思想。从昭穆之时的铜器铭文如中甗铭所记奉王命巡视，静方鼎铭所记省南国、告成，作册令方彝铭所记告于周公宫、用牲于京宫、用牲于康宫、用牲于王城、𥙊祭，伯唐父鼎铭所记𩛥祭、𥙊祭、射牲，鲜簋铭所记禘昭王，令鼎铭所记藉田礼、觞饮礼、射礼，静簋铭所记命静司射学宫、贵族子弟与执事官员学射、王与学员𢍰射，长由盉铭所记飨醴、射礼，义盉盖铭所记巡视、大射礼，遹簋铭所记射鱼礼、飨酒礼，井鼎、公姞鬲铭所记射鱼礼，盠驹尊铭所记执驹礼，趞鼎、虎簋盖铭所记册命等礼仪制度来看，西周时期的许多礼仪制度都集中见于昭穆王时期，这说明自周初武王首倡、周公成王制作、又经康王昭王进一步完善的礼乐制度，到穆王之时便趋于完备了。马银琴在《两周诗史》中提出："无论是在器形、器类还是器物组合上，西周青铜礼器的嬗变都以穆王时代为分界。"由此结合对穆王时期土地制度的确立、职官制度的体系化、册命制度及射礼等具体礼仪的程式化与制度化等问题的考察，推出"周初即已开始的'制礼作乐'，经过周公、成王、康王几代人的努力，终于到昭王、穆王时代臻于大备"的结论。[①] 这一说法信实可靠，与我们考察的结果完全一致。穆王以后诸王之于礼乐者，文献无载，但或有损益则是可以肯定的，其后世又历经诸代之增损，最后才形成了今天我们所见到的"三礼"。《史记·乐书》云："乐者，所以象德也；礼者，所以闭淫也。""是故先王之制礼乐也，非以极口腹耳目之欲也，将以教民平好恶而反人道之正也。"太史公曰："夫上古明王举乐者，非以娱心自乐，快意恣欲，将欲为治也。正教者皆始于音，音正而行正……故乐所以内辅正心而外异贵贱也；上以事宗庙，下以变化黎庶也。"[②]由此可见，西周统治者制礼作乐的政治目的也是非常明确的，那就是以礼治国。而在武王之时即被用为文治的五大教之一的射礼，自然是会被其历代继任者所积极

① 龙文玲：《读马银琴〈两周诗史〉》，《文学评论》2007 年第 6 期。

② （汉）司马迁撰，（宋）裴骃集解，（唐）司马贞索隐，张守节正义：《史记·乐书》，中华书局，1982 年第 2 版，第 1200、1184、1236 页。

推行的。

总之，西周时期的射礼，就是在上述尚武观念、宗主观念、共主观念、神灵观念等观念的支配下，在当时学校射艺教育、社会生活中的射礼礼仪、奖赏与择士制度、战争与田猎环境等社会原因与背景，以及周先公以来推行的德治和武王以来实行的礼治等政治原因与背景的影响下发展、兴盛起来的。

本章小结

西周时期无论是射礼的种类、规模，还是仪节内容，都较商代有了很大的发展。东周礼书所记之射牲礼、大射礼、燕射礼、宾射礼、学射与习射，以及《春秋经传》所记的射鱼礼等种类，在西周金文里都已具备，传世文献也多有记载。在具体材料的分析上，我们认为柞伯簋铭文所记大射礼是在周康王主持下举行的秋射，其射礼文辞中的专门用语与商金文相同，竞射者分两个队列入场，参加竞射的柞伯为胙国第一代国君，射十支箭当是周礼规范之前的礼制，竞射优胜者不仅获得了周王赤金十钣的奖品，而且周王还把柷地赐予柞伯监管或用作向王贡纳野生动物的田猎地；义盉盖铭文所记射礼是周穆王在鲁地亲自参与比射的大射礼，此次射礼可能与周王东巡或封禅泰山选拔与祭者或镇服东方戎夷诸邦国首领有关；伯唐父鼎铭文记录的是周昭王在葊京、辟雍大池举行的𩛥祭和桒祭两件祭事，桒祭中的射牲礼，其行射方法当是周王乘船于池向池中丘地或岸边的野牲、牛牲行射；令鼎铭文所记是周昭王于藉田礼之后在现场举行的燕射礼。事件发展层层相因，即由藉礼引发飨礼，又由飨礼引发射礼，返回的路上又引发竞跑比赛。藉农、飨宴、比射、竞跑是一个连续不断的有机整体。铭文叙事井然有序，根本用不着调整文句位次。行射方式也不是在急速奔驰的车上行射的，而是在地上行射的。若作车上行射，则多有矛盾，难以贯通全铭。铭文中的王射、卿射及王驭，说明射驭的确是西周贵族必须掌握的技艺；噩侯驭方鼎铭文所记是周厉王南征返回途中在坯地的别馆或客馆举行的燕射礼，铭文所记祼礼与《周礼・大行人》所云侯伯之礼的仪节相同，其射礼与礼书所记的先燕后射、对耦比射、君与射则为下射、射不胜皆饮罚酒之次序和仪节也吻合；麦方尊铭文所记之大礼应是一年一度的天子始乘舟的典礼，作为这次大礼一部分的射礼应是周成王在辟雍大池举行的以大鸿为射获目标的水上弋射礼，对于成王用来款待到宗周朝见的邢侯来说实是宾射礼。本铭辟雍大池的水上射礼，与商作册般铜鼋的洹水水上射礼应有一定的渊源关系，而与战国时期的乘舟弋射则有着直接的传承关系；长由盉铭文通篇记载的只有周穆王专门为邢伯举行的飨射礼一件事，而不是飨礼与射礼两件事。

该铭再次证明古代射礼确是先燕后射的，而且是可以用来观德行的；静簋铭文所记为周穆王命静司射学宫教授贵族子弟学射礼和穆王与学子卿射以考验教学效能之事，铭文和礼书所记射礼的举行地点与场所、竞射者的比射形式、相关人员的身份职司多能相印证或相联系，说明铭文之射的确是射礼，而且礼书所记射礼的一些仪节程序可能在西周时期就已经出现了。本铭还反映了西周贵族学校确有小学与大学之分，并以六艺为教学内容，实行官师合一、天子视学、对优秀教官实行奖励的教育制度；十五年趞曹鼎和师汤父鼎铭文所记为周共王在射庐习射礼、臣下侍御王射而受赏赐之事。匡卣铭所记则为周懿王在射庐习射礼乐舞之事，该铭说明西周射礼不仅有乐伴奏，而且还确有兴舞之仪节内容。它与成都百花潭战国墓出土的采桑宴饮乐舞射猎攻战纹铜壶上的射礼乐舞图案，都证实了《周礼·乡大夫》关于兴舞为乡射之礼五物的记载，并弥补了《仪礼》记载之缺失；井鼎、遹簋和公姞鬲铭文所记当为西周时期的射鱼礼，西周射鱼礼主要见行于昭穆王时期；周武王射殷纣及其妾自杀场所和太公望射不朝周之丁侯画像都是巫术性射礼，而射三发和三箭射之即以三为度、礼射三而止，这一礼数当是周人所固有的观念和传统。而射日宫很可能是专门为降服妖孽、驱除烈日干旱天气而举行巫术性射箭仪式的场所，也可能是专门为月食时救月而举行巫术性射日仪式的场所，它是这一源自五帝时代羿射十日的巫术性射礼或射日救月这一巫术性射仪在西周时期继续存在并有所发展的一个例证；武王克商之前军队中盛行的贯革之射即张甲铠而射，是习武之射，也就是军中射礼。克商之后的郊射则以皮革为侯，是习礼之射，也就是礼射，它是周初推行的射礼。由贯革之射转变为郊射是周武王教化天下所采取的五项重大措施之一，郊射是由习武的贯革之射到习礼的大射、宾射、燕射等射礼定型之前的过渡形态，大体在周公制礼作乐后，贯革之射就被郊射所取代了；《行苇》所记为周王与族人燕、射、养老之事，其射礼的种类应是周王举行的以择士为目的的大射礼，它以敦弓、镞矢、甲革、椹质为射器，崇尚张弓如满月、四镞如树、序宾以贤，说明竞射比武当是成王初年以前周先王射以择士的一个特点；《宾之初筵》所记射礼的种类应是周王与族人在宗庙举行的燕射礼。其仪节程序、射者称射夫、共射一侯、改悬、舞以及子孙、宾、室人所行诸事，均与燕射礼相合，醉酒失态也只有燕礼和燕射之礼法才能容许的行为范围，而中者饮庆胜酒则应是燕射不同于其他射礼的一个特点。可见射礼在整个西周时代都非常流行，尤以昭穆王时期为最盛。

西周时期的射礼，与殷商时期的射礼和东周礼书等文献所记载的射礼相比，既有许多相同的地方，也有一些不同之处。这些异同，充分反映了西周射礼对殷商射礼的继承与发展和对后世射礼的开拓奠基之功，同时也说明西周射礼在射礼发展史上处于承上启下的地位，西周是中国古代射礼的一个最为重要的发展时期。

从西周射礼自身的比较情况来看，周人早期的射礼与殷商射礼一样，礼仪质朴，主于射术，重在比试技能武功，其着眼点是竞射的结果。周公制礼作乐以后的射礼，开始注重礼仪。西周中晚期的射礼则主于礼乐，重在礼仪展示，其着眼点则是射者的仪容体态和动作节奏。射礼教官身份及其职掌由武官师氏到小臣的变化，即是射礼由偏重射术演变为射术与礼仪并重的这一变化的直接反映。而西周早期及穆王早期射礼有奖励制度，不仅重奖竞射的优胜者，还奖励教官，也反映了周王对射术及射礼转型的重视。从周之先王到成王之时，人们都非常敬于礼，而到幽王之时则出现了严重的侮慢礼的现象，这说明以礼仪制度为标志的周朝统治已经开始动摇了。

从金文与传世文献看，西周时期的射礼，有些是在每年固定的季节举行的，有些则是因事而随时随地举行的。它可分成陆射和水射两种行射方式，陆上射礼与水上射礼既有区别，又有相同之处，二者都是正射。西周金文穆王以前多记西都辟雍水射之事，共王及其以后多记东都射庐陆射之事。而共王前后水陆射礼之变化，则可能说明当时的政治中心发生了转移。

西周时期不同种类的射礼，其性质与目的是不一样的，或为巫术诅咒，或为军事训练，或为人才选拔，或为德行考察，或为笼络感情。当时射礼主要是在贵族阶层即社会上层广为流行，还没有延及社会下层。西周射礼的特点是种类多、规格高、场面宏大、仪节内容逐渐烦琐。其竞射不仅有一定的技术标准，在举行程序与时间上也都有一套严格的规定与制度，其礼仪已完全程式化与制度化。而且射礼的政治目的非常强，娱乐性质也日益加重，尤其是宾射礼和燕射礼的娱乐性越来越突出。

西周是中国古代射礼最为盛行的时代，其盛行的历史原因与社会背景是周人的尚武观念、宗主观念、共主观念和神灵观念非常强烈，战争接连不断，田猎活动时有举行，射礼已成为贵族阶层在社会生活和武事行动中必须掌握的礼仪和技能。统治者极为重视学校教育，尤其是射艺教育，对优秀者实行奖赏制度与择士制度。其盛行的政治原因与背景主要是周先公以来推行德政和武王以来实行以礼治国的施政方略。总之，西周时期的射礼，就是在上述观念的支配下和当时学校射艺教育、社会生活中的射礼礼仪、奖赏与择士制度、战争与田猎环境等社会原因与背景，以及周人长期推行德治和礼治等政治原因与背景的影响下发展兴盛起来的。

附录 2-1　甲骨金文射礼文辞“获”与“无废矢”疏解

商周甲骨金文中的“获”与“无废矢”是记录射礼的专门术语和句式，也是射礼文辞区别于田猎文辞的最显著的语言标识。作为裁判单射成绩的用语和赞扬竞射优胜的总评语，过去在缺乏实物资料的情况下，学者多就字面作解，泛泛而论，笼统释意，其确切含义似乎并没有真正弄明白，而对其含义的理解是否正确，将直接影响到对商周射礼的仪节程序、竞技规则和要求，以及当时人们所追求的完美射艺和理想境界的正确把握。因此，在这方面作进一步的细致研究，也是十分必要的。现笔者试就甲骨文、金文及传世文献的相关资料作综合的考察分析，以祈能对这些射礼文辞有一个较为合理的解释。

一、甲骨金文射礼文辞例

目前传世文献和甲骨金文所见射礼文辞，有中、贯、获、无废矢等。其中“中”，在传世文献所记射礼中常见，而金文射礼文辞中不见。“贯”，在传世文献所记射礼中常见，而在金文射礼文辞中则称作叙。“获”，在传世文献所记射礼中常见，而在甲骨金文射礼文辞中仅五见。“无废矢”，在传世射礼文献中不见，而金文射礼文辞中只有二见。为便于讨论，先作释文如下：.

贞乎多射雉，获。(《合集》5740)

乙未卜，子其入三弓，若，永用。一
乙未卜，子其往于陀，获。不畫。获三鹿。一
乙未卜，子其往于陀，获。子占曰：其获，用。获三鹿。二 (《花东》288)

丙申，王迖(弋)于洹，隻（获）。
王射，叙射四，率亡（无）灋（废）矢。
王令（命）寏（寝）馗兄（贶）于乍（作）册
般，曰：“奏于庸，乍（作）女（汝）宝。”（作册般铜鼋，《中国历史文物》2005 年第 1 期）

隹（惟）八月辰才（在）庚申，王大射
才（在）周。王令(命)南宫逵（率）王多
士，师酱父逵(率)小臣。王徲（迟）

赤金十反（钣）。王曰："小子、小臣，
敬又𠄎(臤)，隻（获）则取。"柞（胙）白（伯）十
爯（称）弓，无灋（废）矢。王则畀柞（胙）
白（伯）赤金十反（钣），徃（诞）易（赐）柷见。
柞（胙）白（伯）用乍（作）周公宝尊彝。（柞伯簋，《文物》1998年第9期）

二、现有的解释与疑惑

上揭甲骨金文射礼文辞资料曾引起一些专家学者的关注，先后发表了多篇研究文章，其中自然也关涉到对"获"与"无废矢"的注解与释义。

《花东》288三辞同卜，是一组商代贵族子弟习射礼的珍贵史料。对于"获，不黿"，宋镇豪先生认为："'获'在此指射中。'不黿'意思可能是说无废矢；验辞'获三鹿'，谓三弓射中三鹿。"①

作册般铜黿铭是一篇关于商代晚期王在洹水举行射礼的记录。李学勤先生认为：该铭的"'获'，即获得此器所像的黿"。"'亡废矢'，同于周初柞（胙）伯簋的'无废矢'。'废'，《左传》定公三年注：'堕也。''亡废矢'是说没有一箭不射中目标，就是洹水的黿。"②朱凤瀚先生考释说："隻（获），是指获此黿。"意释为"获得此黿"。"灋读作'废'，亦见于西周金文，如康王时大盂鼎记康王对盂曰：'勿灋（废）朕命'，《尔雅·释诂》：'废，舍也。''勿废朕命'即不要使我的诰命被废弃。本器'率亡废矢'直译即总言之无有未命中的矢。"意释为"皆命中而无有废矢"。"类似语句亦见于1993年在平顶山应国墓地发掘的M242中出土的柞伯簋，其铭文中有句曰：'柞伯十称弓，无灋（废）矢。''无废矢'语意与本铭同。"③王冠英先生的考释是："灋，读'废'。金文'勿灋朕命''敬夙夕勿朕灋命'的句子习见，'灋'都读'废'。'率亡'，是'完全没有……'的意思。这可能是金文的一个固定句式，应连续或前后呼应来读。"率亡废矢是"完全（命中），没有浪费一箭。"④裘锡圭先生则说："窃以为'获'应连上读。'丙申王迖于洹获'，意即'丙申王迖于洹之获'。'获'用为名词，当'所获'讲。""铭文以此语开端，是为了说明铜黿所象之物，是商王在丙申日迖于洹时所捕获的。如在'洹'字后加逗，'获'只能视为动词，其后似不应不出现由'鳖'、'黿'一类字充当的宾语。"⑤宋镇豪先生认为，晚商射礼"以无废矢射获猎物为赞"。"'无废矢'，为班评竞射优胜的赞语，形容射技精湛，箭无空射皆中目标，是个射礼场合的常见

① 宋镇豪：《从新出甲骨金文考述晚商射礼》，《中国历史文物》2006年第1期。
② 李学勤：《作册般铜黿考释》，《中国历史文物》2005年第1期。
③ 朱凤瀚：《作册般黿探析》，《中国历史文物》2005年第1期。
④ 王冠英：《作册般铜黿三考》，《中国历史文物》2005年第1期。
⑤ 裘锡圭：《商铜黿铭补释》，《中国历史文物》2005年第6期。

用语。”与“获”一并意释为“皆中的，无废矢，射获大鼋”[①]。

柞伯簋铭是一篇关于柞伯参加周王在周举行的大射礼的竞射记录。发掘者考释说：“‘隻’即获本字。在射礼中用箭射中侯称获。”“‘灋’本即法字，通作废，可释为坏的，没有用处的。铭文‘废矢’即没有射中侯的箭。”[②]李学勤先生考释说，孙诒让《周礼正义》卷五十八云：“郑（玄）《乡射》注云：‘射者中则大言获’，获，得也。射讲武，田之类。是以中为获也。”“获”即射箭中侯（靶），“无废矢，即没有脱靶落地的箭”[③]。刘雨先生意释无废矢为“皆中靶的，‘唱获’最多”[④]。宋镇豪先生意释获为“射获”，无废矢为“皆有射获，无废矢”，并指出“此器用语‘无废矢’，与晚商铜鼋铭文相一致，也是射礼场合班赞品论竞射优胜的评语”[⑤]。

综上所述，学者对“获”的释义可归纳为三点：一是射获，获得，所获，捕获。这种解释显然是把射礼误为田猎所致。二是射中。三是射箭中侯靶。对“无废矢”的释义可归纳为五点：一是又称不奲。这一说法根据似嫌不足。二是箭无空射皆中目标，没有一箭不射中目标。三是皆有射获，无废矢。皆命中而无有废矢。皆中的，无废矢。完全命中，没有浪费一箭。四是皆中靶的，唱获最多。五是没有脱靶落地的箭，无有未命中的矢，无没有射中侯的箭。除史事错误和证据不足的两种解释本文不讨论外，其余释义有一个共同点，即都以射中作解，这就不能不使人产生疑惑。倘若如此，柞伯簋铭为何不说中则取？王已言“获则取”，柞伯十称弓后为何不直说皆获而说无废矢呢？既然事先已设定奖品为赤金十钣，兑现时为何又增加了别的奖品？很显然，这只能说明“无废矢”的射艺要高于“获”的射艺。而且作为同一篇铭文中的两个词句，语意也理应有所不同，其中之一当必有另解，因此对它们的含义需要重新思考。

三、确切含义之再探讨

正本清源，我们发现，射礼文辞中的中、贯、获、无废矢，是既有联系又有区别的几个词语，字书中的释义和经典文献与金文中的使用原本有着很明确的区分，只是后来经学家在注疏中把它们混为一谈，互为解释，才引起了今天人们的误解。“中”，一般意义谓射中。《吴越春秋·勾践阴谋外传》“射弩未发而前名其所中”徐天佑注：“中，射命中也。”[⑥]《汉书·扬雄传上》“于是禽殚中衰”颜师古注：“中，射中也。”[⑦]就射礼而言，“中”除以事用作盛筭器之称名和间隔之义

① 宋镇豪：《从新出甲骨金文考述晚商射礼》，《中国历史文物》2006 年第 1 期。
② 王龙正、姜涛、袁俊杰：《新发现的柞伯簋及其铭文考释》，《文物》1998 年第 9 期。
③ 李学勤：《柞伯簋铭考释》，《文物》1998 年第 11 期。
④ 刘雨：《近出殷周金文综述》，《故宫博物院院刊》2002 年第 3 期。
⑤ 宋镇豪：《从新出甲骨金文考述晚商射礼》，《中国历史文物》2006 年第 1 期。
⑥ 宗福邦、陈世铙、萧海波主编：《故训汇纂》，商务印书馆，2003 年，第 29 页。
⑦ （汉）班固撰，（唐）颜师古注：《汉书》，中华书局，1962 年，第 3550 页及注[一]。

外，则指射中侯的。侯的，本谓侯中。《仪礼·乡射礼》："侯道五十弓，弓二寸以为侯中。""还视侯中，俯正足。"[①]矢箸侯中即谓之射中。《尔雅·释器》："射张布谓之侯，侯中者谓之鹄，鹄中者谓之正。"故朱骏声《说文通训定声·丨部》："中，其本训当为矢箸正也。"《玉篇·丨部》："礼，射矢至的曰中。"从字形看，金文里的"中"，上、下对称，象飘扬的旗，中间一圈一竖。郭沫若考释说："一圈示的，一竖示矢，乃会意字。"[②]《仪礼·乡射礼》："乃射。若中，则释获者坐而释获。"[③]《礼记·射义》："故天子之大射，谓之射侯。射侯者，射为诸侯也，射中则得为诸侯，射不中则不得为诸侯……天子将祭，必先习射于泽。泽者，所以择士也。已射于泽，而后射于射宫，射中者得与于祭，不中者不得与于祭。"又曰："而中多者，得与于祭。""而中少者，不得与于祭。""《诗》云：'发彼有的，以祈尔爵。'祈，求也，求中以辞爵也。酒者，所以养老也，所以养病也，求中以辞爵者，辞养也。"郑玄注："发，犹射也。的，谓所射之识也。言射的必欲中之者，以求不饮女爵也。"孔颖达疏："求中以辞爵者，辞养也者，酒既养老又以养病，今射者非病非老，故求射中。以辞让此爵者，辞让见养老也，不敢当其养礼也。"[④]此举经例中的"中"，皆谓射中侯的。这在郑玄注里强调的还是很清楚的，而孔颖达疏就笼统地释为射中了。

"贯"，为贯穿，指射穿侯的。古代习武之射，不仅主张中的，而且要求贯革。贯革的意义在于射伤、射死猎物或敌人，所强调的是力。《说文·毌部》桂馥义证："《苍颉篇》：'毌，穿也。'通作贯。"段玉裁注："古贯穿用此字，今贯行而毌废矣。"王筠句读亦说："古盖衹有毌字，动静两义皆用之，既孳育贯字，于是毌分动义为毌穿，贯分静义为钱串。至于今之经典不用毌字，又以贯兼动静两义，此亦沿革自然之势也。"《广雅·释言》、《玉篇·毌部》、《广韵·桓韵》俱云："贯，穿也。"《礼记·乐记》"而贯革之射息也"郑玄注："贯革，射穿甲革也。"孔颖达疏："贯，穿也。"[⑤]《诗·齐风·猗嗟》"舞则选兮，射则贯兮"毛亨传："贯，中也。"孔颖达疏："贯，谓穿侯，故为中也。"[⑥]《仪礼·乡射礼》"不贯不释"郑玄注："贯，犹中也。"贾公彦疏："释曰言不贯者，以其以布为侯，故中者贯穿布侯，故以中为贯也。是以郑云贯犹中也，中则贯也。"[⑦]胡培翚正义引敖继公云："贯，谓中而不脱。"[⑧]此举注例说明，自汉代以来的毛亨传、郑玄注和孔颖达、贾公彦

① （清）阮元校刻：《十三经注疏·仪礼注疏》，中华书局，1980年，第1012、1000页。
② 郭沫若：《扶风齐家村器群铭文汇释》，载《扶风齐家村青铜器群》，文物出版社，1963年。
③ （清）阮元校刻：《十三经注疏·仪礼注疏》，中华书局，1980年，第1002页。
④ （清）阮元校刻：《十三经注疏·礼记正义》，中华书局，1980年，第1688、1689、1687页。
⑤ （清）阮元校刻：《十三经注疏·礼记正义》，中华书局，1980年，第1543页。
⑥ （清）阮元校刻：《十三经注疏·毛诗正义》，中华书局，1980年，第355页。
⑦ （清）阮元校刻：《十三经注疏·仪礼注疏》，中华书局，1980年，第1002页。
⑧ 宗福邦、陈世铙、萧海波主编：《故训汇纂》，商务印书馆，2003年，第2179页。

疏就已经把贯释为射中，或把射穿侯与射中侯等同起来了。然案文献记载有“主皮之射”[①]、“贯革之射”[②]、“穿札之射”[③]，射靶中有甲革、椹质[④]，周礼“五射”技法中有“白矢”、“井仪”[⑤]，青铜器中有展现商王贯射技艺的实物模型铜鼋等[⑥]，都足证古代确实存在着以贯穿侯的为竞技规则的射礼。这种射礼晚商金文称之为“歼射”。《说文·歼部》：“歼，残穿也。从又，从歺。读若残。”可引申为“贯”，作穿透讲，歼射，即贯射、穿射。[⑦]到西周、春秋、战国时代则逐渐演变为大射礼和乡射礼三番射中的一项仪节。因此确切地讲，贯是射中并穿透侯的，并非仅仅是射中。

“获”，本义为猎得。射礼场合除以事名，即用作报靶、计算射筹等执事人员之称名和筭筹之或名外，则指唱获，意为射得，即射所得之。《说文·犬部》：“获，猎所获也。”段玉裁注：“获，引申为凡得之偁。”《小尔雅·广言》、《广雅·释诂三》、《玉篇·犬部》、《广韵·麦韵》均曰：“获，得也。”《尔雅·释诂下》“馘，获也。”郝懿行义疏：“获之言得也。经典获皆训得。”《仪礼·乡射礼》“获者坐而获”郑玄注：“射者中则大言‘获’，获，得也。射，讲武、田（畋）之类，是以中为获也。”贾公彦疏：“获则得也，战伐得囚俘亦曰获。射著正鹄亦曰获，但举旌以宫大言获也，偃旌以商小言获也。”又“获而未释获”郑玄注：“但大言获，未释其筭。”[⑧]胡培翚正义引韦协梦云：“获，唱获也。”[⑨]此举注例释获为唱获，又进而释获为得，甚是。而把中与获完全等同起来就不对了。

“无灋矢”，无，又作亡，亡亦通“无”，义为没有。《集韻·虞韻》：“无，或作亡。”《说文·亾部》段玉裁注：“亾，亦叚借为有无之无。”故无废矢与亡废矢可并为一种句式来讨论。灋，古法字。《玉篇·廌部》：“灋，今作法。”《周礼·天官·大宰》“以八灋治官府”孙诒让正义：“凡经皆作灋，注皆作法。经例用古字，注例用今字也。”[⑩]灋通废，金文废均以灋为之，义为废弃。吴大澂《说文古籀补》：“古文灋（法）、废为一字也。”《墨子·天志下》“立为天子以法也”孙诒让间诂：“钟鼎款识皆以灋为废。”[⑪]《管子·侈靡》：“利不可法，故民流；神不可法，故事之。”郭沫若集校：“金文以‘法’为‘废’字，此两‘法’字均当读为废。”[⑫]

① 《仪礼·乡射礼》，（清）阮元校刻：《十三经注疏·仪礼注疏》，中华书局，1980年，第1011页。
② 《仪礼·乐记》，（清）阮元校刻：《十三经注疏·礼记正义》，中华书局，1980年，第1543页。
③ （汉）韩婴：《韩诗外传》卷8，湖南艺文书局，1894年，第12页。
④ 《周礼·夏官·司弓矢》、《圉师》，（清）阮元校刻：《十三经注疏·周礼注疏》，中华书局，1980年，第855、861页。
⑤ 《周礼·地官·保氏》，（清）阮元校刻：《十三经注疏·周礼注疏》，中华书局，1980年，P731。
⑥ 详见《中国历史文物》2005年第1期，封面、图版一、图版二。
⑦ 袁俊杰：《作册般铜鼋所记史事的性质》，《华夏考古》2006年第4期。
⑧ （清）阮元校刻：《十三经注疏·仪礼注疏》，中华书局，1980年，第1000页。
⑨ 宋福邦、陈世铙、萧海波主编：《故训汇纂》，商务印书馆，2003年，第1431页。
⑩ 宋福邦、陈世铙、萧海波主编：《故训汇纂》，商务印书馆，2003年，第1343页[20]。
⑪ 宋福邦、陈世铙、萧海波主编：《故训汇纂》，商务印书馆，2003年，第1343页[21]。
⑫ 郭沫若：《管子集释》，《郭沫若全集》历史编，人民出版社，1984年。

《说文·广部》段玉裁注："古谓存之为置，弃之为废。亦谓存之为废，弃之为置。"《论语·微子》"废中权"、《庄子·让王》"左手攫之则右手废"陆德明释文引马、李云"废、弃也"[①]。大盂鼎[②]、䚄簋[③]、师虎簋[④]、师酉簋[⑤]、大克鼎[⑥]、虞逑鼎[⑦]、师克盨[⑧]、伯晨鼎[⑨]皆有"勿灋朕命"，晋姜鼎有"勿灋文侯覲命"[⑩]，戎生编钟三有"今余弗叚灋其覲光"[⑪]，叔夷钟有"余弗敢灋乃命"句[⑫]，《诗·大雅·荡之什·韩奕》有"无废朕命"句[⑬]，可知"灋"与"废"古确通用，且此举金文与经例中的废字皆为废弃、背弃之意。合言之，无废矢，即没有废弃的箭。

任何词语的形成都有它特定的语言环境。射礼是按照一定的仪节规程而进行的弓矢竞射，每项仪节与规则对竞射者的技能与心理素质都有不同的要求，在考释时必须把这些行仪程序及竞技过程中的种种规则与要求充分考虑进去，才能真正把握其含义。据《仪礼》记载，乡射礼的议程规则有："无射获，无猎获"；一番射"始射获而未释获"；二番射"复释获"，"不贯不释"；三番射"复用乐行之"，"不鼓不释"。[⑭]大射礼除上述乡射礼所规定的仪程规则外，还有二、三番正射"公射大侯，大夫射参，士射干，射者非其侯，中之不获"。"唯公所中，中三侯皆获"；"卑者与尊者为耦，不异侯"；复射"壹发中三侯，皆获"；"中离维纲，扬触梱复，公则释获，众则不与"[⑮]。我们认为，凡射箭违犯了这些仪程规则的当都是废矢，至于"下曰留，上曰扬，左右曰方"[⑯]，以及金文射礼文辞的"驭方鄉王射，驭方休阑、王匽、咸酉"[⑰]，不用说，就更是废矢了。如果射者所射出的箭全部都符合仪程规则，那就是"无废矢"，亦即没有作废不释的箭。因此，无废矢是射礼

① 宋福邦、陈世铙、萧海波主编：《故训汇纂》，商务印书馆，2003年，第711页。

② 罗振玉：《三代吉金文存》卷4，中华书局，1983年；陈梦家：《西周铜器断代》，中华书局，2004年，第100页。

③ 王冠英：《䚄簋考释》，《中国历史文物》2006年第3期。

④ 《集成》4316。

⑤ 陈梦家：《西周铜器断代》，中华书局，2004年，第244页。

⑥ 陈梦家：《西周铜器断代》，中华书局，2004年，第260页。

⑦ 王占奎：《陕西眉县出土窖藏青铜器笔谈》，《文物》2003年第6期。

⑧ 陈梦家：《西周铜器断代》，中华书局，2004年，第314页。

⑨ （日）白川静：《金文通释》，《白鹤美术馆志》，1968A：29；又见许倬云：《西周史》（增订本），生活·读书·新知三联书店，1994年，第173页。

⑩ 《集成》2826。

⑪ 详见《文物》1999年第9期，第79页图六：5~6。

⑫ 《集成》275； 285。

⑬ （清）阮元校刻：《十三经注疏·毛诗正义》，中华书局，1980年，第570页。

⑭ 《仪礼·乡射礼》，（清）阮元校刻《十三经注疏·仪礼注疏》，中华书局，1980年，第1000、1011、1002、1005页。

⑮ 《仪礼·大射》，（清）阮元校刻《十三经注疏·仪礼注疏》，中华书局，1980年，第1034、1036、1043页。

⑯ 《仪礼·大射》，（清）阮元校刻《十三经注疏·仪礼注疏》，中华书局，1980年，第1039页。

⑰ 噩侯驭方鼎，罗振玉：《三代吉金文存》4·32，中华书局，1983年；《集成》2810。

结束后对竞射优胜者的总评语。作册般铜鼋“率亡废矢”之句前冠以“率”字及朱凤瀚先生对该字的考释就更证明了这一说法。“率，《汉书·宣帝纪》：‘率常在下杜’，颜师古注：‘率者，总计之言也。’朱骏声《说文通训定声》：‘按，犹均也。’”“直译即总言之。”[①]同时，从列举的规则看，仅仅把废矢理解为脱靶坠落、跌下的箭也是远远不够的。

射礼是对射者所学道艺，尤其是五射之法和综合素质修养的大检阅，每项仪程规则都是有用意的。郑司农曰：“射，所以观士也。”[②]《礼记·射义》：“古者天子之制：诸侯岁献贡士于天子，天子试之于射宫，其容体比于礼，其节比于乐。”“故射者，进退周还必中礼，内志正，外体直，然后持弓矢审固；持弓矢审固，然后可以言中。此可以观德行矣。”又曰：“射之为言者，绎也，或曰舍也。绎者，各绎己之志也，故心平体正，持弓矢审固；持弓矢审固，则射中矣。”“射者，仁之道也。射求正诸己，己正而后发，发而不中，则不怨胜己者，反求诸己而已矣。”[③]强调射者必须心正体直，才能射中侯的。所以《墨经》说：“矢至侯中，志功正也。”[④]意思是想射中箭靶的中心，结果正好射中了靶心，这是人们所刻意追求的理想状况。如果没有射中侯的，则要反过来寻找自身的原因，始终保持一个符合射道的良好心态。观察的具体内容，以乡射礼为例主要有五个方面。《周礼·地官·乡大夫》：“退而以乡射之礼五物询众庶：一曰和，二曰容，三曰主皮，四曰和容，五曰兴舞。”[⑤]即通过举行乡射礼一是看射者是否做到了身体与心志相和谐，二是看仪容是否合乎礼，三是看是否善射，四是看动作容体是否符合音乐节奏，五是看体态舞姿是否优美。其中第三项就是指第二番射的“不贯不释”，不仅要射中侯的，还要贯穿侯的。所展示的是射技武功，即射穿侯的的力量。第四项是指第三番射的“不鼓不释”，既要射中侯的，又要与音乐的节奏相应。二者之配合难度大，射技与心理素质要求高，所以孔子叹美之曰：“射之以乐也，何也听，何以射！”[⑥]又说：“射者何以射？何以听？循声而发，发而不失正鹄者，其唯贤者乎。若夫不肖之人，则彼将安能以中？”[⑦]其余三项则体现在射礼的整个行礼过程中。由于仪程规则和身心素质的要求及竞技难度不同，因此射者射中侯的的程度也是不一样的。

总之，根据上面的分析，传世文献和甲骨金文射礼文辞中的“中”，应为射中侯的。“贯”，应为射穿侯的。“获”，应为射得。“无废矢”，应为没有作废不释的

---

① 朱凤瀚：《作册般鼋探析》，《中国历史文物》2005年第1期。
② （清）阮元校刻：《十三经注疏·周礼注疏》，中华书局，1980年，第716页。
③ （清）阮元校刻：《十三经注疏·礼记正义》，中华书局，1980年，第1687，1686，1688，1689页。
④ 吴毓江撰，孙啟治点校：《墨子校注》，中华书局，2006年第2版，第472页。
⑤ （清）阮元校刻：《十三经注疏·周礼注疏》，中华书局，1980年，第716页.
⑥ 《礼记·郊特牲》，（清）阮元校刻：《十三经注疏·礼记正义》，中华书局，1980年，第1448页。
⑦ 《礼记·射义》，（清）阮元校刻：《十三经注疏·礼记正义》，中华书局，1980年，第1689页。

箭。如果不加区分，一概用“射中”笼统解释之，显然是不妥的。

（2007 年 10 月 27 日 23 点初稿，2009 年 12 月 28 日定稿于仁和居）

附录 2-2　金文“蔑历”疏解

“蔑历”一词西周金文习见，最早的辞例为成王时期，其他大都属于西周中期或稍早，中期以后则鲜有出现。其意义不很清楚，自来解说甚多，以至于有用专书来探讨者①，但大多都在嘉奖勉励一义上做文章。②唯有罗振跃认为西周有蔑历礼，“蔑历”在铭文中的意义应即“赐食”。③其说与众不同，使人颇有突兀之感。尽管作者是“从文献记载、出土材料、西周金文等方面综合考察”后得出的结论，而我们觉得还是与金文所反映的事实凿枘不合。除此之外，其余各说均可作一比较分析。

阮元说：“古器物铭每言蔑历，按其文皆勉力之义。”④于省吾先生旧释“蔑谓勉励，曆谓劳绩”⑤，但未寻出此解的根据，后放弃旧说，创立新说，改读“蔑历”为“厉翼”。⑥赵光贤先生认为：“‘蔑’是‘美’之借字。在金文中作动词用，有赞美、嘉勉、勉力诸义。”金文“蔑历”之“历”字虽与古文献中的“历”字写法不完全相同，应是一字，作“劳绩”或“事业”解。此说信而有征，“以金文与古文献对读，互相印证，求其二者皆能通读”，乃可作解。⑦这无疑是有说服力的。徐中舒先生认为金文中屡见之“蔑历”，大体就是简阅、称美某人功劳、资历之意。⑧唐兰先生的训诂虽略异，但大体意思则与徐同。他以为蔑作功伐，历作经历，二字合言，正如后世的伐阅。“伐阅一语，就是蔑历一语的变异。”在彝铭里被蔑历或自我蔑历的人，都不是最上层的贵族，大致只是大夫一级。⑨许倬云先生赞同其说，认为：“穆王时代的长甶盉，即有穆王蔑长甶及长甶蔑历的语句，长甶大约是穆王飨醴井伯时的陪侍大夫，也许还只是井的臣属，是以有此被夸奖之词。《左传》襄公十九年：‘夫铭，天子令德，诸侯言时计功，大夫称伐。’其末句正可解释蔑历的意义及其限于大夫阶层的情形。”⑩按中国古代有无伐阅，乃是任用、提

① 如邱德修：《商周金文蔑历初探》，台北五南图书出版公司，1987 年。
② 于省吾：《释蔑历》，《东北人民大学人文科学学报》1956 年第 2 期。
③ 罗振跃：《“蔑历”一词在金文中的含义即赐食》，《贵州大学学报》2001 年第 5 期。
④ （清）阮元：《积古斋钟鼎彝器款识》卷 5，阮元编：《清经解》卷 1057~1058，上海书店，1988 年。
⑤ 于省吾：《双剑誃吉金文选》卷上之二师望鼎铭注，1934 年影印。
⑥ 于省吾：《释蔑历》，《东北人民大学人文科学学报》1956 年第 2 期。
⑦ 赵光贤：《释“蔑历”》，《历史研究》1956 年第 11 期。
⑧ 徐中舒：《西周墙盘笺释》，《考古学报》1978 年第 2 期。
⑨ 唐兰：《蔑历新诂》，《文物》1979 年第 5 期。
⑩ 许倬云：《西周史》（增订本），生活·读书·新知三联书店，1994 年，第 175 页。

拔官吏的极重要条件，这种伐阅之风必当渊源有自，所以许倬云先生在解释免觯铭“蔑历”时说：“此处当可解为审阅其资格及经历，是人事制度中不可缺的一番手续。”[①]另据朱凤瀚先生告知，原四川大学教授伍仕谦先生有释“蔑历”为“伐历”之说，文献有征，较它说为好。朱先生本人也认为，金文“蔑”之写法有𦍒、𦍖二形，依第二形，完全可隶定为“茷”，读为“伐”。“伐历”可理解为伐美经历，即表彰功绩。日本学者佐藤信弥也认为这一词语是上司对部下进行赏赐之时，称颂他的功绩，并回顾其父祖事迹的一种再次确认君臣和上司、部下关系的仪节。[②]这类说法，尤其是对被蔑历者身份等级的分析确然无疑，以伐阅相解也有一定的道理，但问题是金文中的蔑历，即可分用，又可单用蔑字，且意义无别，似蔑与历并非并列关系，而应该是谓语与宾语的关系。晁福林先生认为习见于彝铭的“蔑历”一语用若勖勉之意，是上级对下级的勉励和下级的自勉，“它以口头勉励的形式来保持和加强周王与臣下（或上下级贵族间）的关系。西周时期的勉励制度，从形式上看，有口头鼓励与物质奖赏两种。蔑历正是以口头鼓励为主的勉励制度”[③]。从金文例来看，蔑历之后一般都会得到赏赐，而且蔑历又是赏赐的原因与条件。因此，蔑历与赏赐还是不能截然分开来作为西周勉励制度的两种形式的。王辉先生认为蔑通伐，《小尔雅·广诂》：“伐，美也。”即夸美之意。《左传》襄公十三年：“小人伐其技以冯君子。”杜预注曰：“自称其能为伐。”历，经历，阅历，引申为功绩。蔑历即夸耀功绩或家世，可以被君长夸奖，也可自己夸耀。[④]又《说文·苜部》朱骏声通训定声曰：蔑“当云从苜，伐声，结字似戍耳”。按甲骨、金文像以戈击人头形，故王说有据，也较为近是。

张光裕先生据新见曶簋铭文也对蔑曆一词作了探讨，他说：“‘蔑曆’的‘曆’，多读为‘历’，训为历行、功劳或功绩，学者间并无太大歧异。只是‘蔑’字的解读颇具争议。因此，有关‘蔑曆’一辞的论辩，说者不下30余家，除部分学者认为宜与军功有关外，从文意上看大抵皆同意是上级对下属嘉许黾勉之辞，故众说中仍以‘黾勉’、‘懋勉’、‘勉励’、‘嘉勉’诸说较易为学者接受。”今曶簋“加曶历”的“加”与“蔑曆”的“蔑”，“二字形构虽异，但是从句式及内容比对，两者用意应无大别……‘加曶曆’可以理解为时王褒奖和增添‘曶’的功绩。‘加’亦与‘嘉’相通，如虢季子白盘：‘王孔加（嘉）子白义。’‘嘉’又可引申为美善……‘嘉’亦有表彰、嘉许、赞美之意……均可说明‘加曶曆’，可以读为‘嘉曶曆’。”至于

---

① 许倬云：《西周史》（增订本），生活·读书·新知三联书店，1994年，第225页。

② 〔日〕佐藤信弥：《蔑历新探》，《古代文化》57~59；又见〔日〕今村佳子：《2005年日本的商周春秋史研究》，日本《史学杂志》第115编第5号《2005年的历史学界》；又见夏炎编译：《2005年日本的商周春秋史研究》，《中国史研究动态》2007年第7期。

③ 晁福林：《金文“蔑历”与西周勉励制度》，《历史研究》2008年第1期。

④ 王辉：《商周金文》，文物出版社，2006年，第37页注[13]、52页注[3]。

读“蔑”为“伐”，“意义上也与‘嘉美’近同”[1]。在西周金文中，“加曶曆”一语系首次出现，对“蔑曆”的解读与释义的确有极大的启发作用，是很值得重视的。

按蔑历金文文例，今所见者约有 50 例左右[2]，依其用法陈英杰归纳为四种句式[3]，实为六种，即“某蔑历”，如：

竞卣铭：“竞蔑历，赏竞璋。”（《集成》05425）

次卣铭：“次蔑历，赐马，赐裘。”（《集成》05405）

小臣謎簋铭：“小臣謎蔑历，眔（暨）赐贝。”（《集成》04239）

长甶盉铭：“长甶蔑历。”（《集成》09455）

鲜（簋）盘铭：“鲜蔑历，祼王朝，祼玉三品，贝二十朋。”（《集成》10166）

意为某人受到蔑历，并得赐物品。

或“某蔑历某”，如：

肄簋铭：“王使荣蔑历，令往邦，乎赐銮旂。”（《集成》04192）

师訊鼎铭：“訊蔑历伯大师，不自作。”（《集成》02830）

意为某人蔑历某人，或得赐物品。

或“蔑历于某”，如：

保卣铭：“蔑历于保，赐宾。”（《集成》05415）

这种句式只能解释为被动句，即被保所蔑历的人，而不是主动句王蔑历于保。早期金文中主-被动句有时都用“于”字，句型无别，需要细心斟酌。

或“蔑历”单独为句，如：

稆卣铭：“稆从师雍父戍于古次，蔑历，赐贝三十锊。”（《集成》05411）

闻尊铭：“师多父命闻于周，曰：‘余学事，汝无不善……汝无有一不闻。’蔑历，赐马乘、盠幎二。”[4]

显系上司对下属任职之表现很满意，所以才赏赐给物品。

或“某蔑某历”分用为句，如：

庚嬴鼎铭：“王蔑庚嬴历，赐祼璋、贝十朋。”（《集成》02748）

竅鼎铭：“其父蔑竅历，赐金。”（《集成》02721）

竞簋铭：“伯遅父蔑御史竞历，赏金。”（《集成》04134、04135）

沓簋铭：“王蔑沓历，赐牛三。”（《集成》04194）

大簋铭：“王在郑，蔑大历，赐芻骍犅。”（《集成》04165）

---

① 张光裕：《新见曶簋铭文对金文研究的意义》，《文物》2001 年第 6 期。

② 晁福林：《金文“蔑历”与西周勉励制度》，《历史研究》2008 年第 1 期。

③ 陈英杰：《新出琱生尊补释》，《考古与文物》2007 年第 5 期。

④ 张光裕：《新见乐从堂闻尊铭文试释》，见张光裕、黄德宽：《古文字学论稿》，安徽大学出版社，2008 年，第 5~10 页；句读从何景成：《从金文看西周职官的考绩制度》，复旦大学出土文献与古文字研究中心网站，2008 年 7 月 1 日，http: //www.gwz.fudan.edu.cn/SrcShow.asp?Src_ID= 466。

彔㦰卣铭："伯雍父蔑彔历，赐贝十朋。"（《集成》05420）

免尊、觯铭："王蔑免历，令史懋赐免缁芾、冋衡，作司空。"[①]

意为某人蔑某人历，得赐物品或官职。

或只省用"蔑"字，如：

天亡簋铭："唯朕有蔑，敏启王休于尊簋。"（《集成》04261）

沈子它簋铭："乃沈子昧克蔑，见厌于公休。"（《集成》04330）

仆麻卣铭："余赐帛、囊贝，蔑汝，王休二朋。"（《集录》604）

长甶盉铭："穆王蔑长甶以仇佽井伯。"（《集成》09455）

免尊铭："免蔑静女王休。"（《集成》10161）

意为某人蔑某人，或得赐物品。

从以上诸文例可以看出，"蔑历"实是金文习用成语，一般都用在赏赐前，与赏赐构成了事实上的因果关系。"蔑历"所在句无论句式与用法怎样变化，但意思都是一样的，所体现的都是长官对下属工作的肯定。同时，还可以看出蔑历之释义，关键在蔑字。恰好曶簋铭"叔□父加（嘉）曶历"（集成《汇编》1815）、虢季子白盘铭"王孔加（嘉）子白义"（《集成》10173）为我们提供了新的思路，把这两个句式与蔑历句式相比较，不难发现，"蔑"义确当同"加"。[②]"加"即嘉，义为夸美、赞扬、表彰，《说文·壴部》："嘉，美也。"《正字通·口部》："嘉，褒也。"《古文尚书·大禹谟》："予懋乃德，嘉乃丕绩。"[③]铭文有上司对下属的表扬，而下属则对扬上司，此正是礼也。因此，蔑历应近似于现代成语之"勉励"，有嘉奖功劳、赞美业绩、表彰功绩之意。

附录 2-3　"葊京"续考

"葊京"，亦可单称"葊"（如六年琱生簋，《集成》04293，弭叔师察簋，《集成》04253），或作"旁"（高卣，《集成》05431），见于西周金文者有 20 余器。其到底何指又位于何处？"金文家争论了几十年，仍然莫衷一是。这个难题几乎成了古史界千古之谜。"[④]略撮学界之观点，最初释葊京为旁京[⑤]，或释葊京为"邦京"，

① 《集成》06006；〔日〕白川静：《金文通释》，《白鹤美术馆志》第 21 辑，1968 年，第 456 页。

② 陈杰英：《新出琱生尊补释》，《考古与文物》2007 年第 5 期；张光裕：《新见曶簋铭文对金文研究的意义》，《文物》2001 年第 6 期。

③ （清）阮元校刻：《十三经注疏·尚书正义》，中华书局，1980 年，第 136 页。

④ 王玉哲：《西周葊京地望的再探讨》，《历史研究》1994 年第 1 期。

⑤ （清）阮元：《积古斋钟鼎彝器款识》卷五小臣继彝、继彝，卷六召伯虎敦、卯敦等铭，均释葊为旁。其后的学者一直到郭沫若也多释旁，详见其《两周金文辞大系图录考释》臣辰盉等铭，科学出版社，1957 年。

邦京即京师。[①]后来或说莽京为镐京[②]，或说莽京即丰京[③]，或说莽京即“秦汉之蒲坂”，其地在永济附近。[④]或说莽京是豳[⑤]，或指为范宫[⑥]，或指为方[⑦]，或说莽京是丰邑附近的一个地方[⑧]，或说莽京是镐京附近的地方[⑨]，或说莽京大约就是秦时的阿房[⑩]，或说“莽京是指镐京旁边周王居住的大房子”，“是宗周的王宫、宗

---

① 此说为清嘉庆时学者徐同柏对史懋壶铭“莽京”的考释，详见刘体智：《小校经阁金文拓本》卷四史懋乍父丁壶铭，1935年石印本，第93页。

② 此说由吴大澂首倡，罗振玉、丁山、容庚、朱芳圃、陈梦家、唐兰、陈云鸾诸学者发扬之。其中丁山把文献中的镐池、镐京辟雍与金文中的莽京辟雍、大池相联系，认定莽是镐而不是丰。唐兰后来也主张：“这个莽京是和镐京在一起的，是宗周的一部分。”“镐和方是一地，所以铜器铭文一般称为莽京。”陈云鸾认为：“释莽京为邦京，于义未恰；而称莽京为京师，则确具卓见。”“莽京为镐京的本名”，是西周时的称谓，“在东周时则应称蒿京或镐京。”详见（清）吴大澂：《说文古籀补》附录11，中华书局，1988年；罗振玉：《辽居乙稿》27，1931年石印本；丁山：《由三代都邑论其民族文化》，《中央研究院历史语言研究所集刊》第5本第1分。又见丁山：《古代神话与民族》，商务印书馆，2005年，第1~64页；容庚：《金文编》镐字条下；朱芳圃：《殷周文字释丛》，中华书局，1962年，第135~137页；陈梦家：《西周铜器断代》（二），《考古学报》1955年第10期；唐兰：《西周青铜器铭文分代史征》作册麦方尊，中华书局，1986年，第251页注释6、9；陈云鸾：《西周莽京新考》，《中华文史论丛》第1辑，上海古籍出版社，1980年。

③ 此说郭沫若先生首倡，他在考释麦方尊铭文“莽京”时说：“此与宗周相距仅一日，其地复有辟雝在焉，其为文王之旧都无疑。《史记·周本纪》集解引徐广云：‘丰京在京兆鄠县东，有灵台；镐在上林昆明北，有镐池，去丰二十五里。皆在长安南数十里。’丰镐相去甚近，故可崇朝而至。”臣辰盉、遹簋考释，亦俱持此说。详见郭沫若：《两周金文辞大系图录考释》麦尊，科学出版社，1957年；又见郭沫若：《臣辰盉铭考释》，《金文丛考》，人民出版社，1954年，第324~326页。其后学者又做了许多增益延伸性研究，如黄盛璋在20世纪50年代初论莽京时亦肯定此说，并认定莽京是丰京而非镐京或其它诸地。详见黄盛璋：《周都丰镐与金文中的莽京》，《历史研究》1956年第10期。宗德生则对镐京说提出质疑，认为“莽京就是文献中的丰邑”。详见宗德生：《〈西周莽京新考〉质疑》，《中华文史论丛》第4辑，上海古籍出版社，1981年。张懋镕也对镐京说提出质疑，认为“莽京即是丰京”而不是镐京，镐京只能是宗周。详见张懋镕：《镐京新考》，《中华文史论丛》第4辑，上海古籍出版社，1981年。

④ 王国维：《周莽京考》，《观堂集林》卷十二，中华书局，1959年，第525~528页。

⑤ 此为唐兰早年所持之旧说，同时他还指出：“镐及方之所以称镐京或莽京者，总言之为京或京师；析言之为高及方，是盖其子邑也。”详见唐兰：《莽京新考》，《史学论丛》第1期，北大潜社，1934年。后来他又作了修正，明确指出这个莽京是和镐京在一起的，它是宗周的一部分。详见唐兰：《西周青铜器铭文分代史征》作册麦方尊，中华书局，1986年，第251页注释6。

⑥ 温廷敬：《莽京考》，《史学专刊》第1卷第4期，中山大学文科研究所，1936年。

⑦ （清）方浚益：《缀遗斋彝器款识考释》13.7，上海商务印书馆，1935年影印；又见北京图书馆出版社，2004年。

⑧ 此说是黄盛璋在20世纪80年代初再论莽京时所提出的观点。早在50年代他就明确地肯定莽京就是丰京，不可能是镐京或其他诸地。详见黄盛璋：《周都丰镐与金文中的莽京》，《历史研究》1956年第10期。而此时他又作了进一步的论证，认为：“莽京应该就是利用丰邑之外已经开辟经营之地，包括辟雍、大池等而扩展新建为王离宫别馆之处，与丰同处一个地区，彼此相近，但还不是同一地方。”详见黄盛璋：《关于金文中的“莽京（莽）、蒿、丰、邦”问题辨正》，《中华文史论丛》第4辑，上海古籍出版社，1981年。

⑨ 这是一个集成之说，是刘雨先生在方浚益、唐兰、黄盛璋等学者的启发下较早提出的。他认为莽京不是丰京，也不是镐京或其他西周都城。“莽京与所有西周诸都皆非一地，而是一个独立存在的城邑”，“是独立于诸周都之外的城邑”。“莽京是镐京附近的地方”，“是距镐京十分近的一个城邑”，“其地在距镐京几十里的范围内”。详见刘雨：《金文莽京考》，《考古与文物》1982年第3期。王玉哲先生亦赞成其说，认为莽京确是位于镐京（宗周）附近的某个地方。“镐京虽与莽京临近，又不是一地”，“两京处在辟雍池水周围”。和其他都城的发展规律一样，“最初，渭北的镐京发展扩大，而到达渭水南岸的‘方’（或莽），因而出现了金文中的‘莽京’，成为扩大的镐京之一部。扩大的镐京包有渭水南北两岸，即所谓‘宗周’”。秦之阿房宫近于莽京，“莽京的具体地址，当不出今丰水以东，滈水与皂河之间的渭河南岸”。详见王玉哲：《西周莽京地望的再探讨》，《历史研究》1994年第1期。

⑩ 详见王辉：《金文“莽京”即秦之“阿房”说》，《陕西历史博物馆馆刊》第3辑，1996年。此说虽由王辉先生明确提出，实归功于王玉哲先生“从秦阿房宫的得名推测莽京地望”之启示。详见王玉哲：《西周莽京地望的再探讨》，《历史研究》1994年第1期。

庙区”[1]。或说莽京在周原扶风[2]，或说莽京靠近毕。[3]以上诸说，虽也多引征文献，但所考结果则大都不能服人。相比较而言，丰镐之外的蒲坂、豳 、范宫、周原诸地，距宗周都比较远，仅此即说明这一类说法不确。镐京说在文献与金文的结合印证上确实显得有些武断。丰京说所论最为充分，但在资料的运用上过于谨慎，对今本《竹书纪年》的史料价值不容讨论，持完全否定的态度，则难以苟同。其他各说基本上都是在丰镐说的基础上有所损益而已。值得注意的是镐京说和丰京说最后都修正为各自所主都城附近的一个相对独立的地方，即独立存在说，这在一定程度上也反映了学术界的研究趋向。尽管仍没有彻底摆脱旧说的窠臼与羁绊，但能给人以启示和值得借鉴的地方也不少，其中也不乏中肯之见。

我们认为莽京之莽应以阮元、郭沫若等学者的字释为是，相对位置以唐兰（修正后）、刘雨、王玉哲、黄盛璋（修正后）等先生所持论者最为近是。确切地讲，莽京、丰京、镐京是不同概念、不同地方但同在一个地区的三个地名，莽京既不是丰京，也不是镐京。也就是说，莽京不仅与丰京不是一个地方，而且与镐京也不是一个地方，它是距丰京、镐京都很近的一个相对独立的地方。莽京既属于丰京的一部分，也属于镐京的一部分，这是由它的位置环境与功能性质所决定的。莽，阮元认为是旁之繁文，释莽京为旁京。[4]甚是。高卣铭“王初𩞁旁”（《集成》05431），即是莽为旁之明证。郭沫若先生亦认为“莽即旁之古字”，并由此得出“莽京与宗周比邻”。甚是正确。但同时他又说“莽京即丰京”[5]，则是不确切的。实际上，“旁京”二字，其自身就已经指明了它的位置所在，因为旁字本来就有边、侧之义。《广雅・释诂四》：“旁，方也。”《仪礼・士丧礼》“牢中旁寸”郑玄注曰：今文“旁为方”[6]。自商以来，在人们的地理观念中，四方、多方、邦方是相对处于四土之中的商之都邑而言的；在西周金文及《诗经》、《尚书》中，四方、多方是与周国相对而言的[7]，国都与方是内与外的关系，因此方有都城之外的意思。以下所举字书说得更明白，《释名・释道》：“在边曰旁。”《玉篇・上部》：“旁，犹侧也，边也。”旁，亦同“傍”，义为依傍、临近。《说文・人部》：“傍，近也。从人，

---

① 邵英：《莽京考》，《殷都学刊》2005 年第 2 期。

② 此说由罗西章先生提出，他根据陕西周原扶风县法门镇庄白村刘家组村出土的铜盂残底及其铭文“王乍（作）莽京中寝(寝)归（馈）盂”，认为该器是西周早期周王为莽京中寝所作，莽京在周原扶风县刘家村一带。详见罗西章：《西周王盂考——兼论莽京地望》，《考古与文物》1998 年第 1 期。

③ 此说的依据是吴虎鼎铭：“厥南疆毕人眔疆，厥西疆莽姜眔疆。”认为该句铭文说明莽京靠近毕，肯定不在周原。详见《考古与文物》编辑部：《吴虎鼎铭座谈纪要》，《考古与文物》1998 年第 3 期。

④ （清）阮元：《积古斋钟鼎彝器款识》卷五小臣继彝、继彝，卷六召伯虎敦、卯敦铭，见（清）阮元编：《清经解》卷 1057~1058，上海书店，1988 年。

⑤ 郭沫若：《两周金文辞大系图录考释》臣辰盉、麦尊铭，科学出版社，1957 年。

⑥ （清）阮元校刻：《十三经注疏・仪礼注疏》，中华书局，1980 年，第 1131 页。

⑦ 陈梦家：《殷虚卜辞综述》，中华书局，1988 年，第 319、320、325 页。

旁声。”段玉裁注曰：“亦假旁为之。”《汉书·赵充国传》：“南旁塞，至符奚庐山。”颜师古曰：“旁，依也。”①这是一个问题的两个方面，是彼此视角的互换，其所指实为一也。京，当为都城丰京或镐京。旁京即临近都城的地方，也就是都城丰镐的旁边，相当于今天都城远郊的某一个地方。其得名，与临邛、临江、临洮、临淄、临海、临川、临安、临城、邻水等地名的由来，颇为相同。把旁京解释为都城的旁侧，也不是我的新发现。王辉先生就曾指出：“荞即高卣‘王初祼旁’的旁，在丰镐之旁。”②他说得很对，但却没有分析其含义之所从来，并进一步讲清京与丰镐之关系，也没能举出这类地名由来的实例来。因此我们沿着这个思路继续思考，作了一些弥缝与延伸性探讨，使该说更为明白、论证更为充分而已。

当然，也许有人会问西周人是否已有京师、京都、京城的概念呢？从《左传》隐公元年，郑庄公之母为小儿子请制庄公不允，又为之“请京，使居之，谓之京城太叔”③这件事来看，就是到了春秋时代人们似乎也是不把京认作首都的吗？其实，这个说法是不对的。京，最初是周人族居的栖息地。《诗·大雅·公刘》：“笃公刘，逝彼百泉，瞻彼溥原；迺陟南冈，乃觏于京。京师之野，于时处处，于时庐旅，于时言言，于时语语。笃公刘，于京斯依。”④古代部族的栖息地虽然经常迁徙，但是先王所居的地名却往往沿袭不变。⑤因此，京便成了都居之地的专称。如把都城的宫室宗庙称名为“京室”、“京宫”、“京太室”即是其例。㝨尊铭：“王诰宗小子于京室。”王辉先生注解说：“京室，京宫的大室。京室之名，文王时已有，《诗·大雅·思齐》‘思媚周姜，京室之妇。’郑玄笺：‘京，周地名。’今岐山县周原有京当乡……成王时的□卿方鼎有‘京宗’，京宗即京室，在成周。”⑥矢令方彝铭：“明公用牲于京宫。”唐兰注释说：“京宫又叫京室，就是京宫的太室。”《吕氏春秋·古乐》武王“乃荐俘馘于京太室”。唐兰也说：“就是京宫的太室。”⑦《诗·大雅·下武》：“三后在天，王配于京。”郑玄笺曰：“于京，谓镐京也。”⑧程俊英也注曰：“京，镐京，周的都城。”⑨克钟、克镈铭：“王在周康剌宫，王乎士曶召克，王亲命克，遹泾东至于京师。”（《集成》00204、00206、00208、00209）克器时在西周晚期，是西周都城称京师的有力明证，也是西周时期岐周至镐京之间除陆路之外，还有水路交通的第一手材料。“顺泾水而下，东行之泾渭交汇之处，

---

① （汉）班固撰，（唐）颜师古注：《汉书·赵充国传》，中华书局，1962 年，第 2972 页及注[一]。

② 王辉：《金文“荞京”即秦之“阿房”说》，《陕西历史博物馆馆刊》，第 3 辑，1996 年；又见王辉：《商周金文》作册麦方尊，文物出版社，2006 年，第 76 页注解[5]。

③ （清）阮元校刻：《十三经注疏·春秋左传正义》，中华书局，1980 年，第 1715~1716 页。

④ （清）阮元校刻：《十三经注疏·毛诗正义》，中华书局，1980 年，第 542 页。

⑤ 尹盛平：《西周史征》，陕西师范大学出版社，2004 年。

⑥ 王辉：《商周金文》，文物出版社，2006 年，第 41 页及注解[3]。

⑦ 唐兰：《西周青铜器铭文分代史征》作册令方彝，中华书局，1986 年。第 210 页注释 17。

⑧ （清）阮元校刻：《十三经注疏·毛诗正义》，中华书局，1980 年，第 525 页。

⑨ 程俊英：《诗经译注》，上海古籍出版社，2004 年新 1 版，第 431 页及注释[4]。

即为镐京，可见镐京除宗周外，也可以称为京师。”[①]以上所举诸例显然说明自文王以来，京就已经成为西周都城的专称了。

有学者认为“京”字在周人眼里是人工筑起的高丘，是高大建筑或高台建筑的意思，是王者居住之地。《尔雅・释诂》、《方言》卷一均言：“京，大也。”《尔雅・释丘》又说：“绝高为之京。”郭璞注曰：“人力所作。”这从金文“京”字的构形也可以直观地体会到，郭沫若说，京字“象宫观厜㕒之形。在古素朴之世非王者所居莫属。王者所居高大，故京有大义，有高义”[②]。因此当金文“京室”(䋣尊，《集成》06014)、“京宫”（作册令方彝，《集成》09901）联用时，“京”字是修饰词，表示高大的房屋和宫殿。那么在蒡京附近都有哪些地方有高大建筑呢？根据文献记载，一个是丰镐都城的王宫，一个是灵台，若以王者居住之地来衡量，那就只能是都城王宫了。因此，从这个意义上来讲，与前文我们所说的京为都城丰京或镐京，也没有什么根本性的矛盾。

就文字上分析，蒡字从茻从旁，方声，读为旁，而非“方”声，读为“芳”，与蒿、镐所从声旁“高”的形、音也相差很远。既“不能用通假说把‘蒡、方’和‘丰’等同起来”[③]，也不能用通假说把“蒡、蓬”和“蒿、镐”等同起来。也就是说蒡不是丰字，也不是镐字，而只能是旁字。罗振玉说：“蒡字从丼，象草木茂盛。”[④]其造字构形原理与葬、薹等字相同。《说文・茻部》：“葬，臧也。从死在茻中。”段玉裁注曰：“说从死在茻中之意也，上古厚衣以薪，故其字上下皆艸。”张舜徽也说：古葬字乃一死尸，上下以草覆葬之。[⑤]德方鼎铭：“延武王福自薹。”张懋镕解析薹字说：“蒿（薹）字，从艸（茻）从高，高亦声（非从艸［茻］高声）。高者，《说文》云：‘崇也，象台观高之形。’按高金文象台上筑阁，格外高大，以后遂用来形容一切高扬。蒿（薹）之造字，正形象写出文王、武王率领周族在丰镐一带披荆斩棘，建造家园的图景。与此造字初义相似的还有蒡字，蒡从茻从旁、旁亦声（非从茻旁声），旁虽不能确指其含义，但旁所从亼象茅舍，旁也如家等字一样，有屋室的概念。因此蒡亦有在乱草中辟地建屋之义。从这一点出发，今本《竹书纪年》有一段话颇耐人寻味：‘周德既隆，草木茂盛，蒿堪为宫室，因名蒿室；既有天下，遂都于镐。’今本《竹书纪年》虽被认为是伪书，其中也不乏有价值的原始史料，而这句话真实地描写出周族兴起与蓬蒿相关，故以蒿命名宫室，后来建立了国家，遂以蒿命名京城。”[⑥]这段话虽然是对薹字作的分析，但也涉及

① 刘雨：《金文蒡京考》，《考古与文物》1982年第3期。
② 郭沫若：《两周金文辞大系图录考释》，科学出版社，1957年。
③ 黄盛璋：《关于金文中的“蒡京（蒡）、蒿、丰、邦”问题辨正》，《中华文史论丛》第4辑，上海古籍出版社，1981年。
④ 罗振玉：《辽居乙稿》27，1931年石印本。
⑤ 张舜徽：《说文解字约注》，河南人民出版社，1987年。
⑥ 张懋镕：《镐京新考》，《中华文史论丛》第4辑，上海古籍出版社，1981年。

葊字，这些卓见对我们理解葊字之含义是很有启发的。由莽、蒡、葊三字之构形可知，葊地有建筑，建筑四周有草木。一般来说，象形字与形声字所象之形，都应该是现在时，而不是过去时的状态与形貌。葊地在建造宫室等建筑时，肯定是要在乱草丛中披荆斩棘开辟出建筑地面的，但我们觉得葊字所从之茻，更像是宫室建筑建成以后四周有草木之形，这些草木应该是既有自然生长的，也有人工种植绿化的。既然葊、蒡字本身就有建筑之含义，因此葊字亦可独立使用，如六年琱生簋铭“王在葊”即是其例（《集成》04293）。就字义上讲，当“葊京”联用时，“京”字是被修饰词，表示在主体建筑都城附近的边侧有一个草顶四周亦有草木的辅助建筑物。

今天葊京的具体位置虽然还不能实指其地，但其范围定在渭河南岸沣水与皂河之间当不会有问题。而且从本铭并结合其他铭文与文献记载，对葊地的建筑设施与环境以及功能与性质还是约略可知其梗概的。其一，井侯二月见王于宗周，第二天就同王在葊京之辟雍乘舟，说明葊京距宗周甚近，最多不超过一日之路程。其二，葊京有宫室，宫室之名可知者有“葊宫”（卯簋，《集成》04327）、“上宫”（觞匜，《集成》10285）、“湿宫”（史懋壶，《集成》09714）、“学宫”（静簋，《集成》04273）、“寝”（麦方尊，《集成》06015）、“葊京中寝”（王作馈盂，《集录》1024）、“葊官”（戒鬲，《集成》00566）[①]、“葊鄙官”（楚簋，《集成》04246）[②]、“大室”（弭叔师察簋，《集成》04253）等，并且葊京的宫室似乎还有城内与城外之别。其三，葊地有辟雍（麦方尊，《集成》06015）、大池（遹簋、静簋，《集成》04207、04273）、辟池（伯唐父鼎，《集录》356）、灵台、灵囿、灵沼等（《诗·大雅·灵台》），这些都是浩大宏伟之工程，据毛亨传曰：“囿所以域养禽兽也，天子百里，诸侯四十里。”[③]若把葊京及其附近的建筑景观全部合计起来，其规模范围之大可想而知。其四，葊京建筑物四周有草木，辟雍大池、灵囿、灵沼有犭、豢虎、貉、白鹿、白狼（伯唐父鼎，《集录》356）、麀鹿、白鸟、鱼（《诗·大雅·灵台》；遹簋、井鼎，《集成》04207、02720）等野生动物。在都城的旁边有这样一处以茂盛的草木、广阔的池沼、高大的辟雍、灵台、众多的野兽、飞鸟、游鱼等自然风景与人文景观为环境的宫寝、宗庙大室建筑群，颇类似于现在所说的皇家苑囿加离宫别馆。而这一传统恐怕也是从商郊牧野继承过来的。其五，金文中的葊京（或葊、旁）20余见，从西周早期、中期到晚期都有，其功能与性质比较明确，不仅贵族子弟在此学射，王也常在葊地会见（六年琱生簋，《集成》04293）、赏赐（静

① 官，《殷周金文集成》释为馆；刘雨认为“官即宫”，戒鬲之葊官即卯簋盖之葊宫。详见刘雨：《金文葊京考》，《考古与文物》1982年第3期。

② 官，《殷周金文集成》释馆；刘雨释宫，认为“葊鄙官者，葊京城外之宫室也”。详见刘雨：《金文葊京考》，《考古与文物》1982年第3期。

③ 《诗·大雅·灵台》毛亨传，（清）阮元校刻：《十三经注疏·毛诗正义》，中华书局，1980年，第525页。

卣，《集成》05408）诸侯大臣或命事（臣辰盉、小臣传簋、史懋壶，《集成》09454、04206、09714），举行裸祭、肜祀、大礼、泛舟、射雁（麦方尊，《集成》06015）、呼渔（通簋、井鼎，《集成》04207、02720）、射礼（静簋，《集成》04273），说明葊京是整个西周时期周王活动的重要场所。由于苑囿与离宫别馆对地势、草木植被、水域水系环境都有很高的要求，符合这个要求的地域只有渭河南岸沧浪河、泥河、沣水至皂河之间这片区域（彩图 12）。又由于苑囿、离宫别馆的地址一旦选定，营建起来往往历经几世都不会轻易放弃，甚至要跨越几个朝代。葊京及其附近的一些建筑设施，如灵台、灵囿、灵沼、辟雍等，文王时即已建造。其后的秦阿房宫、上林苑、汉武帝的昆明池也都在这里大肆扩建，说明到秦汉时这一区域仍是风景胜地。周武王迁都镐京后，自然也不会放弃，必当继续营建之。不仅如此，就是对丰京也没有放弃经营。再加上葊京、丰京、镐京都在这一区域内，并且葊京距宗周不足一日行程，而丰、镐相去也只有 25 里，或说一朝之行程[①]，能崇朝而至。西周时代各王常常在葊京举行活动。文献也往往丰、镐连称，盖皆因近邻之故。因此基于这几个方面的因素，我们完全可以说，首都虽迁徙移动，葊京及其附近的灵囿等设施，则无烦更筑。最初葊京是丰京的一部分，周都从丰迁至镐后，则又成为镐京的一部分，丰、镐二京共一葊京，都是围绕、迁就于葊京及其附近的自然人文景观而修建或扩建的。正如黄盛璋先生所说的："丰为文王旧居，有宗庙宫室，又开辟有灵囿、灵沼，风景佳丽，而百官贵族亦惯居此，迁镐之后，此处仍为王往来娱乐休养，乘舟、射禽、钓鱼。百家贵族子弟也利用此处之辟雍、学宫作为学习、教育之所。"[②]

附录 2-4　"大礼"考辨

麦方尊铭的"为大豊"和天亡簋铭的"有大豊"，过去学者多释为"大丰"[③]。而释为"大礼"，则是学界后来之看法，也是今天大多数人所认同的观点，但具体的阐释则各不相同。大礼，《周礼·秋官·大行人》"礼九牢"郑玄注云："大礼，饔饩也，三牲备为一牢。"《司仪》"致飧如致积之礼"郑玄注又云："飧，食也。

① 《史记·鲁周公世家》曰："成王七年二月乙未，王朝步自周，至丰。"集解引马融曰："周，镐京也。丰，文王庙所在。"又引郑玄曰："步，行也。""按：丰在鄠县东，临丰水，东去镐二十五里也。"（(汉) 司马迁撰，(宋) 裴骃集解，(唐) 司马贞索隐，张守节正义：《史记》，中华书局，1982 年第 2 版，第 1519 页及注[一]）

② 黄盛璋：《关于金文中的"葊京（蒿）、蒿、丰、邦"问题辨正》，《中华文史论丛》第 4 辑，上海古籍出版社，1981 年。

③ 郭沫若：《两周金文辞大系图录考释》大丰簋、麦尊，科学出版社，1957 年，第 1、40 页；陈梦家：《商代的神话与巫术》，《燕京学报》第 20 期，1936 年；杨树达：《积微居金文说》（增订本）大丰簋再跋，中华书局，1997 年，第 235 页。

小礼曰飧，大礼曰饔饩。”[①]《诗·大雅·灵台》孔颖达正义引《五经异义》云：“《韩诗说》辟雍者……所以教天下春射秋飨……”[②]据此，陈梦家认为：“大礼是飨射之礼，行于辟雍。”“‘王又大礼’是王有大礼于辟雍的池中，所以王凡三方是汎舟于大池中的三方。”[③]所说颇有道理，此虽然是对天亡簋铭作解，但与本铭似更吻合。《周礼·天官·司裘》郑玄注云：“射者，大礼。”[④]《礼记·聘义》亦云：“聘、射之礼，至大礼也。”[⑤]因此把飨射之礼称为大礼也是可能的。但问题是饔并不等于飨，馈饔饩与飨射并非一礼。

杨天宇先生复注上引郑玄注说：“案大礼，又称牢礼，又称馈饔饩之礼，又简称饔礼，这是王馈送宾的最重的礼。”[⑥]注《周礼·天官·宰夫》曰：“牢礼：在此是指赠送牲肉与活牲之礼。贾《疏》曰：‘此牢礼谓饔饩之礼。’案饔指已杀的牲，饩指未杀的活牲。”[⑦]注《周礼·天官·外饔》亦曰：“饔，是馈饔饩之省，《仪礼·聘礼》‘馈饔饩’郑《注》曰：‘杀曰饔，生曰饩。’彼胡培翚《正义》曰：‘饔兼饪与腥言，皆是已杀者。饩是生牲。’”[⑧]又注《仪礼·聘礼》“君使卿韦弁归饔饩五牢”曰：“归，馈。饔饩，凡已杀的牲叫做饔，杀而又煮熟叫做饪，未煮的生肉就叫做腥，未杀的活牲畜就叫做饩。”[⑨]其说亦有道理。《秋官·司仪》贾公彦疏曰：“云小礼曰飧者，聘礼使宰夫设飧，礼物又少，故曰小。云大礼曰饔饩者，以其有腥有牵，刍薪米禾又多，故曰大。”[⑩]按聘礼仪程委积在道、飧礼宾客始至所致，俱在饔礼之前，然《周礼》述宰夫之职时则把饔饩列在首位，对此贾公彦亦疏曰：“今在委积之上者，以饔饩是礼之大者，故先言之。”[⑪]《天官·外饔》郑玄注曰：“致礼于客，莫盛于饔。”贾公彦疏曰：“云致礼于宾客莫盛于饔者，以其饔之中有饪有腥有牵，又有酒有米兼燕与食，其中刍薪米禾又多……故云莫盛于饔也。”[⑫]而且在《仪礼·聘礼记》中前言“聘日致饔”，郑玄注曰：“急归大礼”，后言“归大礼之日”[⑬]，杨天宇注曰：“归大礼，即馈饔饩。”[⑭]饔饩与大礼互换为言。因此杨说把大礼释为馈饩之礼，简称饔礼，也是于史有征的。但问题是行礼

---

① （清）阮元校刻：《十三经注疏·周礼注疏》，中华书局，1980年，第891、897页。
② （清）阮元校刻：《十三经注疏·毛诗正义》，中华书局，1980年，第524页。
③ 陈梦家：《西周铜器断代》天亡簋，中华书局，2004年，第4、5页。
④ （清）阮元校刻：《十三经注疏·周礼注疏》，中华书局，1980年，第683页。
⑤ （清）阮元校刻：《十三经注疏·礼记正义》，中华书局，1980年，第1693页。
⑥ 杨天宇：《周礼译注》，上海古籍出版社，2004年，第563页注释[9]。
⑦ 杨天宇：《周礼译注》，上海古籍出版社，2004年，第44页注 [2]。
⑧ 杨天宇：《周礼译注》，上海古籍出版社，2004年，第60页注 [2]。
⑨ 杨天宇：《仪礼译注》，上海古籍出版社，2004年新1版，第237页注 [1]。
⑩ （清）阮元校刻：《十三经注疏·周礼注疏》，中华书局，1980年，第897页。
⑪ （清）阮元校刻：《十三经注疏·周礼注疏》，中华书局，1980年，第656页。
⑫ （清）阮元校刻：《十三经注疏·周礼注疏》，中华书局，1980年，第662页。
⑬ （清）阮元校刻：《十三经注疏·仪礼注疏》，中华书局，1980年，第1075页。
⑭ 杨天宇：《仪礼译注》，上海古籍出版社，2004年新1版，第265页注[1]。

的时间不对。馈饔饩是朝聘之日所行之礼，《天官·宰夫》贾公彦疏曰："《聘礼》云'聘日致饔'，则饔饩是朝日致之矣。"[①]《天官·外饔》郑玄注曰："饔，既将币之礼。"贾公彦疏曰："郑云将币者，即是聘享也。若诸侯来朝，亦朝日致之也"，"故朝聘之日致之，是以郑云'急归大礼'"[②]。《秋官·司仪》贾公彦疏亦曰：饔饩，"亦在将币后即致之也"[③]。而朝聘之日亦即将币之日，为"厥明"，亦即至于朝的第二天。[④]然本铭虽然也是翌日，但却是在"侯见于宗周，亡尤"之后，才言翌日为大礼，知大礼非朝聘之日所行甚明。

刘雨据《秋官·大行人》、《司仪》郑玄注及《礼记·射义》"天子将祭，必先习射于泽"，认为本铭中的"'彡祀'是周人祭祀祖先的大典"，"'大礼'应是'彡祀'的一部分，指向祖先贡献牺牲的大典"。"周王在举行大的祭典之前必须先在泽中习射，所以麦方尊铭记周王在举行'大礼'前要射大龏禽。"[⑤]其说虽然也有文献支持，但问题是："大行人掌大宾之礼及大客之仪，以亲诸侯。""司仪掌九仪之宾客摈相之礼，以诏仪容、辞令、揖让之节。"宰夫，"凡朝觐、会同、宾客，以牢礼之法，掌其牢礼、委积、膳献、饮食、宾赐之飧牵，与其陈数"。"外饔掌外祭祀之割亨，共其脯、脩、刑、朊，陈其鼎俎，实之牲体、鱼、腊。凡宾客之飧、饔、飨、食之事，亦如之。"[⑥]其职掌都是接待宾客之礼仪，似乎均与祭祀祖先无关。并且郑玄、贾公彦、杨天宇等学者也都是从迎待朝聘宾客之礼的角度作注疏的。本铭大礼及射大鸿在彡祀之后，二者并不连属，大礼之行事及射大鸿之后也均无祭祀之内容。所以这里的大礼与射大鸿应为单独的一件事，它不仅与彡祀无关，而且与其他祭祀也无关，因而也不可能是贡献牺牲的大典。后来刘雨先生可能也注意到了这个问题，对此他认为"金文叙事次序每致颠倒，(追王客葊京至为大豊)这段话是说：王到葊京，在辟雍大池里乘舟，举行大礼。于第二天，又举行彡祀"。[⑦]这一修正仍显勉强，叙事次序确有可能颠倒，但总不至于把属于一件事的时间、事件"雩若翌日，彡祀"，颠倒为"彡祀，雩若翌日"吧。他这样修正的结果有一点倒是事实，那就是把他前边所说的"大礼应是'彡祀'的一部分"给自我否定掉了。再后来他又把自己原来所坚持的"王客葊京"之客字更改为饗字。[⑧]这样，他上边所修正的那段话的根基就彻底没有了。有学者指出："周

① （清）阮元校刻：《十三经注疏·周礼注疏》，中华书局，1980年，第656页。
② （清）阮元校刻：《十三经注疏·周礼注疏》，中华书局，1980年，第662页。
③ （清）阮元校刻：《十三经注疏·周礼注疏》，中华书局，1980年，第897页。
④ 详见《仪礼·聘礼》"厥明"日一节。（清）阮元校刻：《十三经注疏·仪礼注疏》，中华书局，1980年，第1052~1057页。
⑤ 刘雨：《西周金文中的射礼》，《考古》1986年第12期。
⑥ （清）阮元校刻：《十三经注疏·周礼注疏》，中华书局，1980年，第890、896、656、662页。
⑦ 刘雨：《西周金文中的祭祖礼》，《考古学报》1989年第4期。
⑧ 刘雨：《伯唐父鼎的铭文与时代》，《考古》1990年第8期。

族军事首领或主祭者多用白旗，而且这种风俗从克殷之前到春秋时期没有太大改变。”此言甚是。但他同时又说：“麦方尊未明言王舟旗色，但与伯唐父鼎铭相对照，可以推知此次周王所乘的舟也是白旂舟，周王专用的白旂舟在等级上要高于邢侯所乘的赤旂舟。”[①]这个猜想则是不符合事实的。按《逸周书·克殷解》：“武王乃手太白以麾诸侯……先入，适王所，乃克射之三发而后下车，而击之以轻吕，斩之以黄钺，折縣诸太白。乃适二女之所，乃既縊，王又射之三发，乃右击之以轻吕，斩之以玄钺，縣诸小白。乃出场于厥军。及期，百夫荷素质之旗于王前。”[②]“素质之旗”即白旗。《诗·小雅·六月》：“织文鸟章，白旆央央，元戎十乘，以先启行。”[③]《国语·吴语》：“万人以为方阵，皆白裳、白旂、素甲、白羽之矰，望之如荼。王亲秉钺，载白旗以中陈而立。左军亦如之，皆赤裳、赤旟、丹甲、朱羽之矰，望之如火。右军亦如之，皆玄裳、玄旗、黑甲、乌羽之矰，望之如墨。”[④]是知就每一个活动来说，王与从者的旗帜颜色都是一致的。本铭从者为赤旂，王亦当为赤旂。《周礼·春官·巾车》所记天子的五路与五旗是：玉路建大常，以祀；金路建大旂，以宾；象路建大赤，以朝；革路建大白，以即戎；木路建大麾，以田。[⑤]又知不同的旗帜使用的场合确是不一样的。既然白旗用于军事或祭祀，而本铭为赤旂，其使用场合也就应该另当别论了。刘雨先生还认为“金文有大丰簋从另一角度记述了‘大丰’的过程”，“这里记述的‘大礼’是祭祀周文王，配享上帝的典礼”[⑥]。这一解说有一定的道理，因为该铭所记“大礼”王凡三方之后的行事皆为祭祀，其祭祀对象非常清楚。《左传》文公二年载曰：“秋八月丁卯，大事于大庙。”又曰：“祀，国之大事也。”[⑦]因此把大祭典称为“大礼”也是符合惯例的。但这一解说也不完全准确，关键问题是它漏掉了王凡三方。同时刘雨先生又指出，天亡簋“铭中的‘王凡（汎）三方’是指周王乘船汎游辟雍大池的三方。麦方尊铭有‘在辟雍，王乘于舟为大丰’，‘侯乘于赤旂舟从，’二者所记大礼的环境和方式是一致的”[⑧]。这一说法则是正确的。不仅如此，天亡簋从乙亥到丁丑历时三天，麦方尊从祼、肜祀到翌日乘舟亦为三天，二铭所经历的时间也完全相同。

大礼又有王亲行之祭礼之说。《周礼·春官·大宗伯》：“凡祀大神，享大鬼，

---

① 胡新生：《“周人尚赤”说的历史考察》，《文史哲》2005年第2期。

② 黄怀信、张懋镕、田旭东撰，黄怀信修订，李学勤审定：《逸周书汇校集注》（修订本），上海古籍出版社，2007年，第345~349页。

③ （清）阮元校刻：《十三经注疏·毛诗正义》，中华书局，1980年，第424~425页。

④ 李维琦点校：《国语·战国策》，岳麓书社，2006年第2版，第148页。

⑤ （清）阮元校刻：《十三经注疏·周礼注疏》，中华书局，1980年，第822~823页。

⑥ 刘雨：《西周金文中的射礼》，《考古》1986年第12期。

⑦ （清）阮元校刻：《十三经注疏·春秋左传正义》，中华书局，1980年，第1839页。

⑧ 刘雨：《西周金文中的射礼》，《考古》1986年第12期。

祭大示，帅执事而卜日……诏大号，治其大礼，诏相王之大礼。”贾公彦疏曰：“云治其大礼者，谓天地人之鬼神祭礼，王亲行之为大礼，对下小宗伯治小礼为小也。”[①]杨天宇亦注曰：“大礼，王所行的祭祀之礼，对群臣礼为小礼言。”[②]其问题同样是本铭的大礼，与王亲行之祼祭与肜祭并不连属。而唐兰、王辉先生则认为“大礼即大的典礼”[③]。这种解释过于笼统，与金文、礼书的惯例也不相符。至少说是不够准确，大礼的确是大的典礼，但它是具体的某一大的典礼。因为铭文原本就是记具体事件的，不可能这样笼统。案礼书中有大飨[④]、大食、大射、大阅、大祭祀[⑤]，与大对言的还有小祭祀、小会同、小飨、小射、小师、小田、小丧纪[⑥]，金文中也有大射（柞伯簋，《集录》486）、大藉（令鼎，《集成》02803）等，皆明言何礼，故大礼也应该是具体的礼名。

以上按郭沫若等学者之说大丰即大封之礼，按陈梦家后来的说法大礼为飨射之礼，按杨天宇说为馈饔饩之礼，按刘雨说为射牲之礼，按贾公彦说为王所行的祭祀之礼，按杨树达说为游娱之事，按唐兰、王辉说为大的典礼，既然诸说都存在问题，那本铭所记大礼究竟是什么礼呢？从目前学界理解的天亡簋铭所记大礼为祭祀周文王，配享上帝的典礼，《周礼·大宗伯》中的大礼是王亲行之祭礼，《仪礼·聘礼》中的大礼是馈饔饩之礼来看，无论正确与否，但它至少说明大礼并不是某种礼的专名，而是某种礼的代名。具体指代何礼，则需要从上下文之行事得知。本铭大礼所行之事为王乘舟和王射，天亡簋铭大礼所行之事为王汎三方和王祀。根据大礼称谓的特点，我们认为两铭所记之大礼应是一年一度的天子始乘舟的典礼，有点类似今天的通航典礼和龙舟节。《礼记·月令》云：季春之月，“是月也，天子乃荐鞠衣于先帝，命舟牧覆舟，五覆，五反，乃告舟备具于天子焉，天子始乘舟。荐鲔于寝庙，乃为麦祈实”[⑦]。既然天子始乘舟记于礼书，故知其也是我国古代的一项重要礼典。大凡周代可能已有休渔、禁航制度，每年到河湖解冻时开禁，故天子有是礼也。其仪节铭文未说，但结合伯唐父鼎铭文（《集录》356），王乘舟前及乘舟后都行桒祭之礼。本铭在天子始乘舟典礼上做一些驱除灾祸、祈求航行平安的桒祭也是完全可能的。因此有学者指出：“麦方尊铭虽未言具体行何种祭祀，亦与伯唐父鼎铭大致情节不相殊。”[⑧]这个说法是有见地的。天亡簋的祭

---

① （清）阮元校刻：《十三经注疏·周礼注疏》，中华书局，1980年，第763页。

② 杨天宇：《周礼译注》，上海古籍出版社，2004年，第283页注释[4]。

③ 唐兰：《西周青铜器铭文分代史征》朕簋、作册麦方尊，中华书局，1986年，第12页注释[1]、252页注释10；王辉：《商周金文》天亡簋，文物出版社，2006年，第35页注解[1]。

④ 《礼记·郊特牲》，（清）阮元校刻：《十三经注疏·礼记正义》，中华书局，1980年，第1446页。

⑤ 《周礼·夏官·大司马》，（清）阮元校刻：《十三经注疏·周礼注疏》，中华书局，1980年，第837、839页。

⑥ 《周礼·夏官·大司马》，（清）阮元校刻：《十三经注疏·周礼注疏》，中华书局，1980年，第841页。

⑦ （清）阮元校刻：《十三经注疏·礼记正义》，中华书局，1980年，第1363页。

⑧ 刘桓：《也谈伯唐父鼎铭文的释读》，《文博》1996年第6期。

祀文王与上帝应是那次大礼的一部分，麦方尊铭的王射则是本次大礼的一部分。二者不仅所记大礼的环境和方式一致，而且二者所记大礼之实指也相同，只是连属于大礼的其他行事不同而已。主舟之官五覆五反，船上彩旗飘扬，又有射礼或祭祀，其礼不能说不大，故铭文有大礼之言也。

第三章　春秋时期的射礼

春秋时期，王室衰微，大国争霸，教育下移，私学兴起，周天子控制诸侯的权力和直接拥有的军事力量日益丧失。在周天子没有力量继续维持统治秩序的情况下，一些随着地方经济发展逐步强大的诸侯国，积极发展自己的势力，穷兵黩武，争当霸主。天子不仅在经济上有求于诸侯，政治上也往往受诸侯的摆布。天子的威严扫地，共主的地位已名存实亡，“礼乐征伐自天子出”[①]的时代已经成为过去，社会进入了一个动荡的时代。同时私人讲学也打破了“学在官府”、贵族垄断教育的制度，以“六艺”为主要内容的教学科目逐渐被“六经”所取代。因此，射礼的种类、规格、规模、性质以及传播途径等，也都随之而发生了很大的变化。

第一节　春秋时期射礼的种类

春秋时期的射礼不见于金文，现据东周礼书中确然不疑为春秋射礼者，以及其他传世文献记载的春秋射礼，分类总结如下。

一、射牲

春秋时期，周天子在禘郊之祭和诸侯在宗庙祭祀中仍有射牲礼仪，如楚平王之子子期祭祀平王，楚昭王问观射父，对曰：“天子举以大牢，祀以会；诸侯举以特牛，祀以太牢；卿举以少牢，祀以特牛；大夫举以特牲，祀以少牢；士食鱼炙，祀以特牲；庶人食菜，祀以鱼。上下有序，则民不慢……是以古者先王日祭、月享、时类、岁祀。诸侯舍日，卿、大夫舍月，士、庶人舍时。天子遍祀群神品物，诸侯祀天地、三辰，及其土之山川，卿、大夫祀其礼，士、庶人不过其祖……上所以教民虔也，下所以昭事上也。天子禘郊之事，必自射其牲，王后必自舂其粢；诸侯宗庙之事，必自射牛、刲羊、击豕，夫人必自舂其盛。况其下之人，其谁敢不战战兢兢，以事百神！天子亲舂禘郊之盛，王后亲缫其服，自公以下至于庶人，其谁敢不齐肃恭敬致力于神！”[②]由此可知，春秋时期祭祀中的射牲礼仪，虽然周

---

① 《论语·季氏》，杨伯峻：《论语译注》，中华书局，1980 年第 2 版，第 174 页。
② 徐元诰撰，王树民、沈长云点校：《国语集解》（修订本）卷 18，中华书局，2002 年。

天子仍在继续维持，但一些诸侯国君对祭祀祖先的用牲及射牲礼仪已开始因懈怠而有些生疏了。

二、射余获

古代四时田猎均与四时祭祀有关，如《穀梁传》桓公四年说："四时之田（畋），皆为宗庙之事也。"[①]其目的主要是为了获得用于四时祭祀的祭兽。这种田猎与祭祀一般是由一个政权单元内的若干个下属政权单元共同举行，在崇拜神灵的时代，祭典的班序和祭兽的分配是两个非常敏感并极易引起争端的问题，除在田猎中最先获得主要祭兽或获得祭兽较多者，可以因此而赢得享祭神的欢心以及在祭神典礼中更加优先的序位外，其余与祭者的班序和祭兽的分配都需要通过竞射的方式来决定，因此在四时田猎与四时祭典之间或祭典之后往往都有竞射活动，为经书作注疏的学者们把这种竞射称为射余获。这种射礼出现的时代很早，但传世文献中最早明确作斯解者则是《春秋穀梁传》。再加上鲁有天子之礼乐，《史记·鲁周公世家》曰："成王乃命鲁得郊祭文王，鲁有天子礼乐者，以褒周公之德也。"[②]《左传》昭公二年曰：韩宣子来聘，"观书于大史氏，见《易象》与《鲁春秋》。曰：'周礼尽在鲁矣。吾乃今知周公之德与周之所以王也'"[③]。至鲁闵公时"犹秉周礼"，"鲁不弃周礼"。[④]这说明鲁国也是西周礼乐制度的传承者。早期文化典籍发现于鲁，整理保存者出于鲁，也说明了这一问题。故把射余获之射礼系于此，就是基于这两点考虑的。

《春秋经》昭公八年说："秋，蒐于红。"《穀梁传》曰："正也。因蒐狩以习用武事，礼之大者也。艾兰以为防，置旃以为辕门，以葛覆质以为槷，流旁握，御轚者不得入。车轨尘，马候蹄，揜禽旅，御者不失其驰，然后射者能中。过防弗逐，不从奔之道也。面伤不献，不成禽不献。禽虽多，天子取三十焉，其余与士众以习射于射宫。射而中，田不得禽则得禽；田得禽而射不中，则不得禽。是以知古之贵仁义而贱勇力也。"范甯集解曰："取三十，以共乾豆宾客之庖。射宫，泽宫。""射以不争为仁，揖让为义。"杨士勋疏曰："古之贵仁义者，谓田猎之时务在得禽不升降是勇力也。射宫之内有揖让周旋是仁义也。田虽不得禽，射中则得禽，是贵仁义而贱勇力也。旧解以为射宫之内还射死禽，中则取之，故以重伤为难。"[⑤]《尚书大传》说："习斗也者，男子之事也。然而战斗不可空习，故于蒐

① （清）阮元校刻：《十三经注疏·春秋穀梁传注疏》，中华书局，1980年，第2374页。
② （汉）司马迁撰，（宋）裴骃集解，（唐）司马贞索隐，张守节正义：《史记》，中华书局，1982年第2版，第1523页。
③ （清）阮元校刻：《十三经注疏·春秋左传正义》，中华书局，1980年，第2029页。
④ 《左传》闵公元年，（清）阮元校刻：《十三经注疏·春秋左传正义》，中华书局，1980年，第1786页。
⑤ （清）阮元校刻：《十三经注疏·春秋穀梁传注疏》，中华书局，1980年，第2435页。

狩闲之也。闲之者，贯（惯）之也；贯之者，习之也。已祭，取余获陈于泽，然后卿大夫相与射，命中者虽不中也取，命不中者虽中也不取。何以也？所以贵揖让之取，而贱勇力之取也。乡（向）之取也，于囿中，勇力之取也；于泽，揖让之取也。”[①]《礼记・射义》：“天子将祭，必先习射于泽，泽者，所以择士也。已射于泽，而后射于射宫，射中者得与于祭。”孔颖达疏曰：“泽是宫名，于此宫中射而择士，故谓此宫为泽。泽所在无文，盖于宽闲之处近水泽而为之也。非唯祭而择士，余射亦在其中……选士于泽不射侯也，但试武而已。故《司弓矢》云：‘泽，共射椹质之弓矢。’郑司农引此《射义》之文以释之，是知于泽中射椹质而已。又郑注《司弓矢》云：‘树椹以为射正、射甲与椹，试弓习武也。’”[②]由上述引文可知，虽然其行射的地点《穀梁传》说在射宫，范甯集解说射宫即泽宫；《尚书大传》说在泽，孔颖达疏也说在泽，并说泽即泽宫，不仅在此射椹质以择助祭者，亦在此射余获。杨宽先生据《尚书大传》与《穀梁传》，认为“泽”与“射宫”应在一地，即指辟雍。[③]其行射之次第，《穀梁传》、《射义》及孔颖达疏均说在田猎之后，祭典之前，而《尚书大传》则说是在祭典之后举行。但射余获则是穀梁、伏胜、孔颖达为经书作传疏时的共同称谓与看法，即《穀梁传》所说“其余与士众以习射于射宫”，就是《尚书大传》所说“取余获陈于泽”而“相与射”，也就是《礼记・射义》孔颖达疏所说“余射”之事。

三、射鱼

春秋时期的射鱼礼，见于《春秋》隐公五年之记载。左氏《经》与《传》均作“矢鱼”。左氏《春秋经》曰：“五年春，公矢鱼于棠。”《左传》曰：“五年春，公将如棠观鱼者，臧僖伯谏曰：‘凡物不足以讲大事，其材不足以备器用，则君不举焉。君将纳民于轨物者也。故讲事以度轨量谓之轨，取材以章物采谓之物。不轨不物，谓之乱政。乱政亟行，所以败也。故春蒐夏苗，秋狝冬狩，皆于农隙以讲事也。三年而治兵，入而振旅，归而饮至，以数军实。昭文章，明贵贱，辨等列，顺少长，习威仪也。鸟兽之肉不登于俎，皮革齿牙、骨角毛羽不登于器，则公不射，古之制也。若夫山林川泽之实，器用之资，皂隶之事，官司之守，非君所及也。’公曰：‘吾将略地焉。’遂往，陈鱼而观之。僖伯称疾，不从。书曰：‘公矢鱼于棠。’非礼也，且言远地也。”[④]而公羊、穀梁《经》与《传》则皆作“观鱼”。公羊、穀梁《春秋经》并曰：“五年春，公观鱼于棠。”《公羊传》曰：“何以书？

① （汉）伏生：《尚书大传》卷五，（清）陈寿祺：《尚书大传辑校》，（清）王先谦编：《清经解续编》，上海书店，1988 年。
② （清）阮元校刻：《十三经注疏・礼记正义》，中华书局，1980 年，第 1689 页。
③ 杨宽：《“射礼”新探》，《古史新探》，中华书局，1965 年，第 324 页。
④ （清）阮元校刻：《十三经注疏・春秋左传正义》，中华书局，1980 年，第 1726~1727 页。

讥。何以讥尔？远也。公曷为远而观鱼？登来之也。百金之鱼，公张之。登来之者何？美大之之辞也。棠者何？济上之邑也。”[①]《穀梁传》曰：“常事曰视，非常曰观。礼，尊不亲小事，卑不尸大功。鱼，卑者之事也，公观之，非正也。”[②]

由于各本之经文和传文义例不同，遂引起自宋代以来的名儒大师以及当代史家，对于主题故事所涉《经》、《传》词义、《注》、《疏》以及鲁隐公此举之目的等问题先后提出疑议，可谓是众说纷纭、莫衷一是。鉴于文献、考古、民族志、古文字学资料中的射鱼之事，证明中国古代确有用弓箭捕鱼的习惯；传世文献中有许多以鱼为牲的记载，证明中国古代有用鱼祭祀祖先的礼俗；新发现的商作册般铜鼋铭文及其器物造型，以无可争辩的事实证明射鱼礼早在商代就已经存在而且已经相当成熟；西周金文说明西周时期射鱼礼最为流行；《左传》“公将如棠观鱼者……非礼也”，暗示出分析隐公之举必定在礼的范围内考虑等多方面的因素，笔者认为春秋“公矢鱼于棠”，是为祭祀而举行的射鱼礼，此与《左传》所说的“非礼也”之礼也正相合。所谓“矢鱼”就是射鱼。“陈鱼”，即陈列所射获的鱼，为献鱼祭祀之前的一项仪节，既射得鱼而陈列之，以供国君省视。“观鱼”，即省鱼、视鱼，也就是察看所陈列的鱼。“矢鱼”、“陈鱼”、“观鱼”，是射鱼礼依次进行的仪节内容，事事相因，环环相扣，次序而行，义理畅明。它们之间存在着必然的内在联系，把它们对立起来，各自为正去作解，并以此来辩驳对方的做法是不可取的。这一事件说明射鱼礼从殷商，历西周，到春秋时期仍然行世。本来这次射鱼礼是为祭祀而举行的，依礼，应与四时田狩之后的献禽祭礼一样，最后还应有一个仪节即荐献鱼牲，然由于隐公矢鱼于棠一开始就曾遭到大臣元老的谏阻，且非礼所得之牺牲，神灵大概也是不会享用的。因此献鱼祭祀之仪节很可能未进行就收场了（详见附录 3-1）。

四、射侯

春秋早中期，诸侯国的射侯习射之风甚盛，如《诗·齐风·猗嗟》曰：“猗嗟昌兮！颀而长兮，抑若扬兮。美目扬兮，巧趋跄兮。射则臧兮！猗嗟名兮！美目清兮，仪既成兮。终日射侯，不出正兮。展我甥兮！猗嗟娈兮！清扬婉兮，舞则选兮。射则贯兮，四矢反兮。以御乱兮！”[③]这是赞美一位健美技高的射手的诗。对此，古今均无二说，历来都相信诗中所描写的主人公是春秋之时的鲁庄公。当时他大约是一位 17 岁的青年，已经当了四年的鲁侯。诗人用赞叹的语气、夸张的词句，塑造了一位身材健美、仪表威仪、射艺熟练的射手形象。从“终日射侯”

① （清）阮元校刻：《十三经注疏·春秋公羊传注疏》，中华书局，1980 年，第 2207 页。
② （清）阮元校刻：《十三经注疏·春秋穀梁传注疏》，中华书局，1980 年，第 2369 页。
③ （清）阮元校刻：《十三经注疏·毛诗正义》，中华书局，1980 年，第 355 页。

和“射则贯兮，四矢反兮”等语来看，说明射者是在射侯习射礼。所谓“侯”就是箭靶，用布为之。中心的圆形或方形白布，叫做“的”，亦名“鹄”或“正”。该诗反映了春秋早期齐鲁地区诸侯国贵族的习射风气。

五、享射

春秋时期，诸侯国之间的朝享聘问日益增多，有时在行燕享礼的过程中也举行射礼，如《左传》襄公二十九年曰：“范献子来聘，拜城杞也。公享之，展庄叔执币。射者三耦，公臣不足，取于家臣。家臣，展瑕、展玉父为一耦。公臣，公巫召伯、仲颜庄叔为一耦，鄫鼓父、党叔为一耦。”[①]这是晋国的范献子来鲁国聘问，拜谢鲁国帮助修筑晋平公之母国杞国城墙事，鲁襄公举行享礼以待宾，主人劝宾酒，并送上束帛即酬币以酬宾后，又行射礼以乐宾。由于公室卑微，再加上参加耦射的竞射者需要即懂礼又工射，故在公臣即朝廷之臣中竟不能备齐三耦即六位射手来，只好从家臣中选取了二人为一耦，以成三耦射。这说明春秋晚期在朝聘礼中尽管还保留有享射亦即宾射礼，诸侯国君也有展示邦交礼仪的愿望，但公室中能胜任这一射礼的人并不多，反映了公室礼射开始式微衰落之事实。

六、乡射礼

春秋时期举行乡射礼的一个很重要的实例，就是孔子同他的学生在矍相之圃所演习的射礼。[②]《礼记・射义》说：“孔子射于矍相之圃，盖观者如堵墙。射至于司马，使子路执弓矢出延射，曰：‘贲军之将，亡国之大夫，与为人后者，不入。其余皆入。’盖去者半，入者半。又使公罔之裘、序点扬觯而语。公罔之裘扬觯而语曰：‘幼壮孝弟，耆耋好礼，不从流俗，修身以俟死，者不？在此位也。’盖去者半，处者半。序点又扬觯而语曰：‘好学不倦，好礼不变，旄期称道不乱，者不？在此位也。’盖廑有存者。”又引孔子曰：“君子无所争，必也，射乎。揖让而升，下而饮。其争也君子。”“射者何以射？何以听？循声而发，发而不失正鹄者，其唯贤者乎。若夫不肖之人，则彼将安能以中？”孔颖达正义曰：此为“孔子矍相之圃简贤选士誓众之事”[③]，知这是在孔子主持下公开举行的一次竞射会，也是孔子宣传其政治主张的盛会。孔子曾忝为大夫，《论语・宪问》孔子曰：“以吾从大夫之后，不敢不告也。”[④]可见矍相圃是孔子教弟子习射礼的地方。从孔子的身份

① （清）阮元校刻：《十三经注疏・春秋左传正义》，中华书局，1980年，第2005页。
② 参见杨天宇：《礼记译注》，上海古籍出版社，2004年新1版，第837页译文。
③ （清）阮元校刻：《十三经注疏・礼记正义》，中华书局，1980年，第1686~1687、1689页。
④ 杨伯峻：《论语译注》，中华书局，1980年第2版，第153页。

和参加矍相菜圃之竞射的人群来看，这次射礼无疑应属于乡射礼。《诗・大雅・行苇》孔颖达疏曰：“孔子此射，盖为大夫时也。大夫射礼有五：大射、宾射、燕射、乡射、主皮之射。此射先行饮酒之礼，则孔子用乡射礼。何则？大射自择其臣，非外人得入；宾射则与宾为之，无询众之义；燕射与所燕者射，不得有外人观之，且燕在于寝，不当处矍相之圃；主皮之射，则求中而已，不在于礼。而此射行礼又非主皮射，明孔子此射用乡射礼矣。《射义》上又云‘古者天子诸侯将射必行燕礼，乡大夫之射必行乡饮酒之礼。’其下则说孔子射事，明孔子射前饮酒者是乡饮酒之礼。射者即是乡射也。故《地官・乡大夫》职云‘三年则兴贤者，能者，以礼宾之，厥明献贤能之书于王，退而以乡射之礼询众庶’，注引孔子射于矍相之圃，使序点扬觯而语众庶之义引证乡射，明孔子用乡射之礼也。”[①]孔疏极是。从具体仪节内容看，它应是经过了一番改造的接近于民间的乡射礼。

需要指出的是南宫中鼎铭有“射圃”[②]，孔子崇尚周礼，终生以“克己复礼”为己任，因此“孔子射于矍相之圃”，当不一定是偶然巧合，也未必是随便找了一块菜园子，而应该是有所本的，这说明西周的射圃行射在春秋时期还能看到一些史影。

七、军中武射

军中武射，即军中的射礼。此种竞射与“射不主皮”正好相反，礼仪的成分甚少，专以战甲为侯靶，并以穿破侯靶与否为主，是一种不追求仪容风度优美好看，只追求射击穿透战甲力度的弓矢竞射。射箭本可增强臂力、锻炼目力，再加上以战甲为侯靶，目的在于提高射者的射技武功。《左传》成公十六年所记潘党、养由基、晋平公、齐景公的百步穿杨和穿札之射都属于这类竞射，其文曰：“癸巳，潘尫之党与养由基蹲甲而射之，彻七札焉。”“及战，射共王，中目。王召养由基，与之两矢，使射吕锜，中项，伏弢。以一矢复命。”杜预注曰：“党，潘尫之子。蹲，聚也。一发达七札，言其能陷坚。”[③] 杨伯峻先生注曰：“蹲甲，以甲置于物上。彻，穿透。七札，革甲内外厚薄复叠七层，见孙诒让《周礼・考工记・函人》正义。当时革甲一般皆七层，《吕氏春秋・爱士篇》叙晋惠公之车右以殳击秦穆公，已破六札，唯一札未破；《韩诗外传》八叙齐景公射穿七札，《列女辩通传》谓晋平公亦射穿七札，皆可证。”[④]李梦生先生注曰：“蹲甲，叠起披甲。彻，贯穿。七

① （清）阮元校刻：《十三经注疏・毛诗正义》，中华书局，1980年，第535页。
② （南宋）薛尚功：《历代钟鼎彝器款识》南宫中鼎二、三，辽沈书社，1985年，第179、180页；（清）吴式芬：《攈古录金文》卷三・一南宫鼎，北京图书馆出版社，2004年影印。
③ （清）阮元校刻：《十三经注疏・春秋左传正义》，中华书局，1980年，第1918页。
④ 杨伯峻：《春秋左传注》（修订本），中华书局，1990年第2版，第886页。

札，七层甲。”[①]养由基是春秋时期楚国大夫，善射，有百步穿杨之能，《史记·周本纪》曰：“楚有养由基者，善射者也，去柳叶百步而射之，百发而百中之。左右观者数千人，皆曰善射。”[②]鄢陵之战前，他和潘党试射，一发穿七层甲叶。战时晋将魏锜射中楚王的眼睛，王叫他回射，一箭射死魏锜，后来他连射连中，才阻止晋军追击，简直就是一个狙击手。《列女传·晋弓工妻》曰：“弓工妻者，晋繁人之女也。当平公之时，使其夫为弓，三年乃成。平公引弓而射，不穿一札。平公怒，将杀弓人。弓人之妻请见曰‘繁人之子，弓人之妻也。愿有谒于君。’平公见之，妻曰：‘……今妾之夫，治造此弓，其为之亦劳矣。其干生于太山之阿，一日三睹阴，三睹阳。傅以燕牛之角，缠以荆麋之筋，糊以河鱼之胶。此四者，皆天下之妙选也，而君不能以穿一札，是君之不能射也，而反欲杀妾之夫，不亦谬乎！妾闻射之道，左手如拒石，右手如附枝，右手发之，左手不知，此盖射之道也？’平公以其言为仪而射，穿七札，繁人之夫立得出，而赐金三镒。”[③]《韩诗外传》也有情节相似的故事，但当事人不同。该书曰：“齐景公使人为弓，三年乃成，景公得弓而射，不穿三札，景公怒，将杀弓人。弓人之妻往见景公曰：‘蔡人之子，弓人之妻也。此弓者，太山之南，乌号之柘，骍牛之角，荆麋之筋，河鱼之胶也。四物，天下之练材也，不宜穿札之少如此。且妾闻：奚公之车，不能独走；莫邪虽利，不能独断；必有以动之。夫射之道：在手若附枝，掌若握卵，四指如断短杖，右手发之，左手不知，此盖射之道。’景公以为仪而射之，穿七札，蔡人之夫立出矣。”[④]“札”，即铠甲上的叶片。“穿七札”，即射穿七层甲片。可见春秋时期的军中武射是比较流行的，而且习射者惯以穿透力度相炫耀，这也从一个方面反映了春秋时期射礼的变化与进步。

八、射不主皮

《论语·八佾》子曰：“射不主皮，为力不同科，古之道也。”何晏集解曰：“马（融）曰‘射有五善焉，一曰和，志体和。二曰和容，有容仪。三曰主皮，能中质。四曰和颂，合雅颂。五曰兴武，与舞同’……言射者，不但以中皮为善，亦兼取和容也。”邢昺疏曰：“射有五善焉，不但以中皮为善，亦兼取礼乐容节也。周衰礼废，射者无复礼容，但以主皮为善，故孔子抑之云‘古之射者不主皮也。’”[⑤]杨伯峻注曰：“孔子在这里所讲的射应该是演习礼乐的射，而不是

---

① 李梦生：《左传译注》，上海古籍出版社，2004年新1版，第599页注[2]、[3]。

② （汉）司马迁撰，（宋）裴骃集解，（唐）司马贞索隐，张守节正义：《史记》，中华书局，1982年第2版，第165页。

③ （汉）刘向：《列女传》卷上，上海古籍出版社，1986年。

④ （汉）韩婴撰，许维遹校释：《韩诗外传集释》卷8，中华书局，1980年。

⑤ （清）阮元校刻：《十三经注疏·论语注疏》，中华书局，1980年，第2467页。

军中的武射，因此以中不中为主，不以穿破皮侯与否为主。”①《仪礼·乡射礼记》解释曰：“礼射不主皮。”郑玄注曰：“礼射，谓以礼乐射也，大射、宾射、燕射是矣。不主皮者，贵其容体，比于礼，其节比于乐，不待中为备也。”贾公彦疏曰：“礼射二番不胜，仍待三番，复升射也。”②知礼射也是大射、宾射、燕射诸射礼的总称名。杨天宇先生注曰：“礼射不主皮：案古代之射有两种：一为习礼之射，其目的在于习礼，而不以射中为优，如此乡射礼即是，其所张侯为兽侯或布侯；二是习武之射。”③认为礼射即射不主皮，并把习礼之射的礼射与习武之射的武射对言。胡新生先生也认为“射不主皮”之射应为礼射。④可见“射不主皮”指的就是“礼射”，自古至今似无异说。

《论语·八佾》朱熹注曰：“‘射不主皮’，《乡射礼》文……科，等也。古者射以观德，但主于中，而不主于贯革，盖以人之力有强弱，不同等也，《记》曰：‘武王克商，散军郊射，而贯革之射息。’正谓此也。”⑤朱熹则明确把《八佾》的“射不主皮”，与《乡射礼记》的“礼射不主皮”、《礼记·乐记》亦即《史记·乐书》的“郊射”相联系，故知射不主皮即礼射，亦即郊射。

射不主皮与主皮之射的区别是，主皮之射是习武之射，不主皮者是礼射。二者最大的区别在于竞射规则：“‘主皮之射’着重在比赛胜负，采取淘汰制的比赛办法，胜者能够再射，败者则被淘汰；而‘礼射’着重在训练，采用轮流比射的办法。”⑥主皮之射以射兽皮为目标，比用擒获来的野兽来习射要进步得多，礼射用侯来代替兽皮为目标，比主皮之射更为进步。实际上礼射也有主皮之射的仪节，大射礼、乡射礼的第二番射就是主皮之射（详见附录3-2）。

九、射无道诸侯

春秋时期巫术性射礼依然存在。《史记·封禅书》曰：“是时苌弘以方事周灵王，诸侯莫朝周，周力少，苌弘乃明鬼神事，设射貍首。貍首者，诸侯之不来者。依物怪，欲以致诸侯。诸侯不从，而晋人执杀苌弘。周人之言方怪者自苌弘。”集解引徐广曰：“貍，一名‘不来’。”⑦此事亦见载于《汉书·郊祀志》：“后五十年，周灵王即位。时诸侯莫朝周，苌弘乃明鬼神事，设射不来。不来者，诸侯之不来朝者也。依物怪，欲以致诸侯。诸侯弗从，而周室愈微。后二世，至敬王时，晋

① 杨伯峻：《论语译注》，中华书局，1980年第2版，第29页注[一]。
② （清）阮元校刻：《十三经注疏·仪礼注疏》，中华书局，1980年，第1011页。
③ 杨天宇：《仪礼译注》，上海古籍出版社，2004年新1版，第135页注[29]、[30]。
④ 胡新生：《西周时期三类不同性质的射礼及其演变》，《文史哲》2003年第1期。
⑤ （宋）朱熹注，王浩整理：《四书集注·论语集注》，凤凰出版社，2005年，第68页注[1]。
⑥ 杨宽：《“射礼”新探》，《古史新探》，中华书局，1965年，第327~328页。
⑦ （汉）司马迁撰，（宋）裴骃集解，（唐）司马贞索隐，张守节正义：《史记》，中华书局，1982年第2版，第1364页及注[一]。

人杀苌弘。”与《史记》参校，唯“设射貍首”作“设射不来”。颜师古曰：“苌弘，周大夫。《春秋左氏传》哀公三年传称‘刘氏、范氏世为婚姻，苌弘事刘文公，故周与范氏赵鞅以为讨，周人杀苌弘’也。”李奇曰：“周为晋杀之也。”[①]苌弘因为诸侯不来朝王而设射不来，是上古时代非常盛行的一种巫术，这从射礼、投壶礼的祝辞及相关注释中即可看得很清楚。《仪礼·大射》郑玄注曰：“《貍首》，逸诗《曾孙》也。貍之言不来也，其诗有射诸侯首不朝者之言，因以名篇，后世失之，谓之《曾孙》。”又注曰：“侯谓所射布也。尊者射之，以威不宁侯；卑者射之，以求为侯。”[②]《周礼·考工记·梓人》：“祭侯之礼，以酒脯醢。其辞曰：惟若宁侯。毋或若女不宁侯，不属于王所，故抗而射女。强饮强食，诒女曾孙诸侯百福。”[③]《大戴礼记·投壶》之辞曰：“嗟尔不宁侯，为尔不朝于王所，故亢而射汝。强食食，诒尔曾孙侯氏百福。”[④]《白虎通·乡射》曰：“名为侯何？明诸侯有不朝者，则当射之。故礼射，祝曰：‘嗟尔不宁侯，尔不朝于王所，故亢而射尔。’”[⑤]《说文·矢部》曰：“矦，春飨所射侯也……其祝曰：‘毋若不宁侯，不朝于王所，故伉而射汝也。’”[⑥]《论衡·乱龙》曰：“名布为侯，示射无道诸侯也。”[⑦]《楚辞·大招》王逸注曰：“侯，谓所射布也。王者当制服诸侯，故名布为侯而射之。”[⑧]可见汉代学者大都认为设射貍首和射侯，与射诸侯之不来者即不朝于王所的无道诸侯，以威服不宁侯有关。杨宽先生认为：《史记·封禅书》和《汉书·郊祀志》所记苌弘设射貍首“这个故事是不符合历史事实的。据《左传》哀公三年记载，苌弘原是周的刘文公的属大夫，周的刘氏和晋的范氏世为婚姻，因此苌弘在周执政，就和范氏相亲。晋的范氏、中行氏既和赵氏冲突，就对周责难，周人为了讨好赵氏，就杀死苌弘。鲁哀公三年当周敬王二十八年。可知苌弘并不死于周灵王时，也不是因为‘设射貍首’而为‘晋人执杀’……许多汉代学者都认为作为箭靶用的‘侯’的得名，由于‘射之’用来表示‘射无道诸侯’，显然出于附会”[⑨]。苌弘被杀的王世及原因，《史记》与《左传》所载不同，但《汉书·郊祀志》已作了补充纠正。揣度之，《史记·封禅书》可能有缺文。依《郊祀志》及颜师古注，苌设射不来事属上文，为周灵王之世发生的事件，周为晋人杀苌弘事属下文，为后二世即周敬王之世发生的事件，也就是说苌弘设射不来与苌弘被杀并无直接关系。苌弘被杀

① （汉）班固撰，（唐）颜师古注：《汉书》，中华书局，1962年，第1199页及注[一]、[二]。
② （清）阮元校刻：《十三经注疏·仪礼注疏》，中华书局，1980年，第1042、1028页。
③ （清）阮元校刻：《十三经注疏·周礼注疏》，中华书局，1980年，第926页。
④ （汉）戴德编纂，（北周）卢辩注，（清）孔广森补注：《大戴礼记补注》，（清）阮元编：《清经解》，上海书店，1988年。
⑤ （汉）班固撰，（清）陈立疏证，吴则虞点校：《白虎通疏证》，中华书局，1994年。
⑥ （汉）许慎撰，（清）段玉裁注：《说文解字注》，上海古籍出版社，1988年第2版，第226~227页。
⑦ （汉）王充：《论衡》，上海书店，1986年。
⑧ （宋）洪兴祖补注，卞岐整理：《楚辞补注》，凤凰出版社，2007年，第201页。
⑨ 杨宽：《“射礼”新探》，《古史新探》，中华书局，1965年，第335~336页。

于哀公三年即周敬王二十八年，按周景王在位24年，周灵王在位26年考虑，再加上古代男子15岁成童，“学射御”“二十加冠”以成人，“始学礼”等因素[①]，苌弘被杀时应为70岁左右，两个事件跨历三王也是有可能的。因此我们认为杨宽先生只据颜师古注和《左传》立说是不全面的，汉代学者的解说也不全是附会。“设射貍首”之事肯定是有的，这不仅与春秋时期“周衰礼废，列国兵争”[②]，诸侯不朝王，王反讫求于诸侯的社会背景正相符合，而且与商、周王朝对诸侯不来朝十分敏感之史实也正相符合，同时从文献记载看，古代历史上也确有不少因不宁侯、不来朝而作侯行射的事例。从黄帝使人射蚩尤之皮做的干侯，颛顼时代方相帅百隶及童子以桃弧棘矢射疫鬼，尧舜时代射侯以明善恶及羿射十日、六怪与河伯，殷商帝武乙射天，西周武王射商纣王及其嬖妾自杀场所，太公望射丁侯画像，到战国时代的宋王偃射天、射诸侯铸像与雕像，本是同一种礼俗的历史延续。其性质与《封禅书》、《郊祀志》所说的设射“诸侯之不来者”，《考工记》所说的射不朝于王所的“不宁侯”相同，都是以巫术作为伤害手段的巫蛊行为，其目的就是通过这种祝诅伤害巫术和偶像伤害巫术来制驭诸侯。五帝时代、商代、西周有巫术性射礼，战国亦有，如果到春秋时代不再有人提及，那反而是不合事理，值得怀疑的。

另外，依东周礼书之记载，春秋时期还应该有大射礼、燕射礼，因缺乏具体实例，暂且缺如之。

第二节　春秋射礼的仪节内容

射礼名称和举行目的不同，其礼仪自然也不同。但由于文献对每种射礼的记述十分简略，要想逐个弄清每一种射礼的礼仪几乎是不可能的。这里仅对各种射礼的仪节内容进行总结，以期能对春秋时期射礼的一般礼仪有所了解。

一、春秋诸射礼的主要仪节

春秋时期的射牲礼仪，从上引《国语·楚语下》观射父论祀牲看，有六项仪节：①刍豢，即刍豢时间“远不过三月，近不过浃日”。②展牲、相牲，即在大小上“郊禘不过茧栗，烝尝不过把握”。③射牲、割牲，即天子“自射其牲”，诸侯“自射牛、刲羊、击豕”。④奏乐，即“和声以听之，以告遍至”，“毛以示物，血以告杀”。⑤陈牲、省牲，即“祭以牛俎于王”。⑥祭祀，即“奉其牺牲”，“帅其群臣精物以临监享祀”。

① 《礼记·内则》，（清）阮元校刻：《十三经注疏·礼记正义》，中华书局，1980年，第1471页；宗福邦、陈世钱、萧海波主编：《故训汇纂》，商务印书馆，2003年，第204、841页。

② （宋）朱熹注，王浩整理：《四书集注·论语集注》，凤凰出版社，2005年，第68页注[1]。

春秋时期射余获的仪节，从上引《春秋》昭公八年及《穀梁传》看有两大项：①田狩，即“蒐于红”。②射余获，即“天子取三十焉，其余与士众以习射于射宫”。从上引《尚书大传》看，则有三大项：①田猎，即“蒐猎闲之也”。②祭祀，即“已祭”。③射余获，即“取余获陈于泽，然后卿大夫相与射”。从上引《礼记·射义》及孔颖达疏看，则有四项：①习射于泽。②射于射宫。③射余获。④与于祭。射余获的次第顺序有祭典之前和祭典之后两种不同的说法。

春秋时期射鱼礼的仪节有：①射鱼；②陈鱼；③观鱼；④荐鱼祭祀。后者也可能因本次射鱼礼一开始就遭到元老大臣的反对而未进行到底。因前文已有详论，此不复赘述。

春秋时期的射侯礼，从上引《诗·齐风·猗嗟》看，有三项仪节。①兴舞，即“巧趋跄兮”，“舞则选兮”。“趋”，快步。“跄”，陆德明说是舞姿，其句意是赞美射手舞姿巧妙。“则”，法则。“选”，整齐。其句意为舞蹈有节奏感。马端辰曰：“则此诗‘舞则选兮’，即兴舞耳。”按古代射箭前必跳舞，名为“作舞”、“兴舞。”[①]②射法表演，即“射则臧兮”，“仪既成兮”。“臧”，善、好、熟练。其句意为射艺真熟练啊！“仪”，射仪。“成”，完备。其句意为射仪已完成。按射手在射箭前先表演射法的各种姿势，[②]诸如《周礼·地官·乡大夫》与马融所说的乡射之礼五物“一曰和，志体和；二曰和容，有容仪；三曰主皮，能中质；四曰和颂，合雅颂；五曰兴舞，与舞同”[③]，以及《周礼·地官·保氏》与郑玄注、孔颖达疏所说的五射之法：白矢，即矢在侯而贯侯过，见其镞白；参连，即前放一矢，后三矢连续而去；剡注，即羽头高镞低而去，剡剡然；襄尺，即臣与君射，不与君并立，让君一尺而退；井仪，即四矢贯侯，如井之容仪之类。[④]③三番射，即“射则贯兮，四矢反兮”。“贯”，即《仪礼》乡射礼、大射礼中“不贯不释”的贯，义为穿透，句意为箭箭都能贯穿侯的。“四矢”，即《仪礼》乡射礼、大射礼所说的“乘矢”。“反”，复，反复射中一个地方。句意为四矢连中一个点。按《仪礼》乡射礼、大射礼的三番射，每个射手每番必射四矢，故此所习射者，亦当为礼射的三番射。

春秋时期享射即宾射礼的仪节，从上引《左传》襄公二十九年之记载看，有以下五项。①享宴，即“公享之”。襄公设享礼宴请范献子。②酬宾，即“展庄叔执币”，以酬币酬宾。凡享礼，主人劝宾酒，送上束帛为礼，称酬币，故庄叔拿着礼物以待公酬宾。据《仪礼·公食大夫礼》：宾三饭之后，“公受宰夫束帛以

---

① 程俊英：《诗经译注》，上海古籍出版社，2004 年新 1 版，第 155 页注[5]、[6]，156 页注[13]。
② 程俊英：《诗经译注》，上海古籍出版社，2004 年新 1 版，第 155 页注[6]、[8]。
③（清）阮元校刻:《十三经注疏·周礼注疏》，中华书局，1980 年，第 716 页；（清）阮元校刻:《十三经注疏·论语注疏》，中华书局，1980 年，第 2467 页。
④（清）阮元校刻:《十三经注疏·周礼注疏》，中华书局，1980 年，第 731 页。

侑。”[①]知执币是宰夫之事，则庄叔此时当为宰夫。③匹合射耦，即“展瑕、展玉父为一耦”，“公巫召伯、仲颜庄叔为一耦，鄫鼓父、党叔为一耦”。④射比三耦，即“射者三耦”。按燕射“如乡射之礼”[②]，《仪礼》所记乡射礼、大射礼三耦皆有三番射，故此宾射之三耦所行者亦当为三番射。⑤主人与宾射。杨伯峻注曰：“依古礼，三耦先射，每射四箭”；“然后主人与宾射”。[③]

春秋时期乡射礼的仪节，从上引《礼记·射义》看，有以下六项。①饮酒，杨天宇先生注曰：“案射前当先行饮酒礼”[④]，《诗·大雅·行苇》孔颖达疏解孔子射于矍相之圃一事曰：“将射先行饮酒之礼，其礼立一人为司正，使主饮酒之事。”“《射义》上又云‘古者天子诸侯将射必行燕礼，乡大夫之射必行乡饮酒之礼。’其下则说孔子射事，明孔子射前饮酒者是乡饮酒之礼。”[⑤]②立司马，即“射至于司马”。杨天宇先生注曰：“饮酒礼到宾主献酬毕，行旅酬礼之前，便开始射礼，于是主人便命其属吏一人为司马，以主射礼。”[⑥]孔颖达疏曰：“至于将射则变司正为司马，故言射至于司马立。司马是将射之始也。”③延射，即“使子路执弓矢出延射”。杨天宇先生注曰：“子路执弓矢出延射，则为司射（为主人主射事者），延，进，谓进观众中之欲射者。”[⑦]孔颖达疏曰：“于此之时，使子路执弓矢出圃外以延进射者，令欲射也。子路延射，则子路为司射矣。执弓矢者，明其为射之事也。”“知子路为司射者，以乡射云‘司射袒决遂取弓矢于西阶，乃告请射事’。今子路执弓矢延射，故知为司射也。司射与司马别而先自言之，明子路延射之节，立司马时也。主射一人而已。故子路独出延射……而子路之言全与别者，子路出圃外延人，令众人皆入，就大众之内简去恶者，故言恶者不入，为威肃之辞。”④射者入圃，即如子路所陈凡有“贲军之将、亡国之大夫、与为人后”之行者，不入。无此行者，皆入。“盖去者半，入者半”。孔颖达疏曰：“子路所陈三事皆是人之恶行者，观者终不半为此行，但见其言畏其义，故去者半耳。”⑤比射，该仪节《射义》此节未言，但从上文之延射和下文之旅酬，即不待言便可知之矣。从下节孔子论射及《论语·八佾》孔子说的“揖让而升，下而饮”，“循声而发，发而不失正鹄者，其唯贤者乎！”“射不主皮，为力不同科，古之道也”[⑧]来分析，孔子射于矍相之圃，所举行的当是射侯之礼，而且是重在演习礼乐、以中与不中为主，而

① （清）阮元校刻:《十三经注疏·仪礼注疏》，中华书局，1980年，第1082页。
② （清）阮元校刻:《十三经注疏·仪礼注疏》，中华书局，1980年，第1022页。
③ 杨伯峻:《春秋左传注》（修订本），中华书局，1990年第2版，第1159页。
④ 杨天宇:《礼记译注》，上海古籍出版社，2004年新1版，第836页注[2]。
⑤ （清）阮元校刻:《十三经注疏·毛诗正义》，中华书局，1980年，第535页。本段以下凡孔疏不再作注者，皆引自此。
⑥ 杨天宇:《礼记译注》，上海古籍出版社，2004年新1版，第836页注[2]。
⑦ 杨天宇:《礼记译注》，上海古籍出版社，2004年新1版，第836页注[3]。
⑧ 杨伯峻:《论语译注》，中华书局，1980年第2版，第29页。

不以穿透侯靶与否为主的礼射。比射时有音乐鼓声伴奏，以发而不失正鹄者为贤者。行射时相互行揖礼谦让而登堂，射毕下堂来作揖饮酒，整个竞射的仪节应与《仪礼》所记乡射礼的三番射差不多。⑥旅酬，即“又使公罔之裘、序点扬觯而语”。孔颖达疏曰：“既已半入于圃，又使公罔之裘及序点二人扬觯爵而为语。公罔裘先语于众曰：‘今射之所取之者，唯十年而幼，三十而壮，于时能行孝悌之行，及六十之耆，七十之耋，尚能好礼不从流失之俗，修节己身以待其死而不变者，可留于此。若无此行者，不得在此射位。’此说既讫，所入之人，于中盖又去者半，而处留者亦半也。序点又扬举此觯以语说于众曰：‘今射所取唯是好学不厌倦，好礼不变慝，至八十、九十之耄而能勤行，称举其道，不为乱者。若无此行不得在此射位。’于是皆去，盖仅有存焉。”按孔颖达疏的意思是在“既已半入于圃”之后，公罔裘和序点用告诫的方法对“所入之人”再次进行筛选，凡没有二人所说之善行者，不得在此射位。本书认为孔颖达的解说是不正确的。首先，作是解者与上文“子路执弓矢出延射”相违，既“入者半”，则是宾客，将与之射，不当再遴选。其二，作是解者与孔疏下文“必扬觯者，将以令众，故执爵以自表也”不合。子路执弓矢，则“明其为射事”。而公罔裘序点执觯爵，其所主之事亦当与饮酒旅酬有关，而不当与射事有关。《仪礼·乡射礼》射毕旅酬讫始无筭爵之时，有“司正降复位，使二人举觯于宾与大夫”之仪节[1]，盖即裘点之事也。此二人之身份，当为主人之赞者。其三，作是解者与孔疏下文“其已入圃，则是宾客，将欲与之同射，故使裘点就众人之中简取好者，是故二人之言皆陈善事。前言好礼而已，后令好之不变。前言耆耋好之，后言耋亦不乱，是先易后难，使弥简弥精，故再言之后，盖仅有存焉，盖者，谓语辞也”多有矛盾。既言“其已入圃，则是宾客将欲与之同射”，又言“故使裘点就众人之中简取好者”，是矛盾一也。既言“耆耋”、“旄期”，耆，老。耋，《诗·秦风·车邻》毛亨传曰：“老也，八十曰耋。”[2]《左传》僖公九年杜预注曰：“七十曰耋。”[3]杨天宇先生注曰：“耆耋，谓六十之耆，七十之耋。”[4]旄，通耄，《礼记·曲礼上》曰：“八十、九十曰耄。”[5]《盐铁论·孝养》曰：“七十曰耄。”[6]杨天宇先生注曰：“八十、九十曰旄。期，即期颐，百年曰期颐。”[7]是知“耆耋”“旄期”即为六、七十岁，八、九十岁，乃至百岁，如此高龄岂能还“在此射位”？是矛盾二也。按《礼记·射义》：“乡饮

① （清）阮元校刻：《十三经注疏·仪礼注疏》，中华书局，1980年，第1008页。
② （清）阮元校刻：《十三经注疏·毛诗正义》，中华书局，1980年，第369页。
③ （清）阮元校刻：《十三经注疏·春秋左传正义》，中华书局，1980年，第1800页。
④ 杨天宇：《礼记译注》，上海古籍出版社，2004年新1版，第837页注[8]。
⑤ （清）阮元校刻：《十三经注疏·礼记正义》，中华书局，1980年，第1232页。
⑥ （汉）桓宽撰，王利器校注：《盐铁论校注》，天津古籍出版社，1986年。
⑦ 杨天宇：《礼记译注》，上海古籍出版社，2004年新1版，第837页注[10]。

酒之礼者，所以明长幼之序也。”[①]裘点此举实是敬事长老之义，此仪事与《诗·行苇》最末二章所记行射之后的敬老养老，为同一事、同一仪节。其四，作是解者与《礼记·射义》孔颖达疏所说的此一篇“明孔子矍相之圃简贤选士誓众之事”及“故此一节载孔子射于矍相之圃选贤誓众之礼也”[②]亦不相符。这里的简选贤士即《射义》所说的以射选士和以射择士[③]，自当从众人中射选，然而此时已“旄有存者”，且为耆耋、旄期之年，还何射选之有？故孔疏之误失甚明。杨天宇先生注曰：“案这是在射礼完毕，又接前之饮酒礼而行旅酬礼的时候，使此二人举觯以誓众。古者于旅也语，即到行旅酬礼的时候，人们可以交谈了，而前此行正礼则不得交谈。但此句中的‘语’，则是告诫众人的意思，即誓众之意。”[④]依杨注的意思，凡有如裘点二人所陈之德行者，就可以留在宾位上。我们认为这一注释甚是，实为确解。

春秋时期射不主皮即礼射，据《仪礼·乡射礼记》郑玄与贾公彦注疏，有一番射、二番射、三番射、奏乐、升堂、下堂等仪节。至于主皮之射与贯革之射即军中武射，则只有胜者又射，不胜者降等仪节。可见，春秋时期除主皮之射与贯革之射外，其余各种射礼都有比较多的仪节内容。

二、春秋射礼与其前后射礼之异同比较

上引《诗·齐风·猗嗟》“终日射侯，不出正兮”，“正”即侯靶的中心，亦叫的或鹄，此与东周礼书所载侯制及称谓相同。“射则贯兮，四矢反兮”，此处的“贯”，与《左传》成公二年“自始合，而矢贯余手及肘”[⑤]之贯义相同，都是贯穿的意思。高亨注曰：“贯，穿透。箭穿透侯皮，说明力量大。”[⑥]这不仅与商作册般铜鼋器铭所反映的射礼情况相同，而且与《仪礼》所记乡射礼、大射礼三番射的“不贯不释”、“将乘矢”即每人每番必射四矢相同。[⑦]从“舞则选兮”知当时的射侯礼确有舞之仪节，此与《周礼·地官·乡大夫》所载乡射之礼五物的“五曰兴舞”正合[⑧]，也与西周金文匽卣铭所记“作象舞，抚象乐”（《集成》05423）相合，但《仪礼》所存之乡射礼、大射礼中则未见此项内容。“仪既成兮”，即射手在比射前先表演射法的各种姿势之事项，在《仪礼》乡射礼、大射礼中亦不见。

上引《礼记·射义》所记孔子射于矍相之圃及《论语·八佾》所记孔子论射的饮酒、立司马、司射执弓矢、誓众、比射、旅酬，揖让升堂、下堂饮罚酒，循

① （清）阮元校刻：《十三经注疏·礼记正义》，中华书局，1980年，第1686页。
② （清）阮元校刻：《十三经注疏·礼记正义》，中华书局，1980年，第1686、1688页。
③ （清）阮元校刻：《十三经注疏·礼记正义》，中华书局，1980年，第1687、1689页。
④ 杨天宇：《礼记译注》，上海古籍出版社，2004年新1版，第837页注[6]。
⑤ （清）阮元校刻：《十三经注疏·春秋左传正义》，中华书局，1980年，第1894页。
⑥ 高亨：《诗经今注》，上海古籍出版社，1982年，第140页。
⑦ （清）阮元校刻：《十三经注疏·仪礼注疏》，中华书局，1980年，第1002、1037、1000、1035页。
⑧ （清）阮元校刻：《十三经注疏·周礼注疏》，中华书局，1980年，第716页。

声而发、发而不失正鹄唯贤者等，均与《仪礼》所记乡射礼同。但延射、誓众之辞则不见于《仪礼》乡射礼，似为临时发挥之语。其延射之仪节，与《仪礼》乡射礼之主人戒宾、请宾，司射请射、命射之仪节也不同。

上引《左传》襄公二十九年所载享射礼之"公享之"，"射者三耦"，与西周金文长由盉铭所说的因享而射即穆王享邢伯之后便与邢伯等人行射（《集成》09455）相同。而"射者三耦"，则与《仪礼·大射》的诸侯三耦射三侯、"遂比三耦"[①]，《周礼·天官·掌次》郑玄注的"遂命三耦"[②]，以及西周金文静簋铭的三人对三人的三耦䠶射（《集成》04273）相同，但与《周礼·夏官·射人》所说的"王以六耦射三侯……诸侯以四耦射二侯……孤、卿、大夫以三耦射一侯……士以三耦射豻侯"[③]比照，若从鲁公的身份等级讲，则不甚吻合。若从范献子的身份等级来说，则正相合。杜预注曰："二人为耦。"孔颖达疏曰："《燕礼》云：'若射，则大射正为司射，如乡射之礼。'是燕有为射之时也。此云'公享之'，则享法亦有射也。《周礼·射人》云诸侯之射以四耦，此三耦者，彼是畿内诸侯，故四耦。此及《仪礼·大射》畿外诸侯，故三耦。或当臣与君异也。"[④]《礼记·射义》孔颖达又疏曰："其耦《射人》云'王以六耦，诸侯以四耦，卿、大夫、士以三耦。'又《射人》云'诸侯以下谓畿内也。若畿外诸侯以下，则皆三耦。'故大射及乡射并《左传》襄二十九年晋士鞅来聘，射皆三耦是也。"[⑤]可见从畿外诸侯讲，享射三耦也与礼法正相吻合。但到底是三耦射三侯或是三耦射一侯，则需要作进一步的论证。杨宽先生认为：《周礼·射人》说诸侯四耦射二侯，"和《仪礼·大射仪》所载诸侯三耦射三侯不合。《左传》襄公二十九年载：'范献子来聘，……公享之，……射者三耦。'可知春秋时诸侯也用三耦，因此从来经学家就把《周礼》的'四耦'算作畿内诸侯应用的礼，但也没有什么证据。看来《周礼》所载这种整齐而有系统的制度，有些不免出于拼凑而成。"[⑥]陈成国先生则认为：《仪礼·大射仪》所记"是诸侯与其臣下行射礼"。《左传》襄公二十九年所记："很清楚也是国君与臣下之间的礼仪。《周官·射人》所谓'王以六耦射三侯'，是指天子与诸侯射六耦三侯；'诸侯以四耦射二侯'，是指诸侯与诸侯射四耦二侯；'孤卿大夫以三耦射一侯'，是指诸侯与孤卿大夫射三耦一侯。明乎此，可知《礼经》、《周官》、《左传》所说诸侯的宾射并无不合。杨宽先生认为三书在这一点上不合，是他自己偶有疏失。"[⑦]这种分析不无道理，但没有说清《周官·射人》"孤卿大夫以三耦射一侯"

---

① （清）阮元校刻：《十三经注疏·仪礼注疏》，中华书局，1980 年，第 1028、1036、1034 页。
② （清）阮元校刻：《十三经注疏·周礼注疏》，中华书局，1980 年，第 677 页。
③ （清）阮元校刻：《十三经注疏·周礼注疏》，中华书局，1980 年，第 845 页。
④ （清）阮元校刻：《十三经注疏·春秋左传正义》，中华书局，1980 年，第 2005 页。
⑤ （清）阮元校刻：《十三经注疏·礼记正义》，中华书局，1980 年，第 1689 页。
⑥ 杨宽：《"射礼"新探》，《古史新探》，中华书局，1965 年，第 321 页。
⑦ 陈成国：《中国礼制史》先秦卷，湖南教育出版社，2002 年第 2 版，第 278 页。

与《仪礼·大射仪》诸侯三耦射三侯的区别所在，无视它们之间有一侯和三侯之差别，也不分本国臣属和他国使臣，把二者都笼统地说成是国君与臣下行射礼，显然有失妥当。若按陈氏的思路，无论怎样弥缝，要整个通顺下来，都只能是天子与诸侯射六耦三侯、诸侯与诸侯射四耦二侯、诸侯与其臣下射三耦三侯、孤卿大夫射三耦一侯。而且作这种等级划分只适用于宾射礼，因为诸侯与诸侯之间是不举行大射礼的。若按《仪礼·大射仪》贾公彦疏“若耦及侯数，天子大射宾射六耦三侯，畿内诸侯则二侯四耦，畿外诸侯大射宾射皆三侯三耦”①的传统思路，其下也可续接为“孤卿大夫大射宾射皆三耦一侯”。作这种等级划分不仅适用于宾射礼，也适用于大射礼。以上两种划分方法均能把《周官·射人》、《仪礼·大射仪》、《左传》襄公二十九年所说之偶数和侯数理顺起来，依此襄公二十九年的享射具体应是三耦射一侯。另外，按礼书记载还有一种规格较低的小宾射礼，如《夏官·小司马》：“凡小祭祀、会同、飨、射、师、田、丧记，掌其事，如大司马之法。”贾公彦疏曰：“小祭祀已下至丧纪，皆蒙此‘小’字，对大司马大祭祀之等。”“言飨、射、师、田，皆是诸侯卿大夫来聘，王还使卿大夫与飨燕及射、师、田之等也。”②杨天宇注曰：“案凡言小者，皆谓王不参加。”③范献子应属于“孤卿大夫”等级，公享之及三耦之射者姓名都有很清楚的记载，惟公是否参射文中无载，但依礼襄公是可以不参加这次宾射的。

上引《论语·八佾》“射不主皮”，与《仪礼·乡射礼记》的“礼射不主皮”及《礼记·乐记》的“郊射”相同。郑玄、贾公彦注疏说射不主皮即礼射有三番射，二番不胜，三番复升射，而此与该书所记之乡射礼、大射礼同。《礼记·乐记》载郊射奏《貍首》、《驺虞》，而此与《仪礼》乡射礼奏《驺虞》、大射礼奏《貍首》亦相同。

上引《左传》成公十六年的蹲甲而射、《韩诗外传》与《列女传》的射穿七札，与《周礼·夏官·司弓矢》的射甲革、《礼记·乐记》的贯革之射相同，而与《地官·乡大夫》乡射之礼五物的“三曰主皮”、《仪礼》乡射礼与大射礼的第二番射的“不贯不释”、《乡射礼记》的主皮之射，既有相同的地方，即都讲究贯穿，又有不同的地方，即前者胜者升射，败者不复升射，后者则二番不胜，仍可待三番射。

上引《国语·楚语下》所记射牲礼仪刍豢、展牲、省牲、射牲、割牲、奏乐、告备、祭祀等仪节，与东周礼书全同。

上引《春秋》昭公八年的射余获次第与《礼记·射义》一样都在祭典之前，

① （清）阮元校刻：《十三经注疏·仪礼注疏》，中华书局，1980年，第1034~1035页。
② （清）阮元校刻：《十三经注疏·周礼注疏》，中华书局，1980年，第841页。
③ 杨天宇：《周礼译注》，上海古籍出版社，2004年新1版，第426页注[2]。

而《尚书大传》则说在祭典之后举行。

上引《春秋》隐公五年的“公矢鱼于棠”，说明射鱼礼在春秋时期仍行于世，它是从商代、西周时的射鱼礼继承发展过来的，这显然是同一种礼俗的历史延续，但东周礼书中则已失载。

春秋时期的巫术性射礼，则是从殷商西周发展过来的，也是同一种礼俗的历史延续，到战国时代这种射礼仍然存在。

总之，由上述比较不难看出，春秋时期诸射礼的许多仪节内容，都已成为后世射礼的定式。而且春秋时期的射礼，虽然对商代和西周时期的射礼也有较多的继承，但与东周礼书所记射礼的相同之处，远比西周与东周礼书相同的地方明显增多，反映了春秋射礼与东周礼书所载射礼的渊源关系。

第三节　春秋时期的投壶礼

投壶礼是春秋时期从射礼衍生出来的一种角逐技艺以乐宾的新礼仪。本来在燕饮场合用射艺决胜负赌酒以乐宾的方式古已有之，但是，射箭需要庭院必须有宽阔的场地。当庭院长宽不足以张射侯、宾客的人数亦不足以匹合射耦或宾客的人数过多的情况下，则往往用投壶来代替射礼。由于投壶不受场地和人数的限制，很快就普及开来，正如孔颖达所说的：“凡宴不射，即为投壶。”[①]于是投壶经过一段时间的发展演变，便与射礼并行，成了当时贵族燕享待宾的常见礼仪。

一、春秋时期的投壶礼及其投壶实物

春秋时期，投壶礼常在国君贵族聚会宴享时举行。《左传》昭公十二年就记载有晋昭公与齐景公投壶的故事：“齐侯、卫侯、郑伯如晋，朝嗣君也……晋侯享诸侯，子产相郑伯辞于享，请免丧而后听命。晋人许之，礼也。晋侯以齐侯宴，中行穆子相。投壶，晋侯先。穆子曰：‘有酒如淮，有肉如坻。寡君中此，为诸侯师。’中之。齐侯举矢，曰：‘有酒如渑，有肉如陵。寡人中此，与君代兴。’亦中之。伯瑕谓穆子曰：‘子失辞。吾固师诸侯矣，壶何为焉？其以中俊也。齐君弱吾君，归弗来矣。’穆子曰：‘吾军帅强御，卒乘竞劝，今犹古也，齐将何事？’公孙傁趋进曰：‘日旰君勤，可以出矣。’以齐侯出。”[②]文中的齐侯，即齐景公。卫侯，即卫灵公。郑伯，即郑定公，简公子。嗣君，即晋昭公。中行穆子，即荀吴。伯

① 《左传》昭公十二年孔颖达疏，（清）阮元校刻：《十三经注疏·春秋左传正义》，中华书局，1980年，第2062页。

② （清）阮元校刻：《十三经注疏·春秋左传正义》，中华书局，1980年，第2062页。

瑕，即士文伯。公孙傁，为齐大夫。①这是传世文献中关于投壶礼的最早记录，但它不一定是时代最早的投壶礼。这段记载说的是公元前 531 年晋昭公新立，周王室及鲁、齐、秦、楚、卫、郑等诸侯国君前去祝贺，晋昭公设享礼招待各诸侯国君。在晋昭公与齐景公宴飨中，还举行了投壶礼。孔颖达疏曰：诸侯“未葬朝晋，嗣君不得已而行于情，可许也。诸侯相享，享必有乐，未葬不可以从吉，故辞享为得礼”②。本来晋国有平公的丧事，晋昭公宴享齐景公，景公亦应如“子产相郑伯辞于享”那样才算合礼。然而景公却没有辞，这在礼法上无疑有轻弱晋君之嫌。可能晋昭公对此有些不满，再加上他有争霸称雄的野心，故相者穆子说道，我有酒如淮水，有肉似高丘，可惜我君还是一个诸侯，若我君投中就应为诸侯之长！齐景公听后感到很不舒服，以强国之君自居，毫不客气地对年轻的昭公回敬了一番。结果，这场投壶礼就变成了晋齐争霸的较量和投壶双方钩心斗角的政治游戏，这就是历史上有名的“斗壶”典故。从这段记载中我们可以对此投壶礼归纳为以下几点认识：①晋昭公与齐景公饮宴，中行穆子即荀吴为相礼。②宴饮之后，晋昭公与齐景公二人投壶。依下文，可能此时中行穆子仍相昭公，然则公孙傁当相景公。③晋昭公即主人先投，穆子代为祝辞。④齐景公继投，自为祝辞。⑤晋昭公与齐景公二人均投中。⑥“齐侯举矢”，说明所用以投壶者为矢。⑦二人均投中，其熟练程度说明投壶礼在当时的齐、晋等地区应该是很风行的。由于记载简略，其具体情形则不得而知。

投壶礼中用以承矢的投壶，亦称箭壶。春秋时期的箭壶，考古资料中亦有发现，如 2007 年考古工作者在山东莒南县文疃镇东上涧村发掘的 M2 号墓葬中，就出土了一件陶质投壶(彩图 21(a))。其特征为灰陶、直口、高颈、广肩、扁垂腹，肩上有一道弦纹，颈部近口和近肩处各有一道弦纹，弦纹之间有两个呈上下对称分布的三角形镂孔。该墓为大型木椁墓，时代为春秋时期，墓主人应为小诸侯国国君或卿大夫级别。③这是迄今所知时代最早的投壶礼实物。

投壶礼在《礼记》一书中列有专篇，据此可知它是在典雅的鼓乐声中，宾主轮流以矢投向一定距离之外的箭壶内，谁投进的矢多，司射就判谁胜，以投中数量的多少来决定胜负，负者饮罚酒。到汉代投壶是较为盛行的一种饮酒游戏，在河南南阳和陕北画像石中可以看到很多投壶画像，比较生动地反映了投壶的具体情形。如南阳汉画馆馆藏的独山沙岗店东汉前期墓葬中出土的一块投壶画像石(彩图 21(e))，其情景是：在鼓乐声中两位官吏模样的人跽坐在投壶的两旁，怀中皆抱矢欲投，中间壶内已有投中的矢，壶旁有三足酒樽和舀酒用的勺子。跽坐在壶

① 详见李梦生：《左传译注》，上海古籍出版社，2004 年新 1 版，第 1029 页注[1]、[2]、[5]、[9]、[12]。
② （清）阮元校刻：《十三经注疏·春秋左传正义》，中华书局，1980 年，第 2062 页。
③ 张子晓、高军等：《山东莒南县发掘春秋大型木椁墓葬》，《中国文物报》2008 年 7 月 4 日第五版。

左旁的投壶者显得老成持重，胸有成竹，一副轻松、稳操胜券的神态；而跽坐在壶右边的举矢投壶者，则表情严肃，目光专注，显得拘谨，好像是投壶场所的新手；画面最右边的人物是司射，正襟危坐，静观以待，手捧一木质兽形器，叫“中”，用以计算投中的矢。有人介绍这块画像石时说，这个“木制的兽形器，也叫‘筹’”。[①]这是不确切的，应予更正。《礼记·投壶》曰：“司射奉中”，“有入者，则司射坐而释一筭焉”[②]。中，是盛筭器。筭是用来计算投中次数的筹码。“中的形制与射箭比赛所用盛筭的中同，即刻木为之，壮如伏兕，或伏鹿，背上立有圜圈以盛筭。”[③]最左边的彪形大汉，在画面中显得尤为醒目夸张，好像是位投壶场上的败将，已因多次投壶不中而喝得酩酊大醉，两眼发直，四肢无力，由一位侍童搀扶着，但仍呈现出一脸不服输的样子。整个画面不仅生动有趣，把人物心理世界表现得淋漓尽致，惟妙惟肖[④]，而且也把投壶竞技的场面展现在世人面前，使今人能够对当时乃至春秋时期投壶的具体情形有一个比较直观的了解。

二、春秋投壶礼与后世投壶礼之异同比较

春秋时期的投壶礼与其后世投壶礼相比，相同的地方是，战国时期投壶之风也很流行，到汉魏时期更为流行，而且投壶已延至民间，成为古代人们生活中不可缺少的大众娱乐活动，如《东汉观记》记载当时雅士的燕饮投壶说：“（祭）遵为将军，取士皆用儒术，对酒娱乐，必雅歌投壶，又建为孔子立后，奏置五经大夫，虽在军旅，不望王室。”[⑤]《后汉书·祭遵传》亦记载曰：“遵为将军，取士皆用儒术，对酒设乐，必雅歌投壶。”[⑥]《吴都赋》说，三国时吴国都城“里讌巷饮，飞觞举白，翘关扛鼎，拚射壶博”。李善注曰：“孟康曰：‘手搏为拚。’壶，投壶也，礼有投壶。《论语》曰：‘不有博奕者乎。’”[⑦]壶博，即投壶与六博。后一直到明清虽日趋衰落，但仍行世未绝，甚至到民国时期，还有人参与投壶；汉代以前的投壶礼，每次都是宾主二人跽坐壶旁轮流投矢，都以矢进入壶内为中；箭壶的基本造型都是高颈、扁垂腹，重心在下部，以确保其稳固。春秋时期的高颈、直口、扁垂腹箭壶，与安徽怀远县博物馆馆藏的汉代青釉陶投壶的造型[⑧]非常近同。

不同的地方是，晋昭公举行的投壶礼设有“相”，且代主人祝辞，而《礼记·投

① 刘红玉：《南阳出土投壶汉画像石赏析》，《中原文物》2002年第5期。
② （清）阮元校刻：《十三经注疏·礼记正义》，中华书局，1980年，第1665、1666页。
③ 杨天宇：《礼记译注》，上海古籍出版社，2004年新1版，第784页注[2]。
④ 刘红玉：《南阳出土投壶汉画像石赏析》，《中原文物》2002年第5期。
⑤ （汉）刘珍等撰：《东观汉记》，丛书集成初编本，中华书局，1985年，第74页。
⑥ （南朝宋）范晔撰，（唐）李贤等注：《后汉书》，中华书局，1965年，第742页。
⑦ （晋）左思：《吴都赋》，见（梁）萧统编，（唐）李善注：《文选》卷五《京都下》，中华书局，1977年，第88页。
⑧ 张振忠等：《饮酒礼仪器——箭壶》，《中国文物报·收藏鉴赏周刊》2008年3月5日第8版。

壶》中则设有“司射”，不见“相”，其文也无相者咒辞。但从其职掌来看，二者似应为同一职事；箭壶的造型，汉代及其以后均施釉，自唐代开始颈两侧对置贯耳[①]，后贯耳或逐渐与壶口取平，并成为箭壶的定式。到宋代以后，这种颈两侧对置贯耳的箭壶则变为瓷质。[②]箭壶也有用金属制作的，如明代铜箭壶，万历皇帝的定陵出土的则为金箭壶；自汉代及其以后投壶花样翻新，礼的成分渐少，游戏的成分逐渐取而代之，技艺超群者不绝于书，如《西京杂记》云：“武帝时郭舍人善投壶，以竹为矢，不用棘也。古之投壶，取中而不求还，故实小豆于中，恶其矢跃而出也。郭舍人则激矢令还，一矢百余反，谓之骁，言如博之掔枭于掌中，为骁杰也。每为武帝投壶，辄赐金帛。”[③]这是说汉初艺人郭舍人擅长投壶，投矢时能借助壶底的反弹力将矢反弹回来，用手接住，往复连投百余发，声名大振。每次为汉武帝表演投壶，必得金帛赏赐。魏邯郸淳的《投壶赋》曰：“古者诸侯间于天子之事，则相朝也，以正班爵，讲礼献功。于是乃崇其威仪，恪其容貌，繁登降之节，盛揖拜之数，机设而弗倚，酒澄而弗举，肃肃济济，其惟敬焉。敬不可久，礼成于饫，乃设大射，否则投壶。植兹华壶，凫氏所铸。厥高二尺，盘腹修颈。饰以金银，文以彫镂，象物必具，距筵七尺，杰焉植驻。矢维二四，或柘或棘，丰本纤末，调劲且直。执竿奉中，司射是职，曾孙侯氏，与之乎皆得。然后观夫投者，闲习察妙，巧之所极，骆驿联翩，爰夏免发，翻翻集集，不盈不缩，应壶顺入，何其善也。每投不空，四矢退効，既入跃出，荏苒偃仰，僶俛趋下，余势振掉，又足乐也。”[④]《晋阳秋》说魏晋时“王胡之善于投壶，言手熟可闭目”，百发百中。[⑤]此为闭目投壶。《晋书》说西晋大富豪石崇家的女艺人，“善投壶，隔屏风投之”，即有“隔屏投壶”的绝技。[⑥]《南史》曰：“齐竟陵王常宿宴，明将朝，见柳恽投壶，骁不绝停，与久之，进见遂晚。齐武帝迟之，王以实对，武帝复使为之，赐绢二十匹。”[⑦]《颜氏家训》曰：“投壶之礼节，近世愈精，古者实以小豆，为其矢之跃也，今则唯欲其骁，益多益善，乃有倚竿带剑，狼壶豹尾，龙首之名，其尤妙者，有莲花骁，汝南周璝、弘正之子，会稽贺徽，贺带之子，并能一箭四

---

① 杨瑾：《中国古代人的体育娱乐生活》图 6：陕西历史博物馆馆藏唐三彩投壶，《中国文物报·收藏鉴赏周刊》2008 年 9 月 17 日第 5 版。

② 详见李宗扬、邱东联编：《中国宋元瓷器目录》南宋哥窑贯耳长颈瓶、龙泉窑青釉贯耳瓶、元龙泉窑青釉贯耳瓶等，南方出版社，2000 年，第 89、147、164 页。

③（汉）刘歆撰，（晋）葛洪辑：《西京杂记》卷五，上海古籍出版社，1991 年；又见（唐）欧阳询等辑：《艺文类聚》，上海古籍出版社，1965 年，第 1278 页。

④（唐）欧阳询等辑：《艺文类聚》，上海古籍出版社，1965 年，第 1279 页。

⑤（晋）孙盛：《晋阳秋》，（宋）李昉等编：《太平御览》七五三，中华书局，1960 年；（晋）孙盛著，（清）汤球辑、黄奭辑：《晋阳秋》卷三，http: //bbs4.Xiu.com/cgi-bin/bbs/view?forum=wave99&message= 14046.

⑥（唐）房玄龄等撰：《晋书》，中华书局，1974 年；又见李昉等编：《太平御览》第 4 册，中华书局，1960 年，第 3343 页。

⑦（唐）李延寿：《南史》，中华书局，1986 年，第 2790 页。

十余骁。贺又尝为小障，置壶其外，隔障投之，无所失也。至邺以来，亦见广宁、兰陵诸王有此校具，举国遂无投得一骁者。”[①]《朝野佥载》说唐人“薛赍惑者善投壶，龙跃隼飞，矫无遗箭，置壶于背后，却反矢以投之，百发百中”[②]。此为反身背投。可见，汉代以后的投壶已完全成了纯粹的技艺表演的大众娱乐活动。

三、投壶礼与射礼之流变关系

（一）投壶礼的性质

投壶是一种游戏，也是一种礼。将矢投壶，以中与不中来比高下，见强弱，并辅以祝愿之词，此正所以显示礼意。《礼记·投壶》郑玄注曰：“投壶射之类也。”陆氏《释文》引“皇云与射为类”[③]。朱熹亦认为“其事与射为类，于五礼宜属嘉礼”[④]。通过投壶同样可以达到习礼仪，乐嘉宾之功效。投壶除了娱乐，还有修身养性、展示才艺德行之作用，只是到了后来它才逐渐演变为纯粹的游戏活动。《投壶》郑玄注曰：“投壶者，主人与客燕饮，讲论才艺之礼也。”孔颖达疏曰：“此于《别录》属嘉礼，亦实《曲礼》之正篇，是投壶与射为类，此于五礼宜属嘉礼也，或云宜属宾礼。”[⑤]吕大临《礼记传》云：“投壶，射之细也。燕饮有射以乐宾，以习容而讲艺也。”[⑥]明人汪禔《投壶仪节》亦云：“投壶，射礼之细也，燕而射，乐宾也。庭除之间，或不能弧矢之张也，故易之以投壶，是故投壶射类也。”[⑦]由于投壶是从射礼中衍生出来的，因此这种投壶技艺便很快被纳入到“庙堂礼乐”之中，形成了一套具有一定礼仪内涵的投壶礼。《投壶新格》曰：“夫投壶闹事，游戏之类，而圣人取之以为礼……投壶可以治心，可以修身，可以为国。”[⑧]三国时人邯郸淳的《投壶赋》、《艺经》等，也都说投壶的礼仪规则，莫不体现出一种高贵典雅的风格。投壶在春秋战国时期，无论是使用场合或是仪节内容，都体现了礼的性质，因此投壶与射礼一样也是礼。

（二）投壶礼与射礼的流变关系

在传世文献中没有发现春秋以前行投壶礼的记载，考古资料中也不见春秋以前投壶礼之实物，故知投壶礼应是春秋时期才产生的礼仪。在《礼记》中有《投

① 王利器：《颜氏家训集解》，中华书局，1993 年，第 594 页。
② （唐）张鷟撰，赵守俨点校：《朝野佥载》卷 6，中华书局，1979 年。
③ （清）阮元校刻：《十三经注疏·礼记正义》，中华书局，1980 年，第 1665 页。
④ （宋）朱熹：《仪礼经传通解》，文渊阁四库全书本，台湾商务印书馆，1986 年。
⑤ （清）朱彬撰，饶钦农点校：《礼记训纂》，中华书局，1996 年，第 847 页；（清）阮元校刻：《十三经注疏·礼记正义》，中华书局，1980 年，第 1665 页。
⑥ （清）孙希旦：《礼记集解》，中华书局，1989 年，第 1387 页。
⑦ （明）汪禔：《投壶仪节》，丛书集成初编本，中华书局，1985 年，第 13~14 页。
⑧ （宋）司马光：《投壶新格》，上海书店出版社，1994 年影印。

壶》专篇记载该礼，据此把它与射礼略作比较，便可以很清楚地看出投壶礼与射礼的演变关系。如射礼，以矢射侯，并设有中以盛筭，而投壶礼则以矢投壶，也设有中；射礼设有司射，为主人掌射事，投壶礼也设有司射，负责陈壶、设中、释筭诸事宜；射礼有鼓乐伴奏，奏《貍首》、《驺虞》，间若一，投壶礼也有鼓乐伴奏，奏《貍首》，也要求间若一；射礼有释获者坐而释筭，以纯、奇、钧宣告比射成绩之仪节，投壶礼也有坐而释筭，并以纯、奇、钧公布竞投结果之仪节；射礼有胜者饮不胜者罚酒，投壶礼也以中多者为胜方，而饮负方以罚酒。总之，投壶礼的整个行礼过程与仪节内容均类似于射礼，且射礼古已有之，而投壶礼则为晚出，这说明投壶礼的确是由射礼演变而来的。

第四节　春秋射礼的演变与特点

春秋时期，由于王权沦落，诸侯争霸，公室卑微，私室强盛，社会动荡不安，因此，这一时期的射礼也呈现出双重性质、多种特点、两极发展的复杂状况。

一、春秋射礼的性质

春秋时期的射礼，大体可以划分为四类不同性质的射礼，即习礼之射、习武之射、乐宾之射和宗教之射。其中习礼之射，包括射侯、学校的射礼演习等习射和乡射礼、大射礼等礼射；习武之射，包括平时武士们的主皮之射、贯革之射和将士们的军事性的射术训练蹲甲而射与穿札之射；乐宾之射，包括重大礼宾场合的享射即宾射、燕射等礼射和平时亲朋故旧燕饮时的娱乐性的燕射与投壶礼；宗教之射，包括宗教祭祀性的射牲仪式和巫术性的射无道诸侯。

二、春秋射礼的特点

春秋时期的射礼与西周射礼相比，有以下特点。

（一）春秋时期的射礼规格低、规模小

春秋时期，像西周那样的天下共主、举国体制下的高规格的射礼已不再见到。从上引春秋射礼资料来看，最高规格的射礼是射牲、射鱼、射侯与享射。举办和参加射礼的最高身份是楚昭王、鲁隐公、鲁庄公、鲁襄公、晋平公、晋昭公和齐景公。其次是圣人孔子，其实际身份是大夫，具体职务为校长兼教师。再次是卿大夫，如范献子是晋国大臣，养由基是楚国大夫，苌弘是周大夫。参加竞射的人数或单人行射，或二人对投，或六人三耦射，人数最多者当数孔子在矍相之圃举行的射礼。这与西周时期每每由周天子主办或参加，并经过长期准备，由各诸侯

邦君或有司、师氏、卿大夫、小子、小臣或族人参加的大射礼、宾射礼、燕射礼、射牲礼、射鱼礼的恢宏气势与规模，形成了十分鲜明的对比。

（二）射前之飨礼与燕礼有渐趋合一的倾向

飨礼与燕礼，据长由盉铭、《诗・宾之初筵》、《行苇》以及逸诗[①]记载，西周时期本是飨射与燕射之前举行的两种礼仪。但自春秋时期开始，由于种种原因，二者出现了渐趋合一的倾向，如东周礼书所记二者则为先后举行的两种礼仪，《周礼・秋官・掌客》曰："凡诸侯之礼，上公……三飨、三食、三燕"；侯伯"三飨、再食、再燕"；子男"一飨、一食、一燕"[②]。《礼记・射义》曰："古者诸侯之射也，必先行燕礼。"孔颖达疏云："案《仪礼・大射》在未旅之前，燕初似飨，即是先行飨礼。而云先行燕礼者，燕初似飨，正谓其行礼似飨。其余则燕，故礼其牲狗及设折俎，行一献，此等皆燕之法也，故云先行燕礼也。"[③]可见其礼仪次序也是先飨礼，次燕礼，后射礼。《左传》襄公二十九年，范献子来聘，公享之，射者三耦。"按：《燕礼》曰：'若射，则大司正为司射。'《燕义》曰：'古者天子、诸侯之射也，必先行燕礼。'是既燕而射也。"[④]《左传》昭公十二年，"晋侯享诸侯，子产相郑伯辞于享，请免丧而后听命。晋人许之，礼也。晋侯以齐侯宴，中行穆子相。投壶"[⑤]。按《周礼》之规定，齐侯朝晋侯，晋侯当两设飨（享）礼、燕（宴）礼，然此则先言"享诸侯"，后言"以齐侯宴"，享宴互言，说明二者所指之事已经无别，颇有合的趋势，甚或就是二合一了。如果说襄公二十九年为范宣子举行的射前享礼是燕礼还有些周折的话，那么，昭公十二年晋侯在投壶前为齐侯举行的宴礼即是飨燕趋向合一的明证。这与《左传》所记没有射礼仪节的享礼与燕礼渐趋合一的倾向也是一致的，正如清人朱大韶所说的："《左传》所载飨礼数十见，皆燕也。"[⑥]可见春秋时期这种倾向是普遍存在的，射礼前的飨燕合一，虽然是由整个飨礼与燕礼趋向合一的大气候造成的，但它反映的则是礼乐制度的松弛与崩坏。

（三）春秋时期的礼射日渐衰落

春秋时期，礼射日趋衰落，其具体表现是既懂礼仪又工射的人甚少，如上引

① 如《礼记・射义》："故《诗》曰：'曾孙侯氏，四正具举。大夫君子，凡以庶士，小大莫处，御于君所。以燕以射，则燕则誉。'"（（清）阮元校刻：《十三经注疏・礼记正义》，中华书局，1980 年，第 1687 页）所引诗文即古逸诗。

② （清）阮元校刻：《十三经注疏・周礼注疏》，中华书局，1980 年，第 900 页。

③ （清）阮元校刻：《十三经注疏・礼记正义》，中华书局，1980 年，第 1686 页。

④ （清）朱大韶：《实事求是斋经说・燕飨通名说》，（清）王先谦编：《清经解续编》，上海书店，1988 年，第 850 页。

⑤ （清）阮元校刻：《十三经注疏・春秋左传正义》，中华书局，1980 年，第 2062 页。

⑥ （清）朱大韶：《实事求是斋经说・燕飨通名说》，（清）王先谦编：《清经解续编》，上海书店，1988 年，第 850 页。

《左传》襄公二十九年所记之享射礼，朝廷之臣中能胜任射礼者不足六人，以至于连三耦都匹合不齐，可谓射礼已衰落到了极点。《礼记·射义》说“孔子射于矍相之圃，盖观者如堵墙”，说明礼射在当时民众的眼里已经是很新鲜的事了。正如有学者所指出的：“孔子行射礼，观者如‘堵墙’，这既说明‘射礼’确实不同于一般纯竞技性的射箭，又说明此时的‘射礼’不常见，已经式微殆尽。”①延射、誓众之辞可以即兴发挥，这就把射礼变成了宣扬政治主张的舞台，因此射礼所固有的恭敬肃严之特性也已经丧失了。而《论语·八佾》孔子所极力维护的“射不主皮”，说明礼射只重礼仪，即使像《仪礼》乡射礼和大射礼第二番射那样的不贯不释也不被重视了。《诗·齐风·猗嗟》的“终日射侯”，实际上也是射礼衰落的另一种表现，《孝经·广要道》曰：“礼者，敬而已矣。”唐元宗御注曰：“敬者，礼之本也。”邢昺疏曰：“谓礼主于敬也。”②但不能太久过繁。正如观射父给楚昭王论祀牲时所说的：“敬不可久，民力不堪，故齐肃以承之。”③从楚昭王问祀牲和观射父论祀牲看，当时一些诸侯国君对祭祀用牲的等级、种类、大小、毛色、刍豢、祭祀时间以及射牲、亲舂之仪节、一纯、二精等专门术语之喻义等，已经有些隔膜生疏了。鲁隐公亲到远离都城的棠地举行射鱼礼，说明当时射鱼礼也不按传统礼法行事了。

投壶礼的出现和流行，本身就是射礼尤其是宾射礼、燕射礼衰落的具体体现，正如胡新生先生所说的：“春秋后期，娱乐性射礼又有发展，结果是派生出一种只投矢于壶而无需开弓发射的投壶礼……不设侯、不射箭的投壶礼，更不追求力量的强劲而只讲究细微的手感，它离军事领域更远，属于纯粹的游戏。从部分射箭比赛成为饮宴之后或饮宴中间的一个娱乐项目，到饮宴之后或饮宴中间只有投壶而没有了射礼，不但折射出贵族统治者在射术训练上的荒疏和懈怠，也意味着他们对整个传统礼典的态度变得愈益苟且和随意。”④这种苟且和随意对射礼产生了很大的影响，使射礼的发展走向发生了很大的变化。《左传》昭公十二年晋昭公与齐景公所进行的投壶礼，原本是用以代替享射礼的，理应体现乐宾的娱乐性与严肃性。但实际情况却是火药味十足，更是把投壶礼变成了邦交双方宣扬政治野心的舞台和斗智斗勇的工具。另外《春秋》宣公十六年曰：“夏，成周宣榭火。”《左传》曰：“人火之也。凡火，人火曰火，天火曰灾。”杜预注曰：“成周，洛阳。宣榭，讲武屋。”⑤实际上就是射庐。这说明周王都城虽然还保留着举行射礼的场所宣榭，但已久无人使用而懈于管理，最终竟被人纵火给烧毁了，

① 唐永干：《西周的“射礼”——中国人体运动制度文化通论之二》，《南京体育学院学报》2004年第1期。
② （清）阮元校刻：《十三经注疏·孝经注疏》，中华书局，1980年，第2556页。
③ 《国语》卷十八《楚语下》，李维琦点校：《国语·战国策》，岳麓书社，2006年第2版，第137页。
④ 胡新生：《西周时期三类不同性质的射礼及其演变》，《文史哲》2003年第1期。
⑤ （清）阮元校刻：《十三经注疏·春秋左传正义》，中华书局，1980年，第1888页。

可见周王室的射礼比诸侯国更为荒疏。所有这些都表明春秋时期的礼射的确是已经衰落式微了。

（四）春秋时期的武射日益盛行

春秋时期的习武之射，包括主皮之射、贯革之射和穿札之射，在武士、军中将士和诸侯国国君中非常流行，这种弓矢竞射尤为注重发射的力度、箭矢穿透的厚度和发矢的精准度。射穿七层铠甲甲片是当时十分风靡的射艺，养由基、晋平公、齐景公，都以“彻七札”亦即“穿七札”而名扬天下。同时人们对武射之道也有了很高的认识，即使弓人的妻子也能口述其详，这就是上引《烈女传》晋弓工妻所说的“妾闻射之道，左手如拒石，右手如附枝，右手发之，左手不知”。《韩诗外传》齐弓人之妻所说的“夫射之道：在手若附枝，掌若握卵，四指如断短杖，右手发之，左手不知”。《史记·周本纪》也记载说，养由基百步射柳，“左右观者数千人，皆曰善射。有一夫立其旁，曰：‘善，可教射矣。’养由基怒，释弓搤剑，曰：‘客安能教我射乎？’客曰：‘非吾能教子支左诎右也……’”司马贞索隐曰：“按：《烈女传》云：‘左手如拒，右手如附枝，右手发之，左手不知，此射之道也。’又《越绝书》曰：‘左手如附泰山，右手如抱婴儿。’”[①]《吴越春秋》亦曰：“夫射之道，身若戴板，头若激卵，左足磋，右足横，左手若附枝，右手若抱儿。举弩望敌翕心咽烟，与气俱发。得其和平，定神思去，去止分离，右手发机，左手不知。”[②]可见当时人们对武射的基本要领和姿势确有这样精确的把握。所以到战国时期孟子也说：“智譬则巧也，圣譬则力也。由射于百步之外也，甚至尔力也，其中非尔力也。”[③]意思是说智就好比技艺，圣就好比膂力。犹如在百步之外射箭，射得到靠你的膂力，能得中就不是靠你的膂力了。把技艺与膂力对言，认为它们都是射箭的重要条件。这与礼射所要求的射不主皮，贵其容体，重在习礼，正好相反。与《礼记·射义》所说的揖让而升，循声而发，下而饮，“进退周还必中礼，内志正，外体直，然后持弓矢审固；持弓矢审固，然后可以言中。此可以观德矣”[④]的礼射之道不同。因此春秋时期随着礼射的日趋衰落和武射的日益兴盛，在这种情况下，就形成了礼射只重礼仪，武射只重技艺即射技武功的两极发展的局面。

（五）春秋时期的射礼日趋社会化

春秋以前，射礼是贵族必须掌握的礼仪技能，主要在王室贵族和其他权贵等

① （汉）司马迁撰，（宋）裴骃集解，（唐）司马贞索隐，张守节正义：《史记》，中华书局，1982年第2版，第165页及注[四]。
② （汉）赵晔撰，（元）徐天祜音注，苗麓校点：《吴越春秋》卷九《勾践阴谋外传》，江苏古籍出版社，1999年。
③ 《孟子·万章下》，金良年：《孟子译注》，上海古籍出版社，2004年新1版，第213页。
④ （清）阮元校刻：《十三经注疏·礼记正义》，中华书局，1980年，第1689、1686页。

社会上层中举行。贵族子弟和官员学习射礼，主要由天子的大学和乡党的乡学负责教射，一般平民是没有资格进入学校学习射礼的。到春秋时期，射礼则已是平民可以学习掌握的礼仪技能。这一时期射礼更加形式化，仪礼化，即更加注重于教育意义，这从孔子射于矍相之圃的礼仪过程中是看得很清楚的。当时教射者不仅有官学，还有私学。学射者既有贱人、贾人，也有农家子弟。据文献记载，孔子的学生中就有许多出自寒门①，孔子把这些贫寒之人、野人、贱人、庶民、商人、农家子弟收为弟子，授之以礼、乐、射、御、书、数等文化知识与技能，这就势必使射礼从社会上层延至社会下层了。投壶礼既可以在庙堂大院举行，一般住宅的庭院也可以举行。于是投壶礼出现后便很快进入到一般人家，这就更使射礼文化知识推广到了民间。因此，春秋时期的射礼终于被社会化了，它已开始由贵族礼仪风范，向平民礼仪发展了。

（六）春秋时期的射礼更加娱乐化

本来射礼中的宾射、燕射，皆是宴享宾客时为乐宾而设，主于乐而不主于射。尽管如此，因是礼宾场合，亦要求参射者“必须习于礼仪又善用弓矢”②。为防止燕饮过度而失礼，还作了一些限制性的具体规定，并设有职官督察。但是到了西周晚期这些约束措施形同虚设，燕射礼已不是很合乎礼法了，尤其是贵族族人的燕射，更是把它当成了娱乐活动。春秋时期随着礼崩乐坏局面的加深，僭越现象越来越严重，燕射礼当更追求娱乐。而投壶礼更主于娱乐，它的出现就使宾射礼、燕射礼也更加娱乐化了。

---

① 如孔子的得意弟子颜回，家境极为贫寒，曾“一箪食，一瓢饮，在陋巷，人不堪其忧”（《论语·雍也》，杨伯峻：《论语译注》，中华书局，1980年第2版，第59页）。孔子也说他穷得没有办法，“回也其庶乎，屡空”（《论语·先进》，杨伯峻：《论语译注》，中华书局，1980年第2版，第115页）。子路为“卞之野人”（（汉）司马迁撰，（宋）裴骃集解，（唐）司马贞索隐，张守节正义：《史记·仲尼弟子列传》集解徐广引《尸子》语，中华书局，1982年第2版，第2191页注[一]）。仲弓之父为“贱人”（（汉）司马迁撰，（宋）裴骃集解，（唐）司马贞索隐，张守节正义：《史记·仲尼弟子列传》，中华书局，1982年第2版，第2190页），知仲弓亦出身庶民。“原宪居鲁，环堵之室，茨以蒿莱，蓬户瓮牖，揉桑而为枢，上漏下湿，匡坐而弦歌”（（汉）韩婴撰，许维遹校释：《韩诗外传》卷1，中华书局，1980年）。《史记·货殖列传》亦云：“原宪不厌糟糠，匿于穷巷”（（汉）司马迁撰，（宋）裴骃集解，（唐）司马贞索隐，张守节正义：《史记·货殖列传》，中华书局，1982年第2版，第3258页）。冉雍也出身贫贱。子贡则是个商人，“鬻财于曹、鲁之间，七十子之徒，赐（子贡）最为饶益”（（汉）司马迁撰，（宋）裴骃集解，（唐）司马贞索隐，张守节正义：《史记·货殖列传》，中华书局，1982年第2版，第3258页）。《论语·先进》孔子也说：“赐不受命，而货殖焉，亿则屡中”（杨伯峻：《论语译注》，中华书局，1980年第2版，第115页）。曾点、曾参父子则出身农家，都是从事生产的下层劳动者，生活十分贫穷，《说苑·立节》说：“曾子布衣缊袍未得完，糟糠之食，藜藿之羹，未得饱。”“曾子衣敝衣以耕”（（汉）刘向撰，向宗鲁校证：《说苑校证》卷4，中华书局，1987年，第77、79页）。《孔子家语·在厄》也说：“曾子弊衣而耕于鲁。”又《六本》说：“曾子耘瓜，误断其根。曾析怒，建大杖以击其背”（姜义华等编：《孔子——周秦汉晋文献集》，复旦大学出版社，1990年，第633、621页）。《庄子·让王》还说：“曾子居卫，缊袍无表，颜色肿哙，手足胼胝，三日不举火，十年不制衣”（（清）郭庆藩撰，王孝鱼点校：《庄子集释》第29，中华书局，1982年）。《论语·子路》说樊迟曾向孔子“请学稼”，又“请学为圃”（杨伯峻：《论语译注》，中华书局，1980年第2版，第135页），其出身也当为农家子弟。

② 杨伯峻：《春秋左传注》（修订本），中华书局，1990年第2版，第1159页。

第五节 春秋射礼社会化的历史原因与社会背景

春秋射礼有其特定的社会背景，其形成原因也是多方面的。现分别从王室与公室射礼衰落的历史原因与社会背景、习武之射盛行的社会原因与背景、射礼社会化的原因与背景等几个方面进行分析。

一、春秋时期王室射礼衰落的历史原因与社会背景

春秋时期，王室衰微，政治腐败，方国诸侯叛离的倾向愈益滋长。在戎狄不断侵扰和诸侯逐渐蚕食下，天子直辖的“王畿”范围大大缩小，最后，仅剩下成周方一二百里的地盘。同时，天子直接拥有的军事力量甚小，控制诸侯的权力也日益丧失。一些诸侯国乘机发展自己的势力，他们一方面打着“以王命讨不庭”[①]的旗帜，“挟天子以令诸侯”，逐步稳定了东周的政局；另一方面则兼并小国，独霸王室权力，与周天子的矛盾日益尖锐。如郑国就是这样，平王时，王室与郑国就已经互不信任，相互交换质子。到周桓王时，郑伯竟派人割了王室洛邑的庄稼，周郑“交质”遂发展到了“交恶”的地步。尖锐的对立，终于引发了一场战争，周桓王亲自率领陈、蔡、卫等诸侯国的军队讨伐郑国，结果王师败绩，连桓王也被箭射中了肩膀，天子的威严扫地而空，从此一蹶不振。周天子在没有能力继续维持统治秩序的情况下，要像过去“溥天之下，莫非王土；率土之滨，莫非王臣”[②]，“礼乐征伐自天子出”[③]那样，定期举行规模宏大的全国性大射礼，或由许多诸侯邦君参加助射的大射礼，显然已经是不可能的了。

随着王权的沦落，诸侯对周天子的朝聘、贡献大大减少，在《春秋》242 年纪事中，共记诸侯朝事 108 次，而朝王的仅有鲁、郑、晋、虢、齐五国 7 次。[④]《春秋》、《左传》记载春秋时期的聘问共有 139 次，而诸侯聘周者仅有六次。[⑤]王室财政越来越拮据，不得不仰赖诸侯的资助，如周桓王、周顷王就曾先后派人向鲁国“求赙”、“告饥”、“求车”、“求金”。天子不仅在经济上有求于诸侯，在政治上也往往受诸侯的摆布。如周襄王就曾低声下气地向郑国“请滑”[⑥]，后来又接受晋侯

① 《左传》隐公十年，（清）阮元校刻：《十三经注疏・春秋左传正义》，中华书局，1980 年，第 1735 页。
② 《诗・小雅・北山》，（清）阮元校刻：《十三经注疏・毛诗正义》，中华书局，1980 年，第 463 页。
③ 《论语・季氏》，杨伯峻：《论语译注》，中华书局，1980 年第 2 版，第 174 页。
④ （清）顾栋高辑，吴树平、李解民点校：《春秋大事表・春秋宾礼表》卷十七之上，中华书局，1993 年。
⑤ 徐杰令：《春秋邦交研究》，中国社会科学出版社，2004 年，第 78 页。
⑥ 《左传》僖公二十四年，（清）阮元校刻：《十三经注疏・春秋左传正义》，中华书局，1980 年，第 1817 页。

的召唤，参加诸侯召开的会议。[1]周王天下共主的地位，此时已名存实亡。在这种情况下，周王礼宾的次数就越来越少了，如《左传》记飨礼宾客51次，其中天子飨诸侯3次、飨诸侯之卿大夫2次，诸侯飨天子1次；记燕礼宾客13次，其中天子只燕诸侯之卿大夫1次。[2]而且这些飨燕宾客的礼仪，均不见飨射燕射之仪节。可见春秋时期周王室也确实无机会或有机会也不太可能像昔日周天子那样去举行气势恢宏的宾射礼、燕射礼了。

二、春秋时期公室射礼衰落的历史原因与社会背景

春秋时期，与周王的境遇相对的是，诸侯之间的朝聘活动则越来越多，如《左传》昭公三年晋国规定各附属国“三岁而聘，五岁而朝，有事而会，不协而盟”[3]。以鲁国为例，春秋时期鲁君朝周仅3次，派遣大夫“聘周”也只有4次。而“如齐”11次、“如晋”20次、远道“如楚”2次，仅朝此三国者竟达33次之多。另外，又曾派大夫“聘齐”16次，“聘晋”24次。[4]据统计，仅《春秋》、《左传》所记诸侯相朝者就有101次，其中鲁受朝39次，晋受朝38次，齐受朝11次，楚受朝10次，越受朝2次，甚至连小国也被别有用心的大国操纵而受朝1次；诸侯间的聘问共有133次，其中鲁受聘41次，晋受聘37次，齐受聘22次，宋受聘6次，楚、郑、卫各受聘5次，秦3次，越、陈各受聘2次，莒、邾、牟、吴、邓各受聘1次。《左传》记诸侯国飨礼宾客45次，其中诸侯飨诸侯16次，诸侯飨他国卿大夫25次，卿大夫飨诸侯1次，卿大夫飨他国卿大夫3次；记诸侯国燕礼宾客12次，其中诸侯燕诸侯5次，诸侯燕他国卿大夫7次。[5]在这种情况下，春秋之时，当然也就只能见到诸侯国之间的享射礼和投壶礼了。同时还应该看到，春秋时期大多数诸侯国的“公室”，与周王室一样，也是内外交困，难事重重。在内，公室卑微，国君权力旁落，卿大夫执政掌权，私家日益强盛，家臣飞扬跋扈，僭越犯上，根本不把天子国君放在眼里，如鲁国仲孙、叔孙、季孙“三家者以《雍》彻”，僭用天子之礼。鲁大夫季氏，依礼只能用四佾，却使用了只有周天子才能用的乐舞，“八佾舞于庭”[6]。季平子“与孟氏、叔孙氏三家共攻昭公，昭公师败，奔于齐”。阳虎执怀，囚桓子，“季氏亦僭于公室，陪臣执国政，是以鲁自大夫以下皆僭离于正道”。“公山不狃、叔孙辄率费人袭鲁。”三桓瓜分公室，使鲁君名权

---

① 《左传》僖公二十八年，（清）阮元校刻：《十三经注疏·春秋左传正义》，中华书局，1980年，第1827页。
② 徐杰令：《春秋邦交研究》，中国社会科学出版社，2004年，第108页。
③ （清）阮元校刻：《十三经注疏·春秋左传正义》，中华书局，1980年，第2030页。
④ （清）顾栋高辑，吴树平、李解民点校：《春秋大事表·春秋宾礼表》卷十七之上，中华书局，1993年。
⑤ 徐杰令：《春秋邦交研究》，中国社会科学出版社，2004年，第65、78、108页。
⑥ 《论语·八佾》，杨伯峻：《论语译注》，中华书局，1980年第2版，第23页。

分离。[①]在外，小国在大国之间，总是“唯强是从”[②]，“职贡不乏，玩好时至！”[③]通过“聘而献物”的办法乞免大国的欺凌。小国人民还得为大国统治者服兵役和劳役。有时不仅向一个大国奉献，还要同时受几个大国的宰制，如郑就曾朝于晋、楚。“不朝之间，无岁不聘，无役不从。以大国政令之无常，国家罢病，不虞荐至，无日不惕，岂敢忘职？”[④]“鲁小弱，附于楚则晋怒；附于晋则楚来伐；不备于齐，齐师侵鲁。”[⑤]只好“牺牲玉帛，待于二竟”，“敬共币帛，以待来者”[⑥]。即使这样，仍惶惶不可终日，正如鲁叔孙穆子所说的：“今我小侯也，处大国之间，缮贡赋以共从者，犹惧有讨。”[⑦]常言道“仓廪实则知礼节，衣食足则知荣辱”[⑧]。公室在这样一个内外交困的环境中，礼肯定是要被荒疏的，所以鲁襄公二十九年举行享礼时就出现了“公臣不足”，只好“取于家臣”了。杜预注曰：“言公室卑微，公臣不能备于三耦。”[⑨]杨伯峻先生也注曰：“三耦六人，此六人必须习于礼仪又善用弓矢者。时鲁公室已卑，材能之士多在私门，故公室不能备六人。”[⑩]而鲁昭公十二年，晋昭公在举行享宾礼时，则更是采用了没有“繁文缛节”的投壶礼。

孔子对射礼刻意追求其礼仪，这就使射礼失去了它的生命力，说到底这也是射礼衰落的一种表现。究其原因，当是长期的战争给社会带来了极大的创伤，社会经济遭到严重破坏，诸侯列国皆陷入战争的深渊，整个社会处在一片混乱之中。在这种特定的历史条件下，孔子认为只有实行礼治，才能重建文武周公的事业，恢复天下大一统的社会统治秩序。因此他对礼的作用多有论及，如《礼记·哀公问》孔子说：“民之所由生，礼为大。非礼，无以节事天地之神也；非礼，无以辨君臣上下长幼之位也；非礼，无以别男女父子兄弟之亲、婚姻疏数之交也。”“古之为政，爱人为大，所以治。爱人，礼为大，所以治。礼，敬为大。”“为政先礼，礼其政之本与。”[⑪]《仲尼燕居》孔子说：“治国而无礼，譬犹瞽之无相与！伥伥乎其何之？譬如终夜有求于幽室之中，非烛何见？若无礼，则手足无所措，耳目

---

① （汉）司马迁撰，（宋）裴骃集解，（唐）司马贞索隐，张守节正义：《史记·孔子世家 》，中华书局，1982年第2版，第1910、1914、1916页。

② 《左传》襄公九年，（清）阮元校刻：《十三经注疏·春秋左传正义》，中华书局，1980年，第1934页。

③ 《左传》襄公二十九年，（清）阮元校刻：《十三经注疏·春秋左传正义》，中华书局，1980年，第2006页。

④ 《左传》襄公二十二年郑子产语，（清）阮元校刻：《十三经注疏·春秋左传正义》，中华书局，1980年，第1974页。

⑤ （汉）司马迁撰，（宋）裴骃集解，（唐）司马贞索隐，张守节正义：《史记·孔子世家》，中华书局，1982年第2版，第1910页。

⑥ 《左传》襄公八年，（清）阮元校刻：《十三经注疏·春秋左传正义》，中华书局，1980年，第1939页。

⑦ 《国语》卷五《鲁语下》，李维琦点校：《国语·战国策》，岳麓书社，2006年第2版，第40页。

⑧ 《管子》卷第一《牧民》，黎翔凤撰，梁运华整理：《管子校注》，中华书局，2004年，第2页。

⑨ （清）阮元校刻：《十三经注疏·春秋左传正义》，中华书局，1990年，第2005页。

⑩ 杨伯峻：《春秋左传注》（修订本），中华书局，1980年第2版，第1159页。

⑪ （清）阮元校刻：《十三经注疏·礼记正义》，中华书局，1980年，第1611页。

无所加，进退揖让无所制。”[①]《经解》孔子说：“安上治民，莫善于礼。”[②]《论语·先进》孔子曰：“为国以礼。”《泰伯》子曰：“兴于诗，立于礼。”《季氏》孔子曰：“不学礼，无以立。”《尧曰》孔子说：“不知礼，无以立也。”[③]其实，不仅仅是孔子，当时有许多人在议论时政时都以礼相谏或评说，如《左传》隐公十一年君子曰：“礼，经国家，定社稷，序民人，利后嗣者也。”桓公二年师服曰：“礼以体政。”僖公十一年周内史过曰：“礼，国之干也。敬，礼之舆也。不敬则礼不行，礼不行则上下昏，何以长世？”僖公三十三年文仲曰：“服于有礼，社稷之卫也。”襄公二十一年叔向曰：“会朝，礼之经也。礼，政之舆也。政，身之守也。怠礼失政，失政不立，是以乱也。”襄公三十年：“子驷氏欲攻子产。子皮怒之，曰：‘礼，国之干也。杀有礼，祸莫大焉。’”昭公七年：“孟僖子病不能相礼，乃讲学之，苟能礼者从之。及其将死也，召其大夫曰：‘礼，人之干也。无礼，无以立。吾闻将有达者曰孔丘，圣人之后也……我若获没，必属说与何忌于夫子，使事之，而学礼焉，以定其位。’故孟懿子与南宫敬叔师事仲尼。”[④]《史记·孔子世家》司马贞索隐曰：“按：谓病者，不能礼为病，非疾困之谓也。”[⑤]又《左传》昭公十五年叔向曰：“礼，王之大经也。”昭公二十五年叔孙婼曰：“无礼必亡。”子太叔曰：“夫礼，天之经也，地之义也，民之行也。”定公十五年子贡曰：“夫礼，死生存亡之体也。”[⑥]《国语·鲁语上》曹刿谏如齐观社曰：“夫礼，所以正民也。”《晋语四》宁庄子曰：“夫礼，国之纪也。”[⑦]《晏子春秋·内篇谏上》晏子曰：“夫乐亡而礼从之，礼亡而政从之，政亡而国从之。”[⑧]《诗·鄘风·相鼠》，曰：“人而无仪，不死何为？”“人而无礼，胡不遄死。”[⑨]这些都反映了时人的礼仪观念，即孔子等人对周礼的怀旧心情和人民对无礼统治者的诅咒。孔子在注重礼的同时，也十分强调“仁”。如《论语·八佾》孔子曰：“人而不仁，如礼何？”[⑩]而射礼就体现了仁的道理，《礼记·射义》曰：“射者，仁之道也。”[⑪]孔子也认为：“射乡之礼，所以仁乡党也。食飨之礼，所以仁宾客也。”[⑫]射礼既是礼，又能体现仁之道，

---

① （清）阮元校刻：《十三经注疏·礼记正义》，中华书局，1980年，第1613页。

② （清）阮元校刻：《十三经注疏·礼记正义》，中华书局，1980年，第1610页。

③ 杨伯峻：《论语译注》，中华书局，1980年第2版，第119、81、178、211页。

④ （清）阮元校刻：《十三经注疏·春秋左传正义》，中华书局，1980年，第1736、1743、1802、1833、1972、2013、2051页。

⑤ （汉）司马迁撰，（宋）裴骃集解，（唐）司马贞索隐，张守节正义：《史记》，中华书局，1982年，第1908页注[一]。

⑥ （清）阮元校刻：《十三经注疏·春秋左传正义》，中华书局，1980年，第2078、2107、2152页。

⑦ 李维琦点校：《国语·战国策》，岳麓书社，2006年第2版，第31、79页。

⑧ 吴则虞：《晏子春秋集释》卷第一《景公夜听新乐而不朝晏子谏第六》，中华书局，1962年，第24页。

⑨ （清）阮元校刻：《十三经注疏·毛诗正义》，中华书局，1980年，第319页。

⑩ 杨伯峻：《论语译注》，中华书局，1980年第2版，第24页。

⑪ （清）阮元校刻《十三经注疏·礼记正义》，中华书局，1980年，第1689页。

⑫ 《礼记·仲尼燕居》，（清）阮元校刻：《十三经注疏·礼记正义》，中华书局，1980年，第1613页。

故受到孔子的重视。但孔子又厌恶战争，据《说苑·修文》记载，一次孔子听到子路鼓瑟所发出的音调不对头，“其音湫厉而微末，以象杀伐之气”[①]，认为有悖于乐道，与其倡导的反对武力侵略的政治主张不合，故指责子路说：“由之瑟，奚为于丘之门？”[②]依此推之，那射礼中所固有的“主皮”、“不贯不释”，也与孔子的仁道思想不相合了，因此，孔子便以“力不同科，古之道”为名，而力主射礼“射不主皮”。这就是孔子重礼而却使射礼变成了徒具形式的一种礼仪表演的原因。

另外，春秋时期射礼衰落，也与当时社会观念发生变化有关。如当时人们的神灵护佑观念就受到了极大的冲击，从上引《国语·楚语下》观射父论祀牲看，人们虽然还坚持“祀所以昭孝息民、抚国家、定百姓也，不可以已。夫民气纵则底，底则滞，滞久而不振，生乃不殖。其用不从，其生不殖，不可以封……日月会于龙豵，土气含收，天明昌作，百嘉备舍，群神频行。国于是乎蒸尝，家于是乎尝祀”，但同时也认识到“敬不可久，民力不堪，故齐肃以承之”[③]。作为一国之君的楚昭王一连向观射父发问了八个有关祭祀的问题：“祀牲何及？”“其小大何如？”“何其小也？”“刍豢几何？”“祀不可以已乎？”“所谓一纯、二精、七事者，何也？”“三事者何也？”“所谓百姓、千品、万官、亿丑、兆民经入畡数者何也？”反映出对祭祀问题的隔膜与无知。其中竟问到祭祀不可以停吗，更反映出神灵护佑观念已荡然无存。这说明随着西周王朝这座高楼大厦的轰然倒塌，人们对神灵护佑产生了怀疑，神灵观念逐渐淡薄。诸侯国君对往周助祭早已冷漠，对祭祀祖先的用牲及射牲礼仪已经开始模糊不清了。《左传》襄公三十年说：“丰卷将祭，请田焉，（子产）弗许。曰：‘唯君用鲜，众给而已。’子张怒，退而征役，子产奔晋，子皮止之，而逐丰卷，丰卷奔晋，子产请其田里。”杜预注曰：“田，猎也。”“鲜，野兽。”“众，臣。祭以刍豢为足……牛羊曰刍，犬豕曰豢。”“子张，丰卷。召兵欲攻子产。”[④]可见在当时的祭祀用牲上已经是有些随心所欲、为所欲为了。在这种情况下，射牲礼仪也就越来越不严格了。

三、春秋时期习武之射盛行的社会原因与背景

春秋时期，诸侯纷争，大国争霸，战争此起彼伏，仅据《春秋》记载，在242年间，列国进行的战争共有483次，朝聘盟会450次。这些军事行动和朝聘盟会，虽然实际上都是大国对小国的掠夺，但每个诸侯国都面临着战争的威胁。各诸侯国或为了自保防御，或为了扩张土地和掠夺财富，或为了救难盟国与属国，都非

① （汉）刘向撰，向宗鲁校证：《说苑校证》，中华书局，1987年，第508~509页。
② 《论语·先进》，杨伯峻：《论语译注》，中华书局，1980年第2版，第114页。
③ 李维琦点校：《国语·战国策》，岳麓书社，2006年第2版，第137页。
④ （清）阮元校刻：《十三经注疏·春秋左传正义》，中华书局，1980年，第2014页。

常重视军事训练和奖赏军功，如郑国以田猎来进行“射御贯”的训练。[①]齐桓公任用管仲为相，管仲从“富国强兵”的目的出发，积极改革内政，在齐国实行“作内政而寄军令”的政、军合一制度，“春以蒐振旅，秋以猕治兵”，加强对国家常备军士的控制和定期操练，使其成为一支“莫之能御”的战斗武装，而且非常重视对有勇力和武艺之人的选拔，明令：“‘于子之乡，有拳勇股肱之力秀出于众者，有则以告。有而不以告，谓之蔽贤，其罪五。’有司已于事而竣……是故乡长退而修德进贤，桓公亲见之，遂使役官。”[②]晋文公重用狐偃、赵衰等人，推行“明贤良”、“赏功劳”，包括“军伐有赏”、“举善援能”[③]的用人政策。赵简子与范氏、中行氏作战，则宣布“克敌者，上大夫受县，下大夫受郡，士田十万，庶人工商遂，人臣隶圉免”的奖励政策。[④]吴王寿梦时，晋吴为了联合攻楚，晋派巫臣到吴国，教吴人以射御乘车和先进的战术，使吴国开始有力量从陆路与居于长江中游的楚国相较量。到吴王阖闾执政时则任用著名军事家孙武治掌军事，“（吴）王夫差元年，以大夫伯嚭为太宰。习战射，常以报越为志”[⑤]，等等。就这样，春秋时期，在长达200多年的争霸战争中中国再次进入到了一个尚武的时代。

在春秋战争中，弓箭是普遍使用的武器，也是不可或缺的武器。当时主要的作战形式是车战，每辆战车上都配备一名弓箭手，车右武士和驭手也都配有弓箭。“矢交坠兮士争先”的场面，正是春秋战争的写照，射艺已成为战场上杀敌制胜或扭转战局的重要手段。如宣公十四年楚国内乱的皋浒之战，伯棼射楚王，著于丁宁，又射，以贯笠毂。发弓力量之大可想而知。成公十六年晋楚鄢陵之战中，由于楚军指挥失误全线溃败，楚共王慌忙驾车逃跑，在就要被晋军将领吕锜追上的关键时刻，养由基转身发矢将吕锜射死，才扭转了战局，并救了楚王的性命。在晋楚邲之战中，楚国的许伯、乐伯、摄叔三位射艺精湛的武士到晋军营中挑战，晋人逐之，左右角之。乐伯左射马，右射人，角不能进，晋军只好停止了追逐。昭公二十一年赭丘之役中，公子城率晋师与华氏交战，华豹连发两矢，公子城责怪他不讲规矩，华豹因此停而不射，结果被公子城用计射死。定公八年，鲁师攻打阳州，颜息射人中眉后说：“我无勇，我志其目也。”可见，武士在战场上是颇以射艺自负的。正是在这样的战争环境的影响下，当时从国君、大臣到文人、将士都十分尚勇重射，楚国的养由基、潘党、伯棼、许伯、乐伯、摄叔，晋国的狐偃、公子城、晋平公，鲁国的颜息、鲁庄公，齐国的管仲、齐景公都是当时有名

① 《左传》襄公三十一年，（清）阮元校刻：《十三经注疏·春秋左传正义》，中华书局，1980年，第2016页。

② 《国语》卷六《齐语》，李维琦点校：《国语·战国策》，岳麓书社，2006年第2版，第50、51页。

③ 《国语》卷十《晋语四》，李维琦点校：《国语·战国策》，岳麓书社，2006年第2版，第85、88页。

④ 《左传》哀公二年，（清）阮元校刻：《十三经注疏·春秋左传正义》，中华书局，1980年，第2156页。

⑤ （汉）司马迁撰，（宋）裴骃集解，（唐）司马贞索隐，张守节正义：《史记·吴太伯世家》，中华书局，1982年第2版，第1469页。

的神射手，习武之射就是在他们的身体力行下盛行起来的。

丰富的战争实践也提高了人们对射技的理性认识，使射箭理论进一步发展完善。如上引《韩诗外传》、《吴越春秋》等对射之道的理论总结，即使弓人之妻也能口述其详。这种口诀式的射技要领，在一定程度上也提高了射教的社会效果，促进了射礼知识的快速传播。

另外，春秋时期习武之射盛行，也与当时人们的审美观念和偶像崇拜有关。从上引《诗·齐风·猗嗟》所赞美的主人翁来看："猗嗟昌兮！颀而长兮，抑若扬兮，美目扬兮。""猗嗟名兮！美目清兮。""猗嗟娈兮！清扬婉兮。""舞则选兮"，"巧趋跄兮。射则臧兮！""终日射侯，不出正兮。""射则贯兮，四矢反兮。"说明健美、技艺熟练的射手，就是当时人们最羡慕的完美的男子形象。当时擅长射箭也是品评男子才干的重要尺度。《左传》昭公元年记载说："郑徐吾犯之妹美，公孙楚聘之矣，公孙黑又使强委禽焉。犯惧，告子产。子产曰：'是国无政，非子之患也。唯所欲与。'犯请于二子，请使女择焉。皆许之。子皙盛饰入，布币而出。子南戎服入，左右射，超乘而出。女自房观之，曰：'子皙信美矣，抑子南夫也。夫夫妇妇，所谓顺也。'适子南氏。"[①]徐吾犯之妹最终选定并嫁给了公孙楚，从中可以看出当时女子的心理状态也尚武勇，美女不爱盛饰的美男子，却爱上了弓马娴熟的一介赳赳武夫。这说明在长期的战乱环境中，女子的审美观念与心中偶像也发生了变化，尚武之风气已盛行于全社会。在这种情况下，习武之射就兴盛起来了。

四、春秋时期射礼社会化的原因与背景

春秋时期，射礼知识的传播有两个途径值得关注。一个是学校教育的传授。春秋晚期，庶人议政，学移民间，私学应运而生，并有着与官学分庭抗礼的强大生命力，因此，官学受到了前所未有的冲击，"学在官府"、官学垄断教育、世袭贵族垄断知识的传统局面被打破。大开私人讲学之风的孔子，以维护周天子的统一天下和重建文武周公事业为己任，普及教育，开创教育改革。他以《诗》、《书》《礼》、《乐》、《易》、《春秋》作为教材来教育学生，《史记·滑稽列传》引孔子的话说："六艺于治一也。礼以节人，乐以发和，书以道事，诗以达意，易以神化，春秋以义。"[②]说明孔子把此六艺实即"六经"当作从教治国的重要工具。虽然孔子以六经为教学课程，但对于过去官学的"六艺"课程，亦即《周礼·地官·大司徒》所说的"礼、乐、射、御、书、数"和《地官·保氏》所说的五礼、六乐、

① （清）阮元校刻：《十三经注疏·春秋左传正义》，中华书局，1980年，第2022页。
② （汉）司马迁撰，（宋）裴骃集解，（唐）司马贞索隐，张守节正义：《史记》，中华书局，1982年第2版，第3197页。

五射、五驭、六书、九数等六艺[①]，并没有完全摈弃。从《论语·子罕》孔子曰："吾何执？执御乎？执射乎？"[②]以及孔子射于矍相之圃看，六艺中的有些课程实已成了孔门私学"六经"之外的课外活动课了。所以《史记·孔子世家》说："孔子以诗书礼乐教，弟子盖三千焉，身通六艺者七十有二人。"[③]这里的"六艺"当主要是指礼、乐、射、御、书、数，既有文化知识，又有军事本领与技能。孔子还主张"有教无类"。[④]在实践中，他破除了等级、地域和种族的界限，接受贾人、贱人和农家的子弟入学。这些举措本身就是把包括射礼在内的文化知识向广大的社会平民普及。再加上春秋晚期礼崩乐坏，天子失官。如鲁哀公时，太史和乐官若不臣事三家，就得离开鲁国，散游四方。如《论语·微子》记："太师挚适齐，亚饭干适楚，三饭缭适蔡，四饭缺适秦，鼓方叔入于河，播鼗武入于汉，少师阳、击磬襄入于海。"[⑤]同时，孔子的学生在鲁国没有前途者，也纷纷出走，"散游诸侯，大者为师傅卿相，小者友教士大夫，或隐而不见。故子路在卫，子张居陈，澹台子羽居楚，子夏居西河，子贡终于齐。如田子方、段干木、吴起、禽滑釐之属，皆受业于子夏之伦，为王者师"[⑥]。《史记·礼书》也说："仲尼没后，受业之徒沈湮而不举，或适齐、楚，或入河海。"正义曰："鲁哀公时，礼坏乐崩，人皆去也。"[⑦]随着这些人的出走，他们自然也就把所掌握的射礼知识传播了出去，通过再传弟子的讲授，射礼知识的传播范围就更广了。

第二个是投壶礼向民间的扩延。由于射礼需要有专门的器具，且要求庭院有一定的空间与场地，故非一般人家所能举行之。而投壶礼所用器具简单，又不受庭院空间及人数多少之限制，室内室外、人多人少都可以举行，故很快便由贵族大院发展到一般人家，由贵族阶层延伸到社会下层乃至民间。投壶礼与射礼有许多相同和相通之处，故投壶礼使用人群的扩大，实际上也就是对射礼文化知识的传播，它加速了射礼社会化的进程。因此我们说，随着孔门私学等学校射礼教育的传播和投壶礼向民间的延伸，在这种情况下，春秋时期的射礼就日趋社会化了。

总之，春秋射礼的社会化、习武之射的盛行，是与当时特定的历史条件和社会背景分不开的。而春秋时期王室公室射礼的衰落，则是西周以来传统政治腐朽没落的结果，是由当时礼崩乐坏的大气候造成的。春秋射礼反映的礼崩乐坏，一

① 详见（清）阮元校刻：《十三经注疏·周礼注疏》，中华书局，1980年，第707、731页。
② 杨伯峻：《论语译注》，中华书局，1980年第2版，第87页。
③（汉）司马迁撰，（宋）裴骃集解，（唐）司马贞索隐，张守节正义：《史记》，中华书局，1982年第2版，第1938页。
④《论语·卫灵公》，杨伯峻：《论语译注》，中华书局，1980年第2版，第170页。
⑤ 杨伯峻：《论语译注》，中华书局，1980年第2版，第197页。
⑥（汉）司马迁撰，（宋）裴骃集解，（唐）司马贞索隐，张守节正义：《史记·儒林列传》，中华书局，1982年第2版，第3116页。
⑦（汉）司马迁撰，（宋）裴骃集解，（唐）司马贞索隐，张守节正义：《史记》，中华书局，1982年第2版，第1159页及注[四]。

方面是连基本射耦都匹配不齐，鲁哀公为来聘的晋国范献子举行享射礼，朝廷之臣中竟凑不出六个射手以组成三耦射，这说明当时尽管还保留着享射礼这一名目，但能够胜任者已寥寥无几了。另一方面是一味地追求娱乐，最后竟以投壶取代了享射礼和燕射礼。投壶礼的出现反映了射的多样化演变和礼制形态向游戏娱乐活动的渗入，这与其他方面所反映的礼崩乐坏也是一致的。本书认为春秋时期射礼的衰落，“投壶礼的出现和流行，与春秋以来青铜礼器愈造愈薄，愈造愈轻巧的现象一样，是宗法贵族阶级日趋颓废和没落的反映，它预示着夏、商、西周、春秋时期一直沿袭的贵族政治体制和宗族国家形态行将发生深刻的变革”①。

本章小结

春秋时期射礼的种类有射牲、射余获、射鱼、射侯、享射、乡射礼、军中武射、礼射、主皮之射、贯革之射、巫术性射礼和投壶礼等，大体可以划分成习礼之射、习武之射、乐宾之射和宗教之射四类不同性质的射礼。

在具体史料的分析上，我们提出射余获即《穀梁传》所说的蒐狩“禽虽多，天子取三十焉，其余与士众以习射于射宫”，《尚书大传》所说的“已祭，取余获陈于泽，然后卿大夫相与射”，《礼记·射义》孔颖达疏所说的“余射”之事。虽然其行射次第有田猎之后、祭典之前和祭祀之后的差别，但三者所说为一事，都是射余获；鉴于中国古代有用弓箭射鱼的习惯、有用鱼献祭祖先的礼俗、有祭祀射牲的礼仪，早在殷商时期射鱼礼就已经存在并相当成熟，西周金文有“王渔于𣶃池”，“呼渔于大池”、“射于大池”，《淮南子·时则训》有季冬之月“命渔师始渔，天子亲往射渔”等记载，足证射鱼礼自商历西周一直都是非常流行的一种射礼，《春秋》“公矢鱼于棠”的确是射鱼礼，这一事件表明射鱼礼在春秋之时仍行存于世，它是从商代、西周时的射鱼礼继承发展过来的，是同一种礼俗的历史延续，即使到了汉代仍有“射渔”之观念。“略地”即巡行或巡察边境，此正是隐公矢鱼于棠以略地为逊辞的原因。“公矢鱼于棠”，是为祭祀而举行的射鱼礼。臧僖伯所谏阻的并不是射鱼礼本身，而是鲁隐公将要举行的射鱼礼有不符合礼法的地方，一是这次射鱼礼很可能是因为举行的时间不是季春、举行的地点不在都城地区、川泽之鱼设有专人掌管，依礼法国君不应该屈行有司之职而亲自射鱼于棠。二是这次射鱼礼隐公更不应该到远离都城的境外棠地举行。庄公“越竟观社，非礼也”。而隐公越境观鱼也应当属于非礼。据西周金文与传世文献记载，天子水射

① 胡新生：《西周三类不同性质的射礼及其演变》，《文史哲》2003年第1期。

在辟雍大池，诸侯则应在泮宫，今隐公却要越境到棠地射鱼，这自然是非礼、且远地，故受到臧僖伯的谏阻。《春秋左传》所谓的“矢鱼”、“陈鱼”、“观鱼”，是射鱼礼依次进行的仪节内容。所谓“矢鱼”就是射鱼。“陈鱼”，即陈列所射获的鱼，以供国君省视，为献鱼祭祀之前的一项仪节。“观鱼”，即省鱼、视鱼，也就是察看所陈列的鱼牲，亦为献鱼祭祀之前的一项仪节。君王视牲乃是自商代传承下来的礼仪制度，所不同者是《周礼》的省牲为大宗伯与小宗伯之职掌，王不亲相牲。今隐公要亲“观鱼”，亦是屈行有司之职。射鱼祭祀与天子自射其牲、诸侯自射其牛的意义与性质相同，均表示亲杀与敬事神灵。但由于公矢鱼于棠一开始就遭到元老大臣的谏阻反对，因此本次射鱼礼的献鱼祭祀之仪节很可能没有进行到底就草草收场了；《诗·齐风·猗嗟》是赞美鲁庄公身材健美、威仪棣棣、射艺高超的诗，它反映了春秋早期齐鲁地区诸侯国贵族的习射风气。同时“巧趋跄兮”，“舞则选兮”和“射则臧兮”，“仪既成兮”，也说明古代射礼的确有兴舞、射法表演的仪节内容；《左传》襄公二十九年为范献子举行的享射礼，公室竟配不齐三耦，说明春秋晚期在朝聘礼中尽管还保留有享射礼，但公室中能胜任这一射礼的人并不多，反映了公室礼射已开始式微之事实；孔子射于矍相之圃，从孔子的身份和参加竞射的人群及仪节内容来看，它应是经过了一番改造的带有明确政治主张的接近于民间的乡射礼。其中“又使公罔之裘、序点扬觯而语”的若有此行，“可留于此。若无此行者，不得在此射位”。其所主之事不当与射事有关，而应当与饮酒旅酬有关，即在竞射完毕，又接前之饮酒礼而行旅酬礼的时候，使此二人举觯以誓众。凡有如裘点二人所陈之德行者，就可以留在宾位上。裘点此举实是敬事长老之义，此仪事与《行苇》最末二章所记行射之后的敬养黄耇，当为同一事、同一仪节；潘党、养由基的蹲甲而射和齐景公、晋平公的射穿七札都属于军中武射，即军事性的射术训练，亦即军中的射礼。它是以战甲为侯靶，不讲究礼仪容体，只追求穿透力度的弓矢竞射；贯革之射就是以革甲为侯靶，以提高实战水平为主旨，不追求仪容步趋的纯粹的习武之射。与主皮之射相比，其习武之目的更单纯，礼仪性与表演性更微弱。它应包括将士们的射术训练和平时武士们的习武之射即《周礼·司弓矢》所说的射甲革。习武之射的流行，也从一个方面反映了春秋时期射礼的变化与进步；礼射即礼乐射，是大射、宾射、燕射等射礼的总称谓；射不主皮指的就是礼射，实际上礼射也有主皮射之仪节；郊射要奏《貍首》、《驺虞》，因而也是礼乐射，它是天子或诸侯国君在国都郊外的射宫所举行的一种射箭比赛之礼；主皮之射则应是界于礼射与贯革之射之间的一种习武成分很大的射礼，但还不是纯粹的习武之射。习武之射与习礼之射最大的区别是：习武之射着重胜负，采取淘汰制的比赛办法，胜者能够再射，不胜者则不复升射。而习礼之射则着重演练，采用轮流比射的办法，第二番射之不胜者，第三番仍可升射。故文献及古今注家往往是散军而郊射与贯革之射、射不主皮与主皮之射、礼射与武射对言，主皮之射与大射、宾射、燕射、乡射并列，或与礼射、习武之射并列。因此把主皮之射说成是贯革之射、庶民之射、射余获、乡射礼的第二番射不贯不释，或说西周金文所记“射庐”、“学宫”中的习射属于“主皮之射”、“贯革之射”而不属于“礼射”，潘党、养由基的“蹲甲而射”是典型的“主皮之射”等，都是不妥当的。《仪礼》所记的射礼也有一个扬弃的过程，礼射的皮侯、乡射五物的主皮以及大射礼与乡射礼第二番射的不贯不释，都应是射礼在发展演变的过程中，对主皮之射的继承、吸纳与融合，它们并不等同于主皮之射；《史记·封禅书》记载的苌弘设射貍首即设射不来，参校《左传》哀公三年、《汉书·郊祀志》及颜师古注是符合历史事实的。设射不来是周灵王之世发生的事，周为晋人杀苌弘是周敬王二十八年发生的事，两个事件跨历三王也是有可能的。同时设射不来与春秋时期周衰礼废，诸侯不朝王，王反讫求于诸侯的社会背景和商周王朝对诸侯不来朝十分敏感之史实也正相符合。据文献所记射礼、祭侯礼、投壶礼之祝辞、射侯之由来及其相关注释，射貍首和射侯，与威服不宁侯即不来朝于王所的无道诸侯有关。苌弘因诸侯不来朝王而设射不来，实是上古时代非常盛行的一种巫术性射礼，它与黄帝使人射蚩尤之皮做的干侯，颛顼时代方相帅百隶及童子以桃弧棘矢射疫鬼，尧舜时代射侯以明善恶及羿射十日、六怪与河伯，商帝武乙射天，周武王射商纣王及其嬖妾自杀场所，太公望射丁侯画像，战国时代的宋王偃射天和诸侯雕像，本是同一种礼俗的历史延续，都是以巫术作伤害手段的巫蛊行为，其目的就是通过这种祝诅伤害巫术和偶像伤害巫术来制驭诸侯；投壶礼是春秋时期从贵族燕享待宾的燕射礼衍生出来的一种角逐技艺以为乐的新礼仪。无论是礼仪内容、竞投规则或是使用场合，都体现了礼的性质。它的整个行礼过程与仪节内容均与燕射礼类似，反映了投壶礼确是由射礼演变而来的流变关系。山东莒南春秋贵族大型木椁墓出土的陶质投壶，是迄今所知考古发现的时代最早的投壶礼实物。《左传》昭公十二年记载的晋昭公宴飨齐景公所举行的投壶，是传世文献关于投壶礼的最早记录。从二人均投中的熟练程度看，投壶礼在春秋时期的齐、晋等地区应该是很风行的。

春秋时期的射礼与其前后的射礼相比，其演变有九个特点。①春秋射礼的仪节内容比西周射礼明显增多。除主皮之射与贯革之射外，其余各种射礼都有比较多的仪节内容。②春秋射礼的不少仪节内容，都已成为后世射礼的定式。春秋射礼虽然对商代和西周时期的射礼也有较多的继承，但与东周礼书所记射礼的相同之处，远比西周射礼与东周礼书所记射礼相同的地方要多，反映了春秋射礼与东周礼书所载射礼的渊源关系。③春秋时期的射礼规格低、规模小。这与西周时期往往由周天子主持或亲自参加，并经过长期准备，由诸侯邦君和有司、师氏、小子、小臣参加竞射的举国体制下的高规格射礼的恢宏气势与规模，形成了十分鲜明的对比。④射前之飨礼与燕礼有渐趋合一的倾向。飨礼与燕礼本是西周时期飨射与燕射之前举行的两种礼仪。但自春秋时期开始，由于种种原因，二者又由射前先后举行的两种礼仪，逐渐趋向合二为一。⑤春秋时期的礼射日渐衰落。《左传》襄公二十九年为范献子举行的享射礼，朝廷之臣中既懂礼仪又工射艺者连三耦都匹合不齐，可谓公室射礼已衰落到了极点。《春秋》宣公十六年“成周宣榭火”，说明周王都城虽然还保留着举行射礼的建筑场所，但已久无人使用而懈于管理，最终竟被人纵火烧毁，可见周王室的射礼比诸侯国更为荒疏。另外，孔子射于矍相之圃，延射誓众之辞可以即兴发挥，这就使射礼失去了它所固有的恭敬肃严之特性。而孔子所极力维护的“射不主皮”，只重礼仪，则更使射礼完全丧失了射术训练的功能。从楚昭王向观射父问祀牲看，当时一些诸侯国君对射牲礼仪已经有些隔膜生疏了。鲁隐公亲到远离都城的棠地举行射礼，说明当时射鱼礼也不按传统礼法行事了。投壶礼的出现和流行，折射出贵族统治者在燕射礼、宾射礼等传统礼仪上的苟且和随意，以及对射术训练的荒疏和懈怠，从而使射礼的发展走向发生了很大的变化。《左传》昭公十二年晋侯与齐侯所进行的投壶礼，原本是用以替代享射礼的，理应体现宾主的谦敬和乐宾之本旨，而实际情况却是火药味十足，硬是把投壶礼变成了双方宣扬政治野心的舞台，所有这些都表明春秋时期的礼射的确是已经式微衰落了。⑥春秋时期的武射日益盛行。主皮之射、贯革之射和穿札之射，在武士、军中将士和诸侯国君中非常流行，射穿七层战甲是当时十分风靡的射艺。同时人们对武射之道也有着很高的认识，尤其对武射的基本要领和姿势有很精确的把握。⑦春秋时期的射礼日趋社会化。这一时期平民也可以学习射艺，参加射礼竞射。投壶礼既可以在庙堂大院举行，也可以在一般宅院举行，这就把射礼的礼仪知识推广到了民间。可见春秋时期的射礼已开始由贵族礼仪风范向平民礼仪发展了。⑧春秋时期的射礼更加形式化、仪礼化，更加注重于教育意义。这从孔子射于矍相之圃的礼仪过程和“射不主皮”的论说中看的是很清楚的。⑨春秋时期的射礼更加娱乐化。尤其是宾射礼、燕射礼比西周晚期更追求娱乐，而主于娱乐的投壶礼，则更成了娱乐游戏活动。总之，春秋时期周王室和诸侯公室的礼射逐渐式微，但射礼随着学移民间则逐渐向平民阶层发展。同时受战争环境的影响，贯革之射、穿札之射等习武之射和军中射礼也逐渐兴盛起来，从射礼衍生出来的投壶礼也开始出现并迅速流行。春秋时期的射礼呈现出多种性质、多种特点、多向发展的复杂状况。

春秋时期王室射礼衰落的历史原因与社会背景是王室衰微，政治腐败，方国诸侯叛离，王畿范围缩小，天子直接拥有的军事力量和控制诸侯的权力日益丧失，已经没有能力继续维持统治秩序。同时，随着王权的衰落，诸侯对周天子的朝聘、贡献也大为减少，王室财政越来越困难，天子不仅在经济上仰求诸侯的资助，在政治上也往往受诸侯的摆布，威严扫地，天下共主的地位已名存实亡。在这种情况下，周天子要像过去那样定期举行全国性的或由许多诸侯邦君参加助射的大射礼和气势恢宏的宾射礼与燕射礼已经是不可能了；诸侯公室射礼衰落的历史原因与社会背景是国君权力旁落，名权分离，自大夫以下皆僭离于正道，陪臣执国政，家臣飞扬跋扈，僭越礼制，犯上作乱，根本不把天子国君放在眼里。公室卑微，私家弥强，材能之士多在私门。并且小国在大国之间，还要唯强是从，职贡不乏，“聘而献物”，小国人民还得为大国统治者服兵役和劳役，有时还要同时受几个大国的宰制。公室在这样一个内外交困的环境中，射礼肯定是要被荒疏的，一旦举行享射礼就只好“公臣不足”而“取于家臣”或直用投壶礼而代之了。而射不主皮刻意追求礼仪则与当时的礼治观念和时人对周礼的怀旧有关，祭祀射牲礼仪的荒疏则与周王朝的衰败对神灵护佑观念的冲击动摇有关。习武之射和军中武射盛行的社会原因与背景是春秋时期诸侯纷争，大国争霸，社会动荡不安，长期的战争，使中国再次进入到一个尚武的时代。在春秋战争尤其车战中，弓箭是普遍使用的武器，射艺已成为战场上杀敌制胜或扭转战局的重要手段。受战争的威胁和战争环境的影响，各诸侯国都非常重视军事训练，从国君、大臣到文人、将士都十分注重武射，出现了许多著名的神射手。长期的战乱环境，还使人们的审美观念发生了变化，身材健美、技艺娴熟的射手，已成为当时人们最羡慕的完美男子形象和女子择偶的标准，崇尚武勇之审美观念已风行于全社会。习武之射就是在这种情况下盛行起来的。春秋时期射礼社会化的原因与背景是春秋晚期庶人议政，私学兴起，官学垄断教育和世袭贵族垄断知识的传统局面被打破。大开私人讲学之风的孔子，主张“有教无类”，接受贱人、贾人和农家子弟入学，把包括射礼在内的文化知识与技能向社会平民普及，这就势必使射礼从社会上层延至社会下层了。而投壶礼的出现就更加速了射礼社会化的进程，由于投壶礼与射礼有许多相同和相通之处，故投壶礼使用人群的扩大，实际上也就是对射礼文化知识的传播。春秋射礼的社会化，主要就是通过学校的射礼教育和投壶礼向民间的扩延这两个途径的传播才得以实现的。总之春秋射礼有其特定的社会背景，其形成原因是多方面的。春秋时期王室与诸侯公室射礼的衰落，是旧贵族腐朽没落的结果，是由当时礼崩乐坏的大气候造成的。习武之射和军中射礼的盛行，则是受战争环境的影响。而春秋射礼的社会化，则是教育下移和投壶礼向民间扩延的结果。

附录3-1　春秋“公矢鱼于棠”即射鱼礼说再探讨

春秋“公矢鱼于棠”的目的与史事性质，是一个长期争论不休的问题，然随着新资料的发现，射鱼礼说又有了新的证据，现在已经不再是否定射鱼礼说的问题，而是如何理解和认识射鱼礼的问题，因此这一问题仍有重新探讨的必要。

（一）关于春秋“公矢鱼于棠”的争论

由于《左传》义例中有“公将如棠观鱼者”、“遂往陈鱼而观之”之语，又有“鸟兽之肉不登于俎，皮革齿牙骨角毛羽不登于器，则公不射”之语，还有“书曰‘公矢鱼于棠’”之语，“陈”、“观”、“射”、“矢”夹杂使用；又由于“矢”本可训“射”，但训“陈”亦为古籍习见之义；“射”古文作“䠶”；“鱼”本可作名词鱼，亦可作动词用，通“渔”；“张”既有“开弓”之义，亦有投机关罗网以捕取鸟兽鱼之义。故经史学家或从左氏《经》《传》出发作射鱼解之，或附会《左传》义例而从《公》、《穀》作陈鱼、观鱼解之；或认为左氏《经》之矢本为䠶，因脱其左旁，遂讹为“矢”字，如朱起凤《辞通》，或认为“矢”很可能就是“视”，即古文“示”字的借字或异文，如杨希枚《春秋隐公射鱼于棠说驳议》；或把《左传》的“则公不射”理解为指射鸟兽，如杨希枚《春秋隐公射鱼于棠说驳议》、杨伯峻《春秋左传注》，或理解为指射鱼，如陈槃《春秋‘公矢鱼于棠’说》等；或把《公羊传》之“公张之”理解为张网罟捕鱼，如何休《春秋公羊传解诂》等，或理解为张弓矢射鱼，如孔广森《春秋公羊通义》，古层冰与陈槃书[①]等。遂引起自宋以来至于清代的名儒大师，对于主题故事所涉《经》、《传》词义、《注》、《疏》以及鲁隐公此举之目的等问题先后提出疑议，这些争论一直持续到近现代，可谓是众说纷纭、莫衷一是。据陈锦城硕士论文《鲁隐公研究》归纳总结，“矢鱼”，有射鱼说，如宋人朱熹《语类》、俞成《萤雪丛说》卷上、邢凯《坦斋通编》、黄仲炎《春秋通说》、叶梦得《春秋考》、王应麟《困学纪闻》卷六上以及清人毛奇龄《春秋简书刊误》、赵翼《陔馀丛考》卷二据《左传》“则公不射”之文，又据他书古本有射鱼之事，因谓矢鱼为射鱼。近人陈槃《春秋公矢鱼于棠说》、陈梦家《射与郊》附录一、《西周铜器断代》遹簋也均主射鱼说；驰鱼说，如古层冰先生

① 陈槃：《古社会田狩与祭祀之关系》附录乙《古先生之春秋‘公矢鱼’说·古先生层冰与陈槃书二》，《中央研究院历史语言研究所集刊》第21本第1分，商务印书馆，1948年。

即持此说[①]；陈鱼（陈列鱼牲）说，如《春秋左传》杜预注、周祖谟《问学集·审母古读考》、臧寿恭《左传古义》、于省吾《甲骨文字诂林·矢》、杨伯峻《春秋左传注》、白川静《金文的世界》等；视鱼（检阅渔师）说，如杨希枚《春秋隐公射鱼于棠说驳议》；陈渔（陈列渔者）说，如《春秋左传》孔颖达疏、《史记·鲁周公世家》集解、朱骏声《说文通训定声》等。"观鱼"，有贯鱼说，如古层冰与陈槃书[②]、刘操南《史记·春秋十二诸侯史事辑证》等；观渔说，包括观捕鱼者、渔师，如《春秋左传》杜预注、《史记·鲁周公世家》及裴骃集解、《汉书·五行志》、陆德明《经典释文》、阮元《十三经注疏·校勘记》、段玉裁《说文解字注》、陈梦家《射与郊》附录一、杨伯峻《春秋左传注》、蔡启盛《公矢鱼于棠解》、杨希枚《春秋隐公射鱼于棠说驳议》等。隐公矢鱼于棠之目的，有祭祀说，如叶梦得、陈槃等主射鱼说者均持此说；射礼说，如刘雨《西周金文中的射礼》等；略地说，如杨希枚《春秋隐公射鱼于棠说驳议》、陈梦家《射与郊》附录一等；贪利说，如董仲舒《春秋繁露·玉英第四》、刘向《说苑·贵德》，《汉书·五行志》也有董仲舒、刘向、刘歆关于贪利的说法；娱乐说，包括观渔为乐，如《春秋左传》孔颖达疏，射鱼为乐，如杨树达《积微居金文说》大丰簋再跋、静簋跋等。[③]

以上诸说最终发展为"射鱼"与"观渔"二说的对峙。在射鱼说中，以陈槃先生的《春秋'公矢鱼于棠'说》（以下简称陈文）论证最为详备，虽然之后又有《增订春秋公矢鱼于棠说》，但基本观点未变，为便于分析，现将该文之要点摘录于下。

（1）"矢鱼"是以弓箭射鱼——既非"观鱼"，亦非叉鱼。

（2）射鱼记载最早者为卜辞，次《易·系辞》，次周金文，次《周礼》，次《礼记》，次《家语》，次《公孙龙子》，次《淮南子》、次《史记》，次《说苑》。

（3）商周射鱼大氐皆为宗庙之事；然商射鱼祭祀自有其社会生活之意义，周则渐演为仪式，为奉行故事。

（4）祭祀之须天子，诸侯射鱼，其用意与天子，诸侯射牲，射牛，相牲，亲牵，亲制器，亲封，亲击，亲割，亲取水火，亲耕及后妃、夫人、命妇之荐盎，荐酒，亲蚕，亲舂，亲献种，亲采蘩，采蘋诸礼同。

（5）周制君亲渔供祭在周正正月与十月。《春秋》用周正，可见隐公"春""矢鱼"，正合周礼。

（6）射鱼之法太拙太费，故秦汉之际，仅有行之者。《公穀》汉儒，少见为

① 陈槃：《古社会田狩与祭祀之关系》附录乙《古先生之春秋'公矢鱼'说·古先生层冰与陈槃书三》，《中央研究院历史语言研究所集刊》第21本第1分，商务印书馆，1948年。

② 陈槃：《古社会田狩与祭祀之关系》附录乙《古先生之春秋'公矢鱼'说·古先生层冰与陈槃书一》，《中央研究院历史语言研究所集刊》第21本第1分，商务印书馆，1948年。

③ 以上凡未注全出处者，可详见陈锦城：《鲁隐公研究》，台湾中山大学中国文学系硕士学位论文，2004年，第141~224页。

怪，故改“矢鱼”为“观鱼”，歆辈不察，故其伪託之义例，又从而效之。

（7）臧僖伯谏隐公于君举之事止于蒐苗狝狩而不言亲渔；于充祭之物独数鸟兽而不及鱼，乃时礼，非“古之制也”。①

在观渔说中，以杨希枚先生的《春秋隐公射鱼于棠说驳议》（以下简称杨文）论证最为详尽，为便于比较，现将其论点亦条录于下。

（1）三《传》所谓“矢渔”、“观鱼”、“陈鱼而观之”，均指藉简视渔师以示威之意。“鱼”字于此均是古文“渔”字，即渔猎之意。

（2）主题故事无非是事涉鲁隐公欲藉简视渔猎以示威略地的一则简单故事。情节或文字均无矛盾或不可解的。

（3）公羊以为《春秋》旨在讥公远渔。穀梁以为渔为卑者之事，不足观，而公观之，故非礼。左氏则据当时鲁大夫僖伯谏词，以示渔不足观且渔非其时，因也以为非礼。

（4）僖伯纯就四时蒐狩发论，要谓蒐狩皆于农隙行之，非仅为祭享器用之需，尤为藉此以讲事治兵，否则即不举事。谏词无一语及于渔猎，而实谓渔猎不如蒐狩之可观，故国君不宜观之。

（5）周代除于始渔祭及祈麦实祭时，国君有尝鱼及荐鱼礼，鱼一般为士庶祭享之物，故渔猎非周代重要生产技术，尤不足以讲事治兵。

（6）四时蒐狩关系国家祭典及器用之需，为周代仅次于农耕之重要生产技术，且每与治兵结合，而成为示威或征伐的前奏行动。故春秋以蒐狩治兵为盛，而鲜以渔猎观兵。

（7）国家郊禘大典祭享所需，除蒐狩所获田兽以外，主要以饲养的牛羊豕之类的牢牲为祭牲（即太牢、少牢），且须国君亲自射之。

（8）周代以射取士，且每于祭典中同时举行射礼。射者祭前习射于山泽，而后较射于射宫；中者得与祭，有庆受赏。

（9）周代射礼，无论大射、宾射、燕射或乡射，或张绘有虎熊豹鹿豕形之皮侯或布侯而射之，或即张兽皮而射之，均象征射兽牲，而无关射鱼。至如习射于山泽者，则直是就田兽而习射之。

（10）公羊云棠为济上之邑。而济西为山戎分布区，且为齐、鲁两国所争之地。故隐公如棠观渔且言略地，其事或与欲谋济西山戎有关。但以渔不足观，且或渔非其时，故史书讥之。

（11）宋代以来学者所倡的隐公矢渔为射鱼说或无视训诂或误解经文，或曲解古制，故无可取信。②

① 陈槃：《春秋‘公矢于棠’说》，《中央研究院历史语言研究所集刊》第7本第2分，商务印书馆，1947年。
② 杨希枚：《春秋隐公射鱼于棠说驳议》，《文史》第26辑，中华书局，1986年。

近年来又有胡新生先生对射鱼礼提出了全盘否定的观点（以下简称胡文），他说："在西周射牲仪式的研究中，还有一种误说需要纠正。陈槃于1947年发表的《春秋'公矢鱼于棠'说》一文认为，所谓'射于大池'、'习射于泽'、'矢鱼于棠'等等，都是指一种古老的射鱼之礼。此说至今仍为一些著作所采用。陈文将甲骨文'弜渔'误解为射鱼，将宋人俞成《萤雪丛说》杜撰的《周礼》'矢其鱼鳖而食之'视为可信史料，又将《易经》'井谷射鲋'以及类似的射鱼之举视为礼制，此类明显的疏失均无需深辨。陈文所列证据，只有《淮南子·时则训》'（季冬）命渔师始渔，天子亲往射渔，先荐寝庙'一条较为有力，然而这段惟一明确述及射鱼礼的文字同样存在问题。《时则训》系由《吕氏春秋》的'十二纪'和《礼记·月令》改编而成，而《吕氏春秋·季冬纪》和《礼记·月令》季冬部分的原文为'命渔师始渔，天子亲往，乃尝鱼，先荐寝庙'并未出现'射渔'字样。《时则训》在改编《月令》时插入了不少汉代人的设想，如孟春部分所增'赏省徭赋'孟夏部分所增'举孝悌'等，都反映了汉代人的观念。季冬部分'射渔'二字显然也是淮南王宾客后加的内容，不能用它说明西周礼制。西周金文屡见'呼渔于大池'一类记载，却没有一条与'射'相联。麦方尊、伯唐父鼎明确提到的辟雍之射，又都与射鱼无关，因此，所谓西周存在射鱼礼的假说根本不能成立。"[①]

（二）关于春秋"公矢鱼于棠"暨春秋射鱼礼问题的再探讨

截至目前学术界在春秋"公矢鱼于棠"的争论中存在着两个问题，第一个是对那些诸如若"矢"为射或为陈或为观，当时作《春秋》的史官何不直书其事等彼此都可以互相质疑对方的问题纠缠不止。第二个是各家说者往往把矢、射、陈、观截然分开，绝对地对立起来。基于这种状况，笔者认为对于那些无谓的问题可暂且不作讨论，对于第二个问题，则在前人研究的基础上谈谈个人的看法。

第一，我们认为射鱼说者确有检索资料不慎的地方，如宋人俞成《萤雪丛说》援引《周礼》"矢其鱼鳖而食之"一语，今查《周礼》并无此文；陈文把殷商甲骨文中的畀释为矢，也是误解，此已被裘锡圭先生予以纠正釐清。但胡文说"陈文将甲骨文'弜渔'误解为射鱼"，似有可商。按"弜"，《说文·弜部》曰："弜，强也，重也。"段玉裁注曰："重，重弓者，强之意也。"又"弜射"也多见于殷商甲骨文所记之射礼场合，如"弜射"（《合集》24223、27663、41650）、"子弜射于之"、"子弜射"、"弜射于之"、"子弜迟彝弓"、"弜又"等　（《花东》2、37、124）。考虑到韩愈《祭鳄鱼文》有"操强弓毒矢，与鳄鱼从事"句[②]，清代黑龙江一带的

① 胡新生：《西周时期三类不同性质的射礼及其演变》，《文史哲》2003年第1期。
② （清）吴楚材、吴调侯编选，葛兆光、戴燕注解：《古文观止》卷七《六朝唐文》，中华书局，2008年。

居民捕鱼有“挽强射之”之事[①]，把“弜渔”理解为用强弓渔猎，似亦可通。

第二，文献、考古、民族志、古文字学资料中的射鱼之事，并不等于都是射礼，我们广为搜罗的目的，是要证明中国古代确有用弓箭捕鱼的习惯。传世文献中还有许多以鱼为牲的记载，我们详为罗列的目的，是要证明中国古代有用鱼祭祀祖先的礼俗。传世文献与古文字学资料中还有许多祭祀射牲的记载，如射牛牲、射兕、射虎、射狼、射鹿等野牲。射牲以示亲杀，是祭者为了向神灵表示虔诚恭敬而在祭前所举行的礼仪，其产生甚早。此三者实际上就是射鱼礼产生的直接原因、条件与基础。“礼源于俗”[②]，“圣人因俗以制礼”[③]，《史记·礼书》太史公亦曰：“观三代损益，乃知缘人情而制礼，依人性而作仪，其所由来尚矣。”[④]本来自古就有射鱼之法和用鱼献祭之俗，再加上射牲之礼仪的影响，射鱼祭祀之礼仪便产生了。由于射牲是为了表示对神灵的虔敬，因此基于“人同此心，心同此理”的原则，射鱼祭祀当然也有同样的意义与性质，它与天子自射其牲，诸侯自射其牛一样，均为以示亲杀、敬事祖先神祇之义。后来这种射鱼祭祀便逐渐形成为一个独立的礼仪即射鱼礼，从西周金文看，常祭之外，亦有射鱼礼举行，即可说明这一点。

第三，新发现的商作册般铜鼋铭文及其器物造型，说明殷商时期的射鱼礼已经相当成熟了。如果说西周金文所记射鱼礼还不够明白的话，铜鼋器铭，尤其是呈现在世人面前的这件射鱼礼模型，更是射鱼礼的铁证，它以无可争辩的事实，证明射鱼礼早在商代就已经存在了。[⑤]西周金文麦方尊、伯唐父鼎铭明确提到的辟雍大池之射，所射者为大鸿或牛、虎、狼、鹿等，的确都与射鱼无关。但铭文“王乘于舟，为大豊，王射大鸿”和王“乘辟舟……用射……于辟池”，对理解金文王“呼渔于大池”一类的记载则是很有帮助的。遹簋铭“呼渔于大池”，井鼎铭“王渔于𣶃池，呼井从渔”，公姞鬲铭“子中渔𡚬池”，“使赐公姞鱼三百”，其中的“渔”，肯定是渔猎、捕鱼则无疑。按文献、考古、民族志、古文字学资料中都有射鱼之法，殷商甲骨文又“弜渔”连文，《淮南子》更是“射渔”连言，故其渔猎方法也应是用弓矢射鱼。静簋铭“射于大池”，则未记录所射何物。按《春秋》有常事不书之做法[⑥]，很可能因为鱼是池水里的固有生物，在大池里射鱼应是常事，再加上

① 陈槃：《古社会田狩与祭祀之关系》附录丙《“矢鱼”续记》，《中央研究院历史语言研究所集刊》第21本第1分，商务印书馆，1948年。

② 刘师培：《古政原始论之十·礼俗原始论》，《刘师培全集》，中共中央党校出版社，1997年，第54页；吕思勉：《经子解题》，华东师范大学出版社，1995年。

③ 彭林：《中国古代礼仪文明》，中华书局，2004年，第20页。

④ （汉）司马迁撰，（宋）裴骃集解，（唐）司马贞索隐，张守节正义：《史记》，中华书局，1982年第2版，第1157页。

⑤ 宋镇豪：《从新出甲骨金文考述晚商射礼》，《中国历史文物》2006年第1期；袁俊杰：《作册般铜鼋所记史事的性质》，《华夏考古》2006年第4期；袁俊杰：《作册般铜鼋铭文新释补论》，《中原文物》2011年第1期。

⑥ 详见《春秋》庄公二十三年孔颖达疏，（清）阮元校刻：《十三经注疏·春秋左传正义》，中华书局，1980年，第1778页。

古文简约，故同是射于大池，射鸿、射牛、射野兽则明记之，射鱼则不书。可见西周金文屡见“呼渔于大池”一类记载，是可以推出其为“射鱼于大池”的，并不是完全与“射”不相联的。杨伯峻先生说：自宋至清一些经史学者“据《传》‘则公不射’之文，又据他书射鱼之事，因谓矢鱼为射鱼，《静簋》云‘射于大池’尤可证”[①]。足见他本人也相信西周时期必有“射鱼”之事的。刘雨先生说得更明白：“金文中还有‘射鱼’的记载，也在葊京的辟雍大池中举行，称之为‘乎渔’。如攸鼎……又比如遹簋……《春秋·隐公五年》‘春，公矢鱼于棠’……《淮南子·时则训》‘季春之月，命渔师始渔，天子亲往射鱼。’‘矢鱼’、‘射鱼’、‘乎渔’大概是一回事，也是射礼的内容之一。”[②]陈锦城也认为，西周金文如静簋、井鼎、遹簋铭都有射鱼的事实。“刘氏云西周金文如《攸鼎》、《遹簋》等有‘射鱼’、‘乎渔’等字眼者乃是‘射礼’的内容之一，是对的。他云《淮南子·时则训》‘天子射鱼’，若与金文参校也说得通。”[③]可见西周存在射鱼礼乃是大多数学者的共识。春秋鲁隐公“矢鱼于棠”，也是比较明确的射鱼礼记载。按照胡新生先生的说法，即使到了汉代仍有“射渔”之观念。也就是说，射鱼礼自商历西周、春秋一直都是非常流行或尚行于世的一种射礼。战国及其以后随着礼乐制度崩坏局面的形成，射鱼礼才和其他礼仪一样逐渐被废弃，但到汉代人们的观念中还有射渔的概念，因此春秋时期有射鱼礼实没什么奇怪的。

第四，《左传》隐公五年曰：“公将如棠观鱼者……非礼也”，这就启示我们分析隐公之举必定在礼的范围内考虑。笔者认为“公矢渔于棠”是射鱼礼，此与《左传》所说的“非礼也”之礼也正相合。而杨文则认为“‘公矢渔于棠’应是事涉春秋鲁君隐公企图假渔猎以达到观兵略地目的的一则故事”。“‘公观渔（或矢渔）于棠’、‘公将如棠观渔’、‘陈渔而观之’，与‘观兵于其地’、‘如齐观社’、‘陈师而观之’，其文例、事例及行动意图几乎全然相同；所不同者，即隐公欲藉‘观渔’而达其‘略地’之实，而僖伯则以为‘观渔’不足以成大事而已。”所举如齐观社例因无侵伐意图而于此不宜外，其余两例则是《左传》所记楚子“观兵”而问周鼎及僖公四年齐侯“陈诸侯之师而观之”以问罪于楚，皆有侵伐之意图或行动。杨文把“公观鱼（或矢鱼）于棠”与它们相比附是不合适的，试问这些观兵之举是礼的范围吗？观兵向为军事意义上的大举措，包括周武王的“东观兵”、祭公谋父谏穆王所说的“不观兵”和穆王所说的“且观之兵”[④]以及《左传》僖公二十八

① 杨伯峻：《春秋左传注》（修订本），中华书局，1990年第2版，第39页。
② 刘雨：《西周金文中的射礼》，《考古》1986年第12期。
③ 陈锦城：《鲁隐公研究》，台湾中山大学中国文学系硕士学位论文，2004年，第186、208页。
④（汉）司马迁撰，（宋）裴骃集解，（唐）司马贞索隐，张守节正义：《史记·周本纪》，中华书局，1982年第2版，第120、135、136页。

年所说的“晋侯登有莘之虚以观师”[①]等，从来也没有哪个史家把它们与礼相联系的。况且，借渔猎观兵与隐公即位后的外交表现如元年三月与邾仪父盟于蔑；九月与宋人盟于宿；二年春，会戎于潜，秋盟于唐；四年春与宋公遇于清；在内政方面经常受气如元年夏四月费伯不听命帅师城郎，冬十月公子豫不听命与邾人、郑人盟，四年春，羽父不听命与宋公会师击郑等[②]所反映的温和态度也不相符，因此渔猎观兵的说法显然是站不住脚的。

第五，既然渔猎观兵之说乌有，略地为侵伐其地之说也就不存在了。侵伐土地是重大军事行动，非有强大军事实力不可为之，岂能通过检阅渔师或假借渔猎以达到观兵略地之目的！谓此说者才实是笑谈。《左传》公曰：“吾将略地焉。”杜预注曰：“孙辞以略地。略，总摄巡行之名。”孔颖达疏曰：“略者，巡行之名也。公曰‘吾将略地焉’言欲案行边竟，是孙辞也。”[③]杨伯峻先生亦注曰：“巡行视察边境曰略。棠为鲁、宋两国交界之地，故隐公以略地为名。”[④]是知“略地”即巡行或巡察边境。而作侵伐其地解者，实是杨氏的发明。鲁隐公为何要孙辞以“吾将略地”呢？参校西周金文如令鼎、义盉盖、长由盉、噩侯驭方鼎等铭，周王在出行途中的临时驻地是可以举行射礼的，鲁君也许就是基于这样的考虑而以略地为孙辞的吧。

第六，“春，公矢鱼于棠”，是为祭祀而举行的射鱼礼。《周礼·天官·渔人》之职曰：“春，献王鲔。”[⑤]《国语·鲁语上》曰：“古者，大寒降，土蛰发，水虞于是乎讲罛罶，取名鱼，登川禽，而尝之寝庙。”韦昭注曰：“土蛰发，谓孟春建寅之月。”[⑥]《礼记·月令》、《吕氏春秋·季春纪》、《淮南子·时则训》均曰：“季春之月，天子始乘舟，荐鲔于寝庙。”[⑦]《春秋》与上引诸书所记正合。刘向《说苑·贵德篇》曰：“今隐公贪利而身自渔济上，而行八佾。”[⑧]陈文认为“佾，祭祀之舞列也”，上“言‘渔’，继言‘而行八佾’。‘而’者，继事辞，谓已渔而祭，遂行八佾也”。故“隐公矢鱼于棠”当为祭祀而行射鱼礼无疑。宋人薛尚功说：“《春秋》记成周宣榭火，以宗庙之重而书之。”[⑨]此亦可旁证“公矢鱼于棠”只有是射鱼献祭才有可能书之。这也是鲁隐公有此动意的理由，虽然遭到臣下谏阻，但仍

---

① （清）阮元校刻：《十三经注疏·春秋左传正义》，中华书局，1980 年，第 1825 页。

② 陈锦城：《鲁隐公研究》，台湾中山大学中国文学系硕士学位论文，2004 年，第 216~217 页。

③ （清）阮元校刻：《十三经注疏·春秋左传正义》，中华书局，1980 年，第 1727 页。

④ 杨伯峻：《春秋左传注》（修订本），中华书局，1990 年第 2 版，第 44 页。

⑤ （清）阮元校刻：《十三经注疏·周礼注疏》，中华书局，1980 年，第 644 页。

⑥ （三国吴）韦昭注：《国语》，上海古籍出版社，1988 年。

⑦ （清）阮元校刻：《十三经注疏·礼记正义》，中华书局，1980 年，第 1363 页；（战国）吕不韦著，陈奇猷校释：《吕氏春秋新校释》，上海古籍出版社，2002 年，第 123 页；何宁：《淮南子集释》，中华书局，1998 年，第 390 页。

⑧ （汉）刘向撰，向宗鲁校证：《说苑校证》，中华书局，1987 年，第 111 页。

⑨ （南宋）薛尚功：《历代钟鼎彝器款识》，辽沈书社，1985 年，第 273 页。

坚持行之。《鲁隐公研究》曾质疑说："若'射鱼'为的是'祭祀'，该鼓励都来不及，为何还谏阻？……则陈槃之'祭祀'说是不可信的。"这一质疑是不确切的，臧僖伯谏阻的是射鱼问题而不是祭祀。该论文还质疑刘雨先生道："惟独他说隐公'矢鱼于棠'也属'射礼'的内容，则有待商榷，盖若隐公'矢鱼'为的是'射礼'之所需，则僖伯又何必谏阻。"[①]这一质疑也不确切，矢鱼不可能为的是射礼，因为二者是同一概念，矢鱼即射鱼礼，它是射礼的一种。举行射鱼礼为的是献鱼祭祀，这就如同举行大蒐礼之后亦有祭祀一样，是不足为怪的。而且臧僖伯所谏阻的并不是射鱼礼本身，而是因为隐公将要举行的这次射鱼礼有不符合礼法的地方，所以才引起臧僖伯的谏阻。《穀梁传》云："鱼，卑者之事也，公观之，非正也。"杨文云："就祭享而言，鱼鳖既非祭牲，也远不如兽牲之重要。""周代除于始渔祭及祈麦实祭时，国君有尝鱼及荐鱼礼"，"而鱼则主要是士庶人祭享之物"。均为言过其实之语，从西周金文遹簋、井鼎、公姞鬲铭知射鱼由周王主持或亲渔，有时也派他人渔。据陈文搜集的资料，周代四时之祭皆用鱼，其鱼或天子亲渔，或有司代渔。从殷商甲骨文"王鱼"、"王渔"（《合集》667、10476）来看，商王也亲渔，可见鱼者并不全是卑者之事。从《诗·周颂·潜》所记周王用鳣鲔鲦鲿鰋鲤献祭于宗庙以及公姞鬲铭天君"使赐公姞鱼三百"的礼仪情形看，鱼也并不主要是士庶人的祭享之物。或说："周起西土之高原，田猎自为其生活之必需……其地不能依渔为生活……是知周之不尚渔者，周起西土之故也。商起东北……其民习于渔业……隐公为西方王族之后，竟于田猎之外又欲矢渔于棠，岂非失邦君之体从亡国之俗乎？"[②]此与西周金文遹簋、静簋、井鼎、公姞鬲铭所记西周诸王射鱼于辟雍大池之史实也相违，纯属猜想之说，因而他关于隐公违反西土不尚矢鱼而从亡国殷商射鱼之俗，有失邦君之体才遭到臧僖伯之大愤的说法，当然也就不能成立了。

第七，我们认为"三传"中，《左传》成书最早，距离事件发生的时间最近，因而相比之下也较为可靠。要弄清臧僖伯所谏阻的真正原因，必须从《左传》末二句"非礼也，且言远地也"着眼，紧扣义例内容并兼顾其他二传内容作思考。按末二句，实际上就是非礼、远地两个点。按义例内容，臧僖伯所谏者可分为五点：①国君不举之事，即不足以讲大事和备器用者。②乱政败亡之事，即不轨不物亦即不合乎法度与礼制者。③礼法之事，即四时田狩和三年治军习威仪。④国君不射之事，即不登于俎和器者。⑤国君不及而官司皂隶之守事，即山林川泽之实与器用之资。由于是臣下谏君，言语肯定要婉转，一些绕弯子、作比喻的话不

① 陈锦城：《鲁隐公研究》，台湾中山大学中国文学系硕士学位论文，2004年，第207~208页。

② 见陈槃：《春秋"公矢鱼于棠"说》附录（一）《傅孟真先生跋》，《中央研究院历史语言研究所集刊》第7本第2分，1947年。又见第36本上册，1965年，第37页。

一定都与矢鱼之事有直接关系。按《公羊传》所言者有三点：①远也。②登来之也，即百金之鱼公张之。③棠为济上之邑也。按《穀梁传》所言者也有三点：①视、观之别。②礼，尊不亲小事，卑不尸大功。③鱼，卑者之事。笔者认为臧僖伯谏阻隐公矢鱼于棠的原因有两个方面，一是这次射鱼礼隐公不应该亲自射鱼于棠。按“周虽四时之祭皆有鱼，然天子亲鱼者，则唯季春与季冬，余则以‘水虞’、‘渔师’、‘渔人’、‘鳖人’以自代。将祭时，则举行射鱼之礼于学宫，以示亲渔而已”[①]。按西周金文，公姞鬲铭是十二月王后派子中渔篓池，静簋铭是八月王与邦君等𠨘射于大池，井鼎铭是七月王渔𦻮池，呼井从渔，遹簋铭是六月王呼渔于大池。虽然月份上看不出什么规律，但确有王亲渔、呼人从渔和派他人渔之分，而且射渔的地望与场所都是在都城城郊的辟雍大池或𦻮池。揣僖伯之意，而“公矢鱼于棠”，很可能是因为这次射鱼礼举行的时间不是季春，举行的地点不在都城地区、川泽之鱼实已有专人管理，依礼法国君不当亲渔即亲射捕鱼，故臧僖伯才以上述种种理由谏阻隐公放弃之。二是这次射鱼礼隐公更不应该到远离都城的境外棠地举行。棠是边境之地，此除“略地”一词本身即已说明之外，“如”字的用法也可说明之。《左传》“公将如棠观鱼”之“如”，其本义虽为往、去，但有出境之义。如《春秋》庄公二十三年：“夏，公如齐观社。”杜预注曰：“齐因祭社蒐军实，故公往观之。”孔颖达疏曰：“《释例》曰‘凡公出朝聘奔丧会葬，皆但书如，不言其事，此《春秋》之常。’然则丧葬常事，故不书。观社非常，故特书。”[②]钟文烝《春秋穀梁经传补注》云：“刘敞曰：‘观社称如，观鱼不称如，内外之辨也。诸侯于其竟外可言如，竟内不可言如。’刘说是也。《左传》以如棠出上，史例非《经》例。”[③]宋人刘敞认为庄公二十三年如齐观社之“如”，有出境之义，诸侯于境外可称如，境内不可称如，是非常正确的。但他只注意到公羊、穀梁《经》“公观鱼于棠”，而未顾及到《左传》“公将如棠观鱼”，则是有所失的。而钟文烝也赞成鲁隐公未出境，并认为如齐观社是一种《经》例，《左传》的如棠观鱼是史例，则是双重标准，显系牵强附会之说。其实，这两处的“如”，都有出境之义。所以《左传》孔颖达疏曰：“若国竟之内，不应讥公远遊，且言‘远地’，明是他竟也。《释例》曰：‘旧说棠鲁地，据《传》公辞欲略地，则非鲁竟也。’《释例》土地名，棠在鲁部内，云：‘本宋地，盖宋、鲁之界上也。’”[④]可知棠为鲁边境之地无疑。庄公二十三年如齐观社，《公羊传》曰：“诸侯越境观社，非礼也。”[⑤]同理，鲁君越境观鱼也应该属于非礼。据西周金文与传世文献记载，

---

① 陈槃：《春秋“公矢鱼于棠说”》，《中央研究院历史语言研究所集刊》第7本第2分，商务印书馆，1947年。
② （清）阮元校刻：《十三经注疏·春秋左传正义》，中华书局，1980年，第1778页。
③ （清）钟文烝撰，骈宇骞、郝淑慧点校：《春秋穀梁传补注》，中华书局，1996年，第41页。
④ （清）阮元校刻：《十三经注疏·春秋左传正义》，中华书局，1980年，第1727页。
⑤ （清）阮元校刻：《十三经注疏·春秋公羊注疏》，中华书局，1980年，第2236页。

天子水射在辟雍大池，诸侯则应在泮宫，今鲁君隐公却要越境到棠射鱼，这自然是非礼也，且远地也，故受到臧僖伯的谏阻。

上述两方面的原因，不仅在《左传》义例中能找到相关的说法，而且在公羊、穀梁《传》中也能找到相关的注解，只是或多或少地稍偏根基而已。虽然遭到臧僖伯的谏阻，但隐公还是以巡行边境为借口而成行了，所以汉人刘向在其《说苑·贵德篇》中还是认为隐公“身自渔济上”即亲渔于济上棠地了。也许正是臧僖伯的劝谏，隐公虽然坚持巡行略地，但还是做出了一些让步，即由原来的“公矢鱼于棠”亦即亲渔，变为“公将如棠观鱼”亦即亲视鱼。这大概就是《左传》从“公将如棠观鱼”谈起和公羊、穀梁《经》均作“公观鱼于棠”的缘由吧。即使这样，仍然是非礼。既然越境矢鱼是非礼，越境观鱼也是非礼，且此事最初即由矢鱼而引起。隐公又来到了棠，即使不亲射，也是主持者。故书曰“公矢鱼于棠”，《贵德篇》曰“身自渔济上”。

第八，左氏《经》、《传》所谓的“矢鱼”、“陈鱼”、“观鱼”，是射鱼礼依次进行的仪节内容。把它们对立起来，各自为正去作解，并以此来辩驳对方的做法是不可取的。要知道它们之间存在着必然的内在联系，臧寿恭《左传古义》曰：“案《传》云陈鱼，则矢之训陈，《传》有明文。陈鱼、观鱼，事本相因，故《经》文虽异，而《传》说则同。”[①]陈锦城说：“臧氏认为所谓‘矢鱼’、‘陈鱼’、‘观鱼’三者的意思是差不多的，盖都属捕鱼之事也。果如其言，则‘射鱼’亦可算作捕鱼之事。”“史官的看法正如上述臧氏所云‘事本相因’，认为既然都与捕鱼相关，则书‘矢鱼’以代‘射鱼’仅是顺序上的不同。”“‘矢鱼’（即‘陈鱼’）与‘观鱼’由于事本相因，即先陈列（或张设）渔者，然后观之，其与捕鱼确相关，则无可置疑。由此可知《左传》之《春秋经》用‘矢’字，与《公羊传》、《穀梁传》之《春秋经》用‘观’字，只是用字不同，若由‘事本相因’来思考，两字与捕鱼确实有关。”但并不是三传“辞义略同”。“《左传》解释《春秋经》‘公矢鱼于棠’这一段史实是可信的，而《春秋经》云‘公矢渔于棠’，亦符合隐公当年远赴棠地‘射鱼’的情形，因为‘矢渔’（即陈渔）、‘射鱼’与‘观渔’事本相因，是可说得通，并不矛盾。”“就诸儒对‘矢鱼’、‘观鱼’之训诂加以比较分析，认为‘矢鱼’作‘陈渔’（陈列渔者）解，较为可信；而‘观鱼’应作‘观看渔者’，笔者认为‘矢鱼’、‘陈鱼’、‘观鱼’，事本相因，是顺势而为的，皆属捕鱼之事。由此得知《左传》之《春秋经》云‘矢鱼’与《公羊传》、《穀梁传》之《春秋经》云‘观鱼’，意义是可通的。”[②]看来他也是把“矢鱼”作“陈鱼”解的。既然如此，则“射鱼”一词从何而来呢？岂能从空而降！臧氏的事本相因说的确

---

① （清）臧寿恭：《左传古义》，（清）王先谦编：《清经解续编》卷五七九，上海书店，1988 年。
② 陈锦城：《鲁隐公研究》，台湾中山大学中国文学系硕士学位论文，2004 年，第 204、205、218、219、233 页。

是很有启发意义的，陈锦城把矢鱼、陈鱼、观鱼与顺序相联系也是颇有见地的，但他把“矢鱼”解为“陈鱼”，说矢渔、射鱼与观渔事本相因，同时他又说矢鱼与观鱼事本相因，或把矢鱼、陈鱼与观鱼并列，认为都是顺势而为的，皆属捕鱼之事，则说明他在概念与逻辑上还有些混乱，而且也没有认识到“公矢鱼于棠”是射鱼礼。

“矢鱼”就是射鱼。捕鱼猎兽，其事相类，故臧僖伯以田狩之礼法谏之，“则公不射”应是针对“矢鱼”之矢而发的劝谏。或有学者提出《左传》义例中没有提到鱼，“则公不射”与“矢鱼”无涉。如杨伯峻先生说：“《传》云‘则公不射’，只属上文‘鸟兽之肉’而言，与矢鱼无关，不得併为一谈。”[1]从《左传》原文看，“则公不射”确是对上文“鸟兽之肉”而言的。但下文臧僖伯还云“若夫山林、川泽之实、器用之资，皂隶之事，官司之守，非君所及也”。其中的“川泽之实”孔颖达疏曰：“谓蔆芡鱼蟹之属。”可见已包含有鱼了，只是“须贱人之所守掌，非人君所宜亲及之”[2]，更不需要国君去射而已。如果把“鱼”字释为“渔”，即“矢鱼”为“射渔”，亦可通。杨文认为“‘矢鱼’的矢字纵可毫无疑问地解为‘射’，但‘射渔’则绝不可解，因而隐公射鱼之说于此便全然动摇了！”此说未免有些武断，《淮南子·时则训·季冬之月》即有明文曰：“命渔师始渔。天子亲往射渔，先荐寝庙。”高诱注曰：“是月将捕鱼……渔读《论语》之‘语’。”[3]胡文认为“《时则训》系由《吕氏春秋》的‘十二纪’和《礼记·月令》改编而成”，而《吕氏春秋·季冬纪》和《礼记·月令》季冬部分的原文并未出现‘射渔’字样。《时则训》季冬部分的“射渔”二字显然是淮南王宾客后加的内容。三书资料关系的确如此，但我们认为《淮南子》所加当必有所本，其时距春秋不远，射鱼礼要远比今人所知的清晰，实是对“公矢鱼”作的明确注解。《说文·渔部》段玉裁注曰：“捕鱼，字古多作‘鱼’……《左传》‘公将如棠观鱼者，’‘鱼者’谓捕鱼也。《吕氏春秋》、《淮南鸿烈》高注每云‘渔’，读如《论语》之‘语’，读如相语之语。寻其文义，皆由本文作‘鱼’，故为读若，以别诸水虫。”《左传》孔颖达疏曰：“《说文》云‘渔，捕鱼也。然则捕鱼谓之鱼，《天官》：‘渔人，掌以时渔为梁，’‘凡渔者，掌其政令。’是谓捕鱼为鱼。鱼者，犹言猎者也。”[4]可见，“射渔”即将弓矢射捕鱼，归根到底还是射鱼的意思。

“陈鱼”，即陈列所射获的鱼。古代有“大祭祀，展牺牲”，祭之日，“展器陈”，

① 杨伯峻：《春秋左传注》（修订本），中华书局，1990年第2版，第39页。
② （清）阮元校刻：《十三经注疏·春秋左传正义》，中华书局，1980年，第1727页。
③ 何宁：《淮南子集释》，中华书局，1998年，第431页。
④ （清）阮元校刻：《十三经注疏·春秋左传正义》，中华书局，1980年，第1726页。

陈“国之玉镇、大宝器”[①]，以及四时田猎与四时祭典之间或祭典之后有陈余获之制度[②]，知田猎之后与祭祀之前陈展猎物和牺牲，是古代祭祀较为通行的做法。田猎与渔猎多有相通之处，四时田猎皆为宗庙之事，而四时之祭皆有鱼，“陈鱼”即为献鱼祭祀之前的一项仪节，既射得鱼而陈列之，以供国君省视。

“观鱼”，即省鱼、视鱼，也就是察看所陈列的鱼。《左传》的“公将如棠观鱼”，即下文的“陈鱼而观之。”“观”也训为“视”，《广雅·释诂》：“观，视也。”《易·观》：“先王以省方，观民，设教。”孔颖达正义曰：“以省视万方，观看民之风俗。”[③]这里的“观”，既不同于史籍中的所谓“观兵”之观，也不同于庄子的濠上“观鱼”之观，更不同于《穀梁传》的“非常曰观”和杨文的“观示”之说。杨氏先训“矢”与“视”通，再训“视”即古“示”字，然后再训“观示”之“示”字即古“视”字。其辗转求训地欲把“矢”、“示”与“视”皆造成“观示”，并把“观示”与“观看”有意区别开来之用心，“主要在强调‘观示’二字，乃检阅或省视事物而夸示其势，甚或进行某种图谋之义”，以应合他所主张的隐公有检阅渔师以达“略地”之嫌的说法。但其训释“委实过于牵强”[④]，很难使人信服。实际上“观鱼”就是察看鱼牲，并没有杨文说得那样复杂。《礼记·月令》季冬之月：“是月也，命渔师始渔，天子亲往。乃尝鱼，先荐寝庙。”郑玄注曰：“天子必亲往视渔，明渔非常事，重之也。此时鱼洁美。”[⑤]杨天宇先生更直解如下：“这个月，命令渔师开始打鱼，天子亲自前去察看所打的鱼，于是尝鱼，先献给宗庙。”[⑥]知“观鱼”即察看鱼牲，也是献鱼祭祀之前的一项仪节。参校殷墟卜辞“王相牛”[⑦]，《周礼·春官·大宗伯》：“凡祀大神，享大鬼，祭大示……视涤濯，莅玉鬯，省牲镬。”《小宗伯》：“大祭祀，省牲，视涤濯。”[⑧]汉代礼仪“皇帝暮视牲”[⑨]，知君王相牲即视牲乃是自商代传承下来的礼仪制度，其意义与天子诸侯亲牵牲、亲射牲、亲击牲、亲封牲、亲割牲诸礼仪同，均表示对祭祀神灵的恭敬与重视。所不同者是《周礼》的省牲则为大宗伯与小宗伯之职掌，王不亲相牲。今隐公要亲“观鱼”，屈行有司之职，故受到臧僖伯的谏阻。

“矢鱼”（即射鱼）、“陈鱼”、“观鱼”（即视鱼），事事相因，环环相扣，次序

---

① 《周礼·春官·肆师》、《天府》，（清）阮元校刻：《十三经注疏·周礼注疏》，中华书局，1980年，第768~769、776页。

② （汉）伏生：《尚书大传》，（清）陈寿祺：《尚书大传辑校》，（清）王先谦编：《清经解续编》，上海书店，1988年。

③ （清）阮元校刻：《十三经注疏·周易正义》，中华书局，1980年，第36页。

④ 陈锦城：《鲁隐公研究》，台湾中山大学中国文学系硕士学位论文，2004年，第197页。

⑤ （清）阮元校刻：《十三经注疏·礼记正义》，中华书局，1980年，第1384页。

⑥ 杨天宇：《礼记译注》，上海古籍出版社，2004年新1版，第217页。

⑦ 罗振玉：《殷虚书契考释》卷下《礼制第七》，1915年初印，1927年增订。

⑧ （清）阮元校刻：《十三经注疏·周礼注疏》，中华书局，1980年，第763、767页。

⑨ （清）孙星衍等辑，周天游点校：《汉官六种·汉旧仪补遗》，中华书局，1990年。

而行，义理畅明，本是古代祭祀的通行仪节。依此来反思顾颉刚先生所说的“陈鱼而观，实是笑谈”。“若陈鱼而观，则何必如棠？入鲍鱼之肆可已。隐公虽愚，谅不如是之煞风景。”[①]以及孙觉所说的“陈鱼而观，殊无义理”，[②]实是字通义顺，顺理成章！左氏《春秋经》“公矢鱼于棠”，公羊、穀梁《春秋经》均作“公观鱼于棠”。《史记·鲁周公世家》则作“观渔于棠”，贾逵曰：“陈渔而观之。”[③]杜预注“矢鱼”曰：“书陈鱼，以示非礼也。”孔颖达疏曰：“陈鱼者，兽猎之类，谓使捕鱼之人，陈设取鱼之备，观其取鱼以为戏乐，非谓既取得鱼而陈列之也。”左氏《传》“公将如棠观鱼者”杜预注曰：“观鱼者，本亦作渔者。”孔颖达疏曰：“《说文》云‘渔，捕鱼也’……是谓捕鱼为鱼，鱼者，犹言猎者也。”又《左传》：“陈鱼而观之。”杜预注曰：“陈，设张也。公大设捕鱼之备而观之。”[④]按近人凡释“矢鱼”、“观鱼”、“陈鱼而观之”为“视渔”、“陈渔”、“观渔”者，皆从公穀、司马迁、贾逵、杜预、孔颖达之说而发挥之。我们认为“陈设取鱼之备，观其取鱼”，倒是很难想象其到底有何义理？而且也实难与《左传》“陈鱼而观之”相吻合。

综言之，我们认为射鱼礼从商到西周承袭不断，不仅射鱼礼在商代即已存在，而且还是比较成熟的，到西周时期射鱼礼最为流行。《左传》所解《春秋经》“公矢鱼于棠”这段史实是可信的，“公矢鱼于棠”也就是公射鱼于棠，它说明射鱼礼自殷商，历西周，到春秋时期仍然行世。矢鱼（即射鱼）、陈鱼、观鱼（即视鱼）是此次射鱼礼依次进行的仪节内容，本来这次射鱼礼是为祭祀而举行的，依礼，应与四时田狩之后的献禽祭礼一样，最后还应有一个仪节即荐献鱼牲，但左氏《经》、《传》均未提到献鱼于寝庙之事。我们分析，鲁隐公矢鱼于棠，因时间和地点不符合传统礼法，一开始就曾遭到大臣元老的谏阻，且时人有“非我族类，其心必异”[⑤]的传统思想和“神不歆非类，民不祀非族”[⑥]，即凡祭祀必以其类，非其族类，则神不歆享其祭祀之观念。非礼所得之牺牲，神灵大概也是不会享用的。因此献鱼祭祀之仪节就充满了变数，射鱼礼也很可能仪节未备就这样而草草收了场。

---

① 陈槃：《春秋“公矢鱼于棠”说》附录（二）《顾颉刚先生附记》，《中央研究院历史语言研究所集刊》第7本第2分，商务印书馆，1947年。

② （宋）孙觉：《春秋经解》，文渊阁四库全书本，台湾商务印书馆，1986年。

③ （汉）司马迁撰，（宋）裴骃集解，（唐）司马贞索隐，张守节正义：《史记》，中华书局，1982年第2版，第1529页及注[一]。

④ （清）阮元校刻：《十三经注疏·春秋左传正义》，中华书局，1980年，第1726、1727页。

⑤ 《左传》成公四年，（清）阮元校刻：《十三经注疏·春秋左传正义》，中华书局，1980年，第1901页。

⑥ 《左传》僖公十年，（清）阮元校刻：《十三经注疏·春秋左传正义》，中华书局，1980年，第1801页。

附录 3-2　礼射与主皮之射及贯革之射辨析

礼射、主皮之射与贯革之射，并不是春秋时期才开始有的射事，而是由于孔子的一句话“射不主皮”，才把它们纠缠在了一起，并引起了学人的诸多解释，故有必要在此一并论述之。

（一）关于礼射、主皮之射与贯革之射的解说与分歧

关于礼射、主皮之射与贯革之射，先哲时贤都有许多解说，其中对“主皮之射”是否即是“贯革之射”，不仅过去经学家有不同意见，而且今人也有不同看法，现撮其要者归纳如下。

1. 射不主皮

1）射不主皮即礼射

《论语·八佾》子曰：“射不主皮，为力不同科，古之道也。”何晏集解曰：“马（融）曰‘射有五善焉，一曰和，志体和。二曰和容，有容仪。三曰主皮，能中质。四曰和颂，合雅颂。五曰兴武，与舞同’……言射者，不但以中皮为善，亦兼取和容也。”邢昺疏曰：“射有五善焉，不但以中皮为善，亦兼取礼乐容节也。周衰礼废，射者无复礼容，但以主皮为善，故孔子抑之云‘古之射者不主皮也。’”[①]杨伯峻注曰：“孔子在这里所讲的射应该是演习礼乐的射，而不是军中的武射，因此以中不中为主，不以穿破皮侯与否为主。”[②]以“力不同科”相参校，此注解是颇有道理的。《仪礼·乡射礼记》解释“礼射不主皮”，意思是说孔子所谓的“射不主皮”只是特指“礼射”而言的。郑玄注曰：“礼射，谓以礼乐射也，大射、宾射、燕射是矣。不主皮者，贵其容体，比于礼，其节比于乐，不待中为备也。”贾公彦疏曰：“礼射二番不胜，仍待三番，复升射也。”[③]知礼射也是大射、宾射、燕射诸射礼的总称名。杨天宇先生注曰：“礼射不主皮：案古代之射有两种：一为习礼之射，其目的在于习礼，而不以射中为优，如此乡射礼即是，其所张侯为兽侯或布侯；二是习武之射。”习礼之射不同于习武之射的淘汰制，“如此乡射礼第二番射之不胜者，第三番仍升射”[④]。他认为礼射即射不主皮，并把习礼之射的礼射与习武之射的武射对言。胡新生先生也认为“射不主皮”之射应为

---

① （清）阮元校刻：《十三经注疏·论语注疏》，中华书局，1980 年，第 2467 页。
② 杨伯峻：《论语译注》，中华书局，1980 年第 2 版，第 29 页注[一]。
③ （清）阮元校刻：《十三经注疏·仪礼注疏》，中华书局，1980 年，第 1011 页。
④ 杨天宇：《仪礼译注》，上海古籍出版社，2004 年新 1 版，第 135 页注[29]、[30]。

礼射，“（礼）射”与“主皮”对称。[①]可见“射不主皮”指的就是“礼射”，自古至今似无异说。实际上礼射也有主皮之射的仪节，大射礼、乡射礼的第二番射就是主皮之射。

2）射不主皮即郊射

《礼记·乐记》曰：“散军而郊射，左射《貍首》，右射《驺虞》，而贯革之射息也。”郑玄注曰：“郊射，为射宫于郊也。左，东学也。右，西学也。《貍首》、《驺虞》所以歌为节也。”孔颖达疏曰：“郊射，射于射宫，在郊学之中也。天子于郊学而射，所以择士简德也。左射《貍首》者，左，东学也，亦在于东郊，《貍首》诸侯之所射诗也。周立虞庠之学于西郊，故知使诸侯习射于东学，歌《貍首》诗也。所以歌《貍首》者，皇氏以为旧解云‘貍之取物则伏下其头，然后必得。言射亦必中，如貍之取物矣’。郑玄《大射》云‘《貍首》，逸诗。貍之言不来也，其诗有射诸侯首、不朝者之言，因以名篇’。不取于貍之伏物。而皇氏所说违郑注，其义非也。右射《驺虞》者，右是西学，在西郊也。《驺虞》，天子于西学中习射也。《驺虞》白虎黑文，义应之兽也，故知唯天子射歌之诗。其《驺虞》篇云‘彼茁者葭，一发五豝’。郑注《射义》云‘一发五豝，喻得贤者多也’……此既习礼射于学，故贯革之射止息也。”[②]杨天宇先生注曰：“郊射，古礼名，是天子或诸侯国君所举行的一种射箭比赛之礼，其详今已不可知。该礼因在国都郊外的射宫举行，故名郊射。所谓射宫，即大学，以射于此，故名。”“左，谓东学。右，谓西学。《貍首》，古逸诗名。《驺虞》，《国风·召南》中的一篇。演唱诗歌的目的，在于射箭时‘以歌为节。’”“案古代的射箭比赛有两种：一为习礼之射，如此处所谓郊射，以及《仪礼》所记之乡射礼、大射礼等皆是；一为习武之射。习礼之射所张的射侯是布侯或兽侯（布做的靶子上画有兽头）……习礼之射重在习礼而不以射中为优。”[③]司马迁对此也有相同的记载，《史记·乐书》曰：“散军而郊射，左射《貍首》，右射《驺虞》，而贯革之射息也。”裴骃集解郑玄曰：“郊射，为射宫于郊也。”王肃曰：“郊有学宫，可以习礼也。”[④]郊射要奏《貍首》、《驺虞》，当然是礼射，孔颖达疏已明言之矣。或认为郊射是一种今已不能详知的古射礼。虽都未把郊射与射不主皮相联系，但郊射是习礼之射则是古今注家的共同看法，是知郊射习礼并与贯革之射对言。《论语·八佾》朱熹注曰：“‘射不主皮’，《乡射礼》文……科，等也。古者射以观德，但主于中，而不主于贯革，盖以人之力有强弱，

① 胡新生：《西周时期三类不同性质的射礼及其演变》，《文史哲》2003年第1期。
② （清）阮元校刻：《十三经注疏·礼记正义》，中华书局，1980年，第1543页。
③ 杨天宇：《礼记译注》，上海古籍出版社，2004年新1版，第501页及注[1]、[2]、[3]。
④ （汉）司马迁撰，（宋）裴骃集解，（唐）司马贞索隐，张守节正义：《史记》，中华书局，1980年，第1229页及注[三三]。

不同等也，《记》曰：‘武王克商，散军郊射，而贯革之射息。’正谓此也。”[①]朱熹已明确把《八佾》的“射不主皮”，与《乡射礼记》的“礼射不主皮”、《礼记·乐记》亦即《史记·乐书》的“郊射”相联系，故知射不主皮即礼射亦即郊射。

2. 主皮之射

《仪礼·乡射礼记》把“礼射不主皮”与“主皮之射”对言[②]，《礼记·射义》孔颖达疏说礼射有三，三射之外，又有主皮之射[③]，《诗·大雅·行苇》孔颖达疏又说礼射有三，大夫射礼有五：大射、宾射、燕射、乡射、主皮之射。[④]这说明“礼射”之外确实另有一种主皮之射。对此今人也都比较认同这一看法，但对于主皮之射的性质及皮之构造，古今学者则都存有不同认识。

1）主皮之射即射兽皮

《穀梁传》昭公八年杨士勋疏曰：“《论语》称‘射不主皮’，则射皮不射禽也。”[⑤]《仪礼·乡射礼记》：“主皮之射者。”郑玄注曰：“主皮者，无侯，张兽皮而射之，主于获也。《尚书传》曰：‘战斗不可不习，故于蒐狩以闲之也。闲之者，贯之也；贯之者，习之也。凡祭，取余获陈于泽，然后卿大夫相与射也，中者虽不中也取，不中者虽中也不取。何以然，所以贵揖让之取也，而贱勇力之取。向之取也，于囿中，勇力之取也。今之取也，于泽宫，揖让之取也。’”贾公彦疏曰：“云已祭取余获陈于泽然后卿大夫相与射也者……已祭，乃以余获陈于泽宫中，卿大夫士共以主皮之礼射取之。”[⑥]知主皮之射即张兽皮而射，射余获之法同于主皮之射法。《周礼·地官·乡大夫》：“退而以乡射之礼五物询众庶：一曰和，二曰容，三曰主皮，四曰和容，五曰兴舞。”郑玄注曰：“主皮，谓善射。射所以观士也……庶民无射礼，因田猎分禽，则有主皮。主皮者，张皮射之，无侯也。”贾公彦疏曰：“自士已上张皮侯，采侯，兽侯。庶人主射此皮，故云主皮，无侯也。”[⑦]郑玄认为“礼射”属于贵族，庶人没有“礼射”，只有“主皮之射”。因为“礼不下庶人”，所以庶民依然行着“主皮之射”，即把主皮之射解释为庶民所行之射礼。杨宽先生也认为：“主皮之射”即张兽皮来射，着重于“获”（射中）。[⑧]以上均说“主皮之射”无侯，仅张兽皮而射之。

2）主皮之射即射余获

《礼记·射义》孔颖达正义曰：泽，“余射亦在其中，故《书传》论主皮射云：

① （宋）朱熹注，王浩整理：《四书集注·论语集注》，凤凰出版社，2005年，第68页注[1]。
② 详见（清）阮元校刻：《十三经注疏·仪礼注疏》，中华书局，1980年，第1011页。
③ 详见（清）阮元校刻：《十三经注疏·礼记正义》，中华书局，1980年，第1689页。
④ 详见（清）阮元校刻：《十三经注疏·毛诗正义》，中华书局，1980年，第535页。
⑤ （清）阮元校刻：《十三经注疏·春秋穀梁传注疏》，中华书局，1980年，第2435页。
⑥ （清）阮元校刻：《十三经注疏·仪礼注疏》，中华书局，1980年，第1011页。
⑦ （清）阮元校刻：《十三经注疏·周礼注疏》，中华书局，1980年，第716、717页。
⑧ 杨宽：《“射礼”新探》，《古史新探》，中华书局，1965年，第325页。

‘向之取也，于囿中，勇力之取也。今之取也，于泽宫，揖让之取也。’是主皮之射亦近于泽也。”“其主皮之射，则张皮，亦揖让也。”“凡天子诸侯及卿大夫礼射有三：一为大射，是将祭择士之射。二为宾射，诸侯来朝，天子入而与之射也，或诸侯相朝而与之射也。三为燕射，谓息燕而与之射。其天子诸侯大夫三射皆具，其士无大射……此三射之外，又有乡射，谓乡大夫贡贤能之后行乡射之礼而询众庶……又有州长射于州序之礼……又有主皮之射，凡主皮之射有二：一是卿大夫从君田猎，班余获而射。《书传》云：‘凡祭，取余获，陈于泽，然后卿大夫相与射也。’郑注《乡射》云：‘主皮者，无侯，张兽皮而射之，主于获也。’二是庶人亦主皮之射，故郑注《周礼》云：‘庶人无侯，张皮而射之’是也。又有习武之射，故《司弓矢》云：‘弧弓以授射甲革、椹质者’是也。”[①]即孔颖达把主皮之射区分为卿大夫的射余获和庶人的张兽皮而射两种。在这里孔氏把射余获作为主皮之射的一种，并把它与《乡射》郑玄注的“张兽皮而射”等同起来，这与前引《乡射记》贾公彦疏所云射余获“以主皮之礼射取之”，显然是有区别的。

3）主皮之射即射皮侯

皮侯，一种说法是用兽皮制成的射靶。《小尔雅·广器》曰：“射有张皮谓之侯。”《论语·八佾》何晏集解曰：“天子三侯，以熊虎豹皮为之。”[②]《仪礼·乡射礼记》杨天宇先生注曰：“习武之射，其侯张兽之皮革为之，称为皮侯。”[③]皆认为侯是以皮革制成的。还有一种说法是侯为布制，但以各种动物之皮作为侯侧的装饰，并以皮为侯中，称为“皮侯”。《周礼·天官·司裘》：“王大射则共虎侯、熊侯、豹侯、皆设其鹄。”郑玄注曰：“侯者，其所射也。以虎、熊、豹、麋之皮饰其侧，又方制之以为䇮，谓之鹄，著于侯中，所谓皮侯。”[④]《周礼·考工记·梓人》：大射“张皮侯而棲鹄。”郑玄注曰：“皮侯，以皮所饰之侯，《司裘》职曰：‘王大射，则共虎侯、熊侯、豹侯，设其鹄’谓此侯也。”贾公彦疏曰：“云张皮侯者，天子之侯用虎熊豹皮饰侯之侧，号曰皮侯。而棲鹄者，各以其皮为鹄。名此为鹄者，缀于中央似鸟之棲，故云而棲鹄也。”[⑤]《论语·八佾》邢昺疏曰：“射不主皮者，言古者，射礼张布为侯而棲熊虎豹之皮于中而射之。”[⑥]《礼记·射义》孔颖达疏曰：“大射则射皮侯，故《考工记》云‘张皮侯而棲鹄，则春以功’。又《司裘》职云‘王大射则共虎侯熊侯豹侯，设其鹄’。郑玄《考工记》‘皮侯，谓此侯也’。”[⑦]《周礼·地官·乡大夫》杨天宇先生注曰：“主皮，谓重在射中靶心。

① （清）阮元校刻：《十三经注疏·礼记正义》，中华书局，1980年，第1688~1689页。
② （清）阮元校刻：《十三经注疏·论语注疏》，中华书局，1980年，第2467页。
③ 杨天宇：《仪礼译注》，上海古籍出版社，2004年新1版，第135页注[29]。
④ （清）阮元校刻：《十三经注疏·周礼注疏》，中华书局，1980年，第683页。
⑤ （清）阮元校刻：《十三经注疏·周礼注疏》，中华书局，1980年，第926页。
⑥ （清）阮元校刻：《十三经注疏·论语注疏》，中华书局，1980年，第2467页。
⑦ （清）阮元校刻：《十三经注疏·礼记正义》，中华书局，1980年，第1688页。

据孙诒让说，‘主皮’之名，起于大射。大射张皮侯，皮侯的侯中侧边饰以皮，而侯中的正中心又用一块正方的兽皮为鹄，即靶心，因此后来即以射中为主皮。现在举行的是乡射礼，所张的是兽侯，即在侯中侧边饰兽皮而不以皮为鹄，然亦沿用‘主皮’为射中之名。”[①]或以兽皮加以装饰侧边并以皮为中的侯为皮侯，或单以兽皮作装饰的侯为皮侯，或单以兽皮为中的侯为皮侯。可见这种说法实际上已经包括了三种情况，即皮饰皮中为皮侯，皮饰为皮侯，皮中为皮侯。

4）主皮之射即贯革之射

关于主皮之射学者也多把它与贯革之射相联系，如《论语·八佾》“射不主皮”，朱熹注曰：“皮，革也。布侯而栖革于其中以为的，所谓鹄也。”“古者射以观德，但主于中，而不主于贯革……（春秋之时）周衰礼废，列国兵争，复尚贯革，故孔子叹之。”[②]朱熹把“不主于贯革”与“贯革”对言，认为但主于中而不主于贯革者即是“射不主皮”，而主于贯革者则是“贯革之射”，春秋时期人们所崇尚的就是这种贯革之射。《仪礼·乡射礼》杨天宇先生注曰：习武之射，其侯为皮侯，“以射中且矢贯皮革为优，即所谓‘主皮’”[③]。杨宽先生也认为：“主皮之射要射中而贯穿”兽皮，“‘贯革之射’是否即是‘主皮之射’，过去经学家还有不同意见，但都是纯粹的习武之射，是无疑的”[④]。关于贯革之射文献也多有记载，如《周礼·夏官·司弓矢》之职曰：“及其颁之，王弓弧弓，以授射甲革椹质者。”郑玄注曰：“甲革，革甲也，《春秋传》曰：‘蹲甲而射之。’质，正也，树椹以为射正。射甲与椹，试弓习武也。”贾公彦疏曰：“云甲革，革甲也者。欲见甲以革为之，其实一物也。”[⑤]杨天宇先生亦注曰：“案王弓、弧弓是六弓中最强的两种。甲革，即革甲，此处是指以皮革为甲，用作射箭的靶子。”椹即砧板，质为靶心，“此处是指以椹板做射箭的靶子，故曰椹质，之所以用甲革和椹质做射箭的靶子，郑《注》曰：‘试弓习武也’。可见平时习武并不张射侯”[⑥]。《礼记·乐记》“散军而郊射……而贯革之射息也”，郑玄注曰：“贯革，射穿甲革也。”[⑦]《史记·乐书》裴骃集解引之。[⑧]杨天宇先生注曰：“贯，穿。革，即皮侯（用皮革做的射箭的靶子）。贯革之射，即习武之射，”“以射中而且矢贯皮革为优。”[⑨]有学者认为：“所谓‘主皮’，并不像郑玄所理解的得名于‘张兽皮而射之’，而是指习武之射特别注重射击穿透

---

① 杨天宇：《周礼译注》，上海古籍出版社，2004年新1版，第171页注[7]。
② （宋）朱熹注，王浩整理：《四书集注·论语集注》，凤凰出版社，2005年，第68页及注[1]。
③ 杨天宇：《仪礼译注》，上海古籍出版社，2004年新1版，第135页注[29]。
④ 杨宽：《“射礼”新探》，《古史新探》，中华书局，1965年，第328、326页。
⑤ （清）阮元校刻：《十三经注疏·周礼注疏》，中华书局，1980年，第855页。
⑥ 杨天宇：《周礼译注》，上海古籍出版社，2004年新1版，第462页注[1]。
⑦ （清）阮元校刻：《十三经注疏·礼记正义》，中华书局，1980年，第1543页。
⑧ 详见（汉）司马迁撰，（宋）裴骃集解，（唐）司马贞索隐，张守节正义：《史记》，中华书局，1982年第2版，第1229页及注[三五]。
⑨ 杨天宇：《仪礼译注》，上海古籍出版社，2004年新1版，第501页注[3]。

皮甲的力度。孔子以‘（礼）射不主皮’与‘为力不同科’对言，意味着‘主皮’本与讲求射击力度有关。《左传》成公十六年所载楚人潘党、养由基‘蹲甲而射之，彻七札焉。’说明春秋时期的习射者惯以穿透力度相炫耀，这正是典型的‘主皮之射。’《周礼·司弓矢》也曾明确提到‘射甲革’的活动。《礼记·乐记》将习武之射称为‘贯革之射’，朱熹《论语集注》认为‘贯革之射’与‘主皮之射’是一回事。根据这种理解，西周金文记载的‘射庐’、‘学宫’中的军事性习射显然属于‘主皮之射’、‘贯革之射’而不属于‘礼射。’”“全面比较后应当承认，朱熹将‘主皮之射’理解为‘贯革之射’比凌廷堪的新说更为合理。”①

5）主皮之射即三番射的第二番射不贯不释

关于《周礼·地官·乡大夫》所载“退而以乡射之礼五物询众庶”的“五物”，清人凌廷堪觉得既然“《周官》经文明云‘退而以乡射之礼五物询众庶’，然则此五者固在乡射礼之中，不在乡射礼之外也。”“武王克殷，贯革之射已息，何以主皮犹在乡射五物之中？而《乡射礼》复举之，以证经乎，其非贯革也。”从这些主导思想出发，他把乡射五物与三番射相比附，认为“一曰和，二曰容”，是指乡射礼的第一番射，这时不统计射中次数，但取其容仪合于礼节，所以称为“和”与“容”；“三曰主皮”，是指乡射礼的第二番不贯不释，这时讲究射中贯穿，所以称为“主皮”；“四曰和容，五曰兴舞”，则是“礼射”，指乡射礼的第三番射不鼓不释，这时既要容仪合于礼节，步伐和发射都要合乎音乐的节奏，所以既要有“和容”，又要能“兴舞”。同时他还认为《论语》“射不主皮”与“为力不同科”是内容不相干的两句话②，即凌氏把乡射五物中的“主皮”，解释为乡射礼三番射中的第二番射不贯不释。对此，有的学者赞成，认为“凌氏这个解说，比较通达。但是，既然‘礼射不主皮’，为什么射礼的第二番射又叫‘主皮’呢？乡射礼射的是布侯而不是皮侯，为什么不叫‘主布’而叫‘主皮’呢？我们认为，射礼的第二番射有和‘主皮之射’不同之处”，“但是，射礼的第二番射也有和‘主皮之射’相同之处，即主皮之射要射中而贯穿，射礼的第二番射也是如此，司射在第二番射时发布命令说：‘不贯不释’，就是以‘贯’作为主要要求的。因为射礼的第二番射有着‘主皮之射’要贯穿的特点，亦称为‘主皮’。”③有的学者则不赞同，认为：“凌说否认‘主皮之射’是表演性射礼之外专练射击力度与精准的军事行为，把两类不同性质的射箭活动看成了同一种射礼中的两个不同的环节。其实，《周礼》所说的‘乡射之礼’范围较广，它与《仪礼》记录的乡射礼并不完全等同，例如

① 胡新生：《西周时期三类不同性质的射礼及其演变》，《文史哲》2003 年第 1 期。

② （清）凌廷堪：《礼经释例》卷七《射例》附录《周官乡射五物考》，（清）阮元编：《清经解》，上海书店，1988 年，第 183 页。

③ 杨宽：《“射礼”新探》，《古史新探》，中华书局，1965 年，第 327~328 页。

前者列举的‘五物’中有‘兴舞’而《乡射礼》就未见此项内容。《周礼》所谓‘五物’是指评价射者的五项标准，这些标准不可能与《乡射礼》三番射的程序机械对应。《乡射礼》第一番射只有司射的示范和三耦的试射，总共七人参加。如按凌氏所说，‘五物’中的‘和’、‘容’只与第一番射有关，则无异于说《周礼》为试射者设定了一种特殊的考察标准，或者说‘五物’之中包含着分别针对不同射者的两套评价体系，这种假设未免过于离奇。《周礼》以‘和’、‘容’与‘和容’并列，确很费解，但凌氏的解说并未从根本上解决问题。”其弟子胡培翚著《仪礼正义》曾大量引用《礼经释例》，但在解释《乡射礼》“主皮之射”时则并未采取师说。[①]这说明胡培翚也是不赞成凌氏之说的。

3. 礼射与主皮之射的区别

关于礼射与主皮之射的区别，《仪礼·乡射礼记》曰：“礼射不主皮，主皮之射者，胜者又射，不胜者降。”据郑玄注与贾公彦疏可知：礼射不主皮者，贵其容体，不待中为隽，二番不胜，仍待三番复升射；主皮之射者，无侯，张兽皮，主于获，不胜者降，不复升射。[②]胡新生先生将郑玄注的意思表述如下：“‘射礼’是一种礼仪表演，‘主皮之射’则是一种军事训练。”[③]《诗·大雅·行苇》孔颖达疏曰：“主皮之射，则求中而已，不在于礼。”[④]据《乡射礼记》与《礼记·乐记》杨天宇注可知：习礼之射，重在习礼，不以射中为优，其侯为布侯或布上画有兽头的兽侯，第二番不胜者，第三番仍升射；习武之射，其侯为皮侯，以射中且矢贯皮革为优，不胜者降而不复升射。[⑤]虽然学界对主皮之射是否有侯存在不同意见，但都认为主皮之射是习武之射，不主皮者是礼射。二者最大的区别在于竞射规则，即“‘主皮之射’着重在比赛胜负，采取淘汰制的比赛办法，胜者能够再射，败者则被淘汰；而‘礼射’着重在训练，采用轮流比射的办法”。[⑥]关于礼射与主皮之射及其所射侯靶的演变关系，杨宽先生认为“‘礼射’该即起源于‘主皮之射’。因为从‘习射’的发展过程来看，‘主皮之射’以射兽皮为目标，比用擒获来的野兽来习射要简单得多，‘礼射’用‘侯’来代替兽皮为目标，比‘主皮之射’更为进步”，“为什么‘礼射’用的‘侯’一定要用某种兽皮来装饰或者画上某种兽形呢？因为它原来就是用来代替兽皮的”，“‘侯’中设‘鹄’，其原始，就是在兽皮中心放着鸹鹄作为标的。射礼‘张皮侯而棲鹄’，就是沿此风习而来”的。[⑦]

---

① 胡新生：《西周时期三类不同性质的射礼及其演变》，《文史哲》2003年第1期。

② 详见（清）阮元校刻：《十三经注疏·仪礼注疏》，中华书局，1980年，第1011页。

③ 胡新生：《西周时期三类不同性质的射礼及其演变》，《文史哲》2003年第1期。

④ （清）阮元校刻：《十三经注疏·毛诗正义》，中华书局，1980年，第535页。

⑤ 详见杨天宇：《仪礼译注》，上海古籍出版社，2004年新1版，第135页注[29]、[30]；《礼记译注》，上海古籍出版社，2004年新1版，第501页注[3]。

⑥ 杨宽：《“射礼”新探》，《古史新探》，中华书局，1965年，第327~328页。

⑦ 杨宽：《“射礼”新探》，《古史新探》，中华书局，1965年，第325~326、327页。

（二）主皮之射与贯革之射再辨析

从上述诸家解说来看，射不主皮是礼射，基本可以定论，无须多言。但主皮之射与贯革之射的关系与性质则并没有解说梳理清楚，因而也不可能从根本上解决问题，故尚需要作进一步的分析。

鉴于礼射中的侯有用兽皮装饰侧边并以兽皮为中的皮侯，乡射五物中有主皮之射项，大射礼与乡射礼三番射中第二番为不贯不释，射余获亦采取主皮之射的礼法，而主皮之射本身就是要射中并贯穿兽皮等情况，我们认为主皮之射应是界于礼射与贯革之射之间的一种射礼，即习武成分很大的一种射礼，但还不是纯粹的习武之射。因此它与贯革之射并不完全相同，二者之间还不能画等号。《诗·大雅·行苇》孔颖达疏说礼射有三，大夫射礼有五，并把主皮之射与大射、宾射、燕射、乡射并列[①]，《礼记·射义》孔颖达疏亦说礼射有三，三射之外，又把主皮之射与习武之射、乡射、州长射与州序之礼并列[②]，也说明主皮之射是射礼，但不是（纯粹的）习武之射。一般来说，凡是射礼都有一定的习武功用，主皮之射与礼射相比，其习武的目的与成分更强更大一些，“其间虽然也有一定仪法，但不会夹杂太多的繁文缛节，不会对射者的仪容步趋有更多的要求，所以总体说来它的礼仪性、表演性比较微弱”[③]。这与礼射的“进退周还必中礼”[④]，显然是有区别的。既然主皮之射本身也是射礼，因此以“礼不下庶人”为由，推测主皮之射是庶民所行之射事[⑤]，就难以成立了。《礼记·射义》孔颖达疏把主皮之射与习武之射并列是对的，但他把卿大夫的射余获与庶人的张皮而射并列，把射余获直接列入主皮之射则是不妥的，这有违于《仪礼·乡射礼记》贾公彦疏所说的射余获亦采用主皮之礼射取之。主皮之射也并不全是庶民之射，故孔氏的主皮之射说实不可信从。我们认为《仪礼》中的射礼也有一个扬弃的过程，礼射的皮侯、乡射五物中的主皮以及大射礼、乡射礼三番射中的第二番射不贯不释，都应是射礼在发展演变的过程中，对主皮之射精华部分的继承、吸纳与融合，但它们并不等同于主皮之射。再加上主皮之射与礼射的比射规则也有根本性的差别，即主皮之射，胜者又射，不胜者降，不复升射，而礼射则不然，二番不胜，第三番仍可升射。因此凌廷堪关于主皮之射即指乡射礼的第二番射不贯不释的解说也是不妥当的。

---

① 详见（清）阮元校刻：《十三经注疏·毛诗正义》，中华书局，1980年，第535页。

② 详见（清）阮元校刻：《十三经注疏·礼记正义》，中华书局，1980年，第1689页。

③ 这段话引自胡新生：《西周时期三类不同性质的射礼及其演变》，《文史哲》2003年第1期，尽管我们在主皮之射和贯革之射的理解上，与该文不完全相同，但这段话放在此处则是比较合适的。它山之石可以攻玉，故引用之。

④ 《礼记·射义》，（清）阮元校刻：《十三经注疏·礼记正义》，中华书局，1980年，第1686页。

⑤ 详见《礼记·射义》孔颖达疏，（清）阮元校刻：《十三经注疏·礼记正义》，中华书局，1980年，第1689页；杨宽：《“射礼”新探》，《古史新探》，中华书局，1965年，第326页。

同时，鉴于《礼记·乐记》、《史记·乐书》并载“散军而郊射”与“贯革之射息”相对言[①]，显然贯革之射为军中武射之情况，我们认为贯革之射则应是一种不追求仪容风度优美好看的，以提高实战水平为主旨的纯粹的习武之射。与主皮之射相比，其习武之目的更单纯，礼仪性、表演性更微弱。《周礼·夏官·司弓矢》所载“王弓弧弓，以授射甲革椹质者”[②]，《左传》成公十六年所载楚人潘党、养由基“蹲甲而射之，彻七札焉”[③]，都是春秋时期以穿透力度相炫耀的典型的“贯革之射”。正如《司弓矢》郑玄注、《乐记》孔颖达疏所说的：“甲革，革甲也，《春秋传》曰‘蹲甲而射之’。质，正也，树椹以为射正。射甲与椹，试弓习武也。”[④]“而贯革之射息也者，贯，穿也。革，甲铠也，所谓军射也。言军中不习于容仪，又无别物，但取甲铠张之而射，唯穿多重为善，谓为贯革也，春秋养由基射七札是也。”[⑤]因此我们不同意朱熹、胡新生先生关于“主皮之射”与“贯革之射”是一回事的说法，也不同意西周金文所记“射庐”、“学宫”中的军事性习射显然属于“主皮之射”、“贯革之射”而不属于“礼射”的说法，更不同意潘党、养由基“蹲甲而射之，彻七札焉”，是典型的“主皮之射”的观点。总之，把“主皮之射”理解为“贯革之射”，与把它理解为乡射礼三番射的第二番射不贯不释一样，都是不合理的。

① 详见（清）阮元校刻：《十三经注疏·礼记正义》，中华书局，1980年，第1543页；（汉）司马迁撰，（宋）裴骃集解，（唐）司马贞索隐，张守节正义：《史记》，中华书局，1982年第2版，第1229页。
② （清）阮元校刻：《十三经注疏·周礼注疏》，中华书局，1980年，第855页。
③ （清）阮元校刻：《十三经注疏·春秋左传正义》，中华书局，1980年，第1918页。
④ （清）阮元校刻：《十三经注疏·周礼注疏》，中华书局，1980年，第855页。
⑤ （清）阮元校刻：《十三经注疏·礼记正义》，中华书局，1980年，第1543页。

第四章 战国时期的射礼

战国时期是社会大变革的时代，传统的封建政治趋于解体，属于贵族礼制的周礼已经崩溃，僭越现象非常突出，等级界限已不再严格。新兴的地主阶级逐步登上政治舞台，社会生产力不断提高，社会经济空前发展，百家争鸣，文化繁荣，射礼已成为地主阶级、新型士人阶层和新贵族社会生活中经常举行的礼仪和娱乐活动。因此春秋时期曾经一度衰落的射礼，此时又逐渐恢复发展起来。

第一节 战国时期射礼的种类

一、人物画像纹射礼图案探析

20 世纪 40 年代以来，在河南、山西、山东、江苏、湖南、四川、陕西、河北等地陆续经考古发掘出土了一批人物画像纹射礼图案青铜器及其残片，有的博物馆也征集收藏有人物画像纹射礼图案的青铜器及其残片，为进一步研究古代射礼及其相关问题，提供了非常重要的实物资料。

（一）人物画像纹射礼图案青铜器的时代与国别

人物画像纹主要有两种表现手法，一种是嵌错法，一种是线刻法。目前已发表公布的嵌错人物画像纹射礼图案的资料有 1965 年成都百花潭中学十号墓出土的采桑宴饮乐舞射猎攻战纹铜壶①，1977 年陕西凤翔高王寺窑藏出土的宴饮射猎纹铜壶②，故宫博物院收藏的采桑宴乐射猎攻战纹铜壶③等。线刻人物画像纹射礼图案的资料有 1951 年辉县赵固 1 号墓出土的宴乐射猎纹铜鉴④，1975~1958 年河南陕县后川 2041 号墓出土的宴饮射侯纹铜匜⑤，1958 年湖南长沙黄泥坑 5 号墓出

① 四川省博物馆：《成都百花潭中学十号墓发掘记》；杜恒《试论百花潭嵌错图象铜壶》，均载《文物》1976 年第 3 期。

② 韩伟、曹明檀：《陕西凤翔高王寺战国铜器窑藏》，《文物》1981 年第 1 期。

③ 杨宗荣：《战国绘画资料》图 20，中国古典艺术出版社，1957 年。

④ 中国科学院考古研究所：《辉县发掘报告》，科学出版社，1956 年，第 116 页。

⑤ 黄河水库考古工作队：《1957 年河南陕县发掘简报》，《考古通讯》1958 年第 11 期。

土的宴饮射侯纹铜匜[①]，1960 年山东平度东岳石村 M16 号墓出土的宴饮射侯纹铜匜残片[②]，1973 年山东长岛王沟 2 号墓出土的宴舞狩猎射侯纹鎏金铜鉴残片[③]，上海博物馆收藏的宴舞射猎纹铜椭栖[④]，故宫博物院收藏的燕射狩猎纹铜鉴残片[⑤]，1974~1978 年河北平山县三汲 8101 号墓出土的宴饮射猎纹铜鉴[⑥]，1978 年江苏淮阴高庄 M1 号墓出土的宴乐囿游射侯纹铜盘残片[⑦]，1985 年江苏镇江谏壁镇王家山出土的宴乐射猎纹铜鉴[⑧]，1995 年山西定襄县中霍村 M1 号墓出土的宴饮竞射纹铜匜[⑨]，1998 年河南洛阳市文物交流中心在征集民间流散文物时，发现一件民间收藏的飨射养老纹铜匜[⑩]等。另外，还有一些人物画像纹虽然没有射礼图案，但其某些部分与上述画像纹资料有相近之处，也可作为参考。现从有明确出土地点的器物入手，对其时代、国别等问题略作分析。

百花潭采桑宴饮乐舞射猎攻战纹铜壶，形制为长颈、侈口、斜肩、鼓腹、圈足，两肩有兽面铺首衔环，盖上有三个鸭形钮，最大腹径在器身中部。这种形制的壶也见于洛阳中州路第四期的 2717 号墓[⑪]，该墓属于战国早期甲类墓。[⑫]百花潭采桑宴饮乐舞射猎攻战纹铜壶，与故宫采桑宴乐射猎攻战纹铜壶的形制、人物画像纹的内容、布局和表现手法都十分相近，这说明二者的年代也应当相同。其人物画像纹中的水陆攻战图案，与汲县山彪镇一号墓出土的水陆攻战纹鉴相同。[⑬]铜鉴春秋中期出现，春秋晚期和战国时期最为流行。该鉴折沿，束颈，腹部圜收，圈足，四兽耳衔环，当为战国早期器。[⑭]而山彪镇一号墓也属于战国早期甲类墓[⑮]；弋射图案与流传国外的铜盖豆[⑯]、河北平山县 8101 号墓出土的宴乐狩猎纹豆盖上

① 湖南省博物馆：《长沙楚墓》，《考古学报》1959 年第 1 期。

② 中国科学院考古研究所山东发掘队：《山东平度东岳石村新石器时代遗址与战国墓》，《考古》1962 年第 10 期。

③ 山东长岛县文化馆藏品；烟台市文物管理委员会：《山东长岛王沟东周墓群》，《考古学报》1993 年第 1 期；曹春平：《东周青铜器上所表现的园林形象》，《中国园林》2000 年第 3 期。

④ 马承源：《漫谈战国青铜器上的画像》，《文物》1961 年第 10 期。

⑤ 梓溪：《战国刻绘燕乐画像铜器残片》，《文物》1962 年第 2 期。

⑥ 河北省文物研究所：《河北平山三汲古城调查与墓葬发掘》，《考古学集刊》第 5 集，中国社会科学出版社，1987 年。

⑦ 淮阴市博物馆：《淮阴高庄战国墓》，《考古学报》1988 年第 2 期。

⑧ 刘建国、谈三平：《江苏镇江谏壁王家山东周墓》，《文物》1987 年第 12 期；曹春平《东周青铜器上所表现的园林形象》，《中国园林》2000 年第 3 期。

⑨ 李有成：《定襄县中霍村东周墓发掘报告》，《文物》1997 年第 5 期。

⑩ 徐婵菲、姚智远：《浅释洛阳新获战国铜匜上的刻纹图案》，《中原文物》2007 年第 1 期。

⑪ 中国科学院考古研究所：《洛阳中州路》图版陆肆.1，科学出版社，1959 年。

⑫ 中国社会科学院考古研究所：《中国考古学》两周卷，中国社会科学出版社，2004 年，第 276 页；查瑞珍：《战国秦汉考古》，南京大学出版社，1990 年，第 93 页。

⑬ 郭宝钧：《山彪镇与琉璃阁》图版拾玖、贰拾，科学出版社，1959 年。

⑭ 马承源主编：《中国青铜器》，上海古籍出版社，1988 年，第 278 页。

⑮ 中国社会科学院考古研究所：《中国考古学》两周卷，中国社会科学出版社，2004 年，第 293 页、294 页表 8-3；查瑞珍《战国秦汉考古》，南京大学出版社，1990 年，第 93 页。

⑯ 中国科学院考古研究所编：《美帝国主义劫掠的我国殷周铜器集录》A271、272，科学出版社，1962 年。

的弋射图[①]、凤翔高王寺宴饮射猎纹铜壶上的弋射图，以及《殷周青铜器通论》车马猎纹壶的“三人半跪，手持弓矢缯缴以仰射飞鸟”[②]的情形和风格基本相同。前二者器形大体相同，以平山宴乐狩猎纹豆为例，其形制是圆形、深腹、短校、圈足、环耳，盖上有圆形捉手。盘体大而腹深，柄较粗而颇矮小，与庞大的盘体不相称。这种特征的器形当为战国早期器[③]。而 8101 号墓也为战国早期墓葬。后者即车马猎纹壶，器形为方体、宽腹、圈足、两肩铺首衔环，器之最宽处在腹中部，这种方壶也应是战国中期器[④]；采桑图案与流传国外的铜盖豆、侯马牛村古城出土的陶范上的采桑纹[⑤]相似，后者的时代为春战之际至战国前期。在百花潭采桑宴饮乐舞射猎攻战纹铜壶和故宫采桑宴乐射猎攻战纹铜壶画面中，鼎的形象为附耳、低腹、蹄足，也与本墓即百花潭十号墓出土的铜鼎及洛阳中州路 2717 号墓出土的铜鼎相同；编钟为甬钟，而不是晚期所流行的钮钟；戟的援部狭而上翘，而且还有多戈戟，即除戟本身装置之外，在其下又安装了一件戈，两个戈头方向一致。有的戟还附加有新月形的鉇，与戈头方向相反。鉇这种实物在山彪镇一号墓中也发现过。[⑥]这些也都是战国早期的特征。攻城的云梯，也是战国初年“公输般为楚造云梯之械成”[⑦]后才有的。公输般发明的攻城云梯[⑧]，在故宫采桑宴乐射猎攻战纹铜壶上，云梯的车轮便简化成没有辐条的圆圈。在百花潭采桑宴饮乐舞射猎攻战纹铜壶上，这种云梯就更为简化，成为大写意的一条斜线了。以上说明单就采桑宴饮乐舞射猎攻战纹铜壶本身来说，其时代也应在战国早期，但同时“考虑到成都的地理位置距中原较远，壶的年代也可能略晚一些”。“因此，成都百花

---

① 河北省文物研究所：《河北平山三汲古城调查与墓葬发掘》，《考古学集刊》第 5 集，中国社会科学出版社，1987 年；文化部文物局、故宫博物院：《全国出土文物珍品选》（1976-1984）图版 220，文物出版社，1987 年。

② 容庚、张维持：《殷周青铜器通论》，文物出版社，1984 年新 1 版，第 119 页、120 页图一〇三、图版壹零伍.204。

③ 马承源主编：《中国青铜器》，上海古籍出版社，1988 年，第 160 页及图 4、5、7。

④ 马承源主编：《中国青铜器》，上海古籍出版社，1988 年，第 224 页及图 57。

⑤ 侯马市考古发掘委员会：《侯马牛村古城南东周遗址发掘简报》图版贰.10，《考古》1962 年第 2 期。

⑥ 郭宝钧：《山彪镇与琉璃阁》图版贰伍.5，科学出版社，1959 年。

⑦ （清）孙诒让著，孙以楷点校：《墨子间诂》公输、年表，中华书局，1986 年。

⑧ 公输般发明的攻城云梯，因没有图样流传，故其形制无从考据，后人之解释多有未当，如吴毓江注曰：“毕云：张湛《列子注》云：‘云梯，可以凌虚。’孙云：《淮南子·兵略训》许慎注云：‘云梯可依云而立，所以瞰敌之城中。’又《修务训》高注云：‘云梯，攻城具。高长上与云齐，故曰云梯。械，器也。’《文选·长笛赋》注引此云：‘公输般为云梯垂成，大山四起，所谓善攻具也，必取宋。’”（吴毓江撰，孙啟治点校：《墨子校注》，中华书局，2006 年第 2 版，第 747 页及注[2]）《史记·孟子荀卿列传》索隐曰：“注‘为云梯之械’者，按梯者，构木瞰高也。云者，言其升高入云，故曰云梯。”（（汉）司马迁撰，（宋）裴骃集解，（唐）司马贞索隐，张守节正义：《史记》，中华书局，1982 年第 2 版，第 2350 页注[一]）《通典·兵十三·攻城战具附》曰：“以大木为床，下置六轮，上立双牙，牙有检。梯，节长丈二尺，有四桄，桄相去有三尺，势微曲递，互相检。飞于云间，以窥城中。有上城梯，首冠双辘轳，枕城而上，谓之飞云梯。”（（唐）杜佑：《通典·兵典》卷 160，中华书局，1988 年）显然这些都是后世云梯之形制，或用后世之云梯而解前世之云梯，均不是战国时期攻城云梯的确解。我们认为战国时期的云梯即公输般所造之云梯是攻城的工具，即攻城时输兵于城墙以登城的器具。这种云梯在山彪镇水陆攻战纹鉴上有较为写实的图像，它由三部分构成：底部装有车轮，可以移动；梯身可上下仰俯，攻城时靠人力前抬后推，倚架于城壁上，供人攀登；梯顶端装有钩状物，使之固定在城缘上，以防止守城者推拒破坏。

潭中学十号墓出土的这件嵌错壶很可能为战国前期的作品。”[①]与铜壶共出的铜兵器，也大都为四川战国墓中常见的随葬品。该墓不见铁器与钱币，按四川船棺葬的特点，其年代“当不出秦举巴蜀的前后，即公元前四世纪末”[②]。故百花潭十号墓的年代应为战国中期偏晚[③]，即墓葬与采桑宴饮乐舞射猎攻战纹铜壶的年代大体相当或略晚。该墓出土的柳叶形剑为巴蜀式剑，六件矛中有 5 件也属于常见的巴蜀式矛，11 件铜戈中有三式 9 件也为巴蜀式戈，这类型式的戈“一般属于西周后期至战国前期”[④]。Ⅰ式铜勺在长沙战国墓和四川万县地区都曾发现过，嵌错工艺的铜壶在成都白马寺也有发现，而且有些图案与百花潭采桑宴饮乐舞射猎攻战纹铜壶上的图案如出一辙。[⑤]船棺也是巴蜀所特有的葬具。蜀在西周初年就已经臣属于周朝，对周文化与礼制应有较多的了解。故采桑宴饮乐舞射猎攻战纹铜壶铸于蜀国的可能性较大，百花潭十号墓可能就是蜀国墓葬。该墓为狭长方形竖穴土坑，随葬铜器 47 件，其中铜鼎、壶、甑、剑各 1 件，奁、鍪、刀、鉞、铜条各 2 件，勺、削、斧、凿各 4 件，戈 11 件，矛 6 件。另有陶器 1 件。可见墓主人应是因军功起家的军功地主。

凤翔高王寺窖藏宴饮射猎纹铜壶，有 2 件，形制相同，纹饰稍异。小口、长颈、斜肩、鼓腹（中腹）、平底、圈足，肩上有兽面衔环一对，盖上有鸭形纽三个。该壶与洛阳中州路 2717 号墓及山彪镇 1 号墓出土铜壶的形制接近，与成都百花潭中学十号墓所出采桑宴饮乐舞射猎攻战纹铜壶的形制雷同，人物画像纹也有相同的图案。因此，高王寺宴饮射猎纹铜壶应是战国早期的器物。同出的铜盖豆，与洛阳中州路 2717 号墓、山彪镇 1 号墓、山西长治分水岭 126 号墓[⑥]的铜豆亦相似，前二者都是战国早期墓，后者，从伴出的铜鬲看，也应属战国早期墓葬。故高王寺盖豆的时代亦应在战国早期。该窖藏共出土 12 件铜器，其中有 3 件属于春秋晚期，7 件属于战国早期，2 件属于战国中期。故窖藏时期当在战国中期以前。窖藏所处地点在秦都雍城范围内的马家庄宫殿区附近。该地有灰坑多处，地面散布有春秋战国秦的绳纹瓦。综合分析，它应是秦国王室贵族之窖藏。从器形特征看，无土胆鼎为吴器，敦为楚器，豆、壶等器则为中原铜器作风，反映了秦国与吴楚及中原诸国的密切关系和以礼乐文明为代表的周文化对秦国的影响。

辉县赵固 1 号墓出土的宴乐射猎纹铜鉴，器形为大口、平沿、折腹、平底，

① 杜恒：《试论百花潭嵌错图象铜壶》，《文物》1979 年第 3 期。
② 四川博物馆：《四川船棺葬发掘报告》，文物出版社，1960 年。
③ 朱凤瀚：《古代中国青铜器》，南开大学出版社，1995 年，第 1094 页。
④ 冯汉骥：《关于“楚公冢”戈的真伪并略论四川“巴蜀”时期的兵器》，《文物》1961 年第 11 期。
⑤ 杜恒：《试论百花潭嵌错图象铜壶》，《文物》1979 年第 3 期。
⑥ 边成修：《山西长治分水岭 126 号墓发掘简报》，《文物》1972 年第 4 期。

上腹两侧各有一环纽衔环耳，器壁脆薄，内壁有刀刻的人物画像纹。其形制与平山 8101 号墓所出宴饮射猎纹铜鉴相同，时代当为战国中期。共出的铜鼎，附耳外曲、蹄足、盖上有四牺，颈腹饰蟠螭纹，壁范三分，底范为圆形。或环耳、蹄足且极矮小，盖上有三纽，也都为战国中期器。而共出的提梁壶，则与山彪镇 1 号墓、后川 M2040、洛阳中州路 M2717 等战国早期墓葬所出的提梁壶的形制几乎完全一样，唯花纹小有变化。故该墓的时代应为战国中期。郭宝钧先生把它定为战国中晚期或中末期，已有学者指出其"所录战国时代的诸墓在年代上的出入，以及个别铜器演变顺序的处理欠当"[①]。赵固战国墓是魏国的墓葬，1 号墓属于战国中期甲类墓葬的中小型墓[②]，随葬的铜礼器有鼎 3 件，敦、壶各 2 件，鬲、椭杯（舟）、鉴、甗各 1 件；仿铜礼器有鼎 5 件，盖豆、壶各 4 件，敦、鉴、小壶各 2 件，盘、匜、甗、鸟柱盘（灯）各 1 件。为战国中期甲类墓的四等墓，即不出乐器的三鼎墓。墓主人当是有田禄的士。同墓所出青铜礼器的等级与仿铜陶礼器不同，表明受宗法制度所制约的传统礼乐制度，到战国中期已经出现松弛并走向破坏的迹象，自仿铜礼器和青铜礼器并用之后，传统的列鼎制度就越来越不严格了。

陕县后川 2041 号墓出土的宴饮射侯纹铜匜，仅存残片，器物形制特征无法确知。其人物画像纹，与属于战国早期偏早的山西潞城潞河 M7 号墓出土铜匜上的线刻宴饮画像、流口上的鱼纹[③]，长治分水岭战国中期墓葬 12 号墓出土铜匜上的宴饮画像、树纹、流口上的鱼纹[④]，都有许多相近的地方，与长沙黄泥坑战国中期墓葬 5 号墓出土铜匜上的线刻宴饮射侯纹、流口上的鱼纹最为接近，与故宫馆藏战国铜器残片上燕射狩猎纹中的三角纹、蛇纹以及人物所著衣冠式样也相同。后川 2041 号墓共出铜器计鼎 5 件，豆 6 件，鬲、簠、壶、鉴各 2 件，甗、鉌、盘、匜各 1 件，编钟 9 枚，编磬 10 枚。其中鼎为附耳、蹄足，盖上有三环纽，周壁饰蟠螭纹，壁范三分，底范为圆形。壶为长颈、鼓腹、圈足，两肩有兽面铺首衔环，盖上有四纽，器身有红铜镶嵌的纹饰。豆，器盖相合呈扁圆形，器两侧有纽耳，矮足，盖上有圆圈捉手，均为战国早期之特征，故该墓的年代应为战国早期。从地理位置及墓葬形制特征来看，后川墓地也是魏国的墓葬，而且是一个家族墓地。

① 郭宝钧：《商周铜器群综合研究》附录 47、整理后记，文物出版社，1981 年，第 180、181、197 页。

② 参见中国社会科学院考古研究所：《新中国的考古发现和研究》，文物出版社，1984 年，第 292 页；朱凤瀚：《古代中国青铜器》，南开大学出版社，1995 年，第 980 页；印群：《黄河中下游地区的东周墓葬制度》，社会科学文献出版社，2001 年，第 274 页附表十八、275 页附表十九；查瑞珍：《战国秦汉考古》，南京大学出版社，1990 年，第 94 页；中国社会科学院考古研究所：《中国考古学》两周卷，中国社会科学出版社，2004 年，第 294 页。

③ 山西省考古研究所、山西省晋东南地区文化局：《山西省潞城县潞河战国墓》，《文物》1986 年第 6 期；侯毅《长治潞城出土铜器图案考释》，《中原文物》1989 年第 1 期。

④ 山西省文物管理委员会：《山西长治市分水岭古墓的清理》，《考古学报》1957 年第 1 期。

就墓室面积和用鼎数量而言，2041号墓属战国早期中型墓、甲类墓葬的三等墓即5鼎墓，墓主人的身份大约为下大夫。[①]该墓与同期的甲类大型墓2040号墓相比，虽然2041号墓出土物的件数不同，乐器中也没有编镈，但都出五鼎，同出的器类也与2040号墓相仿。该墓与同期的甲类大型墓、墓主为诸侯的山彪镇1号墓相比，虽然2041号墓的规模、墓主人的身份比山彪镇1号墓的规模、墓主人的身份低得多，随葬乐器中也没有编镈，编钟数也没有山彪镇1号墓多，而编磬的数目却与之相同。这说明当时尽管随葬乐器制度的等级性还有一定程度的保留，并未完全崩溃，但战国早期随着列鼎制度的松弛，春秋时期那种与列鼎制度紧密结合的随葬乐器制度也逐步瓦解，它与列鼎制度的严格对应性及其所反映的等级色彩也随之减弱了。

长沙黄泥坑5号墓出土的宴饮射侯纹铜匜，该墓在《长沙楚墓》一书中新编号为M186。该匜在其所分型式中属Ⅰ式，中部残缺，已修复。器作椭圆形，前有瓦状流，后有铺首衔环，用铆钉固定，底近平，匜内錾刻有很细的人物画像纹。画面中的人物皆有冠，据研究，两周时期居住在南方的吴人戴冠，楚人高冠盛服，唯越人无冠而断发纹身。[②]再从考古发现的情况来看，这类刻纹铜匜多出土于吴国地区，纹样风格也与该地刻纹铜匜相同，故此器应来自吴地，时代应为战国中期。该墓出土铜器共计鼎、勺各2件，盘、匜、镜各1件。2件鼎均属越式鼎，一件为B型Ⅰb式，敛口，垂腹，圜底近平。扁直足，横断面作新月形，足尖稍外撇。两侧附耳作梯形，盖隆起，其上分立三个小纽，中央有鼻纽衔环。近口沿处饰一道凸弦纹，盖面饰满云纹，并由绹纹分隔。另一件为B型Ⅰc式，器身和纹饰与Ⅰb近同，唯足下端向外弯曲，盖中央有鼻纽，但不衔环，周分立三个扁方形纽。二式均为战国早期后段特征。盘，斜折沿、浅腹、尖底、双环衔环耳用铆钉与器壁连接固定。勺为Ⅲ式，形体较小，前弧后窄，在勺中部内折收缩形成双肩，有六角形銎可以安柄。这类铜勺的带柄完整器在M89号墓中就有发现，只是勺头为Ⅰ式而已。这些铜器则为战国中期器。共出陶器有鼎6件，壶、罐、残器各2件，其形制亦为战国中期之特征。黄泥坑5号墓是楚国墓葬，最新研究结果表明，春秋晚期楚人即已进入长沙一带，战国时期长沙是楚国南部边陲重镇，楚人占领长沙之前，当地土著居民为古越族，因而长沙楚墓中出土的越式器物较多。该墓为长方型宽坑木椁墓，从墓葬形制及随葬器物组合、数量、特征来看，属三期甲类

① 参见中国社会科学院考古研究所编著：《新中国的考古发现和研究》，文物出版社，1984年，第292页；朱凤瀚：《古代中国青铜器》，南开大学出版社，1995年，第560页表七・一七；印群：《黄河中下游地区的东周墓葬制度》附表十六、十七、二十一，社会科学文献出版社，2001年，第274、276页；中国社会科学院考古研究所：《中国考古学》两周卷，中国社会科学出版社，2004年，第294页表8-3、第277页。

② 肖梦龙：《吴、越“断发纹身”习俗探索》，《东南文化》1988年第1期；吴永章：《越、楚文化异同研究》，《民族研究》1989年第6期。

墓，即战国中期较大型的墓葬，墓主人的身份应为大夫级。①

平度东岳石村M16号墓出土的宴饮射侯纹铜匜，已大部分残缺，仅存一铜片，上有线刻人物画像纹，其刻纹图案与长沙黄泥坑5号墓出土铜匜上的人物画像纹中的人物、树木、鸟禽、射侯之形象及三角纹相同，与山西长治分水岭12号墓出土铜匜上的人物画像纹中的人物、树木、鸟禽之形象也相同，刻划构图与绘画风格也一样。而黄泥坑5号墓和分水岭12号墓均为战国中期墓葬，此可作为东岳石M16号墓出土铜匜残片年代的参考。该墓出土铜器共计鼎、壶、钾、盘、匜各1件，敦2件，剑3件，镞40件，戈、带钩各6件。车马器有衔1件，轴头饰2件。其中盘作大口、折腹、圈足，上腹两侧对置环纽衔环耳。鼎器盖相合成扁圆形，足残断，附耳稍向外弯曲，盖周分立三环纽。二件敦均是器身与器盖同形，器盖相合成球形，器以三环为足，二环为左右耳，盖则以五环为纽。这两件敦也有助于判定本组铜器的年代，其形制与战国时期齐国青铜器“陈侯四器”的陈侯午敦之一及陈侯因資敦相同，而这二件陈侯敦，据铭文分别制于“隹十又四年”和齐威王即位之初年，即公元前361年和公元前356年，亦即战国早中期之交，此亦可证东岳石M16号墓所出铜敦的制作年代。器盖相合成球形的敦，最早见于春秋晚期的寿县蔡侯墓及楚国墓，如湖北襄阳山湾M33号墓。战国时的齐国流行环耳、环纽球形敦，陈侯器在战国中期偏早阶段即已有球形敦。在中原地区，约在战国中期偏晚才出现，如分水岭M12所出球形敦，似表明此型敦在齐地流行早于中原。而钾这种器物在战国时的齐国主要流行于战国中期偏晚以前。鼎盖亦作三环纽，风格与敦相同，也应是同时之器。此外，该墓还出土有仿铜陶器，共计鼎、钾、匜、盒各1件，豆8件，壶3件，盘2件。陶俑有人俑4件，马俑2件。其中有2件豆，1件为细高柄，1件柄稍粗短，但均作无盖，浅盘，直腹壁。汲县山彪镇M1也有这样两件浅盘豆，二者器型、组合方式相同，而山彪镇M1器组的年代属战国早期偏晚。类似的仿铜陶器组合形式亦见于临淄郎家庄M1，二者在形制上也有共同处，如豆均有细长柄、器盖相合近于球形的形式。惟东岳石M16出土的此型陶豆，器盖无环耳与环纽。而郎家庄M1的陶鼎附耳外曲，盖上有三环纽。陶敦均以环作器耳、三足和盖上三纽。这些也与东岳石M16同类铜器相同。另外，该墓还出土玛瑙环4件，石璜62件及数量较多的珠、管等装饰品。由以上情况可知，本组器物的年代大约在战国早期偏晚至中期偏早阶段，墓葬年代当为战国中期。从地理位置与随葬品情况来看，平度东岳石M16号墓葬属战国

① 参见湖南省博物馆、湖南省文物考古研究所等：《长沙楚墓》，文物出版社，2000年，第159、162、145、146、157、162、465页，前言第1页，第491、17、450页，第564页附表一、609页附表四，第465页。

中期齐国地区甲类墓，即一鼎墓，墓主人应是有田禄的士[1]，也可能是因军功而发迹起来的军功地主。

长岛王沟2号墓出土的宴舞狩猎射侯纹鎏金铜鉴残片，其刻纹图案，与属于战国早期偏晚的陕县后川 2041 号墓出土铜匜上的人物画像纹中的人物、鱼之形象，属于战国中期的长沙黄泥坑5号墓出土铜匜上的人物画像纹中的人物、树木、鸟、射侯之形象及三角纹，平度东岳石M16号墓出土铜匜上的人物画像纹中的人物、豆、树木、鸟之形象及三角纹，属于战国中期的长治分水岭12号墓出土铜匜上的人物画像纹中的人物、树木、鸟、鱼之形象以及作为画面单元分界的竹节纹，淮阴高庄 M1 出土铜箅上的人物画像纹中的车猎图案，以及台北故宫博物院馆藏战国铜钫上的人物画像纹中的车猎图案等都相同。从考古发现的实物来看，鎏金技术也是春秋末期至战国初期才开始出现的制铜新工艺，到战国中晚期鎏金铜器逐渐增多，故王沟铜鉴的年代亦当为战国早期至中期。王沟墓群的出土器物主要是铜器和陶器，随葬器物的组合为鼎、豆、壶、罐，大墓则增加盘、匜等器，器物风格和组合特点都与齐国都城临淄一带的齐国墓葬完全一致。2号墓随葬的鉴、盘、匜三件盥洗器，器表鎏金，内壁有刻纹图像，呈现出奢侈豪华的贵族生活图景。据考证，王沟墓群为齐相田和代齐、迁齐康公于海上后所留下的一处齐国王室贵族墓地，时代为春秋晚期至战国早中期。

上海博物馆馆藏宴舞射猎纹铜椭桮，形制为长椭圆体、敛口、深腹、弧壁下收、平底，横向两侧有环纽衔环耳。椭桮内有线刻人物画像纹，其图案与江苏镇江谏壁王家山春秋末期墓出土铜鉴及六合县和仁春秋末战国初墓出土铜匜上的建筑形象[2]，战国早期的陕县后川2041号墓出土铜匜上的射侯、蛇之形象，战国早中期的长岛王沟2号墓出土铜鉴上的人物、车马、鼎实、豆实、树木、鸟、射侯之形象及三角纹相近或相同，尤其是与江苏六合程桥春秋末期吴墓出土铜器残片上的人物画像纹用虚线构图、画面布局不甚紧凑的做法完全相同，其人物服饰和犄角冠，也与之相同。[3]与之相同者还有故宫燕射狩猎纹铜鉴残片。故该椭桮当为战国早期器。三者当都属于吴文化系统。

江苏镇江谏壁镇王家山东周墓出土的宴乐射猎纹铜鉴，残，已复原，形制为敛口，深腹，弧壁下收，平底，二环纽耳。器内刻有人物画像纹，其图案与战国早期的陕县后川2041号墓出土铜匜上的人物、射侯之形象，河北平山三汲乡8101号墓出土铜鉴上的射侯形象、圆团状蛇纹和带状蛇皮连衣裙纹，战国中期的长沙

① 参见朱凤瀚：《古代中国青铜器》，南开大学出版社，1995年，第1002、1003页；印群：《黄河中下游地区的东周墓葬制度》，社会科学文献出版社，2001年，第275页附表十八；查瑞珍：《战国秦汉考古》，南京大学出版社，1990年，第109页。
② 吴山菁：《江苏六合县和仁东周墓》，《考古》1977年第5期。
③ 江苏省文物管理委员会、南京博物院：《江苏六合程桥东周墓》，《考古》1965年第3期。

黄泥坑 M5 出土铜匜上的人物、树木、射侯之形象相同。除铜鉴外，该墓共出铜器还有“越式鼎”形温食器、镳、盘、匜、虎子、炉、錞于、勾鑃，兵器有戈、矛、三戈戟、剑、镞，工具有锛、凿、削等。其中盘敞口，浅腹，平底，二环纽衔环耳，薄胎。与吴县枫桥何山墓所出铜盘形近，唯彼盘四环纽衔环耳[①]，此盘仅有二环纽衔环耳而已。匜亦作平底，且匜腹已作横长，腹平面为椭圆形，前为瓦槽状流，后置环纽形鋬。此座墓的年代已在春秋末期，铜器年代相同或稍早。根据考古发现，刻纹铜器多出自吴墓，在薄胎铜器上刻划人物画像纹是春秋晚期吴国工匠的发明创造。平底、环纽衔环耳的盘，平底、横长带环纽形鋬的匜，以及青铜虎子，也都是吴国颇有特色的铜器。錞于一套 3 件，更是地道的吴器，吴国军队强盛，也促进了军乐的发达。《国语·吴语》、《吴越春秋·夫差内传》俱说吴王夫差北上中原争霸，在黄池会盟，与晋国争盟主，“昧明，王乃秉枹，亲就鸣钟鼓、丁宁、錞于、振铎，勇怯尽应，三军皆哗钔以振旅，其声动天地。晋师大骇不出”[②]。所记与王家山东周墓出土军乐器正相吻合。按典籍记载，江苏镇江地区属吴地，吴国都城在今苏州一带。谏壁沿江一带为吴国贵族墓葬群所在地，而该墓又是大型长方形竖穴土坑墓，故王家山东周墓为春秋末期吴国贵族墓葬。[③]

河北平山县三汲乡穆家庄 8101 号墓出土的宴饮射猎纹铜鉴[④]，形制为平折沿、浅腹、下腹内折、平底，上腹两侧对置环纽耳，胎体甚薄。与战国中期的辉县赵固 1 号墓出土的宴乐射猎纹铜鉴相同，唯双耳不衔环。器内有线刻人物画像纹，其图案与镇江谏壁王家山春秋末期墓出土铜鉴上的团状蛇纹、带状蛇皮连衣裙纹及射侯之形象雷同，与战国早期的陕县后川 2041 号墓出土铜匜上的射侯形象，战国早中期的长岛王沟 2 号墓出土铜鉴上的车马、鹿之形象，战国中期的长治分水岭 12 号墓出土铜匜上的树木形象以及赵固 1 号墓出土铜鉴上的三角纹也相同。平山县三汲乡是中山国都城灵寿城的所在地，穆家庄战国墓正当灵寿城址的西城垣，有的就迭压在城垣下。在灵寿城城址内外发现有战国中期的中山王墓和一些中小型墓葬，故该墓当是战国早期中山国贵族墓葬。

淮阴高庄 M1 号墓出土的宴乐囿游射侯纹铜盘，有 2 件，均残，已复原。形制为敛口、浅腹、弧壁下收、平底。上部有四铺首或四环纽衔环耳，皆用铆钉固定器壁上。胎很薄，器内有线刻人物画像纹。其图案与江苏六合县和仁春秋末战国初期墓出土铜匜上的人物、树木、建筑等形象及线刻表现手法，战国早期的平

① 吴县文物管理委员会：《江苏吴县何山东周墓》，《文物》1984 年第 5 期。

② 李维琦点校：《国语·战国策》，岳麓书社，2006 年第 2 版，第 148 页；（汉）赵晔：《吴越春秋》卷五，江苏古籍出版社，1999 年。

③ 朱凤瀚：《古代中国青铜器》，南开大学出版社，1995 年，第 913、915 页。

④ 河北省文物研究所：《河北平山三汲古城调查与墓葬发掘》，《考古学集刊》5，中国社会科学出版社，1987 年。

山三汲 8101 号墓出土铜鉴上的圆团状蛇纹及鹿的形象，上海博物馆馆藏椭栝上的三角纹，战国中期的长沙黄泥坑 M5 出土铜匜上的人物、树木形象及线刻表现手法，辉县赵固 M1 出土铜鉴上的建筑图像，战国中期的长治分水岭 M12 出土铜匜上的人物形象及线刻表现手法相同。高庄 M1 号墓是较大型的长方形竖穴土坑木椁墓，发现人骨架 14 具，出土陶瓷器 37 件；青铜器 176 件。①就随葬品而言，几何印纹硬陶和原始瓷器是春秋战国时期江浙一带的常见器物，其形制和纹饰与春秋晚期至战国早期的上海戚家墩下层及绍兴漓渚出土的战国早中期的同类器物相近。铜甗分体，是春秋战国时期的流行形制。鉴与江苏丹徒北山顶春秋晚期墓出土铜鉴的器形一模一样，相似的铜鉴在广东、湖南、江西都有出土，多流行于春秋晚期至战国早期。铜鉴的纹饰也与战国初年的绍兴 306 号墓出土铜鉴的花纹相似。Ⅲ式盘、Ⅱ式镳与春秋战国之际的江苏吴县何山墓出土的盘、镳及绍兴 306 号墓出土的镳形制一样。Ⅱ式镳的器体及流首与镇江谏壁王家山春秋末期墓出土铜镳的形制和纹饰也一样，其由缠体蟠螭组成的提梁与故宫博物院馆藏战国早期的螭梁镳相似。这种形式的铜镳在陕西、河南、浙江、江苏都有出土，流行于春秋晚期至战国早期。Ⅱ式盘与春秋中晚期的河南淅川 M3 出土的铜盘、河南固始侯古堆春秋战国之际墓出土的铜炭炉相似。铜铺首这种装饰方法也是战国以后才出现和流行起来的，细密的蟠螭纹也是春秋战国时期的流行纹饰，作为界隔作用的陶索纹，也是战国早期铜器上常见的具有时代特征的纹饰。人物画像纹萌芽于春秋晚期，成熟并流行在战国早、中期。高庄 M1 号墓的人物画像纹铜器用线刻法构图，技法纯熟，刻纹主体不再是几何纹的重复图案的格局，而是已经进入到表现社会生活和自然景色的进行艺术创作的成熟阶段。并且刻纹铜器多达 20 余件，涉及盘、匜、箅三种器类，不仅内容丰富，而且器类多、数量大，几乎相当于过去所出东周刻纹铜器的总和，这些都是刻纹铜器成熟时期的特征。

据史书记载，战国初年淮阴主要是吴越人的活动地域。到战国中期以后，淮阴便完全成为楚地了。就横向比较而言，高庄 M1 号墓与南方越人墓比较相似，而且墓主与东夷人有密切关系②，该墓能显示墓主身份者，除墓葬形制属较大型的

---

① 其中鼎 11 件，盘 18 件，匜 7 件，鉴、箅、勺各 4 件，镳、罍、锅铲各 2 件，盆、甗、吊炉、炉架、铎、带钩各 1 件，牛、虎各 4 件。生产工具及兵器 29 件，计锸、锛、斧、铲各 1 件，凿 2 件，戈 3 件，镦 1 件，镞 18 件。车马器 63 件，计龙形较一套 6 件，车軎 6 件，衔 7 件等。

② 如器物组合无规律，大多为实用器皿。Ⅰ Ⅱ式鼎为越式鼎，这种鼎主要流行于战国早中期，鼎用奇数也是南方越人墓所具有的特点，而与楚墓鼎用偶数则显然不同。Ⅱ式戈也是春秋战国之际的越式戈。斧、凿、锸、铲、锛、锯等青铜工具也与江苏镇江、苏州、安徽贵池、浙江长兴、绍兴等地出土的吴越青铜工具相近似。几何印纹硬陶也是南方古越人最富有特征的器物。线刻画像纹中多有蛇纹，也与越人的蛇图腾崇拜相合。在人物画像纹中有头部没有发饰者，可能是断发越人形象，此亦与文献所说的“中国冠笄，越人断发”相合。可见高庄 M1 号墓出土器物所体现的越文化特征是非常明显的。该墓没有封土，与楚墓也明显不同，墓中有殉人这种现象则为同期楚墓所少见，设有殉狗腰坑也为一般楚墓所不见。越人墓虽有腰坑，但多放陶器。随葬大小相次的列鼎 11 件，在越人墓中尚无先例，故二者也有显著差异。但这与山东莒南大店和沂水刘家店子的莒国贵族墓有大量殉人及墓

竖穴土坑木椁墓、殉人较多、随葬品丰富、共用了 11 件列鼎之外，车马器中还有龙形较饰，即车耳，亦即重较，按《诗・卫风・淇奥》“倚重较兮”毛亨传曰：“重较，卿士之车。”①说明墓主人的身份当在卿大夫之列，或者说是一方诸侯首领。综上所述，高庄 M1 号墓的随葬器物既具有春秋晚期至战国早期的特点，也有一些流行于战国早中期的器物特点，即越器徐器共出，又坚持商人夷人的古老葬俗。因此高庄 M1 号墓的年代应断在战国早中期，国别属越国，族属为越国属下的淮夷人，其身份是臣服并曾参加过越国领导的军事行动的淮夷人首领，即淮阴高庄 M1 号墓是战国早中期从属于越国的淮夷首领之墓葬。②

中霍村 M1 号墓出土的宴饮竞射纹铜匜，器身椭圆呈瓢形，敛口，腹壁微内收，小平底，前置瓦槽状流，与流对应的后壁处置铺首衔环纽。器胎甚薄，已残破，内壁錾刻有人物画像纹。其图案与江苏镇江谏壁王家山春秋末期墓出土铜鉴上的射侯、铜盘上的鱼和鹿之形象及双重等腰三角形花边，后川 2041 号战国早期墓出土铜匜上的射侯、获旌、树、鱼之形象及水波纹带，安徽淮阴高庄战国早期墓出土 48 号盘上的鹿之形象及 27 号盘上的双重等腰三角形花边，山西潞城潞河 M7 战国早期墓出土铜匜上的鱼、人物之形象③，河北平山三汲 8101 号战国早期墓出土铜鉴上的鹿之形象，洛阳市文物交流中心发现的民间收藏的战国早中期飨射养老纹铜匜上的人物、射侯之形象，故宫收藏的战国早中期燕射狩猎纹铜鉴残片上的有些人物形象，长沙黄泥坑 5 号战国中期墓出土铜匜上的鱼纹、双重等腰三角形、铺首衔环相近或相同。共出青铜器与山西浑源李峪村东周墓、侯马上马村东周墓、芮城坛道村战国早期墓、原平县刘庄塔岗梁东周春秋墓、原平县练家岗、原平县峙峪战国墓、万荣庙前村战国墓所出同类器物，形制极为相似。因此 M1 号墓的时代应为战国早中期，铜匜的年代与墓葬年代大体相当。该墓地共发现 5 座墓，根据墓室结构和形制，这些墓葬应属同一时期的家族墓。其葬制葬俗带有明显的北方戎狄文化特点，而随葬的青铜器则有许多晋国文化特点，说明这些铜器当来自晋国。其中 M1 号墓为土坑竖穴，有石壁龛、石椁、两层木椁、木棺、左右边箱和殉人，出土器物 17 件，计铜盖鼎 4 件、盖豆 2 件、壶 2 件、甗 1

底设有腰坑的情况则颇为相同，殉狗腰坑最先流行于中原商人墓葬，鲁南、苏北地区的墓葬直到春秋战国时期仍流行这种葬制。在历史上，苏北和鲁南地区都曾是东夷人、淮夷人的活动地域，而淮夷也确曾从属于越国，故殉人和殉狗腰坑当为夷人墓葬的特征之一。高庄 M1 号墓大量殉人并设有殉狗腰坑，说明墓主与东夷人有密切关系。另外，Ⅰ式盘、吊炉、炉架与江西靖安出土的春秋晚期徐国铜盥盘、炉盘相近似，说明其当为徐器。

① （清）阮元校刻：《十三经注疏・毛诗正义》，中华书局，1980 年，第 321 页。

② 参见王厚宇：《试谈淮阴高庄墓的年代、国别、族属》，《考古》1991 年第 8 期；王恩田：《临淄国子墓和郎家庄墓的年代与墓主问题》，《考古与文物》1985 年第 6 期；叶小燕：《东周刻纹铜器》，《考古》1983 年第 2 期；彭浩：《我国两周时期的越式鼎》，《湖南考古辑刊》第 2 辑，1984 年；刘建国：《春秋刻纹铜器初论》，《东南文化》1988 年第 5 期；张学海：《试论鲁城两周墓葬的类型、族属及其反映的问题》，《中国考古学会第四次年会论文集》，文物出版社，1985 年。

③ 山西省考古研究所、山西省晋东南地区文化局：《山西省潞城县潞河战国墓》，《文物》1986 年第 6 期。

件、盘 1 件、匜 1 件、节约 4 件、铜泡 1 件、骨镳 1 件。根据随葬品的种类并参照 M2 号墓主的骨骼性别特征，推测该墓主人应为男性，其身份大约相当于中原地区的大夫一级。①

洛阳市文物交流中心发现的民间收藏的飨射养老纹铜匜，器身横长，腹平面为椭圆形，敛口、浅腹、弧壁内收、平底，形似瓢。流无封顶，为瓦槽状，接在腹短径方向上，后带一环纽形鋬。器胎甚薄，内底与内壁錾刻有人物画像纹。其图案与战国早期偏早的山西潞城潞河 M7 出土铜匜上的人物、鱼纹、飞鸟形象相似。与战国早期的陕县后川 2041 号墓出土铜匜上的射侯、鱼之形象相近，蛇纹雷同。与战国早中期的山东长岛王沟 2 号墓出土铜鉴上的鱼、鹿角、射侯形象及三角纹相近，鼎实的表现方法相同。其与通县中赵甫村战国中期偏早墓出土铜匜上的鱼纹也相近，与北京故宫博物院馆藏战国铜鉴残片上的人物、蛇形象及三角纹相同。其器形与河南尉氏河东周村春秋晚期墓出土铜匜，江苏镇江谏壁镇王家山、苏州虎丘新塘村千墩坟春秋末期墓出土铜匜，战国早期的襄阳蔡坡 M4 出土铜匜，战国早期偏晚至中期偏早的江陵天星观 M1、望山 M1、马联 M2 出土铜匜，战国中期的山西长治分水岭 M12、河南信阳长台关 M1 出土铜匜的形制相同。可见横宽的瓢式匜产生于春秋晚期，流行于战国早期至中期。尉氏河东周墓出土的横宽匜，其形制已开了战国时期流行的瓢形匜之先河。有鉴于此，我们认为洛阳文物交流中心发现的飨射养老纹铜匜的年代应断在战国早中期比较合适。②

从以上所述来看，人物画像纹青铜器上的射礼画像和与射礼有关的图案，春秋末期开始出现，主要流行于战国早期至中期。这一时间界限与当时錾刻的工具条件、人物画像纹流行的时间和社会变革所带来的崭新工艺也是一致的。首先，在青铜器上錾刻人物画像纹需要极坚利的金属工具。春秋末期，继青铜嵌错图案工艺之后，又出现了刻纹画像工艺，其錾刻手法有两种形式，一是由点连线，点呈头粗尾细的楔形，粗端入铜较深；二是由细如毫发而流畅的线条组成，放大观察，可知有的线条亦是由若干段线条连接而成的。从刀法上分析，前者可能是錾凿打成，后者则是刻划而成③，可概括为虚线刻法和线刻法。其线条纤细如发丝，笔法简练，线条流畅，画面精细工丽，无疑是用锐利工具刻划而成的。其具体的錾刻工具，有学者认为“刻制工具是一种双刃斜口的铜质小刀”④。这种刀具在战国墓中就有发现，1980 年四川新都县战国墓中出土了一把铜雕刀，刀身微翘，锋

---

① 李有成：《定襄县中霍村东周墓发掘报告》，《文物》1997 年第 5 期。

② 朱凤瀚：《古代中国青铜器》，南开大学出版社，1995 年，第 1033、995、1048、876、937、915、970、1007、1015、1056、1009、1058、1059、1060、989、1011、1063 页；中国社会科学院考古研究所：《中国考古学》两周卷，中国社会科学出版社，2004 年，第 294 页注 4、第 295 页。

③ 叶小燕：《我国古代青铜器上的装饰工艺》，《考古与文物》1983 年第 4 期。

④ 吴镇烽：《商周青铜器装饰艺术》，《考古与文物》1983 年第 5 期。

刃呈扁等腰三角形，极为尖锐。刀身绑缚在木柄上，并髹黑漆，柄后部翘起，极便把握，当属于这类刻刀。同出器物还有铜曲头斤、铜凿、铜削刀[①]，说明墓主人应是一位雕刻艺人。也有学者提出当时的錾刻工具是铁质刻刀，认为“这些不是铸而是刻，是已到了有铁工具可以胜过铜的硬度后产生的”。“自工具革新，锋刃可以划铜，就有细线刻划纹的出现。”“由于铁器进步，工具犀利，铜器花纹又进入一个划纹时期。”[②]这一说法是有道理的，青铜是红铜加锡的合金，比例不同，其硬度也不一样，单靠铜质刻刀还是有一定局限的，有些青铜器还必须用更坚利的铁质刻刀不可，而冶铁术出现于春秋晚期，推广于战国时期，而人物画像纹也正好出现、兴盛于这一时期，这种吻合说明当时也确实具备这方面的技术条件。据考古资料，河北藁城和北京平谷刘家河出土的铁刃铜钺，说明我国早在商代就已经有了陨铁锻制的器物。江苏六合程桥、湖南长沙龙洞坡、常德德山东周墓葬或遗址出土的铁块、铁条、铁削、铁臿、铁锛等物件，据金相分析，它们都是块炼铁和生铁制品。生铁制品经过热处理后，其锐利程度和使用寿命都可得到增强。长沙杨家山春秋晚期墓出土的钢剑，经检验是经过退火处理的中碳钢制品，说明至少在春秋晚期我国古代先民就已经掌握了冶铁技术，并且还掌握了中碳钢技术。战国中期以后，冶铁业获得了明显的发展，铁器品种和数量增多，已广泛使用到生产、军事和生活领域，并且铁越来越多地被用于兵器生产。考古发现了多处战国时期的冶铁铸铁遗址和上千件的铁制品，其中燕下都44号墓出土的几件铁器，经金相考察，是经过淬火处理的高碳钢制品，说明战国后期钢铁技术又有了进一步的发展。[③]春秋晚期至战国时期冶铁制钢技术的发明，与春秋末期至战国早中期人物画像纹青铜器的产生和流行，时代步伐正好相同，说明人物画像纹的确是与钢铁的发展密切相连的。

其次，青铜器上的射礼画像图案与錾刻人物画像纹流行的时期完全一致。关于人物画像纹的存在时间，不少学者都作过仔细的研究，认为“这种表现人们生活情景的图样，即所谓人物画像纹饰始于春秋晚期，但盛行于战国早、中期，至战国晚期仍存在”。而“针刻的人物画像纹约出现于春秋晚期，延续至战国中期，其出现比嵌错的人物画像纹饰略早，后者大约始出现于战国早期初叶，并主要存在于战国早期，至战国中期虽仍存在，但已较少见”[④]。或认为叙事画纹样的出现为战国时期，其“内容已非简单的图形表象，而是故事式的片段描写”，“一般鸟兽花纹发展到战国时期，大体上由个别形象的反映，渐进而至群体的描写；由以

① 文化部文物局、故宫博物院：《全国出土文物珍品选》（1976—1984）215~218，文物出版社，1987年。
② 郭宝钧：《商周铜器群综合研究》，文物出版社，1981年，第160、157页。
③ 中国社会科学院考古研究所：《新中国的考古发现和研究》，文物出版社，1984年，第332~333页。
④ 朱凤瀚：《古代中国青铜器》，南开大学出版社，1995年，第407、408页。

鸟兽动物为题材的渐以人物生活为主题了”①。或认为错红铜“是盛极一时的青铜器装饰工艺，它的高峰时期大概在春秋晚期和战国早期，目前所发现的错红铜器物绝大多数属于这一时期”，“战国中、晚期的错红铜器物虽然仍有发现，但在数量上远不如以前，而且往往和别的工艺同用”。表现社会生活的图像错纹，“它和同一时期流行的刻纹铜器花纹内容，可说是异曲同工，相互媲美，这也反映了一代的工艺作风”②。或认为这种“图像纹的流行时期，是春秋末至战国前期，即约公元前五世纪的时期”③。我们认为这三说中，以第一说最为确切。錾刻人物画像纹始于春秋晚期，盛行于战国早中期，而射礼画像图案也始于春秋末期，盛行于战国早中期。射礼画像图案与錾刻人物画像纹流行时期相同，说明射礼与宴乐、狩猎、采桑一样，始终是线刻人物画像纹的重要题材。

再次，射礼画像图案的出现是当时社会变革的结果。自商代以来，在严格的宗法等级制度下，人们的思想受到束缚甚至被严重禁锢，因此青铜器纹饰千篇一律，近于图案化，对称、重复，呆板、僵硬，而又充满神秘色彩。这种庄严有余、生动不足的局面一直到春秋时期才被打破，即“在公元前五世纪初春秋末期的青铜器纹饰上才见到了表现人们丰富多彩社会生活情景的图案。这总算是使人的形象摆脱了被动与束缚，使人的活力得以展现。这种变化正是与春秋末期传统生活方式与观念所发生的巨大变动相应的，而且从一个侧面体现了当时社会思想的人文主义的新潮流”④。在青铜器上表现一定生活情景的画像纹，实际上就是我国古代贵族分权制的早期封建社会趋于解体的一种曲折反映。由于贵族礼制的崩溃，地主阶级已代替旧式的封建贵族成为占统治地位的阶级，“这一时期青铜器的纹饰逐步摆脱商代、西周以来神秘森严的气氛，出现了清新的艺术风尚”⑤。这些充满生气、具有写实特点的人物画像纹，不尚对称，亦无明显的中点，而是暗含重点，生动活泼，别开生面，令人耳目一新，“可以说这种艺术表现手法反映了当时新兴地主阶级正在向上发展的趋势”⑥。由于春秋战国时期社会制度发生急剧变革，随着世族贵族与传统政治等级结构的衰败，以分封制与世官制为基础的国家政体逐渐为君主集权政治所替代，地主阶级逐步成为新政权的社会支柱，社会生产力不断发展，被旧式的封建制度和世官制度所束缚的社会思想逐渐得到解放，“等级制度与等级观念已经活化，家族出身也不再成为社会成员改变地位不可逾越的障碍，个人的智慧、才干与人格开始被社会所重视”⑦。冶铸工徒的社会地位也得到了相

① 容庚、张维持：《殷周青铜器通论》，文物出版社，1984年新1版，第120、119页。
② 叶小燕：《我国古代青铜器上的装饰工艺》，《考古与文物》1983年第4期。
③ 杜恒：《试论百花潭嵌错图象铜壶》，《文物》1976年第3期。
④ 朱凤瀚：《古代中国青铜器》，南开大学出版社，1995年，第407页。
⑤ 杜恒：《试论百花潭嵌错图象铜壶》，《文物》1976年第3期。
⑥ 河南省博物馆：《河南三门峡市上村岭出土的几件战国铜器》，《文物》1976年第3期。
⑦ 冯尔康主编：《中国社会结构的演变》，河南人民出版社，1994年，第325页。

应的提高，从而极大地激发了他们的创造才能，所以才在青铜器装饰工艺上也同社会思想解放一样，出现了百花齐放的蓬勃发展的局面和反映地主阶级和士人阶层社会活动的画像。

最后，射礼画像图案大都嵌错或錾刻在铜壶、鉴、盘、匜等器物上，而这些青铜器类又都是射礼场合所需陈设使用的礼器。所以我们认为这些带有射礼画像图案的人物画像纹青铜器，很可能就是举行射礼时所使用的器物。把射礼画像图案装饰到射礼所用的器物上，可谓是把画像内容与器物的性质和用途巧妙地结合在了一起，同时也说明这些画像图案内容应是当时射礼情景的真实反映。以上四个方面大体说明了春秋末期至战国早期射礼画像纹青铜器产生与流行的时代背景。

（二）战国青铜器人物画像纹射礼图案解析

战国青铜器人物画像纹射礼图案的内容，在以往的发掘报告和器物介绍文章中都有解释，有的学者还就其中某一个体作过比较深入的分析研究，但就总体而言，以往的研究对此还不够重视。其普遍存在的问题是往往把连续不断的故事式画像作片段描写，把完整的一件事肢解为数件事的某些片段。同时由于这类器物以前发现不多，且磨损、锈蚀、残缺严重，画像的某些部分难以辨识，从而使某些解释难免有不够确切的地方，甚至或有漏释之处。又由于和文献及礼仪制度结合不够，有些解释前后矛盾，临摹图案也有不确之处。今天随着这类资料的不断发现，我们又有了一些新认识，并有可能对原来不确切甚或错误的解释与摹本作出订正，故现在已有研究的基础上，以时代先后为序，试对有关射礼的画像图案之内涵作重新解析。

1. 王家山宴乐射猎纹铜鉴（彩图 22）

上图为一鉴，有的文章中也称其为盘。在三层画像中共有持弓或引弓射箭者四人，因残缺严重，是否与射礼有关尚难以确定；下图又为一鉴，其画面共分两层，上层是呈带状分布的重复连接的蛇皮连衣裙纹。下层正中为一高台建筑，有台阶可供上下，无墙壁和门窗，据《尔雅·释宫》："无室曰榭。"郭璞注："云无室曰榭者，但有大殿，无室内，名曰榭。"知该建筑当是宣榭，亦即射庐。庐内正中设禁，禁上陈放两壶酒，每壶都加放一勺，这与射礼之备设正合，如《仪礼·燕礼》载曰："司宫尊于东楹之西，两方壶，左玄酒……尊士旅食于门西，两圜壶。"《大射仪》载曰："司宫尊于东楹之西，两方壶，膳尊两甒在南，有丰。幂用锡若絺，缀诸箭，盖幂，加勺。又反之，皆玄尊，酒在北。尊士旅食于西镈之南，北面，两圜壶。又尊于大侯之乏东北两壶献酒。"《乡饮酒礼》载曰："尊两壶于房户间，斯禁，有玄酒……加二勺于两壶。"《乡射礼》载曰："尊于宾席之东，两壶，斯禁，左玄酒，皆加勺。”[①]因此刘正先生释此为“桌几上又有射壶两个，内各盛箭一支”[②]，显系疏于射礼和投壶礼而致误。若为投壶，一壶即可，何须陈设两壶？且壶的形状为畅口，短颈、中腹，与直口、高颈、垂腹的投壶形制也相去甚远。禁旁有二人，当为执事。右楹柱外屋檐下有一人正引弓待发，其脚前有一矮垛，当是射位的标记，与东周礼书所说的十字形标记“物”的性质相同。右楹柱内有一人正搭箭试弓，做着射前准备。射者正前方有一高台，亦有台阶可供上下。此台后方有树林，林中有飞鸟和落鸟。此台前方有二人正在烹煮肉食。此台远端张横束腰形射侯，侯的正中画×形两条交线，以交点为中心画圆圈形靶心，叫鹄，亦叫质。可见现今世界所普遍使用的十字形视准，早在我国的春秋末期就已经被运用于射礼了。侯缘有“∽”形纹作装饰，圆形鹄内画有数个小点，当表示矢贯侯所留下的洞痕。上下纲系于植上。侯旁立一人，一手举盾，一手执并夹，当为获者或射鸟氏，《周礼·夏官》记射鸟氏之职为 “射则取矢。矢在侯高，则以并夹取之”[③]。并夹是一种长柄的钳，以便钳取高处的矢。此台近端有一人头朝射者跽坐着，当为释获者。射庐正前方残缺，庐下有几人待射不可而知，但为耦射则是可以肯定的。左楹柱外屋檐下有一人，躬腰向正适阶而上的一人举杯饮罚酒。射庐左侧悬有编磬，一人正在敲奏。磬架之上残存二人，行走在豆觚之间。故这一部分的内容当为宴乐无疑。宴乐也是射礼的一部分，因此，整个残存画像实际上就是一幅燕射情景画。

2. 百花潭采桑宴饮乐舞射猎攻战纹铜壶（彩图23）

器表满布嵌错的人物画像纹，壶身画面以铺首衔环耳为中线，前后画像对称，且被三条斜角云纹带划分为四层。自上而下，第一层画像，以铺首衔环耳为界，左侧为射礼画像。画面上有无墙建筑一座，当为射庐，亦称射宫。堂内外有五人，头戴帻，皆左向。前一人着长服，腰佩短剑，双手执旌，当是获者，其在乡射礼和大射礼中的职责是射者就射位前“倚旌于侯中”或“执旌负侯而俟”，发射前“去侯”，射者射中则坐而唱获。[④]发掘记说此人为引导[⑤]，是不确切的。第二人着短服，跽坐在左楹柱外的屋檐下，手执筭，当为释获者，其在乡射礼和大射礼中的职责是射前设中，执筭而俟，射者中则坐而释获，射毕“遂进取贤获”[⑥]。发掘记说其手执短剑也是不对的。第三人正足立于堂内，正引弓待发。第四人位于其后，一手执弓，一手抽矢，作继射准备。第五人立右楹柱外的屋檐下，两手执弓箭，当

① （清）阮元校刻：《十三经注疏·仪礼注疏》，中华书局，1980年，第1015、1029、980、993页。
② 刘正：《金文庙制研究》，中国社会科学出版社，2004年，第107页。
③ （清）阮元校刻：《十三经注疏·周礼注疏》，中华书局，1980年，第846页。
④ （清）阮元校刻：《十三经注疏·仪礼注疏》，中华书局，1980年，第997、1000、1035页。
⑤ 四川省博物馆：《成都百花潭中学十号墓发掘记》，《文物》1976年第3期。简称发掘记，以下凡言发掘记者均指此，不再作注。
⑥ （清）阮元校刻：《十三经注疏·仪礼注疏》，中华书局，1980年，第1002、1003、1037页。

为司马，在射礼中其职为主管射政。第三、第四、第五三人皆着长裳。射庐下亦有五人，皆右行，着长裳，头戴长遮簷球形帽或顶部带有两犄角、后部加披如曳长鹊尾的皮弁①，腰佩短剑。前一人双手前举，回头顾后，当为射人，即司射，在射礼中为主人掌射事，是司马之佐。其后四人当为将升堂的继射者，但第三、第五人，一手持弓，一手从腰间作抽矢状，而第二、第四人手中则未持弓，且与持弓者间隔排列，不知何意。最下方有三人皆左向跽坐于地，着短服有帻，其前有鼎俎，正在烹饪，此与古者射礼必先行燕礼吻合。可见左侧画面为射礼，重点突显的是三耦射。发掘记以无侯为由释此为"射夫以弓矢舞"的武舞，显然是错了。另据有的人指出此射庐前方张有侯，且两箭已经射中。②如此则是摹本漏临，武舞之说就更站不住脚了。

第一层右侧为采桑画像。共有2棵桑树，15个人，皆着长裳。其中7人有长发辫，8人有帻或戴长沿球形帽或戴皮弁，这8人中又有4人腰佩短剑。每棵树上有2人用篮子采桑，下有10人运桑或选弓材。另有一人形体高大，腰佩短剑，双手作挥舞状，到底是掌葛、场人、司稼、田畯之类的农官到桑园督察，喜庆丰收，歌舞助兴，或是巫者在桑间跳"桑林之舞"，祈祷雨顺的礼仪，尚不能一是。但采桑之季节在春天则可以肯定，《诗经·豳风·七月》："春日载阳，有鸣仓庚。女执懿筐，遵彼微行，爰求柔桑。""蚕月条桑，取彼斧斨，以伐远扬，猗彼女桑。"程俊英注曰："春日，指夏历三月。""蚕月，养蚕的月份，指三月。条，挑的借字。条桑，修剪桑树。"③第一层左右侧画面看起来是各自独立的，实际上二者也存在着内在的联系，即采桑画像为射礼画像提供了一个举行季节的信息，按文献记载古代有春射秋飨之说，因此，我们认为第一层画像可能就是春射情景的真实写照。

---

① 皮弁，是周族人上古时戴的一种帽子。《仪礼·士冠礼》："皮弁，服素积，缁带，素铧。"郑玄注曰："皮弁者，以白鹿皮为冠，像上古也。"孔颖达正义曰："上古也者，谓三皇时，冒覆头，句颔绕项。"（（清）阮元校刻：《十三经注疏·仪礼注疏》，中华书局，1980年，第950页）杨天宇则注曰："皮弁，用兽皮制成，形略似后世的瓜皮帽。"（杨天宇：《仪礼译注》，上海古籍出版社，2004年新1版，第5页注[10]）其形式与"冒覆头，句颔绕项"相去较远。《白虎通·绋冕》曰："皮弁者……上古之时质，先加服皮，以鹿皮者，取其文章也……至质不易之服，反古不忘本也。"皮弁素积，"征伐田猎，此皆服之"（（汉）班固撰，（清）陈立疏证，吴则虞点校：《白虎通疏证》，中华书局，1994年）。《公羊传》宣公元年何休注亦认为："皮弁，武冠。"又昭公二十五年何休注曰："礼……皮冠以征不义，取禽兽行射。"（（清）阮元校刻：《十三经注疏·春秋公羊传注疏》，中华书局，1980年，第2277、2329页）《左传》襄公十四年杨伯峻注曰："皮冠，以白鹿皮所制帽，田猎时戴之。"（杨伯峻：《春秋左传注》（修订本），中华书局，1990年第2版，第1011页）知皮弁即皮冠，用白鹿皮制成，取其有花纹，是田猎行射等武事时戴的皮帽。《周礼·春官·司服》孙诒让正义认为："皮冠盖犹方相氏之蒙熊皮。"（（清）孙诒让：《周礼正义》，中华书局，1987年）杨宽先生认为："狩猎戴皮冠，不仅为了预防伤害，兼有扰乱野兽耳目，或诱兽入网的意思。辉县琉璃阁战国墓第一号墓所出舞乐狩猎纹奁，奁壁上刻有戴兽头帽而射猎的人，见《山彪镇与琉璃阁》六五页。这种兽头帽该是一种诱使兽近身的皮冠。"（杨宽：《"冠礼"新探》，《古史新探》，中华书局，1965年，第251页注[1]）甚是。按战国青铜器人物画像纹射礼图案中冠的形制有两种，即长遮簷球形帽和顶部带有两犄角、后部加披如曳长鹊尾形帽。而后者之形制正与琉璃阁舞乐狩猎纹奁上的兽头帽相同。射礼也属于武事，且起源于田猎，所以射者仍保持着戴皮弁的古老式样和风习。

② 杜恒：《试论百花潭嵌错图象铜壶》，《文物》1976年第3期。

③ 程俊英：《诗经译注》，上海古籍出版社，2004年新1版，第232页注[12]、[21]。

第二层左侧为宴饮乐舞画像。左边有一座两层建筑，楹柱、斗拱、屋顶、地面结构均与右侧画像的建筑形式相同，且堂内悬挂一弓，明此建筑亦当为射庐。楼上有 6 人，左二人右向，后一人立楹柱外，双手执长柄扇形物。前一人着短服凭几跽坐于加席上，一手伸出作接物状。右四人皆左向站立，第一人前置二豆，双手举觚向对面的跽坐者献酬酒。第二人前置禁，禁上置圜壶，一手举觚，一手执勺，当为仆人师，即斟酒者。按礼仪此时斟酒者为仆人师或胜者之弟子即胜耦之年少者，此当为仆人师。第三人垂手而立，第四人立于楹柱外。由此看来，楼上所表现的应是行射前或行射后的宴饮酒礼。考虑到左向四人中，除仆人师外，其余三人依次进堂，而参加竞射者又是六人三耦，再参照故宫采桑宴乐射猎画像三人对三人依次进酒饮酒之情况，此处的饮酒礼实应是三耦中的胜者使不胜者饮罚爵之仪节（详下高王寺宴饮射猎纹铜壶解析）；楼下悬编钟一组 4 件、编磬一组 5 件，每组各有二人执桴敲奏，另有四人与其交替间隔跽坐吹笙箫；射庐右边有四人分两排执箭而舞，动作舞姿一致。右梁柱外置金鼓，即鼓架上部为双面建鼓，下方置钲亦称丁宁，鼓左侧一人双手执桴击鼓与丁宁，右侧一人双手执桴击鼓为舞者伴奏。舞者旁边还有三位跽坐者，二人相对共抚一物，一人右向，其附近有鼎和双耳敦，这三人既可能是吹弹乐器与击鼓者一起为舞者伴奏，也可能是烹饪者。另有二人分别站立在每排舞者之后，且与舞者同向，但手不舞动，当为大司乐、乐师之类职官。发掘记曾指出："在一、二两层图像中，着长裳者均站立，穿短服者均跽坐于地，表明两者具有不同的社会地位。其中地位最高的当是第二层左侧在台上宴饮的一人，其次是立者，最低的是跽坐于地上者。"这一分析是有道理的，此人虽"身服短装"，但加席、凭几、坐饮，则说明"高座堂上的那个贵者"[①]，其身份也不一般。只是所谓的台、高座，实际上就是为至尊者布设的加席。发掘记说鼓右侧一人执觯，舞者手持矛，矛柄饰带三条，此舞是《礼记·乐记》所说"干戚之舞"，并取材于本地固有的"巴渝舞"的武舞等，都是不对的。二人共击一个双面鼓，南阳汉画像石中就有这种画面(彩图 24)。[②]若释为一人执桴击鼓，一人执觯与之相对，其义理则颇为费解。舞者所执与干盾戚斧之形毫不相干，因此它既不是《武》舞，也不是执翟龠的《大厦》舞。所谓的矛，实是箭。"饰带三条"，则是箭羽。舞与宴乐一样都是古代射礼的仪节内容，如《周礼·地官·乡大夫》所记乡射之礼五物中的第五个方面即是兴舞，亦即作舞，起舞。[③]又《春官·大司乐》曰："大射……诏诸侯以弓矢舞。"《春官·乐师》亦曰："燕射，

① 杜恒：《试论百花潭嵌错图象铜壶》，《文物》1976 年第 3 期。
② 沈从文：《中国古代服饰研究》，上海书店出版社，2005 年，第 73 页插图二四·5。
③ 详见杨天宇：《周礼译注》，上海古籍出版社，2004 年新 1 版，第 171 页及注[9]。

帅射夫以弓矢舞。”郑玄注曰：“射夫，众耦也。”①

第二层右侧为射礼弋射画像。该部分亦有无墙壁建筑即射庐一座，堂内外共六人，皆右向，第一人执旌，为获者。其前方张无首耸肩尖足的布币形射侯，侯正中心置圆点形鹄。第二人正足站在右楹柱外屋檐下引弓待发。第三人在堂内，一手持弓，一手从腰间抽矢，准备继射。第四、第五人于其后，均作校试弓状。左楹柱外屋檐下一人，当为司马。可知竞射者有四人正在进行两耦射。射侯侧旁一人跽坐于地，手执筭，当为释获者。发掘记说此人“在鼎前加柴”是不对的，所谓的鼎形物，可能临摹有误，当为盛筭的中。射庐右下方有四人站立，左边一人手捧一卣，其前地上置圜壶，壶内放一勺。这四人当为射礼之执事人员。但这里的卣与圜壶及勺，其形状又颇象弛弓，有两个弛弓，说明此四人中当有二人为竞射者，另二人为司射与执事人员。如此加上正在堂上行射的四人，共六人竞射，则亦是三耦射；射庐下有幄帐，当为行帐，正中立一柱撑顶。帐内有六人，其中三人皆左向立，前一人一手持弓，一手拿箭箙，当为帐主。第二人执觚饮酒，后一人正在壶旁取酒。因此时帐外的弋射行将结束，这三人当是准备出帐协助捡取猎获的鸿雁。另有三人跽坐于地，当为执事仆人。地上有猎获的五只活雁。帐前立两表柱以为军门，帐左方有三人正以矰缴弋射鸿雁，有数只鸿雁被击落。地上插有线觞，以防丝团被箭矢或矰矢被鹅雁带走。一人持棒以待棒击被矰缴缠绊下来的落雁。另有二人站立外围，当为弋射的指挥者和执事者。大雁为候鸟，春季飞往北方，秋季飞往南方越冬，此时大雁肥美，正是弋射的好时机，这无疑也为我们透露了本层射礼的举行季节。因此，本书认为第二层画像所展示的正是文献所说的春射秋飨的飨燕之后的秋射礼。

据文献记载，每年定期举办的大射礼与乡射礼大都在春秋两季举行，如《周礼·地官·州长》云：“春秋，以礼会民而射于州序。”②又《诗·大雅·灵台》孔颖达正义引《韩诗说》云：“辟雍者，天子之学……所以教天下春射秋飨。”③《说文·矢部》曰：“矦，春飨所射侯也。”段玉裁注曰：“春飨所射侯，谓天子诸侯养老先行大射礼之侯也。”④春射与春飨互言，知春射秋飨即春射秋射。盖因举行乡射礼必先行乡饮酒礼，举行大射礼必先行飨礼，所以才有春射秋射与春射秋飨混同之说。既然乡射礼、大射礼均于春秋两季举行，而且据前引《周礼·地官·乡大夫》、《春官·大司乐》记载，乡射礼、大射礼又都有舞，那本画像究竟是乡射礼还是大射礼呢？这可从画像所反映的射礼举行地点、射位、耦数、侯数、用乐

① （清）阮元校刻：《十三经注疏·周礼注疏》，中华书局，1980年，第791、794页。
② （清）阮元校刻：《十三经注疏·周礼注疏》，中华书局，1980年，第717页。
③ （清）阮元校刻：《十三经注疏·毛诗正义》，中华书局，1980年，第524页。
④ （汉）许慎撰，（清）段玉裁注：《说文解字注》，上海古籍出版社，1988年第2版，第226页。

等方面作进一步的分析。关于乡射礼、大射礼举行的地点与场所，上引《州长》、《韩诗说》已经讲到，但还不够全面、明白。根据文献记载，乡射礼是在州学序和乡学庠中举行的[①]，“乡射是州长与其民射于州序之礼，天子诸侯无之”[②]。而“天子大射六耦，在西郊。宾射亦六耦，在朝。燕射三耦，在寝”[③]，或说“天子诸侯宾射于朝，燕射于寝，大射于泽、于射宫，射宫者，大学也”[④]，“大学在郊，天子曰辟雍，诸侯曰頖宫”[⑤]。乡射礼射者的位置，如果是在序中举行，则站在楹内，即堂的深处，上当屋栋的地方；如果是在庠中举行，则站在楹外，即堂前上当屋楣的地方[⑥]，即《仪礼·乡射礼》所谓“豫则钩楹内，堂则由楹外”，“射自楹间……序则物当栋，堂则物当楣”。郑玄注曰：“钩楹，绕楹而东也。序无室可以深也……庠之制有堂有室也。今言豫者，谓州学也，读如‘成周宣榭灾’之榭，《周礼》作序。凡屋无室曰榭。”“自楹间者，谓射于庠也。楹间，中央东西之节也。物，谓射时所立处也。”言当栋、当楣者，“是制五架之屋也，正中曰栋，次曰楣，前曰庪”。贾公彦疏曰：“自楹间者，谓射于庠也。知者，以其言楹间则是庠，则物当楣，故知非射于序者也。”“是制五架之屋也者，庠序皆然，但有室无室为异。”[⑦]知射耦站在楹外或是楹内，主要取决于有室与无室，即无室者站于楹内，有室者站于楹外。若此则宾射、燕射因射于朝、寝，射者当亦均应站在楹外。大射礼射者的位置，《仪礼·大射仪》说在“两楹之间”[⑧]，即与在庠中举行乡射礼的“射自楹间”同，按郑玄注及贾公彦疏，射者亦站在楹外。本书认为“两楹之间”恐有误，当为“两楹之内”。按序、榭、射庐、射宫均是同一种建筑物即无室的讲武屋的不同称谓，因此，大射既射于射宫，其射者亦应站在楹内，而不应站在两楹之间当楣的地方。关于耦与侯数，据《仪礼·乡射礼》记载是三耦射一侯，而《大射仪》贾公彦疏云：“天子大射宾射六耦三侯，畿内诸侯则二侯四耦，畿外诸侯大射宾射皆三侯三耦。”[⑨]关于用乐，据《仪礼》记载，大射礼有金奏之乐，即编钟奏鸣，而乡射礼则没有编钟，只有石磬。本画像是在射庐中举行的射礼，为六人三耦射一侯，其射位第一层画像在楹内，第二层画像在楹外，正与文献记载的在

① 详见（清）阮元校刻：《十三经注疏·仪礼注疏》，中华书局，1980年，第999、1010页。

② 《诗·小雅·宾之初筵》孔颖达疏，（清）阮元校刻：《十三经注疏·毛诗正义》，中华书局，1980年，第484页。

③ 《周礼·天官·掌次》贾公彦疏，（清）阮元校刻：《十三经注疏·周礼注疏》，中华书局，1980年，第677页。

④ （汉）许慎撰，（清）段玉裁注：《说文解字注》，上海古籍出版社，1988年第2版，第226页。

⑤ 《礼记·王制》，（清）阮元校刻：《十三经注疏·礼记正义》，中华书局，1980年，第1332页。

⑥ 杨天宇：《仪礼译注》，上海古籍出版社，2004年新1版，第104页及注[1]、[2]、第105页译文、第133页及注[12]、第137页译文；王恩田：《辉县赵固刻纹鉴图说》，《文物集刊》2，文物出版社，1980年。

⑦ （清）阮元校刻：《十三经注疏·仪礼注疏》，中华书局，1980年，第999、1010页。

⑧ （清）阮元校刻：《十三经注疏·仪礼注疏》，中华书局，1980年，第1034页。

⑨ （清）阮元校刻：《十三经注疏·仪礼注疏》，中华书局，1980年，第1034~1035页。

州学序或乡学庠中举行的乡射礼合。而画像中的编钟编磬的金奏之乐，则可能是一种僭越乱礼现象。因此第一、第二层画像具体反映的当是每年春秋两季所举行的乡射礼的情景。整个画面按季节内容分层次有条不紊地展开，刻划细腻入微，栩栩如生，可谓是生动地再现了两千多年前人们的社会生活。

第三层为水陆攻战画像。第四层是狩猎与动物画像，只起花边的作用，是纯粹的装饰性花纹。这两层均与射礼无关，故在此不作解析。

3. 故宫采桑宴乐射猎攻战纹铜壶（彩图 25）

器表饰满人物画像纹，以左右铺首衔环耳为中线，前后画面对称，内容相同。自口沿下至圈足，被五条斜角云纹带划分为四层。以铺首衔环为界，第一层左侧为射礼画像。有高台建筑即射庐一座，堂内外有四人，皆左向，第一人为释获者，跽坐于左楹柱外屋檐下，手执筭以待释获，有的摹本把筭临成了觚[①]，是需要更正的。其前方张两横不出头的井字形射侯，正中心置竖长方形鹄，侯上已中三矢。第二人合足立于堂上，正引弓待发。第三人于其后，一手举弓，一手抽矢，准备继射。第四人为司马，立于右楹柱外屋檐下，双手握弓箫。庐下有四人将登堂继射，皆右向，第一人、第三人垂手，第二人、第四人执弓抽矢。知此为三耦射，而且是三耦共射一侯。《仪礼·大射仪》："遂比三耦。"贾公彦疏曰："若燕射则天子诸侯例同，三耦一侯而已……若卿大夫士例同，一侯三耦。"[②]可见古代射礼耦及侯数确是有定数的；右侧为采桑画像，一棵树上有两人采桑，另一棵树上有一人采桑，一人正在攀爬。树下有五人，或运桑，或选取弓材，或试弓。其旁有弋获的雁和猎获的兽各一个，这与百花潭采桑宴饮乐舞射猎攻战画像纹同理，第一层画像应是春射情景的写照。

第二层左侧为宴乐画像。有高台建筑一座，堂内外共七人，左边三人皆右向，第一人于堂内，双手行拱揖礼。第二、第三人立于左楹柱外屋檐下，等待依次入堂饮酒。右边四人皆左向，第一人前摆放两豆，双手举觚向对面行拱揖礼者进酒如仪。第二人为仆人师，即斟酒者，其前置禁，禁上放两壶酒，每壶内各加一勺，他一手执觚，一手持勺舀酒。第三、第四人垂手立于右楹柱外，等待依次入堂进酒。除斟酒者仆人师外，其余六人因正好是三人对三人，而第一层射礼画像中参加竞射者也是六人，故此当是射礼三耦中胜者使不胜者饮罚酒之场景，即左边右向的三人是不胜者，右边左向的第一、第三、第四人为胜者。这就把第二层画像与第一层画像接续起来了。堂下设鸟形座承的笥虡，上悬编钟一组四件，编磬一组五件，右座承旁设有金鼓。演奏者共六人，前三人站立，后三人跽坐，但皆右向，前一人双手执桴，击鼓与丁宁。第二人执桴击磬，第三人吹奏号角状乐器。

① 沈从文：《中国古代服饰研究》图三一·采桑、习射，上海书店出版社，2005 年，第 77 页。
② （清）阮元校刻：《十三经注疏·仪礼注疏》，中华书局，1980 年，第 1035 页。

第四、第五、第六人执桴击钟。筍虡右边有两件附耳兽足鼎，一头被捆绑的动物。一人蹲于地，双手平举。一人跽坐于地，双手在俎上操作，当为从事烹饪的仆人。宴乐也是射礼的仪节内容，因此它与上述画像又可接续起来；第二层右侧为弋射画像，一男子乘特制的可以迷惑水鸟的鹢首舟，浮于大沼，并从左方向雁鹅群驶来，以矰缴弋射天鹅、鸿雁，他一手举弓，一手从腰间抽矢，似已发射一矢，正接续发射。惊恐的鹅雁鸣叫着纷纷起飞向右方天空飞去，被惊扰的一头野兽也立身观望，埋伏在右方堤岸下的四位弋射手，快速地把矰缴射向空中飞来的鹅雁群，被矰缴缠绊的鹅雁接连坠落下来。画面中的一端下折的一条横线，表示堤岸。堤内有游鱼、鳖和落雁，表示船行水中。场面组织严密，配合密切，方法技术应用娴熟，充分体现了古人的聪明智慧。本画像与百花潭采桑宴饮乐舞射猎纹相比，唯第二层少了一个三耦竞射的画面。整个画像当是受壶身面积的局限而作出的特意安排，即第一层省略了三耦射毕胜者饮不胜者罚爵的画面，造成第一层与第二层接续。第二层省略了三耦竞射的画面，造成第二层与第一层共用一个三耦竞射画面，这种避免重复画面的做法，可谓用心巧妙，内涵更值得回味。因此我们认为，此画像第一层、第二层虽然减少了重复，但从艺术含义上来分析，其实际上所反映的仍是春射秋飨（射）的真实情景。从射礼举行的地点与场所、射位、耦数、侯数、用乐等方面分析，整个第一、第二层画像具体也应是每年春秋两季在州序中举行的乡射礼的写照，而本画像中的编钟编磬的金奏之乐，当亦属于僭越乱礼。第三层为水陆攻战纹，第四层为装饰性垂叶纹，皆与射礼无涉，故在此亦不作解析。

4. 高王寺宴饮射猎纹铜壶（彩图 26）

两件纹饰略异。器身用金属嵌错的人物画像纹，被斜角云纹带分隔为四层。自上而下，第一层为射礼画像，倒刻于壶的颈部，共三组，大同小异。为使画面正过来，现把壶口倒置后，自左至右解析如下。第一组射礼画像，有射庐一座，堂内外有五人，皆左向，第一人执旌，为获者。其前张一个四面加框的两横不出头的井字形射侯，侯中心为方形鹄，已中两矢。第二人为释获者，跽坐于左楹柱外屋檐下，手执筭以待释获。第三人于堂内正足引弓待发。第四人于其后，准备继射。第五人为司马，立于右楹柱外屋檐下，手握弓箫。庐下有六人，皆右向，执弓与不执弓者一一间隔列队，行将升堂继射。最下边有跽坐者三人，另有二鼎一鹅，当为烹饪者；第二组射礼画像，与第一组相比，唯张二个射侯、庐下有七人则不相同，其最后一人手握弓箫，当为司射即射人，也可能是柞伯簋铭所说的率领射耦的南宫、师醽父之类的人物与职事，庐下的继射者实际上也是六人；第三组射礼画像与第一组全同，可见三组画面相同，表示的应是三番射。八人四耦射一侯或二侯，二侯应为其礼数定制。《仪礼·大射仪》贾公彦疏曰："若耦及侯数，天子大射宾射六耦三侯，畿内诸侯则二侯四耦。”[①]《尚书·益稷》孔颖达疏亦曰：“《射人》云‘王以六耦射三侯五正，诸侯以四耦射二侯三正’……所云诸侯者，谓圻内诸侯。”[②]该壶出于秦都城窖藏，当为秦王室遗物，其耦与侯数正与贾疏所说的大射礼宾射礼吻合。而从射礼举行的场所、射位来看，大射于射宫，射者站在楹内；宾射于朝，射者应站在楹外。本画像的射礼在射庐即射宫中举行，射者站在楹内，正与大射礼相合。因此第一层画像所反映的当是秦国国君或畿内诸侯大射礼情景的写照。

第二层为弋射画像，亦为三组，大同小异。自左至右，第一组，一人乘鹢首舟从左方浮向鹅雁群，并以矰缴弋射之，惊起的鹅雁纷纷向右方天空飞去，事先等候在右方堤岸下的六人仰身弋射空中飞来的鹅雁群，一些鹅雁被矰缴缠绊而坠落下来。堤岸用一端带拐角的直线表示，鱼、鳖表示船在水中浮行。第二、第三组，与第一组相比，唯右方堤岸下埋伏的弋射手都是五人而稍有不同。整个弋射画面和表现方法，与故宫采桑宴乐射猎攻战纹铜壶上的弋射画像完全一样。

第三层为宴饮画像，完整画面共三组，另有一小段画像是作为填空补刻的。三组画像相同，每组又由左右两段拼接而成。其中左段似乎是照搬了百花潭采桑宴饮乐舞射猎攻战纹铜壶第二层的宴饮画像，但射庐顶部加厚，并增加了横梁与檩头装饰，跽坐者的坐席也加厚了，同时还去掉了禁与圜壶，其余如人物数量、姿态、手中所执以及堂上悬挂的弓则全同。遗憾的是按画者本意左向第二人一手执觚，另一手所持的勺当也应去掉而却未去掉；右段似乎是又截取了百花潭采桑宴饮乐舞射猎攻战纹铜壶第二层宴饮画像的右半部分，但屋顶则加厚了二层方格，在截断处还加了柱子，柱子内侧也加悬一弓。同时一个圜壶也变成了两个圜壶，这可能就是左段去掉禁与圜壶的原因，目的是为了把这左右两段连为一个整体。但从屋顶结构和屋高不一致来看，可能是属于一组建筑中的两个屋室，据《仪礼》所记燕礼、大射礼都有从左房即东房取羞、脯醢和折俎进献之事[③]，故本组画像中的建筑物也可能表示射庐和东房，但所进行的事则为同一个仪节内容。具体何指颇费人心思，本书认为本组画像所表现的仍然是胜者使不胜者饮罚酒的情景。按胜者使不胜者饮罚酒时，斟酒者既可以是胜耦之年少者，也可以是仆人师。若是前者进酒和饮酒的总人数，与射耦人数相同。若是后者则进酒和饮酒的总人数，比射耦人数多一人。本组画像共九人，即右向者二人，前一人凭几跽坐在加席上，一手伸举作接物状。后一人立于左楹柱外，双手执长柄扇形物。左向者七人，第一人前置两豆，双手捧觚向对面作接物状的人进酒。第二人一手执觚，一手持勺

① （清）阮元校刻：《十三经注疏·仪礼注疏》，中华书局，1980年，第1034~1035页。
② （清）阮元校刻：《十三经注疏·尚书正义》，中华书局，1980年，第143页。
③ 杨天宇：《仪礼译注》，上海古籍出版社，2004年新1版，第165页及注[19]、第177页及释文。

（因是照搬照抄，持勺于此并不适宜）。第三人垂手站立，第四人垂手立于射庐右柱外。第五人于左房，其前置禁，禁上置两壶酒，一手执觚，一手持勺斟酒。第六人垂手立于其后，第七人垂手立于柱外。除执长柄扇形物者之外，为八人，正与第一层射礼画像中参加竞射的四耦八人相吻合。据礼书记载，能够享受加席、受几和坐饮等礼遇者，只有国君。因此本画像中凭几跽坐于加席上的人，当是国君。国君射，往往命宾侍从君射，即以宾为耦。[①]并且君不胜，依礼也要饮罚酒。本组画像所显示的就是国君因射侯未中，此时正接饮其耦即宾进上的罚酒。君这一耦饮过罚酒之后，接下来便是其余三耦依次饮罚酒，故其余六人于宾后作依次升堂排列。本画像与故宫采桑宴乐射猎攻战纹铜壶第二层宴饮画像稍不同的是，此多了一个左房，人数多了一耦二人，而且胜者与不胜者均从左房一个方向升堂，彼则是胜者从右阶、不胜者从左阶即左右两个方向升堂的。而且还多了一个斟酒者仆人师。与百花潭采桑宴饮射猎攻战纹铜壶第二层宴饮画像相比，此只是多了一个左房，人数多了一耦二人，彼则多了一位斟酒者仆人师，人数少了一耦二人而已。而那一小段填补空隙的画像，截取的则是宾使君饮罚酒之片段。由于春射秋飨是周朝固定的射礼举行时间，虽然此时周王室已开始衰落，但这种礼俗是不会马上消失的。因此根据上述分析尤其是贾公彦关于二侯四耦的疏解，把本壶第一、第二、第三层画像综合起来看，它们所反映的应是秦国或畿内诸侯秋季大射礼情景的写照。第四层为狩猎画像，与射礼不相干，不再解析。

5. 后川宴饮射侯纹铜匜（彩图 27）

腹壁錾刻宴饮画像，以流口为中心，左右两侧的画像以细线分隔成两层。第一层为树纹。第二层正中置禁案，案上置两圜壶，其上横置一勺，两壶之间置两觚，禁左端置一觚。禁案左边站立六人，前四人皆右向，第一人举觚，其前置一豆。第二人执觚，第三人执豆。第四人执觚，其身后有一棵树。后二人向对，二人之间有一觚一豆，最后一人身后亦有一觚。其中第六人举觚献酒，第五人行拱揖礼，准备接饮。禁案右边人物数目、排列和姿态与左边相同，唯第一人前无豆，第四人身后不是树，而是一觚，第五、第六人之间无觚，只有一豆而略有不同。考虑到第四人与第五人之间有树间隔，且第五、第六人之行事与前四人之步调明显不合拍，本书认为左右边的前四人表现的应是八人四耦比射后升堂、胜者使不胜者饮罚酒之场景。左右边第五、第六人因是二人向对劝酒，故当为胜耦使不胜者饮罚酒的具体情景；与流口相对的后腹壁錾刻一横束腰形射侯，侯正中画有“×”形两条交线，以交点为中心画有圆圈形鹄，侯缘有“∽”形纹饰。侯左右的上下舌与上下纲区分不明显，分别系于左右两棵树即植上，树外侧还保留有少许树枝杈。

① 《仪礼·大射》：“命宾御于公。”（（清）阮元校刻：《十三经注疏·仪礼注疏》，中华书局，1980 年，第 1036 页）

在植的位置栽两棵树以取代之，表明当时举行射礼的场所是固定的。举行射礼时，所谓张侯，并不再立植，而是把侯张挂在这两棵树上而已，而且，该射侯还是设在野外林中的。

另外，在射侯两侧还各有一旌，旌有三旒，偃于地。这是一个至今还未被人们所认识的图案，其情形与长沙黄泥坑 M5 出土铜匜上的获旌相同。一侯二旌，当是受铜匜空间面积的限制而省略了一侯，其实际应为二侯二获。因为一旌即代表有一获者，一获者即表示有一侯、一容，因此历来文献记载，旌、获者、侯与容数，四者都是一致的。《周礼·夏官·射人》曰："王以六耦射三侯，三获，三容，乐以《驺虞》，九节，五正。诸侯以四耦射二侯，二获，二容，乐以《貍首》，七节，三正。孤、卿、大夫以三耦射一侯，一获，一容，乐以《采蘋》，五节，二正。士以三耦射豻侯，一获，一容，乐以《采蘩》，五节，二正。"[①]《尚书·益稷》孔颖达疏曰："《射人》云：'王以六耦射三侯，五正。诸侯以四耦射二侯，三正。孤、卿、大夫以三耦射一侯，二正。士以三耦射豻侯，二正。'郑玄注云：'五正者，五采中朱次、白次、苍次，黄、玄居外。三正者，去玄、黄。二正者，去白、苍，而画以朱缘，此宾射之侯也'……《射人》所云诸侯者，谓圻内诸侯。"[②]《仪礼·大射仪》贾公彦疏亦曰："若耦及侯数，天子大射宾射六耦三侯，畿内诸侯则二侯四耦，畿外诸侯大射宾射皆三侯三耦。"[③]本画像的射侯侯缘有"∽"形纹饰，与侯中、鹄可能表示朱次、白次、苍次三正。再加上八人四耦二侯二获即两个获旌、两位获者，且该器又出土于东周王畿的范围之内，正与上引诸文献所说的畿内诸侯大射宾射四耦二侯三正二获之礼制相吻合，这么多相合，绝非是偶然的巧合，而应是实际情况的真实反映。再从射礼举行的地点分析，文献记载说大射于郊，宾射于朝。而本画像的射侯是设在野外林中的，正与文献所说的大射礼相合，因此该画像应是战国时期魏国大夫僭行畿内诸侯大射礼的写照。

6. 上海博物馆宴舞射猎纹铜椭桮（彩图 29）

器内外錾刻的人物画像纹，以建筑物、车马为中心，以树为界，大体可划分为四组。第一组、第二组錾刻于腹内，第三组、第四组錾刻于器表。其中第一组为宴饮乐舞射鸟画像。画面中部有一架空的高台建筑，基下立有三个支柱，两旁有阶梯可供上下。右阶处一人手捧豆正准备登阶进献。左阶上一人（捧物已残）正拾级而上。台上立两楹柱，左右有矮墙护栏，屋顶为两面坡。堂内置二圜壶，一人持勺斟酒，另一人执觚以受，当为仆人师、年少的弟子之类的斟酒者。右楹柱外屋檐下置一附耳兽足鼎，一人持匕取肉，另一人执豆以受，当为膳宰、羞膳

① （清）阮元校刻：《十三经注疏·周礼注疏》，中华书局，1980 年，第 845 页。
② （清）阮元校刻：《十三经注疏·尚书正义》，中华书局，1980 年，第 143 页。
③ （清）阮元校刻：《十三经注疏·仪礼注疏》，中华书局，1980 年，第 1035 页。

者之类的执事人员。左楹柱外屋檐下二人相向跽坐，一人执觚作饮酒状，另一人回礼答拜，并双手前伸准备接空杯，当是主人向宾酬酒。该建筑物右侧有一人抚琴。另有一架编钟，残存四件，一人跽坐敲奏。下面置双鸟座鼓，一人执桴敲击。其右旁有细腰长袖二人翩翩起舞。该建筑物左侧有两棵树，以表示树林，林上有鸟，其下一人引弓射鸟。可见，这一组画像应是当时宴饮乐舞和射猎情景的写照（详见彩图 29 第一组“宴饮乐舞弋射画像”）。

第二组为宴饮射礼画像。画面中部亦有一座架空的高台建筑，顶部已残，剩余部分的结构形状与第一组画像中的建筑相同，人物位置及器物陈设也与第一组基本相同，只是器物略有增加，人物角色略有变化。堂内置二圜壶，一人持勺斟酒，一人执觚以受，为仆人师及年少的弟子之类的斟酒者。左楹柱外屋檐下有二人相向跽坐，二人之间置一豆，一人单手执觚以授，似已喝高失态，另一人举双手接受，很可能是把饮罢的空觚递给了对方。这一画面颇像是第一组画面的延续，当是胜者使不胜者饮罚酒。右楹柱外屋檐下，参照其他射礼画像，应为二人一耦竞射，现只残存一人的下半身。其前方张有一个四边带框的双重横束腰形射侯，外重饰竖曲线纹装饰。《尚书·益稷》孔颖达疏曰：“《射人》云：‘王以六耦射三侯，五正。诸侯以四耦射二侯，三正。孤卿大夫以三耦射一侯，二正。士以三耦射豻侯，二正。’郑玄注云：‘五正者，五采中朱次、白次、苍次，黄、玄居外。三正者，去玄、黄。二正者，去白、苍，而画以朱缘，此宾射之侯也。’”[①]是知本射侯外边的横束腰形当是涂画的朱缘，而且是孤卿大夫和士宾射礼所使用的侯制。侯正中心画圆圈形鹄，已中两矢，一矢正中鹄心，一矢稍偏。侯侧旁立有二人，一人双手拱揖，头部残缺，另一人只残存长裳的下摆，其执事不清。该建筑右侧近阶梯处有二人，皆左向，腰插二矢，作试弓校弦之状，准备升堂继射。其身后有一树，树左边跽坐一人，双手执旌偃于地，当为获者，与《仪礼·乡射礼》所说的司射“命去侯，获者执旌许诺……坐东面偃旌，兴而俟”[②]相合，知参加竞射者共六人三耦。该建筑物左侧置一附耳兽足大鼎，一人持匕取肉，一人执豆待受，另一人捧豆实正准备登阶进献，应为膳宰、羞膳者之类的执事人员。此三人之右上方，亦有三人，其中二人相对互相拱揖，另一人大部分被锈蚀所掩。由侯制说明，本组画像应是当时孤卿大夫和士宾射礼情景的写照（详见彩图 29 第二组“宴饮射礼画像”）。

第三组为享宾画像。画面中部有一座架空的高台建筑，基下立三个柱子，左右两侧有阶梯。台上立四柱，左右楹柱处有矮墙护栏，屋顶为长檐两面坡。堂上有四人，一人右向跽坐，双手捧觚饮酒，当为宾。三人左向，前一人跽坐，双手拱揖，似刚把酒杯献给对面的饮酒者，当为主人，第二、第三人捧觚立于主人之

① （清）阮元校刻：《十三经注疏·尚书正义》，中华书局，1980 年，第 143 页。
② （清）阮元校刻：《十三经注疏·仪礼注疏》，中华书局，1980 年，第 1000 页。

后，此仪节应是主人酬宾。该建筑物左侧，有一附耳兽足鼎，一人持匕取肉，一人执豆以受。另有三人捧豆实依次拾阶升堂进献，为膳宰和羞膳者。该建筑物右侧，设禁案，其上放二圜壶，一人持勺斟酒，一人立于阶梯上执觚以受，为仆人师及年少弟子之类的斟酒者。其右有四人，两两相对，互相拱揖，当为迎宾之礼仪（详见彩图 29 第三组“享宾画像”）。可知本组画像当是宴享宾客情景的写照，而宴享宾客也是宾射礼的组成部分。以树为界，以下应为第四组内容。

第四组为狩猎画像。画面中部有二辆四轮马车，车前后有鸟群和兽群（详见彩图 29 第四组“狩猎画像”）。因与射礼无关，不再作详细解析。以上四组画像有条不紊地布置在铜椭栖的内外，以一系列的事件把它联系起来，展开了人物的活动，从而形成了一个有机的整体。布局复杂，但又很自然。这幅有声有色的生活场景写照，可以说是把战国早期贵族的饮燕、乐舞、享宾、射礼、狩猎生活给展现出来了。

7. 三汲宴饮射猎纹铜鉴（彩图 28）

腹内壁的人物画像纹，被大门和双勾的折线箭头分隔为左右两段。左段画面好像一个完整的院落，左端为一牌坊式建筑，当为院大门，一担运动物以作肉食者似刚从外面回来。进门为前庭，中部为一架空的高台建筑，该建筑物右边为后院。院周有围墙，墙上陈武备并设有武卫。堂内正在宴饮，前庭后院都在烹饪，把宴饮场面刻画得活灵活现。

右段画面中部有一段竹节纹，当表示高台或侯道，台右端张一横束腰形射侯，侯的上下纲分别系于左右二根立杆即植上。因中部已残，鹄的情况不清。侯缘饰“∽”形纹饰。侯右侧一人为获者，正在“去侯”，即把旌从侯中移走放在地上。侯左右两边各有一棵树。台左端立二人，皆右向，第一人引弓待发。后一人不像继射者，其身份可能是小臣或大射正，其职责《仪礼·燕礼》说是：“君与射……小臣以巾授矢，稍属。”又《大射仪》也说是：公就物行射，“小臣师以巾内拂矢，而授矢于公。稍属。大射正立于公后，以矢行告于公：下曰留，上曰扬，左右曰方”[①]。也可能是司射，正在教射。若是小臣师，手中所执当为用巾兜着的乘矢。若是司射，手中所执当为扑。因行射者只有一人，故知此当为习射。台下残存一人张弓射鹿。习射画像左侧有三马驾双轮战车，一驭手正扬鞭驱驰。习射画像右侧有驷马双轮猎车，驭手扬鞭赶车，射手引弓待发。整个画像应是战国早期中山国贵族饮宴、习战、习射、狩猎场景的写照。

8. 高庄宴乐囿游射侯纹铜盘（彩图 30）

两件铜盘的人物画像纹均錾刻于腹内壁，且都被五圈弦纹分隔为四层，而人

① （清）阮元校刻：《十三经注疏·仪礼注疏》，中华书局，1980 年，第 1025、1039 页。

物画像纹又都分布于第二、第三层，皆残缺。其中27号盘残存的人物画像纹为宴乐射侯画像。画面中有多层高大建筑一座，占居第一、第二两层纹饰的空间位置。顶上两层的厅堂内有十人，每三人或二人一组，或相对或相随，正举觚酬酒。建筑物右侧，第二层有一架编磬，笱虡为兽形座承，残存两件磬，一人坐于地，双手执桴击奏。发掘报告把兽形座承，说成“屋前阶下有一奔兽”[①] 是不确切的，其位置也着实不在阶下。第四层有三人，皆左向，双手捧觚，正升堂进献。建筑物左侧，第二层张一横“ⅹ”字形射侯，侯正中心画圆圈鹄，舌与躬上画有双短斜线装饰，上下纲系于左右植上，侯体上部略宽，下部略窄。射侯左侧有七棵树，右侧有十棵树，表明侯是设在野外林中的，但不见射者。发掘报告把射侯说成是“屋外树梢间有一轮红日”[②]显然是误释。第三层有十一人，皆执觚。其中右向者六人，每三人一组，准备升堂献酒。左向者五人，每三人或二人一组。组与组之间均用双立柱间隔。第一层为等距离的圆圈，第四层为双层等腰三角形，皆为纯装饰性的纹饰。

48号盘残存的人物画像纹为宴饮囿游射侯画像。画面右端为苑囿，占居第二、第三层纹饰的空间位置。两边有斑马线或双勾折线箭头，当表示苑墙与墙上建筑（门）。一人正手持棍棒把一群鹿、马和鸟从墙外驱赶进来，当为囿人，其职《周礼·地官·囿人》说是“掌囿游之兽禁，牧百兽，祭祀、丧纪、宾客，共其生兽、死兽之物”。郑玄注曰：“囿游，囿之离宫小苑观处也。养兽以宴乐视之。禁者，其蕃（藩）卫也。”[③]斑马线以左至建筑物之间，第二层张一横“×”形射侯，正中心画圆圈鹄，舌与躬上画双短斜线装饰，上下纲系于左右植上，侯体明显呈上宽下窄状。射侯左边有六棵树，右边有11棵树，亦表明侯是设在野外林中的。但画面中不见射者。发掘报告把此处的射侯说成“也是一轮光芒四射的红日”[④]显然也是误释。第三层有三人分别牵一马，皆左向缓行。当为趣马、圉人，其职责《周礼·夏官》说：“趣马掌赞正良马，而齐其饮食，简其六节。掌驾说之颁，辨四时之居、治，以听驭夫。”“圉人掌养马刍牧之事，以役圉师。凡宾客、丧纪，牵马而入陈。廞马亦如之。”[⑤]画面左端有多层高大建筑一座，也占居第二、第三两层纹饰的空间位置。每层厅堂内与楹柱外都有执觚酬酒者，只是人数多少、跽坐或站立不同而已。建筑物下有一人，跽坐，双手扶地。第一层为树纹和间隔距离相等的圆圈，第四层为三重等腰三角形纹，均起花边作用。由此可见战国时期在苑囿之离宫，也建有可供举行射礼的场所。

① 淮阴市博物馆：《淮阴高庄战国墓》，《考古学报》1988年第2期。
② 淮阴市博物馆：《淮阴高庄战国墓》，《考古学报》1988年第2期。
③ （清）阮元校刻：《十三经注疏·周礼注疏》，中华书局，1980年，第749页。
④ 淮阴市博物馆：《淮阴高庄战国墓》，《考古学报》1988年第2期。
⑤ （清）阮元校刻：《十三经注疏·周礼注疏》，中华书局，1980年，第861页。

最后需要说明的是发掘报告曾指出："整个画面描绘的可能是一宗教活动或祭祀场面。"[①]这一说法很值得重视，从高大的建筑和恢宏而又庄重、严肃、整齐划一的场面来看，也确有宗教祭祀的气氛。把27号盘正堂内的两组人物，即二人执觚依次向对面一人献酒，理解为祭祀祖先时向尸献酒，也能说得通。48号盘的牵马、囿游场景，也能与《周礼》所说囿人、圉人之职相联系。但问题是躬身执觚敬献者，都应面向尸或祖庙建筑，而不应该背朝尸或祖庙建筑。更不应该出现二人相向跽坐于地，均执觚相互进献的场面。如果说其中一人是尸，则不应该跽坐于屋檐下或楹柱外，敬献者也不当跽坐。鉴于这些疑惑，在这里本书没有采取宗教祭祀的观点，而暂按宴饮论之。

9. 中霍村宴饮竞射纹铜匜（彩图31）

该器残存的人物画像纹錾刻于流内和腹内壁。流内底为三条鱼，一进二出，须鳍飘逸。流折处有用短曲线组成的波浪纹带；应流处的腹内壁置二圜壶，两壶之间的上方似悬挂一雁，此与百花潭采桑宴饮乐舞射猎攻战纹铜壶第二层画像射庐建筑的堂上以及高王寺宴饮射猎纹铜壶第三层画像射庐建筑的堂上和柱子内侧悬挂一弓的寓意应该不同，此表明射礼举行的地点与场所在郊外，彼表明射礼举行的地点与场所则在射庐。以圜壶为中心，以折线为界，两侧的画像纹被两条细线分隔为三层，左侧第一层有五棵树。第二层有二人，皆右向，着短服，当为胜耦之年少者。前一人一手执觚，一手执勺从壶中取酒。后一人双手捧觚。右侧第一层残存六棵树。第二层有三人，皆左向，着短服。第一人形体稍大，一手执觚，一手执勺从壶中取酒，当为职事斟酒的仆人师。第二、第三人皆双手捧觚，依次待斟酒，亦应为胜耦之年少者；与流相对的后内腹壁，张一横束腰形射侯，侯中稍残，但可以看出画有交线，以交点为中心画圆圈形鹄，上下纲系于左右植上，整体呈上宽下窄形。射侯两舌之间的束腰处，各有六道竖线，当为获者容身避矢之处的"乏"，《仪礼·大射仪》曰："设乏西十，北十。凡乏用革。"[②]又《乡射礼》曰："乏参侯道居侯党之一，西五步。"杨天宇注曰："乏，又名容，亦名防，是获者（唱获者，即报靶人）借以防矢处，其形似屏风，横宽皆七尺，用牛皮制成。"[③]本画像所示最似屏风之形，故当为乏无疑。其旁各树立一获旌，旌有四旒。以射侯为中心，以折线为界，两侧的画像纹也被二条细线分隔为三层。左侧第一层有三人，皆着长服，其中二人右向，为竞射者，前一人正引弓作射侯状，后一人腰佩剑，双手举弓作审视状，以准备接射。另一人左向，与持弓者相对而立，双手捧四矢以授，当为小臣或小臣师，《仪礼·燕礼记》曰："君与射，则为下射，袒

① 淮阴市博物馆：《淮阴高庄战国墓》，《考古学报》1988年第2期。
② （清）阮元校刻：《十三经注疏·仪礼注疏》，中华书局，1980年，第1028页。
③ 杨天宇：《仪礼译注》，上海古籍出版社，2004年新1版，第90页及注[7]。

朱襦，乐作而后就物。小臣以巾授矢，稍属。不以乐志。既发，则小臣受弓以授弓人。上射退于物一笴，既发则答君而俟。”[①]又《大射仪》曰：“公就物……小臣师以巾内拂矢，而授矢于公，稍属……公卒射，小臣师以巾退，反位。”[②]《乡射礼记》亦曰：“君袒朱襦以射，小臣以巾执矢以授。”杨天宇注曰：“案这是因为君尊，故君腰间不插矢，右手指间也不挟矢，射时则由小臣授之。”[③]这与河北平山三汲8101号战国早期墓出土铜鉴和辉县赵固M1号战国中期墓出土铜鉴上的一人持四矢相同，稍异者，此四矢是散开的，彼四矢下端是撮在一起的。第二层有两头鹿正在角抵。右侧第一层也有三人，皆着长服。其中一人右向，身前竖置八矢，手执弣以授弓，当为大射正，《仪礼·大射仪》曰：“公将射……小射正授弓。拂矢……公就物，小射正奉决、拾以笥，大射正执弓，皆以从于物……大射正执弓，以袂顺左右隈，上再，下壹，左执弣，右执箫，以授公。公亲揉之……公既发，大射正受弓而俟。拾发以将乘矢。公卒射……大射正受弓。”[④]本画像所显示的正是公就物后大射正授弓于公的场面。二人左向，为竞射者，前一人手前伸以受弓，后一人正执弓搭箭作射前准备。第二层有两只正在行走的大雁。第三层为双重等腰三角形，起花边装饰作用。

那么，本画像所展现的是何种射礼呢？首先可以肯定的是本次射礼是国君参与竞射的射礼，因为只有国君位尊，才有小臣和大射正授弓矢之事。虽然《仪礼·乡射礼》所记三耦射也有“有司左执弣，右执弦而授弓，遂受矢”[⑤]，但它是在三耦进入射位之前的堂下进行的，而且是一次性的，实为领取弓矢，与国君在射位“稍属”的授弓矢有着本质的差别。与前析后川宴饮射侯纹铜匜同理，本画像一侯二旌二容，实受空间局限而省一侯，当为二侯二旌二容。整个画面共11人，除小臣、大射正、仆人师三人之外，正在竞射者二耦四人，加上胜耦之年少者四人，正合四耦八人之数。按《周礼·夏官·射人》曰：“王以六耦射三侯，三获，三容，乐以《驺虞》，九节，五正。诸侯以四耦射二侯，二获，二容，乐以《貍首》，七节，三正。孤、卿、大夫以三耦射一侯，一获，一容，乐以《采蘋》，五节，二正。士以三耦射豻侯，一获，一容，乐以《采蘩》，五节，二正。”[⑥]《仪礼·大射仪》贾公彦疏曰：“天子大射宾射六耦三侯，畿内诸侯则二侯四耦，畿外诸侯大射宾射皆三侯三耦。若燕射则天子诸侯例同，三耦一侯而已……若卿大夫例同，一侯三耦。”[⑦]本画像与畿内诸侯的大射宾射礼之耦及侯数正相符合。又按“天子诸侯宾

① （清）阮元校刻：《十三经注疏·仪礼注疏》，中华书局，1980年，第1025页。
② （清）阮元校刻：《十三经注疏·仪礼注疏》，中华书局，1980年，第1039页。
③ 杨天宇：《仪礼译注》，上海古籍出版社，2004年新1版，第139页及注[2]。
④ （清）阮元校刻：《十三经注疏·仪礼注疏》，中华书局，1980年，第1039页。
⑤ （清）阮元校刻：《十三经注疏·仪礼注疏》，中华书局，1980年，第999页。
⑥ （清）阮元校刻：《十三经注疏·周礼注疏》，中华书局，1980年，第845页。
⑦ （清）阮元校刻：《十三经注疏·仪礼注疏》，中华书局，1980年，第1034~1035页。

射于朝，燕射于寝，大射于泽、于射宫，射宫者，大学也”[①]。“大学在郊，天子曰辟雍，诸侯曰頖宫。”[②]本画像有树、有雁、有鹿，说明本次射礼是在郊外举行的。两壶之间的上方悬挂一雁，而不是像射庐那样悬挂一弓，也表明射礼举行的地点与场所在郊外。可见它与燕射礼、宾射礼均无涉，而只能是大射礼。但问题是圻内诸侯举行的大射礼，不可能有两位国君参加竞射，而本画像所显示的分明有两位国君。若是圻内诸侯举行的宾射礼，诸侯相朝而与之射，则可能有两位国君参加竞射，但举行地点与场所则不相符。本书认为这种不尽合礼法的射礼，只能是礼崩乐坏、僭越乱礼的结果。

10. 洛阳飨射养老纹铜匜（彩图 32）

该器的人物画像纹均錾刻于腹内壁和流内壁。其中腹内壁的画像纹，在应流处有一建筑，屋顶有两只仙鹤，作引颈低伏对啄状。堂上所进行的当为“尊事黄耇、养老乞言”的养老画面，堂内设筵加席，席上右端有一人，凭几而坐，单手执觚，其前置两豆一觚，当为老者。席左端一人双手捧觚恭立，向老者献酒，当为主人。左阶处有一人，右阶处有二人，皆双手执杖跽坐，当为左右正，其职守《仪礼·燕礼》杨天宇注曰：“盖即小臣，仆人之官，侍从于君而位在阼阶上者”[③]，随时听候引翼老者。建筑物左侧为宰割烹煮画面，空中仙鹤呈祥，地上置二鼎，每鼎各有一人加柴烧火，一人一手持匕从鼎中取肉，一手执豆以受。另有二人已盛好，正双手捧豆实依次升堂进献，当为羞膳者。烹煮者上方有二人正在切割肉体，左方有三人正在宰杀一鹿，当为专事宰割的雍人。建筑物右侧为献禽画面，前一人一手执鹤，一手牵麇鹿，一人在后边协助驱赶。另有二人各驱赶一小兽，二人各执一鹤。与流和建筑物相对应的后腹壁张一横束腰形射侯，正中心画圆圈鹄，舌、躬及中上画有双短斜线装饰，舌与纲区分明显，上下纲系于左右两颗枝梢茂盛的树即植上。[④]侯两侧各有一人执旌半蹲，当为获者；腹壁画像纹下有内填三重水波纹并由弦纹界隔的三角形花边。内底有两条相互缠绕的大蛇；流口内底有一鱼。左右内壁各有二位射手，皆内向，与后腹壁的射侯相对，前一人引弓待发，后一人一手举弓，一手从腰间抽矢，准备接射。有二耦同时比射，且又有二位获者，当是受空间面积的限制而省略了一侯，其实际应为四耦二侯。前引《仪礼·大射仪》贾公彦疏曰：“若耦及侯数，天子大射宾射六耦三侯，畿内诸侯则二侯四耦，畿外诸侯大射宾射皆三侯三耦。”[⑤]《尚书·益稷》孔颖达疏亦曰：“案《周礼·司裘》云：‘王大射则供虎侯、熊侯、豹侯，设其鹄。诸侯则供熊侯、豹侯，

① （汉）许慎撰，（清）段玉裁注：《说文解字注》，上海古籍出版社，1988 年第 2 版，第 226 页。
② 《礼记·王制》，（清）阮元校刻：《十三经注疏·礼记正义》，中华书局，1980 年，第 1332 页。
③ 杨天宇：《仪礼译注》，上海古籍出版社，2004 年新 1 版，第 161 页注[2]。
④ 需要指出的是该侯的临摹可能有误，即把鹄的位置画偏到侯的一侧了，故本书未按原临摹图作解。
⑤ （清）阮元校刻：《十三经注疏·仪礼注疏》，中华书局，1980 年，第 1034~1035 页。

卿、大夫则供麋侯，皆设其鹄’……《射人》云：‘王以六耦射三侯，五正。诸侯以四耦射二侯，三正。孤、卿、大夫以三耦射一侯，二正。士以三耦射豻侯，二正。’郑玄注云：‘五正者，五采中朱次、白次、苍次，黄、玄居外。三正者，去玄、黄。二正者，去白、苍，而画以朱缘，此宾射之侯也’……《司裘》及《射人》所云诸侯者，谓圻内诸侯。”①本射侯边缘与中部纹饰疏密不同，再加上鹄的颜色，可能正代表朱次、白次、苍次三种颜色。考虑到该器发现在洛阳地区，与圻内诸侯亦相符，故为四耦二侯的可能性极大。又考虑到大射与养老之关系，本画像中所描绘的射礼应为圻内诸侯所举行的大射礼。《礼记·内则》曰：“凡养老，有虞氏以燕礼，夏后氏以飨礼，殷人以食礼。周人修而兼用之……既养老而后乞言，亦微其礼。”②《说文·矢部》段玉裁注曰：“春飨所射侯，谓天子诸侯养老先行大射礼之侯也，天子诸侯养老皆如乡饮酒之礼，故亦谓之飨。《文王世子》曰：‘设三老五更群老之席位。’注云：‘三老如乡饮酒礼之宾，五更如介，群老如众宾。’《鲁颂》曰：‘鲁侯戾止，在泮饮酒。’笺云：‘征先生君子与之行饮酒之礼，而因以谋事也。’此天子诸侯养老即乡饮酒之证也。廱下曰：‘天子飨饮辟廱也。’泮下曰：‘诸侯飨射泮宫也。’飨皆谓养老也。古者乡饮乡射必联类而行，卿大夫士之射必先行乡饮酒之礼，天子诸侯则先大射，后养老……《王制》曰：‘王亲视学。’注云：‘谓习射、习乡以化之。’习射即大射，习乡即养老，此天子大射而养老之证也。《七月》、《行苇》皆咏公刘之诗，《七月》言‘朋酒斯飨’。《行苇》笺言：‘先王将养老，先与群臣行射礼。’先王即谓公刘，此诸侯大射而养老之证也。”③知程序是先大射后养老，养老如同乡饮酒之礼，亦称之为飨。为区别于宾射礼的飨（享）射，故把本画像称之为飨射养老纹。

该资料的发表者认为腹内壁的人物画像纹分别为“祭祖图”、“射礼图”和“冥府图”。④本书认为冥府之说太过勉强，器内底刻相互缠绕盘曲的大蛇，为战国铜匜之常见纹饰，它与流部刻鱼一样，实当与盛水器有关。祭祖之说似亦有可商。其一，仙鹤历来代表长寿吉祥，用于祝寿场合最为恰当，若用于祭祖场合则颇相抵牾。其二，画像中的动物都是山珍野味，而不见祭祖礼中常用为牲牢的牛、豖、羊等动物，也不见《仪礼》特牲馈食礼和少牢馈食礼中的“（豖）牲在其西，北首，东足”、“宗人视牲，告充，雍正作豖”、“（羊豖）牲北首，东上，司马封羊，司士击豖”的场面。⑤《国语·楚语下》观射父曰：“夫神以精明临民者也，故求备物，

① （清）阮元校刻：《十三经注疏·尚书正义》，中华书局，1980年，第143页。
② （清）阮元校刻：《十三经注疏·礼记正义》，中华书局，1980年，第1467~1468页。
③ （汉）许慎撰，（清）段玉裁注：《说文解字注》，上海古籍出版社，1988年第2版，第226页。
④ 徐婵菲、姚智远：《浅释洛阳新获战国铜匜上的刻纹图案》，《中原文物》2007年第1期。
⑤ 杨天宇：《仪礼译注》，上海古籍出版社，2004年新1版，第426页及注[3]、453页及注[1]。

不求丰大。”[①]单以野味为祭牲殊难合常理。其三，本画面当本于《诗·大雅·行苇》篇而作。“《行苇》为养老之诗，笺云：‘先王将养老先与群臣行射礼，择其可与者以为宾。今我成王承先王之法度，亦既序宾矣。有醇厚之酒醴以告黄耇之人，征而养之。’”[②]《诗序》云：“周家忠厚，仁及草木，故能内睦九族，外尊事黄耇，养老乞言，以成其福禄焉。”参校诗句：“或肆之筵，或授之几。肆筵设席，授几有缉御。或献或酢，洗爵奠斝，醓醢以荐。”“敦弓既句，既挟四鍭。”“曾孙维主，酒醴维醹。酌以大斗，以祈黄耇。黄耇台背，以引以翼。”[③]无不与画面内容相契合。战国青铜器錾刻画像取材于《诗经》者，并不乏其例，如采桑画像即本于《诗经》“女执懿筐……爰求柔桑”之语意而作，弋射画像则本于《诗经》“弋凫与雁”之语意而作，等等。本画像据《诗经·行苇》篇之诗意而作是不足为奇的。当然，这些行事至战国时代也是存行于世的，说它取材于当代，是现实社会贵族生活的写照也无不可。

11. 王沟宴舞狩猎射侯纹鎏金铜鉴残片（彩图33）

有两片錾刻有人物画像纹，且都被竹节纹分隔成二层，虽有残缺，但可衔接起来。其中一残片第一层中部张一双重横束腰形射侯，侯正中心画圆点形鹄，外重横束腰形上有四道竖线为一组的装饰，依上引《尚书·益稷》孔颖达疏，此当为“二正者，去白、苍，而画以朱缘”[④]。上下纲系于左右两棵经过修剪的树即植上，每棵树中部剪留一层树枝。射侯两侧，一鸟、一小树，与一大树间隔布列，表明侯是设在野外林中的。但不见射者。第二层为狩猎画面，鹿、野猪、马、鸟等动物群狂奔，猎犬围逐。一驭手驾一辆三马四轮猎车，其身后有一人引弓待发。车后有一人担物跟随，车前有二人持器具追杀。第二层画像下面有三重等腰三角形纹花边。

另一残片第一层为进献作舞画面，一人左向，头部残缺，双手拱揖。八人右向，每人前面各置一豆，前一人仅残存长裳下摆，第二人舞，第三、第四、第五人吹竽，第六、第七、第八人皆双手捧豆或觚进献。第二层有一门阙类建筑，其右侧有一鸟、一鹿、一獐奔跑，一猎犬追逐，可与上一残片之狩猎画面相连接。知此当是在苑囿中狩猎，其情形与高庄48号铜盘残片上的苑囿差不多，当都是上引《周礼·地官·囿人》及郑玄注所说的“囿游之兽”和“囿之离宫小苑观处”。[⑤]门阙内有二人相向拱揖，当为迎接猎手凯旋。门阙左侧，下方置一附耳兽足大鼎煮肉，鼎右一人踞坐烧火，鼎左一人一手持匕（或刀）从鼎中取肉，一手

① 李维琦点校：《国语·战国策》，岳麓书社，2006年第2版，第137页。
② （汉）许慎撰，（清）段玉裁注：《说文解字注》，上海古籍出版社，1988年第2版，第226页。
③ （清）阮元校刻：《十三经注疏·毛诗正义》，中华书局，1980年，第534~535页。
④ 详见（清）阮元校刻：《十三经注疏·尚书正义》，中华书局，1980年，第143页。
⑤ 详见（清）阮元校刻：《十三经注疏·周礼注疏》，中华书局，1980年，第749页。

把盛好肉的豆递给其旁边的一人，另有一人跽坐操作。烹煮画面的上方有三人挥长袖起舞，其中一人一手执扇形物，一手挥长袖。另有二人皆左向，其前各置一豆，双手捧豆进献。第二层画像下边也有三重等腰三角形纹花边。这两片画像当反映了春秋晚期至战国早中期齐康公迁于海上之后的齐国王室贵族的生活，它再一次说明囿游不仅可以“养兽以宴乐视之”①，而且还可以供王室狩猎，同时也再一次说明囿游也设有举行射礼的场所。

12. 平度宴饮射侯纹铜匜残片（彩图34）

该残片上的线刻画像纹被四圈细线分隔为四层。第一层为树纹，残存四棵。第二层上方残存四只鸟，下方残存五棵树。第三层残存三人，皆右向，双手执觚作进献状，每人前面当均置一觚或一豆。第二、第三层左端张一横束腰形射侯，仅残存右上下舌，其上画细曲线作装饰，上纲系于第一层的一棵树上，下纲似固定于地上，鹄形因残不清。射侯束腰处残存获者所执之旌一段，其上画有四条竖线一组的装饰。整个射侯占据着第二、第三层纹饰的空间位置。第四层为双重等腰三角形纹花边。本画像说明当时举行射礼的场所也是设置在野外林中的。

13. 赵固宴乐射猎纹铜鉴（彩图35）

关于赵固铜鉴上的人物画像纹，发掘报告已作过分析②，稍后有学者也作过分析③，把铜鉴上的图案内容释为“贵族游园图案”，建筑物“上层鼓瑟投壶，下层姬妾环侍”，“磬后有习射之圃，磬前有洗马之池”，“墙外松鹤满园，三人弯弓而射，迎面张网罗以受逃。池沼中有荡舟者，亦搭弓矢作驱策浴马的姿势”。对此解释有学者认为值得商榷，并专门撰文作了深入研究，提出铜鉴上的刻纹图案应释为贵族的礼仪活动，“全部内容系由燕礼、射礼、蒐礼等三部分组成”④。这一分析是比较恰当的，现在已有研究的基础上解析如下。

铜鉴内腹壁錾刻的人物画像纹被一周竹节纹分隔成两层，但有一座两层高大建筑画像则不受此竹节纹的限制，而占据着第一、第二层画像纹的空间位置。整个画像的事件安排都是以这一建筑为中心来展开的。该建筑顶层正堂内置二圜壶酒，壶内各加一勺。左楹柱内立一人，右向，双手执觚进献。左楹柱外跽坐一人，当为左右正之类的侍者。该建筑下层因锈蚀，正堂情况不清楚。左楹柱内有二人，因漫漶具体执事也看不出来。该建筑前立有表柱，左边两表柱间，有一人正携直角尺进来，当为《仪礼·大射仪》所说的量人，所携之直角尺当即“狸步”。⑤狸即野猫，因使用此量具丈量时两腿交替着地，像狸迈步一样，故称狸步。右边表

① 详见（清）阮元校刻：《十三经注疏·周礼注疏》，中华书局，1980年，第749页。
② 中国科学院考古研究所：《辉县发掘报告》，科学出版社，1965年，第122页。
③ 郭宝钧：《中国青铜器时代》，生活·读书·新知三联书店，1963年，第141、163页。
④ 王恩田：《辉县赵固刻纹鉴图说》，《文物集刊》2，文物出版社，1980年。
⑤ 杨天宇：《仪礼译注》，上海古籍出版社，2004年新1版，第169页及注[3]、[4]。

柱外有一人跽坐于地，当为仆人。中心建筑物左侧第一层有三人，二人右向，皆执觚依次进献，一人左向，伸手以受。二位进献者身后应有六人，因锈蚀磨损，残存四人，皆右向，前一人腰间插三矢，正引弓待发。第二人腰间插三矢，一手执弓，一手取一矢搭在弓上，准备接射。此与《仪礼・乡射礼》、《大射仪》所说的"将乘矢"、"搢三而挟一个"、"搢三挟一个"[①]吻合（其情形可参看彩图 36 射礼仪节"搢三挟一个画像"）。第三人、第六人和残去的第四、第五人当为继射者。第一、第二、第三和第六人前各置一觚或一豆，知此当为六人三耦竞射。射者前方张一扁横"⊠"字形射侯，其上有短曲线装饰，侯中心有"×"交线，交点可能起鹄的作用，右植清晰，上下纲系于其上，左植残缺。射侯左右两旁各有五只鸟和五棵树，一一间隔排列，表明射侯是设在野外林中的。中心建筑物右侧第一层有一伞形物，伞下置一圜壶，其上盖幂加勺。再右有四人，两两相对，二人之间置二觚或二豆，一人举觚或豆进献，另一人拱手以受。再右有一堵折曲形矮墙，当是《仪礼・大射仪》所说的更衣之处的"次"。[②]次右为服不氏即获者，手执旌跽坐于地，《周礼・夏官》记服不氏之职曰："掌养猛兽而教扰之，凡祭祀，共猛兽；宾客之事，则抗皮；射则赞张侯，以旌居乏而待获。"[③]其旁有一双勾线的箭头，当是《仪礼・乡射礼》、《大射仪》所说的乏，又名容，亦名防，是服不氏即获者亦即唱获者或称报靶人借以避矢处，其形似屏风，横宽皆七尺，用牛皮制成。[④]《尔雅・释宫》则把容属于建筑类，这种图像在青铜器画像中也多表示矮墙，说明《尔雅》之说也是有其一定道理的。乏右有一人，手执四筭，当为释获者。有学者认为手执的是四矢，此人为取矢人[⑤]。若手执是四矢，则此人也可能是《仪礼・燕礼》和《大射仪》所说的"君与射"，"小臣以巾授矢，稍属"，公将射，"小臣师以巾内拂矢而授矢于公，稍属"[⑥]的小臣。但取矢人和以巾授矢的小臣，在射礼中与释获者相比，则均可谓小者，画作者似不当以失大而取小。

中心建筑物左侧第二层近段，又用细线分隔成上下两部分，上方悬编钟一套五件，与徐养原"钟特县之法，每均五钟"之说[⑦]相合，二人执桴击奏。其左旁有二人相对站立，之间置一豆，一人捧觚进献，一人伸手以受。因细线很明显的标示有出入口，当说明此处应是中心建筑的附属设施。下方置一大鼎，鼎右二人捧豆进献，其前一人上半身残缺。鼎左一人持匕。再左有一座内侧带有廊庑的大门类建筑，当为苑囿正门。门内一驭手驾龙首鱼尾形猎车，仅残存车舆和一马的部

① （清）阮元校刻：《十三经注疏・仪礼注疏》，中华书局，1980 年，第 1000、999、1035 页。
② 参见杨天宇：《仪礼译注》，上海古籍出版社，2004 年新 1 版，第 186 页及注[1]。
③ （清）阮元校刻：《十三经注疏・周礼注疏》，中华书局，1980 年，第 846 页。
④ 杨天宇：《仪礼译注》，上海古籍出版社，2004 年新 1 版，第 90 页及注[7]、170 页及注[3]。
⑤ 王恩田：《辉县赵固刻纹鉴图说》，《文物集刊》2，文物出版社，1980 年。
⑥ （清）阮元校刻：《十三经注疏・仪礼注疏》，中华书局，1980 年，第 1025、1039 页。
⑦ （清）孙诒让：《周礼正义・春官・小胥》引，中华书局，1987 年。

分躯体，车上一射手腰插三矢，正引弓待射。车后猎犬相随，车前兽群奔驰。中心建筑右侧第二层近段，也用细线分隔成上下两部分，上方悬编磬一套五件，其中两件仅存系绳，有二人执桴击奏，其身旁置有豆、觚和竽。此与中心建筑物左侧编钟正构成《周礼·春官·小胥》郑玄注所说的“西县钟，东县磬”[①]，即右悬钟、左悬磬的礼制相合。编磬右侧有两个方墩，当表示苑囿侧门。门内一人牵犬执械，一人执戈，率四只猎犬一起迎击兽群，与从正门追逐而来的猎车形成夹击之势，可谓是车徒合围。下方右端画有斑马线，以与苑囿兽群隔开，斑马线以左有三人，前一人牵马，第二人一手牵马一手执鞭赶前边的马，后一人执鞭赶第二人所牵的马，一字排开正向中心建筑走来。整个情形与淮阴高庄48号铜盘上的画像十分相像。有学者认为前二人所牵的“这两个动物是狗而非马，而且很有可能就是待烹的狗牲”[②]，这一说法与事实不符，且由高庄48号铜盘画像证明此确应为马。可见中心建筑及其周围的酒食器陈设、钟磬之悬和各色人物的拱揖进献，反映的是贵族宴乐活动。除此，整个第一层包括三耦六位射手、侯、释获者、乏、获者、次等，反映的是射礼活动。第二层的猎车、猎犬、持兵械者、野兽动物及其大门、侧门，反映的是苑囿狩猎活动。牵马画面反映的当是献良马或王马驾车、卸车的活动。

第二层画像下面有内填三小圆圈的三角形花边。内底有一鸟与三棵树间隔排列之画像，其下也有内填三小圆圈的三角形花边。

关于本画像中的射礼类属问题，有学者指出，飨礼和燕礼可以有金奏之乐，而乡饮酒礼则没有，飨礼有牛羊豕三牲具备的太牢，至少需要三鼎烹煮，而燕礼、乡饮酒礼则只用狗牲，用一鼎烹煮即可。而本画像中有编钟，但只有一鼎，故只能是燕礼。按照《仪礼》规定，举行燕礼应在路寝，路寝即正寝，又称堂，《礼记·檀弓》注曰：“堂形四方而高。”因此赵固铜鉴上的“高大建筑物应即路寝”。“射的场所是燕射与大射的主要区别之一。燕射是在国中即城中举行的，大射则在郊举行。赵固鉴的射礼是在郊举行的。因此，其性质似应属于大射。据研究，大射往往是在近郊的辟雍内举行，辟雍的特点之一就是四周有水池环绕，中间高地建有厅堂式的草屋，附近有广大的园林。园林中有鸟兽集居，水池中有鱼鸟集居。赵固鉴中的‘松鹤满园’与‘辟雍’的环境颇为相近。”赵固鉴的蒐礼是采取“车徒皆作”的合围形式，但已经看不到任何军事活动的痕迹，表明“春秋时代结合田猎进行的军事检阅和军事演习以及选定和任命将帅与执政，制定和颁布法律等重大政治军事问题的处理为内容的蒐礼，进入战国以后便蜕变为统治阶级单纯享乐

① （清）阮元校刻：《十三经注疏·周礼注疏》，中华书局，1980年，第795页。
② 王恩田：《辉县赵固刻纹鉴图说》，《文物集刊》2，文物出版社，1980年。

性质的田猎活动了”。[1]这些分析是颇有道理的，但问题是把燕礼、射礼、蒐礼三者给截然分开了。“古者诸侯之射也，必先行燕礼；卿大夫、士之射也，必先行乡饮酒礼。”[2]燕乐也是射礼的仪节内容。我们认为画像中的宴乐、射礼、狩猎应是在一个地方举行的，而不是燕礼在城中的路寝、射礼在郊举行的。的确，文献记载大射在郊在辟雍举行明白无误，本画像的射侯设在野外的林中，不仅松鹤满园，禽兽成群，而且还有高大建筑，与辟雍的位置环境吻合，因此，该建筑不应是路寝，而应该是辟雍的建筑。《仪礼·大射仪》贾公彦疏曰：“若耦及侯数，天子大射宾射六耦三侯，畿内诸侯则二侯四耦，畿外诸侯大射宾射皆三侯三耦……若燕射则天子诸侯例同，三耦一侯而已，以其燕私，屈也。若卿大夫士例同，一侯三耦。”[3]本画像为六人三耦一侯，与燕射正合，故不当是大射。在辟雍举行大射应是每年春秋两季所规定的比射，由于辟雍的苑囿性质，在规定的大射之外，于此举行燕射、狩猎或“养兽以宴乐视之”也是完全可能的。考虑到此时已至战国中期，周王已无经济实力经营辟雍和在此举行重大活动，因此本画像所描绘的可能是在某诸侯的泮宫或某一处囿游即“囿之离宫小苑观处”[4]举行的燕射礼和狩猎甚或是宴乐观视活动。

14. 黄泥坑宴饮射侯纹铜匜（彩图37）

该器残存的人物画像纹錾刻于流内和腹内壁。流内为两条鱼，流折处有五组波浪纹带；应流处的腹内壁刻一禁案，其上置二圜壶一觚，每壶各配置一勺，案下置三豆。禁案右侧立三人，皆左向，前一人持勺从壶中取酒，第二、第三人残存长裳。禁案左侧亦立三人，皆右向，第一、第二人之间下置一豆，上有一鸟、两棵树，前一人也持勺从壶中取酒，后一人执觚作进献状。第三人仅残存长裳下摆。与流口相对的后内腹壁，张一横束腰形射侯，侯中画“⋇”形三条交线，以交点为中心画圆形鹄，鹄内画网格纹，侯缘画组状竖短线作装饰，上下纲系于左右植上，整体呈上宽下窄形。左右两舌之间各倚一获旌，旌有三旒，旌杆下部均绑有斜木以便固定于地上。无执旌者，也不见执弓竞射者。射侯下方置有立柱，残存六根，射侯似乎是张在柱台上的。射侯两侧的画像纹被三条细线分隔为三层，侯左侧第一、第二层为树，第三层柱台上有四只鸟，一只在植内侧，头向侯。三只于植外边，头向左，其前站立二人，皆左向，执觚进献，头部残缺。侯右侧第一、第二层也为树，第三层柱台上有五只鸟，皆左向，二只于植内侧，三只于植外。鸟右边有四人，自左至右第一、第二人皆右向，执豆或觚进献。第三人左向，

① 王恩田：《辉县赵固刻纹鉴图说》，《文物集刊》2，文物出版社，1980年。
② 《礼记·射义》，（清）阮元校刻：《十三经注疏·礼记正义》，中华书局，1980年，第1686页。
③ （清）阮元校刻：《十三经注疏·仪礼注疏》，中华书局，1980年，第1034~1035页。
④ （清）阮元校刻：《十三经注疏·周礼注疏》，中华书局，1980年，第749页。

前置一豆，为受献者。第四人右向，手部残缺。第三层下边有双重等腰三角形花边装饰。可见画像的图案内容与陕县后川铜匜相同，也是张一个侯和宴饮场面。从画面来看，射侯当设在野外林中，侯制也比较清楚。有学者指出："这种一侯二获的题材还是首次见到"，作这样的设置"大概不是用以标志射礼的等级，估计或出于构图上对称原则的需要而绘"[①]。这种解释是不对的，本画像的一侯二旌虽是最早发现的，但并不是孤例，早在20世纪50年代陕县后川出土的铜匜画像中就有这种题材，只是偃倚不同且没有为人们所认出而已。由于无获者，也不见执弓竞射者，且人物残缺不全，其到底为几耦射几侯以及二旌之含义，单凭本器实不好作出判断，但参照前述后川铜匜画像图案内容及其解析，我们认为本画像的射侯侯缘装饰有成组的竖短线，侯中则无纹饰，鹄内为网格纹，也符合郑玄所说的朱次、白次、苍次三正。[②]二旌已暗含有两位获者、两个射侯，而且射侯又是张在野外林中的，因此本画像的一侯二旌绝不是出于构图上的对称，而是对二侯二旌的有意省略和巧妙的艺术处理。整个画像也当为八人四耦射二侯、二获、三正的大射礼。

15. 故宫燕射狩猎纹铜鉴残片（彩图38）

该残片的人物画像纹錾刻于器内，其中一片上为燕射画像。左端有一座架空的二层建筑，基下有立柱，右侧有阶梯，一人持弓正拾级而上，当为继射者。一楼堂内有二人，相对跽坐于地，右一人双手扶膝，左一人执觚饮酒。二楼柱内一人跽坐，柱外屋檐下有二人皆右向，前一人引弓待发，后一人持弓查看，作接射准备。射者前方台地上置一圆形射侯，侯正中心画双重圆圈鹄。侯缘饰竹节纹，侯中画小圆圈，外三周分布有规律，第三圈之内者分布无规律，当表示矢射中所留下的洞痕。侯下方有两个矮柱，并与一长条形剖面相连，说明射侯是固定在这两个立柱上的，而立柱又是栽埋于台地上的。射侯左右两侧各有一棵树，树上树下落有仙鹤，侯与树上空群鹤飞翔。本来，把横束腰形射侯区分为几个部分，或在射侯的旁侧装饰不同的动物皮革，在侯中亦用皮革为之。或在侯中涂绘不同的颜色，即所谓五正、三正、二正，这些做法与现代射击用的靶上分为若干环是差不多的。而这种周边作竹节纹装饰，其内画三周小圆圈，正中心画双重圆圈的圆盘形射侯，则与现代射靶更为近同，这说明流行于现今世界上的射击环靶，早在我国战国早中期就已经有了；另一片上为燕饮画像，画面可分两层，上层有二人，皆左向，前一人双手平举，长袖下垂。后一人一手执三支箭。第二层上方有三人，其中二人相对，一人持觚献酒，一人接受，二人之间置圜壶。另一人右向，手持T字形器具。下方有二人，各持一觚正向对方走来献酒；还有一片上残存三辆马车；一片上有一人与二兽搏斗；一片上残存一马的半个身躯；一片上残存两蛇缠

① 王恩田：《辉县赵固刻纹鉴图说》追记，《文物集刊》2，文物出版社，1980年。

② 《尚书·益稷》孔颖达疏引，（清）阮元校刻：《十三经注疏·尚书正义》，中华书局，1980年，第143页。

绕的部分躯体。可见，在这里射侯设置在野外的林中、比射方式为耦射，与其他画像射礼图案所反映的情况无别，而射侯为圆形、射耦站在顶楼柱外屋檐下比射，则均为其他画像所未见。由于残缺严重，虽无法对整个画像的图案内容及其内在联系作出分析，但画面中有狩猎、燕饮和射礼，而且是因燕而射，则是可以肯定的。

综上所析，可把战国时期青铜器人物画像纹射礼图案的基本情况列为表 4-1。

总之，上述人物画像纹，有射礼竞射画像者十器，有射侯图案者五器。参校礼书的有关记载，通过对这部分资料重新解析，不难发现这些画像图案所展现的侯制与行礼的仪节内容，也多能与礼书所载相印证，并可补文献记载之不足。它们真实生动地展现了战国时期举行射礼的情景，不仅是珍贵的艺术品，而且也为我们深入了解当时射礼的种类、举行地点与场所、比射方式与仪节内容、射侯的形制与张挂方法以及贵族统治阶级的社会生活等，提供了非常重要的实物资料。

二、人物画像纹所见射礼种类与文献引征

从青铜器人物画像纹射礼图案之解析和文献记载来看，战国时期射礼的种类有以下几种。

（1）大射礼。战国时期的大射礼，据目前所知的材料，主要是僭用畿内诸侯举行的大射礼，如上述高王寺宴饮射猎纹铜壶、中霍村宴饮竞射纹铜匜、后川宴饮射侯纹铜匜、洛阳飨射养老纹铜匜、黄泥坑宴饮射侯纹铜匜等青铜器上的射礼图案，展示的就是这类射礼。另外，孔门诸儒也常在孔子冢举行大射礼，如《史记·孔子世家》曰：“孔子葬鲁城北泗上，弟子皆服三年。三年心丧毕，相诀而去，则哭，各复尽哀；或复留。唯子赣庐于冢上，凡六年，然后去。弟子及鲁人往从冢而家者百有余室，因命曰孔里。鲁世世相传以岁时奉祠孔子冢，而诸儒亦讲礼乡饮大射于孔子冢。孔子冢大一顷。故所居堂、弟子内，后世因庙，藏孔子衣冠琴车书，至于汉二百余年不绝。高皇帝过鲁，以太牢祠焉。诸侯卿相至，常先谒然后从政。”[①]其中弟子及鲁人往从冢以下所记当主要为战国时事。这种遗风到司马迁之时还依然能够感觉到，《史记·太史公自序》曰：“二十而南游江、淮，上会稽，探禹穴，闚九疑，浮于沅、湘；北涉汶、泗，讲业齐、鲁之都，观孔子之遗风，乡射邹、峄；戹困鄱、薛、彭城，过梁、楚以归。”[②]《汉书·司马迁传》亦曰：“迁生龙门，耕牧河山之阳。年十岁则诵古文。二十而南游江淮，上会稽，

① （汉）司马迁撰，（宋）裴骃集解，（唐）司马贞索引，张守节正义：《史记》，中华书局，1982 年第 2 版，第 1945~1946 页。

② （汉）司马迁撰，（宋）裴骃集解，（唐）司马贞索引，张守节正义：《史记》，中华书局，1982 年第 2 版，第 3293 页。

表 4-1　战国青铜器人物画像纹射礼图案基本情况表

时代	器名	射礼种类	耦数	侯数	获旌数	植	器主身份
春秋末期	王家山宴乐射猎纹铜鉴	燕射礼	残存二人耦射	一侯	一获者一手执盾，一手执并夹	木杆	吴国贵族
战国早期	百花潭采桑宴饮乐舞射猎攻战纹铜壶	乡射礼	六人三耦	一侯	一获者举旌	无显示只有左上纲	蜀国军功地主
	故宫采桑宴乐射猎攻战纹铜壶	乡射礼	六人三耦	一侯	未显示	上纲固定于横木，下纲固定于地	传世品
	高王寺宴饮射猎纹铜壶	大射礼	八人四耦	一侯或二侯	一获者举旌	木框	秦国王室贵族
	后川宴饮射侯纹铜匜	大射礼	八人四耦	一侯	二旌偃于地	二棵经过修剪的树	魏国下大夫
	上博宴舞射猎纹铜椭桮	宾射礼	画面显示四人二耦，应为六人三耦	一侯	一获者执旌偃于地	木杆	传世品属于吴文化系统
	三汲宴饮射猎纹铜鉴	习射	一人	一侯	一获者执旌去侯偃于地	木杆	中山国贵族
战国早中期	中霍村宴饮竞射纹铜匜	大射礼	八人四耦	一侯	二旌立于地	木杆	戎狄人相当于中原的大夫一级
	洛阳飨射养老纹铜匜	大射礼	画面显示四人二耦，应为八人四耦	一侯	二获者各举一旌半蹲于地	二棵树	传世品
	高庄宴乐囿游射侯纹铜盘	燕射礼	未显示	一侯	未显示	木杆	越国属下的淮夷人首领
	王沟宴舞狩猎射侯纹鎏金铜鉴残片	燕射礼	未显示	一侯	未显示	两棵经过修剪的树	齐国王室贵族
战国中期	黄泥坑宴饮射侯纹铜匜	大射礼	未显示，应为八人四耦	一侯	二旌倚于侯，旗杆下部缚有斜木	木杆	楚国大夫
	平度宴饮射侯纹铜匜残片	燕射礼	残缺	一侯	残存竹节纹旌旒一段	右上纲系于树，右下纲固定于地	齐国有田禄的士或军功地主
	赵固宴乐射猎纹铜鉴	燕射礼	六人三耦，残缺二人	一侯	一获者举旌踞坐于地	木杆	魏国有田禄的士
	故宫燕射狩猎纹铜鉴残片	燕射礼	残存二人一耦比射，一人继射	一侯	未显示	二立柱	传世品

探禹穴，窥九疑，浮沅湘。北涉汶泗，讲业齐鲁之都，观夫子遗风，乡射邹峄；阸困蕃、薛、彭城，过梁楚以归。”颜师古曰：“邹，县名也。峄，山名也，近曲

阜地也。于此行乡射之礼。”[①]联系到孔子生前曾常射于矍相之圃，可见，自春秋至于西汉前期，曲阜一带的射礼之风一直都是很盛行的。

（2）宾射礼。战国时期的宾射礼，在上述人物画像纹中也有反映，如上海博物馆馆藏宴舞射猎纹铜椭栖上的射礼图案，就是孤卿大夫和士所举行的宾射礼。

（3）燕射礼。战国时期的燕射礼，在上述人物画像纹中所占比例最多，如王家山宴乐射猎纹铜鉴、赵固宴乐射猎纹铜鉴、故宫燕射狩猎纹铜鉴残片上的射礼图案，以及高庄宴乐囿游射侯纹铜盘、王沟宴舞狩猎射侯纹铜鉴、平度宴饮射侯纹铜匜残片上的画像图案等，所反映的都是这类射礼。

（4）乡射礼。战国时期的乡射礼，在上述人物画像纹中也是很重要的题材，如百花潭采桑宴饮乐舞射猎攻战纹铜壶、故宫采桑宴乐射猎攻战纹铜壶上的射礼图案，展现的就是春秋两季所举行的乡射礼。而且战国时期的乡射礼在文献中亦有记载，如《楚辞·大招》记楚怀王、襄王之时推行乡射礼以选拔人才的情况是：“昭质既设，大侯张只。执弓挟矢，揖辞让只。魂乎徕归！尚三王只。”王逸注曰：“昭质，谓明旦也。侯，谓所射布也。王者当制服诸侯，故名布为侯而射之。古者，选士必于乡射。心端志正，射则能中，所以别贤不肖也。言楚王选士，必于乡射，明旦既设礼，张施大侯，使众射之，中则举进，不中退却，各以能升，民无怨望也。挟，持也。矢，箭也。上手为揖，言众士将射，已持弓箭，必先举手以相辞让，进退有礼，不失威仪也。一云：揖让辞只。尚，上也。三王，禹、汤、文王也。言魂急徕归，楚国举士，上法夏、殷、周，众贤并进，无有遗失也。”[②]可见在楚国等地乡射礼仍然保留着选士举贤进能别不肖的功能。

（5）习射。射礼礼仪烦琐，技术要求高，只有既懂礼仪又擅射艺者方能胜任，故平时需要多加演习。这种习射活动在上述人物画像纹中也有显示，如三汲宴饮射猎纹铜鉴上的射礼图案即是习射。

（6）巫术性射礼。巫术性射礼既是中国古代射礼的渊源之一，也是中国古代射礼的一个种类，从五帝时代至战国时期延续数千年而不断。如《战国策·燕策二》记苏代约燕王说：“秦欲攻安邑，恐齐救之，则以宋委于齐，曰：‘宋王无道，为木人以写寡人，射其面，寡人地绝兵远，不能攻也。王苟能破宋有之，寡人如自得之。’”又记苏子谓齐王说：“今宋王射天笞地，铸诸侯之像，使侍屏匽，展其臂，弹其鼻。”《宋策》也说宋康王偃之时：“灭滕伐薛，取淮北之地。乃愈自信，欲霸之亟成，故射天笞地，斩社稷而焚灭之，曰：‘威服天下鬼神。’”[③]《吕氏春

① （汉）班固撰，（唐）颜师古注：《汉书》，中华书局，1962 年，第 2714~2715 页及注[六]。
② （宋）洪兴祖补注，卞岐整理：《楚辞补注》卷第十，凤凰出版社，2007 年，第 201~202 页。
③ 李维琦点校：《国语·战国策》，岳麓书社，2006 年第 2 版，第 416、424 、436 页。

秋·过理》篇还说："宋王筑为蘖帝，鸱夷血，高悬之，射著甲胄，从下，血坠流地。左右皆贺曰：'王之贤过汤、武矣。汤、武胜人，今王胜天，贤不可以加矣。'宋王大说，饮酒。"奇猷案曰："宋王以射天帝为乐。"[①]《史记·宋微子世家》亦说：宋王偃"盛血以韦囊，县而射之，命曰'射天'"[②]。贾谊《新书》也有类似记载。这里所说宋王偃铸造诸侯像来弹射、雕木人写秦王名字来射其面以及射天帝，都应该是事实。尤其是宋王偃的射天，与商王武乙射天的故事基本上是如出一辙。殷人信奉巫术，因此殷商时期名巫辈出，巫风最为流行。而宋国是殷商余民之后续，代殷而奉其先祀，对殷商巫术有较多的继承，故到战国时期仍然继承着其先世的这一巫蛊即偶像伤害术。这里需要说明的是，战国时期巫术性射礼虽然存在，但已经走到了尽头。因为这种巫术性质的射礼，到后来便被东周礼书所记载的射礼、祭侯礼、投壶礼所吸纳为其中的一个仪节，即与礼射、投壶融在一起了。因此本书把巫术性射礼作为射礼的一种，只溯源逐流至战国时代，战国之后，或说东周礼书之后，尤其是汉代以后巫术逐渐与道教趋同起来，故历代虽仍有巫术性射事，但严格来讲已经不属于射礼的范畴了。

（7）投壶礼。由射礼衍生出来的投壶礼，在战国时期极为盛行，如淳于髡与齐威王论酒时就曾提到投壶礼的流行情况："威王大说，置酒后宫，召髡赐之酒。问曰：'先生能饮几何而醉？'对曰：'臣饮一斗亦醉，一石亦醉。'威王曰：'先生饮一斗而醉，恶能饮一石哉！其说可得闻乎？'髡曰：'赐酒大王之前，执法在傍，御史在后，髡恐惧俯伏而饮，不过一斗径醉矣。若亲有严客，髡帣韝鞠𦜕，侍酒于前，时赐余沥，奉觞上寿，数起，饮不过二斗径醉矣。若朋友交游，久不相见，卒然相睹，欢然道故，私情相语，饮可五六斗径醉矣。若乃州闾之会，男女杂坐，行酒稽留，六博投壶，相引为曹，握手无罚，目眙不禁，前有坠珥，后有遗簪，髡窃乐此，饮可八斗而醉二参。日暮酒阑，合尊促坐，男女同席，履舄交错，杯盘狼藉，堂上烛灭，主人留髡而送客，罗襦襟解，微闻芗泽，当此之时，髡心最欢，能饮一石。'"[③]可见，战国时期的投壶礼与六博一样，已成为乡里聚会、行酒作乐的游戏。战国时期的投壶，在考古发掘中也多有发现，如1974年在河北平山县三汲乡战国时期中山王墓中就出土了两件铜投壶。一件为大投壶，器身作平口、深腹的圆筒形，两侧对置铺首衔环，底部三足为独角犀，器表满饰变形山字纹，高59厘米、口径20.5厘米。腹上有铭文"左使车工本"五字。另一件为

① （战国）吕不韦著，陈奇猷校释：《吕氏春秋新校释》，上海古籍出版社，2002年，第1569页及注[三四]。

② （汉）司马迁撰，（宋）裴骃集解，（唐）司马贞索引，张守节正义：《史记》，中华书局，1982年第2版，第1632页。

③ （汉）司马迁撰，（宋）裴骃集解，（唐）司马贞索隐，张守节正义：《史记·滑稽列传》，中华书局，1982年第2版，第3199页。

小型投壶，器身形制与大投壶相同，但无三犀足，高约 40 厘米、口径 10 厘米。[①]同年在山东长岛县长山岛还出土了一件战国早期的线刻人物画像纹提梁壶，其画像内容从上到下依次表现的是采桑、宴饮和战争三种场景。在腹部宴饮场景下部刻有一幅投壶画像，其最左侧为一投壶，壶内插有四矢，壶右侧并排立有五人，右手均执一矢，从右向左，五人的动作连接起来恰好为投掷一次的整个过程，即依次表现手执矢从腰部到上举至头部再到投掷出的全过程，展示的是投壶者正在投掷的瞬间动作，把《礼记》所述的投壶场面定格下来，生动地再现了战国时期投壶礼的情景。[②]1978 年在淮阴高庄 M1 号战国墓中也出土了一件印纹硬陶投壶（彩图 21（b）），该壶为侈口，细长颈，圆鼓腹，平底稍内凹，紫红色胎，表面施黑色陶衣，口沿外饰一圈云雷纹带，器壁较厚，由泥条盘筑法制成。高 38 厘米，口径 11.2 厘米，底径 19.5 厘米。[③]投壶实物的多次发现，也说明战国时期投壶之风的确是很流行的。

（8）弋射。弋射原本是一种生产活动，并不是礼，但由于弋射的对象主要是水禽，包括凫、雁、天鹅等，而麦方尊铭文记载周王曾把在辟雍大池乘舟射大鸿作为大礼的一部分，成为款待宾客的礼仪之一（《集成》06015），并且水上射礼也采用弋射的方式（静簋铭，《集成》04273），《周礼・夏官・司弓矢》掌八矢之法中还有用于弋射的矰矢、茀矢。同时射侯的靶心也称为鹄，《礼记・射义》孙希旦集解曰："鹄者，侯之中，射之的也。"[④]"《周礼・司裘》郑注曰：'谓之鹄者，取名于鳱鹄，鳱鹄小鸟而难中，是以中之为隽。'鳱鹄，据《淮南子・氾论》篇高注、《广雅・释鸟》是鹊，《说文》认为是山鹊，确是一种'小鸟而难中'的。《考工记》说：'张侯而棲鹄'，'棲'原是鸟息止的意思，'鹄'而称'棲'，其原始本为小鸟可知。"[⑤]然从当时所射鸟之对象来看，鹄实应为鸿鹄，亦即天鹅，鸿鹄飞得高，因常用来比喻志向远大的人，再加上飞高难中，故以射中为隽。可知古代弋射与射礼也有着千丝万缕的联系，故在此亦把它作为一个种类暂列于后。

弋射也是战国青铜器人物画像纹的重要题材之一，除上述讲到的百花潭采桑宴饮乐舞射猎攻战纹铜壶、故宫采桑宴乐射猎攻战纹铜壶、高王寺宴饮射猎纹铜壶、河北平山 8101 号墓出土宴乐狩猎纹铜盖豆[⑥]、传世的车马猎纹铜壶、流传到美国的铜盖豆等器物上的弋射画像外，还有辉县琉璃阁 M56、59、75、76 出土铜

---

① 崔乐泉：《我国最早的铜投壶》，《体育文史》1995 年第 2 期；大投壶，或称筒形器，铭文隶为"左使车工蔡"（《集成》10349）。从拓片摹本看，末一字当以《集成》所释为是。

② 郭贤坤：《刻纹提梁壶与战国时代的投壶礼》，《体育文史》1995 年第 3 期；李小成：《投壶考》，《江汉论坛》2005 年第 4 期。

③ 淮阴市博物馆：《淮阴高庄战国墓》，《考古学报》1988 年 2 期。

④ （清）孙希旦：《礼记集解》卷第四十六，中华书局，1989 年。

⑤ 杨宽：《"射礼"新探》，《古史新探》，中华书局，1965 年，第 327 页。

⑥ 河北省文物研究所：《河北平山三汲古城调查与墓葬发掘》《考古学集刊》5，中国社会科学出版社，1987 年。

壶[①]与湖北曾侯乙墓出土漆匫上的弋射画像[②]等。用于弋射的矢是矰矢、茀矢，其方法是结缴于矢，即把一条长而细的丝绳缚于箭镞的小孔上，用以缠绊高空中的飞鸟。其发射工具是矰矢用于弓，茀矢用于弩。《周礼·夏官·司弓矢》曰："矰矢、茀矢，用诸弋射。"郑玄注曰："矰矢……弓所用也……茀矢……弩所用也……结缴于矢谓之矰，矰高也。茀矢象焉，茀之言刜也，二者皆可以弋飞鸟刜罗之也。"贾公彦疏曰："结缴于矢谓之矰……谓结绳于矢以弋射鸟兽者……云茀矢象焉者，亦结缴为射也……茀罗之也者，解结缴以罗取而刜杀之。"[③]从青铜器上的弋射画像来看，其方法正与上引文献所说相同，可以看出弋射鸿雁天鹅是一件很周密的事情，不仅要事先搭建行帐，而且弋射时还要分工协作，即乘舟者驱赶鹅雁起飞后朝着预定的一个方向飞去，隐蔽在堤岸下的弋射手则迎射空中飞来的鹅雁群。据文献记载，弋射在春秋时期就已经非常流行，如《论语·述而》说："子钓而不纲，弋不射宿。"[④]《诗·郑风·女曰鸡鸣》云："将翱将翔，弋凫与雁。弋言加之，与子宜之。"郑玄笺云："弋，缴射也。言无事则往弋射凫雁，以待宾客为燕具。"孔颖达疏曰："弋射凫之与雁，以待宾客为饮酒之羞。"[⑤]战国时期的弋射文献也有记载，如《楚辞·九章·惜诵》曰："矰弋机而在上兮，罻罗张而在下。"注云："矰弋，射鸟短矢也。机，发也。"[⑥]《史记·楚世家》曰："楚人有好以弱弓微缴加归鴈之上者，顷襄王闻，召而问之。对曰：'小臣之好射鶀鴈罗鸗，小矢之发也，何足为大王道也。'"索隐曰："鶀，音其，小雁也。"[⑦]《孟子·告子上》曰："今夫弈之为数，小数也，不专心致志则 不得也。弈秋，通国之善弈者也。使弈秋诲二人弈，其一人专心致志，惟弈秋之为听。一人虽听之，一心以为有鸿鹄将至，思援弓缴而射之，虽与之俱学，弗若之矣。为是其智弗若与？曰非然也。"[⑧]孟子能以弋射作比喻，说明弋射在当时也是家喻户晓的事情。同时在考古发掘中还出土有战国弋射的实物，如在长沙战国楚墓中就发现有保存完整的弩弓和各种只宜射猎小鸟兽用的细小箭头，箭镞上穿有小孔。还发现一些丝线团附于一件弓旁，显系矰缴。[⑨]可见战国时期的弋射比春秋之时更为流行。

总之，从大射礼、宾射礼、燕射礼、乡射礼，到习射、巫术性射礼、投壶礼

① 朱凤瀚：《古代中国青铜器》，南开大学出版社，1995 年，第 407 页；郭宝钧：《山彪镇与琉璃阁》，科学出版社，1959 年。

② 沈从文：《中国古代服饰研究》插图二八·2，上海书店出版社，2005 年，第 80 页。

③ （清）阮元校刻：《十三经注疏·周礼注疏》，中华书局，1980 年，第 856 页。

④ 杨伯峻：《论语译注》，中华书局，1980 年第 2 版，第 73 页。

⑤ （清）阮元校刻：《十三经注疏·毛诗正义》，中华书局，1980 年，第 340 页。

⑥ （宋）洪兴祖补注，卞岐整理：《楚辞补注》，凤凰出版社，2007 年，第 110 页。

⑦ （汉）司马迁撰，（宋）裴骃集解，（唐）司马贞索隐，张守节正义：《史记》，中华书局，1982 年第 2 版，第 1730 页及注[一]。

⑧ （清）阮元校刻：《十三经注疏·孟子注疏》，中华书局，1980 年，第 2751 页。

⑨ 沈从文：《中国古代服饰研究》，上海书店出版社，2005 年，第 81 页。

和弋射，凡东周礼书所记载者，战国时期基本上都有了。清人顾炎武指出："春秋时犹尊礼重信，而七国则绝不言礼与信矣；春秋时犹宗周王，而七国则绝不言王矣；春秋时犹严祭祀重聘享，七国则无其事矣；春秋时犹论宗姓氏族，而七国则无一言及之矣；春秋时犹宴会赋诗，而七国则不闻矣；春秋时犹有赴告策书，而七国则无有矣。邦无定交，士无定主，此皆变于一百三十三年之间。"[①]此为春秋战国时期礼制、邦交、世风骤变之大体，然就尊礼、祭祀、聘享、宴会而言，则不尽然。若就射礼而言，则更是另外一幅景象，只是范围大都局限于诸侯列国而已。

三、战国射礼的举行地点与场所

从战国青铜器人物画像纹射礼图案和文献记载来看，当时举行射礼的地点与场所大体是：大射礼在泮宫的射宫举行，如高王寺宴饮射猎纹铜壶、后川宴饮射侯纹铜匜、中霍村宴饮竞射纹铜匜、洛阳飨射养老纹铜匜、黄泥坑宴饮射侯纹铜匜等皆属此。或在野外露天举行，如诸儒在孔子冢举行的大射即属此；宾射礼在国中即城中高大建筑物的堂上举行，如上海博物馆宴舞射猎纹铜棓栖即属此；燕射礼在国中即城中高大建筑物的堂上即寝中举行，如故宫宴乐射猎纹铜鉴残片即属此。或在郊外的射宫举行，如王家山宴乐射猎纹铜鉴属此。或在野外苑囿离宫别馆露天举行，如高庄宴乐囿游射侯纹铜盘、王沟宴舞狩猎射侯纹铜鉴、赵固宴乐射猎纹铜鉴等均属此；乡射礼在州学序和乡学庠中举行，如百花潭采桑宴饮乐舞射猎攻战纹铜壶、故宫采桑宴乐射猎攻战纹铜壶属此。楚怀王、襄王之时旨在选拔人才的乡射礼，亦当在庠序中举行；习射也在野外的苑囿离宫别馆处的露天场地上进行，如三汲宴饮射猎纹铜鉴即是；巫术性射礼在临时设置的道场举行；投壶礼已延及民间乡里之会时举行；而弋射则在池泽或树林中进行。据文献记载，一般来说古代射礼举行的地点与场所是大射于泽、于射宫，宾射于朝，燕射于寝，乡射于州序乡庠，今参校以上战国时期举行射礼的地点与场所，大都能吻合，唯在野外露天进行大射、燕射或习射，则是文献记载中所没有的。

四、战国射侯、获旌、植的形制

（一）射侯

从战国青铜器人物画像纹射侯图案来看，其形制大体可分为五型十式（彩图 40）。

A 型：横束腰形，横宽长于高，可分为两个亚型。

Aa 型：单重横束腰形，此亚型又可分为两式。

---

① （清）顾炎武：《日知录・周末风俗》，（清）阮元编：《清经解》卷 18~19，上海书店，1988 年。

Aa 型Ⅰ式：两腰为圆弧形，此式又可分为两个亚式。

Aa 型Ⅰa 式：侯中有“×”形两条或“⁎”形三条交线，以交点为中心画圆圈鹄，王家山宴乐射猎纹铜鉴、后川宴饮射侯纹铜匜、中霍村宴饮竞射纹铜匜、黄泥坑宴饮射侯纹铜匜属此。

Aa 型Ⅰb 式：侯中没有交线，正中心直接画圆圈鹄，洛阳飨射养老纹铜匜属此。三汲宴饮射猎纹铜鉴，因侯中残缺，暂列属此式。

Aa 型Ⅱ式：两腰为锐角形，正中心画圆圈鹄，高庄宴乐囿游射侯纹 48 号铜盘属此。平度宴饮射侯纹铜匜残片，因射侯大部残缺，从束腰内收趋势判断，暂列属此式。

Ab 型：双重横束腰形，正中心画圆圈鹄，此亚型亦可分为两式。

Ab 型Ⅰ式：两腰为圆弧形，仅上海博物馆宴舞射猎纹铜椭栝属此。

Ab 型Ⅱ式：两腰为锐角形，仅有王沟宴舞狩猎射侯纹鎏金铜鉴残片一例属此。

B 型：为无首耸肩尖足的布币形，其高长于宽，正中心画圆点鹄，仅有百花潭采桑宴饮乐舞射猎攻战纹铜壶一例属此。

C 型：为两横不出头的井字形，其高远远长于宽，正中心为竖长方形鹄，故宫采桑宴乐射猎攻战纹铜壶、高王寺宴饮射猎纹铜壶属此。

D 型：为汉五铢钱文的扁“㐅”字形，其横宽长于高，可分为两式。

D 型Ⅰ式：以交点为中心画圆圈鹄，仅高庄宴乐囿游射侯纹 27 号铜盘一例属此。

D 型Ⅱ式：以交点为鹄，不再画圆圈，仅见赵固宴乐射猎纹铜鉴一例属此。

E 型：为圆盘形，正中心画双重圆圈鹄，仅有故宫燕射狩猎纹铜鉴残片一例属此。

（二）获旌

获旌是获者用以唱获报靶的旗子。《周礼·地官·司常》：“凡射，共获旌。”郑玄注曰：“获旌，获者所持旌。”[①]从战国青铜器人物画像纹射礼图案来看，其获旌有六种形状（彩图 39，彩图 40（h））。其一是如长鞭状旌，百花潭采桑宴饮乐舞射猎攻战纹铜壶、高王寺宴饮射猎纹铜壶属此。其二是如一条飘带状旌，平度宴饮射侯纹铜匜残片属此。其三是二旒旌，三汲宴饮射猎纹铜鉴属此。其四是三旒旌，后川宴饮射侯纹铜匜、洛阳飨射养老纹铜匜、赵固宴乐射猎纹铜鉴、黄泥坑宴饮射侯纹铜匜等属此，其中后者的旗杆下部还缚有斜木，以便树立于地上。其五是四旒旌，中霍村宴饮竞射纹铜匜属此。其六是超过四个旒的多旒旌，上海博物馆宴舞射猎纹铜椭栝属此。总的来讲，凡大射礼似乎大都用三旒旌，但不同

① （清）阮元校刻：《十三经注疏·周礼注疏》，中华书局，1980 年，第 827 页。

形状的旌是否与不同种类的射礼有关，尚需要更多的资料证明。

（三）植及射侯的张挂方法

从战国青铜器人物画像纹射礼图案来看，当时的植及射侯的张挂方法可归纳为六点（彩图40）。其一是立左右两根木杆，把侯的上下纲系于左右两根木杆上，王家山宴乐射猎纹铜鉴、上海博物馆宴舞射猎纹铜楕桮、三汲宴饮射猎纹铜鉴、高庄宴乐囿游射侯纹铜盘、中霍村宴饮竞射纹铜匜、赵固宴乐射猎纹铜鉴、黄泥坑宴饮射侯纹铜匜皆属此。其二是在左右木杆的位置栽种两棵树，把侯的上下纲系于左右两棵树上，有的树在张侯时还特意作过修剪，如后川宴饮射侯纹铜匜、王沟宴舞狩猎射侯纹铜鉴属此。有的树则不加修剪，如洛阳飨射养老纹铜匜属此。其三是上纲系于一棵树上，下纲固定于地上，平度宴饮射侯纹铜匜残片属此。其四是上纲系于横杆上，下纲固定于地上，故宫采桑宴乐射猎攻战纹铜壶、百花潭采桑宴饮乐舞射猎攻战纹铜壶即是。其五是做一个方形木框，把侯张于框内，高王寺宴饮射猎纹铜壶属此。其六是立两根木桩作支柱，把侯靶托起，故宫燕射狩猎纹铜鉴残片属此。

第二节　战国射礼的特点与形成原因

战国时期，随着社会变革的加深，经济文化的繁荣，射礼经过春秋时期的中衰之后，此时又在各诸侯列国之间得以发展，各个种类的射礼在战国青铜器人物画像纹中都有所体现，文献记载的射礼，如乡射礼与人物画像纹所反映的情况一致，巫术性射礼仍然存在，由射礼衍生而来的投壶礼和与射礼有关联的弋射，更是方兴未艾，频繁举行，形成了战国时代的一大特色。下面仅就战国射礼与东周礼书所记射礼之异同、特点及其形成原因作一总结。

一、战国射礼与东周礼书所记射礼之异同

战国时期的射礼，与东周礼书所记载的射礼相比，其相同的地方甚多，但也有一些不同之处，这些异同可归纳为以下几个方面。

（1）《仪礼·乡射礼》、《大射仪》记载说射礼设有司马、司射以主射政，获者执旌以唱获，释获者执筭以释获，行射方式是耦射，胜者使不胜者饮罚酒，而且据《燕礼》、《礼记·射义》等记载，飨宴与大射、宾射、燕射，乡饮与乡射必联类而行，据《周礼·夏官·射人》及《大射仪》贾公彦疏说，不同种类和不同级别的射礼，又有四耦射二侯、三耦射一侯之礼制，据《周礼·地官·乡大夫》、

《春官·大司乐》、《春官·乐师》记载，乡射礼、大射礼、燕射礼还均有兴舞或称弓矢舞等，所有这些在战国青铜器人物画像纹射礼图案中都一一被证实。

（2）《仪礼·乡射礼》、《大射仪》、《燕礼》记载乡射、大射、燕射都用乐，而且大射、燕射有钟镈之金奏，而乡射礼则无金奏，只有编磬。战国青铜器人物画像纹射礼图案中也有乐，但乡射礼图案中也有编钟，则与《仪礼》所记不同。

（3）《仪礼·乡射礼》所记乡射之礼五物中有兴舞，《周礼·春官·大司乐》、《乐师》则记大射、燕射中有以弓矢舞，而且按郑玄注说，起舞者为众耦。战国青铜器人物画像纹射礼图案中也有舞，不仅乡射礼、燕射礼有舞，宾射礼中也有舞。但舞者只有二人、三人、四人，并且是挥长袖，或仅执矢，而未见执弓者，矢也嫌得稍长，与文献记载不尽相同。

（4）前引《仪礼·乡射礼》、《大射仪》都有射者"将乘矢"和"搢三挟一个"之记载，并被中霍村宴饮竞射纹铜匜和赵固宴乐射猎纹铜鉴上的射礼画像所证实，但上海博物馆宴舞射猎纹铜椭桮上的二位射者，每人腰间则插二矢，侯上中二矢，无论如何都不合四矢之礼数。且大多数画像显示，升堂耦射中的接射者，都作从腰间抽矢状，此与礼书所说的搢三挟一个也不尽相符。

（5）《仪礼·乡射礼》、《大射仪》说因堂上有室无室，而射者所站的位置在楹外或在楹内，战国青铜器人物画像纹射礼图案中也有这种区别，但有的建筑形制与结构并没有差别，并且都是无室建筑，而射位却有楹内与楹外之分。

（6）《仪礼·燕礼》、《大射仪》、《乡饮酒礼》、《乡射礼》均载有陈设壶之礼制，即司宫尊于某处两方壶、两圜壶、两瓨，斯禁，皆加勺。[①] 这些记载在战国青铜器人物画像纹射礼图案中也多能印证，唯所有画像图案中不见方壶。

（7）《仪礼·乡射礼》、《大射仪》均说获者执旌以唱获，为防避矢，还为获者设有乏。战国青铜器人物画像纹射礼图案中获者的形象与职事也都是如此，唯春秋末期的王家山宴乐射猎纹铜鉴上的射礼图案，获者则是一手执盾，另一手执并夹（或戈）。在所有射礼画像中，唯中霍村宴饮竞射纹铜匜和赵固宴乐射猎纹铜鉴上的射礼画像有为获者所设乏的形象，其余画像上的获者则都是全身显露的。关于旌的形状与制作，《乡射礼记》曰："旌各以其物。无物，则以白羽与朱羽糅，杠长三仞，以鸿脰韬上二寻。"郑玄注云："杂帛为物，大夫、士之所建也……不命者无物。此翿旌也。"[②]杨天宇注云："糅，杂，谓以白羽与朱羽相杂而缀于杠之首。"[③]又曰："君国中射，则皮树中，以翿旌获，白羽与朱羽糅。于郊，则闾中，以旌获。于竟，则虎中，龙旜。大夫兕中。各以其物获。士鹿中，翿旌以获。"郑

① （清）阮元校刻：《十三经注疏·仪礼注疏》，中华书局，1980年，第1015、1029、980、993页。
② （清）阮元校刻：《十三经注疏·仪礼注疏》，中华书局，1980年，第1010页。
③ 杨天宇：《仪礼译注》，上海古籍出版社，2004年新1版，第133页及注[16]。

玄注云："国中，城中也，谓燕射也。""于郊，谓大射也。""于竟，谓与邻国君射也。"[①]杨天宇注云："翿旌是用白色和红色羽毛杂缀而成的。""龙旜，赤色而画有龙象的旗。"[②]《周礼·夏官·射人》郑玄注曰："九节，析羽九重，设于长杠也。"贾公彦疏曰："若是析羽九重设于长杠，即是获旌。"[③]参校战国青铜器人物画像纹射礼图案，三旒获旌者当应是"白羽与朱羽糅"杂的翿旌，上海博物馆宴舞射猎纹铜椭栖上的多旒获旌，则可能是"析羽九重，设于长杠"的旌。

（8）东周礼书记有一种皮侯，即以各种动物的皮作为侯侧的装饰，侯中的鹄为方形，也用各种动物的皮制作，如《周礼·天官·司裘》曰："王大射，则共虎侯、熊侯、豹侯，设其鹄。诸侯，则共熊侯、豹侯。卿大夫，则共麋侯。皆设其鹄。"郑玄注曰："侯者其所射也。以虎、熊、豹、麋之皮饰其侧，又方制之以为辜，谓之鹄，著于侯中，所谓皮侯。"[④]在战国青铜器人物画像纹射礼图案中，绝大多数射侯的侧边都有各种花纹装饰，当为皮饰。并且也确有方形鹄者，如故宫采桑宴乐射猎攻战纹铜壶、高王寺宴饮射猎纹铜壶上的射侯都是长方形鹄，而大多数射侯则是圆形鹄。

东周礼书还记有一种五采侯，即以各种颜色作为装饰，如《东周·夏官·射人》说："王以六耦射三侯……五正，诸侯以四耦射二侯……三正，孤、卿、大夫以三耦射一侯……二正，士以三耦射豻侯……二正。"郑玄注曰："画五正之侯中，朱次、白次、苍次，黄、玄居外。三正，损玄、黄。二正，去白、苍，而画以朱缘。"[⑤]战国青铜器人物画像纹射礼图案中，许多射侯的侯缘都有花纹装饰，有的侯缘与侯中纹饰也不一样，有的侯中则无装饰，再加上鹄有的有装饰，有的无装饰，把它们串连起来，也可与三正、二正讲得通，但要与五正、三正、二正全贯通起来则是有困难的。

东周礼书还记有一种兽侯，即在布侯上正面画熊、麋、虎、豹、鹿、豕等动物的头。如《仪礼·乡射礼记》云："凡侯，天子熊侯，白质。诸侯麋侯，赤质。大夫布侯，画以虎豹。士布侯，画以鹿豕。"郑玄注曰："此所谓兽侯也……白质、赤质，皆谓采其地，其地不采者，白布也。熊、麋、虎、豹、鹿、豕，皆正面画其头像于正鹄之处耳，君画一，臣画二，阳奇阴偶之数也。"[⑥]然纵观所有战国青铜器人物画像纹射礼图案，其射侯上则无一例有动物头像的，因此"正面画其头"的说法，是没有实物来证明的。

---

① （清）阮元校刻：《十三经注疏·仪礼注疏》，中华书局，1980年，第1012页。
② 杨天宇：《仪礼译注》，上海古籍出版社，2004年新1版，第139页及注[6]、[9]。
③ （清）阮元校刻：《十三经注疏·周礼注疏》，中华书局，1980年，第845页。
④ （清）阮元校刻：《十三经注疏·周礼注疏》，中华书局，1980年，第683页。
⑤ （清）阮元校刻：《十三经注疏·周礼注疏》，中华书局，1980年，第845页。
⑥ （清）阮元校刻：《十三经注疏·仪礼注疏》，中华书局，1980年，第1010页。

关于射侯共有几部分组成，其名称如何？经学家历来众说纷纭，概括起来，可归纳为三种意见。[①]一说由四部分组成，即侯、鹄、正、槷（亦作质）。以《小尔雅》、《孔丛子》、郑众、马融、王肃为代表。如《小尔雅·广器》、《孔丛子》均曰："侯中者谓之鹄，鹄中者谓之正。正方二尺。正中者谓之槷，槷方六寸。"郑众、马融都说："十尺曰侯，四尺曰鹄，二尺曰正，四寸曰质。"王肃也说："二尺曰正，四寸曰质。"[②]除槷有六寸与四寸说的不同外，其余都相同。《周礼》贾逵注说："四尺曰正，正五重，鹄居其内，而方二尺以为正，正大于鹄，鹄在正内。"[③]虽与正在鹄内说不同，但也认为共有四部分。第二说主张应分三部分，即侯、鹄（或称正）、槷（也作质）。该说以郑玄为代表，孔颖达从之，认为正和鹄是一回事，只是因为质料不同而名称互异，即所谓"画（布）曰正，棲皮曰鹄……正、鹄皆鸟名也。一曰正，正也。鹄，直也。大射则张皮侯而棲鹄，宾射张布侯而设正也"[④]。就是说画在布上的叫"正"，用皮作的叫"鹄"。第三说主张只有两部分，即侯中的鹄、正和质是一回事，都是指"的"而言。该说以盛世佐为代表，他说："凡侯中棲之以皮曰鹄……画之以采曰正……涂之以土曰质……各随其所宜而命之。其实皆射之'的'而已。"[⑤]证之以实物，战国青铜器人物画像纹射礼图案中的射侯，除极个别是由两部分组成外，如高庄宴乐囿游射侯纹铜盘、赵固宴乐射猎纹铜鉴，绝大多数射侯都很清楚地分为三部分，证明郑玄三部分的说法是对的，但他的三部分名称则有可商。《诗·齐风·猗嗟》："终日射侯，不出正兮。"毛亨传曰："二尺曰正。"郑玄笺曰："正，所以射于侯中者，天子五正，诸侯三正，大夫二正，士一正，外皆居其侯中参分之一焉。"[⑥]《小雅·宾之初筵》："发彼有的。"毛亨传曰："的，质也。"[⑦]《礼记·射义》孙希旦集解曰："鹄者，侯之中，射之的也。"[⑧]《仪礼·乡射礼记》："乡侯，上个五寻，中十尺。侯道五十弓，弓二寸，以为侯中。倍中以为躬，倍躬以为左右舌，下舌半上舌。"郑玄注曰："上个谓最上幅也"，中，"方者也……《考工记》曰：'梓人为侯，广与崇方'，谓中也……躬，身也，谓中之上下幅也"。左右舌，"谓上个也，居两旁，谓之个。左右出谓

① 本部分参考了王恩田：《辉县赵固刻纹鉴图说》，《文物集刊》2，文物出版社，1980年。

② 《诗·小雅·宾之初筵》孔颖达疏，（清）阮元校刻：《十三经注疏·毛诗正义》，中华书局，1980年，第485页。

③ 《诗·小雅·宾之初筵》孔颖达疏，（清）阮元校刻：《十三经注疏·毛诗正义》，中华书局，1980年，第485页。

④ 《礼记·中庸》郑玄注、《射义》郑玄注，（清）阮元校刻：《十三经注疏·礼记正义》，中华书局，1980年，第1627、1688页；又见《诗·小雅·宾之初筵》孔颖达疏，（清）阮元校刻：《十三经注疏·毛诗正义》，中华书局，1980年，第485页。

⑤ （清）胡培翚撰，段熙仲点校：《仪礼正义》卷十《乡射礼》三引，江苏古籍出版社，1993年。

⑥ （清）阮元校刻：《十三经注疏·毛诗正义》，中华书局，1980年，第355页。

⑦ （清）阮元校刻：《十三经注疏·毛诗正义》，中华书局，1980年，第484页。

⑧ （清）孙希旦：《礼记集解》，中华书局，1989年。

之舌”[①]。很清楚乡侯由上个（包括左右舌）、上躬、中、下个（包括左右舌）、下躬五部分组成。因此，综合诸家解说并参校战国青铜器人物画像纹射侯图案，本书认为射侯应由三部分组成，即整体曰侯，侯上下边叫侯缘，包括上下个、左右舌、上下躬。侯中略呈长方而束腰的部分名正，亦称中。正中心的圆点或圆圈即质，或叫鹄，亦称臬、的。

关于侯的形状及各部分的比例关系，《周礼·考工记》曰：“梓人为侯，广与崇方，参分其广，而鹄居一焉。”[②]就是说侯的宽度与高度相等，呈方形。鹄的宽度为侯的宽度的三分之一。然战国青铜器人物画像纹射礼图案中的射侯均为横长方形或竖长方形，不见方形射侯。故宫燕射狩猎纹铜鉴残片上的射侯则为圆形。而且侯与鹄的比例，只有上海博物馆宴舞射猎纹铜椾栝上的射侯，“侯与鹄接近三比一，陕县匜和长岛鉴的鹄则不到二分之一”[③]。因此，把《考工记》的这一记载作为整个侯体的形状去理解显然是不行的。但是，如果把这一记载作为侯中的形状来理解，则是比较近于事实的。正如郑玄注所说的：“崇，高也。方，犹等也。高广等者，谓侯中也。”[④]而对于整个侯体的形状郑玄则另有解说，如《周礼·考工记·梓人》郑玄注云：“侯制上广下狭，盖取象于人也，张臂八尺，张足六尺，是取象率焉。”纲“上下皆出舌一寻者，亦人张手之节也”[⑤]。《仪礼·乡射礼》郑玄注曰：“侯象人，纲即其足也。”贾公彦疏曰：“云侯象人者，案郑注《梓人》云：‘上下皆出舌一寻者，亦人张手之节也。’以其张侯之法，下两舌半，上舌两头纲皆出一寻，即是上广下狭象人，张足六尺，张臂八尺，故云象人也。云纲即其足也者，谓经下纲象足。”又《乡射礼记》郑玄注曰：“侯，人之形类也，上个象臂，下个象足，中人张臂八尺，张足六尺。”[⑥]参校战国青铜器人物画像纹射礼画像中的射侯图案，大多数都是上宽下窄的横束腰形，只是上宽下窄的程度不同而已。如果说这种形制的侯是郑玄所谓“取象于人”的射侯的话，那么，图案中的上下等宽的井字形射侯或下稍宽于上的无首耸肩尖足布币形射侯，尽管更像人之形类，但终因不是上宽下窄而不能与之相比附，至于圆盘形射侯就更无法与之相比附了。另外，东周礼书还说到纲与植，如《仪礼·乡射礼》：“乃张侯，下纲不及地武。”郑玄注曰：“纲，持舌绳也。”[⑦]《周礼·考工记·梓人》郑玄又注曰：“纲，所以系侯于植者也……郑司农云：‘纲，连侯绳也。’”[⑧]所谓纲就是射侯上下舌末端的

① （清）阮元校刻：《十三经注疏·仪礼注疏》，中华书局，1980年，第1011~1012页。
② （清）阮元校刻：《十三经注疏·周礼注疏》，中华书局，1980年，第925页。
③ 王恩田：《辉县赵固刻纹鉴图案说》，《文物集刊》2，文物出版社，1980年。
④ （清）阮元校刻：《十三经注疏·周礼注疏》，中华书局，1980年，第925页。
⑤ （清）阮元校刻：《十三经注疏·周礼注疏》，中华书局，1980年，第926页。
⑥ （清）阮元校刻：《十三经注疏·仪礼注疏》，中华书局，1980年，第993、1012页。
⑦ （清）阮元校刻：《十三经注疏·仪礼注疏》，中华书局，1980年，第993页。
⑧ （清）阮元校刻：《十三经注疏·周礼注疏》，中华书局，1980年，第926页。

绳子，植就是张侯时所立的左右两根木杆，张侯就是把射侯的上下纲分别系于左右植上，这种纲与植在战国青铜器人物画像纹射礼图案中，虽然舌与纲大多数区分不是很明显，但都有画面显示。而以树为植，或上纲系于横木、下纲固定于地，或把侯张于木框中，等等，则是文献记载中所不见的。

总之，以上所述射礼画像之间的一致性，并不一定都是因为出自同一地方的工匠之手，或摹仿于同一地方的工匠作品，而应是射礼礼制在战国时期还有一定约束力的反映。而与东周礼书有诸多相同的地方，则说明战国射礼与东周礼书所记射礼有着很密切的关系。而那些不同之处，有的当是僭越乱礼，如乡射礼中使用金奏编钟，因军功发家的新兴地主墓葬中随葬嵌刻有射礼画像的铜礼器，下大夫墓葬中随葬錾刻有四耦二获旌画像的铜礼器等。嵌错有射礼图案的铜壶，应该就是射礼场合陈设的礼器，按《仪礼·乡射礼》、《大射仪》记载和射礼画面所展示的都是设置两件圜壶，而百花潭十号墓随葬的却只有一件，严格来讲这也是一种乱礼。有的则可能是因地区差异而形成的礼制上的特例，如射侯的形状作圆形，并被两木柱托起而不是张于两柱之间，腰插两支箭而不是四支，也不是搢三挟一个等。有的也可能是古老射礼的演变，以后很少或不再见用，如圆盘形射侯，也可能是从殷商时代射鼋这种团体动物的甲壳演变而来的替代品。有的则可能是文献记载有误，如《考工记》把射侯说成是宽高相等的正方形等。就地域而言，赵固宴乐射猎纹铜鉴、后川宴饮射侯纹铜匜、平度宴饮射侯纹铜匜残片、王沟宴舞狩猎射侯纹铜鉴、洛阳飨射养老纹铜匜等两周三晋和齐国地区的刻纹资料中的射礼图案，其内容大多能与东周礼书所记相符。上海博物馆宴舞射猎纹铜椭栝、故宫燕射狩猎纹铜鉴残片上的射礼图案，则与东周礼书所记多有不同，这也多少反映出战国时期周礼与楚礼的不同和碰撞。诸如这些问题都要作具体分析，不能一概而论。

二、战国射礼的性质与特点

战国时期的各种射礼，其性质是不一样的，大体可区分为五种。第一种是为了习礼，如诸儒在孔子冢所举行的大射，三汲宴饮射猎纹铜鉴上的习射画像等。尤其是后者，射侯、侯道、小臣或大射正或司射、获者、获旌，一应俱全，且射者正足站立，上身后倾，引弓待发，颇给人以沉稳老练、郑重其事之感。小臣或大射正或司射立于其后，认真履行其职事。获者正执旌去侯偃于地。这显然不是一般的弓箭射击练习，而应是射礼演习。第二种是选贤士，即选拔人才，如楚怀王、襄王时期所举行的乡射礼，百花潭采桑宴饮乐舞射猎攻战纹铜壶、故宫采桑宴乐射猎攻战纹铜壶所反映的春秋两季举行的乡射礼等。从后者的画面中不难看出，参加竞射的武士，人人心情活跃，行动自如，并无严格的礼仪约束。升堂比射时，上耦上身前倾，引弓待发，唯恐瞄准有偏差。下耦迫不及待，正从腰间抽矢准备搭弓接射。把射礼考核现场上的射者心理状态和竞射场面表现得淋漓尽致，与礼制严格规定的那种“进退周还必中礼”的沉稳老练的心理状态和注重礼仪的场面，形成了十分鲜明的对比。第三种是行礼，即为举行某种礼仪而行的射礼，如上海博物馆宴舞射猎纹铜椭栝所展现的宾射礼，即为待宾而举行的射礼。洛阳飨射养老纹铜匜所展示的大射礼，即为飨老而举行的射礼。另外，从高庄宴乐囿游射侯纹27号铜盘所呈现的庄重肃穆、虔诚恭敬、秩序井然、场面宏大的情形来看，也颇像是在祭祀前举行的大射礼。第四种是伤害巫术，即通过矢射偶像之巫蛊术，以达到伤害降服对方的目的，如宋王偃的射天笞地、射木人、弹射诸侯铸像等巫术性射礼属此。第五种是娱乐，如王家山宴乐射猎纹铜鉴、高庄宴乐囿游射侯纹48号铜盘、王沟宴舞狩猎射侯纹铜鉴、平度宴饮射侯纹铜匜残片、赵固宴乐射猎纹铜鉴、故宫燕射狩猎纹铜鉴残片等青铜器所反映的燕射礼，即属于此种性质，其目的是为了娱乐和饮酒助兴。

战国射礼与春秋射礼以及东周礼书所记射礼相比，其最突出的特点有六。

（1）旧的射礼等级制度已经彻底崩坏。战国时期大射礼的实际主人，已由西周以来的周天子演变为诸侯国君和卿大夫。

（2）战国时期的射侯、获旌、植的形制及射侯的张挂方法多种多样。仅就目前已公布的战国青铜器人物画像纹射礼画像中所展示的射侯图案，我们就区分出了五型七式，获旌有六种，植有两种，其实际情况当更多。由于射侯的形制不同，有些射侯的张挂方法也不一样。这在贵族统治阶级礼制的严格规定下是绝对不允许的，它也从一个方面反映了当时礼崩乐坏局面的全面形成。

（3）战国时期的射礼种类较多。从大射礼、宾射礼、燕射礼、乡射礼、习射、巫术性射礼到投壶礼和弋射一应俱全。

（4）战国射礼盛行，并形成了三个中心区域。战国时期的射礼，经过春秋时期的一度中衰之后，又重新得以恢复发展，从战国人物画像纹射礼图案青铜器的出土地点和器形特征、人物衣冠等方面所反映的地域、国别、族属来看，当时的射礼尤以两周三晋地区、齐鲁和吴楚地区最为盛行。

（5）战国时期的射礼规模大小不一。从战国青铜器人物画像纹射礼画面来看，有的参加人员众多，仪式烦琐，内容丰富，场面恢宏。有的则参加人员较少，仪节内容较为单一，场面也不大。

（6）战国时期的射礼已世俗化。此种世俗化主要体现在三个方面：一是军功地主的墓葬中随葬嵌刻有射礼画像的青铜礼器。有其器必能行其事，这说明当时地主阶级登上历史舞台之后，也在一定的范围内继续借用旧有的礼仪制度来为其服务，射礼画像或许就是墓主人生前所经历的礼仪活动。二是由射礼衍生而来的投壶礼，到战国时期已和六博一样成为闾巷社会下层比较喜爱的游戏，州闾之会，男女同坐在一起，边喝酒边投壶。三是与射礼有着千丝万缕联系的弋射，更是深受社会各阶层人们欢迎的射猎活动。在这种情况下，射礼知识空前普及，射礼也继投壶礼之后开始向民间发展，这说明战国时期的射礼已经完全大众化、世俗化了。

三、战国射礼世俗化的历史原因与社会背景

射礼的发展变化是一定时期内经济、政治变化的必然产物。战国时期诸侯列国逐渐被本国的卿大夫所取代，他们夺取政权后继续推行宽松的优惠政策，当时的执政者也从地主阶级的根本利益出发纷纷进行改革变法，从而使人身束缚相对减轻，生产力获得解放。生产经济的迅猛发展导致了社会关系的急剧变化和上层建筑的变革。随着旧式的封建制度的终结和列国集权政治的建立，周王朝那种严格的等级制度已土崩瓦解，人们逐渐从等级森严的礼制桎梏中解脱出来。逐步摆脱周王朝统治和宗法等级制度束缚的诸侯列国，各自为政，自主发展，社会经济和文化日益繁荣，人们的思想观念空前解放，“礼不下庶人”①的宗法等级制度以及射礼“进退周还必中礼”②的礼制规定已被打破，社会各阶层对于射礼的使用已没有严格的等级要求，甚至具体的仪节内容和礼数要求也不严格了。在这种情况下，射礼中的射侯就必然要出现多种型式，这正是“周自东迁而后，旧典沦胥，世风丕变”以及“东周之世，诸侯封建，为时已久，开国承家，各制事宜”③的反映。射礼的种类也因使用场合的增多而增多，但其规模则因经济实力不同而必定是大小不一的。再加上随着经济的繁荣和私人财富的积累，人们的社会观念与生活方式也发生了变化，讲究排场、夸富斗强，出入君侯、饮酒议事，或寻酒作乐、悠闲自在，成为社会之时尚，因此在这种情况下，投壶礼就在民间里巷流行开了。由于射礼和投壶礼已发展到民间，举办和参加射礼者的身份逐渐平民化，这样射礼就越来越世俗化了。它已不再是单一的严格的礼仪制度，而是演变成了一种礼俗、一种礼仪文化。

战国时期，尽管社会制度发生了根本性的变革，周天子已名存实亡，但两周三晋地区依然是当时中国先进文化的代表地区和传统礼仪制度的传承地区之一，“中国者，礼义之国也”④。齐鲁地区的齐地是太公望吕尚的封国，一直到齐康公

---

① 《礼记·曲礼上》，（清）阮元校刻：《十三经注疏·礼记正义》，中华书局，1980年，第1249页。

② 《礼记·射义》，（清）阮元校刻：《十三经注疏·礼记正义》，中华书局，1980年，第1686页。

③ 陈槃：《春秋“公矢鱼于棠”说》及附录（一）《傅孟真先生跋》，《中央研究院历史语言研究所集刊》第7本第2分，商务印书馆，1947年。

④ 《春秋公羊传》隐公七年何休注，（清）阮元校刻：《十三经注疏·春秋公羊传注疏》，中华书局，1980年，第2209页。

被田和迁于海上之后，仍奉行着周朝的礼仪制度。鲁初为周公旦的封国，因不就封，留佐武王，后相成王，而使其子伯禽代就封于鲁。周公卒后，成王为褒周公之德乃命鲁得郊祭文王而有天子礼乐。昭公二年，韩宣子聘于鲁，观书后曾惊叹“周礼尽在鲁矣”[①]。春秋末年，孔子收徒讲学，仍竭力弘扬周礼。“及高皇帝诛项籍，举兵围鲁，鲁中诸儒尚讲诵习礼乐，弦歌之音不绝，岂非圣人之遗化，好礼乐之国哉……夫齐鲁之间于文学，自古以来，其天性也。故汉兴，然后诸儒始得修其经艺，讲习大射乡饮之礼。”[②]至司马迁之时，鲁地周礼之遗风犹存，故鲁亦是周礼的传承者。与齐鲁犬齿交错的东夷地区，早在殷商晚期以来，统治者就多用兵于此，在兵戎相加的同时，商周王朝的礼仪制度也传播到了这里，可见齐鲁大地有着丰厚的周文化积淀。吴楚地区的吴本是周太王之元子为避立储，与其弟仲雍出奔的地方，周武王时追封吴伯，是为吴太伯，其后人周章已君吴，因而封之，史称太伯作吴，周章受国。封其弟于周之北故夏墟，是为虞仲。知荆蛮句吴亦乃周所封之国，与中原的虞为兄弟。吴王余祭四年，使季札聘于鲁时，还曾“请观周乐”。[③]楚虽蛮夷之国，但自周文王之时，即事文王，周成王之时，“举文、武勤劳之后嗣，而封熊绎于楚蛮……楚子熊绎与鲁公伯禽、卫康叔子牟、晋侯燮、齐太公子吕伋俱事成王”[④]，而且还有“人或谮周公，周公奔楚”之事[⑤]。可见吴楚与周朝礼仪制度都有着很深的历史渊源。再加上自周昭王以来多南征，且周王在南征返回途中还与蛮夷首领鄂侯驭方举行射礼。而自周桓王以来，楚亦开始北侵中国，并问周鼎之大小轻重。至战国时期则频繁北上用兵，与中原诸国争霸。因此吴楚也是接受周礼较早和影响较深的地区。这大概就是人物画像纹射礼图案青铜器多出土于两周三晋地区、齐鲁和吴楚地区，亦即射礼主要盛行于这三个地区的原因。

战国时期列国之间战争不断，长期的军事抗衡，使一些诸侯国的统治者越来越感到笼络人才的重要，因此也效仿昔日周王朝的做法，通过举行乡射礼来选拔武士，如楚怀王、顷襄王就特别重视乡射礼，屈原曾“盛称崇楚国之乐，怀、襄之德，以比三王，能任用贤，公卿明察，能荐举人，宜辅佐之，以兴至治”[⑥]。由于战事频仍，常备兵不敷使用，有人就主张用高官厚禄的办法来提倡射御，增加

① （清）阮元校刻：《十三经注疏·春秋左传正义》，中华书局，1980年，第2029页。

② （汉）司马迁撰，（宋）裴骃集解，（唐）司马贞索隐，张守节正义：《史记·儒林列传》，中华书局，1982年第2版，第3117页。

③ （汉）司马迁撰，（宋）裴骃集解，（唐）司马贞索隐，张守节正义：《史记·吴太伯世家》，中华书局，1982年第2版，第1452页。

④ （汉）司马迁撰，（宋）裴骃集解，（唐）司马贞索隐，张守节正义：《史记·楚世家》，中华书局，1982年第2版，第1691~1692页。

⑤ （汉）司马迁撰，（宋）裴骃集解，（唐）司马贞索隐，张守节正义：《史记·鲁周公世家》，中华书局，1982年第2版，第1520页。

⑥ （宋）洪兴祖补注，卞岐整理：《楚辞补注》卷第十《大招》题解，凤凰出版社，2007年，第192页。

射御之士的数量，于是善射成为选士任官的标准之一，如《国语·晋语九》曰："射御足力则贤。"[①]墨子也认为，要想壮大国势，就必须"众其国之善射御之士"。"若欲众其国之善射御之士者，必将富之，贵之，敬之，誉之，然后国之善射御之士，将可得而众也。"[②]有的统治者为强国强兵甚至别出心裁，制定"习射令"号召全民习射，如《韩非子·内储上》说："李悝为魏文侯上地之守，而欲人之善射也，乃下令曰：'人之有狐疑之讼者，令之射的；中之者胜，不中者负。'令下，而人皆疾习射，日夜不休。及与秦人战，大败之，以人之善战射也。"[③]当时的吴起在魏国的军事改革、商鞅在秦国的变法等，也都特别强调军事训练和奖励军功。同时，战国时期以射教为主的民间私学也发展起来，并出现了一些名射师。而且战国时期神射手崇拜依然盛行，陈音[④]、甘蝇、飞卫、纪昌等都是当时著名的射师和善射者，尤以纪昌学射，能射中虱心更为世人称道。[⑤]《楚辞·大招》最末讲到的有关射礼之事，其中也包含有"神射手治国"之寓意。[⑥]另外，战国时期游学养士之风也很盛行，涌现出了许多武士、技艺之士。在这种情况下，社会就必然要掀起习射之风。

战国时期弋射盛行，则主要有五个方面的原因。其一是与当时的王公贵族讲究饮食搭配有关，《周礼·天官·食医》曰："凡会膳食之宜，牛宜稌，羊宜黍，豕宜稷，犬宜粱，雁宜麦，鱼宜苽。凡君子之食恒放焉。"[⑦]这是礼书所认定的最适宜的饭菜搭配，也是各级贵族用膳的共同准则。而"民之所食，大抵豆饭、藿羹。一岁不收，民不餍糟糠"[⑧]。其二是与当时的贽见礼有关，《礼记·曲礼下》曰："凡挚，天子鬯，诸侯圭，卿羔，大夫雁，士雉，庶人之挚匹。"[⑨]《周礼·夏官·射人》曰："其挚：三公执璧，孤执皮帛，卿执羔，大夫雁。"又《春官·大宗伯》曰："以禽作六挚，以等诸臣。孤执皮帛，卿执羔，大夫执雁，士执雉，庶人执鹜，工商执鸡。"[⑩]《说苑·修文》曰："天子以鬯为贽。鬯者，百草之本也。上畅于天，下畅于地，无所不畅，故天子以鬯为贽。诸侯以圭为贽。圭者，玉也。薄而不挠，廉而不刿。有瑕于中，必见于外。故诸侯以玉为贽。卿以羔为贽。羔者，羊也。羊群而不党，故卿以为贽。大夫以雁为贽。雁者，行列有长幼之礼，

① 李维琦点校：《国语·战国策》，岳麓书社，2006年第2版，第123页。
② 吴毓江撰，孙啟治点校：《墨子校注》卷之二《尚贤上》，中华书局，2006年第2版，第65页。
③ （战国）韩非著，（清）王先慎集解：《韩非子集解》，中华书局，2003年。
④ 参见（汉）赵晔撰，（元）徐天祜音注，苗麓校点：《吴越春秋》卷九《勾践阴谋外传》，江苏古籍出版社，1992年第2版。
⑤ 杨伯峻：《列子集释》卷第五《汤问》，中华书局，1997年。
⑥ （宋）洪兴祖补注，卞岐整理：《楚辞补注》，凤凰出版社，2007年，第201~202页。
⑦ （清）阮元校刻：《十三经注疏·周礼注疏》，中华书局，1980年，第667页。
⑧ 《战国策》卷二十六《韩策一》，李维琦点校：《国语·战国策》，岳麓书社，2006年第2版，第378页。
⑨ （清）阮元校刻：《十三经注疏·礼记正义》，中华书局，1980年，第1270页。
⑩ （清）阮元校刻：《十三经注疏·周礼注疏》，中华书局，1980年，第845、762页。

故大夫以为贽。士以雉为贽。雉者，不可指食笼狎而服之，故士以雉为贽。庶人以鹜为贽。鹜者，鹜鹜也。鹜鹜无他心，故庶人以鹜为贽。贽者，所以质也。”①其三是与当时的婚礼执雁有关，《礼记·昏义》曰：“壻执雁入，揖让升堂，再拜奠雁，盖亲受之于父母也。”②《仪礼·士昏礼》曰：“婚礼下达，纳采用雁……主人降，授老雁……纳吉，用雁，如纳采礼……请期，用雁。”③其四是与招待来聘使者有关，《礼记·聘义》曰：“主国待客，出入三积；饩客于舍，五牢之具陈于内，米三十车，禾三十车，刍薪倍禾，皆陈于外；乘禽日五双；群介皆有饩牢；壹食，再飨，燕与时赐无数：所以厚重礼也。”孔颖达疏曰：“乘禽日五双者，谓乘行群匹之禽雁鹜之属。聘飧则每日致五双也。”④《周礼·秋官·掌客》：“掌四方宾客之牢礼饩献饮食之等数与其政治……乘禽日九十双……唯上介有禽献。”郑玄注曰：“乘禽，乘行群处之禽，谓雉、雁之属。于礼以双为数。”⑤这是周礼规定主国为出使的上介每天要供应九十双雉雁。其五是与当时的四时荐新祭祀有关，《礼记·王制》曰：“天子社稷皆大牢，诸侯社稷皆少牢，大夫、士宗庙之祭，有田则祭，无田则荐。庶人春荐韭，夏荐麦，秋荐黍，冬荐稻；韭以卵，麦以鱼，黍以豚，稻以雁。”⑥由于各级贵族和使者用膳要有雁，大夫拜访别人要用雁作见面礼物，婚仪中的纳采、纳吉、请期都要执雁，四时荐新物祭祀也要用雁，所以以射雁为主要获取物的弋射就盛行起来了。“至于这种重要发明，为什么到汉代后期即少出现？因战国到汉代前期，一个铜箭头的价值，比一只雁鹅、一尾尺来长的鱼还值钱，所以必须考虑箭头回收的问题。到汉代，铁箭头和鱼雁比价日低，加之猎鸟捕鱼工具又有了多样化进展，弋射的应用已失去了重要性，这种工具就慢慢失传了。”⑦这一解释并不确切，因为弋射并不仅仅是为了回收箭镞，更重要的是弋射可以通过缠绊的方法获得活体，而擒获的大雁又可以驯养，以便行礼时使用。《礼记·曲礼上》曰：“献鸟者佛其首，畜鸟者勿佛也。”⑧可见古人确有畜养鸟以进献之事。因此清代学者王引之、孙诒让、今人台湾学者林尹等关于鸿雁是候鸟，春去秋来，且中于缯缴罷于网罟，而《士昏礼记》曰 “挚不用死”，是雁乃生者。所挚之雁既为活物，故应为鹅⑨的说法，确属深文周纳，把一个很简单的问题给弄

① （汉）刘向撰，向宗鲁校证：《说苑校证》，中华书局，1987年，第485页。
② （清）阮元校刻：《十三经注疏·礼记正义》，中华书局，1980年，第1680页。
③ （清）阮元校刻：《十三经注疏·仪礼注疏》，中华书局，1980年，第961、962、963页。
④ （清）阮元校刻：《十三经注疏·礼记正义》，中华书局，1980年，第1692页。
⑤ （清）阮元校刻：《十三经注疏·周礼注疏》，中华书局，1980年，第900~901页。
⑥ （清）阮元校刻：《十三经注疏·礼记正义》，中华书局，1980年，第1337页。
⑦ 沈从文：《中国古代服饰研究》，上海书店出版社，2005年，第81页。
⑧ （清）阮元校刻：《十三经注疏·礼记正义》，中华书局，1980年，第1244页。
⑨ （清）王引之：《经传述闻》卷十，（清）阮元编：《清经解》，上海书店，1988年；（清）孙诒让：《周礼正义·大宗伯》，中华书局，1987年；林尹：《周礼今注今译》，书目文献出版社，1985年。

得复杂化了。对此李衡眉先生提出五点辩驳意见[①]，所说甚有道理，皆可信从。雁的确是古代士大夫相见之礼所规定的必备礼物，但也不可否认，我国古代也确有用雁形青铜器皿来代替真雁以为贽的做法，如平顶山应国墓地M50号墓出土的匍雁铜盉即是其例证。[②]由此联想到汉代后期弋射少见的原因，我们认为这种变化应是当时挚雁另有替代品所致。如现今河南中西部地区，麦收后已出嫁的女儿有拿着用面蒸的老雁回娘家走亲戚的习俗。受汉文化影响较深的朝鲜，其婚礼一直采用规范化了的六礼模式，至今朝鲜族婚礼仍保留着用木雁代替真雁来作为贽的习俗。[③]均可佐证。

本章小结

战国时期是社会大变革的时代，随着经济文化的繁荣，曾经一度中衰的射礼，在各诸侯列国之间又重新得以恢复发展，其种类有大射礼、宾射礼、燕射礼、乡射礼，习射、巫术性射礼、投壶礼和弋射，对此文献与青铜器人物画像纹射礼画像图案多有记录。

人物画像纹射礼画像和与射礼有关的图案，春秋末期开始出现，主要流行于战国早期至中期。这一时间界限与当时錾刻的工具条件、人物画像纹流行的时间、社会变革所带来的崭新工艺和清新的艺术风尚是一致的。其一，在青铜器上錾刻人物画像纹需要极坚利的金属工具。春秋晚期至战国时期冶铁制钢技术的发明，与春秋末期至战国早中期人物画像纹青铜器产生和流行的时代步伐正相随，说明人物画像纹的确是和钢铁工具的发展密切相连的。其二，青铜器射礼画像图案与錾刻人物画像纹的流行时期完全相同。錾刻人物画像纹始于春秋晚期，盛行于战国早中期，而射礼画像图案始于春秋末期，也盛行于战国早中期，这说明射礼与宴乐、狩猎、采桑一样，始终是线刻人物画像纹的重要题材。其三，射礼画像图案的出现是当时社会变革的结果。商代以来，在严格的宗法等级制度下，人们的思想被严重禁锢，青铜器纹饰千篇一律，对称、重复，呆板、僵硬，而又充满神秘色彩。到春秋战国时期由于社会制度发生急剧变革，新兴地主阶级逐步登上政治舞台，被旧制度所束缚的社会思想逐渐得到解放，冶铸工徒的社会地位也得到了相应的提高，从而极大地激发了他们的创造才能，所以在青铜器装饰工艺上逐步摆脱商代、西周以来神秘森严的气氛，出现了百花齐放、蓬勃发展的局面和表

① 李衡眉：《古代婚礼执雁新解》，《河南大学学报》1990年第1期。

② 王龙正等：《匍鸭铜盉与頫聘礼》，《文物》1998年第4期；陈昌远等：《“匍鸭铜盉”应为“匍雁铜盉”新释》，《河南大学学报》1999年第4期。

③ 李衡眉：《古代婚礼执雁新解》，《河南大学学报》1990年第1期。

现人们社会生活情景的画像，这些充满生气具有写实特点的人物画像纹，不尚对称，生动活泼，别开生面，反映了当时新兴地主阶级正在向上发展的趋势。其四，射礼画像图案大都嵌错或錾刻在铜壶、鉴、盘、匜等射礼场合所陈设使用的器物上，应是举行射礼实际使用的礼器。把射礼画像图案装饰到射礼所用的礼器上，可谓是把画像内容与器物的性质和用途巧妙地结合在了一起，同时也说明这些画像图案内容应是当时射礼情景的真实反映。其五，射礼画像图案之间的一致性，并不一定都是出自同一地方的工匠之手，或摹仿于同一地方的工匠作品，而应是射礼礼制在战国时期还有一定约束力的反映。

在具体史料的分析上，本书认为王家山宴乐射猎纹铜鉴为春秋末期吴国贵族用器，整个画像所描绘的当是燕射礼；百花潭采桑宴饮乐舞射猎攻战纹铜壶为战国早期蜀国因军功起家的新兴地主之用器，第一、第二层画像具体反映的当是每年春秋两季所举行的乡射礼的情景；故宫采桑宴乐射猎攻战纹铜壶为战国中期器，第一层画像反映的是春射情景。第二层省略了三耦竞射的画面，造成第二层与第一层共用一个三耦竞射画面，虽然减少了重复，但实际上所反映的仍是文献所说的春射秋飨的秋射情景。从射礼举行的地点与场所、射位、耦数、侯数、用乐等方面分析，整个第一、第二层画像也应是每年春秋两季在州序举行的乡射礼的写照；高王寺宴饮射猎纹铜壶是战国早期秦国王室贵族用器，把第一、第二、第三层画像综合起来看，它们所反映的应是秦国秋季大射礼的情景；后川宴饮射侯纹铜匜为战国早期魏国下大夫用器，其画像为四耦二获二侯三正，应是僭行畿内诸侯大射礼的写照；上海博物馆宴舞射猎纹铜椭桮当为战国早期吴文化系统的器物，第二组为宴饮射礼画像，由侯制说明本组画像应是当时孤卿大夫和士宾射礼情景的写照；三汲宴饮射猎纹铜鉴是战国早期中山国贵族用器，其射礼画像所描绘的应是中山国贵族习射的场景；高庄宴乐囿游射侯纹铜盘为战国早中期越国属下的淮夷首领之用器，其画像所描绘的是燕射礼；中霍村宴饮竞射纹铜匜应为战国早中期来自晋国的约相当于中原地区大夫一级的北方戎狄人之用器，其画像正合二侯二旌二容四耦八人之数，所描绘的当是圻内诸侯举行的大射礼；洛阳飨射养老纹铜匜的年代应为战国早中期，其画像所描绘的是飨射养老礼；王沟宴舞狩猎射侯纹鎏金铜鉴残片当为战国早中期迁于海上的齐国王室贵族之遗物，其画像反映了囿游不仅养有禽兽以供王室狩猎宴乐视之，而且还设有侯靶以供王室举行射礼；平度宴饮射侯纹铜匜残片是战国中期齐国地区有田禄的士或因军功而发迹起来的新兴地主之用器，其画像说明当时举行射礼的场所也是设在野外林中的；赵固宴乐射猎纹铜鉴是战国中期魏国有田禄的士所用铜礼器，其画像六人三耦一侯，所描绘的可能是在某诸侯的泮宫或某一处囿游举行的燕射礼；黄泥坑宴饮射侯纹铜匜应为战国中期来自吴地的楚国大夫用器，其整个画像也当为八人四耦二侯二获三正的大射礼情景；故宫燕射狩猎纹铜鉴残片为战国中期遗物，其画像所描绘的当是燕射礼。射侯设置在野外林中、比射方式为耦射，均与其他射礼画像图案反映的情况无别，但射侯为圆形、射耦站在顶楼柱外屋檐下比射，则为其他画像所未见。圆盘形射侯，也可能是从殷商时代射鼋这种团体动物的甲壳演变而来的替代品；宋王偃射天笞地、铸诸侯像而弹其鼻、雕木人写其名而射其面，显然是对其先世殷商巫蛊伤害术的继承，表明巫术性射礼仍然存在，到后来它便与礼射、投壶融为一起，被东周礼书所记射礼、祭侯礼、投壶礼吸纳为其中的一个仪节。巫术性射礼作为射礼的一种，已经走到了尽头。战国或说东周礼书之后，尤其是汉代以后巫术逐渐与道教趋同起来，历代虽仍有巫术性射事，但严格来讲已经不是射礼的范畴了；《史记》、《汉书》记诸儒讲礼乡饮大射于孔子冢和司马迁乡射邹峄，联系到孔子生前曾常射于矍相之圃，说明自春秋至于西汉前期，曲阜一带的射礼之风一直都是很盛行的；《楚辞》记怀王、襄王之时推行乡射礼以选拔人才，说明在楚国等地乡射礼仍然保留着选士举贤进能别不肖的功能；淳于髡与齐威王论投壶饮酒和投壶实物的多次发现，说明由射礼衍生而来的投壶礼在战国时期的确是很流行的；《楚辞》、《楚世家》所记之弋射和弋射画像与实物的多次发现，说明战国时期与射礼有关的弋射比春秋之时更为流行，根据其性质与目的，大体可把战国时期的射礼区分为习礼、选贤、行礼、巫射、娱乐五种。

战国时期的射礼，与东周礼书所记载的射礼相比，其相同的地方甚多，但也有一些不同之处。有诸多相同的地方，则说明战国射礼与东周礼书所记射礼有着很密切的关系。而那些不同之处，有的当是僭越乱礼，有的则可能是因地区差异而形成的礼制上的特例，有的也可能是古老射礼的演变，以后很少或不再见用，有的则可能是文献记载有误。

战国射礼与春秋射礼以及东周礼书所记射礼相比，其最突出的特点有六。一是旧的射礼等级制度已经彻底崩坏。战国时期大射礼的实际主人，已由西周以来的周天子演变为诸侯国君和卿大夫。二是战国时期的射侯、获旌、植的形制多种多样。仅从战国青铜器人物画像纹射礼图案来看，其射侯就有横束腰形、无首耸肩尖足的布币形、两横不出头的井字形、汉五铢钱文的扁Ⅹ字形和圆盘形。其获旌有长鞭状旌、飘带状旌、二旒旌、三旒旌、四旒旌和多旒旌等形状。其植有木杆、经过修剪的树和不加修剪的树。射侯的张挂方法有六种，即立左右两根木杆，把侯的上下纲系于左右两根木杆上；或在左右木杆的位置栽种两棵树，把侯的上下纲系于左右两棵树上；或上纲系于树上，下纲固定于地上；或上纲系于横杆上，下纲固定于地上；或做一个方形木框，把侯张于框内；或立两根木桩作支柱，把侯靶托起。其实际情况当更多。三是战国时期的射礼种类较多。凡东周礼书记载的射礼，战国时期基本上都有。四是战国时期的射礼非常流行，并形成了三个中心区域。从人物画像纹射礼图案青铜器的出土地点和器形特征、人物服饰等方面所反映的地域、国别、族属来看，当时的射礼尤以两周三晋地区、齐鲁和吴楚地区最为盛行。就地域而言，两周三晋和齐鲁地区的射礼画像图案内容，大多能与东周礼书所记相符。吴楚地区的射礼画像图案内容，则与东周礼书所记多有差异。这也多少反映出战国时期周礼与楚礼的不同和碰撞。五是战国时期的射礼规模大小不一。从青铜器人物画像纹射礼画面来看，有的参加人员众多，仪式烦琐，内容丰富，场面恢宏。有的则参加人员较少，仪节内容较单一，场面也不大。六是战国时期的射礼已世俗化。随着新兴地主阶级对射礼的青睐和投壶礼、弋射在社会各阶层的流行，射礼也继投壶礼之后，开始向民间发展，射礼知识与技艺空前普及。这说明战国时期的射礼已经完全大众化、世俗化，它已不再是单一的严格的礼仪制度，而是演变成了一种礼俗、一种礼仪文化。

战国射礼世俗化的历史原因与社会背景是战国时期旧贵族日益没落，诸侯国君逐渐被卿大夫所取代，夺取政权的地主阶级纷纷改革变法，从而使人身依附相对减轻，生产力获得解放。生产经济的迅猛发展又导致了社会关系的急剧变化和上层建筑的变革，随着社会变革的加深和地主阶级政权的建立，旧典沦胥，世风丕变，周王朝那种严格的宗法等级制度已土崩瓦解，人们逐渐从等级森严的礼制桎梏中解脱出来。逐步摆脱周王朝统治和旧制度束缚的诸侯列国，开国承家，各制事宜，自主发展，社会生产力不断提高，经济文化日益繁荣，思想观念空前解放，“礼不下庶人”的宗法等级制度以及射礼的“进退周还必中礼”的礼制规定已被打破，社会各阶层对于射礼的使用已没有严格的等级要求，甚至具体的仪节内容和礼数要求也不严格了。再加上随着经济的繁荣和私人财富的积累，人们的社会观念与生活方式也发生了变化，讲究排场、附庸趋雅，出入君侯、饮酒议事，或寻酒作乐、悠闲自在，已成为社会时尚。在这种情况下，射礼和投壶礼就在民间里巷流行开来。由于射礼和投壶礼已发展到民间，举办和参加者的身份逐渐平民化，这样射礼就越来越世俗化了。

战国时期，尽管社会制度发生了根本性的变革，周天子已名存实亡，但两周三晋地区依然是当时中国传统礼仪制度的代表地区和传承地区。齐鲁大地也有着深厚的周文化积淀，由于太公望和周公的缘故，该地一直奉行着周朝的礼仪制度，亦是周礼的传承地区之一。吴楚地区与周朝礼仪制度也有着很深的历史渊源，由于吴是吴太伯与其弟仲雍出奔之地和其后人周章之封国以及楚很早即事文王、熊绎受封于成王、周公奔楚和周昭王以来多南征的缘故，吴楚也是接受周礼较早和影响较深的地区。这就是战国射礼主要盛行于这三个地区的原因。

战国时期，长期的军事抗衡，使一些诸侯国的统治者意识到笼络人才的重要，也效仿昔日周王朝的做法，通过举行乡射礼来选拔武士。由于战争频繁，常备兵不敷使用，有的统治者甚至号召全民习射。各诸侯国的改革变法也都特别强调军事训练和奖励军功。在这种情况下，社会就必然要掀起习射之风。

战国时期弋射盛行，主要与当时的王公贵族讲究饮食搭配和贽见礼、婚礼、聘礼、四时荐新祭祀有关。雁宜麦，是礼书所认定的最适宜的饭菜搭配，也是各级贵族用膳的共同准则。大夫执雁，是周礼规定的大夫相见礼物。婚礼执雁，是礼书规定的士婚礼仪。饩献禽雁，是周礼规定的主国为来聘使者每日供应的膳物。稻以雁，是周礼规定的庶人冬荐之祭品。由于各级贵族和使者用膳要有雁，大夫拜访别人要用雁作见面礼物，婚仪中的纳采、纳吉、请期都要执雁，四时荐新物祭祀也要用雁，而弋射不仅可以回收箭镞，还可以通过缠绊的方法获得活体，而擒获的大雁又可以驯养，以便行礼时使用，所以以射雁为主要获取物的弋射就盛行起来了。

第五章　东周礼书所见之射礼

现存东周礼书主要是指“三礼”，即《周礼》、《仪礼》和《礼记》。这三部书记载先秦礼制最集中，上文已多有征引。为避免重复，本章仅在概述笔者对“三礼”成书时代的看法之基础上，对“三礼”所记射礼的种类、仪节内容、特点以及与两周射礼的关系等问题略作探讨。

第一节　“三礼”的成书时代

关于“三礼”的成书时代及所记史事的真伪与年代问题，自汉代以来便争论不休，众说纷呈，至今也未能定论。现择要概述，并谈谈自己的看法。

一、《周礼》的成书时代

《周礼》即《周官》，其成书时代与真伪，自汉至今大体有八说，对此彭林、杨天宇二位先生在其著作中罗列详备[①]，兹录如次。其一为周公手作，古文经学家大都持此观点。该说始于刘歆，贾公彦《序周礼废兴》引马融《传》曰：《周礼》“至孝成皇帝，达才通人刘向、子歆校理秘书，始得列序，著于《录》《略》……时众儒并出，共排以为非是。唯刘歆独识，其年尚幼，务在广览博观，又多锐精于《春秋》，末年乃知其周公致太平之迹，迹具在斯”[②]，即认为《周礼》是周公治周所建制度之实录。郑玄承其说，《周礼·天官·序官》郑注曰：“周公居摄而作‘六典’之职，谓之《周礼》，营邑于土中，七年致政成王，以此《礼》授之，使居雒邑治天下。”[③]其根据当是《左传》文公十八年，季文子使大史克对宣公说：“先君周公制《周礼》。”[④]《史记·鲁周公世家》说：“成王在丰，天下已安，周之官政未次序，于是周公作《周官》，官别其宜。”[⑤]《尚书·周官序》还说：“成

---

① 彭林：《周礼主体思想与成书年代研究》，中国社会科学出版社，1991 年；杨天宇：《周礼译注》前言，上海古籍出版社，2004 年，第 9~20 页。

② （清）阮元校刻：《十三经注疏·周礼注疏》，中华书局，1980 年，第 635~636 页。

③ （清）阮元校刻：《十三经注疏·周礼注疏》，中华书局，1980 年，第 639 页。

④ （清）阮元校刻：《十三经注疏·春秋左传正义》，中华书局，1980 年，第 1861 页。

⑤ （汉）司马迁撰，（宋）裴骃集解，（唐）司马贞索隐，张守节正义：《史记》，中华书局，1982 年第 2 版，第 1522 页；《尚书大传》也有相同的记载；《隋书·经籍志》亦曰：“《周官》盖周公所制官政之法。”（（唐）魏征等：《隋书》，中华书局，1973 年）

王既黜殷命，灭淮夷，还归在丰，作《周官》。”孔安国传曰：“言周家设官分职用人之法。”[①]李民先生认为“司马迁所说的《周官》，是周公所作，早佚；《书序》所云《周官》是周成王所作”[②]。其二是作于西周。日本学者林泰辅以为此书作于西周厉王、宣王、幽王时代。[③]蒙文通认为《周礼》“虽未必即周公之书，然必为西周主要制度，而非东迁以下之治”[④]。朱谦之认为《周礼》“非在西周文化发达的时代不能作”[⑤]。陈汉平也倾向于《周官》成书在西周之说。[⑥]其三是作于春秋。近人刘起釪以为“《周礼》一书所载官制材料，都不出春秋之世周、鲁、卫、郑四国官制范围，没有受战国官制的影响”[⑦]。“《周礼》成书有一个发展过程，第一步只是一部官职汇编，至迟成于东周春秋时代，它依据的是自西周以来逐渐完备的周、鲁、卫、郑四国的姬周系统的官制，初步还记录了一些官职的职掌。后来逐渐详细补充，写成了各官职的职文，除主要保存了春秋以上资料外，还录进不少战国资料，所以全书的补充写定当在战国时期。到汉代整理图书时，又有少数汉代资料掺进去了，但不影响这部书原是周代的旧籍。”[⑧]金景芳先生认为：“《周礼》一书是东迁后某氏所作。作者得见西周王室档案，故讲古制极为纤细具体，但其中也增入了作者自己的设想。例如封国之制、畿服之制一类的东西，就是作者自己设想所制定的方案”。[⑨]其四作于战国。该说由东汉经师何休首倡，贾公彦《序周礼废兴》曰：“何休亦以为六国阴谋之书。”[⑩]汉儒张禹、包咸等从其说。清儒崔述[⑪]、皮锡瑞[⑫]、现代学者钱穆[⑬]、郭沫若[⑭]、顾颉刚[⑮]、范文澜[⑯]、杨向奎[⑰]、朱凤瀚[⑱]等先生均持此说。杨天宇先生也比较倾向成书于战国说，认为“像《周礼》这样的建国规划，只有在战国那样有统一希望和统一要求的时代背景下才有可能被制定出来”。《周礼·职方氏》九州名称的更改即燕伐胡后把原来的幽州改称并

---

① （清）阮元校刻：《十三经注疏·尚书正义》，中华书局，1980年，第234页；《史记·周本纪》也说：成王“既黜殷命，袭淮夷，归在丰，作《周官》”（（汉）司马迁撰，（宋）裴骃集解，（唐）司马贞索隐，张守节正义：《史记》，中华书局，1982年第2版，第133页）。

② 李民、王健：《尚书译注·周官》题注，上海古籍出版社，2004年新1版，第357页。

③ 〔日〕林泰辅：《周公著作时代考》，《周公と其时代》附录，东京大仓书店，1915年。

④ 蒙文通：《从社会制度及政治制度论周官成书年代》，《图书集刊》第一期，1942年3 月。

⑤ 朱谦之：《周礼的主要思想》，《光明日报》1961年11月12日第2版。

⑥ 陈汉平：《西周册命制度研究》，学林出版社，1986年，第218页。

⑦ 刘起釪：《洪范成书时代考》，《中国社会科学》1980年第3期。

⑧ 刘起釪：《古史续辨》，中国社会科学出版社，1991年，第650页。

⑨ 金景芳：《经书浅谈》，中华书局，1984年，第46页。

⑩ （清）阮元校刻：《十三经注疏·周礼注疏》，中华书局，1980年，第636页。

⑪ （清）崔述：《丰镐考信录》卷五，《崔东壁遗书》，上海古籍出版社，1983年。

⑫ （清）皮锡瑞：《经学通论》，中华书局，1954年。

⑬ 钱穆：《周官著作时代考》，《燕京学报》1933年第11期。

⑭ 郭沫若：《周官质疑》，《金文丛考》，人民出版社，1954年。

⑮ 顾颉刚：《“周公制礼”的传说和〈周官〉一书的出现》，《文史》第6辑，中华书局，1979年。

⑯ 范文澜：《经学讲演录》，中国社会科学院近代史研究所编：《范文澜历史论文选集》，中国社会科学出版社，1979年。

⑰ 杨向奎：《宗周社会与礼乐文明》，人民出版社，1992年，第288页。

⑱ 参见朱凤瀚、徐勇：《先秦史研究概要》，天津教育出版社，1996年，第60页。

州，“这的确是一条能够说明《周礼》成书时代的很好的材料”。“《周礼》是一部未完成的著作……然汉人亦不知其为未竣之作，故出重金以求其《冬官》，终不可得，方以《考工记》补之……至于《考工记》，实亦战国时人所作。”“《南齐书·文惠太子传》所记‘科斗书’《考工记》的发现，正是《考工记》作于秦以前的一个有力的证据。”①钱玄则更为具体的认定“《周礼》必成书于战国晚期”②。齐思和则认为“《周官》乃战国末年之书”③。其五作于周秦之际。毛奇龄认为“此书系周末秦初儒者所作”④。梁启超认为“这书总是战国、秦、汉之间，一二人或多数人根据从前短篇讲制度的书，借来发表个人的主张”⑤。近人陈连庆认为“《周礼》成书年代最大可能，是在秦始皇帝之世”⑥。史景成认为该书作于《吕氏春秋》以后，秦统一天下之前。⑦其六作于汉代。胡适认为“其为汉人所作之书似无可疑”⑧。日本学者池田温认为“《周礼》基本上为战国时代思想家的构想，至汉代始以如今日所见的形式固定下来成书。在其内容中，作为素材的那些被认为是从周至春秋战国的诸制度和诸事物，乃是经过种种加工而收入进去的”⑨。彭林先生则认为“《周礼》成书于汉初”，“《周礼》成书的下限，当不得晚于文景之世”⑩。其七为刘歆伪造。最早提出此说的，是宋代的胡安国、胡宏父子，《朱子语类·周礼·总论》曰：“《周礼》，胡氏父子以为是王莽令刘歆撰。”⑪包恢力主此说，《经义考·周礼五·包氏恢〈六官疑辨〉》引刘克庄曰：“宏斋包公（恢）著《六官疑辨》。盖先儒疑是书者非一人，至宏斋始确然以为国师刘歆之书。”又引吴澄曰：“毁《周礼》非圣经，在前固有其人，不若吾乡宏斋包恢之甚，毫分缕析，逐节诋排，如法吏定罪，卒难解释，观者必为所惑。近年科举不用《周礼》，亦由包说惑之也。”⑫万斯大也认为“《周官》非周公之书”⑬，康有为也力辨《周礼》为刘歆伪作。⑭其八为调停之说，即对周公所作和刘歆伪作的调停。或以为周公作而未实行，或以为周公作而间有后儒之增窜。如宋程颢说：“《周礼》不全是周公之礼法，亦有后世随时添入者，亦有汉儒撰入者。”⑮朱熹亦曰：“《周礼》毕竟出于一家。谓是周

① 杨天宇：《周礼译注》，上海古籍出版社，2004年新1版，第17、18、19页。
② 钱玄：《三礼通论》，南京师范大学出版社，1996年，第31~32页。
③ 齐思和：《西周时代之政治思想》，《燕京社会科学》第1卷，1948年8月。
④ （清）毛奇龄：《经问》卷2，上海古籍出版社，1987年影印。
⑤ （清）梁启超：《古书真伪及其年代》，中华书局，1955年，第125页。
⑥ 陈连庆：《周礼成书时代的新探索》，《中国历史文献研究》二，华中师范大学出版社，1988年。
⑦ 史景成：《周礼成书年代考》，《大陆杂志》，1966年第5、6、7期。
⑧ 胡适：《论秦畤及周官书》，《古史辨》第5册，上海古籍出版社，1982年重印。
⑨ 池田温：《中国古代籍帐研究》，中华书局，1984年，第39页。
⑩ 彭林：《周礼主体思想与成书年代研究》，中国社会科学出版社，1991年。
⑪ （宋）黎靖德编，王星贤点校：《朱子语类》卷86，中华书局，1986年。
⑫ （清）朱彝尊：《经义考》卷124，中华书局，1998年。
⑬ （清）万斯大：《周官辨非》，刘锦藻编纂：《清朝文献通考》卷214《经籍四》，上海古籍出版社，1988年。
⑭ （清）康有为：《新学伪经考·周官证伪》，中华书局，1956年，第76页。
⑮ （宋）程颢、程颐撰，王孝鱼点校：《二程集》第2册，中华书局，1981年，第404页。

公亲笔做成，固不可，然大纲却是周公意思。某所疑者，但恐周公立下此法，却不曾行得尽。”又曰：“恐是当时作此书成，见设官太多，遂不用，亦如《唐六典》今存，唐时元不曾用。”[①]清代纪昀曰：“惟《横渠语录》曰：‘《周礼》是的当之书，然其间必有末世增入者。’郑樵《通志》引孙处之言曰：‘周公居摄六年之后，书成归丰，而实未尝行……’其说差为近之，然亦未尽也。夫《周礼》作于周初，而周事之可考者不过春秋以后，其东迁以前三百余年，官制之沿革，政典之损益，除旧布新，不知凡几。其初去成、康未远，不过因其旧章，稍为改易，而改易之人，不皆周公也。于是以后世之法窜入之，其书遂杂。其后去之愈远，时移世变，不可行者渐多，其书遂废。此亦如后世律令条格，率数十年而一修，修则必有所附益，特世近者可考，年远者无征，其增删之迹，遂靡所稽，统以为周公之旧耳。迨乎法制既更，简编犹在，好古者留为文献，故其书阅久而仍存……又《大射仪》天子、诸侯侯数侯制，与《司射》（案当作《射人》）之文不同。《礼记·杂记》载子男执圭，与《典瑞》之文不同。《礼器》天子、诸侯席数，与《司几筵》之文不同。如斯之类，与二《礼》多相矛盾。歆果赝托周公为此书，又何难牵就其文，使与经传相合，以相验证，而必此异同，以启后人之攻击？然则《周礼》一书，不尽原文，而非出依托，可概睹矣。”[②]

以上八说，除周公作《周礼》、刘歆伪造《周礼》及其对二者的调停说今已无人相信外，其余各说都有一定的道理，还很难作出一是之抉择，但有一点可以肯定，《周礼》所载职官、职掌应有一定的历史依据，当是在已有官制的基础上作出的建国规划。尽管笔者也倾向其成书于战国或稍晚，但从青铜器人物画像纹中的执矢舞与《周礼·乐师》之职事相同，西周金文射礼职官司射与《周礼》所记射人之隶属和职事相同，西周金文所记射牲、大射、燕射、射于大池以及《诗·行苇》所记四鍭如树、序宾以贤等，也多能与《周礼·乡大夫》、《司弓矢》所记射牲、大射、燕射、泽射、射甲革椹质、兴贤能之事等相合来看，其内容则应包含有战国以前的东西，其来源则更早。

二、《仪礼》的成书时代

《仪礼》，先秦时期只单称《礼》，汉代亦单称《礼》，又称《士礼》、《礼经》、《礼记》。[③]关于《仪礼》的成书时代，主要有三说。一说是周公制作。《仪礼·疏

---

① （宋）黎靖德编，王星贤点校：《朱子语类》卷86《周礼·总论》，中华书局，1986年。

② （清）纪昀：《四库全书提要》，（清）阮元校刻：《十三经注疏·周礼注疏》，中华书局，1980年，第631~632页。

③ 如《史记·儒林列传》曰：“《礼》固自孔子时而其经不具，及至秦焚书，书散之益多，于今独有《士礼》，高堂生能言之。”“鲁徐生善为容……传子至孙徐延、徐襄。襄，其天姿善为容，不能通《礼经》。”（（汉）司马迁撰，（宋）裴骃集解，（唐）司马贞索隐，张守节正义：《史记》，中华书局，1982年第2版，第3126页）《史记·孔子世家》曰：“《礼记》出自孔氏。”（（汉）司马迁撰，（宋）裴骃集解，（唐）司马贞索隐，张守节正义：《史记》，中华书局，1982年第2版，第1936页）又《晋书·荀崧传》曰：请增立“郑《仪礼》博士一人”（（唐）房玄龄等撰：《晋书》，中华书局，1974年）。可见至迟在东晋元帝时，就有《仪礼》之称名了。

序》贾公彦曰："《周礼》、《仪礼》……并是周公摄政太平之书。《周礼》为末，《仪礼》为本。"[①]朱熹也认为："《仪礼》，礼之根本"，"《仪礼》是经"，"《仪礼》是古全书"，"《周礼》、《仪礼》可全信"[②]。二说是成书于春秋，为孔子订定。清代崔述说："《仪礼》必为春秋以降之著作。"[③]朱凤瀚先生说："《礼经》旧说出于周公，然其成书决不及西周，学者已辨之。其成书年代当在东周时。证一，《史记》、《汉书》以《礼经》出于孔子。"证二，《礼记·杂记下》记有哀公使孺悲向孔子学士丧礼之事。证三，成书于战国的《荀子》、《孟子》引用过《礼经》之文。"此外《仪礼》一书所涉及的诸种人物之等级身份与相互间的政治关系，皆与春秋时期情况大致相合。"据此认为"《仪礼》之主要内容确初成于孔子，即成于春秋末叶，当然作为一部系统的著作，此书可能在战国时经过孔门后学的编纂、整理"，"《仪礼》一书与孔子关系密切，即或非其本人所纂辑，亦是战国孔门后学整理孔子所选礼仪编撰而成之书"。[④]杨天宇先生认为"孔子所编定的用作教材的《礼》，就是《仪礼》的初本"，"今本《仪礼》最初是由孔子在春秋末期编定的"。[⑤]《礼记·杂记下》曰："恤由之丧，哀公使孺悲之孔子学士丧礼，《士丧礼》于是乎书。"[⑥]孺悲所书的《士丧礼》应包括《仪礼》中的《士丧礼》、《既夕礼》、《士虞礼》和《丧服》四篇内容。[⑦]《史记·儒林列传》曰："故孔子闵王路废而邪道兴，于是论次《诗》《书》，修起《礼》《乐》。"[⑧]《史记·孔子世家》曰："故孔子不仕，退而修《诗》《书》《礼》《乐》。""孔子之去鲁凡十四岁而反乎鲁……追迹三代之礼……故《书传》、《礼记》自孔氏。"[⑨]这里所谓的《礼》即指《礼经》，《礼记》即指《礼经》与其"记"。[⑩]据《左传》记载，孔子返鲁是在鲁哀公十一年，而去世是在哀公十六年，此时正当春秋末期。这个成书时间，杨天宇先生还从《仪礼》中找到了一个内证，即今本《仪礼》记载行礼所使用的食器有敦也有簋。但具体到某一个礼中，则是或有簋而无敦，或有敦而无簋，或前言敦后言簋。这说明二者当为一物，是同一种器用。就整体而言，用敦者多，用簋者少。据统计，《仪礼》中敦

---

① （清）阮元校刻：《十三经注疏·仪礼注疏》，中华书局，1980年，第945页。

② （宋）黎靖德编，王星贤点校：《朱子语类》卷84，中华书局，1986年。

③ （清）崔述：《丰镐考信录》卷五《崔东壁遗书》，上海古籍出版社，1983年。

④ 朱凤瀚：《商周家族形态研究》（增订本），天津古籍出版社，2004年第2版，第530~531页；又见朱凤瀚、徐勇：《先秦史研究概要》，天津教育出版社，1996年，第46~47页。

⑤ 杨天宇：《仪礼译注》前言，上海古籍出版社，2004年新1版，第8页。

⑥ （清）阮元校刻：《十三经注疏·礼记正义》，中华书局，1980年，第1576页。

⑦ 沈文倬：《略论礼典的实行和〈仪礼〉书本的撰作》，《文史》第15、16辑，中华书局，1982年；又收入沈文倬：《宗周礼乐文明考论》，浙江大学出版社，1999年，第1~54页。

⑧ （汉）司马迁撰，（宋）裴骃集解，（唐）司马贞索隐，张守节正义：《史记》，中华书局，1982年第2版，第3115页。

⑨ （汉）司马迁撰，（宋）裴骃集解，（唐）司马贞索隐，张守节正义：《史记》，中华书局，1982年第2版，第1914、1935~1936页。

⑩ 段熙仲：《礼经十论》，《文史》第1辑，中华书局，1962年。

23见，而簠只有8见。从这两种器物的发展演变历程来看，“簠的出现较早，主要盛行于西周，到春秋中晚期已经不大行用了，到战国时期，已基本退出了青铜礼器的系列。而敦的出现较晚，主要盛行于春秋晚期到战国时期。簠和敦都是食器，用以盛黍稷等。春秋晚期，正是这两种器物兴衰交替的时期：簠已基本不见行用，而敦却正盛行……那么孔子在修订礼的时候，把原来礼仪中规定用簠的地方改换成敦，就是很自然的事。但器物改了，而器物名称的用字则可能改之未尽。然而这种改之未尽的情况，却正好留下了《礼》最初编定成书的时代的痕迹”[①]。三说成书于战国。近人有根据书中的丧葬制度，结合考古出土器物进行研究，认为成书当在战国初期至中叶之间。在以上三说中，很显然春秋说最令人信服。

关于《仪礼》所记礼仪内容的年代，前引《史记·孔子世家》说孔子是“追迹三代之礼”。所谓三代即夏商周三代，说明孔子的《礼》、《礼记》即《仪礼》，是对夏、商、周三代礼仪的修订编次。但孔子在修订《礼》时也增加了一些新的仪节内容，如把食器簠换成对合可以却置的敦后，凡设敦，皆有“启会”而仰置于地的仪节，《特牲馈食礼》中更有用所启之会来分取敦黍的仪节。簠不可以却置，故在西周时期是不可能有启会、分簠之类的仪节的。由此可以证明《仪礼》中凡有关敦的使用仪节，都是孔子修订《礼》时增加进去的。孔子所传的《礼》，在其弟子和后学者手中又不断有所修订和变动，包括增减其文字、仪节，删并或析分篇目等，这从先秦文献所引《礼》文与今本不同即可看得很清楚。到郑玄作注时，杂采今古文并为之作《注》的《仪礼》，即今本《仪礼》，已经是一部混淆了今古文的《仪礼》。[②]

对于其中的某一种礼仪的年代，学界的看法也不一样，如杨宽先生认为：“《仪礼·大射仪》所述，是诸侯（公）的大射礼，没有述及天子（王）的大射礼。大概《仪礼》出于战国时代儒家编辑，那时天子早已徒有空名，天子的大射礼早已不行，编者没有搜集到这方面有系统的资料。”又说：“《仪礼》中射礼的记载，大概出于春秋战国间儒家的编辑，因为《大射仪》和《乡饮酒礼》中谈到诸侯之臣有所谓‘诸公’的，这在春秋末年以前是没有的。但是从《诗经》中有关射礼的诗歌看来，这种礼的基本特点，在西周、春秋时早已形成。”[③]崔述《丰镐考信录》说：“所谓诸公，即晋三家、鲁三桓之属。”[④]陈成国先生则以为“《大射仪》亦当为西周礼制遗存，证以西周令鼎、静簋诸器铭文及《诗经》有关篇什可知”。同时还指出：“《三礼》所记尊重天子的礼制，大都属于西周。”[⑤]此话虽有一定道理，

---

① 杨天宇：《仪礼译注》前言，上海古籍出版社，2004年新1版，第9页。
② 杨天宇：《仪礼译注》前言，上海古籍出版社，2004年新1版，第10、14页。
③ 杨宽：《“射礼”新探》，《古史新探》，中华书局，1965年，第320、322页。
④ （清）崔述：《崔东壁遗书》，上海古籍出版社，1983年。
⑤ 陈成国：《中国礼制史》先秦卷，湖南教育出版社，2002年第2版，第31、278页。

但也不尽然，譬如《礼记·射义》云："天子将祭，必先习射于泽。泽者，所以择士也。已射于泽，而后射于射宫。"郑玄注曰："泽，宫名也。"[①]而西周金文中明言大射礼的两篇铭文，不仅均未言及泽与射宫，而且整个西周射礼金文也均不见泽与射宫之称名，只有大池与射庐。这说明《仪礼》中即使学者们认为最有可能是西周礼仪的，实亦掺杂揉和了一些后世的东西。

三、《礼记》的成书时代

《礼记》，亦称《小戴礼记》或《小戴记》。关于它的成书时代与性质，主要有二说。一说是孔子弟子及其再传、三传弟子等所记，是一部解经之作。如朱熹就认为："《礼记》有信不得处"，"《礼记》乃秦汉上下诸儒解释《仪礼》之书"[②]。然按《礼记》四十九篇，后七篇确是分别说解《仪礼》之《士冠礼》、《士昏礼》、《乡饮酒礼》、《乡射礼》、《燕礼》、《聘礼》礼义的，但其余各篇则不是解说《仪礼》的。另一说是汉儒所编辑的文献集。如杨天宇先生认为该书是一部先秦至秦汉时期的礼学文献选编，最初为西汉时期的戴圣所纂辑。由于西汉时期，对于已经实现了天下大一统的西汉王朝来说，欲建立一整套朝廷礼制，单凭《仪礼》十七篇显然是不够用的。所以当时礼学家便采取了三个办法来加以弥补。其一是"推《士礼》以及天子"、"而致于天子"[③]，即从《仪礼》十七篇所记诸士礼以推导出朝廷天子之礼。其二是经师自撰礼文或礼说。这种做法从汉初就开始了，叔孙通所撰《汉仪十二篇》、后仓所撰《曲台记》即其显例。其三是杂采当时所可能见到的各种《记》文，以备朝廷议礼或制礼时所用。今所见《礼记》四十九篇的初本，很可能就是在这个时期由戴圣抄辑而成的，即从各种《记》书中抄合而成的，其抄辑时间当在成帝命刘向校书之前。由于当时有关礼的《记》文很多，礼家根据自己的需要，选抄其一定的篇数以为己用，于是就有了戴圣的四十九篇之《礼记》，以及戴德的八十五篇之《礼记》。《礼记》四十九篇非出于一时一人之手，其内容十分驳杂且无伦次，所记礼制、礼事和礼仪，都是零星、片段而不成系统的，基本上是一部杂记性著作。因此杨天宇先生"不同意《礼记》是解经（《仪礼》）之作的看法，因为《礼记》中《冠义》以下若干篇，大体上可以看作是解释《仪礼》中有关篇的礼义的，绝大部分篇章，都同《仪礼》没有直接关系"[④]。赵光贤先生在论及周代社会史史料问题时则认为不能用《礼记》的材料来研究宗法制，因为这是汉儒的说法，不足以代表周代的宗法观念，而应当使用更原始的金文和文献

---

① （清）阮元校刻：《十三经注疏·礼记正义》，中华书局，1980 年，第 1689 页。
② （宋）黎靖德编，王星贤点校：《朱子语类》卷 84，中华书局，1986 年。
③ （汉）班固撰，（唐）颜师古注：《汉书·礼乐志》、《艺文志》，中华书局，1962 年，第 1035、1710 页。
④ 杨天宇：《礼记译注》前言，上海古籍出版社，2004 年新 1 版，第 3、4、34 页。

材料。[1]蔡介民先生也说："《礼记》一书，文义糅驳，泾渭合流，既非成于一时，亦非出于一手。"[2]本书认为《记》这类题材的书出现较早，《仪礼》所记《冠礼》、《士昏礼》、《乡饮酒礼》、《乡射礼》、《燕礼》等，其后均有《记》文，参校《仪礼》的成书时代，《礼记》在西汉之前亦当有初本。"两种《礼记》虽辑录成书已在西汉，其文字及个别篇章亦可能有西汉诸家在收辑整理时的更动，但所收诸篇大多数可以认为是汉以前战国时期孔门后学的著述。"[3]也就是说《礼记》的内容或其素材应成于战国时期，西汉时只是作了汇编整理。

由上所述可知"三礼"的成书时代，以《仪礼》最早，为春秋末期。其次是《周礼》，当以战国时期为妥。再次是《礼记》，为战国时期或再晚一点。尽管三礼的成书时间较晚，有关周礼的史料大多出于春秋、战国时人的编定，而且也没有把西周时代的礼原样保存下来，但其所记诸礼则并不全是当时或当时才有的礼仪制度。正如清儒邵懿辰所说的："礼本非一时一世而成，积久服习，渐次修整而臻于大备。"[4]再加上礼本身具有很强的保守性，即《礼记·礼器》所谓的"礼也者，反本脩古，不忘其初者也"。[5]因此"三礼"所记之内容，当包含有其成书之前的礼仪制度。邹衡先生说："今存'三礼'，虽然羼杂了不少战国时代的礼制，又经过汉朝的篡改，但有关各级贵族的礼仪，主要是西周晚期至春秋早期流行的那一套严密的礼制的汇纂。"[6]唯这里所说的上下限则未必准确，其实际情况或当更早，而下限又或可能会稍晚。如西周金文中的射礼职官、执事，有宰、司马、司射、小子、士、服、小臣、夷仆、仆、小射、射、正、底鱼、有司、史等，不仅大都见于《周礼》，亦见于《仪礼》的《大射仪》和《乡射礼》（见表2-3），西周金文射礼的先燕后射之仪程、以射考察射者之品行，则与《礼记·射义》相符等，即是明证。殷商甲骨文的弓矢竞射于原野水泽处举行、作册般铜鼋的射贯四矢等，也与《仪礼》的《大射仪》、《乡射礼》、《礼记·射义》相符，说明"三礼"的有些礼制的来源更可追溯至商代。《论语》孔子所说的射不主皮，与《仪礼·乡射礼记》的礼射不主皮相符，与周初的郊射也有一定的渊源关系。投壶礼产生于春秋时期，盛行于战国时期，汉代及其以后也很流行，所以《礼记》的投壶礼只能是春秋战国甚至是西汉时期的。尽管"三礼"所记某一礼的仪节内容在商代或西周早、中期即已出现，但就整个礼来说，则与商、西周、春秋时期的历史事实之间还有一定差距。这是因为古人修礼是为了济时备用的，过时的或不堪时用者当必删削之，

① 赵光贤：《周代社会辨析》，人民出版社，1982年，第101~102页。
② 蔡介民：《〈礼记〉成书之年代》，见陈其泰等编：《二十世纪中国礼学研究论集》，学苑出版社，1998年，第150页。
③ 朱凤瀚、徐勇：《先秦史研究概要》，天津教育出版社，1996年，第61页。
④ （清）邵懿辰：《礼经通论·论孔子定礼乐》，（清）王先谦编：《清经解续编》卷168，上海书店，1988年。
⑤ （清）阮元校刻：《十三经注疏·礼记正义》，中华书局，1980年，第1439页。
⑥ 邹衡：《从周代埋葬制度的变化剖析孔子提倡"礼治"的反动本质》，《文物》1974年第1期。

而当时之盛行者或宜于行者则必然要增加进来，这些不尽相同的地方，正是礼制发展过程中的损益所致。也就是说，就“三礼”中的某个仪节内容来说，我们可以断定其时代，说它是商代、西周或春秋时期就已经出现了。而就整个礼来说，由于它已经掺合了一些后世的仪节内容，早晚杂糅，就不好强为之断代，说哪些礼是西周的、哪些礼是春秋时期的了，这就是本书把东周礼书单独作为一章的缘故。

第二节　东周礼书所见射礼的种类与仪节内容

东周礼书所记射礼之事比较分散，有的言语还比较隐晦，只有参校注文或其他文献才能明了，而且大多数仪节内容失载，现析缕条分如次。

一、东周礼书所见射礼的种类

东周礼书所见射礼，可归纳为以下十种。

（一）射牲礼

射牲之礼仪，早在商代即非常流行。东周礼书中也有记载，如《周礼·夏官·司弓矢》：“凡祭祀，共射牲之弓矢。”又《夏官·射人》：“祭祀，则赞射牲，相孤、卿、大夫之法仪。”①周礼规定凡内外大祭祀，天子都要亲自射牲，故需要有司供弓矢和赞者协助王射杀牲。

（二）大射礼

该礼东周礼书记载较多，如《周礼·夏官·司弓矢》：“大射、燕射共弓矢如数、并夹。”郑玄注曰：“如数，如当射者之数也，每人一弓、乘矢。”又《春官·大师》：“大射，帅瞽而歌射节。”②《考工记·梓人》：“张皮侯而栖鹄，则春以功。”金鹗曰：“春以功，盖谓大射在春。”③郑玄注曰：“大射者，将祭之射也。”④《仪礼》则设有专篇，但从《大射仪》所述内容来看，当是诸侯（公）的大射礼，没有述及天子（王）的大射礼，所以贾公彦疏引郑《目录》云：“名曰大射者，诸侯将有祭祀之事，与其群臣射以观其礼，数中者得与于祭，不数中者不得与于祭。”⑤而据《周礼》所载，不仅王有大射礼，而且自王至卿大夫都有大射礼，

---

① （清）阮元校刻：《十三经注疏·周礼注疏》，中华书局，1980年，第856、846页。
② （清）阮元校刻：《十三经注疏·周礼注疏》，中华书局，1980年，第856、796页。
③ 杨天宇：《周礼译注》，上海古籍出版社，2004年新1版，第659页及注[2]。
④ （清）阮元校刻：《十三经注疏·周礼注疏》，中华书局，1980年，第925页。
⑤ （清）阮元校刻：《十三经注疏·仪礼注疏》，中华书局，1980年，第1027页。

如《夏官·射人》："若王大射，则以貍步，张三侯。"《夏官·大司马》："若大射，则合诸侯之六耦。"郑玄注曰："大射，王将祭，射于射宫以选贤也。"六耦三侯是天子之制，故知此为王举行的大射礼。《夏官·大仆》："王射，则赞弓矢。"贾公彦疏曰："谓大射也。"又《春官·大司乐》："大射，王出入令奏《王夏》，及射，令奏《驺虞》。"《春官·车仆》："大射，共三乏。"三乏必对三侯六耦，故知此为王大射之制。又如《天官·司裘》之职曰："王大射，则共虎侯、熊侯、豹侯，设其鹄。诸侯，则共熊侯、豹侯。卿大夫，则共麋侯。皆设其鹄。"郑玄注曰："大射者，为祭祀射。王将有郊庙之事，以射择诸侯及群臣与邦国所贡之士可以与祭者。"[①]《尚书·益稷》孔颖达疏曰："此皆大射之侯也。"[②]知王、诸侯、卿大夫皆有大射礼甚明。而天子的大射礼，又是分两次进行的。对此《礼记·射义》有较多记载："是故古者天子以射选诸侯、卿大夫、士。""是故古者天子之制：诸侯岁献贡士于天子，天子试之于射宫，其容体比于礼，其节比于乐，而中多者，得与于祭；其容体不比于礼，其节不比于乐，而中少者，不得与于祭。数与于祭，而君有庆；数不与于祭，而君有让。数有庆而益地，数有让而削地。""故天子之大射，谓之射侯。射侯者，射为诸侯也，射中则得为诸侯，射不中则不得为诸侯。"郑玄注曰："大射，将祭择士之射也。"《射义》又曰："天子将祭，必先习射于泽。泽者，所以择士也。已射于泽，而后射于射宫，射中者得与于祭，不中者不得与于祭。不得与于祭者有让，削以地；得与于祭者有庆，益以地；进爵，绌地是也。"孔颖达疏曰："泽所在无文，盖于宽闲之处近水泽而为之也。"[③]可见天子的将祭择士之大射礼包括习射于泽和射于射宫两部分。

《周礼》对习射于泽之事也有记载，如《夏官·司弓矢》曰："及其颁之，王弓、弧弓以授射甲革、椹质者。""泽，共射椹质之弓矢。"郑玄注曰："往体寡、来体多，曰王、弧。"又引郑司农曰："泽，宫也，所以习射选士之处也。"弓以往来多少为强弱之差，王弓、弧弓是六弓中最强的两种。甲革即革甲，指以皮革为甲作侯靶。椹质，指以椹板作侯靶。之所以用甲革和椹质做侯靶，贾公彦疏曰："是试弓习武在泽宫也。"[④]又《夏官·圉师》之职曰："射则充椹质。"郑玄注引杜子春曰："椹质，所射者习射处。"贾公彦疏曰："按《司弓矢》云：'泽则共椹质之弓矢'，此云：'射则充椹质'，皆谓泽宫（原文为'释官'，当为泽宫之误，今正之。）中试弓习武时所充也。"[⑤]前引《礼记·射义》孔颖达疏亦曰："选士于泽不射侯也，但试武而已。故《司弓矢》云：'泽，共射椹质之弓矢。'郑司农引

① （清）阮元校刻：《十三经注疏·周礼注疏》，中华书局，1980年，第845、839、852、791、826、683页。
② （清）阮元校刻：《十三经注疏·尚书正义》，中华书局，1980年，第143页。
③ （清）阮元校刻：《十三经注疏·礼记正义》，中华书局，1980年，第1687、1688、1689页。
④ （清）阮元校刻：《十三经注疏·周礼注疏》，中华书局，1980年，第855、856页。
⑤ （清）阮元校刻：《十三经注疏·周礼注疏》，中华书局，1980年，第861页。

此《射义》之文以释之，是知于泽中射椹质而已。又郑注《司弓矢》云：‘树椹以为射正、射甲与椹，试弓习武也。’”[①]由此可知所谓习射于泽，即习武之射，是对射者武功的检验，而射于射宫即礼射，当是对射者容体、乐节的考察。这说明古代天子的将祭择士之射，所选拔的与祭者都是文武双全之人。

（三）宾射礼

宾射礼主要见于《周礼》一书，如《春官·视瞭》：“宾射，皆奏其钟鼓。”《春官·镈师》：“凡祭祀，鼓其金奏之乐。飨、食、宾射亦如之。”《春官·典庸器》：“及祭祀，帅其属而设笱虡，陈庸器。飨、食、宾射亦如之。”《夏官·小臣》：“小祭祀、宾客飨、食、宾射，掌事如大仆之法。”郑玄注曰：“宾射，与诸侯来朝者射。”贾公彦疏曰：“宾射对大射，亦为小也。”以上均为宾射礼之明言。又《夏官·射人》：“王以六耦射三侯……五正。诸侯以四耦射二侯……三正。孤、卿、大夫以三耦射一侯……二正。士以三耦射豻侯……二正。”[②]《古文尚书·益稷》孔颖达疏曰：“此宾射之侯也。”[③]《考工记·梓人》：“张五采之侯，则远国属。”郑玄注曰：“五采之侯谓以五采画正之侯也。”贾公彦疏曰：“言远国属者，对畿内诸侯为远国。”属，据下节“祭侯之礼”郑玄注曰：“犹朝会也。”[④]知此也是为举行宾射礼所张的侯。另外《周礼》还记有一种小射礼，依注文当亦属于宾射礼，如《夏官·小司马》：“凡小祭祀、会同、飨、射、师、田、丧记，掌其事，如大司马之法。”贾公彦疏曰：“小祭祀已下至丧纪，皆蒙此‘小’字，对大司马大祭祀之等。”“言飨、射、师、田，皆是诸侯卿大夫来聘，王还使卿大夫与飨燕及射、师、田之等也。”[⑤]杨天宇注曰：“案凡言小者，皆谓王不参加。”[⑥]可知这种小射礼是一种规格较低的宾射礼。

（四）燕射礼

东周礼书没有为燕射礼设置专篇，但《仪礼·燕礼》有：“若射，则大射正为司射，如乡射之礼。”[⑦]这可能就是为何不设专篇的原因。除此，《周礼》也有一些记载，如《春官·乐师》：“燕射，帅射夫以弓矢舞。”又《夏官·司弓矢》：“燕射，共弓矢如数、并夹。”《考工记·梓人》：“张兽侯，则王以息燕。”这是为举行燕射礼所张的侯。孙诒让引敖继公曰：“息，疑饮燕之别名。”又曰：“燕者，先行燕礼

① （清）阮元校刻：《十三经注疏·礼记正义》，中华书局，1980年，第1689页。
② （清）阮元校刻：《十三经注疏·周礼注疏》，中华书局，1980年，第797、801、802、852、845页。
③ （清）阮元校刻：《十三经注疏·尚书正义》，中华书局，1980年，第143页。
④ （清）阮元校刻：《十三经注疏·周礼注疏》，中华书局，1980年，第926页。
⑤ （清）阮元校刻：《十三经注疏·周礼注疏》，中华书局，1980年，第841页。
⑥ 杨天宇：《周礼译注》，上海古籍出版社，2004年新1版，第426页注[2]。
⑦ （清）阮元校刻：《十三经注疏·仪礼注疏》，中华书局，1980年，第1022页。

而射，即所谓燕射也。”[①]孙言甚是。按此处的“息”，当与《仪礼·乡射礼》“主人释服，乃息司正”之“息”义相同。郑玄注曰：“息，犹劳也。劳司正，谓宾之，与之饮酒，以其昨日尤劳倦也。《月令》曰：‘劳农以休息之。’”[②]而后者正是饮燕酬劳的意思，实为息燕之省称。

（五）乡射礼

乡射礼，《仪礼》列有专篇。《仪礼》中的《乡射礼》是州长每年春秋两季在州学序中主持举行的射礼，故称州长为主人。如果乡大夫恰好居于该州，或乡大夫来该州观礼，那么主人就指乡大夫，故称乡射礼。除此还有《周礼·地官·乡大夫》记载说：“三年则大比，考其德行、道艺，而兴贤者、能者。乡老及乡大夫帅其吏与其众寡，以礼礼宾之。厥明，乡老及乡大夫群吏献贤能之书于王，王再拜受之，登于天府，内史贰之。退而以乡射之礼五物询众庶。”又《地官·州长》之职曰：“春、秋以礼会民，而射于州序。”郑玄注曰：“序，州党之学也。会民而射，所以正其志也。”贾公彦疏曰：“州长因春秋二时皆以礼会聚其民而行射礼于州之序学中。”[③]《礼记·王制》曰：“命乡简不帅教者以告，耆老皆朝于庠，元日习射上功，习乡上齿，大司徒帅国之俊士与执事焉。”又曰：“六礼：冠、昏、丧、祭、乡、相见。”[④]这里的习射、习乡就是演习乡射礼和乡饮酒礼。乡即乡饮酒和乡射礼，同被《王制》篇列为六礼之一。

（六）祭侯之礼

祭侯，就是向射侯行祭祀。《周礼·考工记·梓人》曰：“祭侯之礼，以酒脯醢，其辞曰：‘惟若宁侯，毋或若女不宁侯，不属于王所，故抗而射女。强饮强食，诒女曾孙诸侯百福。’”[⑤]《大戴礼记·投壶》也有类似的祝辞：“嗟尔不宁侯，为尔不朝于王所，故亢而射汝。强食食，诒尔曾孙侯氏百福。”[⑥]商周时代，王在政治上是天下的共主，宁侯、按时朝见天子，被认为是天经地义的事情。臣下也认为这是自己义不容辞的职责，如麦方尊铭曰：“用恭义宁侯，景孝于邢侯。”（《集成》06015）直到春秋时代史官仍把它作为重要史事而载之于史册，如《春秋》僖公二十八年“公朝于王所”[⑦]等。若臣属国为不宁侯，不朝于王所，则被宗主国视

---

① 杨天宇：《周礼译注》，上海古籍出版社，2004年新1版，第660页及注[6]。
② （清）阮元校刻：《十三经注疏·仪礼注疏》，中华书局，1980年，第1009页。
③ （清）阮元校刻：《十三经注疏·周礼注疏》，中华书局，1980年，第716、717页。
④ （清）阮元校刻：《十三经注疏·礼记正义》，中华书局，1980年，第1342、1348页。
⑤ （清）阮元校刻：《十三经注疏·周礼注疏》，中华书局，1980年，第926页。
⑥ （汉）戴德编纂，（北周）卢辩注，（清）孔广森补注：《大戴礼记补注》，（清）阮元编：《清经解》卷698~710，上海书店，1988年。
⑦ （清）阮元校刻：《十三经注疏·春秋左传正义》，中华书局，1980年，第1823页。

为叛逆诸侯，将受到巫术性射礼的诅咒，此可与麦方尊铭及《左传》的有关记载对照起来理解。又《周礼·夏官·射人》之职曰："祭侯，则为位。"郑玄注曰："祭侯，献服不，服不以祭侯。为位，为服不受献之位也。"[①]即将要祭侯的时候，射人就为服不氏确定接受献酒的位置。案《仪礼·大射仪》、《乡射礼》之记载，射礼完毕，都要对射侯行祭礼，大射礼祭侯是司马正先把酒、脯醢和折俎献给服不氏，然后服不氏用以祭侯，祭毕再饮下所献的酒。乡射礼射毕祭侯，则是司马先把酒、脯醢和折俎献给获者，获者用以在射侯的三处地方即右个、左个和侯中行祭礼，祭毕再饮下所献的酒。为什么献获者而获者不先自饮而是先祭于侯呢？郑玄注曰："乡人、获者贱，明其主以侯为功，得献也。"[②]常金仓先生认为：若此，"然则乡射有合乐、耦射等仪式，工以笙、瑟为功，三耦以弓矢为功，何以不献？我以为获者祭侯反映了狩猎生活中的一个特定习俗……居住在北极地带的爱斯基摩人'打死了一只白熊，就必须将工具和武器献给它，以此向它讨好；如果这是母熊，就献以女人的刀和针盒。这种献赠礼物的做法是由于认为必须平息白熊灵魂的愤怒，并防止它进行报复性的破坏'[③]（西非等地杀死鳄鱼也有类似仪式）。两相比较，则射礼中的祭侯仪式显然是远古猎人慰藉和讨好被杀猎物的一幅写意画。"[④]本书认为这种解释虽有一定的道理，但从祭侯祝辞的内容来看，似乎并未切的，其真正含义实应从巫蛊偶像伤害术上去理解。祭侯，本是射礼中的一个仪节，东周礼书则把它称之为礼，可见它在射礼仪节中还是一项比较重要的内容。

（七）学射

所谓学射，与西周静簋铭文中的"学射"之义相同，即学习射礼。《周礼·夏官·司弓矢》曰："唐弓、大弓以授学射者。""恒矢、庳矢用诸散射。"郑玄注曰："往体、来体若一，曰唐、大。"散射，"谓礼射及习射也"[⑤]。唐弓、大弓是两种强度适中的弓，恒矢、庳矢是八矢中最轻的两种矢。所谓礼射即大射、宾射、燕射等。按《诗·大雅·行苇》所记西周大射礼所用的是"四鍭既钧"、"四鍭如树"的鍭矢[⑥]，《司弓矢》说："杀矢、鍭矢用诸近射、田猎。"郑玄注说，鍭矢较重，故利于近射、中深。[⑦]从西周大射礼的用鍭矢，到《司弓矢》所说的礼射用恒矢、庳矢，即由穿透力极强的鍭矢变为最轻的恒矢、庳矢，这正是射礼所用箭镞的演变，即由西周早期的注重贯穿与武功，到春秋战国时期射不主皮这一演变在弓箭

① （清）阮元校刻：《十三经注疏·周礼注疏》，中华书局，1980年，第846页。
② （清）阮元校刻：《十三经注疏·仪礼注疏》，中华书局，1980年，第1003页。
③ 〔法〕布留尔著，丁由译：《原始思维》，商务印书馆，1981年，第238页。
④ 常金仓：《周代礼俗研究》，黑龙江人民出版社，2005年，第11页。
⑤ （清）阮元校刻：《十三经注疏·周礼注疏》，中华书局，1980年，第855、856页。
⑥ （清）阮元校刻：《十三经注疏·毛诗正义》，中华书局，1980年，第534、535页。
⑦ （清）阮元校刻：《十三经注疏·周礼注疏》，中华书局，1980年，第856页。

上的反映。

（八）生育之射仪

古人认为“射者男子之事也”，所以男子出生后也要举行射箭礼仪。如《礼记·射义》曰：“故男子生，桑弧蓬矢六，以射天地四方。天地四方者，男子之所有事也，故必先有志于其所有事，然后敢用谷也，饭食之谓也。”又《内则》篇曰：“国君世子生，告于君，接以大牢，宰掌具。三日，卜士负之。吉者宿介，朝服寝门外，诗负之。射人以桑弧蓬矢六，射天地四方。保受乃负之。宰醴负子，赐之束帛。卜士之妻，大夫之妾，使食子。”[①]可见射天地四方，以象征男儿志在四方，它只是一系列礼仪中的一项。

（九）投壶礼

投壶礼，二戴《礼记》中均有专篇，只是大戴《礼记》此篇内容较多，而其所记投壶实与小戴《礼记》无大异，唯鼓鼙之节的有无，为二戴礼记之最大差别。小戴《礼记·投壶》孔颖达疏曰：“此篇投壶是大夫士之礼。知此投壶是大夫士礼者，以经云‘主人请宾’，是平敌之辞，与乡饮酒、乡射同。故知是大夫士也。若诸侯，则燕礼、大射，每事云‘请于公’，不得云‘主人请宾’也。”“其诸侯相燕亦有投壶，故《左传》云‘晋侯与齐侯燕，投壶’，然则天子亦有之，但古礼亡，无以知也。”[②]天子有无投壶礼，目前还没有资料能够证明，其余则信然有征。

（十）弋射

弋射，在《周礼》一书中也有零星记载，如《夏官·司弓矢》曰：“矰矢、茀矢用诸弋射。”“田弋，充笼箙矢，共矰矢。”矰矢、茀矢稍轻，均可以结绳于矢而弋射飞鸟，笼箙是一种竹编的盛矰矢的箙。又《夏官·缮人》：“掌王之用弓、弩、矢、箙、矰、弋、抉、拾。掌诏王射，赞王弓矢之事。”[③]

总之，从以上所述来看，自商、西周、春秋、战国以来的各种射礼，东周礼书中都有记载，不仅没有减少，而且还略有增加，这说明东周礼书确是对商周以来诸礼的总结与记录。

二、东周礼书所记射礼的仪节内容

东周礼书所见射礼有十种，但列有专篇记述其行礼过程者只有《仪礼》中的

① （清）阮元校刻：《十三经注疏·礼记正义》，中华书局，1980年，第1687、1689、1469页。
② （清）阮元校刻：《十三经注疏·礼记正义》，中华书局，1980年，第1665页。
③ （清）阮元校刻：《十三经注疏·周礼注疏》，中华书局，1980年，第856页。

《乡射礼》、《大射仪》和《礼记》中的《投壶》，因此这三种礼的仪节内容较为清楚。其余诸礼，除极个别的，如燕射可根据相关礼仪推出其大致仪节外，而多数则无以知之。

（一）《仪礼》乡射礼的仪节内容

《仪礼》对乡射礼的具体举行过程和仪节内容描述的比较详细。杨宽先生认为这种礼的主要程序是三番射，并把第一番射的礼节划分为 10 项、第二番射的礼节划分为 11 项，第三番射的参加人员与基本节目，都和第二番射相同，唯射时要用乐节，射后有解侯、退射器等仪节是第二番射中所没有的。[①]刘雨先生则把乡射礼的有关仪节各简化成若干条，最后归纳为 51 条。[②]陈成国先生则把乡射礼的节目划分为八大项，其中第五、六、七项即第一番射、第二番射、第三番射，又分别细分为 9 节、13 节和 9 节。[③]但以往的划分似乎对告备、告成、祭侯等仪节重视不够，而这些在西周金文伯唐父鼎铭（《集录》356）和《周礼》、《大戴礼记》等书中都是很重要的礼仪。故现在已有的基础上重新把《仪礼》乡射礼的仪节内容划分为 55 项。

（1）射前准备。①主人戒宾。②设席位，陈礼器，悬磬，张侯，置乏。

（2）燕宾。③主人速宾。④主人迎宾。⑤主人献宾。⑥宾酢主人。⑦主人酬宾。⑧主人献众宾。⑨一人举觯为旅酬之端。⑩主人与尊者献酢。⑪工笙合奏乐，乐正告正歌备于宾。⑫主人献工与笙。⑬立司正以安宾察众。

（3）第一番射，即获而不释获的示范性质的三耦射。⑭司射请射于宾，宾许，告于主人。⑮司射命弟子纳射器。⑯司射比三耦，即匹合三耦。⑰司正改任司马，命弟子张侯，获者倚旌。⑱乐正命弟子迁乐。⑲三耦取弓矢，搢三挟一矦射。⑳司射诱射。㉑司马命获者执旌以负侯，司射引导上耦升堂合足矦射，司马命获者去侯避矢于乏。㉒三耦射，获者唱获。㉓司射升堂告宾三耦卒射。㉔司马命弟子取矢委楅。

（4）第二番射，即正射，亦即主党宾党的正式比射。㉕司射请射，比耦即匹合射耦。㉖三耦拾取矢。㉗众宾受弓矢，继三耦之南序立。㉘司射作射，请释获于宾，命释获者设中。㉙司射宣布本番射的比射规则“不贯不释”。㉚三耦射。㉛宾主射。㉜大夫与耦射。㉝众宾继射。获者唱获，释获者释获。㉞释获者向宾告卒射。㉟司马命取矢委楅。㊱司射监视释获者数获，向宾告贤获与钧。㊲设丰，实觯，胜者饮不胜者。㊳司马献获者，获者祭侯，先于右个行祭礼，再到左个和

① 详见杨宽：《“射礼”新探》，《古史新探》，中华书局，1965 年，第 312~315 页。
② 详见刘雨：《西周金文中的射礼》，《考古》1986 年第 12 期。
③ 详见陈成国：《中国礼制史》先秦卷，湖南教育出版社，2002 年第 2 版，第 369~370 页。

侯中行祭礼。㊴司射献释获者。

（5）第三番射，属于礼仪性质的礼乐射。㊵司射请射，命耦反射位。㊶三耦、宾、主人、大夫、众宾皆拾取矢。㊷司射请以乐节射，宣布本番射的比射规则“不鼓不释”；乐正命大师奏乐间若一。㊸三耦、宾主、大夫、众宾依次节乐而射，获者唱获，释获者释获。㊹司马命取矢数矢。㊺司射监视释获者数获，向宾告贤获与钧。㊻设丰，实觯，胜者饮不胜者。㊼司射命拾取矢授有司。㊽司马命弟子解侯纲，退楅，获者退旌；司射命释获者退中与筭。

（6）射后燕饮，诸仪与乡饮酒礼同。㊾旅酬。㊿司正使二人举觯于宾与大夫。(51)司正受命请坐燕彻俎于宾。(52)坐燕，无筭爵，无筭乐。

（7）送宾与拜谢酬劳。(53)主人送宾。(54)明日宾拜赐。(55)主人释服，息司正。宾拜谢主人，主人酬劳司正等为乡射礼服务的属吏，以示乡射礼结束。

（二）《仪礼》大射仪的仪节内容

《仪礼》对大射仪的具体行礼过程和仪节内容记述的也比较详细。杨宽先生认为《大射仪》的三番射，除了规格高、规模大、对国君特别优待以及侯数、奏乐、请告对象不同外，其礼节和基本内容是和乡射礼相同的。[①]刘雨先生把《大射仪》的仪节归纳为46条[②]。陈成国先生则把《大射仪》的礼仪归纳为12项，其中第四、五、六、七项，又分别划分为11节、4节、10节和6节。[③]同样，也是基于上述原因，现把《大射仪》的仪节内容重新归纳为54项。

（1）射前准备。①宰承君命戒百官，又由射人、司士分别戒诸公卿大夫、士与赞者。②前三日宰夫戒宰及司马、射人视涤，司马命量人、巾车量侯道，张侯，设乏。③射前一日乐人设乐悬、笙磬、钟镈、鼓鼙。

（2）射前饮燕，与燕礼同。④射日陈设燕具席位。⑤射人告具于公，公升堂即席位。⑥君命某大夫为宾，命士为执幂者、羞膳者，摈者（大射正）纳宾。⑦主人（宰夫）献宾。⑧宾酢主人。⑨主人献公。⑩公酢主人。⑪主人酬宾。⑫二人媵觯，公取媵觯酬宾。⑬为众宾旅酬。⑭主人献卿。⑮二人再媵觯，公又为卿举旅酬。⑯主人献大夫。⑰作乐娱宾。⑱立摈者为司正，安宾察仪。

（3）第一番射，即三耦的不释获之射。⑲司射请射，命有司纳器，誓射，比三耦即匹配三耦。⑳司射命三耦取弓矢于次。㉑司射诱射。㉒司马师命负侯者执旌以负侯；上射升堂合足俟射；司马正命负侯者去侯，负侯者许诺，授旌于获者，获者立而俟；司射命毋射获，毋猎获。㉓三耦射，获者唱获。㉔司射告于公三耦

① 杨宽：《“射礼”新探》，《古史新探》，中华书局，1965年，第318~320页。
② 刘雨：《西周金文中的射礼》，《考古》1986年第12期。
③ 陈成国：《中国礼制史》先秦卷，湖南教育出版社，2002年第2版，第370~371页。

卒射。㉕司马正命负侯者和小臣取矢委楅。

（4）第二番射，即释获的正射。㉖司射请射，命耦。㉗司射命三耦拾取矢于楅，搢三挟一个。㉘司射作射，宣布本番比射规则“不贯不释”及优待君之事。㉙三耦再射，唱获释获。㉚公与宾耦射。㉛公卿大夫及众耦皆射。㉜释获者告左右卒射于公。㉝射卒取矢。㉞释获者数获，向公告贤获与钧。㉟设丰实觯，饮不胜者。㊱司马正献服不，获者（服不）祭侯，先到右个行祭礼，又到左个、侯中行祭礼。㊲司马师献隶仆人、巾车、获者。㊳司射献释获者。

（5）第三番射，即属于礼仪性质的礼乐射。㊴请射，射者拾取矢。㊵司射宣布本番比射规则“不鼓不释”；乐正命大师奏乐间若一。㊶以乐节射、三耦射，公与宾耦射，诸公卿大夫众耦皆继射。㊷卒射，释获者告左右卒射于公。㊸饮不胜者。㊹司马命众射者拾取矢。㊺司射视筭，释获者数获，向公告贤获与钧。㊻退诸射器。

（6）射后饮燕。㊼为大夫举旅酬。㊽彻俎，安坐。㊾主人献士旅食。㊿宾举爵为士旅酬。51燕或复射。52主人献庶子，为献礼之终。53燕末尽欢。

（7）退场。54宾出公入。射礼结束。

从上述乡射礼和大射礼的仪节看，各有50多个仪节，但主要是由三部分构成的，即射前宴饮、三番射、射后宴饮。射前之宴饮是射礼的缘起，射后之宴饮是射礼的仪节，而三番射是射礼的中心。《礼记·射义》曰：“古者诸侯之射也，必先行燕礼；卿大夫、士之射也，必先行乡饮酒礼。”[①]故传统观点都认为射礼是在燕礼之后举行，而实则是在燕礼之中举行的。

（三）祭侯之礼的仪节内容

据《周礼·夏官·射人》、《考工记·梓人》与《仪礼·乡射礼》记载，祭侯礼的仪节有12项。①将祭射人为获者定受献之位。②司马洗觯，实觯，献获者于侯。③赞者为获者进上脯醢和折俎。④获者负侯北面行拜受礼，受爵，司马授爵后面朝西行拜送礼。⑤获者执爵，使人执脯醢与折俎来到侯的右个将荐俎摆好。⑥获者南面坐，左手执爵，右手取脯醢行祭。祭毕执爵起身，取肺后再坐下行祭。接着又用酒行祭。行祭的同时当念叨着祭侯礼之祝辞“惟若宁侯，毋或若女不宁侯，不属于王所，故抗而射女。强饮强食，诒女曾孙诸侯百福”云云。祭毕起身。⑦获者又来到侯的左个，行祭如右个。⑧又来到侯中，行祭亦如右个。⑨又使人在左个西北三步远的地方东面设脯醢和折俎，获者在醢的右边东面站着饮干爵中的酒。⑩司马受空爵放入筐中后复位。⑪获者执其荐，使人执俎从之，将荐俎放

① 《礼记·射义》，（清）阮元校刻：《十三经注疏·礼记正义》，中华书局，1980年，第1686页。

到乏的南边。⑫获者又来到侯中，负侯而俟三番射。

《仪礼·大射仪》所记祭侯之礼的仪节是：①司马正洗散爵，实散爵，献服不。②服不在大侯西北三步远的地方行拜受礼，受爵；司马正西面行拜送礼，反位。③宰夫有司向服不荐上脯醢，庶子为服不设上折俎。④获者（服不）来到右个，荐俎从之，获者左手执爵，右手取荐俎上的牲肉行祭，又用双手捧散爵向怀里方向注酒于地行祭。⑤获者又来到左个，祭如右个。⑥获者又来到侯中，祭亦如之。⑦祭毕，获者来到左个西北三步远的地方东面而立，宰夫有司和庶子也跟随到这里设荐俎，获者站着饮干散爵中的酒。可见其基本仪节与乡射礼的祭侯之礼相同，唯祭酒之法等具体细节可相互参校理解，故亦列之于后。

（四）《礼记》投壶礼之仪节内容

据《小戴礼记》记载，投壶礼的仪节内容可归纳为16项。①主人奉矢，司射奉中，使人执壶。②主人请以投壶乐宾，主人三请，宾两辞而后敬从。③宾行再拜礼受矢，主人避让。④主人行拜送礼、宾避让。⑤主人受矢，进到两楹间后又反位揖宾就席位。⑥司射在两楹之间宾、主筵席之南量度设壶。⑦司射反位，设中，执八筭而立。⑧司射告宾投壶规则，告主人亦如之。⑨司射命乐工奏乐间若一，大师许诺。⑩司射向主人和宾告矢具，请轮流投壶。⑪宾党主党投壶，司射坐而释筭。⑫卒投，司射请数筭，数筭后告奇与均。⑬司射请行觞，即胜者饮不胜者。⑭司射请立马。⑮胜者饮庆酒。⑯司射请彻马。

（五）国君世子出生所行射仪之仪节内容

据《礼记·内则》篇记载，国君世子出生举行射礼的仪节有12项。①世子生。②告君。③君以太牢礼迎接，宰夫掌馔具。④三日卜选士。⑤士于前一日斋戒。⑥当日士朝服侯于寝门。⑦士负世子。⑧射人以桑孤蓬矢六，分别射向天、地和东、西、南、北四方。⑨保姆负世子。⑩宰夫献士，赐束帛。⑪卜选士之妻。⑫卜选大夫之妾，以喂养世子。

第三节　东周礼书所见射礼的特点及其与两周射礼的关系

一、东周礼书所见射礼的特点

东周礼书所见射礼与前述西周、春秋、战国时期的射礼相比，有以下几个突出特点。

（一）射礼礼制文本化

《周礼》、《仪礼》、《礼记》等礼书的出现，标志着中国礼制的发展已经步入一个新的历史时期，即文本化时期[①]，因而中国古代的射礼也由过去的口授身教而随之进入文本化的发展阶段。与以往不同的是，通过理论化、格式化的构建，射礼的礼仪制度被用文字记载下来，从而形成了一种固定的“理想形态”，这种理想形态又被人们奉为经典，一方面使当时行礼的人有了可以遵行的统一文本，后世议礼行礼的人也有了可资参照的文献依据；另一方面统一、固定的文本，也使射礼礼制的传承得以跨越时空的限制而传播开来。由于射礼载体的变化，中国古代射礼的功能在由商代、周初的实用化，西周射礼礼仪的制度化、程式化、系统化，而发展为春秋时期射礼的社会化、战国时期射礼的世俗化的同时，也发展为东周礼书的文本化、统一化、形式化。射礼礼仪的形式化主要表现在仪式繁复而流于形式，呆板而缺乏灵活性与适应性，现实功能逐渐丧失而成为徒具空壳的表演性质的礼仪。由于只有大射礼、乡射礼、投壶礼设有专篇，又由于飨礼与燕礼渐趋合一，这就加速了射礼的大分化，并奠定了后世射礼即所谓的竞技性的大射、乡射和娱乐性的燕射、投壶两个发展方向。

（二）射礼礼仪复杂化

东周礼书所记射礼无论种类或规模大小，其组织形式都完全程序化、仪式化，而且仪节内容都十分繁缛、琐碎、复杂，可谓是繁文缛节。如前文所述，《仪礼》《大射仪》的仪节内容就有 54 项，《乡射礼》的仪节内容有 55 项，《礼记》所记投壶礼的仪节内容有 16 项，《燕礼》的第 29 个仪节为燕射[②]，且明言若射，“如乡射之礼”[③]，那仪节内容就更多了。本为射礼仪节的祭侯之礼，其具体仪节又有 10 项左右。就是国君世子出生所举行的射仪，前后也有 12 项仪节内容，足见东周礼书所记射礼礼仪之繁杂。

那么，这些繁文缛节的射礼，尤其是大射礼、乡射礼、宾射礼、燕射礼等礼射，在当时是否真正实行过呢？我们的答案是肯定的。理由之一是在战国青铜器人物画像纹射礼图案中，不仅使东周礼书所记之侯、植、旌、乏、耦射、搢三挟一个以及六人三耦射一侯、八人四耦射二侯、获者执旌倚于侯或去侯偃旌、释获者执筭以释获等得以印证，而且高庄宴乐囿游射侯纹 27 号盘、48 号盘、赵固宴乐射猎纹铜鉴等铜器上的射礼画像图案所展示的规模场面、礼节内容和人物仪容，

① 杨志刚：《中国礼仪制度研究》，华东师范大学出版社，2001 年，第 109 页。
② 参见徐杰令：《春秋邦交研究》，中国社会科学出版社，2004 年，第 107 页。
③ （清）阮元校刻：《十三经注疏 · 仪礼注疏》，中华书局，1980 年，第 1022 页。

也能与东周礼书所记射者在射礼上所表现的仪表端庄、威仪棣棣、从容不迫的高贵姿态和对人格美的强烈追求相吻合，这是东周礼书所记射礼在战国时期实行过的力证。理由之二是孔子编定的《礼》是《仪礼》的初本，而今天所能见到的具有完整行礼过程的大射礼、乡射礼就载于该书，因此大射礼与乡射礼应与孔子编定的《礼》有一定的联系。《史记·孔子世家》载晏婴曾在齐景公面前批评孔子说："今孔子盛容饰，繁登降之礼，趋详之节，累世不能殚其学，当年不能究其礼。"[①]晏婴与孔子为同时代人，此话必当是亲见亲闻之感言。又《礼记·聘义》曰："聘、射之礼，至大礼也。质明而始行事，日几中而后礼成，非强有力者弗能行也。故强有力者，将以行礼也。"孔颖达疏曰："聘射之礼至大礼也者，言此聘之与射至极繁大之礼，非如冠昏之属，暂时即毕。"[②]杨天宇先生注曰："至大礼，这是就礼仪之繁缛，行礼时间之长而言。礼成，指正礼部分完成，但不等于全部礼仪的完成，全部礼仪要到日暮才能完成，且每每需继之以烛。"[③]可见作此记者，若无亲身体会或亲眼所见所闻，也不会有这样的感触。此为东周礼书所记射礼于春秋末期至战国时期曾经实行过的文献依据和佐证。有鉴于此。本书认为尽管东周礼书所记射礼非常繁复，但在当时也确是实行过的。正如沈文倬先生所说的："经过出土实物和先秦典籍各方面的检验，完全证实殷、西周到春秋，由礼物、礼仪所构成的各种礼典，自在奴隶主贵族中普遍地经常进行。"[④]

（三）射礼射义儒家思想化

仁义礼智信是儒家所推崇的思想境界，因此儒者对于古礼也多有阐发，这就在东周礼书所记射礼中，也羼和揉进了一些儒家的思想意识和观念。儒家对射礼的改造始于其祖孔子，孔子厌恶暴力征伐，但射礼又属武事，于是孔子便借托古制对射礼作了一番改造与解释，极力削弱射礼崇尚武功的一面，而夸大其礼乐的一面，从而使射礼赋予了儒家思想的新义。如《礼记·射义》曰："射者，仁之道也。射求正诸已，已正而后发，发而不中，则不怨胜己者，反求诸己而已矣。孔子曰：'君子无所争，必也，射乎。揖让而升，下而饮，其争也君子。'"孔子曰："射者何以射？何以听？循声而发，发而不失正鹄者，其唯贤者乎。若夫不肖之人，则彼将安能以中？"又《中庸》孔子亦曰："射有似乎君子，失诸正鹄，反求诸其身。"郑玄注曰："反求于其身，不以怨人。"[⑤]这就把射道与儒家的仁、贤、

---

① （汉）司马迁撰，（宋）裴骃集解，（唐）司马贞索隐，张守节正义：《史记》，中华书局，1982 年第 2 版，第 1911 页。

② （清）阮元校刻：《十三经注疏·礼记正义》，中华书局，1980 年，第 1694 页。

③ 杨天宇：《礼记译注》，上海古籍出版社，2004 年新 1 版，第 851 页注[1]、[2]。

④ 沈文倬：《略论礼典的实行和〈仪礼〉书本的撰作》，《文史》第 15、16 辑，中华书局，1982 年。

⑤ （清）阮元校刻：《十三经注疏·礼记正义》，中华书局，1980 年，第 1689、1627 页。

中庸联系起来了，认为射的中与不中的关键在自己主观方面，必须反求诸己身，己心正则己身正，己身正则矢无不正，射无不中。这实际上已经揉进了仁的观念，正己是一种内在的修养，应成为君子的自觉追求。正己好比仁，射中好比礼，仁是内在修养，是前提，礼是外在标准，是目的，二者之结合，便是中庸之道，亦即射之道。孔子还曰："射不主皮，为力不同科，古之道也。"[①]这就使射礼成了表演性质的礼仪。而孔子射于矍相之圃，子路的延射之语："贲军之将，亡国之大夫，与为人后者，不入。"公罔之裘的诫众之语："幼壮孝弟，耆耋好礼，不从流俗，修身以俟死，者不？在此位也。"序点的诫众之辞："好学不倦，好礼不变，旄期称道不乱，者不？在此位也。"[②]更是早期儒家思想在射礼中的贯彻与体现。又如《礼记·乡饮酒义》曰："君子之所谓孝者，非家至而日见之也，合诸乡射，教之乡饮酒之礼，而孝弟之行立矣。"[③]《射义》曰："古者诸侯之射也，必先行燕礼；卿大夫、士之射也，必先行乡饮酒礼。故燕礼者，所以明君臣之义也；乡饮酒之礼者，所以明长幼之序也。"孝弟之行、君臣之义、长幼之序，正是儒家所提倡的伦理道德。"故射者，进退周还必中礼，内志正，外体直，然后持弓矢审固；持弓矢审固，然后可以言中。此可以观德行矣。""故明乎其节之志，以不失其事，则功成而德行立。德行立则无暴乱之祸矣，功成则国安。故曰'射者所以观盛德也。'"这就把射礼与一个人的德行乃至国家有无暴乱联系在一起了。又曰："射之为言者，绎也，或曰舍也。绎者，各绎己之志也，故心平体正，持弓矢审固；持弓矢审固，则射中矣。故曰：'为人父者，以为父鹄。为人子者，以为子鹄。为人君者，以为君鹄。为人臣者，以为臣鹄。'故射者各射己之鹄。"射礼又成了考验射者是否称职父子君臣的手段。而"是以诸侯君臣尽志于射，以习礼乐。夫君臣习礼乐而以流亡者，未之有也"[④]，则是儒者幻想通过射礼来使君臣都尽志于射，全心习礼乐，以防止国家破灭君臣流亡之事的发生，这实际上就是儒家理想社会在射礼释义上的反映。以上足见儒家思想观念在东周礼书所记射礼中确是比较突出的，可以说此时的射礼实是一种融合了审美意识和儒家传统思想的奇特礼仪文化。

（四）射礼选拔人才和进爵益地或削地的目的十分突显

东周礼书所记乡射礼、大射礼本身都带有勉励和选拔人才的目的。如《周礼·地官·乡大夫》之职云："三年则大比，考其德行、道艺，而兴贤者、能者。乡老及乡大夫帅其吏与其众寡，以礼礼宾之。厥明，乡老及乡大夫群吏献贤能之

---

① 杨伯峻：《论语译注·八佾》，中华书局，1980年第2版，第29页。
② （清）阮元校刻：《十三经注疏·礼记正义》，中华书局，1980年，第1687~1688页。
③ （清）阮元校刻：《十三经注疏·礼记正义》，中华书局，1980年，第1683页。
④ （清）阮元校刻：《十三经注疏·礼记正义》，中华书局，1980年，第1686、1687、1688页。

书于王，王再拜受之，登于天府，内史贰之。退而以乡射之礼五物询众庶：一曰和，二曰容，三曰主皮，四曰和容，五曰兴舞。此谓使民兴贤，出使长之；使民兴能，入使治之。”《地官·州长》之职云：“三年大比，则大考州里，以赞乡大夫废兴。”所谓贤者即具备六德六行之人，能者即具有六艺之人。《地官·大司徒》之职曰：“以乡三物教万民，而宾兴之。一曰六德：知、仁、圣、义、忠、和。二曰六行：孝、友、睦、姻、任、恤。三曰六艺：礼、乐、射、御、书、数。”郑玄注曰：“物，犹事也。兴，犹举也……知，明于事。仁，爱人以及物。圣，通而先识。义，能断时宜。忠，言以中心。和，不刚不柔。善于父母为孝。善于兄弟为友。睦，亲于九族。姻，亲于外亲……礼，五礼之义。乐，六乐之歌舞。射，五射之法。御，五御之节。书，六书之品。数，九数之计。”[①]这样一些观念形态的内容，射者都要在询众庶和乡射礼的隆重场合考校射艺时表现出来，以选拔符合统治者人才标准的贤者和能者。而且在射礼举行的过程中，每项仪节对较射者的行为方式和动作举止都有严格的规定和具体要求。《礼记·射义》曰：“是故古者天子以射选诸侯、卿大夫、士。”又曰：“是故古者天子之制：诸侯岁献贡士于天子，天子试之于射宫，其容体比于礼，其节比于乐，而中多者，得与于祭；其容体不比于礼，其节不比于乐，而中少者，不得与于祭。数与于祭，而君有庆；数不与于祭，而君有让。数有庆而益地，数有让而削地。故曰‘射者，射为诸侯也。’”郑玄注曰：“三岁而贡士，旧说云：大国三人，次国二人，小国一人。”“故天子之大射，谓之射侯。射侯者，射为诸侯也，射中则得为诸侯，射不中则不得为诸侯。”“天子将祭，必先习射于泽。泽者，所以择士也。已射于泽，而后射于射宫，射中者得与于祭，不中者不得与于祭。不得与于祭者有让，削以地；得与于祭者有庆，益以地；进爵，绌地是也。”[②]可见东周礼书关于以射选拔人才和进爵益地或削地的记载是十分明确的，也是比较突出的。目前学界对以射“兴贤者能者”、以射选士，以射选择与祭者，均深信无疑。而对“以射选诸侯”、“射为诸侯”，即“射中则得为诸侯，射不中则不得为诸侯”，“然学者颇以为此等之语皆难信，是此语尚无的解”[③]。或以为“《礼记·射义》所说‘天子以射选诸侯’，该是一种夸大的说法”[④]或认为“这个说法未免过分了些，哪有那么多诸侯、卿大夫、士全凭射箭得到自己的地位呢？周初大封建恐怕没有谁是因为箭射得准而得封为诸侯的”[⑤]。本书认为“以射选诸侯”，今人确是很难理解的，其真正含义与机理实在是还没有真正弄清楚，故只能作无的解存疑，但不能全盘否定之。

① （清）阮元校刻：《十三经注疏·周礼注疏》，中华书局，1980年，第716~717、718、707页。
② （清）阮元校刻：《十三经注疏·礼记正义》，中华书局，1980年，第1687、1688、1689页。
③ 杨天宇：《礼记译注》，上海古籍出版社，2004年新1版，第838页注[3]。
④ 杨宽：《“射礼”新探》，《古史新探》，中华书局，1965年，第331页。
⑤ 陈戍国：《中国礼制史》先秦卷，湖南教育出版社，2002年第2版，第279页。

（五）射礼树立和观察德行的目的也非常突出

东周礼书所记之射礼贯穿了道德礼仪观念和规则。据上引《礼记·射义》："故射者，进退周还必中礼，内志正，外体直，然后持弓矢审固；持弓矢审固，然后可以言中。此可以观德行矣。""是故天子以备官为节，诸侯以时会天子为节，卿大夫以循法为节，士以不失职为节。故明乎其节之志，以不失其事，则功成而德行立。德行立则无暴乱之祸矣，功成则国安。故曰'射者所以观盛德也。'""故事之尽礼乐而可数为，以立德行者，莫若射，故圣王务焉。"孔子曰："……循声而发，发而不失正鹄者，其唯贤者乎。若夫不肖之人，则彼将安能以中？"[①]可见射礼是与德行教化、君子人格的培养紧密结合的，《礼记》关于射礼可以用来树立德行、通过射礼可以观察射者德行的记载也是十分明确的，孔子的话也反证无德无才的人是不能射中侯靶的。而西周穆王时器长由盉铭文（《集成》09455）及《诗·大雅·行苇》，证明射礼也确是可以考察射者的德行的。因此，射礼的这一功能是完全可以肯定的，只是其德行的衡量标准为周公、孔子所倡导的儒家思想而已。总之，东周礼书所记之射礼有道德的教化、礼乐的熏陶、心志的修养、技艺的锤炼、竞争的引导、贤能的举拔，它已成为具有数千年华夏礼乐文明内涵的射道，亦即真正的"弓道"。所以，东周礼书所记之射礼从本质上来讲，是内在的道德实践，是一种文明礼仪。

（六）东周礼书所记射礼与其之前射礼的异同

东周礼书所记射礼与前述西周、春秋、战国时期的射礼相比，有许多相同之处。尤其是春秋战国时期的射礼与之吻合的地方最多，基于上文对此已有涉及，这里不再赘述。东周礼书所记射礼与西周射礼相比，差别是西周金文中的射礼有奖赏制度，既奖赏教官，也奖赏竞射的优胜者，而东周礼书所见射礼则只饮不胜者罚酒，说明实用功能已彻底丧失而成为徒具空壳的表演性质的礼仪。其最大的不同之处是：东周礼书所记射礼以射选诸侯、卿大夫、士和进爵益地或绌地之事十分突显，而西周金文则几乎不见这类事情。西周时期的大射礼，都是周天子举行的，即周天子亲自主持或亲自参加竞射的，不见诸侯举行的大射礼，而东周礼书所见大射礼，诸侯以下各级贵族都有。具有全过程的大射礼，则是诸侯（公）一级举行的大射礼，而王（天子）的大射礼大都是被作为古者之制来解释射礼之义的。这种差别是与当时的历史发展情况相一致的。大概周王的大射礼是在举国体制的天下共主的社会背景下举行的，而到东周礼书成书之时，这种社会背景与举国体制早已不存，王级的大射礼于其世已经过时或已不适宜于时，所以整理编

① （清）阮元校刻：《十三经注疏·礼记正义》，中华书局，1980年，第1686、1687、1689页。

辑时才只保留了诸侯（公）级的大射礼。

二、东周礼书所见射礼的等级制度

中国古代的礼和法律一样，是公开不平等的。“礼不但不平等，而且是维护当时社会等级的有力工具。”[①]东周礼书中的射礼，始终贯穿着“名位不同，礼亦异数”[②]的等级制原则，在匹耦与耦数、侯制与侯数、用弓与用乐、比射规则与判定标准等方面，从天子、诸侯到公卿大夫、士都各有等差，充分体现了严格的身份等级差别和尊卑有序的人际关系，反映了“尊尊”的宗法观念和宗法等级制度。

（一）射耦、射侯与射礼种类所反映的等级制度

“射礼同其他的礼仪一样，也是分等级的。”[③]《左传》襄公二十九年所记享射礼，就体现了这种等级制度。在东周礼书中，射耦与射侯的等级制度非常分明。

首先，在耦与侯数上，迥然不同。《周礼·夏官·射人》曰：“王以六耦射三侯，三获，三容……诸侯以四耦射二侯，二获，二容……孤、卿、大夫以三耦射一侯，一获，一容……士以三耦射豻侯，一获，一容。”[④]“《周官·射人》所记录的制度，至少在原则上是可信的。”[⑤]《仪礼·大射仪》贾公彦疏曰：“若耦及侯数，天子大射宾射六耦三侯，畿内诸侯则二侯四耦，畿外诸侯大射宾射皆三侯三耦。”[⑥]

其次，在匹配射耦上，尊卑有别，身份低的人总是处于侍从的地位。《仪礼·大射仪》司射遂告曰：“大夫与大夫，士御于大夫。”“命宾御于公。”郑玄注曰：“御，犹侍也。大夫与大夫为耦，不足，则士侍于大夫，与为耦也。”贾公彦疏曰：“是以《曲礼》云‘君使士射’，注谓‘以备耦’是也。”[⑦]若士不能射还要卑言婉辞，《礼记·曲礼下》曰：“君使士射，不能，则辞以疾，言曰‘某有负薪之忧。’”郑玄注曰：“使士射，谓以备耦也。”孔颖达疏曰：“射法：每两人相对，以决胜负，名之曰耦。耦贵贱必对，故卿与卿耦，大夫与大夫耦，或奇余不足，则使士备耦。案大射，君与宾耦，卿大夫自相耦，又有士御于大夫，又司射誓耦毕者，与尊者为耦，不异侯，是言士得备预为耦。故此有使士射之礼也。不能，则辞以疾者，士若不能，不得云不能，但当自称有疾也。所以然者，夫射以表德，士既升朝，必宜有德。若不能，则是素餐之辱，兼辱君不知人，误用己也。”[⑧]士在射礼中如

① 李学勤著，李缙云编：《李学勤学术文化随笔》，中国青年出版社，1999年，第64页。
② 《左传》庄公十八年，（清）阮元校刻：《十三经注疏·春秋左传正义》，中华书局，1980年，第1773页。
③ 陈戍国：《中国礼制史》先秦卷，湖南教育出版社，2002年第2版，第278页。
④ （清）阮元校刻：《十三经注疏·周礼注疏》，中华书局，1980年，第845页。
⑤ 陈戍国：《中国礼制史》先秦卷，湖南教育出版社，2002年第2版，第278页。
⑥ （清）阮元校刻：《十三经注疏·仪礼注疏》，中华书局，1980年，第1034~1035页。
⑦ （清）阮元校刻：《十三经注疏·仪礼注疏》，中华书局，1980年，第1034、1036页。
⑧ （清）阮元校刻：《十三经注疏·礼记正义》，中华书局，1980年，第1257页。

此卑微，竟不能以实相告。

再次，在侯制上贵贱也不一样。《仪礼·乡射礼记》曰："凡侯，天子熊侯，白质。诸侯麋侯，赤质。大夫布侯，画以虎豹。士布侯，画以鹿豕。"郑玄注曰："此所谓兽侯也……白质、赤质，皆谓采其地。其地不采者，白布也。熊、麋、虎、豹、鹿、豕，皆正面画其头象于正鹄之处耳。君画一，臣画二，阳奇阴偶之数也。"[①]《周礼·考工记·梓人》曰："张皮侯而栖鹄，则春以功。张五采之侯，则远国属。张兽侯，则王以息燕。"郑玄注曰："兽侯，画兽之侯也。《乡射记》曰：'凡侯，天子熊侯，白质。诸侯麋侯，赤质。大夫布侯，画以虎豹。士布侯，画以鹿豕。'凡画者，丹质，是兽侯之差也。"贾公彦疏曰："此燕射之侯也……画虎熊豹，取君臣相犯。画麋鹿豕者，取其君臣相养。凡画者，丹质，以周尚赤，故以赤为质地也。"[②]可见燕射礼中君臣兽侯的侯数虽然都是一侯，但侯制则明显不同。又《夏官·射人》曰：王"五正"，诸侯"三正"，孤、卿、大夫"二正"，士"二正"。郑玄注云："《梓人》职云'张五采之侯则远国属。'远国属，谓诸侯来朝者也。五采之侯，即五正之侯也……画五正之侯中，朱次、白次、苍次，黄、玄居外。三正，损玄、黄。二正，去白、苍，而画以朱缘。"[③]"此宾射之侯也。"[④]这是宾射礼中君臣五采侯形制之等级差别。又《天官·司裘》曰："王大射，则共虎侯、熊侯、豹侯，设其鹄。诸侯，则共熊侯、豹侯。卿大夫，则共麋侯。皆设其鹄。"郑玄注曰："以虎、熊、豹、麋之皮饰其侧，又方制之以为𩏑，谓之鹄，著于侯中，所谓皮侯。"贾公彦疏曰："虎侯者，谓以虎皮饰其侧……王自射之也。熊侯者，以熊皮饰其侧……诸侯射之也。豹侯者，谓以豹皮饰其侧……孤卿大夫已下射之也。云设其鹄者，其鹄，还以虎熊豹皮为之，方制之三分其侯，鹄居其一。"[⑤]这是大射礼中君臣皮侯侯数与侯制的等级差别。《礼记·射义》孔颖达正义曰："凡天子、诸侯及卿大夫礼射有三：一为大射，是将祭择士之射。二为宾射，诸侯来朝天子入而与之射也，或诸侯相朝而与之射也。三为燕射，谓息燕而与之射。其天子、诸侯、大夫三射皆具，其士无大射。故《司裘》职云：大射唯明王及诸侯卿大夫，不及于士。"[⑥]这是君臣所行射礼种类的等级差别。

（二）侯道与弓、中、旌的形制所反映的等级制度

据东周礼书记载，不同等级的射礼，其侯道的长度和弓的制作也不相同。《仪

① （清）阮元校刻：《十三经注疏·仪礼注疏》，中华书局，1980年，第1010页。
② （清）阮元校刻：《十三经注疏·周礼注疏》，中华书局，1980年，第926页。
③ （清）阮元校刻：《十三经注疏·周礼注疏》，中华书局，1980年，第845页。
④ 《尚书·益稷》孔颖达疏，（清）阮元校刻：《十三经注疏·尚书正义》，中华书局，1980年，第143页。
⑤ （清）阮元校刻：《十三经注疏·周礼注疏》，中华书局，1980年，第683页。
⑥ （清）阮元校刻：《十三经注疏·礼记正义》，中华书局，1980年，第1688页。

礼·大射仪》曰：司马命量人量侯道，“以貍步：大侯九十、参七十、干五十”。司射誓耦曰：“公射大侯，大夫射参，士射干。射者非其侯，中之不获。”[①]这里的大侯即熊侯；参即参侯，亦即以麋皮为饰的麋侯；干即干侯，亦即以豻皮为饰的豻侯。《周礼·天官·司裘》贾公彦疏亦曰：“九十步之侯，王自射之也……七十步之侯，诸侯射之也……五十步之侯，孤、卿、大夫已下射之也。”[②]《周礼·夏官·司弓矢》曰：“天子之弓合九而成规，诸侯合七而成规，大夫合五而成规，士合三而成规。”[③]合几而成规，即连接几张弓可构成一圆周。合弓愈多，弓的弧度愈小，而弓的强度就愈大。可见君王的侯道最长，弓的强度最大，士的侯道最短，弓的强度最小。作此规定者以示天子威武，所谓的“侯者，天子中之则能服诸侯”[④]，即此谓也。中、旌也各有等差，如《仪礼·乡射礼记》曰：“君国中射，则皮树中，以翿旌获，白羽与朱羽糅。于郊，则闾中，以旌获。于竟，则虎中，龙旜。大夫兕中。各以其物获。士鹿中，翿旌以获。”[⑤]

（三）射礼用乐所反映的等级制度

东周礼书中，不同等级的射礼，其所用乐章和演奏的遍数都是不同的。《周礼·春官·钟师》曰：“凡射，王奏《驺虞》，诸侯奏《貍首》，卿大夫奏《采蘋》，士奏《采蘩》。”《春官·乐师》亦曰：“凡射，王以《驺虞》为节，诸侯以《貍首》为节，大夫以《采蘋》为节，士以《采蘩》为节。”这是射礼中君臣用以节射的乐章的规定。《夏官·射人》还记载了君臣用乐节射的演奏遍数，即王“乐以《驺虞》，九节”。诸侯“乐以《貍首》，七节”。孤、卿、大夫“乐以《采蘋》，五节”。士“乐以《采蘩》，五节”。[⑥]这里的九节、七节、五节，据金鹗说，节犹遍，谓音乐演奏的遍数。[⑦]《礼记·射义》：“故《诗》曰：‘曾孙侯氏，四正具举。大夫君子，凡以庶士，小大莫处，御于君所。以燕以射，则燕则誉。’”郑玄注曰：“此曾孙之诗，诸侯之射节也。四正，正爵四行也。四行者，献宾献公献卿献大夫，乃后乐作而射也。”孔颖达疏曰：“上经说诸侯君臣之射，此明诸侯之射所歌乐章节者，此《貍首》之诗也，所以论燕射则燕则誉。故君臣相与尽志于射也。此诗名《貍首》而发首云曾孙侯氏者，但此篇之中有貍首之字在于篇中，撮取貍首之字以为篇首之目，谓若《驺虞》之诗，其字虽在篇内，而名《驺虞》矣。”[⑧]《礼记》还对君臣节射用乐的含义作了阐发，《射义》曰：“其节，天子以《驺虞》为节，诸侯以《貍

---

① （清）阮元校刻：《十三经注疏·仪礼注疏》，中华书局，1980年，第1028、1034页。
② （清）阮元校刻：《十三经注疏·周礼注疏》，中华书局，1980年，第683页。
③ （清）阮元校刻：《十三经注疏·周礼注疏》，中华书局，1980年，第856页。
④ 《周礼·天官·司裘》郑玄注，（清）阮元校刻：《十三经注疏·周礼注疏》，中华书局，1980年，第683页。
⑤ （清）阮元校刻：《十三经注疏·仪礼注疏》，中华书局，1980年，第1012页。
⑥ （清）阮元校刻：《十三经注疏·周礼注疏》，中华书局，1980年，第800、793、845页。
⑦ 杨天宇：《周礼译注》引，上海古籍出版社，2004年新1版，第439页注[6]。
⑧ （清）阮元校刻：《十三经注疏·礼记正义》，中华书局，1980年，第1687页。

首》为节，卿大夫以《采蘋》为节，士以《采蘩》为节。《驺虞》者，乐官备也。《貍首》者，乐会时也。《采蘋》者，乐循法也。《采蘩》者，乐不失职也。是故天子以备官为节，诸侯以时会天子为节，卿大夫以循法为节，士以不失职为节。故明乎其节之志，以不失其事，则功成而德行立。”[①]射礼行乐节射时必须严格遵守音乐等级规范，这体现的正是宗法意识与宗法关系。

（四）射仪中的等级制度

在东周礼书所记射礼的具体礼仪中，还处处体现了优尊国君的等级制度。如《仪礼·大射仪》司射在第一番射前誓耦时既已言“公射大侯，大夫射参，士射干。射者非其侯，中之不获”，但在第二番射前司射又命大史曰：“中离维纲，扬触梱复，公则释获，众则不与。唯公所中，中三侯皆获。”本来举行大射礼的前一天就已经把射宫扫除干净了，但公将射，则“隶仆人埽侯道”，以示新。众射耦行射均是搢三挟一个升堂，但公就物，则小射正“赞设决，朱极三。小臣赞袒……赞设拾”。“大射正执弓，以袂顺左右隈，上再，下壹，左执弣，右执箫，以授弓。”“小臣师以巾内拂矢，而授矢于公。稍属。大射正立于公后，以矢行告于公：下曰留，上曰扬，左右曰方。公既发，大射正受弓而俟。拾发以将乘矢。公卒射，小臣师以巾退，反位。大射正受弓。小射正以笥受决、拾，退奠于坫上。”“小臣正赞袭。公还，而后宾降。”第三番射司射命曰：“不鼓不释”，但“三耦卒射。宾待于物如初。公乐作而后就物。稍属，不以乐志。其他如初仪，卒射如初”[②]。在射礼中，参射的士一般要肉袒，即露出左臂。而大夫与士在一起射，就不必肉袒，只要露出左臂的内衣即可。但在国君参加射礼时，大夫也要肉袒，而国君只要露出左臂的内衣即可。《乡射礼记》曰：“君射则为下射，上射退于物一笴，既发则答君而俟。君乐作而后就物。君袒朱襦以射，小臣以巾执矢以授。若饮君，如燕则夹爵……唯君有射于国中，其余否。君在，大夫射则肉袒。”[③]《燕礼记》亦曰：“君与射，则为下射，袒朱襦，乐作而后就物。小臣以巾授矢，稍属。不以乐志。既发，则小臣受弓以授弓人。上射退于物一笴，既发则答君而俟。若饮君，燕则夹爵。君在，大夫射则肉袒。”所说与《乡射礼记》的记载相同，为何相同？《燕礼》曰：“若射，则大射正为司射，如乡射之礼。”[④]也正是这个原因，《仪礼》的编辑者，也把《燕礼记》的相关内容辑录到了《乡射礼记》中，而并不一定是说君王也有乡射礼。可见在东周礼书所记大射礼、燕射礼礼仪中，对国君是特别尊

① （清）阮元校刻：《十三经注疏·礼记正义》，中华书局，1980年，第1686~1687页。
② （清）阮元校刻：《十三经注疏·仪礼注疏》，中华书局，1980年，第1034、1036、1039、1042页。
③ （清）阮元校刻：《十三经注疏·仪礼注疏》，中华书局，1980年，第1012页。
④ （清）阮元校刻：《十三经注疏·仪礼注疏》，中华书局，1980年，第1025、1022页。

重和优待的，它所反映的也是等级差别和等级制度。

（五）乡射礼与大射礼之差别所反映的等级制度

东周礼书所记大射仪与乡射礼相比较，由于参加射礼者的身份不同，其用物与仪节内容也不一样。其一，乡射礼的主人是卿大夫或乡大夫，宾和众宾是大夫和士，参与者还有乡学中的弟子；大射仪的主人是宰夫，而实际上的主人是国君，宾和众宾是诸公卿、大夫、士。其职官与执事是：乡射礼由司马总管射政，获者听命之，司射佐之，释获者、乐正听命于司射，还有乡学中的弟子分别听命于司马、司射和乐正，担任各项杂务；大射仪亦由司马主管射政，射人佐之。司马由司马正担任，司马师辅助，获者也叫负侯者，其首长称服不听命于司马。司射由大射正担任，小射正辅助，通称射人。释获者由太史担任，小史辅助。乐正之下有小乐正，大师之外有少师、上工等。释获者、乐正听命于司射。此外还有小臣正、小臣师、仆人正、仆人士、量人、巾车、隶仆人等为具体执事人员。小臣正为小臣之长，其副为小臣师。仆人正为仆人之长，其副为仆人师。可见大射仪与乡射礼相比，其组织系统虽然相同，但其参加者和职官执事的人数不仅较多，而且身份都比较高，礼仪的规模也比较大。其二，乡射礼所射的只有一个侯；大射仪则公、大夫、士各有一个侯，以别尊卑。其三，在用乐上，乡射礼演奏的乐章是《驺虞》；大射仪则奏《貍首》。乡射礼没有金奏，只有编磬、瑟、笙等，用鼓来节奏；大射仪则有金奏，其乐器有钟镈、磬、鼓、鼙、鼗、簜等，即所谓“天子诸侯以钟鼓，大夫士鼓而已”[①]。其四，请与告的礼节是二者最显著的不同。在乡射礼中司射、释获者的“请射”、“请释获”、“请以乐乐于宾”、告卒射、告贤获与钧等，都是面对宾的；而大射仪中司射、释获者的上述“请”和“告”，则都是面对国君的。其原因是乡射礼的宾和主人的地位是对等的，因而以尊宾为主；大射仪的实际主人是国君，宾和众宾都是其臣下，故在礼节上以尊君为主。[②]乡射礼与大射仪的这些不同，说到底也是等级制度。

另外，《礼记·射义》还记载说：“古者诸侯之射也，必先行燕礼；卿大夫、士之射也，必先行乡饮酒礼。故燕礼者，所以明君臣之义也；乡饮酒之礼者，所以明长幼之序也。”又《少仪》说：“侍射，则约矢。侍投，则拥矢。胜，则洗而以请。客亦如之。不角。不擢马。”此处的射即射礼，投即投壶。孔颖达疏曰：“此一节论卑幼奉命于尊长诸杂之仪。”[③]这些君臣之义、长幼之序和卑幼尊长之仪，

---

① （清）阮元校刻：《十三经注疏·仪礼注疏》，中华书局，1980年，第1009页。

② 参见（清）凌廷堪：《礼经释例》卷七《射例》，（清）阮元编：《清经解》，上海书店，1988年；杨宽：《“射礼”新探》，《古史新探》，中华书局，1965年，第319~320页；陈戍国：《中国礼制史》先秦卷，湖南教育出版社，2002年第2版，第371页。

③ （清）阮元校刻：《十三经注疏·礼记正义》，中华书局，1980年，第1686、1512页。

所反映的也都是等级制度。

总之，东周礼书所记不同等级的射礼，对射耦、射侯、侯道、弓、中、旌、用乐以及具体的仪节内容等，都有不同的规定，充分体现了鲜明的等级观念和优君尊长的伦理思想。射礼中严格的等级制度，其实质就是为了巩固王权、维护周代的宗法等级制度和统治者的统治秩序，即所谓“天子制之，而诸侯务焉，此天子之所以养诸侯而兵不用，诸侯自为正之具也”[①]。“射乡食飨，所以正交接也。”郑玄注曰：“射乡，大射、乡饮酒也。”孔颖达疏曰：“射，大射也。乡，乡饮酒也。食飨，飨食宾客也。凡此皆是正交接之节，不使相陵越也。”[②]这也是当时礼的共同原则和精神，关于这一点，《礼记·坊记》所载孔子的礼论说得更清楚：“君子之道，辟则坊与？坊民之所不足者也。大为之坊，民犹踰之，故君子礼以坊德，刑以坊淫，命以坊欲。”即认为礼是限制人民逾越的一种堤防。他还说：“贫而好乐，富而好礼，众而以宁者，天下其几矣。《诗》云：‘民之贪乱，宁为荼毒’，故制国不过千乘，都城不过百雉，家富不过百乘。以此坊民，诸侯犹有畔者。”[③]这些都是当时的礼制规定，也就是维护君主利益的等级堤防。正因为礼有这样的作用，古代统治阶级对礼十分重视。所以《礼记·礼运》中孔子又说：“夫礼，先王以承天之道，以治人之情，故失之者死，得之者生。《诗》曰：‘相鼠有体，人而无礼。人而无礼，胡不遄死？’是故夫礼必本于天，殽于地，列于鬼神，达于丧、祭、射、御、冠、昏、朝、聘，故圣人以礼示之，故天下国家可得而正也。”[④]这里把礼的原则提高到与天地鬼神相通，又贯彻在各种具体的礼制之间，认为只有遵循礼才能治理天下国家。“礼的重要性，在这段话中可以说表达无遗了。”[⑤]射礼虽然是西周因殷商、春秋因西周、战国因春秋而继承发展过来的，后世都有或多或少的修订损益，但维护王权和王的尊严，则是历代修礼议礼者所贯彻如一的。而象孟子的“民为贵，社稷次之，君为轻，是故得乎丘民而为天子”的民贵君轻思想[⑥]，毕竟未能成为统治者的主流思想而已。

三、东周礼书所记射礼与两周射礼的关系

关于东周礼书所记射礼与两周射礼之关系，可以用以下几个方面来总结概括之。①东周礼书所见射礼是中国古代射礼演变过程中的最后形态，即西周因于殷

① 《礼记·射义》，（清）阮元校刻：《十三经注疏·礼记正义》，中华书局，1980年，第1687页。
② （清）阮元校刻：《十三经注疏·礼记正义》，中华书局，1980年，第1529页。
③ （清）阮元校刻：《十三经注疏·礼记正义》，中华书局，1980年，第1618页。
④ （清）阮元校刻：《十三经注疏·礼记正义》，中华书局，1980年，第1414~1415页。
⑤ 李学勤著，李缙云编：《李学勤学术文化随笔》，中国青年出版社，1999年，第65页。
⑥ 《孟子·尽心下》，（清）阮元校刻：《十三经注疏·孟子注疏》，中华书局，1980年，第2774页。

商、春秋因于西周、战国因于春秋、东周礼书因于商周的最后发展形态——统一的文本形态。在此之前，还没有哪一种文献对射礼的行礼全过程和仪节内容，作出过如此详尽的记载。金文中记载射礼过程最多的是西周早期的柞伯簋和西周中期的伯唐父鼎铭文，但与东周礼书所记之射礼过程与仪节内容相比，实不及九牛一毛。②东周礼书所见射礼是对殷商、两周射礼的总结、整理与记录。除前文已列殷商、西周、春秋、战国射礼与东周礼书所记射礼相印证之诸例，如西周的司射学宫、射牲、大射、飨射、燕射、春秋战国的乡射、投壶、弋射，甚至殷商、春秋以来的贯射四矢，也继续被沿用为大射礼、乡射礼三番射每番必射四矢之礼数等，说明其除包含殷商、西周、春秋、战国时期的射礼内容外，还有三个方面最能说明该问题。一是东周礼书所记之射礼吸纳了自殷商、西周、春秋、战国以来的巫术性射礼，尤其是巫蛊诅咒偶像伤害术、射无道诸侯、不朝诸侯画像等，而成为大射礼、乡射礼、投壶礼祭侯祝辞之仪节。如《仪礼》《大射仪》、《乡射礼》的祭右个、左个和侯中，《周礼·考工记·梓人》的祭侯之礼，《大戴礼记·投壶》的祝辞即是其证。二是东周礼书吸纳了自殷商、西周早期、春秋以来的注重武功的弓矢竞射、主皮之射、贯革之射和穿札之射，而成为大射礼、乡射礼第二番射的仪节内容。《仪礼》、《大射仪》、《乡射礼》第二番射的“不贯不释”即是其显例。三是东周礼书吸纳了自西周早期以来至春秋时期的郊射、礼射、射不主皮，而成为大射礼、乡射礼第三番射的仪节内容。《仪礼》、《大射仪》、《乡射礼》第三番射的“不鼓不释”即是其明证。可以说东周礼书中的大射礼、乡射礼吸纳融合了其成书之时人所知并认为是历代各种射礼的“精华”部分。东周礼书的作者把商代以来的射礼和有关射仪综合起来，并经过一番改造后，便被统治阶级纳入到周礼的范畴之中。统治者赋予它多方面的规定性，承担着当时社会在等级身份、人际交往和伦理道德观念方面的诸多功能，这就是“三礼”中射礼所体现出来的复杂内涵的原因所在。③东周礼书所见射礼确是当时曾经实行过的礼仪。此在特点一节已经述及，这里亦不复赘述。但东周礼书也适时作了一些修订，即过时者或不宜于世者，能削则削之。宜于时势者则增入之。如把大射礼变为各级贵族所举行的大射礼，并详记诸侯大射礼的行礼过程与仪节，而把王举行的大射礼作为古之制来释射义，不再存留其仪节内容等，即是其例证。④东周礼书所见之射礼是后世举行射礼的蓝本，同时也是两周射礼的延续、传承和再发展。我国古代的射礼一直到清代，虽然是兴衰交替，但至今仍衰而未绝，实与此有着直接的关系。

本章小结

“三礼”的成书时代，以《仪礼》最早，为春秋末期。其次是《周礼》，当以战国时期为妥。再次是《礼记》，为战国至西汉时期。尽管“三礼”的成书时间较晚，有关周礼的史料大多出于春秋战国时人的编定，但其所记诸礼并不都是当时或当时才有的礼仪制度。礼本非一时一世而成，且礼本身又具有很强的保守性，“三礼”所记当包含有其成书之前的礼仪制度，其来源则更早，有些可追溯至商代，有些可溯源到西周初年，有些则产生于春秋时期。有的礼书在今传本之前亦当有初本。再加上古人修礼多有损益，早晚杂揉，以济时用。若就“三礼”中的某些仪节内容来说，可以断定它在商代、西周或春秋时期就已经形成，而就整个礼来说，由于它早晚杂揉，就不好强为之断代，说哪些礼是西周、春秋或战国时期的了。

东周礼书所见射礼有射牲礼、大射礼、宾射礼、燕射礼、乡射礼、学射、祭侯礼、生育之射仪、投壶礼和弋射等，可谓是对商周以来各种射礼的总结。在具体史料的分析上，本书认为：①“三礼”所记古者天子之制，并不全是西周的礼仪。《礼记·射义》云天子将祭必先习射于泽，而后射于射宫。而西周金文射礼场所则称名大池与射庐，也看不出大射礼是分二次进行的，这说明它与西周历史事实之间还有一定差距，并没有把西周时代的射礼原样保存下来。可见即使最有可能是西周礼仪制度的，实亦掺杂揉和了一些后世的东西。②学界对以射“兴贤者能者”、以射选士，以射选择与祭者，均深信无疑，而对“射为诸侯”、“以射选诸侯”、以射益地或削地，则颇以为难信。此等之语的确很难理解，其真正含义与机理还有待更多的材料来证明，但不宜全盘否定。③《仪礼·大射仪》所述内容，当是春秋末年至战国时期列国诸侯的大射礼，没有述及天子的大射礼。《周礼·春官·车仆》所说大射共三乏，必对三侯六耦，《夏官·大司马》的大射合六耦，必对三侯三乏，此皆天子之制，为王举行的大射礼。据《天官·司裘》所载，用虎熊豹麋皮饰侯侧是大射之侯，不仅王有大射礼，诸侯、卿大夫也均有大射礼。而天子的将祭择士之大射礼，又由习射于泽和射于射宫两部分组成。按《夏官·司弓矢》及郑玄注贾公彦疏，所谓习射于泽，即试武之射，是对射者武功的检验。射于射宫即礼射，当是对射者容体、乐节的考察。这说明古代天子的将祭择士之射，所选拔的与祭者都是文武双全之人。④从《周礼·春官·视瞭》、《镈师》、《典庸器》、《考工记·梓人》、《夏官·小臣》、《射人》及《小司马》，知王、诸侯、孤、卿、大夫、士皆有宾射礼，五彩侯是宾射之侯。诸侯朝聘既有王与诸侯来朝者射，也有王不参加而还使卿大夫与诸侯卿大夫来聘者射这种规格较低的宾射礼。⑤由《仪礼·燕礼》、《周礼·考工记·梓人》知燕射如乡射之礼，兽侯是燕射之侯。而《春官·乐师》及《夏官·司弓矢》则说明射夫以弓矢舞是燕射之仪节，并夹为燕射取矢之具，此不仅可补《仪礼·大射仪》和《乡射礼》之不足，也有助于对战国青铜器人物画像纹射礼图案的正确理解。⑥由《仪礼·乡射礼》、《周礼·地官·州长》、《乡大夫》、《礼记·王制》，知乡射礼是乡大夫或州长每年春秋两季在州学序中主持举行的射礼，或三年大比为选贤能、或为感化不帅教者在乡学庠中举行的射礼。⑦从祭侯辞和《大戴礼记》投壶祝辞，知祭侯是对巫蛊伤害术和巫术性射礼的吸纳融合，在《仪礼》中它是大射仪和乡射礼的一个仪节，《周礼·考工记·梓人》则称其为祭侯之礼，说明它在射礼仪节中还是一项比较重要的内容。⑧从《诗·大雅·行苇》所记西周大射礼用穿透力极强的镞矢，到《周礼·夏官·司弓矢》所说的礼射及习射用最轻的恒矢、痺矢，这正是射礼由西周早期的注重贯穿与武功，到春秋战国时期注重礼仪的射不主皮这一演变在弓箭上的反映。⑨东周礼书所记乡射礼、大射仪等射礼，尽管仪节内容烦琐复杂，但鉴于东周礼书所记之侯、植、旌、乏、耦射、搢三挟一、三耦射一侯、四耦射二侯、获者执旌倚于侯或去侯偃旌、释获者执筭以释获等，多能被青铜器人物画像纹射礼图案所印证，而射礼画像图案所展示的规模场面、礼节内容和人物仪容，也能与东周礼书记载的射者仪表端庄、威仪棣棣、从容不迫的高贵姿态和对人格美的强烈追求，以及时人亲眼所见或亲身体会的盛容饰，繁登降之礼、趋详之节，聘射至极繁大之礼，质明而始行事，日暮而后礼成，非强有力者弗能行的感触相吻合，说明这些射礼确是当时真正实行过的礼仪制度。

东周礼书所见射礼的特点有五个。①射礼礼制文本化。“三礼”成书，标志着中国古代射礼已进入到文本化发展阶段。射礼的礼仪制度用文字记载下来，便形成了统一固定的文本。它一方面使行礼议礼的人有了可以遵行的经典蓝本和可资参照的文献依据，另一方面也使射礼礼制的传承得以跨越时空限制而极大地传播开来。同时统一固定的文本也使射礼更加形式化。②射礼礼仪复杂化。东周礼书所记射礼无论种类或规模大小，其组织形式都完全程序化、仪式化，仪节内容都十分烦琐复杂，计大射仪有 54 项，乡射礼有 55 项，投壶礼有 16 项。燕礼的第 29 个仪节为燕射，且明言若射如乡射之礼，那仪节内容就更多了。本为射礼仪节的祭侯礼，其具体仪节又有十项左右。就是国君世子出生所举行的射仪，前后也有 12 项仪节内容，足见东周礼书所记射礼礼仪之繁杂。③射礼射义儒家思想化。儒家反对暴力征伐，极力削弱射礼崇尚武功的一面，对射礼射义重新进行改造与阐发，从而在东周礼书所记射礼中，也羼和了一些儒家的思想意识和观念，为射礼赋予了新的含义。孔子射于矍相之圃、子路和公罔之裘的延射诫众之语，即是早期儒家思想在射礼中的贯彻与体现。从孔子的“射不主皮，为力不同科”、“射有似乎君子，失诸正鹄，反求诸其身，循声而发，发而不失正鹄者，其唯贤者乎”，到《礼记・射义》的射者仁之道、射者所以观盛德，诸侯之射必先行燕礼，卿大夫、士之射必先行乡饮酒礼，诸侯君臣尽志于射以习礼乐，而未有流亡者。这就把射义射道与儒家的选贤、德行观、仁之道、中庸之道、君臣之义、孝弟之行、长幼之序、理想社会联系起来了，可见儒家思想观念在东周礼书所记射礼中确是比较突出的。④射礼选拔人才和进爵益地或削地的目的十分突显。东周礼书所记大射礼、乡射礼本身都带有勉励和选拔人才的目的。从《礼记・射义》的射为诸侯，天子之大射，射中则得为诸侯，射不中则不得为诸侯，天子以射选诸侯、卿大夫、士，以射选与祭者，得与祭者进爵益地，不得与祭者削地，《周礼・地官・乡大夫》、《州长》、《大司徒》的以射兴贤者能者来看，东周礼书关于以射礼选拔人才和进爵益地或削地的记载是十分明确的。所谓贤者即具备六德六行之人，能者即具有六艺之人。这些内容射者都要在询众庶和乡射礼的隆重场合考校射艺时表现出来，以选拔符合统治者人才标准的贤者和能者。⑤射礼树立和观察德行的目的也非常突出。东周礼书所记射礼贯穿了道德礼仪观念和规则。由《礼记・射义》的射可以观德行，射者所以观盛德，以立德行者莫若射，知东周礼书所记射礼是与德行教化、君子人格的培养紧密结合的，《礼记》关于射礼可以用来树立德行、通过射礼可以观察射者德行的记载也是十分明确的。就本质上来讲东周礼书所记射礼实是一种内在的道德实践，它既有道德的教化，礼乐的熏陶，心志的修养，又有技艺的锤炼，竞争的引导，贤能的举拔，已形成为具有数千年华夏礼乐文明内涵的射道。从西周长由盉铭文的邢伯氏彌不奸、《诗・大雅・行苇》的序宾以贤、孔子的不肖之人则彼将安能以中？到东周礼书的射可以观德行，可谓是一以贯之。

东周礼书所见射礼还体现了严格的等级差别和等级制度。据东周礼书记载，不同身份的贵族，具有不同种类的射礼。不同等级、不同种类的射礼，在匹耦与耦数、侯制与侯数、侯道长度与弓矢强度、乐章与乐节、用中与用旌、比射规则与判定标准以及具体的仪节内容等方面，都有不同的规定，从天子、畿内诸侯、畿外诸侯到孤卿大夫、士都各有等差，充分体现了身份地位的等级差别和君臣之义、长幼之序、优待国君、尊卑有别的人际关系，反映了鲜明的等级观念和严格的宗法等级制度，其实质就是为了维护王的威严、权力和统治秩序。

东周礼书所记射礼与前述殷商、西周、春秋、战国时期的射礼相比，有许多相同之处，尤其是春秋战国时期的射礼与之吻合者最多。东周礼书所记射礼与西周射礼相比，其差别是西周金文中的射礼有奖赏制度，既奖赏教官，也奖赏竞射的优胜者，而东周礼书所见射礼则只饮不胜者罚酒。西周时期的大射礼，都是周天子举行的，即周天子亲自主持或亲自参加的，不见诸侯、卿大夫举行的大射礼，而东周礼书所记自王至诸侯、卿大夫各级贵族都有大射礼。其最大的不同之处是东周礼书所记射礼以射选诸侯、卿大夫、士和进爵益地或绌地之事十分突显，而西周金文则几乎不见这类事情。这些异同反映了东周礼书所记射礼对商周射礼的继承与损益。

东周礼书所记射礼与两周射礼的关系可归纳为以下几点。①东周礼书所见射礼是两周射礼演变过程中的最后形态，即统一固定的文本形态。②东周礼书所见射礼是对殷商、两周射礼的总结、整理与记录。它除了直接承袭殷商、西周、春秋、战国时期的射礼内容外，还吸纳了自殷商、西周、春秋、战国以来的巫术性射礼，尤其是巫蛊诅咒偶像伤害术、射无道诸侯与不朝诸侯画像等，而成为大射礼、乡射礼、投壶礼祝辞之仪节；吸纳了自殷商、西周早期、春秋以来的注重武功的弓矢竞射、主皮之射、贯革之射和穿札之射，而成为大射礼、乡射礼第二番射的仪节内容；吸纳了自西周早期以来至春秋时期的郊射、礼射、射不主皮，而成为大射礼、乡射礼第三番射的仪节内容，从而使东周礼书所记射礼有了更多的功能和复杂内涵。③东周礼书的作者也适时对两周射礼作了一些修订取舍，把大射礼变为各级贵族均可举行的射礼，并详记诸侯大射礼的行礼过程与仪节，而把王举行的大射礼作为古制来释射义，不再存留其仪节内容，以迎合时势。④东周礼书所记射礼是两周射礼的延续、传承和再发展。

第六章 两周射礼所反映的社会制度的变革及其历史作用

射礼属于上层建筑，是两周时代非常重要的礼仪，在各种礼仪中，以射礼最盛，威仪最多，它与当时社会的许多制度都有联系，并与多种典礼相伴随，与宗教巫术相结合，是贵族统治阶级政治社会生活中使用频率最多的礼仪之一，不仅对当时社会有着重要的历史作用，而且对后世社会也具有深远的影响。

第一节 两周射礼所反映的社会等级结构与社会制度的变革

两周射礼史料中包含有政治制度、礼仪制度、人才选拔制度和社会变革的一些内容与信息，学术价值非常重要，但过去的研究对此不甚重视。本节试就两周射礼所反映的社会等级结构、社会制度及社会变革等问题作专门的考察分析。

一、两周射礼所反映的社会等级结构

西周实行分封制和宗法制产生了各级贵族和大宗小宗与宗族，实行嫡长子继承爵职的世袭制又产生了世官世禄的世族贵族，即世代占有封土、私邑及其民人的贵族家族，周天子是大宗，其所封同姓兄弟和族人为诸侯是小宗，诸侯爵位由嫡长子嗣承，余子则受封采邑为卿、大夫，卿、大夫爵职亦传给嫡长子，余子则受封食田、禄田而形成士的爵职，诸侯相对于卿大夫、卿大夫相对于士亦为大宗，卿大夫相对于诸侯、士相对于卿大夫则为小子，“层层封赐的制度不仅形成了土地占有的等级结构，而且更以之为基础造成了贵族间政治上的等级隶属关系”[①]。周代社会结构主要就是由这些等级和宗族家庭构成的。关于周代的社会等级结构，文献多有记载，如《左传》桓公二年晋国大夫师服说：“吾闻国家之立也，本大而末小，是以能固。故天子建国，诸侯立家，卿置侧室，大夫有贰宗，士有隶子弟，

① 冯尔康主编：《中国社会结构的演变》，河南人民出版社，1994 年，第 257 页。

庶人、工、商各有分亲，皆有等衰。是以民服事其上，而下无觊覦。”[①]襄公九年楚子囊说晋国的情况是：“其卿让于善，其大夫不失守，其士竞于教，其庶人力于农穑，商、工、皂、隶不知迁业。”[②]襄公十四年晋国师旷说：“是故天子有公，诸侯有卿，卿置侧室，大夫有贰宗，士有朋友，庶人、工、商、皂、隶、牧、圉皆有亲暱，以相辅佐也。”[③]昭公七年楚国大夫芋尹无宇对楚灵王说：“天子经略，诸侯正封，古之制也。封略之内，何非君土？食土之毛，谁非君臣……天有十日，人有十等，下所以事上，上所以共神也。故王臣公，公臣大夫、大夫臣士，士臣皂，皂臣舆。舆臣隶，隶臣僚，僚臣仆，仆臣台。马有圉，牛有牧，以待百事。”[④]哀公二年晋国赵简子誓曰：“克敌者，上大夫受县，下大夫受郡，士田十万，庶人、工、商遂，人臣、隶、圉免。”[⑤]《国语·晋语四》说晋文公之时的社会秩序是：“公食贡，大夫食邑，士食田，庶人食力，工商食官，皂隶食职，官宰食加。政平民阜，财用不匮。”[⑥]以上描述大致概括了西周至春秋时期社会等级结构的状况。由此看来，士以上皆属贵族，天子、诸侯（公）、卿、大夫（包括上大夫、下大夫）、士是依次排列的贵族阶级的几个等级。从诸侯到卿、大夫、士，是分封制和宗法制下的各级管理者，他们占有领地人民的劳动果实，是特权贵族。由于诸侯亦可兼为王室官员，卿大夫在诸侯国任要职，士可以出任武官、王宫及基层执事官、卿大夫的邑宰家臣，故他们既是封爵贵族，又是官僚贵族。“在政治经济诸种权力集合体的结构上，诸侯处高位，是一个等级，卿、大夫是又一个等级，士处在特权等级的最低层，也就是说在贵族阶层里有三个集团，或三个等级，即诸侯贵族，卿大夫贵族，士贵族。”[⑦]若加上处于最高地位的周天子，整个周人贵族实为四个等级。而东周礼书所记射礼的等级制度反映的等级结构是天子（王），畿外诸侯、畿内诸侯，孤、卿、大夫，士，与上述社会等级结构的贵族身份和等级划分基本一致，唯射礼之等级分的更细而已。综合射耦、侯制、侯道、用弓、用中、用旌、用乐及各项射仪的评判标准等方面的具体规定来看，周天子为第一等级，是最大特权的拥有者。诸侯为第二等级，是较大特权的拥有者和最大特权的替代者，尽管为平衡而畿外诸侯与畿内诸侯的耦数与侯数各有隆杀，但就总体情况而言，他们仍属于一个等级。孤、卿、大夫为第三等级。士为第四等级。到春秋末期至战国时期诸侯僭越天子礼制后，依《仪礼·大射仪》、《乡射礼》记载，此时射礼的等级结构就演变为诸侯（公、君）、大夫、

① （清）阮元校刻：《十三经注疏·春秋左传正义》，中华书局，1980年，第1744页。
② （清）阮元校刻：《十三经注疏·春秋左传正义》，中华书局，1980年，第1942页。
③ （清）阮元校刻：《十三经注疏·春秋左传正义》，中华书局，1980年，第1958页。
④ （清）阮元校刻：《十三经注疏·春秋左传正义》，中华书局，1980年，第2047~2048页。
⑤ （清）阮元校刻：《十三经注疏·春秋左传正义》，中华书局，1980年，第2156页。
⑥ 李维琦点校：《国语·战国策》，岳麓书社，2006年第2版，第85页。
⑦ 冯尔康主编：《中国社会结构的演变》，河南人民出版社，1994年，第19、263、21、22页。

士三个等级了。

二、两周射礼所反映的社会制度

两周射礼在一定程度上也反映了当时的一些社会制度。根据大量文献与文物考古资料，并综合史学研究的最新成果说明，西周实行分封制和宗法制的贵族分权制度，周天子虽然没有直接管理全国人民和征收赋税的权力，不能像严格意义上的专制主义中央集权制度那样保证他在全国实施政治、军事、经济的统治权，但他分封诸侯，拥有王畿的土地、人民和武装以及祭祀王室宗庙的权力，是姬姓大宗主，以宗子的地位巩固他对同姓诸侯的统治权①，是异姓诸侯的盟主，名义上的全国土地、臣民的主人，以天下共主的地位号令诸侯，讨伐不庭，即所谓的礼乐征伐自天子出，并时常外出巡视，举行射礼，宣扬武功，以威慑方国首领或考察诸侯邦君是否忠顺。而射礼金文柞伯簋铭周王称参加竞射的王多士和王臣为“小子、小臣”，鄂侯驭方鼎铭周王在南征返回途中与驭方进行的燕射礼，以及长由盉铭的“井伯氏彌不奸”等所包含的信息，对以上所说的诸方面均有体现；受封诸侯对周天子则有朝觐纳贡、派遣子弟和军队守卫王宫或奉王命出征以及向周王举荐贤能之士的责任与义务。周王待之以射礼以乐宾，射礼金文麦方尊铭的“侯见于宗周”和周王为他举行的宾射礼，即其例证。或试之于射宫，并以射来选择助祭者，奖励优胜者，柞伯簋铭、义盉盖铭所记之大射礼等，反映的即是这种人才选拔制度；西周早期，周人在武装征服的同时，还进行大规模的移民，这就加速了原集居于西土的周人与东方的商人以及其他被征服地的土著民族间的融合。在周人贵族所辖封土内，少数周人统治着多数土著居民，此种局面使周人必须保持一定的武装以为震慑力量，于是周人家族成员中的男子绝大多数成为武士，并因而领有贵族身份。②同时基于这种形势，无论王家族人或其他贵族家族都特别注意内部的团结向心和兄弟骨肉的友爱，周王经常与族人宴飨竞射，用以敦睦宗族情谊，增强族人的射技武功与凝聚力，《诗·大雅·行苇》所记就是缘此而举行的大射礼。到西周晚期周人贵族的这种过于强调兄弟骨肉情谊的宴会比射，则逐渐沉迷于酗酒，终于演变成骄逸放纵、饮酒无度、失礼败德的混乱场面，《诗·小雅·宾之初筵》反映的即是此时西周贵族燕射礼之情形；周人是一个农耕民族，统治者非常重视农业生产，并按时举行各种礼典，以鼓励民众勤劳耕作，不误农时，令鼎铭文所记即是周王藉田礼后因饮宴而举行的燕射礼，射毕又行竞走之事；西周统治者也非常重视祭祀，以祈求神灵保佑平安，伯唐父鼎铭文所记即是为此而举行的射牲礼；西周统治者还非常重视贵族子弟的射礼技能教育，并形成了一套完

① 冯尔康主编：《中国社会结构的演变》，河南人民出版社，1994年，第17、19页。
② 冯尔康主编：《中国社会结构的演变》，河南人民出版社，1994年，第290页。

整的教育制度，静簋铭所记即是静司射学宫、贵族子弟学射之事和周王实地考验其教学效能之视学制度。

三、两周射礼所反映的社会变革

两周射礼的发展变化，在一定程度上还反映了当时的社会形态与社会变革。西周时期的大射礼，都是周天子举行的，即周天子亲自主持或亲自参加竞射、由诸侯邦君卿射的，不见诸侯国君举行的大射礼，这正是西周实行分封制、宗法制，为宗主国，周王为盟主的反映，周王的大射礼就是在这种天下共主的举国体制的社会背景下举行的。而共王前后由宗周水射向成周陆射之变化，则反映了西周政治中心的转移。幽王时燕射场合出现的侮慢礼现象，则说明以礼治国的周朝统治已开始动摇；西周是早期封建社会，等级制度是社会生活的准则，但封建制与世官世禄世族制终将导致受封者势力之膨胀和朝廷当政者政局之失控。建立在等级之上的贵族分权制度，等级之间也必然要产生矛盾斗争，而等级斗争又总是以下犯上为表现形式的，自春秋开始，诸侯、卿大夫崛起，分别对天子、诸侯展开进攻，诸侯、卿大夫之间的竞争日益激烈，并带动下层等级的反抗运动，促使等级、宗族内部矛盾加剧，具有独立经济、军队和封地的诸侯、卿大夫，纷纷冲破层层隶属关系的束缚，破坏分封制和宗法制度，而春秋以来周王地位的衰落，也无力阻挡这种破坏力量来维护分封格局和宗法等级秩序，诸侯对卿大夫也没法维持传统的宗法关系。春秋中后期周天子已降到小诸侯的地位，洛邑王畿的范围和军队的编制不及西周时的一半，作为天下盟主的周天子已名存实亡，与诸侯的主从关系实际上也不复存在，完全失去了对诸侯的控制权，反而受大国霸侯的召唤与欺凌，天子的权威已丧失殆尽。与此同时则诸侯造反、相互吞并，卿大夫夺权，国人暴动，百工抗命，农人不满，社会上已开始出现乱礼坏乐、以下犯上的形势。[①]而春秋以后，无论文献或是金文，均不见周天子举行的大射礼，也不见周天子举行的其他射礼，甚至都城的宣榭也因王室射礼荒疏懈于管理而遭人焚毁，这正是王室衰微，周天子权威扫地，已无能力举行大射礼的反映。东周礼书所记诸侯、卿大夫都有大射礼，并设专篇记载了诸侯大射礼的行礼全过程与仪节内容，而王一级的大射礼大都是被作为古者之制来解释射礼之义的，这正是社会政治重心由王朝转向列国，旧的礼乐制度土崩瓦解，各级贵族率相僭越，并成为既成事实而最终被认可为新礼制的反映。大概到东周礼书成书之时，天下共主与举国体制的社会背景早已不存在，王级的大射礼已经过时，所以才只保留了宜于时世的诸侯级大射礼的详细内容。春秋时期诸侯国公室射礼也日渐荒疏，公臣连三耦都凑不

① 冯尔康主编：《中国社会结构的演变》，河南人民出版社，1994年，第17、34、36页。

齐，这正是公室卑微，材能之士多在私门，国君权力旁落，陪臣执国政，家臣飞扬跋扈、僭越礼制的反映。山东长岛出土的宴舞狩猎射侯纹鎏金铜鉴残片和人物画像纹投壶图案提梁壶，则是田氏代齐、迁齐康公于海上的物证和此时齐国王室贵族海岛现实生活的写照。而春秋礼射的衰落，投壶礼的出现和流行，享射和燕射被投壶礼所取代，这与春秋以来青铜礼器胎体杂质增多、越造越轻薄的现象一样，都是世族贵族日趋颓废和没落、等级结构新陈交替、社会形态剧烈变更的反映，它预示着殷商、西周、春秋时期一直沿袭的贵族政治体制和封建宗主国家形态行将发生深刻的社会变革；战国时期，列国旧式的封建制与世官世禄制被废除，随着世族贵族与传统政治等级结构的衰亡，以分封制与世官世禄制为基础的国家政体逐渐为君主集权政治所取代。官僚地主、军功地主和事功地主迅速壮大，自春秋中晚期始出现的新兴地主阶级，此时已代替旧式的封建贵族而成为占统治地位的阶级和新型的君主集权制国家的社会支柱。早在春秋中后期，士就已经改变了以武士为主要职业的状况，向着从事文职高官的方向发展而成为新型士人阶层，但战国之前，士均排在大夫之后。到战国中期以后，士人知识分子便与官僚胶着为一体。由于士的地位急骤上升，便排在了大夫的前头，出现了“士大夫”的说法，这表明随着官僚制度的兴起，士已进入官僚阶层的中上层，成为新型官僚集团的主要成分和新政权的社会力量。[①]而战国时期射侯的形制与张挂方法多种多样，这正是列国集权政治的反映。青铜器人物画像纹所描绘的乡射礼使用金奏之乐，圻内诸侯举行的大射礼射耦均由小臣授弓矢，随葬射礼画像纹青铜礼器的墓内同出有仿铜陶礼器，因军功发迹的新兴地主墓葬中随葬嵌错纹射礼图案的铜壶且只有一件，相当于大夫一级和下大夫墓葬中随葬錾刻有四耦二旌射礼画像的铜礼器等，这些不合礼法的做法，只能是僭越乱礼的结果，在严格的礼制规定下是绝对不允许的，它从一个方面反映了传统礼乐制度的解体，礼崩乐坏的局面已经全面形成。而新兴地主阶级行射礼，则正是世族贵族衰败、新兴地主阶级已经登上政治舞台的反映。而淳于髡与齐威王的论投壶饮酒，则是士人地位上升的反映。可见两周射礼的发展变化，的确是与当时社会历史的发展情况相一致的。

第二节　两周射礼的历史作用与影响

两周射礼具有重要的历史作用，在前面所论内容中，我们已从微观上对各个阶段射礼的性质、功能与作用作过分析，属于就时论事，现拟从宏观上对两周射礼的历史作用与影响作一考察总结。

① 刘泽华主编：《士人与社会》先秦卷，天津人民出版社，1988年，第85、115~118、192~193、217页。

一、两周射礼的历史作用及对后世的影响

其一，本书认为两周射礼在中国古代射礼发展史上起有承上启下的作用。所谓“承上”就是继承了五帝时代至殷商时期的射礼，如两周时期的巫术性射礼、射牲牢、射侯、射于泽和射鱼礼即因袭于五帝时代和殷商。所谓“启下”就是东周礼书使射礼形成了统一的文本，并统一了侯制，把战国以来的五型七式射侯，统一为皮侯、兽侯、五采之侯三大类，即“大射张皮侯，宾射张五采之侯，燕射张兽侯”①，成为后世历代习射礼和举行射礼的模式、蓝本和经典文献依据，对传承射礼礼仪制度起有非常重要的作用。

其二，两周射礼对后世射礼及社会生活具有深远的影响。秦汉及其以后各代射礼虽有中衰，但亦代有兴者。如祭祀礼典中的射牲礼仪，在殷商时代就已经有了，然而到汉代时人则不知其具体礼仪了，于是只好据《周礼》等记载复原之。“《史记·封禅书》云：‘上与公卿诸生议封禅，封禅用希，旷绝，莫知其仪礼，而群儒采封禅《尚书》、《周官·王制》之望祀射牛事。’”据此，“知汉世尚行此礼矣”②。自西汉文帝时期“诸儒始得修其经学，讲习大射乡饮之礼”③之后，汉朝基本恢复了射礼。成帝“鸿嘉二年三月，博士行大射礼”④。地方郡国学校也讲习射礼，如韩延寿为东郡太守，“修治学官，春秋乡射，陈钟鼓管弦，盛升降揖让。及都事讲武，设斧钺旗旌，习射御之事”⑤。河间献王修兴雅乐，“董仲舒等皆以为音中正雅，立之太乐。春秋乡射，作于学官”⑥。当时在宫中为皇帝建有专门习射的场所，“未央宫有典台殿，天子射宫也”⑦。皇帝行大射礼则在明堂辟雍，如王莽篡汉后即“祀上帝于南郊，迎春于东郊，行大射礼于明堂，养三老五更，成礼而去”⑧。《后汉书·明帝纪》曰：“（永平二年）三月，临辟雍，初行大射礼。”注曰：“《仪礼》（曰）大射之礼，王将祭，射宫择士以助祭也。张虎侯、熊侯、豹侯，其制若今之射的矣。谓之为侯者，天子射中之，可以服诸侯也。天子侯中一丈八尺，画以云气焉。王以六耦射三侯，乐以《驺虞》九节；诸侯以四耦射二侯，乐以《貍首》七节；孤卿、大夫以三耦射一侯，乐以《采蘋》五节；士以二耦射豻侯，乐以《采蘩》三节。”⑨又《礼仪上》曰：“明帝永平二年三月，上始帅群臣

---

① 《仪礼·乡射礼》郑玄注，（清）阮元校刻：《十三经注疏·仪礼注疏》，中华书局，1980年，第1011页。
② 杨树达：《卜辞琐记》，收杨树达文集之五《积微居甲文说、卜辞琐记、耐林庼甲文说、卜辞求义》合订本，上海古籍出版社，1986年，第4页。
③ （汉）班固撰，（唐）颜师古注：《汉书·儒林传》，中华书局，1962年，第3592页。
④ （汉）班固撰，（唐）颜师古注：《汉书·五行志中之下》，中华书局，1962年，第1417页。
⑤ （汉）班固撰，（唐）颜师古注：《汉书·韩延寿传》，中华书局，1962年，第3211页。
⑥ （汉）班固撰，（唐）颜师古注：《汉书·礼乐志第二》，中华书局，1962年，第1071~1072页。
⑦ （宋）洪适：《隶释》，中华书局，1986年。
⑧ （汉）班固撰，（唐）颜师古注：《汉书·王莽传》，中华书局，1962年，第4082页。
⑨ （南朝宋）范晔撰，（唐）李贤等注：《后汉书》，中华书局，1965年，第102页及注[一]。

躬养三老五更于辟雍。行大射之礼。郡、县、道行乡饮酒于学校，皆祀圣师周公、孔子，牲以犬。”服虔、应劭注曰：“汉家郡县飨射祭祀，皆假士礼而行之。”[①]顺帝阳嘉元年三月，“庚寅，帝临辟雍飨射”[②]。知大射礼乡射礼经西汉末年之战乱，到东汉明帝时又得以恢复，而且汉代郡县所行射礼仍然是依照周朝士阶层的礼制来实行的。《周礼·夏官·射人》郑玄注曰：“烝尝之礼有射豕者。《国语》曰：‘禘郊之事，天子必自射其牲。’今立秋有貙刘。”[③]《后汉书·礼仪志中·貙刘》云：“立秋之日，自（白）郊礼毕，始扬威武，斩牲于郊东门，以荐陵庙。其仪：乘舆御戎路，白马朱鬣，躬执弩射牲。牲以鹿麛……武官肄兵，习战阵之仪、斩牲之礼，名曰貙刘。”又《祭祀志中·北郊》云：“立秋之日，迎秋于西郊，祭白帝蓐收。车旗服饰皆白……天子入囿射牲，以祭宗庙，名曰貙刘。”[④]其性质与周代的射牲礼相近，说明两汉时期射牲礼又以变异的形式重新出现。汉朝还设有弋射官，《汉书·百官公卿表上》曰：“武帝太初元年更名……左弋为佽飞……佽飞掌弋射，有九丞两尉。”又《宣帝纪》曰：“西羌反……及应募佽飞射士。”臣瓒曰：佽飞“本秦左弋官也，武帝改曰佽飞官，有一令九丞，在上林苑中结矰缴以弋凫雁，岁万头，以供祀宗庙”。许慎曰：“佽便利也，便利矰缴，以弋凫雁，故曰佽飞，《诗》曰‘决拾既佽’者也。”师古曰：“取古勇力人以名官，熊渠之类是也，亦因取其便利轻疾差飞，故号佽飞，弋凫雁事自使佽飞为之，非取飞鸟为名，瓒说失之。”[⑤]可见西汉王朝仍保持着周代苑囿弋射的传统做法。汉代军射也很盛行，并设有负责训练士卒习射的教练。如大将军李广在军训时，常以射中箭靶的多少来决定胜负，负者要罚酒。《汉书·李广传》曰：“（李广）与人居，则画地为军阵，射阔狭以饮。专以射为戏。”如淳注曰：“为戏求疏密，持酒以饮不胜者也。”[⑥]《汉书艺文志条理》曰：“护军之属有射师。”[⑦]李陵因善骑射，曾任都尉，“教射酒泉、张掖以备胡”[⑧]。两汉时军中还别有一套秋射之法，如居延汉简中就有反映边郡秋射制度以及记录士卒试射成绩和按射箭比赛成绩决定士卒劳绩的内容（居延四五·二三简）。东晋成康时庾亮曾依据礼经制定乡射之礼。[⑨]及至南齐[⑩]、北魏[⑪]、

① （南朝宋）范晔撰，（唐）李贤等注：《后汉书·礼仪上》，中华书局，1965年，第3108页及注[三]。
② （南朝宋）范晔撰，（唐）李贤等注：《后汉书·顺帝纪》，中华书局，1965年，第260页。
③ （清）阮元校刻：《十三经注疏·周礼注疏》，中华书局，1980年，第846页。
④ （南朝宋）范晔撰，（唐）李贤等注：《后汉书》，中华书局，1965年，第3123、3182页。
⑤ （汉）班固撰，（唐）颜师古注：《汉书》，中华书局，1962年，第731~732、260页及注[二]。
⑥ （汉）班固撰，（唐）颜师古注：《汉书》，中华书局，1962年，第2447页及注[四]。
⑦ （清）姚振宗：《汉书艺文志条理》，收《二十五史补编》第2册，中华书局，1955年。
⑧ （汉）班固撰，（唐）颜师古注：《汉书·李陵传》，中华书局，1962年，第2451页。
⑨ 姜楠：《“射礼”源流考》，《天津师大学报》1993年第6期。
⑩ （梁）萧子显：《南齐书·礼志》，中华书局，1972年。
⑪ （北齐）魏收：《魏书·孝文帝本纪》，中华书局，1974年。

北齐[①]、北周等政权[②]，射礼于史籍中仍屡见记载，当时每年三月三日行小射，季秋行大射，均在“射所”举行。而且汉魏时期的匈奴、鲜卑族还盛行一种古老的传统射箭习武活动“射柳”[③]，北朝时期射柳更为流行。[④]到唐代射礼基本上依照礼经在射宫举行，每年三月三、九月九两次，但必由皇帝初射，且群臣射中者有赏赐。据前引《汉书》注，知当时射侯又称之为射的，并且军中尤为盛行骑射和步射。[⑤]北宋大体沿用唐制。明太祖也极为注重射礼，曾于洪武三年举行大射礼，并下令太学及郡县学生皆应习射。一直到清代射礼仍被统治者列为当朝礼典，在大阅及秋狝时举行。康熙帝阅兵南苑时，就曾亲射五矢，箭箭中的。[⑥]甚至民国时期有的地方还在举行射礼，即使现代，江西、广西、贵州、云南、西藏等省（自治区）的一些地方还在举行类似射礼的射箭比赛活动，如藏族人在每年的祭敖包比武大会上，也有射箭比赛，其侯靶为圆形，悬挂在类似于足球、手球门框的横梁上，射中后圆圈中的侯靶便会脱落到地上。今天居住在广西壮族自治区大化瑶族自治县的布奴瑶族每年都举行一次铜鼓舞比赛，赛前要进行射弩比赛，男女青年参加，射击对象是放在小木桩上的苹果。在历史上射礼也不断翻新，出现了不少新花样，如唐代的射鸭[⑦]、射贴[⑧]，即悬贴为靶，以射中为胜等。从射礼衍生而来的投壶礼，在汉魏、两晋、唐宋，乃至明清都是甚受人们喜欢的大众娱乐游戏。它作为一种文化积淀，长期被人们所秉承传续，直到1926年，孙传芳还曾复兴投壶之礼，同年在北京社稷坛即今中山公园的东区原址重建了投壶亭[⑨]，显示出中国礼乐文化顽强的生命力。由于儒学长期在封建社会占据着统治地位，而记载射礼的“三礼”又被儒家学派奉为经典，因此射礼随着儒学的尊崇而影响着社会，其中有些射义至今仍被人们用作日常行为的准则，可见两周射礼对后世射礼及社会

---

① （唐）魏征等：《隋书》，中华书局，1973年，第165、166页。

② （唐）令狐德棻：《周书》，中华书局，1971年，第64、67、83页。

③ 详见（汉）班固撰，（唐）颜师古注：《汉书·匈奴传》，中华书局，1962年，第3752页及注[一]；莫高窟北魏428窟《萨埵那练靶图》。

④ 如《周大将军司马裔神道碑》曰：“藏松宝剑，射柳琱弓。”（（北周）庾信撰，（清）倪璠注，许逸民校点：《庾子山集注》卷13，中华书局，1980年）

⑤ 如唐太宗李世民就曾于武德九年“丁未，引诸卫骑兵统将等习射于显德殿庭，谓将军已下曰：‘自古突厥与中国，更有盛衰……我今不使汝等穿池筑苑，造诸淫费，农民恣令逸乐，兵士唯习弓马，庶使汝斗战，亦望汝前无横敌。’于是每日引数百人于殿前教射，帝亲自临试，射中者随赏弓刀、布帛”（（后晋）刘昫等：《旧唐书·本纪第二·太宗上》，中华书局，1975年，第30页）；又如唐人王琚的《射经》中还专列有总诀、步射总法、马射总法和持弓审固等节（《中华杂经集成》第1卷，中国社会科学出版社，1994年。又见（明）陶宗仪辑：《说郛》，中国书店，1986年影印）；亦可详见莫高窟唐130窟的骑射图，156窟的《张仪潮统军出行图》、《宋国河内郡夫人宋氏出行图》，晚唐12窟的作战图等。

⑥ 姜楠：《“射礼”源流考》，《天津师大学报》1993年第6期。

⑦ 如《新五代史·唐庄宗纪下》云：“（同光三年二月）乙酉，射鸭于郭泊。”（（宋）欧阳修撰：《新五代史》，中华书局，1974年）唐王建：《御猎》诗曰：“新教内人唯射鸭，长随天子苑东游。”（（清）彭定求等编：《全唐诗》卷301，中州古籍出版社，1996年，第1848页）

⑧ 如《新唐书·孙伏伽传》曰：“帝数出骑射，伏伽谏曰：‘……比闻陛下走马射贴，娱悦群臣，殆非所以导养圣躬，垂宪后代’。”（（宋）欧阳修、宋祁等撰：《新唐书》卷103，中华书局，1975年）

⑨ 李小成：《投壶考》，《江汉论坛》2005年第4期。

生活之影响是相当深远的。

其三，两周射礼对树立周天子的绝对权威，协调人心，安定社会有一定的作用，它维护了王权至高无上的地位和周王朝的统治秩序。在统治者内部，射礼可以防止和调和矛盾；而对社会下层和异族邦国来说，射礼既有慑服之威，又有收罗人心之用。周天子经常在都城或出行途中的临时驻地与族人、诸侯邦君举行射礼，这不仅笼络了人心，加强了感情，使族人更加团结向心，而且也给异族邦君首领以威慑，使之不敢轻举妄动，老老实实地履行臣属国的责任和义务，正如《礼记·昏义》所说的："夫礼始于冠，本于昏，重于丧、祭，尊于朝、聘，和于射、乡，此礼之大体也。"①

其四，两周射礼对开展大规模的竞技活动起过推动作用，促进了军体训练的程式化，对提高民众的习武意识和射技水平、将士的弓射技能和战斗力，特别是车战的战斗力有一定的作用。射礼尤其是军中射礼还造就了一些军事人才，如楚国的养由基、潘党、伯棼、许伯、乐伯、摄叔，晋国的狐偃、公子城，鲁国的颜息，齐国的管仲等都是当时有名的神射手。但也不可否认射礼发展到春秋时期及其以后，由于过于讲究礼乐，"以礼制射"，"射不主皮"，不以射艺之精为尚，保守性与形式主义日益严重，这就使射礼失去了应有的生命力，从而制约了射礼的发展，不仅使射礼的发展未能直接走向竞技体育，而且射礼中的一些思想观念也严重影响到军事战争中，使当时的战事中出现了因讲究礼而能俘获的不俘获、能射杀的不射杀、能杀人者反被人杀等一系列的战争笑柄。如《左传》宣公十二年，在晋楚邲之战中，楚国的许伯、乐伯、摄叔三人到晋军营致师，"晋人逐之，左右角之。乐伯左射马而右射人，角不能进，矢一而已。麋兴于前，射麋丽龟。晋鲍癸当其后，使摄叔奉麋献焉，曰：'以岁之非时，献禽之未至，敢膳诸从者。'鲍癸止之，曰：'其左善射，其右有辞，君子也。'既免"。三人皆免于被俘。后晋国的魏锜也前往楚军营挑战，"楚潘党逐之，及荧泽，见六麋，射一麋以顾献，曰：'子有军事，兽人无乃不给于鲜，敢献于从者。'叔党命去之"②。楚人也采取相类的做法，使对方免于被俘。又襄公十四年，卫献公奔齐，公孙丁御公，尹公佗与庾公差追献公。由于当初尹公佗学射于庾公差，庾公差学射于公孙丁。庾公差曰："射为背师，不射为戮，射为礼乎？"射两軥而还。尹公佗曰："子为师，我则远矣。"乃反之。公孙丁授公辔而射之，贯臂。杨伯峻注曰："射为礼言在射与不射二者，射合于礼。杜注，'礼射不求中'，非《传》意。"《孟子·离娄下》云："庾公之斯曰：'小子学射于尹公之佗，尹公之佗学射于夫子。我不忍以夫子之道反害夫子。虽然今日之事，君事也，我不敢废。'抽矢，叩轮，去其金，发乘矢而

① （清）阮元校刻：《十三经注疏·礼记正义》，中华书局，1980年，第1680页。
② （清）阮元校刻：《十三经注疏·春秋左传正义》，中华书局，1980年，第1881页。

后反。”[①]取其折中，象征性地射二矢或乘矢而复命。又昭公二十一年，在赭丘之役中，公子城与华豹相遇，华豹高呼公子城的名字，“城怒而反之，将注，豹则关矣。曰：‘平公之灵，尚辅相余。’豹射，出其间。将注，则又关矣。曰：‘不狎，鄙！’抽矢。城射之，殪”[②]。华豹连发两矢，公子城责怪他不讲规矩，没有按照射礼三耦轮番更替射的规则行射。华豹因此停而不射，结果反被公子城射死。余不一而足。这些事例显示了当时战争的独特风尚，武士们不以杀敌为目标，而是以射艺自负，竟把严肃的军事和生死攸关的战场看成了个人射艺较量与展示的舞台，可见射礼对军事战争的负面影响也的确是很大的。

其五，两周射礼对人们强身健体、修身养性也有一定的作用，它塑造了男子的完美人格与君子风度。儒家对射礼和射义的阐发，虽多有过之，但有一点则是颇有道理的，即《礼记·射义》所说的：“内志正，外体直，然后持弓矢审固；持弓矢审固，然后可以言中。此可以观德行矣。”“射之为言者，绎也，或曰舍也。绎者，各绎己之志也，故心平体正，持弓矢审固；持弓矢审固，则射中矣。”“射者，仁之道也。射求正诸己，己正而发，发而不中，则不怨胜己者，反求诸己而已矣。”[③]由此可见射礼则是立德正己之礼，不仅射可以观盛德，而且射侯的过程，也是“反复内省、存养、进取的过程”，修身养性的过程，“人生不会一帆风顺，如何对待失败，培养起百折不回的毅力，从失败走向成功等等，都可以从射礼中得到体悟”。[④]射侯能否射中，关键在于是否能调整好自己的体态和心态。发而不中，根本原因在于自身，因此不要怨天尤人，尤其不要埋怨射中者，而是要“反而求诸己”，反躬自问，查找内因。东周礼书所载射礼的这种精神、气质、内蕴和射道，就是在今天对人们的修身健体、培养健全的性格，同样也是具有积极作用的。至于投壶礼对修身养性习礼的作用，魏邯郸淳《投壶赋》曰：“调心术于混冥，适容体于便安。”[⑤]魏王粲《棊赋》曰：“夫注心铣念，自求诸身，投壶是也。”[⑥]晋傅玄《投壶赋序》曰：“投壶者，所以矫懈而正心也。”[⑦]宋代司马光的《投壶新格》论之颇详，他认为投壶的根基是“中正”，所体现的是中庸之道。投壶可以“合朋交之和，饰宾主之欢，且寓其教焉”，还可以“用诸乡党，用诸邦国”，可以“观德”，“是故投壶可以治心，可以修身，可以为国，可以观人……圣人取以为礼”[⑧]。从《诗·齐风·猗嗟》的“猗嗟昌兮！颀而长兮，抑若扬兮。美目扬兮，巧趋跄

① 均见杨伯峻：《春秋左传注》（修订本），中华书局，1990年第2版，第1012~1013页。
② （清）阮元校刻：《十三经注疏·春秋左传正义》，中华书局，1980年，第2098页。
③ （清）阮元校刻：《十三经注疏·礼记正义》，中华书局，1980年，第1686、1688、1689页。
④ 彭林：《中国古代礼仪文明》，中华书局，2004年，第159~160页。
⑤ （唐）欧阳询等辑：《艺文类聚》，上海古籍出版社，1965年，第1279页。
⑥ （宋）李昉等辑：《太平御览》第4册，中华书局，1960年，第3344页。
⑦ （宋）李昉等辑：《太平御览》第4册，中华书局，1960年，第3344页。
⑧ （宋）司马光：《投壶新格》序，上海书店出版社，1994年。

兮。射则臧兮！猗嗟名兮！美目清兮……猗嗟娈兮！清扬婉兮，舞则选兮。射则贯兮”①，到《左传》昭公元年的“子南戎服入，左右射，超乘而出”②，再到《礼记·射义》的“射者进退周还必中礼，内志正，外体直”，“射求正诸己，己正而发，发而不中，则不怨胜己者，反求诸己而已矣”③，把一个完美男子的形象与人格、谦谦君子的气量与风度以及时人的审美观念与标准，活灵活现地给展现了出来，这种形象与风度实堪与近代欧洲的斗牛士和绅士相媲美。

其六，两周射礼也是燕享诗产生的基础。古代举行射礼必先行燕礼和乡饮酒礼，燕射、飨射是燕飨礼的重要组成部分。在《诗经》中有不少西周时期的燕享诗歌，如《行苇》、《麓鸣》、《常棣》、《伐木》、《鱼丽》、《南有嘉鱼》、《蓼萧》、《湛露》、《彤弓》、《桑扈》、《頍弁》、《宾之初筵》、《鱼藻》、《瓠叶》、《凫鹥》、《假乐》、《有客》等。并且从诗的内容看，大射礼、燕射礼与燕飨礼都是联类而行的。从令鼎、长由盉、遹簋、噩侯驭方鼎等铜器铭文中关于饧、飨醴、飨酒、祼、宴的记载，说明自昭穆王时代以来，燕飨礼与燕射礼就已相当成熟，这正是西周燕享诗产生的素材和礼制基础。

二、两周射礼对国外的影响

两周射礼不仅对国人有深远的影响，而且中国的射礼及弓箭制作技术还传到了朝鲜、韩国和日本等，对这些周边国家的射礼和儒学知识的传播也有较大的影响。中国古代的射礼形成于商代，并且有相当的发展，而早在商代人们就与朝鲜半岛有了联系。如《尚书大传》说：“释箕子囚，箕子不忍周之释，走之朝鲜，武王闻之，因以朝鲜封之。箕子既受周之封，不得无臣礼，故于十三祀来朝，武王因其朝而问洪范。”④陈梦家先生认为：“朝鲜者实商代发祥地也。殷亡以后，箕子建国于此，必其地本为商之故居。”“《殷本纪》：‘契卒，子昭明立。’昭明者夫余之始祖朱蒙也，朱与昭蒙与明古皆同音。”“昭明之子曰相，《商颂》曰：‘相土烈烈，海外有截。’谓相承父业，其疆土及于海外，海外者朝鲜半岛之渤海也。”⑤很可能商代的射术与射礼在此时即与朝鲜半岛有交流了。朱蒙是高句丽的开国者，也是一位善射之人，韩国汉文史籍《三国史记·高句丽本纪》记载说，朱蒙“年甫七岁，嶷嶷异常，自作弓矢，射之，百发百中。夫余俗语，善射为朱蒙，故以为名”⑥。中国史书《魏书·高句丽传》亦曰：“高句丽者，出自夫余。自言先

① （清）阮元校刻：《十三经注疏·毛诗正义》，中华书局，1980年，第355页。
② （清）阮元校刻：《十三经注疏·春秋左传正义》，中华书局，1980年，第2022页。
③ （清）阮元校刻：《十三经注疏·礼记正义》，中华书局，1980年，第1686、1688、1689页。
④ 转引自唐兰：《西周青铜器铭文分代史征》，中华书局，1986年，第1页。
⑤ 陈梦家：《商代的神话与巫术》，《燕京学报》1936年第20期。
⑥ 孙文范等校勘：《三国史记》，吉林文史出版社，2003年。

祖朱蒙……及其长也，字之曰朱蒙。其俗言‘朱蒙’者，善射也。”①所谓“善射”之人，在当时人的观念中，乃是具有特殊禀赋，可与神界沟通的人，而人类早期的王在很大程度上要担负起沟通人神的重任，这正是朱蒙能够成为高句丽王的重要条件。其情形与诸侯的起源十分相似，也反映出中国与朝鲜半岛的射礼交流是很早的。再加上两周时期射礼经过儒家的儒化改造，并赋予其新的含义，于是射礼便随着礼仪制度和礼仪文化的传播而再度传到朝鲜半岛。高丽王朝时期，从文武百官至黎民百姓必须备弓习射，且文官四品以上年未六十者，有“每暇日习射于东西郊”的制度，国王则常常亲临某地射侯阅射。②在朝鲜自三国时代射箭就已经成为一种竞赛项目，并一直沿续至今，每年春秋两季在射亭举行射箭大会，这为他们的射箭竞技运动的崛起奠定了雄厚的基础。

中国古代的射礼，对韩国的影响尤大，韩国人把射箭称为“弓道”，认为它不是一种简单的体育运动，而是包含有深刻的哲理，在健身的同时，可以涵养心性和道德。当今韩国弓道协会就有 26 万多名会员。汉城白云山弓道俱乐部，至今还使用角弓射箭，墙上粘贴的《执弓八原则》中就有“发而不中，反求诸己”等《礼记·射义》中的文句，以及“非丁非八”等《仪礼·大射仪》、《乡射礼》所要求的站姿。《弓道九戒训》中则有“仁义德行”、“习射无言”、“正心正己”、“不怨胜者”等东周礼书所记射礼、投壶礼所要求的内容。③中国的投壶礼，大约在南北朝时期就已传到国外，如《隋书》在介绍百济国的风俗时说：“俗尚骑射，读书史、能吏事，亦知医药、蓍龟、占相之术。有……投壶、围棊、樗蒲、握槊、弄珠之戏。”④韩国也有端午祭，端午祭期间，妇女们将举行传统民俗娱乐活动投壶比赛。韩国也过春节，大年初一放过鞭炮之后，在平地上摆放一排投壶供人们投壶玩乐。其投壶为青釉瓷壶，造型与我国的瓷投壶一模一样，足见两周射礼对韩国影响之深远。

中国古代的射艺对日本也有较大的影响，《史记·秦始皇本纪》记载说，三十七年“方士徐市等入海求神药，数岁不得，费多，恐谴，乃诈曰：‘蓬莱药可得，然常为大鲛鱼所苦，故不得至。愿请善射与俱，见则以连弩射之’”⑤。假若徐福移居日本的说法可信，则中国的名射手至少在秦代就已与日本有交流，并把先进的弓箭制作技术与射艺传到了日本。据日本史籍《六国史》、《姓氏录》记载，高句丽攻占了汉朝的乐浪、带方二郡后，原住汉人大批移居日本，其中有一支是秦

① （北齐）魏收：《魏书》，中华书局，1974 年。

② 〔朝鲜〕郑麟趾：《高丽史》，转引自王开文：《朝鲜射技的历史成因及社会现状探析》，《北京体育大学学报》2004 年第 10 期。

③ 彭林：《韩国的弓道与中国的射礼》，2005 年 7 月 13 日，http://tieba.baidu.com/f?kz=23753490。

④ （唐）魏征等：《隋书》，中华书局，1973 年，第 1818 页。

⑤ （汉）司马迁撰，（宋）裴骃集解，（唐）司马贞索隐，张守节正义：《史记》，中华书局，1982 年第 2 版，第 263 页。

始皇后裔弓月君率领的秦人，“弓月君”之得名当出自世代制作弓箭的家族，犹如殷遗民陶氏、索氏、长勺氏之类。[①]唐代中日射艺互有交流，据《文献通考·四夷考一·倭》记载，唐高宗永徽初年，随同遣唐使一同入唐的北海道原住民蝦蛦人就曾在唐朝表演射艺，“其使者鬚长四尺许，珥箭于首，令人载瓠立数百步，射无不中者”[②]，即是日人在唐朝的一次射箭交流活动。入唐的日本官员和留学生还曾把周朝发明的角弓带回日本，如《续日本纪》记载，曾两次出使唐朝的吉备真备带回日本的器物中就有纮缠漆角弓一张，马上饮水漆角弓一张，露面漆四节角弓一张，射甲箭 20 支，平射箭 10 支等。[③]现今日本奈良东大寺的正仓院还保存有唐弓 27 张，唐制竹箭 15 支，这些镞有竹、骨、角、铁等不同质地，箭羽有雉、雁、隼、雕、鹰之分。其中第八号箭为“雕雌雄染羽箭”，饰以玉虫翅片，“至今荧荧犹发碧光”[④]。与此同时，中国古老的射礼也被日本引进国内，据汉文史籍《日本书记》记载，在唐太宗贞观二年日本就有了中国式的十分讲究礼仪的礼射活动[⑤]，这当是日本“弓道”的源头。中国的投壶也于此时传到日本，正仓院的下仓即藏有唐制投壶一件，矢 23 支。“壶铜质涂金，细刻山水人物花鸟云狮，极纤巧流动，其颈微短，与今传者微异而华丽过之。”[⑥]清代，日本学者荻生徂徕则从中国射书中选出戚继光的《纪效新书》、高颖的《射学正宗》等 21 种，编成《射书类聚国字解》一书，深受习射者的推崇。此后《射学正宗》被多次翻刻，广为流布。该书共分三卷，其“捷径门”专讲审、彀、匀、轻、注五法，以为射法入门之径。“辨惑门”专讲各种不正确的射姿和心态以及射者应有的心理素养。“择物门”专讲弓矢的选材、制作和射者对射器的选择与调试等。[⑦]所有这些对日本“弓道”都有很大的影响。而且日本还时常以优厚待遇招诱一些中国射师到日本传授射艺，并引发了雍正帝时的几个案子。[⑧]这说明直到清朝前期日本对中国的弓箭技术仍怀有浓厚的兴趣，足见中国古代射艺对日本影响之深远。总之，两周射礼实是中国文化交流的使者，对中国古代礼仪制度和儒家思想的传播都起到了极大的作用。对两周射礼的形成与发展进行研究，无疑将为中外文化交流史增添新的内容。

① 参见马明达：《古代中国射箭对日本的影响》，《体育文化导刊》2004 年第 9 期。
② （元）马端临：《文献通考》卷 324，中华书局，1986 年影印。
③ 转引自马明达：《古代中国射箭对日本的影响》，《体育文化导刊》2004 年第 9 期。
④ 傅芸子：《正仓院考古记》四，日本文求堂书店，1941 年；又见其《正仓院考古记、白川集》合订本，辽宁教育出版社，2000 年。
⑤ 〔日〕安万侣撰，王孝廉编译：《日本书记》，时报文化出版企业公司，1988 年。
⑥ 傅芸子：《正仓院考古记》四，日本文求堂书店，1941 年；又见其《正仓院考古记、白川集》合订本，辽宁教育出版社，2000 年。
⑦ 详见高颖：《射学正宗》，日本武德会大正十五年（1927）汉日文对照三卷刻本；〔日〕入江康平：《弓道书总览》。此转引自马明达：《古代中国射箭对日本的影响》，《体育文化导刊》2004 年第 9 期。
⑧ 《世宗宪皇帝（雍正）朱批谕旨》卷 100，文渊阁四库全书本，台湾商务印书馆，1986 年。

三、两周射礼对现代体育的影响

从体育学的角度考察，射礼实际上就是射箭比赛，它是中国古代传统的体育竞技形式。两周射礼是以体育为载体，以射箭比赛为主要表现形式，来进行军事训练和道德教育的重要社会活动，是举国体制的射箭比赛，对两周射礼进行全面的总结分析，可以为当今社会的射箭体育比赛和休闲文化娱乐提供有益的借鉴。两周时期的射礼，也是中国竞技体育举国体制的源头，其“终日射侯，不出正兮”、“射则贯兮，四矢反兮”[①]的勤学苦练、精准无差的古代体育精神，“射求正诸己”、“发而不中，则不怨胜己者，反求诸己”[②]的立德正己，射以观德的古代体育素质，至今仍是现代体育所提倡的训练法则与体育道德。两周时期的射礼，实与古代雅典的竞技会有着诸多相似之处，如都是举国体制的盛会，都属于竞技比赛，其举行场所都与神庙祭祀有关等。唯有不同者，雅典的竞技会最终直接发展为现代体育奥林匹克运动会，而中国古代的射礼则未直接走向现代体育，而是兴衰交替，至今仍衰而未绝，与现代体育运动会中的射箭项目并存于世，给人们留下了颇多的思考，其原因也颇值得深思。两周射礼与古代欧洲斗牛士的斗牛比赛也有一些共通之处，如二者都是武勇之事，在比射竞斗的过程中都有容体、舞姿的展示，观看古代射礼要像观看古代欧洲斗牛士斗牛一样，才能在欣赏武勇的同时，也给人以美的享受。而且也只有以这样的心态，才能真正理解古代人们所追求的射礼射手的英姿与完美形象和射以观德之机理。因此，中国古代射礼为何能在韩国保存至今，并继续在社会生活中发挥积极作用，而在原生的本土中国则至今衰而未绝，以及两周射礼与西方古代体育的比较研究等，都是很有意义的问题。总之，以上这些问题都是粗线条的论述，将来有机会都是可以作进一步探讨的。

① （清）阮元校刻：《十三经注疏·毛诗正义》，中华书局，1980 年，第 355 页。
② （清）阮元校刻：《十三经注疏·礼记正义》，中华书局，1980 年，第 1686、1688、1689 页。

结　　语

本书运用多学科交叉研究的方法，通过综合分析文献、甲骨文、金文、考古资料，对商代后期、西周、春秋、战国时期的射礼及相关问题进行了一次比较全面的考察和深入、系统的研究，在已有研究的基础上大体做了六方面的工作。①对文献、甲骨文、金文、考古、民族志中有关商周射礼的资料作了全面的搜集、甄别与梳理，力求使本研究建立在坚实可靠的资料基础之上；②对两周之前的射礼作了延伸性探索，基本阐明了射礼的起源与形成及早期射礼的大致情况；③对两周射礼作了断代研究，基本究明了西周、春秋、战国射礼的种类、举行地点与场所、性质特点与异同、发展演变过程和各种射礼的流变；④对殷商、西周、春秋、战国射礼发展演变的历史原因与社会背景、两周射礼所反映的社会等级结构和社会制度的变革，以及两周射礼的历史作用及其对后世的影响等过去研究较薄弱的方面，进行了深入的分析；⑤对一些疑难问题尤其是长期存有分歧意见的问题和关键性问题，作了深入细致的探讨；⑥在具体问题的研究上，尤为注重从礼学的角度分析史料，重新反思学者以往对史料的考释，力求准确理解史事的性质与礼仪的仪节内容，使所得结论能上下融会贯通、左右不相抵牾。

现将本书的主要观点概括如下，以为结语。

一、关于射礼的起源与形成

射礼是中国古代社会上层按照一定的仪节规程而举行的弓矢竞射礼和举行仪式的象征性的射箭礼仪，为古代六艺之一，在礼书中属于嘉礼，被列为五礼、六礼或八礼之一。它包括射牲、射余获、射侯、大射礼、宾射礼、燕射礼、乡射礼、学射、军中射礼、巫术性射礼和由射礼演变而来的投壶礼等。

不同种类的射礼其起源是不同的。射牲起源于田猎获取祭祀所用鲜牲的仪式；射余获起源于田猎的禽兽分配仪式；射侯起源于巫术诅咒仪式；大射起源于射侯选贤进能仪式；宾射、燕射起源于宴享宾客臣下之娱乐礼仪；乡射起源于交际之情；主皮之射起源于田猎和借田猎来进行的军事训练；礼射起源于礼教和主皮之射，是射礼发展到春秋及其以后的形态，即射不主皮，它与大射、宾射、燕射、乡射礼并不完全相同，当是在此基础上的又一变种；习射起源于以射选择与祭者；

学射起源于贵族学校的军事教育；军中射礼起源于军事训练；巫术性射礼起源于巫术诅咒仪式；投壶礼衍生于燕射礼和宾射礼。

从有关古史传说时代的文献记载看，射礼有一个较长的孕育过程，它当肇起于原始社会后期，大约在部落和部落联盟的“英雄时代”和军事民主制时期，射礼可能即已出现，最早出现的射礼是巫术性射礼。原始社会后期出现射礼绝不是偶然的、孤立的，它与当时的社会背景是分不开的。射礼只是当时所出现的诸礼之一，它借助巫术的力量，成了联盟盟主和最高君长考察、惩罚、驾驭方国部族首领和进行军事训练的重要手段，并和其他礼仪一道成为部落、部落联盟和方国联盟社会约束机制的重要组成部分。

根据甲骨金文记载，射礼形成于殷商时代。当时射礼的种类开始增多，不仅有巫术性质的射天、射帝和宗教性质的射牲、射牢之礼仪，而且以弓矢竞技为目的的射礼也流行起来。弓矢竞射礼既有王子身份的子射、王射，也有王暨多方贵族成员的竞射。其形式既实射动物，也射射侯。其行射地点与场所，既有水泽原野处及泽畔的建筑设施，也有比较固定的庠、序、射等建筑场所。殷商射礼的构成要素、竞射规则、行礼程序及仪节，与周代射礼也有许多共同之处。周代的一些射礼种类，在殷商时代就有了。虽然它还带有田猎的一些传统习惯，但其仪节程序已开始规范化，并出现了子射、王射、获、亡废矢等记录射礼的专门术语。所有这些都说明射礼在商代晚期已经形成，而且当时的射礼已有相当的发展。

在具体材料的分析上，本书认为殷墟甲骨文资料表明，贵族子弟在野外近泽处举行的弓矢竞射礼，有用丙弓、迟彝弓、疾弓进行常规射、慢射、快射三种不同的弓法训练，特别注重弓的性能和弓的用法，已初步具备了三番射、复射的原始雏形。商王也经常与其臣下和附属邦国首领举行弓矢竞射礼，以驾驭和威服之。商王还经常举行大规模的祭祀和射牲礼仪，以示亲杀与虔敬。殷商金文也有射牲、王射之记载，实物证明射鱼礼早在商代就已经存在，并且商王在洹水举行的射鱼礼已相当成熟。西周辟雍大池的水上射礼，很有可能即渊源于商代晚期的洹水水上射礼。商王进行的弓矢竞射礼和射鱼礼，也是三番射，每番射四矢，特别讲究箭贯穿目标的力度与箭法。这说明殷商贵族从成童到成人其射礼也有一个从弓法到箭法的转变过程，周礼“三番射”中的某些仪节和必射四矢之寓意，在商代晚期就已经存在了。

商代射礼的形成，有其特定的历史原因与社会背景，当时巫风的盛行、田猎射术军事训练功能的缺失、战争频繁、弓箭射术军事作用的提高、学校教育制度的确立、射礼被列入学校教学课程等诸多社会背景，以及弓矢崇拜观念、尚武观念、祖先崇拜观念、四方观念等社会观念，都直接影响了商代射礼的类型、构成要素与内涵。由它们构成的社会环境正是商代射礼形成的重要原因与条件。

二、两周射礼的断代研究

（一）西周射礼

西周时期无论射礼的种类、规模或仪节内容，都较商代有了很大发展。东周礼书所记射牲、大射、燕射、宾射、学射、习射及《春秋经传》所记射鱼礼等，在西周金文里都已具备，传世文献也多有记载。在具体材料的分析上，我们主要对西周金文所记大射礼、射牲礼、燕射礼、大礼、水上射礼、宾射礼、飨射礼、学射、习射、射鱼礼、《行苇》与《宾之初筵》所记大射礼、燕射礼以及其他文献所记巫术性射礼、贯革之射、郊射及其行射场所、相关的教育制度和奖赏制度等作了细致探讨，可知射礼在整个西周时代都非常流行，尤以昭穆王时期最为盛行。

西周射礼，与殷商射礼和东周礼书等文献所记射礼相比，既有许多相同的地方，也有一些不同之处。这些异同充分反映了西周射礼对殷商射礼的继承与发展和对后世射礼的开拓奠基之功，同时也说明西周射礼在射礼发展史上处于承上启下的地位，西周是中国古代射礼最为重要的一个发展时期。

从西周射礼自身的比较情况来看，周人早期的射礼与殷商射礼一样，礼仪质朴，主于射术，重在比试技能武功，其着眼点是竞射的结果。周公制礼作乐以后的射礼，开始注重礼仪。西周中晚期的射礼则主于礼乐，重在礼仪展示，其着眼点则是射者的仪容体态和动作节奏。射礼教官身份及其职掌由武官师氏到小臣的变化，即是射礼由偏重射术演变为射术与礼仪并重的直接反映。穆王早期以前射礼不仅重奖竞射的优胜者，还奖励教官，也反映了周王对射术及射礼转型的重视。从周先王到成王时人们都非常敬于礼。而到幽王时则出现了严重的侮慢礼现象，这说明以礼仪制度为标志的周朝统治已经开始动摇了。

从金文与传世文献看，西周时期的射礼，有些是在每年固定的季节举行的，有些则是因事而随时随地举行的，可分成陆射和水射两种行射方式，陆上射礼与水上射礼既有区别，又有相同之处，二者都是正射。西周金文穆王以前多记西都辟雍水射之事，共王及其以后多记东都射庐陆射之事。而共王前后水陆射礼之变化，则可能说明当时的政治中心发生了转移。

西周时期不同种类的射礼，其性质与目的是不一样的，或为巫术诅咒，或为军事训练，或为人才选拔，或为德行考察，或为笼络感情。当时射礼主要在贵族阶层广为流行，还没有延及社会下层。西周射礼的特点是种类多、规格高、场面宏大，仪节内容逐渐烦琐；射礼礼仪已完全程式化与制度化。其竞射不仅有一定的技术标准，在举行程序与时间上也都有一套严格的规定与制度；而且射礼的政治目的非常强；娱乐性也日益加重，尤其是宾射礼和燕射礼的娱乐性越来越突出。

西周射礼盛行的历史原因与社会背景是周人的尚武观念、宗主观念和神灵观念非常强烈，战争接连不断，田猎活动时有举行。射礼已成为贵族阶层在社会生活和武事行动中必须掌握的礼仪和技能。统治者极为重视学校射艺教育，对优秀者实行奖赏与择士制度。其盛行的政治原因与背景主要是周先公以来推行德政和武王以来实行以礼治国的施政方略。总之，西周时期的射礼，就是在上述观念的支配下和当时学校射艺教育、社会活动中的射礼礼仪、奖赏与择士制度、战争与田猎环境等社会原因与背景，以及周人长期推行德治和礼治等政治原因与背景的影响下发展兴盛起来的。

（二）春秋射礼

春秋时期射礼的种类有射牲、射余获、射鱼、射侯、享射、乡射、军中武射、射不主皮、巫术性射礼和投壶礼等，可大体划分为习礼之射、习武之射、乐宾之射和宗教之射四类不同性质的射礼。在具体史料的分析上，本书主要对文献记载的射余获、公矢鱼于棠、射侯礼、享射礼、乡射礼、巫术性射礼、投壶礼、军中射礼以及礼射、射不主皮、郊射与主皮之射及贯革之射的区别等问题进行了探讨。

春秋射礼与其前后的射礼相比，其演变特点有九。①春秋射礼的仪节内容比西周射礼明显增多。除主皮之射与贯革之射外，其余各种射礼都有比较多的仪节内容。②春秋时期诸射礼的不少仪节内容，都已成为后世射礼的定式，虽然春秋射礼对商和西周射礼也有较多的继承，但与东周礼书所记射礼的相同之处，远比西周射礼与东周礼书所记射礼相同的地方要多，反映了春秋射礼与东周礼书所载射礼的渊源关系。③春秋时期的射礼规格低、规模小。这与西周时期往往由周天子主持或亲自参射，并经过长期准备，由诸侯邦君和有司、师氏、小子、小臣参加竞射的举国体制下的高规格射礼的恢宏气势与规模，形成了十分鲜明的对比。④射前之飨礼与燕礼有渐趋合一的倾向。飨礼与燕礼，西周时期本是飨射与燕射之前举行的两种礼仪。但自春秋时期开始，由于种种原因，二者又由射前先后举行的两种礼仪，逐渐趋向合一。⑤春秋时期的礼射日渐衰落。从鲁襄公为范献子举行的享射礼、成周宣榭火，到孔子的射于矍相之圃和“射不主皮”，再到楚昭王向观射父问射牲礼、鲁隐公矢鱼于棠、晋侯与齐侯的投壶礼，所有这些都表明春秋时期的礼射的确是已经式微。⑥春秋时期的武射日益盛行。主皮之射、贯革之射和穿札之射，在武士、军中将士和诸侯国国君中非常流行，射穿七层战甲是当时十分风靡的射艺。同时人们对武射之道也有着很高的认识，尤其对武射的基本要领和姿势有很准确的把握。⑦春秋时期的射礼日趋社会化。这一时期平民也可以学习射艺，参加射礼竞射。投壶礼既可在庙堂大院举行，也可在一般宅院举行，这就把射礼的礼仪知识推广到了民间。射礼已开始由贵族礼仪风范向平民礼仪发展。⑧春秋时期的射礼更加形式化、仪礼化，更加注重其教育意义。这从孔子射于矍相之圃的誓众之辞和“射不主皮”的论说中看得很清楚。⑨春秋时期的射礼更加娱乐化。尤其是宾射礼、燕射礼比西周晚期更追求娱乐，而投壶礼则更成了娱乐游戏活动。总之，春秋时期，王室和诸侯公室的礼射逐渐式微，但射礼则逐渐向平民阶层发展。同时习武之射和军中射礼也兴盛起来，从射礼衍生出来的投壶礼也开始出现并迅速流行，从而使春秋射礼呈现出多种性质、多种特点和多向发展的复杂状况。

春秋时期王室射礼衰落的历史原因与社会背景是王室衰微，方国诸侯叛离，“王畿”范围缩小，天子直接拥有的军事力量和控制诸侯的能力日益丧失。同时，随着王权的沦落，诸侯对周天子的朝聘贡献也大为减少，天下共主的地位已名存实亡。在这种情况下，周天子要像过去那样定期举行全国性的或由许多诸侯邦君参加御射的大射礼和气势恢宏的宾射礼与燕射礼，显然是不可能的；诸侯公室射礼衰落的历史原因与社会背景是公室卑微，陪臣执国政。小国周旋在大国之间，还要唯强是从，职贡不乏。在这样一个内外交困的环境中，公室射礼肯定是要荒疏的。而射不主皮刻意追求礼仪则与时人的礼治观念和对周礼的怀旧有关，祭祀射牲礼仪的淡漠则与周王朝的衰败对神灵护佑观念的冲击动摇有关；习武之射和军中武射盛行的社会原因与背景是诸侯纷争，战争此起彼伏，使中国再次进入到一个尚武时代。在战争中弓箭射艺已成为杀敌制胜或扭转战局的重要手段。各诸侯国都十分注重武射，出现了许多著名的神射手。长期的战乱环境还使人们的审美观念发生了变化，身材健美、技艺娴熟的射手，已成为人们最羡慕的完美男子形象和女子择偶的标准，崇尚武勇已风行于全社会。习武之射就是在这种情况下盛行起来的。

春秋时期射礼社会化的原因与背景是春秋晚期私学兴起，官学垄断教育和世袭贵族垄断知识的局面被打破。有教无类，破除等级、地域和种族界限，接受贱人、贾人和农家子弟入学，授之以六艺，把包括射礼在内的文化知识与技能向广大平民普及，这就势必使射礼从社会上层延至社会下层。而投壶礼的出现很快便由贵族大院延伸到一般人家乃至民间，其使用人群的扩大，实际上也是对射礼文化知识的传播，这就更加速了射礼社会化的进程。春秋射礼的社会化，主要就是通过学校的射礼教育和投壶礼向民间的扩延这两个途径得以实现的。总之，春秋射礼有其特定的社会背景，其形成原因是多方面的。王室与诸侯公室射礼的衰落，是旧贵族腐朽没落的结果，是由礼崩乐坏的大气候造成的。习武之射和军中射礼的盛行，则是受战争环境的影响。而春秋射礼的社会化，则是教育下移和投壶礼向民间扩延的结果。

（三）战国射礼

战国时期射礼的种类有大射礼、宾射礼、燕射礼、乡射礼，习射、巫术性射礼、投壶礼和弋射，对此文献与青铜器人物画像纹射礼画像图案多有记录和描绘。

人物画像纹射礼画像图案，春秋末期开始出现，主要流行于战国早期至中期。这一时间界限与当时錾刻的工具条件、人物画像纹流行的时间、社会变革所带来的崭新工艺和清新的艺术风尚是一致的。其一，在青铜器上錾刻人物画像纹是与钢铁工具的发展密切相连的。其二，青铜器射礼画像图案与錾刻人物画像纹的流行时期完全相同。其三，射礼画像图案的出现是当时社会变革的结果，它反映了新兴地主阶级正在向上发展的趋势。其四，射礼画像图案大都嵌刻在射礼场合所陈设的器物上，应是举行射礼实际使用的礼器。其五，射礼画像图案之间的一致性，应是射礼礼制在战国时期还有一定约束力的反映。

在具体史料的分析上，本书主要对青铜器人物画像纹射礼画像图案所描绘的大射礼、宾射礼、燕射礼、乡射礼、射侯礼、飨射养老礼、投壶礼、弋射以及文献记载的乡射礼、巫术性射礼等进行了细致的探析。根据其性质与目的，大体可把战国时期的射礼区分为习礼、选贤、行礼、巫射、娱乐五种。

战国射礼与东周礼书所记射礼相比，其相同的地方甚多，说明战国射礼与东周礼书所记射礼有着很密切的关系。但它们也有一些不同之处，当是僭越乱礼，有的则可能是因地区差异而形成的礼制上的特例，有的也可能是古老射礼的演变，以后很少或不再见用，有的则可能是文献记载有误。

战国射礼与春秋射礼以及东周礼书所记射礼相比，最突出的特点有六。其一，旧的射礼等级制度已经彻底崩坏。战国时期大射礼的实际主人，已由西周以来的周天子演变为诸侯国君和卿大夫。其二，战国时期的射侯、获旌、楅的形制多种多样。仅青铜器人物画像纹射礼图案所示，其射侯就有五型七式，楅有三种，旌有六种，射侯的张挂方法也有六种，其实际情况当更多。其三，战国时期的射礼种类较多。凡东周礼书记载的射礼，战国时期基本上都有了。其四，战国时期的射礼非常流行，并形成了三个中心区域。从人物画像纹射礼图案青铜器的出土地点和器形特征、人物服饰等方面所反映的地域、国别、族属来看，当时的射礼尤以两周三晋、齐鲁和吴楚地区最为盛行。而且两周三晋和齐鲁地区的射礼画像图案内容，多能与东周礼书所记相合。吴楚地区的射礼画像图案内容，则与东周礼书所记多有不同。这也多少反映出战国时期周礼与楚礼的不同和碰撞。其五，战国时期的射礼规模大小不一。从青铜器人物画像纹射礼画面看，有的参加人员众多，仪式内容烦琐，场面恢宏。有的则参加人员较少，仪节内容较单一，场面也不大。其六，战国时期的射礼已经世俗化。随着新兴官僚与士人阶层对射礼的青睐和投壶礼、弋射在社会各阶层的流行，射礼也继投壶礼之后，开始向民间发展，射礼知识与技艺空前普及。战国射礼已经完全大众化、世俗化，它已不再是单一的严格的礼仪制度，而是演变成了一种礼俗和礼仪文化。

战国射礼世俗化的历史原因与社会背景是旧贵族日趋没落，诸侯国君逐渐被卿大夫所取代，夺取政权的地主阶级纷纷改革变法，随着社会变革的加深和地主阶级政权的建立，“旧典沦胥，世风丕变”，周王朝那种严格的宗法等级制度已土崩瓦解，逐步摆脱周王朝统治和旧制度束缚的诸侯列国，“开国承家，各制事宜”，自主发展，思想观念空前解放，“礼不下庶人”的宗法等级制度以及射礼的“进退周还必中礼”的礼制规定已被打破，社会各阶层对射礼的使用已没有严格的等级要求，甚至具体的仪节内容和礼数要求也不严格了。再加上随着经济的繁荣和私人财富的积累，人们的社会观念与生活方式也发生了变化，讲究排场、附庸趋雅，出入君侯、饮酒议事，或寻酒作乐、悠闲自在，已成为社会时尚。于是射礼和投壶礼就在民间里巷流行开来，举办和参加者的身份日益平民化，这样射礼就越来越世俗化了。

战国时期，尽管社会制度发生了变革，周天子已名存实亡，但两周三晋地区依然是传统礼仪制度的传承地区。齐鲁大地也有着深厚的周文化积淀，由于太公望和周公的缘故，该地一直奉行着周朝的礼仪制度，亦是周礼的传承地区之一。吴楚地区与周朝礼仪制度也有很深的历史渊源。因吴是吴太伯与其弟仲雍出奔之地和其后人周章之封国以及楚很早即事文王、熊绎受封于成王、周公奔楚和周昭王以来多南征的缘故，吴楚也是接受周礼较早和影响较深的地区。这就是战国射礼主要盛行于这三个地区的原因。

战国时代长期的军事抗衡，使一些诸侯国君越来越感到笼络人才的重要，也效仿昔日周王朝的做法，通过举行乡射礼来选拔武士。由于战争频繁，常备兵不敷使用，有的统治者还号召全民习射。各诸侯国的改革变法也都特别强调军事训练和奖励军功。在这种情况下，人们就必然要掀起习射之风。

战国时期弋射盛行，主要与当时王公贵族讲究饮食搭配和贽见礼、婚礼、聘礼、四时荐新祭祀有关。由于各级贵族和使者用膳要有雁，大夫拜访别人要用雁作见面礼物，婚仪中的纳采、纳吉、请期都要执雁、四时荐新也要用雁祭祀，而弋射既可以回收箭镞，还可以通过缠绊的方法取得活体，擒获的大雁又可以驯养，以便行礼时使用，所以以射雁为主要获取物的弋射就盛行起来了。

三、关于东周礼书所记之射礼

“三礼”的成书时代，以《仪礼》最早，为春秋末期。其次是《周礼》，当以战国时期为妥。再次是《礼记》，为战国至西汉早期。尽管“三礼”的成书时间较晚，有关周礼的史料大多出于春秋战国时人的编定，但其所记诸礼并不都是当时或当时才有的礼仪制度。礼本非一时一世而成，且礼本身又具有很强的保守性，“三礼”所记当包含有其成书之前的礼仪制度，其来源则更早。再加上古人修礼多有损益，早晚杂揉，以济时用。若就“三礼”中的某些仪节内容来说，有的可以断定它在商代、西周或春秋时期就已经形成，有的则是战国时才有的。而就整个礼来说，就不好强为之断代了。

东周礼书所见射礼的种类，有射牲、大射、宾射、燕射、乡射礼、学射、祭侯礼、生育之射仪、投壶和弋射等。在具体史料的分析上，本书认为：①“三礼”所记古者天子之制，并不全是西周的礼仪。它与西周历史事实之间还有一定差距，并没有把西周的射礼原样保存下来。即使最有可能是西周礼仪制度的，实亦掺杂了一些后世的东西。②礼书所说的“射为诸侯”、“以射选诸侯”、以射益地或削地，此等之语的确很难理解，有关的西周金文很少，其真正含义与机理还有待更多的材料来证明，但不宜全盘否定。③按东周礼书记载，王、诸侯、卿大夫均有大射礼。而天子的将祭择士之大射礼，又由习射于泽和射于射宫两部分组成。习射于泽为试武之射，是对射者武功的检验。射于射宫为礼射，当是对射者容体与乐节的考察。这说明天子的将祭择士之射，所选拔的与祭者都是文武双全之人。④王、诸侯、孤、卿、大夫、士皆有宾射礼，诸侯朝聘既有王与诸侯来朝者射，也有王不参加而还使卿大夫与诸侯卿大夫来聘者射这种规格较低的宾射礼。⑤燕射如乡射之礼，射夫以弓矢舞是燕射之仪节，并夹为燕射取矢之具，此不仅可补《大射仪》和《乡射礼》之不足，也有助于对战国青铜器人物画像纹射礼图案的正确理解。⑥乡射礼是乡大夫或州长每年春秋两季在州序中主持举行的射礼，或三年大比为选贤能，或为感化不帅教者在乡庠中举行的射礼。⑦祭侯是对巫蛊伤害术和巫术性射礼的吸纳融合，它是大射仪和乡射礼的一个仪节，又称其为祭侯之礼，说明它在射礼仪节中还是比较重要的一项内容。⑧从《行苇》所记西周大射礼用穿透力极强的镞矢，到《司弓矢》所说的礼射及习射用最轻的恒矢、庳矢，这正是射礼由西周早期的注重贯穿与武功，到春秋战国时期注重礼仪的射不主皮这一演变在弓箭上的反映。⑨东周礼书所记乡射礼、大射仪等射礼，尽管仪节内容烦琐复杂，但鉴于东周礼书所记之侯、楅、旌、乏、耦射、搢三挟一、三耦射一侯、四耦射二侯、获者执旌倚于侯或去侯偃旌、释获者执筭以释获等，多能被青铜器人物画像纹射礼图案所印证，而射礼画像图案所展示的规模场面、礼节内容和人物仪容，也能与东周礼书记载的射者仪表端庄、威仪棣棣、从容不迫的高贵姿态和对人格美的强烈追求，以及时人亲眼所见或亲身体会的盛容饰，繁登降之礼、趋详之节，聘射至极繁大之礼，质明而始行事，日暮而后礼成，非强有力者弗能行的感触相吻合。说明这些射礼确是当时真正实行过的礼仪制度。

东周礼书对射礼的记述与编撰有如下特点。①射礼礼制文本化。射礼载于“三礼”，标志着射礼已由教官的口传身教而进入到文本化发展阶段。射礼的礼仪制度用文字记载下来，便形成了统一固定的文本。它一方面使行礼议礼的人有了可以遵行的经典蓝本和可资参照的文献依据，另一方面也使射礼礼制的传承得以跨越时空限制而传播开来。同时统一固定的文本也使射礼更加形式化。②射礼礼仪复杂化。东周礼书所记射礼无论种类或规模大小，其组织形式都完全程序化、仪式化，仪节内容都十分烦琐复杂。③射礼射义儒家思想化。儒家厌恶暴力征伐，极力削弱射礼崇尚武功的一面，对射礼射义重新进行改造与阐发，把射义射道与儒家的选贤、德行观、仁之道、中庸之道、君臣之义、孝弟之行、长幼之序以及其理想社会联系起来，这就使东周礼书所记射礼也羼和了一些儒家的思想意识和观念，给射礼赋予了新的含义。④射礼选拔人才和进爵益地或削地的目的十分突显。东周礼书所记大射礼、乡射礼本身都带有勉励和选拔人才的目的。从《射义》的天子以射选诸侯、卿、大夫、士，以射选与祭者，得与祭者进爵益地，不得与祭者削地，《乡大夫》、《州长》、《大司徒》的以射兴贤者能者来看，东周礼书关于以射礼选拔人才和进爵益地或削地的记载是十分明确的。⑤射礼树立和观察德行的目的也非常突出。东周礼书所记射礼贯穿了道德礼仪观念和规则。由《射义》的射可以观德行，射者所以观盛德，以立德行者莫若射，知东周礼书所记射礼是与德行教化、君子人格的培养紧密结合的。就本质上讲东周礼书所记射礼实是一种内在的道德实践，它既有道德的教化，礼乐的熏陶，心志的修养，又有技艺的锤炼，竞争的引导。从西周长由盉铭文的邢伯氏彌不奸、《行苇》的序宾以贤、孔子的不肖之人则彼将安能以中？到东周礼书的射可以观德行，可谓以一贯之。

东周礼书所见射礼还体现了严格的等级差别和等级制度。不同身份的贵族，具有不同种类的射礼。不同等级、不同种类的射礼，在匹耦与耦数、侯制与侯数、侯道长度与弓矢强度、乐章与乐节、用中与用旌、比射规则与判定标准以及具体的仪节内容等方面，都有不同的规定，从天子、畿内诸侯、畿外诸侯到孤、卿、大夫、士都各有等差，充分体现了身份地位的等级差别和君臣之义、长幼之序、优待国君、尊卑有别的人际关系，反映了鲜明的等级观念和严格的宗法等级制度，其实质就是为了维护周王的威严、权力和统治秩序。

东周礼书所记射礼与前述殷商、西周、春秋、战国时期的射礼相比，在射礼类型、仪节内容和礼法规定等方面都有许多相同之处，尤其是春秋战国时期的射礼与之吻合者最多。东周礼书所记射礼与西周射礼相比，其差别是西周金文中的射礼有奖赏制度，既奖赏教官，也奖赏竞射的优胜者，而东周礼书所见射礼则只饮不胜者罚酒。西周时期的大射礼，都是周天子亲自主持或亲自参射的，不见诸侯、卿大夫举行的大射礼，而东周礼书所记自王至诸侯、卿、大夫各级贵族都有大射礼。其最大的不同是东周礼书所记射礼以射选诸侯、卿大夫、士和进爵益地或绌地之事十分突显，而西周金文则几乎不见这类事情。这些异同反映了东周礼书所记射礼对商周射礼的继承与损益。

东周礼书所记射礼与两周射礼的关系可归纳为以下几点。①东周礼书所见射礼是两周射礼演变过程中的最后形态，即统一固定的文本形态。②东周礼书所见射礼是对殷商、两周射礼的总结、整理与记录。它除了直接承袭殷商、西周、春秋、战国时期的射礼内容，沿用殷商、春秋以来的贯射四矢，而为大射礼、乡射礼三番射每番必射四矢之礼数外，还吸纳了自殷商、西周、春秋、战国以来的巫术性射礼，尤其是巫蛊诅咒偶像伤害术、射无道诸侯与不朝诸侯画像等，而成为大射礼、乡射礼、投壶礼祝辞之仪节，吸纳了自殷商、西周早期、春秋以来的注重武功的弓矢竞射、主皮之射、贯革之射和穿札之射，而成为大射礼、乡射礼第二番射的仪节内容，吸纳了自西周早期以来至春秋时期的郊射、礼射、射不主皮，而成为大射礼、乡射礼第三番射的仪节内容。从而使东周礼书所记射礼有了更多的功能和复杂内涵。③东周礼书的作者也适时对两周射礼作了一些修订取舍，把大射礼变为各级贵族均可举行的射礼，并详记诸侯大射礼的行礼过程与仪节，而把王举行的大射礼作为古制来释射义，不再存留其仪节内容，以迎合时势。④东周礼书所记射礼是两周射礼的延续、传承和再发展。总之，东周礼书所记射礼确有一定的可信性，尽管东周礼书有构拟成分，但就其所记射礼而言则大都是对商周实际所施行的已有射礼内容的理论化、格式化整理，以及在已有功能的基础上对射礼所赋予的新含义，实可与古文字、考古和其他文献的射礼资料相互印证，相互参校，互为补充。

四、两周射礼的发展阶段与演变过程

（一）两周射礼的发展演变过程

从射礼的性质特点与功能的变化来看，两周射礼的发展演变过程，大体可划分为四个阶段。

第一阶段，即殷商-西周早期，为射礼的实用化时期。由于西周早期及其以前直接袭用了商代的射礼，故把殷商与西周早期划为一个阶段。此时射礼注重射术训练，礼仪质朴，重在宣扬射技武功，其着眼点主要在竞射的结果上，以射中且贯穿侯的为贤，并对贤者实行奖赏。

第二阶段，即西周中期-西周晚期，为射礼的礼制化时期，即礼仪化和制度化，或说仪礼化、程式化、系统化与制度化时期。此时射礼主于礼乐，重在礼仪展示，其着眼点主要在射者的仪容上，以彉不奸、亡谴为贤，以达到政治德行考察的目的。西周中期随着周王朝的制礼作乐，射礼已经程式化和规范化，不仅仪节增多、礼仪内容逐渐烦琐复杂、射礼重点发生了转变，而且对矢射的结果与赏罚也都有了相应的规定与评判标准。穆王以后，随着周礼的形成，便逐渐形成了周朝自己的射礼种类和礼仪制度。西周中晚期燕射礼开始出现娱乐化倾向，但总体上仍在制度化、程式化的可控范围之内。

第三阶段，即春秋时期，为射礼的社会化时期。这一时期射礼的发展表现为王室、公室礼射衰落、私学射礼教育发展、投壶礼开始出现的多向发展的局面。随着私学射礼向平民学生的传授和投壶礼向社会下层的延及，射礼便逐渐社会化了。

第四阶段，即战国时期，为射礼的世俗化时期。这一时期的射礼随着礼乐制度的崩坏，虽然还保留着先前的礼仪形式，但举行射礼已没有了严格的等级约束，不仅新兴地主阶级可以拥有射礼礼器举行射礼，而且投壶礼也已经成为闾巷寻常人家聚会饮酒作乐的大众游戏，射礼已不再是单纯的礼仪制度，而是作为一种礼仪文化在民间传播发展。

东周礼书成书后，中国古代的射礼便进入文本化时期。射礼的整个行礼过程和仪节内容被文字载体记录下来，成为人们举行射礼的统一的固定模式和共同遵循的蓝本与经典文献依据，从此射礼就更加形式化。射礼礼仪的形式化主要表象在仪节繁复而流于形式，呆板而缺乏灵活性与适应性，现实功能逐渐丧失而成为徒具空壳的表演性质的礼仪。

（二）两周时期各种射礼的流变

大射礼，由西周时期周天子的大射礼演变为战国时期诸侯国君的大射礼，再演变为东周礼书所记的诸侯卿大夫的大射礼；宾射礼，由西周时期周天子的宾射礼演变为春秋时期诸侯列国的邦交礼仪；飨射礼与燕射礼，由西周时期分别为飨礼与燕礼后举行的两种礼仪演变为春秋时期的二者逐渐趋向合一，再演变为东周礼书所记的先后或先后一并举行的两种礼仪；乡射礼，由西周时期三年大比和诸侯岁献贡士于天子的兴贤能之礼仪演变为春秋战国时期诸侯列国选拔人才的礼仪，再演变为东周礼书所记的选士和进行教化的礼仪；射牲礼，由最初的田猎获取鲜牲演变为殷商西周时期天子亲自射杀牺牲的礼仪，再演变为春秋战国时期诸侯国君象征性的射牲仪式；水上射礼，由殷商时期的商王洹水射鱼礼演变为西周时期周王辟池射大鸿和大池、瘽池射鱼礼，再演变为春秋战国时期诸侯国君射鱼荐牲的礼仪；射侯，由殷商时期的活体动物演变为西周、春秋、战国时期的皮侯、布侯与革甲；其他射礼，如五帝时代以来至殷商、西周、春秋、战国时期的巫术性射礼，有的演变为东周礼书所记射礼的祭侯之礼和投壶礼的祝辞仪节，有的则演变为一种习俗。东周礼书所记生育之射仪，以后也逐渐演变成了一种礼俗。

五、两周射礼所反映的社会等级结构与社会制度的变革

（一）两周射礼所反映的社会等级结构

关于周代的社会等级结构，文献多有记载，天子、诸侯、卿大夫、士是依次排列的贵族阶级的四个等级。而东周礼书所记射礼的等级制度反映的等级结构是天子，畿外诸侯、畿内诸侯，孤、卿、大夫，士，与上述社会等级结构的贵族身份和等级划分基本一致，唯射礼之等级分的更细而已。综合射耦、侯制、侯道、用弓、用中、用旌、用乐及各项射仪的评判标准等方面的具体规定来看，周天子为第一等级，是最大特权的拥有者。诸侯为第二等级，是较大特权的拥有者和最大特权的替代者，尽管为平衡畿外诸侯与畿内诸侯而耦数与侯数各有隆杀，但就总体情况而言，他们仍属于一个等级。孤、卿、大夫为第三等级。士为第四等级。到春秋末期至战国时期诸侯僭越天子礼制后，依《大射仪》、《乡射礼》记载，此时射礼的等级结构就演变为诸侯、大夫、士三个等级了。

（二）两周射礼所反映的社会制度

两周射礼在一定程度上也反映了当时的一些社会制度。①西周实行分封制和宗法制的贵族分权制度，周天子分封诸侯，拥有王畿的土地、人民和武装以及祭祀王室宗庙的权力，是姬姓大宗主，以宗子的地位巩固他对同姓诸侯的统治权，是异姓诸侯的盟主，名义上的全国土地、臣民的主人，以天下共主的地位号令诸侯，讨伐不庭。受封诸侯对周天子则有朝觐纳贡、派遣子弟和军队守卫王宫或奉王命出征以及向周王举荐贤能之士的责任与义务。周王待之以射礼以乐宾，或试之于射宫，并以射来选择助祭者，奖励优胜者。而射礼金文柞伯簋、义盉盖、噩侯驭方鼎、长由盉、麦方尊等铭所包含的信息，即反映了这种分封制、宗法制、朝聘与人才选拔制度以及这些制度所赋予各级贵族的权力、责任和义务。②西周早期，在周人贵族所辖封土内，往往是少数周人统治着多数土著居民，此种局面使周人必须保持一定的武装以为震慑力量，无论王家族人或其他贵族家族都特别注意内部的团结和兄弟骨肉的友爱，周王经常与族人宴飨竞射，以敦睦宗族情谊，增强族人的射技武功与凝聚力，《行苇》所记就是缘此而举行的大射礼。到西周晚期周人贵族的这种过于强调兄弟骨肉情谊的宴会比射，则逐渐沉迷于酗酒，终于演变成骄逸放纵、失礼败德的混乱场面，《宾之初筵》反映的即是此时西周贵族燕射礼之情形。③周人是一个农耕民族，统治者非常重视农业生产，并按时举行各种礼典，以鼓励民众勤劳耕作，不误农时，令鼎铭文所记即是周王藉田礼后因饮宴而举行的燕射礼，射毕又行竞走之事。④西周统治者也非常重视祭祀，以祈神灵保佑平安，伯唐父鼎铭文所记即是为此而举行的射牲礼。⑤西周统治者还非常

重视贵族子弟的射礼技能教育，并形成了一套完整的教育制度，静簋铭所记王令静司射学宫、贵族子弟学射、周王实地考验其教学效能并予以奖励，反映的即是西周贵族的教育制度和视学制度。

（三）两周射礼所反映的社会形态与社会变革

两周射礼的发展变化，在一定程度上还反映了当时的社会形态与社会变革。西周时期的大射礼，都是周天子亲自主持或亲自参加竞射并由诸侯邦君卿射的，不见诸侯国君举行的大射礼，这正是西周实行分封制和宗法制，为宗主国，周王为盟主的反映，周王的大射礼就是在这种天下共主的举国体制的社会背景下举行的。而共王前后由宗周水射向成周陆射的演变，则反映了西周政治中心的转移。幽王时燕射场合出现的侮慢礼现象，则说明以礼治国的周朝统治已开始动摇；春秋以后，无论文献或金文，均不见周天子举行的大射礼或其他射礼，甚至都城的宣榭也遭人焚毁，这正是王室衰微、周天子已无能力举行大射礼的反映。东周礼书所记诸侯、卿大夫都有大射礼，并设专篇记载诸侯大射礼的行礼过程与仪节内容，而王一级的大射礼则都是作为古者之制来解释射义的，这正是春秋以来社会政治重心由王朝转向列国，各级贵族率相僭越，并成为既成事实而最终被认可为新礼制的反映。可能到东周礼书成书之时，天下共主与举国体制的社会背景早已不存，王级的大射礼已经过时，所以才只保留了宜于时世的诸侯级大射礼的详细内容。诸侯国公臣连礼法规定的射耦都凑不齐，这正是公室射礼日渐荒疏、才能之士多在私门的反映。而春秋礼射的衰落，投壶礼的出现和流行，享射和燕射被投壶礼所取代，这与春秋以来青铜礼器胎体杂质增多、愈造愈轻薄的现象一样，都是世族贵族日趋颓废和没落、等级结构新陈交替、社会形态剧烈变更的反映，它预示着贵族政治体制和封建宗主国家形态行将发生深刻的社会变革；战国时期，以分封制和世官世禄制为基础的国家政体逐渐为君主集权政治所取代。地主阶级已代替旧式的封建贵族而成为占统治地位的阶级和君主集权制国家的社会支柱。到战国中期以后，士人已成为新型官僚集团的主要成分和新政权的社会力量。而战国时期射侯的形制与张挂方法多种多样，这正是旧礼制对列国集权政治已失去约束力的反映。青铜器人物画像纹所描绘的乡射礼使用金奏之乐，圻内诸侯举行的大射礼射耦均由小臣授弓矢，随葬射礼画像纹铜礼器的墓内有仿铜陶礼器，军功地主墓内随葬嵌错纹射礼图案铜壶且只有一件，相当于大夫一级和下大夫墓内随葬錾刻有四耦二旌射礼画像的铜礼器等，这些不合礼法的做法，只能是僭越乱礼的结果，它反映了传统礼乐制度的解体和礼崩乐坏局面的全面形成。而地主阶级行射礼，则正是该阶级已经登上政治舞台的反映。而淳于髡与齐威王的论投壶饮酒，则是士人地位上升的反映。可见，两周射礼的发展变化，的确是与当时社会历史的变革相一致的。

六、两周射礼的历史作用及对后世的影响

其一，两周射礼在中国古代射礼发展史上具有承上启下的作用。所谓“承上”就是继承了五帝时代至殷商时期的射礼。所谓“启下”就是东周礼书使射礼形成了固定的文本，并统一了侯制，把战国以来的射侯，统一为大射张皮侯、宾射张五采侯、燕射张兽侯三大类，成为后世举行射礼的模式、蓝本和经典文献依据，对传承射礼礼仪制度具有非常重要的作用。

其二，两周射礼对后世射礼及社会生活具有深远的影响。秦汉及其以后射礼虽有中衰，但亦代有兴者。据文献记载，西汉文帝时基本恢复了射礼，望祀射牛、博士行大射礼、郡国学校也讲习射礼、春秋乡射。东汉时皇帝则立秋□刘、三月临辟雍行大射礼、飨射礼，郡县则依照周朝士阶层的礼制来行射礼。汉代还保持着周代苑囿弋射以供祀宗庙的传统做法。军中不仅设有负责训练士卒习射的射师，还别有一套秋射之法。及至东晋、南齐、北魏、北齐、北周等政权，射礼于史籍中仍屡见记载。到唐代射礼基本上依照礼经在射宫举行。北宋大体沿用唐制。明朝也极为注重射礼，不仅举行大射礼，还下令太学及郡县学生皆应习射。一直到清代射礼仍被统治者列为当朝礼典，在大阅及秋狝时举行。甚至民国时有的地方还在举行射礼，即使现代，一些地方仍有类似射礼的射箭比赛。从射礼衍生而来的投壶礼，在汉魏、两晋、唐宋乃至明清都是甚受人们喜欢的大众娱乐游戏。直到现代还有人曾复兴投壶之礼，显示出古代礼乐文化顽强的生命力。由于儒学长期在封建社会占居着统治地位，而记载射礼的“三礼”又被儒家奉为经典，因此射礼随着儒学的尊崇而影响着社会，有些射义至今仍被人们用作日常行为的准则。

其三，两周射礼对树立周天子的绝对权威、协调人心、安定社会有一定的作用，它维护了王权至高无上的地位和周王朝的统治秩序。射礼在统治者内部可以防止和调和矛盾，而对社会下层和异族邦国来说，则既有镇服之威，又有收罗人心之用。周天子经常在都城或出行途中的临时驻地，与族人或诸侯邦君举行射礼，这不仅笼络了感情，使族人更加团结向心，而且也对异族邦君首领加以威慑，使之不敢轻举妄动，切实履行臣属国的责任和义务。

其四，两周射礼对开展大规模的竞技活动起过推动作用，促进了军体训练的程式化，对提高民众的习武意识和射技水平、军中将士的射技武功和战斗力有一定的作用。射礼还造就了一些军事人才，但也不可否认射礼发展到春秋及其以后，由于过分讲究礼仪，以礼制射，射不主皮，保守性与形式主义日益严重，这就使射礼失去了应有的生命力，从而制约了射礼的发展，不仅使射礼未能直接走向竞技体育，而且射礼中的一些思想观念也严重影响到军事战争，使当时出现了因讲

究礼而能俘者不俘、能射杀者不射、能杀人者反被人杀等一系列的战争笑柄。可见射礼对战争的负面影响也是很大的。

其五，两周射礼对人们强身健体、修身养性也有一定作用，它塑造了男子的完美人格与君子风度。儒家对射义的阐发虽有过之，但认为射礼是立德正己之礼，不仅可以观盛德，而且射侯的过程，也是反复内省、存养进取、修身养性的过程，射侯能否射中，关键在于能否调整好自己的体态和心态。发而不中，要反躬自问、查找内因，则是颇有道理的。东周礼书所载射礼的这种精神气质和射道，以及投壶礼可以修身养性习礼的认识，就是在今天对人们修身健体，培养健全的性格，同样具有积极作用。

其六，两周射礼也是燕享诗产生的基础。周代举行射礼必先行燕礼和乡饮酒礼，燕射、飨射是燕飨礼的重要组成部分。《诗经》中有不少西周时期的燕享诗，从诗的内容看，大射礼、燕射礼与燕飨礼都是联类而行的。而令鼎、长由盉、遹簋、噩侯驭方鼎等器铭关于饧、飨醴、飨酒、祼、宴的记载，说明自昭穆王时代以来，燕飨礼与燕射礼就已相当成熟，这正是西周燕享诗产生的素材和礼制基础。

其七，中国古代的射礼与弓箭制作技术还传到了朝鲜、韩国和日本，对这些国家的射礼和儒学知识的传播也有较大的影响。据文献记载，可能商代的射术与射礼在当时即与朝鲜半岛有了交流。善射之人能成为高句丽的开国者，其情形与诸侯之起源十分相似，也反映出中国与朝鲜半岛的射礼交流是很早的。再加上两周射礼经过儒家的改造，于是射礼便随着礼仪文化和儒家思想的传播而再度传到朝鲜半岛、日本和东南亚各国，对韩国的弓道影响尤大。中国的投壶礼，大约在南北朝时就已传到百济国。今天韩国过春节、端午节仍有投壶之习俗，其投壶与我国的青瓷投壶完全一样，足见两周射礼对韩国的影响。

其八，两周射礼对现代体育也有深远影响。从体育学的角度考察，射礼实际上就是射箭比赛，它是中国古代传统的体育竞技形式。两周射礼是举国体制的射箭比赛，也是中国竞技体育举国体制的源头，其勤学苦练、精准无差的古代体育精神，和“射求正诸己，己正而后发，发而不中，则不怨胜己者，反求诸己”的古代体育素质，至今仍是现代体育所提倡的训练法则与体育道德。

附录　甲骨金文著录简称

《铁》 刘鹗：《铁云藏龟》，抱残守缺斋，1903 年石印本。

《前》 罗振玉：《殷虚书契前编》，1913 年影印本。

《后》 罗振玉：《殷虚书契后编》上下卷，1916 年影印本。

《续》 罗振玉：《殷虚书契续编》，1933 年影印本。

《菁》 罗振玉：《殷虚书契菁华》，1914 年影印本。

《戬》 王国维：《戬寿堂所藏殷虚文字》，《艺术丛编》第 3 集，1917 年石印本。

《林》 〔日〕林泰辅：《龟甲兽骨文字》，1917 年石印本，日本商周遗文会，1921 年影印本。

《簠》 王襄：《簠室殷契征文》，天津博物院，1925 年石印本。

《燕》 容庚、瞿润缗：《殷契卜辞》，哈佛燕京学社，1933 年石印本。

《佚》 商承祚：《殷契佚存》，金陵大学中国文化研究所，1933 年影印本。

《通》 郭沫若：《卜辞通纂》，日本东京文求堂，1933 年石印本；《郭沫若全集·考古编》第二卷，科学出版社，1983 年。

《粹》 郭沫若：《殷契粹编》，日本东京文求堂，1937 年石印本；科学出版社，1965 年新 1 版。

《库》 方法敛、白瑞华：《库方二氏藏甲骨卜辞》，商务印书馆，1935 年石印本。

《邺》 黄濬：《邺中片羽》初集、二集、三集，北京尊古斋，1935、1937、1942 年影印本。

《河》 孙海波：《甲骨文录》，河南通志馆，1938 年影印本。

《珠》 金祖同：《殷契遗珠》，上海中法文化出版委员会，1939 年影印本。

《龟》 金祖同：《龟卜》，上海温知书店，1948 年影印本。

《甲》 董作宾：《小屯·殷虚文字甲编》，中央研究院历史语言研究所《中国考古学报告集之二》，1948 年影印本。

《乙》 董作宾：《小屯·殷虚文字乙编》上、中、下辑，中央研究院历史语言研究所《中国考古学报告集之二》，1948、1949、1953 年影印本。

《缀》 曾毅公：《甲骨缀合编》，北京修文堂书房，1950 年。

《存》 胡厚宣：《甲骨续存》，上海群联出版社，1955 年影印本。

《人》 〔日〕贝塚茂树：《京都大学人文科学研究所藏甲骨文字》，京都大学人文科学研究所，1959 年。

《英》 李学勤、齐文心、艾兰：《英国所藏甲骨集》上、下编，中华书局，1985 年、1992 年。

《掇一》 郭若愚：《殷契拾掇》，上海出版公司，1951 年影印本；上海古籍出版社，2005 年合订本。

《京津》 胡厚宣：《战后京津所获甲骨集》，上海群联出版社，1954 年影印本。

《哲庵》 曾毅公：《哲庵甲骨文存》，未刊本。

《合集》 郭沫若主编，胡厚宣总编辑：《甲骨文合集》，中华书局，1978~1983 年。

《屯南》 中国社会科学院考古研究所编著：《小屯南地甲骨》，中华书局，1980 年。

《诂林》 于省吾：《甲骨文字诂林》，中华书局，1996 年。

《花东》 中国社会科学院考古研究所编著：《殷墟花园庄东地甲骨》，云南人民出版社，2003 年。

《集成》 中国社会科学院考古研究所编：《殷周金文集成》，中华书局，1984~1994 年。

《集录》 刘雨、卢岩编著：《近出殷周金文集录》，中华书局，2002 年。

Abstract

This book makes a systematic study on the rite of archery and related issues from the Shang Dynasty to the Warring States Period based on an interdisciplinary method and the analysis of documents, oracle bone inscriptions, bronze inscriptions and archaeological materials. The main points are listed as follows.

The rite of archery, which is a symbolic rite in shooting arrows drafted by the upper class of ancient China with certain regulations, includes *She Sheng* (shooting sacrifices), *She Yuhuo* (shooting captures), *She Hou* (shooting targets), *Dashe li*, *Binshe li*, *Yanshe li*, *Xiangshe li*, *Xue she*, *Junzhong Sheli* (archery rite in the army), sorcerous rite of archery and *Touhu li* derived from archery rite.

According to the records of the Ancient Legend Times, appearance of the archery rite may be traced back to the "Hero Times" of primitive tribes and tribes-alliance, as well as the Military Democracy Period. The sorcerous rite of archery was the first form of archery rite, with the help of sorcerous power, it had been an important way for the head of alliance and the supreme monarch to inspect, punish and control the leaders of tribes and vassal states, as well as an important part of the binding system to the alliance society together with other rites.

The rite of archery was first formed in the Shang Dynasty according to the records of oracle bone inscriptions, kinds of the rites increased, rites aimed at shooting contest populated, status of the people engaged in the contest complicated, not only animals but also targets were shoot, the rite held both in the wild or constructions beside waters, as well as fixed places such as *xiang*, *xu* (both are names of different ancient local schools) archery rite in Shang Dynasty bears many common grounds with that of Zhou in its elements, rules, procedures and so on. Many kinds of this rite in the Zhou Dynasty can be found in Shang, although with some traditional customs of field hunting, it had been formulated and many terminologies came into being. All of them point out that archery rite was formed in the late Shang Dynasty and developed to a certain degree.

The Western Zhou Dynasty was a most populated period of ancient archery rite. It was one of the rites and skills that the nobles must learn. Dominated by the warlike conception, the suzerain conception, the deity conception, and influenced by the shooting education in schools, the institution of rewarding-punishing and promotion, the circumstances of hunting and war, the benevolent rule and rite-administration, and some other political reasons and backgrounds, archery rite in the Western Zhou Dynasty had been developed a lot than Shang in kinds, scales and contents. Its purpose includes sorcery imprecation, military training, talent selection, moral inspection and so on. It was characterized with numerous kinds, high standard, grandeur scale and complicated contents, and totally institutionalized. There was not only certain technical standard must be followed, but also strict rules in procedure and time, and the rite was always held with significant political purpose.

During the Spring and Autumn Period, the archery rite was developed to a more complicated situation. On the one hand, archery rite of the royal court was neglected for the collapse of monarchy, and that of the vassal states declined for the lost of rule, bearing a grate difference from the grandeur scale of Western Zhou. It was more formalized and put more emphasis on ceremony and education. The contents were increased and many were fixed in the later times, which were closed related to the archery rite recorded in the rite books of Eastern Zhou. *Binshe li* and *yanshe li* were more amusing. The *xiang li* and *yan li* before shooting showed a trend of mergence. The appearance of *touhu li* and its spread reflected the dereliction of the aristocrats in traditional rites and their negligence in shooting skills. On the other hand, with the private shooting education popularized to common people and spread to the lower class, archery rite was gradually socialized. And influenced by the wars, warlike customs and aesthetic sense, shooting for martial training and archery rite in the army had been popular at the same time.

The once declined archery rite gained new development in the Warring States Period among the dukes and states, and became a etiquette and entertainment frequently held by the lords, rising bureaucrats and educated class, which was recorded and depicted in documents and figure inscriptions on bronzes. Archery rite was very popular at that time, especially in the Double Zhou and Three Jin, Qi Lu and Wu Chu areas. There were many kinds of archery rite, and shooting for martial training and archery rite in the army was more populated in the social circumstance. For wild geese were need in the aristocrats' dinners and some other rites, *yi she* was also popular. With the disintegration of traditional feudal sovereign, the old hierarchy in archery rite collapsed. With the development of the states, archery rites in the Warring States Period were diversified in styles and different in scales. With the deepening of social changes, the booming of economic and transform of social conceptions and living styles, there was no longer need of strict classification in archery rite. With the favor of archery rite among the lords and educated class, and the spread of *touhu li* and *yi she* to other social status, the archery rite in the Warring States Period became totally common and mundane.

The archery rites recorded in rites books of Eastern Zhou is a conclusion of that in the Shang and Zhou Dynasties, with certain amendments as well. It was the final form on the developing chains of the archery rites of Zhou Dynasties.

According to the change of characteristics and functions, the development of archery rites of Zhou Dynasties can be divided into 4 periods.

The first period, from Shang to early Western Zhou, was the period being functional. The rite put more emphasis on training and publicizing good shooting skills, etiquettes were simple.

The second period, from middle to late Western Zhou, was the institutionized period. The archery rite of this period focused on etiquette.

The third period, the Spring and Autumn Period, was the period being socialized. The rite spread widely to the folk class from the noble class.

The fourth period, the Warring States Period, was the period being mundane. The rite went no longer with strict rules and the participants were gradually more common, and it was no longer a strict institution but mostly an amusement.

After the compilation of the Eastern Zhou rite books, archery rites in ancient China step into a text period. The archery rites was recorded in "The Three rites", its procedure and contents were written down in characters as a rule and foundation, which should be followed when people holding the rites. As a result of it, archery rites could be widely disseminated despite of the confinement of time and space, and be more formulated at the same time. Finally the practical functions were deserted and it has been a merely etiquette for performance.

The archery rite of Zhou Dynasty also reflects the change of the social status structure from the king to the lowest aristocrats *shi*, and the change of social institution.

The archery rite of Zhou Dynasty formed a connecting link in the history of the archery rite in ancient China, and had profound effect to the later times. It also did certain help to set up the authority of the Zhou king，to improve the combat capacity of the military and physique of people， and affected greatly to archery rite overseas，the dissemination of Confucious knowledge， as well as modern sports.

In conclusion，the author makes efforts from six aspects in this book:

1) collecting all the related documents, records and materials;

2) probing the archery rite before Zhou Dynasty and clarifying the origin and earlier situation of it;

3) analyzing the archery rite of Zhou Dynasty and clarifying its differences and similarities in kinds，holding place，characteristics in Western Zhou, the Spring and Autumn Period, the Warring States Period;

4) analyzing the historical reasons and social backgrounds of the development of archery rite from Shang to the Warring States Period, its reflection of the change of the social status structure social institution, and its historical functions and effects to the later times, which were hardly concerned in the past;

5) tackling with some difficult problems，especially those has been controversial for long and key ones;

6) on the study of particular problems, paying more attention to the analysis of documents from aspect of rites and rethinking the former explanation，in order to get correct interpretation and make scientific conclusion.

后　记

拙著《两周射礼研究》就要付梓出版了，当三校样校改完成后，掩卷沉思，我心中充满了无限的感激，有许多感恩的话要说。

1980 年我参加高考被录取到郑州大学历史系考古专业学习，毕业后被分配到河南大学历史系执教，任文物馆馆长、文博系主任，全程参与了文物馆和文博专业的筹建与学科建设。创业的艰辛，工作的压力，知识的匮乏，科研方向上的迷茫和困惑，使我的学术研究几近荒废。直到 2004 年河南大学历史文化学院与中国国家博物馆联合培养博士学位研究生，我有幸成为首届学生，才终于圆了多年的梦想，有了向著名专家学者求教的机会和专心致志于学术研究的信心与勇气。

我对礼学的关注实缘于李学勤先生的引导。早在 1987 年李先生为王宇信先生的《甲骨学通论》作序时就已指出："有一个相当重要的课题，长期以来为大家所忽略了，就是甲骨卜辞所反映礼制的研究。殷墟甲骨是商朝占卜的遗物，卜辞内涵无一不与古代礼制有关……孔子曾经说过，商周礼制是相因袭的，由商到周只是损益的关系……因此，可以从文献和其他材料中的周代礼制，上推商代礼制，这对研究卜辞，认识商代的历史文化，将有很大的帮助。我们不妨说，礼制的探索在一定意义上是甲骨研究的一把钥匙。"李先生关于礼制的这一论断，在当时就已激起了我对殷商礼制史心驰神往的阵阵波澜。1999 年李先生应《历史研究》编辑部之约，撰写的《甲骨学的七个课题》一文中又特别提到，21 世纪的甲骨学应该是进行全面、系统、深入研究的阶段，而对于甲骨卜辞所体现的礼制，即"殷礼"的研究，有突出的重要性。《吉林师范大学学报》2004 年第 3 期发表的《从两条〈花东〉卜辞看殷礼》，再次提出"从礼制角度研究甲骨卜辞，是进一步发展甲骨学的重要方向"。殷墟花园庄东地甲骨中的劳王辞例，"证明商代确实存在着相当细密的礼制，'殷礼'的研究大有可为"，"'殷礼'前后固然必有不少演变，但在很多方面是一贯的，具有明显的制度性。我们只要从礼制角度细心探究，一定会对当时的历史文化有更深入的理解认识"。在李先生的倡导感召下，我便萌生了研究礼制史的念头。再加上此时"礼制规范化"作为文明起源的重要标志，礼仪制度作为中国古代文明的重要内容，也逐渐成为学术界的共识，中国古代礼文化研究、礼制文化与古代文明构建研究以及考古发现的礼制遗存研究日益受到重视。同时，我们还招收了中国古代社会生活史方向的硕士研究生。这一切都说明古代礼仪制度已成为一个不能回避的重要问题。在这种情况下，我研究古代礼制史的愿望就更加强烈了，然而由于学历浅薄、学识不济，始终未能真正付诸行动，只是停留在苦思冥想之中。很长时间以来，礼学研究都是时时浮现在我脑海中的一个梦想。

我对射礼的兴趣则始于1993年春河南平顶山应国墓地考古发掘，在这次发掘中我们发现了记有大射礼铭文的柞伯簋。而把商周射礼作为研究课题，则是在2004年师从朱凤瀚先生研习甲骨金文和先秦史以后，才把这个理想变成了现实。从怎样做人到如何做学问，从选题到架构设计，从前期成果到后期整合集结，从初稿到修改稿，朱先生都给予了我热情细致的指教，花费了大量的心血。这本礼学著作能够做到目前这个规模与程度，全赖先生多年来的言传身教和耐心培养。

可以说，是李先生指引我走上礼学研究的道路，朱先生则把我带进了学术研究的殿堂，明确了今后的发展方向。两位先生都是我十分崇敬的史学大家，他们的治学精神与学术思想深深影响着我。书中观点及先期发表的几篇习作，既多有继承，但也时有冒犯，先生胸怀坦荡，关爱如初，令人感佩不已。当科学出版社同意出版这部书稿后，两位先生不辞辛劳，又在百忙中慨允作序，实是对学生的莫大奖掖，两篇大序也必将使拙著增辉不少。从选题的缘起到本研究的成书与出版，我自始至终都得到了两位先生的指导与鼓励，在此衷心感谢，深表敬意！

不意李先生著文引领启迪于前，朱先生亲自栽培于后，今拙著即将出版之时，两位先生又拨冗赐序，洵为美事，当初虽是奢想亦为我之至祈。惟不踏实者本书作为学术专著还有很大差距，深恐辜负两位先生的期望与厚爱。

初稿写成后，还曾得到北京师范大学历史学院晁福林教授、河北师范大学历史文化学院沈长云教授、吉林大学古籍研究所张鹤泉教授、南京大学历史学系范毓周教授、东北师范大学历史文化学院王彦辉教授、郑州大学历史学院李民教授，以及河南大学历史文化学院郑慧生教授、李振宏教授、张德宗教授、龚留柱教授的审阅，他们对书稿的充分的肯定与宝贵的修改意见，更体现了师长对晚生后学的关心和爱护，在此深表感谢！

河南省文物考古研究所周立刚先生翻译了英文摘要，河南省文物局副局长马萧林博士作了校订，为本书的学术交流提供了极大的方便，在此表示感谢！

在出版方面，河南大学研究生院孙君健院长和历史文化学院苗书梅院长积极支持，使本书得到河南大学学位点建设专项基金和历史文化学院出版基金的资助，并承蒙苗长虹主任不弃，把拙著列入“黄河文明与可持续发展文库”，使我荣幸地成为该团队的一分子。科学出版社科学人文分社侯俊琳社长更是大力支持，先后安排最强编辑杨婵娟、付艳女士担任责编。她们付出了辛勤劳动，在此谨致谢忱！

在本书的撰写过程中，河南大学常务副校长赵国祥教授所给予的诸多关照与鼓励，历史文化学院全体领导所给予的支持和提供的种种方便，更是令我终生难忘，感激不尽。

在本书的研究阶段，挚友王龙正研究员不仅热心提供参考资料，还就有关问题与我进行了真诚的讨论。清华大学曹建敦博士，北京大学侯卫东博士，中国社会科学院考古研究所高江涛博士、付永旭硕士，中国科学院植物研究所刘荣博士帮我在北京查找、复印了不少参考资料，开封市文物局李建新博士还帮我下载了一些电子图书，张小建则在电脑应用技术上提供了许多帮助，特别是在河南大学图书馆和历史文化学院资料室搬迁不能借阅资料，或有些资料经多方努力搜寻不到的情况下，这些帮助尤其令人感激。中国科学院研究生院袁龙飞博士也帮我复印了一些参考资料，并对插图作了清晰处理和编排。我妻刘兵女士，在文字方面主动为我分担。她在繁忙的办公室工作之余，坚持把书稿输入电脑，尤其在岳母年事已高，需要她照顾的情况下，其辛劳是可想而知的。对亲友团的关心与支持，也一并表示感谢！

需要说明的是，本书还参考、吸收了一些专家学者的研究成果，在此深表谢意，但也难免有所疏漏，对于未有注明之处，还请多多谅解。书末原本附有“参考文献”，出版时为压缩篇幅而被删掉，此虽正文脚注中都已注明，就整体而言并无大碍，但总感觉体例上有点不完整，殊以为憾。

在研究方法上也多有借鉴。由于本书涉及甲骨文、金文、考古和文献资料，欲识其字、通其义、明其事、知其所以然，主要借鉴了北宋刘敞《先秦古器记》“礼家明其制度”的青铜器研究方法，着重从礼学的角度重新反思学界对射礼甲骨金文的已有研究，全面挖掘各种信息，最大限度地展现各种射礼的本来面貌；当代学者杨树达先生《积微居金文说自序》“首求字形之无牾，终期文义之大安，初因字以求义，继复因义而定字。义有不合，则活用其字形，借助于文法，乞灵于声韵，以假读通之”和《积微居甲文说自序》“就形以识其字，循音以通其读，然后稽合经传以明史实……广读甲文，由文字声韵以通其文义，据故书以证合史实”，“必以古书传记所记殷周史实稽合其同异，始能有所发明”的“以文字为阶梯明史实”和“稽合故书说史”的研究方法，以探讨射礼甲骨金文所记史事的性质与礼仪的具体仪节；李学勤先生《〈甲骨学通论〉序》“可以从文献和其他材料中的周代礼制，上推商代礼制”的研究途径与方法，以进行射礼溯源和商周射礼的比较研究；朱凤翰先生所倡行的多学科交叉精研古史的方法，以对两周射礼及相关问题进行全面的考察和深入系统的综合研究。在诸位贤哲的启发下，我找到了符合自己实际情况的研究途径与方法，不仅在反思以往的研究中发现了许多问题，在新资料的分析上也有不少新发现。我们认为这些都是本书行之有效的研究

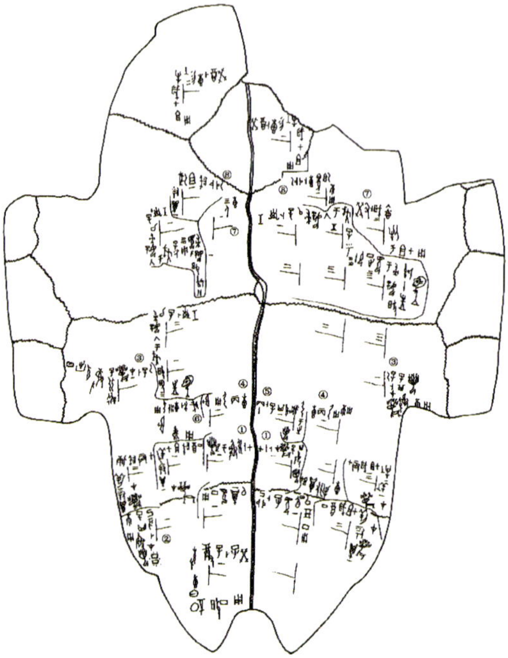

彩图 3　殷商贵族子弟弓矢竞射礼甲骨刻辞摹本

（《殷墟花园庄东地甲骨》37）

（a）

（b）

（c）

彩图 4　商王暨多方弓矢竞射礼甲骨刻辞拓本

（a）《合集》5793　（b）《合集》5794　（c）《合集》5795

方法，同时也把这看做是研究商周礼制史的一个尝试，恳请专家学者垂注。

在体例上本书则借鉴了陈梦家先生《殷虚卜辞综述》的写法。从正文到小结，再到结语和英文摘要，读者可根据自己的兴趣获取相应的信息。

本书之研究有几个难点。一是“礼制最难”，而在商周礼制中，以射礼最盛，威仪最多，难度更大。再加上问题相对较窄、较实，故以此为题应该说是有一定难度的。尽管也有相当一部分有关射礼的研究文章，但大都是从体育文化史的角度立论的，而如何从史学和礼学的角度把商周射礼勾勒出来是有些难度的。二是涉及的知识领域比较宽广。仅就射礼金文来说，按北宋礼学专家刘敞所说就需要礼家明其制度、小学正其文字、谱牒次其世谥，即研究者必须具有复合型的知识结构，这对于我这个刚刚入道的初学者来说实是最大的困难与挑战。三是可供研究的原始资料较少。商周射礼种类较多，文献典籍虽有记载，但内容简略，许多问题难知其详。西周以前资料更少，要把古史传说时代有关资料中的史影辨别出来，弄清射礼的起源和早期射礼的大致情况有些难度；西周以后，可与射礼金文相互参校的平行文献资料甚少，要准确理解西周金文所记射礼的内涵有些难度；春秋战国时期有关射礼的文献相对较多，但后出资料早晚杂糅，要究明这些资料的时代也是一个难点。四是把甲骨文、金文、考古、文献等各种资料综合起来进行全面梳理，并采用多学科交叉研究的方法进行研究，驾驭起来有一定的难度。五是有些问题过去著名学者都有研究，要想有所突破困难很大。我之所以敢面对这些困难，就是想使自己能有一个较为全面的训练，为今后拓宽学术研究奠定基础。当然，当这些难点被一一突破后便是无比的愉悦。

本书是我的第一本礼学专著，所持观点实不敢奉为定论，书中缺点与不当之处肯定不少，尤其对诸位良师益友所提建议，有些还未完全领悟其意旨，有些则仍未修改到位。现急于奉献出来，意在抛砖引玉，接受学界的检验，尚祈广大读者批评指正。拙著出版后，定当继续倾听各方面的意见，认真修改完善，并以大家的鼓励和建议为鞭策，再接再厉，开拓进取，争取以更大的成绩回报所有关心我的人。

最后，解密一个久藏我心底而未能实现的心愿，原来我曾设想把本书赶写出来，作为献给 2008 年北京奥运会的一份薄礼，后考虑到学术研究确应稳扎稳打，不能赶潮，而放弃了这个想法，今虽为本书未能成为急就篇而庆幸，但在我心中也留下了一丝挥之不去的遗憾。然此一盛事既去，又一盛事到来。值此拙著即将出版之际，正适逢河南大学建校 100 周年纪念，谨以本书向河南大学百年华诞献礼！

袁俊杰

2012 年 8 月 19 日于古都开封仁和居

（a）　　　　　　　　　　（b）

彩图 1　羿射十日画像

（a）南阳市汉画博物馆藏品　（b）汉画大观园藏品

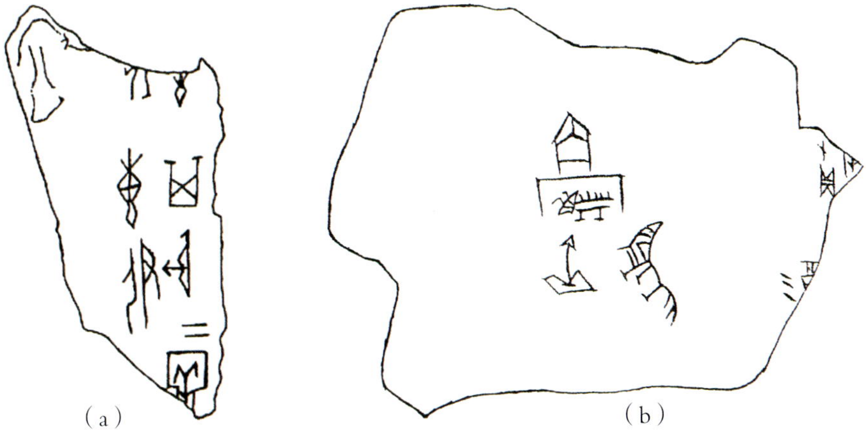

（a）　　　　　　　　　　（b）

彩图 2　殷商射牢射牲甲骨刻辞摹本

（a）殷商射牢甲骨刻辞摹本（《戬》9.2）　（b）殷商射牲甲骨刻辞摹本（《合集》39460）

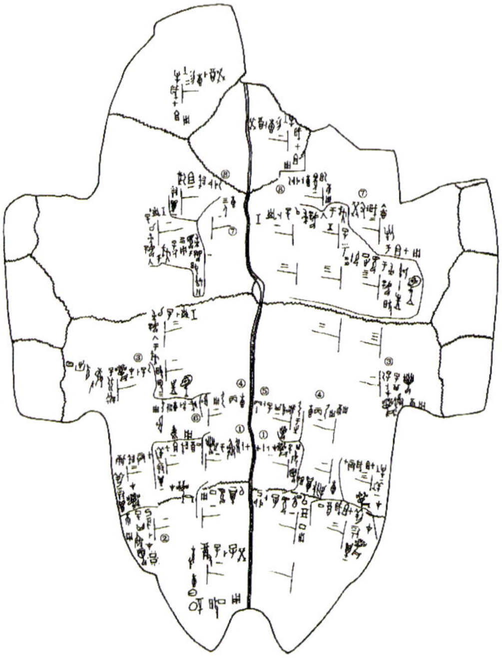

彩图 3　殷商贵族子弟弓矢竞射礼甲骨刻辞摹本

（《殷墟花园庄东地甲骨》37）

（a）　（b）　（c）

彩图 4　商王暨多方弓矢竞射礼甲骨刻辞拓本

（a）《合集》5793　（b）《合集》5794　（c）《合集》5795

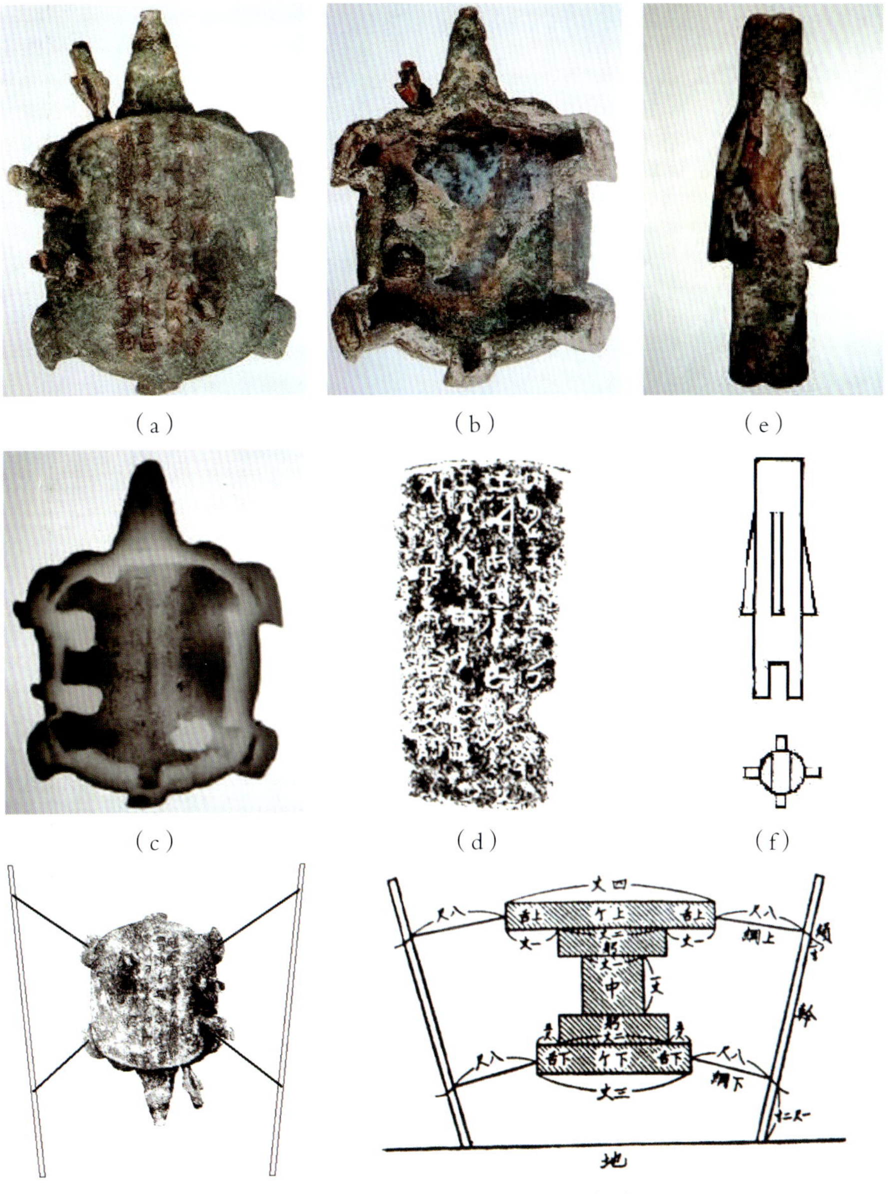

彩图 5　作册般铜鼋

（a）作册般铜鼋俯视　　（b）作册般铜鼋底视　　（c）作册般铜鼋铭文X光片
（d）作册般铜鼋铭文拓本　　（e）作册般铜鼋箭尾　　（f）作册般铜鼋箭尾线图
（g）作册般铜鼋射鼋（鼋侯）复原图　　（h）《仪礼》乡射礼射侯（布侯）复原图
（（a）～（f）采自《中国历史文物》2005年第1期；（h）采自施隆民《乡射礼仪节简释》）

（a）

（b）

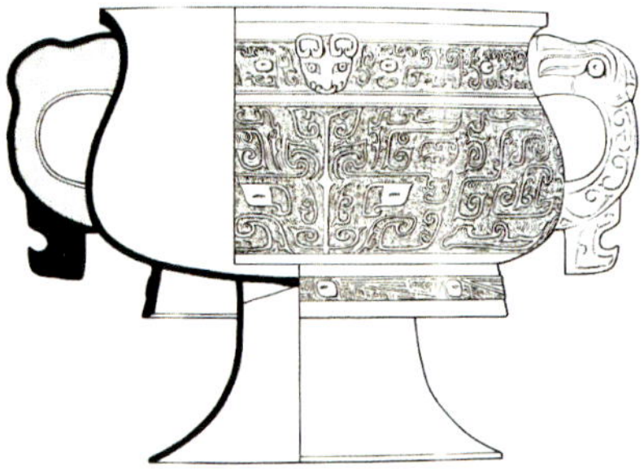

（c）

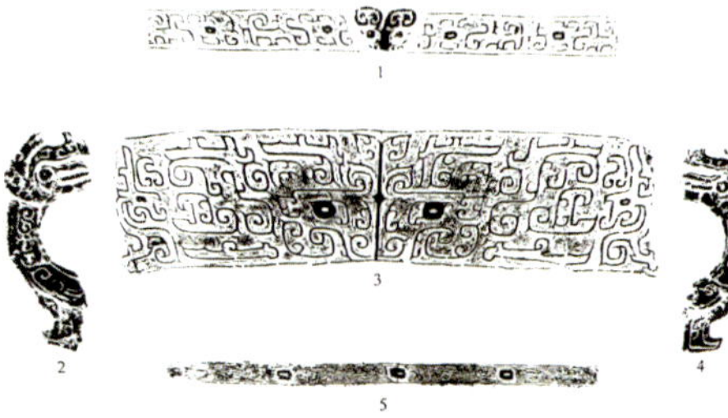

（d）

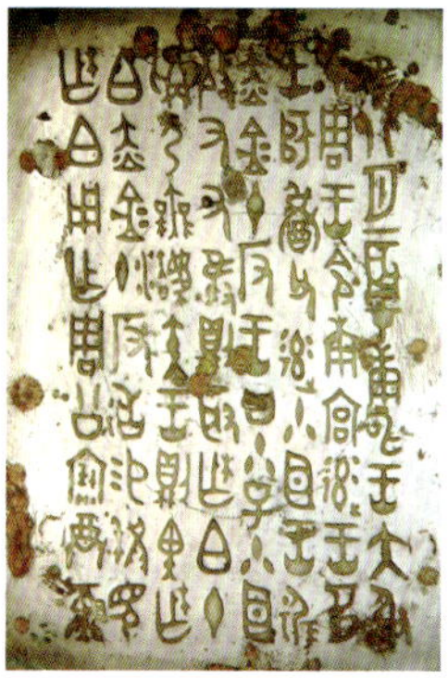

（e）

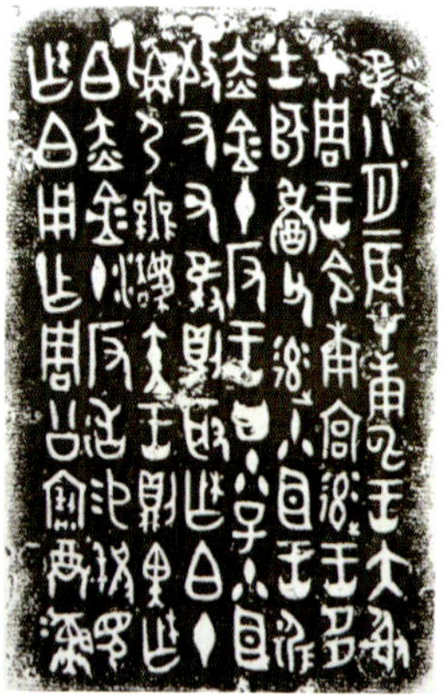

（f）

彩图 6　柞伯簋

（a）柞伯簋底座　（b）柞伯簋（除锈前）　（c）柞伯簋线图
（d）柞伯簋纹饰（局部）拓本　（e）柞伯簋铭文照片　（f）柞伯簋铭文拓本
（采自河南省文物考古研究所《平顶山应国墓地》第Ⅰ卷）

（a）

（b）

彩图 7　义盉盖

（a）义盉盖　（b）义盉盖铭文拓本

（采自《考古》1986年第11期、《集成》09453）

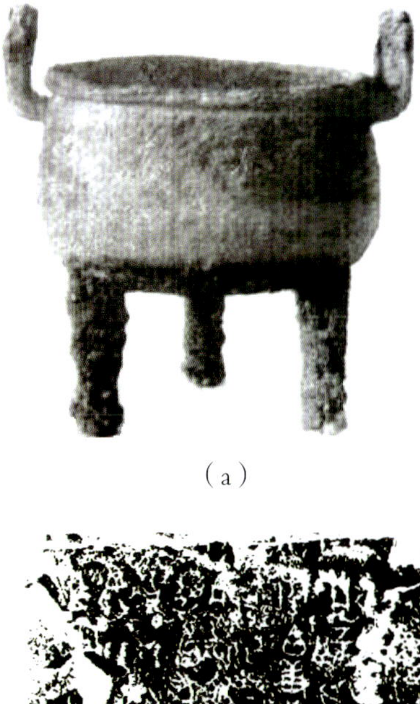

（a）

（b）

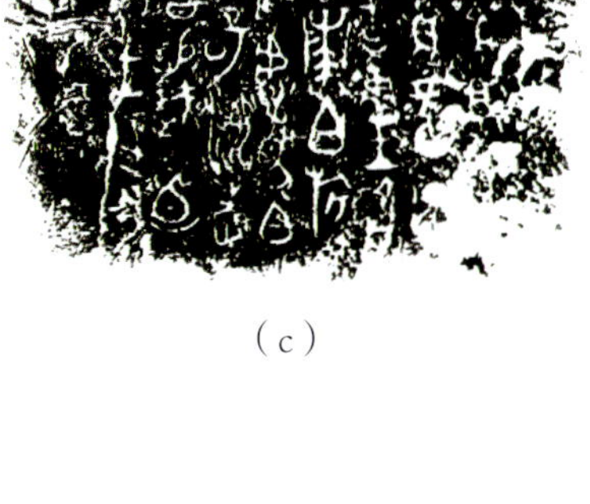

（c）

彩图 8　伯唐父鼎

（a）伯唐父鼎

（b）伯唐父鼎线图

（c）伯唐父鼎铭文拓本

（采自《考古》1989年第6期、朱凤瀚《古代中国青铜器》、《集录》356）

彩图 9　令鼎铭文拓本

（采自《集成》02803）

（a）

（b）

彩图 10　噩侯驭方鼎

（a）噩侯驭方鼎

（b）噩侯驭方鼎铭文拓本

（采自陈梦家《西周铜器断代》、《集成》02810）

（a）

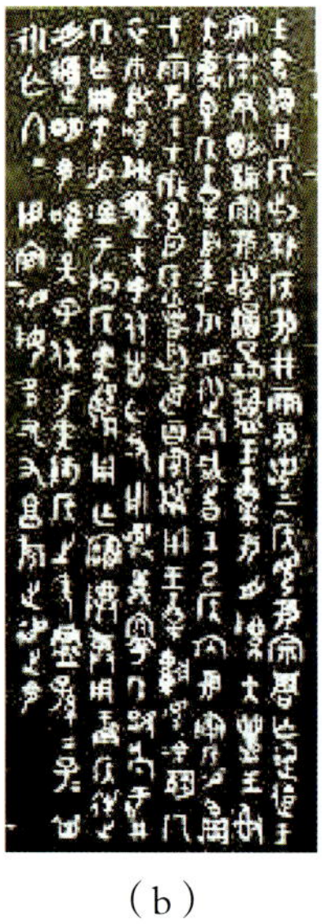

（b）

彩图 11　麦方尊

（a）麦方尊摹本

（b）麦方尊铭文拓本

（采自朱凤瀚《古代中国青铜器》、《集成》06015）

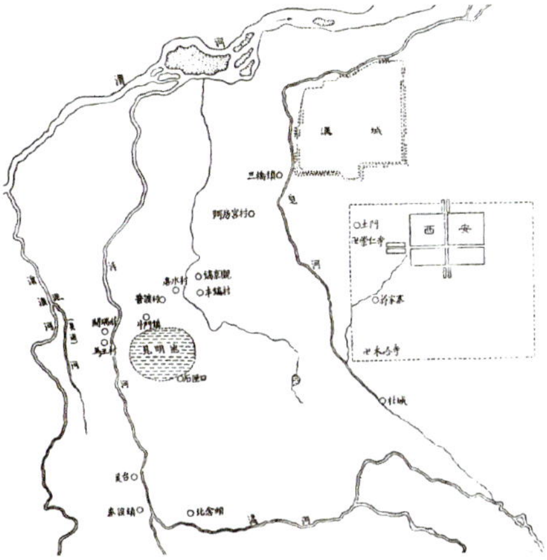

彩图 12　丰镐莽京地形图

（采自《历史研究》1956年第10期）

（a）

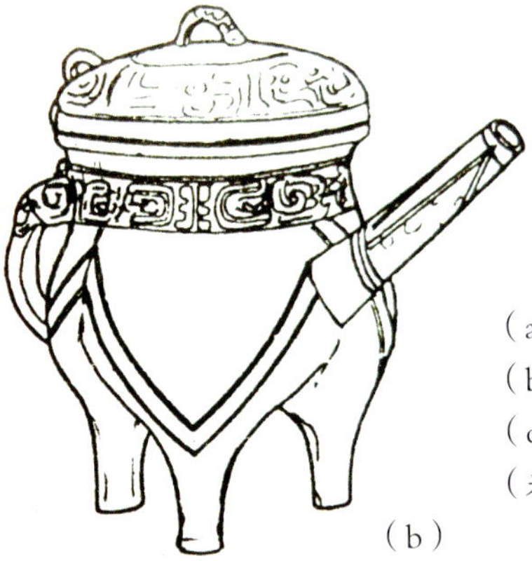

（b）

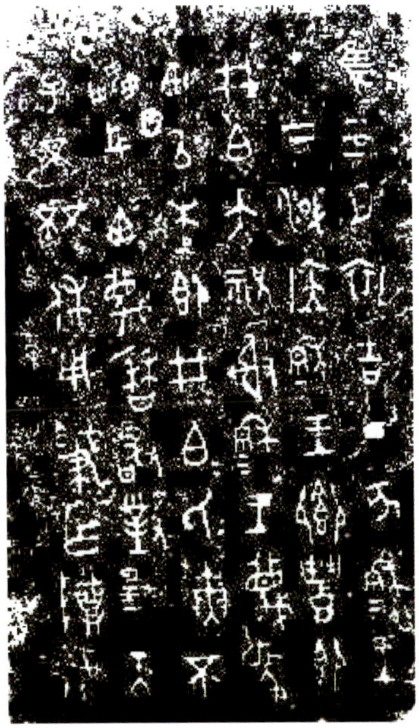

（c）

彩图 13　长甶盉

（a）长甶盉

（b）长甶盉线图

（c）长甶盉铭文拓本

（采自郭宝钧《商周铜器群综合研究》、《集成》09455）

（a）

（b）

彩图 14　静簋

（a）静簋　（b）静簋铭文拓本

（采自容庚《商周彝器通论》、《集成》04273）

（a）

（b）

彩图 15　十五年趞曹鼎

（a）十五年趞曹鼎　（b）十五年趞曹鼎铭文拓本

（采自陈梦家《西周铜器断代》、《集成》02784）

（a）

（b）

彩图 16　师汤父鼎

（a）师汤父鼎
（b）师汤父鼎线图
（c）师汤父鼎铭文拓本
（采自陈梦家《西周铜器断代》、朱凤瀚《古代中国青铜器》、《集成》02780）

（c）

彩图 17　匡卣铭文拓本

（采自《集成》05423）

彩图 18　井鼎铭文拓本

（采自《集成》02720）

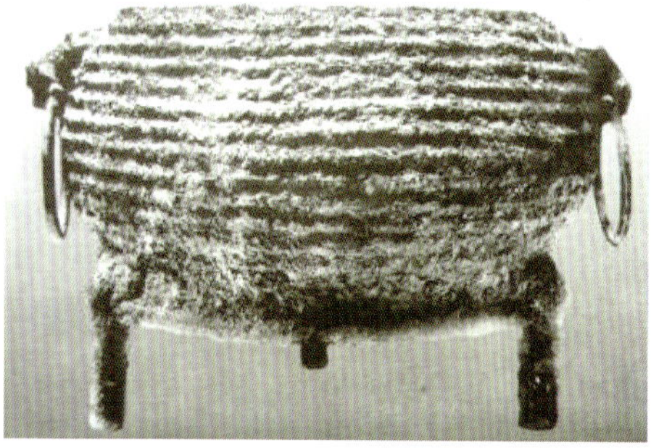

（a）

（b）

彩图 19　遹簋

（a）遹簋　（b）遹簋铭文拓本

（采自陈梦家《西周铜器断代》、《集成》04207）

（a）

（b）

彩图 20　公姞鬲

（a）公姞鬲　（b）公姞鬲铭文拓本

（采自陈梦家《西周铜器断代》、《集成》00753）

（a）

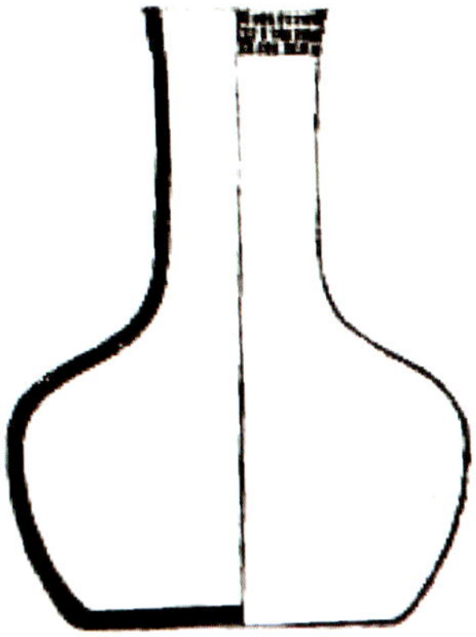

（b）

（c）

（d）

（e）

彩图 21 投壶

（a）春秋时期陶投壶（山东莒南县春秋大型木椁墓出土）
（b）战国时期印纹硬陶投壶（淮阴高庄战国墓出土）
（c）汉代釉陶投壶（安徽怀远县博物馆藏品）
（d）唐三彩投壶（陕西历史博物馆藏品）
（e）汉投壶画像石（河南南阳出土）

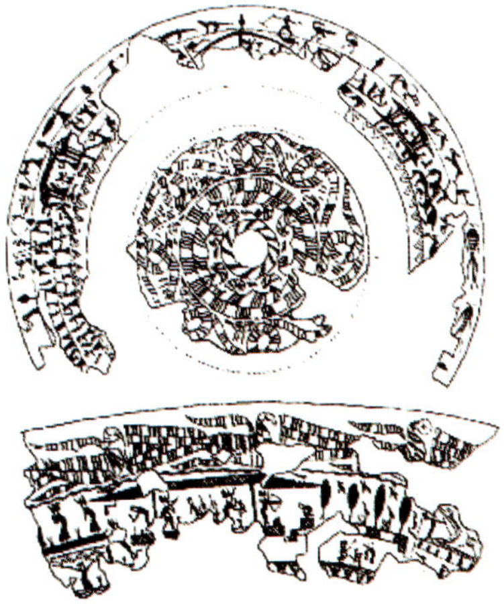

彩图 22 王家山宴乐射猎纹铜鉴射礼画像

（采自《文物》1987年第12期、《中国园林》2000年第3期）

（a）

（b）

（c）

（d）

（e）

（f）

彩图 23　百花潭采桑宴饮乐舞射猎攻战纹铜壶

（a）百花潭采桑宴饮乐舞射猎攻战纹铜壶
（b）百花潭采桑宴饮乐舞射猎攻战纹铜壶人物画像纹
（c）百花潭采桑宴饮乐舞射猎攻战纹铜壶射礼图案
（d）百花潭采桑宴饮乐舞射猎攻战纹铜壶射礼图案
（e）百花潭采桑宴饮乐舞射猎攻战纹铜壶弋射图案
（f）百花潭采桑宴饮乐舞射猎攻战纹铜壶乐舞图案
（采自《文物》1976年第3期、沈从文《中国古代服饰研究》）

（a）

（b）

（c）

（d）

（e）

彩图 24　击鼓画像

（a）河南汲县三彪镇水陆攻战纹铜鉴

（b）河南汲县三彪镇水陆攻战纹铜鉴

（c）故宫采桑宴乐射猎攻战纹铜壶

（d）百花潭采桑宴饮乐舞射猎攻战纹铜壶

（e）南阳汉画像石

（采自沈从文《中国古代服饰研究》）

（a）

（b）

（c）

（d）

（e）

（f）

彩图 25　故宫采桑宴乐射猎攻战纹铜壶

（a）故宫采桑宴乐射猎攻战纹铜壶

（b）故宫采桑宴乐射猎攻战纹铜壶人物画像纹摹本

（c）故宫采桑宴乐射猎攻战纹铜壶人物画像纹拓本

（d）故宫采桑宴乐射猎攻战纹铜壶采桑射礼图案

（e）故宫采桑宴乐射猎攻战纹铜壶宴乐图案

（f）故宫采桑宴乐射猎攻战纹铜壶弋射图案

（采自故宫博物院《故宫青铜器》、杨宗荣《战国绘画资料》、《文物》1976年第3期、沈从文《中国古代服饰研究》）

（a）

（b）

（c）

（d）

彩图 26　高王寺宴饮射猎纹铜壶

（a）高王寺宴饮射猎纹铜壶
（b）高王寺宴饮射猎纹铜壶线图
（c）高王寺宴饮射猎纹铜壶人物画像纹
（d）高王寺宴饮射猎纹铜壶射礼图案（正视）
（采自《文物》1981年第1期）

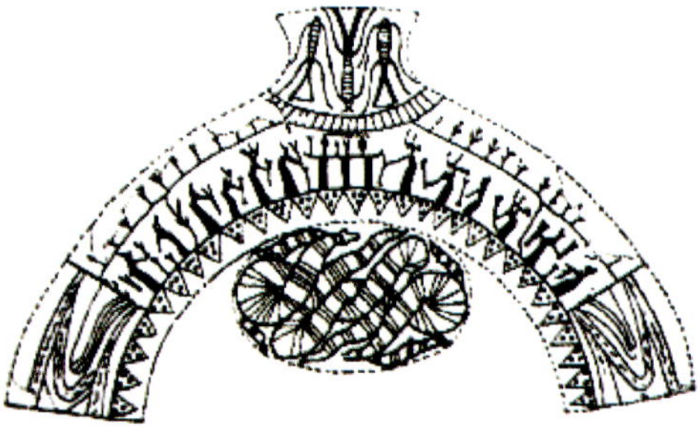

彩图 27　后川宴饮射侯纹铜匜射礼图案

（采自《考古通讯》1958年第11期）

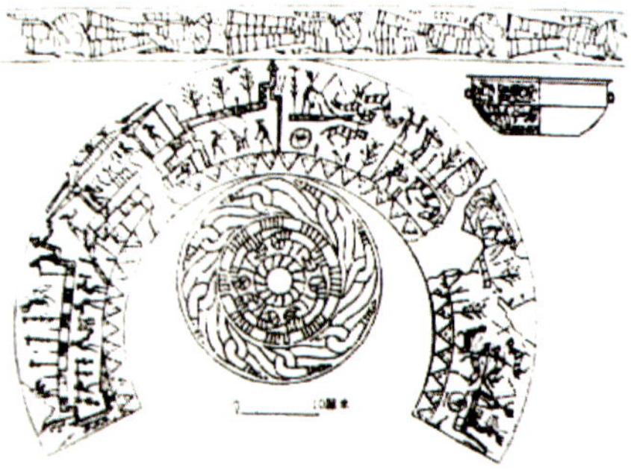

彩图 28　三汲宴饮射猎纹铜鉴习射图案

(采自《考古学集刊》第5集，1987年)

（a）

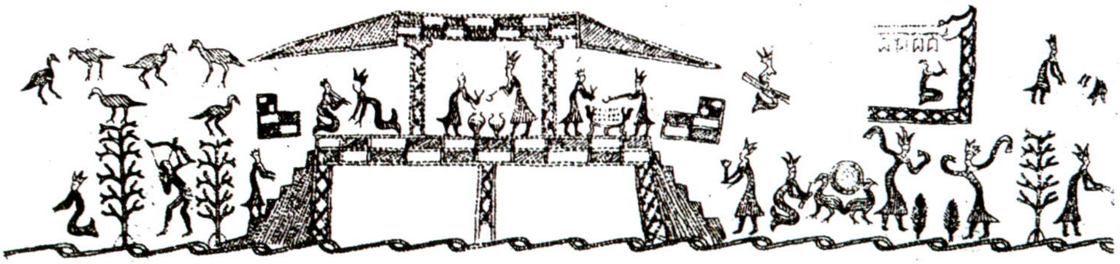

（b）

（c）

（d）

（e）

彩图 29　上海博物馆宴舞射猎纹铜椭桮

（a）上海博物馆宴舞射猎纹铜椭桮　（b）第一组：宴饮乐舞弋射画像

（c）第二组：宴饮射礼画像　（d）第三组：享宾画像

（e）第四组：狩猎画像

（采自马承源《中国青铜器研究》）

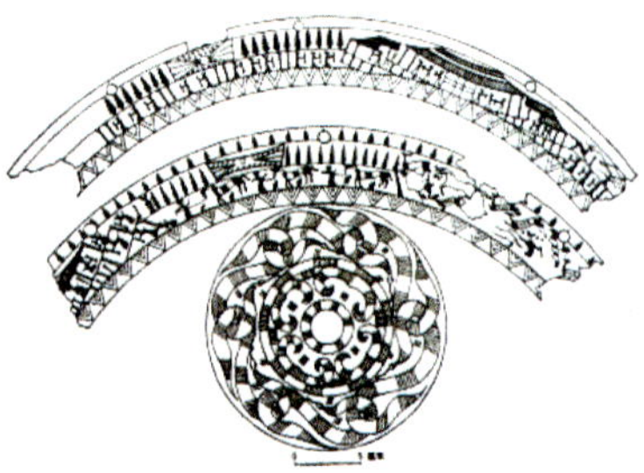

彩图 30　高庄宴乐囿游射侯纹铜盘射礼图案（上.1:27；下.1:48）

（采自《考古学报》1988年第2期）

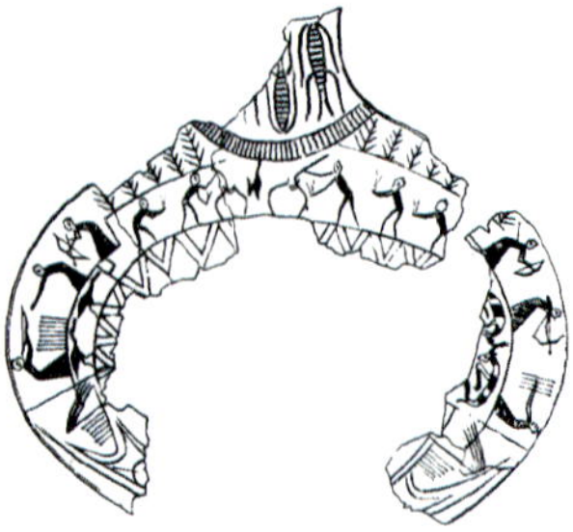

彩图 31　中霍村宴饮竞射纹铜匜射礼画像

（采自《文物》1997年第5期）

（a）

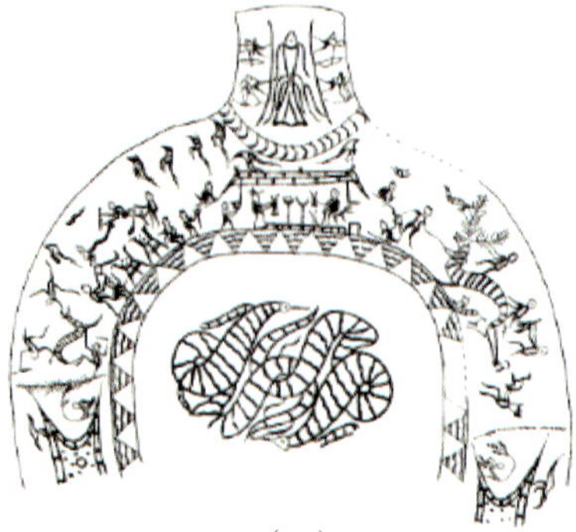

（b）

彩图 32　洛阳飨射养老纹铜匜

（a）洛阳飨射养老纹铜匜　（b）洛阳飨射养老纹铜匜射礼画像

（采自《中原文物》2007年第1期）

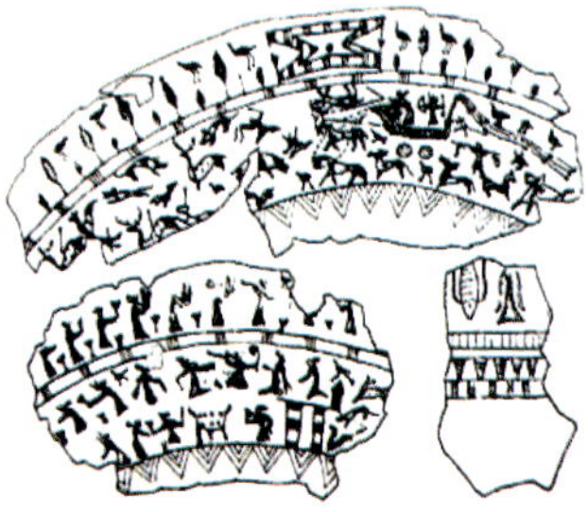

彩图 33　王沟宴舞狩猎射侯纹鎏金铜鉴残片射礼图案

（采自《考古学报》1993年第1期、《中国园林》2000年第3期）

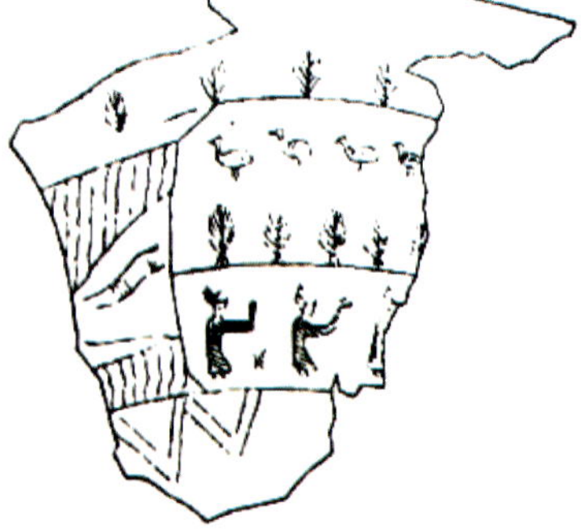

彩图 34　平度宴饮射侯纹铜匜残片射礼图案

（采自《考古》1962年第10期）

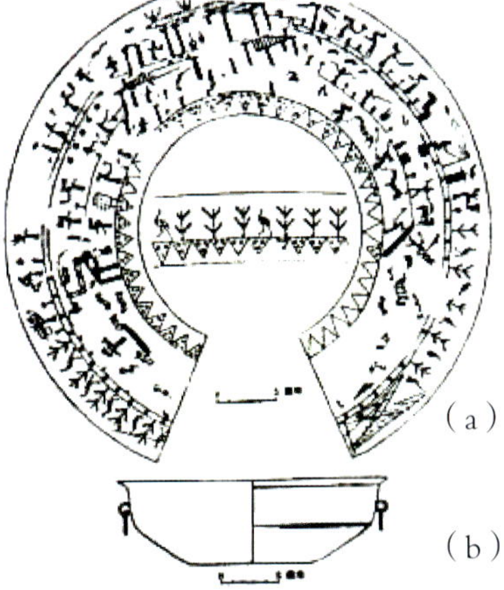

彩图 35　赵固宴乐射猎纹铜鉴

（a）赵固宴乐射猎纹铜鉴射礼画像
（b）赵固宴乐射猎纹铜鉴线图
（采自中国科学院考古研究所《辉县发掘报告》、朱凤瀚《古代中国青铜器》）

彩图 36　揩三挟一个画像

（采自佚名《汉代射礼图》，中原网，2008-06-04）

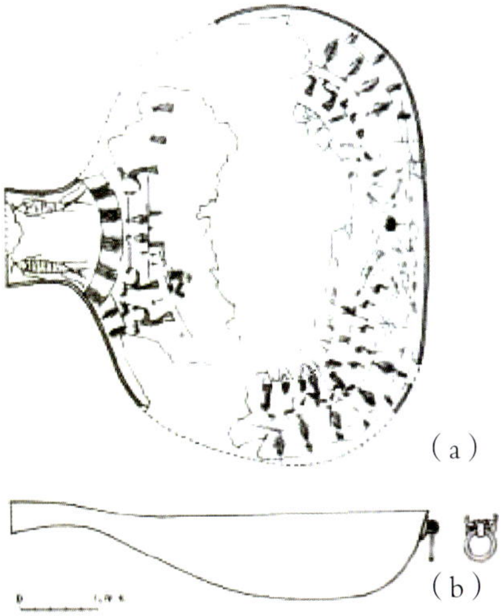

彩图 37　黄泥坑宴饮射侯纹铜匜

（a）黄泥坑宴饮射侯纹铜匜射礼图案
（b）黄泥坑宴饮射侯纹铜匜线图
（采自《考古学报》1959年第1期）

彩图 38　故宫燕射狩猎纹铜鉴残片射礼画像

（采自《文物》1962年第3期）

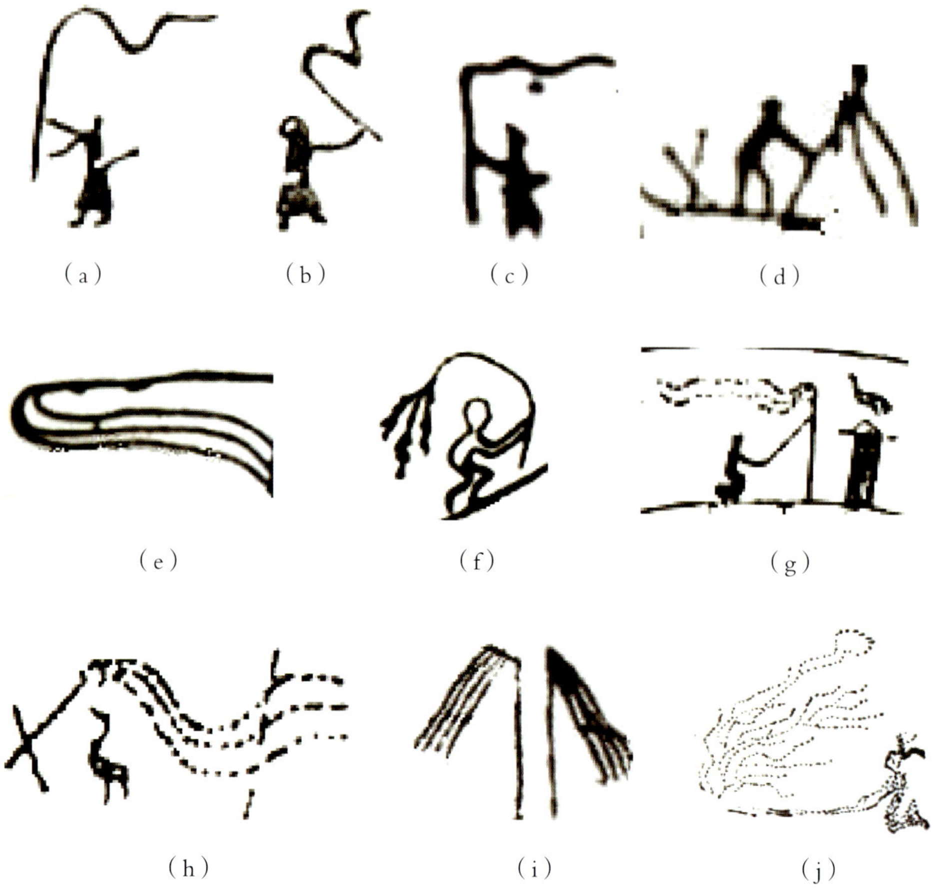

彩图 39　战国射礼获旌

（a）（b）（c）长鞭状旌（百花潭采桑宴饮乐舞射猎攻战纹铜壶、高王寺宴饮射猎纹铜壶）

（d）二旒旌（三汲宴饮射猎纹铜鉴）

（e）（f）（g）（h）三旒旌（后川宴饮射侯纹铜匜、洛阳飨射养老纹铜匜、赵固宴乐射猎纹铜鉴、黄泥坑宴饮射侯纹铜匜）

（i）四旒旌（中霍村宴饮竞射纹铜匜）

（j）多旒旌（上海博物馆宴舞射猎纹铜椅梠）

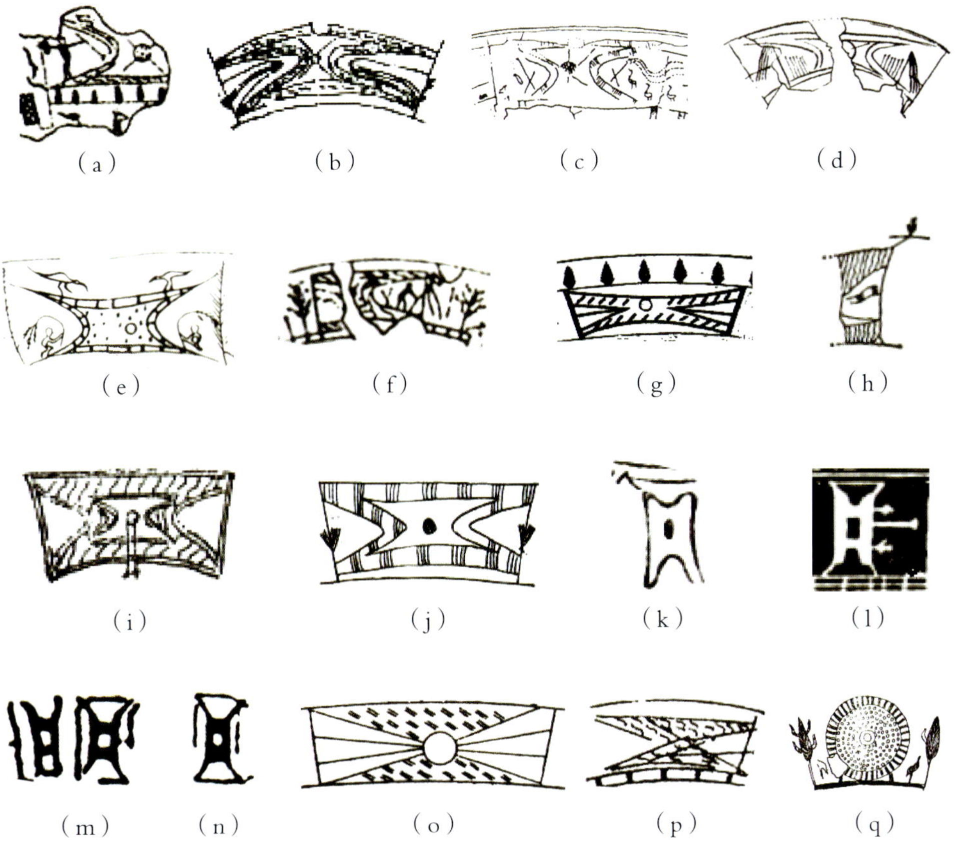

彩图 40　战国射侯的形制

（a）（b）（c）Aa型Ⅰa式（王家山宴乐射猎纹铜鉴、后川宴饮射侯纹铜匜、黄泥坑宴饮射侯纹铜匜）
（d）（e）（f）Aa型Ⅰb式（中霍村宴饮竞射纹铜匜、洛阳飨射养老纹铜匜、三汲宴饮射猎纹铜鉴）
（g）（h）Aa型Ⅱ式（高庄宴乐囿游射侯纹48号铜盘、平度宴饮射侯纹铜匜）
（i）Ab型Ⅰ式（上海博物馆宴舞射猎纹铜椭栝）
（j）Ab型Ⅱ式（王沟宴舞狩猎射侯纹鎏金铜鉴残片）
（k）B型（百花潭采桑宴饮乐舞射猎攻战纹铜壶）
（l）（m）（n）C型（故宫采桑宴乐射猎攻战纹铜壶、高王寺宴饮射猎纹铜壶）
（o）D型Ⅰ式（高庄宴乐囿游射侯纹27号铜盘）
（p）D型Ⅱ式（赵固宴乐射猎纹铜鉴）
（q）E型（故宫燕射狩猎纹铜鉴残片）